다국적기업 경제학

다국적기업 경제학

The Economics of MNE & FDI

Concepts, History & Characteristics
Economic Theories, Consequences & Policies

● 노택환 지음

율곡출판사

머리말

전후 불어 닥친 경제의 국제화 추세와 1990년대 이후 나타난 경제의 세계화 · 글로벌화 물결과 더불어 다국적기업(MNE : Multinational Enterprise)이나 해외직접투자(FDI : Foreign Direct Investment)의 존재가 오늘날의 세계경제에 있어 가장 강력하고도 결정적인 역할을 수행하는 경제적 대리자가 되었다. 이 때문에 한때 '해가 지지 않는 제국' · '세계의 공장'으로 지칭되던 대영제국은 쇠락하여 그 영화가 역사 속으로 사라졌지만, 세계적인 다국적기업들은 '해가 지지 않는 보이지 않은 제국'으로 군림하고 있다.

이에 따라 직접투자와 다국적기업에 대한 고려 없이 개별 국민국가의 무역 · 투자 · 국제수지 · 고용 · 경제성장 등을 올바르게 설명할 수 없게 되었고, 이들에 대한 통찰 없이 세계경제 발전이나 국제경제 질서를 제대로 논할 수 없게 되었다. 이처럼 기업의 세계화 · 글로벌화라는 현상이 현대적 기업행동의 대표적 특징으로 나타나고 이것이 각국의 국민경제나 세계경제에 미치는 영향 또한 급속히 확대됨에 따라 다국적기업이라는 용어는 사회과학의 각 분야에서 빠른 속도로 중요한 위치를 확보하여 왔고, 다국적기업이나 직접투자에 대한 이론적 · 정책적 연구와 교육이 급진적으로 이루어져 왔다.

이와 같은 활발한 연구들은 다국적기업과 직접투자의 본질을 보다 정확히 설명(explain)하고 예견(predict)토록 해줌으로써 우리에게 유용한 이론적 · 정책적 함의들을 제공해 주고 있다. 그럼에도 불구하고 이러한 연구들은 현실의 다국적기업이나 직접투자가 국제무역이나 국제경제 또는 관련 당사국들에 미치는 실제의 영향에 비하여 여전히 미흡한 점이 없지 않다.

제1장 제2절에서 논의하고 있듯이 다국적기업과 관련되는 학문적 연구 분야를 명확히 체계화하는 것이 쉬운 일이 아니지만 이와 가장 관련성이 높은 기존의 학문분야로서는 국제경제학 · 국제경영학 · 국제정치학 · 국제법학 분야를 들 수 있다. 다국적기업이나 직접투자에 대한 연구는 이렇게 다양한 분야에서의 다양한 주제가 포함될 수 있고 그러한 주제들이 모두 중요한 의미를 가지지만 지금까지의 다국적기업에 대한 연구와 교육

은 주로 국제경영학이 중심이 되어 이루어졌고 따라서 가장 많은 관련 서적들이 쏟아져 나온 분야 역시 국제경영분야였다.

오늘날 경제사회의 중심에 '기업'이라는 실체가 자리 잡고 있어 다양한 사회과학분야 중 가장 각광받는 분야가 경영학분야이고, 또한 1960년대 이후 다국적기업의 활동이 미국기업에 의하여 주도되어왔던 만큼 다국적기업과 관련되는 학문적 연구나 교육도 '미국'의 국제경영학이 보편적 틀로 자리 잡게 됨에 따라 이러한 학문적 체계를 수입하여 활용하려는 경향이 주류를 이루었기 때문일 것이다.

이렇게 다국적기업이나 직접투자에 대한 경영학적 연구와 교육이 활발하게 이루어지고 있는 데 비하여 이에 대하여 경제학적 관점에서 접근하려는 학문적 노력이나 교육은 매우 부족하여 상대적으로 미흡한 점이 있고, 또한 국제무역이나 국제금융 등 여타의 국제경제문제에 비하여 국제투자에 대한 연구나 교육 역시 부족하고 미흡한 측면이 있다. 이러한 경향은 우리나라에서만 특유한 현상이 아니고 세계적으로도 보편적인 경향이기도 하여 다국적기업이나 직접투자에 대하여 경제학적 관점에서 논의한 출판 서적 역시 소수에 불과한 것이 사실이고, 경제학적 관점에서 논의한다고 하더라도 특정의 주제를 다루는 연구나 특정한 시각(특히 정치경제학적 관점)을 바탕으로 집필된 서적들이 대부분이어서 종합적이고 균형 있는 내용을 담고 있는 경우는 손가락으로 꼽을 정도에 불과하다.

이러한 한계점들을 고려하면서 본서가 추구하고자 하는 목표와 내용은, 다국적기업과 해외직접투자의 문제를 국제경제학적 관점, 그것도 보다 종합적인 관점에서 다양한 주제를 포괄할 뿐만 아니라 어떤 한 쪽의 시각에 치우치지 않는 균형적이고 객관적으로 논의하는 것이다. 다국적기업이나 직접투자에 대한 경영학적 측면이나 정치경제학적 측면에서 이루어지고 있는 여러 가지 논의들을 포괄하고 연계하면서 그것의 원인·행태·영향 등을 논의하는 경제학적 측면 역시 매우 중요한 주제일 뿐만 아니라 앞으로 더욱 관심을 가져야 할 주제이기 때문이다.

이처럼 경제학적 관점에서 다국적기업과 직접투자에 대한 종합적이고 균형 있는 논의를 한다고 하였을 때 어떠한 구체적 문제들을 어떻게 다루어야 하는가에 대해서도 통일적인 해답이 존재하지 않는다. 상술한 대로 국제경영학 분야에서는 미국의 국제경영학 학문체계가 기본이 되어 어느 정도의 표준화가 이루어져 있는 것과 대조되는 점이다. 본서에서는 다국적기업과 직접투자에 대한 경제학적 문제를 ① 개념과 역사(concept and history), ② 행태와 특성(distinctive characteristics of behavior/activity), ③ 기업생성이론/투자결정이론(determinant theory), ④ 경제적 영향(economic effects/consequences), ⑤ 경제정책(economic policy) 등 5개의 분야로 설정하고 이들 각각을 하나의 편(編)으로 구성하여 5개의 편으로 구성하였다.

본서가 이렇게 다국적기업에 대한 실증적 측면과 규범적 측면, 미시적 행태와 거시적 영향 등 다양한 경제학적 측면을 종합적으로 논의할 뿐만 아니라 신고전파적 시각과 정치경제학적 시각을 모두 포괄하려고 시도함에 따라 분량이 지나치게 방대해져 그 내용이 오히려 선명하지 못한 점이 없지 않다. 이러한 부족함이 있음에도 불구하고 본서는, 다국적기업이나 직접투자에 대하여 경제학적 관점에서 접근해야 할 모든 주제들을 포괄적으로 체계화하면서 하나의 책으로 종합하고 있다는 점에서 나름의 의의를 가질 수 있다고 생각한다.

본서를 집필함에 있어서 오랜 시간이 소요되었고 또한 그동안에 축적된 수많은 소중한 연구결과들을 인용하였지만 특히 중점적으로 활용하고 참고한 주요 문헌은 안세영(1998), J. H. Dunning and Sarinna M. Lundan(2008), Grazia Ietto－Gillies(2005), UNCTAD, WIR 등이었으며 아울러 제3～5편의 경우 노택환(1990, 2012)의 내용을 발췌하면서 수정 · 보완하였음을 밝혀둔다. 또한 본서를 집필함에 있어서 처음부터 대학교재용으로 기획된 것은 아니었지만 만약 강의교재로 활용하는 경우 대학원 레벨에서도 사용할 수 있도록 구성된 만큼, 학부 교재로 사용하는 경우 강의담당 교수의 적절한 선택과 집중이 필요할 것으로 사료된다.

이제 본서를 출판함에 있어 많은 부족함과 아쉬움이 있음에도 불구하고 다국적기업과 직접투자와 관련된 경제적 문제들에 관심을 가진 동학제현 및 후학들에게 이 책이 다소나마 가치 있는 문헌이 되어 활용되고 논쟁되었으면 하는 바람을 피력해본다.

아울러, 별로 시장성이 없는 본서의 출판을 맡아준 율곡출판사 박기남 사장님께 감사드리고, 교정을 위하여 성심껏 도와준 영남대학교 강사 김귀옥 박사와 대학원생 최경규 · 도은정 · 이효지 · 박아율에게도 감사를 표한다.

2012년 3월 초순

새봄의 문턱에서

저자

목 차

제1편
총 설

제1장 다국적기업 연구의 의의와 분야

제2장 다국적기업 관련 용어 및 개념 정의

제2편

다국적기업의 역사와 기업적 특성

제3장 다국적기업의 역사적 배경과 현황

제4장 다국적기업의 기업적 특성

제5장 다국적기업과 직접투자의 투자유형

제3편 다국적기업의 해외직접투자이론

제6장 전통적 경제이론과 해외직접투자이론

제12장 정치경제적 · 사회문화적 영향

제5편

다국적기업에 대한 정책과 전략

제13장 다국적기업에 대한 투자국의 정책과 전략

제14장 다국적기업에 대한 현지국의 정책과 전략

부록 목차

: PART 01

총 설

제 1 장 다국적기업 연구의 의의와 분야

제 2 장 다국적기업 관련 용어 및 개념 정의

“

오늘날 우리는 경제의 세계화 · 글로벌화(globalization of economy)라는 거대한 물결 속에서 그동안 인류가 몇 세기 동안 변화된 모습보다 더 많은 변화들을 우리 한 세대에 경험하고 있다.

제1편은 이러한 경제의 세계화 · 글로벌화 추세 속에서 이를 추동하는 핵심적 내용이 되는 ‘생산의 세계화’ 또는 ‘기업 활동의 세계화’를 주도하고 있는 다국적기업(MNE : multinational enterprise)이나 해외직접투자(FDI : foreign direct investment)의 개념을 살펴보고 이들에 대한 연구의 방향과 주제가 무엇인가에 대하여 다음과 같은 총론적 논의들을 행한다.

(1) 오늘날 기업의 국제화 · 글로벌화를 대변하고 있는 다국적기업이나 해외직접투자는 어떠한 의미와 의의를 지니고 있는가? 또한 이러한 다국적기업이나 해외직접투자에 대한 연구와 교육에는 어떠한 학문분야들이 관련되고 이들 각각의 분야에서 다루어져야 할 주요한 내용과 주제는 무엇인가? 이러한 주제들 중 경제학적 관점에서 다국적기업과 해외직접투자를 다루려는 본서의 구성과 내용은 어떠한가?(제1장 다국적기업의 연구 의의와 연구분야)

(2) 다국적기업이나 해외직접투자와 유사한 의미를 지니고 있는 수많은 관련 용어들은 어떠한 함의를 지니고 있고 또 어떠한 점에서 차이점을 지니고 있으며, 이러한 다국적기업과 해외직접투자에 대한 개념적 정의는 어떠하고 이를 규정하는 현실적 기준은 무엇인가?(제2장 다국적기업 관련 용어 및 개념 정의)

”

CHAPTER 01

다국적기업 연구의 의의와 분야

제1절 다국적기업의 연구 의의

1. 경제의 글로벌화와 다국적기업

1.1 경제의 글로벌화와 기업 활동의 글로벌화

1.1.1 경제의 국제화 · 글로벌화

제2차 세계대전 이후－특히 1950년대 말 내지 1960년대 이후의－세계경제는 많은 새로운 구조적 변화들을 맞이하게 되었다. 이러한 구조변화의 내용으로서는 ① 전쟁으로 피폐하였던 유럽 · 일본 등 자유세계의 경제적 부흥, ② GATT를 중심으로 하는 다자주의적 무역자유화의 진전, ③ 지역경제통합 움직임의 강화(EEC · EFTA · LAFTA · COMECON 등), ④ 자본주의와 사회주의 진영 간의 경쟁으로 인한 동서문제의 발생, ⑤ 신생독립국의 출현으로 인한 개도국문제와 선후진국 간의 갈등으로 인한 남북문제의 제기, ⑥ 전반적인 경제활동의 국제화 경향 등을 들 수 있다.

전후 세계경제는 이렇게 다양한 구조적 변화들을 경험하였지만 이 시대를 대변하는 가장 특징적 변화를 하나로 압축한다면 “경제의 국제화”(internationalization of economy) 경향이었다고 할 수 있다. 이러한 경제의 국제화는 무역자유화를 통하여 주도되었고 이어서 외환 및 자본의 자유화를 통하여 점진적으로 확대되었다. 이처럼 1950년대 말부터 확대되기 시작한 경제의 국제화 흐름은 이후 1970년대에 나타난 신보호주의 · 경제적 민족주의와 같은 도전이 있었음에도 불구하고 줄기차게 계속되어 왔다.

한편 1980년대 말 내지 1990년대 이후의 세계경제는 1960년대의 변화에 버금가는 또 다른 변화들을 보여주었다. 이러한 변화의 특성을 1960년대의 변화와 대비하여 요약하면, ① 미국경제력의 상대적 약화, ② 쌍무주의적 보호주의와 다자주의적 자유주의의 혼재, ③ 지역경제통합 움직임(EU · NAFTA · ASEAN 등)의 재등장, ④ 사회주의경제권의 몰락으로 인한 동서문제의 실종, ⑤ 주요 선진국 간의 경쟁격화로 인한 남북문제의 정체, ⑥ 경제의 세계화 · 글로벌화 경향 등으로 나타낼 수 있다.

1990년대 이후의 이와 같은 복합적인 세계경제환경의 변화에도 불구하고 이러한 변화를 한마디로 포괄한다면 이 역시 "경제의 세계화 · 글로벌화"(globalization of economy) 경향으로 요약할 수 있다. 경제의 세계화 · 글로벌화란 국내와 국외의 구별이 없어지고 세계가 하나의 거대한 단일시장이 되는 이른바 '국경 없는 경제'(the borderless economy)가 실현되는 것을 말한다. 종전의 국제화가 국가 단위의 시장이 구성되었던 상황에서 국경을 넘는 경제적 교류가 확대되고 한 국가에 소재한 기업이 다른 국가로 진출하는 경향이 확대되었음을 의미하는 것이었다면, 오늘날의 세계화 · 글로벌화는 국경에 따른 시장구분의 의미 자체가 없어져 하나의 통합된 시장에서 범세계적인 기업 활동이 이루어지는 것을 의미한다.

1.1.2 기업 활동의 글로벌화와 다국적기업

이와 같이 1960년대 이후 세계경제의 변화를 대표하는 주된 흐름이 경제의 국제화였고 1990년대 이후 세계경제의 변화를 대표하는 흐름 역시 경제의 세계화 · 글로벌화라고 할 수 있지만, 이러한 경제의 국제화나 글로벌화를 가장 특징적으로 나타내는 현상은 생산의 세계화였다고 할 수 있고 이러한 생산의 세계화를 추진한 가장 강력한 동력은 "기업 활동의 다국적화 · 글로벌화"(going multinationals)였다고 할 수 있다. 1960년대 이후 경제의 국제화를 주도한 것이 국제무역이었고 1980년대 후반 이후 경제의 세계화 · 글로벌화를 주도한 것이 국제금융과 국제투자였다고 할 수 있지만 이러한 변화를 꾸준히 주도한 주체는 기업 활동이었기 때문이다.

그런데 이러한 기업의 다국적화 · 글로벌화는 결국 경영권 참여를 목적으로 해외로 진출하는 해외직접투자(FDI : foreign direct investment)에 의해 주도되었다. 이러한 점에서 해외직접투자는 오늘날 기업 활동의 글로벌화를 추동하는 가장 중요한 메커니즘으로서 세계경제의 글로벌화를 측정하는 가장 중요한 지표로 간주되고 있다. 그런데 이러한 직접투자는 전 세계를 대상으로 범세계적인 관점에서 생산하고 판매하여 글로벌한 경영활동을 전개하는 다국적기업(MNE : multinational enterprise)에 의해 주도하고 있다.

이들 세계적인 다국적기업들은 본국 이외에 수십 개국에 그들의 자회사를 설립하고 ① 세계에서 가장 효율적으로 생산할 수 있는 곳 또는 그들의 판매와 수출을 극대화시킬 수 있는 곳으로 그들의 생산기지를 옮기고, ② 세계에서 금융비용이 가장 저렴한 곳에서 자본을 조달하여 세금이 가장 낮은 곳으로 기업소득을 이전시키고 자본수익과 환차익이 가장 높은 곳으로 자금을 이동시키며, ③ 정치경제적 안정성이 가장 잘 유지되는 곳에서 경영활동을 행함으로써, 범세계적인 차원에서의 이윤극대화 · 판매극대화 · 자본조달비용극소화 · 조세부담극소화 · 수익극대화 · 경영환경의 안정화를 추구함으로써 이른바 범세계적 관점의 생산 · 시장 · 경영 · 재무활동의 효율화를 추구하고 있다.

1.2. 다국적기업 활동의 추세와 전망

1.2.1 다국적기업과 직접투자의 급격한 성장

이러한 추세에 따라 직접투자와 다국적기업에 대한 고려 없이 개별 국민국가의 무역 · 투자 · 국제수지 · 고용 · 경제성장 등을 올바르게 설명할 수 없게 되었고, 더 나아가 이들에 대한 통찰 없이 세계경제의 발전이나 국제경제질서 문제를 제대로 논할 수 없게 되었다. 이러한 관점에서 보면, 지난 40여 년간의 세계경제의 급격한 성장과정에서 다국적기업의 등장만큼 결정적인 역할을 한 것은 없다고 할 수 있다. 오늘날의 세계경제 추세가 이렇게 "다국적기업의 시대"(the age of multinational enterprise)로 접어들었다는 구체적인 증거들을 여러 가지 측면에서 찾을 수 있다.

우선 직접투자 및 다국적기업의 성장과 관련된 대표적인 현상들을 살펴보면, 해외직접투자의 성장률이 급격하고 다국적기업의 규모가 거대화되고 있을 뿐만 아니라 다국적기업의 숫자 역시 급격히 증가하고 있다. 이에 따라 직접투자 또는 다국적기업이 세계경제 및 각 국민경제의 생산 · 고용 · 무역 · 자본이동에 차지하는 비중 역시 급격히 높아지고 있다.

급격한 성장률 : 최근 다국적기업 활동의 급격한 확대에 따라 해외직접투자가 세계 전체의 평균성장률이나 무역증가율보다 훨씬 빠른 속도로 성장하는 경향이 보편화되었다.[1] 이것은 경제의 국제화나 세계화가 단순히 국제무역의 확대에 의해서 주도되기보다 해외직접투자, 즉 기업의 글로벌화에 의해 주도되고 있음을 의미한다.

규모의 거대화 : 동일계 다국적기업의 매출액규모가 일국의 총생산액 규모를 넘는 사례가 보편화되고 있다. 따라서 세계 제1위의 다국적기업의 총매출액 규모보다 더 큰 국내생산규모(GDP)를 가진 나라는 세계 20여 개국(전체의 10%) 내외의 선진국밖에 없다고 할 수 있을 만큼 다국적기업의 경제적 규모가 거대화되고 있다.

기업 수의 급격한 증대 : 50여 년 전 불과 소수에 불과했던 다국적기업(해외생산시설을 운영하는 기업)의 수가 2010년에 이르러 세계 전체로 10만 3천여(103,7863) 개로 증가되었고 이들이 89만 2천여(892,114) 개의 해외자회사 네트워크를 유지하고 있다.[2]

---

1 1970년부터 1990년대 말(1997년)까지 전 세계의 GDP는 2배, 수출은 4배 해외직접투자는 8배 정도 증가하였다(Economist, 1998.6.20, survey p.5).

2 전체 다국적기업의 수 103,786개는 선진국계 73,144개, 개도국계 30,209개, 러시아 및 동구권 433개로 구성되고 이들이 운영하는 892,114개의 자회사는 선진국 373,612개, 개도국 512,531개, 러시아 및 동구권 5,971개로 구성되어 있다(UNCTAD WIR 2011).

1.2.2 다국적기업과 직접투자의 새로운 특성

또한 최근에 이르러 다국적기업이나 직접투자의 특성을 보면 지금까지의 전통적인 기업형태나 투자형태와 다른 다음과 같은 새로운 특성들을 보여주고 있다.

투자주체의 확대 : 종래에는 거대기업들만이 해외로 진출하는 것으로 생각하였으나 최근에는 이러한 대규모 기업들 이외에 더욱더 많은 중소규모 기업들이 다국적기업의 구조로 이행되어 가고 있다.[3] 또한 거대 선진국의 거대규모의 다국적기업들 못지않게 스웨덴・스위스・네덜란드・핀란드 등 국가규모가 작은 소강국의 기업들이 높은 국제화를 경쟁력으로 하여 세계적인 다국적기업으로 부상하였다.

투자국의 변화 : 종래에는 다국적기업을 배출하는 투자국들은 몇몇 선진국들에 국한되었던 것으로 생각하였으나 1980년대 이후 이른바 신흥공업국(NICs : newly industrialized countries)으로 지칭되는 한국・대만・싱가포르 등이 새로운 차원의 국제적인 경영을 확장하기 시작하면서 새로운 다국적기업들을 성장시켜 왔다. 1990년대 이후 소련을 위시한 구 사회주의국가의 국영기업들도 다국적화의 길을 걸어왔고 최근에는 중국・인도・브라질 등 이른바 신흥시장국(emerging market countries)의 기업들 역시 적극적인 해외투자에 나서고 있다.

투자업종의 변화 : 전통적으로 해외투자는 식민지나 제3세계 또는 자원보유국에 대한 1차 산업 중심으로 이루어지다가 1960～1970년대에 들어와 해외직접투자가 본격화되면서 해외투자의 기본 축이 제조업분야로 이동되어 전반적으로 다국적기업들이 제조분야에 집중적으로 종사하는 경향이 강하였다. 그러나 최근에는 서비스산업에 대한 해외투자의 비중이 크게 증대되고 투자업종의 다양화가 이루어지고 있다.

투자형태의 변화 : 투자형태 역시 종래의 단순한 단독투자 또는 합작투자 형태로부터 M&A 또는 전략적 제휴 등 그 형태도 다양화되고 있다. 또한 1970년대까지만 하더라도 다국적기업 활동의 주요한 형태는 자본이동을 통하여 이루어졌지만 1980년대 이후에는 현지에서 발생된 이윤의 재투자나 현지자본조달을 통한 투자 등과 같이 자본이동이 이루어지지 않는 투자가 증대되었고, 또한 과거에는 자신들이 직접 공장을 건설하여 소유하고 경영통제권을 행사하는 투자를 주로 하였지만 최근에는 기술협력계약・판로제공계약・경영관리계약・턴키베이스계약 등 비자본적 참여를 통한 해외진출을 선호하게 되어 투자형태가 다양화되고 있다.

---

3 1996년 자료를 보면 스웨덴 다국적기업의 4/5, 이탈리아 다국적기업의 3/5, 일본계 다국적기업의 55%가 중소기업인 것으로 나타나 1990년대 중반 이후 이미 중소규모 기업의 다국적화가 보편화되었음을 알 수 있다.

1.2.3 다국적기업과 직접투자의 전망

이처럼 1960년대 이후 해외직접투자와 다국적기업의 확대가 급격히 이루어져 이러한 확대추세를 감안하여 보면, 한때 '해가 지지 않는 제국'·'세계의 공장'으로 지칭되던 대영제국은 오늘날 쇠락하여 그 영화가 역사 속으로 사라졌지만, 오늘날의 세계적인 다국적기업들은 '해가 지지 않는 보이지 않은 제국'으로 군림하고 있다고 할 수 있다. 세계적 다국적기업들은 규모면에서는 물론 국제경제·정치·사회에 미치는 영향에 있어서도 가히 국제사회를 압도할 정도로 성장하여 절대적인 역할을 담당하고 있기 때문이다. 또한 지금까지의 이러한 가속적인 성장률을 감안한다면 이후 다국적기업의 위력은 오히려 더욱더 본격화되고 보편화될 것으로 보아도 무방할 것이다.

일찍이 1960년대 말 미국계 다국적기업의 유럽진출이 급격히 확대되자 프랑스의 슈방슈라이버(Servan Schreiber, 1968)는 그의 저서 『미국의 도전』에서 '이후 미국과 소련에 이어 그 다음 가는 세계 산업의 강대 세력 제3위는 유럽이 아니라 유럽 속의 미국 산업이 될 것'이라고 예견한 바 있다. 또한 세계경제에 있어서 다국적기업의 역할과 그 규모의 확대를 미리 간파한 하이머(S. H. Hymer)는 '다국적기업의 생산증가율을 연 8%, 비(非)다국적기업의 생산증가율을 연 4%씩 가정한다면 다국적기업이 2005년까지는 세계 상품생산의 50%, 2040년까지는 80%를 차지하게 될 것'이라고 예견하였다.[4]

실제로 세계적인 다국적기업들의 거대한 규모와 막강한 경제력은 상상을 초월할 만한 수준에 이르고 있고 계속 그 규모가 급속히 증대되고 있어,[5] 이러한 이들의 예견은 오늘날 거의 그대로 적중되어 조금도 놀라울 바가 되지 못하고 있다. 이런 점에서 다국적기업의 출현이야말로 극적인 현상이었을 뿐 아니라 앞으로도 그 막강한 규모와 영향력을 통해 세계경제를 새롭게 변화시켜 갈 것으로 예견된다. 이런 점에서 많은 사람들이, 다국적기업의 역할이 더욱 증대되고 있는 오늘날의 경제사회를 '다국적기업의 시대'(the age of multinational enterprise)라고 규정하기도 한다.

이러한 관점에서 본다면 오늘날의 세계경제는 다국적기업이라는 메커니즘을 통하여 하나로 통합되는 과정이라고도 할 수 있다. 이 때문에 세계적인 다국적기업들의 국적이 점차 모호해지고 있다. 다국적기업이 소유하는 자본이 여러 나라 국적을 가진 주주들에게 분산되어 '소유의 무국적화'가 이루어지고 있고, 다국적기업이 생산하고 판매하는 상품들

---

4 S. H. Hymer(1972) p.29.

5 UN무역개발회의(UNCTAD)는 세계적 다국적기업들이 창출하는 부가가치가 2010년 기준으로 16조 달러에 달하는 것으로 추산하였는데 이러한 부가가치 생산액은 세계 전체 GDP의 약 1/4, 공공부문을 제외한 민간부문이 창출하는 부가가치의 1/3수준에 해당되는 크기로서, 세계에서 경제규모가 가장 큰 미국의 GDP 규모를 능가하고 있다.

역시 생산지 · 판매지 · 상표의 국적이 여러 나라에 분산되어 '상품의 무국적화'가 이루어지고 있다. 이러한 경향 때문에 사람들은 이제 '다국적기업'은 사라지고 오히려 '무국적기업' 내지는 '초국적기업'(transnational corporation)만이 존재하는 시대라고도 말하기도 한다.

2. 다국적기업 연구의 의의와 난점

2.1 다국적기업 연구의 의의

기업의 세계화 · 글로벌화라는 현상이 현대적 기업행동의 대표적 특징으로 나타나고 이것이 각국의 국민경제나 세계경제에 미치는 영향 또한 급속히 확대됨에 따라 다국적기업이라는 용어는 사회과학의 각 분야에서 빠른 속도로 중요한 위치를 확보하여 왔다. 따라서 다국적기업을 대상으로 하는 이론적 · 정책적 연구와 교육이 왜 필요하고 또한 어떤 의의를 지니는가는 이러한 현상 자체로서 이미 자명해졌다고 할 수 있다. 그러나 다국적기업의 연구의의나 연구목표들을 좀더 구체적으로 논의한다면 다음과 같다.

2.1.1 세계경제적 관점의 연구 의의

다국적기업이라는 존재가 세계경제의 새로운 현상으로 대두되었을 뿐만 아니라 그것의 실체가 현대 국제경제사회에서의 기본적인 존재가 되어 세계경제에 차지하는 그것의 비중이 지배적인 것이 된 이상, 그것을 새로운 학문의 대상으로 하여 그것의 본질과 특성을 분석하고 파악하여 그것이 던져주는 새로운 도전에 올바르게 대처해 가는 것이 곧 "과학의 정신"이라는 점에서 우선 그 연구의 필요성은 자명하다.

그러나 다국적기업에 대한 태도는 정치적인 것에서부터 경제적 · 사회적 · 문화적인 것에 이르기까지 실로 다양하고 또한 그에 대한 평가 역시 분석자의 관점에 따라 상이하여 심지어는 동일한 사실을 놓고도 정반대의 결론을 내리고 있다. 어떤 사람들은 다국적기업을 생산의 창조자 · 복지향상과 경제성장촉진의 원동력 · 세계자원의 최적배분과 효율을 증진시키는 도구로 평가하지만, 또 다른 사람들은 다국적기업이란 세계적인 경영조직과 막강한 자원 동원력과 기술개발능력을 배경으로 그들의 이윤동기를 적극적으로 추진하고 확대해 감으로써 국가이익에 상충될 뿐만 아니라 더 나아가서는 국제경제 질서를 교란하는 악(惡)으로 평가한다.

이에 프린스톤 대학의 길핀(Robert Gilpin) 교수는 일찍이 다국적기업에 대한 많은 경제학자들의 연구를 ① 다국적기업에 찬성하는 견해들과 반대하는 견해들, ② 다국적기업을 경제 및 기술의 발달에 따라 자연적으로 발생하였다고 보는 견해들과 공공정책의 구실을 강조하는 견해들, ③ 다국적기업을 시장 방어적·보호적이라고 믿는 견해들과 시장 침략적·착취적이라고 보는 견해들로 분류하는 이분법을 행한 바 있다.[6]

동일한 실체에 대하여 이러한 견해와 평가의 상충이 일어나는 이유는 분석자의 기본적인 이념과 인식의 차이 때문이기도 하지만, 또 다른 측면에서는 어떤 냉철한 판단에 기초를 둔 객관적이고 합리적인 평가보다는 자의적이고 이데올로기적인 평가에 연유된 점도 없지 않다. 따라서 세계경제에 대한 다국적기업의 실체를 정확히 인식하기 위한 "객관적이고 합리적인 평가"가 요구된다. 말하자면 다국적기업은 세계경제에 대한 긍정적 측면과 부정적 측면을 동시에 지니는 만큼, 이를 일방적으로 선(善)이나 악(惡)으로 규정하는 같은 이분법적 해석을 경계하면서 보다 과학적이고 균형 있는 연구와 평가가 이루어져야 한다.

이상과 같은 실체의 정확한 인식과 평가가 이루어져야 함은 물론 이를 바탕으로 다국적기업이 초래하는 범세계적 차원에서의 긍정적 효과(merit)를 극대화하는 동시에 그것의 부정적 효과(demerit)를 극소화하기 위한 "국제적 정책이나 규범의 정립"을 모색하기 위한 연구와 노력 또한 필요해진다.

2.1.2 국민경제적 관점의 연구 의의

다국적기업의 범세계적 활동은 투자국(home country)과 피투자국/현지국(host country)의 국민경제에 지대한 영향을 미친다. 다국적기업이라는 실체는 어떤 초국가적인 힘을 통하여 기업 전체의 이익극대화를 위해 활동하고 있으므로, 주권국가처럼 그들의 정책과 행동에 대해 직접적으로 그들의 국민들에게 책임을 지는 법도 없고 또 어떤 특정국의 정부에 의해 전적으로 통제받지도 않는다. 따라서 다국적기업의 이익과 개별 국가의 국민경제의 이익 간에는 반드시 일정한 조화와 상충이 존재한다. 이에 모든 나라는 한편으로는 다국적기업에 대한 장려 및 우대조치를 실시하면서 또 다른 한편으로는 이에 대한 규제 및 감독조치를 병행하여 실행하고 있다.

이처럼 다국적기업은 모든 국민경제에 대하여 조화와 상충을 가져오지만 그 영향의 종류와 정도는 각국의 경제 환경·제도·정책 등에 따라 상이하게 나타나므로 다국적기업의 진출과 활동이 각국에 미치는 국민경제적 영향은 필연적으로 다양할 수밖에 없다. 따라서 각국은 그 나름대로의 경제적·정치적·사회적 여건 위에서 다국적기업의 진출과 유치에 따르는 정(正)의 효과와 부(負)의 효과 등 "국민경제적 효과"를 면밀히 분석·평가하고 그에 따른 "올바른 정책의 수립과 실천"을 행해야 한다.

---

6 R. Gilpin(1973) pp.1~7.

사실 오늘날 세계에 존재하는 어떠한 국가도 다른 나라 경제와의 상호의존적 관계없이 고립하여 독자적으로 경제를 영위하는 나라는 없다. 더욱이 오늘날과 같은 경제의 세계화・글로벌화가 심화되어 가는 세계경제환경 속에서 외국에 대한 자본진출이나 해외투자 또는 외국으로부터의 자본도입이나 투자유치의 문제로부터 독립적일 수 있는 나라는 하나도 없다. 따라서 이러한 국민경제적 관점에서의 다국적기업에 대한 연구의 필요성은 더욱 커지고 있으며 이러한 필요성은 소규모 개방경제체제를 지향하여야 하는 우리의 국민경제에 있어서는 더욱더 중요할 수밖에 없다.

2.1.3 기업경영적 관점의 연구 의의

앞에서 설명한 바와 같이 경제활동의 세계화・글로벌화라는 세계적 경향은 각국 국민경제의 세계화・글로벌화뿐만 아니라 기업 활동의 세계화・글로벌화로 특징된다. 오늘날에는 기업의 경영활동이 일국 내에서만 이루어지는 것이 아니라 '성장과 이익의 기회가 예견되는 곳이면 어디든지'라는 범세계적 관점에서 영위된다. 따라서 기업의 해외진출과 관리에 따르는 실용적・실천적 과제에 대한 기업 경영적 관점에서의 연구와 고찰이 매우 중요해진다.

기업의 국제적 경영활동도 기업 활동이라는 점에서 국내경영활동과 근본적으로 다를 것이 없다. 국제경영활동도 국내경영활동과 마찬가지로 자신의 '생존・이익・시장・성장을 위해서'(for survival, profit, markets and growth) 필요한 자원을 획득하고 투입하여 생산・유통・판매 등과 같은 기업 활동을 행하는 것이기 때문이다. 그러나 국제적 기업 활동은 국내와는 서로 다른 경제・정치・사회문화・법률적 환경 하에서 경영활동을 하게 된다. 이렇게 환경이 다르다는 것은 국내에서는 갖지 못하는 새로운 기회(opportunity)를 가지는 동시에 국내에서는 부담하지 않아도 될 새로운 위험(risk)과 비용(cost)이 추가적으로 수반된다는 것을 의미한다.

따라서 기업의 해외진출과 관리에 따르는 기업경영적 연구와 고찰은, 해외진출이 가져다주는 이러한 기회를 극대화(maximize)하는 동시에 그것의 위험과 비용을 극소화(minimize)함으로써 추가적인(additional) 이익・시장・성장을 추구하기 위하여 ① 어떤 목적・방법・전략으로 해외진출을 행하고, ② 기업환경변화에 대응하여 기업의 조직과 경영을 어떻게 변화시켜 해외시장의 다양한 위험들에 어떻게 대처하면서 어떠한 방법으로 보다 더 잘 적응하여 이익적으로 경영해 갈 것인가에 대한 "기업경영적 문제"들을 다루는 것이다. 따라서 국제경영활동을 행하는 다국적기업에 대한 연구들이 새로운 경영이론과 프로세스를 검증하는 경향이 강한 것은 지극히 당연하다 하겠다.

또한 개별 기업의 국제경영 문제를 논함에 있어 반드시 제기되는 중요한 하나의 과제는 "유능한 국제경영인의 양성과 확보"이다. 이와 같은 문제는 오늘날 다국적기업활동의 지배적 역할을 담당하여 온 미국에서는 물론 다른 모든 국가들이 공통적으로 직면하게 된 문제로서, 꾸준히 향상되고는 있지만 여전히 경험과 전문성이 부족한 우리나라 기업들이 국제적 진출과 확장을 행함에 있어서 더욱더 중대한 의미를 지니는 과제임에 틀림이 없다. 따라서 미래의 유능한 국제경영인을 교육하고 양성한다는 과제 역시 다국적기업에 대한 경영적 연구가 필요한 이유 중의 하나이다.

2.2 다국적기업 연구의 난점(難點)

이상과 같은 다국적기업 연구의 의의나 필요성 때문에 이에 대한 연구가 다양하고 급진적으로 이루어지고 있다. 이러한 학술적 관심과 연구는 1970년대 이후 급격히 높아지기 시작하였지만 특히 1990년대 이후 더욱 활발히 이루어지고 있다.[7] 이와 같은 활발한 연구들은 다국적기업의 본질을 보다 정확히 설명(explain)하고 예견(predict)하게 해줌으로써 우리에게 유용한 이론적 · 정책적 함의들을 제공해 주고 있다.

그럼에도 불구하고 이러한 제 연구들은, 다국적기업이나 해외직접투자가 국제무역이나 국제경제 또는 관련 당사국들에 미치는 실제의 영향에 비해서는 여전히 미흡한 점이 있고, 또한 국제무역이나 국제금융 등과 같은 여타의 국제경제문제에 비하여 그 연구의 성과 역시 부족하고 미흡한 측면이 있다. 다국적기업에 대한 연구가 이와 같이 아직도 완전하지 못하거나 미흡한 이유는 무엇인가? 그것은 다국적기업과 관련하여 다음과 같은 연구의 난점(難點)들이 개재되고 있기 때문이다.

2.2.1 짧은 역사와 이론의 지행성

다국적기업의 본격적 등장이 이루어진 것은 국제무역이나 국제금융에 비하여 상대적으로 최근의 일이었으므로 그 실체를 정형화할 수 있을 만큼의 충분한 역사(歷史)를 가지지 못하였고 따라서 그에 대한 연구역사 역시 길지 않은 상태에 있다.

사실 어떤 국가의 시민이나 기업이 해외에 투자한다는 것, 또는 최근에 일어나고 있는 기업 활동의 국제화라는 현상이 완전히 새롭거나 독특한 현상은 아니다. 그러나 이러한 해외투자나 국제경영활동이 국제경제사회에서 중요한 존재로 인식되기 시작하고 현대적 의미에서 새로운 의의와 내용을 갖게 된 것은 1950년대 후반 내지 1960년대 이후부터였다.

7 어떤 자료에 의하면 1990년대 말부터 10여 년 동안 다국적기업이나 국제경영과 관련되어 발간된 연구논문 12,000편, 서적이 500권 정도에 이른다(John H. Dunning & S. M. Laundan, 2008 서문).

이렇게 본다면, 오늘날 논의의 대상이 되고 있는 다국적기업의 역사적 연원이야 어쨌든, 현대적 다국적기업의 본격적 등장은 불과 40∼50여 년의 역사에 지나지 않는다고 할 수 있어 국제무역이나 국제금융의 역사에 비해서는 그 역사가 일천하다고 할 수 있다. 따라서 이러한 다국적기업에 대한 "연구역사" 역시 그렇게 길지 않음은 불가피한 일이다. 사실 다국적기업에 관한 많은 연구가 활발히 이루어지고 가치 있는 문헌들이 나타나기 시작한 것은 불과 30여년에 불과하기 때문이다.

이 같은 연구역사의 일천성과 관련하여 "현실에 대한 이론의 지행성(遲行性)"역시 다국적기업 연구가 어려워지는 하나의 이유로 거론되기도 한다. 오늘날 다국적기업에 대한 광범위한 논의들이 다양하게 이루어지고 있지만 이러한 이론적 · 정책적 연구들은 현존하는 다국적기업의 확장이나 국제경영의 발전 속도를 충분히 따라가지 못하여, 현실은 이론이나 정책보다 선행하고 이론이나 정책은 여전히 그러한 현실을 따라잡기 위하여 뒤에서 후행하고 있는 분야 중의 하나가 되고 있기 때문이다.

2.2.2 실체의 복합성과 접근분야의 다양성

다국적기업이라는 실체가 한 몸에 여러 얼굴을 가진 다면수(多面獸)와도 같이 그 내용 · 활동 · 기능 · 영향 등이 복합적 성격을 지니므로 이에 대한 실체 파악이 불충분한 것 역시 다국적기업의 연구가 어려운 이유 중의 하나이다. 앞에서 언급한 바와 같이 다국적기업은 세계경제와 각각의 국민경제에 광범위하고도 다양한 영향을 미치므로 이러한 복합적이고 다양한 실체의 통일적 파악(fact finding)이 용이하지 않기 때문이다.

또한 이러한 복합적 성격 때문에 이에 대한 접근분야 역시 경제적 · 경영적 · 정치적 · 법률적 · 사회문화적 측면 등 다양하다. 따라서 다국적기업의 연구에 있어서는 이 같은 다양한 측면들을 어떻게 종합적이고 학제적으로 접근하느냐 하는 문제가 제기되는데 이 역시 다국적기업의 연구를 어렵게 만드는 원인이 되고 있다. 사실 이제까지의 학문적 연구들을 각각 자기의 학문과 관점에서 이를 논의하고 연구하여 왔을 뿐 포괄적이고 "학제적 관점(學際的 觀點)"에서 다국적기업의 문제에 대한 보편적이고 통일적인 종합화를 이룩하려는 노력이 부족하였던 것도 사실이다.

한편 다국적기업의 경제적 효과를 평가함에 있어서는 거시적 측면과 미시적 측면이 상호 배치되는 구성의 오류(fallacy of composition)가 작용한다. 따라서 다국적기업으로 인한 이러한 사적 이익(private benefit)과 사회적 이익(social benefit) 간의 괴리를 어떻게 해결할 것인가 하는 문제도 제기된다. 예컨대, 이윤극대화를 목표로 하는 기업의 입장에서 최적한 경영환경을 찾아 생산거점을 해외로 이전하는 것은 기업전략상 바람직한 일이지만, 이러한 기업의 전략적 노력이 투자국의 산업생산력과 경쟁력을 저하시키는 동시에 고용감소 · 무역수지 악화 등과 같은 심각한 부담을 투자국 국민경제에 안겨줄 수 있다. 이와 반대로 외국인직접투자를 유치하는 것은 현지국의 국내투자를 보완하고 국내고용 · 생산을 증대시키는 국민경제적 이익을 가져올 수 있지만 이로 인해 국내의 특정 산업 · 기업 · 계층 · 지역이 경쟁에서 도태되고 파괴되는 불이익을 받을 수 있다.

이와 같이 다국적기업의 경제적 효과에는 거시경제와 미시경제가 혼재되어 있고 그 평가 역시 반드시 일치하지 않기 때문에 분석에 어려움이 있다. 이러한 이유 때문에 다국적기업의 경제적 영향을 분석하는 연구방법에 있어서 거시적 방법론과 미시적 방법론이 모두 필요해지며 지금도 이러한 두 측면의 갭을 메우기 위한 노력과 시도들이 계속되고 있지만 총체적으로는 여전히 일정한 한계가 존재한다.

2.2.3 관련 통계자료의 한계성

이같이 그 성격상 복합적이고 상충적인 문제에 대한 연구가 올바로 이루어지기 위해서는 광범위하고 정확한 통계자료들이 충분히 확보될 수 있어야 한다. 그러나 다국적기업이나 해외직접투자와 관련된 통계들은 국제무역 · 외환 · 국제수지 등 여타의 국제경제 문제에 비하여 다음과 같은 여러 가지 측면의 한계성을 지니고 있어, 이에 대한 통계자료를 확보하고 활용하는 데 일정한 어려움이 있다.

관련 통계자료의 부족 : 우선 다국적기업 관련 통계자료들은 그것의 중요성에 비추어 불충분하다. 현실적으로 몇몇 선진국 정부 또는 경제단체 등은 어느 정도의 통계적 자료들을 제공하고 있으나 기타의 경우 특히 개발도상국 등의 경우에는 이에 대한 통계자료들이 결여되어 있다.[8] 또한 국제무역 · 외환 · 금융 등과는 달리 다국적기업 문제를 범세계적으로 총괄하는 독립적인 국제기구가 존재하지 않아 이에 대한 범세계적 차원에서의 자료의 수집 · 분류 · 분석 · 출판 등이 통일적으로 이루어지고 있지 못하다.[9]

또한 최근에 이르러 다국적기업의 해외직접투자가 비(非)지분참여 · 전략적 제휴 · M&A 등 다양한 형태로 이루어지고 있는데 이러한 투자형태에 대한 통계가 잘 파악되지 않는다. 비지분참여의 경우 소수의 국가(미국 · 영국 · 독일 등)들만이 이에 대한 구체적인 통

---

8 선진국의 경우도 해외직접투자에 대한 통계가 정기적으로 발간되기 시작한 것은 미국 1950년, 영국 1962년, 프랑스 · 독일 · 이탈리아 · 캐나다 · 네덜란드 등이 1970년대 말부터였다. 또한 일부 국가들(미국 · 캐나다 · 독일 · 아일랜드 · 스웨덴 · 호주 등)의 경우 광범위하고 정기적인 통계를 유지하여 왔지만 그 외의 대부분의 국가들은 그렇지 못하였다.

9 다국적기업과 해외직접투자에 관련된 자료를 수집 · 분류 · 발표하고 있는 국제기구로서는 UNCTAD(1991~), World Bank, IMF, OECD(2002~), Eurostat(2002~) 등이 있고, 민간조직으로서는 Institution of International Finance와 J. P. Morgan 등이 있다. 이들 중 UNCTAD 이외의 경우는 세계 전체적인 자료들을 다루지 않았고 또한 동일한 통계의 경우도 서로 일치하지 않는 경우가 많다(WIR, 1999, p.11).

계를 어느 정도 제공하고 있고, M&A통계의 경우에도 주식의 매도 및 매수의 통계를 수집하는 민간기구 등에 의하여 그 통계가 주도되고 있어 전체 직접투자 통계와 직접 비교하거나 분석하는 데에는 많은 어려움이 개재된다.

관련 통계자료의 부정확성 : 또한 다국적기업과 관련되는 통계자료들은 통계적 정확성을 결여하기 쉽다. 다국적기업과 관련하여 사용하는 통계치는 주로 해외직접투자 투자스톡(stock of direct investment abroad)인데 이는 일정 시점까지의 총 누적투자의 장부가액(book value)을 말한다. 그런데 이러한 통계치는 다음과 같은 여러 가지 이유 때문에 다국적기업의 실체를 정확히 반영하는 데에 근본적인 한계가 있기 마련이다. 이 때문에 해외직접투자 통계는 '다국적기업의 지배 하에 있는 자산'(controlled assets by MNE)의 크기를 제대로 반영하지 못하여 실제보다 과소평가되기 쉬운 속성을 지니고 있다.

(1) 해외직접투자에 대한 전통적 측정수단은 자본의 흐름이므로 대부분의 해외직접투자 통계는 국제수지기준의 통계이다. 이렇게 자본의 흐름만을 나타내는 통계에는 해외직접투자에 수반되는 투자기업의 기술·정보·경영능력 등 무형의 경영자원(intangible managerial resources)이 반영되지 못한다. 따라서 해외직접투자 통계는 해외에 입지한 자회사의 금융적 가치(financial value)만을 반영하게 될 뿐 다국적기업의 자산이나 통제력 등을 제대로 나타내지 못한다.

(2) 자본의 흐름만을 파악한다고 하더라도 실제의 투자액수보다는 그 크기가 축소될 가능성이 높다. ① 과거에 투자한 액수를 그대로 반영하기 때문에 그 동안의 물가상승에 따르는 영향이 감안되지 않고, ② 합작투자의 경우 현지파트너의 소유지분이나 현지에서 조달한 현지금융이 포함되지 않으며, ③ 현지에서 발생된 이윤의 재투자분이 누락되기 쉽다.[10] 따라서 통계상의 해외직접투자액은 실제의 투자액보다 크게 미달될 수 있고 외국기업이 보유하는 자본과 자산의 가치는 과소평가되기 쉽다.[11]

(3) 다국적기업의 다국적적 성격으로 인한 통계의 부정확성도 발생될 수 있다. 뒤에서 자세히 논의하듯이 다국적기업이 행하는 국제거래 중 상당 부분이 기업내거래(intra-firm transactions)의 형태로 이루어지기 때문에 표면에 드러나지 않으며, 또한 표면에 드러나는 통계라고 하더라도 이전가격조작(transfer-pricing) 등에 의해 그 정확한 실체 파악이 사실상 어려워지기 때문이다.[12]

---

10 1990년 미국의 해외직접투자 중 44%가 본사의 자금에 의하여 이루어졌고 나머지 31%는 현지에서 발생된 이윤의 재투자, 25%는 현지금융기관의 대부에 의하였다.

11 이 때문에 투자의 역사가 긴 나라의 자본스톡은 투자역사가 짧은 나라에 비하여 더 많이 과소평가되어 국가간 비교에 왜곡이 발생할 수 있다. 이러한 어려움을 극복하기 위하여 이러한 자본스톡을 실질가치로 산정하여 평가하려는 시도가 이루어지기도 하지만 여기에는 경상가격과 불변가격·환율의 적용문제·투자의 잔류기간(vintage) 등의 문제로 인하여 이러한 재 추정 역시 쉽지 않다.

(4) 국경을 넘는 자본이동으로서 해외직접투자의 통계에는 실질적 경제행위와 일치하지 않는 통계적 왜곡이 발생할 수 있다. 예컨대 중국과 홍콩, 러시아와 사이프러스(Cyprus)의 경우와 같이 외국자본에 대하여 부여하는 현지국의 인센티브를 활용하기 위하여 우회하는 투자(round-tripping investment)가 상당히 존재한다.[13] 또한 버진아일랜드 · 버뮤다 · 파나마 · 케이맨 등의 지주회사(holding company)나 네덜란드 · 룩셈부르크 등의 조세회피지(tax havens)를 활용하는 투자도 상당히 크다. 이러한 경우 국제투자의 통계적 왜곡의 원인이 된다.

관련 통계자료의 비통일성 : 또한 개별 국가들이 발표하는 해외직접투자 통계자료는 다음과 같은 문제점 때문에 국제적 통일성이 결여되어 있다. 세계 전체의 해외직접투자 총액과 외국인직접투자 총액이 일치하지 않는 것은 통계상의 기술적 문제뿐만 아니라 이러한 비통일성에도 기인된다. 이러한 통계적 불일치는 국제무역이나 국제수지 통계에서도 어느 정도 불가피하지만 직접투자의 경우 이러한 정도가 상대적으로 더 큰 것이 사실이다. 따라서 해외직접투자와 관련되는 통계를 동일선상에서 국가별로 비교할 경우 일정한 왜곡이 발생할 수도 있는 것이 사실이다.

(1) 직접투자와 간접투자를 구분하는 기준과 관련하여 뒤에서 설명하는 것처럼 직접투자와 간접투자는 개념적으로는 분명하게 구분되지만 어떤 투자가 직접투자로 분류되기 위한 현실적 기준은 개별 국가들이 정한 자본참여(지분)의 최소비율이 된다. 그러나 이에 대하여 국제적으로 통일된 표준이 없어 각국별로 서로 다른 기준을 설정하고 있어 통일성을 결하고 있다.

(2) 국가별로 발표하는 통계의 기준시기가 다르고 통계기관에 따라 차이가 있음은 물론 통계기준 역시 그것이 투자의 인가기준인가 실행기준인가에 따라서 차이가 크다.

(3) 국가별 자료를 연결함에 있어서 각국의 상이한 화폐제도나 회계제도로 인하여 그 통계치의 환산과 평가에는 많은 왜곡이 개재될 수 있다. 예컨대 환율의 변동은 달러로 표시된 투자액에 영향을 미친다.

(4) 고도로 세분화되어 있는 무역상품 분류와는 대조적으로 해외직접투자에 대한 통계는 그 분류체계가 너무 단순화되어 있고 또한 그 분류방식에 있어서도 세계적인 표준화가 이루어지지도 못한 채 개별 국가들이 각기 자기의 방식으로 통계하기도 한다. 따라서 해외직접투자를 산업별 · 품목별 · 국가별로 비교하는 작업이 통일적으로 이루어지기가 용이하지 못한 경우가 많다.

---

12 다국적기업의 경우 이러한 이전가격조작으로 인하여 '신고된 이윤'과 '실제의 이윤'의 차이가 매우 클 수 있다. 예를 들면, 콜롬비아의 외국계 제약회사들이 신고한 이윤은 6% 수준이었지만 실제 이윤은 그것의 10배를 초과한 것으로 알려진 바 있다. 이러한 경우는 극단적이라고 할 수 있지만, 실제로 다국적기업들의 그러한 관행은 광범위하게 퍼져 있다고 할 수 있는데 이에 대해서는 제2편과 제4편에서 다시 설명한다.

13 UNCTAD(2004)에 따르면 2000~2002년간 홍콩의 해외직접투자 중 약 25~40%가 중국 및 조세회피지 간에 이루어진 우회투자인 것으로 추정하고 있다.

제2절 다국적기업의 연구 분야와 내용

1. 다국적기업 관련 연구분야

1.1 연구분야 정립의 어려움

다국적기업이라는 실체가 현대 자본주의사회에 있어서 기본적인 존재가 되고 또한 다국적기업의 기업 활동이 국제경제관계에 근본적인 변혁을 가져오고 있다는 사실이 인식됨에 따라, 세계 각국에서 이에 대한 연구가 활발히 전개되기 시작하였다. 1960년대 해외직접투자와 다국적기업의 활동이 미국 기업을 중심으로 주도되었던 만큼 이에 대한 연구를 선도한 것 역시 미국이었다.

당시 이러한 다국적기업 연구를 선도한 것은 일련의 경제학자와 경영학자들이었다. 하이머(S. H. Hymer)와 킨들버거(C. P. Kindleberger) 등 경제학자들은 다국적기업에 의한 해외투자를 독과점적 자본 간의 경쟁이라는 측면에서 접근하였고, 버논(R. Vernon)은 자본・기술상의 절대적 우위를 누리던 미국 기업의 행동원리를 제품주기로써 설명하려고 하였다. 또한 펜로즈(E. T. Penrose)와 같은 학자는 다국적기업 경영의 기초를 경영자원의 이전과 배분이라는 측면에서 설명하려 하였고, 페이어웨더(John Fayerweather)나 로빈슨(R. D. Robinson) 같은 국제경영학의 선구자들은 다국적기업의 기업구조와 전략을 새로운 기업경영 유형으로 파악하여 이러한 구조와 조직의 관점에서 접근하였다.

다국적기업에 대한 이러한 관심과 연구가 증대되는 것과 때를 같이 하여, 특히 시대적 요구에 민감한 미국의 대학들은 1960년대 초부터 이에 대한 학문 및 교육 체계를 급속히 갖추기 시작하여 다국적기업과 관련되는 교육단위와 교육프로그램의 설립이 크게 증가하였다. 이후 이러한 경향이 세계적으로 확산되어 다국적기업이나 해외직접투자와 관련된 연구와 교육체계가 오늘날에는 상당히 보편화되어 있고 우리나라에서도 경상대학・경영대학・대학원에서 다국적기업론・국제기업론・국제경영론・글로벌경영론 등의 다양한 명칭 아래 이와 관련되는 교육이 이루어지고 있다.

그러나 다국적기업이라는 실체 자체가 경제적・정치적・법적・사회문화적 환경이 서로 다른 국가와 지역을 넘어 기업 활동을 행하는 만큼 그와 관련되는 영역 역시 복잡하여 다양한 영역에서 각기 자기 학문의 관점과 필요에 따른 서로 다른 접근이 이루어지고 있다. 이 때문에 다국적기업과 해외직접투자에 관한 연구와 교육이 활발히 이루어지고 있으면서도 이에 대한 고유의 연구영역이 명확히 체계화되어 있지는 못하다.

이러한 속성 때문에 미국의 학자들은 이와 같은 다국적기업론을 정글(jungle)로서 상징하기도 하였다. 이와 관련된 연구가 다수의 인접과학들이 관련되는 학제적 영역에 있기 때문에 그에 대한 방법론이 명확하지 않고 그에 대한 이론 역시 서로 뒤얽혀서 단순하지 않기 때문이다. 이에 이 분야에 대한 선구적 학자들은 다국적기업에 대한 연구와 교육이 활기를 띠기 시작하였던 1960~1970년대에 출판된 그들의 저서를 통하여, 이 분야에 대한 연구가 미개척적인 영역에 있을 뿐만 아니라 그에 대한 학문적 체계를 정립하는 것이 단순하지 않음을 토로하였다.

페이어웨더(J. Fayerweather) 교수는 "우리들은 이제 이 문제에 대한 합리적인 접근체계를 시도하는 초기의 단계에 있다"고 하였고,[14] 로빈슨(R.D. Robinson) 교수는 "고유한 대상으로서의 다국적기업의 문제는 비교적 새로운 것이므로 이에 대한 분야를 명확히 하려는 시도가 확립되고 있지 못하다"고 하였으며,[15] 콜데(E. J. Kolde) 교수도 "하나의 과목으로서의 다국적기업론 가운데 무엇이 포함되어야 하는가는 논쟁 중의 문제"라고 지적한 바 있다.[16]

상술한 대로 1960년대 이에 대한 학문적 관심과 연구가 시작되었을 당시부터도 다양한 관점에서의 접근이 동시에 진행되었고, 이후 많은 연구의 진전에도 불구하고 다국적기업에 대한 연구분야는 여전히 미분화된 채로 존재하고 있다. 따라서 이에 대한 학문적 연구분야를 통일적으로 명확히 체계화하는 것이 오늘날에 있어서도 여전히 쉬운 일이 아니다.

1.2 다국적기업 관련 주요 연구분야

이와 같이 다국적기업에 대한 연구분야에 대한 통일적 체계화가 어려운 것이 사실이지만, 지금까지 이루어지고 있는 다국적기업 관련 연구경향들을 기존의 학문적 분야로써 체계화해 보는 것이 불가능하지는 않다. 일찍이 로빈슨(R. D. Robinson) 교수는 다국적기업의 연구분야와 관련하여, 국제관계(international relations)라는 큰 테두리 속에서 제기되는 문제를 연구대상으로 하는 학문분야, 즉 국제경제학(international economics) · 국제경영학(international business) · 국제정치학(international politics) · 국제법학(international law) 등이 상호 교차되는 영역으로 설정한 바 있다.

이와 같이 다국적기업에 관한 연구는 여러 가지의 학문분야와 유기적인 연관성을 가지고 있어 다국적기업이 관련되는 학문적 영역은 광범위한 것이지만 그 학문의 주된 대상이 무엇인가를 고려하여 우선순위를 말한다면, 다국적기업론은 경제학 · 경영학과 가장 깊은 관련을 가지면서 정치학 · 법학과 연계되어 있다고 할 수 있다. 이에 [그림 1-1]은 다국적기업과 관련되는 주요 연구분야를 4개의 학문분야로 모델링하고 있다.

---

14 John Fayerweather(1970) p.1.

15 Richard D. Robinson(1964) preface.

16 Endel J. Kolde(1968) preface.

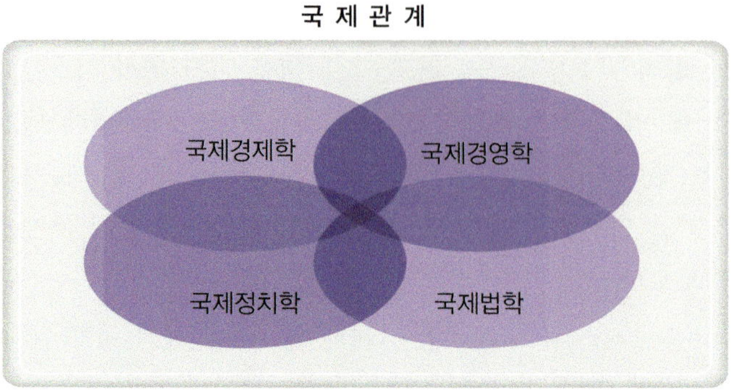

그림 1-1 다국적기업의 연구분야 (R. D. Robinson)

그러나 다국적기업의 영향과 파장이 결코 이와 같은 경제적·경영적·정치적·법적 문제들로만 국한되는 것이 아니고 사회적·문화적·지리적·윤리적·생태환경적 측면 등 얼마든지 또 다른 영역들로 확장될 수 있다. [그림 1-1] 역시 이러한 4개 분야 이외의 다른 연구 영역이 존재함을 보여주고 있다. 이러한 관점에서 다국적기업과 관련되는 연구분야를 보다 더 확장하여 논의한다면 사회학·문화인류학·지역학·윤리학 등도 다국적기업과 관련되는 연구분야로 포함될 수 있을 것이다. 물론 이러한 연구분야는 이후 다국적기업의 활동이 더욱더 확대되고 이에 대한 학문연구가 더 다양해지게 되면 얼마든지 더욱 확장될 수 있을 것이다(그림 [1-2] 참조).

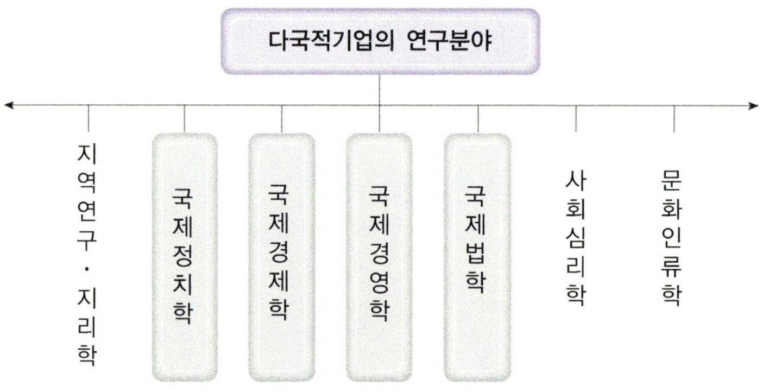

그림 1-2 다국적기업의 연구분야의 확장

다국적기업과 관련되는 연구분야를 논의함에 있어서 강조해 두어야 할 것은, 어떠한 학문적 입장에서 접근한다고 하더라도 다국적기업의 올바른 분석과 평가를 위해서는 인접 관련 학문과의 "학제적 접근"(inter-disciplinary approach)을 행하려는 노력이 전제되어야 한다는 점이다. 이러한 노력이 이루어질 때에 비로소 경제학자가 전공하는 다국적기업론

과 정치학자가 전공하는 다국적기업론이 상치되는 불합리성을 최소화할 수 있을 것이다.[17]

현실적으로도 다국적기업의 연구에는 경제학자·경영학자뿐만 아니라 국제정치학·정치경제학·법학·사회학·윤리학 등 학문분야의 학자들, 더 넓게는 공학분야의 자연과학자·기업의 경영자나 실무자·NGO 등의 사회단체 등을 포함하는 다양한 연구자들이 상호보완적인 관계를 형성하며 학제적으로 이루어지고 있다. 경제학의 여러 가지 주제들 중에는 보다 학제적으로 논의되어야 할 대상들이 많이 있지만 다국적기업 역시 그러한 대상에 포함되는 주요한 실체 중의 하나이다.

2. 다국적기업 관련 연구 내용

상술한 대로 다국적기업의 연구분야를 크게 국제경제학·국제경영학·국제정치학·국제법학 등으로 분류한다고 할 때 이들 각각의 학문에서 추구하고 담당해야 할 주요한 주제와 내용은 무엇인가? 이하에서는 국제경제학·국제영영학적 관점에서 추구해야 할 주제를 중심으로 소개하고, 국제정치학·국제법학과 관련되는 주제들에 대해서는 [부록 1－1]에서 언급하기로 한다.

2.1 국제경제학적 연구

사실 오늘날 많은 사람들이 다국적기업에 대한 경제학적 연구들을 행하고 있고 또 그러한 연구들이 '다국적기업의 경제이론'이라고 불리어지고 있으나 구체적으로 그것이 무엇을 지칭하는가가 반드시 명확한 것은 아니다. 그러나 오늘날까지 다국적기업에 대한 경제학적 접근이라는 관점에서 논의되고 있는 내용들은 대체로 다음과 같은 주제들로 요약될 수 있다.[18]

개념과 역사(concept and history) : 해외직접투자·국제생산·다국적기업과 같은 실체의 기초적 개념이 무엇이고 이러한 다국적기업의 해외직접투자활동의 추세와 패턴은 어떠하

---

17 콜데(E. J. Kjolde) 교수는 다국적기업론의 탄생에 경제학·재무론·마케팅·경영관리론 등이 많은 공헌을 하였기 때문에 이 4가지 학문분야를 다국적기업론은 내포하고 있다고 전제하고, 이 4개 분야의 학자들은 이러한 새로운 문제들을 각각 그들의 학문적 영역 하에 두려고 하기 때문에 오늘날의 다국적기업론은 서로 다른 사람들에 의한 서로 다른 내용이 되고 있으며 이는 결국 각각의 학문들이 다국적기업의 특정 문제밖에 취급하지 못하는 결과를 가져오고 있다고 지적하였다. Endel J. Kolde(1968) p.1

18 다국적기업의 연구와 관련되는 경제학분야도 다시 ① 국제경제학·거시경제학 분야, ② 산업경제학·메조경제학(meso－economics) 분야, ③ 미시경제학·제도경제학·경영경제학 분야, ④ 정치경제학 분야 등으로 나눌 수 있다.

며 어떠한 역사적 과정을 거치면서 진화 · 발전하고 있는가에 대한 이해와 해석의 문제이다. 이러한 개념적 · 역사적 접근이 필요한 것은, 다국적기업이나 해외직접투자에 대한 이론(theory)과 그것이 발전하게 된 시대적 배경이나 역사적 환경과의 연계성을 이해할 필요가 있을 뿐만 아니라 이러한 연구가 이 분야에 대한 역사적 연구를 촉진시켜 주기 때문이다.[19]

행태와 특성(distinctive characteristics of behavior/activity) : 오늘날 전개되고 있는 '다국적기업의 기본적인 행태와 특성을 어떻게 설명하느냐' 하는 문제이다. 다국적기업은 그들이 처해 있는 기업환경의 차이 때문에 내국기업과는 다른 여러 가지 행태적 특성들을 가지게 된다.[20] 다국적기업을 이해하기 위해서는 이러한 여러 가지 행태와 특성들에 대한 연구들이 이루어져야 하는데, 실제로 미시경제학의 시장이론과 경영학의 기업이론을 결합시킨 기업경제학(managerial economics)적 측면에서 이들에 대한 연구가 진행되어지고 있다.

기업생성이론/투자결정이론(determinant theory) : '기업들은 왜 해외직접투자를 통한 국제화를 행하는가' 또는 '기업의 국제화가 이루어지는 결정요인이 무엇인가'의 문제이다. 이에 대한 연구는 그 접근방법에 따라 얼마든지 다른 분석들이 나올 수 있다. 예컨대 국제정치학에서는 다국적기업이 해외로 성장해 가는 과정에 중점을 두어 신제국주의적 침략으로 해석하기도 하고, 사회심리학에서는 기업 내의 개인이나 집단의 야망이 다국적기업의 생성원인이 되는 것으로 이론화할 수도 있으며, 이를 역사적 측면에서 다루고자 하는 사람들은 해외투자의 시대적 배경이 되는 환경적 요인을 통해 기업의 다국적화 과정을 이론화하기도 한다. 따라서 이 문제에 대한 경제학적 연구는, 이러한 여러 가지 접근들과의 연계 속에서 다국적기업의 직접투자가 이루어지는 동기 또는 기업국제화의 결정요인을 분석하고 그 이론을 정립하는 것이다.

경제적 영향(economic effects/consequences) : 이와 같은 '다국적기업의 세계적 경영활동이 세계경제나 당사국경제에 미치는 영향이 어떠한가'하는 문제이다. 사실 오늘날의 세계적인 다국적기업들의 활동은 개별국가의 국민경제에 대한 광범위하고도 강력한 영향을 미친다. 이러한 영향은 투자국과 피투자국, 선진국과 개도국에 따라서 달라진다. 또한 다국적기업의 활동들은 세계의 무역 · 금융 및 통화 · 기술이전 등의 영역에서 강력한 지배력을 행사함으로써 세계경제질서에 대한 근본적인 변화를 야기한다. 따라서 이와 같은 국민

19 Grazia Ietto－Gillies(2005) p.1.

20 예컨대 다국적기업은 개별 자사(子社)의 이윤극대화보다는 기업 전체의 글로벌 이윤극대화를 위하여 광범위한 이전가격조작(transfer pricing)을 행하고 다양한 시장분할을 행한다. 또한 그들의 경쟁우위를 확보하고 유지하기 위하여 막대한 R&D투자와 기술독점을 행하고 때로는 급속한 성장을 이룩하기 위한 기업합병도 행한다. 또한 서로 다른 통화지역에서 활동하기 때문에 발생하는 위험과 기회를 회피하고 활용하기 위하여 광범위한 환리스크관리나 환투기를 행하기도 한다.

경제적 · 세계경제적 영향들은 어떠하며 이들을 결정하는 기본적인 조건은 무엇인가 등에 대한 연구가 이루어져야 한다.

경제정책(economic policy) : 이는 다국적기업의 경제적 행태 및 영향과 관련된 이상의 연구들을 기초로 다국적기업이 가지는 긍정적 효과를 극대화하고 부정적 효과를 극소화하기 위한 적정한 정책수단은 무엇이며 그것의 효과는 어떠한가에 대한 규범적 연구이다. 이 같은 연구는 투자국이나 피투자국이라는 국민경제적 레벨에서 이루어져야 함은 물론 세계경제적 관점에서의 국제적 투자규범문제도 포함되어야 함은 물론이다.

다국적기업이나 해외직접투자에 대한 연구에는 이처럼 다양한 경제학적 주제가 포함될 수 있고 그러한 주제들이 모두 중요한 의미를 가지지만, 지금까지의 다국적기업에 대한 연구는 주로 다국적기업의 경영적 문제를 다루는 국제경영학이 중심이 되어 이루어졌고[21] 경제학적 관점에서 논의되더라도 다국적기업의 역할을 비판적으로 평가하려는 정치경제학적 관점의 논의가 주류를 이루었다. 그러나 이러한 경영학적 측면이나 정치경제학적 측면을 포괄하고 이와 연계하면서 다국적기업이나 해외직접투자의 원인 · 행태 · 영향 등을 논의하는 경제학적 측면 역시 매우 중요한 주제이고 앞으로 더욱 관심을 가져야 할 주제이며, 또한 본서가 논의하려는 주요 목표이기도 하다.

2.2 국제경영학적 연구

다국적기업에 대한 거시적 · 경제적 관점에서 행해지는 논의가 국제경제학적 접근이라면 이러한 기업의 국제적 경영활동에 대하여 미시적 · 기업경영적 관점에서 이루어지는 접근이 국제경영학적 연구이다. 다국적기업에 대한 이러한 경영학적 접근은 국제경영론 또는 국제경영학(International Business) 내지 글로벌경영학(GB : Global Business) 등으로 불리어지는데[22] 이에 대하여 통일적으로 확정된 정의는 없지만 일반적으로 '국경을 넘는 해외사업 활동과 이를 주도하는 기업에 대하여 연구하고 교육하는 하나의 학문분야'로 정의될 수 있다.

그런데 지금까지의 다국적기업과 관련된 학문적 경향을 보면 대체로 이러한 경영학적 연구가 중시되어 여기에 치중되어 왔던 것이 사실이다. 이러한 경향은 다국적기업의 연구

---

21 이러한 경향이 강했던 것은 다국적기업론 그 자체가 1차적으로 '기업경영'과 관련되는 주제이기 때문이기도 하고 다국적기업이라는 존재가 처음부터 미국 · 영국적 현상이었을 뿐만 아니라 여전히 이들이 주도하는 기업실체이므로 미국 · 영국에서의 학문적 경향이 세계적인 주류를 형성하여 왔기 때문이라고 볼 수 있다.

22 영어로는 International Business인데 이는 우리말로 국제기업 · 국제비즈니스 · 국제경영 · 국제경영학 등으로 통용된다. 따라서 이때의 '경영'(business)이란 개념은 좁은 의미의 경영, 즉 management(경영관리)와는 구별되어야 할 것이다. 최근에는 경제의 세계화 경향과 관련하여 '국제경영' 대신에 '글로벌경영'(Global Business)이라는 용어를 사용하는 경우가 많아졌다.

가 미국으로부터 시작되어 발전되었고 미국의 학문적 경향이 이러한 경영학적 연구를 중심으로 이루어진 것에 기인되는 것이지만, 이러한 경영학적 연구와 경제학적 연구는 양쪽 모두가 중요하며 또한 상호보완적인 것임은 두말할 필요가 없다.

그렇다면 이러한 다국적기업의 경영학적 연구들이 대상으로 하는 학문의 성격과 범위는 어떠한 것인가? 그 동안의 학문적 발전과 확장을 통하여 나름대로의 성과와 진전을 가져오고 있지만 여전히 어떤 독자적이고 독립적인 체계가 통일적으로 정립되어 있는 것은 아니다. 이러한 점들을 전제해 두고 국제경영학 분야에서 일반적으로 다루어지고 있고 또 다루어져야 할 학문적 주제들을 살펴보면 대체로 다음과 같다.

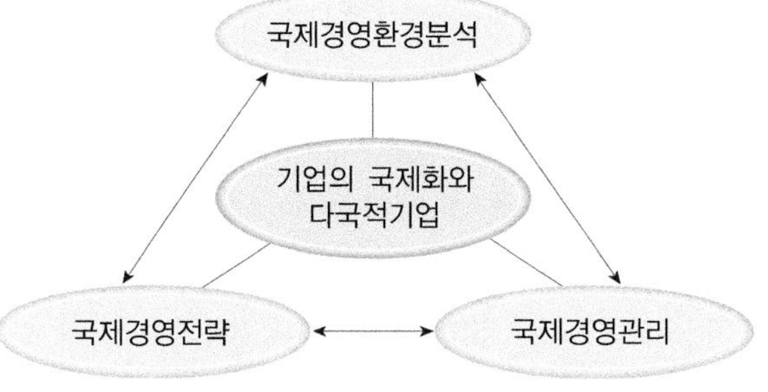

그림 1-3 국제경영학의 핵심 분야

국제경영환경(international business environment) **분석**: '해외에서의 사업 환경은 국내와는 어떻게 상이하며 해외사업 환경에 대한 분석과 평가는 어떻게 행하느냐'하는 문제이다. 해외에서의 기업 활동이 국내 기업 활동과 다르며 또한 국제경영이 국내경영의 단순한 연장일 수 없는 것은 해외로 진출하는 기업이 직면하는 기업환경의 다양성(diversity)・복잡성(complexity)・이질성(heterogeneity)에 있다. 따라서 해외로 진출하려는 기업의 경영자는 투자를 결정하기에 앞서 특정국의 경영환경이 국내와는 어떻게 상이한가에 대한 정확한 분석과 평가를 행해야 하며, 또한 그렇게 상이한 환경 하에서 어떠한 방법과 목표로 진출하고 기업환경의 차이에 따르는 위험과 갈등에 어떻게 대처하고 적응할 것인가를 결정하여야 된다.

국제경영전략(international management strategy): 국제경영활동을 하는 기업이 기본적이고 장기적인 목표를 설정하고 이러한 목표를 달성하기 위한 전략을 수립하여 자신의 능력을 최적으로 결합시키는 일련의 행위가 국제경영전략이다. 따라서 국제경영기업은 국내와는 다른 해외의 사업환경이 가져다주는 이익과 기회를 활용하여 기업의 목표를 최대한 달성하기 위한 적정한 경영전략을 수립하고 실행해야 한다.[23]

---

23 이러한 국제경영전략에는 다양한 측면들이 있지만 대체로 ① 해외진출 초기에 있어서 어떤 진입방식(entry mode)으로 진출할 것인가라는 "해외시장진입전략", ② 기업의 국제화 초기단계를 지나 국제사업을 영위하는

국제경영관리(international business management) : 기업이 여러 나라에 사업 활동을 행하여 국제적인 조직망을 갖게 되면, 그 조직을 관리하는 직능관리와 계획·조직·통제가 중요시된다. 직능관리에는 국제인사 및 조직관리, 국제재무관리, 국제마케팅관리 등이 포함되며, 다시 이들 직능을 통괄하여 어떻게 통제·관리할 것인가에 대한 이해도 필요하다. 위에서 설명한 해외사업 환경분석·해외시장 진입전략 등의 문제는 이제 막 해외로 진출하는 초기단계 기업들이 직면하게 되는 의사결정과 그 집행에 관련되는 문제들인 반면, 국제경영관리는 세계적인 규모와 조직을 갖춘 고도화된 단계의 기업들이 그들의 자사 및 관련회사들을 어떻게 기획·조정·통제하느냐 하는 경영과정과 그러한 기업단계에서의 생산·인사·조직·재무·마케팅·회계 등의 기능적 분야를 어떻게 수행하느냐 하는 문제들이다.

따라서 해외사업 환경분석이나 해외시장진입전략은 본사의 입장에서 하나의 해외사업을 개별적으로 다루는 것임에 대하여, 국제경영관리는 기업시스템 전체를 어떻게 관리하느냐의 입장에 있고 또한 국내경영의 문제를 대상으로 하는 전통적인 경영관리분야를 국제라는 무대로 연장하는 성격을 가졌다고 할 수 있다. [그림 1-4]가 이러한 내용을 상징적으로 보여주고 있다.

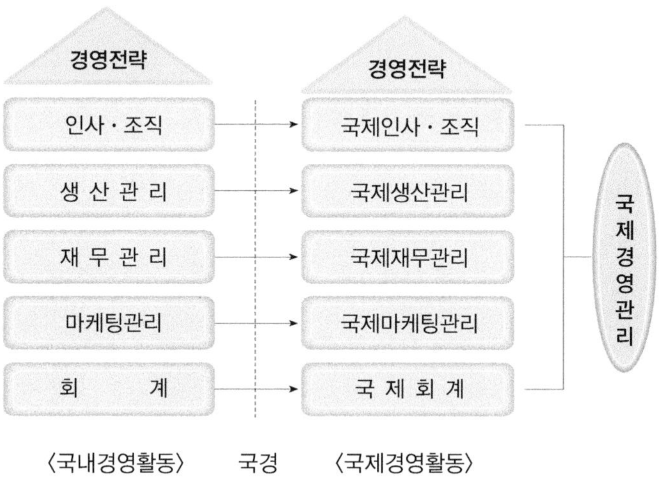

그림 1-4 국제경영관리의 내용

데 있어서 요구되는 제휴 등을 어떻게 행할 것인가 하는 "기업 간 협력전략", ③ 국제화가 더욱 진전되어 다수의 국가를 대상으로 국제경영활동이 동시에 이루어지는 경우 국가 간 자원과 활동을 어떻게 배치하고 어떻게 효과적으로 조정할 것인가라는 "글로벌전략", ④ 이러한 과정에서 보다 높은 수준의 수익률을 실현시키고 다른 경쟁기업과의 경쟁에서 이기기 위한 "국제경쟁전략" 등이 주요한 주제가 될 수 있다.

한편 다국적기업에 대한 이러한 경영학적 접근으로서 '국제경영'과 '다국적기업'의 관계에 대한 약간의 언급이 필요하다. 어떤 국가의 시민이나 기업이 해외에 투자한다는 것 또는 국경을 넘는 경영활동을 전개한다는 뜻의 국제경영은 결코 오늘날에 있어서 새롭거나 독특한 현상은 아니지만, 국제경영이 하나의 현대적 의미를 지닌 독립된 분야로서의 성격을 지니게 된 것은 제2차 세계대전 이후 나타난 다국적기업의 등장에 의해서였다.

따라서 오늘날 국제경영학의 태동에 결정적인 역할을 한 것이 다국적기업이고 또한 국제경영학이 미국에서 발전된 것 역시 미국계 다국적기업의 눈부신 발전과 경험에 따른 것이었다. 이러한 의미에서 다국적기업과 국제경영학은 불가분의 관계에 있는 것이 사실이다. 그러나 국제경영학의 대상이 반드시 다국적기업의 활동에 국한되는 것은 아니다. 다국적기업이 행하는 경영활동이 국제경영학의 대상이 되는 것은 사실이지만 다국적기업이 아닌 기업들의 해외활동 역시 국제경영학의 연구대상이 되기 때문이다. 또한 다국적기업의 경영활동 중 가장 중심이 되는 경영활동이 직접투자이지만 기업이 해외로 진출하여 행하는 경영활동에는 수출입(무역)이나 라이센싱(licensing) 등과 같은 다양한 국제계약방식도 존재하고 이러한 경영활동 형태 역시 국제경영학의 연구대상이 되기 때문이다.

부록 1-1 다국적기업에 대한 국제정치 및 국제법적 연구

1. 다국적기업으로 인하여 발생되는 국제정치적 문제

다국적기업에 의한 기업의 경영활동이 국경을 초월하는 방식으로 확장됨에 따라 다국적기업은 현대 국제정치관계에 매우 중요한 영향을 미치게 되었고 따라서 국제정치에 있어 주요한 하나의 행위주체(actor)가 된다. 이처럼 다국적기업이 국제정치의 주요한 주체가 됨에 따라 발생될 수 있는 하나의 위협은, 다국적기업이 개별 국가의 주체성과 주권통제력을 훼손함으로써 발생되는 정치적 갈등과 긴장 문제이다. 국가의 주권(sovereignty)이란 본질적으로 1개국에 한정되지만 다국적기업의 활동이란 일국의 정치체제를 넘어 범세계적으로 이루어져 특정국에 한정되지 않기 때문이다.

다국적기업과 국민국가 간의 이러한 비대칭성(asymmetry)으로 인하여, 국가적 관점에서 평가되고 수립되는 '개별 국가의 정치적 이해관계'와 범세계적 관점에서 계획되고 통제되는 '다국적기업의 경영전략' 간에는 필연적으로 대립과 갈등이 발생하게 된다. 물론 다국적기업은 그들 자신의 기업이익을 그들과 관련되는 투자국정부나 현지국정부의 국가이익보다 우선하지만, 이들 기업이익과 국가이익은 상호 영향을 주기도 하고 받기도 하기 때문이다. 이처럼 다국적기업과 국민국가 간의 관계 때문에 발생될 수 있는 국제정치적 문제들을 열거해 보면 다음과 같다.

투자국과의 밀착관계에서 발생되는 문제 : 다국적기업의 경제활동은 선진자본주의 국가들의 국민경제에 중대한 영향을 미치므로 다국적기업은 투자본국의 강력한 정치적·외교적 지원을 받는다. 아이젠하워 당시 GM사의 윌슨사장이 국방장관에 취임하면서 'GM에게 좋은 것은 미국에게도 좋은 것'이라는 취임사 중의 유명한 말은 이러한 관계를 단적으로 표현하고 있다. 따라서 다국적기업의 활발한 진출과 완전한 활동을 위한 선진자본주의국의 노력은 치밀하고 치열하다.

전후 아프리카와 중남미에서는 선진국들의 다국적기업 투자를 국유화(nationalization)하는 조치가 빈발하였고 이것이 양국 간의 정치문제로 발전하기도 하였다. 1968년 페루정부가 국내원유생산 독점업체인 미국계 다국적기업 IPC의 국유화를 선언하자 미국정부는 페루에 원조중지를 선언하였던 사실이 이를 잘 나타내주고 있다. 그러나 다국적기업을 보호하기 위한 본국의 노력은 이에 그치지 않고 때로는 현지국의 정치체제 자체를 결정하기도 한다. 1954년 과테말라의 대통령 아벤즈(Jacobo Arbenz)의 토지개혁활동에 불이익을 느낀 미국계 다국적기업(United Fruits)은 우익군을 도와 쿠데타를 수행시킨 바 있고, 1973년 미국의 ITT가 그들의 경제적 이익을 위하여 미국중앙정보국(CIA)과 결탁하여 칠레의 급진적 합법정부 아옌데(Allende)정권을 붕괴시키는 데 가담했던 사실들은 이러한 경우의 극단적인 예라고 할 수 있다.

현지국 정치에 개입함으로써 발생되는 문제 : 다국적기업들이 자신이 진출한 현지국에 거대세력을 구축함으로써 현지국의 정치에 영향을 줌으로써 여러 가지 국제정치적 문제를 발생시킨다. 다국적기업들이 현지국의 정치에 영향을 미치는 방법에는 여러 가지가 있다. 가장 극단적으로는 그들에게 비우호적인 정부를 전복시키거나 우호적인 정부에 대해서는 그 권력을 계속 유지하도록 하는 방식이고, 또한 합법적 · 비합법적 선거운동이나 기부금 등을 통하여 선거에 간섭하거나 특별한 공공정책을 지지하거나 반대할 수도 있다.

또한 다국적기업은 공공의 정치적 가치와 태도에 대한 영향력을 발휘함으로써 정치문화에 일정한 영향을 미칠 수도 있다. 일반적으로 현지국들이 외국계 다국적기업을 유치하는 것은 그들에 의한 정치적 영향력도 함께 받아들이는 결과가 된다. 프랑스의 드골정권은 미국의 영향력 배제를 강력히 밀고 가다가 좌절된 바 있는데 좌절의 가장 큰 이유는 공작기계 · 원자력 · 컴퓨터 등 프랑스 전략산업의 90% 이상이 미국계 다국적기업들에 의해 장악되어 드골의 반미정책에 제동을 걸었기 때문이었다.

다국적기업은 기본적으로 민족주의를 싫어한다. 민족주의는 경제적인 면에서 다국적기업의 국유화를 주장하거나 외세에 의존하지 않는 독자적 발전정책을 추구하기 때문이다. 따라서 그들은 민족주의 정권보다는 자신들과 이해관계가 일치하는 타협적인 정권을 선호하며 또한 그것이 비록 독재적이라고 하더라도 강력하고 안정된 정권체제를 지지하기도 한다. 실제로 서구의 7대 석유 메이저(major)들이 공모하여 중동지역에 친미적 성향을 지닌 정부가 입각하도록 지원하기도 하였고, 반 서방노선을 취하는 국가들에 대한 게릴라활동을 지원하기도 하였으며, 개도국의 독재적인 정권을 파트너로 삼아 지원하기도 하였다. 이렇게 다국적기업이 서구 자본주의에 우호적인 정부를 요구하기 때문에 저개발국에서 권위주의적인 정부가 들어서게 되고 이들은 세계자본주의와의 착취적인 동맹관계의 창출을 조장함으로써 다국적기업이 저개발국들을 중심부국가에 정치적으로 의존하게 만든다고 비판하기도 한다.

기본적인 시각은 서로 다르지만 버논(Raymond Vernon) 교수와 같은 경영학자들까지도 다국적기업이 제3세계 현지국에 미치는 영향은 결코 경제적 의미만을 가질 수 없음을 지적한다. 그는 다국적기업의 외국인직접투자를 둘러싼 현지국 엘리트 간의 경쟁의식 · 이데올로기적 마찰 · 문화적 장애 등으로 발생되는 정치적 영향 역시 매우 중요하다고 설명한다. 어쨌든 이러한 다국적기업이 현지국에 미치는 막강한 정치적 영향력은 현지국정부 또는 시민들의 저항을 불러일으킴으로써 새로운 국가 간 마찰과 갈등을 가져온다. 이러한 사실은 미국을 중심으로 한 선진국 다국적기업들의 자원산업에

의 진출노력과 이들의 진입을 저지하려는 현지국의 내셔날리즘적 저항에서 잘 나타나고 있다.

국익을 위한 채널로 활용함으로써 발생되는 문제 : 다국적기업이라는 실체를 투자국정부나 현지국정부가 그들의 국익을 달성하기 위한 채널로써 이용하기 때문에 발생될 수 있는 국제정치적 문제가 있다. 때때로 투자본국은 다국적기업을 그들의 대외정책수단으로 이용하기도 한다. 1956년의 중동전쟁시 수에즈운하에 진입한 영·불 양군을 철수시키기 위하여 미국은 양국에 대한 석유공급중지를 미석유대자본에 명하였다. 결국 양국 모두 형식적으로는 UN의 결의를 받아들여 수에즈운하로부터 철수하였으나 그 무대 뒤에는 석유를 독점하고 있는 미국계 다국적기업들의 막강한 힘이 작용하고 있었던 것이다.

이와 반대로 현지국들 역시 자국에 자회사를 가지고 있는 다국적기업을 로비활동의 채널로서 이용하는 경우 또한 없지 않다. 1971년 닉슨대통령이 10%수입부가세를 포함하는 신경제정책(new economic policy)을 발표하였을 때 이미 대미무역에서 심각한 역조현상을 보이고 있던 중남미제국들은 그들의 지역에 투자하고 있는 미국계 다국적기업들을 동원하여 닉슨정부의 신경제정책을 철회시키려고 노력한 바 있었다. 또한 제1차 석유파동 당시 중동의 산유국들이 미국의 대석유기업들을 종용하여 미국의 친 이스라엘정책을 친 아랍정책으로 전환시키기 위한 활동을 전개한 바도 있었다.

기업의 이익추구행위로 인하여 발생되는 문제 : 다국적기업 스스로가 자신의 기업이익을 위하여 본국의 외교정책에 영향을 미치는 강력한 로비활동을 전개하기도 하고 현지국의 국내정치에 정치자금 또는 뇌물공여 등의 방법을 자행함으로서 발생되는 국제정치적 문제이다.

먼저 전자의 실례는 월남전쟁의 종결을 미국정부에 강력히 요구하였던 미국계 다국적기업의 경우에서 찾을 수 있다. 베트남전쟁에서 미국은 거액의 전비를 투입함으로써 미국정부는 달러($)를 증발하였고 이는 미국경제의 인플레는 물론 국제금융시장의 불안을 초래하였다. 그런데 이러한 달러화의 쇠락은 결국 미국계 다국적기업의 활동원천을 좁히는 결과가 되었다. 이에 미국계 다국적기업들은 월남전의 조속한 종결을 미국정부에 강력히 요구하였던 것이다.

또한 다국적기업들은 현지국 내에서 자신의 기업경영활동을 원활히 수행하기 위하여 정치자금을 공여하거나 뇌물을 주는 것을 서슴치 않았는데 그것의 대표적인 사례가 최근에 있었던 유명한 록히드(Lockheed)사건이었다. 이 때문에 다국적기업은 현지국, 특히 저개발국의 부정부패의 원흉이라는 지적을 받기도 한다. 이러한 경우 다국적기업은 투자본국이나 현지국 정부에 의해 이용당하는 국제정치의 객체가 아니라 스스로 자신의 기업이익을 위하여 능동적으로 정치행위를 하는 주체적 성격을 가진다. 따라서 어떤 사람들은 다국적기업을 그들 스스로의 민간 외교정책을 가지고 있는 실체로 규정한다.

국제체제에 대한 부정적 영향 : 다국적기업은 이상과 같은 여러 가지 측면의 정치적 영향을 통하여 결국 국제정치체제에 대한 정치적 갈등과 변화를 초래하게 된다. 다국적기업의 진출에 대한 현지국의 저항이 석유수출기구(OPEC)처럼 집단적 형태로 나타나게 되면 본국과 현지국 간의 정치적 문제, 즉 개별 국가 간의 정치적 문제를 넘어 선진국과 개도국 간의 남북문제(north−south problem)로까지 확대되어 국제정치체제에 중요한 영향을 미친다.

뿐만 아니라 이러한 다국적기업의 활동은 투자본국들 간의 눈에 보이지 않는 불꽃 튀기는 경쟁을 유발시킴으로써 국제정치에 또 다른 영향을 미치기도 한다. 제2차 세계대전 이후 미국계 다국적기업들이 급속히 팽창되고 성공을 거두어 미국의 대내외적인 국력신장에 기여하게 되자 유럽제국과 일본은 물론 사회주의국가들까지 그들의 다국적기업이 국제경쟁에서 이기고 성공할 수 있도록 하기 위한 지원을 아끼지 않았으며 때로는 정부가 직접 다국적기업을 설립하여 타국의 다국적기업과 경쟁하기도 하였다. 다국적기업의 활동으로 인한 국가이익 때문에 일어나는 이러한 경쟁은 결국 기업 간 경쟁이라는 차원을 넘어 투자국 간 경쟁의 관계가 되어 국제정치적 관계에 대한 중요한 영향으로 나타나게 된다.

하이머(Stephen Hymer)는 또 다른 측면에서 다국적기업이 국제체제에 미치는 영향을 분석하고 있다. 그는 다국적기업의 전 세계적인 기업경영으로 인하여 투자본국과 현지국 간의 경제발전 격차가 더욱 커지게 되면 이로 인해 상위권국가・중위권국가・하위의 주변국가 간의 갈등이 심화되고 이것이 안정적인 국제체제를 파멸시키는 씨앗이 될 수 있음을 경고하였다. 또한 다국적기업은 민족국가의 경제적 기능과 역할에 도전함으로써 민족국가에 의해 형성되어 온 전통적인 국제체제에 변화를 가져온다. 헤일브르너(Robert Heilbroner)는 인류가 당면하고 있는 두 가지 상반된 조직형태는 다국적기업에 의한 수직적 조직과 민족국가에 의한 수평적 조직이라고 주장하였다.

이러한 주장은 오늘날의 다국적기업들이 전통적인 민족국가 못지않게 국제체제에 영향을 끼치고 있음을 지적한 것이다. 사실 오늘날 다국적기업의 작용과 반작용으로 인한 비정부행위자(non-government-actors)들 사이의 협조와 갈등양상은 국제정치의 성격조차 변화시키고 있다. 따라서 다국적기업에 의한 오늘날의 기업결정이 곧 내일의 정치를 결정할 것이라는 국제정치학자들의 주장은 다국적기업이 국제체제에 미치는 이와 같은 영향을 분명히 해준다.

국제체제에 대한 긍정적 영향 : 이렇듯 다국적기업의 기업 활동이 국가 간 갈등을 유발시키고 국제정치관계에 부정적 영향을 미치는 측면이 없지 않지만, 동시에 이들의 범세계적인 성격으로 인해 국가 간 협조의 기틀을 마련하는 긍정적 측면 또한 없지 않다.

다시 말하면 다국적기업의 기업 활동은 여러 나라에 걸친 범세계적 성격을 띠므로 국가 간의 통합에도 유리한 여건을 조성한다는 것이다. 국경을 넘어 이루어지는 범세계적 생산 활동과 판매조직의 형성은 일종의 공동지역문화와 공동생활양식의 형성에 자극제가 되며, 또한 이러한 통합적 생산체제는 여러 나라 노동자들의 긴밀한 유대감을 촉발시키기도 한다. 때문에 서구제국에서 존재하는 다국적기업에 종사하는 노동자들이 국가별노조가 아닌 전 유럽노조를 결성하기도 하고, 또한 그들의 경영자들이 개별 국가적 정향보다는 전 유럽적 정향을 가짐으로써 자국의 이익을 훨씬 넘는 전 유럽적 이익과 기회를 추구하기도 한다.

이러한 현상은 다국적기업의 초국가적 활동이 전통적으로 개별 국가나 정부에 의해 분리되었던 장벽을 헐고 점차 지역적 또는 국제적 이익 차원에서 공동의 이익과 문화를 창조함으로써 지역통합과 평화에 기여할 수 있게 되는 과정을 설명해 준다. 따라서 다국적기업은 국제체제를 국가 간 체제로부터 지구촌적 세계체제화 하는 데 중요한 요소가 될 것이다. 이러한 의미에서 본다면, 다국적기업이야말로 형식적인 국가 간 국제정치관계에서는 형성되지 못하였던 진정한 의미의 조작적 국제주의(operational internationalism)를 성취시키고 있다는 것이다.

2. 다국적기업에 대한 국제정치학적 논의 경향

다국적기업의 투자국과 피투자국 또는 전체 국제관계에서 야기되는 이러한 정치적 영향 또는 다국적기업의 국제정치상의 역할 등을 광범위하게 분석하고 논의하는 일들이 국제정치학 내지 국제정치경제학의 주요한 학문적 과제이다. 이에 대한 지금까지의 국제정치학자들의 태도는 대체로 다음과 같은 긍정적 측면과 부정적 측면에 대한 논의로 나누어 볼 수 있는데 다국적기업의 국제정치학적 연구에서는 대체로 후자의 측면이 강조되는 경향이 있다.

긍정적 평가론 : 다국적기업의 정치적 영향에 대해 긍정적인 태도를 가지고 있는 사람들은, 다국적기업이야말로 국가 간 관계를 긴밀히 연결시켜주는 국제주의(internationalism)를 대변하는 실체이므로 국가 간의 평화를 촉진시켜 주는 힘이 될 수 있다고 본다. 그들에 따르면 각기 상이한 국가별 체제나 정치적 장애물을 극복하고 국가 간 상호의존성을 증진시키며 폭력적 갈등관계를 사전에 예방시켜 주는 데 다국적 기업의 국제적 기능이 일역을 담당한다는 것이다. 다국적기업은 그들 자신의 이익을 위해서라도 필요한 자원의 공급을 차단시키고 커뮤니케이션을 단절시키며 그들의 고용인이나 소비자들을 파멸시키는 전쟁을 예방하려 노력하기 때문에 결과적으로 세계평화에 기여한다고 주장한다.

부정적 평가론 : 다국적기업의 정치적 영향에 대한 부정적인 태도를 가지고 있는 대부분의 국제정치학의 학문적 경향들은 다국적기업이 끼치는 정치적 문제점 특히 피투자국에 대한 그들의 폐해를 신랄히 비판한다. 예를 들면, 경제적 민족주의자들은 민간투자의 유해한 측면을 찾아내고 이윤의 과다를 논하며 이에 대한 엄격한 규제를 주장한다. 또한 마르크스－레닌주의적 경향들은 오늘날의 다국적기업을 강대국에 의한 약소국의 경제적 침략과 착취의 수단으로 파악하여 이를 신제국주의(neo－imperialism) 내지는 신식민주의(neo－colcnialism)의 표현으로 규정한다. 또한 종속학파로 지칭되는 경제학자들은 현대국제정치관계에서의 다국적기업의 실체를 저개발국을 저발전의 상태로 얽매어 놓고 있는 전형적인 특징이자 도구로 지적하면서 다국적기업에 대한 강렬한 비판을 행하고 있다.

3. 다국적기업에 대한 국제법적 연구

다국적기업은 전 세계에 걸친 사업전략을 개발하여 각국의 국경과 법관할권을 넘는 경영활동을 하므로 이에 따른 복잡한 국제법적 문제가 수반된다. 이러한 여러 가지 법적 문제들 중 현실적으로 가장 중요한 주제는, ① 외국자본 또는 외국회사의 국내진출에 대한 법적 승인문제, ② 법의 관할이나 법의 충돌에 관련된 문제, ③ 외국계 다국적기업에 대한 국내법적 규제의 한계문제 등이다.

이러한 법적 문제점을 좀더 구체적으로 열거해 보면 ① 국내법상 외국인의 지위와 보호, 외국인의 특정 경제활동의 제한과 장려, 외국의 소유 내지 통제 하에 있는 법인의 법적 지위 문제, ② 자국 법원과 외국법원 간의 재판관할・제소법원결정・외국판결의 국내효력 등의 문제, ③ 독점금지법・공업소유권 등 경제관계 법령 및 관세법의 대외적 효력과 외국인에 대한 적용 여부 문제, ④ 구체적인 계약법・상사법・매매법 등의 사법상의 문제, ⑤ 국제관습법・조약・국제기구규약 등과 다국적기업과의 관계문제, ⑥ 국제법과 국내법의 관계로서 외국인의 재산몰수・수용과 관련된 사항 및 국제법의 국내법화 과정문제 등이다.

그런데 이러한 여러 가지의 문제들 중 기업이 해외진출을 행하려고 할 때 하나의 중요한 문제는 그들 진출국의 회사법・세법・반독점법 등이 자국의 그것과는 어떻게 다른가를 파악하는 일이다. 따라서 학문적으로 보아 회사법・세법・공정거래법 등에 대한 비교법학이라는 새로운 분야가 개척될 필요가 있고 실제로 미국의 다국적기업에 관한 문헌 가운데는 이러한 문제들이 다양하게 논의되어지고 있다.

한편 다국적기업과 관련하는 법적 문제의 종국적인 귀착점은 법적 규제의 문제이다. 다국적기업에 대한 법적 규제문제는 각국이 보호해야 할 보호법익과 보호한계 문제가 초점이 되고 있을 뿐만 아니라 투자국과 피투자국 간에 발생할 수 있는 각종 분쟁을 법률에 의해 예방하고 해결해야 한다는 과제를 안고 있다. 다국적기업의 활동으로 인하여 침해될 우려가 있는 경제적 이익을 보호하기 위한 제1단계적 법적 규제는 외국인직접투자에 대한 규제이지만 이미 국내에 진출하고 있는 다국적기업의 활동에도 초점을 두지 않을 수 없다. 외국자본을 유치하는 피투자국의 입장에서 보호와 규제의 대상이 되는 법익과 그 적용법분야는 다음과 같다.

(1) 현지법인에 대한 국내투자자(소수주주와 채권자)의 이익 보호(회사법분야)

(2) 다국적기업과 거래한 상대방의 채권법상의 이익 보호(회사법 · 채권법 분야)

(3) 다국적기업의 현지자회사 근로자의 사회적 이익 보호(노동법 · 사회법 분야)

(4) 다국적기업에 의하여 침해될 수 있는 국민경제적 이익 보호
(독점규제법 · 외환관계법 · 세법 등의 공법과 경제법 분야)

부록 1-2 국제정치경제학의 3대 시각과 다국적기업

1. 국제정치경제학의 3대 시각

상술한 바와 같이 본서는 (국제)경제학적 관점에서 다국적기업과 해외직접투자의 개념 · 행태 · 이론 · 영향 · 정책의 문제를 논의하는 것을 그 목표로 설정하였지만 다국적기업과 관련되는 문제의 대부분이 순수한 경제적 문제이기보다 오히려 광범위한 정치경제적 문제들을 포괄하는 속성을 지니고 있다. 따라서 다국적기업의 원인과 결과를 설명하고 정책을 제시함에 있어서 어떠한 (국제)정치경제학적 입장과 시각에서 바라보느냐에 따라 그에 대한 설명이나 정책대안이 서로 달라진다.

표 1-1 국제정치경제의 3대 시각 비교

구 분		자유주의 시각	중상주의 시각	급진주의 시각
경제관계의 본 질		중립적 관계, 조화 positive－sum game (절대적 이득 추구)	분쟁 · 갈등적 관계 zero－sum game (상대적 이득 중시)	분쟁 · 갈등적 관계 zero－sum game (분배의 형평 추구)
주요 행위주체 (경쟁체제)		개인 · 기업 등 다양한 주체(기업 간 경쟁)	국민국가 (국가 간 경쟁)	(경제)계급 (계급 간 투쟁)
경제활동 목적		경제성장 · 효율극대화(개별 주체들의 후생극대화)	국가이익 극대화	계급이익 극대화 국가의 자결권
경제(시장)와 정치(국가)관계		상호적 · 독립적 관계, (국가에 대한 시장우위)	정치가 경제를 규정함 시장에 대한 국가우위	경제(하부구조)가 정치 (상부구조)를 규정함
접근 방법	국제 경제학	주류경제학/고전파경제학, (경제적) 신자유주의	중상주의, 역사학파, 신중상주의, 보호주의	고전적 마르크스주의 제국주의, 신 마르크스주의, 구조주의(종속이론, 세계체제론), 민족주의
	국제 정치학	상호의존론, 국제주의 (제도적) 신자유주의	현실주의, 국가주의 신현실주의, 민족주의[24]	

자료 : R. Gilpin(1975) p.27 적의 수정.

24 국제관계 연구에 있어서 또 다른 하나의 기본 시각인 민족주의(nationalism)는 경제활동이 국가형성과 국가이익에 종속적이며 또 그래야만 한다는 것으로서 기본적으로는 중상주의시각과 일치한다. 그러나 이러한 민족주의는 종속이론에서와 같이 때로는 급진주의적 입장과 결합되어 있는 경우도 있다.

일반적으로 국제정치경제학(international political economy)은 국제정치경제 질서의 본질을 설명・예견하고 그에 대한 정책을 처방하는 기본적인 입장에 따라 자유주의(liberalism)・중상주의(mercantilism)・급진주의(radicalism)의 3대 시각으로 나누어진다. 이들은 각기 독특한 일련의 전제를 가지고 있을 뿐만 아니라 국제정치경제의 본질・행위주체・정치와 경제의 상호관계 등을 분석함에 있어서 기본적 입장이 서로 다르다. 〈표 1－1〉은 이러한 국제정치경제의 3대 시각을 비교적으로 설명하고 있다.

2. 3대 시각에 따른 다국적기업의 해석과 평가

이처럼 국제정치경제 질서 전반에 대하여 서로 다른 기본적 시각과 이념을 보여주는 국제정치경제학의 3대 시각은 다국적기업과 해외직접투자에 대한 해석과 평가에 있어서도 당연히 서로 다른 시각을 나타내 다국적기업의 발생 원인이나 경제적 영향은 물론 그에 대한 정책적 처방에 있어서도 서로 다른 대안을 제시하고 있다.

이들 3대 시각 중 중상주의나 급진주의의 경우 동일한 시각 내에서도 일치된 견해가 존재하지 않고 분석자 간의 시각 차이가 매우 커서 이를 하나로 요약하기가 쉽지 않지만 다국적기업의 본질적 속성・생성이론・경제적 영향・정책적 처방 등을 논의함에 있어 이들 3대 시각의 기본적 차이점을 개괄적으로 요약하고 있는 것이 〈표 1－2〉이다. 보다 구체적인 내용에 대해서는 이후 이러한 문제들을 다루는 각각의 논의에서 다시 재론하게 될 것이다.

표 1－2 국제정치경제학의 3대 시각과 다국적기업

구 분	자유주의 시각	중상주의 시각	급진주의 시각
배경, 동기	• 외부환경(시장・기술 등), 변화에 따른 기업의 대응	• 투자국(강대국)의 정치경제적 영향력행사・국익극대화 노력	• 제국주의・신제국주의 도구 • 독점 통한 자본 이윤극대화
경제적 영향	• 효율・후생・성장 극대화 • 기술의 혁신과 전파	• 개별 국가의 경제적 이익과 정치적 자율성 훼손 우려	• 개도국경제의 착취와 왜곡 • 중심부에 대한 주변부 종속
경제적 전망	• 시혜적 기업질서의 확대 • 국경 없는 경제의 실현	• 국민국가의 강화론/변형론 • 폐쇄적 국제질서로의 복귀론	• 종속과 양극화의 심화 • 자본주의체제의 위기 도래
정책적 처방	• 적극적 개방과 자본의 자유화 정책의 촉진 필요	• 일정한 통제・산업정책(개별국의 정치경제 목표추구)필요	• 세계자본주의체제와 단절 • 극단적 폐쇄정책 필요

3. 본서의 구성과 내용

이상에서 논의한 바와 같이 다국적기업과 관련되는 연구분야는 다양하지만 이와 가장 관련성이 높은 학문분야로서는 국제경제학・국제경영학・국제정치학・국제법학 분야라고 할 수 있다. 다국적기업과 관련되는 주요 학문분야를 이렇게 4가지로 상정하였을 때 본서가 추구하고자 하는 목표와 내용은 다국적기업과 해외직접투자의 문제를 국제경제학적 관점에서 논의하는 것이다. 이를 위하여 본서는 다음과 같이 5개의 편으로 구성하였다.

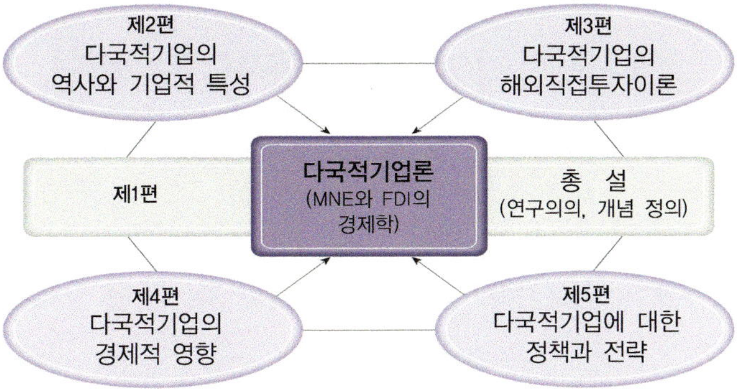

그림 1-5 본서의 구성과 내용

총설(제1편) : 경제의 세계화·글로벌화의 핵심적 내용이 되고 있는 생산의 세계화·기업 활동의 세계화를 주도하는 다국적기업과 해외직접투자에 대한 의의·개념과 함께 이에 대한 연구의 의의·분야·주제가 무엇인가에 대한 총론적 논의를 행한다.

다국적기업의 역사와 기업적 특성(제2편) : 다국적기업의 해외직접투자 활동은 어떠한 역사적 과정을 거치면서 어떠한 추세와 패턴으로 진화·발전하여 왔는가에 대한 역사(history)를 논의하고, 오늘날의 세계적인 다국적기업들의 기본적인 기업적 행태(behavior)와 특성(characteristics)은 무엇이며 이들이 해외로 진출함에 있어서 활용하는 주요한 투자유형(investment type)이 어떠한가에 대하여 논의한다.

다국적기업의 해외직접투자이론(제3편) : '기업들은 왜 해외직접투자를 통한 국제화를 행하는가' 또는 '기업의 다국적화가 이루어지는 결정요인이 무엇인가'와 같은 다국적기업의 발생원인(causation)과 해외직접투자의 결정요인(determinant)에 대한 경제이론에 대하여 논의한다.

다국적기업의 경제적 영향 (제4편) : 다국적기업의 세계적 경영활동이 세계경제나 투자국과 현지국의 국민경제에 미치는 경제적 효과와 영향(economic effects/consequences)은 어떠하며 이러한 경제적 영향을 결정하는 결정요인과 그것의 정책적 함의는 무엇인가에 대하여 논의한다. 그동안 다국적기업의 경제적 영향은 주로 현지국의 국민경제에 미치는 효과를 중심으로 논의되어 왔고 본서에서도 이에 대한 논의가 많은 분량을 차지하고 있지만 이와 아울러 세계경제에 대한 영향이나 투자국에 대한 영향도 함께 논의하였다.

다국적기업에 대한 정책과 전략(제5편) : 이상과 같은 논의들을 기초로 다국적기업이 가지는 긍정적 효과를 극대화하고 부정적 효과를 극소화하기 위한 적정한 정책수단은 무엇이며 그것의 효과는 어떠한가에 대한 경제적 정책과 전략(economic policy and strategy) 문제를 논의한다. 이러한 논의에는 투자국이나 현지국이라는 국민경제적 관점에서뿐만 아니라 세계경제적 관점에서의 국제적 투자규범 문제도 포함하여 논의한다.

CHAPTER 02 다국적기업 관련 용어 및 개념 정의

제1절 다국적기업 관련 용어와 직접투자의 개념

1. 다국적기업 관련 용어

이른바 국경 없는 경제제국・20세기의 경제적 괴물・보이지 않는 제국・현대의 산업요괴 등으로 지칭되는 다국적기업은 이미 우리의 일상생활에서 보편적으로 사용되는 용어가 되었지만 이와 관련된 용어가 매우 다양하여 통일적으로 사용되고 있지 못하다.

사실 다국적기업・세계기업・국제기업 등과 같은 용어는 1950년대 후반 이후 미국을 중심으로 급속히 성장한 거대기업을 지칭하는 용어로 쓰이기 시작하여 가장 높은 단계의 국제화를 이룩한 세계적 기업을 지칭하는 용어로 정착되어 왔다. 그럼에도 불구하고 이들에 대한 구체적인 용어 사용이 통일적이지 못하다. 이하에서는 이와 같은 다양한 용어들의 연원이 무엇이고, 이와 관련되는 유사 용어들에는 어떤 것들이 있으며 이에 대한 통일적 용어사용은 가능할 것인가 등에 대하여 논의한다.

오늘날의 다국적기업과 별다른 차이가 없는 용어가 아카데믹한 형태로서 처음 사용된 것은 현대적 다국적기업이 출현하기 시작한 1950년대 후반부터였다. 이렇게 1950~1960년대부터 사용되기 시작한 다국적기업과 관련 용어들 중 대표적인 사용 예를 살펴보면 다음과 같다.

세계기업(world enterprise) : 1959년 미국 매킨지사의 최고경영자였던 클리(G. H. Clee)와 싱거미싱사의 최고경영자 디시피오(A. Diecipio)는, 세계적 경영활동을 전개하기 위하여 미국의 대기업들이 지녀야 할 경영이념(perspective of management)이 무엇인가를 제시하는 그들의 논문에서, '세계기업 '이라는 용어를 처음으로 사용하였다.[25] 그들은 이러한 세계기업이 되기 위한 기준으로서 전 세계적・거시적 관점에서 마케팅・연구개발・제품제조거점의 선정이 이루어져야 함을 제시하였다. 이같이 그들은 하나의 경영이념으로서 세계기업이라는 용어를 사용하였지만 그들이 사용한 이 용어는 오늘날 일반적으로 사용되고 있는 '다국적기업'이라는 용어의 연원이 되었다고 할 수 있다.

---

25 G. H. Clee and A. Diescipio(1959) pp.85~88.

다국적기업(multinational corporation) : 1960년 릴리엔탈(D. E. Lilienthal)은 '다국적기업'이라는 용어를 처음으로 사용하면서 나름대로 그 정의를 내린 바 있는데,[26] 그후 그는 1963년에 이를 다시 보완하여 보다 명확한 정의를 내렸다.[27] 그는 다국적기업이란 ① 적어도 하나 이상의 외국에 제조거점(production base)을 가졌거나 직접투자(direct investment)를 행하는 기업으로서, ② 기업의 경영자가 진정한 의미에서 전 세계적인 안목으로 시장개척·연구개발·생산 등을 즉시 실행가능한 의사결정을 행할 수 있는 기업이라고 규정하였다. 그후 1963년 4월 비즈니스위크(Business Week)지가 다국적기업에 대한 특집기사를 게재하면서 일반인들도 이러한 용어에 관심을 가지게 되었다.

초국적기업(transnational enterprise) : 1964년 싱거사의 사장 커쳐(D. P. Kircher)는 릴리엔탈의 견해를 보다 체계화하면서 '초국적기업'이라는 용어를 사용하였다. 그는 세계기업이나 다국적기업도 결국 초국적기업으로 발전한다고 전제하고 이러한 초국적기업의 이상적 형태(ideal types)로서 ① 다수국의 주주에 의해 소유될 것, ② 다수국의 인재에 의해 경영되면서도 통일적으로 경영될 것, ③ 정치적으로 개방되어 있는 세계의 모든 지역에서 활동할 것, ④ 전 세계를 단일의 경제단위로 볼 수 있는 훈련과 경험을 쌓은 경영자에 의해 경영될 것, ⑤ 그 기업 특유의 통일원리가 지배하면서도 다수의 제품 및 사업 분야에 다각화하고 있을 것 등을 그 요건으로 열거하였다.[28]

국제기업(international corporation) : 1969년 롤프(S. E. Rolfe)는 위에서 보았던 바와 같은 multinational이나 transnational 등과 같은 여러 가지 용어들 대신에 international이라는 포괄적인 명칭을 사용함으로써 '국제기업'이라는 용어로 통일하여 사용할 것을 주장하였다. 그에 의하면 국제기업이란 기업 전체의 경영활동에서 해외활동이 차지하고 있는 비율이 25% 이상인 기업으로서 그 구체적 기준으로서는 판매액·이익·자산·고용·생산액 중 어느 하나를 선택적으로 사용할 수 있음을 규정하였다.[29]

이와 같이 1950년대와 1960년대에 사용된 아카데믹한 용어로서 세계기업·다국적기업·초국적기업·국제기업 등과 같은 명칭의 사용례를 소개하였지만 실제로는 이들 외에도 다음과 같은 많은 유사 용어들이 함께 사용되어 왔다.

---

26 그는 다국적기업을 '일국에 본사를 두고 있으며 더 나가서는 타국의 법률과 관습 하에서 활동하는 기업'으로 정의하고 그 특성을 '해외 여러 나라에서 경영활동을 행함에 있어 국제증권투자와 같은 금융상의 이해관계(stake)를 가진다는 것으로는 부족하고 판매대리점(distribution)에 사업을 위탁하는 식의 간접적 상업활동을 의미하는 것도 아니며, 경영활동에 대한 경영책임(responsibility of management)을 직접 스스로 부담하는 생산 또는 판매 활동'으로 정의하였다. D. E. Lilienthal(1960) p.119.

27 D. E. Lilienthal(1963) p.49.

28 D. P. Kircher(1964) pp.6~11.

29 S. E. Rolfe(1969) p.10.

international	enterprise (MNE)
multinational	corporation (MNC, TNC)
transnational	company (MNC)
supranational	concerns
global	firm (MNF)
world (wide)	business (IB/GB)
cosmo	

multinationals / transnationals

이러한 여러 가지 용어들 중 가장 보편적으로 사용된 예를 시대별로 보면 1960년대까지는 international이었고 1970년대부터는 multinational이었으며[30] 1990년대부터는 이들과 함께 global이라는 용어 역시 많이 사용되고 있다.[31] 이러한 용어사용의 변천은 결국 기업의 규모가 점차 거대화되고 국제화 수준 또한 더욱 높아짐에 따라 이러한 변화를 반영하여 온 것이라고 볼 수 있다. 한편 이러한 여러 용어들 중 UN이 채택하고 있는 공식용어는 transnational corporation(TNC)이고 OECD가 공식적으로 사용하는 용어는 multinational enterprise(MNE)로서 현실적으로 transnational과 multinational이라는 용어가 가장 많이 사용되고 있다. 이처럼 다국적기업과 관련된 용어가 여전히 통일되지 못한 채 여러 가지로 혼용되고 있는데 이와 관련된 논의를 [부록 2-1]에서 하고 있다.

부록 2-1 다국적기업 관련 용어의 통일화 논의

1. 용어와 관련된 다양한 논의

이상에서 소개한 바와 같이 다국적기업과 관련되는 다양한 유사 용어들이 사용되고 있는 것이 사실이다. 물론 이러한 경우 기업의 국제화를 여러 단계로 나누어 그러한 국제화단계에 따라 서로 다른 용어를 사용하는 경우도 있지만, 그렇지 않은 경우 이는 근본적으로 사용자의 주관적 입장이나 관점의 차이에서 비롯된 것이므로 국제적 경영활동을 전개하고 있는 기업에 대한 명칭이 어떠하든 그 차이란 동일한 실체를 서로 다른 용어로 표현한 것이라고 할 수 있다.

그럼에도 불구하고 이와 같은 용어들 간에는 어휘상의 뉘앙스 차이를 내포하고 있는 것이 사실이다. 예컨대 '다국적기업'이나 '초국적기업'은 다국적기업과 현지국(host country) 간 국가주권 상충(conflict of national sovereignty) 등과 관련되는 국가적 관점이 고려되고 있는 반면, '세계기업'이나 '국제기업'이라고 할 때는 그러한 고려도가 낮아 기업으로서 의사결정이 주로 경제적 동기에 기초를 두고 행해다는 점을 중시하여 사용하는 것이라고 할 수 있기 때문이다. 그런데 실제로 이

---

30 웹스터(Webster) 대사전이 수록항목으로서 multinational을 처음으로 추가 수록한 것은 1971년이었고 특히 1976년에 간행된 『보충 6,000어』에서는 '2개국 이상에 관련되는'이라는 의미를 지닌 형용사 또는 명사로서 해석하고 있다.

31 반병길 외(2000) p.66.

러한 용어의 뉘앙스와 관련하여 많은 논란과 주장들이 있는 것이 사실이다. 이러한 논란과 주장들은 다분히 주관적인 것에서부터 논리적인 것에 이르기까지 실로 다양하고 복잡한데 그러한 현실적 예를 몇 가지 살펴보면 다음과 같다.

(1) 일본의 소니(Sony)회사의 어느 CEO는 소니가 일본의 대표적인 '다국적기업'으로 불리어지지만 이에는 저항감을 느낀다고 전제하고, 다국적기업이라는 명칭은 어감이 좋지 않으므로(sound bad) 이와 혼동되지 않도록 자기 회사를 국제기업(International company)이라고 부르겠다고 주장한 바 있다.

(2) 어떤 이들은 세계·다국적·국제 등의 용어들을 특별히 구분해서 사용하여야 할 실익이 별로 없으므로 외국에 자회사를 가지고 해외에서 직접 경영활동을 하는 모든 기업들을 최광의의 개념으로서 '국제기업'이라는 용어로 통일하자고 주장하였다.

(3) 또 다른 이들은 국제기업과 다국적기업은 같다는 점을 전제하고, 다만 international의 inter가 '국가 간'(between nations)을 뜻하고 multinational의 multi는 '다국간'(among many nations)을 뜻하므로 multinational이란 용어가 학문적으로나 실무적으로 오늘날 세계적 기업들의 해외운영 특성을 더 잘 나타내준다고 주장하였다.

2. 관련 용어의 통일화 논의

이렇게 많은 용어들이 혼용되고 있지만 이러한 여러 용어들 중 가장 많이 사용되어지는 용어는 multinational과 transnational임은 상술한 바와 같다. 또한 엄격하게 통일되어 있지는 않지만 multinational이 주로 미국의 업계나 학계에서 많이 사용되는 반면 transnational은 주로 유럽에서 많이 사용되는 경향이 있다고도 할 수 있다. 한편 OECD가 공식적으로 사용하는 용어는 multinational이고 UN이 공식적으로 채택한 용어는 transnational이다.[32] 그러나 어휘적 관점에서 보면, 둘 이상의 국가 국민들이 공동으로 출자하여 설립된 기업을 transnational이라고 하고 일국 국적기업이 여러 국가에 자회사를 거느리는 국제적 기업집단을 multinational이라고 하여야 한다는 것이 일반적 해석인 것이 사실이다. 이러한 관점에서 본다면 오늘날 우리가 말하는 다국적기업에 대해서는 multinational이라는 용어를 사용하는 것이 적절하다고도 할 수 있다.

한편 corporation과 enterprise의 경우, 일반적으로 '회사'(corporation)는 보통 특정한 법적 의미로 사용되는 법학적 용어인 반면 '기업'(enterprise)은 경제학적 용어인데, 오늘날의 다국적기업이 거느리는 구성기업들이 반드시 특정한 형태의 회사로만 존재하지 않을 수도 있으므로 오히려 후자가 더 적합하다는 주장이 있다.[33]

실제로 UN 내에서도 이러한 이유 때문에 당초 corporation을 enterprise로 바꿔야 한다는 지적이 있었지만 이미 경제사회이사회에서 사용한 용어와의 통일성을 기하기 위하여 그대로 사용된 경위도 있다. 또 다른 사람들은 corporation(회사)이란 하나의 개별적 회사를 의미하는 데 비하여 enterprise(기업)란 이러한 개별 회사들이 '하나의 통합체'(integral as a whole)로서 상호관련성을 갖는 기업집단(cluster of firms)을 의미하므로 후자가 오늘날 다국적기업의 특성을 더 잘 반영하므로 이를 표준적인 용어로 사용하는 것이 더 적합하다고 주장하기도 한다.

---

32 이렇게 UN의 공식적 용어는 transnational이지만 1974년 UN 다국적기업위원회(UNCTC)가 처음으로 채택하였던 용어는 오히려 multinational이었다. 그런데 안데스그룹(Andean group)의 여러 회원국들이 공동으로 투자하여 설립한 기업형태를 multinational이라고 지칭하여야 한다는 주장에 따라, 이후 UN 경제사회이사회는 일국

이상과 같은 점들을 종합적으로 고려하여 본서에서는, 그 이외의 다양한 명칭들 역시 이와 함께 사용되어도 무방하다는 전제 아래, multinational enterprise(MNE)라는 용어를 통일적으로 사용하기로 한다.[34]

3. multinational의 번역어 문제

이렇게 multinational enterprise(MNE)이라는 용어를 통일적으로 사용한다고 하였을 때 또다시 제기될 수 있는 문제는 multinational을 우리말로 어떻게 번역하느냐 하는 것이다.

multinational을 '다국적'(多國籍)이라고 번역하는 것이 일반적 경향이고 우리말 사전 역시 이를 표준어로 채택하고 있지만 이외에도 '다국'(多國) 또는 '다국간'(多國間)이라는 용어를 사용할 것을 주장하는 문헌들이 다수 있기 때문이다. 이들의 주장은 대체로 다음과 같다.

(1) 'multinational enterprise'를 일본의 학자들이 '다국적기업'으로 번역하여 사용하였고 우리나라에서도 그러한 일본의 번역어를 그대로 수입하여 사용하고 있는데 굳이 일본의 번역을 반드시 그대로 좇을 필요가 없다.

(2) 용어에 형식적인 국적(國籍)을 강조하는 것은 다국적기업의 본질을 오도하기 쉽다. multinational이란 결코 국적이 여러 개 있음을 뜻하는 것이 아니고, 어떤 나라의 기업이 다수 국에 걸쳐 활동한다는 의미이므로 이를 '다국적'(多國籍)이라고 번역하면 모기업의 국적이 동시에 복수인가 하는 오해의 염려가 있다.[35]

(3) 어휘적인 문제이기는 하지만 multinational은 multi+nation+al이므로 이것이 '다+국적(國籍)'이어야 할 이유가 없다. 오히려 '다국적'(多國籍)이기 위해서는 multi+nationality 또는 multi+citizenship이어야 한다. 그러나 이러한 경우 우리는 이를 중국적(重國籍)이라고 지칭하지 이를 다국적이라고 지칭하지 않는다.

(4) UN에서의 공식용어가 transnational corporation으로 되어 있으므로 그 원어가 내포하고 있는 의미, 즉 국가를 넘어서(across)라는 의미를 살려 '다국간기업'이라는 용어가 더 적절하다고 볼 수 있다.

사실, '다국적기업'이라는 용어는 어휘상으로는 기업의 국적이 다수임을 의미하는 것으로 해석될 수 있어 논리적으로 부적절하고, 또한 일본학자들의 번역을 그대로 우리가 좇아야 할 이유도 없는 것이 사실이다. 그러나 이같이 기묘한 오칭이라고 할 수 있는 '다국적기업'이라는 용어는 수많은 우리 언어상의 변칙들과 마찬가지로 많은 사람들에 의해 이미 보편적으로 사용됨으로써 우리 언어의 일부가 되어버렸다.

기업이 여러 나라에 자회사를 운영하는 기업집단형태를 이와 구별되도록 하기 위하여 transnational이라는 용어를 공식적으로 사용하게 되었고 이것이 현재 UN(UNCTAD)의 공식적 용어가 되었다.

33 김민서(2008) p.82 참조.

34 따라서 이후 본서에서는 '다국적기업'(多國籍企業)이라는 용어를 통일적으로 사용하기로 한다. 또한 corporation과 enterprise도 서로 혼용되고 있지만, 다국적기업이 개별적인 회사 그 자체를 지칭하기보다 여러 회사들이 전 세계적으로 네트워킹되어 있는 기업집단(그룹)임을 고려하여, enterprise라는 용어를 통일적으로 사용하기로 하는데 이 역시 두 용어의 어휘적인 뉘앙스의 차이를 고려함이다.

35 E. J. Kolde(1968) 참조.

또한 어휘상으로 '다국적'이라는 용어는 2가지 의미를 지닌다. 첫 번째는 '국적이 다수'라는 뜻으로서 이렇게 해석할 경우 다국적기업은 로열 더치 셸(Royal Dutch Shell)이나 유니레버(Unilever) 등과 같이 '여러 나라가 하나의 기업을 설립하여 운영하는 기업(소유권을 여러 나라가 가지고 있는 기업)'이다. 두 번째는 '기업의 국적은 하나인데 여러 나라에서 경영활동을 하는 기업'이다. 따라서 다국적기업이라고 할 때의 '다국적'의 의미를 전자로 해석하면 '여러 나라가 하나의 기업을 설립·운영하는 기업'을 의미하는 것이 되고 후자로 해석하면 '다수의 나라에서 경영활동을 하기 위하여 자회사를 소유하고 통제하는 기업'을 의미하게 된다. 우리가 다국적기업이라고 할 때는 일반적으로 후자의 의미로 사용한다.

이처럼 '다국적'(多國籍)이라는 번역어를 사용한다고 해서 다국적기업의 본질이 잘못 이해되지 않은 이상, 가장 널리 일반적으로 사용되어져 이미 우리 언어의 일부가 되어 버린 용어를 구태여 다시 바꾸어 새로운 혼란을 초래할 필요까지는 없지 않을까 생각한다. 다만 최근에 이르러 세계적 기업들이 한 국가의 이해관계를 초월하여 존재하고 활동한다는 인식이 높아짐에 따라 이러한 현실을 더 잘 반영하는 의미를 지닌 용어가 '초국적기업'이라는 뜻에서 이 용어를 사용하는 예가 많아지고 있는 것도 사실이다.

2. 직접투자의 개념 정의

2.1 직접투자의 경영적 · 경제적 정의

해외직접투자(FDI : foreign direct investment)의 개념은 대체로 두 가지 관점에서 정의된다. 첫 번째는 국제자본이동의 한 형태로 파악하는 경제학자들의 전통적 정의(경제적 개념)이고, 두 번째는 기업의 여러 가지 해외진입형태 내지는 국제경영형태 중의 하나로 파악하는 경영학자들의 정의(경영적 개념)이다.

이들 중 후자의 입장에서는, 기업의 여러 가지 해외진출형태 중의 하나의 대안적 형태(alternative forms)로 해외직접투자를 정의한다. 일반적으로 기업이 해외진출을 행함에 있어 선택할 수 있는 대안적 사업형태는 크게 ① 수출, ② 국제계약방식, ③ 해외직접투자 등 세 가지 범주로 나누어 볼 수 있고 이들 각각의 구체적 진출형태와 방식은 〈표 2－1〉에서와 같이 구분될 수 있다.

표 2-1　　기업의 해외진출(사업) 형태

구 분	구체적 진출형태	특 성	
수 출	• 간접수출(indirect exporting) • 직접수출(direct exporting)	재화의 국제적 이전	
국제계약	• 국제라이센싱(licensing) • 국제프랜차이징(franchising) • 국제경영관리계약(management contracts) • 국제턴키계약(turnkey projects) • 국제계약생산(contract manufacturing) 국제하청생산 등	단일의 생산요소 · 경영자원 이전	경영적 통제, 직접적 경영활동 수반되지 않음
해외 직접투자	• 단독투자(sole investment), 합작투자(joint venture) • 그린필드형/신규설립(greenfield start−up)투자, 매수합병(M&A, merger & acquisition)투자	생산요소 · 경영자원 복합적 이전	경영적 통제, 경영활동 수반됨

따라서 경영적 관점에서의 직접투자란 수출 · 국제계약에 대비되는 해외진출 사업형태로서, 자본 · 기술 · 경영능력 · 브랜드 등 여러 가지 생산요소와 경영자원들의 일체(package, bundle)를 복합적으로 이전하여 이들에 대한 경영적 통제권을 자기책임 하에 스스로 행사하며 생산 · 판매 등 직접적인 경영활동을 행하는 국제경영방식이다. 따라서 해외직접투자는 '자본수출'인 동시에 '경영자원 수출'이며 더 나아가서는 '기업수출'이라고 할 수 있다. 이러한 점에서 직접투자는 여러 가지 해외진출방식(entry mode) 중 이익기회(profit opportunity)가 가장 높은 동시에 그에 따른 위험(risk) 역시 가장 높은 진출방식이라고 할 수 있다.

반면 경제학자들은 해외직접투자를 국제자본이동의 한 형태로 파악하여 간접투자(indirect investment) 내지는 포트폴리오투자(portfolio investment)에 대한 상대적 개념으로 정의한다. 일반적으로 국제자본이동(international capital movement)이란 일국의 거주자와 비주거자 간에 채권 · 채무의 변화를 가져오는 거래, 즉 일국의 화폐적 구매력이 타국의 지배에 들어가는 것을 말한다.[36] 그런데 이러한 국제자본이동은 다시 그 내용에 따라 다음과 같이 구분되는 바, 따라서 직접투자는 국제적으로 이동되는 장기적 민간자본으로서 간접투자에 대비되는 개념이다.

민간자본이동과 공공자본이동 : 투자주체(자본공여자)가 누구인가에 따라서 민간투자와 공공투자로 분류된다. 민간투자(private investment)란 투자주체가 개인이나 사기업인 투자이고, 공공투자(public investment)란 투자주체가 정부 · 정부기관 · 국제금융기구 등 공공기관인 투자이다. 공공투자는 선진국정부나 국제금융기구 등이 개도국의 경제개발을 지원하기 위한

36 국제자본이동 가운데는 투자적인 성격이 희박한 경우도 있으므로 '자본이동'과 '투자'는 엄밀한 의미에서는 차이가 있을 수 있지만 일반적으로는 국제자본이동을 자본수출(capital export) · 국제투자(international investment) 등으로 지칭하기도 한다.

것으로서 대체로 상환기간이 길고 낮은 금리로 대부가 이루어지며 도로·항만·댐건설과 같은 사회간접시설의 건설에 주로 사용된다.

장기자본이동과 단기자본이동 : 자본의 상환기간 또는 투자기간에 따라서 장기투자(long-term investment)와 단기투자(short-term investment)로 구분된다. 이 때 보통은 국제수지작성의 관행에 따라 그 기준이 1년이 되므로 상환기간이 1년 이상이면 장기자본이동이고 1년 미만이면 단기자본이동으로 구분된다.[37]

간접투자와 직접투자 : 민간에 의해서 이루어지는 장기자본이동은 다시 경영권취득을 목적으로 하느냐 그렇지 않느냐에 따라, 기업경영에 참가하지 않고 배당이나 자본수익을 추구하기 위한 간접투자(indirect investment)와 기업경영상의 통제권(control)을 목적으로 하는 직접투자(direct investment)로 구분된다. 따라서 직접투자(DI : direct investment)란 해외에서의 경영권취득을 목적으로 행하는 장기적 민간자본이동을 말한다.

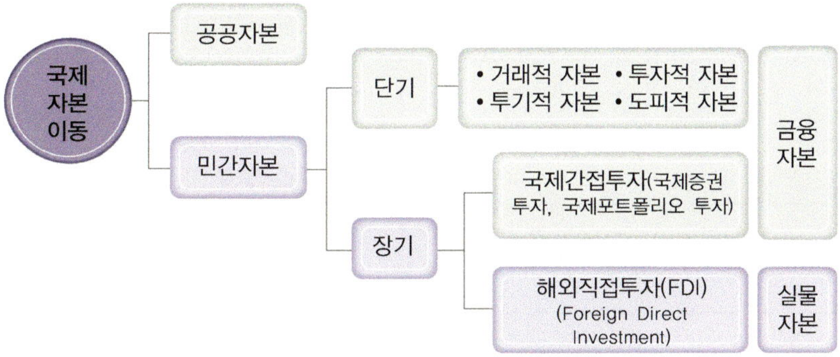

그림 2-1 국제자본이동의 종류

한편 해외직접투자라는 용어와 함께 '외국인직접투자'라는 용어도 사용된다. 이것은 직접투자를 유출(진출) 측면에서 보느냐 유입(수용) 측면에서 보느냐, 투자국 측면에서 보느냐 현지국 측면에서 보느냐에 따른 차이이다. 유출되는 투자에 대해서는 outflow·outward·outbound investment 등의 용어를, 유입되는 투자에 대해서는 inflow·inward·inbound investment 등의 용어를 (foreign) direct investment에 부가하여 사용

37 단기자본이동은 자본의 성격이나 자본이동의 목적에 따라 크게 보정적(accommodating) 거래와 자율적(autonomous)거래로 구분된다. 자율적 거래란 국가 간 금리 차 등과 같은 경제적 요인에 의하여 이동되는 자본거래인 데 반하여 보정적 거래란 수입결제대금이 부족한 외국의 수입업자에게 단기신용을 공여해 주는 경우처럼 자율적 거래를 뒷받침하기 위한 자본거래이다. 전자의 경우 다시 ① 투자적 단기자본, ② 투기적 단기자본, ③ 도피적 단기자본 등이 있다. 장기자본이동은 상환기간이 1년 이상인 금융대부나 상환기간이 정하여져 있지 않는 실물자산 및 유가증권의 취득의 형태로 이루어지는데, 장기자본이동의 대표적 예로서는 상업차관·공공차관(투자) 등이 있고 해외직접투자 역시 투자의 성격상 장기자본이동에 해당된다.

한다. 그런데 우리나라의 경우 해외로 진출하는 전자의 경우를 '해외직접투자'라고 하고 외국자본을 국내로 받아들이는 후자의 경우를 '외국인직접투자'라고 부르는 것이 일반적인 용어로 정착되어 왔다고 할 수 있다.

2.2 직접투자의 개념적 · 현실적 · 경제학적 기준

2.2.1 직접투자의 개념적 기준

이상에서 살펴본 바와 같이 간접투자와 직접투자 모두 민간에 의한 장기적 자본이동 형태이지만 양자를 구분하는 것은 그것의 본질적 특성이 서로 다르기 때문인데 이러한 간접투자와 직접투자의 특성과 형태의 차이를 〈표 2－2〉가 요약하고 있다.

표 2－2 **간접투자와 직접투자의 비교**

구 분	국제간접투자(포트폴리오투자)	해외직접투자
투자 동기 투자 내용 투자 주체 투자 기간	자본수익(capital gain)의 추구 금융적 자본(자본만의 이동) 개인, 기관투자가 단기적 성격	경영통제권의 취득, 이윤(profit)의 추구 실물적 자본(경영자원의 복합적 이전) 개인, 기업(주로 기업) 원칙적으로 장기적 성격
일반적 투자형태	① 주식 · 채권의 매입 ② 장기대부	① 주식의 취득, 현지기업의 M&A ② 자회사 설립, 합작투자 ③ 사업용 자산의 취득

투자 동기 : 간접투자는 기업경영에 참가하지 않고 자본수익(배당 또는 이자 등)을 추구하기 위한 유가증권투자로서 포트폴리오투자 또는 증권투자(portfolio investment)라고도 한다. 반면 직접투자는, 자산의 유리한 운용에만 목적이 있지 않고 기업경영의 통제권 내지는 지배(control)를 목적으로 하는 투자,[38] 해외에서 직접적인 경영활동을 통하여 이윤(profit)을 창출하기 위한 투자이다.[39]

---

38 이러한 관점에서의 해외직접투자 정의가 여러 학자들에 의해 다양하게 이루어졌다. 예컨대 ① 한 국가의 거주자가 실질적 통제권(effective control)을 갖는 해외기업에 대한 투자(G. Ragazzi), ② 단순한 포트폴리오투자와는 달리 경영의사결정에 대한 통제권을 가지는 자본투자(S. H. Robock.), ③ 경영적 통제권(managerial control)을 가지는 해외기업에 대한 장기지분투자(long－term equity investment)(F. Root), ④ 해외기업의 경영과 이익에 대한 통제권(control over management and profits)을 주목적으로 하는 자본이동 또는 기업경영상의 컨트롤을 수반한 자본이동(K. Kojima, 小島清) 등이 그것이다.

39 이렇게 투자동기에 따라 양자를 구분하는 경우 외국주식의 취득 또는 장기대부의 경우 구체적인 투자동기에 따라 간접투자가 될 수도 있고 직접투자가 될 수도 있다. 예컨대 주식을 취득하더라도 단순히 이익배당이나 자산수익에 목적을 두는 경우라면 간접투자에 불과하고 장기대부라고 하더라도 그 대차관계를 통하여 경영에 참가하는 요소가 수반되면 직접투자가 되기 때문이다.

투자 내용 : 간접투자는 금융적 자본·화폐적 자본의 국제적 이동인 반면 직접투자는 자본뿐만 아니라 경영자·경영조직·경영능력·기업가정신·기술·지식과 경험·특허 등과 같은 유형·무형의 경영자원(managerial resources)들이 복합적으로 이전(transfer of package)된다. 따라서 간접투자는 금융적 자본이동이 핵심이지만 직접투자의 경우 실물적 자본의 이동으로서 때로는 '금융적 자본이동이 수반되지 않는 직접투자'가 이루어질 수도 있다.

투자 주체와 기간 : 간접투자는 개인이나 기관투자가가 주체가 되는 반면 직접투자는 주로 기업이 주체가 되고, 간접투자는 상대적으로 단기적인 성격을 지니지만 직접투자는 장기적인 성격을 가진다.

투자 형태 : 간접투자(indirect investment)는 주로 ① 외국 기업의 주식이나 채권의 매입, ② 금융기관에 의한 중장기 대부 등의 형태를 취하고, 직접투자(direct investment)는 ① 기업경영의 참가를 위한 외국기업의 주식 취득 또는 외국기업의 매수·합병(M&A), ② 새로운 해외자회사의 설립 또는 합작투자, ③ 사업 활동을 목적으로 하는 사업용 실물자산 취득 등의 형태를 나타낸다. 따라서 외국기업의 주식을 취득하는 경우 간접투자가 될 수도 있고 직접투자가 될 수도 있는데, 최종적인 구분은 결국 '기업의 경영권 또는 통제권'의 취득이 수반되느냐 않느냐에 의해 결정된다.

2.2.2 직접투자의 현실적 기준 (국제수지표 기준)

이처럼 직접투자와 간접투자는 투자의 목적이나 경영권취득 여부에 따라 개념적으로는 명확히 구분될 수 있지만 현실적으로 이러한 기준만으로 양자를 구분하여 관련 통계나 국제수지표를 작성하기가 매우 어렵다. 왜냐하면, 양자를 구분하는 개념적 기준은 경영통제권의 취득 여부라는 주관적인 동기나 목적에 초점을 맞추고 있지만 통상적으로 해외투자의 동기와 목적이 공개되지도 않을 뿐만 아니라 양자의 경계가 명확하지도 않기 때문이다.

이 때문에 직접투자와 간접투자를 현실적으로 구분하기 위해서는 경영통제권의 취득이 이루어진 것으로 간주되는 어떤 구체적이고 현실적인 기준이 필요해진다. 이러한 기준으로서는 흔히 주식보유비율이 이용되는데 이 경우 법률적으로는 51% 이상의 소유지분을 보유하였을 경우 경영권을 지배한다고 할 수 있다. 그러나 기업의 경영권통제 문제는 이러한 소유권비율(지분)뿐만 아니라 그 기업의 조직구조·실질적 경영통제의 실행능력 등에 따라 얼마든지 달라질 수 있기 때문에 51%의 지분확보라고 하는 형식적 기준을 현실적으로 적용하는 데에는 여러 가지 문제가 있다.

따라서 직접투자와 간접투자를 현실적으로 구분하는 기준은 그 나라 국제수지표 작성상의 관행이나 실정법의 규정에 따라서 구체적으로 정해지게 된다. 따라서 각국은 자국의 국제수지통계 분류목적상 경영통제권을 수반하는 것으로 간주되는 어떤 현실적 기준을 나름대로 설정하여 사용하게 된다. 따라서 이러한 기준은 나라마다 조금씩 다를 수 있는데 이에 대해서는 [부록 2−2]가 보다 자세히 설명하고 있다.

2.2.3 직접투자의 경제학적 기준(국제생산)

한편, 국제수지표는 이렇게 일국의 대외거래를 경상거래(실물흐름)와 자본거래(금융흐름)로 나누고 국경을 넘는 자본거래 중 일정한 요건을 갖춘 자본거래를 직접투자로 정의하여 직접투자를 금융자본의 이동이라는 측면에서 파악한다. 그러나 경제학적으로 직접투자는, 이러한 금융자본의 이동뿐만 아니라 여러 가지 유형·무형의 경영자원들이 일체(package/bundle)가 되어 복합적으로 이전되는 실물적 자본이동을 의미한다. 따라서 국제수지통계상의 직접투자 개념을 경제학적 관점에서 보면 불완전한 것이라고 할 수 있고,[40] 이 때문에 직접투자의 통계가 다국적기업의 해외자회사가 통제하는 자산의 크기를 제대로 반영하지 못한다는 평가를 받기도 한다.

이러한 한계를 극복하기 위하여 더딩(J. H. Dunning) 등은 해외직접투자라는 개념 대신에 '국제생산'(international production)이라는 개념을 사용하면서, 이러한 국제생산의 개념 속에 다국적기업이 투자국으로부터 조달(이동)하는 자본뿐만 아니라 현지국에서 조달하는 현지금융도 포함시키는 동시에 자본 이외의 서비스·설비·기술·노하우 등과 같은 광범위한 경영자원들을 포함시키는 개념을 논의하기도 한다.

부록 2−2 간접투자와 직접투자의 현실적 기준(국제수지통계기준)

위에서 살펴본 대로, 간접투자와 직접투자는 경영통제권의 취득 여부에 따라서 별되어야 한다. 이렇게 직접투자의 개념적 정의는 투자자의 주관적 목적에 초점을 맞추고 있지만 투자목적이 공개되지도 않을 뿐만 아니라 양자의 경계가 명확하지도 않은 만큼, 실제 문제로서 경영권의 지배의사 유무를 판단하는 어떤 기준이 필요하다. 이에 모든 나라들은 국제수지통계의 분류목적상 경영통제권을 수반하는 것으로 간주하는 나름대로의 현실적 기준을 설정하고 있다.

IMF나 OECD는 직접투자와 간접투자를 구분하는 현실적 기준으로서 어떤 기업의 총 주식 중 10% 이상을 소유하는 경우 그 기업에 대한 지속적인 관심과 통제능력을 갖고 있는 것으로 파악하여 이를 기준으로 권고하고 있다. 그러나 때로는 소유지분이 10% 이하라고 하더라도 장기대부 또는 기타의 방법을 통하여 그 기업의 경영에 참여하거나 경영에 대한 지속적인 컨트롤을 행사하는

40 高中公男(2001), p.7.

경우도 있다. 따라서 직접투자와 간접투자의 현실적인 구분은 결국 각국의 국제수지표 작성관행이나 실정법의 규정에 따라서 이루어지는 것이 보통인데, 일반적으로 경영통제권을 보유하는 것으로 간주하는 기준으로서 전체 지분의 10~25%를 채택하고 있다.

예컨대 미국상무성은, ① 미국의 거주자(개인 또는 법인)가 의결권 있는 주식의 10% 이상을 단독으로 소유하는 경우, ② 미국의 거주자가 해외에 소유하고 있는 단독사업체・협동사업체・부동산, ③ 미국법인의 해외지점을 해외직접투자로 규정하고 있다. 한편 독일의 경우에는 ① 해외기업이나 지점의 설립이나 인수를 위한 투자, ② 제3국기업의 경영에 참가하기 위한 투자, ③ 자회사나 거주자가 경영권을 가진 기업에 대한 장기대부를 해외직접투자로 규정하여 최저 주식소유비율을 정하고 있지 않으나 독일연방은행은 국제수지작성 기준으로서 의결권 있는 주식의 25% 이상을 소유하는 경우를 해외직접투자로 규정하고 있다.

일본의 경우는 미국과 마찬가지로 외국주식에 대한 보유비율이 10% 이상인 경우를 해외직접투자로 정의하지만 10% 미만일지라도 ① 그 회사에 이사를 임명파견하고 영향력을 행사하는 경우, ② 그 회사에 원재료를 공급하거나 제품을 매매하는 등 장기적인 사업관계를 유지하는 경우, ③ 중요한 제조 기술을 공여하는 경우를 직접투자에 포함시키고 있으며, 또한 채권취득의 경우에도 1년을 초과하는 금전대부의 경우 직접투자로 보고 있다.

우리나라의 경우는 해외직접투자에 대한 개념이 독립적으로 규정되어 있지 않지만 외국환관리규정상(외국환관리법 제1장 제3조 제1항 제15호, 외국환관리규정 제12-2조 등) 해외직접투자의 범위는 ① 외화증권(주식)의 취득, ② 대부에 의한 투자, ③ 외국의 개인기업 설치・운영 또는 공동사업참여, ④ 해외지사 설치 등으로 규정하고 있는데 구체적 내용은 〈표 2-3〉과 같다.

표 2-3 우리나라의 해외직접투자의 정의

구 분	정 의(기본 요건)
외화증권 취득	• 경영참가 위해 취득한 외국법인의 주식 또는 지분 10% 이상 투자행위 • 투자비율이 10% 미만 경우로서 일정한 경우(㉠ 임원파견, ㉡ 계약기간 1년 이상의 원자재・제품 매매계약, ㉢ 기술의 제공・도입 또는 공동연구개발계약, ㉣ 해외건설 및 산업설비공사 수주계약 체결 등) • 이미 투자한 외국법인의 주식 또는 출자지분의 추가 취득행위.
금전대여 (대부채권취득)	• 상기 외화증권취득의 방법으로 외국법인에 투자한 거주자가 당해 외국법인에 대한 상환기간 1년 이상의 금전대여행위.
개인기업	• 법인형태가 아닌 개인 기업을 외국에서 설치・운영하는 행위
공동사업	• 외국에서 비거주자와 공동으로 영위하는 사업에 투자하는 행위로서 해외자원개발・기술개발・사회간접자본개발 등 비교적 투자규모가 크고 위험도가 높은 사업에 투자하는 행위
해외지사	• 국내기업의 해외지사 설치 및 운영자금의 지급행위

한편, 우리나라의 경우 외국인직접투자에 대하여 외국인투자촉진법(제2조)과 외국인투자촉진법 시행령(제2조)은 '외국인이 국내기업의 경영활동에 참여하는 등 국내기업과 지속적인 경제관계를

수립할 목적으로 주식 또는 지분을 소유하는 것'으로 정의하여 UNCTAD의 범주를 벗어나고 있지 않다. 따라서 ① 국내기업의 의결권 있는 주식 총수 또는 지분의 10% 이상을 소유하고 그 의결권을 행사하는 경우, ② 10% 미만이라도 합작투자계약서 또는 기타 증빙서류에 의하여 기업경영에 실질적인 영향력을 행사하는 사실이 객관적으로 입증된 경우, ③ 해외모기업이나 그 모기업과 자본출자관계에 있는 기업이 대부하는 5년 이상의 장기차관까지를 외국인투자에 포함시키고 있다.

실제로 우리나라의 외국인직접투자 통계를 집계하는 기관은 지식경제부와 한국은행이 있는데, 지식경제부의 경우 위에서 설명한 정의를 바탕으로 신고기준 통계와 도착기준 통계로 구분하여 관리하고 있고, 한국은행의 경우 외국인지분율이 10% 이상인 경우만을 외국인직접투자로 고려하고 있으며 해외지점에 대한 투자도 포함시키고 있다.

한편 UN무역개발회의(UNCTAD)는 외국인직접투자를 '투자관계에 있는 자회사에 장기적 관계와 지속적인 조정을 목적으로 한 투자'라고 정의하면서 해외투자로 설립된 기업의 모사(parent enterprise)지분이 50% 이상이면 subsidiary, 그 지분이 10% 이상이면 associate라고 하며 이 둘과 해외지점(branch)을 합하여 foreign affiliate라고 지칭하고 있다.

부록 2-3 직접투자의 개념적 모호성과 다국적기업과의 관계

1. 직접투자개념의 모호성과 구분의 난점

이처럼 해외직접투자의 정의에는 개념적 기준 · 현실적 기준(국제수지표기준) · 경제학적 기준(국제생산) 등 서로 다른 기준과 개념이 혼재되어 직접투자와 간접투자의 구분에도 많은 혼동과 모호함이 존재할 수 있다. 이러한 기준상의 문제점과 더불어 직접투자와 간접투자의 구분을 더욱 어렵게 하는 환경적 요인으로서는 다음과 같은 2가지를 들 수 있다.

금융세계화 · 경제금융화 현상: 최근에 확대되고 있는 금융세계화(financial globalization)현상으로 인하여 직접투자와 간접투자의 구분이 더욱 어려워지고 있다. 인터넷기술의 발전에 따라 국경을 초월하는 국제금융거래가 실시간으로 가능하게 되고 각국 금융시장의 개방과 통합으로 인하여 국제금융거래가 자유화되는 금융세계화가 이루어지는 동시에 '산업자본의 금융화 현상'이 심화되어 국제자본을 운용하는 금융회사는 물론 지금까지 산업생산에 머물던 세계적 대기업들 역시 산업생산보다 금융투자를 통하여 이윤을 추구하려는 경제의 금융화 경향을 보여주고 있기 때문이다.[41]

이러한 금융세계화 또는 경제의 금융화 경향으로 인하여 기업의 산업(생산)활동과 금융활동 간의 경계가 희미해지고 기업의 이윤추구전략도 생산형태와 금융형태가 중첩된 형태로 진행되고 있다. 이 때문에 국제투자에 있어서도 경영참여를 통하여 산업생산 활동을 하기 위한 장기적인 실물

41 이러한 경향을 어떤 경제학자들은 '산업자본에 대한 금융자본의 우위현상'으로 규정하고 이러한 현상의 폐해에 대하여 비판한다. 이들은 자본의 국제화현상을 연구하던 미샬레(C. A. Michalet) · 세네(F. Chenais) · 앙드레프(W. Andreff) 등 프랑스의 자본국제화론자들과 그들의 뒤를 이은 고완(P. Gowan) · 펠릭스(D. Felix) 등의 학자들로 대표된다. 이들은 오늘날의 세계화의 주된 흐름을 금융의 세계화로 규정하면서 그들의 관심영역을 자본세계화 · 금융세계화문제로 이동시키고 있다.

투자인지 단순히 금융차익을 목적으로 하는 간접투자인지를 구별하기 어려워졌으며, 또한 당초의 투자목적과 전략이 언제든지 바뀔 수도 있다. 이러한 이유 때문에 경영권 취득을 목적으로 하느냐 않느냐에 따라 직접투자와 간접투자를 구분하기가 더욱 모호해지고 어려워지는 경향이 발생되고 있다.

비지분참여형 투자의 증대 : 최근에 이르러 기업의 국제경영활동이 비지분참여 방식이나 전략적 제휴 방식을 통하여 이루어짐에 따라 직접투자와 간접투자의 구분이 더욱 모호해졌다. 하청생산·라이센싱·프랜차이징·경영관리계약 등과 같은 국제계약거래나 특정 부문에 대한 전략적 제휴의 경우 해외파트너기업의 생산·판매·전략·행태 등에 대해 실질적인 경영적 통제력을 소유하고 행사하면서도 이러한 경영활동에 지분참여 없이 이루어지는 경우가 대부분이기 때문이다. 이러한 경우 실질적으로는 경영통제권이 행사되지만 지분소유가 수반되지 않으므로 국제수지표상 직접투자로 기록되지 못하고 서비스거래나 소득거래 등 다른 항목으로 통계되게 된다.

2. 직접투자와 다국적기업의 관계

한편 해외직접투자는 때때로 다국적기업과 동일시되기도 한다. 이것은 다국적기업이라는 실체가 해외직접투자의 발전과정에서 출현하였고 또한 다국적기업의 경영활동 중 가장 핵심적인 경영활동이 해외직접투자이므로 양자의 영역이 중복되기 때문이다.

또한 분석목표에 따라서 양자를 동일시하여도 무방한 경우가 있을 수 있고 때에 따라서는 다국적기업의 분석을 해외직접투자 통계자료를 통하여 행할 수밖에 없기 때문이기도 하다. 이러한 이유 때문에 양자를 동일시하는 경우가 없지 않지만 엄밀한 의미에서 양자는 구별되고 또 구별되어야 한다. 이렇게 구별되어야 하는 양자의 차이점은 다음과 같다.

(1) 해외직접투자가 주로 기업에 의해 이루어지지만 기업 이외의 경제주체(정부·개인 등)에 의해 행해질 수도 있다는 점에서 다국적기업이라는 실체 그 자체와 구별된다. 말하자면 해외직접투자는 투자라는 '행위'(act)에 초점을 두는 것임에 대하여 다국적기업은 그러한 투자를 주된 경영활동으로 하는 '기업조직'(organization/institution)을 지칭하는 것이다.

(2) 다국적기업의 국제경영활동 중 가장 중요한 활동이 해외직접투자 활동이어서 양자가 중복되지만, 다국적기업의 활동에는 이러한 투자활동 이외에도 수출·국제계약 등과 같은 경영활동이 포함될 수 있으므로 그 범위가 더 광범위하다.

(3) 앞에서 논의한 것처럼 해외직접투자는 투자기업이 보유하는 해외자산 중 '자본'(capital)을 중심으로 지칭하는 것이 일반적이지만, 다국적기업이 보유하고 활용하는 자산에는 그와 같은 자본 외에도 제품에 수반된 기술·경영능력·서비스·기업가정신 등과 같은 모든 '경영자원'(managerial resources)들이 포괄된다.

(4) 따라서 해외직접투자는 기업 활동 중의 경제적 측면이 강조되는 반면 다국적기업에는 그러한 경제적 측면뿐만 아니라 기업경영적·정치적·법률적·사회적·문화적 측면까지가 포함된다. 따라서 다국적기업의 생성원인이나 영향을 논의함에 있어 주로 경제적 측면에서만 논의하는 경우에는 해외직접투자와 다국적기업을 동일하게 취급하기도 하는 이유가 여기에 있다.

제2절 다국적기업의 개념 정의

1. 개념 정의의 의의

다국적기업과 관련되는 용어들이 다양하여 통일적인 용어 사용이 정립되지 못한 것처럼, '어떠한 기업이 다국적기업인가' 또는 '다국적기업이 되기 위해서는 어떠한 요건과 특성을 갖추어야 하는가'라는 다국적기업의 개념 정의(conceptual definition) 역시 통일적 개념화가 이루어지지 못하고 있다.

일반적으로 정의(定義)란 '어떤 사물이 내포하고 있는 개념의 뜻을 밝히어 논리적으로 규정하고 기술하는 것'을 말하는데 이러한 정의는 개념적 정의와 조작적 정의로 나눌 수 있다. "개념적 정의"(conceptual definition)란 어떤 실체의 개념을 다른 개념을 통하여 묘사하는 정의인 반면 "조작적 정의"(operational definition)는 현실세계에 적용시켜 측정가능한 지표로 나타내기 위한 정의이다. 대체로 전자가 추상적이고 질적인 표현임에 대하여 후자는 구체적이고 양적인 표현으로서 전자에 의해 이루어진 어떤 명제를 실증적으로 검증하기 위한 수단이 된다. 이러한 관점에서 보면 여기서 논의하는 다국적기업의 정의는 하나의 개념적 정의이다.[42]

일반적으로 다국적기업이란 국경을 넘어서 이루어지는 부가가치활동을 직접적으로 소유하고 통제하는 기업들 중 일정한 요건이나 특성을 갖춘 기업들로 정의된다. 따라서 다국적기업의 개념적 정의는 이러한 요건이나 특성 중 어느 것을 더 강조하느냐, 또는 그러한 특성을 실현시키는 기본적 요건으로서 어떠한 지표를 채택하느냐에 따라 다양한 정의들이 제시될 수 있다. 이렇게 다국적기업의 개념을 정의함에 있어서 일반적으로 채택되는 요건과 기준들로는 ① 구조적 기준, ② 성과적 기준, ③ 행태적 기준, ④ 동태적 기준 등이 채택되고 있다.[43]

그런데 다국적기업의 개념 정의를 위하여 채택되는 이러한 기준들은 다국적기업을 개념화하는 데 있어 그 나름대로의 장단점을 지니고 있다. 따라서 대부분의 개념 정의들은 이러한 여러 가지 기준들을 복합적으로 채택하고 있지만 어떠한 기준을 채택하더라도 일정한 자의성이 개재될 수밖에 없다. 이하에서는 이러한 여러 가지 기준들의 의미와 한계

---

42 따라서 어떤 연구자나 분석자가 자신의 연구나 분석의 대상이 되는 다국적기업의 범주를 정하기 위해서는 이하에서 설명하는 정의기준들 중 어떤 것들을 그 구체적 지표로 채택하여 사용하는 조작적 정의가 필요할 것이다.

43 이러한 기준 이외에도 다양한 기준들이 여러 사람들에 의해 채택되고 있다. 또한 다국적기업의 개념 정의와 관련하여 논의한 논문들이 다수 있지만 하나의 표준적이고 고전적인 연구로서는 Y. Aharoni(Autumn 1971) pp.27~37을 들 수 있다.

를 살펴보고 이와 함께 이러한 기준을 기초로 하여 규정된 여러 가지 개념적 정의들을 살펴본다.

2. 개념 정의를 위한 기준

2.1 구조적 기준(structural criterion)

2.1.1 다국적기업의 구조적 특성

다국적기업의 개념을 정의함에 있어서 가장 많은 사람들이 채택하여 사용하는 기준은 기업의 구조적 특성을 통하여 정의하는 구조적 기준이다. 그렇다면 어떤 기업이 다국적기업이 되기 위해서는 어떠한 구조적 개념요소를 지녀야 할 것인가? 이러한 구조적 개념요소로서는 ① 일정한 국제성 또는 다국적성, ② 해외 자사에 대한 실질적 경영통제권의 보유, ③ 이러한 실질적 통제권을 통일적으로 행사하는 데 적합한 조직구조의 뒷받침이라는 특성 등을 들 수 있다.

국제성 또는 다국적성 : 다국적기업은 우선 일국 내에서만 활동하는 국가기업(national firm)과는 달리 국경을 넘어 적어도 2개국 이상에서 생산·판매 등의 부가가치활동을 행하는 국제적 또는 다국적인 경영활동을 행하는 기업이다. 국경을 넘어 행해지는 기업의 경영활동에는 국제무역이나 국제금융활동 등과 같은 활동들도 있지만 이러한 활동은 다국적기업이 지녀야 할 국제성(internationality)이나 다국적성(multinationality)을 충족한다고 말할 수 없다. 따라서 국경을 넘는 생산 및 기타 비즈니스 활동을 직접적으로 행하는 기업이어야 한다.

실질적 경영통제권 : 이렇게 국경을 넘어 직접적인 경영활동을 행하기 위해서는 해외에 자회사를 설립하고 그들에 대한 경영통제권(managerial control)을 행사하여야 하는데 이러한 경영통제는 2가지 함의를 가진다. 우선, 경영통제권을 행사하기 위하여 해외자산에 대한 일정한 소유권을 취득하고 행사하여야 한다. 이러한 소유권이 해외자회사의 전략과 경영에 장기적인 이해관계를 갖게 해주기 때문이다. 다음으로, 다국적기업이 되기 위해서는 이러한 지분을 소유하였다는 것만으로 부족하고 반드시 그들에 대한 실질적 통제권(effective control)을 지니고 있어야 한다. 지분의 소유만으로 실질적인 경영통제가 이루어지는 것이 아니기 때문에 다국적기업은 해외자회사에 대한 일정한 지분소유뿐만 아니라 그들을 전략적이고 통일적으로 경영하고 통제할 수 있는 실질적 경영통제능력을 가져야 한다.

의사결정과 조직체계의 적합성 : 원거리에 있는 해외자회사를 전략적이고 통일적으로 경영하고 통제할 수 있는 이러한 실질적 통제권이 실현되기 위해서는 그들의 공통된 목표와 전략 하에 단일화된 의사결정센터나 전략본부가 전 세계에 걸쳐 있는 해외자회사의 생산과 경영활동을 일괄적으로 계획·조직·조정·통제할 수 있는 중앙통제성을 가져야 하며, 또한 이러한 의사결정을 통합적·효율적·전략적으로 실현시키는 데 적합한 내부 조직체계 등이 뒷받침되어야 한다.

2.1.2 개념 정의를 위한 구조적 기준

이처럼 다국적기업을 구조적 특성에서 개념화한다면 ① 국경을 넘어 직접 경영활동을 행하는 국제성 내지 다국적성을 지니고 있고, ② 해외자회사에 대한 실질적 경영통제권을 보유하며, ③ 이러한 실질적 경영통제권을 행사하는 데 적합한 소유구조 및 내부조직체계를 가진 기업이라고 할 수 있다. 그런데 이러한 구조적 개념요소 중 어느 것을 더 강조하느냐 또는 이러한 개념요소를 실현시키는 구체적 지표로써 무엇을 채택하느냐에 따라 다국적기업의 개념 정의를 위한 보다 구체적인 기준들이 제시될 수 있는데, 이러한 기준으로서는 다음과 같은 것들이 주로 활용된다.

해외운영국의 수: 어떤 기업이 몇 개 국가에서 해외활동을 하는가라는 해외운영국의 수(number of foreign operation)를 기준으로 다국적기업을 정의하려는 기준이다. 앞에서 소개한 릴리엔탈의 정의를 비롯한 많은 정의들이 이러한 기준에서 다국적기업을 정의하고 있다.[44] 그러나 이러한 정의방법은 현실적으로 가장 명확하고 편리한 정의지만, ① 외형적 현상을 기준으로 하는 정의이므로 그 자체 개념 정의로서의 한계가 있을 뿐만 아니라, ② 구체적으로 과연 몇 개국 이상에서 활동하는 것을 다국적기업의 정의요건으로 삼아야 하는가라는 자의성의 문제가 발생할 수 있다.

소유권과 경영의 국제적 분산: 기업의 소유권(ownership)이 몇 개국 국민에게 분산 소유되어 있느냐를 다국적기업의 정의기준으로 삼는 방법이다. 기업의 소유권이 분산될수록 보다 더 국제적인 관점의 경영이 이루어질 수 있다는 점에서 의의 있는 기준이다. 그러나 다국적기업이란 특정국의 거대자본이 지배하는 기업체로서 다만 그들의 경영활동이 다수국가에 분산되어 있을 뿐 그들의 본사나 전략본부의 소유권이 진정한 의미에서 다수국에 분산되는 것은 아니므로,[45] 비록 그 기업의 주식이 다수국의 주주들에 의해 소유된다고

---

44 초기에 널리 사용되던 버논(Raymomd Vernon)의 정의는 '적어도 6개국 이상에서 산업 활동을 하는 자회사를 가진 대규모기업'으로 정의되었는데, 그후 1974년 OECD는 해외자회사를 2개국 이상으로 정하였고 UNCTC는 이를 1개국으로 변경하였다. 그 이후에도 통계상의 편의에 따라 10개국 등 자의적인 정의가 활용되었다.

45 다국적기업은 법적으로 어떤 특정국의 법률에 의하여 설립되어 그 특정국의 법 규제·과세범위를 벗어날 수 없을 뿐만 아니라 또한 그 특정국의 보호를 받기 때문에 다국적기업의 국적은 여전히 하나라고 할 수 있기 때문이다. 또한 기업의 본사나 전략본부가 실질적으로 2개국 이상의 국가에 분산 소유되는 실례는 영국과 네덜란드에 의해 지배되는 Shell과 Unilever를 제외하고는 그 실례를 찾기 어렵다.

하더라도 그 경영은 국가적으로 통제되므로 그러한 주식 소유의 국제화 여부만으로 다국적기업을 정의하는 데는 한계가 있다고 할 수 있다.[46]

최고경영층의 국적 분산 : 최고경영층의 국적(nationality of top management)이 다수 국가에 의해 분산되어 있는가를 기준으로 다국적기업을 정의하는 접근방법이다. 이렇게 최고경영층의 국적이 다수 국가에 분산될수록 그 기업의 운영이 특정국의 이익을 초월하는 범세계적 시야에서 운영될 수 있으므로 이 기준은 나름대로의 의의를 지닌다. 그러나 ① 최고경영층을 어떻게 정의하느냐가 쉽지 않고, ② 대부분의 다국적기업들은 의사결정의 집권화를 위하여 본사의 최고경영층에 외국인을 두지 않는 경향이 높아 이러한 기준을 만족시키는 기업을 찾기 어려우며,[47] ③ 또한 최고경영층의 국적 분산이 실질적 의사결정권의 분산과 반드시 일치하지 않을 수도 있다는 한계를 가진다.

조직구조 및 기업전략의 국제화 : 기업의 조직구조(organization structure)나 기업전략(business strategy)이 범세계적인 기업 활동을 반영하는 특성을 갖추고 있느냐 여부로써 다국적기업의 정의기준을 삼는 접근방법이다. 기업의 규모가 거대화되고 국제화될수록 거기에 적합한 조직구조 및 기업전략을 채택하게 되는 만큼 이 역시 다국적기업의 개념 정의를 위한 하나의 기준이 될 수 있다. 그러나 모든 다국적기업들이 반드시 어떤 정형화된 조직구조나 기업전략을 가져야 하는 것은 아니고 각 회사의 제품계열·활동지역·환경요인·경영목표·기업문화 등에 따라 나름대로 거기에 적합한 조직구조와 기업전략을 가지게 된다. 따라서 어떤 정형화된 조직구조 또는 기업전략 유형만으로 다국적기업을 정의함에는 한계가 있을 수 있다.

한편 이러한 기업의 조직구조와 관련하여, 다국적기업은 어느 1개국에 하나의 단일화된 의사결정센터를 가지고 있어야 한다는 특성을 강조하는 견해도 있다. 상술한 대로 이러한 의사결정센터는 전 세계로 진출하여 각기 생산·판매활동을 하는 해외의 자회사들을 일괄적으로 통제·조정하는 기능을 가지는데 다국적기업을 정의함에 있어서 이러한 기준이 중요한 이유는 이를 통하여 다국적기업의 국적을 판정하기가 용이하기 때문이다. 오늘날 세계적인 기업들의 주식과 경영이 국제화되어 있기 때문에 주식보유의 분산이나 최고경영층의 국적분산만으로 다국적기업의 국적을 파악하기 힘든데 이때 그 기업의 의사결정센터가

---

46 실제로 외국인에 의한 주식보유 자체가 그렇게 높지 않다. 일본 기업들은 외국인 주식보유 때문에 특별한 문제가 발생되지 않으며 독일기업의 외국인 소유지분은 10%를 넘지 않는다. 또한 대부분의 주식지분은 본국에 있는 개인이나 법인들이 소유하고 있고 자회사가 보유한 주식은 모회사의 통제를 받고 있다.

47 어떤 조사에 따르면 미국의 30대 핵심 기업 중 단지 5개 기업의 최고경영자가 외국인이고 미국 대기업 경영진의 2%만이 외국인이며, 일본의 거대기업 20개 중 2개 기업, 독일의 핵심 기업 15개 중 4개 기업만이 외국인 최고경영자에 의해 경영되고 있다. 이와는 반대로 기업의 국제화가 진전됨에 따라 대부분의 국제기업들이 현지 자회사의 임원들을 현지인으로 채용하는 현지화가 보편화되고 있기 때문에 이러한 기준이 별다른 의미를 가지지 못하는 측면도 있다.

어디에 존재하느냐가 기업의 국적을 판단하는 데 좋은 기준이 될 수 있기 때문이다.[48]

2.1.3 구조적 기준에 입각한 제 정의

다국적기업을 개념화하는 시도들 중에는 실제로 이러한 기업의 구조적 특성을 기준으로 행한 정의들이 많이 있다. 우선, '해외운영국의 수'라는 기준에 입각한 정의로서는 전술한 릴리엔탈(D .E. Lilienthal)의 정의 외에도, 다국적기업을 '2개국 또는 그 이상의 국가에서 공장·광산·판매·기타 사무소 등을 지배하는 기업'으로 넓게 정의한 UN의 정의가 있다. 또한 세계적인 다국적기업들을 대상으로 하는 조사에 있어서 가령 '6개국 또는 10개국 이상에서 활동하는 기업'으로 다국적기업의 범위를 정의하는 경우들이 많다.

기업의 '소유권의 분산' 내지 '최고경영층의 국적 분산'이라는 측면을 강조한 대표적인 개념 정의로서는 IBM의 회장이었던 메이종루즈(J. Maisonrouge)의 정의가 주로 예거된다.[49]

그는 다국적기업을 ① 경제발전수준이 다른 다수 국에서 활동할 것, ② 자회사를 외국에 설치하고 그 자회사는 생산·판매 등 사업에 종사할 것, ③ 현지국의 국민을 고용하고 자회사의 운영에 참여시킬 것, ④ 국적이 다른 외국인으로 구성되는 경영본부를 둘 것, ⑤ 기업의 주식이 여러 국민들에 의해 분산 소유될 것으로 정의하였다.

한편 많은 학자들이 '기업조직 내지 기업전략의 특성'을 가지고 다국적기업을 정의하기도 하였다. 버논(R. Vernon)은 다국적기업을 '국적이 서로 다른 거대한 기업집단(cluster of corporations)을 통제하는 모기업(parent company)'이라고 정의하였고,[50] 버만(J. Behrman)은 '해외의 여러 자회사들을 통제하는 단일의 전략본부를 두고 있는 기업집단'으로 정의하여 단일의 전략본부를 강조하였으며,[51] 루트(F. Root)도 '여러 나라에 계열회사를 거느리고 다양한 기업 활동을 영위하면서 각각의 계열회사들을 직접 통제·관리하는 모기업'이라고 정의하였다.[52] 또한 콜데(E. J. Kolde)는 기업의 조직구조적 특성을 강조하여, 다국적기업은 본국의 모사(headquarters company)와 외국에 소재하는 몇 개의 자회사(foreign-based affiliate)들로 구성되어 모사와 자회사 간에는 지휘통제·명령지시·생산제품송출·정보보고·송금 등과 같은 수직적 경영통제(managerial control) 관계로써 연결되고, 자회사 상호 간에는 중간재공급·업무조정·정보교환 등과 같은 수평적 내부협력(operational cooperation) 관계로써

48 안세영(1998) pp.6~7.

49 J. Maisonrouge(1969) pp.17~18.

50 R. Vernon(1971) p.4.

51 J. N. Behrman(1969) p.63.

52 F. Root(1994) p.577.

조직되어 있는 기업을 다국적기업으로 정의하였다.[53]([그림 2-2] 참조)

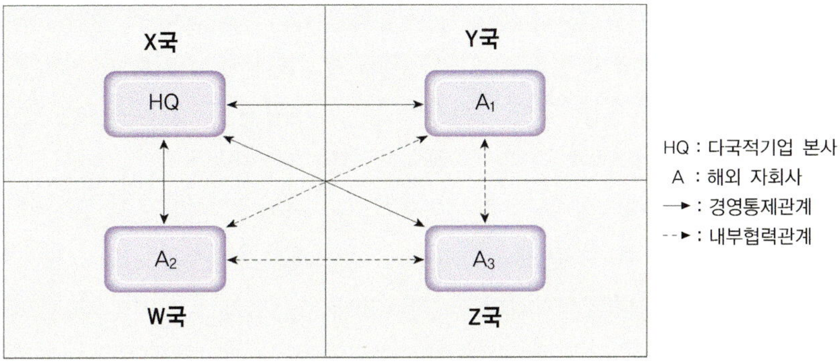

그림 2-2 다국적기업의 조직구조 (E. J. Kolde)

2.2 성과척도 기준(performance yardstick)

이것은 그 기업의 활동 내지 성과가 얼마나 국제화되어 있는가를 나타내는 척도를 기준으로 하여 다국적기업의 개념을 정의하는 정량적인 접근방법으로서 가장 보편적으로 널리 이용되는 기준이다. 그러나 이러한 기준은 너무 외형적인 현상을 중시하는 기준이므로 그 기업의 실체적 특성을 파악하는 데에 근본적으로 한계를 가질 수 있으며 더욱이 정량적인 기준이 가지는 임의성 내지 자의성이라는 문제점도 있다.

그러나 이 같은 근본적인 문제들을 용인하고 성과척도를 기준으로 채택한다고 하더라도 다시 ① 기준을 정함에 있어 절대치로서 할 것인가 아니면 상대적 비율로 할 것인가, ② 성과척도라고 하더라도 기업의 성과를 나타내는 자산・고용・매출액・이익 등 여러 가지 지표들 중 어떤 것을 구체적인 기준으로 삼을 것인가, ③ 단순히 해외에 이해관계를 가졌다는 것만으로는 불충분할 것이므로 상당한 비율 또는 상당한 부분이 해외에서 이루어져야 하는데 이때 '상당한'(significant)의 의미는 구체적으로 어떻게 결정되어야 하는가 등과 같은 문제가 남는다.

그럼에도 불구하고 이러한 성과척도를 기준으로 하는 정의들이 많이 제시되고 있는데 그 대표적인 정의로서는 롤프(S. E. Rolfe)의 정의를 들 수 있다. 그는 다국적기업적인 실체를 가지고 있다고 간주되는 기업들의 조사결과를 바탕으로 ① 본국 이외의 6개국 이상에 자회사를 두고 있는 기업, ② 해외자회사의 판매・투자・생산・고용의 비율 중 하나 이상이 전체 기업성과의 25% 이상에 달하는 기업으로 정의하였다.[54]

53 E. J. Kolde(1973) pp.134~136.

54 S. E. Rolfe(1969) p.18.

2.3 행태적 특성기준(behavioral characteristics)

이것은 기업 활동의 지향태도 · 경영자의 경영철학 · 경영자의 의사결정행태 등과 같은 것을 기준으로 하여 다국적기업을 정의하려는 접근방법이다. 따라서 상술한 기준들과는 달리 '그 기업의 기본적 태도가 다국적기업이라고 정의할 수 있느냐 없느냐'라는 원초적이고 직관적인 관점에서 다국적기업을 정의하려는 기준이다.

이같이 다국적기업을 행태적 특성에서 정의하려는 견해들은 비록 그 표현의 차이는 있지만 '국제적인 관점에서 사고하는(thinks internationally) 최고경영층을 지닌 기업' 등으로 정의한다. 이 같은 개념화는 다국적기업의 특성을 가장 포괄적으로 설명할 수 있다는 점에서 이러한 기준에 따르는 사람들이 많고, 실제로 다국적기업으로 지칭되는 기업일수록 국제적 사고를 하는 경영층이 많은 것이 사실이라는 점에서 가치 있는 기준임에 틀림없다.

그러나 ① '최고경영층'을 어떻게 규정하느냐 하는 문제점, ② '범세계적 사고 · 활동' 등과 같은 추상적 개념을 기준으로 삼을 경우 이를 객관적으로 파악하기가 쉽지 않아서 결국은 '다국적기업다운 기업이 다국적기업이다'라는 식의 동어 반복적(tautological) 오류에 빠질 수 있다는 문제점, ③ 또한 최고경영층이 범세계적으로 사고한다는 것 자체만으로 그 기업의 실제 의사결정과 행태가 세계지향적인 되는 것은 아닐 수도 있다는 문제점 등이 있다.

일찍이 펄뮤터(H. V. Perlmutter)는 다국적기업이란 '살아 있는 실체'(living reality)이므로 전 세계를 대상으로 하는 기업경영자의 사고행태(state of mind behavior)가 어떤가를 분석하는 것이 다국적기업을 가장 올바르게 정의하는 것이라고 주장하면서, 그 기업의 최고경영층의 태도와 행태에 따라 본국지향형(ethnocentric) · 현지지향형(polycentric) · 세계지향형(geocentric) 기업으로 유형화하였다.[55]

그는, 다국적기업이라면 당연히 세계지향형 기업이어야 한다고 규정하고 이러한 세계지향형 기업의 경영자가 취할 태도로서 ① 국적에 구애됨에 없이 가장 뛰어난 인재로서 경영자를 채용할 것, ② 모사와 자사의 경영자가 상호 전 세계적 접근방법(world-wide approach)에 의해 접근할 것, ③ 기준을 전 세계적인 관점에서 설정하되 현지국의 지역적 여건을 참작하는 융통성을 지닐 것, ④ 자사의 경영자로 하여금 세계적 목표 달성을 위해 노력할 수 있는 동기를 부여할 수 있는 보수제도를 창안할 것 등을 요건으로 제시하였다.

---

55 H. V. Perlmutter(1969) pp.9~18.

2.4 동태적 기준(dynamic criterion)

동태적 기준은, 해외직접투자가 전개되는 과정에서 다국적기업의 실체가 어떻게 변질 발전되어 가는가 또는 논리적으로 어떤 발전단계를 거치며 진화되어 가느냐라는 측면에 주목하여, 다국적기업에 대한 포괄적 정의 대신에 발전 단계적 정의를 시도하는 기준들이다. 이러한 기준에서 다국적기업을 정의하는 사람들은, 전술한 바와 같은 국제기업・범국가기업・초국적기업 등 다국적기업 관련 용어들을 동의어로 사용하지 않고 기업의 국제화 정도를 나타내는 서로 다른 의미의 용어로 사용하려고 한다.

개별 기업에 따라 예외가 없는 것은 아니지만 일반적으로 기업이 국제화하는 단계는 국내기업 활동 → 수출활동 → 해외 판매거점의 설치 → 해외 생산거점의 설치라는 정형화된 국제화과정을 거친 마지막 단계에서 확대 발전된 형태가 오늘날의 다국적기업이라 할 수 있다. 이러한 점에서 기업의 국제화단계라는 관점에서 다국적기업을 정의하려는 이러한 기준은 나름대로의 의의를 가진다.

그러나 모든 다국적기업들이 반드시 이렇게 정형화된 과정을 통해서 국제화된다고 할 수 없고, 또한 이러한 발전단계의 정형화가 초기적 다국적기업의 단계에서는 어느 정도 타당할 수 있을지 모르나 오늘날과 같은 국제화시대에 있어서는 초기단계부터 해외사업 활동으로 출발하는 기업들 역시 많아지고 있어 그 의미가 약화되고 있다. 또한 이러한 기준에 따라 기업의 국제화단계를 구분하기 위해서는 다시 앞서 살펴보았던 여러 가지 기준들에 의존하지 않을 수 없으므로 개념 정의를 위한 기준으로서 그러한 기준들이 가지고 있는 한계점이 여기에도 다시 나타나게 될 것이다.

다국적기업을 기업의 발전단계 또는 국제화단계에 따라 진화론적으로 정의하려는 모델들이 많이 있지만 이러한 동태적 기준에서 다국적기업을 정의한 대표적 모델로서는 로빈슨(R. D. Robinson)의 정의가 있다. 그는 기업이 국제화과정을, 국가기업(national firm)・국제기업(international firm)・다국적기업(multinational firm)・초국적기업(transnational firm)・초국가기업(supranational firm)의 5단계로 구분하고 그 단계별 특성을 〈표 2－4〉와 같이 구분하고 있다.[56]

56 Richard D. Robinson(1967 및 1973).

표 2-4 로빈슨에 의한 기업의 국제화단계

유형	명칭(단계)	해외사업의 내용	해외사업의 비중	소유형태	경영관리
A, B주	국가기업	수출 및 기술제휴	해외사업이 국내사업 활동의 부수적인 형태로 운영	본국 소유	본국 모사 중심적
C	국제기업	〃 +현지생산판매	상호 의존성과 독립성 병존 (사업 중심 : 수출 → 현지생산)	본국 소유	본국 모사 중심적
D	다국적기업	〃 +현지생산판매	국내를 세계시장의 일부로 간주, 국내외 활동의 동등화	본국 소유	본국 모사 편향적
E	초국적기업	〃 +현지생산판매	국내외 활동이 일체화 됨 (소유·경영관리의 국제화)	다국 소유	다국 중심적
F	초국가기업	〃 +현지생산판매	국내외 활동의 일체화	국제기구	국제기구

주 : A형은 국내사업부가 해외사업을 담당하는 단계, B형은 해외사업부를 별도로 두는 경우.
자료 : R. D. Robinson, "Beyond The Multinational Corporations," unpublished manuscript(1973) p.27.

부록 2-4 다국적기업에 대한 종합적 개념 정의

이상에서 살펴본 바와 같이 다국적기업의 개념화는 그것을 위한 기준을 무엇으로 하느냐에 따라 그 개념 정의가 서로 달라질 수 있다. 그런데 이러한 기준에 입각하여 내려지는 개념 정의들은 그 나름대로 다국적기업의 어떤 특성을 잘 설명하고 있지만 또 다른 특성을 설명하는 데에는 일정한 한계를 지니게 된다. 다국적기업에 대한 어떤 포괄적이고 정의를 통일적으로 정립하기가 쉽지 않은 이유가 여기에 있다.

그러나 오늘날 활동하고 있는 글로벌기업들이 공유하는 어떤 일반적이고 보편적 특성을 종합하거나 지금까지 제시된 여러 기준에 입각한 개념 정의들을 종합하는 방식으로 다국적기업을 정의한다면 나름대로의 개념적 정의가 불가능한 것은 아니다. 이러한 관점에서, 어떤 기업이 명실 공히 다국적기업으로 분류되고 인정받기 위하여 갖추어야 할 요건이 무엇인가를 중심으로, 다국적기업의 개념을 종합적으로 정의해 보면 다음과 같은 요건들을 갖추고 있는 기업이 다국적기업이다.

(1) 기업의 발전단계 또는 국제화단계상 해외사업의 비중이 매우 커져 사업상 국내·해외의 구별이 없어지는 경향을 보이는 기업, 국내시장이 세계시장 중의 하나로 간주되는 국제화수준을 갖춘 기업(동태적 기준 : 국민국가에 기반을 두고 있으면서도 세계적인 관점에서 활동하는 기업)

(2) 적어도 2개국 이상에 걸친 해외직접투자를 통하여 해외자회사를 소유·통제하는 기업으로서 각 자회사는 본사의 통일적인 글로벌전략에 따르고 있으며, 원칙적으로 경영자는 국적에 구애됨이 없이 능력을 중심으로 충원되는 기업(구조적 기준 : 세계적 기업조직 네트워크와 통일된 전략을 추구하는 기업)

(3) 일정한 규모 이상의 총자산·판매고·이익·종업원을 지닌 거대기업, 전체 총자산·매출액·이익·종업원 등의 상당한 비율이 해외의 경영에서 이루어지는 국제적 기업(성과척도기준 : 일정한 거대성이나 국제성 또는 양자를 동시에 갖추고 있는 기업)

(4) 이러한 객관적 기준들과 병행하여, 그 기업이 시장과 이익을 추구함에 있어서 최고경영층의

사고와 활동이 글로벌한(초국가적) 관점과 시야에서 이루어지는 기업(행태적 기준 : 글로벌한 관점에서 사고하고 행동하는 기업)

이상과 같은 요건들을 하나의 종합적 개념 정의로서 제시하였지만 오늘날 다국적기업으로 분류되는 모든 기업들이 이상의 모든 요건들을 동시에 만족시키는 것은 아니므로, 이 역시 다국적기업의 종합적 정의로서의 하나의 모델이라고 할 수밖에 없다. 또한 상술한 대로 이러한 종합적 정의는 다국적기업에 대한 하나의 개념적 정의(conceptual definition)일 뿐, 실제로 어떤 연구자나 분석자가 자신의 연구나 분석을 위하여 다국적기업을 정의하고 분류하기 위해서는 이상에서 설명한 개념적 정의를 나타내는 어떤 구체적 대용 변수들을 기준으로 채택하여 정의하는 조작적 정의(operational definition) 과정이 필요할 것이다.

: PART 02

다국적기업의 역사와 기업적 특성

제 3 장 다국적기업의 역사적 배경과 현황

제 4 장 다국적기업의 기업적 특성

제 5 장 다국적기업과 직접투자의 투자유형

“

제2편에서는 다국적기업과 해외직접투자가 시대별로 어떠한 배경 위에서 확대되고 발전되어 왔으며 또한 최근 세계적인 다국적기업의 기업적 특성과 투자유형은 어떠한가에 대하여 3개의 장(chapter)으로 나누어 논의한다.

(1) 기업이 해외에 투자하는 것은 이미 수세기 전부터 시작되었지만 하나의 근대적인 국제기업 형태는 19세기 후반 미국 기업을 중심으로 나타났다. 이후 20세기 초부터 그 숫자가 증가하였고 1950년대 말 내지 1960년대 이후부터 본격적으로 성장 · 확장하기 시작하였다. 이 같은 역사적 흐름 속에서 시대별로 어떠한 환경변화가 다국적기업의 활동을 촉진시키는 역사적 배경으로 작용하였고 다국적기업과 해외직접투자가 어떤 모습을 보이며 확대되어 왔는가를 살펴본다(제3장 다국적기업의 역사적 배경과 현황).

(2) 다국적기업과 해외직접투자를 둘러싸고 있는 이상과 같은 거시적 · 외부적 환경변화에 전략적으로 대응한 다국적기업의 미시적 · 기업 내부적 측면의 특성에 대하여 살펴본다. 오늘날 세계경제를 지배하고 있는 다국적기업들은 기업규모면에서나 국제화면에서 어떠한 모습들을 보여주고 있으며, 특히 기업경영활동 및 기업조직상 국내기업과는 어떻게 다른 특성을 지니고 있는가 등을 논의한다(제4장 다국적기업의 기업적 특성).

(3) 다국적기업들이 행하는 해외투자의 유형에 대하여 투자동기 · 통합형태 · 투자지분 유형 등 전통적인 투자유형에 대한 고찰과 함께 최근 새로운 특징으로 나타나고 있는 M&A형 투자 · 전략적 제휴에 대해 살펴본다. 아울러 이러한 투자유형들은 다국적기업의 진입모형으로서 어떠한 전략적 장점과 단점을 지니고 있으며 현실적으로 나타난 성과와 실패요인은 무엇인가에 대하여 논의한다(제5장 다국적기업과 직접투자의 투자유형).

”

CHAPTER 03

다국적기업의 역사적 배경과 현황

제1절 다국적기업의 역사적 배경

1. 해외투자와 다국적기업의 역사적 전개

1.1 19세기 이전 유럽 중심의 해외투자

어떤 국가의 시민이나 기업이 국경을 넘어 행하는 해외투자 또는 국제경영이 반드시 오늘날에만 존재하는 새로운 현상은 아니다. 그와 같은 해외투자 내지 국제경영 활동의 역사적 기원을 거슬러 올라가면 고대 페니키아상인까지 거슬러 올라갈 수 있고 또한 상업 활동을 위해 해외에 투자한 기업의 역사 역시 상당히 길기 때문이다.

이 때문에 어떤 학자들은 1200년대 제노아 및 베네치아 등 지중해 연안 상인들이 그들의 무역을 지원하기 위해 해외에 은행업을 개설한 것을 고전적인 다국적기업의 형태로서 설명하기도 한다. 또 다른 학자들은 16~18세기 중상주의시대에 영국·프랑스·네덜란드 등 유럽제국들이 그들의 해외식민지에 건설한 회사들, 즉 네덜란드의 동인도회사(Dutch East India Company, 1600년)와 영국의 동인도회사(British East India Company, 1602년)·로열 아프리카(Royal Africa Company)·허드슨 베이(Hudson's Bay Company, 1670년) 등을 다국적기업의 기원으로 언급하기도 한다.

그런데 당시 해외로 진출한 이들 유럽기업의 해외투자 특성을 보면 무역기업과 식민지기업 등 2가지 형태의 투자가 주류를 이루었다. 이들 중 "무역기업"의 투자는 본국의 무역활동을 지원하기 위한 투자로서, 대부분이 국가에 의해서 설립되거나 국가의 지원 아래 설립된 회사로서 투자국의 정치경제적 목표에 기여하는 역할을 행하였다. 한편 17세기 초에는 유럽의 모든 관심이 미국에 집중되어 몇몇 기업들이 동부 해안에 정착하였는데 그들의 대부분은 영국정부의 지원 아래 식민지사업과 토지개발을 행한 "식민지기업"이었다.[1]

이처럼 16~18세기에 이루어진 유럽기업의 해외진출은 다수국가에 걸쳐 사업 활동을

1 그 당시 대표적 투자기업이었던 '버지니아사'는 어업·조선·단순 제조업에 기반을 둔 뉴잉글랜드(New England) 경제를 육성하기 위한 투자였고, '메사추세츠 베이사'는 면화·담배 등에 대한 영국자본의 플랜테이션 경제를 활성화하는 주역이었다.

하였다는 점에서 오늘날의 다국적기업 활동과 흡사한 점을 지녔지만 그 목적·성격·내용면에서는 많은 차이가 있었다. 우선 그들의 해외진출 목적이 해외에서의 생산·판매 활동을 행하기 위한 투자가 아니라 자신들의 식민지를 유지·확장하기 위한 진출이었고, 영업내용 면에서도 주로 현지에 대한 제품판매·무역에 국한되어 있었을 뿐 생산과 관련된 활동은 원료확보를 위한 한정된 범위에 머물러 있었다. 또한 당시 영국의 해외투자가 다량으로 이루어졌지만 그 대부분이 해외공사채에 대한 간접투자가 대종을 이루었다. 따라서 당시의 해외투자는 해외에서의 생산·판매를 위한 오늘날의 해외직접투자와는 그 성격이 근본적으로 달랐다고 할 수 있다.

1.2 19세기 이후~제1차 세계대전의 해외투자

유럽에서 일어난 산업혁명의 진전과 산업자본주의의 출현은 기업의 부가가치활동의 성격과 구성에 많은 변화를 가져왔다. 공장시스템이 도입되었고 하나의 하이에라키에 의하여 통제되는 효율적인 경영을 행하는 체제로서 근대적 기업이 출현하였으며 새로운 운송기술의 발달로 기업 간 또는 기업 내 거래비용이 축소됨에 따라 다양한 특화와 교환이 일어남으로써 국제경영의 역사에 하나의 분수령을 제공하였다. 따라서 당시 오늘날과 같은 근대적인 다국적기업이 아직 출현하지는 못하였지만 해외투자활동이 획기적으로 이루어졌다.

19세기 후반(1870년대) 이후 제1차 세계대전까지의 기간은 당시 영국경제가 성숙기로 접어든 이른바 빅토리아시대(Victorian era)로서, 미국·캐나다 등 신대륙의 개발붐이 조성되었고 국제통화체제도 안정적인 금본위제도가 운용되던 시기여서 해외투자 역시 활발하게 이루어짐으로써, 해외투자의 황금기로 불리던 기간이었다. 이 기간 중 초기의 해외투자는 영국을 중심으로 하는 유럽기업에 의해 주도되었고 19세기 말 후기에 이르러서는 미국의 기업이 주도하는 해외투자가 이루어졌다.

1.2.1 제1차 세계대전 이전 유럽의 해외투자

이러한 과정을 좀더 구체적으로 살펴보면 먼저 19세기 기업의 해외진출은 주로 유럽 국가들의 대식민지정책의 일환으로 진행되었다. 당시 유럽의 대식민지 해외투자는 대부분 천연자원개발이나 플랜테이션 경작에 집중되었지만 신개척지의 철도건설과 같은 인프라에 대한 투자도 활발하게 이루어졌다. 당시 이러한 유럽의 해외투자 규모와 형태의 특성을 살펴보면 다음과 같다.[2]

---

2 세계 전체의 민간 장기투자의 역사적 추이가 통계적으로 파악되는 기간은 대체로 1870년대 이후다.

영국 주도의 해외투자 : 19세기 이후 제1차 세계대전까지의 기간 중 해외투자의 상당 부분은 영국에 의해 이루어졌고 뒤이어 프랑스・독일 등 유럽제국들에 의해 주도되었다.[3] 19세기 후반 이후 제1차 세계대전까지 영국은 막대한 해외투자를 감행하여 해외투자가 GNP에 미치는 비중이 1870년대 87% 수준에서 1913년에는 166%까지 상승하여 해외투자 규모가 국민소득규모를 훨씬 초과하는 수준에 이르렀고, 제1차 세계대전 직전 전 세계 해외투자 중 영국의 비중이 41% 수준에 이르러 당시로서 세계최대 자본수출국이었다.

간접투자 중심의 해외투자 : 투자형태를 보면 직접투자와 간접투자 2가지 형태가 모두 이루어졌다. 우선 직접투자 형태로서는 식민지정책의 일환으로서 17세기 이후부터 계속되어진 동인도회사에 의한 진출로서 1914년까지 런던증권거래소에 상장된 13,500개 회사 중 3,370개사가 어떤 형태로든 해외에서 사업 활동을 수행하였다. 그러나 당시의 해외투자는 이러한 직접투자 형태보다는 간접투자 형태가 더욱 많아 전체 투자의 2/3 이상이 간접투자 형태를 띠고 있었다.[4]

추출산업・인프라에 대한 투자 : 투자대상을 보면 식민지에서 플랜테이션을 경작하고 원료를 채굴하는 작업을 행함으로써 추출산업에 집중되었지만, 이후 공채에 대한 투자와 철도・공공시설 등 현지국의 인프라에 대한 투자가 주종을 이루었다. 따라서 당시로서는 아직 제조업에 대한 투자가 별로 크지 않았다.

대 식민지・신개척지 투자 : 투자지역을 보면 미국・캐나다・호주 등 신개척지와 인도・남아프리카 등의 식민지지역이 많았고 그 외에 아르헨티나 등 남미지역에 대한 투자도 상당하였다. 이것은 19세기 후반 이후 미국의 철도건설 붐과 캐나다・남미・호주 등 신개척지의 건설 붐에 의한 것이다. 이른바 팩스−브리태니카(Pax−Britannica)로 일컬어지던 이 시기에 영국자본가들은 영국의 패권적 지위에 힘입어 당시 신흥지역인 캐나다・미국・오세아니아 등의 철도・도로 등 인프라건설과 철강 등 기초산업에 투자하였기 때문이다.

1.2.2 제1차 세계대전 이전 미국의 해외투자

19세기 중반까지 미국은 거대한 국토가 아직 통합된 하나의 시장을 형성하지 못하였던 만큼 당시 미국 기업들은 해외진출보다는 국내시장의 지역적 확대에 힘을 쏟았다. 따라서 미국 기업의 본격적인 해외진출은 19세기 후반 미국 전역을 연결하는 전신망과 철도가 완성되면서부터 일어났다. 전국적인 유통망이 형성되고 국내에서의 치열한 경쟁에서 살아남아 전국적인 기반을 형성하게 된 기업들이 이제는 해외진출에 눈을 돌리기 시작하

---

3 1913년 세계 전체 해외투자액이 440억 달러에 이르렀는데 그중 2/3를 이들 유럽 3개국이 차지하였고 특히 영국은 세계 전체 투자의 40% 수준을 차지하여 당시 세계 최고의 자본수출국이 되었다.

4 T. Houston and J. H. Dunning(1976) p.12.

여 19세기 후반 이후부터 해외투자를 감행하였기 때문이다. 19세기 후반 이후 미국 기업의 해외투자 특성을 살펴보면 다음과 같다.

직접투자 중심의 해외투자 : 당시 미국이 행한 해외투자는 그 이전의 유럽제국이나 영국의 기업들이 주로 간접투자 중심의 해외투자를 행했던 것과는 달리 처음부터 직접투자가 주류를 이루었다.

추출산업부문의 투자 : 이렇게 해외직접투자가 활발하게 이루어졌지만 이때까지만 하더라도 기업의 해외진출목적은 주로 저렴하고 안정적인 원재료의 확보를 위하여 캐나다・라틴아메리카에 대한 광산물・석유 등 천연자원에 대한 투자가 대부분을 차지하였고 제조업에 대한 투자는 부진하였다. 당시 다른 강대국들과는 달리 자신의 식민지를 보유하지 않았던 미국은 주로 캐나다・라틴아메리카 등에 진출하여 석유뿐만 아니라 동・철・알루미늄 등의 지하자원개발이나 바나나・커피 등 농산물분야에 대한 투자를 통하여 유럽기업들을 압도하기 시작하였다.

제조업부문의 투자 : 19세기 말에 이르러 많은 미국 기업들은, 그동안 그들의 주요 수출품이었던 재봉틀・무기류・농업용 기계 등을 해외에서 생산하고 판매하기 위한 직접투자를 영국・스코트랜드・유럽대륙 등에서 행하기 시작하였다. 이들 중 1890년대 초 싱거미싱사(Singer Sewing Machine)가 최초의 거대한 해외투자기업으로 등장하여 제1차 세계대전 직전 세계 미싱 생산 10대 중 9대는 동사가 생산하였다. 이 때문에 사람들은 동사를 최초의 다국적기업으로 지칭하기도 한다. 이어 American Bell・GE・Standard Oil(현재의 Exxon－Mobil) 등의 미국 기업도 당시의 대표적인 해외투자기업으로 등장하였다.[5] 이러한 해외투자 증대에 힘입어 1914년 미국의 해외직접투자 잔고가 GNP의 약 7% 수준에까지 도달하였다.

1.2.3 제1차 세계대전 이전 해외투자의 일반적 성격

이상에서 살펴본 바와 같이 19세기 이후 제1차 세계대전 이전까지 이루어진 해외투자의 성격을 보면 간접투자에 비해 직접투자 비중이 여전히 낮았다. 이것은 이른바 팩스 브리태니카(Pax Britannica)시대에 영국 자본가들은 영국의 패권적 지위에 힘입어 신흥지역인 캐나다・미국・오세아니아 등에 대규모의 자본을 투자했지만 경영권을 수반하지 않는 채권이나 주식투자를 통해 이들 국가의 철도・도로 등 인프라건설과 철강 등 기초산업에 투자하였기 때문이다. 또한 이렇게 직접투자의 비중이 낮았던 것은 ① 원활한 해외투자를 뒷받침할 교통통신의 발달이 이루어지지 못하였고, ② 모사와 해외 자사 간의 긴밀한 접

5 통상 미국 기업 중 해외진출기업의 효시로 설명하는 것은 1853년 권총생산을 위하여 영국 런던에 진출한 '사무엘 콜트'(Samuel Colt)사이다. 이것은 이 기업이 세계에서 가장 먼저 종래의 전통적인 해외진출방식이었던 수출판매방식이 아닌 현지생산을 통한 판매방식을 채택하였기 때문이다.

축과 의사소통을 위한 기초적 여건이 충족되지 못하였으며, ③ 또한 기업의 경영기법이나 해외경영능력이 아직 충분히 발전하지 못하였기 때문이었다.

또한 상술한 대로 19세기 후반(1890년대) 이후 싱거미싱사를 비롯한 미국 거대기업들의 해외직접투자가 속속 등장하기 시작하였지만, 그럼에도 불구하고 그 당시의 해외직접투자는 ① 여전히 주로 상업(무역)활동에 대한 투자가 주류를 이루었고, ② 농업・광업・제조업 분야에 대한 투자의 경우에도 주로 원료확보산업에 치중되어 있었으며, ③ 제국주의의 팽창과정에서 제국주의국가에 기반을 둔 기업들에 의하여 이루어졌다. 따라서 당시의 해외직접투자가 오늘날의 다국적기업과 같은 통합적・전략적 기능을 발휘하지는 못하였다.

1.3 전간기(제1차～제2차 세계대전)의 해외투자

1914년 제1차 세계대전 발발을 고비로 종전까지 활발하게 이루어졌던 경제의 국제화 무드가 전쟁・혁명・보호무역・불경기 등의 충격으로 인하여 파괴되거나 해체되었고 이로 인해 세계의 해외직접투자 역시 전반적으로 침체되었을 뿐만 아니라 투자의 흐름과 투자의 형태 역시 크게 변화되었는데 그 특징들을 요약하면 다음과 같다.

해외투자규모의 정체 : 제1차 세계대전 직전 세계의 해외직접투자규모(1913년 440억$)가 제2차 세계대전 전까지 500억$ 수준(1938년 528억$)을 전후로 하여 정체되었다. 이러한 현상이 발생한 것은, 전쟁과 혁명 등에 의하여 거액의 해외투자가 몰수되었고 패전국인 독일의 국외자산 대부분이 상실되었으며, 1930년대 세계대공황으로 인한 경기침체와 국제통화체제(금본위제)의 붕괴로 인한 국제결제관계의 혼란으로 정상적인 해외투자나 자본이동이 저해될 수밖에 없었기 때문이다. 또한 미국 금융공황의 여파로 중남미지역의 자원산업에 투자한 미국의 자본이 서둘러 회수되는 등 일련의 국제금융시장의 혼란으로 국제적 자본유출과 자본도피가 범람하였기 때문이다.

해외투자 주도국의 변화 : 전전까지 채무국이었던 미국이 채권국으로 전환됨과 동시에 해외투자활동에 있어서도 미국이 주도적인 역할을 하게 되었다. 제1차 세계대전 직후까지 채무국이었던 미국은 1920년대에 해외투자를 꾸준히 증가시켜 채권국으로 전환된 반면 제1차 세계대전 전까지 채권국이었던 영국・프랑스・독일은 채무국으로 전락하게 되었다. 따라서 제1차 세계대전의 종료와 함께 해외투자의 주도적 역할이 영국 등 유럽제국으로부터 미국으로 이전하게 되었다.[6] 특히 오늘날까지도 자동차산업의 선두로 군림하고 있는 미국의 자동차기업 GM・포드(Ford)・클라이슬러(Chrysler) 등이 이 시기에 활발한 해외

6 대부분의 기존 투자국들이 전쟁의 후유증으로 투자가 감소한 반면 당시 미국만이 이러한 환란의 폐해를 입지 않았을 뿐만 아니라 미국 기업들은 수요의 탄력성이 상대적으로 높은 제품의 공급에 치중하고 있음에 따라 세계 전체 직접투자 중 미국의 비중이 18.5%(1914) 수준에서 27.7%(1939) 수준으로 상승하였다.

투자를 통하여 범세계적인 생산망을 구축하기 시작하였다.[7]

해외투자형태의 변화 : 제1차 세계대전을 고비로 해외투자의 형태 역시 간접투자보다 직접투자의 비중이 높아지기 시작하여 이후 직접투자의 우위가 형성되었다. 앞서 설명한 대로 제1차 세계대전 전까지 영국이 주도하던 해외투자는 간접투자가 압도적이었음에 비하여 제1차 세계대전 이후 미국이 주도하는 해외투자는 직접투자가 주류를 이루게 되었다. 이러한 사실은 1940년 미국 해외투자의 2/3 정도가 직접투자 방식으로 이루어지게 되었음을 보여주는 〈표 3－1〉에서 확인된다.

이처럼 제1차 세계대전의 발발로 인하여 국제무역 및 투자활동이 제1차 세계대전 직전보다 위축되기 시작하였다. 이 기간 중에도 해외투자기업의 자회사 숫자는 계속 증가하였지만 세계 전체의 해외직접투자액이 제1차 세계대전 이전 수준을 넘은 것은 1930년대에 이르러서였다. 당시 유럽기업들은 주로 다른 유럽지역과 미국에 투자한 반면 미국 기업들은 남미·캐나다·유럽지역에 투자를 집중하였고, 이 기간 동안 미쓰이(Mitsui)·미쓰비시(Mitsubishi) 등 일본의 메이저기업들이 설립되기 시작하였다.

표 3－1 **전간기 미국의 민간 장기 해외투자 잔액** (stock) (단위 : 억 달러)

구 분	해외직접투자		증권투자		합 계	
	금 액	비 중(%)	금 액	비 중(%)	금 액	비 중(%)
1914년	27	77.1	8	22.9	35	100
1919년	39	60.0	26	40.0	65	100
1930년	80	52.6	72	47.4	152	100
1940년	73	64.6	40	35.4	113	100

자료 : U.S. Department of Commerce, *Historical Statistics of the United States*(1960).

1.4 근대적 형태의 다국적기업 출현

이상에서 살펴본 바와 같이 넓은 의미의 국제경영 또는 해외투자활동은 이미 오래 전부터 존재하였고 이러한 해외경영활동을 행하는 기업들 역시 오래 전부터 출현하였지만, 근대적 의미의 다국적기업이 본격적으로 등장한 것은 제2차 세계대전 이후, 특히 1950년대 말 내지 1960년대 이후부터였다고 할 수 있다.

7 GM은 1911년 수출담당부서를 설립한 후 1922년 수출량의 절반을 유럽에서 판매하였고 1923년 이후 1928년까지 18개의 조립공장을 유럽에 설치하였으며 1928년에는 일본에 자회사를 설립하였다. 1920년대 중반 이후 GM은 해외에서 조립생산하는 이러한 수준에 그치지 않고 해외에서 직접 생산하는 전략을 추진하였다. 이를 위하여 1925년 영국의 자동차사 복스홀(Vauxhall)을 인수하고 1929년에는 독일의 오펠(Adam Opel)과 호주의 홀든(Holden) 등 다수의 자동차회사를 인수하여 전 세계에서 자동차를 생산하는 체제를 갖추었다.

물론 19세기 이전 고전적인 형태의 해외투자가 다수국에 걸쳐서 이루어졌다는 점에서 근대적 다국적기업과 유사한 모습을 지녔다고 할 수 있지만 당시의 해외투자는 주로 식민지와 관련한 투자로서 해외투자활동 역시 주로 무역(상업)과 관련된 것이었고 생산과 관련된 활동이라고 하여도 원료확보라는 한정된 범위에 머물러 있어 광범위한 국제 생산 활동을 행하는 오늘날의 다국적기업과는 그 의미가 전혀 달랐다.

또한 19세기 후반 이후부터 선진독점자본에 의한 거대기업들의 해외투자가 활발히 이루어졌지만 이들이 설립한 해외조립공장들이 본국의 모사와 통합된 조직형태를 이루지 못하여 하나의 기업으로서의 통합적 전략과 기능을 추구하지 못하였다. 또한 전간기 동안에는 국제경영의 형태와 내용이 보다 성숙되는 측면이 없지 않았지만 전반적으로 그 성장세가 정체되는 시기였다. 그러나 제2차 세계대전 종전과 더불어 모든 종류의 무역과 투자가 급속히 확장됨에 따라 해외직접투자 활동 역시 급속히 성장하였고, 해외투자기업의 조직철학이 본국 중심(ethnocentric)으로부터 다국 중심(polycentric)적 형태로 전환되기 시작하는 등 투자의 내용과 해외사업 활동의 성격에도 변화가 이루어졌다.

이러한 점에서 기업의 해외직접투자가 본격적으로 이루어지고 이것이 국제경제사회에서 중요한 존재로 인식되기 시작한 것은 제2차 세계대전 이후였다고 할 수 있고, 세계를 무대로 하여 범세계적 차원의 효율성과 이익을 추구하며 본사를 중심으로 하는 통일적이고 통합적인 통제력을 발휘하는 근대적 다국적기업이 본격적으로 등장한 것은 제2차 세계대전 이후, 특히 1950년대 후반 내지 1960년대 이후부터였다고 할 수 있다.

2. 1960년대 다국적기업화의 배경

2.1 1960년대 세계의 직접투자 개관

위에서 설명한 바와 같이, 19세기 이후 제1차 세계대전까지의 기간은 직접투자보다는 간접투자가 해외투자의 대종을 이루었던 시기였고 본격적으로 직접투자가 해외투자를 주도하게 된 것은 제2차 세계대전 이후, 특히 1960년대였다. 이렇게 1960년대 이후 증대된 해외직접투자의 흐름과 이를 둘러싼 사업 환경의 주요한 변화와 특징을 살펴보면 다음과 같다.

투자규모의 급속한 증대 : 이 시기는 세계경제의 개방화・국제화 추세에 따라 세계적 규모의 해외직접투자 붐(boom)이 형성되어 직접투자규모가 급격히 증대되었다. 따라서 1960~1970년 중 세계 전체의 해외직접투자증가율이 GNP증가율보다 높아지는 현상이 보편화되었다.[8] 한편 해외투자의 형태가 완전히 직접투자중심으로 정착되어 1950년대 후반 이후 1960년대 민간장기투자 중 직접투자 비중이 70%를 초과하게 되었다.

미국 주도의 해외직접투자 : 제2차 세계대전 이후 1970년대 초에 이르기까지의 기간은 미국의 패권적 위상을 반영하여 다국적기업 역시 다분히 '미국적 현상'으로 간주할 수 있을 정도로 미국 기업들의 주도 하에 이루어졌다.[9] 당시 미국 기업이 이렇게 활발한 해외직접투자를 행할 수 있었던 원인은 제2차 세계대전 이후 자본주의의 종주국으로서의 위상을 확고히 굳힌 미국의 패권적 지위와 관련된다.[10]

대 선진국 · 제조업 투자 증대 : 한편 이 시기의 해외직접투자 중 대 선진국투자(특히 대유럽투자)가 크게 증가되어 투자수입국 중 선진국 비중이 크게 증대하였다.[11] 이 시기 서유럽 지역에 대한 해외직접투자가 증대된 것은 유럽에 EEC가 창설되고 전후복구를 통하여 이 지역의 투자환경이 개선되었기 때문이지만 이 시기에 대 개도국 천연자원 관련 투자가 상대적으로 위축되면서 기계류 · 화학 · 수송 장비 · 고무 · 식료품 등 제조업투자의 비중이 높아졌기 때문이기도 하다.

다국적기업과 현지국과의 밀월관계 : 후술하는 대로 이 시기는 다국적기업과 현지국 간에 밀월관계(honeymoon period)가 유지되는 시기였다. 당시 미국계 다국적기업들은 유럽과 개도국에 진출하여 그들의 경제개발에 장애가 되고 있는 자본 · 기술의 부족문제를 해결해 주는 반면 미국계 다국적기업들로서는 국내시장의 포화로 인한 한계를 새로운 해외시장을 통하여 해결하려 하였다. 이러한 상호 이해관계의 일치로 인하여 현지국들은 외국인직접투자를 적극적으로 유치하기 위하여 노력한 반면 다국적기업들은 현지중심적 경영활동을 행하여 서로의 필요성에 의한 우호적인 관계가 가능하였다.

---

8 1960~1970년 중 세계 전체의 해외직접투자증가율(10.2%)이 국민총생산증가율(8.4%)보다 높아 세계무역증가율(10.4%)과 비슷한 수준에 이르렀고, 특히 이 기간 동안 OECD국가(선진국)들의 해외투자증가율(11.7%)은 국민총생산증가율(8.9%)이나 무역증가율(10.9%)을 크게 상회하였다(UNCTC 1983).

9 1960년도 해외투자총량에서 세계 5대투자국이 차지하는 비중을 보면 미국(62%), 영국(21%), 네덜란드(13%), 일본(2%), 독일(2%) 순으로서 미국의 비중이 절대적이었다. 이후 1970년대 초까지 미국의 비중은 50~60% 수준을 유지하였다.

10 우선 전쟁기간 동안 피해를 입지 않은 미국 기업들은 자본이 풍부하였고 전쟁기간 동안 축적한 새로운 기술로 해외진출에 유리한 위치를 확보하였다. 이 시기의 유럽과 일본은 전후복구에 몰두하고 있었으며 외환부족으로 인한 외환통제 때문에 기업들이 해외투자를 행할 수 있는 여력이 없었으며 독일과 일본 등 전범국가의 기업들은 해외투자자산을 몰수당한 경험이 있었기 때문에 해외투자의 위험에 대한 인식도 컸다. 또한 이 시기에 미 · 소 간 대립적 동서냉전체제라는 정치적 상황으로 인하여 미국 기업의 해외투자는 단순한 경제행위 이상의 정치적(안보적) 의미를 가졌다. 따라서 당시 미국정부는 미국 기업의 해외진출이 자본주의 시장경제체제를 세계로 확산하여 공산주의를 견제하는 효율적인 안보전략의 하나로 인식하여 이를 적극적으로 후원하고 지원하였다.

11 당시 미국의 해외직접투자 중 서유럽 투자 비중이 1950년 15%, 1961년 21%, 1968년에는 32%로 높아졌다. 이러한 추세변화로 인하여 비OECD국가에 대한 직접투자 잔액 비중이 1950년 53%에서 1961년 40%, 1968년 33%로까지 저하되었다(OECD 1981).

2.2 1960년대 직접투자 확대의 배경

이상과 같이 1960년대는 해외직접투자와 다국적기업의 활동이 급격히 증대되었던 시기였는데 1960년대에 이렇게 해외직접투자와 다국적기업의 붐(boom)이 이루어질 수 있었던 것은 다음과 같은 요인들이 그 역사적 배경으로 작용하였기 때문이다.

2.2.1 개방경제체제 · 다자주의의 성숙 (국제투자환경의 개선)

1960년대는 세계적으로 각 국민경제의 개방경제체제가 확립되었던 시기였다. 일반적으로 개방경제체제란 일국의 대외무역 · 외환 · 자본거래의 자유화가 확대되는 경제체제를 의미하는데 1960년대는 이러한 의미에서 개방경제체제가 성숙되는 시기였다. GATT의 무차별 · 호혜평등 원칙에 따른 관세의 일괄인하와 무역제한철폐 노력이 확산되면서 무역자유화가 급진전되었고, 또한 IMF를 통한 외환거래 자유화 노력이 계속되는 가운데 1959년 발족한 OECD는 선진국들의 자본자유화를 적극 앞당기는 결과를 가져왔다.

이러한 개방경제체제의 성숙은 국제경제관계의 중심이 종전의 쌍무주의(bilateralism)로부터 다자주의(multilateralism)로 변화되었다는 점에서도 발견할 수 있다. 종전의 국제관계가 대체로 쌍무적으로 다루어져 특정국 간의 특혜무역협정을 통한 자유화가 이루어졌음에 비하여 전후의 세계경제는 다수국들이 자유화의 대열에 동참하는 다자주의를 통하여 시장의 자유화와 통합이 일층 높아지게 되었다.

전후에 전개된 이러한 개방경제체제의 성숙과 다자주의의 강화는 새로운 자본이동과 국제투자에 유리한 환경을 열어주었고 이러한 환경변화는 보다 많은 이윤을 추구하려는 거대기업의 해외진출에 대한 기회와 욕구를 증진시키게 되었고 이것이 결국 다국적기업의 해외진출을 가속화시키는 역사적 배경이 되었다.

2.2.2 세계시장의 분화 · 기술의 발전

제2차 세계대전을 계기로 세계시장은 미국을 주축으로 한 자본주의 경제권과 소련을 중심으로 한 사회주의 경제권으로 양분되었다. 이에 따라 자본주의 경제권은 세계시장에서 중요한 위치를 차지하고 있던 중국 · 동유럽시장을 상실하여 전전과 비교할 수 없을 만큼 해외시장의 규모가 축소되었다. 또한 제2차 세계대전 직후에 형성되었던 미국에 의한 절대적 단일지배체제가 1960년대 이후 서독 · 프랑스 등의 유럽과 일본이라는 새로운 경쟁자가 부상함으로써 다극체제로 전환되었는데 이것이 세계시장의 분화를 더욱 심화시켰다.

이렇게 세계시장은 분화되어 경쟁이 높아지고 있는데 종전까지 누적되어 온 전시기술이 전후 생산기술로 전환되었고 미국 기업을 주축으로 하여 이루어진 새로운 기술혁신이 전 세계적으로 확산되어 생산의 비약적인 증대가 이루어졌다. 이같이 세계시장은 분화를 거듭한 반면 세계생산력은 급속히 발전함으로써 시장과 생산력 간에 근본적인 괴리현상이 초래됨으로써 세계시장의 경쟁압력이 더욱 가중되었다. 세계시장의 분화와 기술의 비약적 발전에 따른 이 같은 시장경쟁의 격화를 배경으로 세계의 대기업들은 시장의 확보와 개척을 위한 새로운 활로로써 기업의 해외진출을 감행하게 되었다.

한편 이러한 생산기술의 발전과 더불어 통신 및 교통수단의 발전이 획기적으로 이루어짐으로써 세계적인 정보・인력・물자의 교류가 용이해졌다. 또한 통신기술의 급속한 발달로 기업들이 직접 현지에 나가지 않고 본사에서도 해외의 지점들을 얼마든지 효율적으로 관리하게 되었고, 운송수단의 발달로 인한 수송비용의 저하는 국제적 비교우위에 따라 범세계적인 관점에서 생산과 판매의 최적입지를 결정하여 더 높은 이윤을 확보하려는 기업의 해외진출을 적극 촉진시키는 요인으로 작용함으로써, 기업 활동의 광역화・국제화를 가능케 하였다.

2.2.3 블록경제권의 형성과 지역경제통합

세계시장의 분화와 기술의 발전으로 야기된 시장경쟁의 격화에 대한 대처방안으로써, 한편으로는 무역・외환・자본에 대한 자유화가 고창되었으며 다른 한편으로는 그러한 압력을 지역적으로 해소하고자 하는 경제통합(economic integration) 내지는 블록경제권(bloc economy)의 형성이 촉진되었다. 넓은 의미에서의 블록경제권이 형성된 것은 비교적 오랜 역사를 가졌지만 본격적인 경제통합 움직임이 활성화된 것은 1950년대 후반 이후의 일이다. 당시 이러한 경제통합 움직임의 대표적인 실체가 1957년 서독・프랑스・이탈리아・벨기에・네덜란드・룩셈부르크 등 6개국으로 구성된 유럽경제공동체(EEC)였는데 이는 이후 1967년에 유럽공동체(EC)로 발전하였다. 이러한 유럽의 경제통합 움직임에 자극받아 이후 북유럽이나 호주・뉴질랜드 등과 같은 선진국은 물론 중남미・중미・중동 등의 개도국 간 지역경제통합도 활발히 이루어졌다.

이와 같은 경제통합 내지 블록경제권의 형태는 다양하지만 가장 대표적인 형태라고 할 수 있는 것이 관세동맹(customs union)이나 공동시장(common market)이었다. 이 같은 경제통합체가 형성되면 역내 관세가 철폐 내지 인하됨과 동시에 역외 지역에 대한 공동관세를 부과함으로써 역외로부터의 수입이 역내상품의 수입으로 대체되는 무역대체효과가 발생한다. 따라서 이러한 지역경제통합체의 결성은 역내의 물자교류와 경제협력은 증진되는 반면 역내국과 역외국 간에 현저한 경제적 이익의 차이를 야기한다.

따라서 종래 자신이 수출하고 있던 지역 또는 새로이 진출하려는 지역에 이러한 경제통합체가 형성되거나 역내외차별을 야기할 만한 무역블록이 설치되는 경우, 이제는 국내에서 생산하여 이를 수출하는 단순한 활동만으로서는 소기의 목적을 달성할 수가 없게 된다. 이러한 경우 기업들은 이러한 장벽을 극복하기 위한 수단으로서 종래의 수출방식 대신에 직접 현지에 사업단위를 설립하고 생산과 마케팅 활동을 전개하는 해외투자를 감행하게 된다.

실제로 1950년대 후반 이후 경제통합 내지 블록경제권의 형성이 증가되게 되자 미국을 비롯한 많은 국가들은 그들의 우수한 기술과 자본력 및 경영능력을 무기로 그러한 지역통합체를 자국의 경제적 세력범위로 만들려는 노력을 경쟁적으로 행하였다. 이러한 노력은 한편으로는 국제적 이해관계가 대립되는 원인이 되기도 하였지만 다른 한편으로는 미국을 비롯한 역외국가 기업들이 유럽 등의 역내에 대한 진출을 급격히 증대시키는 계기가 되었다.

2.2.4 대외 경제원조 협력체제의 형성

전후 다국적기업이 촉진된 또 하나의 역사적 배경으로서는 미국을 주축으로 하여 행해진 막대한 대외원조를 들 수 있다. 미국은 전후 자본주의의 재건이라는 관점에서 마샬플랜을 비롯한 방대한 경제원조계획을 통하여 서유럽 · 일본 등에 대규모 경제원조를 행하였다. 또한 제2차 세계대전의 종전과 더불어 이전까지 식민지 · 반식민지였던 다수의 국가들이 신생독립국으로 등장함으로써 이들에 대한 경제원조도 활발히 이루어졌다.

이들 신생독립국들의 경우, 종전과 더불어 정치적 독립은 얻었지만 그동안 종주국들이 행한 식민지정책의 결과로 인하여 나타난 산업구조의 문제나 자본 · 기술상의 제약 때문에 경제적 자립을 위한 그들의 열망은 별다른 성과를 내지 못하였고, 이러한 환경 하에서 1960년대 이후 그들은 유엔무역개발회의(UNCTAD)를 통하여 자신의 처지를 남북문제(north south problem)로 제기하기에 이르렀기 때문에 이들에 대한 경제적 원조가 불가피하였기 때문이다.

이러한 세계적 상황 속에서 전후 세계적인 경제원조 협력체제가 형성되었고 실제로 이 시기에 미국의 원조를 받지 않은 나라가 없을 정도였다. 물론 당시 이렇게 막대한 대외원조가 이루어진 것은 인도주의적 목표나 상호경제 협력적 목표도 포함되어 있었지만 당시의 국제정치 · 군사적 상황도 크게 작용하였다. 종전 이후 세계는 자유진영과 공산진영으로 양분되고 소련과 중공이 그들의 세력 확장에 골몰하게 되자 미국을 주축으로 하는 서방선진국들은 저개발국에 대한 공산세력 팽창의 저지수단으로서 많은 경제적 원조를 행하기도 하였기 때문이다.

어떠한 동기에서 이루어졌든 전후에 형성된 이 같은 경제원조 협력체제는 기업 활동의 국제화 내지 글로벌화를 촉진시키는 요인으로 작용하였다. 이러한 원조의 공여가 피원조국 기업과의 합작투자 형식으로 이루어질 경우 자연히 이에 따른 기업 활동의 해외진출이 수반되었고, 또한 원조의 공여가 공장시설의 공여형식으로 이루어지는 경우 여기에 따르는 부품・원자재・기술 등의 도입이 뒤따랐기 때문이다. 경제원조와 관련된 이러한 일련의 과정을 통하여 전후 원조국 기업들이 피원조국으로의 진출과 확장의 길을 모색하였고 이것이 결국 기업의 글로벌화를 촉진시켜 준 하나의 역사적 배경이 될 수 있었다.

2.2.5 미국 경제의 국내적 요인

전술한 대로 전후부터 1960년대까지의 기간은 미국의 패권적 위상을 반영하듯 다국적기업 역시 다분히 '미국적 현상'으로 간주될 만큼 미국의 기업들에 의해 주도되었다. 이 시기에 미국 기업들이 활발한 해외진출을 행하게 된 것은 위에서 말한 여러 가지 요인들이 그 배경으로 작용하였지만 이 밖에도 다음과 같은 미국경제에 자체 내의 여러 가지 국내적 요인들 역시 미국 기업의 다국적화를 촉진시키는 배경으로 작용하였다.

국내이윤율 저하 : 1950년대까지는 비교적 높은 수준을 유지하던 미국 기업의 국내이윤율이 생산 및 자본의 집적과 집중이 심화되면서 나타난 독점체 상호 간의 경쟁격화와 1950년대 후반기에 나타난 국내경기후퇴로 인하여 계속 저하되는 추세가 현저하여졌다. 이와는 달리 전후 유럽지역 국가들은 경제회복기를 맞아 높은 성장률을 지속적으로 달성하고 있었으므로 미국의 기업들이 해외에서 얻을 수 있는 이윤이 상대적으로 더 높은 추세를 나타내었다. 이러한 경향은 필연적으로 미국 기업으로 하여금 국내 중심의 기업 활동을 해외로 돌리기 시작하는 계기로 작용하면서 미국 기업의 해외진출에 대한 기폭제가 되었다.

기술수출에 대한 반성 : 그동안 흑자를 기록하던 미국의 국제수지가 1960년대 이후 정체되기 시작하자 아이젠하워정권 이후 미국은 국제수지개선이라는 목전의 이익을 위하여 자국의 기술을 해외로 수출하는 것을 적극적으로 장려하는 정책을 취함으로써 많은 기술수출이 이루어졌다. 그러나 이러한 기술수출은 결과적으로 실패로 돌아갔다. 왜냐하면 이러한 기술수출이 일시적으로 미국의 국제수지를 개선하는 효과는 있었지만, 결과적으로는 미국이 보유하는 최첨단의 기술・생산방법・경영기술 등을 서구와 일본의 기업에 넘겨주는 결과를 가져왔고 이는 결국 미국 기업들에게 강한 경쟁압력으로 작용하였기 때문이다.

이후 미국은 이러한 기술수출에 대한 반성을 통하여, 종래의 기술수출형태로부터 경영참가지향 내지는 기업진출지향적인 노력을 경주하게 되었고 이것이 기업의 해외진출을 촉진하는 요인으로 작용하게 되었다.

독점금지 및 조세의 회피 : 미국은 1890년대 이미 셔만트러스트법(Sherman Anti-Trust Act)을 제정하여 독점행위를 규제하였고 다시 1914년에 클레이튼법(Clayton Act)과 연방거래위원회법(Federal Trade Commission Act)을 제정하였다. 일반적으로 독점금지법(Anti-Trust Act)이란 독점이나 부당한 거래제한으로부터 소비자를 보호하기 위하여 제정하는 법이지만 이러한 독점금지법이 시행되면 기업 활동의 자유로운 확대나 추가적인 이윤추구에는 제약요인이 되게 되는데, 실제로 미국이 행한 이러한 독과점규제는 미국 대기업들의 국내활동을 위축시키는 결과를 가져왔다. 따라서 미국 기업들은, 과도한 국내과세를 회피하기 위하여 조세회피지(tax-havens)로 도피하거나 2중과세 방지협정을 포함한 우대조치혜택을 누리기 위한 해외진출도 행하였지만, 이윤활동에 제약이 있는 국내 활동 대신에 그러한 제약 없이 자유로운 이윤추구활동이 가능한 해외시장으로 방향을 전환하기도 하였다.

대외투자규제와 자본조달원 변화 : 1960년대 이후 미국 다국적기업의 본격적인 해외진출은 곧 미국 달러의 막대한 해외유출을 초래하여 달러가치 하락의 원인이 되었고 이후 이루어진 베트남전쟁을 위한 달러의 대량투입은 이러한 추세를 더욱 악화시켰다. 이러한 상황에서 미국정부는 달러가치 유지를 위한 달러방어책으로서 1963년 금리평형세(interest equalization tax)를 부과한 데 이어 1965년에는 미국은행의 대 외국인 대출규제와 민간기업의 대외투자를 규제하는 조치 등을 취하였다. 그러나 다국적기업의 활동을 제약하는 이러한 자본수출규제정책은 미국계 다국적기업의 해외투자를 감소시키는 결과를 초래하지 않고 오히려 필요 자본을 외국시장(유러달러시장)에서의 증권발행이나 금융차입을 통하여 조달하는 방식으로 전환하면서 해외투자규모를 더욱 확대시키는 결과를 가져왔다.

3. 1970~1980년대 초 다국적기업 확대 배경

3.1 1970~1980년대 초 직접투자 개관

이상에서 살펴본 바와 같이 1950년대 후반 이후 1960년대는 미국 기업의 유럽진출이 러시를 이루면서 기업 활동의 국제화현상이 급속히 확대되기 시작하여 세계적인 해외직접투자 붐(boom)을 맞이한 시기였다. 그러나 1970년대에 들어오면서 세계경제의 여러 가지 환경변화로 인하여 다국적기업과 해외직접투자의 활동 역시 1960년대와는 다른 특징을 보여주었다.

3.1.1 꾸준한 규모증가, 증가세 둔화

1960년대에 이어 1970년대에도 세계의 해외직접투자는 꾸준한 증가세를 보였다. 그러나 그동안 확장을 거듭해 온 선진국 다국적기업의 활동이 상대적으로 위축되어 그 증가세는 상대적으로 둔화되었다.[12] 이렇게 1970년대 이후 해외직접투자 활동이 위축된 것은 여러 가지 국제경제 환경의 변화에 기인되었다. 우선 세계경제의 성장이 전반적으로 정체되면서 자본주의경제 전체의 구조적 위기가 나타나게 되었고, 이후 2차례의 원유위기로 말미암아 경제적 민족주의(자원민족주의) 경향이 팽배하는 동시에 1960년대까지 형성되었던 자유무역체제가 신보호주의로 대체됨에 따라 세계경제가 극심한 불황에 직면하였기 때문이다.

표 3-2 1970년대 세계 GNP · 무역 · FDI 증가 추이 (%, 경상가격기준, 공산권 제외)

구 분	선진국		개도국		세계 전체	
	1960~1970	1970~1980	1960~1970	1970~1980	1960~1970	1970~1980
GNP	8.9	14.0	7.6	18.8	8.4	15.2
수출	10.9	19.6	8.3	24.0	10.4	20.5
수입	10.9	18,7	8.6	24.7	10.4	19.9
FDI 유입	11.7	14.6	7.5	16.7	10.2	15.0
FDI 유출	11.5	15.6	–	41.3	–	15.6

자료 : UNCTC, *Transnational Corporations in World Development, Third Survey*(1983).

3.1.2 주요 투자국의 구성 변화

1960년대에는 해외투자의 대부분을 미국이 행하여 1960년대 말 미국의 투자 잔고 비중이 60% 내외를 점하여 다국적기업 자체가 다분히 미국적인 현상이었음에 대하여, 1970년대에는 서구기업의 글로벌화가 크게 증대되어 미국의 비중이 상대적으로 감소하는 대신 다른 선진국의 투자비중이 증대되고 일부 개도국의 투자도 투자국으로 부상하는 등 "투자국의 다변화"가 이루어졌다.

(1) 1970년대 전반까지만 하더라도 '다국적기업=미국의 거대기업'이었던 공식이 이후 어느 정도 깨어져 선진국들의 해외투자가 보다 균형적으로 전환되었다. 1970~1980년대 초까지 주요 선진국들의 해외직접투자 비중변화를 보면, 우선 미국의 비중이 크게 저하된

12 해외직접투자의 연평균 증가율만을 보면 1960년대 11.5% 수준에서 1970년대에는 15.6%로 증가하여 동 기간 중 직접투자잔고가 약 3배로 증가하였지만, 직접투자 증가율이 1960년대에는 GNP증가율보다 높고 세계무역의 증가율과 비슷하였던 데 비하여 1970년대에는 GNP증가율(15.2%)과 비슷하고 세계무역 증가율(20.5%, 19.9%)보다 훨씬 낮은 수준에 머물렀다.

반면 영국·프랑스 등은 대체로 비슷한 수준을 유지하였고 서독·일본·캐나다 등의 비중이 크게 증가하였다.

이렇게 해외투자국의 다변화가 이루어진 것은 제2차 세계대전으로 폐허가 된 서독이나 일본이 활발한 경제성장을 달성하여 미국과의 기술 및 경쟁력의 격차를 줄이게 된 결과였다. 전후 패전국으로서 피폐하였던 서독의 경제가 다시 재건되면서 1960년대 초 독일의 외환규제가 해제되었고 1960년대 말에는 일본의 외환규제가 해제되면서 이들 기업들이 해외직접투자의 대열에 참여한 이후 이들 국가의 경제성장속도가 빨라졌기 때문이다. 이와 함께 1970년대 중반 이후 미국 달러가 평가절하되는 대신 서독과 일본 통화의 평가절상이 이루어짐으로써 이로 인한 해외투자의 증대도 이루어졌다.

(2) 1970년대에 이렇게 미국의 투자비중이 감소하고 여타 선진국의 비중이 증가되는 투자국 구성의 변화가 있었지만 여전히 세계의 해외직접투자가 소수의 선진국에 의해 주도되고 있었다. 〈표 3－3〉이 보여주듯이 세계 전체 투자에 대한 주요 6개 선진국의 비중이 약간 줄어들기는 하였지만 여전히 80%를 상회하고 있기 때문이다.

표 3－3 **1970년대 주요 국가별 FDI 비중의 추이** (단위 : %)

구 분	국가별 투자 플로(flow) 비중			국가별 투자스톡(stock) 비중			
	1961~67	1968~73	1973~79	1967	1973	1976	1982
미 국	61.1	45.8	29.3	53.7 (64.1)	52.2 (60.7)	47.7 (59.2)	45.7 (53.1)
영 국	8.7	9.1	9.2	16.6 (19.8)	14.9 (16.1)	11.1 (13.9)	16.4 (19.1)
프랑스	6.9	5.2	7.8	5.7 (6.8)	4.6 (5.2)	4.1 (5.1)	5.1 (5.9)
서 독	7.2	12.5	17.0	2.8 (3.4)	4.6 (6.1)	6.9 (8.6)	8.2 (9.5)
일 본	2.4	6.7	13.0	1.4 (1.7)	2.7 (6.2)	6.4 (8.4)	6.0 (7.0)
캐나다	2.3	4.5	6.2	3.5 (4.2)	4.1 (4.7)	3.8 (4.8)	4.6 (5.4)
계	88.6	83.8	82.5	83.7 (100)	83.1 (100)	80.0 (100)	86.0 (100)

주 : ( )속의 비중은 6대 선진국 내 개별 국가의 비중(%)임.
자료 : OECD(1981) 및 일본무역진흥회(JETRO), 해외시장백서(투자편) 1984.

(3) 한편 1970년대에는 아직 미미하기는 하였지만 일부 개도국들이 직접투자를 받아들이는 현지국에서 해외직접투자를 행하는 투자국으로 부상하기 시작하였다.[13] 당시 이렇게 해외직접투자국으로 부상한 개도국들은 대체로 ① 막대한 석유수입을 바탕으로 하는 산유국(OPEC)그룹, ② 수출지향적 공업화를 통하여 급속한 경제성장을 이룩한 동북아시아의 신흥공업국(NICs)그룹, ③ 브라질이나 멕시코 등 수입대체적 성장을 통하여 국내시장을

13 당시 UN의 조사에 따르면 1970~1972년 중 세계 전체 해외직접투자 중 개도국비중이 0.3%에 불과하였으나 1978~1980년에는 2% 가까이로 증가하여 개도국의 다국적기업이 부상하기 시작하였음을 알 수 있다.

확대한 남미의 신흥공업국 그룹으로 나누어 볼 수 있다.

3.1.3 주요 투자유치국(현지국)의 구성 변화

1970년대 세계의 직접투자 유입액을 보면 선진국 비중은 약간 낮아진 반면 개도국 비중이 약간 높아져 이 기간 중 개도국에 대한 직접투자 유입이 상대적으로 약간 확대되었음을 알 수 있다. 대개도국투자가 이렇게 증대되었지만 주요 대상국을 보면 주로 세금 우대국·OPEC제국·신흥공업국이었다. 이들 중 신흥공업국에 대한 투자유입이 크게 증가된 것은 그들의 경제적 인프라와 노동의 질이 개선되어 선진국 기업들이 이들 지역의 저임금노동력 활용을 위한 생산입지의 이전이 증가하였기 때문이다.

1970년대 현지국의 구성과 관련하여 특기할 것은 대선진국 투자에 있어서 미국 비중이 크게 증가하여 미국은 여전히 세계최대 투자국임과 동시에 외국인투자를 유치하는 주요 현지국으로 등장하였다는 점이다. 이것은 많은 선진국들이 에너지산업의 입지를 미국으로 옮기고 미국의 고금리·보호무역주의로 인하여 대 미국투자를 증가하였기 때문이다. 종전까지 서유럽제국이나 일본의 거대기업들이 행한 해외투자가 대체로 그들과 지리적으로 인접하고 문화적으로 유사한 주변국들에 대한 투자였음에 비하여, 1970년대 중반 이후 그들의 주요 투자처를 미국으로 전환하여 이들 국가의 해외투자 중 1/4 정도가 미국에 대한 투자였다.

표 3-4 1970년대 FDI의 지역별 유입액 비중 추이 (단위 : %)

구 분	1965~1969	1970~1974	1975~1979
선 진 국	70.2	70.3	67.4
(미 국)	(10.8)	(14.8)	(23.5)
(기 타)	(59.4)	(55.5)	(43.9)
개 도 국	29.8	29.7	32.6
(신흥공업국)	(9.9)	(15.1)	(15.5)
(OPEC)	(6.4)	(3.6)	(4.8)
(기 타)	(13.5)	(18.2)	(12.3)
계	100.0	100.0	100.0

자료 : D. Christelow 및 이찬구(1984) p.87.

이러한 변화는 선진자본주의국의 거대기업 간에 투자를 통한 상호경쟁이 격화되는 이른바 '상호투자 또는 상호침투(cross-investment/hauling/penetration)의 시대'가 열리게 되었음을 의미하는데, 이러한 상호투자현상은 1980년대에 들어와 더욱 강화되었다. 특히 1980년대 초 유럽시장단일화안(Single European Act)과 북미자유무역협정(NAFTA) 등 지역주의경향이 심화되자 일본・유럽의 다국적기업들이 이러한 경제블록을 우회하기 위한 직접투자를 크게 증가시킴으로써 이러한 상호투자현상이 더욱 커지게 되었다.

3.1.4 직접투자 부문과 형태의 변화

한편 1970년대에는 직접투자의 내용과 형태면에서도 1960년대와는 다른 특성들이 나타나기 시작하였는데 그러한 변화들 중 대표적인 것들을 보면 다음과 같다.

투자부문 변화 : 1970년대 초 선진국의 해외직접투자 잔고를 산업별로 보면 대체로 석유・광물・농산물 분야가 1/4, 서비스분야가 1/4, 제조업분야가 1/2 정도를 차지하고 있었다. 그러나 1970년대 후반 이후 제조업과 서비스부문에 대한 투자는 계속 증대된 반면 자원 관련 산업에 대한 투자 비중이 상대적으로 감소하였다. 이렇게 제조업투자가 증대된 것은 대부분의 개도국들이 공업화를 추구하는 과정에서 외국인투자를 적극적으로 활용하였기 때문이고 이러한 제조업투자가 무역・금융・보험 등 서비스부문의 투자를 유발하였기 때문이다. 반면 자원 관련 투자가 상대적으로 감소한 것은 1970년대 자원민족주의의 확대 추세로 인하여 선진국들의 투자철수(divestment)가 증가하였기 때문이다.

자본조달형태 변화 : 1970년대에는 해외직접투자 규모가 증가하였음에도 불구하고 투자국으로부터 조달되는 자금유입 규모는 크게 증대되지 않고 현지수익의 재투자・감가상각 충당금 등 내부자금의 투입이나 현지차입금의 투자 비중이 늘어나 신규 자본유입이 상대적으로 감소하였다.[14]

투자 주체와 지분형태 변화 : 해외투자의 주체 면에 있어서도 종전의 해외투자가 거대기업의 전유물로 인식되어 왔으나 1970년대 이후에는 중소기업에 의한 투자 비중이 상대적으로 증가하기 시작하였다. 이러한 경향이 발생하기 시작한 중요한 이유는 거대기업이 해외로 진출함에 따라 그들에게 부품・중간재를 공급하는 중소 하청기업들의 동반진출이 증가하였기 때문이다. 한편 투자지분의 형태면에서 완전소유방식의 단독투자 비중이 감소한 반면 합작투자(joint venture) 형태가 상대적으로 증가하였다. 이것은 투자기업의 입장에서 여러 가지 이유도 있었지만 현지개도국들의 정책이 외국인투자에 대하여 합작투자를 선호하는 요구가 강하였기 때문이다.

---

14 투자수익 재투자분의 비중을 보면 미국의 경우 44%(1061), 31%(1965) 42%(1070), 86%(1974) 74%(1979)였고, 영국은 33%, 54%, 59%, 54%, 49%로 나타났다. OECD(1981).

3.2 1970~1980년대 초 직접투자 확대의 배경

상술한 대로 1970년대에는 자원민족주의 · 신보호주의 · 세계경기침체 등 여러 가지 불리한 환경으로 인하여 해외투자의 증가세가 둔화하기는 하였으나 그럼에도 불구하고 해외투자의 절대적 규모가 계속 성장하는 추세를 보여주었다. 그렇다면 여러 가지 불리한 세계경제변화 속에서도 해외직접투자 내지 기업 활동의 국제화가 이렇게 계속 확대될 수 있었던 역사적 배경은 무엇인가? 그것은 아래에서 설명하는 바와 같이, 1970년대의 자원민족주의나 신보호무역주의가 해외직접투자를 저해하는 원인으로 작용한 것이 사실이지만 이러한 경향이 선진산업국이나 개도국들의 해외직접투자 열기를 오히려 높이는 원인이 되기도 하였으며, 또한 이러한 세계경제의 위기 속에서 국제화를 이룩하려는 기업전략과 정부정책의 변화가 이루어졌기 때문이다.

3.2.1 세계적 자원민족주의의 대두

세계경제는 1970년대에 두 차례의 심각한 자원위기를 경험하였다. 물론 이러한 위기가 발생하게 된 것은 천연자원의 한계성 · 편재성 · 고갈성이라는 자연적 요인과 원유에 대한 국제 대자본의 과점적 지배구조(카르텔) 및 산유국을 둘러싼 국제정치적 불안 요인 등이 복합적인 배경으로 자리 잡고 있었기 때문이다. 자원위기의 원인이 무엇이든 이러한 자원위기의 발생을 계기로 자원을 무기화하려는 자원민족주의가 팽배하게 되었다. 이러한 자원민족주의로 인하여 자원문제가 국제경제질서의 재편을 초래할 만한 심각한 국제정치경제 문제로 등장하게 되었을 뿐만 아니라 장기적이고 안정적인 자원의 효율적 확보가 지속적인 경제발전과 경제안정을 열망하는 모든 나라들의 중요한 국가적 과제로 부상하게 되었다.

충분한 자원을 보유하고 있지 못한 나라들이 자원의 안정적 확보라는 과제를 제대로 성취하기 위해서는 여러 가지의 단기적인 대책들이 필요하지만 이를 위한 하나의 장기적인 전략방안으로서는 해외에서 자원을 개발하여 개발된 자원을 수입해 오는 자원개발수입체제의 구축이 절실하게 요구되었다. 이에 따라 1970년대 이후 모든 나라들이 해외직접투자를 통한 자원의 확보, 즉 자원지향형 투자에 더욱 열중하게 되었고 이러한 경향이 1970년대 이후 해외직접투자를 증대시킨 중요한 배경으로 작용하였다.

3.2.2 신보호무역주의의 강화

국제무역거래에 부과되어온 인위적 장벽을 제거하고 조화 있는 국제무역질서의 확립을 통해 자유로운 국제교역증대와 세계후생증대를 목표로 하는 GATT체제가 전후에 출범함으로써 세계무역의 자유화가 획기적으로 확대되었다. 그러나 1960년대 후반 이후 나타난 몇 가지 변화로 인하여 1970년대 이후에는 새로운 보호무역주의, 이른바 신보호주의(new protectionism) 경향이 심화되기 시작하였다.

또한 이러한 신보호무역주의는 비관세장벽(NTB : non-tariff barrier)을 통하여 강화되어 왔다. 전통적인 보호정책 수단으로서의 관세가 간접적이고 투명한 정책수단인 데 비하여 비관세장벽을 통한 수입제한은 무역을 제한하는 효과가 더 직접적일 뿐만 아니라 보다 자의적으로 운용할 수 있는 수단이어서 더 강력한 보호주의를 실현할 수 있게 되었다. 이렇게 더 강력하고 더 자의적인 신보호무역주의의 경향이 자유로운 세계교역의 주요한 장애로 등장하게 되었다.

이러한 보호주의의 강화로 인하여 종래 수출을 통하여 해외시장을 활용하던 기업들이 더 이상 수출을 통하여 시장을 유지하고 확대하는 것이 어려워지게 되었다. 이에 따라 많은 수출기업들은 상대방 국가가 부과하는 보호무역장벽을 우회하기 위하여 상대국 내부에 직접 공장을 건설하거나 그곳 시장상황에 밝은 기업들과의 합작투자를 통하여 보호된 시장으로 진출하는 것이 더 효율적이라고 인식하게 되었다. 이러한 전략적 사고를 바탕으로 그동안 수출을 통하여 해외시장에 서브하던 많은 기업들이 직접투자를 통하여 무역장벽을 우회함으로써 기존시장을 유지·확대하려는 수출대체형 투자 또는 무역장벽 극복형 투자를 증대시키게 되었다.

3.2.3 경제위기에 대응한 기업전략과 정부정책 변화

1960년대 중반까지 세계자본주의가 황금기를 누리게 되자 많은 경제학자들은, 이제 경기변동은 경제학의 연구대상이 아니라고 주장하기도 하면서 자본주의의 미래에 대한 장밋빛 전망을 쏟아내고 있었다. 그러나 1960년대 중반 이후부터 미국과 서구 국가들의 생산성정체·실질임금 상승으로 1970년대 이후부터 국내이윤율이 저하되었고[15] 경쟁이 치열해지면서 과잉생산문제가 해소되지 않았다. 이러한 문제들이 자본주의의 새로운 구조적 위기로 나타나자 이러한 위기에 직면한 기업들은 이윤이 좀더 높은 부문·나라·지역으로 진출하여 이윤율하락 문제에 대처하면서 경쟁기업의 생산설비를 지배하여 과잉생산문제를 해결하려고 노력하였다.

이에 따라 선진국 다국적기업들은 이윤율하락에 따른 위기를 극복하기 위하여 보다 적극적으로 공장을 해외로 이전하고 다른 나라의 기업을 구매하여 이윤율이 높은 부문으

15 당시 선진국 제조업 전체의 이윤율이 29.1%(1965), 21.9%(1973), 15.9%(1987)로 저하되었는데 비슷한 기간 동안 미국은 36.4%, 22.0%, 15.9%로, 유럽은 21.5%, 15.4%, 14.8%로, 일본은 53.6%, 38.8%, 14.6% 등으로 저하되었다.

로 경영자원을 재배치하는 전략을 추구하였고, 실제로 이러한 노력을 통하여 세계적 다국적기업들은 이 시기에 상당한 이윤율회복을 이룩하기도 하였다.16 말하자면 이윤율하락과 과잉생산으로 대표되는 1970년대 자본주의의 경제위기가 자본의 국제화를 오히려 더욱 강화시켜 다국적기업의 활동공간을 세계무대로 더욱 확대하게 하는 결정적 계기가 되었다.

1970년대 경제위기에 대한 이러한 기업적 대응에 발맞추어 선진국 정부들은 해외투자에 대한 종래의 규제를 철폐하고 오히려 다국적기업의 해외진출을 장려하는 방향으로 그들의 정책기조를 전환하였다. 후술하는 대로 미국의 경우 달러가치 하락을 막기 위하여 1960년대에 자본의 해외유출에 대하여 규제를 행한 바 있지만 다국적기업들은 오히려 규제가 없는 유로시장을 통하여 자본조달을 함으로써 달러유출이 더욱 증가하고 달러가치가 계속 하락되자 1971년 금태환정지에 이어 변동환율제로 전환하였다. 이러한 변화에 따라 미국정부는 1960년대에 설치하였던 국제자본이동에 대한 규제를 1970년대 중반 이후 대부분 철폐하였다.

당시 이러한 미국의 인식과 정책은 유럽과 일본 등 다른 나라에도 영향을 미쳐 이들 역시 자국의 국익을 증대시키기 위하여 자국의 다국적기업에 의존하는 경향을 보였다. 1970년대에 나타난 이러한 정부 정책기조의 변화 역시 1970년대 이후 다국적기업의 세계적 활동을 촉진시키는 배경이 되었다고 할 수 있다.

3.2.4 개도국 외자정책의 변화

UN이 주도하는 이른바 '개발의 1960년대'가 끝남에 따라 그동안 형성되어 왔던 경제원조 협력체제도 점차 위기를 맞게 되었다. 종전까지 대외원조의 주도적 역할을 담당했던 선진제국들이 그에 대한 책임을 분담하려 하거나 외면하려 하였다. 이들이 이 같은 태도를 지니게 된 것은, 한편으로는 원조수혜국들이 원조를 낭비하거나 원조 본래의 목적이 아닌 정치적 목적에 자금을 사용한다는 불신이 있기도 하였고 기대했던 경제성장이 즉각적으로 시현되지 못함에 대한 불만 때문이기도 하였지만, 다른 한편으로는 원조공여국 내에 도시문제·공해문제·빈곤퇴치문제 등이 새로이 발생함으로써 원조의 제공 여력이 감소되었을 뿐만 아니라 원조에 대한 정치사회적 여론이 악화되었기 때문이다.

이러한 여러 가지 이유 때문에 1970년대에는 경제원조의 절대규모가 감소되었을 뿐

16 당시 미국을 포함한 11개국 373개 다국적기업의 이윤율을 살펴본 앙드레프(W. Andreff, 1999)는 다국적기업의 평균이윤율이 1972년 이전에는 감소하였지만 2차에 걸친 석유파동 때 절정에 달하였고 1980년대 초반의 경우에도 미국 다국적기업의 이윤율이 국내기업의 그것보다 2~4배 높았다고 분석하였다. 이러한 사실은 결국 국내경제의 위기와 이에 따른 이윤율하락을 극복하기 위하여 다국적기업의 해외진출이 적극적으로 전개되었음을 말해 준다고 할 수 있다.

아니라 공여되는 원조의 성격과 조건도 더 열악해지게 되었다. 이와 같은 원조의 규모감소와 성격 변화로 인하여 대부분의 개도국들은 자신의 부족한 자본을 차관이나 외국인직접투자 유치를 통하여 해결하려고 하게 되었다. 이러한 경우 대부분의 개도국들은 대여조건이 까다롭고 원리금 상환부담이 있는 차관보다는 상환부담이 없고 가시적인 고용・소득의 증대효과가 발생할 뿐만 아니라 일정한 기술이전효과도 기대할 수 있는 직접투자를 통한 외자유치방법을 선호하게 되었다.[17]

표 3-5 외자로서의 차관과 직접투자의 성격 비교

구 분	차 관	외국인직접투자
소유・경영	외국인소유・자국인경영	외국인 소유・외국인 경영
과실형태	금리(확정적)	이윤(불확정적)
존속기한	확정(시한부 채무)	미확정(영구채무적 성격)
상환부담	원리금 상환부담 있음	직접적 원리금상환 부담 없음
기술이전효과	없음	있음(여러 가지 제한적 요소 있음)
경제적 효과 산업지배효과		고용・소득 증대효과(+효과) 국내산업 파괴・경제적 잉여 유출(−효과)

개도국, 특히 남미 제국의 이러한 외자정책의 변화가 1970년대 이후 직접투자가 지속적으로 증대되는 원인이 되기도 하였다. 말하자면 미국 등 투자국들은 자본의 해외유출에 대한 규제를 완화하는 정책을 채택하는 한편 개도국들은 종래 자신이 취하여 왔던 외국자본에 대한 차별정책을 완화하고 적극적으로 외국인직접투자를 유치하기 위한 정책을 채택하기 시작하였고 이러한 정책변화가 1970년대 후반 이후 직접투자를 증가시키는 원인이 되었다.

4. 1980년대 후반 이후 다국적기업 확대 배경

후술하는 바와 같이 위에서 1980년대 후반 이후 직접투자의 성장세는 약간의 부침이 있었지만 그 절대적 규모는 꾸준히 확대되어 왔다. 1980년대 후반 이후 직접투자가 이렇게 꾸준히 확대된 가장 주요한 역사적 배경을 한마디로 말한다면 경제세계화(economic globalization) 내지 글로벌리즘(globalism)이라고 할 수 있지만, 이러한 경향을 초래한 원인과 결과로서 국제투자 및 다국적기업의 글로벌화를 확대시킨 배경들을 정리하면 다음과 같다.

---

17 외자로서의 차관과 직접투자의 성격을 비교하는 〈표 3-5〉에 대해서는 제10장 〈표 10-4〉의 설명 참조.

4.1 국제경제관계의 다양한 흐름

1980년대 후반 이후 세계경제의 주요한 흐름을 보면 서로 성격이 다른 국제경제관계의 틀이 동시에 병행하는 모습을 보여주었다. 세계의 모든 나라들이 하나의 규범체계 속에서 규율되는 다자주의(multilateralism)가 주류적인 흐름으로 자리 잡고 있으면서도, 특정 국가들이 지역경제통합을 통하여 공동의 번영을 이룩하려는 지역주의(regionalism)가 심화되었을 뿐만 아니라, 1970년대에 나타났던 쌍무주의(bilateralism)적 보호주의가 여전히 잔존하는 이른바 다궤도(multi-track)적인 모습이 나타났다. 그런데 이러한 다자주의 · 지역주의 · 쌍무주의 경향들이 모두 국제투자 및 기업의 글로벌화를 촉진시키는 배경으로 작용하였다.

4.1.1 다자주의적 자유주의 확대

1990년대 이후 나타난 경제의 세계화나 세계경제의 통합경향은 우루과이라운드(UR)협상을 통하여 새로이 출범된 WTO를 중심으로 가속화되기 시작하였다. 1986년 9월 우루과이의 푼타델에스테에서 개최된 GATT 제8차 각료회의로부터 시작된 UR협상이 1994년 모로코 마라케쉬 각료회의를 끝으로 7년 7개월 만에 타결됨으로써 1995년 이후 WTO가 새로운 국제무역기구로서 출범하게 되었다. 이러한 WTO는 GATT체제의 한계를 극복하면서 보다 더 넓은 분야보다 높은 수준의 무역자유화 · 보다 더 투명하고 예측 가능한 무역자유화를 추구하면서 기존의 다자주의적 질서를 보다 강화시키는 기능과 역할을 행하게 되었다.

이러한 WTO의 출범으로 인하여 세계경제질서가 OECD · World Bank · IMF 등과 같은 국제경제기구를 중심으로 하는 다자적 협상(multilateral negotiation)을 통하여 형성되는 다자주의(multilateralism)가 더욱 강화되었고 이러한 다자주의의 강화는 국제투자와 다국적기업의 글로벌화를 더욱 촉진시키는 배경으로 작용하게 되었다.

종전의 GATT체제가 법적 구속력을 가지지 못한 국제적 협정으로서 존재하였음에 비하여 WTO는 하나의 국제기구로서 존재하게 되었을 뿐만 아니라 시장개방과 관련하여 지금까지 GATT 밖에서 규율되던 농산물 · 섬유류교역을 새로운 무역자유화대상으로 편입함과 동시에 과학기술발전 · 소득수준향상으로 급격히 증대되고 있는 서비스 · 지적재산권 · 국제투자와 관련된 국제거래를 자유화의 대상으로 확대시켰다. 이에 따라 WTO는 국제투자와 직접적으로 관련되는 "무역관련 투자조치협정"(TRIMs)의 제정과 함께 국제투자와 간접적으로 관련되는 "서비스무역 일반협정"(GATS) · "무역관련 지적재산권협정"(TRIPs) 등을 새로이 탄생시켰다.

이렇게 새로이 제정된 WTO의 3대 투자관련 협정들은 충분한 수준의 자유화를 규정하고 있지는 못하지만 세계의 투자를 보다 자유화하고 확대시키는 다자적 규범으로서 중요한 의미를 지니게 되었고, 이를 바탕으로 투자자유화를 더욱 확대시키려는 후속적 노력이 진행되고 있다. 따라서 이러한 다자적 투자규범의 강화가 국제투자를 확대하는 동시에 다국적기업의 글로벌화를 더욱 용이하게 하는 배경으로서 작용하게 되었다.

4.1.2 지역주의 · 지역경제통합 확대

앞에서 살펴본 바와 같이 1950년대 말부터 1960년대에 특정 지역의 인접국가들 간 경제통합을 행하는 지역주의가 활발히 이루어졌으나 1970~1980년대에는 이러한 지역주의가 활발하지 못하였다. 그러나 1980년대 후반에 이르러 냉전체제가 종식되고 세계 전체가 하나의 시장경제로 통합되는 추세 속에서 새로운 지역주의(regionalism)가 다시 확산되기 시작하였다.

(1) 그동안 지역경제통합에 소극적이었던 미국이 1980년대 중반 이후부터 지역주의를 적극 수용하는 쪽으로 그들의 통상전략을 선회하여 이스라엘 · 캐나다 등과 자유무역협정을 체결하였고, 1980년대 후반부터 1990년대 초반 미국 · 캐나다 · 멕시코를 잇는 새로운 지역무역협정 NAFTA(북미자유무역협정)를 결성하였다. 이러한 지역무역협정은 북미지역을 통합하는 하나의 거대경제권일 뿐만 아니라 선진국과 개도국 사이에 체결된 최초의 자유무역협정이기도 하였다.

(2) 유럽지역의 경우 그동안 하나의 경제협력체로서 운영되던 EC(유럽공동체)가 1980년대에 그리스 · 스페인 · 포르투갈 등을 편입시켜 지역적 확장을 이룩한 후 1993년에는 새로운 단일의 경제공동체로서 EU(유럽연합)를 출범시키고 이후 북부유럽 · 중동부유럽 국가들을 회원국으로 가입시켜 세계최대의 경제권으로 자리매김하였고 2000년대에 들어와서는 새로운 통화통합체로서 EURO를 출범시키며 경제통합체로서의 실질적 기능을 더욱 강화시켜왔다.

(3) 이 밖에도 1990년대 초 이후 남미지역에서는 새로운 자유무역협정의 체결 · CACM(중미공동시장)과 안데안협정의 부활 · 새로운 남미공동시장(MERCOSUR)의 창설이 이루어졌고, 또한 동아시아지역을 중심으로 하는 아태지역 내의 지역통합 움직임도 더욱 활발하게 이루어졌다.

1990년대 이후 나타나고 있는 이러한 지역주의경향은 1960년대에 나타난 지역주의와는 여러 가지 측면에서 구별되는 특성을 보여주고 있다. 예컨대 1960년대의 지역주의가 미소 간의 체제대결 과정에서 촉발된 측면이 강한 데 비하여 새로운 지역주의는 주로 서구 중심의 자본주의체제 내에서의 경제적 동기에 입각하여 이루어졌고, 종전의 지역주의가 지리적 인접성 · 지역적 특수성을 기반으로 하는 폐쇄적이고 배타적인 통합이었음에 대하여 새로운 지역주의는 원격지 간의 통합이 높아짐과 동시에 보다 개방적인 성격을 나타내는 경제통합체로서의 성격을 강하게 하고 있다.

이러한 지역주의 및 지역경제통합의 강화는 2가지 방향에서 직접투자를 증대시키는 배경으로 작용하였다. 우선 역내 경제통합으로 인하여 지금까지 존재하던 요소의 국제적 이동에 대한 여러 가지 장벽들이 제거되어 역내국가들 간 투자가 보다 자유로워짐으로써 경제통합체 내의 역내투자가 활성화되었다. 또 다른 한편으로는 이러한 지역경제통합이 역외국들에게 하나의 무역장벽으로 작용함으로써 종전 수출을 통하여 역내시장에 서브하던 역외기업들이 역내지역으로 진출하여 경제통합체 내에서 경영활동을 행하는 역내기업으로 변신하게 되었다. 이런 점에서 EU · NAFTA 등 지역주의로 인한 새로운 거대경제권의 출현이 이들 지역에 대한 역외국 기업들의 직접투자를 집중시키는 경향을 유발시켰다고 할 수 있다.

실제로, 1970년대 후반~1980년대 전반에는 미국이 최대의 직접투자 유치국이었지만 1980년대 후반 이후에는 유럽지역이 최대의 투자유치지역이 되었는데, 이것은 EU통합에 대한 대응책으로써 유럽지역 내 기업들 간에 합작투자나 M&A투자가 활발해져 역내국가들 간의 상호투자가 크게 증가하였을 뿐만 아니라 역외국 기업들이 1993년으로 예정된 EU통합에 대응하여 유럽에 대한 직접투자를 급속하게 추진하였기 때문이다.

4.2 세계시장의 통합과 현지시장기회 확대

1980년대 후반 해외직접투자가 꾸준히 증가하게 된 또 다른 배경으로서는, 종전까지 분할되어 있던 세계시장이 보다 하나로 통합되는 동시에 새로운 시장의 부상으로 인하여, 세계의 다국적기업들에게 현지의 시장기회가 보다 확대되었다는 점을 들 수 있다. 1980년대 후반 이후 세계시장이 보다 통합되고 확장되게 된 것은 상술한 바와 같은 국제경제관계 흐름의 변화와도 관련되지만 이와 함께 다음과 같은 요인들이 그 배경으로 작용하였기 때문이다.

4.2.1 냉전종식과 신흥시장의 부상

제2차 세계대전이 종료된 이후 미국 중심의 민주주의적 자유시장경제체제와 소련 중심의 공산주의적 국가통제경제체제 간의 냉전(cold war)체제가 격화되어 오다가 1990년대 초 구소련의 붕괴로 이러한 냉전체제가 종식되기에 이르렀고 이러한 냉전종식으로 지구촌 전체가 단일의 글로벌시장으로 통합되었다. 우선 서유럽의 최강경제국이면서 최대시장이었던 서독이 동독을 흡수 통일함에 따라 새로이 통합된 거대시장이 형성되었고, 이후

구소련을 위시한 동유럽과 중국 등 세계 인구의 65%를 차지하던 구공산권 국가들이 시장경제체제로 전환됨으로써 세계시장의 거대한 통합이 이루어졌기 때문이다.

이들처럼 거대한 시장규모를 지니고 있으면서도 통제경제의 비효율성 때문에 충분한 성장을 이룩하지 못하여 무한한 잠재력을 지닌 시장이 자본주의 시장경제체제에 새로이 추가적으로 편입됨으로써 이들 지역에 대한 국제투자와 다국적기업의 글로벌화가 급격히 촉진될 수 있었다. 이러한 흐름 속에서 1990년대 이후 신흥시장국(emerging market)으로서 브라질・러시아・인도・중국 등 이른바 브릭스(BRICs)가 또 다른 거대시장으로 새로이 부상하게 되었다.

이처럼 1980년대 후반 이후 구공산권경제나 1990년대 이후 신흥시장국 등 거대한 시장이 새로이 떠오르자 세계적인 다국적기업들은 이러한 새로운 시장기회를 이익적으로 활용하는 동시에 이들의 미래잠재력을 선점하기 위하여 이들 지역에 대대적으로 진입하고 침투하는 전략을 구사하기 시작하였다. 이에 따라, 뒤에서 살펴보는 것처럼, 1980년대 후반 이후 중국은 물론 동유럽지역 등 체제전환국에 대한 선진국들의 직접투자가 급속히 증대되었고 1990년대 후반 이후에는 새로운 신흥지역으로서 인도 등에 대한 직접투자도 크게 증가하였다.

이렇게 구공산권경제나 신흥시장국 등이 새로운 직접투자 대상국으로 부상함으로써 1980년대 후반 이후 세계의 직접투자를 촉진시키는 역할을 하였지만 다른 한편으로는 이들을 포함한 개도국그룹이 행하는 해외직접투자 역시 크게 증가함으로써 세계 전체의 직접투자를 증대시키는 역할을 하였다. 1980년대 후반 이후에는 아시아 신흥공업국들(NICs)의 해외투자가 크게 증가되었고 1990년대 후반 이후에는 중국・러시아를 비롯한 신흥시장국들의 해외투자가 크게 증가하기 시작하였다. 특히 최근 미국발 글로벌금융위기 이후 선진국 기업들의 해외투자가 다소 위축되고 있음에도 불구하고 이들 신흥국기업들은 계속 성장 기조를 유지하고 있어 이들의 해외투자가 세계 전체 직접투자의 증가에 일정 부분 기여하고 있다.

4.2.2 시장개방정책과 외국인투자유치 경쟁

1980년대 후반 이후 직접투자나 다국적기업에 대한 투자국이나 현지국의 태도와 정책기조가 보다 우호적이고 적극적인 것으로 변화됨에 따라 모든 국가들이 자국기업의 해외투자를 장려하는 동시에 외국인투자에 대하여 시장을 개방하고 이를 더 많이 유치하려는 노력을 기울이게 되었다. 이러한 정책의 변화 역시 1980년대 후반 이후 세계의 직접투자를 촉진시키는 데 기여하였다.

우선 1990년대 이후 자국의 다국적기업에 대한 일반적 인식이나 정부의 사고가 보다 전략적으로 전환되기 시작하였다. 이른바 경제의 글로벌리제이션 경향에 따라 생산과 시장의 국제화가 급격히 진전되자 대부분의 선진국들은 자국의 국가경쟁력을 유지하고 향상시키는 것을 그들의 가장 중요한 국가전략 목표라고 재해석하고, 자국기업의 적극적인 글로벌 활동이 이러한 국가전략목표의 달성에 매우 중요하다는 인식을 갖기 시작하였기 때문이다. 또한 중국·한국·싱가포르·말레이시아 등과 같은 개도국들도 자국 기업들이 전략적 자산추구형 투자를 통하여 진정한 글로벌기업으로 성장할 수 있도록 해외투자에 대한 적극적인 장려책을 펼치기도 하였다

한편, 1970년대 초 절정에 달하였던 다국적기업과 현지국 정부와의 대립적 관계가 1980년대부터 화해적 분위기로 전환된 이후 1980년대 후반에는 다국적기업과 외국인투자에 대한 현지국의 투자유치 열망이 더욱 높아지고 강조되기 시작하였고, 1990년대 이후에는 외국인투자에 대한 현지국의 정책이 우호적으로 전환된 것을 넘어 보다 유리한 조건과 대우를 제공하려는 국가 간 경쟁이 치열해지는 경향으로까지 변화되었다.

이렇게 대부분의 현지국들이 더 많은 외국인투자와 다국적기업을 유치하기 위하여 시장을 개방하고 인센티브를 제공하려는 노력이 이루어짐으로써 직접투자가 증대되는 배경으로 작용하였는데, 이러한 외국인투자유치노력이 강화된 것은 선진국이나 개도국 모두 각기 나름대로의 국가적 목표와 필요성이 있었기 때문이다. 우선 미국이나 유럽 등 선진국들은 산업구조조정과정에서 나타난 실업문제나 지역경제력 약화문제를 외국인투자를 통하여 해결하려는 목표를 추구하였다. 개도국들의 경우 역시 각기 자신이 처한 경제적 위치에 상응하는 여러 가지 경제적 목표, 예컨대 아세안국가들의 급속한 공업화·남미국가들의 경제재건·아시아 신흥공업국들의 급속한 선진국 캐칭업(catching-up)을 위하여 외국인투자의 적극적인 유치를 위한 노력을 행하였다.

4.3 글로벌 기업환경 변화와 경영능력 향상

이상에서 논의한 바와 같이 1980년대 후반 이후의 국제관계흐름의 구조적 변화·시장의 새로운 통합·외국인투자에 대한 자유화정책 등으로 인하여 글로벌기업의 거시적 환경이 크게 변화되었지만, 이러한 거시적 환경변화와 더불어 기업의 글로벌화를 촉진시키는 또 다른 여러 가지 기업환경의 변화가 수반되었고 이러한 기업환경의 변화에 대응하는 다국적기업의 태도와 능력에도 많은 변화가 이루어졌다. 이러한 기업환경의 변화 및 다국적기업의 글로벌 경영능력의 향상 역시 1980년대 이후 세계 전체의 직접투자를 촉진시킨 배경으로 작용하였음은 두말할 나위가 없다.

4.3.1 글로벌기업환경의 변화

1980년대 후반 이후 세계의 다국적기업들이 더욱 적극적으로 해외에 진출하여 더 효율적인 글로벌 경영활동을 행할 수 있도록 해준 기업환경의 변화로서 다음과 같은 점들을 들 수 있다.

기술의 혁명적 발전 : 강력한 정보・통신・교통 기술의 발달로 그들이 제공하는 서비스의 질이 상상을 초월하는 수준으로 높아졌고 그것을 이용하는 비용 역시 저렴해짐으로써 지구촌 전체가 시간적으로 동시화(synchronization)되는 동시에 공간적으로 단일시장(a single market)으로 변모되었다. 이로 인해 다국적기업의 본사와 현지자회사 간의 물리적인 시간・거리・비용이 줄어들고 있다. 또한 이러한 정보・통신・교통기술의 혁명적 발전을 효율적으로 이용하는 국제 마케팅・유통부문의 혁명 역시 급속도로 진전되고 있다. 이러한 모든 환경의 변화가 글로벌 기업 활동을 보다 용이하게 하고 보다 저렴하게 행할 수 있는 요인으로 작용하고 있다.

기업 간 경쟁 및 비용구조 변화 : 이상과 같은 시장의 개방과 기술의 혁명적 발전 등으로 인하여 세계시장이 점차 하나의 단일시장으로 통합됨에 따라 기업 간 경쟁의 구조 역시 점차 글로벌화되고 있고 이에 따라 글로벌경쟁의 규칙 역시 변화되고 있다. 종전에는 미국・유럽 다국적기업들 간의 '성장을 위한 평화로운 경쟁'(peaceful competition for growth)이 이루어졌지만 1980년대 후반 이후부터는 미국・유럽・일본・신흥공업국・신흥국들 간의 '생존을 위한 공격적 경쟁'(aggressive competition for survival)이 새로운 경쟁규칙으로 변화되고 있기 때문이다.[18] 따라서 이러한 글로벌 경쟁에서 살아남기 위해서는 자신이 내부적으로 보유하고 있는 경쟁우위를 보다 더 빨리, 더 효율적으로 활용하여야 하고 이를 이룩하기 위해서는 급속한 해외진출이 이루어져야 하였다.

이러한 현상은 패스트푸드나 외식사업 등과 같은 글로벌 과점산업에서 특히 두드러지는데 이는 경쟁우위의 원천이 되는 규모의 경제효과를 짧은 시간에 누리기 위해서는 급속한 국제화가 필요하였기 때문이다. 또한 이렇게 경쟁이 심화되는 환경 하에서 생존하기 위한 기업들의 비용구조도 점차 변화되고 있다. 연구개발・신제품혁신・교육훈련・광고 및 마케팅 등 많은 부가가치활동의 규모가 점점 더 거대해질 뿐만 아니라 그에 대한 비용 역시 점차 고정비화되고 있기 때문이다. 따라서 기업들은 규모의 경제나 범위의 경제를 통한 비용구조의 개선을 끊임없이 행하여야 하는데 이를 위해서는 해외직접투자를 통한 기업 활동의 글로벌화가 필요하였다.

18 반병길 외(2000) p.194.

4.3.2 글로벌 경영능력의 향상

이처럼 시장의 개방과 기술의 발전으로 인한 시장의 통합으로 인하여 기업의 글로벌 경쟁이 점차 심화되는 가운데 오늘날의 세계적 다국적기업들은 이러한 기업환경의 변화에 대응하여 그들의 글로벌 경영능력 역시 더욱 향상시켜 왔다. 이렇게 세계경제환경의 변화에 적절히 적응하고 대응할 수 있는 다국적기업의 전략적 능력(strategic capability)의 향상 역시 1980년대 후반 이후 세계의 직접투자가 꾸준히 확대된 배경이 되었다고 할 수 있다.

글로벌화수준의 향상 : 다국적기업의 기업적 특성과 관련하여 후술하듯이 오늘날의 세계적 다국적기업들은 규모가 거대할 뿐만 아니라 그들의 국제화·글로벌화 수준이 매우 높다. 세계적인 다국적기업의 소유권이 국제적으로 분산되어 있거나 최고경영층의 국적이 다수국에 분산되어 있기도 할뿐더러 기업경영자의 사고(mind)가 보다 국제적인 관점에서 이루어지고 있다. 따라서 그 기업의 국적 또는 그 기업이 생산하는 제품의 국적이 모호해지고 있고, 기업성과의 많은 부분이 해외에서 이루어져 경영활동의 국제화 비중이 높아지고 있으며, 세계경제의 환경변화에 보다 민감히 대응하여 그들의 생산거점을 자유롭게 이동하는 국제적 이동성 역시 매우 높아졌다.

투자위험 대응능력의 향상 : 이러한 기업의 글로벌화 수준의 향상으로 세계적인 다국적기업들은 현지경영에 수반되는 위험에 대한 정보를 보다 손쉽게 얻고 정확히 분석하여 대응하는 능력을 향상시키고 있다. 오늘날 세계적 다국적기업들은 그동안의 국제경영활동 경험을 통하여, 단계적으로 투자규모를 늘리거나 현지의 적당한 투자파트너를 물색하여 초기의 투자위험에 대처하는 다양한 방안을 활용하고 있으며 현지 경영활동에서 발생할 수 있는 여러 가지 경영적·재무적 위험들을 회피하거나 감소시키는 위험관리능력을 향상시켜 왔다.

새로운 전략적 수단의 활용 : 1980년대 후반 이후 다국적기업의 새로운 전략적 수단으로서 M&A나 전략적 제휴가 활발히 이루어졌다는 점 역시 기업의 글로벌 경영능력의 향상을 촉진시킨 원인이 되었다. 후술하는 바와 같이 1980년대 후반 이후, 국적이 서로 다른 두 기업 간에 이루어지는 국제M&A(cross-border/international M&A)가 크게 증가하여 해외직접투자의 중심이 그린필드형 신규설립(green field entry/start-up) 투자로부터 M&A형 투자로 옮겨가게 되었고, 가속화하는 무한경쟁 속에서 타 기업과의 적대적 경쟁과 협력적 관계를 동시에 모색하는 전략적 제휴가 폭발적으로 늘어났다. 이러한 새로운 전략적 수단의 출현 역시 기업의 글로벌 경영능력을 향상시키는 계기가 되었다.

5. 다국적기업에 대한 인식과 정책기조의 변화

지금까지 다국적기업과 직접투자가 시대별로 어떠한 배경 위에서 어떠한 특성을 보이며 변화되어 왔는가라는 역사적 과정을 살펴보았다. 이하에서는 이러한 역사적 과정 속에서 다국적기업이나 직접투자에 대한 투자국과 현지국의 인식과 정책기조가 역사적으로 어떻게 변화되어 왔는가에 대하여 고찰한다.

5.1 해외투자에 대한 투자국의 정책기조 변화

해외직접투자에 대한 투자국의 인식과 정책기조의 변화를 보면 어떤 시기에는 우호적인 것으로 인식한 반면 또 어떤 시기에는 적대적으로 인식하기도 하는 일반적 경향이 존재하여 왔다. 그러한 경향의 전체적인 흐름을 보면, [그림 3－1]이 보여주는 바와 같이, 전후 1960년대에는 자국 기업의 해외투자를 매우 우호적으로 인식하다가 1970년대에 이르러 회의적 시각이 높아졌고 이후 1980년대에 양면적 인식을 거쳐 1990년대 이후부터는 이를 보다 전략적으로 활용하려는 인식과 정책기조가 높아지는 역사적 과정을 거쳤다고 할 수 있다.

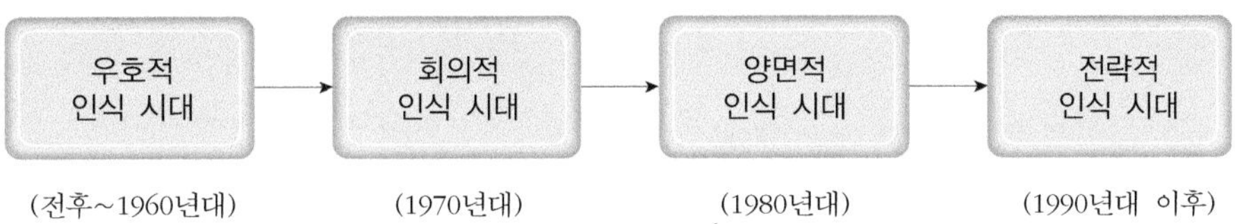

그림 3－1 다국적기업/해외직접투자에 대한 투자국의 정책기조 변화

5.1.1 우호적 인식 시대 (전후~1960년대)

전후 1960년대까지, 미국계 다국적기업의 이익과 미국의 외교적 이익이 때때로 상충하는 경우가 전혀 없지는 않았지만, 일반적으로는 양자의 이해관계가 상호보완적인 것으로 인식되어 미국의 시민이나 정치지도자들은 미국 기업의 해외팽창이 자국의 주요한 국익을 담당한다고 믿었기 때문에 양자의 관계가 우호적이었다. 그들은, 자국의 다국적기업에 의한 해외팽창이 ① 1차 산품(특히 석유자원)의 안정적 확보와 조달을 용이하게 하고, ② 신흥 독일·일본 등의 도전을 저지하는 동시에 세계시장에서의 미국의 상대적 지위를 유지시켜주며, ③ 미국의 국제수지문제를 해결하고, ④ 미국의 자유기업체제 이념을 세계적으로 전파하는 유용한 도구가 된다고 인식하는 경향이 강하였다.

아이젠하워 정권 당시 GM사의 윌슨사장이 국방장관에 취임하면서 'GM에게 좋은 것은 미국에게도 좋은 것'이라는 취임사 중의 발언은 당시의 이러한 상황을 반영하는 것이었다. 물론 이러한 우호적 인식 속에서도 달러 가치의 하락을 막기 위하여 자본의 해외유출을 규제하는 이자평형세(interest equalization tax) 부과 및 유출자본 총액규제 등을 행하기도 하였다. 그러나 당시 미국의 정책기조는 자국 기업의 해외팽창을 격려하고 해외에서 미국계 다국적기업의 이익이 침해받지 않도록 보호하는 정책기조를 견지하였고, 때로는 미국 정부가 다른 나라 정부를 자신의 의도대로 유도하거나 강요하기 위한 외교적 도구로서 자국의 다국적기업을 활용하기도 하였다.

한편 1960년대 중반까지 세계의 해외직접투자 잔고(stock) 중 1/2 정도를 미국과 영국이 차지하고 있었고 독일이 주요 투자국 대열에 합류한 것은 겨우 1960년대 말에 이르러서였다. 당시 미국을 제외하면 대부분의 투자국들이 국제수지의 어려움을 겪고 있었고 전쟁피해복구가 완전히 이루어지지 못하여 해외투자에는 극히 소극적이었다. 그럼에도 불구하고 이들 투자국들은 자국 기업의 해외투자에 대하여 개방적인 태도, 아니면 적어도 중립적인 태도를 취하였다. 이러한 사실은 1971년까지 최소한 15개 국가들이 해외투자에 대한 보험제도 또는 보증제도를 두고 있었고 또한 대부분의 국가들이 자국 기업이 해외에서 납부한 조세를 국내에서 유예 또는 공제해 주는 제도를 제공하고 있었다는 점에서 확인된다.

5.1.2 회의적 인식 시대(1970년대)

자국의 다국적기업에 대한 투자국 정부의 이와 같은 우호적 인식은 1970년대 이후 세계경기침체와 더불어 회의적으로 변화하기 시작하였는데, 특히 1970년대 초반 석유위기 이후 금이 가기 시작하였다. 이러한 부정적 인식은, 1973년 10월 아랍과 이스라엘전쟁 당시 미국의 석유 다국적기업들이 서방국가들에 대한 아랍의 석유금수조치에 일조하였다고 알려짐에 따라 더욱 일반화되기도 하였다.

1970년대 초 미국의 산업이 상대적으로 퇴조하고 높은 실업률과 만성적인 국제수지적자를 보이자 노동조합이나 일부 학자들은, 미국 기업의 막대한 해외투자가 국내에 존재하던 일자리를 해외로 이전시키는 직장수출(job exporting)과 함께 국내의 잠재적 고용기회를 감소시킴으로써 국내고용감퇴와 실업증대를 초래하고 있고, 미국의 기술을 해외로 유출시키며 국제수지에도 막대한 악영향을 미친다고 주장하였다. 따라서 그들은, 해외로 진출하는 미국계 다국적기업들은 '미국의 국가이익에 무관심한 도망기업'(runaway corporation)이라고 비난하였다.

이에 어떤 비판자들은, 다국적기업이 해외에 투자하는 대신 국내에 투자하도록 강제적으로라도 규제하여야 하며 미국의 기술이 다국적기업에 의하여 경쟁 상대국들에게 유출되는 것을 엄격하게 제한하여야 한다고 주장하기도 하였다. 또한 미국의 일부 노동조합은 노동관계법을 활용하여 고용에 영향을 줄 수 있는 해외투자의 결정에 반대하였는데, 특히 자동차노조는 해외직접투자에 대한 허가제를 도입할 것을 제안하기도 하였다. 또한 전미노동조합연합(AFL-CIO)은 해외투자를 포괄적으로 제한하는 법안(Burke-Harte Act)을 의회에 제안하기도 하였다.

그러나 이러한 일반적 여론이나 정치적 정서와는 달리 1970년대 자본주의의 경제위기는 자본의 국제화를 오히려 더욱 강화시켜 다국적기업의 활동공간을 세계무대로 더욱 확대하는 결정적 계기가 되었다. 1960년대 중반 이후 미국 등 서구 국가들의 생산성이 정체되고 실질임금의 압박이 높아지면서 1970년대 이후부터 경쟁이 치열해지고 과잉생산문제가 발생되어 이윤율이 저하되어 이것이 자본주의의 새로운 구조적 위기로 나타나자 많은 기업들이 이윤이 좀더 높은 부문·나라·지역으로 진출하여 위기에 대처하려고 노력하였기 때문이다. 이에 따라 미국계 다국적기업들은 보다 적극적으로 공장을 해외로 이전시키거나 다른 나라의 기업을 구매하여 그들의 투자를 이윤율이 높은 부문으로 재배치하는 전략을 취하였다. 이러한 노력의 결과 이 시기에 미국계 다국적기업들은 상당한 이윤율회복을 이룩하기도 하였다.

이러한 시대적 환경 속에서 선진국들은 종래에 실시하여 온 해외투자에 대한 규제를 철폐하고 오히려 다국적기업의 활동을 장려하는 방향으로 정책기조를 전환하였다. 미국정부는 1960년대에 달러가치의 하락을 막기 위하여 자본의 해외유출에 대한 규제를 행하였지만, 다국적기업들은 오히려 규제가 없는 유로시장을 통하여 자본조달을 행함으로써 달러유출이 더욱 증가되고 달러가치가 계속 하락하자 1970년대 중반 이후 자본의 해외이동에 대한 규제를 대부분 철폐하였다.

당시 이러한 미국의 인식과 정책은 유럽과 일본 등 다른 나라에도 영향을 미쳐 이들 역시 자국의 국익을 증대시키기 위하여 자국의 다국적기업에 의존하는 경향을 보였다. 예컨대 자국 상품의 수출에 대한 무역장벽이 높아지자 자국의 상대적 지위를 잃지 않기 위하여 자국 기업의 해외투자를 권장하는 정책을 펼치기도 하였고 원료자원의 확보를 위하여 자원지향적 해외투자를 격려하고 지원하는 경향도 강하였다. 다만 자국 기업의 해외활동이 자국의 국제수지에 미치는 영향과 관련하여서는 상호 모순되는 정책이 혼재하기도 하였다. 국제수지 사정이 좋지 않은 일부 국가들은 해외자본이동에 대한 통제를 가하기도 하였지만 독일·일본 등은 그들의 국제수지흑자를 관리하기 위한 수단으로 해외투자를 촉진시키려고 노력하였기 때문이다.

5.1.3 양면적 인식 시대(1980년대)

1980년대에 들어와 자국기업의 해외투자에 대한 투자국의 인식과 정책은 예전보다 더욱더 양면성을 띠게 되었다.[19] 미국의 해외투자에 대한 강력한 지지가 계속되고 있는 가운데 미국에 대한 외국인투자 역시 크게 증대되자 종래 자국 기업의 해외투자에 대하여 적대적이거나 부정적인 인식을 가진 견해들이 상당히 완화되는 모습이 나타났지만, 다른 한편으로는 많은 미국인들이 미국 기업의 해외투자가 미국경제의 투자위축을 가져와 미국경제의 탈산업화를 초래하는 원인이라고 비판하면서 다국적기업과 해외직접투자에 대한 비판적 태도를 보이는 새로운 인식 역시 높아졌기 때문이다.

1980년대 미국의 블루스톤과 해리슨(B. Bluestone & B. Harrison)은 그들의 저서 『미국의 탈산업화』(The Deindustrialization of America)를 통하여 미국경제의 쇠퇴문제를 논의하였다. 그들은, 이러한 탈산업화의 원인을 광범위한 투자기피(dis-investment)로 규정하고 이러한 투자축소는 국내자본스톡의 노화·기간산업부문의 투자둔화·자본의 해외유출 때문이라고 주장하여, 미국 기업의 막대한 해외투자가 미국경제의 투자위축과 탈산업화를 초래한 중요한 원인이라고 역설하였다. 또한 1980년대에 들어와 미국의 국제수지 적자가 더욱 심화되자 미국경제는 해외에 있는 미국의 다국적기업이 생산해낸 부품들을 단순히 조립하는 역할밖에 수행하지 못한다는 우려도 심화되었다.

이러한 양면적 인식으로 인하여 각국은 나름대로 해외투자에 대한 개별적인 정책수단들을 채택하였을 뿐 어떤 포괄적이고 통일된 정책체계를 가지고 있지는 못하였다. 그러나 이러한 일반적 경향에 대해 예외가 될 수 있는 나라가 스웨덴과 일본이었다. 스웨덴 정부는 1974년 자국기업의 해외투자가 국가정책목표와 상치된다고 인식되는 경우 자본의 해외유출을 막을 수 있는 권한을 정부에게 부여하는 법을 통과시키면서 이러한 판단에는 노동조합의 의견을 포함시키도록 하였다. 이러한 스웨덴 정부의 정책은 거의 모든 스웨덴 다국적기업들이 해외활동을 하기 위해서는 스웨덴 밖에서 자금을 조달하지 않으면 안 될 만큼 비효율적인 결과를 초래하였다. 반면 일본 정부는 1960년대 중반부터 해외직접투자와 외국인직접투자에 대한 총체적이고 통합적인 접근을 채택하여 기업의 글로벌 활동과 국가정책목표를 일치시키려는 노력을 행하였다.

5.1.4 전략적 인식 시대(1990년대 이후)

1990년대 이후 자국의 다국적기업에 대한 선진국들의 일반적 인식이나 정부의 사고가 보다 전략적으로 전환되기 시작하였다. 이른바 경제의 글로벌리제이션(globalization) 경

19 R. Gilpin(1990) p.327.

향에 따라 생산과 시장의 국제화가 급격히 진전되자 대부분의 선진국들은 가장 중요한 그들의 국가전략 목표를 자국의 역량과 경쟁력을 유지하고 향상시키는 것이라고 재해석하고, 자국기업의 적극적인 글로벌 활동이 이러한 국가전략목표의 달성에 매우 중요하다는 인식을 갖기 시작하였기 때문이다.

이에 따라 대부분의 선진국들은, 해외투자로 인한 직장수출·기술수출의 폐해 등에 대한 여러 가지 비판적 인식을 고려하여 자국 기업의 글로벌 활동이 가져올 이익을 명시적으로 인정하거나 강조하지는 않았지만, 해외투자와 국내투자는 서로 경쟁적이지 않기 때문에 해외투자로 인하여 국내투자가 대체된다는 것은 잘못 알려진 것이고, 해외투자는 글로벌경쟁에서 필요로 하는 규모의 경제나 범위의 경제를 확보하는 데 도움이 되며, 또한 해외투자는 가장 최신의 기술과 지식(경영·조직·마케팅기법 등)을 취득할 수 있는 효율적인 수단이 된다는 믿음을 가지게 되었다.

이렇게 투자국 정부가 자국 기업의 글로벌 경영활동으로 창출하는 지대(rent)의 일부분을 향유하는 수혜자가 될 수 있다는 긍정적 인식이 높아짐에 따라 이를 조장하고 지원하는 촉진자가 되는 동시에, 다른 나라 정부의 부당한 경제정책과 전략으로부터 자국의 기업을 보호하는 보호자가 되기도 하였다. 말하자면 오늘날과 같이 다국적기업에 의하여 생산과 시장이 지배되는 세계경제시대에 국가가 이러한 다국적기업을 촉진하고 보호하는 하나의 '전략적 과점자'(strategic oligopolist)로서의 역할을 수행하게 된 것이다.[20]

이러한 인식이 흐르고 있음에도 불구하고 해외직접투자에 대한 이러한 투자국 정부의 전략적 역할과 기능을 명시적으로 천명하거나 광범위한 정책체계로써 채용한 나라는 주로 아시아지역의 소규모 국가그룹에 국한되었다. 많은 서구 국가들은 여전히 자국의 해외직접투자에 대하여 개별적인 지원정책을 시행하고 자국 기업의 보호를 위해 국제기구에 참여하며 때때로 그들의 국가적 이익에 반한다고 인식되는 경우 외국기업에 대하여 직접적인 보복수단을 사용하는 정도의 역할에만 머물고 있었다. 이러한 대부분의 선진국들과 달리 자국 기업의 국제경쟁력과 국제경영에 대하여 체제적이고 거시적인 접근을 행한 나라로서는 일본정부가 가장 뚜렷한 예외가 되었다.

한편 중국·한국·싱가포르·말레이시아 등과 같은 개도국들은 자국 기업들이 전략적 자산추구형 투자를 통하여 진정한 글로벌기업으로 성장할 수 있도록 해외투자에 대한 적극적인 장려책을 펼치기도 하였다(UNCTAD, 2006). 특히, 21세기에 이르러 가장 다이내믹한 경제로 부상한 중국이 이러한 정책노선을 뒤따르고 있어 주목받고 있다.

전후 일본의 경제성장이 해외투자에 의하여 촉발되었다면 최근 중국의 경제성장은 외국인투자에 의하여 주도되었다고 할 수 있다. 이렇게 중국은 개혁·개방정책을 추진하면

---

20 J. H. Dunning and S. M. Lundan(2008) p.753.

서 외국자본을 적극적으로 유치하여 지속적인 경제성장을 이룩하였지만 이에 비하여 중국 기업의 해외투자는 상대적으로 활발하지 못하였다. 이에 중국정부는 1999년 자국의 기업을 세계적 기업으로 육성한다는 목표 아래 '밖으로 달려 나가자'(going global)라는 뜻을 지닌 '쩌우추취(走出去)전략'을 적극적으로 추진하기 시작하였고 2006년부터는 그동안 규제하여 왔던 해외투자의 한도액을 철폐하는 등 자국 기업의 해외투자를 적극 장려하는 정책을 확대하기 시작하였다.

중국 정부의 이러한 지원과 풍부한 자금력을 바탕으로 중국기업들은 세계시장진출을 가속화하기 시작하였다. 이러한 추세 속에서 최근에는 그동안 내수시장에 치중하였던 인도 기업들 역시 공격적인 해외진출을 추진하여 주목받고 있다. 말하자면 중국·인도 등 이른바 신흥시장국(emerging market economy)들이 새로운 해외투자국으로서 급속히 부상하고 있는 것이다.

5.2 외국인투자에 대한 현지국의 정책기조 변화

다국적기업과 투자국과의 관계처럼 다국적기업과 현지국의 관계 역시 시대별로 변화되어 왔다. 19세기 제국주의시대에 외국인투자는 제국주의 열강이 자본을 무기로 식민지의 자원과 노동을 수탈해가는 수단으로 기능하여 부정적 인식이 높았고, 20세기에 들어와서도 외국자본을 유치하여 경제발전을 이룩하려고 하던 남미국가들이 기대만큼의 성과를 이루지 못한 채 선진국경제에 대한 종속과 왜곡으로 어려움을 당하자 외국자본에 대한 경계심이 널리 확산되었다. 그러나 20세기 후반 싱가포르와 같은 나라가 외국인투자 유치를 통하여 높은 경제성장을 시현하게 되자 외국인투자의 긍정적 측면이 크게 부각되기 시작하였다.

이처럼 다국적기업과 현지국의 이해관계가 어떤 시기에는 서로 상치되는 것으로 인식하여 적대적이었고 또 다른 시기에는 양자의 이해관계가 일치하는 것으로 평가되어 우호적으로 인식되기도 하였다. 이렇게 다국적기업이나 외국인투자에 대한 현지국의 인식과 정책기조가 어떠한 일반적 경향을 띠며 변화되어 왔는가를 세계적인 관점에서 보면 [그림 3-2]와 같은 변화를 거쳐 왔다고 할 수 있다.

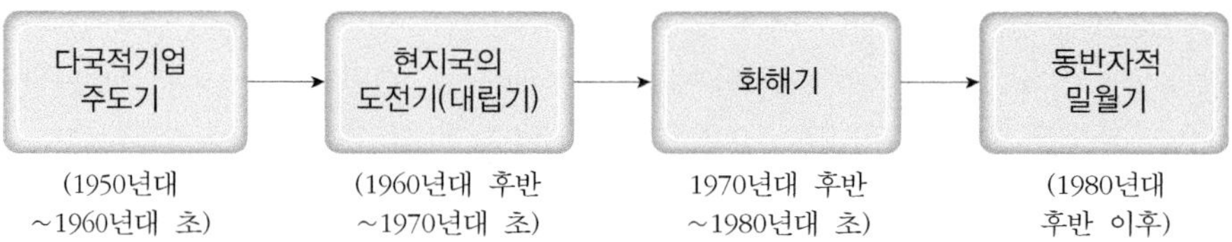

그림 3-2 다국적기업과 외국인직접투자에 대한 현지국의 정책기조 변화

5.2.1 다국적기업 주도기(1950년대~1960년대 초)

1950~1960년대에 다국적기업과 현지국과와의 관계에서 상대적으로 우위에 서 있는 쪽은 다국적기업 쪽이었다. 이 시기에는 세계 자본이동을 주도한 미국계 다국적기업들이 적극적인 투자를 행할 수 있는 능력과 열의를 가지고 있었고, 이를 유치하려는 나라들 역시 외국계 기업의 국내진출을 환영하는 입장을 취하였기 때문이다. 따라서 이 시기는 다국적기업, 특히 미국계 다국적기업이 일방적으로 주도하는 시기였다고 할 수 있는데, 이러한 현상이 가능할 수 있었던 것은 다음과 같은 시대적 배경 때문이었다.

현지국의 상황 : 전후 새로이 독립을 쟁취한 신생개도국들은 물론 전쟁으로 피폐해진 유럽국가들 역시 산업화와 전후복구를 위하여 외국(특히 미국)의 자본·기술·기업가정신 등의 도입이 필요하였다. 그러나 당시에는 오늘날과 같은 국제금융시장의 발전이 이루어지지 못하여 외국자본을 조달할 수 있는 유일한 길이 외국인투자를 유치하는 것이었다. 따라서 이들 국가들은 외국계 다국적기업을 유치하기 위한 노력을 적극적으로 펼쳤고 그 결과 다국적기업에 대한 규제가 거의 없었다.

투자국의 상황 : 이 기간 동안 미국은 그들의 경제적·기술적 헤게모니가 정점에 도달되어 있었다. 미국 기업들은, 150여 년 전 영국기업이 그러하였듯이, 세계의 생산과 무역을 지배하고 있었고 누적된 전시기술을 바탕으로 최고 수준의 기술을 보유하고 있었으며 그들이 생산한 생산물의 새로운 판로와 그러한 생산에 필요한 원료 및 에너지의 공급원이 절실하게 필요하였다. 따라서 미국의 기업이나 정부 모두 이러한 니즈(needs)를 충족시켜 줄 수 있는 해외투자에 대하여 긍정적인 시각과 열의를 가졌다.

국제정치경제환경 : 더욱이 전후 새로 출범한 GATT-IMF체제에 의한 무역과 외환의 자유화 움직임이 국제투자를 촉진시키는 배경으로 작용하였고, 동서냉전체제 하에서 미국기업의 해외진출은 자본주의 시장경제체제를 세계에 확산하여 공산주의를 견제하는 효율적인 안보수단으로 인식되어 더욱 적극적인 지원과 보호를 받게 되었다.

당시 이러한 시대적 배경 위에서 미국계 다국적기업들은 자신이 원하는 국가나 지역에 거의 무제한적으로 진출할 수 있었고 진출한 이후에도 현지국 정부의 규제나 간섭 없이 자유롭게 활동할 수 있었으므로 유럽이나 라틴아메리카로 대거 진출하였다. 그러나 당시 이러한 자본을 유치하는 현지국으로서는 자국에 진출한 다국적기업이 어떠한 수단으로 어느 정도의 이윤을 창출하고 있으며 그러한 이윤 중 어느 정도를 자국에 배분하고 있는지에 대하여도 거의 알지 못하였다.[21]

---

21 안세영(1998) p.301 참조. R. Barnet and R. Muller(1974)에 따르면 1950년대 페루를 비롯한 거의 모든 라틴아메리카 정부들은 자기 나라에 진출한 미국계 다국적기업에 대한 기본 통계자료조차 오히려 현지에 주재하고 있는 미국대사관을 통하여 얻을 수 있었으며 기초적인 통계나 정보를 미국 상무성자료에 의존하고 있었다.

이러한 상황 속에서 당시의 현지국들은 자국에 진출한 다국적기업에 대하여 이의를 제기할 능력도 없었지만 설사 이의를 제기하였다고 하더라도 이를 성공적으로 끌고 갈 능력도 존재하지 못하였으므로, 외국에 진출한 다국적기업들은 그들이 얻을 수 있는 합법적 이윤뿐만 아니라 회계조작 등을 통한 엄청난 추가적 이윤까지 취하는 것이 일상적인 다반사였다. 따라서 이 시기에는 표면적으로는 다국적기업과 현지국 간에 완벽한 파트너십(partner ship)이 형성되어 있는 것처럼 보였지만 다국적기업에 대한 현지국의 비판적 시각이 그 내부에서 점차 잉태되고 있었다.

5.2.2 현지국의 도전기(대립기) (1960년대 후반~1970년대 초)

이처럼 1960년대 초반까지 미국계 다국적기업의 일방적 독주가 이루어졌지만 1960년대 중반 이후부터 서서히 도전받기 시작하였다. 결혼이 밀월기를 지나서 보다 견고해지면 서로 상대방이 자신의 기대와 열망을 얼마나 충족시켜줄 수 있는가를 평가하게 되듯이 다국적기업이 현지국에 정착되기 시작하면서 그에 대한 새로운 자각과 평가가 일어나기 마련이었고, 또한 전후 복구를 어느 정도 완료한 유럽 국가들이나 새로운 민족주의에 고취된 개도국들이 자국에 진출한 다국적기업의 폐해와 부작용을 비판적인 눈으로 바라보기 시작하였다.

이로 인해 1960년대 후반 이후 1970년대까지는 '다국적기업에 대한 현지국의 도전' 내지는 '다국적기업과 현지국의 대립'이 첨예화되었던 시기였다. 다국적기업에 대한 이러한 현지국의 도전에 있어서도 1960년대 후반에는 주로 선진국인 현지국들이 다국적기업에 도전하였다면 1970년대 초반에는 개도국인 현지국들이 이러한 도전에 동참하였던 시기였다.

1958년 로마조약의 체결로 유럽지역에 EEC가 발족되자 미국의 대기업들은 1960년대 초부터 대규모투자를 개시하였는데 이러한 미국의 대유럽투자 러시는 1960년대 중반 이후 여러 가지 마찰을 일으키게 되었다. 미국계 다국적기업이 유럽의 산업 전반에 빠른 속도로 침투하였을 뿐만 아니라 그 진출형태 역시 그린필드형 투자보다는 기존기업을 인수(M&A)하는 형태로 진출함으로써 '미국의 침략'(American invasion)에 대한 두려움이 높아졌다. 더욱이, 미국 기업들이 인수를 통하여 진출한 분야가 평소 그들이 핵심적 산업이라고 생각하던 분야에서 활발히 이루어지자 미국에 의한 기술종속 우려 역시 높아졌다. 이에 유럽인들은 이러한 미국의 침략과 기술종속이 그들의 경제주권마저 빼앗아갈 수 있다는 두려움을 가지게 되었다.

당시의 이러한 상황을 보여주는 몇 가지의 상징적인 사건도 있었다. 1963년 파리 교외에서 조업 중이던 GM의 자회사가 경영부진을 이유로 갑작스런 대량해고를 단행하였다. 이로 인해 거대한 규모의 다국적기업이 현지국에 미칠 수 있는 영향력의 심각성을 인식하는 동시에 외국계 다국적기업이 현지국에 대한 충성심이 희박하다는 사실을 인식하게 되는 계기가 되었다. 또한 당시 GE는 프랑스의 첨단기술을 책임지고 있고 국방부에서도 중요한 역할을 담당하고 있던 프랑스 현지회사를 매수하여 경영권을 장악하려는 시도가 있었고, 또한 IBM의 현지자회사는 워싱턴의 압력 때문에 군사 관련 대형컴퓨터를 프랑스정부에 판매하기를 거부하는 일이 발생하기도 하였다. 그러자 프랑스 정부는 자국의 첨단기술부문이나 국방분야가 외국계 다국적기업의 지배 하에 놓일 수 있다는 위험성을 인식하기도 하였다.

이러한 분위기 속에서 1967년 프랑스의 슈방 슈라이버(J. J. Servan Schreiber)는 베스트셀러가 된 그의 저서 『미국의 도전』(Le Defi American)을 통하여, 미국계 다국적기업의 유럽침투가 결국 유럽경제를 지배하게 될 것이라고 경고하면서 여기에 대한 유럽의 선택은 적극적으로 대응하여 '독립된 유럽'을 구축하느냐 아니면 그저 앉아서 '미국의 속국(annex)'으로 전락하느냐 하는 것이라고 목소리를 높이기도 하였다. 이러한 일련의 과정 속에서 유럽 국가들은 그들의 국익을 보호하기 위해서는 미국계 다국적기업에 대하여 보다 적극적인 규제와 함께 유럽 차원의 어떤 대응전략을 펼쳐나가야 한다는 인식이 높아졌다. 외국계 다국적기업에 대한 이 같은 유럽의 인식과 사고는 1970년대 이후 캐나다와 호주 등 다른 선진국으로까지 확산되어 나갔다.

이처럼 1960년대 후반 이후 유럽 등 선진국을 중심으로 자국에 진출한 외국계 다국적기업에 대한 비판적 인식과 문제제기가 일어났지만 이러한 움직임이 1970년대에는 개도국으로 더욱 확산되었다. 이렇게 1970년대에 이르러 다국적기업에 대한 현지 개도국의 도전과 대립이 확산된 것은 다음과 같은 시대적 배경 때문이었다.

현지개도국의 우려 : 1960년대 후반 이후부터는 미국계 다국적기업의 진출이 유럽 선진국뿐만 아니라 개도국으로까지 확산되었다. 그러나 외국인투자를 통하여 산업화를 이룩하고자 열망하였던 현지 개도국의 입장에서는 당초 그들이 기대하였던 것만큼의 성과를 기대할 수 없다는 인식이 높아졌다. 외국인투자가 자국에 미치는 경제적 편익과 비용을 고려할 때 편익보다는 오히려 자국에서 발생된 경제적 잉여가 해외로 유출되고 있으며 일부 산업에 대한 외국기업의 지배가 심화되어 경제적 주권마저 상실할 우려 등 그 비용이 더 크다는 인식이 높아졌다.

남북문제의 격화 : 1970년대는 세계적인 경향으로서 경제적 민족주의(nationalism)가 팽배하고 이를 바탕으로 하는 남북문제(north-south problem)가 격화되었던 시기였고 이러한 세계적 경향 속에서 다국적기업과 현지국 간의 갈등문제가 남북문제의 중심적인 과제로 자리 잡게 되었다. 현지국의 이러한 도전과 대립은 그동안 외국인투자에 대한 자유주의정책

을 견지하면서 가장 많은 외국인투자를 유치하였고 따라서 그로 인한 폐해 역시 가장 심각하였던 라틴아메리카를 중심으로 전개되었다. 그 결과 그들은 외국계 다국적기업에 대한 국유화나 몰수와 같은 극단적인 조치를 취하기도 하였다. 이후 석유위기를 계기로 석유수출국기구(OPEC)가 그동안 거대 다국적기업(major)에 의해 지배되던 원유생산 및 가격결정권을 스스로 행사하는 데 성공하자 현지개도국의 이러한 저항은 더욱 거세졌다.

개도국의 교섭력 향상 : 1970년대 이후 외국계 다국적기업에 대한 현지국의 도전과 대립이 이렇게 높아졌던 것은, 민족주의나 남북문제의 격화와 같은 국제정치경제적 경향과 더불어, 다국적기업에 대한 현지국의 교섭력(bargaining power)이 크게 향상되었기 때문이기도 하였다. 1950~1960년대에 비하여 미국의 패권적 힘이 상대적으로 약화되었기 때문이기도 하지만 현지국 사회 내부에 강력한 현지엘리트층이 형성되었고 현지국 정부 역시 그러한 정책의지를 실현시킬 수 있는 역량과 의지가 축적되었기 때문이다. 특히 외국계 다국적기업에 대하여 보다 성공적인 관리를 행한 한국 등 일부 아시아국가들의 성과가 라틴아메리카·아프리카 등 다른 개도국 정부로 하여금 외국자본에 대한 통제에 대하여 보다 큰 자신감을 갖게 해주었다.[22]

이러한 시대적 상황에 따라 1970년대에는 현지국정부가 외국계 다국적기업을 규제하거나 통제하려는 움직임이 절정에 달하였던 시기였다. 1967년 칠레정부는 구리를 채굴하던 미국 기업의 현지자회사의 주식 51%를 국유화하였는데 이러한 조치는 다른 국가들에게도 즉각 파급되어 점차 구리광산에 대한 국유화가 진행되었고 이는 이후 다른 천연자원 분야에 대한 국유화조치로 확산되었다. 또한 현지개도국들은 점차 다국적기업에 대한 현지화요구를 높여 점진적 수용(creeping expropriation)정책을 수행함으로써, 1977년 인도정부가 외자지분을 40% 이하로 억제하였기 때문에 IBM과 코카콜라가 철수한 것과 같이, 다국적기업이 어쩔 수 없이 철수(divestment)하는 사례도 증가되었다.

또한 1970년 미국의 다국적기업 ITT가 칠레의 좌파정권수립을 저지하기 위하여 취하였던 여러 가지 방해공작이 1972년 탄로 남으로써 발생한 ITT사건 등을 거치면서 다국적기업에 대한 개도국의 반발이 세계 도처에서 거세어져 다국적기업 문제가 남북문제의 중심적 이슈로 자리 잡게 되었다. 이에 따라 UN 등 국제기구에서 이에 대한 집중적인 논의가 이루어졌고 또 다른 많은 국제기관이 다국적기업에 대한 실태조사를 행하였으며 다국적기업에 대한 국제적 공동 규제와 대응에 대한 논의도 촉발되었다.

이처럼 1970년대는 다국적기업들이 그들이 진출하고 있는 현지국들로부터 도전받고 그들과 대립하는 시기였다. 그러나 1970년대 다국적기업에 대한 도전과 시련은 여기서

22 안세영(1998) p.306 참조.

그치지 않았다. 앞에서 살펴본 대로 자국 기업의 해외진출에 대한 공과(功過) 문제가 미국 등 주요 투자국을 중심으로 격렬하게 논쟁되었기 때문이다. 미국 기업의 해외투자가 미국의 직장을 수출하고 고용의 잠재력을 훼손시키는 것은 아닌가, 또는 미국의 기술을 해외로 유출시키고 국제수지에도 막대한 악영향을 미치는 것은 아닌가 등에 대한 비판적 주장이 활발히 제기되었다.

버논(R. Vernon)은 이러한 시대적 상황을 그의 저서 『다국적기업에 대한 폭풍』(Storm over the Multinationals, 1977)을 통하여 상세하게 논의하기도 하였다. 말하자면 1970년대 다국적기업은 마치 폭풍의 한가운데를 뚫고 지나가듯 현지국과의 끊임없는 갈등과 타협은 물론 투자 본국과의 마찰도 겪으면서 다음 세대로 넘어갈 발판을 마련하고 있었던 것이다.

5.2.3 화해기 (1970년대 후반~1980년대 초)

1970년대 초 절정에 달하였던 현지국 정부와의 대립과정에서 다국적기업들은 나름대로 전략적인 대응을 행하지 않을 수 없었다. 그들의 해외자회사들이 이미 현지국 경제 속에 완전히 통합되어 있고 그곳에서 경제적 렌트를 얻고 있었으므로 현지국의 이러한 정책을 부정적으로만 대응하지 않고 그것을 일정한 비용으로 감수하고는 있었지만, 새로운 자본을 투자함에 있어서는 보다 신중한 태도를 취하기 시작하였다. 또한 현지국의 정책에 대응하여 기술이전을 제한하거나 이전가격조작 등을 통하여 소득흐름을 통제하기도 하고 생산기지를 다른 나라로 이전시키거나 이전시키겠다고 위협하기도 하였으며 현지국 정부로부터 더 좋은 조건을 보장받기 위하여 현지국 정부를 설득하는 협상적 대응전략을 구사하기도 하였다.

이러한 다국적기업의 대응은 한편으로는 현지국의 분노를 더욱 크게 하는 계기가 되기도 하였지만 다른 한편으로는 현지국으로 하여금 외국인투자를 그들의 경제발전과 구조고도화에 어떻게 활용할 것인가를 고민하도록 만들었다. 말하자면 1970년대 말과 1980년대 초 각국 정부들은 지난 10여 년 동안의 학습과정(learning process)을 통하여 외국인투자정책에 대한 개선·수정·개편을 모색하기 시작하였다. 이러한 과정을 통하여 현지국 정부는 외국인투자를 그들의 경제성장과 발전을 위한 자원과 역량을 취득하는 수단으로서의 가치를 높이 평가하게 되었다.

다른 한편 해외에 진출한 다국적기업 역시 지난 10여 년간의 학습과정을 통하여, 그들의 글로벌전략이 그들이 진출한 현지국의 정치경제적·사회적·문화적 편익을 증진시키는 것만은 아니라는 사실을 더 잘 헤아리게 되었다. 이에 따라 해외투자를 통하여 극히 단기적인 경제적 렌트를 추구하려는 종래의 태도를 벗어나 상호 유익한 보상이 이루어지고 장기적으로 인정적인 관계를 유지하는 것이 바람직하다는 것을 인식하게 되었다. 이에 따라 보다 센스 있고 유능한 관리자를 파견하고 채용하는 전략으로 전환하기도 하였다.

이러한 양자의 상호작용으로 인하여 1980년대 초 이후부터 다국적기업과 현지국의 관계는, 지난 10여 년간의 대립과 마찰보다는 상호 협조와 타협을 통하여 공동번영의 길을 모색하려는, 이른바 다국적기업과 현지국 간의 화해기(reconciliation phase)로 접어들게 되었다. 1980년대 초 이렇게 다국적기업과 현지국 정부가 보다 성숙되고 공생하는 관계로 전환된 것은 지난 10여 년간의 학습과정이 양자 모두를 변화시켰기 때문이기도 하지만 다음과 같은 점들이 복합적인 배경으로 작용한 것도 사실이다.

정치경제적 상황 변화 : 1980년대 이후 몇몇의 예외를 제외한다면 대부분 국가의 행정부가 보다 우익적이고 시장친화적인 정치적 경향을 띠고 있었다. 따라서 1970년대 이념적 갈등과 대결의 자세로부터 실리와 협력이라는 실용주의적 방향으로 전환되면서 다국적기업에 대한 현지국의 평가와 인식이 변화되었던 것이다. 말하자면 지난 10여 년 동안 그들이 취하였던 국유화나 수용과 같은 조치가 자국의 장기적인 경제적 후생증대를 보장하지 못하므로 오히려 외국자본을 적극적으로 유치하되 보다 세련된 정책운용을 통하여 자신이 얻을 수 있는 경제적 렌트를 극대화시키는 것이 보다 유리하다는 선택을 하게 된 것이다.

투자국과 현지국의 다변화 : 종래까지 미국과 몇몇 유럽국가로 한정되었던 해외투자국의 숫자가 급격히 확대됨으로써 특정국 기업에 대한 정서적 반감이 감소되었을 뿐만 아니라, 외국인투자를 유치하려는 현지국들 간의 경쟁 역시 크게 증가됨으로써 다국적기업과 외국인투자에 대한 현지국의 태도와 인식이 근본적으로 변화되었다. 특히 현지개도국들의 거시경제정책이 종래의 수입대체적 성장으로부터 수출지향형 성장전략 내지 균형적 성장전략으로 전환되기 시작한 점이 규제를 완화시키는 계기가 되었다.

5.2.4 동반자적 밀월기(1980년대 후반 이후)

1980년대 후반 이후에도 다국적기업과 현지국 간의 이러한 화해적 분위기에는 별다른 변함이 없었다. 다만 다국적기업과 외국인투자에 대한 현지국의 긍정적 평가와 투자유치 열망이 더욱 높아지고 강조되어 양자 간에는 동반자적 밀월기가 형성되었다. 특히 1990년대 이후 많은 현지국들의 외국인투자에 대한 정책이 보다 우호적으로 전환되었을 뿐만 아니라 보다 유리한 조건과 대우를 제공하기 위하여 경쟁하는 형태로 변화되었다. 1980년대 후반 이후 현지국의 정책기조가 이렇게 적극적인 유치경쟁으로 전환된 것은 다음과 같은 이유 때문이다.

세계화와 WTO의 출범 : 1980년대 후반 이후 이른바 세계화(globalization)의 물결로 인하여 경제의 상호의존성이 높아짐에 따라 다국적기업과 국가 간의 관계 역시 보다 우호적이고 동반자적인 관계로 변화되었다. 이에 1970년대에 다국적기업에 대한 폭풍이 휘몰아쳤던

UN도 세계투자보고서(WIR, 1992)를 통하여 다국적기업을 '성장의 엔진'으로 평가하고 그 역할의 중요성을 강조하기도 하였다. 또한 1990년대 중반 21세기의 새로운 경제질서로서 WTO가 출범함에 따라 각국의 무역 및 투자 장벽이 무너지게 되자 생산과 자본의 국제화가 더욱 급속히 이루어질 수 있는 환경이 조성되었다.

현지국의 경제발전 열망 : 이러한 환경변화 속에서 이러한 세계적 추세에 적극적으로 호응하지 않고서는 어떠한 국가나 기업도 성장과 번영을 보장받을 수 없다는 인식이 보편화되었고, 이러한 열망은 외국인투자를 전략적으로 활용함을 통하여 이루어질 수 있다고 인식하게 되었다. 대부분의 개도국들은 경제성장과 구조고도화를 이룩하기 위한 자본의 확보를 위해서는 외국인투자를 적극적으로 유치하는 것이 다른 자본조달방법보다 상대적으로 더 효율적이라는 나름의 결론에 도달하였다. 특히 그들이 필요로 하는 수출산업 및 첨단기술 분야의 성장은 다국적기업의 활동과 직결되어 있어 다국적기업의 국내유치가 중요한 전략수단이 된다고 생각하였다.

이러한 이유 때문에 저개발국이나 새로이 시장경제로 전환된 구사회주의권 국가들은 수출가공지역 등 경제특구를 설정하고 외국인투자를 적극적으로 유치하였다. 선진국들의 경우 역시, 고부가가치 클러스터에 외국인투자가 집중됨으로써 외국인투자를 지역발전의 도구로서 사용하려는 새로운 노력이 이루어졌다. 더욱이 외국인직접투자를 유치하는 데 있어 천연적인 요소부존 못지않게 스스로 창출해낼 수 있는 인위적인(engineered) 요소의 부존이나 현지국의 정책 및 제도가 더욱 중요한 국가경쟁력요인이 됨에 따라, 현지국정부의 보다 적극적인 의지와 제도개선 노력이 증대되었다.

신흥국들의 성공사례 : 1980년대 중반 이후 한국・대만 등 아시아 신흥공업국(NICs)들이 중진국 대열에 들어서면서 외국계 다국적기업과의 경쟁에서 어느 정도 자신감을 갖게 됨으로써 외국인투자에 대한 거부감이 줄어들었으며, 또한 21세기 이후 중국・인도와 같은 신흥국들이 외국인투자의 유치를 통하여 높은 경제성장을 달성하고 세계경제에 강력한 주체로 부상하게 되자 이러한 나라들의 성공과 경제성장이 다른 개도국들에게 교훈이 되어 그들의 발전동기와 외국인투자 유치 열망을 더욱 자극하였다.

이러한 일련의 환경변화로 인하여, 1960~1970년대에 현지국 정부의 가장 중요한 목표는 외국인투자의 경제적 렌트를 극대화하고 외국계 다국적기업으로부터 그들의 경제발전과 구조고도화를 촉진하기 위한 자원과 역량을 제공받는 것이었지만, 1980년대 중반 이후에는 외국계 다국적기업에게 그들의 국내 자원과 능력을 업그레이드시키고 그들이 원하는 장기적이고 동태적 비교우위에 합치되는 발전패턴을 촉진시키고 그들의 경제를 글로벌경제 속으로 통합시키는 매개자로서의 역할로 평가하게 되었다.

외국인투자에 대한 현지국의 이러한 정책기조 변화로 인하여 오늘날 주목되는 이슈는,

다국적기업이나 외국인투자에 대한 규제나 통제로 인하여 발생되는 여러 가지 폐해문제보다는 외국인투자를 유치하기 위한 현지국 간의 지나친 경쟁으로 인하여 발생되는 폐해문제, 예컨대 일부 국가나 일부 산업에 있어 법인세나 임금이 경쟁적으로 인하됨으로써 발생되는 '바닥으로의 경주'(race to the bottom) 문제 등이 오히려 이슈화되고 있다.

제2절 다국적기업과 직접투자의 세계적 현황

1. 해외직접투자 흐름과 투자국의 구성

1.1 해외직접투자의 세계적 흐름

1.1.1 1980년대 이후 해외직접투자의 추세

세계의 해외직접투자는 1970년대 이후 1980년대 초반까지 정체되다가 1980년대 후반 이후 회복하기 시작하여 이후 1990년대 초반에 다소 둔화되다가 후반에 다시 크게 급증하는 모습을 보였다. 2000년대에 들어와서도 초반에 다소 정체되다가 중반에 이르러 50~60% 내외의 높은 증가율을 보이다가 2008년 이후 글로벌 금융위기의 여파로 그 증가율이 −(minus)로 나타났다. 이처럼 해외직접투자의 성장세가 크게 부침하였음에도 불구하고 전 기간을 통하여 세계 GDP성장률·수출증가율에 비하여 투자증가율이 항상 더 높은 수준을 나타내었다.

표 3-6 **세계 FDI·GDP·수출의 연평균성장률 추이**(1981~2010) (단위 : %)

구 분	'81~85	'86~90	'91~95	'96~00	'01~05	'06~10	06	07	08	09	10
세계 FDI	0.8	25.9	16.9	36.3	9.1	15.6	57.9	60.8	−14.9	−38.7	13.1
세계 GDP	2.1	9.5	6.0	1.4	10.7	6.9	8.2	12.5	10.3	−5.3	8.6
세계 수출	−0.1	11.6	8.1	3.7	14.7	9.0	15.0	16.3	15.4	−20.3	18.6

자료 : UNCTAD, *World Invest Report*(2005, 2011) annex 참조.

1980년대 : 1970년대 두 차례의 오일쇼크와 세계경기침체로 인하여 해외투자 증가율이 크게 둔화되었는데 이러한 경향은 1980년대 초반까지 이어졌다. 1980년대 후반에는 해외투자 증가율이 급격히 증대(연평균 25.9%)하여 같은 기간 중 세계 GDP성장률의 약 3배, 수출증가율의 약 2배 수준에 이르렀고 1988년 처음으로 전체 투자 잔고가 1조 달러 대에 도달되었다. 이에 많은 사람들은 세계경제의 국제화를 주도하는 주체가 무역으로부터 해외직접투자로 전환되었다고 평가하기도 하였다.

1990년대: 1990년 초반 해외직접투자 증가율이 일본경제 및 미국경제의 침체 여파로 다소 정체되는 모습을 보였지만[23] 같은 기간 중 세계 GDP성장률 · 수출증가율에 비해서는 훨씬 높은 증가세를 보였다. 그러나 1990년대 후반에는 세계의 GDP증가율이나 수출증가율이 크게 둔화되었음에도 불구하고 해외투자는 급격한 증가율(연평균 35% 수준)을 보여 과열 양상을 보였다. 이 시기는 미국경제의 활성화로 미국과 서유럽 다국적기업들의 대선진국 투자가 급증하였고 특히 국제M&A형 투자가 해외직접투자를 주도하였다.

2000년대: 2000년대 초 세계경기침체 및 불안정성 증대로 인하여 해외투자가 크게 저하되었는데, 특히 그동안 해외투자의 주류를 이루던 M&A형 투자가 대폭 감소하였다. 그러나 2003년 이후 다시 급격히 증가하기 시작하여 2004년 · 2006년 · 2007년 모두 50%가 넘는 성장률을 보였는데 이렇게 높은 성장률을 보인 것은 M&A형 투자의 증가세가 다시 회복된 결과였다. 그러나 2008년 이후 해외투자의 성장률이 다시 마이너스(−)로 돌아섰는데 이것은 미국의 서브프라임모기지(sub−prime mortgage) 사태를 계기로 확산된 글로벌 금융위기의 여파 때문이었다. 2010년 이후 해외투자가 회복되어 그 증가율이 10% 수준을 초과하였지만 투자액은 여전히 2007년 투자액의 2/3 수준에 머물고 있다.

1.1.2 해외직접투자의 그룹별(선진국과 개도국) 현황

세계의 해외직접투자 흐름(flow)을 선진국그룹과 개도국그룹(비선진국)으로 나누어 보면 1980년대 중반까지 거의 모든 투자가 선진국에 의하여 이루어져 개도국의 비중이 1~2%에 불과하였다. 1980년대 후반부터 신흥공업국의 투자가 시작되면서 개도국 투자비중이 증가하기 시작하여 1990년대 초 10%를 넘었고 최근에는 30% 수준까지 접근하고 있다. 이에 따라 해외직접투자 스톡(cumulative foreign direct investment, stock)에 있어서도 개도국의 비중이 1980년 2% 수준에서 1990년대 중반 10% 수준을 넘기 시작하여 최근에는 20% 수준까지 육박하고 있다.

---

23 당시 해외투자 증가율이 이렇게 정체된 것은 ① 그동안 해외투자 흐름을 주도해 오던 일본의 해외투자가 거품경제붕괴 · 장기적 복합불황 등으로 인하여 크게 감소하였고, ② 미국경제 역시 장기적인 침체에서 여전히 크게 벗어나지 못하였을 뿐만 아니라 미국계 다국적기업들의 글로벌경쟁력 강화를 위한 기업구조조정(corporate restructuring)이 끝나지 않은 상태였기 때문이다.

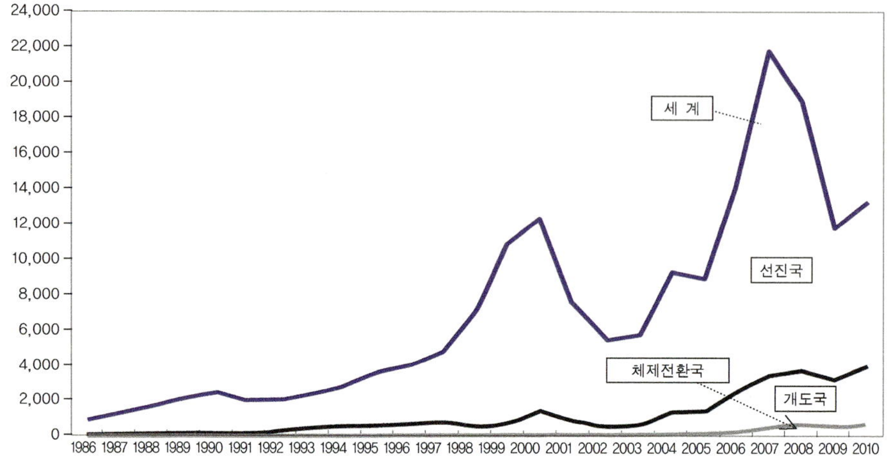

자료 : www.unctard.org/fdistatistics(2011)

그림 3-3 해외직접투자의 그룹별 유출액(outflow) **흐름**(1986~2010)

표 3-7 **해외직접투자의 그룹별**(선진국과 개도국) **추이** (단위 : 10억$, %)

구분	그 룹	'85~90	'91~95	'96~00	'01~05	'06~09	2007	2010
플로(flow)	세 계	156 (100)	259 (100)	773 (100)	734 (100)	1,596 (100)	2,175 (100)	1,323 (100)
	선 진 국	145 (93.2)	222 (85.9)	692 (89.5)	639 (87.1)	1,262 (79.0)	1,829 (84.1)	935 (70.7)
	개 도 국	11 (6.8)	35.7(13.8)	78 (10.1)	85 (11.6)	285 (17.9)	294 (13.5)	328 (24.8)
	동구·CIS	–	0.7 (0.3)	30 (0.4)	10 (1.3)	49 (3.1)	52 (2.4)	61 (4.6)
구분	**그 룹**	**1980**	**1985**	**1990**	**1995**	**2000**	**2005**	**2010**
스톡(stock)	선 진 국	(97.8)	(96.2)	(93.0)	(90.7)	(88.9)	(88.2)	(82.3)
	개 도 국	(2.2)	(3.8)	(7.0)	(9.2)	(10.8)	(10.5)	(15.4)
	동구·CIS	–	–	–	(0.1)	(0.3)	(1.3)	(2.3)

주 : 투자흐름(flow)은 연평균투자액, ( ) 속은 세계 전체 투자 중 비중(%)
자료 : 1990년 이전 UNCTAD WIR(1997), 1990년 이후 www.unctard.org/fdistatistics(2010)

이상과 같은 해외직접투자 현황을 통하여 1980년대 이후 세계 해외직접투자 흐름에서 나타난 주요한 특징을 요약하면 다음과 같다.

(1) 개도국그룹의 해외투자가 선진국그룹보다 더 빠른 속도로 증가하고 있다. 1980년대 이후 세계 전체 투자를 선진국 대 개도국으로 나누면 투자흐름(flow)면에서 98 : 2 수준에서 70 : 30 수준으로 변화되었고, 투자스톡(stock) 면에서는 98 : 2 수준에서 80 : 20 수준으로까지 육박하고 있다. 이러한 비(非)선진국그룹의 투자와 관련하여 특기할 점은 러시아·동구유럽 등 체제전환국의 해외투자가 크게 증대되었다는 사실이다. 1990년대 후반부터 이들의 해외투자가 증가되기 시작하여 최근에는 세계 전체 투자비중이 플로(flow) 면에서 3~4%, 스톡(stock)면에서 2.3% 수준에까지 이르고 있다.

(2) 이렇게 개도국의 해외투자가 급속히 증가하고 있는 것은 사실이지만, 다른 한편으로는 여전히 전체 투자의 3/4 정도가 선진국에 의해 이루어지고 있다. 이런 점에서 세계적인 다국적기업들이 대부분 선진국계 기업들임은 놀라울 바가 아니다. 후술하는 대로, 이러한 선진국들의 해외투자에 있어서 주요 6대 선진국들의 투자비중이 여전히 높은 가운데 개별 국가의 투자국으로서 상대적 위상이 시대별로 조금씩 변화가 이루어졌다.

1.2 선진국그룹의 해외직접투자

1.2.1 주요 선진국의 투자국 위상 변화

이처럼 개도국들의 해외직접투자가 급속히 증가되고 있음에도 불구하고 세계 전체 투자의 3/4정도는 여전히 선진국들에 의하여 주도 되고 있는데, 이들 선진국그룹 내에서도 주요 6대 선진국(미국 · 영국 · 독일 · 네덜란드 · 프랑스 · 일본)이 주도적인 역할을 계속하고 있다. 〈표 3－8〉에 나타난 바와 같이 세계 전체 투자 중 이들 6개국의 점유율을 보면 플로(flow) 면에서 1970년대 후반 80%에서 최근 55% 수준으로 낮아졌고 스톡(stock) 면에서도 1980년대 초 80%에서 최근 55% 수준으로 낮아져 이들의 집중도가 상당히 낮아진 것은 사실이지만, 그럼에도 불구하고 여전히 세계 전체 투자의 절반 이상을 이들 6개국이 행하고 있다.

표 3－8 **주요 6대 선진 투자국의 해외직접투자 추이** (단위 : 억$, %)

구분	국 가	'85~90	'91~95	'96~00	'01~05	'06~10	2007	2010
플로(flow)	미 국	216 (13.9)	636 (24.6)	1,326 (17.2)	1,399 (19.0)	3.075 (19.3)	3,935 (18.1)	3,289(24.9)
	영 국	252 (16.2)	271 (10.5)	1,307 (16.9)	686 (9.3)	1,150 (7.2)	2,724 (12.5)	110 (0.8)
	프랑스	143 (9.2)	230 (8.9)	837 (10.8)	724 (9.9)	1,234 (7.7)	1,643 (7.6)	841 (6.4)
	독 일	129 (8.3)	233 (9.0)	693 (9.0)	322 (4.4)	1.099 (6.9)	1,707 (7.8)	1,049 (7.9)
	네덜란드	88 (5.7)	147 (5.7)	453 (5.9)	576 (7.8)	506 (3.2)	556 (2.6)	319 (2.4)
	일 본	279 (17.8)	207 (8.0)	256 (3.3)	352 (4.8)	766 (4.8)	735 (3.4)	563 (4.3)
	소 계	1,107 (61.1)	1,724 (66.7)	4,872 (63.0)	3,999 (54.5)	7,830 (54.5)	11,300 (52.0)	5,926 (54.2)
구분	**국 가**	**1980**	**1985**	**1990**	**1995**	**2000**	**2005**	**2010**
스톡(stock)	미 국	(42.4)	(36.4)	(35.1)	(37.8)	(33.8)	(29.3)	(23.7)
	영 국	(15.5)	(14.5)	(11.0)	(8.5)	(11.3)	(9.7)	(8.3)
	프랑스	(4.5)	(5.4)	(5.4)	(5.7)	(7.4)	(9.9)	(7.5)
	독 일	(8.3)	(8.7)	(7.3)	(7.5)	(6.8)	(7.5)	(7.0)
	네덜란드	(8.1)	(6.9)	(5.1)	(4.8)	(3.8)	(5.0)	(4.4)
	일 본	(3.6)	(6.4)	(9.7)	(6.6)	(3.5)	(3.1)	(4.1)
	소 계	(82.4)	(78.3)	(73.6)	(70.7)	(66.6)	(64.5)	(54.9)
	(한 국)	(0.02)	(0.06)	(0.11)	(0.28)	(0.34)	(0.31)	(0.68)

주 : 플로(flow)는 연평균투자액(억$), ( ) 속의 수치는 세계 전체 투자 중의 비중(%)임.
자료 : 1990년 이전 UNCTAD, WIR(1997), 이후 www.unctard.org/fdistatistics(2011)의거 계산.

한편, 해외투자를 행한 주요 투자국의 구성을 역사적으로 살펴보면 ① 19세기 이후 해외투자를 시작하여 여러 가지 환경변화에도 불구하고 상당한 규모의 투자를 계속하는 “지속형 투자국”(미국 · 영국, 네덜란드 · 스웨덴 · 스위스 등 유럽 3개 소강국 등), ② 어떤 시기에는 투자가 부진하였다가 다시 활발하거나 그 반대의 모습을 보이는 “변동형 투자국”(프랑스 · 독일, 일본 등), ③ 전통적으로 해외투자가 활발하지 않았지만 최근에 이르러 투자가 활발해진 “후발형 투자국”(이탈리아 · 스페인 등) 등 3가지 유형으로 분류해 볼 수 있다.

이에 따라 주요 선진국들의 해외투자국으로서의 상대적 위상 역시 시대별로 변화되어 왔는데 변화를 유형화해 보면 1980년대 이후 주요 투자국의 위상 변화에서 가장 특징적인 점은 미국과 일본의 위상변화이다. 1980년대 후반 이후 “미국”의 상대적 위상이 약화되었다가 1990년대 후반 이후 상당 부분 회복된 반면 “일본”의 경우 1980년대 초 투자국으로서의 위상이 급속히 부상하였다가 1990년대 후반 이후 그 위상이 크게 정체되는 모습을 보였다.

1.2.2 미국의 위상 약화(1980년대)와 회복(1990년대)

제2차 세계대전 이후부터 1970년대 초까지 미국의 패권적 위상이 해외투자에도 그대로 반영되어 다국적기업이나 해외직접투자가 ‘미국적 현상’으로 간주될 정도로 미국에 의하여 주도되었다. 이에 따라 1960~1970년대 세계의 투자 스톡(stock) 면에서나 플로(flow) 면에서 미국이 차지하는 비중은 40% 수준에 이르렀다. 그러나 1980년대 들어와 미국의 비중이 급격히 감소하여 플로 면에서 10% 초반, 스톡 면에서 30%대로 축소되었고, 1985년을 기점으로 순투자국에서 순채무국으로 전락하였다.

1980년대에 미국의 해외투자가 이렇게 위축된 것은 이른바 레이거노믹스(Reaganomics) 때문이었다. 레이건 행정부 하에서 조세삭감을 가장 큰 특징으로 하는 레이거노믹스를 시행하면서 막대한 재정적자가 초래되어 이를 충당하기 위한 해외로부터의 자본유입이 필요하였고 이를 용이하게 하기 위해서는 금리와 달러화가치(환율)를 높은 수준으로 유지해야만 했다. 그러나 이러한 고금리 · 고달러 정책은 미국의 수출경쟁력을 급격히 저하시켜 막대한 국제수지 적자를 초래하였다. 이와 같이 재정적자 · 국제수지적자 · 해외자본유입의 악순환을 되풀이해야 하는 미국경제로서는 해외직접투자에 대한 여력을 크게 상실하게 되었다.

이러한 사정으로 인하여 1980년대 후반 심하게 침체되었던 미국의 해외투자가 1990년대 들어와 다시 증가하기 시작하였다. 〈표 3-8〉이 보여주듯이 1990년대 이후 미국이 거의 매년 세계 최대 투자국이 되어 대체로 세계 전체 투자 플로의 20% 내외 수준을 유지하게 되었다. 세계 전체 투자 중 미국의 비중이 상당히 저하된 것이 사실이지만, 세계 주요 6대 투자국의 상대적 비중 전체가 저하된 것을 감안하다면, 1990년대 이후 미국은 투자국으로서의 위상을 상당히 회복하였다고 할 수 있다. 1990년대에 들어와 미국의 해외투자가 이같이 증가하기 시작한 것은 1980년대에 일본의 도전을 받고 미국 기업이 꾸준히 추진해 온 구조조정과 경영혁신(re-structuring, re-engineering) 노력에 힘입어 미국경제와 미국 기업의 경쟁력이 상당히 회복하였기 때문이었다.

1.2.3 일본의 부상(1980년대)과 정체(1990년대)

1960년대 초까지만 해도 미국(47.1%)과 영국(18.3%)이 세계 전체 해외투자의 2/3 정도를 차지하고 있었고, 1970년대는 서독·스위스 등 일부 유럽 국가들의 활발한 해외투자 활동으로 유럽의 비중이 조금 높아진 시대였다면 1980년대는 단연코 일본의 시대라고 할 수 있었다. 이러한 사실은 위의 〈표 3-8〉에 잘 나타나 있듯이 1970년대까지만 하더라도 매우 저조한 수준에 머물던 일본의 해외투자 비중이 1980년대 후반 투자플로 면에서 18%, 투자스톡 면에서 10%에 다가가는 수준까지 높아져 일본이 주요한 해외투자국으로 부상하였다. 1980년대에 일본의 해외투자가 이처럼 급증하였던 이유로서는 다음과 같은 4가지 요인을 들 수 있다.

국제수지 흑자 : 막대한 규모의 국제수지 흑자에 따른 자본수출국·세계 최대채권국으로의 변신이다. 일본의 무역수지는 1970년대부터 흑자로 전환된 이래 1980년대 초반에 흑자기조가 정착된 후 1985년부터 세계최대의 자본수출국·채권국으로 변신하였고 1990년에는 명실상부한 주요 투자국으로 부상하였다.

환율변동(엔고) : 1980년대 후반의 극심한 엔고(¥高)도 일본의 해외투자를 증가시키는 역할을 하였다. 1985년 G7 플라자회담 이후 1988년까지 3년간 엔화는 실질실효환율 기준으로 33%나 절상되었다. 이러한 엔화의 평가절상은 결과적으로 해외자산에 대한 엔화의 구매력을 증가시켜 미국·유럽의 현지기업을 사들이는 대규모 매수·합병(M&A)붐을 일으켰고, 또한 이러한 엔고로 인하여 수출경쟁력이 급격히 저하된 일본 기업들이 수출대신에 직접투자를 통하여 해외로 진출하는 노력을 가속화시켰다.

보호무역장벽과 경쟁강화 : 일본이 막대한 국제수지흑자를 누리게 되자 1980년대 이후 미국과 유럽 등 선진국들은 일본제품에 대한 무역장벽을 높이기 시작하였다. 이에 따라 일본 기업들은 이러한 무역장벽을 우회 또는 회피하기 위한 해외투자를 적극적으로 증가시키기 시작하였다.

정책적 지원 : 일본은 1983년부터 일본인의 해외자산 소유에 대한 제한을 완전히 철폐하고 일본수출입은행·일본국제개발기구(JAIDO) 등을 통해 중소기업의 해외투자를 정부차원

에서 적극 지원하였다. 제13장에서 소개하고 있듯이 일본 정부는 자국 기업의 해외투자를 촉진하고 지원함에 있어서 개별적인 정책수단뿐만 아니라 기업이익과 국가이익이 상생하는 협력적 공조(collaborative symbiosis) 전략을 취하는 총체적·통합적·전략적인 접근방식을 취하여 해외투자를 산업정책적 차원에서 지원하고 촉진시켰다.

1980년대 일본의 해외투자는 규모면에서 이렇게 크게 증대하였을 뿐만 아니라 투자구조와 내용면에 있어서도 그 이전과는 다른 특성을 보여주었다. 1970년대에는 한국·대만 등 주로 아시아 신흥공업국을 대상으로 값싼 노동력을 이용하기 위한 투자가 중심이었지만 1980년대에는 미국·유럽 등 선진국시장에 접근하기 위한 투자가 상당히 늘어났다.[24] 또한 투자분야에 있어서도 섬유·신발 등 노동집약산업으로부터 전자·자동차·기계 등 기술집약적 산업으로 고도화되었다. 특히 1980년대 후반 이후에는 금융·부동산·보험·관광 등 서비스부문에 있어서의 대 미국·유럽 진출도 두드러지게 나타났다.

이처럼 일본은 1980년대에 새로운 해외투자국으로 급격히 부상하였지만 1990년대 초 불어 닥친 부동산가격의 폭락과 금융산업의 침체 등 이른바 거품경제(bubble economy)의 붕괴 때문에 1992년 이후 일본의 해외투자는 크게 감소하여 이 기간 중 일본은 선진 5개국 중 해외투자를 가장 적게 하는 나라로 후퇴하였다. 그 결과 세계 전체 투자에서 일본이 차지하는 비중이 1980년대와 비교하여 투자플로(flow) 면에서 17~18% 수준에서 3~5% 수준으로 떨어졌고 투자스톡(stock) 면에서도 10% 내외에서 3~4% 수준으로 저하되어, 1980년대 일본이 차지하였던 최고 수준의 투자국 위상에 비하여 1/3 내지 1/4 정도로 정체되는 모습을 보이고 있다.

1.3 개도국그룹의 해외투자 부상

1960년대까지만 하더라도 몇몇 선진국들만이 세계적인 다국적기업을 배출하는 국가로 국한하여 생각하였으나 1970년대 이후 개도국이 배출하는 다국적기업이 서서히 등장하기 시작하였고, 1980년대 이후부터는 선발개도국의 해외투자가 급격히 증대하고 그들이 배출하는 다국적기업들이 국제무대에서 서서히 부상하기 시작하였다. 이러한 개도국의 해외직접투자와 다국적기업은 자원보유 개도국그룹·아시아 신흥공업국그룹·새로운 신흥국그룹 등 3개 그룹들이 주도하여 왔다고 할 수 있는데 이들의 위상을 시대별로 살펴보면 다음과 같다.

---

24 1970년대까지는 아시아와 중남미에 대한 투자가 전체 투자의 40% 정도를 차지하였으나 1990년대 초에는 25% 정도로 감소한 반면 NAFTA와 EU회원국에 대한 투자비중은 40%에서 70% 정도로 변화되었다.

1.3.1 자원보유 개도국의 부상(1970년대)

첫 번째 개도국그룹은 자원이 풍부한 개도국, 특히 중동의 OPEC국들로서 이들은 1970년대 이후부터 해외투자와 기업국제화에 큰 의욕을 보였다. 1970년대 2차례의 오일쇼크과정에서 급속히 증가된 석유수출수입(oil revenue)을 동원하여 석유·석유화학 분야를 중심으로 국제화를 행하기 시작하였다. 또한 이들은 이 시기에 선진국 금융시장에 대한 대량의 증권투자를 행하는 동시에 미국·서유럽·일본·동남아 지역에 제조업·금융·부동산 분야에 대한 해외투자를 감행하였다.

〈표 3-9〉를 통하여 1980년대 초 이들 중동지역 국가들의 해외투자를 보면, 개도국그룹의 전체 투자가 저조하여 세계 전체 투자스톡에 대한 비중은 아직 낮은 수준(0.21%)에 있었지만 개도국 전체 투자스톡에서 차지하는 비중은 10% 수준에 이르고 있다. 그러나 국제원유가격이 대폭 하락한 1983년 역오일쇼크(reverse oil shock)로 석유수출대금이 대폭 감소하게 되자 그들의 국제화 역시 둔화되고 일부 투자기업들이 철수하는 사례도 나타나 투자비중이 크게 저하되었다. 그러나 2000년대에 들어와 국제원유가격이 다시 상승하는 과정에서 이들의 해외투자도 다시 증가하여 투자비중이 높아지는 모습을 보여주고 있다.

표 3-9 **개도국 내 그룹별 해외직접투자 스톡(stock) 비중** (단위 : %)

구 분	1980	1985	1990	1995	2000	2005	2010
개도국/비선진국	(2.2)	(3.8)	(7.0)	(9.2 / 9.3)	(10.8 / 11.1)	(10.5 / 11.8)	(15.4 / 17.7)
중동 14국	(0.21)	(0.25)	(0.41)	(0.27)	(0.26)	(0.41)	(0.80)
아시아 NICs	(0.20)	(1.35)	(2.51)	(4.62)	(8.88)	(6.76)	(7.79)
BRICs 4국	(0.13)	(0.22)	(2.28)	(1.83)	(1.28)	(2.36)	(4.92)

주 : ( )속은 세계 전체 투자에 대한 비중(%), 비선진국그룹은 개도국+동구·CIS.
자료 : 1990년 이전 UNCTAD WIR(1997), 1990년 이후 www.unctard.org/fdistatistics(2011).

1.3.2 아시아 신흥공업국(NICs)의 부상(1980년대 이후)

두 번째 개도국그룹은 홍콩·싱가포르·대만·한국 등 이른바 아시아 신흥공업국(NICs)으로서, 1980년대 이후 이들은 그동안에 이룩한 높은 경제성장을 배경으로 해외투자를 급격히 증대하기 시작하였다. 〈표 3-10〉이 보여주듯이 1980년대 이후 4개국의 연평균 투자금액이 급격히 증대되어 1980년대 후반과 1990년대 초반 전체 개도국 투자플로(flow) 중 60% 수준에 육박하였고, 개도국 전체 투자스톡(stock) 중 이들의 비중이 1980년 이전 10% 이하 수준에서 1980년대 이후 급속히 증가하여 2000년에는 60% 수준에까지 이르렀다. 물론 2000년대에 들어와 이들 이외의 새로운 신흥국들의 약진이 두드러져 이들의 투자비중이 상대적으로 약간 정체되고 있다.

표 3-10 **아시아 NICs의 해외직접투자 추이** (단위 : 억 달러, %)

구 분	그룹/국가	'85~90	'91~95	'96~00	'01~05	'06~10	2007	2010
플로 (flow)	개도국	105.5(100)	357.3(98.1)	916.9(97.6)	851.2(93.6)	2,852(85.2)	2,942(85.1)	3,276(84.4)
	비선진국그룹		364.4(100)	939.4(100)	909.5 (100)	3,346 (100)	3,458(100)	3,881(100)
	한국	7.7 (7.3)	20.0 (5.5)	46.1 (4.9)	35.0 (3.8)	175.1 (5.2)	197.2 (5.7)	197.4 (5.1)
	홍콩	20.6(19.5)	150.5(41.3)	293.3(31.2)	214.5(23.6)	593.4(17.7)	610.8(17.7)	760.8(19.6)
	대만	28.6(27.1)	24.5 (6.7)	48.1 (5.1)	58.4 (6.4)	91.7 (2.7)	102.9 (3.0)	111.6 (2.9)
	싱가포르	6.1 (5.8)	30.7 (8.4)	85.8 (9.1)	112.0(12.4)	179.9 (5.4)	152.3 (4.4)	197.4 (5.1)
	아시아 NICs 계	63.0(59.8)	225.7(61.9)	473.3(50.4)	420.0(46.2)	1,039(31.1)	1,063(30.8)	1,267(32.7)
구 분	**그룹/국가**	**1980**	**1985**	**1990**	**1995**	**2000**	**2005**	**2010**
스톡 (stock)	개도국/비선진국	(100)	(100)	(100)	(99.1/100)	(97.6/100)	(91.0/100)	(86.9/100)
	한국	(2.3)	(2.5)	(3.0)	(3.1)	(3.0)	(2.6)	(3.9)
	홍콩	(2.4)	(11.0)	(19.1)	(23.6)	(43.9)	(32.3)	(27.3)
	대만	(1.6)	(1.0)	(18.6)	(12.7)	(7.5)	(7.3)	(5.6)
	싱가포르	(10.5)	(6.2)	(5.4)	(10.5)	(6.5)	(8.3)	(8.3)
	아시아 NICs 계	(16.8)	(20.7)	(46.1)	(49.9)	(60.9)	(50.5)	(45.1)

주 : ( )속은 비선진국그룹 전체 투자 중 투자 비중.
자료 : 1990년 이전 UNCTAD, WIR(1996) 1991년 이후 www.unctad.org/fdistatistics 통해 작성.

이들 아시아 신흥공업국들 중 홍콩 · 싱가포르는 처음부터 적극적인 개방경제체제를 취하여 해외투자가 활발하였지만 한국 · 대만의 경우 1980년대 후반 이후부터 급속한 글로벌화를 행하여 직접투자의 순유입국에서 순유출국 지위로 변신하였다. 이렇게 1980~1990년대 한국과 대만의 해외투자가 급증한 것은 다음과 같은 요인들 때문이었다.

국제수지의 흑자 전환 : 대만은 1970년대부터 무역수지 흑자를 구현하였고 한국 역시 1987년부터 크게 흑자로 전환되면서 외화유입으로 인한 통화팽창 · 인플레압력 · 부동산투기 등이 유발되었고 이로 인해 달러화에 대한 자국통화의 급격한 절상이 이루어졌다. 이러한 외화유동성 증가와 통화가치 상승으로 인하여 국내기업의 해외투자 여력이 높아졌고, 정부 또한 해외부문의 통화팽창 · 통화가치 절상요인을 완화시키기 위해 해외투자에 대한 규제를 대폭적으로 완화시키고 중소기업의 해외투자를 촉진하기 위한 금융 및 세제 지원을 행하였다.

노사분규 : 1980년대 후반 대만과 한국 모두 격렬한 노사분규로 인해 국내임금의 급격한 상승이 초래되었다. 특히 한국의 경우 1989년부터 1991년까지 임금이 20~30%로 급격히 상승하여 3~4년 사이에 2배 가까이 뛰어올랐다. 국제수지흑자에 따른 통화가치 절상과 함께 이러한 임금상승으로 인하여 섬유 · 신발 · 의류 등 전통적인 노동집약적 산업이 더 이상 가격경쟁력을 유지할 수 없게 되자 종래 국내에서 생산하여 해외로 수출하던 기업들이 말레이시아 · 태국 등 동남아시아로 그들의 생산거점을 이전하게 되었다.

보호무역장벽 : 일본과 함께 커다란 국제수지 흑자를 시현하고 있는 이들 국가의 수출품

에 대한 선진국들의 보호무역이 높아졌다. 이러한 보호무역장벽을 우회하기 위하여 종전의 수출 방식에서 해외투자로 전환하는 기업들이 증가하였고 이러한 전략적 변화가 해외투자를 촉진시키는 원인이 되었다.

1.3.3 새로운 신흥국(BRICs)그룹의 부상(1990년대 이후)

세 번째 개도국그룹은 1990년대 이후 두각을 나타내고 있는 새로운 신흥국, 이른바 브릭스(BRICs)로 지칭되는 브라질・러시아・인도・중국이다. 〈표 3－11〉이 보여주듯이 개도국 전체 투자스톡 중 이들 4개국 비중이 1980년 초 10% 내외였지만 최근에는 30% 수준에 육박하고 있다. 최근 미국발 글로벌금융위기 이후 선진국기업들의 해외투자가 다소 위축되고 있음에도 불구하고 이들 신흥국기업들은 계속 성장 기조를 유지하고 있어 전체 개도국 투자 플로 중 이들의 비중이 36~37% 수준으로 높아져 앞으로도 더욱 커질 것으로 전망되고 있다.

표 3－11 신흥국(BRICs)의 해외직접투자 추이 (단위 : 억 달러, %)

구분	그 룹	'85~90	'91~95	'96~00	'01~05	'06~10	2007	2010
플로(flow)	개 도 국	105.5(100)	357.3(98.1)	916.9(97.6)	851.2(93.6)	2,852(85.2)	2,942(85.1)	3,276(84.4)
	비선진국그룹		364.4(100)	939.4(100)	909.5(100)	3,346(100)	3,458(100)	3,881(100)
	브 라 질	2.88(2.73)	6.9 (1.9)	15.0 (1.6)	34.6 (3.8)	154.6 (4.6)	70.7 (2.1)	115.2 (3.0)
	러 시 아	–	7.0 (1.9)	21.5 (2.3)	84.7 (9.3)	440.1(13.2)	459.2(13.0)	517.0(13.3)
	인 도	0.06(0.05)	0.5 (0.1)	2.0 (0.2)	20.2 (2.2)	162.9 (4.9)	172.3 (5.0)	146.3 (3.7)
	중 국	6.97(6.61)	26.6 (7.3)	40.8 (4.3)	60.3 (6.6)	444.6(13.3)	224.7 (6.5)	680.0(17.7)
	신흥국 계	9.91 (9.4)	41.0(11.2)	79.3 (8.4)	190.0(21.9)	1,202.2(36.0)	926.9(26.8)	1,458.5(37.5)
구분	그 룹	1980	1985	1990	1995	2000	2005	2010
스톡(Stock)	브 라 질	(10.5)	(6.2)	(6.8)	(13.3)	(5.9)	(5.4)	(5.0)
	러 시 아	–	–	–	(1.0)	(2.3)	(10.0)	(12.0)
	인 도	(0.06)	(0.1)	(0.1)	(0.15)	(0.2)	(0.7)	(2.6)
	중 국	–	(0.6)	(3.6)	(5.3)	(3.2)	(3.9)	(8.3)
	신흥국 계	(10.6)	(6.9)	(10.5)	(19.8)	(11.6)	(20.1)	(27.9)

주 : ( ) 속은 비선진국그룹 전체 투자 중 투자 비중.
자료 : 1990년 이전 UNCTAD WIR (1996), 1991년 이후 www.unctad.org/fdistatistics 통해 작성.

표 3－12 글로벌 500대기업 중 신흥국(BRICs) 기업의 수 (단위 : 개)

구 분	2003	2004	2005	2006	2007	2008	2009	2010
BRICs 전체	19	25	27	35	41	46	58	67
브 라 질	4	3	3	4	5	5	6	7
러 시 아	3	3	3	5	4	5	8	6
인 도	1	4	5	6	8	7	7	8
중 국	11	15	16	20	24	29	37	46

자료 : Fortune Global 500 각 연도.

이들 신흥국들의 해외투자가 이렇게 급속히 증가한 것은 이들 국가의 대표 기업들의 글로벌화가 성공한 것과 관련된다는 사실을 〈표 3－12〉를 통하여 엿볼 수 있다. 포춘(Fortune)이 선정한 글로벌 500대 기업에 속하는 신흥국그룹 기업이 2003년 19개에서 2010년에는 67개로 늘어나 3.5배 이상 증가하였다. 이들은 선진국 기업에 비하여 상대적으로 열세인 자신의 경쟁력을 보완하기 위하여 필요로 하는 전략적 자산을 M&A를 통하여 획득하는 동시에 이러한 과정을 통하여 그들의 국제화수준을 급속히 높이고 있다.

이처럼 신흥국 기업들 모두 급속한 글로벌화를 이룩하고 있는 중에서 특히 "중국 기업"의 급격한 부상이 주목받고 있다. 중국은 그동안 개혁 · 개방정책을 추진하는 과정에서 외국자본유치를 통하여 지속적인 경제성장을 이룩하였지만 이에 비하여 중국기업의 해외투자는 상대적으로 활발하지 못하였다. 그러나 2000년대 이후 중국기업의 해외진출이 현저해지면서 글로벌무대에서 그들의 위상이 크게 높아졌다. 최근 중국의 해외투자 규모는 연 500억 달러 수준을 초과하여 세계 전체 투자국 중 5위 내외의 위상, 개도국들 중 정상의 투자국 반열에 오르고 있다.

중국 기업의 글로벌화가 이렇게 급격히 이루어진 것은 높은 경제성장에 동반하여 기업의 글로벌화 속도 역시 급속히 높아졌기 때문인데, 이들의 글로벌화는 당초 독점적인 국유기업이 지배적 위치를 차지하고 있는 금융 · 석유 · 항공 · 전력산업 등을 중심으로 하여 이루어졌으나 최근에는 새로이 국제경쟁력을 확보한 산업분야에서의 신흥기업(민영기업)들의 부상이 두드러지고 있다. 이러한 신흥기업들의 해외투자는 자동차 · 중공업 · 가전 등과 같은 전통산업에서는 물론 IT · 그린 · 바이오 등 새로운 성장산업에서도 활발히 이루어지고 있다. 이처럼 중국의 신흥기업들의 글로벌화가 최근에 더욱 급격히 부상한 것은 다음과 같은 배경 때문이다.

민영기업의 경쟁력 향상 : 중국의 신흥기업들은 급속한 성장과정에서 풍부한 자금력을 확보하였을 뿐만 아니라 거대한 내수시장에서의 경쟁과정을 통하여 글로벌 수준의 경쟁력을 확보하게 되었다. 단일 국가로서 세계 최대 규모인 중국시장은 수많은 내국기업은 물론 세계의 모든 일류 다국적기업들이 격돌하는 시장으로서 이러한 경쟁에서 생존과 성장을 이룩한 중국의 기업은 이미 글로벌수준의 경쟁력을 확보한 기업이 되었다.

적극적인 기업가정신과 전략적 진출 : 이러한 경쟁과정을 통하여 중국 기업의 최고경영자들은 전문적인 지식 · 기술 · 경험으로 무장하면서 열정과 근면성을 바탕으로 하는 기업가정신을 발휘하기 시작하였다. 또한 이들은 이러한 기업가정신을 바탕으로 외국기업에 대한 공격적인 M&A와 제휴를 전략적 수단으로서 활용하여 핵심 기술 · 브랜드 · 유통망을 일시에 확보함으로써 짧은 기간에 해외시장에서의 높은 경쟁력을 갖추게 되었다.

정부의 정책적 지원과 평가절상 : 1999년 중국정부는 중국의 내국기업을 세계적 기업으로 육성한다는 목표 아래 '밖으로 달려 나가자'(going global)라는 뜻을 지닌 '쩌우추취(走出去)전략'을 적극적으로 추진하였고 2006년부터는 해외투자 한도액을 철폐하는 등 자국 기업의 해외투자를 적극 장려하는 정책을 펼쳤다. 중국의 기업들은 정부의 이러한 지원과 풍부한 자금을 바탕으로 세계시장진출을 가속화하기 시작하였고, 2005년 이후부터는 달러 대비 위안화의 평가절상이 진행되어 이 역시 중국기업의 해외투자를 확대시키는 배경으로 작용하였다.

2. 외국인직접투자 흐름과 피투자국(현지국)의 구성

2.1 외국인직접투자의 세계적 흐름

외국인직접투자를 유치하는 현지국의 분포를 선진국과 개도국으로 나누어보면, 1980년대 이전까지 대부분의 투자를 선진국이 독식하던 해외직접투자의 경우와는 달리, 전체 투자플로(flow) 중 25~30% 정도를 개도국그룹이 차지하고 있었다. 1980년대 후반과 1990년대 후반 한때 개도국비중이 줄고 선진국비중이 오히려 높아지는 모습을 보여주기도 하였지만, 전반적으로 개도국(비선진국)비중이 계속 늘어나고 있고 특히 최근의 글로벌 금융위기 이후 신흥국들에 대한 투자가 크게 증대되면서 그 비중이 45~50% 수준에 이르고 있다. 이러한 투자플로(flow)의 개도국비중이 증가됨에 따라 투자스톡(stock) 면에서도 그 비중이 점차 늘어나 1980년 초 20%를 조금 상회하던 수준에서 최근 35% 수준까지 높아지고 있다.

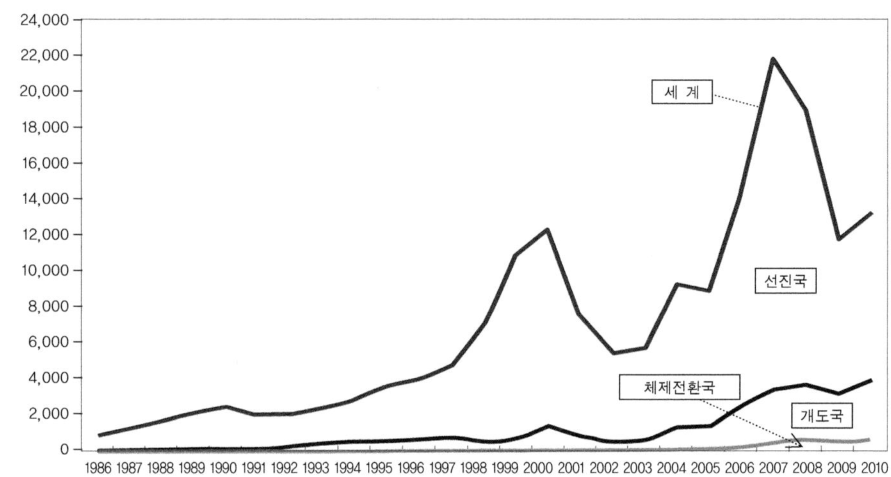

자료 : 1990년 이전 UNCTAD WIR(1996), 1991년 이후 www.unctad.org/fdistatistics 통해 작성.

그림 3-4 외국인직접투자의 그룹별 유입액(inflow) **흐름**(1986~2010)

표 3-13 **외국인직접투자의 그룹별**(선진국과 개도국) **추이** (단위 : 10억$, %)

구분	지 역	'85~90	'91~95	'96~00	'01~05	'06~10	2007	2010
플로 (flow)	세 계	142 (100)	228 (100)	815 (100)	747 (100)	1,521 (100)	1,971 (100)	1,244 (100)
	선진국	117 (82.2)	148 (64.9)	604 (74.1)	488 (65.3)	891 (58.6)	1,307 (66.3)	602 (48.4)
	개도국	25 (17.4)	78 (34.1)	203 (24.9)	239 (32.0)	549 (36.1)	573 (29.1)	574 (46.1)
	동구 · CI	0.5 (0.4)	2.2 (1.0)	8 (1.0)	20 (2.7)	81 (5.3)	91 (4.6)	68 (5.5)
구분	지 역	1980	1985	1990	1995	2000	2005	2010
스톡 (stock)	선진국	(77.8)	(72.2)	(74.8)	(74.6)	(75.9)	(74.1)	(65.3)
	개도국	(22.2)	(27.8)	(25.2)	(25.1)	(23.1)	(23.5)	(31.1)
	동구 · CIS	(−)	(−)	(−)	(0.3)	(0.9)	(2.4)	(3.6)

주 : 투자플로(flow)는 연평균투자액이고 잔고(stock)는 누적투자액, ( ) 속의 수치는 비중(%)임.
자료 : 1990년 이전 UNCTAD WIR(1996), 1991년 이후 www.unctad.org/fdistatistics(2011)통해 작성.

이상과 같은 외국인직접투자 현황을 통하여 1980년대 이후 세계의 외국인투자 흐름에서 나타난 주요한 특징을 요약하면 다음과 같다.

(1) 개도국에 대한 투자가 선진국에 대한 투자보다 좀더 빠른 속도로 증가하여 1980년대 이후 세계 전체 외국인투자를 선진국 대 개도국으로 나누어보면 플로(flow) 면에서 80 : 20에서 60 : 40 수준으로 변화되었고, 스톡(stock) 면에서는 80 : 20에서 65 : 35 수준으로 높아졌다.

(2) 이렇게 대개도국 외국인투자가 더 급속히 증가한 것은 사실이지만, 그럼에도 불구하고 선후진국 간 격차가 축소되는 정도는 해외투자의 경우에 비해서 크지 않았다. 외국인투자 중 선진국 비중이 여전히 높은 것은, 선진국의 시장과 경제의 규모가 더 크기 때문에 더 많은 투자가 선진국으로 향하고 있기 때문이지만, 외국인투자의 패턴이 천연자원 · 1차 산업으로부터 점차 제조업 · 서비스업으로 옮겨가고 있고 투자동기 역시 보다 시장지향적인 성격을 띠면서 선진국 간 상호투자(cross investment)가 심화된 것과 관련이 있다.

(3) 이에 따라 외국인투자 유치상위국들을 보면 주로 거대 규모의 선진국들이 차지하고 있는데 그중에서도 EU · 북미의 비중이 특히 높아 전체 투자스톡의 50% 이상을 이들이 흡수하고 있고, 주요 국가별로 보면 투자유치국으로서 미국의 위상이 여전히 높은 반면 일본의 위상은 그들의 경제규모에 비하여 매우 낮은 수준에 머물러 있다.

(4) 한편 외국인투자를 유치한 개도국그룹 중에서는 아시아지역의 비중이 여전히 높은 가운데 중국과 홍콩(HK)의 비중이 특히 높게 유지되고 있고 이와 아울러 체제전환국(동구 · CIS)의 약진이 돋보이고 있다.

표 3-14 외국인직접투자 스톡(stock)의 지역별 비중 추이 (단위 : %)

구분			1980	1985	1990	1995	2000	2005	2010
선진국	(선진국 전체)		(77.8)	(72.2)	(74.8)	(74.6)	(75.9)	(74.1)	(65.3)
	그룹별	EU(15/ 25국)	38.6	30.4	36.6	33.9	31.2	40.7	35.0
		북미(미, 캐)	28.6	33.5	31.3	33.4	40.3	27.4	21.0
	주요 선진국	미국	17.3	24.8	25.9	29.7	37.4	24.4	18.0
		영국	13.2	8.6	9.8	5.9	5.9	7.7	5.7
		프랑스	4.7	4.5	4.7	5.7	5.3	7.7	5.3
		독일	7.6	7.8	5.3	4.9	3.6	4.1	3.5
		캐나다	11.3	8.7	5.4	3.6	2.9	3.0	2.9
		일본	0.7	0.6	0.5	1.0	0.7	0.9	1.1
비선진국	(비선진국 그룹 전체)		(22.2)	(27.8)	(25.2)	(25.4)	(34.1)	(25.9)	(34.7)
	그룹별	아프리카	2.4	2.9	2.9	2.6	2.1	2.4	2.9
		중남미	10.0	10.3	5.4	5.5	6.7	7.1	9.0
		아시아	9.0	14.4	16.8	16.8	14.3	14.1	19.1
		동구권·CIS	(−)	(−)	(−)	0.3	0.8	2.4	3.6
	아시아 주요국	중국	0.01	0.7	1.0	3.0	2.6	2.4	3.0
		홍콩	0.4	0.5	9.7	6.7	6.1	4.6	5.7
		대만	0.5	0.4	0.5	0.5	0.3	0.4	0.3
		싱가포르	1.3	1.7	1.5	1.9	1.5	1.7	2.4
		한국	0.2	0.2	0.2	0.3	0.5	0.9	0.7

주 : 동구 유럽 및 CIS의 경우 2003년까지는 EU로 편입된 10개국(불가리아, 체코, 헝가리, 루마니아 등)을 포함한 통계이고 2004년 이후는 동구유럽(6개국)과 CIS(러시아 포함 12개국) 통계임(이하 동일).
자료 : UNCTAD, *World Investment Report*(2004, 2006, 2007, 2011)에서 정리.

2.2 주요 투자유치국(현지국)의 위상 변화

상술한 대로 1980년대 후반 이후 외국인투자를 유치한 현지국의 분포를 보면 가장 특징적으로 나타나는 모습은 북미 · EU 등 선진국들 간의 상호투자가 증대되었다는 점이고 새로운 투자유치국으로서 중국과 체제전환국들의 약진이 뚜렷하였다는 점이다. 이하에서는 이러한 위상변화를 3가지 측면에서 살펴본다.

2.2.1 선진국 상호투자와 3극화 흐름

상술한 바와 같이, 미국의 경우 1980년대 초부터 외국자본의 국내진출이 전반적으로 크게 증가하였고 1980년대 후반 부시행정부 하에서는 엔고(¥高)와 보호무역장벽을 우회하기 위한 일본 기업의 진출이 가속되었다. 또한 클린턴정부 이후 북미자유무역협정(NAFTA) 체결로 인해 역내외투자가 증가되었다. 이렇게 미국에 대한 외국인투자의 규모가 크게 증가하여 해외직접투자에 대한 외국인투자의 상대적 비율이 1970년 20% 수준에서 출발하여 1980년대 말 100%를 넘게 되어 미국 역사상 처음으로 투자의 순유출국에서 순유입국으로 전환되기도 하였고, 미국은 세계 최대 해외투자국인 동시에 세계 최대 투자유치국이 되기도 하였다.

EU의 경우 1980년대 이후의 유럽시장 단일화추진(Single European Act)과 1990년대 이후 유럽통합(EU)으로 인하여 역내국 기업들 간의 투자가 증대되었음은 물론 지역블록의 벽을 극복하기 위한 역외국들의 역내투자도 크게 증가하였다. 이렇게 1980년대 이후 미국이나 유럽지역에 대한 외국인직접투자가 증대되는 과정에서 가장 핵심적인 역할을 행하였던 것이 일본 기업이었는데, 1980년 일본 기업의 대유럽투자는 830억 달러 수준이었으나 1992년에는 그것의 5배가 넘는 4,200억 달러 수준까지 증가하였다.

이러한 선진국들 간의 직접투자 증대로 인하여 1980년대 세계의 직접투자는 [그림 3－5]에서와 같은 3극화현상(intra－triad FDI)을 나타내었다. 미국·유럽·일본이 3개의 축을 이루고 이들 3각점 사이에 상호투자가 크게 이루어지고 이들 3지역의 다국적기업들이 그들 주변의 개도국들에 집중적 투자를 행하여, 이들 삼각점과 제3세계국가들 사이에 일종의 투자클러스터(clusters) 현상이 나타났기 때문이다. 미국의 해외투자 중 상당 부분이 인접지역인 캐나다·남미에 집중되었고 일본의 해외투자 중 1/4 이상이 아시아지역에 집중되었으며 유럽의 해외투자 중 거의 대부분이 유럽지역 및 인접지역에 집중되었다.

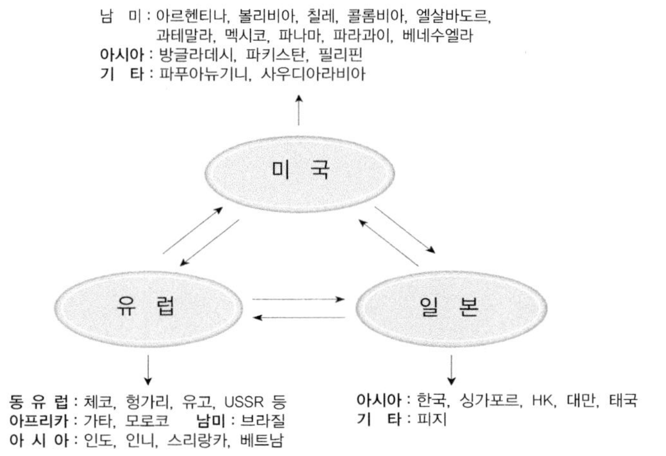

자료 : UNCTAD, WIR(1991) p.40·56, (1993) p.33·44를 활용하여 작성.

그림 3－5 1980년대 후반 해외직접투자의 3극화와 클러스터

2.2.2 중국의 외국인직접투자 증대

중국은 1979년 "외국인합작투자법"을 제정한 후 1986~1987년에 계속 개방 폭을 확대하면서 외국인투자 규모가 급격히 증가하기 시작하였다. 이에 따라 중국은 1991년부터 싱가포르·멕시코를 제치고 개도국 중 세계 최대 투자유치국으로 부상하였다. 〈표 3-15〉가 보여주듯이 1990년대 초반 중국은 연평균 228억 달러 내외의 외국인투자를 유치하였으나 1990년대 후반에는 400억 달러, 2000년대 초반에는 600억 달러 이상의 외국인투자를 유치하였고 2008년 이후 1,000억 달러 규모를 초과하였다. 또한 여기에 나타내지 않았지만 이와는 별도로 홍콩에 대한 외국인투자가 최근 연평균 500억 달러 이상의 규모를 보이고 있다.

표 3-15 **중국에 대한 외국인직접투자의 현황** (단위 : 억$, %)

구 분	'91~95	'96~00	'01~05	'06~10	2008	2010
투자 플로(flow) 평균	228	423	666	931	1,083	1,057
구 분	**1990**	**1995**	**2000**	**2005**	**2008**	**2010**
스톡 / 세계 투자스톡	(1.0)	(3.0)	(2.6)	(2.4)	(2.5)	(3.0)
스톡 / 국가 GDP	(5.1)	(13.4)	(16.2)	(11.8)	(8.6)	(9.9)
플로 / 고정자본형성	(3.5)	(15.0)	(10.0)	(7.7)	(5.8)	(4.1)

자료 : UNCTAD, *World Investment Report*(2011)에서 정리.

이에 따라 세계 전체 외국인직접투자 스톡(stock) 중 중국 비중이 1980년 0.01% 수준에서 1990년 1%를 넘은 후 최근에는 3% 수준에 이르고 있고 외국인투자유치 상위 5개국 내외에 꾸준히 랭크되어 왔다. 2000년의 경우 중국 GDP에 대한 외국인투자 스톡비중이 15%를 넘고 총고정자본형성에 대한 비중이 10%를 초과하는 등 외국인투자가 중국의 경제성장에 주요한 원동력으로 작용하였다. 이러한 투자러시에 따라 포춘(Fortune)이 선정한 세계 500대 기업 중 중국에 진출하지 않은 기업이 거의 없을 정도로 거의 모든 세계 일류 다국적기업들이 경쟁적으로 중국에 진출하면서 지난 20여 년간 3만 개에 가까운 외국기업이 새로이 설립되었다.

이처럼 중국에 대한 외국인투자 규모가 계속 증대되어 왔지만 그 성장률은 상대적으로 둔화되어 세계 전체 투자에 대한 비중이 정체되고 있고, 총고정자본형성이나 GDP규모에 대한 비중 역시 축소되고 있다. 이렇게 중국의 비중이 저하된 데에는 투자규모 확대에 일정한 한계가 오기도 하였지만 또 다른 환경적·제도적 요인들도 작용하였다. 많은 외국기업들이 중국의 거대한 시장규모와 잠재력에 기대를 걸고 경쟁적으로 진출하였지만 중국에서의 사업이 그렇게 쉽지 않다는 것을 진출한 후에야 깨달았기 때문이다.

중국은 거대한 인구를 보유하고 있지만 20여 년의 고속성장에도 불구하고 여전이 가난한 나라여서 서구의 고급소비재에 대한 대중적 구매력이 부족하였고 도시주변의 수송 인프라와 유통시스템 등이 부족하였으며, 합작투자의 경우 중국 현지파트너와의 마찰이 높고 사업상거래에 지장을 주는 복잡한 규제와 끊임없는 세법과 제도의 변경도 문제였다. 더욱이 중국정부는 2000년대에 들어오면서 외국인자본 유치보다는 자국 기업의 해외투자를 적극 지원하는 정책으로 방향을 전환하면서 그동안 더 많은 외국자본을 유치하기 위하여 실시하였던 매력적인 인센티브정책을 폐지하기도 하였다.

2.2.3 체제전환국의[25] 외국인직접투자 증대

동서냉전이 종식된 1990년대는 구 공산권이 세계자본체제에 편입되기 시작한 역사적인 시대였다. 종전까지 외국자본에 대해 굳게 문을 닫았던 거의 모든 구 사회주의국가들이 1990년대 들어와 적극적인 개방정책을 앞다투어 추진하였다. 비교적 일찍 문호를 개방한 폴란드 · 헝가리에 이어 1991년에는 알바니아 · 불가리아 · 체코로부터 구소련의 러시아 · 라트비아 · 카자흐스탄 · 우크라이나 등이 각종 투자유인 제공을 내용으로 하는 "외국인투자법" 또는 "기업법" 등을 새로이 제정하였다. 이후 북한 · 쿠바 · 베트남 같은 국가들도 외국자본을 유치하기 위해 100% 지분소유를 허용하는 조치를 취하였다.

이러한 체제전환과 시장개방, 그리고 적극적인 투자유인정책에 힘입어 러시아 · 체코 · 헝가리 등 구 공산권국가에 대한 외국인투자가 급증하였다. 이들 지역에 대한 초기의 투자는 주로 현지시장 지향적 투자였지만 동구권의 경우 자동차 · 전자 분야에서 해외생산 거점형 투자가 늘어났다. 1990년대 독일의 폴크스바겐 · 미국의 GM · 일본의 스즈끼 · 이탈리아의 피아트가 체코 · 폴란드 등에 자동차 현지조립공장을 설립하였는데 이는 이 지역의 값싼 노동력을 활용하여 자동차를 생산한 후 EU시장으로 판매하기 위한 것이었다. 이후 일본 · 한국 · 대만 등의 기업들도 TV · VTR 등 가전제품의 현지공장을 건설하여 EU시장에 대한 진출의 교두보로 삼으려고 하였다.

---

25 CIS(Common wealth of Independent States)는 독립국가연합으로서 구 소련의 후신이다. 1991년 12월 옐친 러시아 대통령의 주도로 11개국 정상이 벨로루시의 수도 민스크에 모여 연합설립에 서명함으로써 1922년의 소련연방조약을 폐기하고 새로이 탄생했다. 참가국은 러시아를 비롯해 우크라이나 · 벨로루시 · 조지아 · 투르크멘 · 아제르바이잔 · 아르메니아 · 우즈베크 · 키르기스 · 카자흐 · 타지크 · 몰다비아 등 12개국이다.

표 3-16 **동구 유럽 및 CIS에 대한 외국인직접투자** (단위 : 억$, %)

구 분	'91~95	'96~00	'01~05	'06~10	2008	2010
투자 플로(flow) 금액	22.3	79.5	204.4	812.8	1,209.9	682.0
구 분	**1990**	**1995**	**2000**	**2005**	**2008**	**2010**
스톡 / 세계 투자스톡	(−)	(0.3)	(0.8)	(2.4)	(3.7)	(3.6)
스톡 / 국가 GDP	(−)	(2.1)	(15.5)	(25.3)	(35.1)	(32.8)
플로 / 고정자본형성	(22.7)	(45.9)	(30.3)	(36.2)	(22.4)	(24.0)

자료 : www.unctard.org/fdistatistics(2011)의거 작성.

이 같은 서방 다국적기업의 활발한 진출에 따라 세계 전체 투자에 대한 이 지역의 투자스톡 비중이 1995년 0.3% 수준에서 2000년대 중반 이후 3% 내외에 이르고 있고 GDP나 총고정자본형성에 대한 투자스톡 비중이 1990년대 후반 이후 급속히 높아져 외국인투자가 이들 지역의 경제성장에 미치는 중요성이 더욱 커지고 있다. 한편 1993년 당시 12개국으로 출범한 EU는 1995년 EFTA의 3국(오스트리아 · 핀란드 · 스웨덴)을 추가로 가입시켰고 2004년에는 다시 동구유럽의 구 사회주의국가를 비롯한 10개국을 추가로 가입시켰다. 이러한 동구의 EU 가입결정이 이루어진 2002년을 전후로 하여 이 지역에 대한 외국인투자가 더욱 급격히 증대되었다.

뿐만 아니라 독일 · 프랑스를 중심으로 한 서유럽경제권이 저성장 · 고령화 등으로 경제적 활력을 잃고 있는 데 비하여 이 지역은 서구유럽의 30% 수준에 불과한 저임금과 고생산성, 풍부하고 젊은 산업인력 등 경제발전에 적합한 요건들을 두루 갖추고 있다. 이 때문에 서유럽시장은 금융을 비롯한 서비스산업과 소비재 시장으로서 기능하는 대신 동구유럽은 생산기지로 재편될 것이라는 예상에 따라 서구유럽시장 진입을 노리는 외국기업들이 동구유럽에 대한 투자에 박차를 가하게 되었다. 또한 동구유럽은 정보통신 · 환경 · 기계산업 등에 있어 새로운 시장확대가 예상됨에 따라 이 부문에 대한 선진국들의 외국인투자도 급격히 늘어났다.

동구유럽에 대한 외국인투자의 선도그룹에는 미국 기업들이 자리 잡고 있었다. 미국 최대의 화학회사 듀폰과 코카콜라는 체코에, 제너럴일렉트릭(GE)은 폴란드와 헝가리에, GM과 IBM은 헝가리에 진출하였고 이밖에도 보잉 · 엑슨모빌 · 포드 · 콘티넨탈 등 100여 개 업체들이 경쟁적으로 이 지역에 진출하였다. 이러한 미국 기업의 뒤를 이어 유럽 · 일본 기업들도 투자 경쟁에 뛰어 들었다. 프랑스 텔레콤, 독일의 도이체텔레콤 · 아우디 · 폴크스바겐, 일본의 도요타 · 스즈키 등 세계적 다국적기업들이 속속 동구유럽에 진출하였다.

3. 직접투자의 산업부문별 현황

3.1 산업부문별 직접투자의 흐름

3.1.1 역사적 변화 추세

다국적기업들은 다양한 업종과 업태에 종사하고 있지만 그런 가운데서도 자신의 고유한 강점과 우위(unique strengths and advantages)를 최대한 효율적으로 활용할 수 있는 특정 업종에 집중하는 경향을 보인다. 이 때문에 직접투자의 중심이 되는 산업부문이 역사적으로 1차 산업 → 제조업 → 서비스산업으로 변화되어 왔다.

1차산업 중심의 투자 : 19세기 이후의 전통적인 해외투자는 해외식민지 · 제3세계 또는 미국 · 캐나다 · 호주 등과 같은 자원보유국에 대한 유가증권 · 공채매입 등과 같은 간접투자가 주류를 이루었다. 따라서 투자분야도 석유 · 철광석 · 플랜테이션 등과 같은 1차 산업 중심의 투자가 이루어졌다.

제조업 중심의 투자 : 1960년대 이후 해외직접투자가 본격화됨에 따라 투자의 기본 축이 제조업으로 이동되어 세계적 다국적기업들이 제조업분야에 집중적으로 종사하는 일반적 경향이 나타났다. 제조업 중에서도 자동차(GM, Ford, Toyota) · 정유(Exxon, BP, Mobil) · 화학(Dupont, ICI) · 약품(Sandoz, Roche) · 전자(Sony, Philips) · 컴퓨터(IBM, Apple) · 식료품(Coca Cola, Pepsi) 등에 집중적인 투자가 이루어졌다.

서비스업투자의 증대 : 1980년대 이후 제조업분야보다 비제조업분야의 투자증가율이 상대적으로 높아지면서 서비스 다국적기업들이 상대적으로 급격히 증가하였다. 이러한 서비스 다국적기업들은 주로 은행 · 증권 · 호텔 · 부동산 · 패스트푸드 · 광고 등에 집중되게 되었다.

3.1.2 서비스산업 직접투자의 특성

이와 같이 1980년대 이후 서비스부문에 대한 직접투자가 급속히 증대되어 1990년대 이후부터는 투자스톡(stock) 면에서 서비스부문이 제조업부문을 능가하게 되었다. 1970년대만 해도 세계 전체 투자스톡 중에서 서비스산업이 차지하는 비중이 불과 25% 수준에 불과했지만 1980년대에는 40%, 1990년대에 50%대에 육박하였고 2000년대 이후 60%를 초과하고 있다.

이와 같이 금액 면에서나 비중 면에서 서비스투자가 크게 확대된 것과는 대조적으로 1차 산업이나 제조업부문의 투자는 상대적으로 그 증가속도나 비중이 계속 축소되고 있는데 이러한 내용을 〈표 3-17〉이 함축적으로 보여주고 있다. 이처럼 1980년대 이후 급속히 증대되고 있는 서비스분야에 대한 직접투자에서 나타나는 몇 가지 특징들을 〈표 3-18〉이 요약하여 보여주고 있다.

표 3-17 **직접투자의 산업별 투자 스톡(stock) 현황** (단위 : 억$, %)

구 분	유출 잔고(outflow stock)			유입 잔고(inflow stock)		
	1차 산업	제조업	서비스업	1차 산업	제조업	서비스업
1990년(a)	1,834 (8.8)	9,069 (43.3)	9,979 (47.6)	1,925 (9.2)	8,556 (41.1)	10,148 (48.7)
2008년	16,207 (7.2)	41,557 (35.7)	105,425 (65.0)	11,544 (7.5)	43,260 (27.9)	96,765 (62.5)
2009년(b)	14,916 (7.8)	45,545 (23.7)	126,683 (66.0)	13,046 (7.3)	49,625 (27.6)	113,089 (63.0)
비고(a/b)	8.13배 (-1.0)	5.02배 (-20.6)	12.7배 (+18.4)	6.8배 (-1.9)	5.8배 (-13.5)	11.1배 (+14.3)

주 : ( )속의 수치는 전체 투자 중의 산업별 비중(%).
자료 : UNCTAD, *World Investment Report*(2011) annex에서 정리.

표 3-18 **서비스산업 직접투자 스톡의 그룹별 · 부문별 비중** (단위 : %)

구 분	그룹별 비중				서비스 부문별 비중							
	유 출		유 입		유 출				유 입			
	선진국	개도국	선진국	개도국	금융	기업서비스	무역	운송통신	금융	기업서비스	무역	운송통신
1990년	99	1	83	17	48	7	17	5	40	13	5	3
2002년	90	10	72	25	34	36	10	11	29	26	11	11
2005년	88.3	11.7	76.6	21.9	33.6	36.4	10.4	8.6	30.7	26.3	17.5	9.1
2007년	88.1	11.8	73.8	24.3	30.4	29.2	16.6	9.2	33.5	37.1	10.3	6.9
2009년	85.5	14.5	71.6	28.4	40.1	34.6	9.4	6.7	34.5	24.4	17.0	9.6

자료 : UNCTAD, *WIR*(2004, 2007, 2009, 2011)에서 정리.

서비스투자의 그룹별 구성 : 서비스투자를 행하는 주체는, 해외투자 전반이 그러하듯, 주로 선진국으로서 미국 · 영국 · 독일 · 프랑스 · 일본 등 세계 5대국의 서비스투자가 전체의 70% 이상을 차지하고 있다. 다만, 20~30년 전만 하더라도 미국이 서비스투자스톡의 거의 대부분을 차지하고 있었으나 최근에는 서유럽국가 · 일본 등이 새로운 서비스투자국으로 부상하여, 이들 주요국 간의 서비스투자가 점차 균형화되는 모습을 보여준다. 개도국의 경우 서비스투자가 전반적으로 낙후되어 있고 그나마 투자를 행하는 나라도 신흥공업국 · 인도 등으로 국한되어 있어 여전히 서비스투자 유출국보다는 유입국의 위치에 있다. 그럼에도 불구하고 1990년대 이후 개도국의 서비스투자가 전반적으로 증가하여 투자스톡 비중이 1990년 1% 수준에서 최근 15% 수준에 이르고 있다.

서비스투자의 유입국 구성 : 서비스투자 유입 측면에서도 선진국의 비중이 70% 수준인 데 비하여 개도국 비중은 30% 수준으로 선진국의 비중이 높다. 그러나 개도국 비중이 투자유출의 경우 15% 수준인 데 비하여 투자유입의 경우 30% 수준이어서, 서비스투자 유치국으로서 역할이 서비스 투자국으로서의 역할보다 크다고 할 수 있다. 한편 최근의 서비스투자 유입스톡 추세를 보면 선진국 중에서도 EU・미국 등의 비중이 급격히 증대되고 있는데 이것은 서비스투자가 주로 시장지향형(market seeking type) 투자임을 반영하고 있다.

서비스투자의 부문별 구성 : 서비스투자의 부문별 구성을 보면 전통적으로 큰 비중을 차지하고 있는 것은 ① 금융(뱅킹・보험・증권 등), ② 무역(무역・도매・소매・마케팅 등), ③ 운송통신(전자상거래・이동통신・위성통신 등) ④ 기업서비스로 집약된다. 종전에는 무역・금융부문이 높은 비중을 차지하였으나 최근에는 금융・기업서비스부문이 압도적 비중을 차지하고 있다.

3.2 서비스산업의 글로벌화 요인

이처럼 최근에 이르러 시간이 갈수록 서비스산업 부문에 대한 직접투자가 더욱 활발해지고 있는데 서비스산업의 투자나 서비스산업의 글로벌화가 이렇게 급속히 증대되고 있는 이유는 다음과 같은 2가지 측면에서 설명할 수 있다.

3.2.1 경제의 서비스화와 정보통신산업의 발전

최근에 이르러 서비스투자의 비중이 이렇게 증대된 것은 우선 경제구조 자체가 보다 서비스화되는 "경제의 서비스화 경향"을 지니고 있기 때문이다.

경제구조의 서비스화 : 경제발전・소득증대・정보통신 발달 등으로 인하여 새로운 서비스상품의 공급과 서비스에 대한 수요가 증가하면서 경제 자체가 구조적으로 서비스화하였다. 주요국의 국내총생산(GDP)에서 차지하는 서비스산업의 비중이 이미 제조업부문을 앞지르고 있고,[26] 세계무역에서 차지하는 서비스무역의 비중 역시 1980년대 중반 20% 수준에 이르러 2000년 초에는 30% 수준에 이르렀다.

제조업생산의 서비스화 : 경제구조가 고부가가치화・기술집약화하면 할수록 재화가 더욱 서비스집약적(service-intensive)으로 변화하게 되는데 하이테크 제품일수록 서비스집약화 경향이 더욱 높아진다.[27] 하이테크제품의 서비스집약도가 높다는 것은 컴퓨터산업의 경우를

26 1980년대 중반 이후 선진국의 서비스부문이 GDP의 절반을 능가하기 시작하여 2000년대 초에 이르러 각국의 GDP에서 차지하는 서비스생산의 비중이 선진국의 경우 75~80%, 선발개도국의 경우 60~70%, 개도국의 경우 50~55%에 이르러 경제의 서비스화가 전반적으로 급속히 진전되었다.

27 일반적으로 서비스는 크게 중간재 서비스(intermediate service), 생산자 서비스(producer's service)와 소비자 서비스(consumer's service)로 3분될 수 있다. 중간재 서비스란 다른 재화나 용역의 생산에 투입되는 성격의 서비스로 금융・경영 서비스 등을 말한다. 생산자 서비스란 CAD(computer aided design)・CAM(computer

보면 더욱 실감할 수 있는데 일부 분석에 의하면 컴퓨터 생산비용의 약 80%가 서비스비용으로 구성된다. 따라서 하드웨어 그 자체 가격보다 소프트웨어의 가격이 더 비싼 예를 종종 목격하게 되는데 이러한 현상은 컴퓨터 관련 산업뿐만 아니라 거의 모든 하이테크산업에서 동일하게 찾아볼 수 있다.

상품의 서비스화 : 상품의 생산뿐만 아니라 상품의 거래에 있어서도 광고・기술지도・사후서비스 등이 중요한 보조수단이 되고 있다. 제조기업들이 그들의 활동을 점차 서비스활동으로 다각화하려는 이러한 경향은 국제시장에서도 동일하게 나타나고 있다. 제조업의 해외투자가 어느 규모를 초과하게 되면 이들에 대한 후속수요(제조품 사용자에 대한 수요)를 충족시키기 위한 서비스의 국제화가 요구된다. 또한 많은 제조기업들은 해외시장에서 그들 제품의 경쟁력을 높이기 위하여 점차 서비스활동, 특히 마케팅과 유통활동을 병행하고 있다.

서비스산업에서 직접투자가 급속히 증가한 데에는 이상과 같은 경제구조의 변화와 더불어 '디지털혁명'이라고 부르는 "정보통신산업의 발전"이 큰 영향을 미쳤다. 정보통신기술의 발전은 그 자체 새로운 서비스부문을 창출하기도 하지만 이로 인한 인터넷기술의 발전으로 인하여 서비스부문의 부가가치활동을 다른 나라에 쉽게 재배치할 수 있게 되어 서비스부문에 대한 해외투자를 증가시키는 요인으로 작용하였다.

예컨대 P&G(Procter & Gamble)는 회계기능의 일부를 필리핀으로 이전하고 미국의 회계제도를 잘 아는 현지 회계사들을 고용하였고, 델(Dell)은 인도에 고객서비스를 위한 콜센터를 운영하고 있으며, 마이크로소프트(MS)와 IBM은 인도에 소프트웨어 개발 및 시험센터를 운영하고 있다. 미국 시간으로 낮 동안 만들어진 소프트웨어 프로그램은 인터넷을 통하여 인도로 전송되고 미국의 개발자가 잠자는 동안 인도의 소프트웨어 엔지니어들이 시험을 끝내면 아침에 출근한 미국의 개발자는 그 결과를 즉시 받아 오류를 수정하며 작업을 계속하게 되어 결국 하루 24시간 내내 작업이 진행되게 된 것이다.

3.2.2 서비스산업의 특성과 환경변화

이와 같이 경제구조의 서비스화・정보통신산업의 발전과 같은 일반적 경향들이 서비스투자의 비중을 증대시키는 배경이 되고 있지만 특별히 다음과 같은 서비스산업의 특성이나 서비스투자에 대한 환경변화들이 서비스부문의 국제투자를 증대시키는 원인으로 작용한다.

서비스산업의 비교역성 : 제조업의 경우 최종적인 수요자와 멀리 떨어진 곳에서도 무역거

---

aided manufacturing)・상품디자인 같은 제품의 생산과 관련된 서비스를 말하며, 소비자 서비스란 고객관리・애프터서비스 등을 말한다.

래를 통하여 소비자와 연결될 수 있지만 서비스재화는 저장이 불가능하고 생산과 소비가 시간적・공간적으로 연계되어 있어 생산과 소비가 현장에서 이루어져야 하는 특성을 지니고 있다. 예컨대 스타벅스는 시애틀에서 만든 라테커피를 수출을 통하여 한국의 소비자에게 직접 제공할 수 없기 때문에 한국에 자신의 커피숍을 개점하여 서비스를 제공하는 투자를 행해야만 한다. 오늘날 정보통신의 발달로 재화의 국제교역성이 점차 개선되고 있지만 서비스제품의 경우 상대적으로 교역가능성(tradability)이 여전히 낮아, 일부 추정에 의하면 세계 서비스생산의 10%만이 국경을 넘어 거래되는 것으로 알려져 있다. 이러한 서비스산업의 높은 비교역성(non-tradability) 때문에 날로 증가하는 각국의 서비스수요에 제대로 대응하기 위해서는 해외진출과 국제경영활동이 필요하게 된다.

서비스투자의 자유화 : 전통적으로 모든 나라는 통신・교통・유통・교육・광고・금융 같은 서비스산업에 대한 외국자본의 진출을 엄격히 규제하여 왔다. 그러나 1980년대 중반 이후 서비스산업에 대한 투자제한이 대폭 완화되기 시작하여 1990년대에는 세계 대부분의 국가들이 이 부문에 대한 외국자본의 진출을 허용하고 있다. 이에 우루과이라운드(UR)협정에서는 "서비스무역에 관한 일반협정"(GATS : General Agreement on Trade in Services)을 새로이 체결하면서 자유화를 위한 구체적 분야로서 11개 항목을 예시하였고,[28] WTO 후속 협상인 DDA협정에서도 추가적인 서비스개방 문제를 주요한 의제로 설정하고 있다.

서비스산업에 대한 M&A : 서비스산업에 대한 직접투자가 급격히 증대된 것은 1980년대 이후 국제M&A가 크게 증대된 것과 관련이 있다. 1980년대 중반 이후 국제M&A가 크게 증가되었고 이러한 국제M&A의 대부분이 서비스분야에서 이루어졌기 때문이다. 전체 국제M&A 중 서비스분야 비중이 1980년대 후반 40% 수준이었으나 1990년 말에는 60% 수준까지 증가되었다. 이러한 경향이 나타난 데에는 1990년대에 많은 나라들이 이러한 부문의 국영기업이나 공영기업을 민영화(privatization)하는 노력을 기울인 것이 중요한 요인으로 작용하였다.[29]

3.3 금융기관의 글로벌화와 다국적기업의 금융화

이처럼 서비스산업 부문에 대한 투자가 크게 증대된 것은 경제의 서비스경향과 함께 서비스부문의 해외투자를 활성화하는 여러 가지 배경들이 작용하였지만, 금융기관의 글로벌화가 급속히 이루어지고 다국적기업의 활동에 있어 금융의 역할이 점차 커지는 경향 역

28 서비스의 구체적인 범위로 ① 업무서비스, ② 통신, ③ 건설・엔지니어링, ④ 유통, ⑤ 교육, ⑥ 환경, ⑦ 금융, ⑧ 보험, ⑨ 관광・여행, ⑩ 오락・문화・스포츠, ⑪ 운수 등 11개 항목을 예시하였다.

29 다만 2008년 글로벌 금융위기 이후 전체적으로 제조업부문에 대한 투자비중이 증가한 반면 서비스부문에 대한 투자의 비중이 감소하였고, 국제M&A에 있어서도 이와 유사한 변화가 이루어졌다.

시 서비스투자가 증대되는 중요한 원인이 되고 있다.

3.3.1 금융기관(은행)의 글로벌화

서비스산업의 글로벌화를 주도한 것은 은행의 글로벌화였다. 1970년대 이후 자본의 국제화추세에 따라 은행의 국제화 및 다국적은행의 출현이 꾸준히 진전되었는데 이러한 경향으로 인하여 금융 산업의 글로벌화가 빠른 속도로 진전되었고 이것이 서비스투자를 높이는 데 크게 기여하여 왔다. 다국적은행들은 자신의 고유한 국제금융업무도 행하고 있지만 자신의 주요 고객인 다국적기업들의 해외진출에 동반 진출하는 경향이 크게 증대하였다. 미국의 트러스트은행(Bankers Trust)이나 시티은행(Citi Bank)이 그러하였고 자신의 주고객인 혼다(Honda)가 미국으로 진출하자 동반 진출한 일본의 미쯔비시은행(Mitsubishi Bank) 역시 그러한 예이다.

이미 1960~1970년대에 미국과 유럽의 은행들은 활발하게 해외로 진출하였고 1980년대 후반 들어서는 일본계 다국적은행의 성장이 두드러져, 1970년대 말까지만 하더라도 전세계 10대 다국적은행 중 일본의 은행이 1개 정도 포함되었지만 1986년 다이이치간교은행(Daichi Kangyo Bank)이 미국의 시티코프(Citicorp)를 제치고 전 세계 1위 은행으로 부상한 바 있고 1990년대 초에는 세계 10대 은행 중 일본계 은행이 무려 8개를 차지하기도 하였다. 그러나 1990년대 말 일본계 다국적기업의 위력저하와 더불어 일본계 다국적은행의 지위도 크게 저하되었다. 1990년대 이후 세계 각국이 행한 금융규제완화로 금융업종 · 금융기관 간 경쟁이 심화되고 세계적 성장정체로 금융회사들의 영업수지가 급속히 악화되자 다국적은행들은 대형화 · 전문화 · 다각화 · 글로벌화 등을 목표로 새로운 경쟁전략을 펼쳐 왔다.

3.3.2 다국적기업의 금융화 경향

이처럼 은행의 글로벌화가 급속히 이루어짐으로써 전체 투자 중 서비스투자 비중이 높아지는 원인이 되었지만, 이와 함께 다국적기업의 금융화(financialization) 경향이 주목받고 있다. 다국적기업의 규모가 거대한 만큼 국경을 넘나드는 국제거래와 자본이동 규모 역시 매우 클 수밖에 없으므로 이를 효율적으로 관리하기 위해서는 필연적으로 금융과의 결합이 필요하게 된다. 이런 점에서 다국적기업의 활동과 운영은 생산적 차원과 금융적 차원이 상호 긴밀하게 얽혀있기 마련이다.

초기의 다국적기업에 있어 자금흐름을 담당하는 재무부서는 해외자회사들이 필요로 하는 자금을 원활하게 조달하기 위하여 은행과 자회사를 중개하는 기능을 수행하면서 자산의 중앙집권화를 통하여 거래비용을 줄이고 유동성을 확보하는 기능을 수행하였다. 그러나 1970년대 초 변동환율제가 채택되고 국제금융시장의 불안정성이 높아지자 다국적기업의 재무부서 역할이 단순히 자금흐름을 담당하는 소극적인 것으로부터 환율변동・금리변동에서 오는 손실을 관리하는 적극적인 것으로 변화되었다.

이에 더하여 1980년대 이후 국제금융시장이 비약적으로 발전하고 세계경쟁이 더욱 치열해져 해외에서의 사업수행이 더욱 어려워지자 단순히 환위험을 관리하거나 금리변동에서 오는 손실을 방어하는 차원을 넘어 국제금융시장에 적극적으로 개입하여 새로운 이익을 창출하려는 노력을 기울이게 되었다. 더욱이 파생금융상품 등과 같은 매우 적극적인 재테크수단이 국제금융시장을 지배하면서 다국적기업의 금융적 이득이 주력 상품에서 얻는 영업적 이득을 초과하는 경우가 발생하게 되었다.

이에 따라 오늘날 세계적인 다국적기업들은 산업적 투자를 행할 때 환율변동・금리격차 등 다양한 금융변수들을 고려하여 투자를 결정함은 물론, 그들 기업 내부에 금융기관 못지않은 거대한 규모의 자체적인 금융부서를 두고 이를 통하여 단기적인 금융이득을 노리는 투자를 행하여 막대한 이익을 창출하기도 하고 때로는 산업투자 부문에서 발생된 이윤율저하를 금융투자를 통하여 만회하기도 한다. 또한 세계의 거대한 다국적기업들은 M&A를 통하여 금융이득을 노리기도 한다. 미국 경제학자들의 연구에서 나타났듯이 M&A의 주된 목적이 주로 증시활황에 따른 금융자산의 획득에 있는 만큼, 국제M&A 역시 시장확보나 효율성증대라는 장기적인 목표보다는 단기적인 금융이익의 획득을 위해서 이루어지는 경향으로 변화하고 있다.

3.3.3 다국적기업의 금융화 경향에 대한 평가

이러한 다국적기업의 금융화경향에 대해서는 서로 다른 평가가 존재한다. "부정적 견해"를 가진 사람들은, 다국적기업의 금융거래와 금융투자 행위는 생산적 투자와는 다른 속성을 지니고 있다는 점을 강조한다. 금융거래를 통한 이득은 생산으로부터 창출되는 이윤과는 달리 새로운 사회적 잉여를 창출하는 것이 아니고 이미 발생한 이윤이나 미래의 이윤을 분배하는 행위이므로 누군가의 이득이 또 다른 누군가의 손실을 가져온다고 전제한다.

다국적기업의 금융행위도 이러한 금융시장의 논리를 벗어날 수 없는 만큼 금융거래를 하는 과정에서 때로는 다국적기업 자체가 흔들릴 정도의 손실이 발생하기도 하고, 파생금융상품 투자로 인한 손실이 다국적기업의 주력 산업에 대한 불신으로 이어져 파산으로까지 이어질 수 있다고 비판한다. 이렇게 다국적기업의 금융화를 부정적인 관점에서 평가하는 견해들은, 제조업분야의 거대한 다국적기업들이 금융에 치중함으로써 생산적인 사회적 잉여를 창출하지 못할 뿐만 아니라 금융거래 과정에서 위험이 증대되는 측면을 강조한다.

반면 이러한 금융화경향을 긍정적으로 평가하는 "긍정적 견해"들은, 이러한 과정을 통하여 제조부문과 금융부문의 시너지효과가 극대화될 수 있다고 평가한다. 다국적기업의 금융화 경향에 대하여 이렇게 서로 다른 평가를 내리는 사람들은 자신들의 주장을 뒷받침하는 현실적인 예로서 엔론과 GE를 각각 거론하기도 하는데 그와 관련되는 논의들을 [부록 3－1]에서 소개하고 있다.

부록 3－1 다국적기업의 금융화 사례 : 엔론과 GE

1. 엔론의 금융화 사례

다국적기업의 금융화가 부정적인 결과를 초래할 수 있다는 전형적인 예로서 엔론을 거론하는 사람들이 많다. 엔론(Enron)은 1985년 휴스턴천연가스(Houston Natural Gas)와 인터노스(Inter North Corporation)의 합병으로 탄생하였다. 설립 15년 만에 미국과 유럽에서 거래되는 에너지의 20%를 담당하는 거대기업으로 성장했다. 엔론은 천연가스·전기·커뮤니케이션·펄프 관련 제품 및 서비스를 중간 판매업체에게 제공했다. 천연가스를 파이프라인으로 운송하고 미국 북서부시장으로 전기를 발전·송전·공급했으며 전 세계에 걸쳐 천연가스·전기 등과 관련된 위험관리서비스 및 금융서비스를 제공하며, 산업체나 상업시설 고객들에게 에너지설비나 시설을 설치·운용했다.

이렇게 엔론은 본디 천연가스와 전력 공급을 주력산업으로 하는 다국적기업이었으나 이러한 본업에서 손실을 보게 되자 1990년대 후반부터 에너지의 온라인거래를 통하여 손실을 만회하면서 급성장하였다. 이후 엔론은 에너지가격을 대상으로 하는 고수익·고위험 파생금융상품투자에 투자하여 상당한 이익을 보게 되었다. 이에 포춘지는 엔론을 1996년부터 2001년까지 6년 연속 '미국의 가장 혁신적 기업'으로 선정하였고 2000년 당시 회사의 총자산은 655억 300만 달러, 매출액은 1,007억 8,900만 달러로 추정되었다.

그러나 자신의 본업을 팽개치고 금융거래로 이득을 얻은 엔론은 미국의 9.11테러 후 큰 손실을 보게 되었다. 엔론은 이러한 손실을 감추기 위하여 조세천국(tax heaven)으로 알려진 중남미 카리브해의 케이맨제도에 무려 900개에 가까운 종이회사를 세우고 이들과의 내부적 회계처리를 통하여 손실을 은닉하였다. 그러나 2001년 말, 회사가 수년간 차입에 의존한 무리한 신규사업으로 인해 막대한 손실을 입었고 이를 감추기 위해 분식회계를 해왔음이 드러났다. 또한 중미·남미·아프리카에서의 계약에 뇌물수수·정치적 압력을 가했다는 스캔들이 돌면서 엔론의 주가는 90달러 수준에서 30센트로 폭락하였다. 이렇게 엔론은 투자자들의 신뢰를 잃게 되어 결국 2001년 12월 2일 파산신청을 하기에 이르렀다.

이러한 엔론 사태에서 보듯이 다국적기업이 자신의 주력사업보다는 단기수익을 노리고 금융시장에 참여하는 데 따른 부작용은 심각한 수준에 이르렀고, 다국적기업들은 이러한 과정에서 금융의 불안정성과 위험성에 대처하기 위하여 금융 및 재무부서의 권한을 강화하였는데 이러한 권한 강화가 오히려 국제금융시장의 불안정성을 심화시키는 악순환에 빠져들게 되었다. 말하자면 다국적기업의 이러한 금융화경향이 국제금융시장의 새로운 교란요인으로 작용하게 된 것이다.

2. GE의 금융화 사례

다국적기업의 금융화를 긍정적인 관점에서 평가하려는 사람들은 엔론의 사례와는 반대로 제조업과 금융업이 한 지붕 아래 동거하면서 시너지효과를 발휘하여 엄청난 부가가치를 창출할 수 있다는 예로서 미국의 다국적기업 GE(General Electric Company)를 예거하는 경우가 많다. GE는 발명왕 에디슨(Thomas A. Edison)에 의해 1878년에 설립된 에디슨 제너럴 일렉트릭(Edison General Electric Company)을 모체로 하여 현존하는 세계 최대의 기업집단이다.

처음에는 에디슨이 발명한 전구를 생산하기 위하여 설립한 기업인만큼 전기·전자 분야가 주력사업인 대표적 제조기업이었고 군수·중장비 분야에서도 세계 최대의 기업이었다. 이처럼 1980년까지는 제조업분야가 GE를 이끌었지만 1981년 잭 웰치(Jack Welch)회장 취임 이후부터 금융분야를 급격히 증대시켜 금융자산이 GE 전체 자산의 절반 정도를 차지하면서 사실상 금융이 GE를 먹여 살린다는 평가를 받기도 하였다. GE는 특히 미국에서는 신용카드사업 분야, 유럽에서는 소비자금융 분야에서 상당한 시장을 확보하면서 제조기업보다는 금융기업에 가까운 모습을 보여주고 있다. 이 때문에 세계 최대의 기업집단인 GE는 일렉트로닉스 회사인 동시에 거대한 금융그룹이 되고 있는 것이다.

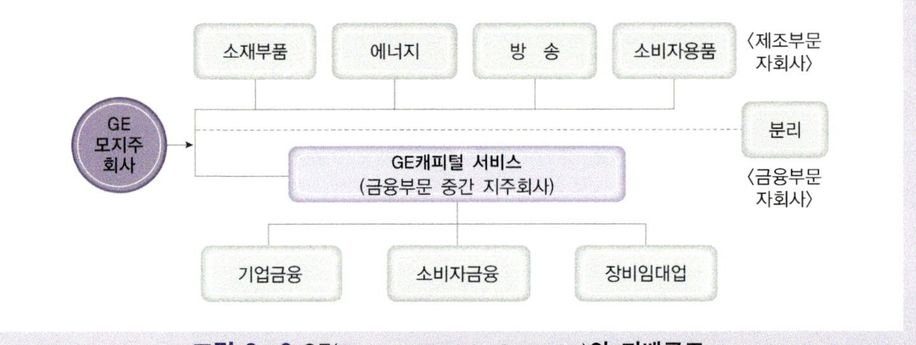

그림 3-6 GE(General Electric Company)의 지배구조

이 같은 GE의 지배구조는 [그림 3-6]에서와 같이 독특하다. 지주회사인 GE 아래 제조업 부문 자회사와 금융부문 자회사로 양분되어 있다. GE는 이렇게 하나의 지주회사(holding company) 우산 아래 금융·비금융 자회사를 동시에 지배하지만, 금융계열 자회사 간이나 비금융 자회사 간에는 물론 금융·비금융 사이에도 출자(出資)관계가 전혀 없고 자회사 사이에 지급보증·대출 등의 금융거래도 거의 없다. 말하자면 GE는 금융·비금융 자회사를 동시에 지배하지만 양자 간에 철저한 차단장치를 설치하여 분리하고, 제조업 부문에서 장비를 생산하고 설치하면 금융부문에서는 리스서비스를 붙여 제조와 금융의 토털패키지를 고객에게 제공하거나 제조부문의 자회사가 금융자회사에 지급보증을 하여 자금을 저렴하게 조달하도록 지원하는 등과 같은 시너지효과를 발휘한다.

따라서 이러한 GE의 지배구조를 'GE모델' 또는 '잭 웰치모델'이라고도 하는데 다국적기업의 금융화경향을 긍정적으로 평가하는 사람들은 이러한 모델을 바람직한 것으로 평가한다. 그럼에도 불구하고 이러한 모델의 위험성을 강하게 지적하는 사람들도 물론 다수 있다.

CHAPTER 04

다국적기업의 기업적 특성

세계적인 다국적기업들의 외부적으로 나타나는 가장 큰 특징은 기업의 규모나 기술력이 거대하고 생산과 판매활동에 있어 높은 국제성을 나타내고 있으며 이러한 거대성과 국제성을 바탕으로 국제적 과점행위자가 되어 세계의 산업과 시장을 지배하고 있다는 것이다. 한편 범세계적 관점에서 글로벌 경영활동을 수행하고 있는 다국적기업들은 이러한 경영활동을 효율적으로 수행하기 위하여서는 세계적으로 분산되어 있는 자신의 자회사들을 직접적으로 통제・관리하는 경영의 중앙통제성을 확보하여야 한다.

따라서 세계적 다국적기업들은 이러한 경영의 중앙통제성을 효율적으로 확보・유지하기 위하여 그에 걸 맞는 내부조직과 통제력을 발휘하고 있다. 이에 본장에서는 세계적인 다국적기업의 기업적 특성을 ① 거대성・국제성・과점성과 관련되는 외부적 측면의 특성과 ② 기업구조・경영조직・경영통제와 관련되는 내부적 측면의 특성으로 나누어 살펴보기로 한다.

제1절 다국적기업의 거대성・국제성・과점성(외부적 특성)

1. 다국적기업의 거대성

1.1 기업규모의 거대성(거대한 경제력)

다국적기업의 가장 큰 특징은 그들의 기업규모와 경제력이 거대하다는 것이다. 이에 많은 학자들이 다국적기업의 정의에 '거대 규모의 기업'이라는 표현을 명시적으로 포함하기도 하였다. 또한 다수의 실증조사에서도 기업의 해외투자활동과 기업규모 사이에는 절대적인 상관관계가 존재하여 해외투자 활동이 활발한 기업일수록 기업규모 역시 거대한 것으로 나타났다. 이처럼 다국적기업은 거대한(huge) 규모와 경제력을 지닌 기업이다.

세계적인 다국적기업들의 경제력이 얼마나 거대한가에 대해서는 이들의 경제력과 국민국가의 경제력을 비교해 보면 쉽게 실감할 수 있다. 영토적 개념이 강한 국가경제의 경제력과 초영토적 활동을 하는 다국적기업의 경제력을 1 대 1로 비교하는 것, 또한 원자재나 중간투입물의 가치까지 포함되는 기업의 매출액과 새로이 창출하는 부가가치만을 집계하는 GDP를 직접 비교하는 것이 논리적으로 모순이 있을 수 있다. 그러나 경제력의 개념을 보다 넓게 '자신의 통제 하에 있는 경제활동이 창출해 내는 부(富) 또는 부가가치의 합계'라고 정의한다면, 다국적기업의 총매출액과 개별 국가의 국내총생산(GDP)을 비교하여 보는 것도 의미가 있을 수 있다.

이러한 기준으로 양자를 비교해 보면, 동일계 다국적기업의 기업규모(매출액)가 일국의 경제규모(국내총생산액)를 넘는 사례가 보편화되고 있어 세계 최대 다국적기업의 매출액 규모가 세계 20~25위 내외 수준에 있는 국가의 경제규모와 비슷하다. 이러한 관점에서 말하면, 세계에서 가장 큰 매출액 규모를 능가하는 국내총생산규모(GDP)를 가진 나라는 세계에 20여 개국(전체의 10%) 내외의 선진국밖에 없다고 할 수 있다. 또한 국가와 기업을 모두 합쳐 세계 100대 경제주체의 규모를 랭크해 보면 국가와 다국적기업이 거의 반반씩을 차지하고 있으며,[30] 세계 최대 200개사의 총 매출고가 세계총생산액의 약 2/3에 이른다는 보고도 있다.

표 4-1　다국적기업의 매출액 · 자산규모 및 국가 GDP규모 (2010) (단위 : 10억 달러)

기업 매출액규모			국가 GDP규모						해외자산규모 순위	
1	Wal－Mart Store(미)	421.8	1	미국	15,064.8	21	사우디	560.3	1	GE(미, 전자)
2	Royal Dutch Shell(네)	378.2	2	중국	6,988.5	22	폴란드	531.8	2	Royal Dutch Shell(네/영, 정유)
3	Exxon Mobile(미)	354.7	3	일본	5,855.4	23	벨기에	529.0	3	BP(영, 정유)
4	BP Plc(영)	308.9	4	독일	3,628.6	24	타이완	504.6	4	Vodafone(영, 통신)
5	Cinopec Corp.(중)	273.4	5	프랑스	2,808.3	25	놀웨이	479.3	5	Toyota Motor(일, 자동차)
6	China Nt. Petro.(중)	240.2	6	브라질	2,517.9	26	이란	475.1	6	Exxon Mobil(미, 정유)
7	State Grid(중)	226.3	7	영국	2,118.3	27	아르헨티나	425.2	7	Total SA(프, 정유)
8	Toyota Motor(일)	221.8	8	이탈리아	2,480.9	28	오스트리아	425.1	8	Volkswagen Group(독, 자동차)
9	Japan Post Holding(일)	203.9	9	러시아	2,245.7	29	남아공	422.0	9	EDF SA(프, 에너지)
10	Chevron(미)	196.3	10	인도	1,884.9	30	아랍연합	358.1	10	GDF Suez(프, 에너지)
11	Total(프)	186.1	11	캐나다	1,758.7	31	덴마크	349.1	11	Telefonica SA(스페인, 통신)
12	ConocoPhillips(미)	185.0	12	스페인	1,536.5	32	타일랜드	339.4	12	E. ON AG(독, 에너지)
13	Volkswagan(독)	168.0	13	호주	1,507.4	33	콜럼비아	321.5	13	Chevoron(미, 정유))
14	AXA(프)	162.2	14	멕시코	1,185.2	34	그리스	312.0	14	Arcetor Mittal(룩셈, 금속)
15	Fqannie Mae	153.8	15	한국	1,163.8	35	베네수엘라	309.8	15	Enel SpA(독, 전기전자)
16	GE(미)	151.6	16	네덜란드	858.3	36	핀랜드	270.6	16	Siemens AG(독, 전자)
17	ING Group(네)	147.1	17	인니	834.3	37	싱가포르	266.5	17	Nestl'e SA(스, 식음료)
18	Glencore In'tl	145.0	18	터키	763.1	38	말레시아	247.6	18	Anheuser－Busch(네, 식음료)
19	Berkshire Hathaway(미)	136.2	19	스위스	665.9	39	나이지리아	247.2	19	Eni SpA(이, 정유)
20	GM(미)	135.6	20	스웨덴	571.6	40	홍콩	246.9	20	Deutsche Telekom(독, 통신)

주 : 한국기업 매출액 순위 : 22위(삼성전자), 55위(현대자동차), 82(SK), 161위(포스코), 171위(LG전자).
한국기업 해외자산 순위 : 세계 전체 63위(삼성전자), 현대자동차(88위)/개도국 중 5위(삼성전자), 8위(현대자동차) 9위(LG), 44위(STX), 52위(두산), 646위(POSCO).
자료 : Fortune Global 500(2011), IMF, UNCTAD WIR(2011).

30 2008년도 세계최대 매출액을 기록한 다국적기업 Royal Dutch Shell(4,584억 달러)인데 이들의 매출액은 세계 17위 터키의 GDP보다 작고 18위 스웨덴의 GDP보다 크다. 동년 국가와 기업을 망라한 100대 경제주체를 보면 다국적기업이 55개, 국가가 45개 정도가 포함된다.

이에 많은 학자들은 이제 국가(nation-states)만이 세계경제의 주도적 행위자(principal actor)로서 세계경제질서를 좌우하던 시대는 지나가고 수많은 다국적기업이 이들 국가와 함께 세계경제의 주요한 행위자로서 새로운 질서를 만들어가는 시대가 도래하였다고 말하기도 한다. 다국적기업의 규모가 이처럼 거대화된 것은 다음과 같은 요인들과 관련된다.

규모의 경제 실현 : 전 산업의 생산이 점차 자본집약적으로 변화됨에 따라 전체 생산비 중 자본비용이 차지하는 비중이 더욱 커지게 되었고 이러한 막대한 자본비용에 대응하기 위해서는 규모의 경제(economy of scale) 실현이 중요해지게 되었다. 뿐만 아니라 산업의 성숙도가 높아질수록 경쟁이 치열해짐에 따라 제품의 생산비용을 절감하기 위한 노력이 더욱더 필요해지고 있어 규모의 경제가 경쟁력의 주요한 원천이 되고 있다. 그런데 기업들이 이러한 규모의 경제를 누리기 위해서는 국내시장만을 대상으로 하는 생산은 한계를 가지게 되므로, 다국적기업들은 막대한 투자를 감행하고 이러한 자본투자의 회수를 위하여 기업의 글로벌화를 시도하였다. 이 때문에 소비내구재·자동차·항공기·전기전자·철강·화학 산업 등과 같이 자본집약적 산업일수록 소수의 다국적기업들이 세계의 생산과 시장을 장악하고 있고 이러한 분야의 기업일수록 그 기업규모 역시 거대해지는 경향이 나타나고 있다.

R&D투자의 거대화 : 오늘날 전자·통신·컴퓨터·정밀화학·의약품 산업 등과 같이 새로운 기술경쟁력 창출을 통하여 경쟁하여야 하는 첨단산업의 경우 막대한 R&D비용이 소요된다. 따라서 이러한 막대한 R&D비용을 국내시장을 통한 수익만으로 충당하는 것이 불가능하므로 전 세계시장을 대상으로 하는 제품판매와 신제품개발을 통해서만 지속적인 연구개발투자가 가능해진다. 따라서 산업의 기술집약도가 높아 R&D의 중요성이 커지면 커질수록 거대한 규모의 다국적기업들이 지배하는 경향이 높아지게 된다.

M&A 통한 몸집 불리기 : 경제성장과 기술진보의 속도가 더욱 급속해지고 국가 간 경쟁이 심화되자 서로 세계적 기업으로 우뚝 서기 위하여 다른 나라의 기업이나 금융기관을 인수·합병하는 M&A를 전략적 대응수단으로 삼고 있다. 이러한 M&A가 기업의 규모를 점차 더 대형화시킬 뿐만 아니라, 이러한 M&A경쟁에서 밀려난 다른 상위기업들 역시 자신의 시장지위를 되찾기 위하여 새로운 M&A를 시도하는 피나는 경쟁과 무자비한 상호 공격이 다국적기업의 규모를 더욱 거대하게 만드는 주요한 원인이 되었다.

이같이 자본·기술집약적 산업에 있어서 규모의 경제를 달성하거나 새로운 연구개발투자를 감행하기 위한 노력으로 인하여 기업규모가 더욱 거대화되는 경향이 나타나게 되었고 실제로 세계적인 다국적기업들은 규모가 거대한 기업들이다. 그러나 기업 활동의 글로벌화가 반드시 거대한 규모의 기업에 의해서만 이루어지는 것은 아니므로 모든 다국적기업들의 규모가 거대한 것은 아니다. 오늘날 글로벌 경영활동을 적극적으로 수행하여 세계적인 기업으로 부상한 기업들 중에는 중소규모적인 기업들도 상당히 있기 때문이다. 이러한 현상은 특히 지난 20여 년간 더욱 현저해졌는데 이러한 변화가 일어난 것은 대체로 다음과 같은 이유 때문이다.

(1) 오늘날에도 여전히 거대기업들이 국제무역과 국제투자에서 주도적인 역할을 수행하는 것은 사실이지만 최근에는 점차 중소규모적인 기업들이 특정한 분야에서 과감한 국제화를 통하여 세계적 기업이 되는 중소형 다국적기업(mini multinationals)들이 크게 성장하였다. 이러한 경향은, 일본이나 스웨덴・스위스・네덜란드・핀란드・이탈리아 등 국내시장규모가 거대하지 않은 강소국들이 배출한 다국적기업,[31] 1980년대 이후 신흥공업국(NICs : newly industrialized countries)으로 지칭되던 한국・대만・싱가포르와 최근 신흥시장국(emerging market countries)으로 지칭되는 중국・인도・브라질 등이 배출하는 다국적기업들의 부상과 무관하지 않다.

(2) 오늘날 새로운 정보・통신・커뮤니케이션 기술의 발달로 인하여 전 지구적 정보 네트워크를 형성하는 것이 반드시 거대기업만의 전유물이 아니다. 따라서 오늘날과 같은 정보통신 환경 하에서는 거대한 기업뿐만 아니라 규모가 작은 기업들도 얼마든지 글로벌 경영활동을 행할 수 있는 여건이 조성되었다. 또한 1980년대 후반 이후부터 컴퓨터 등 하이테크의 지원을 바탕으로 하는 주문생산, 규모보다는 적시성(timeliness)을 강조하는 유연생산(lean production) 내지 적시생산(just－in－time production) 등과 같은 생산방식을 채택함으로써 기업규모가 거대하지 않는 기업도 얼마든지 국제경쟁력을 누릴 수 있게 됨에 따라 세계적 기업들이 '규모의 경제'에만 매달리지 않게 되었다(Economist 1998, Survey 1－22).

(3) 국제화 수준이 전반적으로 높아짐에 따라 중소규모 기업들이 거대한 다국적기업들로부터 국제화에 대한 학습효과를 누리게 되었고 이러한 학습효과가 중소규모 기업으로 하여금 해외 활동을 더 활발히 행할 수 있도록 하는 촉진제 역할을 하였다.

1.2 기술의 거대성(강력한 기술력)

다국적기업은 거대한 기술력을 지니고 있다. 세계시장의 통합이 진행되면서 기술혁신을 통하여 경쟁우위를 확보하려는 기업 간 경쟁이 더욱 격화되고 있고 기술력이 각국의 산업특화(industrial specialization) 방향이나 경쟁력을 결정짓는 기술주도형 분업시대에 있어서 다국적기업들은 경쟁자들보다 먼저 기술을 개발하여 이를 상품화함으로써 독점적 우위(monopolistic advantages)를 확보하여야 하기 때문이다.

거대한 기술력에 바탕을 둔 다국적기업의 이러한 독점적 우위는 다국적기업이 현지국

---

31 1996년 자료를 보면 스웨덴계 다국적기업의 4/5, 이탈리아계 다국적기업의 3/5, 일본계 다국적기업의 55%가 중소기업인 것으로 나타났다.

에 진출할 때 현지소비자의 기호 · 현지 상관행과 제도 · 환리스크 · 정치사회적 위험부담 등으로 인하여 발생되는 소위 '외국비용'(cost of foreignness)의 불리함을 보전해 주는 역할을 할 뿐만 아니라 이렇게 확보된 독점적 우위를 바탕으로 다른 기업과의 경쟁에서 우위에 설 수 있게 된다.

따라서 다국적기업들은 자신의 글로벌 경쟁력의 원천이 되는 더 높은 기술을 창조하고 보유하기 위한 다양한 노력들을 행한다. 우선 세계적인 다국적기업들은 하나 같이 기술혁신의 중요성을 강조하며 기술개발 활동에 그들의 모든 역량을 집중시키고 있는데 다국적기업의 이러한 기술개발 노력은 다국적기업들이 지출하는 R&D투자규모에 의해 파악할 수 있다. 다국적기업은 또한 지식 · 정보 분야의 모험자본형(venture-capital) 중소기업이나 개인이 발명해 낸 기술의 사용권을 사들여 이를 산업기술이나 상품화기술로 실용화시켜 나간다. 뿐만 아니라 최근 많은 다국적기업들이 외부조달(external sourcing)이나 다른 기업과의 기술제휴 통하여 기술력을 확보하는 경향이 높아졌다.

이처럼 세계적 다국적기업들은 ① 자체 기술개발, ② 제3자 개발 기술의 사용권매입, ③ 기술의 외부조달이나 제휴 등을 통하여 새로운 기술을 창조하고 보유하려는 노력을 행함과 동시에 자신이 개발하고 보유하는 기술을 외부에 유출시키지 않기 위하여 여러 가지 기술보호전략을 전략적으로 수행한다. 그들은 막대한 비용을 투입하여 기술의 생산과 조직을 지배하면서 기술의 창조와 이전의 수단으로 시장(market)뿐만 아니라 그들 기업 내부의 네트워크(network)를 활용한다. 따라서 오늘날 기술의 국제적 이전이 엄청난 규모로 이루어지고 있지만 그중의 상당한 부분이 기업내거래(intra-firm trade)의 형태로 이루어진다.

다국적기업들은 이렇게 새로운 기술혁신과 기술확보를 위한 노력을 통하여 거대한 기술력을 창조하고 보유하면서 자신이 보유하고 있는 기술적 우위를 유지하기 위하여 치열한 기술보호노력을 행함으로써 기술적 우위가 가져다주는 이익을 극대화하는 존재이다. 이에 따라 다국적기업의 기술력이나 기술혁신과 관련하여 다음과 같은 몇 가지의 유형화된 사실이 있다.[32]

(1) 오늘날 기술력과 기술의 창조능력이 소수의 선진국들에 극히 집중되어 있다. 따라서 대부분의 나라는 이러한 소수 국가들이 창조하고 보유하는 기술을 수입하여 사용하는 소비자적인 위치에 놓여 있다. 2002년 OECD가 30개국의 R&D비용을 구매력평가환율(PPP)로 측정한 결과 6,520억 달러로 나타났는데 이 중 G7(미 · 영 · 불 · 독 · 이 · 캐 · 일)이 차지하는 비중이 83%(미국 42%)였고 개도국의 비중은 일부 신흥국(한국 · 싱가포르 · 중국)에서 크게 성장하고는 있지만 여전히 전반적으로 낮은 수준이었다.

---

32 J. H. Dunning & S. M. Lundan(2008) p.342.

(2) 기술력을 보유하거나 새로운 기술을 생산하는 것은 매우 거대한 비용이 소요되는 사업인 만큼 여기에 소요되는 거대한 연구개발비용을 감당할 수 있는 기업은 거대한 기업들에 한정되어 있다. 따라서 첨단기술을 포함하여 세계적으로 중요하게 취급되고 있는 기술의 대부분은 다국적기업이 개발하였거나 아니면 다국적기업이 외부로부터 매입하여 그들이 보유하고 있는 기술이라고 할 수 있다.

2. 다국적기업의 국제성

다국적기업이 국내기업과 구별되는 중요한 특성은 국경을 넘는(across national boundaries) 경영활동을 행한다는 점이고, 국제경영활동을 행하는 비(非) 다국적기업과 구별되는 특성 역시 규모가 그들의 국제화·글로벌화 수준이 더욱 높다는 점이다. 앞서 다국적기업의 개념 정의와 관련하여 논의하였듯이 기업의 국제성이 높다는 것은 그 기업의 소유권이 국제적으로 분산되어 있거나 최고경영층의 국적이 다수국에 분산되어 있다든지 기업경영자의 사고가 보다 국제적인 관점에서 이루어지고 있는 경우 등을 지칭한다.

이처럼 다국적기업의 국제성이 높다는 특성은 소유권의 분산·최고경영층의 국적분산·경영자 마인드의 국제화 등을 통하여 논의할 수도 있지만 그 밖에도, ① 그 기업의 국적 또는 그 기업이 생산하는 제품의 국적이 모호해지는 측면, ② 기업성과의 많은 부분이 해외에서 이루어져 경영활동의 국제화비중이 높다는 측면, ③ 세계경제의 환경변화에 보다 민감히 대응하여 그들의 생산거점을 국경을 넘어 자유롭게 이동하는 국제적 이동성이 매우 높다는 측면에서도 논의할 수 있다.

2.1 다국적기업의 초국적성(무국적기업)

다국적기업의 활동이 보다 국제화·글로벌화되고 있다는 것을 보여주는 주요한 하나의 특성으로서 그들 기업의 국적을 구별하기가 점점 더 어려워졌다는 점을 들 수 있다. 일반적으로 법인의 국적을 결정하는 기준으로서는 다음과 같은 것들이 있는데 이들 모두 오늘날 다국적기업의 국적을 판단하는 기준으로서 한계와 문제점이 있다.

형식적·법적 기준 : 법인의 국적을 결정하는 일반적 기준으로서는 법인설립이 허가된 국가를 기준으로 하는 "설립지주의"와 실질적인 영업행위가 이루어진 곳을 기준으로 하는 "본점소재지주의"가 있다. 전통적으로 전자는 영국을 중심으로 확립된 기준이고 후자는 대륙법 계통의 국가들이 주로 활용하는 기준이다. 그런데 이러한 기준들은 다국적기업의 국적을 판단하는 기준이나 원칙으로서는 한계가 있다. 범세계적인 관점에서의 이윤극대화나 비용극소화를 추구하는 다국적기업은 자신의 이익을 위하여 필요하다면 어디에서든지 그들의 법인을 설립하고 또 필요하다면 언제든지 그들의 본점소재지를 이동할 수 있어 이러한 기준들이 안정적이지 못하기 때문이다.

실질적·경제적 기준 : 법인의 국적에 대한 대안적 기준으로 사용되는 여러 가지 실질적·경제적 의미의 국적기준들이 다수 존재한다. 예컨대 소유하는 자본을 기준으로 50% 이상의 지분을 가진 주주 또는 최대 지분을 가진 최대주주의 국적을 기업의 국적으로 정하는 "소유자본 기준"이나, 그 기업의 실질적 영업행위·영업성과·부가가치 창출 등을 기준으로 기업의 국적을 정하는 "기업성과 기준" 등이 그것이다. 그러나 이러한 기준들 역시 주식투자의 국제화·다양한 형태의 국제제휴·경영활동의 국제화가 활발하게 이루어지는 오늘날과 같은 글로벌경제시대에 별로 의미가 없고 여러 가지 비현실적인 문제를 발생시킨다.

제품의 국적 기준 : 다국적기업의 국제성이 높아짐에 따라 그들이 생산하고 판매하는 제품의 국적을 판별하기가 점차 힘들어지고 있다. 일반적으로 제품의 국적을 판단하는 데는 이를 생산한 기업의 "상표기준"과 "생산지기준"이 있다. 그러나 다국적기업의 글로벌화로 인하여 이러한 2가지 기준이 서로 일치하지 않을뿐더러 그들이 판매하는 제품의 생산지를 어느 한 나라라고 말하기가 어려워졌기 때문이다.

이처럼 기업의 국적을 정하는 형식적·법적인 기준뿐만 아니라 실질적·경제적 기준에 입각하여서도 다국적기업의 국적을 판단하기가 어렵고 다국적기업이 생산하고 판매하는 제품의 브랜드나 생산지에 따라 제품의 국적을 판단하기도 극히 어렵다. 다국적기업의 국적을 명확히 하기 어려운 이러한 특성 때문에 법인의 국적성 판단에 대한 논란이 끊이지 않고 있다. 이렇게 다국적기업의 국적이 무국적화 내지 초국적화되고 있다는 사실은 오늘날 세계적으로 활동하는 다국적기업의 국제성이 그만큼 높다는 것을 보여주는 하나의 특성이라고 할 수 있다.

부록 4-1 다국적기업 및 다국적기업 판매제품의 국적

상술한 대로 다국적기업의 활동이 보다 국제화·글로벌화되고 있음에 따라 그들의 국적을 구별하기가 점점 더 어려워졌고 이렇게 다국적기업의 국적을 명확히 하기 어려운 특성 때문에 법인의 국적성과 관련되는 논란이 끊이지 않고 있다. 다국적기업의 국적을 결정하는 기준이 무엇이고 그러한 기준의 의미와 한계가 무엇인가를 살펴보면 다음과 같다.

1. 국적의 형식적·법적 기준

법인(法人)의 국적에 따라 재판관할권·과세권·외교적 보호권 등과 관련된 문제가 발생하게 되는데, 법인의 국적을 결정하는 일반적 기준으로서는 크게 2가지가 있다. 하나는 법인설립이 허가된 국가를 기준으로 하는 "설립지주의"이고 다른 하나는 실질적인 영업행위가 이루어진 곳을 기준으로 하는 "본점소재지주의"이다. 전통적으로 전자는 영국을 중심으로 확립된 기준이고 후자는 대륙법 계통의 국가들이 주로 활용하는 기준이다. 이렇게 통일적으로 확립된 국제법상의 기준이 존재하지 못하여 나라마다 서로 다른 기준을 편의적으로 규정하고 있다.[33] 이렇게 법인의 국적을 결정하는 기준으로서 법인설립지 또는 본점소재지 등이 주로 활용되고 있는데 이들 역시 다국적기업의 국적을 판단하는 기준이나 원칙으로서는 한계가 있다. 범세계적인 관점에서의 이윤극대화나 비용극소화를 추구하는 다국적기업은 자신의 이익을 위하여 필요하다면 어디에서든지 그들의 법인을 설립하고 또 필요하다면 언제든지 그들의 본점소재지를 이동할 수 있어 이러한 기준들이 안정적이지 못하기 때문이다.

실제로 몇 년 전 세계적인 통신설비 제조업체인 스웨덴 다국적기업 에릭슨(Ericsson)은 본사를 런던으로 옮겨 그들 법인의 국적을 바꾸는 시도를 행하였다. 에릭슨이 이렇게 본사 이전을 추진하기로 한 것은 과중한 소득세 때문에 유능한 외국인경영자를 영입하기가 어려웠기 때문이다. 스웨덴의 조세부담률은 국내총생산의 51%에 달하여 선진국 중에서 덴마크(51.6%) 다음으로 가장 높은 수준이었다. 스웨덴은 이렇게 높은 조세를 통하여 세계 최고수준의 복지제도를 자랑하는 국가가 되었지만 세계를 대상으로 경영활동을 행하는 에릭슨에게는 이러한 세금제도가 글로벌 인재영입에 걸림돌이 되었던 것이다. 본점소재지로 법인의 국적을 정하는 전통적인 기준에서 본다면 에릭슨은 자신의 경영성과를 극대화하기 위하여 국적을 새로이 선택한 것으로 글로벌경제시대의 새로운 풍속도를 보여주는 대표적인 예라고 하겠다. 비록 구체적인 동기는 에릭슨과 다르지만 이와 유사한 사례가 다른 많은 다국적기업들에게서도 목격되고 있다.

2. 국적의 실질적 · 경제적 기준

이상과 같이 법인설립지나 본점소재지를 기준으로 기업의 국적을 정하는 것이 너무 형식적일 뿐만 아니라 그것을 기준으로 할 경우 기업의 국적이 모호해지는 문제 때문에 대안적 기준으로 사용될 수 있는 실질적 · 경제적 의미의 국적기준들이 다수 존재한다. 그러나 이들 역시 오늘날 다국적기업의 국적을 결정하는 기준으로서 일정한 문제점을 지니고 있다.

소유자본의 국적 : 기업의 국적을 말할 때 흔히 사용되는 기준으로서 '소유자본의 국적'이 있다. 이러한 기준에 따를 경우, 어떤 기업의 주식 중 50% 이상의 지분을 가진 주주의 국적이 그 기업의 국적이라고 할 수 있다. 주주의 출자로 설립되는 주식회사에서 자본통제가 중요하므로 자본이라는 실질적 요인을 기준으로 기업의 국적을 정하는 것이 나름대로 중요한 의미를 지닌다고 할 수 있다. 그러나 이를 기준으로 기업의 국적을 따진다면 이미 외국인주주의 지분이 50%를 초과하고 있는 많은 주요 국내기업들, 예컨대 삼성전자도 우리에게는 외국의 기업이 된다. 그러나 삼성전자의 외국인 주주비율이 50%를 초과하는 것은 사실이지만 수천 명에 이르는 외국인주주들의 국적이 매우 다양할 뿐만 아니라 이해관계도 서로 달라서 외국자본이 절반을 넘는다는 이유만으로 삼성전자를 외국기업이라고 보지는 않는다.

---

33 우리나라의 경우 그동안 설립지주의를 견지하여 왔지만 최근에는 양자를 병행하고 있다. 대체로 국내기업들에게는 설립지주의를 적용하면서 외국기업에게는 본점소재지주의를 적용하는 방식이다.

이처럼 주식지분비율을 가지고 기업의 국적을 논의하기가 어려운 것은 기업이 소유하는 자본의 국제화가 급속히 높아졌기 때문인데 이렇게 소유자본의 국제화가 이루어진 가장 큰 이유는 주식투자가 국제화되었기 때문이다. 1980년대 이후 '국경을 넘나드는 주식투자'(cross-border equity investment)가 급속히 증가함으로써 다국적기업의 주식이 여러 나라 국적을 가진 주주에 분산 소유되게 됨으로써 특정 국적에 대한 귀속성을 희석시켰다. 이러한 소유자본의 국제화가 이루어진 또 다른 이유로서는 기업 간 전략적 제휴의 증대를 들 수 있다. 뒤에서 보는 바와 같이 제휴당사자 간에 상호 지분을 소유하는 것이 제휴의 필수적 요건은 아니지만 대부분의 경우 제휴 당사자 간의 결속력과 성공확률을 높이기 위하여 상대방의 주식지분을 상호 공유하는 경우가 많기 때문이다. 이렇게 주식투자의 국제화나 전략적 제휴가 증대됨에 따라 소유지분을 기준으로 기업의 국적을 논의하는 것이 매우 어려워지게 되었다.[34]

최대주주의 국적 : 소유자본의 국적만으로 기업의 국적을 논의하기가 어렵다고 하였을 때 또 다른 대안적 기준으로서 '최대주주의 국적'을 논의하기도 한다. 그러나 이 또한 오늘날과 같은 글로벌경제시대에 별로 의미가 없다. 어느 누구라도 미국 기업이라고 할 시티은행의 경우 최대주주로서 부동의 위치를 차지하고 있는 사람은 미국인이 아닌 사우디아리비아의 왕자이기 때문이다. 이러한 기준으로 국적을 정한다면 시티은행은 사우디아라비아의 은행인 것이다. 또한 오늘날과 같은 글로벌화시대에도 미국자동차 · 유럽자동차 · 일본자동차 등의 구분이 전혀 의미가 없는 것은 아니지만, 국경을 초월한 기업 간 합종연횡이 자동차산업처럼 극명한 경우도 없는 만큼, 그것의 국적 경계가 그다지 뚜렷하지 못하다. 이 때문에 자신이 타고 있는 자동차의 국적이 정확하게 어디인지를 제대로 알고 있는 운전자들이 많지 않다.

실질적 영업성과의 창출 : 이 때문에 그 기업의 '실질적 영업행위' 또는 '영업성과'를 기준으로 기업의 국적을 논의하기도 한다. 그러나 이러한 성과를 가지고 기업의 국적을 논의한다면 더욱더 혼란스러워진다. 많은 다국적기업들이 대부분의 매출과 이익을 해외에서 만들어내고 있어 이를 기준으로 기업의 국적을 논의하기가 어려워졌기 때문이다. 삼성전자만 하더라도 매출의 80% 이상과 이익의 90% 이상을 해외에서 창출하고 있는데 이러한 관점에서 본다면 삼성전자는 한국기업이 아니기 때문이다.

기업의 성과에 따라 국적을 논의하는 또 다른 기준으로서 그 기업이 창출한 '부가가치의 귀속여부'가 제시되기도 한다. 기업이 만들어내는 부가가치는 크게 임금 · 세금 · 배당 · 주가로 전환되는 순이익 등인데 이러한 부가가치의 얼마만큼이 어느 나라에 귀속되느냐에 따라 그 기업이 국적이 판정되어야 한다는 것이다. 이러한 논의는 그 기업의 경제적 기여도에 따라 '누가 우리 기업인가'를 평가하여야 한다는 것이라고 할 수 있다. 그러나 이러한 기준에 따라 기업의 국적을 논의하는 것 역시, 이후 제14장에서 외국인투자에 대한 현지국의 정책과 관련하여 논의하듯이, 그렇게 단순한 문제가 아니다.

---

34 예컨대 미국 국적의 GM은 전통적인 미국자동차로 알려진 뷰익 · 캐딜락 · 셰비 · GMC · 허머 · 올즈모빌 · 폰티악 · 새턴 이외에도 스웨덴의 샤브를 산하 회사로 편입하였고 이탈리아 피아트와 일본의 이스즈 · 수바루 · 스즈키의 일부지분도 보유하였다. 포드(Ford) 역시 미국 국적의 기업이지만 애스톤 마틴 · 재규어 · 랜드로버 · 링컨 · 머큐리 · 볼보가 직할 회사이고 일본의 마즈다 지분도 일부 보유하고 있다. 다임러 크라이슬러는 독일의 다임러가 미국의 크라이슬러를 인수하였으므로 독일 국적이라고 할 수 있지만 다지 · 지프 · 메이바크 · 머세디이스 벤츠와 현대 · 미쓰비시자동차의 일부 지분을 보유하고 있다. 이러한 점에서는 도요타 · 아큐라 · 닛산 등 일본 3대 기업과 BMW · 폴크스바겐 등 독일 기업도 미국 자동차기업과 다르지 않다.

3. 판매제품의 국적 기준

다국적기업의 국제성이 높아짐에 따라 그들의 국적이 점차 모호해진다는 사실은 그들이 생산하고 판매하는 제품의 국적을 판별하기가 점차 힘들어지고 있다는 점에서도 찾을 수 있다. 일반적으로 제품의 국적을 판단하는 데는 이를 생산한 기업의 "상표기준"과 "생산지기준"이 있다. 그러나 다국적기업의 글로벌화로 인하여 이러한 2가지 기준이 서로 일치하지 않을뿐더러 그들이 판매하는 제품의 생산지를 어느 한 나라라고 말하기가 어려워졌기 때문이다.

최근 세계를 휩쓴 휴대전화 '아이폰'(iPhone)으로 인하여 미국의 자존심으로까지 불린 애플(Apple)을 모든 사람들이 미국의 대표적 다국적기업으로 생각하지만, 정작 아이폰을 제조하는 회사는 폭스콘이라는 대만 업체이고 그것에 투입되는 소요부품인 LCD・반도체는 한국의 삼성・LG의 제품이며 아이폰을 직접 생산하는 것은 중국 심천의 공장이다. 따라서 아이폰은 분명 애플이라는 미국 기업의 상표를 사용하므로 상표기준으로 보면 미국제품이지만 이러한 국제적 네트워킹을 통하여 만들어진다는 점을 고려한다면 이를 미국제품이라고 말하기 힘들다.

또한 오늘날과 같이 생산 공정의 국제 간 분업이 발달한 시대에 '생산지'를 기준으로 상품의 국적을 판별하는 것은 더욱 어렵다. 예컨대 순수 미국차라고 알려진 포드자동차의 대다수의 출고지는 캐나다・멕시코로서 포드자동차의 품질을 좌우하는 것은 미국이 아닌 이들 나라의 근로자들이다. 켄터키에서 출고되는 도요타 자동차와 오하이오에서 출고되는 혼다자동차 등의 일본 자동차, 앨라바마에서 출고되는 현대차와 웨스트포인트에서 출고되는 기아차와 같은 한국자동차 모두 일본이나 한국의 근로자들이 만드는 것이 아니라 미국의 근로자들이 만드는 차량이다. 그렇다면 이러한 자동차들은 어느 나라 국적의 자동차라고 해야 하는가?

부품이나 중간재의 원산지, 핵심 부품의 생산지와 최종조립지 등까지 파고들면 문제는 더욱 복잡해진다. 'Made in USA'가 찍혀 있는 GE의 전자제품도 속을 들춰 보면 중간재의 대부분은 동남아나 멕시코에서 하청 생산되어 미국에서는 단지 조립만 한 것들이 많다. 똑같은 원리로 'Made in Singapore'가 찍혀 있는 모토롤라의 전자제품도 따지고 보면 핵심 부품은 미국에서 수입하고 싱가포르에서는 단순조립만 한 경우가 많다. 또한 'Made in China'가 찍혀 있는 전자제품의 경우 그 핵심 부품이 한국에서 생산된 것이고 중국에서는 단지 단순조립 공정만을 하였다면 그 상품이 과연 중국산인지 한국산인지 구분하기 어려워지게 된다.

2.2 다국적기업 활동의 글로벌화(글로벌기업)

2.2.1 국제성 높은 다국적기업의 특성

특정 기업이나 특정 산업의 글로벌화 정도(degree or extent of globalization)를 나타내는 지표로서 여러 가지 기업성과(매출액・이익・자산・종업원 등) 중 해외사업이 차지하는 비중(foreign portion)을 사용하기도 한다. 이러한 기준에 의거하여 다국적기업의 글로벌화정도를 살펴보면 그들 간에도 차이가 매우 크다. 유엔무역개발회의(UNCTAD)는 기업의 글로벌화를 나타내는 지표로서 그 기업의 매출액·자산·고용에 대한 해외비중을 평균하여 산출한 "TNI 지수"(transnationlity index)를 개발하여 1995년 이후 측정하여 왔다. 이를 통하여 다국적기업의 글로벌화 수준을 살펴보면 다음과 같은 특성들이 발견된다.

투자국별 특성 : 일반적으로 예상하는 바와 같이 국내시장 규모가 큰 국가(미국·독일·프랑스 등)의 다국적기업일수록 국내시장이 협소한 소규모 국가들(영국·스위스·네덜란드·스웨덴 등)의 다국적기업 경우보다 글로벌화 정도가 대체로 낮다.

그룹별·산업별 특성 : 전반적으로 선진국 다국적기업들의 TNI지수가 개도국 다국적기업의 그것보다 높다. 2000년대 초반 세계 100대 다국적기업의 경우 TNI지수 평균이 58% 수준임에 대하여 개도국 100대 다국적기업의 경우는 51% 수준이었다. 다만 최근에 들어와 개도국 다국적기업의 글로벌화지수도 빠른 속도로 높아지고 있다.[35] 한편 이러한 다국적기업의 글로벌화지수를 산업별로 보면 1차 산업 63%, 2차 산업 62%, 3차 산업 51% 수준으로 나타났다.

해외자회사의 비중 : 이렇게 선진국 다국적기업에 비하여 개도국 다국적기업의 국제화수준이 낮은 것은 다국적기업 현지자회사의 숫자 면에서도 나타난다. 2010년 현재 유엔무역개발회의가 발표한 세계의 다국적기업 수는 10만 3천여(103,786) 개이고 그들의 해외자회사 수는 89만 2천여(892,114) 개로 평균 자회사 수가 8.6개 정도인데, 세계 100대 다국적기업의 경우 평균 200여 개 이상의 자회사를 보유하고 있는 반면 소수 그룹만이 10개 이상, 나머지 대부분의 경우 1~2개 정도의 해외자회사를 보유하고 있다. 따라서 전체 계열회사나 자회사의 해외비중을 나타내는 II지수(Internationalization index) 역시 세계 100대 다국적기업의 경우 69.5%, 개도국 100대 다국적기업의 경우 54.5%로 나타났다(UNCTAD, 2007).

2.2.2 다국적기업의 국제성과 규모의 관계

세계적인 다국적기업들 중에는 그 규모도 거대하고 국제화수준도 높은 기업들이 많지만 국제화수준이 높은 기업들이라고 하여 그 규모가 반드시 거대한 것은 아닌 경우도 많다. 〈표 4-2〉는 기업의 글로벌화 정도(TNI지수·해외매출액 비중)가 높은 상위 20개 다국적기업들에 대하여 그들의 기업규모 순위를 함께 보여주고 있는데, 국제화순위가 높은 기업들이 반드시 기업규모(총매출액·총자산·해외자산) 순위도 높은 것은 아님을 알 수 있다.

35 K. P. Sauvant(2005) p.645.

표 4-2 세계 20대 다국적기업의 국제성(TNI지수, 해외매출비중)**과 대규모성**

국제화 순위	기업명 (국적, 업종)	(TNI지수)	규모 순위 (a	b	c)	기업명 (국적, 업종)	(해외매출액 비중)	규모 순위 (a	b	c)
1	Xstrta PLC (UK, 전기전자)	93.2	(76	70	37)	Liberty Global (US, 통신)	99.8	(99	91	61)
2	ABB Ltd. (스위스, 기계)	90.4	(69	93	87)	Nokia (핀란드, 전자)	99.3	(42	71	40)
3	Nokia (핀란드, 전자)	90.3	(42	71	40)	Roche Group (스위스,제약)	98.9	(60	56	31)
4	Pernod Ricard SA (불, 식음료)	89.1	(100	90	66)	Novartis (스위스, 제약)	98.7	(62	53	50)
5	WPP Group Plc (UK,서비스)	88.9	(97	89	67)	Nestl'e (스위스, 식음료)	98.1	(23	40	27)
6	Vodafone Group (UK, 통신)	88.6	(45	12	3)	Phillips (네덜란드, 전기전자)	96.2	(65	79	65)
7	Linde AG (독, 화학)	88.3	(95	94	72)	Teva (이스라엘, 제약)	95.7	(98	95	100)
8	Anheuser-Busch Inbev(네,식음료)	87.9	(85	32	13)	Volvo AB (스웨덴, 자동차)	95.4	(58	76	57)
9	Anglo-American (UK, 광물)	87.5	(82	73	46)	ABB Ltd. (스위스, 기계)	94.9	(69	93	87)
10	ArcelorMittal (룩셈부르크, 금속)	87.2	(17	25	10)	CRH Plc (아일랜드, 비철)	94.5	(72	99	82)
11	Nestl'e (스위스, 식음료)	87.1	(23	40	27)	Astrzeneca Plc (UK, 제약)	93.9	(71	78	58)
12	Air Liquide (불, 화학·비철금속)	86.9	(93	100	88)	Eads NV (불, 항공)	91.5	(48	37	26)
13	Liberty Global (US, 통신)	86.2	(99	91	61)	Xstrta PLC (UK, 전기전자)	90.2	(76	70	37)
14	Astrzeneca Plc (UK, 제약)	85.4	(71	78	58)	ArcelorMittal (룩셈, 금속)	90.2	(17	25	10)
15	Teva (이스라엘, 제약)	84.4	(98	95	100)	Pernod Ricard SA(불, 식음료)	89.8	(100	90	66)
16	Lafarge (불, 비철금속)	84.2	(77	71	41)	Linde AG (독, 화학)	89.5	(95	94	72)
17	Volvo AB (스웨덴, 자동차)	82.3	(58	76	57)	WPP Group Plc (UK, 서비스)	87.2	(97	89	67)
18	Hutchison Whampoa(HK, 다각화)	82.0	(74	44	25)	Diageo (UK, 식음료)	87.2	(92	98	99)
19	Semex (멕시코, 비철금속)	81.6	(89	80	55)	Vodafone Group (UK, 통신)	86.9	(45	12	3)
20	BP PLC (UK, 정유)	81.0	(4	9	4)	Lafarge (불, 비철금속)	85.7	(77	71	41)

주 : 규모 순위 a : 총매출액, b : 총자산, c : 해외자산 규모 순위임.
자료 : www.unctad.org/wir(2010) "세계 100대 비금융 다국적기업 순위(2008년 기준)" 통해 정리.

이처럼 세계적인 다국적기업들 중에는 기업규모 면에서는 상위에 랭크될 만큼 거대하지 않지만 기업활동(해외의 자산·매출액·고용 비중)의 국제성 면에서는 매우 높은 수준에 있는 선진국기업들이 상당히 많은데 이들의 공통적 특성을 살펴보면 다음과 같다.

(1) 이들 중 대부분은 경제규모가 크지 않아 국내시장이 협소하지만 상대적으로 경제발전수준이 높은 강소국(small strong countries)이 배출한 기업들이다. 실제로 국제화수준이 높은 기업들을 보면 미국·프랑스·독일 등 거대선진국의 기업들도 없지는 않지만 거의 대부분이 영국(UK)은 물론 핀란드·스위스·스웨덴·네덜란드 등 그들의 경제규모가 거대하지 않은 선진국, 또는 아일랜드·이스라엘·멕시코·룩셈부르크 등이 배출한 다국적기업들이다.

(2) 국제화수준이 20위(15위) 이내에 드는 그룹의 경우 매출액의 해외비중이 85%(90%) 수준을 초과하고 TNI지수 역시 80%(85%)를 초과하고 있으며 10위 이내 기업의 경우에는 매출액의 해외비중이 95% 이상을 초과하고 있어 '다국적'(multiple nationalities)기업이라기보다 '무국적'(state-less, nationality-less) 기업이라고 할 수 있는 기업들이다. 이들로부터 배울 수 있는 교훈은, 우리나라와 같이 국내시장에 제약(constraint)이 있는 경우에도 세계시장을 대상으로 하는 적극적인 글로벌화를 통하여 얼마든지 세계적인 다국적기업으로 성장 발전할 수 있다는 점이다.

(3) 이들 국제화된 기업들은 각기 자신의 주력 업종에 종사하고 있는데 그러한 주력

업종이 가정용 소비재 · 식음료 · 의약품 · 가전 및 전자제품 · 중장비 · 화학 · 에너지 · 자동차 등 다양성을 띠고 있다. 이러한 사실은 비록 소규모국가에 소속한 기업들도 소수의 특정 업종에 초점(focus)을 맞추는 글로벌 전략을 통하여 얼마든지 세계적인 다국적기업으로 성장 · 발전할 수 있음을 시사해 준다. 복수의 산업분야(multi－industries)에 문어발식으로 개입하고 있는 우리나라 대기업들도 특정 분야를 집중적으로 성장시키고 글로벌화하는 집중과 선택을 통하여 세계적인 글로벌기업으로 변신하여야 할 것이다.

이상에서는 국제화수준(TNI지수)이나 기업규모(해외자산규모)면에서 상위에 랭크되는 선진국 계통의 다국적기업을 중심으로 살펴보았지만 이들이 보여준 특성이 "개도국계통의 다국적기업"에 대해서도 동일하게 나타나고 있음을 〈표 4－3〉이 보여주고 있다.

표 4－3 **개도국 다국적기업의 국제성**(TNI지수)**과 대규모성**(해외자산) (지수, 비중 : %)

TNI 순위	기업 명 (국적, 업종)	(TNI 지수)	(규모 순위)	규모 순위	기업 명 (국적, 업종)	(TNI 순위)
1	First Pacific Co. (HK, 전기전자)	(99.0)	(39)	1	Hutchison Whampoa Ltd. (HK, 다각화)	(9)
2	China Merchants Holdings (HK,다각화)	(96.8)	(35)	2	CITIC Gropup (중국, 다각화)	(88)
3	Guangdong Investment (HK, 다각화)	(95.1)	(73)	3	Cemex S.A. (HK, 다각화)	(11)
4	Road King Infrastructure (HK 운송)	(90.4)	(93)	4	Samsung Eletronics (한국, 전자)	(41)
5	Li & Fung (UK,도매업)	(90.3)	(60)	5	Petronas－Petroliam (말레이시아, 정유)	(79)
6	Shougang Concord Int'l (HK, 금속)	(89.1)	(87)	6	Hyundai Motor Company(한국, 자동차)	(71)
7	Chins Resources Enterprises (HK, 정유)	(89.0)	(34)	7	China Ocean Shipping (중국, 운송)	(46)
8	Sappi Limited (남아공, 목재 · 제지)	(85.2)	(49)	8	Lukoil (러시아, 정유 · 개스)	(61)
9	Hutchison Whampoa Ltd.(HK, 다각화)	(82.0)	(1)	9	Vale S.A (브라질, 정유)	(67)
10	Techtronic Industries (HK, 기타설비)	(81.8)	(95)	10	Petroleos De Venezuela (베네, 정유)	(85)
11	Cemex S.A. (HK, 다각화)	(81.6)	(3)	11	Zain (쿠웨이트, 통신)	(30)
12	Acer Inc. (대만, 전기전자)	(79.9)	(63)	12	Jardine Matheson Holdings (HK, 다각화)	(22)
13	Medi Clnic Corp. (남아공, 서비스)	(78.7)	(59)	13	Singtel Ltd. (싱가포르, 통신)	(29)
14	Bejiing Enterprises Holding (중국, 다각화)	(77.0)	(75)	14	Formosa Plastics Group (대만, 화학)	(64)
15	Sulzon Energy Ltd. (인도, 다각화)	(75.7)	(54)	15	Tata Steel Ltd. (인도, 금속)	(18)
41	Samsung Eletronics (한국, 전자)	(54.2)	(4)	22	LG Group (한국, 전자)	(58)
58	LG Group (한국, 전자)	(43.8)	(22)	30	STX Corporation (한국, 기타설비)	(74)
71	Hyundai Motor Company (한국, 자동차)	(36.5)	(6)	53	POSCO (한국, 제철)	(86)
74	STX Corporation (한국, 기타설비)	(34.5)	(30)			
86	POSCO (한국, 제철)	(81.0)	(53)			

주 : 규모 순위는 해외자산 규모의 순위.
자료 : www.unctad.org/wir(2010) "세계 100대 개도국 비금융 다국적기업 순위(2008년 기준)"통해 정리.

우선 기업의 국제화수준과 기업규모 간에 밀접한 상관관계가 존재하지 않는다는 점이 선진국 다국적기업의 경우와 별로 다르지 않고, 또한 국제화수준이 10위 이내에 랭크되는 기업의 경우 기업 활동(해외의 자산 · 매출액 · 고용 비중)의 80% 이상이 해외에서 이루어지고 있어 국제화 수준면에서도 선진국계 다국적기업들과 별로 다르지 않기 때문이다.

다만 이와 관련하여 한 가지 지적해둘 점은, 국제화 수준면에서 상위에 랭크되어 있는 개도국계통의 다국적기업 대다수가 홍콩(HK)이 배출한 기업들인 데 비하여, 우리나라 상위 5대 기업들의 경우 해외자산 규모면에서는 40~50위 수준에 분포되어 있지만 국제화 수준은 40~90위 수준에 머물고 있다는 점이다. 이러한 관점에서도 우리나라 기업들의 보다 적극적인 글로벌화가 요구된다 할 것이다.

2.3 다국적기업의 국제적 이동성(세계를 무대로 이동하는 기업)

2.3.1 현지자회사의 국제적 이동성

다국적기업의 높은 국제성을 나타내는 또 하나의 특징은 이동성(mobility)이 매우 높다는 것이다. 각국의 비교우위가 시시각각 변동되는 동태적 분업 환경 하에서 다국적기업에게 가장 최적한 해외생산거점은 항상 변하기 마련이다. 어떤 시점에 가장 저렴하게 제품을 생산할 수 있는 최적생산거점도 임금인상 · 공업용지난 등으로 인하여 또 다른 시점에서 보면 더 이상 최적생산거점이 될 수 없기 때문이다. 이러한 경우 다국적기업은 새로운 최적생산거점을 찾아 신속하게 이동하여 간다.

다국적기업은 국내기업에 비하여 외부환경변화에 더욱 민감하게 반응하여 국내사업 여건이 조금만 악화되어도 바로 생산시설을 다른 나라로 철수하는 경향이 강하다. 다국적기업은 토착기업보다 현지국 경제에 덜 밀착되어 있고 현지국의 경쟁력을 높이는 데 덜 투자하는 경향이 강하기 때문이다. 다국적기업의 이러한 행태를 빗대어 사람들은 '단기이윤을 추구하는 스내처'(snatcher), '쉽게 진출하고 쉽게 철수하는(easy－come, easy－going) 기업', '뿌리 없는 기업'(rootless firm), '철새기업' 등으로 지칭하기도 한다.

이러한 다국적기업의 특성은 현지국에서 일어나는 외국기업의 사업 중단사유에 관한 조사에서도 현실적으로 입증되는 경우가 많다. 국제노동기구 등 많은 연구자들이 외국에 진출한 다국적기업들이 사업중단 사유를 현지국의 국내기업과 비교 조사한 결과, 현지국 기업의 주된 사업중단 사유는 '파산'인 데 비하여 외국계 다국적기업의 경우 '사업부진'인 경우가 많았다. 현지국 기업은 불황이나 영업환경 악화 등이 나타나더라도 파산 직전까지 가능한 기업 활동을 지속해가려고 노력하지만 다국적기업들은 약간의 이윤감소나 시장불안요소만 있어도 사업부진을 이유로 쉽게 철수하기 때문이다.

이러한 연구결과는 우리나라의 전자산업을 대상으로 1970년대 초부터 1980년대 중반 사이 외국인 단독투자기업 · 합작투자기업 · 국내기업 간의 고용안정성을 비교분석한 조사 연구에서도 유사하게 나타난 바 있다. 이에 의하면 외국자본의 비중이 클수록 사업중단이나 고용감축 등을 더 쉽게 시행한 것으로 나타났다. 즉 100% 외국인투자기업이 합작투자기업보다 더, 그리고 합작투자기업이 순수 국내기업보다 더 임금변화나 국제시장변화로 인한 수출부진에 민감하게 반응하여 사업을 포기하였던 것이다.

이러한 현상 때문에 특정 산업의 고용이 지나치게 외국인투자기업에 의존하게 될 경우 이들의 갑작스런 철수로 인하여 사회문제가 발생하기도 한다. 1970년대 전후 해당 산업의 외국인투자기업 고용비중이 60~80%에 달했던 페루의 화학(100%), 베네수엘라의 전기・전자(80%)와 수송기계(73%), 콜롬비아의 화학(64%) 등의 산업에서 이러한 현상이 실제로 나타났다.

또한 다국적기업의 경우 아직 채산성이 유지되고 있는 경우에도 해외거점의 재편전략 등 전략적인 고려에 의하여 폐쇄하거나 이동하는 경우 역시 많다. 1990년대 말 유럽의 경제통합이 심화되자 유럽에 진출한 다국적기업들은 종전처럼 지역 내 여러 나라에 별개의 현지공장을 복수로 운영할 필요가 없어지자 입지조건이 좋은 지역에 생산을 집중하는 전략을 구사하게 되었고 이 과정에서 현지국과 마찰을 일으킨 사례도 늘어났다. 1997년 르노(Renault)가 벨기에공장을 폐쇄하자 유럽 전역 노동단체들의 연대저항을 행한 예가 대표적인 경우이다.

그런데 다국적기업의 이러한 국제적 이동성은 주로 고정투자의 크기에 의해 좌우되는 경향이 있다. 대규모 고정투자가 요구되는 분야(자동차산업・화학산업 등)에서 활동하는 다국적기업의 이동성은 그리 크지 않지만, 소규모의 고정투자만 필요한 단순조립산업(가전・신발・의류 등)에서 활동하는 다국적기업의 이동성은 상당히 빈번하다. 이 때문에 현지국과의 마찰이 높아질 수 있음은 물론 이로 인하여 특정 지역이나 특정 도시의 산업적 지도나 경제적 위상이 달라질 수 있고, 다국적기업의 이러한 빈번한 국제적 이동성으로 인해 어느 특정 도시나 지역의 운명이 얼마든지 달라질 수도 있다. 이러한 사례를 보여준 미국의 작은 도시들의 이야기를 [부록 4-2]가 보여주고 있다.

2.3.2 다국적기업 본사의 국제적 이동성

전 세계를 대상으로 새로운 최적생산거점을 찾아 이동하는 다국적기업의 국제적 이동성은 자국 기업이라고 하여 전혀 다를 바 없다. 오늘날과 같은 글로벌시대에, 필요하다면 언제든지 그들의 생산거점을 이전할 수 있음은 물론 그들의 본사까지도 보다 최적한 입지를 찾아 과감히 해외로 이동하는 것이 불가능하지 않기 때문이다. 이 때문에 사람들은 '오늘날과 같은 글로벌경쟁시대에 애국적 기업은 없다'라고 말하기도 한다.

2000년대 중반 우리나라의 대표적인 기업 삼성과 현대가 본사를 해외로 이전할 지도 모른다는 소문이 꼬리를 물고 일어난 적이 있었다. 두 재벌 총수가 신년사를 통하여 '더욱 글로벌기업화에 나서겠다'는 의지를 표명한 후 두 총수의 의중을 두고 갖가지 예측성 분석이 나왔고 그러한 분석들 중에는 '우리나라에 팽배해 있는 반기업정서・반재벌정서 때문에 그들의 본사를 미국 등지로 이전시키려는 계획을 가진 것 같다'는 추측이 유력하게 받아들여지기도 하였다. 이에 일각에서는 '드디어 올 것이 왔다' 또는 '이러한 본사이전이 이루어질 경우 국내고용의 불안과 막대한 국부유출 등 국내 경제에 미칠 영향이 막대할 것이다'라는 우려를 표명하기도 하였다. 실제로 이러한 기업들의 본사가 해외로 이전하는 일은 발생하지 않았지만 오늘날과 같은 글로벌시대에 실제로 이러한 일이 발생하지 않는다고 장담하기 어렵다.

위에서 소개한 에릭슨과 마찬가지로 핀란드의 세계적 휴대폰 제조업체 노키아(Nokia)가 2009년 초 핀란드정부에 대하여 본사를 해외로 이전하겠다고 압박하였다는 보도가 있었다. 핀란드의 유력한 일간지 헬싱키 사노마트는, 노키아 직원들의 이메일에 대한 감시를 허용하는 법률개정이 이루어지지 않을 경우 본사를 해외로 이전하겠다고 정부를 압박하였다고 보도하였다. 노키아가 이렇게 직원들의 메일에 대한 감시를 허용하도록 요구한 것은 자사 직원의 메일을 통하여 그들의 기술이 중국의 경쟁사로 유출되었기 때문이었다고 덧붙였다. 물론 이러한 보도에 대하여 핀란드정부나 노키아 모두 이러한 사실이 없었다고 즉각 부인하였지만, 매년 자국 수출의 22%, 법인세 세입 중 25%, 1만 6천여 명의 고용을 담당하고 있는 노키아가 그들의 본사를 해외로 이전한다는 것은 핀란드로서는 매우 충격적인 사건이지만 이 또한 불가능한 일은 아닌 것이다.

2.3.3 다국적기업의 국제적 이동성과 투자 철수

다국적기업의 국제적 이동성이 극히 높다는 사실을 가장 극명하게 보여주는 경우가 다국적기업의 투자 철수이다. 투자 철수(divestment)란 해외 경영활동을 위하여 투자한 다국적기업의 자산을 현지국으로부터 회수하는 것을 말한다. 다국적기업의 투자철수에 대해서는 제14장에서 다시 구체적으로 설명하고 있지만, 다양한 원인 중에서 가장 중요한 원인은 주로 현지국의 경영환경이 악화되거나 다국적기업 자신이 해외생산전략을 변경하는 데 따른 것이다.

그러나 때로는 비우호적인 현지국정책에 대한 대응전략으로서 투자 철수가 이루어지는 경우도 있다. 1960년대 말과 1970년대 초 개도국정부들은 외국계 다국적기업에 대한 신경과민으로 그들의 현지자회사에 대한 몰수·국유화 등을 행하였던 시기가 있었다. 그러한 현지국의 정책에 대해 다국적기업들은 매우 민감하게 반응하여 그러한 위험이 있는 곳에 더 이상 머물지 않고 과감히 철수하였다. 이후 개도국정부는 그러한 극단적인 방법으로 그들이 기대하는 이익을 얻을 수 없고 이것이 오히려 다국적기업에 대한 문제만을 일으키게 되는 사실을 인식하게 되었다.

이처럼 현지국정부가 불리한 조치를 취하고자 할 때 다국적기업이 커다란 비용 없이 그들의 생산입지를 다른 나라로 옮길 수 있는 이동성을 가진다는 것은 현지국에 대한 다국적기업의 대항력(countervailing power)과 협상력(bargaining power)을 증대시켜 주는 결과를 가져온다. 따라서 다국적기업들은 정치적 위험성이 높거나 민족주의적 경향이 강한 나라에 진출할 경우 가능한 고정투자규모를 줄인다든지, 현지국기업과의 수직적 통합이나 네트워킹을 최소화한다든지, 또는 가능한 자본참여 없는 투자방법을 채택하는 등 이러한 입지변경 대항력을 향상시키기 위한 여러 가지 전략들을 구사한다. 반면 현지국들은 이에 대한 대항으로, 기업이 폐업하는 경우 사전에 근로자들에게 통보하고 이들과 협의할 것을 규정하는 노동관련법의 요건을 외국의 다국적기업들에게 보다 엄격하게 요구하기도 한다.

부록 4-2 다국적기업의 이동성과 미국의 작은 도시 이야기

1. 다국적기업에 살고 죽은 미시간주 홀랜드와 그린빌[36]

미국 미시간 주의 작은 도시 홀랜드와 그린빌, 외국계 다국적기업이 들고 나며 빚어진 두 도시의 흥망사는 글로벌경제라는 '양날의 칼' 앞에 축복과 재앙으로 엇갈린 미국인들의 운명을 보여주는 극명한 사례라고 뉴욕타임스(NYT)가 보도했다.

홀랜드는 미시간 주에 있는 인구 2만 4천명의 작은 도시로서, 1990년대 IT버블시기에 벤처기업들에 사무용가구를 이곳에서 생산하면서 번성하였다. 그러나 이후 거품이 꺼지자 일감이 끊겼고 시민 수천 명이 실직자로 전락했다. 가구공장은 망했고 제약회사 화이자의 연구시설도 문을 닫았다. 그러자 주민들은 살길을 찾아 이리저리 뛰었다. 망한 가구공장은 아파트와 사무공간으로 개조되었고 미시간주립대학은 화이자의 연구시설을 대체에너지기업 창업센터로 탈바꿈시켰다. 이런 가운데 독일의 다국적기업 지멘스가 문 닫은 폐수정화설비공장을 매입하겠다고 나섬으로써 홀랜드의 구원자가 되었다. 지멘스는 4년 전 이곳에서 파산위기에 빠진 폐수정화장치 공장을 사들였다. 이후 여기서 생산한 제품을 아시아·중동으로 수출하면서 매출은 3배, 일자리는 이전의 2배 규모로 성장되었다. 이에 이 공장의 한 간부는 '세계화는 홀랜드에게 축복'이라고 말했다.

반면, 홀랜드로부터 약 100㎞ 북동쪽에 있는 그린빌의 운명은 정반대였다. 그린빌은 1986년 스웨덴의 다국적 가전기업 엘렉트로룩스 공장이 들어선 뒤 지난 30년간 일자리 걱정이 없었으므로 그린빌 사람들은 여유로운 중산층생활을 보장받으며 현실에 안주했다. 그러나 엘렉트로룩스가 공장 문을 닫고 멕시코로 옮겨가면서 8천명 인구 중 2,700명이 실업자로 전락했다.

한 주민은 그린빌에서 엘렉트로룩스는 허리케인 카트리나와도 같은 대재앙과 동의어라고 말했다. 공장 일자리를 잃은 뒤 중심가에서 식당을 운영하는 한 주인은 "이곳 사람들은 다른 일자리를 구할 필요가 없었고 나도 죽을 때까지 그 공장에서 일할 것이라 믿었었지만 결국 공장은 문을 닫았다"고 말했다.

공장 폐업을 막으려고 미시간 주지사가 나서 1억 2천만 달러의 세금감면과 새 공장 건립을 약속했고 노조도 연간 3,300만 달러의 임금을 포기하기로 합의했다. 하지만 시간당 1.57달러의 멕시코

36 조선일보 (2008.4.7) (2009.4.24) (2010.3.1), 기사 중심으로 재구성.

노동력을 당해낼 수는 없었다. 그린빌에서 외국인투자업무를 담당하는 한 공무원은 부지런히 투자를 유치하기 위해 뛰어다녔고 이후 어떤 대체에너지회사 공장을 유치해 엘렉트로룩스 실업자 200명에게 일자리를 되찾아 주었다. 그는 '글로벌경제시대에 다국적기업이란 언제든지 또 어디든지 오기도 하고 가기도 하는 것인데 문제는 기회가 왔을 때 그것을 잡을 수 있느냐 여부'라고 말했다.

2. 다임러 벤츠와 앨라배마

1990년대 후반 앨라배마 주 정부는 단지 1,500명을 고용하는 다임러 벤츠 공장을 유치하기 위하여 3억 달러가 넘는 세제상의 특전과 보조금을 지급하였다. 이는 일자리 하나당 20만 달러에 해당되는 금액이다. 그러나 앨라배마 시민들은 이를 자랑스럽게 여겼고 주지사 역시 이를 큰 치적으로 생각하며 몽고메리와 버밍엄을 잇는 고속도로를 '다임러 벤츠 아우토반'으로 이름 붙였다. 주지사는 이 밖에도 주 방위군을 동원하여 공장 부지를 청소하였고 2억 5천만 달러 수준의 직접적인 인센티브 제공, 2,500대의 스포츠 카 구매 등을 약속하였다.

이러한 과정이 진행된 지 몇 달 후 다임러 벤츠는 소형 트럭과 승용차를 생산하는 새로운 조립공장을 베트남 하노이에 설립하기 위하여 협상하고 있다고 발표하였다. 구체적인 계약조건은 알려지지 않았지만 하노이가 앨라배마보다 더 좋은 조건으로 자동차공장을 유치한 것은 분명하였다. 이처럼 다국적기업은 현지국의 정책과는 상관없이 자신들의 필요와 정책에 따라 그들의 생산입지를 결정하고 이동하기 때문에 현지국이 할 수 있는 일은 다국적기업이 범세계적 관점에서 행하는 입지선택을 지켜보는 수밖에 없는 처지에 놓일 때가 많다.

3. 기아자동차와 웨스트포인트

한국의 기아차가 10억 달러를 투자한 미국 조지아공장이 2010년 2월 26일 준공식을 가지고 본격적인 생산에 들어갔다. 이날 준공식을 가진 기아차공장은 연산 30만대 규모로서 생산차종은 쏘렌토R이고 이후 현대차 싼타페의 후속 차종을 추가할 예정에 있다. 정몽구 회장은 축사에서 '조지아 공장을 미국 남부를 대표하는 공장으로 키워 미국경제에 새로운 활력을 불어 넣겠다'고 말했다

기아차 공장이 들어서는 조지아주 웨스트포인트는 인구 3,400명이 사는 조그마한 농촌도시이다. 인종차별이 심해 마틴 루터 킹 목사가 인권운동을 벌였던 '백인우위의 보수풍토' 조지아가 이방인인 기아차의 유치에 나선 데에는 그만한 이유가 있다. 19세기 이후 주력산업이었던 면화·섬유산업이 중국산 섬유제품에 밀리면서 지역산업은 몰락했고 실업률은 다른 주보다 높아졌으며 평균 임금은 20% 정도 낮았다. 그나마 지역경제를 버티어 주던 미국자동차의 자존심인 GM과 포드조차 도요타·현대차의 돌풍에 밀려 공장폐쇄계획을 발표했다. 그러자 조지아 주지사와 웨스트포인트 시장은 GM과 포드의 경쟁자라고 할 수 있는 기아차 유치에 나섰다. 일부 주민들은 반발했다. 세계 1등 강국인 미국이 아시아의 소국에 손을 벌리는 것에 대한 자괴감과 황색돌풍에 대한 경계심 때문이었다. 더구나 미국경제가 잘나가던 시절이어서 다급한 상황도 아니었다. 하지만 지도층은 주민들을 설득했고 열심히 뛰었다. 지역경제를 살리기 위해서는 자존심보다 일자리가 더 중요하다는 실용적 판단 때문이었다.

실제로 이후 기아차 공장의 준공에는 조지아주 정부의 일자리 창출노력이 큰 역할을 했다. 주지사는 지난 2006년 서울을 직접 찾아와 협상을 주도해 미시시피주를 제치고 공장유치에 성공했다. 조지아주 정부가 기아차에 제공한 인센티브는 총 4억 1천만 달러, 261만 2천㎡(약79만평)의 공

장부지와 도로·철도 등 인프라를 무상으로 제공했다. 교육훈련비를 지원하고 세금감면 혜택을 줬다. 기아차공장의 일자리 1개를 만드는 데 제공된 비용이 19만 5천 달러에 이르렀다. 또한 주정부는 공장주변에 '기아 조지아 트레이닝센터'를 건립하여 기아차에 기증했다. 주 정부는 이곳에서 기업맞춤형 교육인 퀵스타트(Quick Start) 프로그램을 운영, 공장에서 일할 직원들이 미리 작업에 숙달할 수 있도록 훈련시켰다. 공장과 인근 고속도로를 잇는 새 인터체인지를 설치하고 공장 정문 앞을 통과하는 도로와 트레이닝센터로 연결되는 도로를 새로 만들면서 거리 명칭에 '기아'(Kia)라는 이름을 붙여주었다.

기아차 공장설립으로 인해 지금까지 창출된 일자리는 총 1만 1천개로서 기아차 1,100개, 동반 진출한 부품협력업체 4,000개, 관련 서비스업종 5,900개 등이다. 조지아공대 기업혁신연구소는 기아차 관련 신규 일자리가 2012년엔 2만개를 넘어서고 지역경제효과가 65억 달러에 달할 것으로 내다봤다. 주지사는 최근 기아차 임원들과 만나, 과거 '바람과 함께 사라지다'(Gone with the wind)로 유명했던 조지아가 이제 '바람처럼 빨리 성장'(Growing with the wind)하고 있다고 말하면서 기아차공장이 이 지역의 성장에 큰 역할을 하고 있다고 밝혔다.

기아자동차의 준공을 계기로 웨스트포인트시는 활기가 넘쳤다. 미국경제가 겪고 있는 80년 만의 최대 불황의 어두운 분위기는 어디에서도 찾아볼 수 없었다. 공장 인근 강 주변에는 신규 주택건설이 한창이었고 부동산 중개업자는 "작년 말 기아차공장이 가동을 시작하면서 일자리가 늘어나자 이들에게 제공할 아파트형 임대주택건설이 활기를 띠기 시작했다"고 말했다. 식당도 늘어났다. 지난해 레스토랑 체인점을 새로 연 관계자는 "기아차 공장이 들어온다는 뉴스를 듣고 이곳에 문을 열었다"고 말했다. 웨스트포인트의 한 주택가엔 '예수님, 기아차를 우리 마을에 보내주셔서 감사합니다'(Thank you Jesus for bringing KIA to our town.)라고 쓰인 푯말이 내걸려 있었다.

3. 다국적기업의 국제적 과점성(세계 생산과 시장의 지배자)

이상과 같이 다국적기업들은 그들의 거대한 규모와 높은 기술력을 무기로 하여 자신이 속해 있는 산업의 생산과 가격을 지배하는 소수의 과점자(oligopolistic corporations)가 되고 있고, 따라서 다국적기업들이 주로 참여하는 국제시장 역시 과점적 성격을 띠는 것이 보통이다. 대부분의 다국적기업들은 해외로 진출하기 전에 이미 독과점적 지위를 형성하고 있는 기업들인데 이들이 이제는 세계를 상대로 하는 이윤활동과 자본축적 활동을 통하여 글로벌시장의 과점적 행위자가 되어 세계의 산업과 시장을 지배하는 것이다.

이 때문에 다국적기업과 해외직접투자의 발생이유를 설명하는 경제이론도, 해외진출 기업이 현지국의 경쟁기업과의 경쟁에서 이기기 위해서는 그들만이 가지고 있는 어떤 독점적 우위를 지녀야 하는데 이러한 독점적 우위는 시장불완전성이나 과점적 특성으로부터 나온다고 설명한다. 특히 이러한 독점적 우위론을 동태적인 전략이론으로 발전시킨 과점적 대응론은, 다국적기업의 과점적 행태에 주목하여 다국적기업과 해외직접투자가 발생하는 원인을 과점적 경쟁(oligopolistic competition) 또는 과점적 대응(oligopolistic reaction)으로 설명한다.

이 이론의 주창자인 닉커보커(F. Knickbocker)는, 어떤 산업에 있어서 해외직접투자가 발생하는 이유를 그 산업 내 선도기업과 경쟁기업 간의 과점적 경쟁 때문이라고 파악하여 어떤 선도기업이 특정 지역에 투자하면 경쟁기업들도 그러한 행위를 추종하여 선도기업의 독점적 시장점유를 봉쇄하는 것이 가장 적절한 전략이 되므로, 과점적 기업 간의 작용과 반작용으로 인하여 해외직접투자가 발생함을 이론화하였다.

이러한 이론이 전제하고 있듯이 실제로 세계의 시장과 산업이 다국적기업의 존재로 인하여 점차 과점적 형태를 나타내고 있다. 예를 들면, 2000년대 초 5대 자동차회사(GM · 포드 · 도요타 · 폴크스바겐 · 다임러 크라이슬러)가 세계자동차 판매의 약 60%(세계10대 자동차회사의 경우 약 80%), 4대 타이어사(일본의 브리지스톤 · 프랑스의 미쉐린 · 미국의 굿이어 · 독일의 콘티넨탈)가 세계시장의 70% 이상, 세계 5대 석유회사가 세계석유시장의 약 35% 이상을 차지하고 있고 석유화학산업의 10대 다국적기업이 세계생산의 40%를 차지하고 있다.

반도체산업의 경우에도 인텔 · 도시바 · NEC · 삼성전자 · 텍사스 인스트루먼트 등 10대 기업이 약 50%, 특히 D램 산업의 경우 5대 기업(삼성전자 · 마이크론 · 하이닉스 · 인피니온 · NEC)이 70% 이상을 차지하고 있다. 전자제품의 경우 역시 이러한 경향이 강하여 컬러TV · 냉장고 · 에어컨디셔너의 경우 모두 세계 5대 기업이 60~75% 이상을 장악하고 있는 것으로 보고되고 있고, 휴대폰의 경우 5대 업체(노키아 · 모토롤라 · 삼성전자 · LG전자 · 소니에릭슨)가 전체 판매 대수의 86.4%(2006년)를 장악하고 있다.

이들 산업의 경우 대개는 해외공장 설립비용이 아주 거대하기 때문에 거대기업들만이 진출할 수 있다. 따라서 다국적기업들은 수직적 통합을 통하여 규모의 경제(economic of scale)가 작용하는 과점적 업종에 진출하여 기술적 선도력 · 막강한 브랜드네임 · 뛰어난 정보탐지능력 · 뛰어난 마케팅능력 등을 활용하여 국제 과점자로서의 기능을 수행한다. 이 때문에 세계적 다국적기업들은 세계의 산업을 과점적 구조로 변화시키고 있으며, 또한 세계적 기업들이 특정 지역에 집중하여 집적의 경제를 도모하는 클러스터형태로 변화되는 추세를 보이고 있다. 이때 이러한 과점적 경쟁의 결과로서 어떤 특정 지역에 동일산업의 기업들이 집중(bunching)되는 현상을 밴드웨건효과(band wagon effect)라고 한다.

최근 세계시장의 통합이 가속화되면서 시간이 지날수록 이들 세계 메이저기업들의 과점도가 더욱 높아져 글로벌 과점체제가 더욱 강화되고 있고 이러한 경향은 금융이나 엔터테인먼트 등 서비스산업 분야에서도 현저해지고 있는데 이러한 현상을 〈표 4－4〉가 보여주고 있다. 주목할 것은 상품 경쟁을 통하여 시장점유율을 높여가던 기존의 경쟁방식으로부터 경쟁자의 경영자원을 일시에 흡수하는 M&A를 통하여 자신의 사세를 급속히 확장하는 경쟁방식으로 전환됨에 따라 이러한 글로벌 과점체제가 더욱 공고해지고 있다는 점이다.

구미 선진국기업들의 경우 1990년대 국내 구조조정과정에서 M&A를 통하여 과점적 기업으로 성장한 뒤 2000년대에는 국제M&A를 통하여 신흥시장으로 진출하여 글로벌 과점기업으로 성장하여 나갔다. 이러한 과정에서 M&A가 글로벌화의 도구가 되었을 뿐만 아니라 세계시장의 과점체제를 더욱 강화시키는 글로벌과점화의 전략적 수단으로 자리잡게 되었다. 이에 따라 M&A가 이제는 어떤 산업 내에서의 기업의 판도변화는 물론 국가의 판도변화에도 영향을 미치는 중요한 존재가 되었다.

표 4－4 **세계 3대·5대 메이저기업의 세계적 과점도 변화**

구 분	세계적 과점도의 변화 내용	
세계 3대기업의 산업별 과점도 ('00년→04년)	• 금융산업(59% → 69%) • 자동차산업(48% → 50%) • 컴퓨터산업(85% → 102%)[주]	• 엔터테인먼트산업(68% → 94%) • 철강산업(13% → 17%) • 통신산업(51% → 51%)
세계 5대기업의 품목별 과점도 ('04년→06년)	• 휴대폰(71.9% → 86.4%) 노키아, 모토롤라, 삼성전자, LG전자, 소니에릭슨 • 액정TV(60.7% → 66.2%) 소니, 삼성전자, 필립스, 샤프, LG전자 • 플라즈마TV(57.1% → 75.6%) 마쯔시타, 삼성전자, LG전자, 필립스, 히타치 • 자동차(50.6% → 57.5%) GM, 도요타, 포드, 르노－닛산, 폴크스바겐	

주 : 컴퓨터산업의 경우 3대 기업의 매출액이 산업 전체 매출액을 상회함.
자료 : 삼성경제연구소(2007.1.) p.3 및 (2007.9.) p.1.

제2절 다국적기업의 기업구조 및 경영적 특성(내부적 특성)

제1절에서는 외부적으로 나타나는 다국적기업의 특성을 기업의 거대성(기업규모)·국제성(활동영역)·과점성(시장구조)이라는 측면에서 살펴보았다. 다국적기업은 기업구조·경영조직·경영통제 등 기업 내부적 측면에서도 국내기업 또는 비다국적기업들과 구별되는 여러 가지 경영적 특성을 지니고 있는데 2절에서는 이에 대하여 논의한다.

1. 다국적기업의 기업구조적 특성

1.1 기업집단으로서의 특성

1.1.1 경제적 단일체 · 경영의 중앙통제성

다국적기업은 하나의 단일기업(單一企業)이 아니라 여러 개 회사가 그룹을 이루는 형태의 "기업집단"(企業集團, cluster of firms)이라는 구조적 특성을 지니고 있다. 따라서 다국적기업을 보다 정확히 말하면, 법적으로는 각기 분리된 회사들이지만 경제적으로는 지배기업(모회사)과 피지배기업(자회사)이 지배종속관계를 통하여 하나로 기능하는 "경제적 단일체"(single economic unit)이다.

경제적 단일체란, 법적 형식으로는 독립된 별개의 기업으로 존재하지만 이러한 개별기업들이 자신의 판단과 책임 하에 독자적으로 활동하는 것이 아니라 그룹 전체로서의 사업목적과 경영목표라는 거대한 틀 속에서 자신에게 주어진 역할을 수행하는 실체라는 것이다. 따라서 다국적기업을 구성하는 모사와 자사들이 모두 법률적 · 형식적으로는 독립적 존재이지만 대등한 지위를 가지는 주체들의 단순한 연합체가 아니라 소유나 경영을 통하여 모회사가 자회사를 지배하고 통제하는 지배와 종속의 관계를 전제로 한다.

이러한 점에서 다국적기업은 국내적으로 존재하는 기업집단과 다를 바 없지만 다국적기업이 국내의 기업집단과 다른 점은 모사와 자사의 법적 국적이 서로 다른 '다국적성'을 띠고 있다는 점이다. 전 세계 곳곳에 퍼져 있는 다국적기업의 자회사들은 세계를 하나의 공간으로 연결하는 네트워크를 통하여 관리되고 운영된다. UNCTAD에 의하면 오늘날 약 10만개 이상의 다국적기업이 전 세계적으로 90만 개의 자회사 망을 통하여 국제생산체제(international production system)를 구축하고 있다.[37]

이렇게 세계 여러 나라에 방대한 해외생산거점 체제를 구축하고 있는 다국적기업은 국민경제 지향적 성격을 지닌 국내기업과 달리 범세계지향적 성격을 가진다. 이들에겐 국경으로 둘러싸인 국민경제라는 개념은 어울리지 않으며 범세계적 차원에서의 ① 집합적 이윤극대화, ② 집합적 조세부담극소화, ③ 집합적 환리스크극소화, ④ 집합적 재테크극대화를 추구한다. 따라서 그들은 세계에서 가장 효율적으로 제품을 만들 수 있는 곳에서 생산하고, 가장 저렴하게 자본을 차입할 수 있는 곳에서 자본을 조달하며, 가장 세금을 적

37 스위스의 네슬레(Nestle) 같은 다국적기업은 전 세계 100여 개국에 300여 개가 넘는 자회사를 거느리고 매출의 98%를 해외에서 올린다. 또한 독일의 지멘스 · 벤츠, 미국의 제록스 · 코카콜라 · IBM, 일본의 캐논 · 소니 · 혼다, 네덜란드의 필립스, 프랑스의 미쉐린 같은 회사도 세계 수십 개국에 해외생산거점체제를 구축하고 매출의 50% 이상을 해외에서 올린다.

게 낼 수 있는 곳으로 소득을 이전시키고, 가장 큰 환차익과 자본수익을 기대할 수 있는 방향으로 자금을 이동시킨다.

다국적기업이 이처럼 범세계적 관점에서 판매와 이익을 극대화하는 동시에 범세계적 관점에서 비용과 위험을 극소화하기 위해서는 해외에 거느리고 있는 자회사들을 효율적으로 네트워킹하고 통제하는 “경영의 중앙통제성”을 확보·유지할 필요가 있다. 이 때문에 세계적 다국적기업들은 이러한 경영의 중앙통제성을 효율적으로 확보·유지하기 위한 조직과 시스템을 만들고 이를 위한 전략들을 수행하기 위하여 피라미드형 계층조직을 형성하고 이러한 조직을 통하여 내부화와 집권화를 행하게 된다.

1.1.2 현지자회사 귀속의 이중성

이상과 같은 다국적기업의 기업집단·경제적 단일체로서의 특성으로 인하여 해외에 소재하고 있는 다국적기업의 현지자회사는, 한편으로는 자신이 입지하고 있는 현지국의 법률과 정책에 종속되어야 하는 “영토적 귀속성”을 가지지만, 다른 한편으로는 모사(母社)의 기업목표와 경영전략에 종속되어야 하는 “경영통제적 귀속성”을 가진다. 현지국정부는 자국 영토 내에서 활동하는 모든 기업들이 그들의 통제 하에 있기를 바라는 반면, 범세계적 이윤극대화를 추구하는 다국적기업의 모사는 자신의 분신(分身)인 해외자회사들이 그들의 가치사슬에 따르기를 원한다. 뿐만 아니라 투자국 정부 역시 자국 기업의 해외자회사들을 자신의 외교·통상정책 목표를 달성하기 위한 수단으로 여겨 해외현지자회사를 두고 있는 자국 기업에 압력을 가하기도 한다.

따라서 다국적기업의 현지자회사는 이러한 영토적 귀속성과 경영통제적 귀속성 사이에서 가능한 최대한의 합의점을 찾아내어 자신들의 이익이 침해받지 않도록 노력한다. 그러나 현지국과 다국적기업의 가치사슬이 서로 다르기 때문에 양자 사이에는 필연적으로 마찰이 발생하게 된다. 이 경우 대부분의 현지자회사들은 모사에 따르는 듯하다가도 현지국에 순응하는 등 다소 기회주의적인 태도를 취하기 마련인데, 이 때문에 모사나 현지국 정부 모두 현지자회사의 충성심에 대한 의문을 갖기도 한다. 버논(R. Vernon)은 1970년대의 저서 여러 곳에서 다국적기업의 현지자회사의 이러한 2중성(twin personality) 및 이로 인하여 발생되는 국가 간 갈등에 대하여 논의하였는데, 남미에 진출한 미국계 다국적기업의 현지자회사와 현지국 간에 이러한 갈등이 실제로 빈번하게 발생하였다.

1.2 다국적기업의 계층화(피라미드형 계층조직)

상술한 대로 전 세계를 무대로 하여 범세계적인 경영활동을 하는 다국적기업은 경영의 중앙통제성을 효율적으로 확보하고 유지하기 위한 조직과 시스템을 만들고 이를 위한 전략들을 수행하기 위하여 계층화된 조직을 형성하고 이러한 조직을 통하여 내부화와 집권화를 추진한다.

다국적기업의 계층화(hierarchization)란, 다국적기업이 본사의 전략본부・지역본부・단순생산거점 등 피라미드형으로 계층화된 조직구조를 형성하고 이를 바탕으로 경영의 중앙통제성을 발휘하고 있음을 말한다. 즉, 다국적기업의 제일 상층부는 본사(모사)의 전략본부(HQ, strategic center)가 위치하고 중간에는 일정한 지역을 통괄하는 지역본부(RC, regional center/ headquarters)가 위치하며 제일 밑에는 단순생산거점(affiliate 또는 subsidiary)이 자리 잡고 있으면서 본사의 전략본부를 중심으로 하여 위계화된 구조와 기능을 유지하고 있는 것을 말한다. 다국적기업의 이러한 계층화의 구조와 특성을 살펴보면 다음과 같다.

계층별 의사결정유형 : 계층화된 다국적기업은 각 계층마다 독특한 기능을 수행한다. 전략본부의 경우 경영목표와 전략수립・연구개발・재무관리 등 전략적 기능(strategic function)을 담당하는 중앙시스템을 만들고, 지역본부에서는 상・하부조직에 정보를 전달하는 역할과 중간관리자로서의 업무조정 등의 기능을 하며, 단순생산거점은 노무관리・시장조사 등 일상적 업무를 수행하게 된다. 따라서 본사 전략본부의 경우 기업의 목표달성을 위한 전략을 기획・수립하는 의사결정을 하고, 지역본부는 본사의 전략에 의해 부여된 임무를 달성하기 위하여 단순생산거점을 통제하는 의사결정과 함께 현지국시장의 정보를 본사에 전달하는 중요한 정보매개체의 역할도 수행하게 되는데 자회사의 규모가 클 경우는 자체적인 전략적 의사결정을 하는 경우도 있다. 단순생산거점은 생산라인이나 노사관계 등 일상적 의사결정을 한다.

계층조직별 입지선택 : 계층조직의 단계에 따라 적합한 입지조건이 달라진다. 거대한 다국적기업의 본사가 개도국에 위치하고 있는 예를 찾아보기 힘들고 단순생산거점이 선진국시장에 위치하고 있는 예 또한 찾아보기 힘들다. 일반적으로 전략수립・기술개발・자금관리 등의 기능을 담당하는 본사는 주로 뉴욕・런던・파리・도쿄 등과 같은 국제금융센터에 위치하고 있다. 지역본부의 경우 싱가포르・홍콩・리오데자네이로 등과 같이 지역적 거점도시에 위치하고 있고,[38] 단순생산거점의 경우 노동력이 풍부한 동남아시아・아프리카・중남미국가 등에 위치하면서 해외생산거점・우회생산기지・부품공급기지・현지

---

38 아시아・태평양지역의 경우, 싱가포르에 약 7,000개사의 다국적기업들이 활동하고 있는데 이 중 약 60%인 4,200여 개가 지역본부기능을 수행하고 있고, 홍콩의 경우 아시아의 금융・물류허브로서 2008년 현재 약 1,300여 개가 다국적기업의 지역본부로서의 기능을 수행하고 있다. 이러한 홍콩의 역할에 대하여 타임즈(Times)지는 북미의 뉴욕이나 유럽의 런던과 같은 기능을 수행하고 있다고 하여 Nylonkong(New York+London+Hongkong)으로 표현하기도 하였다. 최근에는 말레이시아나 중국의 베이징 및 상하이도 다국적기업의 지역본부를 유치하고자 하는 정책적 노력을 기울이고 있다.

시장접근기지로서의 역할을 수행한다.

계층조직별 관리자구성 : 계층조직의 단계에 따라 그 입지가 달라지듯이 관리자의 구성 역시 이러한 계층조직별로 서로 다른 모습을 보여준다. 즉 전략수립·기술개발·자금관리 등의 기능을 담당하는 전략본부의 경우 주로 다국적기업의 본사와 동일국적을 가진 최고경영자들이 대부분이고, 지역적 거점도시에 위치하는 지역본부의 경우 현지고급인력을 채용하여 중간관리자로서의 역할을 수행하게 하고 있으며, 단순생산거점의 경우 현지국의 전문 관리자들을 채용하여 그 역할을 수행케 한다.

표 4-5 **다국적기업의 지역적 계층화**

구 분	의사결정유형	위 치	관 리 자
본사 전략본부 (Strategic Center/HQ)	〈전략적 의사결정〉 • 경영목표 및 전략수립 • 기술개발(R&D) • 자금관리	〈선진국〉 • 뉴욕, 런던, 도쿄 등 국제금융센터에 위치	〈최고경영자〉 • 주로 본국인(미국인·유럽인·일본인)으로 구성
지 역 본 부 (Regional Center/RC)	〈관리적 의사결정〉 • 정보전달 • 교육훈련 • 3단계 관리자의 업무조정	〈선발개도국〉 • 싱가포르, 홍콩, 리오데자네이로 등 지역적 거점도시에 위치	〈중간 관리층〉 • 다양한 나라에서 온 직업적 국제경영자로 구성
단순생산거점 (Affiliate Subsidiary)	〈일상적 의사결정〉 • 노무관리·시장조사 등 일상적 업무	〈개도국〉 • 노동력이 풍부한 개도국에 위치	〈현지채용 관리자〉 • 주로 현지국의 전문관리자 채용

부록 4-3 **다국적기업의 계층화와 베네통의 조직구조**[39]

1991년 말 이탈리아의 유력 신문 '라 레푸블리카'는 의류업체 베네통에 관한 기사를 게재하면서 '폰자노의 기적'이라는 제목을 붙였다. 베네통의 역사를 들여다보면 이 신문이 기적이라고까지 표현한 대목에 수긍이 간다. 회사 설립 40여 년만에 전 세계에 8,000여 개의 독점 매장을 거느린 굴지의 업체로 성장했다는 점에서 우선 고개가 끄덕여진다. 게다가 회사의 출발이 다른 다국적 기업에 비해 너무나 초라했다는 점에서 더욱 그러하다.

세계적인 의류 다국적기업 베네통은 1955년 이탈리아 트레비소의 폰자노지방에 살던 루치아노 베네통이 그의 형제들과 함께 호구지책으로 의류장사를 시작한 것이 출발점이었다. 부친의 갑작스런 사망으로 생계에 위협을 받자 당시 20살이던 맏형 루치아노가 막내 카를과로의 자전거와 자신의 아코디언을 판 돈으로 낡은 직조기를 한 대 사들이면서 사업을 시작했다. 제조는 뜨개질 솜씨가 좋은 여동생 줄리아나가 맡았다. 줄리아나는 다양한 색깔의 스웨터를 짜 도매상들에게 팔았다.

39 동아일보 1999. 7~9월 연재 내용 및 루치아노 베네통, 백창현 옮김, 『베네통이야기』(명진, 1993) 참조.

어두운 단색계통 제품이 주종을 이루던 당시 스웨터시장에서 줄리아나의 컬러스웨터는 젊은 층으로부터 폭발적 인기를 끌었다.

제품이 인지도를 얻기 시작하자 이번엔 루치아노의 동물적인 사업 감각이 발휘되기 시작했다. 그는 전문매장에 초점을 맞춘 판매전략을 수립하면서 저가전략까지 곁들여 베네통제품은 단숨에 대중적 인기를 끌었다. 베네통이 확실한 도약의 발판을 마련한 것은 1984년 패션 사진작가 올리비에르 토스카니를 광고업무 책임자로 발탁하면서부터였다. 종전까지 다른 회사와 다를 바 없던 베네통의 광고는 이때부터 혁신이라는 말로 표현하기 힘들 정도로 변화를 거듭하였다. 신부와 수녀의 키스, 탯줄을 자르지 않은 갓 태어난 아기, 오열하는 가족들에 둘러싸여 임종을 맞는 에이즈 환자, 흰색 바탕에 꽉 차게 나열된 컬러 콘돔 등, 자극적이고 쇼킹한 일련의 광고는 거센 비판의 대상이 되기도 했지만 베네통이라는 브랜드를 전 세계에 알리는 데 결정적인 역할을 했다. 1989년 흑백평등문제를 그 해 광고의 주요 이슈로 선택한 베네통은 흑인여성이 백인아이에게 수유하는 사진을 광고에 이용했다. 당연히 흑백 양 쪽으로부터 비판이 쏟아졌다. 그러나 이 사진은 베네통 광고 사상 가장 많은 수상기록을 세운 바 있다.

그런데 다국적기업의 위계화된 세계적 조직구조, 즉 피라미드형 계층화를 가장 분명하게 보여주는 예가 이러한 베네통이다. 베네통은 120여 개 나라에서 5,500여 개의 매장을 운영하고 있다. 베네통은 이러한 세계적 네트워크를 관리하기 위하여 매우 단순하지만 유연한 세계전략을 계획하였다. 우선 이탈리아에 있는 폰자노 본사는 기업 전체를 효율적으로 기능하게 하는 핵으로서 연구・개발을 주로 담당하면서 전 세계에 공통된 광고를 내보내도록 하였다. 이를 위하여 다양한 국가 출신의 젊은 디자이너 200여 명이 근무하면서 한 시즌에 250여 색상에 이르는 5,000여 가지 디자인을 개발하였다. 또한 베네통의 상징처럼 되어 버린 독특한 광고를 위하여 매출액의 6%나 되는 1억 달러 이상을 지출하였다.

베네통의 본사가 이러한 핵심적 기능을 담당하는 가운데 전 세계지역을 남북아메리카・유럽과 아프리카・아시아 3개 지역으로 나누어 각 지역에 제조와 유통의 권한을 부여하였다. 베네통은 이러한 지역거점을 중심으로 세계적인 생산 공장과 물류네트워크를 구성하여 상품을 생산・판매하고 있다. 또한 본사로부터 반독립적인 형태의 '베네통 트레이드사'를 전 세계에 70여 개 설립하여 각 담당 지역의 주문을 모아 연락을 취하게 하였고 5,000여 매장과 거미줄처럼 연결된 전산네트워크를 통하여 고객들의 욕구에 신속히 대응하는 적기공급방식(just-in time system)을 구축하였다.

또한 베네통은 본사에서 자동차로 5분 거리에 있는 6만평에 달하는 카스트레드공장에서 1,000여 명의 직원이 니트・바지・셔츠 등의 의류를 연간 8,000만 벌 이상 완전 자동화시스템을 통하여 생산하면서 재단・염색 같은 핵심적 공정을 제외한 대부분의 공정을 글로벌 아웃소싱으로 생산한다. 이렇게 만들어진 완제품은 베네통의 심장이라고 불리는 대형 물류센터로 옮겨지고 하루에 3만여 개의 상자가 로봇과 바코드시스템을 통해 자동으로 분류되어 전 세계 매장으로 배송된다.

1.3 다국적기업의 내부화

불완전한 시장에 있어서 다국적기업이 보유하는 독점적 우위를 활용하는 대안적 방법이 수출・라이센싱・직접투자라고 하였을 때, 수출이나 라이센싱은 시장을 통한 외부거래를 행하는 것임에 대하여 직접투자는 국제거래를 기업 내부로 끌어들이는 기업내거래(intra-firm transactions)를 행한다는 점이 다르다. 이처럼 필요한 제 거래를 시장(market)을 통하여 행하는 대신 그러한 제 거래를 그들 기업시스템 내부에서 이루어지도록 하는 것이 내부화(internalization)이고, 다국적기업의 직접투자란 이러한 경제거래를 내부화하는 과정 내지 내부시장을 창조하는 과정이라고 할 수 있다.

이처럼 다국적기업은 그들이 지닌 기업 특유의 우위를 내부화하기 위해 재화와 기술의 '기업내거래'를 선호하는 경향이 있다. 말하자면 외형적으로는 A국에서 B국으로 재화나 기술이 이동하는 것처럼 보이지만 사실상 A국에 위치한 본사에서 B국에 위치한 해외자회사로 이동하는 것에 불과한 경우가 많다. 다국적기업이 행하는 이러한 내부화로 인하여 다음과 같은 기업내무역・이전가격조작이 발생하게 된다.

기업내무역 : 기업내무역(intra-firm/group trade)이란 다국적기업의 본사와 자회사 간 또는 자회사 상호 간에 이루어지는 내부적인 무역으로서,[40] 외부시장을 통하여 서로 독립된 기업들 간에 행해지는 '정상적 무역거래'(arm's length trade/transactions) 내지는 '기업간무역'(inter-firm trade)과 대비되는 의미와 특성을 지니고 있다. 오늘날 세계무역의 상당 부분이 이러한 기업내무역의 형태로 이루어지고 있다.

이전가격조작 : 이전가격(TP : transfer price)이란, 서로 아무런 특수 관계에 있지 않는 독립된 주체들끼리 시장을 통하여 행하는 거래에서 채택되는 정상가격(arm's length price) 내지 시장가격(market determined price)에 대칭되는 개념으로서, 모사와 자사 또는 자사 상호 간의 거래처럼 서로 특수 관계에 있는 주체들 간에 이루어지는 내부거래에서 자의적으로 설정하는 일종의 관리가격(administered price)을 말한다. 다국적기업은 세계 여러 곳에 자회사를 두고 본사와 자사 또는 자사 상호 간에 이루어지는 기업내거래를 통하여 범세계적 이윤극대화를 추구하는 존재인 만큼 그들 기업집단 내부에서 이루어지는 내부거래의 가격을 과다책정(over pricing)하거나 과소책정(under pricing)하는 조작을 통하여 이러한 목표들을 추구한다. 이렇게 다국적기업이 그들 내부거래에서 이루어지는 내부가격을 조작하는 행위를 이전가격조작(TPM : transfer price manipulation, transfer pricing)이라고 한다.

---

40 기업내무역을 좁게 정의하는 경우 본사와 자사 간의 무역만을 말하고 넓게 정의하는 경우 다국적기업 그룹 내 관련회사 모두와의 거래를 포함하는 것으로 구분하기도 한다.

다국적기업들이 이처럼 내부화를 선호하는 이유, 또는 기업내거래를 통한 내부화가 가져다 줄 수 있는 이익이 무엇인가를 정리하면 대체로 다음과 같다.

거래코스트의 회피 및 통제 : 외부시장거래에서는 ① 계약의 상대방을 찾고 계약을 체결하며 이를 이행함에 있어서 발생되는 여러 가지 비용과 위험, ② 시장교환에 따르는 여러 가지 위험과 비용, ③ 기술 등의 소유권을 유지하기 위하여 발생하는 위험과 비용, ④ 가격통제・정부의 간섭 등에 따르는 개입비용 등과 같은 많은 거래비용(transaction cost)들이 발생된다. 그러나 다국적기업이 이러한 거래를 기업시스템 내에서 이루어지도록 내부화할 경우 이러한 거래비용(위험・불안정성・실패 등)을 회피하거나 절감할 수 있다. 즉, 기업이 필요로 하는 원자재나 중간재의 조달에 있어서의 불확실성과 불안정성을 제거하고 안정적으로 공급받을 수 있고 그들이 생산하는 제품을 판매함에 있어서도 그 제품에 대한 통제권을 장악할 수 있다.

내부기술의 보호 : 이러한 거래코스트의 회피와 관련하여 중요한 하나의 기능은 이러한 내부화를 통하여 다국적기업이 보유하고 있는 독점적 기술의 외부유출을 방지할 수 있다는 것이다. 개발한지 얼마 안 되는 신기술일수록 독점적 우위의 원천으로서 보호가치가 높아 이의 유출을 방지하는 노력이 필요하게 되는데 이를 위하여 가장 좋은 방법은 기술유통을 기업조직 내에서 내부화하여 모기업과 해외자회사 간의 '기업 내 기술이전'을 행하는 것이기 때문이다.

규모의 경제 실현 : 방대한 해외생산거점체제를 구축하고 있는 다국적기업이 부품 등 중간재(intermediate goods)의 생산을 각기 최적한 생산거점에서 집중적으로 생산하여 이러한 생산물을 이후 다른 해외자회사나 모기업 간에 내부적으로 거래하여 최종조립하는 방식을 채택할 경우 이러한 중간재생산에 있어서의 규모의 경제(economy of scale)를 누릴 수 있게 된다.

이전가격조작의 이익 향유 : 다국적기업의 내부화를 실현하는 기업내거래의 경우 중간재의 거래가격이 정상적 시장기구(arm's－length market)를 통하여 결정되는 것이 아니라 다국적기업 내에서 모사(다국적기업의 전략본부)의 전략적 고려 또는 이들 상호 간의 이윤분배계약 등에 의해 자의적으로 결정될 수 있기 때문에 이를 통한 여러 가지 재무적・전략적 이익이 발생할 수 있다.[41] 따라서 다국적기업의 내부화는 이전가격조작(transfer pricing)이 가져다 줄 수 있는 여러 가지 이익과 기회를 제공한다.

41 다국적기업이 행하는 이전가격조작의 동기 내지 이전가격조작이 가져다 줄 수 있는 여러 가지 이익에 대해서는 제12장 1절에서 다시 구체적으로 논의한다.

부록 4-4 도요타 자동차의 내부화

일본의 자동차 다국적기업 도요타는 미국의 포드나 GM, 일본 내 경쟁업체인 닛산보다 늦게 국제화를 이룩하였지만 자동차기업의 글로벌화에 있어서는 가장 모범적인 성공사례로 알려져 있다. 도요타는 이미 1970년대부터 동남아시아에서 부품을 생산하여 일본에서 최종 생산하는 기업내거래 체제를 형성하였다. 그러나 1980년대 이후 이러한 생산방식의 국제경쟁력이 약화되고 선진국의 보호무역이 강화되자 미국에 현지공장을 설립하는 것을 시작으로 이후 유럽·아시아지역으로 진출을 확대하였다. 이러한 전략을 통하여 도요타는 45개 해외공장과 160개가 넘는 해외 판매망을 가지게 되었고, 특히 동남아시아를 중심으로 하여 세계적으로 분포된 하청망을 보유하게 되었다.

도요타는 이렇게 미국·캐나다·영국·호주·태국·인도네시아 등 주요 자동차생산 거점 간의 효율을 높이기 위하여 생산거점 간 네트워크 구축에 힘을 쏟았고, 이러한 세계적 네트워크를 활용하여 기업내거래 시스템의 장점을 십분 활용하였다. 즉, 엔진을 생산하는 공장을 태국과 인도네시아에, 스티어링 기어를 생산하는 공장은 말레이시아에, 트랜스미션을 생산하는 공장은 필리핀에 설립하여 여기서 만들어진 부품을 기업내부거래를 통하여 다시 일본·유럽·중동·아프리카·미국 등 전 세계에 퍼져 있는 도요타공장으로 이동시켜 현지의 상황에 맞게 조립하고 판매하였다.

도요타의 자동차생산에서 볼 수 있는 이러한 내부화는 사실 도요타만의 독특한 특성이 아니라 대부분의 다국적기업들이 사용하고 있는 보편적인 특성이기도 하다. 자동차산업의 경우 자동차 한 대를 만드는 데에만 약 2만여 개의 부품이 필요하여 많은 부품 산업들이 집약된 하나의 종합산업이다. 따라서 모든 생산 공정을 한 나라에서 수행하는 것이 아니라 전 세계에 퍼져 있는 현지공장 및 하청공장에서 각각의 부품들을 생산하고 이렇게 생산된 부품들이 완성차가 조립될 때까지 기업내거래를 통하여 전 세계로 이동될 수 있기 때문이다.

2. 다국적기업의 집권화·현지화·글로벌전략

2.1 다국적기업의 집권화(centralization)

다국적기업은 이처럼 하나의 기업집단으로서 계층화된 조직구조를 형성하고 있는 만큼 기업의 주요 의사결정과 전략이 피라미드형 계층조직의 상층부(전략본부)에서 주로 이루어지는 집권화경향이 강하다. 이에 따라 다국적기업의 주요 의사결정과 전략은 그들이 활동하고 있는 나라가 아닌 투자본국의 모사에 의해 이루어지고 전 세계에 퍼져 있는 현지국의 자회사들은 이러한 모사의 의사결정과 전략을 바탕으로 현지에서 활동하게 된다. 다국적기업의 주요한 의사결정과 전략이 집권적으로 이루어지는 형태는 다양하겠지만 일찍이 리드(H. C. Reed)는 다국적기업의 이러한 집권화 유형을 주로 의사결정의 집권화와 R&D의

집권화로 이분하여 논의하였다.[42]

2.1.1 의사결정의 집권화

다국적기업의 본부에는 범세계적 안목을 지닌 최고의 두뇌집단이 광범위한 자료의 축적·분석을 통하여 전 세계를 대상으로 하는 기업경영활동의 방향과 전략을 수립하고 있다. 모사의 최고두뇌집단에 의해 결정된 이러한 경영전략은 세계에 뻗어 있는 모든 해외자회사의 경영에 영향을 미치게 되어 현지자회사의 경영방식이 이에 따라 바뀌게 된다. 보다 구체적으로 어떠한 의사결정이 전략본부에 집권화되느냐 하는 것은 개별 기업의 특성 등 다양한 요인에 의하여 결정되지만, 모사에서 주로 결정되는 의사결정의 유형으로서는 임원의 임명·배당률·장기자금조달·제품의 사양·설비투자 및 연구개발 계획 등이 있다.

이렇게 주요한 다국적기업의 의사결정이 집권화되고 있는 것은 사실이지만 그렇다고 하여 모든 의사결정이 모사에서 이루어지고 해외자회사는 일방적으로 이를 따라야만 하는 것은 아니다. 모사에서 아무리 정보를 많이 수집하고 범세계적 의사결정을 한다고 하더라도 현지국의 실태를 정확하게 파악할 수 없으므로 지역본부를 중심으로 다른 유형의 의사결정이 이루어지게 된다. 지역본부에서 주로 하는 의사결정은 제품의 생산시기·생산량 및 재고량·원재료 및 부품의 조달·현지마케팅 방법·제품판매가격 등이다.

한편, 현지국의 경우 모기업에 의해 자국 내에 진출한 현지자회사의 경영활동이 좌우된다면 자국의 경제주권을 위협받는다고 인식할 가능성이 많다. 이는 자국의 경제적 후생에 중요한 영향을 미치는 의사결정이 자국 영토 밖에서 이루어진다는 것 때문이다. 이에 따라 현지국들은 다국적기업의 주요한 전략적 의사결정이 가능한 자국 영토 내에서 이루어지도록 다국적기업 본사와 교섭하든지 자국 내에 소재하는 현지자회사에게 압력을 가하기도 하는 등 다각적인 노력을 기울이기도 한다. 이러한 과정에서 다국적기업의 집권화 욕구와 현지국의 현지화 욕구가 충돌을 일으키고 양자 간에 마찰이 유발될 수도 있다.

2.1.2 R&D의 집권화

오늘날과 같이 치열해지는 기업 간 경쟁에서 우위를 점하는 첩경은 R&D를 통한 기술개발을 누가 먼저 해서 상품화하느냐에 달려있는 만큼, 다국적기업들은 엄청난 자본을 R&D개발에 투자하고 있으며 개발된 기술을 타국에 이전하지 않고 독점적으로 보유함으로써 세계시장에서 독점이윤을 획득하려고 하고 있다. 이에 따라 다국적기업들은 그들의 의 R&D투자와 개발을 투자본국의 모사에서 집중적으로 행하고 여기서 개발된 기술을 배

---

42 H. C. Reed(1983) p.224, 안세영(1998) pp.29~33.

타적으로 활용함으로써 다른 다국적기업과의 경쟁에서 우위를 유지하려고 하는 집권화경향을 지니고 있다.

미국계 다국적기업들의 R&D투자가 모사와 자사 간에 어떻게 배분되는가를 조사한 한 연구는, 전체 R&D투자 중 모사가 행한 비중이 1977년 90%, 1982년 91%, 1987년 89%, 1992년 88%로 그 비중이 조금씩 작아지고 있지만, 여전히 대부분의 R&D투자가 모사에서 집중적으로 이루어지고 있음을 보여주었다. 1980년대 후반에 행해진 또 다른 연구도 1980년대 중반 미국계 다국적기업이 전 세계에서 410억 달러의 R&D지출을 하였는데 이 중 91.8%는 미국의 모사가 집행하고 단지 8.2%만이 해외자회사에서 집행되었는데, 이러한 해외자회사의 R&D활동도 일본의 도쿄・요코하마나 스위스의 취리히 같은 선진국에서 이루어진 것이어서 진정한 의미의 개도국에서 이루어진 것은 전체 R&D투자의 0.6%에 불과하였다고 밝히고 있다.[43]

다국적기업들이 이같이 R&D기능을 모사에 집권화하는 일반적 이유는 다음과 같다.

기술의 외부유출방지 : R&D기능을 투자본국의 모사에 집중관리함으로써 기업특유의 기술 및 연구정보의 외부유출을 방지하고 내부화하기가 쉽다. 말하자면 이러한 집권화를 통하여 다국적기업이 보유하고 있는 기업특유의 기술(firm－specific technology)이 경쟁자에게 유출되는 위험을 감소시킬 수 있다는 것이다.

경쟁우위의 원천 유지 : 일반적으로 다국적기업이 누리고 있는 경쟁우위는 국내시장 여건을 반영하여 창출되기 때문에 그러한 경쟁우위를 유지・강화하기 위해서는 국내시장과의 밀접한 접촉을 유지하는 R&D가 이루어져야 한다. 이러한 주장은 미국과 같이 거대한 국내시장 수요에 충족되도록 개발된 제품에 기술적 기반을 두고 있는 경우에 해당되지만 보다 좁은 국내시장을 가진 기업들의 경우에도 이러한 논리는 타당할 수 있다. 그들 역시 국내 고객들의 요구를 반영하고 그들과 밀접한 관련 하에서 기술이 개발되어 국내시장에서의 경쟁력이 국제시장에서의 경쟁력으로 발전하기 때문이다.

R&D의 내부적 효율성 증대 : R&D기능을 모사에 집중하여 값비싼 실험설비와 시설의 최소유효규모를 유지함으로써 R&D에 있어서의 규모의 경제를 구현할 수 있다. 또한 R&D를 집중화하면 정보교환이 용이해지고 조정과 통제비용이 감소됨으로써 R&D의 효율성이 높아질 수 있다. R&D활동이 한 곳에서 집중적으로 이루어져 정보교류와 조정이 원활히 이루어지면 조직 간에 불필요한 노력이 중복되거나 값비싼 제품의 이중개발이나 과도한 다각화 등이 방지될 수 있기 때문이다.

R&D의 외부적 효율성 증대 : R&D기능이 모사에 집중되는 경우 다국적기업의 전략본부가 소재하고 있는 선진국들이 제공하는 여러 가지 R&D상의 외부적 이점을 활용하기 쉬워진

---

43 L. Chimerine et als(1995) p.32, UNCTC(1988) p.181.

다. 우선 전략본부가 소재한 지역 근처에 세계적 과학자·기술자와 같은 우수두뇌집단이 몰려 있기 때문에 우수한 연구개발 인력을 확보하기 용이하다. 또한 미국의 실리콘밸리 등에서 볼 수 있는 바와 같이 관련 연구기관의 집중을 통해 연구 활동의 외부경제효과(eternal economy)를 기대할 수 있으며, 미국·유럽·일본 등 대부분의 선진국정부가 제공하는 여러 가지 R&D지원 혜택(incentives)을 누릴 수 있는 장점도 있다.

2.2 다국적기업의 현지화(localization)

2.2.1 1980년대 후반 이후의 전략 변화

이와 같이 다국적기업들은 수직적 계층조직구조 하에서 중요한 의사결정이나 전략·기획·R&D를 본사에 집중하는 집권화를 행하고 있지만 1980년대 후반 이후 세계의 거대 다국적기업들은 경영의 유연화·현지화·글로벌네트워크화를 심화시키는 변화가 나타나고 있다.

과거 다국적기업들은 집권화 또는 위계적 경영방식에 따라 생산작업을 세분화하고 소수의 정상에 있는 엘리트가 전략을 짜고 경영조직의 위계에 의해 작업자들을 감시하는 시스템을 운영하였지만 이러한 방식은 그 자체 여러 가지 문제점을 지니고 있기 때문이다. 우선 조직의 관료화·작업자들의 소외 등으로 규모의 비경제를 심화시켜 이것이 1990년대 초 보잉·캐터필러·뒤퐁·IBM 등 거대 다국적기업들의 수익성이 악화되는 원인이 되었다. 또한 소득수준의 향상으로 끊임없이 변화하는 소비자들의 유행과 수요에 맞추어 상품을 공급해야만 하는데 이러한 소비자들의 유행과 수요의 변화를 가장 민감하게 감지하는 것은 다국적기업의 수뇌부가 아니라 일선의 작업자들이기 때문이다.

다국적기업들은 이러한 문제점들을 극복하고자 1990년대 이후 다음과 같은 전략들을 통하여 변화를 추구하기 시작하였다(Economist 1995, Survey 5).

집중 및 유연화 전략: 다국적기업들이 유지해왔던 수직적 통합 대신 가장 핵심적인 사업에만 집중하고 기타 모든 것을 외부주문으로 조달하는 방식을 채택하기 시작하였는데, 포드(Ford)·GE·질레트(Gillette)가 대표적인 예들이다. 또한 경영간부진을 대폭 줄여 소형화하고[44] 거대기업 스스로를 자체 분할하여 작은 단위로 재편성한 뒤 그들에게 독자적인 권한을 대폭 넘겨주었다. 그리고 단일기업 내부에서도 의사결정 권한을 하부조직으로 이양하였고 경영관리 층의 단계를 대폭 줄여 위계를 수평화해 나갔다.

---

44 이러한 변화로 1993년에만 미국의 대규모기업들의 경우 60만 명을 해고했다. 1992년도에 잭 스미스(Jack Smith)가 GM회장으로 취임하면서 그는 13,000명의 간부사원을 2,000명으로 줄여버렸다(Economist 1995, Survey 5).

네트워크전략 : 다국적기업들은 또한 국경을 넘어서서 더욱 긴밀한 통합을 하기 위해 네트워크(network)개념에 입각한 기업 활동과 의사결정을 시도하기 시작했다. 그리고 세계 각 지역과 지방에서 아웃사이더가 아니라 인사이더가 되어 정보를 확보하고 바로 그 지역 소비자들의 선호와 취향에 응답하고자 노력하였다. 현지문화의 특성에 맞는 판매전략을 채택하고 경영자들도 다양한 문화적 배경을 고려하여 영입하는 등 현지화경향을 강화하였다. 또한 국가 간 환경변화가 심화됨에 따라 지역적 세분화의 필요성이 높아지자 주요 지역별로 지역본부를 설치하고 웬만한 의사결정은 지역본부에 위임하는 체제도 등장하였다.

통합적 전략 : 제품의 디자인・생산・판매・광고 등 전반적인 부문에서 글로벌 차원의 전략을 추진하였다. 예를 들어 한 지역에서의 특정 제품의 수요가 감소하면 즉시 생산을 다른 지역으로 이전시킴으로써 여유생산능력(spare capacity)을 최소화하고 제품의 디자인에 대해서도 전 세계 자사들 간의 연계를 통해 통합된 전략을 구사하게 되었다. 이들은 전 세계적인 차원에서 광범한 경영능력의 풀(pool)을 가지고, 광범한 기술과 좀더 넓은 시각을 갖게 되었으며, 소비자의 수요・기술발전・경쟁자들의 동향 등에 관한 지식을 공유하게 되었다.

2.2.2 다국적기업의 현지화전략

이상과 같이 1980년대 후반 이후 많은 다국적기업들이 본사의 역할과 기능을 축소하는 대신 전 세계를 네트워크화하여 통합하는 움직임은 결국 현지화(localization) 전략으로 대변된다. 본디 집권화(centralization)에 대칭되는 개념은 분권화(decentralization)로서 기업의 중요한 의사결정이나 전략의 수립과 실행이 상위 경영자・조직보다는 하위 경영자・조직에게 분산되고 위양되는 것을 의미한다. 그러나 전 세계를 대상으로 글로벌경영을 행하는 다국적기업의 전략이라는 관점에서 보면, 집권화가 전 세계시장을 하나의 대상으로 통합시키는 표준화(stadardization)・글로벌화(globalization)를 의미하는 반면 분권화는 자신의 자회사들이 진출해 있는 지역이나 국가의 환경에 따라 그 목표와 방식을 달리하는 현지화(localization) 전략을 의미하게 된다.

이러한 현지화전략에는 현지화의 대상과 목표가 무엇이냐에 따라 여러 가지 개념들이 포함될 수 있다.[45] 그러나 다국적기업의 집권화전략에 대비되는 현지화전략으로서 특히

45 예컨대 ① 현지국에서의 원자재・부품 ・자금 등의 조달을 확대하고 인력구성 면에서도 현지인의 비중을 늘리는 "경영관리기능의 현지화", ② 인사 관행・근로시간・보수・교육프로그램 등을 현지국의 기업과 유사하도록 하는 "기업경영방식의 현지화", ③ 국가와 지역 간에 존재하는 환경 차이에 따라 개별 지역 시장별 특성에 맞는 제품을 개발・생산하고 현지국의 수요특성에 맞는 방식으로 제품을 유통・판매하는 "제품의 생산과 판매의

중요한 의미를 지니는 것은 집권화에서와 마찬가지로 의사결정의 현지화와 R&D의 현지화 경향이라고 할 수 있다.

의사결정의 현지화 : 전통적으로 다국적기업의 중요한 의사결정이 피라미드계층조직의 상층부인 전략본부에서 행해지는 집권화가 이루어졌지만 최근에는 다국적기업의 웬만한 의사결정은 지역본부 또는 현지국에 위임하는 의사결정의 현지화가 이루어지고 있다. 최근에 이르러 경제의 범세계화가 가속화됨에 따라 미국·일본·유럽 간의 3각투자가 발달하였던 시대에 나타났던 피라미드형 계층조직이나 집권화 등의 의미가 많이 퇴색되어 가고 있다. 따라서 미국계 다국적기업이나 일본계 다국적기업에서 보듯이 피라미드형 계층조직의 제일 아래에 위치한 단순생산거점의 기능 역시 단순한 일상적 관리기능(day-to-day operation)에 한정되지 않는 경우가 많다.

R&D의 현지화 : 앞서 설명한 바와 같이, 다국적기업의 R&D를 본사에 집중함으로써 연구개발의 효율성은 물론 외부로의 기술유출을 막을 수 있다는 점에서 R&D가 집권화되어야 한다는 것이 전통적인 견해였고 또 실제로 이러한 집권화가 이루어져 왔다. 그러나 1990년대 들어와 미국 기업을 중심으로 한 R&D의 현지화가 빠르게 확산되면서,[46] 그 내용과 지역에도 변화를 보여주고 있다. 과거에는 해외R&D센터의 역할이 현시시장용 기술을 개발(development)하는 것이었으나 최근에는 새로운 기술과 지식을 추구하는 연구(research)기능이 추가되고 있고, 진출지역도 종전에는 선진국 중심으로 이루어졌으나 최근에는 중국·인도 등 개도국으로 확장되고 있다.

이에 따라 OECD국가들의 R&D 중 해외 비중이 1993년 12% 수준에서 2004년 16% 수준으로 높아졌고(OECD보고서 2005), 현지국의 총 R&D 중 외국계 다국적기업의 R&D비중이 1996년에서 2002년 사이에 선진국에서는 11%에서 16%로, 개도국에서는 2%에서 8%로 높아졌다(UNCTAD보고서 2005). 물론, 이렇게 다국적기업 R&D활동의 국제화·현지화가 증가되고 있는 것은 사실이지만 이러한 R&D의 현지화비중은 생산·판매·고용 면에서 외국계 다국적기업이 차지하는 비중에 비해서는 여전히 낮은 수준에 있다. 그러나 최근 몇 년 사이에 이러한 R&D현지화의 범위와 중요성이 커짐에 따라 국제경영자나 국제경영학자들에게 이러한 R&D의 현지화경향이 크게 주목 받고 있는 것이 사실이다.

현지화", ④ 다국적기업이 현지국에 대한 선량한 산업시민(good corporate citizenship)으로 현지사회에 융화함으로써 자신의 경제적 효율을 높이는 동시에 현지국의 경제에도 기여함으로써 현지국의 정치적 위험을 감소시키는 "전략적 현지화" 등이 그것이다.

46 미국계 다국적기업에서 총매출 대비 R&D비중이 본사의 경우 1977년(1.3%)에서 1992년(2.1%)까지 1.6배가 늘어난 반면 현지자회사의 R&D비중은 같은 기간 중 3배(0.3%에서 0.8%로 증가) 가까이 증가한 것으로 보고되었다. 또한 UNCTAD의 보고서(2005)에 따르면 2005년 현재 세계의 주요 다국적기업들은 평균 6.3개의 해외 R&D센터를 운영하면서 R&D예산의 16% 정도를 해외에서 지출(2002년 기준)하는 것으로 나타나 있다.

이와 같이 R&D의 현지화가 증대되고 있는 이유 또는 R&D가 국제적으로 분산되어야 할 이유로서는 대체로 2가지를 들 수 있다. 하나는 R&D는 잠재적 고객과 가까이 있을 때 현지의 특성과 수요에 적합한 효율적 개량과 개발이 이루어진다는 시장근접성(market proximity) 등 수요측면의 이유이고, 다른 하나는 현지에 연구기관을 설립하여 연구개발에 필요한 과학인프라 구조에 접근하는 것이 보다 효율적이라는 공급측면의 이유이다. 1990년대 이후 과학기술을 바탕으로 하는 산업기술이 등장하면서 세계적인 범위에서의 학습 필요성이 높아짐에 따라 기술의 외부조달의 중요성이 커지고 R&D의 현지화가 중요해졌기 때문이다.

어쨌든 최근 기업 활동의 글로벌화 추세가 계속되고 있고 특히 정보통신기술의 급속한 발전으로 인하여 R&D활동이 분산되었을 때 나타날 수 있는 많은 문제점들을 크게 경감시키고 있다. 컴퓨터를 통한 새로운 통신네트워크 시스템은 지역적으로 분산된 소규모 연구 단위들에 흩어져 있는 연구인력과 장비를 효율적으로 통합시키는 기능을 발휘하고 있기 때문이다. 또한 R&D의 지역적 분산화는 기업이 성장하여 다국적화됨에 따라 나타나는 자연스런 현상이 되고 있다.

2.3 다국적기업의 글로벌 전략(집권화와 현지화의 조화)

위에서 살펴본 바와 같이 다국적기업이 전 세계를 무대로 경쟁하기 위해서는 한편으로는 집권화 · 표준화 · 글로벌화라는 목표를 추구하여야 하고 다른 한편으로는 분권화 · 현지화라는 목표도 추구해야 하는 만큼 다국적기업은 이렇게 서로 상반된 압력에 직면하게 된다. 따라서 다국적기업들은, 집권화와 현지화라는 서로 상반된 목표에 대응하여 자신의 국제경영활동을 얼마만큼 집중하고 얼마만큼 분산하며 어느 정도 조정 · 통합할 것인가를 선택하여야 하는데 이러한 선택을 행하는 전략을 글로벌전략(global strategy)이라고 한다. 이하에서는 다국적기업이 자신의 조직구조나 경영활동을 집권화하는 경우와 현지화(분권화)하는 경우 얻을 수 있는 전략적 장단점은 무엇이고, 이러한 두 가지 상반된 목표를 조화시키기 위한 글로벌전략의 과제가 무엇인가를 논의한다.

2.3.1 집권화의 전략적 장단점

우선 다국적기업이 글로벌 경영활동을 행함에 있어 집권화를 통하여 얻을 수 있는 "집권화의 전략적 장점"으로서는 다음과 같은 것들을 들 수 있다.

비용절감효과 : 여러 국가시장에서 개별적으로 수행되는 부가가치활동을 통합적으로 조정함으로써 규모의 경제를 누릴 수 있을 뿐만 아니라 요소비용이 가장 저렴한 곳으로 필

요한 생산이나 경영활동을 이전함으로써 요소비용을 절감할 수 있다. 또한 다양한 현지적응 제품을 생산하지 않고 그 숫자를 줄여 소수의 글로벌한 제품만을 생산하는 집중생산을 통해 단위당 생산비를 절감할 수 있으며, 제품의 생산·원재료의 구입·광고 등을 전 세계적인 관점에서 행하는 표준화를 통한 이점도 누릴 수 있다.

품질통제효과 : 서로 다른 다양한 시장에 적응하려는 현지화를 추구하여 많은 종류의 제품과 프로그램을 제공하는 것을 지양하고 소수의 제품과 프로그램에 집중하는 집권화전략 내지 글로벌전략을 채택하는 경우 생산되는 제품과 프로그램의 질을 높일 수 있다.

고객충성도 제고 : 글로벌전략은 고객의 충성도를 제고하는 데에 도움을 준다. 세계 어느 시장에서도 구입할 수 있고 어느 곳에서도 서비스가 가능하며 글로벌한 인지도가 있는 제품인 경우 그 제품에 대한 소비자의 선호도와 충성도가 향상되기 때문이다.

글로벌경쟁력 향상 : 이와 같은 비용절감·품질통제·고객충성도제고 효과로 인하여 글로벌 경쟁력이 높아질 수 있다. 또한 집권화·글로벌화 전략은 경쟁압력에 대응하는 데 있어서 여러 가지 대안을 가질 수 있도록 해준다. 예컨대 한 국가·지역시장에서 경쟁지위를 개선하고자 하는 기업은 그 국가·지역시장에서 경쟁기업을 공격하는 것과 함께 제3국 시장에서 그 경쟁기업을 공격하는 것도 효과적일 수 있기 때문이다.

조직효율성 증대 : 다국적기업의 집권화는 조직의 목표가 통일적으로 실현되게 할 뿐만 아니라 현지자회사들 간의 생산·연구개발 등의 업무가 중복되지 않도록 통제가 가능해지며 이들 간의 업무조정이 보다 효율적으로 이루어지는 등 조직의 효율성이 높아질 수 있다. 또한 시간을 다투는 의사결정이 필요할 때 보다 신속하고 효율적으로 대처할 수 있다.

이처럼 다국적기업의 집권화는 조직운영의 통일성·효율성을 높일 수 있는 장점이 있지만 다음과 같은 "집권화의 전략적 단점"이 발생될 가능성이 있다.

관리비용 확대 : 집권화가 강화될 경우 현지자회사들 간의 이해관계를 조정하는 본사의 활동이 늘어나고 현지자회사들 역시 본사로의 보고사항 등이 증가하게 되어 다국적기업의 전략을 수행함에 있어 더 많은 관리요원·관리비용이 필요하게 된다. 아울러 의사결정이 중앙집권화된 구조 때문에 전략본부의 과도한 업무 부담으로 의사결정의 질이 저하될 수 있으며, 상부조직의 관료화로 인하여 조직의 효율성이 저하될 수 있다.

현지자회사 경영효율 감소 : 글로벌전략의 수행에 따라 나타나는 본사로의 지나친 집권화는 현지자회사의 사기 및 동기부여에 악영향을 주어 하부조직의 소외·무관심·수동적 대응 등이 심화되어 현지자회사의 경영효율성을 저하시킬 수 있다. 행동주의과학자들은 자신이 수행하는 업무에 대하여 더 많은 자율성을 가질 때 사람들은 그 일에 더 기꺼이 헌신한다고 주장해왔다. 또한 집권화로 인하여 자율성을 갖지 못하는 현지자회사들은 그들의 경영성과에 대해서도 책임성을 느끼지 못하여 부진한 성과에 대해서도 핑계를 대기

쉬워진다.

현지적응력 감소 : 제품표준화를 극단적으로 추구하다 보면 결국 어느 소비자도 완전히 만족시킬 수 없는 제품을 만들어 내는 수도 있다. 또한 지나친 마케팅 표준화도 현지소비자의 행태나 마케팅 환경에의 적응력을 감소시킨다. 또한 집권화된 조직에서는 새로운 환경변화에 대응하는 유연성이 저하되기 쉽다.

2.3.2 글로벌전략의 과제(집권화와 현지화의 조화)

상술한 대로 글로벌 전략이란 범세계적인 관점에서 경영활동을 행하는 다국적기업이 이렇게 상반된 두 가지 목표를 어떻게 조화롭게 절충해 가느냐 하는 수준을 결정하는 전략이라고 할 수 있다. 따라서 이러한 글로벌전략을 위하여 추구해야 할 과제가 무엇인가를 논의하기 위해서는 다국적기업이 직면하게 되는 이러한 상반된 전략의 필요성이 어디에서 비롯되는가를 살펴볼 필요가 있다.

우선 집권화・표준화・글로벌화가 필요한 이유는 세계의 산업과 경쟁이 보다 글로벌화 되는 추세 때문이다. 인터넷기술과 정보혁명으로 인하여 전 세계 소비자의 욕구가 점차 동질화되고 있고 경제거래의 자유화로 세계시장의 통합이 진전되면서 기업 간 경쟁이 보다 글로벌화되어가고 있는 만큼 이러한 무한경쟁 속에서 경쟁력을 갖기 위해서는 규모의 경제를 포함하는 보다 글로벌한 경쟁력이 더욱 필요해지기 때문이다.

반면 이러한 시장의 통합과 경제의 글로벌화 속에서도 현지화・분권화가 필요한 이유는, 여전히 특정 국가・지역에 따른 경제적・문화적 환경의 차이가 존재하고 있어 그러한 차이를 반영하는 특성화가 불가피하기 때문이다. 예컨대 자동차 제조기업들은 미국・유럽・아시아 구매자들이 각기 다른 기호와 요구를 가지고 있어 그러한 수용에 부응하는 자동차를 생산하여야 한다는 것을 잘 안다. 따라서 포드・혼다・도요타 등 세계적 자동차 메이커들은 각각의 지역에 전권을 가진 생산 및 디자인 설비를 갖추고 이러한 지역 특유의 수요에 각기 대응하는 전략을 펼친다.

더욱이 1990년대 이후 새로운 지역경제통합 강화로 지역적 차원에서의 단일시장이 형성되고 있어 이러한 지역별 특성에 적응해야 할 필요성이 높아지고 있고, 또한 새로운 시장으로 등장한 동구유럽이나 신흥개도국들의 경우 시장구조・소비자선호・유통구조・정치경제적 위험 등에 있어 차별적인 성격을 띠고 있어 이러한 수요구조에도 적응하여야 한다. 또한 세계시장의 통합에 따른 무역자유화와 금융시장의 동조화에도 불구하고 여전히 보호주의적 요소가 잔존하고 있고 환율의 국가별 변동이 극심하게 이루어지고 있어 이러한 요인들에 적절히 대응하는 현지생산이 필요해지고 있다.

결국 이러한 집권화와 현지화 압력 간의 딜레마를 풀기 위해서는 양자를 전략적으로 조화시키는 융통성의 발휘가 핵심적 과제가 된다. 이 때문에 거의 모든 다국적기업들이 완전한 집권화나 완전한 현지화보다는 어느 정도 양자를 혼합한 형태의 글로벌전략을 지향하고 있다.

그렇다면 다국적기업은 어떠한 경우 집권화를 더 중요시하고 또 어떠한 경우 현지화를 중요시해야 하는가? 원론적으로 말한다면, 수요가 동질화되고 경쟁이 글로벌화된 분야에서는 집권화의 이점이 더 큰 반면 수요가 다양화되고 경쟁이 분권화된 분야에서는 현지화의 이점이 더 크다고 할 수 있는데 이러한 내용을 〈표 4－6〉이 요약하고 있다.

표 4－6 다국적기업의 집권화와 현지화의 선택

구 분	집권화 · 표준화 · 글로벌화	분권화 · 현지화
배경, 필요성	〈시장 · 산업 · 경쟁의 글로벌화 진전〉 • 인터넷을 통한 정보의 혁명 • 소비자 수요의 동질성 증대 • 무역의 자유화, 시장의 통합 • 규모의 경제의 실현, 글로벌 경쟁력의 필요성 증대	〈정치 · 경제 · 문화 · 제도적 차이 존재〉 • 국가별 · 지역별 사회문화 환경, 유통경로, 정치경제적 위험의 차이 존재 • 환율변동, 보호주의 등의 변수 존재 • 지역주의 통한 지역단일시장 출현, 새로운 시장(동유럽, 신흥시장) 부상
적용 분야	〈수요의 동질화 · 경쟁의 글로벌화 분야〉 • 규모의 경제에 민감한 기능 범세계적 표준화가 필요한 부문 • 기술집약적 다국적기업 활동 • 현지생산품을 전 세계로 수출하는 수출지향형(세계시장지향형)투자	〈수요의 다양화 · 경쟁의 분권화 분야〉 • 다양한 수요에 대한 국가별 · 지역별 차별화가 필요한 부문과 기능 • 마케팅 집약적 다국적기업 활동 • 현지생산품을 현지시장에 판매하는 현지시장 지향형투자

말하자면, 소비자의 기호나 선호가 국가나 지역 간에 뚜렷한 차이가 존재하지 않아 한 제품의 생산 및 판매에 관여하는 여러 기능들 중에서 규모의 경제에 민감한 부문은 집권화 · 표준화 · 글로벌화전략을 추구하는 반면, 소비자기호 · 시장구조 · 경쟁여건 등이 국가나 지역 간에 서로 달라 현지화 · 차별화에 충실해야 할 부문은 분권화시키는 2원적인 접근방식을 취하는 것이다. 두 가지 성격이 다른 기능들 간의 적절한 분화와 연계를 통하여 규모의 경제가 주는 이점은 이점대로 살리면서 국가적 · 지역적 차별화 요구는 요구대로 수용하는 것이다.

이 때문에 전통적으로 기술집약적인 다국적기업들은 집권화경향이 강한 반면 마케팅 집약적인 다국적기업들은 지역본부 또는 국가본부에 의사결정권을 크게 위임하는 경향이 있다. 또한 현지에서 생산된 제품을 현지에 판매하려고 하는 현지시장지향형 투자의 경우 현지화를 더 중요하게 여기는 반면 해외생산거점에서 생산된 제품을 전 세계시장으로 다시 수출하려고 하는 수출지향형 투자의 경우에는 전 세계에서 통하는 글로벌 경쟁력을 갖추기 위한 집권화·표준화가 중요해진다. 결국 다국적기업이 글로벌전략을 수립할 때는 산업과 제품의 특성, 국가와 지역에 따른 글로벌화와 지역화의 압력, 기업의 전략적 목표, 다국적기업이 보유하고 있는 경쟁우위의 원천 등을 명확하게 하고 이들을 적절히 조화시키는 지혜가 필요하다고 하겠다. 이러한 글로벌전략의 유형과 실제 사례를 [부록 4－5]가 소개하고 있다.

부록 4－5 다국적기업의 글로벌전략 유형과 진화

1. 다국적기업의 4가지 글로벌전략 유형

성공적인 다국적기업들은 완전히 집권화·표준화하거나 완전히 현지화·분권화하지 않고 양자를 적절히 조화시켜 최적의 균형점을 찾으려는 통합적 전략을 추구한다. 이때 어떤 기업이 이러한 2가지 목표를 어떤 수준에서 통합하느냐에 따라 그 기업의 글로벌전략 유형이 달라진다. [그림 4－1]은 다국적기업의 4가지 글로벌전략 유형을 보여주고 있다. 종축은 집권화·표준화(통합)의 필요성을 나타내고 횡축은 현지화·분권화(현지적응)의 필요성 정도를 나타낸다. 따라서 어떤 기업이 직면하는 외부적 압력이라는 관점에서 보면 종축은 원가절감에 대한 압력 정도를 나타내고 횡축은 지역특유의 수요에 대한 적응압력 정도를 나타낸다고 할 수 있다. 이렇게 종축과 횡축 요인의 정도를 높은 쪽과 낮은 쪽으로 구분하면 결국 [그림 4－1]과 같은 매트릭스가 도출되게 되고 이에 따라 다음과 같은 4가지의 전략유형이 도출된다.

(낮음) ← 현지화(현지적응) 필요성 → (높음)

집권화·표준화 필요성		
(높음)	**1유형** Coca－Cola, Disney, Matsushita, Nokia, Ericsson	**3유형** P&G, Caterpillar
(낮음)	**2유형** 1960년대 Xerox, Microsoft	**4유형** Unilever, Phillips

자료 : A. Rugman et al(2001) p.227, C. W. L. Hill(2009) p.546 적의 수정.

그림 4－1 다국적기업의 국제경영전략 메트릭스

제1유형 전략 : 제1유형은 현지화 수준은 낮은 반면 집권화 수준이 높은 이른바 집권화·표준화 전략을 중시하는 유형으로서 중요한 문제들에 대한 의사결정권한이 본사에 집중되어 중앙집권적 통제방식과 국가별로 차이가 별로 없는 표준화된 전략을 채택한다. 이러한 전략을 채택하는 기업들은 표준화된 제품을 전 세계에 판매하여 규모의 경제나 학습효과를 추구하는 기업으로서 생산·

마케팅·연구개발 기능을 본사 또는 소수의 어떤 특정 지역에 집중시키고 범세계계적인 규모의 저원가추구가 기업의 전략적 목표가 된다. 따라서 공통적 니즈(universal needs)가 존재하면서 원가압박이 높고 현지적응의 필요성이 낮은 산업에서 주로 채택되는 전략유형이다. 대부분의 전통적인 다국적기업들이 이러한 속성을 지니고 있지만 대표적인 몇몇 기업들은 보면 다음과 같다.

표준화된 제품·서비스·영업으로 세계시장을 공략하였던 코카콜라(Coca−Cola)나 디즈니랜드(Disney) 등이 이러한 전략을 추구하였고, 일본의 마쯔시다(Matsushita)도 이러한 전략으로 미국 및 유럽시장에 성공적으로 진출하였으며, 휴대폰 분야의 세계적 기업인 노키아(Nokia)와 에릭슨(Ericssion)도 이러한 전략유형을 통하여 세계 3대시장의 진입에 성공하였다. 그러나 이들 중에는 노키아와 에릭슨과 같이 여전히 이러한 집권화 전략을 고수하는 기업이 있는가 하면, 코카콜라나 디즈니랜드처럼 집권화 전략을 고수하다가 현지화수준을 높이는 쪽으로 변신한 기업도 있고, 마쯔시다처럼 글로벌전략을 기본으로 하면서 현지화 전략을 약간씩 병행하는 방식으로 전환을 모색한 기업도 있다.

제2유형 전략 : 제2유형은 집권화도 현지화도 별로 높지 않은 전략유형으로서 제품에 대한 수요가 동질적이면서 시장경쟁이 별로 없는 경우 채택하는 전략유형이다. 이들의 경우 그들이 생산하는 제품이 모든 지역에서 공통의 니즈를 가지고 있고 위협적인 경쟁자도 없어서 특별히 원가절감을 강행해야 할 필요가 없으며 제품이나 마케팅을 어느 정도 현지화할 필요는 있지만 그 정도가 심하지 않다. 따라서 국내에서 생산한 제품에 약간의 변형만 가하여 해외로 수출하거나, 국제화를 추진하는 경우 연구개발기능을 본사에 두고 생산과 마케팅기능은 현지시장에서 행하는 형태를 취하게 된다. 1960년대에 복사기를 발명하였던 제록스(Xerox)가 이러한 경우에 속한다. 복사기의 원천기술은 특허로 보호받기 때문에 수년 동안 독점적 지위를 누릴 수 있어 경쟁의 압박이 없었던 만큼 동사는 동일한 제품을 생산하여 전 세계에 높은 가격으로 판매할 수 있었고 특별히 원가를 절감할 필요도 없었다. 마이크로소프트(Microsoft) 역시 역사적으로 이러한 전략유형을 채택하였다. 제품개발은 본사가 있는 미국의 워싱턴 주의 레드몬드에서 행하고 해외에서는 이를 외국어버전으로 바꾸는 등의 제한적인 수정만을 가하여 영업활동을 하였다.

제3유형 전략 : 제3유형은 집권화와 현지화 수준이 모두 높은 균형적 전략유형으로서 양자의 장점을 모두 추구하는 이상적인 초국가적 전략유형이라고 할 수 있다. 이론적으로는 근사하게 들릴지 모르지만 현실적으로 2가지 상충되는 목표를 동시에 충족하는 것이 쉽지 않다는 한계를 지니고 있다. 따라서 이러한 전략유형을 어떻게 성공적으로 수행할 수 있는가 하는 것이 현재 대규모 다국적기업들이 당면하고 있는 가장 복잡한 문제이다. 따라서 이러한 전략적 문제를 완벽하게 해결한 기업은 거의 없다고 할 수 있지만, 몇몇 기업의 예에서 이러한 전략의 성공에 대한 단서를 발견할 수 있는데 그러한 대표적 사례로서 많은 사람들이 P&G나 건설용 중장비사업체인 카터필러(Caterplllar)를 예거하기도 한다.

이들 중 캐터필러는 일본의 경쟁사인 고마츠(Komatsu)와 경쟁하기 위해서는 원가절감이 절실히 필요하였지만 개별 국가의 건설관행이나 그들 정부가 요구하는 바가 각기 달라 이러한 현지요구에도 적절히 대응할 필요가 있었다. 말하자면 원가절감을 위한 압박과 지역 특유의 수요와 요구에 대응해야 하는 압박을 동시에 받는 현실에 직면하게 된 것이다. 이에 카터필러는 원가를 절감하기 위하여 부품을 표준화하고 이렇게 표준화된 부품을 요소비용이 저렴한 지역에서 집중적으로 생산하여 규모의 경제를 추구하는 집권화·표준화를 행하는 동시에 세계적으로 중요한 시장이 있는 지역에 조립공장을 포함한 생산설비를 건설하여 이러한 조립공장에서는 현지의 특성에 맞는 완성품을 조립생산하는 현지화를 행하였다. 말하자면 범세계적인 생산의 효율을 이룩하는 동시에 지역적으로 차별화된 제품을 조립하는 현지화를 실현하였던 것이다. 이 전략을 통하여 동사는 전반적인 공정원가를 대폭 감소시키는 동시에 노동자 1인당 생산성을 2배로 올리는 성과를 거두었다. 반면 경쟁사인 고마츠는 일본 중심의 범세계화전략을 고집하면서 원가절감이라는 측면에서 경쟁력을 상실하게 되면서 캐터필러에게 시장을 잠식당하여야 했다.

제4유형 전략 : 제4유형은 집권화・표준화 수준은 낮은 반면 국제경영활동의 현지화를 중시하는 전략으로서 기업의 제품이나 서비스를 현지화하여 현지시장의 기호와 취향에 적합하게 하고 이를 통하여 이익률을 높이는 전략유형이다. 이러한 전략은 제품에 대한 수요와 선호가 국가나 지역별로 다르고 원가절감의 압박이 별로 크지 않는 경우에 적합한 전략유형이다. 따라서 이러한 전략으로 인해 높아진 원가를 보상할 수 있는 높은 가격책정이 가능하거나 현지의 수요만으로도 규모의 경제를 실현할 수 있는 경우에 이러한 전략이 유효해진다. 이러한 기업의 경우 의사결정 권한도 현지자회사에게 분산되어 각기 현지국의 환경에 적응하는 전략을 채택함으로써 현지국의 환경에 적합한 제품・정책을 수행할 수 있고 현지의 상황변화에 따라 신속한 의사결정이 가능해진다.

이러한 제4유형의 현지화전략을 추구한 대표적 기업으로서는 유니레버(Unilever)와 필립스(Phillips) 같은 기업들을 들 수 있다. 유니레버는 전통적으로 매우 조심스럽게 현지시장 여건에 그들의 전략을 접합시킨 대표적 기업이었고, 필립스 역시 경쟁사인 일본의 마쯔시다가 집권화・표준화전략을 추구한 것과 대조적으로 분권적인 조직구조를 운영하였다. 그들은 강력한 보호무역주의나 정부규제가 만연하였던 전간기에 탄생된 회사로서 처음부터 매우 분권적인 조직구조를 발전시켰다. 따라서 전 세계 600개가 넘는 생산공장에서 각기 현지시장에 적합한 제품을 개발하고 있었다. 이러한 구조를 가진 필립스의 경우 개별 국가의 경영자들이 많은 권한을 가지고 있어 전후 일본 기업의 위협에 대응하는 데 대단히 속도가 느렸다. 또한 이러한 분권화된 구조로 인하여 규모의 경제가 충족되지 않아 일본이 만든 유사제품에 비하여 가격이 너무 높아 1980년대에 들어와 절망적인 상태에 봉착하기도 하였다.

2. 글로벌 전략 유형의 진화와 전환 사례

(1) 전략유형 진화의 일반적 추세

이처럼 세계를 무대로 활동하는 다국적기업은 집권화와 현지화라는 2가지 목표를 어떤 수준에서 통합하느냐에 따라 서로 다른 4가지 글로벌전략 유형을 가지게 되는데 시간이 경과할수록 이러한 전략유형의 가치가 변화되게 되고 이에 따른 전략의 진화가 있게 된다. 이러한 전략의 일반적 진화는 [그림 4－2]에서와 같이 제2유형 또는 제4유형으로부터 제1유형 또는 제3유형 방향으로 나타나게 되는데 그 이유는 다음과 같이 점차 경쟁이 높아지고 글로벌화되기 때문이다.

우선, 제2유형의 전략이 내포하고 있는 치명적인 약점은 이러한 전략 하에서 적극적으로 원가절감 노력을 행하지 않으면 이후 보다 저렴한 가격으로 공급할 수 있는 경쟁자가 부상하여 시장을 잠식하게 된다는 것이다. 상술한 제록스의 경우 이러한 노력을 제대로 하지 못하여 새로운 기술개발을 통하여 보다 효율적인 생산을 행하여 제품가격을 획기적으로 낮춘 일본의 기업 캐논(Cannon)에게 시장을 빼앗기게 되었다. 따라서 이러한 제2유형의 전략은 장기적으로 볼 때 자신의 경쟁력을 유지하기가 어려운 전략유형이라고 할 수 있다. 따라서 경쟁이 높아질수록 제1유형이나 제3유형으로 진화하여 집권화 · 표준화 · 통합의 수준을 높이는 전략으로 진화하여야 한다.

제4유형의 전략에 있어서도 이와 비슷한 양상을 볼 수 있다. 일정한 경우 기업은 현지화만으로 경쟁력을 얻을 수 있지만 이후 공격적인 경쟁자가 나타나는 경우 원가절감이라는 목표를 추구하지 않을 수 없으므로 결국 보다 집권화 · 표준화 · 통합의 수준을 높이는 전략으로 갈 수밖에 없기 때문이다. 말하자면 경제의 글로벌화가 높아져 시장이 통합되고 경쟁이 심화되면 결국 제2유형이나 제4유형의 전략은 효율적이지 않고 보다 글로벌화를 높이는 전략으로 이행할 필요성이 높다는 것이다.

이처럼 집권화와 현지화라는 2가지 전략적 목표를 통합하는 다국적기업의 글로벌전략은 시간이 경과할수록 경쟁이 높아질수록 보다 집권화적인 요구가 높아지는 경향이 있는 것이 사실이지만 개별 다국적기업의 글로벌 전략이 경제적 상황변화에 따라 종전의 전략과 달라져야 할 때도 있다. 예컨대 종전까지 집권화를 중심으로 하는 전략을 추구해 오던 기업이 어려움에 봉착하자 오히려 현지화를 높이는 전략으로 전환하여 성공적인 성과를 내는 경우도 있고 또 그 반대의 경우도 있다. 이러한 변화는 [그림 4－1]과 [그림 4－2]에서 제1유형과 제2유형 간의 전략적 변화라고 할 수 있다.

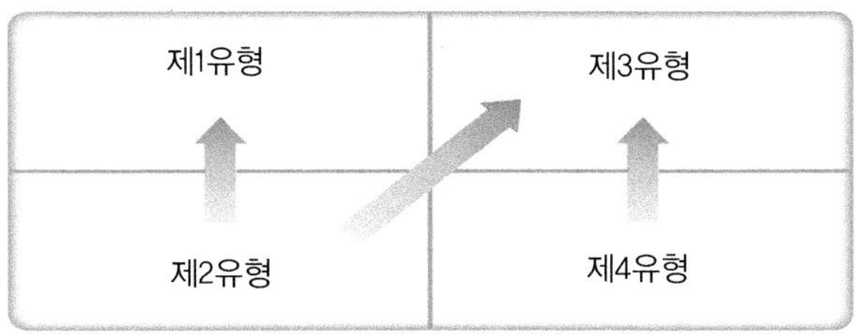

자료 : C. W. L. Hill(2009) p.553 적의 수정

그림 4－2 시간의 변화에 따른 전략의 진화

(2) 현지화를 강화시킨 전략적 전환 사례

우선 종전까지 집권화 · 표준화를 통하여 성공적인 국제경영활동을 해오던 기업이 오히려 현지화 · 분권화를 추구하는 방향으로 전환한 대표적 케이스로서는 다음과 같이 코카콜라 · 디즈니 등의 사례를 들 수 있다.

코카콜라(Coca－Cola) : 그동안 거의 세계 200여 개국에 진출하여 각종 영업 관행을 세계적으로 표준화한 채 모든 해외자회사들을 통일적으로 통제하는 집권화를 통하여 수십 년 동안 세계적 다국적기업의 상징으로 군림해 오던 코카콜라는 2000년대에 들어와 몇 가지 문제점에 봉착하였음을 인식하게 되었다. 1990년대 이후 많은 민족지도자나 지역공동체가 그들의 정치적 · 경제적 · 문화적 미래에 대한 주권을 회복하려고 시도하면서 이른바 '세계의 코카콜라화'에 저항감을 가지고 있다는 사실을 인식하게 된 것이다.

이에 코카콜라는 그들의 경영전략을 보다 현지적응적 전략으로 전환하기 위하여 3가지 원칙을 실행하고 있다. 첫째는 의사결정권한을 현지관리자에게 대폭 위양함으로써 '생각과 행동을 현지화'(think local act local)하는 전략이었고, 둘째는 자신의 브랜드 이미지를 지역적・현지적 차원에서 구축하기 위한 순수 마케팅회사로 전환하는 전략이었으며, 셋째는 현지사회의 공익적・자선적인 활동을 증대시켜 현지국의 선량한 시민이 되는 전략이었다. 말하자면 코카콜라는 종래 그들이 추구하였던 집권화・표준화전략을 보다 현지화・분권화된 전략으로의 변신을 모색한 것이다.

유로 디즈니(Euro Disney) : 월트디즈니사(Walt Disney Company)는 1988년과 1990년 사이에 3개의 오락장을 개장하여 그중 2개는 1991년에 도산하였고 나머지 1개는 영업 실적이 극히 부진하였다. 그럼에도 불구하고 1992년 파리 근교 20마일 지점에 유럽에서 처음으로 건설되는 유로 디즈니랜드에 대하여서는 6시간 자동차 거리 이내에 1억 이상의 인구가 살고 있기 때문에 대성공을 거둘 것으로 믿었다. 그러나 그들의 판단은 완전히 빗나가 개장 첫날부터 운영상 어려움을 겪었다. 왜냐하면 이 회사는 유럽 현지인들의 니즈를 반영하는 현지화전략보다는 자신들의 브랜드를 통하여 표준화하려는 집권적 전략을 채택하였기 때문이다.

예를 들면 대부분이 프랑스인들로 구성된 작업자들의 미팅에 영어 사용을 강요하였고, 대부분의 유럽인들이 식사와 함께 약간의 술을 곁들이는 문화를 가지고 있음에도 불구하고 공원 내에서 술을 팔지 못하게 하였고, 많은 전시물이나 놀이기구들이 현지의 주제를 반영함이 없이 미국에 있는 디즈니랜드와 꼭 같은 것들로 채워져 유럽인들에게 조금도 어필하지 못하였기 때문이다. 노동자들에 대한 근로조건도 현지노동자의 기대와 맞추지 못하여 개장 이후 한 달 이내에 300여 명의 노동자가 떠나가는 사태를 맞았다. 이에 따라 1994년 유로 디즈니는 대폭적인 손실을 입게 되어 경영이 심각한 상황에 봉착하게 되었다.

이에 디즈니는 지금까지의 전략을 재검토하라는 압력을 받고 지금까지 그들이 행한 집권화・표준화전략을 수정하여 보다 현지인들의 기호와 문화에 맞추는 현지화전략으로 대체하는 변화를 시도하였다. 우선 공원의 이름부터 '디즈니랜드 파리'(Disneyland Paris)로 바꾸고 현지의 동화에 등장하는 캐릭터를 강조하기 시작하였으며 종업원의 행동을 규제하는 규정이나 규칙도 현지인의 문화에 맞도록 개정하였다. 또한 공원 내에 제공하는 서비스도 대폭 변경하여 알콜 음료를 판매하는 등 현지인의 기호를 반영하였다. 이러한 전략의 변화가 채택된 이후 디즈니랜드 파리는 이익을 내기 시작하였고 디즈니사에 대한 유럽 사람들의 반감도 사라지게 되었다.

(3) 집권화를 강화시킨 전략적 전환 사례

이처럼 코카콜라・디즈니사가 자신이 취해왔던 집권화・표준화전략을 현지화전략으로 전환하여 성공을 거둔 사례였다면, 거꾸로 종전까지 현지화・분권화전략을 중시하여왔던 다국적기업이 오히려 집권화・표준화전략으로 전환하여 경영성과를 개선시킨 기업들도 많이 있다. 여기서는 이러한 기업의 대표적인 예로서 IBM・네슬레・P&G의 사례를 살펴보기로 한다.

IBM : 세계최대 컴퓨터업체, 미국을 대표하는 다국적기업 IBM은 1914년에 설립되어 1920년대에 이미 해외시장에 진출하였고 1940년대에 세계 78개국에 판매망을 갖춘 가장 글로벌화된 기업이다. IBM의 해외경영에 있어서 가장 특징적인 사실은 100% 단독투자만을 고수한다는 점이다. 그 이유는 자신이 보유하는 기술적 우위가 유출되지 않도록 하는 동시에 해외 현지시장에 대한 영향력을 강화하고 본사의 방침대로 경영활동을 전개하기 위해서이다. 이러한 원칙을 지키다 1978년 인도에서 부득이 철수하는 사태가 발생하기도 하였지만 사업환경이 변화된 1990년대 이후에도 이러한 원칙을 고수하였고 1992년 중국 진출 시에도 어렵고 힘든 협상과정에서도 끝내 이 원칙을 관철하는 데 성공하였다. 외국 기업체가 중국에서 100%지분 자회사를 세운 것은 이것이 사상 최초의 기록이었다.

IBM은 일단 이렇게 100% 단독투자를 행한 뒤에는 철저하게 현지화를 행하여 현지법인이 그 나라 기업이 되도록 하였다. 이것은 현지사정을 잘 아는 현지인을 통하여 영업효율을 높이려는 목적 때문이었지만 100% 투자방식을 고집함에 따르는 현지정부와의 마찰을 방지하려는 의도도 물론 포함되어 있었다. 따라서 R&D · 제조 · 브랜드이미지 관리 · 전략적 제휴 등은 본사가 맡고 판매와 마케팅 · 인사문제 등은 철저하게 현지화하였다. 이를 위하여 해외사업 구조를 개별 국가 단위의 자사조직으로 만들어 현지경영자와 임원들이 그 지역에서 이루어지는 컴퓨터 · 통신 · 금융 등 모든 관련 사업을 담당하도록 하였다. 그러나 국가별 사업구조를 중심으로 하는 이러한 현지화 전략은 각 국가의 IBM지사의 자율권이 너무 높아져 전체적인 차원에서의 효율성이 떨어졌고 각국 IBM지사 간의 경쟁이 심화되었다는 반성을 불러일으켰다. 각국에 소재하는 IBM지사 간의 경쟁으로 인한 이러한 폐해는 특히 유럽지역에서 극심하게 나타나 많은 기업들이 IBM을 하나의 실체로 인식하여 IBM과 거래를 할 경우 혼란을 겪는다는 불평을 듣기도 하였다.

그러나 1995년 이후 IBM은 이러한 전략에 일대 수정을 가하였다. 그동안 글로벌 시장을 최대한 활용하기 위하여 국가 단위로 이루어져오던 판매 및 마케팅조직을 전 세계적 차원에서 산업중심으로 재조정하여 금융 · 통신 · 운송 · 의료 등 14개 사업부문 중심으로 조직을 개편하였다. 이렇게 지역중심 구조를 사업중심 구조로 전환한 것은 제품의 개발과 판매서비스를 집권화하여 글로벌 차원에서 관리하기 위해서였다. 점차 국경의 문턱이 낮아지고 시장이 통합됨에 따라 고객의 수많은 요구에 신속하게 대응하기 위해서는 사업별 체제로의 전환이 필요하다고 생각하였기 때문이다. 이에 따라 해외사업은 북미 · 남미 · 아시아 태평양 · 유럽 등 4대 지역본부로 나누어 산업별 전문가 집단에 의하여 운영되고 각국의 지사장이 이러한 지역본부의 이사가 되어 운영되는 체제를 갖추었다.

IBM은 이렇게 판매와 마케팅에 있어서 집권화를 강화시키는 동시에 광고전략 역시 세계적 차원에서 이루어지도록 전환하였다. 종전까지 전 세계적으로 40여 개 광고대행사를 통하여 이루어지던 광고를 O&M이라는 하나의 광고회사에서 집권적으로 행하도록 하였다. 다만 이러한 집권화의 강화에도 불구하고 인사문제에 있어서만은 여전히 현지경영을 중시하는 정책을 고수하여 현지 자회사의 경영층은 물론 전 직원을 현지인으로 충당하였다. 이러한 전략적 변화 이후 IBM의 경영성과는 급격히 개선되었다. 시장변화에 신속히 대응하지 못하여 1990년대 초 극도의 경영위기에 빠져들어 많은 언론으로부터 '공룡의 위기'라고 지칭받기도 했던 IBM이 이러한 전략적 변신을 통하여 거듭 태어났던 것이다.

네슬레(Nestle') : 세계에서 가장 큰 식음료 다국적기업 중의 하나인 네슬레는, 식음료시장에서 국제적 소비자의 기호는 모두 서로 다르므로 현지소비자의 맛과 기호에 따라 제품을 주문받아 생산한다는 회사의 신념을 반영하여, 전통적으로 분권화된 조직을 운영하였다. 그러나 네슬레는 최근 이러한 분권화된 구조로부터 벗어나기 시작하였다. 네슬레가 이러한 변화를 시도하게 된 것은 무역장벽과 지역경제통합이 증대되고 유니레버(Unilever)나 P&G와 같은 경쟁자들이 보다 공격적으로 시장에 뛰어들었기 때문이었다.

우선 날로 증가하는 지역통합시장에 제대로 적응하기 위해서는 지역적 대응이 필요하였고 더욱 치열해진 시장경쟁에 이기기 위해서는 자회사들 간의 중복 업무를 없애 비용절감을 행할 필요가 있다는 사실을 깨닫게 되었다. 이에 따라 네슬레는 우선 구매 · 생산 · R&D 등 주요 기능은 집권화를 통하여 주요 상품라인에 대한 통제와 비용절감을 도모하고, 마케팅과 영업은 현지자회사에 권한을 위임하여 최대한 현지소비자의 요구나 현지 유통구조와 최대한 조화를 이루도록 하는 분권화를 시행하여 2가지 목표의 균형화를 도모하였다. 이를 위하여 네슬레는 점차 글로벌사업에 기반을 둔 새로운 조직기구를 도입하여 그 전략과 성과에 대한 범세계적인 책임을 지도록 하였다.

P&G : 세계적인 소비재회사 P&G(Proctor & Gamble)는 신시내티를 기반으로 1837년에 설립되어 연매출이 500억 달러가 넘고 아이보리비누 · 팸퍼스(Pampers) · 타이드(Tide) · 애완동물식품(IAM Pet food) 등 300여 개가 넘는 브랜드를 160여 개국에 판매하고 있는 세계적인 기업이다. 이러한 P&G의 전략은 역사적으로 잘 정립되어 있다. 신시내티 본사에서 새로운 제품을 개발하면 해외의 자회사들이 제품을 생산하여 판매하고 유통시키는 것이었다. 이때 각각의 자회사들은 각 지역의 기호와 입맛에 맞는 그들만의 제품생산시설과 패케이지 된 상표명과 마케팅메시지를 가지고 있었다. 이러한 전략을 통하여 P&G는 훌륭한 성과를 나타내었다.

그러나 1990년대 이후 이러한 전략에 문제가 발생하였다. P&G의 해외 각 지사들이 대규모로 보유하고 있는 중복되는 생산 · 마케팅 · 관리시설로 인하여 비용이 지나치게 높아진 것이다. 1960~1970년대에는 대외무역장벽으로 인하여 세계의 시장이 분할되어 있었던 만큼 이러한 중복자산이 문제가 되지 않았지만 1980년대 중반 이후 이러한 보호무역장벽이 없어지고 시장이 점차 통합되기 시작하자 이러한 중복 자산이 비효율의 원인으로 작용하였다. 또한 P&G가 주로 물품을 공급하는 미국의 월마트(Wal-mart) · 영국의 테스코(Tesco) · 프랑스의 까르푸(Carerefour) 등 세계적인 기업으로 성장한 소매업체들이 납품가격 할인을 강하게 요구하기 시작하였다.

이러한 환경변화에 직면한 P&G는 1990년대 초 중요한 개혁을 실시하였다. 전 세계 30개 공장을 폐쇄하고 13,000여 명을 해고한 뒤 적은 수의 생산공장에 집중적인 생산을 통하여 규모의 경제를 추구하였다. 이러한 개혁에도 불구하고 성장이 여전히 부진하자 1990년대 말에 또다시 P&G를 진정한 세계적 기업으로 탈바꿈하기 위한 개혁을 실시하였다. 그동안 국가과 지역을 기반으로 했던 지역적 구조를 없애고 전체 사업부문을 7개의 포괄적 사업단위로 교체하고 이러한 사업단위들이 제품의 개발 · 생산 · 마케팅을 전 세계적 관점에서 집권화된 활동을 하도록 만들었다. 이러한 구조전환의 결과 그동안 중복이 심하였던 유럽지역의 10개 공장이 문을 닫았고 15,000여 명의 직원이 해고되었고 연간 비용절감액이 8억 달러로 추정되었다. 그 결과 P&G는 2000년대 초 큰 성장을 이루었고 P&G의 경쟁사인 유니레버(Unilever) · 킴벌리 클락(Kimberly-Clark) · 콜게이트 팔모리브(Colgate-Palmolive) 등이 이러한 P&G의 성장으로 인하여 많은 고통을 겪었다(J. Neff 2003, G. Strauss 2005).

CHAPTER 05

다국적기업과 직접투자의 투자유형

제1절 다국적기업의 일반적 투자유형

1. 해외진출동기에 따른 투자유형

1.1 다국적기업의 일반적 진출동기

제3장에서는 기업의 글로벌화가 초래된 역사적·환경적 요인들을 1950년대 후반 이후의 국제경제 환경변화를 중심으로 시대별로 개관하였다. 그러나 기업의 글로벌화가 이루어지는 이유는, 이러한 기업 외부의 환경변화에 따라 전략적으로 대응하는 기업 내부적 요인들이 크게 작용하게 되는 것은 두말할 나위가 없다.

기업들이 해외시장에 투자하고 국제경영을 확대하는 동기를 일반적으로 말한다면 국내경영에서와 마찬가지로 기업의 '생존·이익·시장·성장을 위해서'(for survival, profit, markets and growth)이다. 다만 국내시장만을 서브하던 기업이 해외시장으로 진출할 때는 국내에서 추구할 수 없는 추가적인(additional) 이익·시장·성장을 추구한다는 점이 다를 뿐이다. 따라서 기업이 해외시장에 진출하고 개입하는 넓은 의미의 목적은 '추가적인 이익·시장·성장을 추구하기 위함'이다. 그러나 이러한 기업진출의 일반적 목적과 동기를 좀더 구체적으로 살펴보면 다음과 같이 매우 다양하다.

1.1.1 시장적(수요적) 동기 요인

기업이 해외로 진출하는 최대의 동기는 해외에 존재하는 수요에 적절히 서브함으로써 시장을 확대·유지하고 이를 통하여 종국적으로는 더 큰 성장과 더 높은 이윤을 추구하기 위함이다. 이러한 시장적인 동기를 좀더 구체적으로 살펴보면 다음과 같다.

시장의 개척과 확대 : 국내에서 활동하던 기업이 해외로 진출함으로써 국내시장만으로 확보할 수 없는 시장을 확보하거나 새로운 시장을 개척하고 확대할 수 있다.

(1) 국내시장에 한계가 있거나 규모의 경제 실현이 불가능한 경우 해외진출을 통하여 규모의 경제를 실현할 수 있고 또한 국내시장이 치열한 경쟁으로 인하여 포화상태

(saturation)에 이르렀을 때에도 해외투자를 통하여 새로운 시장을 창출할 수 있다. 더욱이 최근의 세계화로 인하여 자동차・TV・대형항공기・대형발전설비・석유화학・반도체 등과 같은 분야의 경우 세계적인 규모로 생산하고 판매하지 않으면 경쟁에서 살아남기 어렵기 때문에 글로벌화를 통해서만이 이러한 목표를 달성할 수 있다.

(2) 최근에 급격히 성장하고 있는 개도국이나 구사회주의권 국가들의 급격한 시장규모 확대와 새로운 제품에 대한 수요증대 등 이른바 신흥시장(emerging market)을 적극적으로 활용하기 위해서는 이들 국가에서 직접 생산을 통한 시장개척이 바람직하다.

(3) 선발기업체로서 해외에 진출하는 경우 여러 가지 측면에서 선발진출자(pioneer firm)로서의 시장장악에 유리한 선점의 이익을 누릴 수 있다. 현지에서의 생산 및 판매활동을 전개함으로써 수요특성이 다른 현지시장에 보다 신속히 적응할 수 있고 시장조사 및 광고활동도 용이하며 비용도 절감된다.

시장의 유지와 방어 : 그동안 자신이 확보하고 있던 해외시장을 유지하거나 시장에서의 새로운 경쟁에서 도태되지 않기 위하여 해외로 진출하는 투자, 즉 기존시장의 유지와 방어를 위한 방어적인 투자(defensive investment)가 이루어진다.

(1) 현지국이 국제수지개선과 수입대체산업육성 등을 위하여 관세・비관세조치 등과 같은 무역장벽(trade barrier)을 설치함으로써 단순한 수출만으로서는 이익달성을 할 수 없는 경우 이러한 무역장벽을 우회하는 수단으로서 기업의 해외진출이 이루어진다. 해외에 진출하여 현지국의 법인이 되는 경우 국내기업체로 간주됨으로써 현지국의 판매에 대한 내셔널리즘적인 저항이 감소된다. 또한 진출대상국이 제3국에 대한 특혜적 대우의 수혜국인 경우 제3국에 대한 수출의 간접적인 증대가 이루어질 수 있다.

(2) 해외시장에 지역경제통합(regional economic integration)이 형성되는 경우 역내외 차별화로 인해 수출을 통한 이익추구가 어려워지는 경우 역내에 직접투자 함으로써 기존시장을 유지하는 동시에 지역공동체의 발전을 이익적으로 활용한다.

(3) 경쟁국 또는 본국 내의 경쟁기업들이 해외 진출하는 경우 기존시장을 상실할 뿐 아니라 새로운 시장의 창설과 진입에 대한 주도권을 상실하게 되므로 이에 대한 방어로서의 대응적 투자(reactive investment)를 행한다.

(4) 은행・보험・광고・회계법인・컨설팅・엔지니어링・호텔・인터넷 등과 같은 서비스산업의 경우 자신의 고객이 해외로 진출하는 경우 그 고객들을 계속 장악하기 위하여 자신도 해외로 진출하는 경우도 있다. 또한 자동차・가전제품 등과 같이 최종조립업체들이 해외로 진출하여 현지생산 활동을 하는 경우 부품 및 중간재 생산업체들이 동반하여 진출함으로써 기존의 고객을 유지하게 된다.

(5) 제품의 라이프사이클과 이익사이클에 따라 그들 제품의 비교우위가 타국으로 이동

되는 경우, 이러한 제품의 수출을 해외직접투자로 대체하여 그 제품의 수명주기와 이익주기를 리싸이클링(recycling)함으로써 기존시장을 유지할 수 있다.

1.1.2 생산적(공급적) 동기 요인

이상과 같이 해외시장을 확보하고 유지하기 위한 투자와 함께 국내보다 더 저렴하고 풍부한 생산요소 또는 국내에서 조달하기 어려운 생산요소를 취득함으로써 생산 상의 효율을 얻기 위한 투자, 또는 국내보다 유리한 산업입지를 활용하기 위한 해외직접투자가 발생된다.

자원의 안정적 확보 : 특수한 천연자원의 경우 대개는 지역적인 편중성・개발의 장기성 및 위험성・발견의 우연성 등에 의해 지배되므로 이러한 자원의 안정적 확보를 위해서는 자원보유국에 대한 자원추구형 투자(natural resources－seeking investment)가 이루어져야 한다. 이러한 자원의 안정적 확보문제는 부족한 자원을 장기적・안정적으로 공급받는다는 의미 외에도 기업 간의 경쟁에 이기기 위한 전략적 동기도 포함될 수 있다. 즉 소수의 원료채취 기업에서 얻을 수 있는 원료를 소재로 하는 제조업의 경우 안정적인 원료의 확보는 타 기업과의 경쟁에 있어 중요한 의미를 가지기 때문이다.

저렴한 노동의 확보 : 노동의 상대적 부족으로 임금의 상승과 근로조건 개선의 압박을 받고 있는 선진국기업이 노동의 상대적인 풍부성과 공업의 낙후성에 의해 저렴한 노동력이 방치되고 있는 개발도상국에 대한 노동추구형 투자(labor－seeking investment)를 통하여 저렴한 노동력의 확보가 가능해진다.

선진기술의 확보와 습득 : 선진국에 해외자회사를 설립하여 앞선 기술이나 경영상의 노하우를 확보하거나 습득할 수 있다. 일본・유럽・신흥공업국 기업들의 미국의 실리콘밸리에 대한 투자가 전형적인 예이다. 오늘날 기술에 의한 경쟁력향상이 더욱 중요해지고 기술에 대한 보호조치가 더욱 강화됨에 따라 이러한 기술추구형 투자(technology－seeking investment)가 더욱 중요해지고 있다.

유리한 산업입지의 활용 : 이상과 같은 생산요소의 확보 이외에 국내보다 유리한 해외의 산업입지를 활용하기 위한 투자도 일어나게 되는데 그러한 요인들을 예거하면 ① 본국에서보다 저렴한 공장건설비, ② 물적 공급 및 물적 유통비의 절감, ③ 특수원자재 및 부품 등의 구입용이성, ④ 공업용부지(site)나 공업용수문제 해결의 용이성, ⑤ 시장수요에 맞는 제품적응(adaptation)의 용이성, ⑥ 보다 덜 엄격한 현지국의 공학적 기준, ⑦ 본국보다 덜 엄격한 공해규제기준을 채택하고 있는 공해천국(pollution haven/paradise/resort)으로의 생산입지이동 등 다양하다.

1.1.3 국가적 동기 요인

이상과 같은 시장적 동기(수요측면)와 생산적 동기(공급측면)와 더불어 개별 국가, 즉 현지국이나 투자국의 정책이나 사업 환경 또는 사업편의성(business facilitation) 등의 요인 역시 해외직접투자의 중요한 원인이 된다.

현지국 요인(Pull요인) : 다국적기업이 해외로 진출하는 동기로서 작용하는 국가적 요인들 중 현지국적인 요인들을 살펴보면 다음과 같다. 말하자면 해외의 자본을 자국으로 끌어들이는(pull) 요인들이다.

(1) 대부분의 현지국들은 부족한 자본·기술의 도입을 통한 효율적인 경제개발과 경제성장을 위하여 외국인투자에 대한 여러 가지 재정적·금융적·행정적 유인(incentives)들을 제공한다. 다국적기업들은 이러한 현지국의 투자유인을 활용하기 위하여 해외직접투자를 행하게 된다.

(2) 개발도상국에 대한 경제협력으로 인한 후속수요의 커버를 위한 해외진출이 이루어지게 되는데 어떤 종류의 종합산업의 형태를 지닌 특정 기업이 진출하는 경우 현지국에서 관련된 부품이나 중간재의 조달이 곤란한 경우 이와 관련된 하청기업의 진출이 뒤따르게 된다.

(3) 기술제휴나 합작투자와 같은 소극적 자본진출에 의하여 훌륭한 생산시설·기술·자본을 제공하여 주더라도 현지국의 경영관리능력 미숙으로 소기의 목적을 달성할 수 없는 경우 이러한 매니지먼트 갭(management gap) 해소를 위한 직접투자가 있게 된다.

투자국 요인(Push요인) : 다국적기업은 현지국의 생산적 요인이나 수요적 요인 이외에 국가적 요인에 의하여 해외진출을 행하지만 이와 동시에 여러 가지 투자국 측면의 국가적 요인 역시 다국적기업의 해외진출동기로 작용한다. 말하자면 자국의 자본을 해외로 나가도록 밀어내는(push) 힘으로 작용하는 국가적 요인들이다.

(1) 국내시장규모의 구조적 한계, 성장의 둔화에 따른 시장 확대의 정체, 기업 간 경쟁의 격화로 인한 국내투자기회의 소진 등으로 인하여 국내시장에 대한 사업 확대 또는 신규가입이 어렵게 되는 경우 해외투자에 관심을 가지게 된다.

(2) 국내불황 및 경쟁격화 등으로 국내이윤율이 낮아지는 경우 이의 타개책으로써 해외진출을 행한다. 또한 국내에서의 법인세율이 지나치게 높은 경우 이러한 조세의 회피를 위하여 세금회피지(tax haven/paradise/resort)로의 진출이 있게 된다.[47] 또한 국내생산요소의

47 이러한 조세천국은 조세감경 정도에 따라 ① 버뮤다·바하마·케이멘열도 등과 같이 세금이 전혀 없는 조세천국(tax paradise), ② 홍콩·파나마·바베이도스·안티구아·코스타리카·라이베리아 등과 같이 해외원천소득에 대해서만 세금을 면제하는 면세국(tax shelter), ③ 네덜란드·스위스·리히텐슈타인·룩셈부르크 등과 같이 특정 업종에 세금을 면제해 주는 조세혜택국(tax resort)으로 나누기도 한다.

가격(임금 · 이자 · 원자재가격 등)의 상승이나 격심한 노사분규 · 반 기업정서 등으로 국내의 투자환경이 불리하게 변화할 경우 이를 회피하기 위하여 국내투자 대신에 해외투자를 감행하게 된다.

(3) 지나친 독점금지법(anti-trust act)이나 공정거래법 등의 시행으로 기업의 국내적 확대와 자유로운 이윤추구활동에 제약이 초래되는 경우 이에 대한 대응책으로서 그러한 제약도 없고 자유로운 이윤추구가 가능한 해외에서의 활동을 추구한다. 또한 공해집약적 산업의 경우 선진국의 까다로운 환경규제나 악화된 여론을 회피하여 규제가 느슨하고 여론의 관심도 덜한 개도국으로 생산시설을 이전하는 글로벌화가 이루어진다.

(4) 해외투자의 증대를 위하여 투자국정부가 제공하는 제 정책적 유인을 활용하기 위하여 해외로 투자한다.

1.1.4 기업 내부적 동기 요인

이상에서 설명한 해외직접투자의 동기들은 대체로 기업 외부적 · 환경적 요인들이었지만 어떤 기업이 해외로 진출하는 경우 이러한 해외진출 그 자체가 그 기업에 여러 가지 유형 · 무형의 이익을 가져다주게 된다. 해외직접투자의 주요한 동기가 되는 이러한 기업 내부적 요인들로서는 다음과 같은 것들이 있다.

고유한 강점의 활용 : 다국적기업들은 그들이 보유하고 있는 특유의 강점(strength)이나 우위(advantages), 예컨대 막강한 기술력 · 브랜드네임 · 정보탐지능력 · 마케팅전문성 등을 최대한 전략적으로 활용하여 더 큰 시장과 이익을 실현한다.

잉여생산력의 활용 : 해외직접투자를 통한 잉여생산력의 이용이 가능해진다. 이미 본국에서는 유휴설비가 되거나 사양화된 생산설비나 기술을 기업의 해외진출이라는 형태를 통하여 해결할 수 있고, 기업내부에 축적된 경영기법 · 조직력 · 마케팅기법 · 노하우 등 공공재적인 성격을 지닌 제 경영자원들을 유효하게 활용할 수 있으며 또한 국내시장에 대한 자본의 상대적 과잉을 해결할 수도 있다.

기술의 보호 : 해외직접투자를 통하여 기업특유의 기술을 보호할 수 있다. 오늘날 선진국기업들은 연구개발에 막대한 투자를 행하고 이러한 막대한 투자에 의해 얻은 기술의 외부적 전파를 두려워한다. 따라서 이러한 기술의 외부적 공개나 전파를 막기 위하여 자본과 기술이 일체가 되어 이동하는 해외직접투자를 행함으로써 이러한 목적을 실현한다.

사업의 다각화와 네트워킹 : 해외투자를 통하여 시장과 생산시설의 다각화 · 분산화를 이룩함으로써 기업이익의 안정을 기할 수 있다. 뿐만 아니라 연구개발 · 조달 · 제조 · 마케팅 등 주요 비즈니스 활동을 최적으로 네트워킹(networking)하여 시너지효과(synergy effects)를 최대화함으로써 치열한 경쟁 속에서 우위를 점할 수 있다.

기업내거래/내부화의 이익 : 다국적기업의 기업내거래(intra-firm transactions)가 가져올 수 있는 재정적·금융적 우위성을 활용할 수 있다. 오늘날 다국적기업들은 그들의 내부거래를 통한 이전가격조작(transfer-pricing)과 환관리를 통하여 여러 가지의 이익을 누리고 규제와 위험들을 회피한다.

국제적 명성획득 및 주주와 경영자 만족 : 국제화를 통하여 이에 따르는 새로운 이미지의 부각이나 특유한 명성(reputation)을 쌓음으로써 국제적 거래·해외기채·프로젝트의 수주 등의 경쟁에 있어서 여러 가지 유형·무형의 이점(tangible and intangible advantage)을 누릴 수 있다. 또한 해외시장진출을 통하여 기업의 총매출액·자산·이익·시장점유율·성장률 등의 경영성과를 높임으로써 주주와 경영자에게 만족을 줄 수 있으며 자신의 국내순위(domestic ranking)나 세계순위(world ranking)를 높이기 위하여 해외에 투자하는 경우도 있다.

최고경영층의 희망과 결단 : 기업에 따라서는 이상과 같은 경영적 동기나 이유보다는 최고경영층이나 대주주의 개인적인 희망이나 결단에 의하여 글로벌화가 이루어지는 경우도 많다. 국내시장만을 서브하며 성장하던 기업이 대주주의 희망과 결단에 의하여 다국적기업으로 변신하여 발전한 예로서는 싱거(Singer)미싱·IBM·Microsoft·코닥(Kodak) 등을 들 수 있고 비록 실패하였지만 한국의 대우(Daewoo) 역시 그러한 예였다고 할 수 있다. 이러한 기업들은 창설주가 처음부터 범 세계시장을 추구하는 목표를 세워 드라이브함으로써 거대한 다국적기업이 된 경우라고 할 수 있다.

1.2 다국적기업의 진출동기별 투자유형

이상에서 살펴본 기업의 해외진출 동기를 유형화하여 다국적기업의 투자유형으로 분류하기도 한다. 이러한 투자동기별 유형들은 상호 배타적이라기보다는 상호 복합적이어서 실제로는 어떤 기업이 해외 진출함에 있어서 어느 한 유형에 1차적 중점이 있으면 다른 유형들에 2차적 중점이 있게 된다(〈표 5-1〉 참조).

표 5-1 해외직접투자의 진출동기별 유형

<table>
<tr><th colspan="3">투자유형</th><th>투자의 구체적 동기</th></tr>
<tr><td rowspan="3">시장지향형</td><td rowspan="2">현지시장지향형투자</td><td>과점형 투자
(시장밀착형, 판매거점형 투자)</td><td>• 독점적 기술력 통해 거대한 현지시장 활용하기 위한 투자
(기술집약산업에 대한 미국의 대 중남미지역 투자 등의 경우)
• 현지수요를 반영하기 위한 시장밀착형투자 및 현지판매거점 형성을 위한 판매거점형 투자</td></tr>
<tr><td>무역장벽극복형
(수출대체형)투자</td><td>• 종래까지 수출을 하던 지역에 무역장벽이 높아지는 경우 현지 생산으로 대체하여 현지국의 무역장벽을 우회하기 위한 투자</td></tr>
<tr><td colspan="2">수출지향형 투자
(해외생산거점형 투자)</td><td>• 효율적인 해외 생산기지(production base)에서 생산된 제품을 본국으로의 역수입하거나 제3국으로 수출하기 위한 해외투자
(노동집약산업의 대동남아 중소규모투자 등)</td></tr>
<tr><td rowspan="3">요소지향형</td><td colspan="2">자원지향형 투자</td><td>• 자원보유국에서의 자원개발 수입을 위한 투자</td></tr>
<tr><td colspan="2">노동지향형 투자
(저노임 지향형 투자)</td><td>• 풍부하고 저렴한 노동력을 활용하기 위하여 행해지는 노동집약적 산업의 대개도국 투자</td></tr>
<tr><td colspan="2">선진기술 습득형 투자
(기술 지향형 투자)
(전략적 자산추구형 투자)</td><td>• 해외의 선진기술·노하우 등을 습득하기 위한 투자
• 해외에서의 전략적 자산을 추구하기 위한 투자
(특정 기술을 보유한 외국 기업의 M&A 등)
• 해외기술연구소 설립(현지의 연구인력·인프라 활용) 투자</td></tr>
<tr><td>기타</td><td colspan="2">글로벌 네트워크
구축형 투자</td><td>• 무역상사·금융·해운 등의 경우 세계적인 조직망을 활용한 업무의 효율성 추구하는 해외투자</td></tr>
</table>

1.2.1 시장지향형 투자

이것은 전술한 바대로 시장의 개척·확대 및 시장의 유지·방어를 통하여 시장의 대규모화에 따르는 이윤과 성장을 획득하기 위한 투자 유형이다. 이러한 시장지향형투자(market oriented investment)는 다시 최종적 목표로 하는 시장이 어디냐에 따라 현지시장지향형과 수출지향형으로 구분할 수 있다.

현지시장지향형 투자 : 현지시장지향형투자란 대상국에 직접 진출하여 생산 및 마케팅 활동을 전개하기 위한 투자유형이다. 따라서 이러한 투자는 목적시장의 시장규모와 잠재성이 크거나 높은 무역장벽이 설치되어 있는 경우에 해외직접투자를 통하여 그러한 시장에 진출하여 시장을 개척·유지·확장하려는 것이다. 이러한 현지시장형투자는 대상 시장의 성격에 따라 다음과 같이 과점형 투자와 수출대체형 투자로 구분하기도 한다.

(1) 과점형 투자란, 거대한 독과점기업들이 현지시장 획득을 목적으로 첨단산업분야에서 그들의 기술적 우위를 배경으로 하여 진출하는 유형을 말한다. 이의 가장 전형적인 예는 멕시코·브라질·아르헨티나 등 중남미국가에 대한 미국이나 유럽계 다국적기업들의 투자이다. 주로 노동집약산업에서 이루어지는 해외생산거점형 투자와 달리 이는 기계·

화학・자동차 등 기술집약적 산업에서 이루어진다. 자연히 다국적기업은 그들의 월등한 기술력을 바탕으로 현지기업에 대해 독점적 우위를 확보하여 현지국의 산업구조를 독점화시키고 기술종속 등의 문제를 유발하기가 쉽다. 이와 관련하여 현지시장의 수요를 반영하는 제품을 생산하기 위한 "시장밀착형 투자"와 자동차・가전・컴퓨터 등과 같이 현지의 수요동향과 소비자 니즈의 파악은 물론 판매된 제품의 서비스관리를 위해 해외에 서비스 스테이션과 네트워크를 구축하기 위한 "판매거점형 투자"도 있다.

(2) 수출대체형 투자(export substitute investment)란, 목적시장에 설치된 무역장벽을 우회함으로써 지금까지의 수출을 해외생산으로 대체하는 해외직접투자의 유형으로서 "무역장벽극복형투자"라고도 한다. 대상국 또는 대상지역이 구축한 무역장벽(trade barrier) 때문에 지금까지의 수출이 축소・억제되는 경향이 증가하고 있는 경우 이러한 무역장벽을 우회(detour)하는 방법으로 직접투자를 행하는 사례가 계속 늘어나고 있다. 이런 경우의 해외직접투자는 새로운 시장을 개척한다기보다 기존의 수출시장을 유지하기 위한 방어적 투자(defensive investment)의 성격을 가진다. 1990년대 이후 우리나라 가전산업이나 자동차기업이 미국시장에 서브하기 위하여 생산라인을 미국 내에 설치하는 직접투자 등이 그 예이다.

수출지향형(해외생산거점형) 투자 : 수출지향형 투자란 현지국에서 생산된 제품을 모사가 있는 본국이나 제3국시장에 수출하기 위하여 행해지는 해외투자 유형을 말한다. 대체로 1970~1980년대 이러한 투자가 이루어진 지역은 한국・대만・싱가포르・홍콩 등이었고 1990년대 이후에는 동남아지역이 되었다. 이것은 이들 지역의 국내시장이 비교적 협소하여 현지시장지향투자의 의의는 적지만, 저렴하고 숙련된 노동력・풍부한 공업단지・외국인에 대한 투자유인・유리한 투자환경 등이 제공되었기 때문에 수출용 제품의 해외생산기지(overseas production base)로서 적합하였기 때문이다.

따라서 이러한 투자유형을 "해외생산 거점형 투자" 또는 "생산효율 지향형 투자"(production-efficiency seekers)라고도 한다. 선진국의 기업체들은 노동집약적인 부품이나 완제품을 이러한 방법으로 생산하지 않고는 본국시장에서뿐만 아니라 제3국 시장에서의 경쟁이 어렵기 때문에 특히 이러한 수출지향형 투자를 많이 행하고 있다. 또한 제품분야에 따라서 정도의 차이는 있겠으나 우리나라의 기업체들도 이러한 유형의 해외직접투자를 점진적으로 늘리고 있는 실정이다.

1.2.2 요소지향형 투자

이는 보다 안정적이고 효율적인 생산요소의 획득과 활용을 위한 해외직접투자의 유형으로서 가장 중요한 의미를 가지는 것이 천연자원・노동력・기술이므로 자원지향형 투자・노동지향형 투자・선진기술 습득형 투자 등으로 구분된다.

자원지향형 투자(resources-seeking FDI) : 자원의 편재성을 극복하고 저렴하고 안정적인 자원획득을 위하여 원유·광물·임산·수산자원 등의 자원보유국에 해외개발수입을 위한 직접투자를 말한다. 따라서 이를 '자원개발형 투자'라고도 한다. 1950년대 이전 특히 식민지시대에 있어서 전통적인 서구제국의 대개도국투자는 주로 이러한 자원지향형 투자이었다. 오늘날 이러한 자원지향형 투자는 단순한 자원의 개발에 그치는 것이 아니라 개발·정제·판매가 수직적으로 통합되는 경우가 많은데, 대 중동·인도네시아·브라질 등에 대한 투자에 이러한 형태가 특히 많다.

노동지향형 투자(labor-seeking FDI) : 요소지향형 투자 중 이러한 노동지향적 투자가 가장 많은데, 국가 간 자본이동에 비하여 노동력이동에는 많은 제약과 제한이 따르기 때문이다. 전통적으로 자원지향형 투자가 주류를 이루었으나 이후 선진국들이 노동력부족·인건비상승 등에 따르는 원가상승압력을 해소하기 위하여 개도국에 진출하여 현지국의 저렴한 노동력을 이용하려는 노동지향형 투자가 제조업분야에서 많이 일어났다. 과거 미국기업들이 서유럽 및 일본에 진출한 것은 시장의 유지와 확장에도 목적이 있었으나 이와 병행하여 저렴한 노동력의 이용에도 목적이 있었다. 이후 미국·일본 기업들이 한국·대만 등의 동북아지역과 동남아지역에 대한 투자, 근래에 이르러 우리나라를 비롯한 많은 나라들이 중국과 동남아에 대한 투자 역시 이러한 노동지향형 투자의 성격이 강하였다.

기술지향형 투자(technology-seeking FDI) : 선진국에 해외자회사를 설립하여 앞선 기술이나 경영상의 노하우 등을 습득하기 위한 투자이다. 일본·유럽·신흥공업국의 기업들이 미국 실리콘밸리에 대한 투자가 그 전형적인 예이다. 날로 기술보호주의 장벽이 높아짐에 따라 이러한 유형의 투자는 선진기술을 습득하는 아주 좋은 방법으로 인식되어 1980년대 말 이후 급격히 늘어나고 있다. 이러한 기술지향형 투자의 경우 어떤 특정의 기술을 보유하고 있는 외국기업을 매수(M&A)하여 자신이 필요로 하는 전략적 자산을 추구하는 경우도 있는데 이를 "전략적 자산추구형 투자"(strategic asset seeking investment)라고도 한다.[48]

기업부설연구소를 설립하여 현지의 고급 기술 인력이나 고급 연구두뇌를 활용해나갈 경우 효율적으로 선진기술에 접근해갈 수 있으며 더 나아가 모험자본회사로 이를 발전시켜 나간다면 현지에서 타인이 개발한 다양한 기술의 사용권을 매입하여 본사로 이전시킴으로써 투자국의 기술축적에 상당히 기여할 수 있다. 특히 GATT나 우루과이라운드의 내국민대우(national treatment)원칙에 의해 미국 등 주요 기술선진국은 외국인투자기업에 대해

---

48 이러한 기술지향형 투자 또는 전략자산추구형 투자는, 일반적인 해외직접투자가 자신이 보유하고 있는 전략적 자산을 보다 이익적으로 활용하기 위하여 해외로 진출하는 이른바 전략적 자산 활용형(strategic asset exploiting investment)인 것과는 달리, 어떠한 경쟁적 우위를 가지지 못한 기업이 해외로 진출하는 형태이므로 이를 '역방향의 자원이전'(reverse resource-transfer)이라고도 한다. 또한 이러한 점에서 제3편에서 설명하는 더닝(J. H. Dunning)의 절충이론과 상충되는 현상으로 설명되기도 한다.

서도 현지기업과 동일하게 연구개발지원혜택을 주는 경향이 있다. 그런 관점에서 한국 같은 중진국이 선진기술습득을 위해 앞으로 적극 활용하여야 할 투자유형이다.

2.2.3 글로벌 네트워크 구축형 투자

한편 금융·무역·해운 등과 같은 업종의 경우 전 세계에 대한 거대한 네트워크구축이 매우 필요하다. 이러한 이유 때문에 이루어지는 해외직접투자를 글로벌 네트워크구축형 투자라고 한다. 최근 각국의 정부가 자국의 공업이나 서비스산업의 육성을 도모하고 금융시장이나 은행에 대한 통제를 강화함에 따라 해외계열기업 간이나 현지기업과의 협력체제가 필요하게 되었다.

예컨대 무역상사의 경우 수출입업무·타 기업의 해외진출지원·정보수집·해외프로젝트 참여 등 상사 본래의 기능을 제대로 수행하려면 네트워크구축이 절대로 필요하고, 금융의 경우에도 금융국제화의 급속한 진전으로 세계 각지에서의 금융업무 수행이 필요할 뿐만 아니라 새로운 금융기술혁신에 뒤지지 않으면서 시장동향을 파악하기 위해서는 뉴욕 등 세계 주요 도시에 거점을 설치하여 운영할 필요가 매우 높다. 해운회사의 경우도 세계적 물류네트워크의 구축을 위한 해외지점의 설치가 필요하다.

네트워크 구축형 투자의 전형적인 예로는 IBM이나 에어버스(Air Bus)사를 들 수 있다. IBM은 전 세계 150여 개 이상의 다국적기업과 현지기업들과의 광범위한 네트워크를 구축하고 있는 대표적 기업이다. 또한 에어버스사는 유럽의 4개국(영국·프랑스·독일·스페인) 항공사가 독자적으로 미국의 보잉(Boeing)이나 록히드(Locked)와 경쟁하기 어려워지자 이들에 대항하기 위하여 항공기를 공동 제작하는 컨소시엄으로서 이 역시 네트워크를 추구하기 위한 해외직접투자라고 할 수 있다.[49]

부록 5-1 한국기업의 해외직접투자 동기와 목표

이상에서 살펴본 바와 같이 기업이 해외로 진출하는 해외직접투자의 동기와 목표는 다양하다. 그런데 이러한 다양한 동기와 목표 중 어떤 것에 우선순위가 주어지느냐는 해외로 진출하는 투자기업의 특성과 상황에 따라 달라지는 것은 물론 그 기업이 속해 있는 투자국의 경제적 상황과 여건에 따라서도 달라진다. 이러한 관점에서 1960년대 후반 이후 최근까지 우리나라 기업들이 행한 해외직접투자를 투자동기별로 요약하고 있는 것이 〈표 5-2〉이다.

---

49 강태구(2003) p.108.

표 5-2 한국 기업의 해외직접투자 동기별 비중(1968~2009) (단위 : %)

투자동기	투자건수	투자금액	투자동기	투자건수	투자금액
수 출 촉 진	27.8	29.1	자 원 개 발	7.8	15.8
현지시장진출	19.6	26.6	원자재 확보	1.8	0.5
제3국시장진출	1.0	3.4	저임금 활용	19.6	7.5
보호장벽우회	1.3	1.4	선진기술도입	3.0	2.5
기 타	18.2	13.2	(전 체)	(100)	(100)

자료 : 한국수출입은행 해외투자통계, 대외경제정책연구원(2010.10) P.55.

이 표가 보여주듯이 지금까지 우리나라 기업들이 해외직접투자를 행한 주요한 동기를 보면 투자건수 면에서는 수출촉진(27.8%) · 현지시장진출(19.6%) · 저임금활용(19.6%)이 주요한 목적이었던 반면 투자금액 면에서는 수출촉진(29.1%) · 현지시장진출(26.6%) · 자원개발(15.8%)이 주요한 목적이었다고 할 수 있다. 이러한 동기유형별 비중은 1960년대 말부터 최근까지의 통계를 바탕으로 행한 것인 만큼 수출촉진 · 저임금활용 등이 주요한 동기로 자리 잡고 있지만 최근에 이르러서는 자원개발 · 선진기술도입 등의 동기가 종전보다 더 큰 비중을 차지하고 있다.

한편, 이러한 투자동기를 투자 지역별로 구분해서 살펴보면 서로 다른 차이를 보여준다. 아시아지역의 경우 현지시장진출 · 수출촉진 · 저임금활용 목적의 투자비중이 높았던 반면, 북미지역과 유럽의 경우 수출촉진 · 현지시장진출 · 자원개발 목적의 투자비중이 높았고, 중남미의 경우 자원개발 · 현지시장진출 · 수출촉진과 더불어 제3국시장 진출 목적의 투자가 높았고, 대양주 · 아프리카 · 중동지역의 경우 당연히 자원개발 목적의 투자가 50% 이상을 차지하였다.

2. 투자 내용과 방식에 따른 투자유형

2.1 국제 통합 형태에 따른 투자 유형

가격기구의 메커니즘에 의하면 투자의 흐름은 이윤율이 낮은 곳에서 높은 곳으로 흘러가게 될 것이 예상된다. 그러나 직접투자의 세계적 이동은 이와 같은 완전경쟁적인 조건에 의해서라기보다는 불완전 경쟁적인 독과점적 행위로써 설명되는 것이 일반적이다. 이와 같은 관점이 산업조직론적 내지는 기업성장론적 관점인 바 이와 같은 관점에서 해외직접투자의 패턴은 수직적 · 수평적 · 다각적 통합 형태로 분류되는데, 이러한 통합 유형을 다국적 석유회사의 경우를 통하여 간결하게 보는 것이 [그림 5-1]이다.

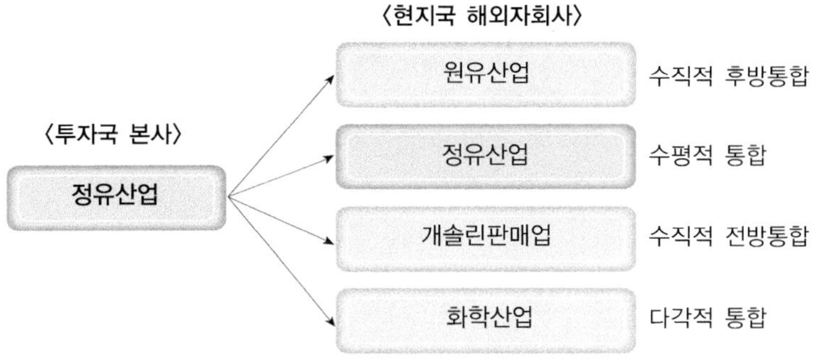

자료 : R. J. Carbough(1985) p.189.

그림 5-1 다국적 석유기업의 국제통합 형태

2.1.1 수직적 통합형(vertical integration type) 투자

수직적 통합형은 본사와 자사 간에 연구개발・생산・마케팅의 단계를 서로 달리 하며 통합하는 직접투자의 유형으로서 가장 초보적인 통합의 형태이다. 이러한 수직적 통합은 그 통합의 형태에 따라 다시 후방통합형과 전방통합형으로 구분한다.

수직적 후방통합형(backward integration type)이란 ① 광산회사가 광산개발을 위해 해외에 직접투자를 하고 정련은 본국에서 행하는 경우, ② 세계적인 정유회사가 원유의 채광과 채굴을 위하여 산유국에 투자하는 경우, ③ 제지회사가 목재나 펄프 등의 개발수입을 위한 해외투자를 행하는 경우 등과 같이, 본사의 생산단계가 해외자회사의 그것보다 후방에 있는 형태의 통합으로서 주로 자원지향형 투자이다. 반면 수직적 전방통합형(forward integration type)이란 ① 다국적 자동차회사가 제품판매를 위한 판매망 형성을 위하여 자본진출하거나 개발도상국에 조립생산을 하는 경우, ② 다국적 정유회사가 개솔린 판매를 위한 현지법인을 설립하는 경우 등과 같이, 본사의 생산단계가 해외자회사의 그것보다 전방에 있는 형태의 통합이다.

이러한 유형의 통합이 지역 간에 이루어지는 것은 생산의 제 단계를 가장 적합한 각각의 지역에서 행하도록 하기 위함에서이다. 예를 들면, 1단계의 생산 공정은 노동집약적, 2단계의 생산 공정은 자본집약적, 3단계의 생산 공정은 기술집약적이라 할 때 이들 각각의 생산단계에 대해 비교우위를 지닌 개도국・중진국・선진국에 생산 공정을 분담시킴으로써 전체적인 효율과 이익을 얻고자 하는 것이다. 말하자면 생산 공정별로 요소집약도가 다른 경우 이를 요소부존상태가 서로 다른 여러 나라에 분산시키는, 이른바 '생산공정의 국제 간 분업'(international decomposition of production process)을 통하여 생산의 효율성을 추구하기 위한 통합 형태이다.

2.1.2 수평적 통합형(horizontal integration type) 투자

수평적 통합은 다국적기업의 본사와 자사가 동일한 생산단계(동일한 품목 또는 유사한 품목)의 생산 및 판매활동을 여러 지역에서 이행하는 통합 형태이다. 미국의 경영학에서는 이러한 수평적 통합의 형태를 다국적기업의 순수모델 형태로 생각하고 있는데 이러한 통합의 전형적인 예로서는 ① 미국의 대규모 소매유통기업체인 월마트(Wal Mart) 등의 해외진출, ② 본국 시장에서와는 다른 모형의 자동차를 현지국에서 생산 판매하고 있는 자동차기업, ③ 수십 개국에 자회사를 두고 동일한 소비재를 세계 각국에서 생산·판매하고 있는 콜게이트 팔모리브(Colgate-Palmalive)나 동일한 음료제품을 전세계적으로 생산·판매하는 코카콜라(Coca-Cola)·펩시콜라(Pepsi Colca) 등의 경우를 들 수 있다.

이러한 수평적 통합이 이루어지는 기본적인 요인은, ① 여러 지역 또는 국가별로 그 특성에 따라 각종의 부품들의 생산을 전문화하여 상호보완적 생산을 하고 그러한 생산품들을 상호 교환하여 완제품을 조립할 경우 얻을 수 있는 경제적 이익, ② 잠재적 고객이 분산되어 있는 경우 생산지역도 분산시킴으로써 변화하는 환경에 잘 적응하여 효율성(marketing effectiveness)을 높이며 또한 여러 시장에 서브함으로써 위험의 지역적 분산(dispersion of risk)을 통한 수익과 이익의 안정화를 기하는 것과 같은 잠재적 고객의 분산에 따른 생산과 마케팅의 분산화이다.

그런데 이러한 두 가지의 요인은 한편으로는 현지국의 경제적 효율을 개선시키는 효과를 가질 수 있지만 다른 한편으로는 독점적 시장지배력을 형성하고 강화시키는 반시장적 요인이 될 수도 있다. 따라서 현지국의 입장에서는 이러한 수평적 투자를 경계하는 경향이 강하다.

2.1.3 다각적 통합형(conglomerate integration type) 투자

해외직접투자의 제3의 유형으로 생산 및 수요와 직접적으로 밀접한 관계를 갖지 않는 분야에서 통합이 이루어져 하나의 기업이 서로 다른 다수의 사업 활동을 하는 다각적 통합형이 있다. 이러한 다각적 통합형은 ① 기업 내부의 경영자원, 즉 기업경영능력의 축적이 이루어져 그것을 유효하게 활용하기 위하여 투자하는 경우, ② 축적된 경영자원을 종래의 부문에 투입하여 기업 확장을 이룩하기보다는 새로운 사업분야에 투입하는 것이 유리하다고 판단되는 경우,[50] ③ 자신이 보유하고 있는 경영자원을 충분히 활용치 않고 있다고 판단되는 기존 기업체를 매수하여 더 효율적으로 경영하고자 하는 경우 등과 같은

50 이러한 경우 종래의 사업분야가 정체적이어서 성장의 잠재성이 없거나 외부적 제약이 많아졌다거나 또는 위험의 분산이 요구되는 등의 고려가 이루어진다.

몇 가지의 요인들에 의해 이루어진다.

다각적 해외직접투자는 생산물이 수직적으로나 수평적으로 연결되지 않는 다각적 통합 형태의 해외직접투자로서, 기업이 여러 분야의 사업을 동시에 수행하는 경우 사업상의 위험을 분산시킬 수 있다는 이점이 있다.[51]

어쨌든 이와 같은 다각적 통합형의 투자는 수평적 통합이나 수직적 통합의 요소를 포함하고 있지 않기 때문에 특정 산업분야에 대한 독점적 요소의 강화나 형성은 수반되지 않는다. 따라서 이 같은 순수한 의미의 다각적 통합은 국제적인 직접투자의 경우에 있어서는 비교적 중요성이 낮지만 다국적기업들이 여러 분야의 회사를 매수·통합을 통하여 이러한 다각화를 추구하는 경우도 있다.

2.2 소유형태에 따른 투자 유형(단독투자와 합작투자)

2.2.1 단독투자/합작투자의 의의

해외직접투자는 투자자본의 소유권과 관련하여 단독투자(sole investment)와 합작투자(joint investment)로 구분된다. 일반적으로 국제합작투자(international joint investment)란 서로 다른 국적을 가진 2개 이상의 투자자들이 공동의 소유권(joint ownership)을 행사하면서 공동사업에 참여하는 것을 의미한다. 여기서 참여(participation)한다는 것은 자본·자산에만 한정되는 것이 아니고 특허나 상표와 같은 공업소유권·제조공정의 기술적 노하우·관리적 노하우·기타 기업운영상의 중요한 요소들까지 포함된다.

이러한 합작투자는 분류 관점에 따라 여러 가지 형태로 구분하기도 하지만,[52] 기본적으로 자본참여를 통하여 이루어지는 자본합작투자(equity joint investment)와 자본참여 없이 이루어지는 비자본합작투자(non-equity joint investment)로 구분한다. 자본합작투자의 경우 일반적으로 소유권비율에 따라 경영권행사나 이익배당이 이루어지므로 이러한 소유권비율이 매우 중요하다. 따라서 이러한 지분참여 정도에 따라 지분의 과반을 보유하는 다수지

---

51 예를 들어, 엑슨(Exxon)은 전 세계 80여 개국에서 주로 석유·천연가스개발·정유 및 이들 제품과 관련된 사업을 운영하고 있지만, 이 외에도 과테말라에 미니체인점망, 캐나다에 에소(Esso)주유소, 칠레에 구리광산을 소유하고 있고, 벨기에에서는 플라스틱 개발사업, 그리고 홍콩에서는 전력공급 사업을 운영하고 있다. 또한 전 세계 80여 개 국가에서 500여 개의 기업을 거느리고 있는 유니레버는 스코틀랜드와 칠레에서는 양어·섬유·맥주제조업을 병행하고 있고, 인도에서는 의류제조업, 그리고 태국·콜롬비아·가나·말레이시아에서는 팜유농장도 직영하고 있으며 또 아프리카와 인도에서는 커피·차 농장도 보유하고 있다.

52 예컨대 ① 합작투자선의 수에 따라서 쌍무적 합작투자(bi-partite joint investment)·다수적 합작투자(multi-partite joint investment), ② 합작투자 참여국 간의 관계에 따라서 선진국 간 합작투자·선진국 대 개도국 간 합작투자, ③ 합작투자의 내용에 따라서 제조업 합작투자·서비스업 합작투자·판매업 합작투자·자원개발 합작투자 등으로 분류한다.

분(majority ownership) 투자, 50 대 50으로 보유하는 동등지분(equal ownership) 투자, 50% 미만의 지분을 보유하는 소수지분(minority ownership) 투자로 구분한다.

일반적으로 외국자본을 유치하는 현지국들의 경우 차관보다는 직접투자를 선호하고 직접투자의 경우에도 단독투자보다는 합작투자를 더 선호하는 경향을 지니며 현지국기업 역시 보다 선진적인 외국기업과의 합작투자를 원하는 경향이 높은데, 이들이 이렇게 단독투자보다 합작투자를 더 선호하는 이유를 〈표 5-3〉이 보여주고 있다.

표 5-3 현지국 정부 및 현지국 기업이 합작투자를 선호하는 이유

현지국 정부의 선호 이유	현지국 기업의 선호 이유
• 국내자원의 효율적 동원 가능 내국인 참여로 국내원자재 투입률 증대 • 선진기술 · 경영능력의 습득 및 파급 • 외국기업에 의한 국내산업 지배우려, 정치적 영향력을 다소 제거 가능함 • 투자과실 · 원금송금 감소로 현지국의 국제수지 악화 우려 경감	• 부족한 자원의 조달 용이해짐 • 선진기술과 경영능력 습득 가능 • 기업신용증대로 금융융자가 용이, 기업의 성과 높일 수 있음 • 합작투자선의 자원 · 시설 이용 가능 • 합작투자 바탕으로 해외마케팅 촉진가능 • 정부의 여러 가지 특혜 누릴 수 있음

2.2.2 합작투자 방식의 전략적 장단점

한편 외국으로 진출하는 진출기업의 입장에서 현지국기업과의 합작투자를 선호하는 경제적 동기를 보면 대체로 다음과 같다.

(1) 단독투자의 경우보다 대규모 · 저비용의 운영을 할 수 있고 경영활동상의 위험부담을 경감할 수 있다. 또한 외국기업에 대한 차별적 장벽을 현지파트너와 합작을 통하여 돌파할 수 있고 또한 적절한 현지파트너를 찾음으로써 현지시장구조에 신속히 적응할 수 있으며 현지의 언어 및 기업풍토에 정통한 현지 노동력과 유능한 기술공의 확보가 용이하다.

(2) 현지인을 참여시킴으로써 현지국정부의 차별대우를 피할 수 있고 외국인기업이라는 인상을 배제함으로써 우호적인 이미지형성에 유리하며 노사관계 면에서 내국기업과 같은 지위를 얻을 수 있다. 또한 일반적으로 합작투자 기업의 종업원의 사기가 단독투자의 경우보다 높은 것이 일반적이다.

(3) 대부분의 개도국들은 합작투자의 경우에 대해서 자본조달의 편의제공 · 차관지불보증 · 세제감면 · 이익상환 등의 측면에서 여러 가지의 혜택을 주고 있으므로 이들의 이용이 가능하다. 합작투자를 통한 진출 시 현지 파트너와의 기술제공 또는 라이센싱계약 등을 포함시킴으로써 추가적 수입원을 확보할 수도 있다.

표 5-4 해외진출기업의 합작투자방식의 장단점

진출기업의 장점	진출기업의 단점
• 투자의 효율성과 안정성 확보(대규모 · 저비용 투자가능, 경영위험감소 가능) • 외국기업에 대한 차별적 장벽의 우회 • 현지국정부의 인센티브 활용 • 합작선과의 기술계약 등을 통한 추가적인 이익 획득 가능	• 독점 가능한 이익의 현지합작선과 공유 • 기술 · 노하우의 유출가능성 증대 • 현지파트너와의 이해관계의 상충에 따른 마찰요인의 증대 • 이해관계상충으로 인한 의사결정의 비신속성 · 비효율성, 경영통제권 약화 우려

그러나 외국에 진출하는 기업이 현지국기업과의 합작투자를 통하여 진입하는 이에 따른 여러 가지 문제점과 단점 역시 존재한다. 우선 단독투자의 경우 독점할 수 있는 이익을 현지 파트너와 함께 나누어야 하며 진출기업이 보유하는 기술과 노하우의 비밀유지가 곤란하다. 또한 서로 다른 국적의 기업, 서로 다른 민족적 · 경제적 · 문화적 배경을 가진 사람들이 합작투자에 참여하기 때문에 파트너 간의 이해상충요인이 항시 존재한다. 이러한 이해관계의 상충으로 그 경영관리상 불필요한 여러 가지의 번거로움이 따르며 이는 또한 범세계적 경영전략의 강력한 수립 · 집행에 있어서의 경영통제권의 약화를 가져올 수 있다. 또한 현지국 투자선이 합작기업체의 성장과 이익에 공헌하는 정도는 낮으면서도 이익은 소유권비율에 따라 배분하게 됨으로써 성과분배의 불합리성이 발생될 수 있다.

따라서 외국의 진출기업이 합작투자를 통하여 성공을 거두기 위해서는 어떠한 파트너를 선정할 것인가 하는 문제와 선정된 파트너와 함께 어떠한 파트너십을 지속적으로 유지해나갈 것인가 하는 문제가 가장 중요한 관건이 된다.

2.2.3 해외진출기업의 합작투자 결정요인

외국인투자에 대하여 단독투자보다는 합작투자를 선호하는 현지국정부의 정책 때문에 단독투자냐 합작투자냐에 대한 선택이나 합작투자를 하는 경우에도 다수지분투자냐 소수지분투자냐를 결정함에 있어 기업 자신이 자유롭게 전략적 선택을 할 수 없는 외부적 제약이 따르고 있지만, 외국의 진출기업의 투자형태 및 지분비율의 결정에 영향을 주는 주요한 요인들은 다음과 같다.

제품 및 기술의 특성 : 제품의 성격이 복잡하고 고도의 기술을 요하는 것일수록 다수지분형태가 바람직하다. IBM의 경우 합작투자보다는 단독투자를 선호하고 합작투자의 경우에도 다수지분투자를 수행하는 것으로 알려져 있는데 이는 그들 제품 및 기술의 전문성 · 고도성에 기초한 것이라고 할 수 있다. 또한 현지국의 정책 역시 제품성격이 복잡하고 고도의 기술을 요구하는 것일수록 소유권비율에 대한 압력이 작은 반면 단순하고 표준화된 제품일수록 내국인 참여를 요구하는 현지국의 압력이 큰 것이 사실이다.

현지국의 투자환경 : 일반적으로 정치・경제・사회・문화 등을 포함한 기업의 투자환경이 불안정하며 산업화가 성숙되지 않은 현지국에 투자할 경우 소수지분투자 형태가 바람직하다. 왜냐하면 합작투자를 통하여 현지국에 내재하는 정치경제적 위험을 분산시킬 수 있고 현지국의 민족주의적 경향에 대응할 수 있기 때문이다.

투자기업의 특성 : 합작투자를 하려는 기업 자신의 재정 및 경영자원의 규모와 능력이 중요하다. 일반적으로 국제경쟁력을 갖추고 있거나 규모가 큰 대기업들은 자체의 경영방법 및 생산방법을 현지에 확립하려고 하기 때문에 실질적 경영권획득을 위하여 다수지분투자의 형태를 선호하는 반면, 국제경쟁력이 상대적으로 약하거나 기업규모가 작은 중소기업들은 자금력이나 경영능력 면에서 현지국 기업과의 경영권 분할을 고려하게 된다.

투자의 동기 : 대 개도국투자의 경우 진출동기 면에서 현지시장지향형인 경우 합작투자를 선호하지만 수출지향형(해외생산거점형) 투자의 경우 단독투자를 선호하거나 합작투자를 행하더라도 다수지분투자를 선호한다. 이것은 세계시장을 대상으로 하는 글로벌경쟁력을 갖추기 위해서는 시장상황 변화에 대한 신속한 의사결정이 필요한데 이를 위해서는 일원적 경영권의 장악이 중요하기 때문이다.

최고경영층의 태도 : 이 같은 객관적 요인 외에도 합작투자 비율에 대한 최고경영층의 주관적 태도도 큰 역할을 한다. 때때로 투자 철수를 할지언정 현지인과의 합작투자는 하지 않으려는 기업이 있는가 하면 합작형식을 오히려 선호하는 기업도 있다. 또한 원칙적으로 단독투자를 택하고 부득이한 경우 합작투자를 하되 합작투자를 하더라도 다수투자형태를 고집하는 기업이 있는가 하면 현지사정으로 보아 어느 것이든 취하는 기업도 있다.[53]

2.3 진입방식에 따른 투자유형

1980년대 후반 이후 다국적기업의 해외투자활동과 관련하여 주목되는 것 중의 하나는 다국적기업들이 새로운 세계경제 환경변화에 대응하여 해외진출에 있어 다양한 진입(개입) 방식을 활용하는 새로운 경영전략을 전개하고 있다는 점이다. 1980년대 후반 이후 주목받고 있는 다국적기업의 새로운 투자형태로서는 다음과 같이 M&A형 투자 전략적 제휴 비(非)지분참여 투자 등을 들 수 있다.

---

53 일반적으로 미국계 다국적기업 경영자들은 가능한 한 단독투자를 원하며 합작투자를 하는 경우에도 다수지분투자형태를 원하는 주관적 편견을 가지고 있는 것으로 인식되는 반면, 일본계 다국적기업 경영자들은 상대적으로 합작투자에 잘 응하며 합작투자의 경우에도 소수지분형태를 수락하는 경향이 높은 것으로 인식되고 있다. 유럽계 다국적기업들은 대체로 중간적인 형태를 취하는 것으로 알려져 있다.

2.3.1 M&A형 직접투자

다국적기업이 현지국에 진출하는 진입형태에 따라 그린필드형 투자와 M&A형 투자로 구분한다. 그린필드형 투자(greenfield entry/start－up)란 새로운 회사나 공장을 설립하는 신규 설립방식의 투자인 데 비하여 M&A(merger & acquisition)형 투자는 이미 존재하는 기존의 기업이나 공장을 합병하거나 인수하는 투자방식이다. 이러한 M&A형 투자가 국경을 넘어 이루어지는 경우가 국제M&A형(cross－border/international/global M&A)인데 이에는 서로 다른 국적을 가진 기업이 하나의 기업으로 합쳐지는 국제합병과 외국기업이 현지기업의 경영권을 인수하는 국제매수를 합친 개념이다.

1950년대 이후 이루어진 해외직접투자의 주류가 그린필드형 투자였지만 1980년대 후반 이후 경제성장과 기술진보의 속도가 더욱 급속해지고 이에 따라 국가 간 경쟁이 심화되자 많은 다국적기업들이 국적을 달리하는 기업이나 금융기관을 인수하거나 합병하는 국제적 M&A를 전략적 대응수단으로 삼게 되었다. 이러한 다국적기업의 대응전략으로 인해 국제M&A가 하나의 중심적 투자형태가 됨으로써 M&A가 다국적기업이나 해외직접투자의 중요한 전략적 수단임과 동시에 기업글로벌화의 주요한 도구가 되고 있다.

이러한 M&A형 투자의 장점은 이미 제품과 시장을 확보하고 있는 현지의 계속기업을 인수하기 때문에 신속하게 시장에 진입할 수 있고 인수대상기업이 보유하고 있는 기존의 자원과 시장을 일시에 확보할 수 있는 것이지만, 인수대상기업의 선정과 평가가 어렵고 기존 기업이 안고 있는 문제점까지를 함께 인수할 위험이 있는 동시에 현지국으로부터 우호적인 대우를 받기 어렵다는 단점을 지니고 있다. 이러한 M&A형 투자에 대해서는 제2절을 통하여 자세히 논의한다.

2.3.2 국제 전략적 제휴

1980년대 후반 이후 가속화하는 경영환경변화와 글로벌화에 따른 무한경쟁 속에서 기업들은 타 기업과의 적대적 경쟁과 동시에 협력적 관계를 모색하는 전략적 제휴를 추구하려는 경향이 폭발적으로 늘어났다. 합작투자나 기술제휴 등과 같은 기업 간 협력방식은 더 오래전부터 이루어져 왔지만 전략적 제휴라는 개념이 일반적으로 보편화된 것은 1980년대 후반부터였고, 특히 1995년 WTO출범과 함께 급속히 확대되어 오면서 '적과의 동침'(sleep with the enemy)이라는 유행어를 낳기도 하였다. 이후 광범위한 분야에서 광범위한 제휴가 다양하게 이루어지고 있는데 제3절에서 보다 자세히 논의한다.

2.3.3 비지분참여(non−equity participation) 투자

1970년대까지만 하더라도 다국적기업 활동의 주요한 형태는 지분(equity)참여를 통한 투자였지만 1980년대 후반 이후 다국적기업의 투자형태 중에서 가장 특기할 만한 사실은 소수지분형태 또는 비지분형태의 비자본적 참여(non−equity participation)가 급속히 증대되었다는 것이다. 다국적기업은 과거와 같이 현지에서 자신들이 직접 공장이나 사무실을 건설하여 소유하고 경영통제권을 행사하는 방식보다 기술협력계약 · 판로제공계약 · 경영관리계약(management contracts) · 턴키 베이스계약(turn−key contracts) 같은 비자본적 참여를 통한 해외진출을 선호하였기 때문이다.

이와 같은 새로운 형태의 투자는 주로 일본 기업들에 의해서 많이 선호되었는데, 기계 · 화학 · 전자 등과 같이 비교적 기술집약적 산업에서 한국 · 대만 등 신흥공업국을 대상으로 진출하는 경향이 두드러지게 나타났다. 이와 같은 비자본적 참여가 이루어지기 위해서는 해외진출기업이 현지기업에 제공할 기술 · 경영상의 노하우 등 '무형자산'(intangible assets)을 보유하여야 하고, 현지기업이 이를 소화 · 흡수할 수 있는 어느 정도의 기술력이나 경영관리능력을 보유하여야 한다. 따라서 이러한 형태의 투자는 분야별로 볼 때 무형자산을 활용할 기회가 큰 기술집약적 산업일수록, 대상국별로 볼 때는 경제발전수준이 낮은 개도국보다는 어느 정도의 기술력과 경영능력을 갖춘 신흥공업국에 대한 투자에서 활발히 이루어졌다.

1980년대 이후 이러한 새로운 형태의 투자가 발달한 이유는, 다국적기업 입장에서 볼 때 이 같은 소수지분형태의 비자본적 참여는 번거로운 투자자금 조달부담이나 투자리스크 없이 현지기업과의 합력 등을 통하여 지나친 외국비용의 부담 없이 현지시장에 쉽게 접근할 수 있는 이점이 있기 때문이었고, 현지국의 입장에서도 외국자본에 의한 국내시장 지배우려를 감소시킬 수 있는 동시에 선진국기업이 보유하고 있는 기술이나 노하우 등을 선별적으로 들여올 수 있다는 이점이 있기 때문이었다. 특히 UN산업개발기구(UNIDO)의 분석에 의하면, 비자본적 참여의 경우 다국적기업이 제공하는 기술이나 노하우가 다른 진출방식의 경우보다 더 현지국의 사정에 적합한 것으로 나타나기도 하였다.[54]

한편 UNCTAD의 세계투자보고서(WIR, 2011)는 이러한 유형의 투자를 '국제생산의 비지분모형'(NEMs : non−equity modes of international production)으로 규정하고 이러한 방식에 의한 국제생산과 투자를 집중적으로 조명하였다. 동 보고서는 이러한 비지분참여 투자유형을 국제계약생산 · 서비스아웃소싱 · 계약재배 · 프랜차이징 · 라이센싱 · 경영관리계약 비롯하여 다국적기업이 어떠한 소유권적 이해관계 없이 현지국 기업들로 하여금 자신의 글로벌

---

54 UNIDO(1990) pp.19~20, 안세영(1998),

가치사슬(global value chain)에 협조하도록 영향을 미치는 다양한 계약관계로 정의하고, 2010년 현재 주요 부문에서 이루어진 비지분참여 투자활동으로 인하여 창출된 매출액을 2조 달러로 추정하고,[55] 이러한 과정에서 세계 전체적으로 약 1.8~2.1억 명 정도의 고용을 창출한 것으로 추정하였다.

이렇게 국경을 넘어 이루어지는 비지분참여투자는 세계 전체의 생산과 고용에 큰 영향을 나타내고 있지만 특히 개도국경제에 중요한 의미를 가지는 것으로 파악된다. 2010년 기준으로 이러한 유형의 투자가 개도국에 미친 경제적 효과를 보면 1,400~1,600만 명의 고용을 창출하였고 몇몇 개도국의 경우 그들이 창출한 부가가치가 그 나라 GDP의 15% 수준에 이르렀고 몇몇 산업의 경우 이로 인하여 촉발된 수출이 세계 전체 수출의 70~80%에 이른 것으로 추정되었으며, 총체적으로 이러한 유형의 투자가 개도국경제와 글로벌 가치사슬과의 통합을 강화시킴으로써 전체 국가생산력이 증강되는 이익을 누리게 된다.

그러나 이러한 투자는 개도국경제에 대하여 여러 가지 리스크와 부정적 영향도 가져다준다. 계약생산에 투입된 고용은 경기변동에 민감하여 상황변화에 따른 고용대체가 발생하기 쉽고 그것에 의해 창출된 생산은 글로벌 가치사슬에 포획된 채 저부가가치 부문에 머물게 되며, 다국적기업의 경우 여러 가지 사회적·환경적 기준을 우회하기 위하여 이러한 투자형태를 활용할 수도 있다. 따라서 개도국들은 이러한 유형의 투자유치로 인하여 자국 경제가 저부가가치 산업 활동에 머물러 있어 선진국들의 하청경제로 잔존할 수 있는 위험성을 완화시킬 정책적 노력이 필요하게 된다.

3. 자금형태 및 투자주체에 따른 투자유형

3.1 자금조달 형태에 따른 투자유형

3.1.1 다국적기업의 투자자금 조달형태

경제의 세계화로 인하여 자본의 국제적 이동이 자유로워진 1980년대 후반 이후 다국적기업의 해외투자에서 나타난 두드러진 특징 중의 하나는 투자자금 조달형태의 변화이다. 국제금융시장이 제대로 발전하지 않았던 1970년대까지만 하더라도 다국적기업의 해외직접투자는 거의 본사로부터의 주식투자가 대부분이었다. 예를 들어, 1960년대 미국

55 구체적인 형태에 따른 매출액을 보면 계약생산과 서비스아웃소싱 1.1~1.3조$, 프랜차이징 3,300~3,500억$, 라이센싱 3,400~3,600$, 경영관리계약 1,000억$ 수준으로 나타났다.

IBM이 100% 단독투자로 1억 달러를 투자하여 A국에 IBM 자회사를 세웠다면 이 금액 전부(1억 달러)가 미국에 소재한 IBM본사로부터 A국에 소재한 IBM 지사로 투자되었던 것이고, 이것은 국제수지 측면에서 1억 달러를 미국이 A국에 투자한 것으로 계상된다.

그러나 오늘날과 같이 국제자본시장이 발달하고 금융의 국제화가 활발해진 지구촌경제시대에 다국적기업이 해외투자자금을 조달하는 형태는 아주 다양해져 과거와 같이 본사로부터의 조달에만 의존하지 않는다. 일반적으로 다국적기업의 투자자금 조달형태는 ① 투자국의 본사로부터의 조달(주식투자, 기업 내 대부, 자회사의 사내유보금 재투자), ② 투자국 금융시장으로부터의 조달, ③ 현지국 금융시장으로부터의 조달(현지금융), ④ 뉴욕·런던 등 국제금융시장으로부터의 조달 등 4가지로 분류될 수 있다. 〈표 5-5〉를 통하여 1990년대 초 미국계 다국적기업의 투자자금 조달형태의 특징을 보면 다음과 같다.

표 5-5 **미국계 다국적기업의 자금조달형태**(1994) (단위 : 10억 달러, 구성비 %)

자금조달형태	해외자산 스톡	해외투자 플로
총 액	2,009 (100)	205.2 (100)
1. 본사 조달	720 (35.8)	51.0 (24.9)
• 주식투자	255 (12.7)	12.6 (6.1)
• 대부 등	171 (8.5)	31.7 (15.4)
• 사내유보	294 (14.6)	6.6 (3.2)
2. 투자본국 조달	43 (2.1)	△22.8 (△11.1)*
• 주식투자	1 (0)	
• 대부 등	42 (2.1)	
3. 현지국 조달	689 (34.3)	59.3 (28.9)
• 주식투자	77 (3.8)	
• 대부 등	612 (30.5)	
4. 제3국 조달	558 (27.8)	117.6 (57.3)
• 주식투자	51 (2.5)	
• 대부 등	507 (25.3)	

주 : -수치는 미국계 다국적기업이 미국으로부터의 자금조달액이 전년도 비해 감소한 데 기인함.
자료 : 美 상무성(1997) 자료에 근거 UNCTAD가 작성.

(1) 현지자회사의 투자자금 중 본사가 위치한 투자국에서 나오는 자금은 25% 정도에 불과하다. 유엔무역개발회의(UNCTAD, 1997)의 투자자금 조달형태 분석에 따르면 1994년 미국계 다국적기업의 본사조달 비중이 24.9%이고, 1992년 일본계 다국적기업의 경우 25.5%였다. 따라서 현지자회사의 투자자금 중 거의 대부분이 제3국과 현지국에서 조달되었는데, 동 조사에 의하면 제3국 조달비중이 미국계 57.3%·일본계 64.2%에 달하였고, 현지조달의 경우 미국계 다국적기업의 경우 28.9%로 다소 높았으나 일본계 다국적기업의

경우 4.5%로 아주 낮았다.

(2) 이러한 통계가 우리에게 주는 시사점은 '다국적기업 본사의 투자금액'과 '해외자회사의 투자금액'이 반드시 일치하는 것은 아니며 이것은 투자국과 현지국 간의 자본흐름에서도 마찬가지라는 점이다. 다국적기업이 범세계적 차원에서의 금융전략을 구사함에 따라 해외투자자금의 조달경로와 형태가 한층 복잡해진 것이다. 따라서 외환위기 이후의 한국과 같이 외국인투자를 적극 유치하고자 하는 현지국이 유의해야 할 점은, 다국적기업이 발표하는 투자금액 만큼의 외국자본이 국내로 유입되는 것은 아니라는 점이다. 앞의 UNCTAD분석이 보여주듯이 미국계 다국적기업이 국내에 진출하였을 때 외국으로부터 유입되는 외자는 70% 정도에 불과하고 나머지 30% 정도는 현지국의 금융기관에서 조달되기 때문이다.

(3) 한편 국제금융시장으로부터의 자금조달이 더욱더 높아진 것은, 유러시장의 발달이 더욱 커지고 있고 현지개도국에서의 차입금리가 국제금융시장의 금리수준보다 높기 때문이기도 하지만, 이윤형태로서 송금할 경우 현지국의 저항이 높고 이로 인해 과세를 유발할 가능성이 있기 때문에 원리금상환의 형태로 이윤을 송금하는 방식을 취하기 때문이기도 하다.

3.1.2 자본의 국제적 이동 수반하지 않는 직접투자

해외직접투자(국제생산)가 이루어지는 대부분의 경우 투자와 함께 자본의 국제적 이동이 수반되지만 때때로 자본의 이동을 수반하지 않는 직접투자가 발생할 수 있다. 위에서 살펴본 대로 ① 투자자금을 현지에서 조달하는 현지금융에 의한 직접투자, ② 합작이나 제휴가 비자본적 방식으로 이루어지는 합작투자나 전략적 제휴, ③ 지분의 참여 없이 이루어지는 다양한 국제계약 등 비지분참여형 투자 등이 그러한 경우의 대표적인 형태라고 할 수 있다.

이 밖에도 다국적기업이 현지에서 발생된 이윤을 재투자하는 경우, 1980년대 개도국의 외채위기 속에서 한때 성행하였던 채무－주식전환형 투자의 경우 등도 자본의 국제적 이동이 없는 직접투자의 형태라고 할 수 있다.

현지이윤 재투자 : 다국적기업의 직접투자를 구성요소별로 보면 ① 지분투자(equity capital), ② 수익재투자(reinvested earning), ③ 기업 내 차입(intra－company loan)으로 구분할 수 있는데 이러한 구성요소 중 수익재투자의 비중이 매우 높은데 글로벌 금융위기 이후 더욱 증가하고 있다. 이러한 현상은 다국적기업의 해외자회사들의 수익성이 전반적으로 높아졌음을 반영하는 동시에 많은 세계적 다국적기업들이 자신들이 입지하고 있는 해외거점의 충실

화를 추구하기 위하여 그들의 전략을 종래의 이윤 송금주의로부터 재투자주의로 전환한 것과 관련이 있다고 할 수 있다. 이러한 현지이윤의 재투자가 이루어지면 자본의 국제적 이동이 없는 직접투자(국제생산)가 이루어지게 된다.

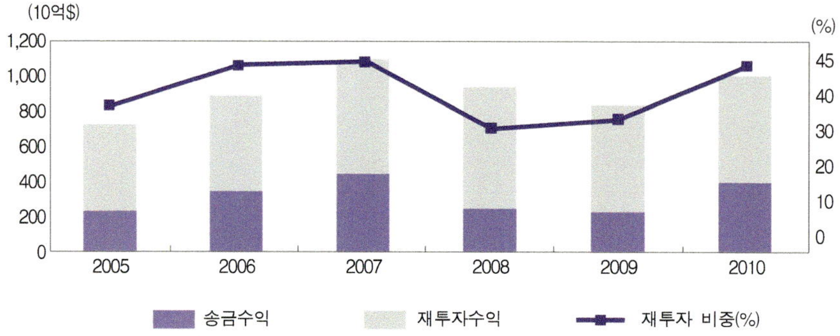

자료 : UNCTAD *WIR*(2011) p.11 [그림 1.13]

그림 5-2 다국적기업 이윤의 구성

채무-주식 전환형 직접투자 : 1980년대 심각한 외채위기를 겪은 멕시코·브라질 등 중남미 국가들의 경우 채무-주식 전환형(debt-equity swaps) 투자가 1980~1990년대 하나의 새로운 직접투자 형태로 나타나 〈표 5-6〉이 보여주듯이 당시 이러한 형태의 투자가 전체 외국인투자의 상당 부분을 점하기도 하였다. 1980년대 초 이들의 디폴트(default)선언이 잇달아 발생하여 여기에 대규모자금을 대부한 미국 다국적은행들의 경영위기 우려가 커지자 미국은 IMF 등 관련 기관을 개입시켜 대책을 강구하게 되었다. 이러한 과정에서 이들 국가가 부담하고 있는 채무를 주식으로 전환하고 이렇게 전환된 주식을 미국의 다국적기업이 인수하는 방안을 강구하게 되었다. 이후 서구 다국적기업들은 이러한 채무-주식 전환형 투자를 통하여 중남미국가의 국영기업 경영에 참여하거나 경영통제권을 획득하였을 뿐만 아니라, 항공운수·통신장비 등 종전까지 외국자본에 투자가 제한되었던 분야에 진출하는 계기를 마련하였다.

표 5-6 1980년대 중남미의 채무-주식전환형 투자(1985~1989) (단위 : 백만 달러)

나 라	외국인직접투자 총 유입액(A)	채무-주식전환형 외국인직접투자(B)	B/A(%)
멕 시 코	10,098	3,053	30
브 라 질	7,687	4,529	59
아르헨티나	3,646	731	20
칠 레	3,947	3,160	80

자료 : UNCTC 보고서(1991) p.27.

3.1.3 사모펀드(PEF)에 의한 직접투자

2000년대 중반 이후 선진국들의 해외직접투자가 빠르게 증가하는 가운데 국제M&A가 또다시 붐을 이루게 되었는데 이 시기 국제M&A붐의 두드러진 특징은 투자의 상당 부분이 "사모(私募)펀드"에 의하여 이루어졌다는 점이다. 전 세계적인 저금리와 과잉유동성, 세계적인 금융통합 등으로 인하여 금융자본에 의한 해외투자가 크게 증대되었는데 이러한 추세 속에서 사모펀드가 직접투자의 새로운 수단으로 자리 잡게 되었다.

사모펀드(PEF : Private Equity Fund)란, 사적(비공개)으로 모집된 소수의 투자자들이 일정한 투자자금을 조성하여 주식이나 채권 등에 대한 투자는 물론 벤처캐피털·기업지배구조 변경·부실기업 구조조정, 자원개발 등에 투자하는 펀드를 지칭한다.[56] 뮤추얼펀드(mutual fund)와 같은 공모(公募)펀드의 경우 기관이나 불특정다수로부터 공적(공개적)으로 투자자금을 모집하여 공적으로 운영하기 때문에 투자자보호 차원에서 금융감독기관이 여러 가지 제약을 가하게 되는 데 비하여, 사모펀드의 경우 이러한 제약을 받지 않고 자유롭게 모집되고 운영되는 만큼 고위험·고수익의 기회를 찾는 투자자들이 선택할 수 있는 대체투자 수단으로 등장하게 되었다.

이러한 형태의 사모펀드가 처음 출현한 1970년대부터 그들의 투자대상으로 가장 각광을 받은 것은 특정 기업의 경영권에 영향력을 행사할 수 있는 지분을 인수(buy-out)하고 이후 경영쇄신·구조조정 등 인위적인 노력을 통하여 기업 가치를 향상시켜 매각함으로써 투자수익을 내는 바이아웃투자였다. 따라서 사모펀드가 인수대상으로 삼는 기업들은, 기업의 내재가치에 비하여 시장가격이 현저히 낮거나 부실자산으로 인하여 어려움을 겪고 있는 기업들 중 경영혁신과 구조조정을 통하여 기업가치(주주가치)를 향상시킬 수 있는 여지가 큰 기업들이다. 따라서 이러한 사모펀드가 해외로 진출하는 경우, 한편에서는 외국자본에 의한 국내기업의 헐값 매각·국부유출 등을 이유로 비난하지만 다른 한편으로는 현지국의 기업금융과 기업지배구조에 혁명적인 영향을 미치고 기업의 구조조정·가치창조·경영혁신에 크게 기여한다는 긍정적인 평가를 받기도 한다.

사모펀드에 의한 국제M&A가 증가하기 시작한 것은 1980년대 후반 이후부터였으나 전체M&A 중에 차지하는 비중은 건수 면에서나 금액 면에서 모두 10% 이하의 수준에 머물렀다. 그러나 1990년대 이후 그 비중이 늘어나기 시작하여 2000년대 초중반에 이르러 그 비중이 20%대를 초과하여 때로는 27~28% 수준에까지 이르렀다. 전체 해외직접투자가 2008년 글로벌 금융위기 이후 정체되면서 이러한 사모펀드의 투자 역시 급격한 감소

---

56 사모펀드는 크게 '일반 사모펀드'와 '사모투자전문회사'(PEF)로 나뉜다. 일반 사모펀드는 소수 투자자들로부터 단순 투자 목적으로 자금을 모아 운용하는 펀드로 주식형 사모펀드가 대표적인 데 비해 PEF는 특정 기업의 주식을 대량 인수해 경영에 참여하는 방식으로 기업 가치를 높여 되팔아 수익을 남기는 펀드이다.

세를 보이고 있는데 이는 글로벌 금융위기 이후 투자자들의 위험기피현상이 더욱 강화되고 있음을 말해 준다.

표 5-7 사모펀드(PEF)에 의한 국제M&A 투자 (단위 : 건수, 10억$, %)

구 분	'96~99	'00	'01	'02	'03	'04	'05	'06	'07	'08	'09	'10
건수 (비중)	1,057 (14)	1,340 (13)	1,248 (15)	1,248 (19)	1,488 (22)	1,622 (22)	1,736 (20)	1,698 (18)	1,917 (18)	1,785 (18)	1,993 (25)	2,050 (22)
금액 (비중)	66 (13)	92 (7)	88 (12)	85 (18)	109 (27)	157 (28)	207 (22)	271 (24)	457 (27)	322 (25)	107 (19)	122 (17)

자료 : UNCTAD, *WIR*(2011) p.13 Table 1.1 의거 작성

이후 사모펀드에 의한 직접투자가 2010년 다시 회복되고 있지만 그럼에도 불구하고 여전히 2007년 피크 때의 30% 수준에 머물러 있다. 특기할 것은 최근 사모펀드에 의한 해외직접투자가 개도국이나 체제전환국으로 지향하고 있다는 점인데,[57] 이것은 사모펀드가 보다 훌륭한 사업기회가 전망되는 이들 지역의 현지기업이나 벤처사업에 관심을 기울이고 있음을 반영하는 것이라고 할 수 있다.

3.1.4 국부펀드(SWF)에 의한 직접투자

최근 사모펀드에 의한 직접투자와 함께 주목받는 또 다른 특별기금에 의한 투자가 국부펀드에 의한 투자이다. 국부펀드(SWF : Sovereign Wealth Fund)란, 정부에 의해 직접적으로 소유되고 운영되는 공적기금으로서 다양한 종류의 자산에 투자하는 국가투자기금이다. 이러한 국부펀드의 재원조달은, 국가가 보유한 국내자산을 통하여 이루어질 수도 있으나, 대부분의 경우 외화자산을 통하여 이루어진다. 국부펀드 중 상품펀드(commodity fund)의 경우 원유 등 원자재수출을 통하여 확보된 외화수입(재정수입)으로 구성되고 비(非)상품펀드(non-commodity fund)의 경우 경상수지 흑자로 축적된 외환보유액 등으로 조성된다.

따라서 2000년대 이후 원유가격 상승으로 원자재판매수입이 급격히 증가된 중동 석유수출국이나 막대한 국제수지 흑자로 인하여 글로벌 불균형의 주범으로 지목되어 온 중국 등 아시아지역의 신흥시장국의 국부펀드 설립이 활발해지면서 국제적 관심이 고조되어 왔다. 이들은 자국의 외환보유고가 막대하게 늘어남에 따라 이에 대한 관리비용이 높아지자 전통적으로 안전성 · 유동성을 강조하는 자금운용전략에서 벗어나 주식 · 채권 등 금융자산은 물론 기업인수합병 · 헤지펀드 · 부동산 · 천연자원 등 다양한 자산에 투자하여 수

57 전체 사모펀드 자금에 의한 국제M&A 중 개도국과 체제전환국에 대한 투지비중이 2007년 10% 수준에서 이후 14%('08), 26%('09), 31%('10) 수준으로 계속 높아지고 있다(UNCTAD, WIR, 2011 p.14).

익성을 추구하는 자금운용전략을 추구하게 되었다.

이를 위하여 이들 국가들은 막대한 외환보유액 중 일부로 투자기금을 설립하고 외환보유액과는 별도로 이러한 기금을 운영하도록 하였다. 2005년경부터 이렇게 많은 나라들이 새로운 국가투자기금을 설립하여 운영하게 되자 이러한 펀드를 '국부펀드'로 부르기 시작하였고 이제는 이러한 국부펀드가 하나의 세계적 현상이 되었다. 지금까지 조성된 주요 국부펀드의 현황을 보면 UAE · 사우디아라비아 · 쿠웨이트 · 카타르 등 중동산유국을 비롯하여 러시아 · 노르웨이 등과 같은 원자재수출국, 중국 · 싱가포르 · 한국 · 말레이시아 등과 같은 아시아 국가들과 호주 · 아일랜드 등 경상수지 흑자국들이 주축을 이루고 있다.

이러한 국부펀드가 세계적으로 어떤 정도의 규모를 가지는가에 대해서는 추정기관마다 조금씩 상이하지만 대체로 2010년 현재 4조 달러 규모로 추정되고 있다. 이러한 규모는 사모펀드(PEF)나 헤지펀드의 규모에 비해서는 매우 큰 규모이지만 다른 기관투자가들의 자산규모에 비해서는 아직 미미한 수준이다. 그럼에도 불구하고 이러한 국부펀드가 국제사회의 관심을 끄는 것은 이것의 성장잠재력을 무시할 수 없기 때문이다.[58] 따라서 외국인투자를 유치하기 위하여 노력하는 현지국들은 외국의 국부펀드투자를 유치하는 방안을 적극적으로 모색하여야 한다는 목소리가 높아지고 있다.

이와 같은 국부펀드에 의한 직접투자는 그 성격상 대부분 M&A형태로 이루어지게 되는데 이러한 상황을 [그림 5－3]이 보여주고 있다. 2005년 이후 국부펀드에 의한 국제 M&A가 점진적으로 증가하기 시작하였다. 그러나 이러한 투자가 전체 직접투자에 차지하는 비중은 아직 매우 낮은 상태이고 더욱이 국부펀드의 규모가 사모펀드 등에 비하여 훨씬 거대함에도 불구하고 국부펀드에 의한 직접투자의 규모나 비중은 이에 훨씬 미치지 못하는 것이 사실이다. 그럼에도 불구하고 글로벌 금융위기 이후, 전체 직접투자(특히 사모펀드 등에 의한 투자)가 급격히 감소하였는데도 국부펀드(SWF)에 의한 투자가 2009년에 전년 대비 15% 증가하여 전체 투자에서 차지하는 비중도 크게 증가하였다.

세계경제위기의 영향으로 세계경제의 변동성이 커지고 중동지역의 소요사태 등으로 전반적인 투자환경이 악화되었을 뿐만 아니라 2004년부터 본격화된 고유가를 배경으로 해외기업인수를 활발히 추진해 오던 중동지역 국부펀드들의 해외투자가 급격히 낮아짐에 따라[59] 2010년 전 세계국부펀드의 해외투자금액이 급격히 감소하였다.

---

58 도이치뱅크, IMF, 모건스탠리 등은 국부펀드의 자산규모가 2012년 5~8.7조, 2017년 10~17.5조, 2022년 27.2조 달러에 이를 것으로 전망하고 있다.

59 2009년 기준 전 세계국부펀드 해외투자금액의 40%를 차지하고 있던 UAE 국부펀드의 해외투자가 대폭 삭감되었고 국부펀드 중 가장 활발한 투자를 행하였던 카타르 국부펀드의 해외투자는 증가하였으나 라스라판 항구 내 LNG산업단지공사가 마무리됨에 따라 외국인투자 유치금액이 전년 대비 32% 감소하였다.

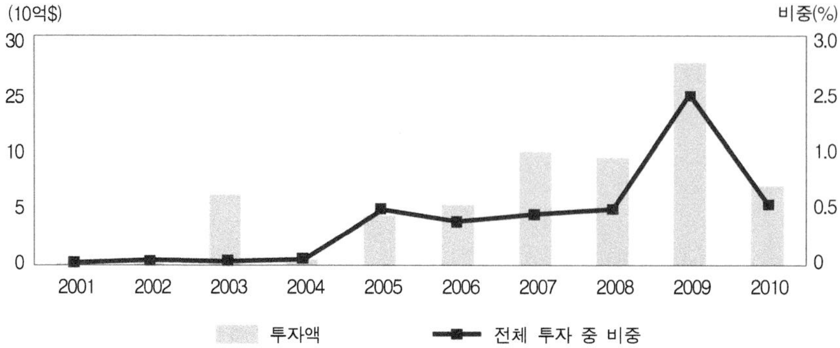

자료 : UNCTAD *WIR*(2011) p.15 [그림 1.15]

그림 5-3 국부펀드(SWF)에 의한 국제M&A 투자

그럼에도 불구하고 국부펀드의 해외투자와 관련하여 주목되는 점은, 글로벌 불균형을 확대시킨 구조적 요인들이 당분간 해소되기 어려워 신흥경제국의 외환보유액 증가세가 지속될 것으로 전망되고 안정적인 자원 확보를 위한 국가경쟁도 심화되고 있어 국부펀드의 자산규모는 더욱 확대될 것으로 전망되며, 금융위기 이후 경제환경 변화에 대응하기 위하여 그동안 선진국 금융자산에 국한되었던 투자대상을 금융위기 이후 빠른 성장회복세를 보이는 신흥경제국의 실물자산으로 확대하는 등[60] 국부펀드가 투자다변화를 통하여 리스크축소 및 수익률제고를 모색하고 있다는 점이다.

3.2 국영(국유)기업 관련 직접투자

세계적인 규모를 지닌 다국적기업 중에는 정부가 소유하거나 상당한 경영통제권을 행사하는 경우 또는 직간접적으로 그 기업의 경영에 개입하여 경제적 이해관계를 가진 국영(국유)기업들이 다수 존재한다. 이들은 거대규모의 국경기업들은 단순히 국내의 기간산업이나 공공부문에서 활동할 뿐만 아니라 해외에 진출하여 막대한 규모의 M&A를 행하거나 경영활동을 행하기도 한다. 따라서 대부분의 다국적기업이나 해외직접투자가 민간기업 또는 민간자본에 의하여 이루어지지만 이들 국영(국유)기업의 투자활동 상당한 비중을 차지하고 있다. 이하에서는 1980년대 후반 이후 국영기업의 민영화과정에서 촉발된 외국인직접투자와 2000년 이후 증대되고 있는 거대 국유기업들의 해외직접투자 활동에 대하여 살펴본다.

---

60 2007~2008년에 36%를 차지하던 금융부문의 국부펀드에 의한 M&A가 2008~2009년 98% 급락한 대신 단기적인 손실을 감수하면서라도 금융상황 변화에 상대적으로 덜 취약한 원자재 및 제조업 분야에 대한 투자를 늘리는 방향으로 국부펀드의 투자전략이 수정되고 있다.

3.2.1 현지국 국영기업 민영화 참여 투자(1980년대 후반 이후)

이처럼 1980년대 후반 이후 M&A형 투자가 해외직접투자의 주요한 진입형태로서 자리 잡게 되었지만 이러한 M&A형 투자 중에는 현지국의 국영기업에 대한 투자가 상당한 비중을 차지하였다. 1980년대 중반 이전까지 세계의 거대한 제조기업 중 상당수가 국영기업이었는데, 이렇게 규모가 거대한 국영기업의 수가 증가된 이유는 1970년대 프랑스・영국 등을 비롯한 국가의 정부들이 사기업을 국영화하는 일련의 과정이 있었고 종전에 정부가 주식을 많이 보유하고 있던 항공・정유・자동차산업 등이 급속한 성장을 하였기 때문이다.

그러나 1980년대 중반 이후부터 국영기업의 민영화가 전 세계적인 추세로 자리 잡게 되었고 이러한 국영기업의 민영화 과정에서 외국자본의 참여를 허용함으로써 현지국의 국영기업에 대한 외국인투자가 크게 증대되게 되었다. 1980년대 중반 이후 이렇게 국영기업의 민영화가 급격히 증대된 것은 다음과 같은 역사적 배경 때문이었다.

신자유주의의 태동과 확산 : 1970년대에 나타난 세계경제위기의 원인을 케인즈주의에 입각한 지나친 정부개입정책과 복지정책의 남용으로 규정하고 그 대안으로서 시장원리・자유경쟁・시장개방을 신봉하는 신자유주의(neo－liberalism)가 등장하였다. 이러한 철학적 토대 위에서 1980년대 이후 영국에서는 국가에 의한 시장개입과 규제의 철폐・노동시장 유연화・국영기업 민영화 등을 근간으로 하는 대처리즘(Thatcherism)이 탄생하였고 이러한 정책노선은 이후 미국의 레이거노믹스(Reaganomics)를 탄생시켰다. 이후 영국・프랑스・이탈리아 등 유럽국가들도 국영기업의 민영화를 적극적으로 추진함으로써 국영기업의 민영화가 세계 70여 개국 이상에서 급속히 진전되었다.

이와 같이 선진국을 중심으로 태동된 신자유주의정책은 개도국의 외채위기 극복 과정에서 IMF가 개입하면서 개도국으로까지 확산되었다. 이에 따라 신자유주의정책의 근간인 국영기업의 민영화가 1990년대 이후에는 개도국으로까지 확산되었는데 이러한 현상은 특히 남미에서 더욱 활발하였다.[61] 당시 이들이 민영화한 대상을 보면 자동차・전자 분야뿐만이 아니라 항공운송・통신・전력・자원 등 전통적으로 외국인투자에 대하여 강력한 제한을 행하던 분야까지 포함되어 있다. 이러한 과정에서 외국자본이 진출하지 못했던 분야에 대한 다국적기업의 진입이 이루어졌다.

---

61 1990년부터 1997년까지 멕시코・아르헨티나・브라질 등은 외국자본에 문호를 개방하는 민영화를 통해 약 870억 달러의 외자를 유치하였다. 브라질 카르도스정부는 1998년 국영통신회사인 텔레브래스(Telebras)를 국제입찰에 붙였고, 아르헨티나 메넴정부도 멕시코 금융위기여파로 경기침체가 장기화되자 1997년 외자유치확대를 위한 대통령령을 발동하여 우편・공항・원자력발전까지도 외국인에 대한 민영화매각을 행하였다. 아르헨티나의 경우 매각된 공적 자산의 60% 이상이 19개국의 다국적기업에 매각되었다. UNCTAD(1995) p.111.

구 사회주의권의 자본주의체제 전환 : 1990년대에 들어와 구사회주의 국가들이 시장경제체제로 전환함에 따라, 특히 중동부유럽 체제전환국들의 국영기업 민영화가 급속히 이루어졌다. 중남미국가의 민영화가 국영기업의 비효율성을 개선하기 위한 것이라면 폴란드·체코 등 동구권의 국영기업 민영화는 자본주의체제 전환에 따른 국영기업의 대량 매각이었고 이러한 과정에서 외국자본진출이 대거 이루어졌다.

또한 1990년대 후반 이후 중국에 대한 외국인투자가 급격히 높아졌는데 이러한 과정에서 국유재산의 해외매각이 이루어졌다. 당시 중국 내 최대경제권인 광동성(廣東省)은, 국유기업의 부실화가 급격히 진행되고 있는 가운데 중국은행대출의 90% 이상이 국유기업에 투입되어 있어 이들 국유기업부실이 은행권부실로 이어지는 왜곡된 구조가 심화되자, 대대적인 국유자산 해외매각 또는 국내외자본 합자방침을 발표하기도 하였다.

이렇게 1980년대 후반 이후 활발하게 진행된 국영기업의 민영화 과정에서 세계적인 다국적기업들이 이를 기회로 현지국에 진출하는 현상이 하나의 투자유형으로 부상하기도 하였지만 이러한 추세에 대한 비판의 목소리도 높았다. 그들은, 이러한 민영화의 결과 기업의 효율성은 어느 정도 높아졌을지 모르지만 이를 통하여 많은 국가자산이 헐값으로 외국자본 손에 넘어갔고 공공부문의 민영화로 인하여 가난한 사람들이 제공받던 공공서비스가 훼손되었다고 비판하였다. 실제로 바하마정부의 민영화과정에서 국제적 호텔체인을 운영하고 있는 다국적 자본이 지역의 호텔을 터무니없는 헐값에 인수하였고, 스리랑카에서 이루어진 공기업의 민영화과정에서 종전까지 빈민들이 누려왔던 의료·교육·농업서비스가 중단됨에 따라 노동자들이 파업을 일으키기도 하였다.[62]

3.2.2 국유 다국적기업의 해외직접투자(2000년대 이후)

이처럼 1980년대 중반 이후 국영기업의 민영화가 급속히 추진되면서 이들의 민영화과정에 참여하는 외국인직접투자가 크게 증대되었는데 20여 년이 흐른 2000년대 초반에 이르러 이러한 경향과는 반대로 국가가 중요한 역할을 행하는 다국적기업들이 상당히 등장하였다. 유엔무역개발회의(UNCTAD)의 조사에 따르면 정부가 소유하고 있거나 의결권의 10% 이상을 차지하는 국유 다국적기업(state-owned TNCs)이 2010년 현재 650개 이상이고 이들이 해외에 설립한 자회사가 8,500개 이상이며 이들 중 세계 100대 기업에 포함되는 숫자가 20여 개에 이른다.

이러한 국유 다국적기업의 경우, 잘 알려져 있지는 않지만 선진국계 기업들도 상당히 존재하지만, 대부분 개도국의 기업들이 주류를 이루고 있다.[63] 중국의 경우 한편으로는

62 존 매들리(2004) p.56.

63 2010년 현재 세계 전체 국영 다국적기업 653개 중 선진국기업 285개(43.6%), 개도국기업 345개(52.8%), 체제

국영기업의 민영화가 추진되어 왔으면서도 다른 한편으로는 정부가 직간접으로 영향력을 행사하는 기업들이 상당수(50여 개) 존재하는데, 이러한 경향은 중국뿐만 아니라 말레이시아 · 싱가포르 · 인도 · 브라질 · 아르헨티나 등과 같은 개도국에서도 이루어졌다. 이 때문에 석유 · 광산부문의 경우 1970년대에 나타났던 국영기업화 현상이 개도국에서 다시 재현되어 2003년 석유의 보유 및 생산량에서 세계 랭킹 25위 내 기업 중 15개가 개도국과 러시아의 국영기업이었다.

이러한 현상에 따라 2000년대 초반 이후 국유기업(state-owned corporation)의 직접투자 활동이 활발하게 이루어져 주목받고 있다. 2010년 현재 세계 전체 다국적기업 중 이들의 숫자가 차지하는 비중은 1% 미만임에도 불구하고 이들의 투자금액은 세계 전체 투자의 10% 수준을 초과하고 있다. 또한 2003~2010년까지 이들 국유 다국적기업에 의해 행해진 직접투자 프로젝트는 개도국 전체 투자의 32% 수준에 이르는데 이들의 투자가 이렇게 급격히 증대된 것은 소수의 개도국 국영기업들이 100억 달러를 초과하는 대형투자(mega-deal)를 주도한 데 따른 것이다.

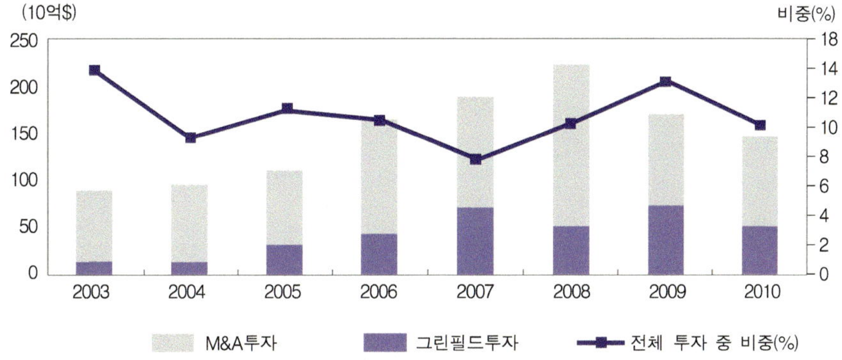

자료 : UNCTAD WIR(2011) p.33 [그림 1.27]

그림 5-4 국유 다국적기업에 의한 FDI

이와 관련하여 특기할 것은, 이러한 국유기업에 의한 직접투자의 급격한 증대가 개도국의 국유기업에 의하여 주도된다는 것이다. [그림 5-5]가 보여주듯이 국유기업에 의한 국제M&A의 더 많은 부분을 개도국 국영기업들이 차지하고 있다. 뿐만 아니라 이들 개도국 국영기업들이 행하는 직접투자의 더 많은 부분이 선진국보다는 다른 개도국이나 체제전환국을 대상으로 하여 이루어지고 있어 오늘날 개도국과 개도국 간에 이루어지는 남남투자(south-south investment) 흐름의 주요한 주체가 되고 있다.

전환국 기업 23개(3.5%)로 구성되어 있다(WIR, 2011 p.31).

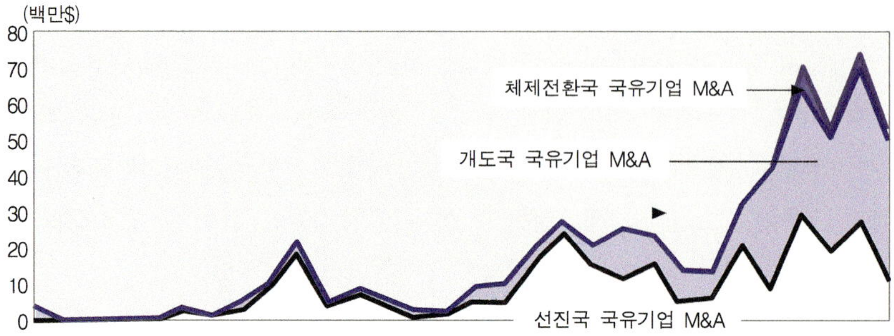

자료 : UNCTAD WIR(2011) p.33 [그림 1.28]

그림 5-5 국유 다국적기업에 의한 국제M&A의 그룹별 현황

제2절 국제 M&A형 해외직접투자

1. 국제 M&A의 의의와 유형

1.1 국제 M&A의 의의

M&A(merger & acquisition)란 2개 이상의 기업이 결합하여 하나의 기업이 되는 합병(merger)과 어떤 기업이 다른 기업의 주식·자산을 취득하여 경영권을 인수하는 매수(acquisition)를 합친 개념이다. 따라서 국제M&A(cross-border/international/global M&A) 역시, 국적이 서로 다른 두 기업이 하나의 기업으로 합쳐지는 국제합병과 외국기업이 현지기업의 경영권을 인수하는 국제매수를 합친 개념이다.[64] 합병의 경우 한 기업이 다른 기업을 완전히 흡수하는 경우(흡수합병)와 2개 이상의 기업이 소멸하여 제3의 기업으로 탄생되는 경우(신설합병)가 있지만 두 경우 모두 기존에 존재하던 복수의 회사가 하나의 회사로 변신하는 것임에 대하여, 매수는 피인수기업이 그대로 존속되면서 경영권이 바뀌는 방식이다.

일반적으로 기업의 성장에는 내적 성장과 외적 성장 방식이 있다. 내적 성장(internal growth)이란 기업 내에서의 추가적인 투자와 자본조달을 통하여 규모를 늘리고 영업범위를 확대하는 것임에 비하여, 외적 성장(external growth)이란 다른 기업의 주식이나 자산을 인수하여 이러한 성장목표를 추구하는 것이다. 따라서 M&A는 외적 성장을 위한 경영전략 중 가장 적극적이고 전형적인 수단이고 실제로 세계적인 글로벌기업들이 그들의 성장전략으로서 이러한 M&A를 주로 활용하고 있다.

64 이렇게 합병과 매수를 구분하다면 국제 M&A에 있어서 97%가 매수의 형태로 이루어지고 있다.

1980년대 후반 이후 경제성장과 기술진보의 속도가 더욱 급속해지고 이로 인해 국가 간 경쟁이 격심해지자 많은 다국적기업들이 타국의 기업이나 금융기관을 인수하거나 합병하는 국제M&A를 전략적 수단으로 삼게 되었고, 이러한 다국적기업의 대응전략으로 인하여 국제M&A가 급속히 증가하게 되었다. 이러한 추세에 따라 1950년대 이후 이루어진 해외직접투자의 주류가 그린필드형(greenfield entry/start－up)투자였다면 1980년대 중반 이후의 해외직접투자에는 이러한 M&A가 하나의 중심적 투자전략으로 주목받게 되었다.[65]

이에 따라 2000년대 이후 전체 M&A 중에서 국제M&A가 차지하는 비중이 30~40%에 달하게 되었고,[66] [부록 5－2]에서 보는 바와 같이, 전체 해외직접투자 중 M&A형 투자가 차지하는 비중 역시 60~70%에 이르고 있다. 이처럼 오늘날의 다국적기업이나 해외직접투자에 있어서 M&A는 하나의 중요한 전략적 수단임과 동시에 기업글로벌화의 주요한 도구로 부상하고 있다. 이에 따라 M&A가 세계시장에서 개별 기업의 판도변화는 물론 특정 산업에 있어서의 국가의 판도변화에도 영향을 주는 사례가 속출하고 있다.

특히 1990년대 중반 이후에는 세계적 기업들 간에 이루어진 초대형 합병(mega－merger)이 줄을 이었다. 예컨대 석유산업에서 거대기업인 엑슨과 모빌이 엑슨－모빌(Exxon－Mobil)로 합병하였고 영국의 BP와 미국의 아모코가 BP로 합병하였으며, 자동차업계에서 거대기업인 독일의 다임러－벤츠와 미국의 크라이슬러가 다임러－클라이슬러로 합병하였고, 통신업계의 거대기업인 벨 어틀랜틱과 GTE가 합병하고 월드컴과 MCI가 합병하였으며 AOL과 타임워너가 AOL타임워너로 합병하였다. 이들 모두 세계에서 손꼽히는 5대 기업(big 5)들이 M&A를 통하여 초대형 거대기업으로 다시 태어난 예이다.

1.2 국제 M&A의 유형

이러한 M&A는 그 내용과 형태에 따라 여러 가지로 분류되기도 하는데 국제 M&A 역시 이러한 기준에 따라 다음과 같은 유형으로 분류된다.

---

65 해외투자 형태와 관련하여 신규설립방식(Greenfield형 투자)과 매수합병방식(M&A형 투자) 이외에 자산인수방식(Purchase & Assumption, P&A형) 투자가 있다. 이것은 외국인 투자자가 현지기업을 인수하면서 법적으로 새로운 회사를 설립하고 이 회사로 하여금 국내기업의 자산이나 영업의 일부(예컨대 부실채권을 제외한 우량자산과 우량채권 만을 인수) 또는 전부를 인수하는 방식이다. 1980년대 정리된 미국의 상업은행들 중 70% 이상이 이러한 방식으로 인수되었고 외환위기 이후 우리나라에 진출하는 외국기업들이 이러한 방식을 많이 채택하였다. 이것은 피인수기업의 임직원에게 부실화에 대한 책임을 부과할 수 있어 도덕적 해이를 방지할 수 있다는 장점이 있다. 그런데 이러한 P&A형 투자는 법적으로나 통계상으로는 그린필드형 투자로 간주되지만 경제적 실질은 M&A형 투자라고 할 수 있다.

66 전체 M&A 중 국제 M&A가 차지하는 비중을 보면 2001년(38.3%), 2002년(37.7%), 2003년(29.2%), 2004년(30.0%), 2005년(36.4%), 2006년 상반기(40.7%)이다. 이러한 경향은 선진국에 대한 외국인투자의 경우 더욱 높아 1990년대 후반 선진국에 대한 비중이 85~89% 수준에까지 이르렀다.

표 5-8 **국제 M&A의 일반적 유형 분류**

구 분	M & A의 유 형
거래 의사	우호적(friendly) · 적대적(hostile) M&A
결합 형태	수직적(vertical) · 수평적(horizontal) · 복합적(conglomerate) M&A
대금지급방법	현금인수방식 · 주식교환방식 · 채무증서교환방식 · 혼합방식 M&A
투자 방향	In－Out(outbound)형 M&A · Out－In(inbound)형 M&A

거래의사 : 합병 주체들 간의 의사에 따라 우호적 M&A와 적대적 M&A로 구분한다. 우호적(friendly) M&A란 매수기업과 피매수기업 경영진의 동의 하에 이루어지는 것으로, 대개는 매수기업이 대상기업의 이사진에게 매수의사와 매수조건을 제시하고 피매수기업 측에서 이를 수용하는 매수절차를 밟게 된다. 반면 적대적(hostile) M&A는, 피매수기업 경영진의 동의 없이 이루어지거나 그들의 의사에 반하여 강압적으로 이루어지는 위임장대결이나 공개매수를 통하여 이루어진다. 1980년대 이후 미국 M&A붐의 특징 중의 하나가 이러한 적대적 M&A였는데 국제M&A에 있어서도 이러한 적대적 M&A와 관련된 현지국에서의 반발과 논쟁이 이루어지고 있다.

결합형태 : 합병되는 기업의 사업분야에 따라 수직적 · 수평적 · 복합적 M&A로 구분한다. 수직적(vertical) M&A란, 석유산업에 있어서 원유채광 · 정유 · 판매기업 간에 이루어지는 합병처럼 한 기업의 생산과정이나 판매경로의 전후에 놓여 있는 기업 간에 이루어지는 경우로서, 주로 원자재의 안정적 공급 · 통합에 따르는 기술적 경제성 · 내부화에 따른 비용감소 · 간접적인 기업통제력 강화 등을 위하여 이루어진다. 반면 수평적(horizontal) M&A란, 동종의 사업분야나 동일한 과정에서 활동 · 경쟁하고 있는 기업 간의 합병으로서 주로 경쟁자배제나 시장지배력강화를 위하여 행해진다. 복합적(conglomerate) M&A는, 서로 다른 사업분야 또는 과정에 있는 기업 간에 이루어지는 합병으로서 주로 사업다각화나 시너지 효과(synergy effect)를 목표로 하는 경우이다.

대금지급방법 : M&A는 인수대금지급방식에 따라 여러 가지 형태로 분류하기도 한다. 이러한 대금지급 방식에는 현금으로 지급하는 현금인수방식, 피매수기업의 주주에게 매수기업의 주식으로 교환해 주는 주식교환방식, 주식의 교환 대신에 회사채를 지급하는 채무증서교환방식, 이상의 방식을 복합적으로 사용하는 혼합교환방식 등이 있다.

투자방향 : 국제적 M&A가 이루어지는 방향에 따라 국내기업이 해외의 기업을 합병하거나 매수하는 In－Out(outbound)형 M&A와 해외의 기업이 국내기업을 합병하거나 매수하는 Out－In(inbound)형 M&A가 있다.

2. 국제 M&A의 동기와 전략적 의의

2.1 국제 M&A의 주요 동기

국제적인 M&A가 일어나는 근본적인 이유는 국내기업 간의 M&A(In－In형)와 근본적으로 다르지 않다. 따라서 국제 M&A가 발생되는 주요한 동기 역시 ① 잠재력을 보유하고 있으면서도 효율적으로 경영되지 못하는 기업을 인수하여 효율적으로 경영함으로써 얻게 되는 효율성증대효과, ② 규모의 경제(economy of scale)나 범위의 경제(economy of scope) 등을 포함하는 보완성・안정성을 증대시키는 시너지효과(synergy effect),[67] ③ 합병을 통한 성장의 극대화・시장지배력의 확보・전략적 자산의 취득・경영자적 동기 충족 등을 이룩하기 위해서이다.[68]

다만 국제M&A에 있어서는, 해외로 진출하는 기업이 그린필드형 투자 대신에 M&A형 투자를 진입방식으로 선택하고 선호하는 전략적 이유가 무엇인가라는 관점에서 다음과 같은 동기들이 중요한 의미를 가지게 된다.

신속한 시장진입 : 그린필드형 투자를 통하여 외국시장에 진출하여 독자적 사업을 확장하는 데에는 많은 시간과 노력이 요구된다. 신설투자의 경우 공장부지를 확보하고 생산설비를 갖추며 종업원들을 신규 채용하고 훈련시키는 데에 많은 시간이 소요되기 때문이다. 또한 현지에서 생산하고 판매하여 시장점유율을 증대시키는 데 너무 긴 시간이 요구되거나 그에 따른 비용・리스크가 클 가능성이 높다. 이에 비하여 M&A형 투자는 기존 기업의 설비・인력・공급망 등을 그대로 승계하기 때문에 신속한 시장진입이 가능해진다. 예컨대 독일의 자동차기업인 다임러－벤츠(Damer－Benz)가 미국시장에 진입할 때 몇 년이 소요될 공장건설과정을 생략하기 위하여 미국자동차시장에서 세 번째 위치를 차지하고 있는 크라이슬러(Chrysler)를 매수・합병하여 다임러－크라이슬러를 설립하였다.

경쟁자 배제(시장지배력확대) : 이러한 신속한 진입과 관련하여 다국적기업 경영자들은 매력적인 현지기업을 자신이 인수하지 않으면 다른 경쟁자가 인수할 것을 두려워한 나머지 경쟁자를 이기기 위하여 신속한 인수를 감행하기도 한다. 예컨대 통신산업처럼 기술발전이 빠르고 시장이 급속히 국제화되는 경우 많은 다국적기업들이 서로 세계적 기업으로서의 선도적인 위치를 차지하기 위하여 경쟁상대국에 M&A를 통한 진입을 시도하였고 그 결과 무자비한 상호공격이 이루어지기도 하였다.

실제로 1990년대 말 통신산업에 있어서 발생된 연쇄적인 M&A, 영국기업(Vodafone)의

67 시너지효과(synergy effects)란 2개의 독립적으로 존재할 때보다 하나가 되었을 때 각각의 합보다 더 큰 결합이익・공동이익을 창출할 수 있는 효과로서 예컨대 2+3 → 6의 관계로 나타낸다. M&A의 효과로서 가장 많이 지적되고 있는 것이 기업 내 여러 활동 간의 이러한 기술적・기능적 연관성에 기인하는 공동효과이다.

68 노택환・김지수(1994) 제3장 참조.

미국 기업(Air Touch Communication)에 대한 사상 최대 규모(600억 달러)의 인수, 독일기업(Deutsche Telekom)의 영국기업(One 2 One)에 대한 인수(130억 달러), 캐나다 기업(Teleglobe)의 미국 기업(Exel Communication)에 대한 인수(64억 달러) 등이 집중적으로 교차된 원인이 다른 경쟁자를 배제하기 위한 노력의 일환이었다. 이와 비슷한 시기에 자동차산업에서도 다임러(Daimler)의 크라이슬러(Chrysler) 인수, 포드(Ford)의 볼보(Volvo) 인수, 르노(Renault)의 닛산(Nissan) 인수 등과 같은 경쟁적인 국제M&A가 비슷한 이유로 일어났다.

전략적 경영자원의 획득 : 그린필드형 해외투자가 자신이 보유하고 있는 특유의 기술적 자산이나 경쟁우위를 무기로 해외에 진출하는 전략이라면, M&A형 투자는 오히려 비교우위를 지니지 못한 기업이 해외기업의 매수를 통하여 더 높은 기술 및 경영자원에 접근하려는 전략적 행태를 보이는 경향이 있다. 이러한 점에서 M&A형 투자는 전략적 자산추구형 투자(strategic asset-seeking investment)로 활용되는데, 어떤 특정 기업이 보유하는 경영자원을 다른 방법으로 취득할 기회가 없을 경우 더욱 그러하다. 최근 개도국기업들이 높은 인수프리미엄에도 불구하고 기술이전과 기술판매를 꺼리는 선진국기업들에 대한 적극적인 M&A형 투자를 벌이고 있는 주요 목적 중의 하나가 선진국기업들이 보유하고 있는 기술과 브랜드를 M&A를 통하여 획득하려는 것이다.

효율성증대 및 위험성감소 : M&A형 투자는 현지기업이 보유하고 있던 인력·기술·노하우·브랜드충성도·고객·상표나 특허·유통망·생산시스템 등을 일괄 취득할 수 있는 이점이 있을 뿐만 아니라, 이러한 기업조직에 자신이 보유하고 있는 우수한 자본·기술·경영능력 등을 결합시킬 경우 보다 쉽게 경영자원의 효율성을 증대시킬 수 있다. 한편 기업경영자들은 신설투자보다 M&A가 덜 위험하다고 생각하는 경향이 있어 투자의 위험성을 감소시키기 위하여 이를 선택하기도 한다.

성숙산업에서의 시장진입 : 일반적으로 M&A형 투자는 생산시설이 포화상태에 있어 신규진출하는 경우 공급과잉이 발생될 우려가 크거나 산업 전반적으로 유휴시설이 많은 성숙산업에서 선호되는 시장진입방식이다. 이러한 성숙산업의 경우 신규진출자에 대한 높은 진입장벽이 존재하기 때문에 신규진출이 어려울 뿐만 아니라 신규진출의 경우 산업 내 과잉생산을 초래할 우려가 있기 때문에 M&A가 선호되는 경향이 있다. 예컨대 자본집약적이고 성숙한 시장의 성격을 지닌 석유화학산업의 경우 그린필드형 투자보다는 M&A형 투자가 더 선호되는 경향이 있다.

국제M&A가 이루어지는 일반적인 동기는 이상과 같지만 개별적인 M&A가 이루어지는 구체적인 동기는 M&A유형에 따라 달라질 수 있다. 〈표 5-9〉는 국제M&A를 그 동기에 따라 ① 수평적 확장형, ② 제품포트폴리오 확장형, ③ 신사업 진출형, ④ 수직적(전후방) 통합형, ⑤ 경쟁역량 강화형 등 5가지로 유형화하고 이러한 유형의 M&A투자가 주로 추구하는 구체적 동기와 주요 사례를 요약하고 있다.

표 5-9 국제 M&A의 5가지 유형과 주요 사례

M&A유형	M&A의 동기와 목표	건수	주요 사례
① 수평적 확장형	동종 산업 내 경쟁기업의 인수를 통해 규모의 경제·시장지배력 강화 목표	264건 (52%)	• 록히드-마틴마리에타 • 보다폰-안네스만
② 수직적 통합형	현재 사업영역의 전후방에 있는 기업인수로 수직적 계열화 추구	34건 (6.7%)	• 록히드마틴-로럴 • 유니온퍼시픽-오버나이트
③ 포트폴리오 확장형	자사 제품과 다른 인접산업의 라인 인수로 제품·서비스 라인의 확장	74건 (14.6%)	• 펩시-퀘이커오츠 • P&G-질레트
④ 신사업 진출형	자사와 다른 새로운 사업영역의 기업인수로 비관련 분야 다각화 추구	3건 (0.6%)	• AT&T-멕코 • 비아콤-파라마운트
⑤ 경쟁역량 강화형	기술·브랜드·시설 등 핵심 기능 인수 통해 경쟁역량의 보완과 강화	133건 (26.6%)	• 노키아-네브텍 • 노무라-리먼브라더스

주 : 건수의 경우 2004~2008년 5년 동안 발생한 전체 508건의 M&A를 대상으로 조사.
자료 : 삼성연구소(2010. 5. 6) pp.7~9 적의 수정.

2.2 국제M&A형 투자의 전략적 의의

이처럼 국제M&A가 일어나는 동기는 근본적으로 국내M&A의 경우와 다를 바 없지만 이것이 가지는 전략적 의의는 해외투자를 행함에 있어 그린필드형 투자 대신에 M&A형 투자방식을 선택하거나 선호할 때의 이점이다. 일반적으로 해외시장의 진입방식으로서 그린필드형 투자와 M&A형 투자 간에는 서로 다른 전략적 장단점이 교차된다. 〈표 5-10〉은 어떤 기업이 해외로 진출할 때 그린필드형 방식으로 투자할 경우와 M&A형 방식으로 투자할 경우 나타나는 전략적 장단점을 서로 대비시켜 보여주고 있다.

표 5-10 그린필드형 투자와 M&A형 투자의 전략적 장단점

구분	그린필드형 투자	M&A형 투자
장점	• 투자의 자율성과 융통성 높음 (투자목적에 부합되는 회사설립 가능, 초기 사업 입지선정 및 계획의 융통성, 투자금액 결정의 융통성, 단계적 투자가능) • 기업통제용이·기존기업 부실문제 없음 • 현지국정부의 선호정책 따른 이익 있음 (현지국의 정서적 호의, 투자인가취득 용이, 현지국의 행 재정적 지원 활용 가능)	• 신속한 해외시장 진입 가능 진입초기의 투자위험·운영손실 감소 • 기존 기업의 경영자원·성과 획득 (상품·브랜드·기존 영업망 활용, 인력·기술·노하우 등의 일괄 취득) • 시너지효과(규모·범위의 경제) • 공급과잉 회피(성숙산업에의 진출) • 세제 및 회계 상의 이점 활용
단점	• 초기투자 및 정착에 오랜 시간 소요됨 (브랜드 및 영업기반 구축의 어려움, 시장·고객의 새로운 개척에 어려움) • 설립과정 중 투자안정성 결여·위험증대, 초기의 운영손실 클 수 있음 • 새로운 인재획득·현지경영개척 어려움 • 기존 기업체와의 마찰 우려 있음	• 투자의 자율성·융통성 부족 • 인수과정상 여러 가지 문제 발생우려 (가격산정·절차복잡성 따른 실패우려, 현지국의 정치적 저항·반대여론 우려) • 인수 후 운영상의 문제점 발생 우려 (기존의 부실 해결 필요, 이질적 문화적응 애로, 기업문화 차이 따른 내부마찰 우려)

일반적으로 그린필드형 투자의 최대 장점은 기업이 원하는 대로의 투자규모와 투자성격을 스스로 결정할 수 있으므로 투자의 자율성·융통성이 강하다는 데에 있지만 투자의 정착에 시간이 너무 오래 소요되고 새로운 투자에 따른 위험요소도 크다는 단점이 있다. 반면 M&A형 투자는 기존에 존재하는 기업을 인수하여야 하므로 투자의 자율성·융통성이 제한되고 인수과정이나 인수 후의 운영에 있어 어려움이 발생될 수 있는 단점이 있지만 신속한 진입이 가능하고 기존 기업이 보유하는 전략적 자산과 네트워크를 일괄적으로 취득할 수 있으며 성숙산업에 대한 투자의 경우 자신의 투자로 인하여 발생될 수 있는 공급과잉 문제를 회피할 수 있다는 장점을 가진다.

이처럼 기업의 해외진입방식으로서 그린필드형 투자와 M&A형 투자는 서로 상반되는 장단점을 가지기 때문에 이들 중 어떠한 방식을 선택하는 것이 더 바람직한가 하는 문제는 결코 간단한 문제가 아니다. 따라서 이에 대한 많은 이론적 논의와 다양한 실증적 연구가 이루어져 왔다. 이를 바탕으로 하여 그린필드형 투자보다 M&A형 투자가 더 바람직한 경우와 M&A형 투자가 내포하고 있는 위험성 때문에 M&A형 투자를 신중히 하여야 하는 경우를 〈표 5－11〉이 요약하고 있다.

표 5－11 M&A형 투자유형 선택을 위한 일반적 고려사항

M&A형 투자가 바람직한 경우	M&A형 투자를 신중히 해야 하는 경우
• 신속한 투자목적 달성 필요한 경우 • 신규투자비용이 M&A비용 상회 경우 • 매수 후 보다 효율적 운영 기대되거나, 특정 경영자원의 취득이 긴요한 경우 • 신규투자 시 과잉생산 초래 위험 경우 • M&A에 대한 세제혜택·회계이득 경우	• 상황 변동에 따른 신축적 적응 어려운 경우 • 대상기업 보유자산을 정확히 평가하기 어려워 가격을 과다 지불할 위험 큰 경우 • 통합 시 주요 경영자·기술자 상실가능성 경우 • 구조조정 필요성 너무 크거나 용이하지 않을 경우 • 완전한 통합·시너지효과 보장되기 어려운 경우

이러한 여러 가지 측면을 종합적으로 고려하여 기업이 해외로 진출할 때 그린필드형 투자와 M&A중 어느 것을 선택하는 것이 바람직한가에 대한, "진입방식의 결정요인"에 대한 많은 이론들이 있는데 이들이 보여주는 보편적인 결론은 대체로 다음과 같다.

해외진출의 경험: 처음 해외에 진출하는 기업은 해외진출에 따르는 불확실성을 감소시키기 위하여 M&A를 선호하는 반면, 규모가 거대하고 국제경험이 높아 불확실성에 대한 대처능력을 갖추고 있는 기업의 경우 그린필드형 투자를 선호할 수 있다.

현지시장의 조건: 이미 많은 기업들이 존재하는 성숙된 시장이어서 시장의 성장률이 안정되거나 정체되는 경우 새로운 생산능력을 추가할 필요가 없기 때문에 M&A에 의한 방식이 바람직하다고 할 수 있고, 새로운 성장시장의 경우에는 그린필드방식이 보다 매

력적이라고 할 수 있다. 과점적 시장에 후발기업으로서 진입하는 경우 조업개시까지의 시간을 단축하기 위하여 M&A형 투자가 바람직하며 세계의 경쟁자들이 인수에 관심을 가지고 있는 경우 역시 M&A에 의한 방식이 바람직하다고 할 수 있다(Dubin 1976, Knickerbocker 1973).

진출기업의 특성 : 기존의 기업들이 다수 존재하더라도 자신의 경쟁력이 조직적으로 내재된 능력 · 기술 · 업무체계 · 조직문화 등 기업 특유적 우위인 경우에는 그린필드형 투자가 더 적합할 수 있다. 그러한 전형적인 예로서 맥도날드가 외국시장에 진입할 때 그린필드형 투자를 선호하는 경우에서 찾을 수 있다.[69]

3. 국제 M&A의 성과와 성패 요인

3.1 M&A형 투자기업의 성과

위에서 살펴본 바와 같이, M&A형 해외투자는 진출하는 기업의 입장에서 여러 가지 전략적 이점이 있는 것이 사실이지만, 실제로 이루어진 국제M&A가 과연 당초의 목표에 부합하는 성과를 거두었느냐 하는 것은 또 다른 문제이다. 국제M&A의 성과에 대한 체계적 연구들이 그렇게 충분하지는 않지만 그 연구결과들을 보면 그 결과가 일의적이지 못하여 한마디로 규정짓기 어렵다.

3.1.1 글로벌 500대 기업의 M&A 성과

M&A가 기업의 성장과 수익성에 긍정적인 성과를 가져왔다는 결과를 보여주는 수많은 연구들이 있지만 그중에서도 포춘(Fortune)지가 선정한 글로벌 500대 기업을 대상으로 하여 M&A의 성과를 분석한 자료가 가장 보편적인 경우라고 할 수 있다. 그 결과를 보면 글로벌 우량기업일수록 M&A를 적극적으로 추진하여 왔고 또한 M&A를 적극적으로 활용한 기업일수록 성장성 · 수익성이 높았다는 사실을 다음과 같이 보여주었다.

69 C. W. L. Hill(2008) p.631

표 5-12 포춘지 글로벌 500기업의 M&A 활용도

구 분 (1)	M&A추진(외적 성장) 그룹				내적 성장 그룹
	계	1~2건	3~6건	7건 이상	
해당기업의 수 (비중 %)	240 (57.7%)	103 (24.8%)	87 (20.9%)	50 (12.0%)	176 (42.3%)

구 분 (2)	순위 유지 그룹	신규 진입 그룹	순위 탈락 그룹
해당기업의 수	236	180	175
평균 M&A 건수	3.0건	1.9건	0.9건
(M&A활용률 %)	(61.0%)	(53.3%)	(30.9%)
평균 M&A규모	80.33억$	33.88억$	12.64억$

주 : 구분(1) 포춘지 글로벌 500기업 중 금융기관 제외한 416개 기업이 10년(1999~2008)간 행한 1억 달러 이상, 의결권변동 이루어진 1,034건 M&A 분석결과임.
구분(2) 포춘지 글로벌 500기업 1999년과 2008년 리스트 비교 통하여 3개 그룹으로 구분.
자료 : Thomson ONE Banker, 삼성경제연구소(2010.5.6) pp.5~6.

(1) 포춘지가 선정한 글로벌 500대 기업 중 최근 10년간 1억 달러 이상의 M&A를 실행한 기업이 57.7%, 3회 이상의 M&A를 추진한 기업이 32.9%에 달하는 것으로 나타나, 세계적인 거대기업일수록 M&A를 중요한 성장전략수단으로 활용하고 있음을 알 수 있다. 이러한 사실을 바탕으로 또 다른 분석가들은 포춘지가 선정한 세계 500대 기업들 중 최소 10년 이상 20~30% 성장을 이룩한 기업들 대부분이 그들의 성장 동력으로 M&A를 활용하고 있다고 분석하였다.

(2) 지난 1999년과 2008년 포춘지 선정 글로벌 500기업의 리스트를 비교하여 ① 여전히 순위를 지킨 그룹(순위유지그룹), ② 새로이 순위에 진입한 기업(신규진입그룹), ③ 순위에서 탈락한 기업(순위탈락그룹) 등 3개 그룹으로 분류하여 보면, 순위유지그룹 · 신규진입그룹 · 순위탈락그룹의 순으로 M&A활용도가 높았고 M&A의 평균거래규모도 컸던 것으로 나타났다. 이것은 M&A를 성장전략으로 채택한 기업일수록 지속성장의 가능성이 상대적으로 높았음을 의미한다고 할 수 있다.

(3) 이처럼 M&A를 적극적으로 활용한 기업일수록 성장성이 높을 뿐만 아니라 수익성도 우수한 것으로 나타났다. M&A가 이루어지면 규모의 확대로 인하여 수익성이 훼손될 수 있다는 일반적인 우려와는 달리 M&A를 적극 활용한 기업의 영업이익률이 11.6%(1999)에서 13.2%(2008)로 상승하였고 같은 기간 중 이들의 영업이익률 개선도가 동일 업종 대비 4.75%P 높게 나타나 M&A를 통하여 글로벌 우량기업의 수익성도 제고되었음을 보여주었다.

3.1.2 국제 M&A의 실패 사례

이상과 같은 결과를 통하여 세계적인 다국적기업들이 M&A를 통하여 성장성과 수익성을 높이는 성과를 내고 있음을 보았지만 국제M&A의 경우, 인수 전 실사과정・인수과정의 자금조달・인수 후 고용승계문제・문화적 차이에 따른 갈등문제 등 다양한 변수들이 개재되기 때문에, 일반적으로 국내M&A보다도 더 실패의 위험이 큰 것으로 평가되고 있다. 실제로 1960~1970년대 미국 기업들이 행한 해외M&A와 1980년대 후반 일본 기업들이 행한 해외M&A가 대체로 실패로 돌아갔고, 과거에 일어난 국제M&A중 70% 정도가 실패의 쓴잔을 마신 것으로 보고 있다.

실제로 M&A의 성과를 집단적으로 분석한 연구들도 대부분의 경우 기업의 해외M&A가 반드시 그렇게 좋은 결과만을 가져온 것은 아니라는 사실을 보여주고 있는데 미국・일본・한국기업의 M&A가 실패한 대표적인 경우를 살펴보면 다음과 같다.[70]

미국 기업에 대한 주요 연구결과 : ① 관련사업 부문에서의 M&A의 성과는 높으나 비관련 부분에서의 성과는 훨씬 취약하였다(H. Singh & C. Montgomery, 1986). ② M&A의 약 70% 정도는 실패하여 5년 이내에 다시 매각되었다(M. Porter, 1987). ③ 1990년과 1995년 사이에 미국에서 이루어진 M&A기업 가운데 50% 이상 기업의 주식이 가치 하락하였으며 34%는 미세한 성과를 얻었고 17% 기업만이 높은 성과를 얻었다(Business Week, 1995.10.30). ④ 1996~1998년 사이의 700개 대형 M&A 중 30%는 인수기업의 가치증가가 일어났고 31%는 가치파괴가 일어났으며 나머지 경우는 미미한 효과만을 보여주었다(KPMG Hill 2008 p.628). ⑤ 1995년부터 2001년까지 이루어진 302개의 M&A 중 61%, 1997년부터 2006년까지 이루어진 1,000개의 M&A 중 62%가 기업가치 저하를 가져왔다(BCG 및 맥킨지 보고서). 이러한 연구의 대부분은 주로 국내 M&A를 대상으로 한 연구였지만 국제적 M&A에도 어느 정도 적용이 가능할 것이다.

일본 기업의 주요 해외M&A : 한국기업보다 훨씬 먼저 해외M&A에 나섰던 일본 기업의 결과를 보면, 성공적인 경우도 없지는 않았지만, 대부분 큰 손실을 보았던 것으로 나타난 바 있다(주간매경, 1995.8.15). 예를 들면, ① 마쯔시다(Matsushita)는 1989년 미국의 MCA영화사를 인수하였지만 1995년 다시 매각하였고 그 과정에서 큰 손실을 보았다. ② 소니(Sony) 역시 1989년 컬럼비아 픽쳐스(Columbia Pictures) 인수 후 거의 실효를 거두지 못하고 40억 달러 적자를 시현하여 본사에 부담을 안겨 주었다. ③ 미쯔비시는 1990년 미국 뉴욕의 록펠러센터빌딩을 인수하였다가 계속 적자를 보고 5년 뒤 파산신청하였다. ④ 일본의 타이어업체 브리지스톤(Bridgestone)은 1988년 미국의 파이어스톤(Firestone)을 인수하여 미국에서

---

70 장세진(2000) pp.321~323 참조

타이어 생산을 강화시키려고 시도하였으나 노동쟁의로 국제분쟁을 발생시키고 본사에 부담을 안겨주었다. ⑤ NKK는 미국의 내셔날 스틸(National Steel)을 인수하여 미국으로의 철강수출을 강화하려 하였으나 설비가 예상 이상으로 노후화되어 계속적인 설비투자가 요구되었고 이 때문에 적자를 면치 못하였다.

한국기업의 주요 해외M&A : 한국기업의 경우도 많은 경우 어려움을 겪었는데 그 대표적인 예를 보면 ① 삼성전자가 인수한 AST Research는 1995년부터 1999년까지 총 1억 달러 이상의 손실을 보고 결국 정리되었고, ② 현대전자가 인수한 멕스터(Mexter) 역시 매년 1억 달러 이상이 적자를 보이다가 결국 매각되었으며, ③ LG 전자가 인수한 제니스(Zenith) 역시 인수 후 상당 기간 적자를 나타내었고 대규모 구조조정 후 제니스(Zenith) 브랜드와 연구개발시설을 제외한 대부분의 공장 설비를 매각하였으며, ④ 북미시장의 특수강시장이 계속 성장할 것으로 판단하여 삼미특수강이 인수한 캐나다의 아스트라(Astra)는 인수 후 적자 폭이 매년 가중되어 본사의 경영에까지 큰 부담을 주게 되었고 결국 삼미그룹 전체가 이로 인해 큰 타격을 입게 되었다.

3.2 M&A형 투자의 실패요인

그렇다면 기업들이 행하는 해외M&A가 이처럼 실패하는 이유는 무엇인가? 실제로 기업들이 해외M&A를 통하여 본래의 목표를 달성하지 못하거나 실패하는 일반적인 이유는 크게 보아 인수를 추진하는 과정에서의 실패와 인수가 이루어진 후 통합과정에서 이루어진 실패로 나누어 볼 수 있다.

3.2.1 인수 추진 단계에서의 실패

국제M&A가 실패하는 첫 번째의 단계는 M&A를 실행하기에 앞서 이루어지는 과정, 즉 인수대상기업의 선정 · 평가 · 교섭과정에서 발생하는 실패로서 다음과 같은 요인들이 실패의 주된 원인으로 작용하였다.

지나치게 낙관적인 평가, 높은 프리미엄 지불 : M&A를 행함에 있어 대상기업의 시장가치나 시너지효과를 너무 낙관적으로 평가하는 '시너지환상' 때문에 너무 높은 인수가격 또는 너무 지나친 인수 프리미엄을 지불하는 과다지불(overpayment) 경우 실패가 발생할 수 있다. 이러한 경우 다른 기업을 인수하는 M&A경쟁에서는 승리하였지만 지나치게 과도한 비용을 지불함으로써 이후 오히려 위험에 빠지거나 후유증을 겪는 상황이 발생하여 이른바 '승자의 저주'(winner's curse)가 발생할 수 있다.

1993년 소프트웨어 기업체인 노벨(Novell)은 PC용 소프트웨어시장의 강화를 위하여 워

드프로세스기업인 워드 퍼펙트(Word Perfect)를 인수하면서 경쟁사인 로터스(Lotus)가 인수하려던 가격의 2배에 해당하는 14억 달러에 인수하였는데 인수 후 주가하락으로 결국 코렐(Corel)에 2억 달러에 매각하였다. 1981년 미국의 백화점기업 시얼스 로벅(Sears Robuck)은 금융상품과의 교차판매를 통한 시너지효과를 기대하고 뮤추얼 펀드회사와 부동산 관련 금융업체를 인수하였으나 실제로 백화점 쇼핑과 금융상품 구매 간에는 기대하였던 시너지효과가 발생하지 않아 손실만 입은 채 이후 분사하였다.

시리얼로 유명한 미국의 퀘이커 오츠(Quaker Oats)는 1994년 미국소비자들이 이제 콜라에 싫증이 나 다른 음료를 선호한다는 확신 아래 스내플(Snapple)을 인수하여 미국 제3위 음료업체로 발돋움하였지만, 이후 이러한 예견이 빗나가 결국 1996년 스내플을 매각하면서 14억 달러의 손실을 보았다. 이들 모두 M&A를 통한 시너지효과에 대한 명확한 분석 없이 결과를 너무 낙관적으로만 평가하여 발생한 실패 사례이다.

너무 높은 프리미엄 지불 때문에 M&A가 실패로 끝나는 경우 중에는 최고경영자가 기업인수의 가치창출 능력을 과대평가하여 지나치게 높은 프리미엄을 지불함으로써 실패하는 경우가 있는데 이러한 경우를 '오만의 가설'(hubris hypothesis)이라고 부른다. 이 가설은, 최고경영자는 대개의 경우 한 기업의 최고 자리에 올라가 있기 때문에 전형적으로 자신의 능력을 과대평가하여 자신이 행하는 기업인수도 더 큰 가치창출을 행할 수 있다고 믿는 경향이 있는데 이것이 실패를 초래할 수 있음을 의미한다.

학자들은 이러한 예로서 1998년 다임러(Daimler)가 400억 달러에 크라이슬러(Chrysler)를 인수한 사례를 들기도 한다. 다임러가 이렇게 시장가치보다 더 많은 프리미엄을 지불한 까닭은 다임러의 최고경영자가 두 기업을 합치면 시너지효과가 클 것이라고 지나치게 낙관하였고 또한 미국의 자동차 판매량이 최고조에 달하였을 때 이러한 자동차수요가 앞으로도 계속 유지될 것이라는 장담 때문이었지만, 결국 이후 미국 자동차시장의 불황으로 인하여 이러한 확신이 실현되지 못하고 실패하기에 이르렀다.

충분한 검토 없는 조급한 추진: 매수대상기업에 대한 면밀한 사전 검토 없이 조급하게 M&A를 추진하여 인수 후 악성 채무관계나 부정행위·생산설비의 노후와 결함 등 감춰진 문제가 추후에 발견되어 큰 비용이 추가되는 경우가 있다. 많은 기업들이 M&A로 인한 잠재적 이익과 비용에 대한 철저한 분석 없이 조급하게 인수절차를 진행하는 경우가 많다. 그들은 다른 경쟁자가 먼저 그 기업을 인수하지 않을까 하는 두려움 때문에 기업인수를 서두르지만 막상 기업인수 후 문제가 있는 설비나 조직을 발견하여 위기를 맞기도 한다. 이에 학자들은, M&A를 전담하는 전담팀이 사전에 조직되어 인수대상기업의 물색과 협상전략을 미리 준비하고 있지 않은 경우 성공하기 어렵다고 지적하고 있다.

이러한 유형의 실패는 기술발전 속도가 매우 빠른 IT산업 등의 경우에서 특히 많이 나타난다. 기업성장에 대한 조급증이나 시장경쟁에 대한 압박감 때문에 M&A과정을 서두르게 되고 이러할 경우 감정적 판단이 개입하여 실패로 돌아갈 가능성이 높기 때문이다. 미국의 초대형 인터넷회사 AOL은 방송·통신의 융합에 따른 시너지효과를 기대하며 미디어제국 타임워너를 1,630억 달러라는 천문학적인 금액으로 인수하여 세계최대의 미디어 엔터테인먼트회사를 탄생시켰다. 그러나 이러한 인수가 이루어진 후 닷컴산업의 거품붕괴와 AOL의 실적부진으로 75% 이상의 막대한 기업가치 손실을 입게 되었다.

또한 빠른 기술변화 앞에서 유선전화사업에 대한 한계를 절감하고 이를 하루 빨리 극복해야 한다는 강박증에 시달리고 있던 통신업체인 AT&T 역시 신산업 다각화 차원에서 광역케이블사업에 진출하기로 마음먹고 1999년과 2000년에 미국 제1~2위 업체 미디어원(Media One)과 TCI를 인수하였다. 1,000억 달러 상당의 인수자금 때문에 어려움을 겪고 있는 와중에 발생한 닷컴산업의 거품붕괴로 AT&T의 시장가치가 급격히 하락하였고 결국 야심차게 시작하였던 케이블사업을 경쟁사인 벨 SBC에 매각하고 말았다.

조급증으로 실패한 또 다른 사례로서는 AOL과 타임워너의 온-오프기업의 M&A를 들 수 있다. 2001년 온라인 통신업체 AOL은 세계 최대 오프라인 미디어업체 타임워너를 1,240억 달러에 인수하였다. 그러나 다음 해에 1,000억 달러에 가까운 적자를 기록하는 등 신·구 사업 간의 통합에 실패하여 결국 2009년 합병을 청산하고 다시 분리를 선언하였다. 이러한 경우 모두 새로운 사업환경 변화에 대한 강박증이 경쟁을 유발하였고 이 때문에 과도한 프리미엄을 지급함으로써 실패를 겪은 대표적인 케이스이다.

본질적 문제에 대한 검토 소홀 : 인수협상 과정에서 인수를 기정사실화해 두고 가격협상에만 지나치게 집착하다가 정작 중요하게 검토되어야 할 인수의 필요성 그 자체에 대한 근본적인 검토를 소홀히 하는 경우 실패가 발생하게 된다. 이러한 경우 M&A가 기업의 성장을 위한 수단이 아닌 M&A를 성사시키는 것 그 자체가 목표가 되는 본말전도(本末顚倒)의 결과가 발생된다. 실제로 기업의 경영자는 M&A가 제공하는 흥분 때문에 본질적인 문제를 간과하거나 인수에 치명적인 문제를 발견하였음에도 불구하고 이를 밀어붙이는 '딜 열병'(deal fever)에 빠지는 경우가 다수 있다.[71] 또한 기업의 성장이 정체되어 있을 경우 이에 대한 돌파구로서 M&A에 대한 관심이 높아지면 경영자는 몸집 불리기식 과욕 M&A를 시도하기 쉽다. 따라서 이러한 문제점이 나타나지 않도록 하는 기업 내부에 견제시스템이나 커뮤니케이션 활성화가 이루어질 필요가 있다.

---

71 미국의 보스턴컨설팅그룹(BCG, 2006)이 277개 M&A를 분석한 결과 호경기에 이루어진 M&A는 합병 2년 후 평균 6.2%의 가치파괴가 나타난 반면 경기침체기에 이루어진 M&A의 경우 평균 8.3%의 가치창출이 일어났음을 발견하여 M&A 딜 붐에 편승한 M&A가 실패가능성이 높음을 보여주었다.

3.2.2 인수 후 통합 단계에서의 실패

국제M&A가 실패하는 두 번째의 단계는 인수가 이루어진 후 회사의 통합과정에서 나타나는 갈등과 문제점으로 인하여 발생되는 실패이다. 아무리 M&A 대상 기업이 상호 보완적이고 훌륭한 기업이라도 실제로 인수 후 두 기업의 효율적인 통합과 운영에 실패하여 당초 기대했던 시너지효과를 창출하지 못하게 되면 그러한 M&A는 실패로 끝날 수밖에 없기 때문이다.

기업조직문화의 충돌 : 이렇게 통합이 이루어진 후 M&A가 실패하는 대표적인 요인으로서는 인수기업과 피인수기업 간의 문화적 충돌이다. 특히 해외 M&A의 경우 단순한 기업 간의 문화차이뿐만 아니라 국가 간의 문화적 차이도 극복하여야 하므로 그만큼 더 성공하기가 어려워지고 당초 목표로 하였던 시너지효과가 창출되지 못할 수 있다.

앞에서 예로 들었던 다임러 크라이슬러는 한때 '꿈의 결합' 또는 '세기의 결합'으로 불렸지만 이제는 M&A 실패의 대표적 사례로서 거론된다. 양사는 1998년 공동생산을 통한 규모의 경제 실현과 공동연구개발을 위하여 합병하였지만, 유연성・성과주의를 중심으로 하는 미국 기업의 조직문화와 완고함과 서열주의를 중심으로 하는 독일기업의 조직문화가 충돌하면서 새로운 가치창출이 이루어지지 못하였다.

세계적인 명차 벤츠를 만든다는 자부심을 가졌던 다임러 직원들은, 크라이슬러와 생산라인을 공유하기를 꺼려하였고 크라이슬러 경영자들이 독일의 경영자보다 2~3배 더 많은 임금을 받는다는 사실에 분개하였다. 반면 클라이슬러 직원들은, 독일 기업 특유의 수직적 조직문화를 이해하지 못하였고 대부분의 미국 측 경영자들은 독일인 경영진이 의사결정과정을 장악하고 있다는 사실을 좋아하지 않았다. 이러한 문화적 충돌이 결국 주요 경영진의 사퇴・우수인력의 이탈・근로자의 사기저하・기업실적의 악화로 이어져 다임러 크라이슬러는 그들의 회사명을 다시 '다임러'로 되돌렸고 400억 달러를 들여 인수했던 크라이슬러를 단 60억 달러에 매각하기에 이르렀다.

이렇게 기업문화의 충돌은 조직문화의 차이에 의해 발생되지만 때로는 최고경영자의 리더십 차이에 의해서도 나타난다. 미국 금융업계의 라이벌인 BOA(Bank of America)와 세큐리티 퍼시픽(Security Pacific)은 경쟁적 금융환경 심화에 대응하기 위하여 합병하였는데 합병된 새 회사의 임직원을 각각 50%씩 충원하였고 최고경영자는 서로 교차하며 맡기로 합의하였다. 그러나 합병 후 중앙집권적이고 신중한 의사결정을 행하는 보수적 기업문화를 지닌 BOA는 어느 정도 리스크 테이킹(risk-taking)을 선호하는 세큐리티의 공격적 대출관행을 비난하면서 지배자적 지위를 활용하여 세큐리티 관리자들의 권한을 빼앗았다. 이에 세큐리티 출신 대부분의 임직원들이 이직하는 결과가 나타났다.

조직 내부의 문제점, 통합의 부작용 : 이상과 같은 조직문화의 차이에 따른 실패와 함께 2개의 기업이 통합된 이후 전략적 목표의 불일치, 통합역량의 부족, 인적 관계구조의 부조화 등 조직 내부적인 문제 때문에 M&A가 실패로 돌아가는 경우도 많다. M&A실패의 원인을 유형별로 분석한 어떤 연구에 따르면 사전단계 30%, 협상단계 17%, 합병 이후 통합단계 53%로 나타나 인수 이후의 뚜렷한 통합모델 없이 M&A를 추진할 경우 실패의 가능성이 그만큼 높다는 것을 알 수 있다.

인수 이후의 명확한 통합모델 없이 이루어지는 경우 발생되는 실패는 또 다른 통합의 부작용에 의해서 발생될 수도 있다. 예컨대 동종 산업에서 이루어지는 수평적 M&A의 경우 동종기업 간에 이루어지는 통합인 만큼 필연적으로 인력・설비・지리적 입지 등에 대한 중복이 발생되어 이후 통합과정에서 강도 높은 구조조정이 불가피하게 되고 이에 따른 인적・지리적・문화적 갈등이 높아지기 쉽다. 또한 시장지배력을 강화하기 위하여 이루어진 동일산업 내 대규모 M&A는 통합 후 반독점법 등 제도적 규제로 인해 발생되는 돌발적 위험에 직면하게 될 리스크도 크다.

3.3 성공적인 국제M&A를 위한 시사점

이상과 같은 여러 가지 논의를 통하여, 어떠한 경우 성공적인 M&A를 행할 수 있는가 내지는 성공적인 M&A를 행하기 위해서는 어떠한 조건이 갖추어져야 하는가에 대한 시사점을 얻을 수 있다. 이러한 문제에 대해서도 많은 사람들이 다양한 해답을 제시하여 왔는데 그 핵심적인 내용들을 요약해 보면 다음과 같다.

전략적 목표수립과 전략적 추진 : 때때로 M&A 그 자체에 대하여 만능론과 무용론이 극단적으로 주장되기도 하지만 M&A는 기업이 성장을 이룩하기 위하여 선택할 수 있는 하나의 전략적 대안 중의 하나라는 점을 인식하여야 하고, 또한 성공할 경우 얻을 수 있는 편익 못지않게 실패의 위험도 높은 양날의 칼인 만큼 분석적이고 체계적인 접근을 통한 전략적 목표 수립과 추진이 이루어져야 한다. '남이 하니까 나도 한다'는 식의 붐(boom)에 편승한 M&A는 실패할 확률이 높으므로 명확한 투자논거를 바탕으로 하는 뚜렷한 원칙과 전략적 기반 위에서 추진되어야 한다. 전략이 불분명한 상태에서 기업이 굳이 M&A라는 더 어려운 길로 들어서야 할 이유가 없기 때문이다.

충분한 사전조사와 지식의 축적 : 이를 위한 전제조건으로 대상기업에 대한 충분한 사전 조사와 학습을 통하여 정확한 지식을 축적하여야 한다. 인수협상 중에는 온정주의를 배제하고 철저한 실사와 실리에 입각하여 인수조건을 제시하고 결정하여야 하며 적합한 인수조건이나 인수 후 전개할 세부전략 등도 모두 철저한 실사에 바탕을 두어야 한다. 외국기업을 인수하려고 하는 경우 대상 조직의 상세한 회계분석은 물론 금융포지션·조직문화 등에 대한 심사도 포함하여야 한다. 이와 아울러 자사에 적합한 유형의 소규모 M&A라도 시도하여 이를 통해 M&A에 대한 지식과 경험을 축적하고 단계적으로 접근하는 태도 역시 필요하다.

M&A에 대한 집착의 배제 : 인수대상 기업·가격·인수조건 등은 시장 상황과 상대기업의 의도 등에 의해 얼마든지 달라질 수 있으므로 M&A 그 자체에 대한 집착을 배제하고 객관적이고 합리적으로 접근하여야 한다. 이런 점에서 최고경영자의 개인적 확신이나 정부의 독려 등에 의한 무리한 M&A추진은 실패를 초래하기 쉽다. 또한 M&A추진 과정에서 여의치 않을 때는 과감하게 다른 대안을 강구하는 유연성을 발휘할 수 있어야 한다. 또한 M&A 그 자체에 집착하여 과도한 프리미엄을 지불하거나 과다 차입을 통한 M&A도 지양하여야 한다.

인수 후의 전략적 통합작업 : M&A 이후의 통합(integration) 작업은 기업문화와 업무방식 등 제반 환경이 서로 다른 두 기업이 진정한 의미의 하나의 실체로 변화하는 과정으로서 M&A의 성패를 좌우하는 가장 중요한 단계이다. 이러한 실패를 예방하기 위해서는 인수대상기업의 선정과정에서 자신의 기업과 대립되지 않는 조직문화를 가진 기업을 대상으로 M&A를 추진하는 것이 중요하지만, 인수 후 경영진이 가질 수 있는 여러 가지 걱정과 마찰을 줄이기 위한 노력과 함께 인수 후 통합에 대한 계획을 명확히 정립하여 빠른 시간 내에 그러한 계획대로 움직이고 직원들의 이직 등 조직통합과정에서 일어날 수 있는 어려움에 대한 대비 계획도 세워두는 이른바 사후통합전략(PMI : Post-Merger Integration)이 필요하다.

요컨대 M&A를 통한 해외직접투자를 행함에 있어서 성공적인 M&A가 되기 위해서는, 자사의 경영목표나 전략과 관련하여 M&A의 목표가 무엇인지를 명확히 하고, 피인수기업의 선택과 평가를 다양한 각도에서 면밀하게 행해야 하며, 인수 이후 효율적 통합과 운영을 행하기 위한 계획과 실행이 전략적으로 이루어져야 한다.

부록 5-2 국제 M&A의 일반적 추세와 특성

1. 국제 M&A의 일반적 추세

기업의 M&A가 최근에 나타난 새로운 기업경영의 개념은 아니고 사기업이 탄생한 이후 기업의 성쇠에 따른 M&A는 끊임없이 이루어져 왔다. 이러한 M&A의 지난 역사를 보면, 〈표 5-13〉이 보여주듯이 여러 단계를 거치며 확장되어 왔는데 각 단계마다 각기 서로 다른 배경 위에서 서로 다른 형태와 특성을 나타내고 있다. 대체로 제3차 물결까지는 주로 미국 기업 중심의 M&A였음에 대하여 제4차 물결 이후의 M&A는 유럽·일본 등 세계적으로 확산되는 동시에 국경을 넘어 이루어지는 국제M&A가 활발히 이루어지게 되었다.

표 5-13 제6차 M&A 물결(wave)의 시기와 주요 특징

구분	제1차	제2차	제3차	제4차	제5차	제6차
시기	1890년대 (1890~1904)	1920년대 (1922~1929)	1960년대 (1965~1969)	1980년대 (1981~1989)	1990년대 (1993~2000)	2000년대 (2003~)
주요 형태	• 수평적 M&A	• 수직적 M&A	• 다각적 M&A	• 적대적 M&A • 국제 M&A	• 초대형 M&A • 국제 M&A	
주요 목적	• 시장지배력 • 독점이윤	• 수직적계열화 • 일괄생산체제	• 사업다각화 • 복합기업구축	• 재무적 차익 • 기업구조조정 • 기업국제화	• 글로벌 과점화 (기업규모의 거대화 글로벌경쟁력강화)	
주요 흐름	주로 미국 기업이 주도한 M&A			M&A의 세계적 확산(유럽 · 일본)		
	주로 국내기업 간 M&A			국제 M&A 시작됨	선진국 간 국제 M&A	대 신흥시장 국제 M&A

이처럼 제4차 M&A물결이 나타난 1980년대 이후 국제M&A가 나타나기 시작하였지만 1990년대 초반까지는 대체로 부진하였고 1990년대 중반 이후 크게 활발해졌다. 이처럼 1990년대 후반 이후 국제M&A가 활발해진 것은 다음과 같은 세계경제환경의 변화 때문이다.

(1) 해외직접투자의 규모가 증가함에 따라 종래 일 국가에 국한되던 기업결합이 점차 국경을 초월한 형태로 발전되었다. 또한 세계화로 인하여 글로벌경쟁이 격화되면서 다국적기업들은 이제 세계적 관점의 경쟁력제고 · 원가절감 · 규모의 확대는 물론 신속한 시장진입이 필요하게 되었고 이러한 목표를 위한 전략적 수단으로서 국제M&A가 채택되게 되었다.

(2) 금융국제화 추세가 급격히 진행되는 가운데 금융시장의 발전이 가속화되면서 증권시장을 통한 기업의 공개매수, M&A금융 조달시장의 발달, 부채에 의한 기업인수(LBO)시장형성 등 국제 M&A가 쉽게 이루어질 수 있는 기본 토양이 마련되었다.

(3) 1980년대 후반 이후 국제통화체제의 불안정으로 미국의 달러화 · 일본의 엔화 등의 환율변동이 극심하여 이에 따른 일본 기업의 대 미국 기업 M&A가 활발하게 이루어졌다. 또한 EU경제통합에 따른 회원국 간 회사법의 조화, 동구권의 자유화에 따른 공기업의 민영화가 촉진되면서 M&A에 대해 보수적이었던 유럽대륙까지 M&A 선풍이 확산되었다.

(4) 2000년대 초 세계적인 금리인하와 함께 잉여유동성의 금융시장유입으로 풍부한 자금이 축적되었고 세계경기호조에 힘입어 기업의 수익과 자금여력이 개선되면서 선진국 기업의 경영기조가 내실경영으로부터 확장경영으로 전환되면서 해외투자 중 상당한 부분이 M&A형태로 이루어지게 되었다.

이렇게 1990년대 후반 이후 M&A에 유리한 환경이 조성되면서 국제M&A가 증가하기 시작하여 2000년에 거래건수 1만 3000여 건, 거래금액 1조 4,000억 달러 수준의 M&A가 이루어져 사상 최고치를 기록하였다. 그러나 2000년을 정점으로 하여 이후 2003년까지 국제M&A가 급격히 저하되기 시작하였는데 이러한 하락은 9.11테러 등의 여파로 미국을 포함한 세계경제가 불황을 맞이하였기 때문이다. 이후 2004년부터 세계경기가 서서히 회복되면서 국제M&A 역시 다시 급격히 증대되어 2007년에 거래건수 1만 4000여 건, 거래금액 2조 달러를 달성하여 2000년의 최고치를 경신하였다. 그러나 2008년 이후 국제M&A가 다시 급격히 감소하기 시작하였는데 이러한 하락의 가장 근본적인 원인은 미국발 글로벌 금융위기였다.

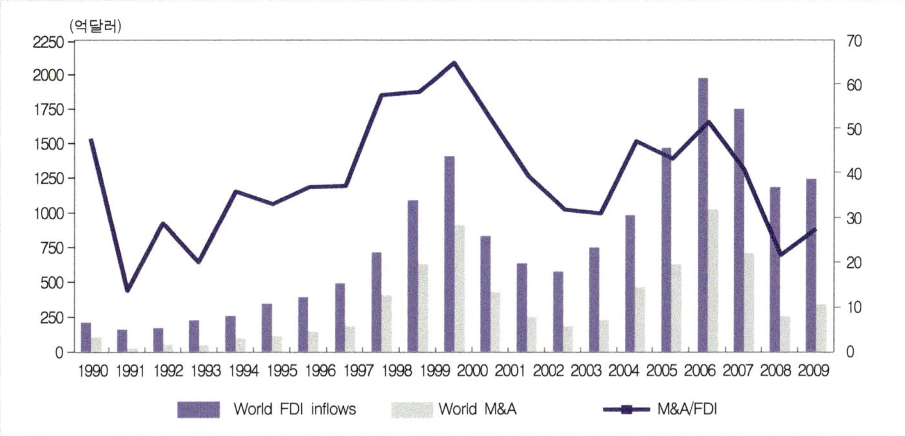

자료 : www.unctard.org/fdistatistics(2011) 의거 작성(M&A의 경우 순 M&A투자금액임).

그림 5-6 세계의 해외직접투자와 국제 M&A 추이

[그림 5-6]은 1990년 이후 세계의 해외직접투자와 국제M&A의 추세를 보여주고 있는데 양자의 추세가 비슷한 양상을 보여주고 있어 세계의 직접투자(FDI)가 M&A형 투자에 의하여 주도되고 있음을 말해 준다. 즉, 국제 M&A가 최고치를 보였던 2000년과 2007년이 세계의 직접투자 역시 최고치를 나타내었고 이후 국제 M&A가 저조해지면서 세계 전체 FDI 추세 역시 하향하고 있다. 이러한 사실은 전체 직접투자 중 M&A형 투자가 차지하는 비중 면에서도 그대로 나타나고 있다. 전체 FDI나 국제M&A가 정점을 이루었던 시기에는 FDI에 대한 M&A의 비중이 50~70% 수준을 나타냈지만 반대로 이들이 바닥을 보였던 시기에는 그 비중 역시 20~30% 수준까지 떨어지고 있다.

그런데 이러한 M&A형 투자를 선진국그룹과 개도국그룹으로 나누어 보면 선진국의 경우 전체 직접투자의 60~80%가 M&A형태로 이루어지는 데 반하여 개도국의 경우 M&A형태로 이루어진 직접투자가 전체 투자의 1/3 이하 수준에 머물러 있어 개도국들은 여전히 전통적인 그린필드형 투자를 중심으로 투자를 행하는 것으로 알려지고 있다.

한편 〈표 5-14〉는 국가별 국제M&A 순위 및 투자포지션을 보여주고 있는데 국제M&A의 실적이 높은 순위를 보면 미국·영국·독일·프랑스·캐나다·네덜란드 등이 해외투자 면에서나 외국인투자 면에서 모두 높은 순위에 있고, 차 순위 국가군으로서는 호주·일본·이탈리아·스위스·스페인·스웨덴 등이 포진하고 있다. 그 외에 아시아나 남미의 선발개도국의 경우는 이들 선진국처럼 양쪽 모두에 상위 순위를 차지하지 못하고 인수국 또는 피인수국 어느 한 쪽에서 상위 순위를 보유하고 있다.

표 5-14 국가별 국제 M&A 순위 및 투자포지션(1980~2007) (단위 : 건, 10억 달러)

순위	인수국(M&A형 해외직접투자)				피인수국(M&A형 외국인직접투자)				M&A투자 포지션	
	국가	(건수)	국가	금액	국가	(건수)	국가	금액	순유출국	순유입국
1	미 국	(36,203)	미 국	2,333	미 국	(27,659)	미 국	3,036		
2	영 국	(21,224)	영 국	2,268	영 국	(15,183)	영 국	2,036	프랑스	미 국
3	캐나다	(10,652)	프랑스	1,027	독 일	(10,944)	독 일	828	스위스	네덜란드
4	독 일	(10,002)	독 일	1,006	캐나다	(8,314)	캐나다	669	영 국	이탈리아
5	프랑스	(9,732)	캐나다	568	프랑스	(8,195)	네덜란드	639	독 일	스웨덴
6	네덜란드	(6,350)	네덜란드	529	호 주	(6,408)	프랑스	542	일 본	브라질
7	일 본	(6,066)	호 주	504	중 국	(5,161)	이탈리아	402	호 주	중 국
8	스웨덴	(4,961)	스위스	449	이탈리아	(4,357)	호 주	374	캐나다	벨기에
9	스위스	(4,910)	스페인	439	스페인	(4,201)	스페인	357	스페인	인 도
10	호 주	(4,455)	이탈리아	341	네덜란드	(4,056)	스웨덴	260	홍 콩	멕시코
11	홍 콩	(4,029)	일 본	308	홍 콩	(3,731)	브라질	193	싱가포르	
12	싱가포르	(3,407)	스웨덴	236	스웨덴	(3,413)	스위스	173		
13	이탈리아	(3,297)	홍 콩	168	인 도	(3,024)	중 국	162		
14	벨기에	(2,434)	버뮤다	167	스위스	(2,639)	일 본	159		
15	스페인	(2,312)	싱가포르	160	브라질	(2,401)	벨기에	158		
한국	30위	(719)	38위	32	35위	(1,181)	19위	105		한 국

자료 : Thomson ONE Banker, KIEP(2008) p.36, 39 적의 수정

이러한 통계를 바탕으로 이들의 M&A투자 포지션(M&A형 해외직접투자액－M&A형 외국인직접투자액)을 살펴보면 선진국의 경우 미국이 최대 순유입국인 반면 유럽계 선진국들이 최대 순유출국으로 나타나고 있고, 최근에 들어와 M&A투자를 급속히 높여 순유출국으로 변화된 나라로서는 일본·스페인 등을 들 수 있다. 개도국의 경우 전통적으로 홍콩·싱가포르가 순유출국이고 브라질·중국·인도·멕시코 등이 순유입국 지위에 있으며 한국도 여기에 속한다. 다만 후술하듯이 개도국그룹 중 중국·인도의 경우 최근 M&A형 해외투자에 대해서도 공격적인 자세로 전환하고 있다.

2. 국제 M&A의 주요 특성

위에서 살펴본 대로 1990년대(제5차 M&A 물결) 이후 국제M&A가 활발히 이루어지고 있는데 최근에 이루어지고 있는 국제M&A의 내용을 살펴보면 다음과 같은 몇 가지의 특성들을 발견할 수 있다.

(1) 초대형 M&A, 선도기업 간 규모경쟁 확산

최근에는 거대한 초대형 M&A를 통하여 세계시장지배력 높이려는 이른바 글로벌 과점화 전략으로서 국제M&A가 추진되고 있다.

우선 세계적인 규모의 선도적 다국적기업 간 초대형 합병(mega merger)이 활발하다. 예컨대 자동차산업에 있어 1998년 다임러 벤츠(Daimler Benz)가 클라이슬러(Chrysler)를 인수하여 합병하자 이후 1999년 포드(Ford)와 볼보(Volvo), 르노와 닛산의 합병이 경쟁적으로 이루어졌다. 1998년 정유산업에 있어 BP(British Petroleum)와 아마코(Amaco)가 합병하여 세계3위의 정유회사가 되자 엑

슨(Exxon)이 모빌(Mobil)과 합병하여 세계 1위에 올랐고 이에 종전까지 세계 1위를 고수하였던 쉘(Shell)이 다시 1위 자리를 되찾기 위하여 또 다른 합병을 모색하기도 하였다. 또한 금융분야에서도 시티코프와 트래블러스(98.4), 네이션뱅크와 뱅크아메리카(98.4), 뱅크원과 퍼스트 시카고(98.4), 도이치뱅크와 뱅커스트러스트(98.11)로 이어지는 합병이 계속 되었다. 이렇게 M&A가 치열한 경쟁에서 승리하기 위한 하나의 수단이라는 점에서 하나의 대형 M&A가 또 다른 대형 M&A를 유발하는 'M&A의 도미노현상'을 발생시켰다.

이러한 현상은 2000년대에 들어와서도 동일하게 나타나고 있다. 예컨대 세계 조강생산 세계1위 업체인 네덜란드 기업(Mittal)은 세계 2위 업체인 룩셈브르크 기업(Arcelor)을 인수하여 세계이 초대형기업으로 거듭나면서 거대한 시장지배력을 확보하였고 인도의 타타강철은 세계 6위 영국의 코러스를 인수하여 세계 5위 철강기업으로 부상하기도 하였다.

이상과 같은 선도기업 간 규모경쟁이 과점적 대응(oligopolistic reaction) 전략으로 자리 잡게 됨에 따라 M&A가 시장지배력 확보를 위한 중요한 수단이 되고 있다. 대부분의 산업에서 1위 기업은 다른 경쟁자보다 더 많은 대형 M&A를 단행하였고 M&A를 많이 한 기업일수록 그 기업의 시장점유율이 크게 증가하였으며 선도기업의 M&A 건수가 많은 산업일수록 시장점유율 역시 크게 증가되었다. 이러한 사실은 그동안 거대한 국제M&A의 목적이 시장지배력의 확보에 있었음을 시사한다. 말하자면 제5차 M&A물결의 배후에는 M&A를 통하여 시장지배력을 높이려는 다국적기업들의 글로벌 과점화 전략이 자리 잡고 있는 것이다.

(2) 자금조달형태의 다양화, 적대적 M&A 증가

종래에는 M&A를 위한 재원조달 방법으로 주식발행이 선호되었으나 최근에는 기업들이 풍부한 현금자산, 거대한 투자자금을 활용한 사모펀드(PEF : Private Equity Fund)나 차입매수(LBO : Leveraged Buy-Out)방식 등 다양한 형태가 활용되고 있다. 또한 최근의 M&A의 경우 적대적 M&A가 빠른 속도로 증가하고 있는데 이러한 적대적 M&A가 급속히 증대된 것은 자금조달형태의 변화와 무관하지 않다. 대형 M&A펀드의 경우 상대적으로 위험이 낮으면서도 수익률이 높아 국제 사모펀드들이 매력적인 투자처로 인식하고 있기 때문이다. 한편 최근에는 선진국 이외의 신흥경제권 국가들, 예컨대 홍콩・중국・싱가포르 등의 경우 기관투자가(institutional investor)에 의한 해외 M&A도 증가하고 있다.

(3) 신흥시장국의 M&A형 투자 증대

제5차 M&A물결까지는 유럽시장의 과잉투자를 해소하고 EU통합에 따른 M&A가 주류를 이루어 미국과 EU시장 중심의 M&A, 즉 '서구시장의 글로벌화'였다면 제6차 M&A물결 이후에는 성장성 높은 신흥시장을 향한 M&A증가, 즉 '세계시장의 글로벌화'로서의 성격을 보여주고 있다. 서구를 제외한 일본 및 중국・인도・중동과 같은 신흥지역에 대한 M&A의 비중을 보면 1998~2002년 14%에서 2004~2005년 28%로 증가하였다. 또한 최근에는 이러한 신흥지역에 대한 M&A형 투자뿐만 아니라 중국・인도와 같은 신흥시장국들이 그들의 급속한 경제성장에 힘입어 다른 나라의 기업을 인수하는 국제 M&A활동을 적극화하고 있어 새로운 강자로 떠오르고 있으며, 2000년대 중반 이후 전개된 고유가 행진에 힘입어 유동성이 풍부해진 중동・러시아・나이지리아 등 산유국들도 국부펀드 형태로 외국기업에 대한 M&A를 증가시키고 있다.

중국의 경우 최근에 들어와 롄샹이 IBM의 개인용 컴퓨터(PC)부문을 인수하여 세계 3위 PC업체로 발돋움한 것을 비롯하여 해외자원 확보를 위한 대형 M&A를 연달아 성사시키고 있으며, 상하이자동차의 쌍용자동차 인수(2004)와 난징자동차의 영국 MG로버자동차 인수(2005) 등과 같이 해외자동차업체도 인수하고 있으며, 중국공상은행의 남아공 스탠더드은행 지분 20% 인수(2008) 등 국제금융업계에서도 큰 손으로 등장하고 있다. 글로벌 금융위기의 여파로 2008년 전 세계 해외 M&A가 전년 대비 38.5% 급감하였으나 중국기업의 해외M&A는 오히려 64% 증가하였고 2009년 중국기업이 행한 해외M&A가 460억 달러규모에 이르는 등 M&A를 새로운 성장 동력으로 추진하고 있다.

최근에는 인도 역시 이러한 글로벌 M&A 각축전에 가세하고 있다. 2004년 우리나라 대우자동차의 상용차부문을 인수하기도 하였던 인도의 타타자동차는 2008년 포드의 재규어와 랜드로바 지분 100%를 사상최대액수인 23억 달러에 인수하여 기술과 브랜드파워를 일거에 획득한 대표적 사례가 되고 있다. 이 M&A는 과거 영국의 식민지였던 인도의 기업이 옛 종주국의 기업을 인수하였다는 점에서 주목을 끌기도 하였다. 타타그룹은 이외에도 2000년 영국의 유명한 차(tea) 기업인 테틀리를 인수하였고 2007년 미국의 오리엔트 익스프레스호텔을 인수하여 눈길을 끌기도 하였다.

3. M&A에 의한 기업과 국가의 위상 변화

이렇게 세계 M&A시장의 규모가 증가하고 많은 기업들이 성장을 위한 전략적 수단으로 M&A를 선택하면서 국제M&A가 당해 산업에 있어서의 그 기업의 국제적 위상을 변화시키는 주요한 변수로 작용하고 있다. 제조·서비스·금융 등 주요 산업별로 세계적인 다국적기업들의 기업순위를 보면 매년 많은 부침이 발생하게 되는데 전 산업분야에 걸쳐서 기업순위가 올라간 기업일수록 더 많은 M&A를 감행한 기업들이었다. 일부 산업에서 M&A 없이 자체성장으로 순위가 올라간 기업이 없지 않았으나 선도적 기업들이 M&A를 통하여 빠른 성장을 구가하고 있어 자체 성장만으로 경쟁자들을 앞서기는 어려운 것이 사실이다. 더욱이 이렇게 M&A를 통하여 급속히 성장한 기업들은 국제적 M&A를 통하여 글로벌화도 추진한 기업들이었다.

이렇게 M&A가 세계시장에서 당해 기업의 산업 내 위상을 변화시키는 것은 물론 이로 인하여 그 기업이 속해 있는 국가의 세계적 위상에도 영향을 주는 사례가 속출하고 있다. 2000년 독일의 복합기업 VIAG와 VERB의 합병으로 E.ON이 탄생하면서 독일이 단숨에 세계 에너지 산업의 1위국으로 등극하였고, 2004년 프랑스 제약회사 사노피 쌩떼라보와 아벤티스의 합병으로 업계 3강에 진입함으로써 프랑스가 제약업계의 새로운 강국으로 부상하였으며, 또한 프랑스는 종래 항공운수산업에서 특별한 강국이 아니었지만 에어버스(Airbus)가 네덜란드 KLM을 인수함으로써 세계적인 강국으로 부상하였고, 일본이 원래 원전설비기술의 세계적 메이저국가는 아니었지만 도시바가 웨스팅하우스를 인수하고 이어서 GE－히타치그룹과 미쯔비시－아레나연합이 탄생하면서 세계 원전설비산업의 선두국가로 부상하였다.

따라서 어떤 특정 산업에서 어떤 국가가 산업적 헤게모니를 누리는가는 그 국가의 총생산량 등과 같은 국가적 요인보다는 그 산업에서 세계적 우위를 누리는 글로벌기업의 국적이 어디냐에 따라 결정되는 경향이 있다. 말하자면, 글로벌경영이 확산되면서 어떤 특정 산업에 있어서의 국제적 비교우위는 그 산업에 속해 있는 자국 기업의 글로벌경쟁력에 의해 결정되는 것이다. 중국의 경우 섬유산업에 있어서 특화지수가 미국이나 프랑스보다 높아 전통적인 비교우위의 입장에서 보면 중국은 섬유산업에 비교우위를 지니고 있지만 실제로 세계 섬유산업에 대한 리더십을 행사하는 나라는 오히려 미국이나 프랑스라고 할 수 있다. 이것은, 미국이나 프랑스는 나이키(Nike)나 LVMH와 같은 섬유분야 최고의 기업을 보유하고 있지만 중국에는 그러한 섬유 관련 글로벌기업이 존재하지 않기 때문이다.

이렇게 어떤 특정 산업에 있어서 그 나라의 비교우위나 국가경쟁력이 그 산업에서 우위를 누리고 있는 글로벌기업의 국적에 따라 결정된다는 논리를 하나의 국제무역패턴이론으로 설명하려고 하는 이론이 이른바 선도기업 우위론(first mover advantage theory)이다. 어떤 산업에서 초기 진입자들은 후발 진입자들보다 새로운 시장을 선점하여 규모의 경제를 실현함으로써 낮은 비용구조를 구축할 수 있고 경쟁자들보다 항구적인 브랜드 이미지를 앞서 구축하여 장기적으로 지속가능한 경쟁우위를 구축함으로써 그 산업의 국제무역을 지배하는 전략적 우위를 누리게 된다는 것이다. 이러한 이론은 항공기산업과 같이 소수의 한정된 참여기업만이 살아남을 수 있는 산업에서는 물론 휴대폰 제조와 같이 독점도가 상대적으로 낮은 산업에서 경쟁우위를 초기에 확보하는 것이 중요하다는 것을 의미한다. 실제로 이러한 사실은 항공기산업에 있어서의 보잉(Boeing)과 에어버스(Airbus)의 경쟁이나 휴대폰산업에 있어서의 노키아(Nokia)의 사례에서 확인할 수 있다.

이처럼 어떤 산업에 있어서 선도적인 기업의 존재 여부가 그 나라 비교우위 결정에 중요한 영향을 미치게 되는데 이렇게 세계시장을 지배하는 선도적인 기업이 되기 위해서는 보다 급속한 성장을 통하여 규모의 경제를 실현하는 것이 매우 중요하고 이러한 목표를 달성하기 위한 전략적 수단으로서 M&A가 활용되고 있는 것이다. 따라서 오늘날과 같은 글로벌시대에 있어서 개별 기업이 행하는 M&A가 그 기업의 세계적 위상변화를 가져오는 것은 물론이고 그들이 속해 있는 국가의 위상이나 국가경쟁력에 영향을 미치게 되었고 이에 따라 M&A가 점차 국가적 관심사항으로 부상하는 사례가 증가하고 있다. 실제로 서유럽국가들은 M&A를 통하여 각 산업에서 글로벌기업을 키우려는 새로운 산업정책을 사용하고 있는데, 특히 프랑스의 경우 제약・항공 등 다수의 산업에서 정부가 관여되는 M&A를 통하여 세계 챔피언기업을 배출하려는 노력을 행하고 있다. 이러한 노력은 아시아지역의 여러 나라들에서도 이루어지고 있다. 중국의 경우 에너지산업 분야에서 국제M&A를 시도하고 있고 일본은 다양한 산업에서 국제M&A를 통하여 글로벌화를 추진하고 있으며, 싱가포르・인도 등도 국제M&A를 통하여 자국의 경제적 위상을 높이려는 노력을 수행하고 있다.

제3절 국제 전략적 제휴

1. 전략적 제휴의 의의

1.1 전략적 제휴의 개념

1980년대 후반 이후 가속화하는 무한경쟁 속에서 다른 기업과 적대적 경쟁과 협력적 관계를 동시에 모색하는 전략적 제휴를 추구하려는 경향이 급격히 증대되면서 폭발적으로 늘어나고 있다. 이러한 새로운 조류는 일국 내 기업들끼리뿐만 아니라 국적을 달리하는 기업들 간의 국제적인 전략적 제휴(international strategic alliances)로 확장되어 왔다. 이러한 점에서 전략적 제휴는 국제경영 분야에서 각광받는 새로운 생존전략인 동시에 앞으로 더욱 관심이 집중될 미래의 성장전략이라고 볼 수 있다.

합작투자나 기술제휴 등 기업 간 협력은 더 오래전부터 이루어져 왔지만 전략적 제휴라는 개념이 보편화되기 시작한 것은 1980년대 후반 이후, 특히 1995년 WTO출범과 함께 급속히 확대되어 '적과의 동침'(sleep with the enemy)이라는 유행어를 낳기도 하였다. 외면적으로는 경쟁관계에 있는 적이지만 내부적으로는 협력관계를 형성하는 동지이기 때문이다. 1992년 필름시장에서 피나는 경쟁을 하였던 코닥(Kodak)과 후지(Fuji)가 보다 더 좋은 사진을 보다 더 쉽게 촬영할 수 있는 새로운 카메라와 필름을 개발하기 위하여 캐논(Canon) · 미놀타(Minolta) · 니콘(Nikon) 등과 제휴관계를 맺었던 것이 전형적인 예이다.

이처럼 전략적 제휴(strategic alliances)는, 서로 경쟁관계에 있는 2개 이상의 기업들이 각자의 경쟁우위요인이 되는 전략적 경영자원(strategical managerial resources)의 일부를 상호교환하거나 특정 업무분야에서 일시적 협력관계를 맺는 것을 말한다. 따라서 경쟁관계에 있는 기업들이 전략적 제휴를 맺게 되면, 서로 합의된 부문에서는 협력하지만 그 이외의 부문에서는 여전히 경쟁하게 되는 동시에 제휴가 끝나면 다시 경쟁자로 돌아가 새로운 경쟁이 계속될 수 있다. 이 때문에 사람들은 이러한 전략적 제휴를 협력(cooperation)과 경쟁(competition)의 합성어인 '코피티션'(coopetition)이라고도 한다.[72]

또한 날로 치열해지는 글로벌 경쟁환경 하에서 자신의 내부자원이나 독자적인 능력만으로 성공을 거두기 어렵다는 판단 아래 경쟁상대와도 적극적으로 제휴 · 협력함으로써 파이(pie)를 키우고 이를 통하여 궁극적으로 자사의 경쟁력을 키우기 위한 전략을 코피티션전략(coopetition strategy)이라고 한다. 그러나 이러한 코피티션전략은 경쟁력이 약하거나

---

72 '코피티션'이라는 신조어는 문헌상으로는 Barry. J. Nalebuff(예일대 교수)와 Adam A Brandenburger(하버드대 교수)의 공저 『Co-Competition』에서 유래하지만 실제로 이 개념을 처음으로 창조해낸 사람은 네트워크 소프트회사 노벨(Novell)의 최고경영자 Ray Noorda로 알려져 있다.

실패한 회사들이 채택하는 방식이 아니라 IBM · GM · NEC · 도요타 등 세계 산업계의 선두기업들이 채택하는 방식이다.

그런데 이러한 전략적 제휴의 개념은 다양하게 정의되어 광의의 개념과 협의의 개념으로 구분하기도 한다. 전략적 제휴를 넓게 정의하는 사람들은, 구체적인 결합 형태에 관계없이 전략적 의도만 있는 기업협력의 모든 형태를 전략적 제휴로 규정한다. 따라서 이러한 광의의 전략적 제휴에는 기술라이센싱 · 합작투자 · 인수합병(M&A) 등까지도 포함된다. 반면 전략적 제휴를 좁게 정의하는 사람들은, ① 제휴관계를 맺은 이후에도 서로 독립적인 주체성(identity)을 유지하면서, ② 제휴에 따른 혜택과 책임을 제휴기업들이 공유(shared responsibility)하며 기술 · 제품 · 연구개발 등과 같은 전략적 부문에서 상호 기여하는 경우만을 전략적 제휴로 규정한다.

1.2 전통적 기업협력 · 합작투자 · 전략적 제휴의 비교

따라서 이러한 협의의 전략적 제휴는 단순한 전통적 기업협력이나 합작투자와 구별되는데 이러한 차이점을 〈표 5-15〉가 보여주고 있다.

우선 전통적인 기업협력과 전략적 제휴는 협력의 목표와 관계라는 면에서 서로 다르다. 기업 간 기술이전계약 · 하청생산계약 등과 같은 전통적 기업협력의 경우 협력의 목적이 상호 보완이므로 경쟁성보다는 보완성이 전제되는 형태로서 자연히 선후진국 간의 수직적 관계 형태를 띠게 된다. 그러나 전략적 제휴는, 오히려 경쟁관계에 있는 기업들이 일정한 부문에서 협력하여 범세계적 경쟁우위를 확보하려는 노력인 만큼 자연히 선진국 경쟁기업 간에 제휴의 혜택을 공유하고 상호 합의된 역할을 공동관리 하는 복합적 협력형태를 띠게 된다. 또한 전략적 제휴는 다음과 같은 점에서 합작투자와 구별된다.

표 5-15 전통적 기업협력 · 합작투자와 전략적 제휴의 비교

구분 (1)	전통적 기업협력 ↔	전략적 제휴
협력목적	상호 경제적 약점의 보완	범세계적 차원의 경쟁우위 확보
협력관계	주로 선후진국기업 간, 수직적 분업관계	선진국 경쟁기업 간, 수평적 네트워크형성
경쟁관계	상호 경쟁관계 미약(보완적 관계 강함)	상호 간 경쟁치열(제휴기업 간에도 경쟁)
협력분야	단순한 협력관계(기술이전, 프랜차이징, 하청생산 등)	복합적 협력관계(기술표준설정, 기술의 교환, 공동 R&D · 생산 · 판매 등)
구분 (2)	**합 작 투 자 ↔**	**전략적 제휴**
조직변화	새로운 조직이 탄생됨	조직의 변화 없음(독립적으로 존재)
협력부문	광범위한 부문의 광범위한 협력	제한적 부문의 제한적 협력
주요 형태	주로 선-후진국 간 수직적 협력	주로 선진국 경쟁기업 간 협력
지분참여	상호 지분참여가 전제됨	특별한 지분참여 없이도 가능함

(1) 합작투자가 주로 선후진국 기업 간의 수직적 분업체제를 형성하기 위해 새로운 사업체를 설립하는 형태인 데 비하여, 전략적 제휴는 대부분 선진국 경쟁기업들 간에 새로운 사업체를 설립함이 없이 어떤 제한된 부문과 영역에서 상호 협력하는 특성을 지닌다.

(2) 이처럼 전략적 제휴는 새로운 조직이 생겨나는 것도 아니고 제휴영역 역시 보다 제한적이므로 참여기업들이 상호 협력하여 공동사업을 추진하되 경영의 독립성을 유지하는 체제이다. 따라서 위험의 분산과 안정적인 수익확보에 기여할 수 있고 합작투자와는 달리 개별 기업의 노하우를 용이하게 관리할 수 있는 장점을 지닌다.

(3) 합작투자의 경우 공동의 지분참여를 전제로 하는 것이 원칙이지만 전략적 제휴는 어떤 특정 기능의 제휴를 목표로 하기 때문에 당사자 간 상호 지분참여 없이도 얼마든지 가능할 수 있다. 그러나 전략적 제휴에 있어서도 주식을 상호교환하기도 하는 것이 현실이다. 이러한 지분공유가 이루어지는 것은, 실제 경영참여보다는 협력자로서의 상징적 의미가 높아져 유대관계를 더욱 공고히 할 수 있어 성공가능성을 더욱 높일 수 있으며,[73] 또한 일부 사업분야에 국한된 제휴관계를 더 넓은 제휴관계로 확장할 수 있는 가능성을 더해 주기도 하기 때문이다.[74]

한편 해외진출기업의 진입방식으로서 전략적 제휴가 합작투자·M&A형 투자·그린필드형 투자 등에 비하여 상대적으로 어떤 특성을 가지는가를 〈표 5-16〉이 정리하고 있다. 다국적기업은 이러한 여러 가지 전략옵션의 특성에 따라 어느 한 가지를 선택하기도 하고 어떤 형태의 옵션으로 진출한 후 다른 옵션으로 옮겨가기도 한다.

표 5-16 4가지 주요 전략 옵션의 비교

구 분	전략적 제휴	합작투자	M&A형 투자	그린필드형 투자
진행의 스피드	빠르다	중(中)	중(中)	늦다
기대되는 수익	작다(小)	중(中)	크다(大)	작다-크다(小-大)
예상되는 위험	작다(小)	중(中)	크다(大)	작다-크다(小-大)
컨트롤 가능성	작다(小)	중(中)	중-크다(中-大)	크다(大)

어떤 프로젝트를 진행하는 스피드 면에서 그린필드형 투자가 가장 느리고 전략적 제휴는 가장 빠르게 진행될 수 있다. 기대되는 수익(returns)과 위험(risk)면에서 보면, 기존 기

73 예컨대 과거 한때 미쯔비시 자동차와 현대자동차, 다임러 크라이슬러와 현대자동차 간의 제휴에 있어 전자가 후자의 주식을 10% 정도 소유하였고, 포스코와 신일본제철이 상대방의 주식을 각각 2.2%와 3.32%씩 인수하여 보유하였는데 이것이 상호보완적인 핵심 역량을 더욱 잘 활용할 수 있도록 해준 동시에 제휴관계 자체를 더욱 확대할 수 있도록 해주었다는 평가를 받았다.

74 따라서 이러한 전략적 제휴관계가 그 기업의 전략에 중요한 역할을 하게 되면 제휴를 통해 보다 높은 시너지효과를 창출하기 위하여 합작투자를 선호하게 된다.

업을 매수하여야 하는 M&A형 투자가 고수익 · 고위험((high return high risk) 방식이라면 전략적 제휴는 저수익 · 저위험(low return low risk) 방식이다. 또한 프로젝트에 대한 경영통제력 면에서는, 그린필드형 투자의 통제력이 가장 높고 합작투자나 M&A의 경우 통제력에 일정한 제약이 있는 데 비하여 전략적 제휴는 그러한 통제력이 가장 약할 수밖에 없다. 이처럼 합작투자나 직접투자 등 여타의 전략옵션들과 비교하여 볼 때 전략적 제휴는, 기대되는 수익과 위험 모두 상대적으로 낮고 프로젝트에 대한 통제가능성도 상대적으로 낮은 반면 프로젝트의 진행스피드가 가장 빠른 전략수단이라고 할 수 있다.

2. 국제 전략적 제휴의 배경과 특성

2.1 전략적 제휴의 근본적 배경

국제 전략적 제휴는 국제 · 전략 · 제휴라는 3가지 요소를 복합적으로 동시에 포함하는 개념이다. 따라서 국제 전략적 제휴가 이루어지는 근본적인 배경은 이러한 3가지 개념이 가지는 의미가 무엇인가에서 찾아야 한다.

국제(international) : 제휴가 국제적으로 이루어진다는 것은 2가지의 의미를 지니고 있다. 하나는 국적이 서로 다른 기업 간에 제휴가 성립되는 경우이고 다른 하나는 동일한 국적의 기업들이 외국이나 세계시장에서 사업 활동을 전개하기 위하여 제휴를 하는 경우이다. 어느 경우나 국제적 성격을 지니는데 세계경제가 더욱 통합되고 기업 간 경쟁이 더욱 치열해짐에 따라 이러한 국제적 제휴관계의 필요성이 더욱 증대되고 있다.

전략적(strategic) : 전략이란 미래의 경쟁적 지위를 개선할 목적으로 수행하는 기업의 행동이다. 전략적 제휴가 1990년대 이후 전 세계적으로 보편화된 것은, 오늘날과 같이 개방화된 세계경제환경 하에서 어떠한 다국적기업들도 자신이 가진 고유의 비교우위(own comparative advantage)만으로 살아남고 미래의 글로벌경쟁력(global competitiveness)을 확보하는 일이 어려워졌기 때문이다. 따라서 전략적 제휴는, 복수의 경쟁기업들이 자신이 가진 각각의 비교우위를 전략적으로 결합함으로써 치열한 경쟁에서 살아남는 동시에 미래의 진정한 글로벌경쟁력을 확보하기 위한 생존전략인 동시에 경쟁전략이다.

제휴(alliance) : 재화와 용역을 교환하고 이전하는 대안적 시스템으로서 시장(market)과 기업(firm)이 있다. '시장'은 각 경제주체가 가격경쟁을 매개로 이익극대화를 추구하면서 참가하고 빠지는 것이 자유로운 반면 '기업'은 공동의 이익을 극대화하려는 목표 아래 폐쇄적인 관계가 형성된다. 따라서 시장은 경쟁(competition)에 의해 거래가 통제되지만 기업은 계층조직(hierarchy)에 의해 거래가 통제된다. 그런데 이러한 2가지 대안적 시스템은 서로 다른 실패요인을 내포하고 있는 만큼 중간적인 형태가 존재할 수 있는데 그러한 중간적 형태가 '제휴'라고 할 수 있다. 이러한 점에서 제휴는, 형식적으로는 시장거래형태를 유지하면서 그 속에 기업의 계층조직과 유사한 관계가 포함되는 새로운 조직형태로서, 시장의 실패와 기업의 실패 모두를 회피하면서 양자의 장점을 활용하는 장점을 가지게 된다.

이러한 의미에서 국제 전략적 제휴는 결국, 세계경제의 급속한 개방화·자유화와 국경 없는 무한경쟁에 대한 다국적기업들의 전략적 대응의 결과이고, 또한 필요한 경우 경쟁자와도 손을 잡고 공동이익(joint profit)을 극대화하며 이를 통하여 시장경쟁력을 높이기 위한 글로벌 패권전략이라고도 할 수 있다. 말하자면 오늘날 어떠한 기업도 세계시장에서의 경쟁을 위하여 필요한 규모의 경제·범위의 경제·스피드(speed)의 경제를 동시에 확보할 수는 없으므로 다른 경쟁기업과의 협력과 네트워킹(networking)을 통하여 자신이 갖지 못한 것을 보완하고자 하는 전략적 대응이다.

이에 GE의 CEO인 잭 월치(Jack Walch)는 "특정 기업이 어느 기업과도 협력하지 않고 자체적으로 모든 것을 행할 수 있다고 생각하는 것은 오늘날과 같은 글로벌시대에 패배로 가는 지름길이다"라고 역설하였고, 또 다른 사람들은 "기업 간 네트워크(network)가 미래의 기업경쟁력이다"라고 말하기도 한다. 이처럼 제휴가 새로운 경쟁력의 원천이 되고 있다는 사실은 IBM의 사례가 상징적으로 보여주고 있다. 여타의 하이테크기업과 마찬가지로 전통적으로 IBM은 다른 기업과의 협력을 아주 싫어하였지만 지금은 세계 기업 중 어느 기업과도 제휴를 체결하고 기술과 고객의 베이스를 공유하는 전략으로 전환하고 있기 때문이다.

한편 이러한 전략적 제휴의 결과로 특정 산업분야에서 대륙을 초월하는 소수의 제휴집단(alliance group/constellation)이 형성되고 그들 제휴집단 간에 경쟁이 이루어지는 이른바 메가컴페티션(mega competition)이 전개되고 있다. 자동차산업의 경우 세계 유수의 자동차기업들이 재편을 통해 현재는 5~6대 메이저(major) 체제로 변화되었는데, 앞으로 대부분의 자동차기업들이 이 거대 네트워크집단에 직간접적으로 관계를 맺게 될 것이고 그렇지 못한 기업들은 세계시장에서 그 입지가 약화되어 도태될 것이다. 이러한 현상은 항공기제조업에 있어서의 보잉(Boing)과 에어버스(Air-bus), 신용카드 산업에 있어서의 비자(Visa)와 마스터 카드(Master Card)에서도 잘 나타나고 있다.

이 밖에도 컴퓨터·전자·원거리통신·반도체·항공우주·가전·제약·화학·생명공학 등의 산업분야에서 이러한 제휴집단이 활발히 나타나고 있는데, 그것은 이러한 산업분야의 경우 진입코스트가 높고 글로벌화되어 있으며 규모의 경제가 크고 기술이 급속히 변화하여 사업 활동에 따르는 리스크가 큰 분야이기 때문이다.

2.2 전략적 제휴의 구체적 동기와 사례

이와 같이 전략적 제휴가 발생하는 근본적인 이유는 그것에 참여하는 각자의 기업들이 서로의 강점을 결합함으로써 더욱 강한 글로벌경쟁력을 확보하려는 전략적 노력 때문이지만, 이러한 근본적인 목표를 달성하기 위하여 추구되는 구체적인 동기들을 살펴보면 다음과 같다.

비용과 위험 분담 : 기술의 급속한 발전으로 R&D투자비용과 생산비용이 기하급수적으로 늘어감에 따라 전략적 제휴를 통하여 이러한 비용과 위험을 감소시키려고 한다.

예컨대 미국의 IBM · 일본의 도시바 · 독일의 지멘스 간 차세대 반도체 공동개발을 위한 전략적 제휴가 수행되었고 삼성전자와 도시바(Toshiba)는 256메가 D램(D-RAM)을 공동개발하기 위하여, LG반도체와 히타치(Hitachi)는 공동생산 및 공동연구를 위하여 전략적 제휴를 맺었다. GM은 플라스틱 · 배터리 · 트랜스미션 · 전자 · 환경 등의 분야에서 신기술개발을 위하여 경쟁사인 포드(Ford) 및 크라이슬러(Chrysler)와 미국 내에서 전략적 제휴를 맺었고 일본의 도요타(Toyota)와 미국에서 합작생산을 행하면서 이쯔쭈(Isuzu) · 다이하쭈(Daihatsu)와는 소형자동차 부문에서 공동생산을 행하였다.

연구개발투자가 중요한 항공기산업에 있어 미국의 보잉(Boeing)과 일본의 미쯔비시(Mitsubishi) 등이 최신여객기 787을 만드는 데 소요되는 80억 달러에 이르는 개발투자비용을 공유하기 위하여 긴밀한 제휴관계를 결성하자 에어버스(Airbus)는 프랑스 · 영국 · 독일 · 스페인 기업 간 컨소시엄형태의 제휴를 통하여 이에 대응하였다. 또한 전 세계적인 무선통신망구축을 위하여 모토롤라(Motorola) 주도 하에 이루어진 프로젝트에 우리나라 SK텔레콤을 포함한 여러 나라 기업들이 참여한 바 있다. 이러한 모든 제휴들이 R&D 및 생산에 따르는 비용과 위험을 감소시키기 위한 전략적 노력이었다.

시간 단축 : 전략적 제휴는 이처럼 새로운 연구개발에 수반하는 비용과 리스크를 분산시킬 뿐만 아니라 새로운 기술개발에 신속히 접근할 수 있게 해준다.

반도체 · 통신기기 등과 같은 첨단산업의 제품주기가 날로 짧아짐에 따라 공동노력을 통하여 신제품개발기간을 단축하거나 신제품 초기단계부터 제품화하는 데 소요되는 시간을 단축시킴으로써 초기 진입자가 누리는 선점효과를 얻기 위한 전략적 제휴가 이루어진다. 예컨대 1995년 독일의 지멘스(Simense) · 일본의 도시바(Toshiba) · 미국의 IBM이 1기가 D램 개발에 대한 전략적 제휴를 맺었다. 이들 기업들 모두 자체적으로 디자인하여 생산할 수 있는 능력이 충분히 있음에도 불구하고 전략적 제휴를 통하여 공동으로 개발한 것은 다른 경쟁기업들보다 동제품에 대한 시장진출이 늦어질 것을 우려하였기 때문이다.

상호기술 보완 : 제휴기업이 보유하고 있는 상호 기술을 공유하거나 교환함으로써 자신

의 부족한 기술을 보완하거나 상대방이 지닌 장점을 활용하기 위하여 전략적 제휴가 이루어진다.

가장 전형적인 예는 독일의 벤츠와 일본의 미쯔비시 간의 전략적 제휴이다. 우선 자동차·항공을 주력으로 하고 있는 벤츠로서는 전략적 제휴를 통해 미쯔비시의 신기술획득과 폐쇄적인 일본시장에의 접근을 꾀하였다. 특히 날이 갈수록 자동차의 기계장치가 메카트로닉스(mechatronics)화함에 따라 기계(mechanics)에서는 강하나 전자(electronics)에서는 일본에 뒤진 벤츠로서는 미쯔비시의 앞선 전자기술을 절실히 필요로 하였다. 반면 미쯔비시는 항공산업 진출을 위해 벤츠의 항공기술이 필요한 동시에 EU시장 접근을 위한 유럽기업과의 협력이 필요하였기 때문이었다.

또 다른 사례로서는 1983년에 이루어진 스웨덴의 에릭슨(Ericsson)과 미국의 하니웰(Honeywell) 간의 전략적 제휴가 있다. 당시 에릭슨은 통신분야에 있어서는 세계적 기술력을 보유하고 있었지만 미국시장에서 열세를 면치 못하고 있었고 하니웰은 컴퓨터와 자동제어부문에서 강력한 기술을 보유하였지만 통신분야에서 기술을 갖지 못하였다. 그리하여 두 기업은 전략적 제휴를 맺어 에릭슨은 하니웰에게 통신부문 하드웨어기술을 이전해 주고 하니웰은 에릭슨에게 미국 내에서 통신장비를 판매하는 데 필요한 소프트웨어를 제공하는 전략적 제휴를 맺어 공동으로 기술개발연구소를 설립하여 사설전화교환기(Private Branch Exchange)분야에서 뛰어난 기술력을 가지게 되었다.

또한 2003년에 이루어진 마이크로소프트와 도시바가 자동차의 작은 컴퓨터에 들어가는 다양한 엔터테인먼트 기능을 가진 마이크로프로세서를 개발하기 위하여 제휴하였는데, 이때 마이크로소프트는 소프트웨어의 엔지니어링기술을 담당하고 도시바는 센서를 개발하는 기술을 담당하여 상호의 기술적 강점을 결합시켰다.

산업표준의 획득 : 많은 산업의 경우 경쟁기업들 간의 산업적·기술적 표준화를 이룩함으로써 전 세계시장에서의 우위를 확보하기 위하여 전략적 제휴를 행한다. 오늘날과 같이 새로운 기술이 계속 탄생하고 있으며 이에 대한 시장이 세계화되는 환경 하에서 산업과 기술의 표준화가 매우 중요한 경쟁요인이 되기 때문이다.

[부록 5-3]에서 보여주는 바와 같이 일본의 소니(Sony)는 VCR산업에서 마쯔시다(Matssushita)와 산업표준화를 위하여 경쟁하다가 실패한 쓰라린 경험을 바탕으로 그후 CD기술을 개발함에 있어서 필립스(Philips)와 교차라이센서를 행함으로써 이 기술을 전 세계적인 표준으로 만드는 데 성공하였다. 또한 DVD개발에 있어 소니·필립스(Philips)그룹과 마쯔시다·히타치(Hitachi)·도시바(Toshiba)그룹이 전략적 제휴를 통해 상호 산업표준화 경쟁을 행하다가 서로 타협하여 융합한 기술을 통일된 산업표준으로 만들었다.

컴퓨터 산업분야에서 애플(Apple)·모토롤라(Motorola)·IBM이 PC와 이를 운영하는 운영시스템을 공동 개발한 것도 인텔(Intel)과 마이크로소프트(MS, Microsoft)가 갖고 있는 산업표준을 대체하는 마이크로 프로세스와 운영시스템을 개발하려고 하는 전략적 제휴라고 할 수 있다. 또한 1999년 PDA제조 선두기업인 팜(Palm) 컴퓨터는 소니와 전략적 제휴를 맺었는데 이러한 제휴는 경쟁사인 MS의 윈도우 기반시스템을 배척하기 위한 목적도 있었지만 부분적으로는 팜 컴퓨터의 운영시스템을 업계표준으로 자리 잡도록 하고자 함이었다.

특허의 동맹 : 이처럼 세계적인 다국적기업들은 상호기술을 보완하거나 글로벌 산업표준을 획득하기 위하여 전략적 제휴를 추구함은 물론 글로벌경쟁에서 최대의 무기가 되는 특허를 하나라도 더 확보하기 위하여 국제적인 특허제휴를 모색한다. 이러한 현상은 기술의 발전 속도가 높고 특허의 보유 여부가 그 기업의 경쟁력을 좌우함으로써 세계적인 특허전쟁을 벌이고 있는 IT기업들의 경우에서 더욱 현저하다.

세계적인 IT기업 애플은 최근 MS · 소니 · 에릭슨 등과 컨소시엄을 구성하여 구글을 물리치고 캐나다 통신업체 노벨(Novell)이 보유하고 있는 특허 6,000여 건을 인수하였다. 애플과 MS는 PC운영체제 · 소프트웨어 등 거의 전 부문에서 치열하게 경쟁하는 경쟁자였지만 특허에서만은 '적과의 동침'을 불사하여 특허전쟁에서 승리하였던 것이다. MS 역시 애플 · 노키아 등과 전략적 제휴를 맺는 등 특허전쟁 준비를 단단히 한 후 삼성 · HTC 등 글로벌IT기업을 대상으로 특허료 청구에 열을 올리고 있는데 이 또한 특허에 대한 글로벌 제휴를 맺은 결과이다. 이에 삼성전자를 비롯한 국내업체들도 IBM 등과 특허권에 대한 교차라이선스계약을 체결하는 등 특허전쟁에서 살아남기 위한 글로벌 특허동맹을 서두르고 있다.

판매망 공유 : 판매제휴를 통하여 참여기업들 간의 과당경쟁을 피하고 상호 보유하는 판매망을 효율적으로 활용하기 위하여 전략적 제휴가 일어난다. 닛산(Nissan)과 폴크스바겐(Volkswagen)은 자동차 판매에 관한 전략적 제휴를 맺고 닛산은 일본에서 폴크스바겐 자동차를 판매하고 폴크스바겐은 유럽에서 닛산의 4륜구동차를 판매하는 전략적 제휴를 맺은 바 있다. 또한 마쯔다(Mazda)와 포드(Ford)도 미국 · 유럽 · 일본 등에서 상호 간 차종을 교환판매하기로 하는 전략적 제휴를 맺은 바 있다. 이러한 판매제휴의 또 다른 방식으로 주문자상표 부착생산방식(OEM) 판매를 들 수 있는데, 과거 미국의 포드가 한국의 대우자동차와 제휴하여 르망을 이 방식으로 생산하고 이렇게 생산된 제품을 미국시장에 판매하였는데 이를 통하여 대우자동차는 포드로부터 기술을 이전받았고 또한 이렇게 생산된 자동차를 한국에서는 대우가 판매하고 미국에서는 포드가 판매하였다.

기업의 유연성 확보 : 전략적 제휴가 중요하게 된 또 다른 이유는 전략적 제휴를 통해 기업의 유연성을 확보할 수 있기 때문이다. 예컨대, 기업은 자신의 핵심 역량이 아닌 주변활동이나 주변적 기능을 외부기업에게 외주(outsourcing)함으로써 자신의 설비비용을 줄이고 보다 유연한 비용구조를 가질 수 있게 된다. 기업의 청소나 경비, 건물관리 또는 MIS 활동분야를 많은 비용을 들여서 자체적으로 하는 것보다 건물의 경비와 관리를 전문으로 하는 용역회사와 MIS기능을 전문적으로 하는 회사에 외주를 주는 방법도 전략적 제휴를 효과적으로 활용하는 방법이라고 할 수가 있다.

또한 자신의 생산하는 제품의 라이프사이클이 사양화되는 경우 이러한 생산라인을 전략적 제휴를 통하여 해외기업에 위탁생산하거나 자본제휴함으로써 경쟁력이 없는 사업을 국내에서 포기하는 대신 해외에서 라이프사이클을 연장할 수 있다. 전략적 제휴를 통하여 사양화된 사업부문이 해외로 진출하는 경우 그 자체 기업의 구조전환을 이룩해 줄 뿐만 아니라 사업의 전망이 호전되는 경우 언제든지 사업을 확장하고 계속 사업전망이 나쁠 경우 이를 포기할 수도 있는 유연성을 제공해 준다.

부록 5-3 글로벌 산업표준 획득과 전략적 제휴

글로벌 기업들이 국경을 초월한 합종연횡과 이합집산을 거듭하며 '신기술전쟁'을 벌이고 있다. 이러한 신기술전쟁에는 영원한 적도 영원한 동지도 없다는 냉엄한 논리가 적용된다. 전쟁의 핵심으로 떠오른 경쟁이 표준화전쟁(Standard War)이다. 첨단기술의 표준을 선점하기 위해 산업계에서는 피 말리는 전쟁이 벌어지고 있다. 자사의 기술이 업계의 '표준'으로 자리 잡으면 단숨에 세계적인 시장지배력을 키울 수 있지만 표준화 경쟁에서 탈락하면 몰락의 길을 걸을 수밖에 없기 때문이다.

1. 표준화전쟁과 노키아의 몰락[75]

최근 세계 1위 휴대폰 기업인 핀란드 노키아의 몰락은 표준경쟁에서 밀린 패자의 참담한 모습을 적나라하게 보여준다. 노키아는 1991년 세계 최초로 유럽식(GSM) 디지털 이동통신을 상용화했고, 40%를 넘나드는 세계시장 점유율을 자랑하며 휴대폰업계의 모범으로 추앙받았다. 노키아는 또 돈 벌기에만 급급한 회사가 아니었다. 인류 보편애의 경영철학과 최고 제품을 가장 값싸게 만드는 제조기술을 바탕으로, 5달러 이하의 초저가 휴대폰을 만들어 인도와 아프리카 오지 사람들에게 통신문명을 선사했다. 이렇게 노키아는 지난 20년간 혁신과 선한 기업의 상징이었다.

통신분야의 원천기술에서도 노키아를 따라올 기업은 없었다. 무려 4만 2,000건의 원천기술을 보유하고 있으면서도 대부분 무료로 공개해 세계 모바일시장의 저변을 확대해왔다. 그래서 악착같이 기술로열티를 받아내는 미국의 퀄컴과 비교되며 글로벌 상생의 표본이 되기도 했다. 스마트폰 역시 노키아가 1996년 발표한 노키아9000 시리즈가 효시였다. 노키아는 핀란드 수출의 3분의 1 이상을 책임졌고, 노키아의 전성시대를 이끈 요르마 올릴라 전 CEO는 핀란드에서 대통령보다 더 극진한 예우를 받았으며 실제로 그는 대통령후보로도 유력하게 거론됐었다.

75 조선일보(2011.2.15).

그런 노키아가 휴대폰을 만든 지 3년밖에 안 되는 애플에 밀려 끝없이 추락하고 있다. 2010년에는 노키아 140년 역사상 처음으로 첫 외국인 CEO를 임명하는 극약처방까지 했지만 시장점유율은 사상 처음으로 30% 아래로 곤두박질쳤다. 세계시장의 50%까지 점유했던 스마트폰 점유율도 30%대로 떨어졌다. 문제는 노키아가 자랑하는 기술이 오히려 그들의 뒷덜미를 잡았다는 것이다. 단적인 예로 노키아는 지금껏 단 한 대의 안드로이드 스마트폰을 내놓지 않았다. 세계 스마트폰시장이 애플의 아이폰과 구글의 안드로이드계열로 양분되고 있는데도, 노키아는 10년 넘게 수조 원을 투자해 자신이 개발한 심비안 스마트폰에만 집착했다. 아이폰으로 눈높이가 한참 올라간 소비자들이 단순한 심비안 운영체제에 등을 돌리는 것은 당연한 일이었다.

이러한 현상은 터치스크린 폰을 내놓을 때도 마찬가지였다. 애플의 아이폰 이후 삼성전자·LG전자·모토로라 등이 재빨리 트렌드를 추종한 것과 달리 노키아는 6개월 이상 늦게 제품을 출시했다. 노키아의 몰락을 보면서 기술경쟁에서 글로벌 표준이 얼마나 중요한가를 새삼 깨닫게 된다. 표준경쟁에서 승리하면 애플처럼 매출의 30%에 육박하는 이익을 낼 수 있지만 이러한 전쟁에서 한번 밀리기 시작한 기업은 이후 걷잡을 수 없이 무너지기 때문이다.

2. 표준화전쟁과 전략적 제휴

이러한 표준화경쟁에서 전략적 제휴의 중요성을 보여주는 가장 전형적인 사례로서 많은 사람들이 1980년대 소니(Sony)와 마쯔시다(Matssushita) 간의 VCR산업에의 산업표준화경쟁을 예거한다. 일본의 소니가 개발한 베타(β)방식의 기술이 마쯔시다의 자회사인 JVC가 개발한 VHS방식에 비하여 화면의 색상과 화질 면에서 훨씬 뛰어난 것으로 평가되었다. 이에 소니는 이러한 기술적 우위를 믿고 다른 회사들에게 라이센스를 제공하는 것에 인색하였던 반면 JVC는 VHS 방식을 채택하려는 회사들에게 라이센서를 자유롭게 허용하였다. 그 결과 세계 가전산업의 모든 기업들이 VHS를 채택함으로써 이 방식이 세계적인 산업표준이 되었다. 이로써 소니는 더 훌륭한 기술을 보유하고 있으면서도 결국 베타방식을 포기하기에 이르렀다. 소니는 이후 이렇게 실패한 쓰라린 경험을 바탕으로 그후 CD기술을 개발함에 있어서 필립스(Philips)와 교차라이센서를 행함으로써 이 기술을 전 세계적인 표준으로 만드는 데 성공하였다.

2004년 초 삼성그룹은 세계 전자업계의 거인인 소니가 LCD 합작회사를 설립하자는 제안을 받았다. TV·모니터·휴대전화기 등에 쓰이는 얇은 LCD는 뚱뚱한 브라운관 제품을 급속히 대체하고 있는 새로운 전자부품이었다. 삼성의 실무진에서는 “우리가 LCD분야 선두업체인데 굳이 소니와 제휴할 필요가 있느냐”는 의견이 많았지만 이건희 회장은 “자만하지 마라. 삼성은 아직도 소니에게 배울 게 많다”며 즉시 제휴를 받아들이도록 지시했다. 두 회사는 결국 S−LCD라는 합작사 설립에 전격 합의했다. 합작사에 2조원 이상을 공동투자함은 물론, 서로의 특허기술을 전면 공유한다는 결단도 내렸다. 차세대 LCD기술의 표준을 장악한다는 공동 목표도 세워졌다.

2000년 이후 전자산업계의 주도권을 상실해가던 소니는 삼성과의 제휴를 계기로 다시 기술표준경쟁을 리드할 힘을 얻었다. 하지만 마쯔시다·도시바 등 일본 업체들은 “기술대국인 일본의 자존심을 팔아먹었다”며 소니를 거세게 비난하였다. 이렇게 표준전쟁에서는 애국심보다는 서로의 이해관계에 따라 편 가르기가 이뤄진다. 2004년 7월 북미지역 디지털TV의 표준규격을 제정하기 위해 미국에서 열린 국제회의가 또 다른 좋은 사례다. 아날로그TV보다 훨씬 선명한 화면과 생생한 음향효과를 내는 디지털TV의 기술표준을 잡으면 전 세계 TV제조업체로부터 막대한 기술료(로열티)를 받을 수 있다. 180여 업체가 참석한 이 회의에서는 LG전자 · 필립스 · 브로드컴 등 10여 개 회사의 디지털기술이 유력한 표준후보로 올라왔다. 당시 일본 업체들은 LG전자가 제출한 표준안에 대해 조직적인 반대운동을 펼쳤고 삼성전자도 이에 동참했다. 삼성전자 관계자는 "같은 나라 기업이라고 무조건 찬성표를 던질 수는 없었다"고 잘라 말했다. 우여곡절 끝에 LG전자의 기술이 표준으로 채택됐으나 LG와 삼성 사이에는 이로 인해 깊은 감정의 골이 파였다.

차세대 DVD분야의 표준전쟁은 더욱 극적이었다. 세계 전자업체들은 종전보다 저장용량이 10배 안팎인 차세대 저장매체시장을 놓고 HD－DVD와 블루레이 디스크(BD) 양대 진영으로 나뉘어 치열한 표준 경쟁을 벌여왔다. 두 매체 모두 지금보다 훨씬 긴 시간의 고화질영상을 저장할 수 있긴 하나 서로 간에 호환성이 없기 때문이었다. 따라서 DVD저장방식이 하나의 단일기술로 통합되어야 하는데 이러한 표준화가 이루어지면 가전업체들은 일제히 새로운 표준규격에 맞는 DVD플레이어를 생산해야 하고 가정용 비디오시장도 전면 재편되어야 했다.

이에 따라 전 세계 전자업체와 영화사들은 블루레이 디스크(BD)와 HD DVD라는 양대 진영으로 나뉘어 표준전쟁을 치러왔다. 청색 레이저를 사용하는 블루레이방식은 기존 DVD보다 저장용량이 5배 이상 커 HD TV 수준의 화질과 음향 성능을 자랑한다. 1980년대 VCR표준전쟁을 치렀던 소니와 마쯔시다는 이번에는 '블루레이'라는 한 배를 탔고 라이벌 관계인 삼성과 LG도 블루레이 진영에 나란히 합류했다. 반면 'HD DVD' 기술은 블루레이보다 화질은 약간 떨어지지만 기존 영상설비를 사용할 수 있어 투자비용이 적고 개발기간도 짧은 것이 특징이었다. 도시바 · NEC가 주도하는 'HD DVD' 진영에는 파라마운트 · 유니버설 픽처스 · 워너 브러더스 등 미국 영화사가 참여했다. 한때 일본 기업의 영향력이 커질 것을 우려하던 미국 영화사들은 자발적으로 일본 측과 손을 잡았는데, 말하자면 적과 동지의 개념이 그때그때 달라지는 것이다.

이러한 DVD표준화 전쟁은 '블루레이'의 승리로 굳어졌다. 소니 · 마쯔시다 · 삼성전자 등이 중심이 된 BD진영과, 도시바 · NEC · 인텔 등이 주도한 HD－DVD진영은 서로 대립각을 세워 왔다. 양 진영은 한때 규격 일원화를 위한 협상을 벌이기도 했으나 결렬됐고 지난 2006년 이후엔 각자 제품을 출시하며 주도권 잡기에 힘써왔다. 그러나 2007년 말 이런 기술이 접목된 제품판매가 본격화되면서부터 판세는 거의 BD쪽으로 넘어가 미국과 일본의 경우, BD방식제품이 시장에서 90%를 넘게 차지할 정도였다. 그후 대형 영화사인 미국 워너브러더스(WB)마저 BD로의 일원화를 발표하면서 이런 흐름은 더욱 가속화됐다.

이에 따라 1980년대 중반 VHS방식과 베타(β)방식을 놓고 벌인 '비디오전쟁'을 연상시키며 관심을 끌어 온 차세대 DVD표준경쟁의 혈전은 2008년 초 소니 · 삼성전자 · 마쯔시다 등의 판정승으로 사실상 막을 내리게 되었다. 20년 전 비디오 표준게임에서 참패했던 경험을 갖고 있는 소니가 그러한 쓰라린 경험을 교훈삼아 새로운 표준화전쟁에서는 이긴 것이다. 도시바가 이끄는 HD DVD의 경우 기존 생산라인 이용이 가능해 투자비가 적게 든다는 장점이 있었지만 소니 진영은 처음부터 보다 개방적인 글로벌 제휴전략을 채택함으로써 더 많은 우군을 끌어들이는 데 성공하였기 때문이다.

최근 스마트폰과 관련하여 새로운 표준전쟁이 격화되고 있다. 스마트폰시장의 선두주자인 애플이 PC사업에서와 마찬가지로 하드웨어(아이폰)와 운영체제(iOS)를 독자 개발하여 독점적으로 운영하자 구글은 선두주자 애플과의 전쟁을 위하여 삼성전자 · LG · 소니에릭슨 · 버라이즌 · 보다폰 등 전 세계 10개 업체와 동맹군을 형성하고 자신이 개발한 안드로이드 운영체제를 무상으로 공개하면서 그들의 외연을 확장하고 있다. 독자적인 개발과 독점적인 운영체제를 고수하는 폐쇄적인 애플과 10여 개 업체와의 연합전략을 구사하는 구글의 제휴전략 중 어느 것이 IT패권을 차지할지는 아직 알 수 없지만 연합전략을 펴는 후자의 세력이 갈수록 커지고 있는 것은 사실이다.

이상에서 소개한 모든 사례들이 오늘날과 같은 글로벌 경쟁에서 행해지는 전략적 제휴가 어떤 전략적 의미와 함의를 가질 수 있는가를 보여주는 대표적 예라고 할 수 있을 것이다.

2.3 전략적 제휴의 일반적 유형

전략적 제휴는 그 분류기준이 무엇이냐에 따라 다양한 유형으로 분류된다.[76] 이러한 여러 가지 분류들 중 제휴가 이루어지는 업무분야에 따른 기능별・업무별 제휴형태를 살펴보면 다음과 같다.

연구개발(R&D)제휴 : 가장 단순하고 단기적인 성격의 전략적 제휴로서 신기술이나 신제품개발을 위하여 경쟁기업들이 연구개발상의 협력관계를 형성하는 것으로서 주로 첨단산업에서 많이 이루어진다. 이러한 제휴의 전형적인 예로서는 1995년 1기가 바이트의 D-RAM을 생산하기 위해 IBM과 지멘스(Siemens)・모토롤라(Motorola)・도시바(Toshiba) 간에 이루어졌던 연구개발제휴를 들 수 있다.

국제기술제휴 : 한 기업이 다른 기업에게 기술에 대한 라이센서를 제공하거나 또는 자신의 기술을 상호 제공하는 교차라이센싱(cross licensing)의 형태를 취한다. 이는 주로 신제품이나 신기술개발에 따르는 위험과 비용을 절감하거나 상호 간에 자사의 핵심 기술을 교환하여 세계적인 경쟁력을 공유하고자 하는 경우에 이루어진다. 전술한 벤츠(독일)와 미쯔비시(일본) 간의 전략적 제휴나 에릭슨(스웨덴)과 하니웰(미국) 간의 전략적 제휴가 그 대표적인 예이다.

국제조달제휴 : 안정적 공급원을 확보하기 위한 전략으로 부품 및 제품의 상호보완적 공급・생산위탁・글로벌소싱(global sourcing) 등의 형태로 나타나는 제휴이다. 전통적으로는 대기업과 중소기업 간에 이루어지는 위탁생산 형태가 주종을 이루었으나 최근에는 대기업 상호 간에 조달을 행하는 보완적 쌍방향 제휴도 활발히 이루어지고 있다. 예컨대 세계적인 자동차기업들이 엔진생산을 공동으로 하거나 어떤 파트너가 생산한 엔진을 공동으로 사용하거나 각기 생산한 부품을 상호 교환하는 형태에서 찾을 수 있다.

국제생산제휴 : 제휴기업들이 경영자원을 상호 공급하여 공동생산하거나 어느 한 기업이

---

76 예컨대 ① 제휴업종에 따라 동종업종 간 제휴・이종업종 간 제휴, ② 제휴업종에 따라 수평적 제휴・수직적 제휴・다각적 제휴, ③ 제휴주체에 따라 대기업 간 제휴・대기업과 중소기업 간 제휴・중소기업 간 제휴, ④ 제휴범위에 따라 단일제휴・복합제휴, ⑤ 제휴관계에 따라 연속제휴・상호제휴・공유제휴, ⑥ 지분공유 여부에 따라 지분제휴(equity alliance)와 비지분제휴 등으로 분류한다.

상대방 기업의 위탁을 받아 제품을 생산하는 협력관계를 맺는 제휴이다. 이러한 경우 규모의 경제 달성·유휴시설의 활용·브랜드지배력의 강화를 통하여 독자적으로 생산시설을 확충하는 경우보다 더 효율적인 생산을 행할 수 있다. 예컨대 1992년 지멘스(독일)와 IBM(미국)은 두 기업이 각기 독자적으로 생산을 확충하는 경우 너무 많은 비용이 소요되므로 프랑스에 소재하는 IBM공장시설을 활용하여 8메가 D램을 공동으로 생산하기로 한 바 있다. 삼성중공업은 2000년 중전기부문의 세계적 다국적기업인 ABB사와 선박용 고압 배전시스템을 공동생산·판매하기로 하는 전략적 제휴를 체결하여 ABB사는 고압 배전시스템에 필요한 일부 기술을 제공하고 삼성중공업은 생산을 담당하였다.

국제판매제휴 : 제휴기업 간에 판매상의 협력을 통하여 과당경쟁을 피하고 상호 보유하고 있는 판매망을 효율적으로 활용하기 위한 제휴형태로서 제휴기업 간 브랜드공유·위탁판매 또는 교차판매·판매지역의 선택적 활용 등이 이루어진다. 전술한 닛산과 폴크스바겐, 마쯔다와 포드자동차의 자동차판매에 관한 전략적 제휴가 그 대표적인 예이다. 또한 타사 제품에 자사의 브랜드를 붙여 판매하는 주문자상표부착 생산방식(OEM : original equipment manufacturing)도 이러한 판매제휴의 한 형태이다.

국제자본제휴 : 특정 기술 및 제품의 개발이나 생산에 있어서 상대방 기업의 주식을 취득하는 방식 등으로 자본에 참여하는 제휴이다. 막대한 연구개발비가 소요되는 부문에서 대규모의 생산시설의 운영비 및 연구개발비를 분담하고 부족한 자원을 확보하기 위해 이러한 형태의 전략적 제휴가 이루어진다. 1999년 LG전자는 네덜란드의 필립스(Philips)사에 LG－LCD지분 50%를 양도하고 LCD(박막액정표시장치) 사업을 공동 경영하기로 하는 신규 합작법인을 설립하였다. 두 기업은 자본제휴를 통해 LG의 세계적인 LCD기술력과 필립스의 브랜드 인지도 및 글로벌 판매 네트워크를 결합시킬 수 있게 되었다.

이상에서 살펴본 바와 같이 국제적인 전략적 제휴는 기술의 공동개발·기술의 상호교환·공동생산·판매제휴·자본제휴 등의 형태를 취하는데, 이러한 전략적 제휴를 통하여 궁극적으로 이룩하려는 목표는 자신의 경쟁력을 강화하는 동시에 경쟁의 제한이나 경쟁자의 시장진입을 제한함으로써 자신의 세계시장 점유율 확대를 이룩하려는 전략적 노력이라고 할 수 있다. 이러한 국제 전략적 제휴를 그 기업의 규모 및 제휴기술에 따라 유형화하면 〈표 5－17〉과 같다. 그런데 이러한 전략적 제휴가 종전에는 일부 분야에 대한 단일 제휴(single alliance)로서의 성격을 가진 경우가 많았지만 최근에는 파트너기업 간 여러 분야에 걸친 포괄적이고 총체적인 네트워크를 구축하는 형태로 이루어지는 경향이 있다.

표 5-17 전략적 제휴의 형태와 제휴의 목표

구분	제휴의 형태	제 휴 의 목 표
제휴내용	기술제휴 생산제휴, 조달제휴 판매제휴	투자리스크 분산, 기술의 상호보완 비용절감(규모의 경제), 조달원활화, 시장지배력 획득 잠재적 경쟁자의 시장진입제한, 상대국 시장 접근
기업규모	대기업 간 제휴 중소기업 간 제휴 대기업-중소기업 제휴	상호 경쟁의 제한 경쟁력 강화 자원의 상호 보완
통합형태	수평적 제휴 수직적 제휴 다각적 제휴	취약부문의 상호 보완, 투자리스크 분산 생산성 제고(후발기업) 및 시설투자부담 감소(선발기업) 네트워크형성(후발기업-기술습득, 선발기업-자사기술 시장점유율 확대) 전후방 관련 산업 및 이업종 간의 제휴

3. 전략적 제휴의 성과와 한계

3.1 전략적 제휴의 성과분석

미국 하이테크 산업 100개 업체를 대상으로 한 쿠퍼스 등(Coopers & Lybrand)의 연구에 의하면, 전략적 제휴를 하지 않은 기업보다 제휴활동을 활발히 전개한 기업이 수익측면에서 11% 이상, 매출성장은 20% 이상 높은 것으로 분석되었다. 이는 성공적인 전략적 제휴가 무한경쟁시대에서 수익창출과 성장을 위한 핵심적인 전략임을 말해 준다.

또한 세계적 컨설팅회사인 맥킨지(Mckinsey)는 전 세계에 걸쳐 다양한 제휴관계(단순제휴, 지분참여, 합작투자 등 5억 달러 이상)에 포함되어 있는 2,100개의 회사를 조사한 결과, 전체 기업 중 52% 이상이 전략적 제휴관계 이후 시장가치의 현격한 변화를 경험하였으며, 이 중 70%가 시장가치의 증가로 이어졌다고 한다. 특히 빠른 기술변화를 경험하고 있는 첨단산업과 미디어산업의 경우 M&A보다 제휴관계의 성공확률이 훨씬 높은 것으로 나타났으며, 또한 신규사업 전개에 있어서도 제휴관계가 유용한 수단임을 밝히고 있다.

한편 미국・유럽・일본 기업 간의 49개 표본의 국제 간 전략적 제휴를 조사한 맥킨지 컨설팅사의 또 다른 연구는, 전체 제휴 중 약 51%는 쌍방에게 성공을, 33%는 쌍방에게 실패를, 그리고 나머지 16%의 경우는 어느 한 쪽만이 성공하였음을 분석하고, 어떠한 형태의 제휴가 더 성공적일 가능성이 높은가와 관련하여 다음과 같은 요인들을 지적하였다.[77]

77 Joel Bleeke and David Ernst(1993), 장세진(2000) PP.291~294.

(1) 지역적 · 기술적 · 품목별 관련성과 중복성이 낮은 기업들 간의 전략적 제휴일수록 성공할 가능성이 높은 반면 이러한 관련성과 중복성이 높을수록 성공확률이 낮았다. 후자의 경우 이해관계의 상충이 더 클 가능성이 높기 때문이다.

(2) 성공적인 제휴는 이를 통하여 자신의 약점을 계속적으로 보완하여 자신의 강점을 더욱 보완하는 것이다. 따라서 강한 기업과 약한 기업 간의 제휴보다는 강한 기업들 간에 이루어진 제휴의 성과가 더욱 높았다. 많은 기업들이 종종 제휴의 주도권을 확보하기 위하여 자신보다 약한 기업과 제휴하는 경우가 있지만 이러한 제휴관계는 실패로 끝나는 경우가 많았다.

(3) 기업들의 참여지분율이 동등할수록 성공할 확률이 높아졌다. 이것이 불균등할수록 지분율이 높은 기업이 자신의 이익만을 위한 방향으로 독단적인 의사결정을 함으로써 실패할 가능성이 높기 때문이다.

3.2 전략적 제휴의 한계와 과제

3.2.1 전략적 제휴의 문제점

이같이 전략적 제휴의 현실적 성과가 대체로 높게 나타나는 경향이 강하고, 또한 앞에서 살펴보았듯이 전략적 제휴전략을 통해 상호보완적인 경영자원을 공유함으로써 여러 가지 전략적 목적을 달성할 수 있다는 장점이 있다. 그러나 이러한 전략적 제휴에도 다음과 같은 몇 가지 문제점이 발생할 수 있다.

경쟁력향상의 성공 여부 : 전략적 제휴의 본질적인 문제로서 이러한 제휴를 통하여 상호 경쟁력 향상을 도모할 수 있는가 하는 점이다. 외부의 경쟁업체에 대항하기 위한 목적으로 전략적 제휴를 도모하는 경우, 어느 정도 대외경쟁력의 향상을 도모할 수 있겠지만 내부적인 경쟁체제가 붕괴되거나 내부경쟁이 감소함으로써 발생하는 경쟁력의 약화 가능성도 있는 만큼 이러한 측면을 동시에 고려해야 한다.

협력관계의 불안정성 : 전략적 제휴의 실행과정에서 나타나는 문제점으로서 의사결정상의 문제점 때문에 그 협력관계가 불안정해질 수 있다. 서로 다른 목표를 지닌 경쟁적 집단의 의견을 조정하기 위한 여러 가지 위험이나 비용이 발생할 수 있고, 또한 양국 간의 문화적 차이나 기업 간의 문화적 차이도 전략적 제휴의 성패를 좌우하는 중요한 요인으로 작용한다. 또한 전략적 제휴는 처음부터 파트너기업과의 경쟁을 전제조건으로 하여 협력을 형성하는 것이므로 그 협력관계는 본질적으로 불안정적인 성격을 지닌다.

독점적 우위의 상실 우려 : 전략적 제휴의 결과로서 나타나는 문제점은 바로 제휴를 통해서 자신의 독점적 우위를 상실할 수 있다는 데 있다. 서로 비협조적 태도로 제휴를 지속하다 보면 속빈 강정과 같은 제휴가 될 수 있는 반면 지나치게 협조적인 상황이 지속되면 자신의 비밀이 노출될 수 있다는 딜레마가 있다. 또한 기술과 관련되는 전략적 제휴는 상호 간 학습효과를 가지기 위한 것인 만큼 기회주의적 행동을 취할 가능성이 당초부터 내재되어 있다.

1980년대 중반 미국에서 일본의 경쟁력향상에 대하여 경종을 울리는 목소리가 커졌을 때 다수의 미국 사람들은, 일본이 이룩한 기계산업과 반도체산업의 성공은 미국 기업과 일본 기업 간에 이루어진 수많은 전략적 제휴를 통하여 습득하게 된 미국의 기술에 의하여 이루어졌다고 주장하였다. 따라서 그들은, 미국 기업은 일본 기업과의 제휴를 통하여 일본시장 진출기회를 넓힘으로써 이윤이 증대되는 단기적 이익을 얻었지만 결국 자신의 기술과 지식을 일방적으로 일본 파트너에게 이전시킴으로써 자신의 경쟁우위상실이라는 장기적 피해를 자초하였다고 비판하였다(Reich and Mankin 1986).

3.2.2 전략적 제휴의 일반적 실패요인

전략적 제휴의 성과에 대한 연구결과에 따르면, 일반적인 전략적 제휴의 경우 그 성과가 높게 나타날 수도 있지만, 국제적인 전략적 제휴의 경우 실패율이 높은 편으로 나타났다. 전체 49개의 국제 전략적 제휴를 분석한 어떤 연구는 전체 제휴 중 2/3가 2년 안에 심각한 경영문제나 자금문제가 나타났고 33%가 결과적으로 실패하였다는 결과를 보여주기도 하였다.[78]

물론 전략적 제휴의 실패 여부를 제휴관계의 해소로써 파악하는 것은 문제가 있을 수 있다. 제휴가 해소되는 이유가 쌍방이 목표를 달성하였기 때문일 수도 있고 제휴의 배경이 되었던 환경에 변화가 있었기 때문일 수도 있기 때문이다. 또한 국제 전략적 제휴를 맺는 기업의 제휴동기가 하나가 아니고 다수라는 점에서 보면 어떤 제휴가 그후 해소되었다는 것이 곧 그 제휴가 실패한 것을 의미한다고 보기도 어렵다.

그러나 전략적 제휴를 통하여 성공적인 파트너십을 확보하고 당초에 기대했던 소기의 목적을 달성하는 것이 항상 가능한 것은 결코 아니라는 점은 분명하다. 그렇다면 국제 전략적 제휴가 어떤 경우는 양 기업 모두에게 이익을 가져다주는 반면 또 다른 경우는 그렇지 못한 이유, 다시 말하면 국제 전략적 제휴가 실패하는 일반적 원인이 무엇인가? 국제 전략적 제휴가 실패하는 일반적 원인으로서는 다음과 같은 문제들이 지적된다.

제휴목표의 불명확성 : 불분명하고 측정하기 어려운 목표설정은 제휴 자체를 어렵게 만들고 제휴가 이루어지더라도 상대방 기업과의 견해차이로 인해 갈등이 증폭하게 된다. 제휴

---

78 C. W. L. HIll(2008), p.635.

를 하는 것 자체가 목적이 아니라 기술획득·시장점유율 제고 등이 진정한 제휴의 목적임을 명심해야 한다. 일반적으로 전략적 제휴의 목표는 새로운 가치를 창조하는 데 두어야만 참여기업 모두에게 이익이 된다. 단순한 기술·노하우 등의 교환이 아니라 기업 간 상호작용과 상호학습을 통하여 모두가 강해지는 방식이어야 하고 새로운 가치를 창조해야만 기존 경쟁업체의 반발을 줄이고 참여업체들이 미래를 향한 혁신적인 대안을 도출할 수 있기 때문이다.

핵심적 역량의 부재 : 자사의 능력을 과대포장 하거나 상대방 역량에 대한 과도한 기대는 실제 협력과정에서 불신과 갈등을 만들게 된다. 또한 전략적 제휴는 자신이 제휴파트너로부터 배우는 것뿐만 아니라 파트너 역시 자신이 가지고 있는 핵심 역량을 배우려고 하는 것인 만큼, 자체 핵심 역량을 보유하지 못하는 기업의 경우 자신이 제휴하고 싶은 기업과의 제휴를 맺을 수도 없을 뿐만 아니라 제휴가 이루어지더라도 그러한 제휴관계가 오래 지속될 수 없다. 따라서 초일류기업들과 전략적 제휴를 맺고 또 성공하기 위해서는 스스로 핵심 역량의 축적이 선행되어야 하고 동시에 그러한 역량과 능력을 갖춘 상대방을 잘 선택하여야 한다.

이기적 운영 및 무관심 : 상대방 기업의 기회주의적 행동을 너무 우려하거나 자사의 이익에만 눈이 멀면 상호불신과 기만이 생기기 쉽고 이것이 제휴로 이어진다. 경영여건이 좋을 때는 이러한 현상이 발생되지 않지만 제휴 사업이 위기를 맞거나 우연한 기회에 어느 일방이 상대방을 속이는 경우 서로를 기만하는 악순환이 발생된다. 한편 경영진의 지속적인 관심과 지원이 없는 제휴는 실패할 가능성이 크다. 따라서 경영진은 업계의 미래에 대한 비전을 제시하고 전략적 제휴관계를 주도적으로 형성할 수 있는 행동력을 갖추어야 한다.

기업문화의 부조화 : 아무리 핵심적 역량을 보유하고 있는 기업이라도 제휴기업 간 조직문화가 조화되지 못하면 갈등과 불신이 초래되고 핵심 역량의 흡수도 어려워져 실패하게 된다. 세계적인 초일류기업들도 상대방 기업의 조직문화에 대한 이해부족으로 전략적 제휴에서 실패한 경험이 많다.

3.2.3 성공적인 전략적 제휴를 위한 과제

이상과 같은 전략적 제휴의 성과와 실패요인들을 종합적으로 고려할 때 전략적 제휴가 성공하기 위해서는 결국 다음과 같이 ① 제휴파트너의 선택, ② 제휴구조의 설정, ③ 제휴운영 및 성과의 창출이 적정하게 이루어져야 한다.

적정한 파트너의 선택 : 전략적 제휴가 성공하기 위해서는 제일 먼저 올바른 파트너를 선택하는 것이 가장 중요하다. 흔히들 이러한 올바른 파트너의 선정기준으로서 3C를 강조하기도 한다.[79] 즉, 제휴파트너가 될 대상기업은 ① 기업의 경영전략·기업문화·경영관리시스템이 자신과 서로 모순되거나 상충되지 않는 양립성(Compatibility)을 지니고 있으면서 서로 동일한 목표와 비전을 공유해야 하며, ② 제휴를 통하여 자신의 약점을 보완하고 강점을 강화할 수 있는 핵심 능력(Capability)을 지니고 있어야 하며, ③ 성공적인 제휴활동을 위하여 몰입하려는 적극적인 열의(Commitment)를 지니고 있어야 한다. 이러한 3C와 더불어 제휴관계를 이용하여 상대방의 기술이나 노하우를 도용하는 것과 같은 기회주의적인 행동을 하지 않을 것이라고 믿을 수 있는 또 하나의 C, 즉 신뢰성(Credibility)을 구비하여야 한다.

적정한 전략적 제휴의 구조화 : 일단 파트너를 선택하고 나면 자신의 것이 너무 많이 파트너에게 제공되거나 파트너로부터 얻을 수 있는 것이 너무 적기 때문에 발생되는 문제점을 예방할 수 있는 전략적 제휴의 구조를 설정하여야 한다. 우선 자신에게 민감한 지식이나 기술이 상대방에 이전되지 않도록 제휴를 디자인하는 것, 파트너의 기회주의적 행동으로 인한 위험으로부터 보호받을 수 있도록 하는 안전장치를 계약상 명시적으로 규정하는 것, 상대방의 기술을 정당하게 얻을 수 있는 방법을 사전에 명확히 규정하는 것 등이 이에 속한다.

적정한 제휴의 운영 : 적정한 파트너를 선택하고 적합한 제휴의 구조를 설정하면 이제 제휴로부터의 이득을 극대화하기 위한 적정한 운영이 필요하다. 이렇게 제휴의 이익을 극대화하기 위하여 필요한 요건으로서는 다음과 같은 점들을 들 수 있다.

(1) 모든 국제경영활동이 그러하듯이 상호 간의 문화적 차이가 매우 중요한 만큼 이러한 차이를 분명히 인식하고 이를 극복하기 위한 노력이 필요하다. 이를 위해서는 포드(Ford)와 마쯔다(Mazda) 사이의 성공적인 전략적 제휴에서와 같이 기업의 경영진들 사이의 좋은 대인관계와 네트워크형성이 매우 중요하다.

(2) 전략적 제휴의 상대방으로부터 얼마나 많은 지식을 얻을 수 있는가는 상대방 기업으로부터 배우려는 열의와 능력에 달려 있다. 상대방 기업에 대한 학습을 목적으로 맺어진 국제 전략적 제휴의 고전적 사례로서는 1985년 GM과 도요타가 캘리포니아 프리몬트에 설립한 자동차 제조 합병기업인 NUMMI(New United Motor Manufacturing Inc.)에서 찾을 수 있는데, 이러한 제휴과정에서 GM과 도요타는 학습효과 면에서 서로 다른 성과를 보여주었다.[80]

---

79 M. Cauley de la Sierra(1995), 장세진(2000) pp.287~291.

80 당시 도요타는 미국에 제조회사를 설립하고 싶어 하였고 GM은 도요타생산시스템의 학습에 흥미를 가지고 있었는데 이 합병은 놀랄 만큼 장기간 계속되었다. 사람들은 이러한 도요타의 실험이 결과적으로 좋은 성과를 나타내었을 뿐만 아니라 세계적인 기업 간 경쟁이 협조로 전환되고 미 · 일 간의 상호신뢰관계 구축에도 일정한 역할을 하였다고 평가하였다. 실제로 도요타는 이를 계기로 이후 호주 · 독일 · 프랑스 등의 주요 메이커들과 합작이나 제휴를 자신감 있게 추진하여 2000년대 말 그들의 현지자회사를 27개국에 진출시켰다.

(3) 한편 전략적 제휴는 서로 경쟁적인 기업들 간의 협력관계인 만큼 본질적으로 단기적인 목표수행을 위하여 이루어지는 것이다. 궁극적인 목표는 경쟁이고 이러한 경쟁을 위하여 일시적으로 협력하는 관계이다. 따라서 구체적인 전략적 목표를 가지고 제휴에 임하여야 하고 막연히 장기적인 협력관계를 유지하려는 태도로 임하면 실패할 수 있으며 제휴의 목표를 달성하면 과감히 제휴를 종료하는 전제가 필요하다. 말하자면 전략적 제휴는 경쟁의 또 다른 모습이므로 제휴관계에 과도하게 의존하지 말고 경쟁과 협력을 동시에 구사하는 전략적 유연성(strategic flexibility)이 필요하다.

그런데 이 사례를 연구한 경영학자들은, 도요타는 이 제휴를 통하여 미국의 공급 및 운송시스템 · 미국 내 공장 운영 노하우 · 전미자동차노조의 실태 · GM의 약점 파악 등 최대한 짧은 시간 내에 당초 목표로 하였던 학습목표를 다 얻고 이를 미국의 다른 지역에 도요타공장을 건립하는 데 적용하기도 하였지만, GM은 단지 공동생산을 행한 하나의 새로운 제품을 얻었을 뿐 도요타로부터 얻은 학습효과가 별로 없었고 도요타 생산방식이나 노사관계 등 거기서 얻는 작은 지식마저 자신의 조직에 유용하게 사용한 적도 없었다고 진단하였다. 말하자면 전략적 제휴가 성공적이기 위해서는 상대방 파트너로부터 배우려는 열의와 태도에 차이가 있었다는 것이다.

: PART 03

다국적기업의 해외직접투자이론

“

제3편에서는 다국적기업의 해외직접투자가 발생하는 원인이 무엇인가, 다국적기업의 해외직접투자 결정요인(determinant)이 무엇인가를 설명하는 “다국적기업의 해외직접투자이론”에 대하여 논의한다.

(1) 먼저 전통적 경제이론들(국제무역이론, 국제자본이동론)은 오늘날의 다국적기업과 해외직접투자를 설명하는 이론체계로서 어떠한 유용성과 한계를 가지는가를 논의한다. 이러한 한계성 때문에 해외직접투자를 설명하는 어떤 새로운 이론이 필요하다고 하였을 때 이러한 해외직접투자이론이 갖추어야 할 이론적 요건과 해명하여야 할 이론적 과제는 무엇이며, 이러한 해외직접투자이론들은 어떠한 체계로 분류할 수 있는가를 논의한다(제6장 전통적 경제이론과 해외직접투자이론).

(2) 1960년대 이후 전통적 경제이론과는 달리 직접투자를 하나의 독립적 연구대상으로 하는 새로운 이론들이 제시되었는데 이러한 이론들은 대체로 시장불완전성을 전제로 하여 투자자로서의 기업의 주체적 역할과 기능을 강조하는 미시적 · 기업적 관점의 접근이론들이다. 제7장은 이러한 이론들 중 산업조직론적 접근이론(독점적 우위론)과 기업이론적 접근이론(내부화이론)에 대해 논의한다(제7장 미시적 · 기업적 관점의 직접투자이론).

(3) 이러한 새로운 접근이론들은 전통적 경제이론이 설명할 수 없는 해외직접투자의 특성들을 설명하는 데 많은 기여를 하였지만 지나치게 미시적 · 기업적 측면만을 강조하여 해외직접투자의 거시적 측면에 대한 올바른 해답을 제시할 수 없게 되었다. 이에 전통적 경제이론의 수정과 확장을 통하여 해외직접투자 문제에 접근하려는 시도들이 이루어졌고, 또한 지금까지 제시된 여러 이론들을 통합하려는 시도도 이루어졌다. 제8장은 이러한 확장적 · 통합적 이론으로서 제품주기이론과 국제생산의 절충이론에 대해 논의한다(제8장 전통이론의 확장적 · 통합적 직접투자이론).

”

CHAPTER 06

전통적 경제이론과 해외직접투자이론

제1절 전통적 경제이론과 다국적기업

다국적기업과 해외직접투자의 경제이론을 논의함에 있어 먼저 검토되어야 할 하나의 중요한 과제는 다국적기업에 대한 전통적 경제이론의 이론적 유용성과 한계성에 대한 문제이다. 즉, 국제무역이나 국제자본이동 등의 원인과 영향을 설명하는 국제무역이론이나 국제자본이동론과 같은 전통적 경제이론들이 존재하고 있음에도 불구하고 왜 해외직접투자나 다국적기업을 설명할 새로운 경제이론이 필요한가라는 근본적 문제이다.

이러한 논의는, 오늘날과 같이 다국적기업이 주요한 국제경제 행위자로 존재하는 글로벌시대에 전통적 경제이론이 어떠한 이론적 유용성과 한계성을 가지는가를 이해하기 위하여 그 자체 중요한 의의를 지닐 뿐만 아니라, 이후 소개하는 새로운 해외직접투자이론에 대한 논의의 출발점이 된다는 점에서도 매우 중요하다.

1. 전통적 무역이론과 다국적기업

오늘날과 같은 경제의 글로벌화가 이루어지기 이전까지 기업의 국제화란 곧 기업의 대외무역 활동을 지칭하였던 만큼, 국제무역이론(international trade theory)이 곧 기업의 국제화이론으로 간주되어 왔다. 그러나 기업의 국제화가 대외무역 활동에 국한되지 않고 범세계적인 생산・시장・경영활동으로 확장됨에 따라 전통적인 무역이론을 뛰어넘는 어떤 새로운 기업의 국제화이론 체계가 필요하게 되었다. 이하에서는, 전통적인 무역이론은 오늘날의 다국적기업이나 해외직접투자에 대해 어떠한 이론적 한계와 유용성을 가지는가, 또한 그러한 한계를 극복하기 위해서는 어떠한 이론적 수정과 확장이 필요한가를 논의한다.

1.1 전통적 무역이론의 내용

넓은 의미의 국제무역이론(international trade theory)이란, ① 국제무역이 발생되는 성립근거(basis for trade), ② 국가별 무역패턴(pattern of trade), ③ 교역조건(terms of trade)과 무역균형

(trade equilibrium), ④ 무역이익(gains from trade)의 문제를 설명해 주는 이론체계이다. 이러한 광범위한 이론적 과제들 중 가장 핵심이 되는 이론체계는 무역의 성립근거와 무역패턴의 결정원리를 설명해 주는 비교우위론(doctrine/law of comparative advantage)이다.

이러한 비교우위론은, 각국은 타국에 비하여 비교우위에 있는 재화의 생산에 특화하여 이를 수출하고 이와 교환으로 비교열위에 있는 재화를 수입하는 자유로운 교역이 이루어지면 교역이 발생하지 않을 경우에 비하여 더 큰 상호이익을 누릴 수 있음을 논증함으로써, 국제무역의 성립과 무역패턴의 결정을 결국 비교생산비(comparative cost)의 차이로써 설명한다. 이와 같이 비교우위론으로 특징지어지는 좁은 의미의 전통적 무역이론은 다음과 같은 흐름으로 발전되어 왔다.

고전적 무역이론 : 리카도(D. Ricardo)적인 고전파이론이 있다. 리카도는 비교생산비 차에 의한 무역의 성립과 패턴을 설명하는 비교우위론을 체계화하였고 이러한 비교생산비 차가 발생하는 원인을 스스로 규명하지 않았지만 그의 이론이 노동가치설적 전제 위에 정립됨으로써 결국 노동생산성의 상대적 차이로써 설명하는 이론체계로 간주되어 왔다.

근대적 무역이론 : 이른바 헥셔－오린이론(Heckscher－Ohlin theorem) 내지 헥셔－오린－사무엘슨 모델(H－O－S model)로 지칭되는 신고전파이론이다. 이들은 리카도이론과는 달리, 각국은 상대적으로 풍부한 요소를 집약적으로 투입하는 재화에 비교우위를 갖는다고 이론화함으로써, 비교생산비 차가 발생하는 원인을 국가 간 요소부존도(degree of factor endowment)의 차이로써 설명하였다.

새로운 무역이론 : 1960년대에 들어와 이러한 전통적 무역이론들이 너무 지나치게 비현실적인 가정들을 전제하고 있을 뿐만 아니라 새로운 내용으로 변화되고 있는 현실의 국제무역을 설명함에 있어서 한계를 가짐에 따라 전통적 무역이론들의 이론적 한계를 극복하고 보다 현실에 적합한 이론들을 정립하려는 노력이 이루어졌다. 이들은 다시 리카도이론의 연장선상에 있는 신기술이론(neo－technology theory)과 헥셔－오린이론의 연장선상에 있는 신요소이론(neo－factor theory)으로 구분할 수 있으며, 1980년대 이후에는 산업내무역(intra－industry trade)을 설명하는 산업내무역이론 등과 같은 새로운 이론들이 제시되었다.

이같이 무역이 발생되는 근거 및 무역패턴이 결정되는 원리를 설명하는 좁은 의미의 국제무역이론은 고전적 이론 · 근대적 이론 · 새로운 이론으로 구분할 수 있지만, '전통적 무역이론'이라 함은 이들 중 고전적 이론과 근대적 이론을 지칭한다. 이들은 비교생산비의 차이를 발생시키는 원인이 무엇인가라는 점에서 서로 다른 원리를 제시하고 있지만, 국가 간 비교생산비의 차이가 국가 간 비교우위를 발생시키고 이것이 국가 간의 무역을 발생시키며 그 패턴을 결정한다는 공통된 논리구조 위에 있다.[1]

---

1 따라서 이들 양자는 공히, ① 화폐의 중립성을 전제로 한 물물교환거래, ② 생산요소의 국제적 불이동성과 재화

1.2 다국적기업이론으로서의 한계성

국제무역에 대한 전통적 무역이론은 오늘날의 다국적기업과 해외직접투자가 발생되는 원인을 설명함에 있어서, 또한 다국적기업이 존재하는 세계에 있어서의 국제무역을 설명함에 있어서 대체로 다음과 같은 3가지 측면의 한계를 지니고 있다고 할 수 있다.

1.2.1 분석대상의 문제－무역만을 설명 할 뿐 투자의 문제를 설명하지 못한다.－

전통적 무역이론은 국가와 국가 간의 재화의 이동을 분석의 대상으로 삼고 있는 데 비하여 다국적기업의 해외직접투자는 생산요소의 이동을 의미하므로, 분석대상 면에서 재화의 국제적 이동인 '국제무역'과 생산요소의 국제적 이동인 '국제투자'가 서로 상이하다. 따라서 전통적인 국제무역이론은 다국적기업의 해외직접투자가 발생하는 원인을 설명하는 데 있어서나 다국적기업이 존재하는 세계에서의 국제무역을 설명하는 데 있어서도 근본적인 한계를 가질 수밖에 없다. 이러한 점들을 좀더 구체적으로 논의하면 다음과 같다.

(1) 전통적 무역이론은 국가와 국가 간에 이루어지는 재화의 국제적 이동, 즉 무역(수출입)을 분석의 대상으로 한다. 그러나 다국적기업의 해외활동은 무역뿐만 아니라 라이센싱(licensing)이나 해외직접투자(foreign direct investment)와 같은 경영활동을 오히려 더 중요한 내용으로 하고 있다. 따라서 전통적 무역이론은 재화의 이동(무역)만을 분석대상으로 하였을 뿐 다른 형태의 해외경영활동을 고려하지 못한다.

(2) 전통적 무역이론은 재화의 국제적 이동은 자유로운 반면 생산요소의 국제적 이동은 제한적이라는 이른바 '생산요소의 국제적 불이동성'(factor immobility)을 전제로 한다. 그러나 다국적기업의 경영활동은 오히려 생산요소의 국제적 이전이 그 실체인 만큼 다국적기업의 투자 문제를 설명하지 못한다. 말하자면 전통적 무역이론은 요소의 국제적 불이동성을 전제로 하여 재화의 이동만을 대상으로 하는 '무역'이론임에 대하여 다국적기업의 경영활동은 오히려 요소의 국제적 이동활동을 요체로 하는 '투자'활동인 것이다.

(3) 전통적 무역이론은, 명시적으로든 묵시적으로든, 노동과 자본이라는 2가지 생산요소를 주로 고려하고 있다. 반면 오늘날 다국적기업 경영활동에서 더 중요한 전략적인 요소는 오히려 지식·정보·기술·경영노하우(managerial know－how) 등이다. 또한 전통적 무역이론의 대상이 되는 재화 역시 표준화재(standardized goods)·최종재(finished goods)·교역재(transferable goods)인 반면 오늘날 다국적기업이 행하는 국제거래대상은 오히려 신제품(new goods)·차별화재(differentiated goods)·중간재(intermediate goods)·비교역재(non－transferable goods)

의 완전이동성, ③ 완전고용과 완전경쟁 하의 일반균형, ④ 사회후생함수의 국제적 동일성 등과 같은 표준적인 가정들을 공통으로 전제하고 있다.

등이다.

(4) 전통적 무역이론은 '각각의 독립된 거래주체 간의 거래'를 암묵적인 전제로 하고 있지만 다국적기업이 행하는 무역거래의 상당한 부분이 모사와 자사 간 또는 자사 상호 간에 이루어지는 기업내거래(infra-firm/enterprise/group transactions)여서, 전통적 무역이론은 다국적기업이 행하는 이러한 기업내무역의 특성을 제대로 설명하지 못한다.[2]

1.2.2 분석시각의 문제 -거시적 관점에 놓여 있어 미시적 측면을 설명하지 못한다.-

전통적인 무역이론은 국가와 국가 간의 상품교역이 이루어지는 원인을 분석함에 있어 국가 간의 비교생산비 · 요소부존도의 상대적 차이 등 거시적 관점에 입각하여, 어떤 재화가 어디에서 생산되는가라는 입지(location) 문제에 초점을 두고 있다. 또한 전통적 무역이론은 국가와 국가 간의 교역을 설명함에 있어서도 분석의 단위가 "국가"이므로 개인 또는 기업의 존재에 대해 특별한 고려를 행하지 않고 개인이나 기업은 그들 국가의 이해관계에 일치하여 행위하는 것을 암묵적으로 전제한다. 따라서 국가단위의 행위만을 분석하면 이것이 곧 개인이나 기업의 행위도 포괄되어진 것으로 간주한다. 때문에 전통적 무역이론은 '국가 간에 무역이 발생하는 원인은 무엇인가' 또는 '어떤 국가는 어떤 제품을 수출하고 수입하는가'라는 식의 문제만을 제기한다.

그러나 이러한 문제제기방식은 다국적기업이 존재하는 오늘날의 국제경제 현실에 대한 올바른 문제제기가 되지 못한다. 오늘날 다국적기업들은 그들 자신의 여러 가지 경영목표를 위하여 당해 국가의 이해관계와 상관없이 그들의 경영자원(생산요소)을 국제적으로 이전하고 있기 때문이다. 따라서 다국적기업이 존재하는 세계에서 이루어지는 국제거래의 의사결정단위는 국가라기보다는 오히려 "기업"이며 이러한 기업의 의사결정 여하에 의하여 국가의 이해관계가 변동된다고도 할 수 있다.

이러한 관점에서 보면, 오늘날의 국제무역에 있어서의 의사결정단위는 전통적 무역이론이 전제하고 있는 '국가'라기보다는 오히려 '다국적기업'이라고 할 수 있다. 이런 점에서 오늘날의 다국적기업은 리카도적인 국가개념의 소멸이라는 충격을 경제학에 안겨주게 되었고 동시에 전통적 무역이론에 대한 하나의 도전을 제기하게 된 것이다. 이러한 관점에서 볼 때 기업이 자신이 목표를 위하여 행하는 해외투자의 발생 원인을 제대로 설명하기 위해서는 비교생산비 · 요소부존도 등과 같은 거시적 · 국가적 요인과 함께 기업의 소

---

2 따라서 전통적 무역이론은 시장에서 경쟁적으로 결정된 시장가격(market determined price) 내지 정상가격(arm's length price)를 전제로 하지만, 다국적기업의 기업 내 거래에서는 내부화가 주는 여러 가지 목표를 추구하기 위해 의도적으로 책정된 이전가격(transfer price)을 채택한다. 또한 기업 내 거래에서는 각사의 개별적 이윤극대화 대신에 기업 전체 그룹의 이윤극대화를 추구하는 의사결정을 행한다.

유권・조직구조・전략 등과 같은 "미시적・기업적 요인"에 대한 고려와 통합이 이루어져야 한다.

1.2.3 완전경쟁의 가정문제 – 해외직접투자의 불완전경쟁적 요소를 설명하지 못한다. –

전통적 무역이론은 경제학의 어떤 분야에 있어서 보다 더 많은 여러 가지의 가정들을 전제로 한다. 그러나 전통적 무역이론이 전제로 하고 있는 이러한 제 가정들이 다국적기업의 세계에서는 오히려 기본적인 전제가 됨으로써 다국적기업을 설명하는 이론으로서의 한계를 가져온다. 예컨대, 위에서 이미 설명한 바와 같은 요소의 국제적 불이동성의 가정, 생산요소를 전통적으로 노동과 자본으로 전제하는 가정, 재화를 표준화된 최종교역재로 전제하는 가정 등이 그러하다. 또한 전통적 무역이론은 비교우위를 정태적 관점에서 논의하여 무역이나 투자와 관련되는 동태적 변화를 고려하지 못하며, 또한 국가 간 무역장벽이나 수송비 등의 장애가 없는 상태를 전제하여 거래코스트(transaction cost)가 제로(zero)임을 가정하고 있으나 다국적기업의 해외직접투자는 오히려 이러한 무역장벽이나 거래코스트로 인하여 발생될 수 있다.

국제무역이론의 이렇게 많은 기본적 가정들이 모두 전통적 무역이론이 다국적기업의 해외직접투자를 설명하는 이론으로 대체될 수 없는 원인이 될 수 있으나 그중에서도 하나의 중요한 한계점이 될 수 있는 가정이 '완전경쟁시장의 가정'이다. 주지하는 대로 전통적 무역이론은 비교가격이 비교생산비와 1 : 1로 대응된다는 논리구조를 가지고 있어 완전경쟁시장을 기본적 전제로 한다. 그러나 이러한 전제를 둘 경우, 현지국 경쟁기업들에 대해 여러 가지 불리한 여건 하에서도 그들과의 경쟁에서 이길 수 있는, 가격기구에 반영되어질 수 없고 따라서 타 기업에 의해 구매되어질 수도 없는, 해외진출기업의 실질적 우위의 원천이 무엇인가를 설명하기가 불가능해진다.

또한 실제로 오늘날 대부분의 다국적기업들은 과점적 구조를 지닌 산업의 거대한 기업들로서 그들은 기업의 성장(growth of firm)과 세계적인 시장점유(global market shares)라는 목표들을 중히 여기며 경쟁기업과의 경쟁행위에 민감히 반응하면서 가격보다는 신제품・제품차별화・기술혁신・마케팅전략 등 비가격경쟁을 통하여 생존하고 성장하는 불완전경쟁의 실체들이다. 따라서 완전경쟁시장을 전제로 하는 전통적 무역이론체계는 시장의 불완전성을 기반으로 하고 있는 다국적기업이나 해외직접투자의 문제에 대한 충분한 설명력을 갖기 어렵다.

1.3 전통적 무역이론의 평가와 과제

전통적 무역이론이 오늘날의 다국적기업을 설명함에 있어서 이상과 같은 한계점이 있음에도 불구하고, 전통적 무역이론은 다국적기업의 해외직접투자 문제에 대해서도 여전히 일정한 '이론적 유용성'을 지니고 있다는 주장도 제시되어 왔다. 그들은 ① 전통적 무역이론이나 다국적기업이론 모두 어떤 재화의 생산비가 더 저렴한 지역에서 이루어진다는 기본 원리는 일치하고 있고, ② 다국적기업의 진출동기와 관련하여 볼 때 그 원리가 반드시 무역이론과 배치된다고 할 수 없으며, ③ 전통적 무역이론이 전제하고 있는 기본적 가정들 역시 부분적 수정과 완화를 통한 이론적 확장이 충분히 가능하다는 것이다.

이처럼 전통적 무역이론이 해외직접투자 문제에 일정한 유용성을 지니고 있다고 하더라도 상술한 바와 같이 다국적기업의 해외직접투자를 설명하는 이론체계로서는 분석대상 · 분석시각 · 기본 가정 면에서 근본적인 한계를 지니고 있는 만큼, 전통적 무역이론이 다국적기업의 해외직접투자 문제에 대해서도 일정한 설명력을 지니기 위해서는 일정한 이론적 수정과 확장이 불가피해진다. 그렇다면, 전통적 무역이론이 오늘날의 다국적기업에 대한 이론적 설명력을 가지기 위해서는 어떠한 방향의 수정과 확장이 이루어져야 할 것인가?

무역과 투자의 통합 : 전통적 무역이론은, 재화의 국제이동은 자유로우나 생산요소는 불이동적이라는 강한 전제를 둠으로써 "무역"만을 설명할 뿐 "투자"를 포괄할 수 있는 여지를 갖지 못하는 만큼, 무역과 투자의 상호 대체적 관계나 보완적 관계를 통합적으로 파악하려는 노력이 이루어져야 한다.

미시적 · 기업적 관점의 통합 : 전통적 무역이론은, 국가와 국가 간의 교역을 분석단위로 하는 "거시적 관점"에 기초하여 해외투자 및 국제경영활동과 관련되는 "미시적 관점"을 도외시하고 있으므로, 다국적기업이 존재하는 세계에서 기업이 행하는 주체적 역할과 의사결정단위로서의 기업적 기능을 포괄하지 못하는 만큼, 국제무역이론이 기초하고 있는 거시적 관점 위에 투자기업의 행태와 특성을 포괄하는 미시적 · 기업적 관점의 도입과 통합이 이루어져야 한다.

시장불완전성 요인의 도입 : 전통적 무역이론은 완전경쟁을 전제로 하는 일반균형이론인 만큼 "시장의 완전성"을 전제로 하고 있어, 현지국의 경쟁기업에 비하여 여러 가지 불리함을 극복할 수 있는 해외진출기업의 실질적 우위 등을 설명하지 못한다. 따라서 전통적 무역이론은 다국적기업과 관련되는 "시장의 불완전성"을 그 이론체계 속에 포괄하지 못하면 오늘날의 다국적기업과 해외직접투자를 충분히 설명할 수 없을 것이다.

이상의 논의를 종합적으로 요약한다면, 전통적 무역이론은 완전경쟁의 가정 하에서 국가와 국가 간에 이루어지는 독립된 기업 간의 재화의 이동을 분석의 대상으로 하는 거시적 관점의 무역이론인 만큼, 불완전시장조건 하에서 기업특유의 우위를 지닌 생산요소의 국제적 이전을 행하는 다국적기업의 해외직접투자를 설명하는 데 한계가 있다는 것이다.

따라서 전통적 무역이론이 다국적기업의 해외직접투자를 설명하는 이론체계로서의 적격성을 지니는 동시에 다국적기업이 존재하는 오늘날의 국제무역을 올바르게 설명할 수 있기 위해서는 ① 무역과 투자, ② 거시적 관점과 미시적 관점, ③ 시장의 완전성과 불완전성을 동시에 가로지르는 이론적 확장과 통합이 이루어져야 한다는 것이다.

2. 전통적 자본이동론과 다국적기업

2.1 전통적 자본이동론의 의의

국제적인 재화의 이동을 설명하는 이론이 국제무역이론이라면 국제적인 생산요소의 이동, 그중에서도 자본의 국제적 이동을 설명해 주는 이론이 국제자본이동론이다. 제2차 세계대전 이전까지만 하여도 해외투자의 대부분이 간접투자였으므로 전통적인 자본이동론이 해외투자를 설명하는 이론체계로서 간주되어 왔다고 할 수 있다. 그러나 제2차 세계대전 이후 해외투자의 중심이 직접투자로 전환된 이후 해외직접투자 현상을 전통적 자본이동론체계로써 제대로 설명하기 어렵다는 한계성이 인식됨에 따라 1960년대 이후 해외직접투자를 설명할 수 있는 새로운 이론체계에 대한 연구가 나타나기 시작하였다.

전통적 자본이동론은 국제적으로 자본이 이동하는 원인을 '자본의 한계생산력 차'(differences in marginal productivity of capital)에서 구하여, 자본이 풍부한 국가에서 희소한 국가로, 이자율이 낮은 국가에서 높은 국가로 이동하는 것으로 설명하였다. 경제학자들은 이러한 전통적 자본이동론을 해외직접투자 또는 다국적기업을 설명하는 이론으로 원용하려는 노력을 하기도 하였다. 이러한 노력이 이른바 '이윤율격차이론'(theory of different returns)인 바, 이 이론은 기업이 해외로 진출함에 따라 기대되는 이윤이 국내에서 활동할 때의 이윤보다 높을 경우에 해외직접투자가 이루어진다고 설명한다. 따라서 이윤율격차이론은, 완전경쟁시장 하에서 이윤극대화(profit maximization)라는 기업목표를 추구하는 신고전파적 자본이동이론체계를 해외직접투자에 그대로 적용한 것이라고 할 수 있다.

이러한 이윤율격차이론은 미국의 대유럽 직접투자가 크게 증대되고 서유럽에 진출한 미국 기업들의 해외이윤율이 미국에서의 국내이윤율을 크게 상회하였던 1950년대에는 그 이론적 타당성이 어느 정도 견지되었다. 그러나 1960년대 후반 이후 서유럽지역과 미국 국내의 이윤율이 반대 방향으로 나타났음에도 불구하고 여전히 미국의 대유럽 해외직접투자가 증가하는 경향을 보임으로써 이론의 현실적 타당성이 크게 감소하게 되었다. 이에 따라 전통적 자본이동론이 다국적기업이나 해외직접투자를 설명해 주는 이론체계로서 한계를 가진다는 인식이 나타나게 되었고 이를 뛰어 넘는 어떤 새로운 해외직접투자이론 체계의 필요성이 제기되기에 이르렀다.

2.2 다국적기업이론으로서의 한계성

그렇다면 이와 같은 전통적 자본이동론은 오늘날의 다국적기업과 해외직접투자에 대하여 어떠한 이론적 한계가 있고 이러한 한계는 어디에서 연유하는가? 이에 대해서도, 전통적 무역이론에서와 마찬가지로 ① 분석대상, ② 분석시각, ③ 완전경쟁시장의 가정에 따른 한계성이라는 측면으로 구분해 논의할 수 있다.

2.2.1 분석대상의 문제 – 간접투자를 설명하지만 직접투자를 설명하지 못한다. –

전통적 자본이동론은, 국제적인 자본이동을 '단일 생산요소로서의 화폐적 자본의 이동'으로 파악하여 그러한 화폐적 자본의 한계생산력 분석에 기초를 두고 있다. 그러나 다국적기업의 해외직접투자의 경우, 이러한 화폐적 자본 이외에도 인력·기술·경영능력·특허권·자본재·거래비밀·생산방식 등과 같은 유형·무형의 제 경영자원들이 일체(package)가 되어 이전된다. 따라서 전통적 자본이동론은 해외직접투자에 수반되는 이러한 실물적 자본의 이동에 따르는 특성들을 제대로 설명하지 못한다.

또한 전통적 자본이동론은, 국제적 자본이동 또는 해외직접투자의 원인을 이윤율격차로써 설명하여 기업의 투자목표가 이윤극대화임을 전제하고 있다. 그러나 기업이 해외투자를 행하는 목표는 궁극적으로는 이윤극대화라고 할 수 있으나, 개별적으로 행해지는 해외직접투자는 이윤극대화라는 목표를 뛰어 넘는 여러 가지 전략적 동기들을 추구한다.

예컨대, 국내시장만으로 충족될 수 없는 규모의 경제를 추구하는 투자, 과점적 경쟁이론이 이론화하고 있듯이 경쟁기업에 대한 전략적 대응으로서의 투자, 새로운 시장에 대한 선점의 이익을 추구하는 투자 등과 같이 투자의 목표가 기업의 성장·시장의 확대·경쟁우위의 확보 등인 경우가 많고, 이러한 목표를 위하여 투자하는 경우 단기적으로 이윤의 극대화가 충족되지 않더라도 투자가 이루어진다. 따라서 전통적 자본이동론은 해외진출기업이 추구하는 이윤극대화 이외의 목표에 대한 올바른 해답을 제시하지 못한다.

따라서 전통적 자본이동론은, 수익률극대화를 추구하는 화폐적 자본이동을 분석의 대상으로 하고 있어 국제간접투자(indirect investment, portfolio investment)의 발생 원인을 설명하는 이론으로서는 일정한 설명력을 지니고 있지만, 이윤극대화를 포함한 다양한 전략목표들을 추구하기 위하여 자본을 포함한 여러 가지 경영자원들을 복합적으로 이전시키는 해외직접투자(foreign direct investment)를 설명하는 이론으로서는 근본적인 한계를 가질 수밖에 없다.

전통적 자본이동론의 이러한 성격과 한계성 때문에 오늘날 이루어지고 있는 다국적기업과 해외직접투자에서 나타나는 다음과 같은 현실적 특성들에 대하여서도 설명력을 가지기 어렵다.

자본이동 없는 투자 : 전통적인 자본이동론은 화폐적 자본이동을 전제로 하지만 오늘날의 해외직접투자는 국제적 자본이동을 수반하지 않는 투자, 즉 현지금융 · 현지이윤의 재투자 · 비자본적 참여 등의 형태로서도 이루어진다. 따라서 전통적 자본이동론은 이러한 유형의 해외직접투자에 대한 설명력을 제공할 수 없다.

상호투자와 산업내투자 : 전통적 자본이동론은 자본의 한계생산력이 낮은 국가(자본풍부국)에서 높은 국가(자본희소국)로 이동되는 것으로 설명하여 국제자본이동이나 투자국(A국)에서 피투자국(B국)으로만 이루어지는 일방적인 흐름을 상정한다. 그러나 오늘날 해외직접투자의 경우 A국의 자본이 B국으로 이동하는 동시에 B국의 자본이 A국으로 이동되는 이른바 상호투자(cross investment/penetration) 형태가 증대되고 있다. 따라서 전통적 자본이동론은 이러한 상호투자가 발생하는 이유 또는 어떤 나라가 투자국인 동시에 피투자국이 되는 현상을 제대로 설명할 수 없다.[3]

2.2.2 분석시각의 문제 – 거시적 관점이어서 미시적 측면을 설명하지 못한다. –

전통적 자본이동론은 특정 국가가 보유하는 총자본의 규모에 따라 국제적 자본이동이 이루어진다고 전제하여 국제자본이동의 원인을 국가 간 한계생산력(이윤율)의 격차에서 찾는다. 따라서 전통적 자본이동론은 자본이 풍부한 국가에서 희소한 국가로, 자본의 한계생산력(이윤율)이 낮은 국가에서 높은 국가로 자본이동이 이루어진다고 설명함으로써 자본이 이동하는 원인을 국가별 총자본규모나 한계생산력 격차와 같은 거시적 · 국민경제적 요인에서 찾는다.

그러나 해외직접투자가 이루어지는 현실을 보면, 외국인투자를 받아들이는 현지국의 이윤율이 투자국의 그것보다 반드시 높다고 할 수 없고, 또한 투자국과 현지국 간에 이윤율격차가 존재하지 않는 경우에도 투자가 발생할 수 있다. 해외로 진출하는 기업은 현지국기업이 보유하고 있지 못하는 어떤 기업특유의 우위를 활용하여 현지국기업보다 더 높

3 이러한 상호투자가 서로 다른 산업 간에 이루어지는 경우 산업에 따라서 국가별 이윤율의 차이가 존재하여 이러한 현상이 발생한다고 할 수도 있지만 동일한 산업 내에서 서로 투자가 교차하는 산업내투자(intra-industry investment)의 경우에 대하여서는 이러한 설명도 가능하지 않다.

은 이윤을 얻을 수도 있기 때문이다.

따라서 해외직접투자는 투자국과 현지국 간의 거시적・국민경제적 요인에 의해서만 이루어지는 것은 아니라고 할 수 있다. 그러나 전통적 자본이동론은 해외직접투자를 행하는 기업이 보유하고 있는 이러한 기업적 특성이나 경쟁력 등과 같은 미시적・기업적 측면에 대한 이론적 고려를 행하고 있지 못하다. 이러한 논의는 결국, 전통적 자본이동론은 거시적 관점에 기초하고 있어 해외직접투자를 행하는 개별 기업의 미시적・기업경영적(micro・managerial) 특성을 포괄하지 못하고 있다는 것이다.

전통적 자본이동론은 또한 한계생산력(이윤율)이 낮은 나라에서 높은 나라로 자본이 이동된다고 전제하고 있어 자본이동의 원인을 한계생산력의 국가별 차이라는 관점에서 찾고 있다. 그러나 현실의 해외직접투자의 특성은 국가에 따라 달라지기보다 산업에 따라 달라지는 경우가 많다. 따라서 해외직접투자가 집중되는 형태를 보면, 산업과 관계없이 특정 국가에 집중되는 국가별 집중도를 보이는 것이 아니라 국가와 관계없이 특정 산업에 대하여 집중되는 산업별 집중도가 높다. 말하자면 해외직접투자의 집중도가 거시적 요인인 국가적(national) 차이보다는 미시적 요인인 산업적(industrial) 차이를 보여주고 있어 해외직접투자의 발생과 집중의 원인을 거시적 관점만으로 설명하기 어려운 측면을 가진다.[4]

이렇게 전통적 자본이동론은 자본이동의 원인을 거시적・국민경제적 관점에서 찾고 있어 '해외진출기업은 현지국 경쟁기업에 대하여 여러 가지 환경상의 불리함에도 불구하고 어떻게(how) 그들 기업과의 경쟁에서 이길 수 있는가' 또는 '이러한 환경적 불리함을 상쇄시키는 다국적기업의 우위성이 무엇인가'에 대한 해답을 제시할 수 없을 뿐만 아니라, '이러한 우위를 왜(why) 수출이나 라이센싱을 통하여 진출하지 않고 해외직접투자를 통하여 진출하는가' 등과 같은 해외직접투자이론이 해명하여야 할 이론적 과제들에 대한 설명력을 제공하기가 어렵다. 아울러 해외직접투자가 어떤 특정한 산업에 집중되는 이유도 설명하지 못한다.

2.2.3 완전경쟁의 가정문제 – 해외직접투자의 불완전경쟁적 요소를 설명하지 못한다. –

전통적인 자본이동론은 자본이동의 원인을 설명하는 실증적 측면의 이론으로서뿐만 아니라 이러한 자본이동이 투자국과 피투자국의 생산・소득・후생에 어떠한 경제적 영향을 가져오느냐라는 규범적 측면에 대한 거시적 접근의 길을 터놓고 있다. 따라서 이러한 규범적 논의를 위한 많은 가정과 전제들이 이루어지고 있는데 이러한 가정과 전제들은 여러 가지 비현실성을 내포하고 있으며 특히 오늘날 다국적기업의 행태와 전략을 설명하는데 있어 적합하지 않다. 이러한 여러 가지의 비현실적 가정들 중에서도 중요한 하나의 가

---

4 S. Hymer(1960)도 이러한 점을 분명히 하고 있다. Grazia letto－Gillies(2005) p.55.

정은 완전경쟁(perfect competition)이 이루어지고 있다는 전제이다.

그러나 국제자본이동이 이같이 완전경쟁 하에서만 이루어질 경우 다국적기업이나 해외직접투자가 발생하는 원인을 설명함에 있어 다음과 같은 문제점이 나타날 수 있다.

(1) 완전경쟁 하에서는 모든 경제주체들의 능력에 차이가 없거나 차이가 있더라도 현지국 기업들이 그들이 보유하지 못한 기술 · 경영능력 등을 아무런 장애 없이 구입할 수 있다는 것을 전제하므로, 해외진출기업이 현지국 기업과의 경쟁에서 이길 수 있는 어떤 우위성이 존재할 수 없게 된다. 따라서 외국기업이 해외에 진출하여 기업 활동을 함에 있어 현지국 경쟁기업들에 대한 여러 가지 불리함을 상쇄할 수 있는 진출기업의 어떤 우위도 존재하지 못하게 된다.

(2) 완전경쟁 하에서는 국제자본시장에서의 간접투자의 수익률(이자율)과 해외직접투자의 수익률(이윤율)이 균등화되어 상호 호환적일 수 있다는 것을 의미하는데, 이러한 경우 간접투자 대신에 직접투자를 선택하는 이유를 제대로 설명될 수 없다.

(3) 현실적으로 오늘날 다국적기업과 해외직접투자 활동이 활발하게 이루어지는 분야는 주로 독과점적 구조를 지니고 있는 시장이나 산업인데 완전경쟁이라는 전제 위에서는 이러한 현실을 설명하기 어렵다.

이상의 논의를 요약하면, 전통적 자본이동론이 전제하고 있는 완전경쟁이라는 가정 역시 오늘날 다국적기업의 해외직접투자를 설명함에 있어 한계를 가져오는 원인이 되고 있다는 것이다. 따라서 오늘날의 다국적기업이나 해외직접투자의 특성을 제대로 설명할 수 있기 위해서는 시장의 불완전성이 전제되어야 하며, 이 때문에 다국적기업이나 해외직접투자의 이론 역시 시장의 불완전성(imperfection of market)이라는 전제 위에 정립되어야 할 필요성이 강하다.

2.3 전통적 자본이동론의 평가와 과제

전통적 자본이동론이 오늘날의 직접투자를 제대로 설명할 수 없다는 이러한 논의들과 병행하여, 현실적으로 이윤율격차와 직접투자 흐름 간의 상관관계가 어떠한가에 대한 경험적 · 실증적 연구가 많은 사람들에 의해 이루어졌다. 이러한 연구결과를 종합해 보면, 비록 소수의 연구결과가 양자 간의 밀접한 상관관계를 보여주기도 하였지만 대부분의 연구들은 유의한 상관성을 발견하지 못하였다. 이러한 결과들은 결국, 해외직접투자가 이루어지는 현지국의 이윤율이 투자국의 이윤율보다 반드시 높다고 할 수 없으며, 따라서 다국적기업의 해외직접투자는 국가 간 이윤율격차 때문이라기보다는 다국적기업이 갖는 그들 특유의 우위를 통해 더 높은 이윤의 획득가능성이 있기 때문에 발생된다는 것을 말해 주고 있다.

이러한 결과에도 불구하고 여전히 전통적자본이동론이 다국적기업이나 해외직접투자를 설명하는 이론으로서 유용성을 가진다고 옹호하는 사람들은 이러한 현실적 검증결과만으로 전통적 자본이동론의 적용가능성을 배제할 수 없다고 주장한다. 이들은, 조사의 자료가 된 통계치의 신뢰성과 검증방법에 문제점이 없지 않을 뿐만 아니라 실증적 연구결과 역시 어느 정도까지는 이 이론의 적용가능성을 뒷받침하고 있는 만큼, 전통적 자본이동론은 해외직접투자에 대해서도 일정한 기본적인 원리를 제시하고 있다고 주장하였다.

그러나 전통적 자본이동론은, 기업의 다국적화가 일어나는 여러 가지 요인들 중에서 이윤율격차라는 하나의 중요한 요인을 제시하고 있는 것은 사실이지만, 다국적기업과 해외직접투자를 포괄적으로 설명해 주는 일반적 이론체계로서는 한계를 가진다고 할 수 있다. 따라서 전통적 자본이동론이 오늘날의 다국적기업과 해외직접투자의 특성을 제대로 설명하는 이론체계가 되기 위해서는 다음과 같은 이론적 수정과 시각의 통합이 이루어져야 할 것이다.

직접투자의 특성 설명 : 전통적 자본이동론은, 수익극대화를 추구하는 화폐적 자본의 이동을 분석대상으로 하므로 국제간접투자에 대해서는 일정한 이론적 설명력을 제시하지만, 경영자원의 복합적 이전을 통하여 기업경영권을 획득하려는 해외직접투자의 특성들을 올바르게 설명하지 못한다. 따라서 이에 대한 올바른 설명력을 갖기 위해서는 해외직접투자의 이러한 특성을 이론체계 속에 포함하여야 할 것이다.

미시적 · 기업적 관점의 통합 : 전통적 자본이동론은, 국제자본이동이 국가와 국가 간의 이윤율격차에 의해 이루어진다는 거시적 관점에 서 있으므로, 해외직접투자를 행하는 주체로서의 투자기업이 가지는 미시적 · 기업적 관점을 포괄하고 있지 못한다. 따라서 이러한 투자기업의 의사결정과 행태를 제대로 설명할 수 있기 위해서는 미시적 · 기업적 관점을 그 이론체계 속에 통합하여야 할 것이다.

시장불완성의 전제 : 전통적 자본이동론은, 완전경쟁시장을 전제로 하므로 해외진출기업이 여러 가지 환경상의 불리함에도 불구하고 피투자국 기업들과의 경쟁에서 이길 수 있는 불완전 경쟁적 요인들을 포괄하지 못한다. 따라서 오늘날의 다국적기업이 갖는 이러한 시장불완전성의 요소를 그 이론체계 속에 포괄하려는 통합노력이 이루어져야 할 것이다.

이상의 논의를 요약한다면, 전통적 자본이동론은 완전경쟁 하에서 이윤극대화를 추구하는 화폐적 자본의 이동인 간접투자를 설명하는 데 적합한 거시적 관점의 이론체계인 만큼, 불완전경쟁 하에서 이윤극대화를 포함한 다양한 기업전략적 목표를 추구하는 다국적기업의 해외직접투자를 설명하는 데 한계가 있다. 따라서 전통적 자본이동론이 다국적기업과 해외직접투자를 설명하는 이론체계로서의 적격성을 갖추기 위해서는 ① 간접투자와는 다른 직접투자의 특성, ② 거시적 관점과 미시적 관점, ③ 시장의 불완전성을 동시에 포괄하고 가로지르는 어떤 이론적 확장이나 통합이 이루어져야 한다는 것이다.

제2절 해외직접투자이론의 이론적 과제와 체계

앞에서 논의하였듯이 다국적기업의 해외직접투자 활동이 본격적으로 전개되기 이전에는 기업의 국제적 활동이란 곧 국제무역(수출입활동)이었으므로 국제무역이론이 곧 기업의 국제화이론이었고, 또한 국가 간에 이루어지는 국제자본이동의 대부분이 화폐적 자본이동으로서 국제간접투자(증권투자)이고 해외직접투자가 오히려 예외적 현상이었기 때문에 국제자본이동론이 해외투자를 설명하는 이론으로 원용되어 왔다.

그러나 1950년대 말 이후 해외직접투자가 급증하고 다국적기업의 존재가 국제경제사회에서 중요한 존재로 부각됨에 따라 그러한 전통적 경제이론의 틀로써 오늘날의 다국적기업이나 해외직접투자의 본질과 특성을 제대로 설명할 수 없다는 인식이 이루어졌다. 이에 따라 다국적기업이나 해외직접투자를 전통적 경제이론과는 다른 어떤 새로운 이론체계로써 설명하려는 시도들이 1960년대 이후 활발하게 이루어졌다.

제1절에서 우리는 전통적 경제이론이 오늘날의 다국적기업과 해외직접투자를 설명하는 이론체계로서 어떠한 유용성과 한계를 가지는가를 논의하였다. 제2절에서는 이러한 논의를 바탕으로 하여, 그렇다면 해외직접투자이론이 해명하여야 할 이론적 과제가 무엇이고 해외직접투자이론으로서 갖추어야 할 이론적 요건이 무엇인가 하는 점과, 현존하는 여러 가지 해외직접투자이론들은 그 이론적 성격과 내용에 따라 어떻게 분류하고 체계지울 수 있는가에 대하여 논의한다.

1. 해외직접투자이론의 이론적 성격과 과제

1.1 해외직접투자이론의 성격(논의대상)

다국적기업이론을 광범위하게 정의하면 다국적기업의 투자 · 행태 · 영향과 관련되는 이론들이 모두 이러한 이론에 포함될 수 있겠지만 이하에서 논의하려는 다국적기업의 해외직접투자이론은 다음과 같은 성격의 이론들을 논의대상으로 한다.

다국적기업의 해외직접투자 : 본장에서 논의하는 이론들은 다국적기업의 해외직접투자(foreign direct investment by the multinational enterprise)에 대한 이론이다. 논자에 따라서는 이를 다국적기업이론 · 기업의 국제화이론 · 해외직접투자이론 · 국제경영이론 등으로 지칭하지만 엄밀하게 말한다면 다국적기업에 의해 이루어지는 해외직접투자에 대한 이론이라고 할 수 있다.

생성원인과 결정요인 : 다국적기업의 해외직접투자에 대한 이론도 ① 투자의 발생원인(causation)이나 결정요인(determinant)에 관한 이론, ② 투자의 행태(behavior) 또는 특성(characteristics)에 관한 이론, ③ 다국적기업의 경제적 영향(economic consequences)에 관한 이론 등 크게 3가지 측면으로 구분할 수 있다. 본 장에서 논의하고자 하는 이론은 이들 중 다국적기업의 생성요인이나 해외직접투자가 이루어지는 결정요인에 관한 이론이다. 따라서 '해외직접투자가 이루어지는 원인은 무엇인가' 또는 '기업은 무엇 때문에 다국적화하는가'와 관련되는 이론들을 논의한다.

근대경제학적 · 경영학적 접근 : 다국적기업의 생성이유 및 직접투자의 결정요인을 다루는 이론도 어떠한 접근분야에서 이루어지느냐에 따라서 다양한 경제적 · 정치적 · 사회문화적 · 역사적 측면 등이 있을 수 있다. 본 장에서는 이러한 여러 가지 측면들 중 근대경제학적(신고전파 경제학적) 또는 경영학적 관점에서 이루어진 이론들을 대상으로 한다. 따라서 급진주의이론과 같이 정치경제적 성격을 지닌 이론들을 논의에서 제외한다. 그 대신 [부록 6－2]를 통하여 이러한 정치경제적 접근이론들의 기본 시각과 이론적 핵심을 소개한다.

1.2 해외직접투자이론의 이론적 과제(이론적 요건)

본 장에서 논의하는 다국적기업의 해외직접투자이론이 이렇게 기업의 다국적화 요인 · 다국적기업의 생성원인 · 해외직접투자의 결정요인에 대한 이론이라고 하였을 때에 다음으로 논의하여야 할 것은 이러한 이론들이 해명해야 할 "이론적 과제" 또는 이러한 이론들이 갖추어야 할 "이론적 요건"이 무엇인가라는 문제이다. 이에 대해서는 많은 학자들이 나름대로 의견을 제시하여 왔지만 일반적으로 다국적기업의 해외직접투자이론이 갖추어야 할 이론적 요건들을 다음과 같이 제시하고 있다.[5]

해외진출기업의 실질적 우위(how) : 해외진출기업은 현지국의 경쟁기업에 비하여 여러 가지 환경 상의 불리함(disadvantages) 내지는 외국기업이기 때문에 추가적으로 부담하여야 하는 이른바 외국비용(cost of foreignnesss)을 가지게 된다. 따라서 해외직접투자이론은 가장 먼

---

5 대부분의 논자들, 특히 절충이론 신봉자들은 이러한 3가지의 요건을 해외직접투자이론이 해명하여야 할 이론적 과제로서 제시하고 있다. 그러나 해외직접투자의 발생원인과 관련하여서는, ① 해외직접투자의 실체와 내용 : 해외직접투자를 통하여 이전되는 실체가 무엇(what)인가 또는 해외직접투자가 단순한 화폐적 자본의 국제적 이동이나 라이센싱 또는 수출과는 어떻게 다른가, ② 해외직접투자의 실행시기 : 그러한 해외직접투자는 언제(when) 어떤 조건 하에서(what on conditions) 행해지는가 등과 같은 요건 역시 함께 규명되어야 할 것이다.

뿐만 아니라 이러한 기본적 문제들과 함께 오늘날 다국적기업의 해외직접투자에서 나타나고 있는 여러 가지 현상, 즉 ① 투자가 자본 풍부국에서 희소국으로 일방적으로 이루어지지 않고 상호투자가 이루어지는 이유, ② 자본의 이동 없는 투자가 이루어지는 이유, ③ 해외직접투자가 소수의 특정한 국가 · 산업 · 기업에 집중되는 이유나 국가별 · 산업별 · 기업별 패턴이 다른 이유, ④ 그린필드형 투자 대신에 M&A가 이루어지는 이유 등에 대한 현실적 설명력도 필요할 것이다(노택환, 1990 p.40 참조).

저, 여러 가지 환경 상의 불리함이나 추가적 비용이 있음에도 불구하고 해외진출기업은 어떻게(how) 현지기업과의 경쟁에서 이길 수 있는가, 또는 해외진출기업은 이러한 불리함을 상쇄하고 현지국의 경쟁기업과의 경쟁에서 이길 수 있는 어떤 실질적 우위(real advantages)를 지녀야 하는데 이러한 우위의 원천이 무엇인가를 설명할 수 있어야 한다.

해외직접투자의 선택 이유(why) : 해외진출기업이 이러한 실질적 우위를 보유하였을 때 이러한 실질적 우위를 활용하는 방법(해외진출방식)으로서는 직접투자 방식 이외에 수출(exporting)이나 라이센싱(licensing) 등과 같은 대안적 방법이 있다. 따라서 해외직접투자이론은, 자신의 우위를 활용할 수 있는 여러 가지 대안적 진출수단이 있음에도 불구하고 왜(why) 직접투자를 통하여 이러한 우위를 활용하려 하는가를 설명하여야 한다.

해외생산입지의 선택 이유(where) : 해외진출기업이 어떠한 실질적 우위를 보유하고 있고 또한 그러한 우위를 직접투자를 통하여 활용하는 것이 더 바람직하다고 하였을 때 투자가 이루어지는데 이러한 투자는 상대적으로 가장 효율적인 곳에 입지하게 된다. 따라서 해외직접투자이론은, 이러한 투자가 입지하는 현지국은 어디(where)이고 그것은 어떠한 이유나 요인에 의하여 결정되는가라는 해외생산입지의 선택이유를 설명하여야 한다.

2. 해외직접투자이론의 이론적 체계 분류

지금까지 다국적기업과 해외직접투자에 대한 수많은 이론들이 제시되어 왔지만 여전히 유일하고도 통일적인 일반적인 이론의 정립이 이루어지고 있지 못한 것이 사실이다. 따라서 다양한 이론들이 각기 다양한 시각과 관점에서 정립되고 있는데 이처럼 다양한 이론들을 그 기본적인 성격에 따라 분류하면 다음과 같은 3가지 접근이론으로 분류할 수 있다.

접근시각과 관점 : 어떠한 기본 시각에 기초하고 있느냐에 따라 ① 미시적·기업적 접근이론, ② 거시적·경제적 접근이론, ③ 양자의 시각을 통합하고 있는 통합적 접근이론으로 분류할 수 있다.

이론적 전제 : 완전경쟁시장(perfect market)을 가정하고 있느냐, 독점이나 과점 등 불완전경쟁시장(imperfect market)의 요소를 전제로 하고 있느냐에 따라 ① 완전경쟁시장이론, ② 불완전경쟁시장이론으로 나눌 수 있다.

이론전개의 방향 : ① 전통적인 무역이론의 체계를 통하여 해외직접투자를 설명하려는 무역이론적 접근이론, ② 전통적 자본이동론이나 투자이론의 테두리 속에서 해외직접투자를 설명하려는 자본이론적 접근이론, ③ 이 양자의 통합을 시도하는 통합적 접근이론으로 나눌 수 있다.

이들 3가지 분류방법 중 가장 기본적인 분류기준은 다국적기업의 해외직접투자를 어떠한 기본 시각에서 설명하려고 하느냐 하는 미시적 접근과 거시적 접근으로 분류하는 방법이라고 할 수 있다. 이러한 관점을 기본으로 하면서 시장의 조건이나 이론적 전개방향을 종합적으로 고려하여 지금까지 제시된 주요 해외직접투자이론들의 체계를 하나의 표로 분류 정리한 것이 〈표 6－1〉이다.

표 6－1 전통적 경제이론 및 다국적기업의 해외직접투자이론 체계 분류

분류	제이론		주요 내용	관점	시장	대표적 연구자
전통적 이론	국제무역이론		비교생산비 차에 의한 무역패턴과 생산입지 설명	거시	완전경쟁	D. Ricardo, F. Heckscher－B. Ohlin
	국제자본이동론 (이윤율격차이론)		자본의 한계생산력(이윤율) 격차 의한 자본이동원리 설명	〃	〃	G. D. A. MacDougall, M. C. Kemp
미시적 기업적 이론	산업조직론 접근	독점적 우위론	현지기업에 대한 진출기업의 독점적 우위로써 설명	미시	불완전경쟁	S. H. Hymer, C. P. Kindleberger, R. E. Caves
		과점적 경쟁론	과점경쟁 하의 경쟁 및 상호침투로써 설명	〃	〃	P. T. Knickerbocker E. M. Graham
	기업이론 접근	내부화 이론	직접투자를 기업의 국제적 내부화 과정으로 설명	〃	〃	P. J. Buckley, M. A. Casson, A. M. Rugman
		기업성장 이론	직접투자를 기업의 성장에 따른 확장과정으로 설명	〃	〃	E. T. Penrose, E. J.Kolde, R. D. Robinson
		기업행태 이론	직접투자를 기업조직 내 의사결정 행태로써 설명	〃	〃	Y. Aharoni
전통적 이론의 확장적 이론	자본이론 접근	국제 포트폴리오이론	위험분산을 위한 포트폴리오 이론을 직접투자에 원용	미시	완전경쟁	G. V. G. Stevens, F. J. Prochowny, B. Cohen
		통화지역 이론	통화지역의 상이에 따른 통화가치의 우위로써 설명	거시	불완전경쟁	R. Z. Aliber
		증권시장 불완전성이론	증권시장의 불완전성에 대응한 직접투자로 설명	〃	〃	G. Ragazzi
	무역이론 접근	제품주기 이론	제품주기변화에 따른 무역·투자·생산입지 이동 설명	미시 ＋거시	〃	R. Vernon, S. Hirsch R. B. Stobough, L. T. Wells
		특수적 요소이론	직접투자를 특수적 요소에 의한 기업의 우위로써 설명	거시 ＋미시	〃	R. E. Jones, H. G. Johnson, 池本淸, 小田正雄
		거시경제적 (고지마)이론	비교이윤율격차에 따른 해외직접투자로써 설명	거시	완전경쟁	小島淸(K. Kojima), T. Ozawa
통합적 이론	국제생산의 절충이론		기업적·입지적·내부화우위의 통합적 요인으로 설명	미시 ＋거시	불완전경쟁	J. H. Dunning, N. Hood－S. Young

부록 6-1 해외직접투자이론의 접근 시각과 관점

위에서 살펴본 대로 다국적기업의 해외직접투자이론은 ① 접근시각과 관점, ② 이론적 전제, ③ 이론의 전개방향이 어떠하냐에 따라 여러 가지로 체계지울 수 있지만 이들 중 가장 기본이 되는 분류기준은 미시적(기업적) 접근이론과 거시적(경제적) 접근이론으로의 구분인데 이러한 양자의 접근방법 간에는 〈표 6-2〉와 같은 차이점이 존재한다.

이렇게 미시적 이론과 거시적 이론으로 구분하더라도 구체적인 분석단위를 선택함에 있어서 각각의 이론들이 대상으로 삼는 분석범위의 스펙트럼은 매우 크다. 〈표 6-3〉은 〈표 6-1〉에서 보여준 여러 가지 이론들을 이러한 분석단위를 기준으로 하여 분류하고 있는데, 위로 올라갈수록 분석단위가 크고 아래로 내려올수록 분석단위가 작다고 말할 수 있다.

표 6-2 **미시적(기업적) 접근이론과 거시적(경제적) 접근이론의 비교**

관 점	미시적(기업적) 접근이론	거시적(경제적) 접근이론
결정요인	• 내부적・주체적・내생적 요인 중시 • 기업 소유권적・조직적 요인 중시 산업적 특성 중시	• 외부적・환경적・외생적 요인 중시 • 입지적・국가적 요인 중시 세계체제론적 요인 중시
강조측면	• 기업의 경영지배 측면	• 자본이동적인 측면
접근이론	• 산업조직론 등 미시경제학+기업(행태)이론 등 경영학적 접근이론	• 무역이론, 자본이동론, 입지론 등과 같은 거시경제적 접근이론+국제정치경제론

표 6-3 **다양한 해외직접투자이론의 분석단위별 분류**

구분	접근이론	분석단위	관련 해외직접투자이론
거시	세계체제론적 접근이론	세계경제	마르크스주의적 급진이론(정치경제이론) 등
	국제분업론적 접근이론	국민국가 (무역/금융)	거시경제적 접근이론(고지마), 특수요소이론 통화지역이론, 증권시장 불완전성이론
미시	산업조직론적 접근이론	산업조직	독점적 우위이론, 과점적 경쟁론
	기업이론적 접근이론	기업조직	내부화이론
		경영행태	기업성장론, 기업행태론, 국제포트폴리오이론

부록 6-2 다국적기업의 직접투자에 대한 정치경제적 접근이론

이상에서 소개한 근대경제학적(신고전파적)・경영학적 접근이론들은 다국적기업의 해외직접투자에 대한 주류적인 이론들로서 국제정치경제의 경제적 자유주의(economic liberalism)적 입장에 서있는 이론들이다. 이와 같은 자유주의 시각의 이론들은, 다국적기업의 경제적 영향과 관련하여 제4편에서 후술하듯이, 다국적기업이 투자국과 현지국 경제에 다 같이 경제적 이익을 제공한다고 보는 친 다국적기업적인 경향을 보이고 있다. 따라서 '기업의 다국적화가 일어나는가' 또는 '다국적 기업의 해외직접투자가 발생하는 이유가 무엇인가'를 설명함에 있어서 기업내부의 경영적 요인이나 요소나 시장 등과 같은 경제적 · 환경적 요인에서 그 원인을 논의한다.

그러나 국제정치경제의 또 다른 시각, 즉 중상주의(mercantilism)나 급진주의(radicalism)적 입장에 서 있는 학자들은 이와는 또 다른 관점에서 다국적기업을 바라본다. 다국적기업의 영향에 대한 이들의 시각이 다르듯이 다국적기업이나 해외직접투자의 발생 원인에 대한 설명 역시 근대경제학이나 경영학자들의 접근과는 다른 관점에서 출발하고 있다. 다국적기업이나 직접투자가 발생되고 확장되는 이유에 대한 중상주의나 급진주의의 시각과 이론을 요약하면 다음과 같다.

1. 다국적기업에 대한 중상주의적 시각[6]

국제경제관계의 진정한 주체는 국민국가로서 이러한 국민국가의 이익이야말로 국제경제관계를 결정하는 가장 중요한 요소라고 보는 중상주의 내지 현실주의(realism) 시각은, 다국적기업이나 해외직접투자 현상 역시 투자국의 정치경제적 영향력이나 국익을 극대화하기 위한 노력이라는 관점에서 파악하려 한다. 따라서 이러한 시각은 해외투자 현상을 국제정치적인 요인과 결부시켜 바라보는 경향이 강하다.

이러한 중상주의시각의 학자들 중 길핀(R. Gilpin)과 같은 국제정치학자는 해외직접투자를 투자국인 패권국의 존재와 결부시켜 해석하였다. 그는, 제2차 세계대전 후 급격히 부상하기 시작한 다국적기업을 미국적 현상이라고 부를 정도로 해외투자가 미국의 주도로 전개되었던 것은 당시 국제체제에서 차지하고 있던 미국의 패권적인 지위를 반영하는 것이라고 규정하고, 당시의 해외직접투자가 패권국인 미국에 의하여 주도된 이유를 다음과 같이 설명하였다.

(1) 제2차 세계대전 이후 미국은 그들의 우월한 과학기술을 산업경쟁력으로 연결시켰고 더 나아가 이러한 경쟁력의 우위를 해외투자를 통해 활용할 수 있었다. 당시 미국의 해외직접투자는 유럽 국가들이 설치한 공동 관세를 우회하여 거대한 시장에 진출하는 시장접근수단으로서 채택되었고 또한 해외에서 원자재를 안정적으로 확보하는 효율적 수단으로서 활용되었다.

(2) 미국의 패권적 지위가 반영되어 미국 달러가 브레튼우즈체제 하에서 세계경제의 기축통화로 사용되었다는 점 역시 미국 기업이 해외투자를 보다 용이하게 할 수 있는 조건이 되었다.

(3) 냉전시대에 미국은 핵우위를 중심으로 하는 우월한 군사력을 바탕으로 자본주의 국가들의 안보를 보장하는 역할을 행하였고 이것이 미국자본의 자유로운 세계적 활동을 가능하게 하였다.

이처럼 전후 미국 주도의 해외직접투자와 다국적기업의 발흥이 미국이라는 패권국의 패권적 지위를 반영한 것이었다는 중상주의적 해석을 좀더 역사적 관점에서 바라보면 더욱 흥미로운 사실이 발견된다. 우선 제1차 세계대전 이전 영국이 국제포트폴리오투자를 주도했던 이유 역시 제2차 세계대전 후 미국이 해외직접투자를 주도했던 역사적 특성과 동일하다고 할 수 있다. 당시 영국은 산업혁명을 제일 먼저 완수하여 상대적으로 우월한 기술력과 경쟁력을 보유하고 있었고 영국의 파운드화가 기축통화 역할을 담당했으며 막강한 해군력을 활용하여 해상운송로를 장악했다는 점 등 당시 영국의 패권적 지위가 해외투자를 활발하게 한 배경이었기 때문이다(Gilpin 1975).

이러한 역사적 사실을 더욱더 장기적인 관점에서 보면 집중적인 해외투자가 이루어지는 현상이

6 윤영관(1999) 참조.

결코 최근의 일만은 아니고 근대자본주의가 성숙해 오는 과정에서 반복되어 온 사실이었다는 것이다. 이와 관련하여 더욱 주목할 만한 사실은, 역사상 패권국들은 패권국으로 성숙하기 이전의 초기단계에서는 해외로의 상품수출을 증대시키다가 패권국으로 성숙하면서 과도한 해외투자를 시도하였고 그후 이것이 그들의 패권적 지위를 약화시키는 데 일정한 역할을 하기도 하였다는 사실이다(Yoon, 1987).

18세기의 네덜란드는 해운이나 금융제도 면에서 영국에 필적할 만하였는데 이후 산업발전에 의해 축적된 자본을 경쟁국인 영국에 주로 투자했다. 그 결과 18세기 말 네덜란드경제는 서비스경제화 되어버리고 대신 영국경제의 도약이 이루어졌다. 그후 영국 역시 19세기 말 성숙단계에 진입하면서 과도한 해외투자를 행하여 결국은 돈놀이로 지탱하는 경제(rentier economy)로 전락하고 말았다. 제2차 세계대전 이후 패권국으로 부상한 미국 역시 1960~1970년대에 집중적인 해외투자를 실시했다. 그러나 미국의 경우에는 이러한 해외투자에도 불구하고 경쟁 상대국들에 의한 교차투자 현상 덕택에 자본유출로 인한 국내산업 기반약화 현상이 네덜란드나 영국처럼 급격하게 이루어지지는 않았다는 점이 과거와는 다른 현상이라고 할 수 있다.

이처럼 중상주의적 시각은 다국적기업 현상을 국가적 관점에서 분석하기 때문에 다국적기업의 미국주도시대를 설명하는 데 설득력이 있고 그것의 국제정치적 함의, 특히 패권국의 부침과 관련하여 의미를 파악하는 데 일정한 함의를 지닌다는 장점이 있다. 또한 중상주의적 시각은 직접투자의 유입이 기본적으로 현지국 경제에도 유익한 영향을 가져올 수 있다고 보는 관점에 서있기 때문에 1980년대 중반 이후 외국인투자를 유치하기 위한 국가 간 경쟁이 일어난 이유에 대한 논리적 설명을 제공할 수 있다는 점에서도 의의가 있다. 그러나 다국적기업들의 교차투자현상과 글로벌화 경향 등이 나타나는 이유나 이러한 현상이 국민국가와 국제경제체제 전반에 던져주는 의미 등에 대해서는 특별한 설명력을 제공해 주지는 못한다는 한계가 있다.

2. 다국적기업에 대한 급진주의적 시각

상술한 대로 국제정치경제의 경제적 자유주의의 입장에 서있는 근대경제학적(신고전파적)·경영학적 접근이론들은 해외투자가 발생하는 원인을 설명함에 있어서 기업내부의 경영적 요인이나 생산요소나 시장 등과 같은 경제적·환경적 요인에서 논의할 뿐 자본주의체제나 세계경제체제의 변화와 같은 정치경제적 요인들을 논의하지 않는다. 반면 국제정치경제의 급진주의(radicalism)적 시각은 다국적기업과 해외직접투자의 생성원인과 영향을 논의함에 있어서 자본주의체제의 변화와 특성등과 같은 경제체제의 변화에 중점을 두고 있다.

이들 급진주의의 주된 관심은 다국적기업이나 해외투자의 생성원인보다는 경제적 영향에 치우쳐 있는 측면이 없지 않지만, 후자와 관련된 논의는 이후 제4편에서 언급하기로 하고, 이하에서는 다국적기업이나 해외직접투자의 발생원인과 관련되는 급진주의적 시각들을 요약한다. 그러나 급진주의 내에 있어서도 다시 다양한 시각과 이론들이 존재하고 있다. 이하에서는 이렇게 다양한 급진주의적 이론들 중 고전적 제국주의론·신제국주의론·초국적 자본주의론·세계경제적 접근이론·자본주의 경쟁에 의한 자본국제화론에 대하여 소개한다.

(1) 고전적 제국주의론의 시각

급진주의의 이론적 전통을 거슬러 올라가보면 레닌을 비롯한 홉슨·힐퍼딩·룩셈부르크에까지

소급되는 "제국주의론"과 관련된다. 그들은 우리가 지금 말하는 다국적기업 · 해외직접투자 · 국제생산 등을 특별히 논의하지 않았다. 그 당시에는 그러한 개념조차 개발되어 있지 않았고 직접투자와 간접투자의 구별도 이루어지지 않았던 만큼 그들이 말하는 해외투자는 오늘날의 근대경제학적 이슈나 개념과도 달랐으며, 해외투자도 오로지 식민지시대의 제국주의적 역할의 관점에서 논의하였다. 그럼에도 불구하고 고전적인 제국주의론자들이 제기한 이슈들은 오늘날의 해외직접투자나 글로벌리제이션의 국면에 있어서도 매우 유용한 함의를 제공해 주고 있기 때문에 여전히 중요한 의의를 지니고 있다고 할 수 있다.

일찍이 홉슨(J. A. Hobson)은 그의 『제국주의론』(Imperialism, 1902)을 통하여, 제국주의는 단지 일부의 사람들(특히 금융투자자)에게만 이익이 되는 체제라고 정의하고, 이와 가장 관련이 깊은 것은 해외투자 현상인데 이러한 해외투자는 자본주의경제에 있어서의 소득과 부의 잘못된 분배 때문에 발생되는 과소소비에 대응하기 위한 행위라고 규정하였다. 그후 레닌(Lenin)은 그의 『제국주의론』(Imperialism, The Highest Stage of Capitalism, 1917)을 통하여 자본주의가 발전하는 과정에서 가장 높은 독점단계의 제국주의에 이르면 ① 선진 자본주의국의 생산과 자본의 집중에 의한 독점, ② 은행자본과 산업자본의 융합에 의한 금융과두체제, ③ 자본의 해외수출을 통한 자본의 국제화, ④ 국제적 차원에서의 독점자본의 카르텔, ⑤ 세계열강에 의한 영토적 분할(제3세계의 식민지화)과 같은 특징이 나타난다고 규정하였다.

레닌은 이러한 제국주의론을 통하여 특히 금융자본(finance capital)의 역할을 특히 강조하였다. 그에 따르면 선진국의 잉여 금융자본은 일정한 배출구가 필요하게 되고 식민지는 그러한 잉여 금융자본에게 투자기회를 제공한다. 따라서 식민지는 선진국의 원자재 · 자원의 공급이라는 차원에서뿐만 아니라 이러한 금융자본의 역할과 관련하여서도 매우 중요하다. 제국주의는 자본주의 발전의 피할 수 없는 결과로서 경쟁이 발생하게 되는데 그러한 경쟁의 결과 은행의 독점이 초래되고 이것은 또한 독점적 생산경향을 가져온다. 이렇게 자본주의의 경쟁은 필연적으로 독점적 생산을 촉진시키고 이러한 독점은 국내의 투자기회를 감소시키게 되므로 기업은 해외로 투자처를 찾아 나서지 않을 수 없게 된다. 이러한 점에서 해외투자란 자본주의의 자기모순을 극복하기 위한 탈출구였다. 이러한 홉슨과 레닌의 제국주의는 이후 부카린(Nikola Bukharin)과 룩셈부르크(Rosa Luxemburg) 등에 의해 계승되었다.

이러한 고전적 제국주의론자들은 19세기와 20세기 초 식민주의 형태 속에 존재하는 제국주의를 설명함에 있어서 자본주의의 2가지 내재적 작용을 주요한 요인으로 파악하였는데, 그것은 자본주의의 성숙에 따라 필연적으로 나타나는 ① 과소소비(유효수요부족)와 ② 자본의 유기적 구성의 고도화에 의한 국내이윤율저하법칙이다. 그들은, 이러한 2가지 요인에 의하여 자본주의의 위기가 발생되면 선진국의 잉여자본은 이러한 위기를 극복하기 위하여 식민지 등의 주변국으로 흘러가게 된다고 주장하였다. 말하자면 고전적 제국주의론이 말하는 자본의 국제화는 결국 자본주의가 성숙하고 고도화됨에 따라 자본의 집중과 독점 → 공급과잉 · 과소소비(유효수요부족) → 이윤율저하 → 자본수출이라는 4단계가 진행되는 과정으로 이론화하고 있다. 따라서 그들은, 기업의 해외진출과 다국적화가 이루어지는 근본적 원인을 자본주의의 성숙에 따른 국내경제의 애로와 모순 때문이라고 파악하는 것이다. 이러한 시각에서 보면 다국적기업이란 자본주의 생산양식을 주변부로 확산시키는 중요한 메커니즘인 동시에 제국주의의 주요한 대리인(agent)이 되는 것이다.

(2) 신 제국주의론의 시각

이상과 같은 고전적 제국주의론은 전후에 나타난 신 마르크스주의자(neo-Marxist)들에 의한 신 제국주의(neo-imperialism)로 계승되면서 다국적기업이나 초국적 독점자본을 설명하는 이론으로 보완・발전되었다. 1960년대 중반 바란과 스위지(P. A. Baran and P. M. Sweezy, 1966)는 유효수요 부족과 성장의 정체경향을 독점단계 자본주의의 영구적 형태로 규정하면서 그러한 경향의 근거와 이유를 과점적 조건 하에서의 가격형성에서 찾았다. 즉, 과점적 시장구조 하에서 거대한 선도기업은 전체 산업이 따라올 가격으로 고정하는 경향을 가지고 경쟁자들은 가격경쟁 대신 여러 가지 마케팅전략을 통하여 비용절감을 기도하는 경향을 가지게 된다. 이러한 경향에 따라 경제적 잉여의 증대가 초래되는데 이러한 경제적 잉여의 증대법칙이 이윤율하락법칙을 대체한다고 규정하였다.

따라서 그들은 독점적 시스템이 그러한 경제적 잉여를 이용하는 길을 적절히 찾지 못하면 자본주의경제는 점점 더 깊은 침체로 빠져들 것이라고 예견하였다. 이러한 전제 아래 바란과 스위지는, 광고를 통한 판매증대나 금융 등 사회적으로 중요하지 않은 부문에서의 산출물증대가 이러한 잉여를 흡수하는 데 일정한 도움이 될 수도 있지만 그러한 전략은 결국 더 큰 이윤창출과 잉여증대를 더욱 촉진시키므로, 자본주의 하에서 잠재적 잉여를 흡수할 수 있는 유효수요증대는 소득재분배를 통한 소비증대에 의해서만 가능하다고 주장하였다. 아울러 바란과 스위지는 외국투자와 관련하여, 그것이 유효수요의 레벨을 외생적으로 증대시킬 수 있는 일정한 능력이 있음을 인정하지만, 해외투자는 높은 이윤과 배당금의 유입을 촉진시켜 이러한 잉여지출 문제를 해결하기보다 오히려 이를 더 악화시키게 된다고 주장하였다.

(3) 초국적 자본주의론의 시각

1980년대에 들어와 카울링(K. Cowling, 1982)은 그의 저서 『독점자본주의』(Monopoly Capitalism)를 통하여 자본주의와 자본주의의 위기에 대한 마르크스적 과소소비론을 계승하였다. 그는 산업과 시장의 구조가 과점적 구조로 변화하고 거시경제의 장기적 정체 경향이 나타나는 원인을 높은 독점도・유효수요의 부족・잠재적 이윤과 실제적 이윤의 괴리 등에서 찾았다. 그러나 이러한 그의 이론체계에서 국제적 측면에 대한 논의는 별로 이루어지지 못하였는데 그후 카울링과 서그덴(K. Cowling and R. Sugden, 1987)의 공저 『초국적 자본주의』(Transnational Capitalism)를 통하여 이에 대한 논의가 이루어졌다.

그들은 '기업'이나 '다국적기업'의 정의를 자산에 대한 법적 소유권의 측면보다는 통제(control)에 기초하여 정의하면서 이러한 통제는 '전략적 의사결정을 할 수 있는 힘' 또는 '광범위한 기업적 목표를 달성할 수 있는 능력'으로 규정하였다. 따라서 기업은 하나의 전략적 의사결정본부로부터 생산을 조정하는 수단이고 다국적기업은 이러한 통합조정이 국경을 넘어서 이루어지는 존재라고 정의하였다. 따라서 그들은, 기업이란 코스(R. H. Coase) 등이 강조한 거래코스트 절감과 같은 효율성보다는 전략적 의사결정을 의미하는 지시와 계획을 통한 비즈니스조직임을 강조하면서, 기업은 이윤극대화라는 전략적 목표를 위해 경쟁을 회피하고 시장을 지배하며 때로는 독점이윤을 추구하려는 존재로 규정하였다. 기업에 대한 이러한 인식을 바탕으로 그들은, 다국적기업이란 과점적 시장구조 하에서 세계적인 생산과 자원을 활용하면서 경쟁자에 대하여 방어도 하고 공격도 하면서 이윤을 극대화하는 과점적 행위자라고 규정하였고, 따라서 기업이 다국적화하는 원인과 이유 역시 과점적 경쟁 하에서의 경쟁자에 대한 방어 및 공격 전략 때문이라고 규정하였다.

이때 다국적기업은 경쟁자들의 우위에 대한 정보를 수집·가공·이용할 수 있는 그들의 탐지능력을 활용하여 더 높은 이윤과 더 높은 시장지배력을 누리면서 점차 독점력을 높여갈 뿐만 아니라, 과점적 경쟁 하에서 저임금을 추구하는 전략에 따라 보다 노동비용이 저렴하고 교섭력이 낮은 저개발국에 진출하여 노동에 대한 분할지배(dividend rule) 전략을 사용하게 된다고 주장하였다. 그들은 이러한 다국적기업의 재배치전략이 네거티브-섬게임(negative sum game)을 초래한다고 주장하였다. 이것은 생산과 투자의 배분이 효율성 측면에서 이루어지지 않고 통제에 의해 이루어지며, 또한 자본에 대한 노동의 소득분배가 불리해지고 노동조합의 파워가 약화되어 경제의 정체 경향이 더욱 강화되며, 완전고용을 위한 일국의 수요관리정책은 초국적기업의 존재로 인하여 그 효과가 저하되기 때문이라고 설명하였다.

그들은 이러한 문제의 해결책으로 민주주의의 확장이나 참여수준의 제고와 함께 여러 산업·부문 간의 통합조정을 이룩하기 위한 국가의 개입이 필요하다고 주장하였다. 카울링과 서그덴(1998)은 이러한 그들의 견해를 더욱 확장하여, 초국적 자본주의가 반드시 거대한 규모나 시장파워와 관련될 필요가 없고 국제적 네트워크 활동을 행하는 중소기업에 의해서도 이루어질 수 있는데, 이러한 중소기업의 다국적화가 초국적 자본주의의 영향에 대한 사회적 통제수준을 높이는 동시에 자본주의의 정체현상 등을 완화시켜줄 수 있으며 경제적·사회적 의사결정에 보다 민주적 참여도를 높일 수 있다는 시나리오를 제시하였다.

이와 같은 카울링과 서그덴의 초국적 자본주의론은 마르크스의 전통 내에서 초국적주의와 다국적기업에 대한 보다 흥미 있는 접근을 시도하였다고 할 수 있다. 특히 그들은 ① 생산의 국제화에 있어서의 시장력(과점)의 역할에 대한 하이머(S. Hymer)의 이론, ② 글로벌 탐지능력에 대한 버논(R. Vernon)의 이론, ③ 과점적 경쟁 하의 전략적 대응에 대한 닉커보커(F. T. Knickerbocker)의 이론, ④ 통제와 전략적 의사결정에 대한 제트린(M. Zetlin)의 개념 등 미시적 요인과 거시적 요인을 통합적으로 활용하면서 흥미 있는 나름의 시각을 제공하였다고 할 수 있다.[7]

(4) 세계경제론적 접근이론의 시각[8]

세계경제론적 접근이론은 생산의 국제화를 설명하는 프랑스 경제학자들의 이론적 접근으로서 파리 10대학의 미살레를 중심으로 하는 낭떼르학파와 파리1대학의 듀센느를 중심으로 하는 소르본느학파로 구분된다. 전자는 네오-마르크스주의적 분석의 틀을 이용하여 '세계자본주의' 개념을 통하여 생산의 국제화를 설명하는 데 비하여 후자는 비교적 신고전파적 분석방법에 의존하면서 생산 공정의 국제 간 분업에 의하여 생산의 국제화를 설명하려고 한다.

이들 중 급진주의적 관점에서 다국적기업을 논의한 미살레(C. A. Michalet)는 그의 저서 『세계자본주의』(Le Capitalism mondial, 1976)를 통하여, 자본주의를 ① 경쟁자본주의, ② 독점자본주의, ③ 세계자본주의라는 3단계로 구분하고 각각의 자본주의체제에서 이루어지는 자본의 국제화를 ① 상품자본(상품이동), ② 화폐자본(자본의 국제화), ③ 생산자본(생산의 국제화)으로 정의하였다. 따라서 세계자본주의 단계에서 이루어지는 생산의 국제화가 그 이전의 자본의 국제화와 다른 점은 잉여가치를 창출해내는 '산업생산 활동 그 자체'를 제3세계로 이전되는 데 있다고 규정하였다.

---

7 Grazia Ietto-Gillies(2005) p.160.

8 안세영(1998) pp.142~143 참조.

그는, 세계자본주의 하에서 행해지는 이러한 생산의 국제화로 인하여 제3세계가 괄목할 만한 산업화를 이룩하기도 하지만 이는 어디까지나 '통제된 생산의 국제화', 즉 선진국의 비교우위산업을 제3세계에 아주 이전시켜주는 것이 아니라 선진국의 다국적기업에 의하여 제3세계에서 생산활동이 이루어지는 것에 불과하므로, 결국 세계자본주의는 다국적기업에 의하여 통제·조정된다고 보았다.

(5) 자본주의 경쟁에 의한 자본국제화론 시각[9]

마르크스적 시각에 입각한 또 다른 다국적기업이론으로서 "자본주의 경쟁에 의한 자본국제화론"이 있다. 이에 따르면, 자본주의에 있어서의 경쟁, 즉 잉여가치획득을 위한 자본 상호 간의 경쟁 및 잉여가치 창출을 위한 자본과 노동 간의 경쟁이 자본국제화의 출발점이 된다는 것이다. 이러한 시각에 따르면 자본주의의 경쟁 자체가 자본의 국제화를 가져오는 원인이고 다국적기업은 단지 이러한 경향의 제도적 형태일 뿐이라는 것이다.

이들은 다국적기업이 나타나는 데 있어 고전적 제국주의론이 말하는 자본의 집중과 독점이 항상 필요한 것은 아니라고 전제하면서, 이러한 제국주의론적 시각은 자본수출국인 미국이 또 다른 자본수출국인 서유럽국가들에 해외투자를 행하는 현상에 대한 설명이 어렵다고 비판한다.[10] 말하자면 이 이론은 자본주의의 '경쟁'이 자본의 국제화의 원인된다는 설명으로서 오늘날의 다국적기업에 대한 많은 유용한 통찰력을 제공해 준다. 그러나 '경쟁'이란 자본주의의 생성 이래 항상 있어 온 현상인데 왜 자본주의의 특정한 시기나 단계에서야 다국적기업이 생성되고 확대되었는가를 설명하는 데는 여전히 일정한 한계를 지니고 있다고 할 수 있다.

9 최성일(1998) pp.17~19 참조.

10 R. Jenkins(1989) p.45.

CHAPTER 07

미시적 · 기업적 관점의 해외직접투자이론

제6장에서 논의한 바와 같이 전통적 경제이론만으로 다국적기업과 해외직접투자의 원인과 특성을 제대로 설명할 수 없다는 인식에 따라, 1960년대 초부터 이들에 대한 어떤 새로운 이론체계를 정립하려는 노력이 본격화되기 시작하였다. 그런데 이러한 새로운 이론들은, 앞서 〈표 6-1〉을 통하여 보았듯이, 투자주체인 기업의 기능과 역할을 강조하는 "미시적 · 기업적 관점의 이론", 전통적 경제이론의 수정과 확장을 통하여 해외직접투자를 설명하려는 전통적 이론의 "확장적 이론", 지금까지 제시된 여러 가지 해외직접투자이론을 종합하려는 "통합적 이론" 등으로 구분해 볼 수 있다.

제7장에서는 이러한 이론적 접근들 중 "미시적 · 기업적 관점의 이론"에 대하여 논의한다. 이러한 접근이론들은 다시 산업조직론적 접근이론과 기업이론적 접근이론으로 구분할 수 있다. 전자에 속하는 이론들로서 독점적 우위론 · 과점적 대응론 등이 있고 후자에 속하는 이론들로서는 내부화이론 · 기업성장론 · 기업행태이론 등이 있다.[11] 이들 이론들의 구체적 내용은 각기 서로 다르지만 이들이 공통적으로 전제하고 있는 기본적 성격과 특성을 전통적 경제이론과 대비하여 보면 다음과 같다.

독자적 이론체계 : 전통적 경제이론의 분석대상이 재화의 국제적 이동(국제무역)이나 화폐적 자본의 국제적 이동(국제간접투자)이었음에 대하여, 이들은 기업의 경영권 내지 통제권의 취득을 목적으로 하는 해외직접투자 그 자체를 분석의 대상으로 삼는다. 따라서 이러한 미시적 · 기업적 관점의 해외직접투자이론들은 무역이나 간접투자를 설명하는 이론체계로

11 이들 중 기업성장론이나 기업행태론은 해외투자를 결정원인을 기업의 성장(국제화)과정에서 찾거나 기업내부의 의사결정 프로세스에서 찾는 등 주로 경영학자나 조직론자들에 의한 접근이론이다. 따라서 해외직접투자이론 중에서 분석단위가 가장 작은 이론이라고 할 수 있는데 주요한 내용은 다음과 같다.

(1) 기업성장론(growth theory)은, 기업의 발전단계 또는 국제화과정에 대한 논리적 단계를 설정하고 그것을 통하여 동태적 · 발전사적 관점에서 해외직접투자와 다국적기업의 생성과정과 원인을 설명한다.

(2) 기업행태이론(behavioral theory of the firm)은, 해외직접투자가 일어나는 원인을 기업조직 내의 독특한 의사결정과정이나 행태의 관점에서 설명하려는 이론이다. 이러한 이론들 중 대표적인 이론이 아하로니(Y. Aharon, 1966)의 기업행태이론이다. 그는 해외직접투자가 반드시 어떤 합리적 · 경제적 동기에 의해서만 일어나는 것이 아니라 어떤 특정 경영자가 특정 프로젝트에 대하여 매우 강력한 관심과 열의를 가지는 것과 같은 내부적 요인이나 외국정부의 제안 · 거래선의 권고 · 시장상실의 위험 · 타 기업의 진출에 대한 밴드웨건효과 등과 같은 외부의 강한 자극에 대한 반응에 의하여 이루어진다고 이론화하여, 해외직접투자가 일어나는 원인을 기업경영의 행태적 관점에서 찾으려고 하였다.

써 해외직접투자를 설명하는 데 원용하려는 것이 아니라 처음부터 해외직접투자 그 자체를 연구대상으로 하는 독자적인 이론체계로서 출발하고 있다.

미시적 · 기업적 관점 : 전통적 경제이론들이 국가를 개별 단위로 하는 거시적 · 국민경제적 관점에 기초하고 있음에 대하여, 이들 이론들은 투자자로서의 기업의 주체적 역할이나 특징적 행태들에 주목하는 미시적 · 기업적 관점에 기초하고 있다.

시장의 불완전성 전제 : 전통적 경제이론들이 완전경쟁을 전제로 함으로써 현지기업에 대한 진출기업의 실질적 우위성의 존재를 설명할 수 없음에 대하여, 이들 이론들은 모두 시장의 불완전성을 그들 이론의 출발점으로 삼고 있다.

제1절 산업조직론적 접근이론

산업조직론적 접근이론(industrial organizational approach)은 전자 · 자동차 · 섬유산업 등과 같은 개별 산업에 있어서의 시장구조(structure of market), 그 산업을 구성하고 있는 개별 기업들의 기업행동(conduct of firm)과 그들 상호 간의 역학관계 등을 통하여 해외직접투자의 원인을 설명하고자 하는 접근이론이다. 이들은 '해외진출기업이 어떻게(how) 현지국기업과의 경쟁에서 이길 수 있는가'라는 문제를 화두로 삼고 있는 이론들로서, 대표적인 이론으로서는 다음과 같이 "독점적 우위론"과 "과점적 경쟁론"이 있다.

1. 독점적 우위론

1960년대 초 하이머(S. H. Hymer, 1960)는 그의 MIT학위논문을 통하여 전통적 자본이동론과는 다른 새로운 해외직접투자이론을 제시하였다. 그는 먼저, 기업의 경영에는 참여하지 않고 단순히 더 높은 자본수익을 추구하는 간접투자와 기업의 경영권(control) 행사를 목적으로 행해지는 직접투자를 명확히 구분할 것을 강조하였다. 따라서 그는, 자본의 한계생산력(이자율 또는 자본수익률) 격차에 따라 국제적으로 이동하는 간접투자를 설명하는 원리로서 전통적인 자본이동론은 다양한 경영자원을 복합적으로 이전하여 현지국에서의 경영 활동을 행하기 위하여 이루어지는 직접투자를 설명하는 이론으로서의 유용성을 가질 수 없으므로, 직접투자의 특성을 제대로 설명하기 위해서는 전통적 자본이동론과는 다른 새로운 이론체계의 정립이 필요하다고 주장하였다.

그는 이러한 전제에 따라 시장의 불완전성에 기초한 새로운 해외직접투자이론을 제시하였다. 이러한 하이머의 새로운 접근은 다국적기업의 해외직접투자 활동에 대한 최초의 근대적 이론이었다고 할 수 있으며[12] 이후 이루어진 해외직접투자이론 연구의 고전이 되었다. 이러한 하이머의 시도로 인하여 다국적기업의 해외직접투자가 전통적 자본이동론과는 독립된 별도의 경제이론으로 설명되는 계기가 되었을 뿐만 아니라 해외직접투자이론이 자본이동론적 관점보다는 산업조직론적 관점에서 이루어지도록 하는 계기가 되었다.

그의 이론은, 직접투자를 행하는 해외진출기업(foreign entrant)은 현지국의 경쟁기업(indigenous firm/local competitor)과의 경쟁에서 ① 언어 · 제도 · 정치 · 법률 · 문화 등의 차이에 따르는 불리함, ② 현지국시장에 대한 지식과 경험의 부족, ③ 본사와 자사 간의 시간적 · 공간적 거리에 따른 관리비용, ④ 서로 다른 통화로 인한 환위험, ⑤ 현지국의 내셔널리즘적 저항 등으로 인한 여러 가지 '불리함'(disadvantages)에 직면하게 되고 또한 현지국 경쟁기업들은 부담하지 않는 여러 가지 추가적인 '외국비용'(cost of foreignness)을 부담하게 된다는 것에서부터 출발한다.

따라서 어떤 기업이 해외로 진출하여 기업 활동을 성공적으로 수행하기 위해서는, 이러한 여러 가지 환경상의 불리함에도 불구하고 현지국 경쟁기업들과의 경쟁에서 이길 수 있는, 현지국 기업들에게는 발생되지 않지만 자신은 추가적으로 부담해야 하는 외국비용을 상쇄하고도 남을 수 있는, 자신은 보유하고 있지만 현지국 경쟁기업은 보유하고 있지 못하여 자신에게만 특유한 어떤 '실질적 우위'(real advantages)를 보유하여야 한다. 이렇게 해외진출기업이 보유해야 하는 어떤 실질적 우위를 자신만이 독점적으로 보유하고 있는 어떤 기업특유의 우위성(firm specific advantage)으로써 설명하려는 이론이 독점적 우위론(monopolistic advantage theory)이다.

따라서 이러한 독점적 우위는 특정 기업에만 특유한 우위로서, 기업 내에서는 국경을 넘어 쉽게 이동할 수 있어야 하고 또한 경쟁기업에게는 진입장벽으로 작용하지만 기업 내부에서는 추가사용에 따른 한계비용이 발생하지 않는 공공재(public goods)적인 성격을 가져야 한다.[13] 다국적기업의 본사가 이러한 특성을 지닌 우위를 개발하여 보유하고 있을 때 해외 자회사는 본사에게 아무런 추가적인 비용을 지불하지 않고도 이러한 우위요인을 최대한 이익적으로 활용 할 수 있게 된다.

---

12 하이머(S. Hymer)는 당시 MIT에서 연구한 캐나다 소장학자로서 이러한 그의 학위논문(1960)은 1974년(39세) 그가 교통사고로 사망한 후 1976년에 사후 출판되었다. 그의 이러한 짧은 생애 중에서도 후기에는 다국적기업의 경제적 영향과 관련하여 생산의 국제화가 가져다주는 갈등과 모순을 강조하는, 보다 급진적인 접근으로 향하여 이와 관련되는 다수의 저작들을 발표하였다.

13 해외진출기업의 경우 이러한 독점적 우위를 형성하는 데에는 이미 많은 비용이 투입되었지만 그러한 우위를 자신의 해외자회사들에게 공급하는 데에는 새로운 추가비용이 발생되지 않는(한계비용=0) 반면, 현지경쟁기업들은 그와 유사한 우위를 획득하는 데 막대한 비용이 소요되므로 해외진출기업은 현지경쟁기업이 누릴 수 없는 독점적 이윤을 얻을 수 있게 된다. 요컨대 해외진출기업은 이미 보유하고 있는 독점적 우위를 매우 저렴하게 활용함으로써 막대한 수익을 얻을 수 있다는 것이다.

그렇다면 해외직접투자를 행하는 다국적기업은 구체적으로 어떠한 독점적 우위를 보유하는가? 독점적 우위론자들은 이러한 우위요인을 시장의 불완전성(market imperfection)에서 찾는다. 즉, 모든 시장이 완전경쟁 하에 있고 생산이나 마케팅 상의 외부경제가 존재하지 않으며 정보의 이전이 자유롭고 교역에 대한 장벽이 존재하지 않는 등 시장의 완전성이 전제되는 경우, 모든 기업은 동질의 재화를 생산하고 모든 생산요소의 이용에 있어서도 동일한 입장에 놓이게 됨으로써 현지국의 경쟁기업에 대하여 어떠한 독점적 우위성도 누릴 수 없게 되므로 모든 국제경제거래는 무역의 형태로만 존재할 뿐 직접투자는 존재할 수 없게 된다. 따라서 직접투자가 발생하기 위해서는 시장의 불완전성에 기초하는 진출기업의 어떤 우위성이 존재하여야 한다고 설명한다.

이러한 전제에 따라 시장불완전성에 기초한 독점적 우위로서 ① 지식과 기술의 우위, ② 경영능력 및 관리기법 상의 우위, ③ 수직적 · 수평적 통합의 우위, ④ 제품차별화의 우위, ⑤ 브랜드네임 및 마케팅 상의 우위 등을 예거하고 있다. 이러한 점에서 독점적 우위론은 시장불완전성을 전제로 하는 이론이며 또한 해외직접투자의 발생 원인을 거시적 · 국민경제적 관점에서 찾지 않고 해외진출기업이 보유하고 있는 기업특수적 우위에서 찾고 있는 미시적 · 기업적 관점의 이론이다.

이러한 하이머의 독점적 우위론은 그후 킨들버거와 케이브스 등에 의해 보다 체계화되고 보완되게 되었는데 이 때문에 이러한 이론체계를 하이머－컨들버거가설(HK가설, Hymer－Kindleberger hypothesis) 또는 하이머－킨들버거－케이브스(HKC)가설 등으로 부르기도 한다. 이들 독점적 우위론자들은 모두 직접투자가 발생하는 기본 조건을 시장불완전성에서 찾고 이러한 시장불완전성에 기초한 다국적기업의 독점적 우위요인을 나름대로 이론화하였다.

킨들버거(C. P. Kindleberger, 1969)는 기업의 다국적화가 이루어지는 독점적 우위요인을 ① 제품시장의 불완전성, ② 요소시장의 불완전성, ③ 규모의 경제, ④ 정부개입에 의한 왜곡 등으로 유형화하고 구체적인 우위요인들을 예거하였고, 케이브스(R. E. Caves, 1971, 1982)는 해외직접투자의 결정요인으로서 ① 투자기업의 우위성, ② 시장불완전성, ③ 제품차별화로 유형화하여 구체적인 우위요인들을 예거하였다.[14]

14 C. P. Kindleberger(1969) 이후 이렇게 R. E. Caves(1971, 1982)는 제품차별화능력을 강조하였고, 허쉬(S. Hirsch)는 R&D능력을 해외진출기업의 우위의 원천으로 설명하였으며 이후 존슨(H. G. Johnson), 맥마너스(J. C. McManus), 울프(B. M. Wolf) 등 많은 학자들이 나름대로 다양한 우위요인들을 강조하였다.

2. 과점적 경쟁론

또 다른 산업조직론적 접근이론으로서 과점적 경쟁론 내지 과점적 대응론(oligopolistic reaction theory)이 있다. 이 이론은 독점적 우위론을 보다 동태적인 전략이론으로 발전시킨 이론적 체계로서 해외직접투자를 과점적 경쟁기업 간의 경쟁과 대응이라는 '과점적 행위'(oligopolistic behavior)로써 설명하려는 이론이다.

과점(oligopoly)이란 시장 내에 제한된 소수의 기업들만이 경쟁하는 불완전경쟁으로서 이러한 과점적 경쟁에서는 기업 간 상호의존성이 매우 중요하여 경쟁기업의 행동에 대해 상호 민감하게 대응하게 된다. 따라서 과점산업에 있어서의 최적전략은 경쟁기업의 행동에 따라 대응하는 것으로서, 선도기업(initiating firm)이 어떤 행동(action)을 취할 경우 다른 경쟁기업 역시 이러한 선도기업을 따르는 모방적 행동(imitative behavior)으로 대응(reaction)하게 되는데 이것이 과점적 경쟁행위이다.

1970년대 초 닉커보커(F. T. Knickerbocker, 1973)는 「과점적 대응과 다국적기업」(Oligopolistic Reaction and Multinational Enterprise)이라는 그의 학위논문을 통하여 이러한 과점적 행동원리로써 해외직접투자를 설명하였다. 즉, 해외직접투자는 대체로 과점적 산업에 속해 있는 소수의 기업들에 의해 이루어지는데 어떤 선도기업(leader)이 특정 지역에 해외직접투자를 행하는 경우 경쟁기업들의 최적전략은 그들 역시 선도기업을 따라(follow the leader) 해외진출을 행하는 대응행위라는 것이다.

예컨대 어떤 과점적 산업에서의 선도기업(A)이 어느 날 특정 국가에 해외직접투자를 행하는 경우 동일시장에서 수출로 경쟁하던 경쟁기업(B)은 그 시장에서의 경쟁적 위치나 시장지배력을 상실하거나 훼손당할 불확실한 상황에 놓이게 된다. 따라서 경쟁기업(B)이 취할 수 있는 최적의 전략은 이러한 불확실성과 위험부담을 피하기 위하여 그들 자신도 해외직접투자를 감행하는 것이다. 1950~1960년대 미국 기업들의 해외직접투자를 분석한 연구들은 과점적 산업에서 기업들이 이러한 과점적 대응으로 해외투자를 하는 경향이 있다는 사실을 발견하였고, 1980년대에는 도요타와 닛산이 경쟁업체인 혼다가 유럽에 진출하자 그에 대응하여 자신들도 유럽에 진출하였고 코닥(Kodak)이 해외에 진출하면서 후지필름(Fuji Film)도 진출한 것처럼 일본 기업들도 이러한 과점적 대응투자를 행하였다.

따라서 이러한 과점적 경쟁기업이 해외진출을 행하는 1차적 목표는 이윤극대화보다는 최소한 경쟁기업과 같은 속도로 성장하여 과점적 균형(oligopolistic equilibrium)을 유지하는 것이 된다. 과점적 경쟁론은 이같이 해외직접투자가 발생하는 원인을, 과점적 산업에 있어서의 선도기업의 공격적 투자(aggressive investment)에 대응하는 경쟁/후발기업(follower)의 방어적 투자(defensive investment)로써 설명하는 이론이다. 이와 같은 과점적 경쟁이 이루어지면 어떤 특정 지역에 대한 특정 산업의 투자가 집중(bunching)되게 되는데 이러한 현상을 "밴드웨건효과"(band wagon effect)라고 한다.

한편, 이러한 과점적 경쟁에 의한 해외직접투자는 일국 내에 존재하는 경쟁기업들 간에서 발생할 뿐만 아니라 국가 간의 경쟁에서도 발생할 수 있다. 예컨대 미국의 기업들이 유럽이나 캐나다에 투자하는 경우 유럽이나 캐나다의 기업들 역시 미국에 투자함으로써 과점적 균형을 유지하려는 것이 그것이다. 1970년대 이후 이러한 형태의 상호투자(cross investment)가 선진국상호 간에 상당한 수준으로 이루어져 왔다. 이러한 현상을 이론화한 것이 하이머와 로손(S. H . Hymer & R. Rowthorn, 1970), 그래함(E. M. Graham, 1978) 등에 의해 체계화된 "과점적 상호침투론"이다.

이러한 이론은 해외직접투자의 동기를 국제적 과점체제 하에서의 경쟁국 기업들 간의 행동과 대응이라는 기업행태론적 관점에서 분석하고 있다는 점에서 과점적 경쟁이론과 유사하다. 다만 과점적 경쟁이론이 국내 경쟁기업들 간의 과점적 경쟁형태로써 해외직접투자를 설명하는 데 대하여 과점적 상호침투론은 국내기업과 외국기업 간의 과점적 경쟁형태를 이론화하고 있어 해외직접투자를 국제과점화의 수단으로 인식하고 있다는 점에서 차이가 있다.

부록 7-1 산업조직론적 접근이론의 이론적 평가

1. 독점적 우위론의 이론적 평가

이상에서 소개한 바와 같이 하이머의 독점적 우위론은 해외직접투자에 대한 최초의 이론화를 통하여 다국적기업의 해외직접투자를 별도의 독자적인 경제이론으로 설명하는 이론적 출발점을 마련함과 동시에 이후의 이론적 발전에 지대한 영향을 주었다. 예컨대 그가 말한 진출기업의 실질적 우위 개념은 이후 더닝(J. H. Dunning)의 절충이론에 있어 기업특수적 우위로 차용되고 발전되었고, 그의 이론 속에 나타난 전략적 요소(strategic elements)와 과점적 요소들은 이후 과점적 경쟁론의 기초가 되었으며, 또한 그는 그의 후기 논문(1968)에서 기업의 다국적화 요인을 기업적인 요인에서 찾고 있는데 이러한 아이디어가 1970년대 이후 나타난 내부화이론가들의 자연스런 출발점이 되었다.

한편 독점적 우위론은, 시장의 완전성을 전제로 거시적 · 국민경제적 관점에 서 있는 전통적 경제이론들과는 달리 시장의 불완전성에 기인하는 해외진출기업의 우위성을 논의하는 미시적 · 기업적 관점에 서 있다. 따라서 이 이론은 해외직접투자이론이 해명해야 할 몇 가지의 과제들에 대한 이론적 설명력을 제공해 주는 동시에, 현실적으로 일어나고 있는 해외직접투자 현상에 대한 현실적 설명력도 제공해 주는 다음과 같은 이론적 유용성을 보여준다.

(1) 현지국의 경쟁기업에 대한 여러 가지 불리함에도 불구하고 그들과의 경쟁에서 이길 수 있는 이유를 시장불완전성에 기초한 독점적 우위의 존재를 통하여 설명하여 줄 수 있고, 해외직접투자가 특정의 기업 또는 특정의 산업에서 집중적으로 일어나고 있는 이유도 이를 통하여 설명할 수 있다. 또한 양국의 두 기업이 각각의 기업에 특유한 우위요소를 활용한 제품차별화가 이루어지는

경우 동종 산업 내에서도 상호교류가 가능해지기 때문에 동종 산업 내에서의 상호투자가 발생할 수 있는 이유에 대해서도 어느 정도의 설명력을 제공해 준다고 할 수 있다.

(2) 또한 이 이론에 따르면 시장구조가 독과점화되어 있는 기술집약적 산업이나 광고집약적 산업 등에서 수평적 해외직접투자가 빈번할 것으로 예상되는데 실제로 과거 미국의 해외직접투자패턴을 보면 이러한 경향을 띠고 있었던 것이 사실이어서 이러한 현실적 설명력도 지닌다.[15] 뿐만 아니라 시장구조의 불완전성과 해외직접투자 간의 상관관계에 대한 여러 실증적 연구결과에 있어서도 상당한 부분 이들 간의 높은 상관관계가 확인된 바 있다.[16]

그러나 이러한 독점적 우위이론 역시 다음과 같은 점에서 이론적 한계를 지니고 있다.

(1) 이론적 문제로서, 해외진출기업의 실질적 우위성을 통하여 현지국 경쟁기업들과의 경쟁에서 이길 수 있는 원인은 설명하고 있지만, 해외직접투자이론이 설명해야 할 제 과제들을 모두 설명해 주는 일반이론으로서는 한계를 가질 수밖에 없다. 우선 이 이론은 진출기업의 실질적 우위를 그들 기업에 특유한 독점적 우위로 설명하고 있어 해외직접투자의 필요조건은 제시하고 있지만 이러한 독점적 우위를 수출이나 라이센싱 대신 직접투자를 통하여 이전하는 이유를 설명해 주지는 못하여 이에 대한 충분조건을 제시하지는 못한다. 또한 미시적·기업적 관점에만 머물러 있어 해외직접투자의 입지적 요인 등에 대한 설명을 해 줄 수 없을 뿐만 아니라, 해외직접투자를 행하는 주체와 관련하여서도 특정 기업 또는 특정 산업에 의해 지배적인 이유는 설명할 수 있다고 하더라도 해외직접투자의 국가별 패턴 등에 대한 설명력을 갖지 못한다.

(2) 현실적 문제로서, 이 이론은 자동차·산업용기계 등과 같은 분야에서 과점적 대기업이 행하는 현지시장지향형 투자에 대해서는 나름대로 설명력을 가지지만, 섬유·가전제품 등과 같은 분야에서 이루어지는 해외생산거점형 투자나 중소규모적 기업들이 행하는 대개도국투자 등에 대해서는 설명력이 부족하다. 또한 세계기술수준의 정점에 위치한 미국과 같은 나라의 해외직접투자에 대한 설명력은 가지고 있으나 후발선진국이나 개도국들의 해외직접투자에 대한 설명으로서 미흡하다. 또한 국제화 초기단계의 세계시장에서는 설명력을 가질지 모르지만 이미 세계적 네트워크를 구축하여 국제적 경영활동을 전개하고 있는 다국적기업의 경우에는 이 이론이 전제하고 있는 외국비용이 존재하지 않을 수도 있기 때문에 그 설명력이 제한적일 수 있다.

2. 과점적 경쟁론의 이론적 평가

과점적 경쟁기업 간의 행동과 대응이라는 과점적 행위로써 해외직접투자를 설명하는 과점적 경쟁이론은, 앞서 설명한 독점적 우위론을 보다 기업행태론적 관점에서 또한 행동적인 전략이론으로 동태화함으로써, 동종 산업 내에서 상호투자가 일어나는 이유, 해외직접투자가 일정한 지역에 집중되는 현상 등에 대한 이론적 설명력을 제공해 준다.

---

15 화학·제약·기계·정유 등의 기술집약적 산업과 가공식품·화장품 등 광고집약적 산업에서 수평적 직접투자가 집중적으로 이루어진 반면 제철·섬유 등 산업에서는 이러한 직접투자활동이 활발하지 않았다.

16 이들 간의 상관관계를 검증하기 위한 시도로서, ① 해당산업의 산업집중도와 다국적기업화, ② 당해산업의 기술집약도와 다국적기업화, ③ 제품차별화의 정도와 다국적기업화, ④ 기업의 규모와 다국적화 등의 관계에 대한 연구가 이루어졌다. 이들 중 ③ ④의 경우 대체로 밀접한 상관관계가 있는 것으로 나타나 독점적 우위론의 현실적 타당성을 보여주었으나, ① ②의 경우 미국 기업에 대한 조사에서는 대체로 높은 상관관계가 발견되었으나 여타의 선진국 기업에 대한 조사결과는 일의적이지 못하였다.

따라서 이 이론은 1950년대와 1960년대에 미국 기업들의 대유럽 직접투자가 집중되었던 이유 등에 대한 현실적 설명력을 제공하여 주었을 뿐만 아니라 이에 대한 실증적 연구에 의해서도 그 현실적 유용성이 확인된 바 있다.

그러나 이 이론은, 과점적 산업에 있어서의 대응적 투자와 이와 관련한 상호투자현상 및 투자의 집중현상은 설명하고 있지만, 이러한 대응적 · 방어적 투자를 있게 하는 선도기업의 최초투자가 일어나는 이유에 대해서는 설명력을 갖지 못한다. 따라서 해외직접투자의 역사적 발전을 설명해 주는 현상 설명적(decriptive) 이론으로서는 의의가 있지만 해외직접투자가 일어나는 이유나 다른 진출방식 대신에 해외직접투자를 선택하는 이유 등 원인 분석적(analytic) 이론으로서는 한계가 있을 수밖에 없다는 것이다.

이러한 관점에서 과점적 대응론은 해외직접투자를 포괄적으로 설명하는 일반이론으로서가 아니라 상호투자나 밴드웨건과 같은 현상을 설명해 주는 부분이론으로서, 앞서 설명한 독점적 우위론의 설명력을 보충해 주는 보완적 이론체계로서 이해되고 평가될 수 있을 것이다. 동일한 과점적 경쟁이라고 하더라도 기술이나 마케팅노하우 등에 의해 차별화된 우위를 가진 기업의 해외투자의 경우는 독점적 우위론을 통하여 설명이 용이한 반면, 표준화된 산업에서의 과점적 해외투자행위는 과점적 경쟁이론을 통하여 설명이 가능할 수 있기 때문이다.

제2절 다국적기업의 내부화이론

1. 내부화이론의 의의와 명제

1.1 내부화이론의 의의

독점적 우위론은 '해외진출기업은 현지국 경쟁기업에 대하여 여러 가지 환경적 불리함이 있음에도 불구하고 어떻게(how) 그들과의 경쟁에서 이길 수 있는가'를 해명해 주는 진출기업의 우위성 문제에 대하여 설명해 주지만, '그러한 우위성을 수출이나 라이센싱과 같은 방법으로 활용하지 않고 왜(why) 직접투자를 통하여 활용하는가'에 대한 대답을 제시하지 못한다. 이러한 문제에 대한 해답을 제시해 주는 이론이 내부화이론이다.

내부화이론(internalization theory)은, 불완전한 시장에 있어서 다국적기업이 보유하는 독점적 우위를 활용하는 가장 효율적인 방법은 필요한 제 거래를 시장(market)을 통하여 행하는 대신 그들 기업시스템 내부에서 행하도록 내부화(internalization)하는 것이라고 파악하여, 해외직접투자를 이러한 '내부화과정' 내지 '내부시장의 창조과정'으로 규정하는 이론이다.

따라서 이 이론은, 다국적기업이 지닌 독점적 우위를 활용하는 대안적 방식이 수출 ·

라이센싱·직접투자라고 하였을 때 수출이나 라이센싱은 외부시장을 통하여 서로 독립된 기업 간에 이루어지는 기업간거래(inter-firm transactions)임에 대하여 직접투자는 그러한 거래를 기업시스템 내부에서 행하는 기업내거래(intra-firm transactions)라는 점에 착안하여, 이러한 내부화의 메커니즘을 직접투자를 설명하는 이론으로 체계화한 것이다.

이 이론은 1970년대에 들어와 코스·윌리암슨·버클리·카슨·러그만 등에 의해 개발되고 확장되었다. 이들 중 내부화의 개념을 최초로 인식하고 이를 기업의 본질로 파악하여 새로운 기업이론적 연구의 길을 열어준 것은 코스(R. H. Coase, 1937)였고, 이러한 코스의 이론을 발전시켜 기업의 내부조직과 외부시장과의 관계 및 거래코스트적 관점으로 발전시킨 것은 윌리암슨(O. E. Williamson, 1973·1975·1981)이었다. 그후 이러한 내부화의 개념과 이론을 직접투자의 분석에 최초로 적용한 것은 버클리(P. J. Buckley, 1976·1982)와 카슨(M. C. Casson, 1982)이었고, 이를 더욱 확장하여 내부화이론을 다국적기업의 일반이론(근대적 이론)으로 제시한 것은 러그만(A. M. Rugman, 1980·1981·1982)이었다.[17]

1.2 내부화이론의 주요 명제

내부화이론은 이처럼 여러 학자들에 의해 다양하게 개발되고 발전되었지만 다국적기업의 해외직접투자를 설명하는 체계로써 내부화이론의 주요 내용은 다음과 같은 4가지의 명제로 요약될 수 있다.

시장과 기업의 상호 대체성 : 시장(market)과 기업(firm)은 재화와 용역을 교환하고 이전하는 2개의 대안적 시스템이다. 상술한 코스(R. H. Coase, 1937)의 선구적 논문은, 외부시장에서는 가격메커니즘(price mechanism)에 의하여 결정되는 정상가격(arm's length price)에 의해 자원이 배분되지만 기업시스템 내에서 이루어지는 기업내거래에서는 계획과 지시에 의하여 결정되는 내부가격(internal price)을 통하여 자원이 배분됨으로써, 기업의 조직이 시장의 기능을 대신하는 내부화가 이루어진다고 설명하였다.

이후 이러한 코스의 접근법을 계승·발전시킨 내부화론자들이 내부화의 개념을 이론화함에 있어서, 논자에 따라 구체적인 내용에 차이가 없지 않지만, 시장과 기업을 재화와 용역거래의 상호대체적인 시스템으로 파악하고 있다는 점에서는 모두 동일하다.[18] 따라서

---

17 이에 따라 다국적기업의 내부화이론은 코스(R. H. Coase)의 기업이론을 확장하여 시장에서 거래가 이루어질 때 발생하는 거래코스트를 중시하는 미국의 거래코스트학파(transaction cost approach)와 중간재 등과 같이 거래되는 제품의 성격이 특수하여 내부화가 발생한다고 주장하는 영국 레딩대학(University of Reading)을 중심으로 하는 레딩학파(Reading School)로 구분하기도 한다.

18 예컨대 윌리암슨(O. E. Williamson)은 외부시장거래와 기업내거래의 관계를 시장적 접근과 하이에라키 접근(markets and hierarchies approach)으로, 내부화 개념을 해외직접투자의 분석에 최초로 도입한 버클리(P. J. Buckley)와 카슨(M. C. Casson)은 외부시장(external market)에서의 정상적 거래(arm's length transactions)와

내부화이론은 근본적으로 중간재의 국제거래가 왜 시장에 의해서 이루어지지 않고 기업의 조직 내지 하이에라키에 의하여 이루어지는가를 설명하려고 하는 이론체계라고 할 수 있다.

시장의 불완전성 : 내부화이론은, 시장은 여러 가지 외부성(externality)과 불완전성(market imperfection)을 지니고 있기 때문에 재화와 용역을 효율적으로 배분할 수 없다고 규정하고, 이러한 시장의 외부성이나 불완전성이 내부화의 유인(incentive)이 된다고 주장한다. 내부화 이론가들은 이러한 전제 아래 외부시장을 통한 거래비용에는 어떠한 것들이 있고 이러한 비용이 발생되는 이유가 무엇인가에 대하여 여러 가지 관점에서 설명하였는데 그러한 주요 내용이 〈표 7－1〉에 요약되어 있다.

표 7－1 **외부시장의 비용 및 외부비용의 발생 이유**

연구자	외부시장의 비용, 외부비용이 발생하는 구체적 이유	
코스 (R. H. Coase)	외부시장의 비용	적정 가격의 설정비용, 계약자 탐색비용, 계약체결 비용 계약이행 비용, 시장거래에 대한 세금 등의 비용
	외부비용의 발생이유	특허권 · 상표권 통해 발명품을 보호받을 수 없을 경우, 규모의 경제가 존재하는 경우, 공공재적 성격 가진 경우, 정부간섭으로 사적 · 사회적 편익/비용이 다른 경우
버클리 (P. J. Buckley) 카슨 (M. Casson)	외부시장의 비용	거래시장의 부재로 인한 시간지연, 가격차별화 불가능성, 경쟁증가로 인한 비용 및 불확실성 증가, 정부의 간섭, 판매자와 구매자 간 상품가치에 대한 지식의 차이 등
	내부화의 유형	중간재시장의 내부화(수직적 통합), 지식시장의 내부화(수평적 통합), 국제자본시장의 내부화(다각적 통합)
러그만 (A. M. Rugman)	외부시장의 비용	요소시장(정보 · 지식)의 시장실패에 의한 자연적 외부성, 정부규제 · 관세 등에 의한 비자연적 외부성

이렇게 시장불완전성이 내부화를 발생시키는 대표적인 예를 기업이 보유하는 기술의 보호에서 찾을 수 있다. 예컨대 어떤 현지국이 지적재산권을 보호해 주지 못하는 경우 이로 인한 시장불완전성이 발생하는데 이 경우 특정 지식이나 기술을 보유하고 있는 기업은 그것을 시장거래를 통하여 현지국에 라이센싱 해주기보다는 자신이 직접 현지국에 진출하여 그것을 통해 생산 활동을 하는 것이 라이센싱에 따른 불확실성을 제거하면서 기술을 보호할 수 있는 방안이 된다. 내부화란 이처럼 시장의 불완전성이 존재하여 거래비용이

내부시장(internal markets)에서의 개념적 거래(notional transactions)라고 규정하였다. 또한 러그만(A. M. Rugman)은 결함이 있는 외부시장을 대체하여 내부시장을 창조하는 과정이 내부화라고 정의하면서 이러한 내부시장에서의 효율은 내부거래에서 행해지는 이전가격(transfer price)과 경영관리명령(administrative fiat)으로부터 발생된다고 설명하였다.

발생할 경우 그것을 극복하기 위하여 시장을 통한 외부거래를 기업내거래로 대체하는 것을 의미한다.

이러한 논의들은 결국 내부화의 동기를 시장의 불완전성에 찾고 그러한 시장불완전성이 존재할 경우 이러한 시장불완전성에 대응하는 동시에 그것을 이용하기 위하여 외부시장을 통한 거래를 기업시스템 내부의 거래로 대체한다는 것을 전제로 하고 있다. 따라서 시장의 불완전성이 존재하지 않으면 내부화는 발생하지 않는다. 이러한 이유 때문에 내부화이론 역시 시장불완전성 접근이론(market imperfection approach)이다. 이러한 전제에서 보면, 국제시장은 국내시장보다 시장불완전성 요인이 더 많기 때문에 그만큼 내부화유인이 더 강하게 되고 그것이 해외직접투자를 발생시키는 원인이 된다고 할 수 있다.

내부화의 편익과 비용의 비교 : 그렇다면 시장불완전성이 존재할 경우 내부화가 이루어지는 조건은 무엇인가? 이에 대하여 내부화론자들은 시장을 통한 외부거래의 편익/비용과 기업 내에서 이루어지는 내부거래의 편익/비용을 비교하여 후자의 거래코스트가 더 낮을 때 그 거래는 내부화된다고 설명한다. 이같이 내부화이론은 거래코스트(transaction cost)라는 개념을 도입하여 내부화의 과정을 설명한다. 시장에서의 외부거래코스트와 기업 내에서의 내부거래코스트를 비교하여 시장과 기업조직 중 어느 쪽을 선택하게 되는데 해외직접투자는 이러한 선택의 결과라는 것이다.

버클리(P. J. Buckley)와 카슨(M. Casson)은 이러한 관점에서 내부화의 이익과 내부화의 비용을 비교하여 제시하였는데 그 구체적 내용은 〈표 7－2〉와 같다. 이러한 접근은 결국 거래를 수행하는 제도로서 시장과 기업을 비교・선택하는 접근이므로 사람들은 이를 비교제도적 접근(comparative institutional approach)이라고도 하며 이러한 선택기준이 거래코스트이므로 거래코스트 접근(transaction cost approach)이라고도 한다.

표 7－2 내부화에 따른 기업의 이익과 비용

연구자	내부화의 편익	내부화의 비용
P. J. Buckley & M. Casson (1976・1985)	• 내부거래시장 창조(시간격차 회피) • 가격차별화의 수행 • 협상의 회피 • 구매자 불확실성의 회피 • 이전가격의 수행	• 시장세분화 따른 비용증가 • 커뮤니케이션 및 조정비용발생 • 피투자국의 정치적 차별화 우려 • 경영자의 전문성제고 따른 관리 비용증가
M. Casson (1979・1985)	• 시장거래비용의 회피 • 계약비용의 회피 • 소유권유지비용의 회피 • 가입비용의 회피	• 경영자 인센티브의 손실 • 시장세분화의 비용 • 정보획득 및 활동비용증가 • 피투자국의 몰수의 위험

내부화를 통한 해외직접투자와 다국적기업의 설명 : 이상과 같은 전제 아래 내부화이론은, 해외직접투자(FDI)란 자신이 보유하는 독점적 우위를 이러한 내부화를 통하여 활용하는 행위(act)이며 다국적기업(MNE)은 이러한 해외직접투자를 통하여 재화와 생산요소의 국제적 거래를 내부화하는 하이에라키적 조직(organization/institution)이라고 규정한다. 이처럼 내부화이론은, 시장의 불완전성이 존재할 때 외부시장거래 대신에 내부시장거래 내지는 내부시장창조의 과정을 밟게 됨을 이론화하고 있는데, 이러한 내부화가 국경을 넘어 이루어지는 경우가 해외직접투자이고 이러한 해외직접투자를 행하는 조직이 다국적기업이라는 것이다.

2. 내부화이론의 이론적 평가

이상에서 살펴본 바와 같이 내부화이론은, 기업이 시장불완전성으로 인한 외부시장의 거래코스트를 회피하기 위하여 외부시장거래(수출이나 라이센싱 등) 보다는 내부시장의 창조과정(해외직접투자)을 선택하게 됨을 이론화하여, 해외직접투자나 다국적기업이 발생되는 원인을 국제거래의 내부화에서 찾고 있다.

따라서 이 이론은, 시장의 불완전성에 기초하고 있다는 점에서 산업조직론적 이론과 궤를 같이하지만 이러한 투자행위가 기업의 내부거래관계에 의해 이루어진다는 점에 주목하는 기업이론적 접근으로서의 성격을 추가하고 있으며, 또한 외부시장의 거래코스트와 기업내거래의 내부코스트를 비교하여 시장과 기업조직 중 어떤 것을 선택할 것인가를 결정하게 된다는 거래코스트 개념을 전제로 한다. 따라서 내부화이론을 구성하는 3개의 키워드(key word)는 시장불완전성 · 기업내거래 · 거래코스트라고 할 수 있다.

이 같은 내부화이론은 오늘날의 다국적기업이나 해외직접투자를 설명하는 이론체계로서 매우 성공적으로 평가되었고 이로 인해 내부화 · 외부화라는 용어가 널리 회자되기도 하였다. 특히 이 이론은 미시적 측면 중에서도 기업조직에 대한 보다 구체적인 분석을 행하고 그것을 국제화과정과 연계시켰다는 강점을 지니고 있다. 이러한 점에서 내부화이론은 다국적기업 및 해외직접투자를 설명하는 이론체계로서 다음과 같은 "이론적 유용성"을 지니고 있다고 할 수 있다.

기업이론으로서의 적격성 : 우선, 이 이론은 시장불완전성을 전제로 한다는 점에서 산업조직론적 접근이론(독점적 우위론)과 맥락을 같이 하지만, 독점적 우위론이 진출기업의 실질적 우위를 특정 자산의 소유 그 자체에서 찾고 있음에 대하여 내부화이론은 그러한 우위성을 해외에 판매하지 않고 그것을 내부화하는 과정에서 찾고 있어, 해외직접투자이론에 그치지 않고 다국적기업이론으로 확장하고 있다.[19]

직접투자의 선택이유 설명 : 이 이론은 해외진출기업이 보유하고 있는 독점적 우위를 수출이나 라이센싱과 같은 방법으로 활용하지 않고 왜(why) 해외직접투자라는 방법을 선택하는가에 대한 이론적 대답을 제시해 준다. 즉 수출・라이센싱과 같은 외부시장에서의 거래코스트가 해외직접투자를 통한 내부화비용보다 높을 때 해외직접투자를 선택하게 됨을 이론화하여 해외직접투자를 국경을 넘는 내부화과정으로 파악하고 있다.

내부화이론은 또한 다국적기업이나 해외직접투자의 여러 가지 역사적 과정과 특성을 설명해 주는 "현실적 설명력"을 보여주고 있다. 우선 제2차 세계대전 이전의 해외직접투자가 주로 원료산업 중심적이었던 데 비하여 전후의 투자는 제조업 중심이 되었으며 특히 지식 및 기술집약적 산업에서 많이 이루어지게 된 이유를 설명해 주는 현대적 이론으로 평가되기도 한다. 이러한 점에서 내부화이론이 가장 중요한 영역은 중간재시장과 지식시장이라고 할 수 있다. 따라서 내부화이론은 다음과 같이 중간재의 기업내거래가 날로 증가하는 현상이나 기술집약적인 분야에서 다국적기업이 발달하는 현상을 설명하는 데 높은 유용성을 지닌다고 할 수 있다.

중간재시장의 내부화 : 내부화이론은 중간재의 국제적 거래가 왜 시장을 통해서 이루어지지 않고 하이에라키에 의하여 이루어지는가를 설명하기 위한 시도에서부터 출발하였다. 중간재거래의 시장기능이 완전하다면 선진국 다국적기업들이 개도국기업들에 대한 국제하청・해외현지조립 등 외부시장거래를 통하여 생산 공정의 국제적 분업을 행하겠지만, 중간재시장이 불완전하여 거래 자체가 불확실하고 거래코스트도 높을 경우에는 직접투자를 통하여 현지자회사를 설립하고 그들과의 기업내거래를 통하여 생산 공정의 국제적 분업을 실현시키게 된다. 이렇게 다국적기업이 중간재거래를 외부시장에 의존하지 않고 기업내거래를 통하여 내부화하면, 위에서 살펴본 바와 같이, 중간재 공급의 안정성을 확보하는 동시에 여러 가지 위험과 거래코스트를 회피할 수 있게 된다.

지식시장의 내부화 : 제2차 세계대전 이전에는 중간재시장의 내부화가 일반적인 현상이었지만 전후에는 지식 및 기술 등 무형자산시장의 내부화에 의한 직접투자가 일반적인 현상이 되었다. 이러한 지식시장의 경우 시장거래나 라이센싱보다도 해외생산을 통한 내부화가 선택되는 경향이 강한데 이러한 현실을 설명하는 이론체계로서 내부화이론이 유용하다.

지식시장의 경우 효율적인 외부시장의 조직화가 어렵고 따라서 시장의 불완전성이 매우 높다. 예컨대 지식을 창조하기 위한 R&D의 경우 실행기간이 매우 길고 그 성공 여부

---

19 이와 같이 내부화이론은 시장의 불완전성과 기업의 조직을 연결하는 기업이론적 접근을 행함으로써, 독점적 우위론이 투자라는 행위(act)를 설명하는 '해외직접투자이론'이라면, 이 이론은 이러한 투자를 행하는 하나의 조직・기관(organization/institution) 으로서의 다국적기업에 의해 이루어지는 이유를 설명해 주는 '다국적기업이론'이다.

도 불확실하며 그것의 진정한 가치나 가격을 객관적으로 평가하기 어려워 외부시장의 실행이 어렵다. 또한 이러한 지식과 기술은 산업조직론에서 말하는 독점적 우위의 중요한 원천이 되기 때문에 그것을 보유한 기업은 자신의 지식과 기술을 외부화시키는 것을 극도로 꺼리고 가능한 그러한 기술독점을 유지하려 하며, 정부 역시 이에 대한 규제나 개입을 행하는 것이 일반적이다. 이처럼 지식시장의 경우 다양한 시장불완전성, 외부거래에 따른 위험과 코스트를 포함하고 있어 내부화의 유인이 높다.

이렇게 지식은 외부시장 거래가 어려운 반면 내부시장의 창출이 용이하고 내부거래를 통하여 국경을 넘는 이전이 쉽게 이루어질 수 있는 특성이 있다. 지식은 기업 내에서 일종의 공공재적 성격을 지니므로, 기술거래를 외부화시킬 경우 다른 주체들이 이를 쉽게 모방하거나 습득하는 무임승차자(free rider)가 발생할 가능성이 큰 반면, 이를 내부화하면 관련 기업들 내에서 그것에 대한 추가적인 비용 없이 아주 낮은 이전비용으로 이용할 수 있다는 이점을 지니기 때문이다. 또한 기술은 그것의 진정한 가치나 가격을 객관적으로 평가하기 어려워 기업내거래를 통하여 이전가격조작(transfer pricing)을 행하기가 매우 좋다.

버클리와 카슨(1976)은 이러한 지식의 공공재적 성격을 강조하며 오늘날과 같은 기술주도형 국제분업시대에는 선진국 다국적기업의 지식 및 기술의 내부화동기가 매우 크다고 설명하고 있다. 따라서 그들은, 오늘날 다국적기업의 특성은 다국적화 자체의 편익과 비용 그 자체보다는 중간재시장이나 지식시장처럼 내부화유인이 강한 산업이나 시장에서 활발하게 이루어지게 된다는 점이라고 주장하고, 선진국 간에 이루어지는 대규모 상호투자(cross investment)에 대해서도 지식시장과 그것의 내부화라는 관점에서 설명하였다.

부록 7-2 내부화이론의 이론적 한계

이같이 내부화이론은 비교적 최근에 제기되었으면서도 이론적 설명력이 크고 산업조직론적 관점과 기업이론적 관점을 통합하고 있는 이론으로서 그 유용성이 높다는 평가를 받고 있지만 이 역시 다음과 같은 이론적 · 현실적 한계를 지니고 있는 것으로 평가된다.

1. 이론적 전제 및 논리적 한계

(1) 내부화이론은 기업내부적 유인이나 의사결정과정에 초점을 둠으로써 마치 외생적 환경을 기업 마음대로 내부화할 수 있음을 전제로 한다. 따라서 내부화의 비용과 편익에 영향을 주는 외부적 요인에 주의를 기울이지 않으며 외부적 환경이란 주어진 여건으로서 이것의 여하에 따라 기업의 대응행동이 달라질 수 있음을 고려하지 않고 있다. 따라서 직접투자의 외부적 요인, 특히 입지요인 등에 대한 설명력을 제공하지 못한다. 또한 내부화이론은 국제생산을 거래코스트를 최소화하기 위한 것으로 파악하여 생산이 아닌 교환에 기초를 두어 국제화가 생산적 요인이 아닌 시장적

요인(시장의 불완전성)에 의해 결정되는 것으로 파악하여 국제활동을 설명함에 있어 소유권적 우위는 불필요한 것으로 생각한다.[20]

(2) 내부화이론은 내부화의 이익과 비용에 대한 완전한 정보를 가진다는 것을 전제로 하지만 현실적으로 내부화의 의사결정이 반드시 이러한 조건 하에서 이루어지는 것은 아니다. 내부화의 의사결정은 오히려 조직 내에서 형성된 기대나 조직이 획득할 수 있는 정보에 의존하기 때문이다. 또한 이러한 내부화의 이익과 비용이 언제 어디서 어떻게 이루어지는가에 대한 보다 명확한 개념도 이루어져야 할 것이다.

(3) 내부화이론은 외생적인 시장불완전성에 대응한 내부시장의 창조를 이론화하고 있으나 세계적인 다국적기업들의 경우 스스로 시장불완전성을 창조하여 그를 통한 기업특유의 우위를 유지하려는 노력을 행하는데 이 이론은 이러한 측면을 고려하고 있지 못하다.

(4) 내부화이론에 대한 실증적 분석이 불가능하지는 않더라도 어려운 것이 사실이다.[21] 실제로 이 이론에 대하여 행해진 검증결과도 '비교적 R&D지출이 높은 산업에서 내부화과정이 집중된다'는, 여타의 이론들로도 설명이 가능한 정도의 일반적 결론을 제시해 주는 데 그치고 있다.

2. 이론적 설명력 상의 한계

(1) 내부화이론은 다국적기업이 해외생산 활동을 행함에 있어 '왜(why) 라이센싱보다 해외직접투자를 선택하는가'에 대해서는 설명하지만 '왜 국내에서 생산하여 수출하는 방법 대신에 해외직접투자를 선택하는가'에 대한 설명은 제공하지 않는다.

(2) 이와 관련하여 이 이론은 직접투자의 진출동기를 명확히 설명하지 못하는 측면이 있다. 이 이론은 시장의 불완전성이 존재하면 이에 대응한 기업의 내부화가 이루어지고 이러한 내부화가 국경을 넘어 이루어지는 것이 직접투자라고 설명하지만, 시장불완전성이 존재한다는 사실만으로 해외진출이 이루어진다는 것은 지나친 면이 없지 않다. 왜냐하면, 그것이 국내시장이든 국제시장이든 시장의 불완전성이 존재하면 내부화를 행하겠지만 국내시장에서의 내부화가 더 매력적이라면 구태여 해외진출을 하지 않을 것이기 때문이다. 따라서 내부화이론은 결국 복수공장을 지닌 국내기업의 내부화원리를 다국적기업에 적용한 것에 지나지 않아 기업의 해외진출동기를 뚜렷이 하지 못하고 있다는 비판을 받기도 한다.[22] 뿐만 아니라 다양한 직접투자의 동기, 특히 기술이나 무형자산을 추구하기 위한 자산추구형 투자 등의 동기를 설명하지 못한다.

(3) 내부화이론은 기업의 국제화 자체를 설명하는 이론이 아니고 어떤 조건 하에서 내부화유인이 발생하고 그러한 내부화유인이 국경을 넘어 존재할 때 해외투자가 이루어진다고 전제하여, 마치 국제화(internationalization)를 내부화(internalization)의 부산물로 보는 경향이 있다. 기업의 국제화란 내부화과정의 단순한 확장으로서가 아니라 다국적화 그 자체가 주는 여러 가지 유인에 의해서도 이루어지는 데도 불구하고 내부화이론은 이러한 관점이 결여되어 있다. 따라서 내부화이론은 기업 활동의 다국적성(multinationality) 그 자체가 가져다주는 다국적기업의 특성이나 우위성을 부정하거나 무시하는 것처럼 보인다.

---

20 J. Cantwell(1989) p.213.

21 J. P. Agarwal(1980) p.754, N. Hood & S. Young(1979) p.57.

22 S. H. Roback et als(1983) p.45.

(4) 내부화이론은 직접투자나 다국적기업의 현실에 대한 설명에도 일정한 한계를 가진다. 예컨대 현지기업과의 합작투자나 다국적기업의 현지자회사가 독립적 지위를 누리는 독립형 자회사의 경우 등에 대한 설명력이 약하고 또한 지난 30여 년간의 경험적 증거를 통하여 보면 내부화이론의 예견에는 문제점이 있다고 할 수 있다. 내부화이론은 거래코스트가 감소되지 않는다면 내부화 추세가 더욱 진전될 것이고 더욱이 중간재시장이나 지식시장에서의 내부화가 더욱 확산될 것이라고 예견하였고, 실제로 1950~1970년대까지는 그러한 경향이 있었던 것이 사실이다. 그러나 1980년대 이후 내부화의 진전으로 인하여 대규모 생산시스템의 유연성 부족 · 높은 관리비용 · 노동자의 파워증대 등과 같은 여러 가지 문제점들이 생겨나자 대부분의 기업들이 아웃소싱(outsourcing) · 다운사이징(downsizing) 등과 같은 외부화(externalize)를 오히려 증대시키는 경향을 보여주고 있는데, 내부화이론은 이러한 현실적 경향에 대한 합리적인 설명력을 갖지 못한다.[23]

23 물론 1990년대 후반 이후부터는 생산조직에 있어 더 많은 기업들이 내부생산과 수직적 통합을 증대시켜 아웃소싱이 감소하고 있다. Grazia letto-Gillies(2005) p.108.

CHAPTER

08 전통이론의 확장적 · 통합적 해외직접투자이론

제6장을 통하여 논의하였듯이, 전통적 경제이론이 오늘날의 다국적기업이나 해외직접투자에 대하여 충분한 이론적 설명력을 갖지 못한다는 인식을 바탕으로 이에 대한 새로운 이론적 접근으로서 미시적 · 기업경영적 관점의 이론들이 제시되었고 이들은 이후 직접투자이론 연구의 주류적 위치를 형성하여 왔다. 그러나 이러한 이론들 역시 지나치게 미시적 측면만을 강조하여 다국적기업이나 해외직접투자의 거시적 측면에 대한 올바른 설명력을 가지지 못하는 한계를 보여주었다.

이에 1970년대에 들어서면서 다시 전통적 경제이론체계의 수정 · 확장 · 응용을 통하여 해외직접투자의 문제에 접근하려는 "전통적 이론의 확장적 접근이론"들이 제시되었고, 더 나아가 지금까지 제시된 직접투자이론들이 모두 다국적기업이나 해외직접투자를 설명하는 하나의 부분적 이론이므로 이들의 종합화를 통해 보다 일반적이고 포괄적인 "통합적 접근이론"을 제시하려는 노력들이 이루어졌다. 이러한 성격을 지닌 다양한 이론적 접근들이 있는데 그러한 이론들을 그 성격에 따라 분류하면 다음과 같다.

자본이론적 확장이론 : 전통적인 투자이론 내지 전통적 자본이동론의 수정 · 확장 · 응용을 통해 오늘날의 해외직접투자를 설명하려는 접근이론들이다. 이러한 접근이론으로서는 국제포트폴리오이론(international portfolio theory), 통화지역이론(currency area theory), 증권시장불완전성이론(security market imperfection theory) 등이 있다.

무역이론적 확장이론 : 국제무역이론의 연장선상에서 무역과 투자를 통합적으로 설명하려고 시도한 무역이론적 확장이론으로서 제품주기이론(product life cycle theory), 특수적 요소이론(specific factor theory), 고지마(小島淸, K. Kojima)의 거시경제적 접근이론(macro-economic approach theory) 등이 있다.

통합적 접근이론 : 지금까지 제시된 여러 가지 이론들을 다국적기업이나 해외직접투자에 대한 하나의 부분적 설명이론으로 파악하여 지금까지 제시된 제이론들의 종합을 통하여 새로운 이론체계를 정립하려는 통합적 접근이론으로서 국제생산의 절충이론(the eclectic theory of international production)이 있다.[24]

---

24 이러한 절충이론과는 또 다른 차원에서 산업조직론적인 미시적 분석과 국제분업론적인 거시적 분석을 결합하여 해외직접투자를 국가별 · 산업별 유형화를 이룩한 경쟁우위-대표특화지대이론(theory of competitive advantage

이하에서는 이러한 제이론들 중 무역이론적 확장이론으로서 "제품주기이론"과 통합적 이론으로서 "국제생산의 절충이론"에 대하여 살펴보기로 하고, 나머지 관련 이론들에 대해서는 [부록 8－1]에서 간략히 요약 소개하기로 한다.

부록 8－1 해외직접투자에 대한 자본이론· 무역이론 확장이론

위에서 살펴본 바와 같이 1970년대 이후 다시 전통적 경제이론의 프레임워크로 돌아가 이들의 수정·확장·응용을 오늘날의 해외직접투자의 문제에 접근하려는 "전통적 이론의 확장적 접근이론"들이 다양하게 제시되었는데 이러한 이론들은 다시 크게 자본이론적 확장이론과 무역이론적 확장이론으로 구분할 수 있다.

1. 자본이론적 확장이론

전통적 투자이론 내지 전통적 자본이동론의 확장을 통하여 오늘날의 다국적기업이나 해외직접투자문제를 설명하려는 "자본이론적 접근이론"은, 시장의 완전성을 전제로 미시적 관점에 서 있는 국제포트폴리오이론, 시장의 불완전성을 전제로 하면서 거시적 관점에 서 있는 통화지역이론과 증권시장불완전성이론이 있다. 아래에서 논의하는 바와 같이 이들 이론들은 모두 그 나름대로 직접투자가 발생되는 원인에 대한 설명을 제시하고 있지만 그 설명이 부분적이고 특정한 측면에 그치고 있어, 하나의 독자적인 해외직접투자이론으로서 보다 다른 이론들에 대한 보완적이고 부분적인 이론으로서의 성격에 머물고 있다.

국제포트폴리오이론(international portfolio theory) : 이 이론은 수익률뿐만 아니라 위험과 불확실성까지를 고려함으로써 이윤의 극대화를 추구한다는 포트폴리오투자 선택이론을 해외직접투자에 적용하여 해외직접투자가 이루어지는 원인을 설명하는 이론이다. 이와 관련된 이론으로서 다국적기업이 국제증권시장에서보다 투자자들의 포트폴리오를 지리적으로 더 분산시키는 수단이 된다는 리스크분산가설(risk diversification hypothesis)도 있다. 그러나 이러한 이론적 접근들은 처음부터 하나의 직접투자이론으로서 제시된 독립된 이론체계라기보다는 실증적 차원에서 제기되고 분석된 이론적 접근으로서, 여타의 해외직접투자이론들을 보완하는 부분적인 이론체계로서 위치지울 수 있다.

통화지역이론(currency area theory) : 알리버(R. Z. Aliber, 1970)에 의해 제시된 이론으로서, 양국 통화 간의 구매력 변화 또는 자본화율(capitalization rate)의 차이가 해외직접투자의 원인이라고 규정하여, 직접투자가 강세통화국으로부터 약세통화국으로 이루어진다고 설명하는 이론이다. 이 이론은 시장의 불완전성을 기초로 진출기업의 실질적 우위를 설명하는 독점적 우위론과 유사한 점이 있으나 독점적 우위론이 투자기업의 실질적 우위의 원천을 주로 실물적·기업적(미시적) 요인

－representative specialization zone)이 있다. 이 이론은 ① 국가군을 선진국－중진국－개도국으로 3원화하고, ② 산업을 첨단산업－성장산업－재래산업으로 3원화하여, ③ 기업의 경쟁우위와 국가의 비교우위 간의 상호작용에 의하여 투자가 이루어지는 과정을 모델링한다(J. L. Mucchiellis 1985, 안세영 1998 pp.126~137 참조).

에서 찾는 데 대하여 이 이론은 투자국의 통화프리미엄(currency premium)이라는 화폐적 · 국가적(거시적) 요인에서 찾고 있다.

따라서 이 이론은 처음부터 해외직접투자이론이 해명하여야 할 과제들을 다루려고 하지도 않았고 다국적기업에 대한 어떤 일반이론을 제시하려고 하지도 않았다. 다만 해외직접투자, 특히 M&A형 투자가 이루어지는 시기를 설명하거나 해외직접투자의 장기적 흐름의 변동에 대한 흥미있는 아이디어를 제공해 주고 있으며, 해외직접투자에 있어서 어떤 투자국의 위상이 시대에 따라 변화되는 이유에 대한 약간의 근거를 제공해 준다고 할 수 있다.[25] 예컨대 1950~1960년대 미국기업이 행한 유럽기업의 인수나 1970년대 초반 일본 기업이 행한 동남아진출 현상이 일어난 이유를 당시 이들 통화의 강세현상의 관점에서 설명해 주고 있다.

증권시장불완전성이론(security market imperfection theory) : 라가지(G Ragazzi, 1973)에 의하여 제시된 이론으로서, 각국의 금융시장이나 증권시장이 완전경쟁적이라면 국제포트폴리오투자 대신에 해외직접투자가 일어나지 않겠지만 현실적으로는 국제자본이동에 대한 제약이나 증권시장의 불완전성이 존재하기 때문에 해외직접투자가 발생된다고 주장한다. 말하자면 해외직접투자의 발생 원인을 증권시장의 불완전성 내지 비효율성에서 찾으려는 이론이다. 이처럼 이 이론은 해외직접투자의 동기를 자본시장의 효율성이나 발달 여부를 통하여 설명함으로써 새로운 시각을 제공해 주고 있고, 증권투자 대신에 해외직접투자가 선호되는 이유나 대개도국 해외직접투자가 당해 개도국 증권시장의 비효율성 때문이라는 설명을 가능케 해준다. 그러나 이 이론 역시 하나의 독립적인 해외직접투자이론 체계로 파악하기에는 너무 부분적인 설명에 그치고 있으며 이러한 이론을 뒷받침해 줄만한 실증적 연구도 미흡하다.

2. 무역이론적 확장이론

전통적 무역이론의 확장을 통하여 무역과 투자를 동시에 설명하려는 "무역이론적 접근이론"으로서는 1960년대 이후 새로이 나타난 신무역이론들로 대표된다. 이러한 신무역이론들 중 무역과 투자를 동시에 설명해 주는 이론체계로서는 신기술이론(neo-technology theory)인 '제품주기이론'과 신요소이론(neo-factor theory)인 '특수적 요소이론', 또한 전통적인 비교생산비이론 체계를 해외직접투자의 설명에 원용하여 비교이윤율이론으로 설명하려는 '고지마(小島清)의 거시경제적 접근이론'이 있다.

제품주기이론 : 제품주기의 변화에 따른 생산입지의 변화를 통하여 국제무역의 패턴을 설명하는 동시에 이러한 제품주기 변화과정을 통하여 해외직접투자를 설명하는 이론이다. 이 이론은 1960년대 이후 나타난 기술-갭이론(technology gap theory)에 제품주기 · 과점기업의 전략 등을 결합하여 해외직접투자의 동태적 과정을 설명하는 이론이다.

특수적 요소이론 : 전통적인 무역이론이 전제하고 있는 생산요소가 어떤 산업에도 사용되어질 수 있는 일반적 요소(general factor)인 데 비하여 특정한 국가에서만 존재하거나 특정한 산업 · 기업에서만 사용되어지는 특수적 요소(specific factor)가 있다고 전제하고 이러한 특수적 요소를 통하여 국제무역의 패턴과 비교우위의 결정원리를 설명하려는 이론이 특수적 요소이론이다. 존스(R. W. Jones)와 함께 이케모토(池本清) 등을 비롯한 일본경제학자에 의해 제시된 특수요소이론은, 국제무

25 J. H. Dunning and S. M. Lundan(2008) p.90

역은 물론 해외직접투자를 포함한 국제경제학 전체를 이러한 특수적 요소이론의 관점에서 통일적으로 설명하려고 하였다. 그들은, 해외직접투자를 타 기업이나 타 산업에 이전될 수 없는 우수한 기술·정보·지식 등 독점적 성격을 지닌 경영자원의 이전으로 파악하여, 이러한 특수적 요소의 관점에서 해외직접투자의 발생원인과 영향을 분석하였다.

거시경제적 접근이론 : 고지마(K. Kojima, 小島清, 1973·78·82·90)와 오자와(T. Ozawa, 1984) 등은, 1970년대 이후 일본 기업의 대 아시아지역 직접투자 행태를 분석한 결과 독점적 우위론이나 제품주기이론 등은 미국계 다국적기업의 투자를 설명하는 데 적합한 이론일 뿐 일본형 투자의 특유한 행태를 제대로 설명할 수 없다고 전제하고, 일본형 투자의 특성을 설명할 수 있는 국민경제적 관점의 거시적 해외직접투자이론을 제시하려고 시도하였다. 고지마는 국제무역이 비교생산비(comparative cost)의 차이에 따라 설명되듯이 해외투자 역시 비교이윤율(comparative profit rate)의 차이에 의해 결정된다는 '비교이윤율이론'을 제시하였다. 말하자면 신고전파적인 무역이론을 출발점으로 하여 이를 통하여 다국적기업의 존재와 패턴을 설명하는 이론으로 확장하려고 시도하였다.

제1절 다국적기업이론으로서 제품주기이론

제품주기이론(product life cycle theory)의 기본적 전제는, 생물이 태생하여 성장·성숙·쇠퇴하는 과정의 라이프사이클(life cycle)을 가지듯이 제품 역시 연구개발에 의해 시장에 새로이 등장하여 성장·성숙기를 거쳐 쇠퇴해 가는 제품주기(product life cycle)를 가진다는 것이다. 이때 이러한 제품주기의 변화에 따라 그 제품의 수요·공급의 환경이 변화하고 또 이러한 변화에 따라 그 제품의 생산·판매와 관련되는 기업의 행동양식도 달라진다. 제품주기이론은 이러한 점에 주목하여 종래 경영학(특히 마케팅 분야)에서 개발된 개념을 국제경제학에 도입하여 국제무역패턴 결정의 원리를 설명하는 동시에 해외직접투자가 발생되는 원리를 설명하는 이론으로서 중요한 위치를 차지하고 있다.

앞에서 보았듯이 하이머(S. Hymer)가 해외직접투자가 발생하는 원리를 설명하기 위하여 산업조직론적 관점을 최초로 도입하였다면, 버논(R. Vernon)과 그의 하버드 동료들은 해외직접투자의 원리를 설명하기 위한 새로운 이론으로서 제품주기이론을 제시하였다고 할 수 있다. 버논은 그의 고전적 논문(1966)을 통하여, 전후 급속히 증가하기 시작한 미국계 다국적기업의 해외직접투자라는 거시적 현상(macro economic phenomenon)을 제품주기라는 미시적 개념(micro economic concept)을 통하여 설명하려고 하였다.[26]

---

26 이 이론의 이론적 연원은 더 일찍 시작되었으나 이에 대한 이론적 일반화가 이루어진 것은 허쉬(Seev Hirsh)·버논(R. Vernon)·웰즈(L. T. Wells)·스토보우(R. B. Stobaugh) 등으로 대표되는 이른바 '하버드대학의 비즈니스스쿨'에 의해서였다. 특히 버논 교수는 1966년에 '제품주기에 있어서의 국제무역과 투자'라는 논문을 통하

1. 제품주기 변화와 해외직접투자

1.1 제품주기변화에 따른 생산과 무역

제품주기(product life)란 하나의 제품이 신제품으로 연구・개발되어 처음으로 시장에 출현하여 알려지고 판매되기 시작하여 그 판매량이 급속히 성장하였다가 어느 기간 이후에는 그 제품에 대한 수요가 둔화되어 결국은 사양화되고 시장성이 없어지는 시기까지의 시간의 변화에 따른 단계별 변화과정을 의미한다. 그런데 이와 같은 제품주기 변화과정을 이론화함에 있어 제품주기단계의 분류방법이나 명칭은 연구자들에 따라 여러 가지로 다양하다. 〈표 8-1〉은 이러한 제품주기를 신제품기・성숙기・표준화기 등 3단계로 구분하여 이러한 제품주기 변화에 따라 그 제품과 관련되는 기술・자본집약도・수요구조・산업구조 등의 특성이 어떻게 변화되는가를 요약하고 있다.

버논(R. Vernon)은 제품주기를 신제품기(new product stage)・성숙기(maturing stage)・표준화기(standardized stage)의 3단계로 구분하고 이러한 제품의 주기변화에 따라 국제 무역과 투자의 패턴이 어떻게 변화하는가를 신제품의 혁신국(미국)・여타 선진국・개발도상국이라는 3국 모델을 통하여 설명하고 있다. 그는 경제발전단계가 서로 다른 이들 3국의 소득수준에 따라 수요구조가 다르게 결정되고 또한 각각의 단계에 따라 기술의 발전・시장의 독점력・규모의 경제 등의 공급적 요인이 결정된다고 전제하였다.

표 8-1 **제품주기 단계에 따른 특성의 변화**

구분	기술의 특성	요소집약도	수요구조(가격)	산업구조(경쟁)
신제품기	• 계속적인 기술연구, 잦은 기술적 변화로 기술 매우 불안정함 • 외부경제의존도 높음	• 기술・수요 불안정하여 수작업 적인 생산방법 채택됨, 자본집약도 낮음	• 독점적 성격으로 수요의 가격탄력성 낮고 소득탄력성 높음(고가격)	• 기술 보유하는 소수 기업만이 제품생산 참여 (독과점적 구조)
성숙기	• 기술변화는 있지만 안정성 높아짐 • 제품・공정의 표준화, 대량생산방식 채택됨	• 기술의 안정화・제품생산 표준화로 자본집약도 점차 높아지게 됨	• 대량생산・경쟁격화・제품정보 확산으로 수요 가격탄력성 증가(가격하락)	• 생산기업의 수 점차 증가됨 • 수직적・수평적 통합 증가됨
표준화기	• 기술변화의 완성으로 생산기술 안정됨 • 외부경제의존도 낮음	• 생산시설 거대화, 대량생산 채택으로 자본집약도 극대화	• 수요의 가격탄력성 높고 소득탄력성 낮아짐(저가격)	• 생산기업의 수 오히려 감소함 (경쟁 약화됨)

자료 : S. Hirsh(1972) 및 기타 자료를 통하여 적의 정리함

여 이 이론의 이론적 기초를 이룩하였다. 또한 이들과는 독립적으로 연구를 행한 영국 캠브리지 대학의 후퍼바우어(G. G. Hufbauer)에 의한 많은 연구들도 주목할 만하다.

표 8-2 **제품주기와 생산입지·무역·투자의 변화**

<table>
<tr><th colspan="2">제품 단계</th><th>생산입지</th><th>생산입지의 선정근거</th><th>무역·투자 방향</th></tr>
<tr><td rowspan="2">신제품기</td><td>신제품 연구 개발기</td><td>혁신국
(신제품 연구개발)</td><td>• 넓은 시장·높은 소득수준·신제품에 대한 잠재적 수요 존재함
• 임금이 높아 노동절약적 생산기술, 노동절약적 제품개발 노력 이루어짐</td><td>혁신국 연구개발 및 국내시판</td></tr>
<tr><td>신제품 생산기</td><td>혁신국
(국내생산, 국내판매)</td><td>• 수요 크지 못하고 기술 미 표준화로 국내수요자와 긴밀한 접촉 필요
• 신제품의 차별성·독점성으로 수요의 소득탄력성 크고 가격탄력성 작음
(코스트 인하압력이 별로 크지 않음)</td><td>혁신국 생산,
주로 국내 판매
일부 수출</td></tr>
<tr><td rowspan="2">성숙기</td><td>성숙 전기</td><td>혁신국
대량생산
(일부소비, 일부수출)</td><td>• 수요증대와 생산기술의 표준화로 대량생산이 가능해짐
• 생산기술 표준화로 유사기업들 출현, 국내시장의 경쟁 격화됨
• 수요의 가격탄력성 높아져 코스트 인하 노력 필요해짐</td><td>혁신국 생산,
여타선진국으로 수출
(기술격차무역)</td></tr>
<tr><td>성숙 후기</td><td>여타선진국
(혁신국도 일부생산)</td><td>• 수요패턴 유사한 여타 선진국에서 생산할 경우 코스트인하 가능해짐
• 여타 선진국의 현지시장 방어 및 현지기업과의 경쟁이 필요함</td><td>여타 선진국으로 진출
(시장방어적 해외투자)</td></tr>
<tr><td colspan="2">표준화기</td><td>개도국</td><td>• 생산공정 및 기술의 표준화로 혁신국기업의 기술적 우위성 상실됨
• 수요의 가격탄력성 매우 커져 코스트인하가 매우 중요해짐
• 미숙련노동 대규모고용 가능, 외부경제의 취약성이 문제 안 됨</td><td>대 개도국 진출
(저노임지향적 해외투자)
현지생산제품 역수출
(임금격차무역)</td></tr>
</table>

이러한 전제에 따라 제품주기가 변화함에 따른 생산입지·국제무역·해외투자의 변화를 설명하고 있는 내용이 〈표 8-2〉이고, 이러한 내용을 단순화시켜 흥미 있게 보여주는 모델이 [그림 8-1]이다.

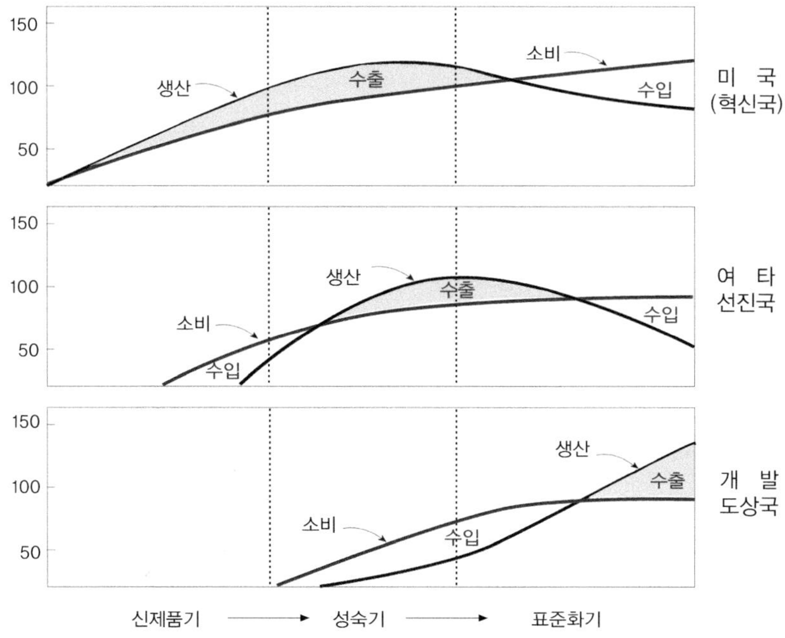

그림 8-1 제품주기의 변화와 국제 무역

1.2 제품주기 변화에 따른 해외직접투자

제품주기의 변화에 따라 생산입지와 국제무역이 어떻게 변동되는가를 설명하는 이러한 제품주기이론은 이와 함께 제품의 주기변화에 따른 해외직접투자의 발생을 설명하고 있는데, 다음과 같이 성숙후기의 시장방어적 투자와 표준화기의 저노임지향적 투자로 모델링하고 있다.

1.2.1 성숙후기 시장방어적 투자

제품의 성숙기에 이르러 미국(혁신국)과 여타 선진국 간에 기술의 격차에 의한 무역(technological gap trade)이 이루어지는데 이러한 수출은 시간이 경과함에 따라 점차 감소될 가능성이 커지게 된다. 이러한 경우 미국의 기업은 기존의 수출시장을 유지하기 위하여 여타 선진국에 대한 해외직접투자를 감행하게 된다. 이러한 투자는 결국 기존시장을 유지하고 방어하기 위하여 수출 대신에 직접투자를 행하는 이른바 '시장방어적 투자'(defensive investment)이다. 이때 이러한 해외직접투자의 결정에 영향을 주는 요인으로서 버논(R. Vernon)은 다음과 같은 2가지 요인을 예거하였다.

코스트(cost) 요인 : 여타 선진국에서 현지생산을 행할 경우의 평균생산비(해외직접투자 시의 생산비)가 미국 내에서 생산할 때의 한계생산비와 현지까지의 수송비의 합계(수출 시의 판매가격)보다 작을 경우 지금까지의 수출방식 대신에 해외직접투자를 행하게 된다.[27]

시장상실의 위협요인 : 혁신국의 기업이 자신의 수출대상국인 여타 선진국에서 누리고 있는 시장의 우위를 상실할지도 모른다는 위협(threat)이 발생할 경우 지금까지의 수출방식으로부터 현지국에서 직접 생산하는 직접투자방식으로 전환하게 된다.[28]

이상과 같이 기술혁신국에서 신제품이 출현하여 성숙제품단계를 경과하는 과정에서 어느 기간 동안은 여타 선진국을 대상으로 수출하는 방식을 선택하지만, 여타 선진국 시장에서의 규모의 경제 실현가능성·혁신국 내의 생산비압력증대·수송비와 관세의 크기·수출시장의 상실위험 등으로 인하여 여타 선진국에서의 현지생산을 행하기 위한 해외직접투자가 일어나게 된다. 이 경우 일반적으로 국제적 경영활동의 경험이 많고 규모가 커서 해외직접투자를 행할 수 있는 능력이 큰 기업일수록, 국제적인 생산의 합리화와 범세계적인 마케팅전략을 구사할 수 있는 기업일수록, 라이센싱 등을 통한 기술수출보다는 해외직접투자를 선호하는 것으로 나타나고 있다.

1.2.2 표준화기 저노임 지향적 투자

한편, 버논은 이와 같은 성숙후기의 시장방어적 투자 이외에, 제품의 표준화단계에 있어서 기술혁신국(미국)이나 여타 선진국 기업들이 개도국에 진출하는 '저노임지향형 투자'를 또 하나의 직접투자 발생요인으로 추가하고 있다. 제품주기가 표준화기에 이르러 생산공정 및 기술이 표준화되어 기술적 우위성 상실되고 수요의 가격탄력성 매우 커져 코스트인하가 매우 중요해지며 현지국에서 미숙련노동의 대규모고용이 가능하고 현지국의 산업기반이나 외부경제의 취약성이 별로 장애가 되지 않는 경우, 이들 기업들은 개발도상국에 대한 해외직접투자를 행하여 제품의 생산입지가 개도국으로 이전된다는 것이다.

물론 이와 같은 대개도국 해외투자의 경우 저렴한 생산비라는 이점은 있지만 마케팅상의 취약점을 지닐 수 있다. 그러나 다국적기업은 세계적인 정보와 조직망을 가지고 있

---

27 이러한 경우 웰즈(L. T. Wells)는 ① 규모의 경제가 소량의 생산으로 실현되기 용이할수록, ② 관세가 높을수록, ③ 수송비가 높을수록, ④ 제품에 대한 수요의 소득탄력성이 높을수록, ⑤ 현지의 소득수준이 높을수록, ⑥ 현지의 시장규모가 클수록 해외직접투자는 더욱 촉진된다고 설명하였다.

28 이러한 시장상실의 위협요인으로서 ① 수입국의 기업들이 동제품의 생산을 개시함으로써 현지시장에서의 미국 수출품과 경쟁하게 될 가능성, ② 현지정부가 수입제한정책이나 및 수입대체정책을 펼칠 가능성, ③ 미국과의 정치적 관계가 악화되어 미국의 수출을 저해할 가능성, ④ 미국 내의 경쟁기업들이 현지시장에 진출함으로써 현지시장 쉐어를 침식하거나 현지에 생산된 제품이 본국으로 역수출되어 저가격경쟁을 유발시킬지도 모른다는 불안정한 상황(unsettling state) 등을 들고 있다.

기 때문에 그곳에서 생산된 제품을 어떻게 요령 있게 판매할 것인가에 대해서는 잘 알고 있고, 또한 개도국의 경우 숙련노동·수리공·안심할 수 있는 전력공급·정밀한 중간재 등이 부족하다는 외부경제상의 제약이 따르지만 이것 역시 다국적기업이라면 국제적인 수직적 통합을 통하여 해결할 수 있다는 것이다.

표준화기에 이르러 개도국에 대한 이러한 저노임지향적 투자가 유발되는 정도는 일반적으로, ① 제품코스트 중 노동코스트의 비중이 크고 저임금노동력의 사용가능성이 클수록, ② 수요의 가격탄력성이 클수록, ③ 생산에 있어 외부경제에 대한 의존도가 낮을수록, ④ 생산방법이 표준화되어 있을수록, ⑤ 고가격상품과 같이 수출을 위한 수송비가 제품가격에 차지하는 비중이 낮을수록 더욱 커지게 된다. 제품주기론자들은 이 같은 조건에 합치하는 제품으로서 섬유·조동·합성비료·신문용지·전자기기 등을 그 예로 들었다.

2. 제품주기이론의 이론적 유용성

이상에서 살펴본 바와 같이 제품주기이론은, 국제무역의 패턴이 결정되는 원리로서 국가와 국가 간에 존재하는 기술의 격차를 강조하는 기술갭이론(technology-gap theory)을 기초로 하여 제품주기·과점기업의 전략 등을 결합하여 해외직접투자의 동태적 과정을 설명하려고 하였다. 이러한 점에서 기술갭이론이 기술의 격차를 통하여 국제무역패턴의 결정원리를 설명하는 국제무역이론으로서의 함의만을 가지는 반면 제품주기이론은 국제무역이론으로서뿐만 아니라 국제투자이론으로서의 일정한 설명력을 제공해 준다고 할 수 있다.

이렇게 제품주기이론은 무역과 투자를 통합시키는 이론일 뿐만 아니라 무역이나 해외투자라는 거시적 현상을 투자를 행하는 의사결정자로서의 기업의 역할과 기능이라는 미시적 관점에서 설명하고 있어 거시적 관점과 미시적 관점을 통합하고 있는 이론이기도 하다. 이와 더불어 제품주기이론은 제품주기의 변화에 따른 직접투자의 변화과정을 동태적으로 설명하였을 뿐만 아니라 다국적기업의 경쟁에서 나타나는 과점시장구조(oligopolistic market structure) 하의 전략적 요인(strategic factor)도 함께 고려하고 있다. 제품주기이론의 이러한 이론적 구조와 성격 때문에 이 이론은 해외직접투자이론으로서 다음과 같은 강점과 유용성을 가졌다고 평가할 수 있다.

첫째로, 제품주기이론은 거시적 관점과 미시적 관점을 통합하고 있을 뿐만 아니라 제품주기의 변화에 따른 과정을 동태적으로 설명하고 있어 해외직접투자에 대한 통합적인 이론·동태적 이론으로서의 구조적 강점을 지녔다.

통합적 이론 : 제품주기이론은 무역과 생산입지의 변화라는 거시적 관점 위에 투자를 행하는 기업의 역할과 기능이라는 미시적 관점을 추가시키고 있고, 또한 수요(시장)와 공급(생산)요인을 종합적으로 논의하고 있으면서 기술과 정보의 우위성과 이들에 대한 시장의 불완전성을 전제하며, 수출과 직접투자를 상호대체적인 성격으로 파악함으로써 양자를 함께 논의하는 통합적 성격을 띠고 있다. 이런 점에서 제품주기이론은 해외직접투자이론이 나아가야 할 거시와 미시·수요와 공급·시장의 완전성과 불완전성·무역과 투자를 이론적으로 통합해 준 하나의 유망한 모델이라고 할 수 있다.

동태적 이론 : 제품주기이론은 제품주기 및 과점기업의 전략 변화를 통하여 무역과 투자의 변화를 설명하는 동태적 이론이다. 따라서 이 이론은 산업조직론적 해외직접투자이론을 보완하고 있다는 이론적 특성을 보여준다. 즉 하이머-킨들버거류의 독점적 우위론이 해외진출기업의 실질적 우위성을 제품차별화·기술독점·대규모성·수직적 통합 등 과점적 내지는 산업조직론적 관점에서 일반적이고 추상적으로 다루고 있음을 대해, 제품주기이론은 그들을 분해하여 제품의 발전단계에 따른 과점적 강점을 동태적으로 명확히 보여주고 있다.[29] 이 점이 과점적 이론과 제품주기이론의 차이점인 동시에 후자의 우수한 점이라고 할 수 있다.

둘째로, 이상과 같은 제품주기이론의 이론적 성격과 구조 때문에 해외직접투자이론이 해명하여야 할 여러 가지 이론적 과제에 대하여서도 나름대로의 설명력을 지니고 있다.

실질적 우위(how)의 설명 : 해외진출기업이 현지경쟁기업과의 경쟁에서 이길 수 있는 실질적 우위를 생산기술상의 이노베이션에서 구하고 특히 정보 및 지식시장의 불완전성을 전제함으로써 과점에 의한 우위성을 강조하며 이를 동태화하고 있다. 따라서 이 이론은 진출기업의 실질적 우위성에 대해 R&D를 통한 과점적 요인과 제품의 주기론을 교묘히 융합시킴으로써 뚜렷하고 설득력 있는 논리를 제시하는 이론이라고 할 수 있다.

직접투자의 선택이유(why) 설명 : 여타의 해외진출수단 중 왜 직접투자를 선택하는가에 대하여, 종래의 수출활동이 해외직접투자로 대체되는 과정을 성숙후기에 있어서의 과점적 요인에 의하여 발생되는 시장방어적 투자와 표준화기에 있어서 입지적 요인에 의하여 발생되는 저노임지향적 투자를 모델링함으로써, 수출과 직접투자의 선택문제에 대한 나름대로의 해답을 제시해 준다. 그러나 직접투자와 라이센싱 간의 선택문제에 대해서는 어떠한 설명을 제공해 주지 못함은 후술하는 바와 같다.

---

29 다만 하이머의 독점적 우위론이 원천적으로 해외직접투자를 기업의 독점력을 향상시키려는 공격적인 전략으로 파악하는 데 비하여 버논 등의 제품주기이론은 현재의 시장포지션을 유지하고 보호하려는 방어적 전략으로 파악하려는 점에서 서로 다르다.

투자의 입지(where)와 시기(when)의 설명 : 이 이론은 해외직접투자가 이루어지는 생산입지의 선택문제에 대하여 성숙후기와 표준화기에 발생되는 투자가 각각 여타선진국과 개도국에 입지하게 된다는 것을 모델링함으로써 추상적이기는 하지만 입지론적 관점의 해답을 일정 부분 제시해 주고 있다고 할 수 있다. 또한 해외직접투자가 이루어지는 시기문제에 대해서도 성숙후기와 표준화기에 어떠한 조건 하에서 해외투자가 발생되는가를 논의함으로써 이에 대한 나름대로의 설명을 제시해 주고 있다.

셋째로, 제품주기이론은 어떤 상품이 수출이 이루어지는 요인을 기술혁신이나 기술상의 우위에서 구하고 이러한 기술혁신과 우위를 발생시키고 전파시키는 과정을 통하여 무역과 투자를 설명함으로써, 전후 미국의 제조기업이 누리던 우위성이나 미국계 다국적기업의 국제화 과정을 설명하는 데 매우 확실하고 논리적인 해답을 제시해 주었다. 또한 오늘날과 같은 기술 주도형 국제분업시대의 무역과 직접투자를 설명하는 데 매우 적실성이 있는 이론이라고 할 수 있다. 이러한 점에서 제품주기이론은 해외직접투자의 현실에 대해서도 유용한 설명력을 제공해 주는 이론모델이라고 할 수 있다.

이러한 사실은 이후 많은 실증적 연구에서 뒷받침되기도 하였다. 1960년대 말 또는 1970년대 초에 이루어진 주요한 실증연구들은, 많은 새로운 기술개발이 미국에 의해 주도되어 이것이 후에 서유럽으로 확산되었고 이러한 기술 확산의 주요 메커니즘이 미국 기업의 대유럽 직접투자를 통하여 이루어졌으며, 보다 성숙된 제품의 경우에는 미국이나 유럽 기업들 공히 이러한 과정을 거쳤음을 보여주었다. 또한 당시 무역과 해외직접투자의 일반적 패턴을 분석한 많은 연구들도 무역과 투자의 패턴이 제품주기이론이 제시하는 유형과 일치하고 있음을 보여주었다.[30]

이처럼 제품주기이론은, 실제로 일어나고 있는 해외직접투자의 패턴과 특성을 설명하는 데 유용한 설명력을 지니고 있다는 점에서 유용할 뿐만 아니라, 범세계적 경영활동을 행하는 다국적기업은 끊임없이 새로운 기술적 우위를 창조하지 않으면 안 된다는 사실을 보여줌으로써 다국적기업의 세계적 경쟁과정에 대한 흥미 있는 통찰력을 제공해 준다고 할 수 있다. 이러한 이론적 유용성 때문에 그후 이와 관련한 다수의 가치 있는 실증적 연구들이 끊임없이 이루어지고 있고 국제투자나 국제경영 분야에 있어서 많은 사람들에 의하여 가장 많이 인용되고 회자되는 이론 중의 하나가 되고 있다.

30 이러한 연구의 대표적인 것으로서는 OECD(1970), W. Gruber et als(1967) 등이 있다.

부록 8-2 제품주기이론의 이론적 한계성 논의

제품주기이론은 신제품이 출현하여 성장 · 성숙 · 쇠퇴의 단계를 거쳐 가는 과정을 이론화한 것으로서 오늘날의 국제무역과 국제투자, 특히 해외직접투자 내지 다국적기업의 생성과 본질을 그러한 제품주기와 유기적으로 결합시킴으로써 하나의 가치 있는 이론적 시사점을 제공하고 있다. 그러나 이 이론 역시 국제무역이론으로서뿐만 아니라 해외직접투자와 다국적기업을 설명하는 이론으로서도 많은 한계를 지니는 것으로 지적된다. 이 때문에, 전술한 대로 국제투자나 국제경영 분야에 있어서 가장 많이 인용되고 논의되는 이론 중의 하나이면서 동시에 가장 많이 비판받아 온 이론 중의 하나이기도 하다.[31] 제품주기이론에 대한 여러 가지 비판들 중 대표적인 논의들을 정리하면 다음과 같다.

1. 환경변화에 따른 현실적 설명력의 약화

제품주기이론 자체가 1950~1960년대 미국의 대규모 제조기업의 초기적 해외진출을 설명하기 위한 것이었던 만큼, 그동안에 이루어진 많은 경제환경의 변화로 인하여 오늘날의 현실에 대한 이론적 적실성이 떨어지게 되었다. 이것은, [부록 8-3]에서 소개하는 바와 같이, 버논 자신이 스스로 자신의 이론에 대한 수정과 확장을 행한 이유이기도 하다.

(1) 비교적 투자경험이 적고 국제화를 처음으로 행하는 기업의 초기적 투자활동을 설명함에 있어서는 어느 정도 타당성이 있을지 모르나, 이미 전 세계적인 조직을 갖추고 제품개발 · 생산 · 마케팅 등을 범세계적인 시야에서 계획하고 집행하는 다국적기업의 투자활동을 설명함에 있어서는 그 타당성이 약화된다. 왜냐하면, 이렇게 세계적인 기업들은 처음부터 세계 여러 곳에 소재하는 자신의 연구개발센터에서 동시에 제품개발을 하고 동시에 신제품을 전 세계시장에 소개하고 있으므로, 기술수준 및 수요형태의 차이에서 오는 모방 갭은 존재하지 않기 때문이다. 더욱이 오늘날 같이 제품의 주기가 짧아지고 때로는 제품주기의 논리적 단계를 거치지 않는 제품들이 많이 존재하는 경우 이러한 한계성은 더욱 커진다. 실제로 반도체 · 전자부문에 있어서 미국의 다국적기업들은 비교우위의 이전이나 수출시장의 위협이 발생하기도 전에 그들의 생산설비를 해외로 이전하였다.

(2) 미국과 유럽제국 및 일본 등의 소득격차가 축소됨에 따라 미국 · 여타선진국 · 개도국이라는 피라미드형 세계경제체제가 붕괴되고 있고 이제는 미국 이외의 선진국들이 다수의 다국적기업을 배출하고 있어 제품주기이론의 전제가 현실적으로 약화되었다. 따라서 이 이론은 1950~1960년대에 미국 제조기업의 수출과 직접투자를 설명하기 위한 모델이었던 만큼 당시 미국의 압도적인 수평적 해외직접투자를 설명함에 있어서는 유용할 수 있었으나, 1970년대 이후 유럽과 일본 등의 세계적 다국적기업이 출현하게 됨으로써 이러한 가설이 도전받기 시작하였다.

2. 일반이론으로서의 한계성(부분적 설명력)

이처럼 제품주기이론은 처음부터 1950~1960년대 특정한 기업들의 특정한 투자를 설명하는 이론으로 출발하였던 만큼 처음부터 모든 해외직접투자 설명하는 일반이론으로서의 성격을 지니고

---

31 Grazia letto－Gillies(2005) p.76.

있지 못하였다. 따라서 이 이론은, 오늘날과 같이 다양한 해외직접투자를 설명하는 일반적 이론으로서의 적격성을 가지지는 못하고, 해외직접투자와 관련되는 특정 이슈들에 대한 설명력만을 가진 부분적 이론이라고 할 수 있다.

(1) 이 이론은 제조업 또는 공업 제품의 시장지향적 투자를 설명하기 위한 이론인 만큼 천연자원 지향적 투자나 자산추구형 투자 등을 설명하는 데 있어서 별다른 유용성을 지니지 못한다. 또한 공업제품이라고 하더라도 전자·섬유 등의 국제화과정을 설명함에 있어서는 어느 정도 타당성을 가지지만, 기계류와 같이 그 기능적 특성이 부단히 변화하는 산업에 있어서 새로운 기술혁신이 누적되는 과정을 제대로 설명하지 못하는 한계점이 있다.

(2) 수출대체적 성격을 지닌 투자, 예컨대 미국형 해외투자를 그 모델로 하고 있는 이론인 만큼 비-수출대체적(non-exporting substituting) 성격의 투자, 예컨대 일본형 투자 또는 개발도상국 기업의 투자를 설명하는 이론으로서는 한계를 가진다.

(3) 오늘날 식품산업이나 자동차산업에서 볼 수 있는 바와 같이 독특한 제품이나 기술을 바탕으로 다국적기업을 이룬 미국 기업 가운데는 그들 기업의 성장과 발전을 지속적인 기술개발에서 보다 합리적인 생산시스템·근대적인 마케팅시스템·효율적인 관리조직·관리통제시스템 등 뛰어난 경영관리시스템을 통하여 실현해가는 것을 볼 수 있다. 그러나 제품주기이론은 해외투자를 행하는 기업의 우위성을 기술개발능력의 상대적 우위성에만 근거하여 설명하고 있어 오늘날의 이러한 현실과 부합되지 않는다.

(4) 제품주기이론은 기술혁신능력·경제발전단계·1인당 소득수준 등의 관점에서 국가 간 계층구조가 존재하고 이러한 계층구조상 가장 높은 나라로부터 낮은 나라로 기술의 확산과 투자가 이루어진다는 것을 전제로 한다. 따라서 이 이론은 오늘날 빈번히 일어나고 있는 국가 간 상호투자(cross investment)에 대한 올바른 설명력을 가지기 어렵다.

3. 분석의 시각과 관점에 따른 한계성

(1) 제품주기이론은 미시적 요인과 거시적 요인을 통합하고 있다. 그러나 이러한 이론적 통합이 완전한 것인가에 대해서는 문제가 남아 있다. 우선 이 이론은 해외진출기업이 지녀야 할 미시적·기업적 요인 중에서 R&D를 통한 기술적 우위나 시장불완전성을 전제로 하는 과점적 강점만을 고려하고 있고, 해외직접투자를 발생시키는 거시적·입지적 요인 중에서 상대적 노동코스트만을 고려하고 있다. 따라서 이 이론은 해외투자와 관련되는 여러 요인들 중 R&D·과점·노동코스트 요인만을 강조하는 부분적 통합이론이라고 할 수 있다.

(2) 제품주기이론은 제품 및 그것의 주기에 과도하게 집중하여 해외투자가 특정의 기업과 불가분의 관계에서 이루어진다는 사실, 즉 기업이론적 시각이 고려되고 있지 못하다. 따라서 직접투자가 기업의 포괄적인 경영자원의 이전활동이라는 점을 제대로 인식하지 못하고 라이센싱 대신에 해외직접투자를 선택하는 이유에 대한 대답도 제시하지 못한다.[32] 또한 대부분의 다국적기업이 다수의 제품을 생산하는 기업으로서 다각화를 이룩하고 있는데 이러한 '기업적 특성'보다는 '제품적 특성'에만 치중함으로써 다국적기업과 해외직접투자의 특성을 전체적으로 설명하기 어렵다.

전술한 대로 제품주기이론은 다국적기업의 해외직접투자에 대한 통합적·동태적이론으로서 해

32 I. H. Giddy(1978) p.91.

외직접투자의 원인과 영향을 설명하는 하나의 유망한 이론이다. 그러나 이상과 같은 제품주기이론의 한계점들을 고려할 때, 국제경제 환경의 변화에 따라 그 이론적 적용가능성이 축소되고 있는 이론, 주로 수출대체적인 시장지향적 제조업투자에 대하여 이론적 적실성을 가지는 부분적인 설명력을 지닌 이론, 제품주기변화에 따른 R&D요인과 노동코스트요인만을 강조하면서 분석단위로서 기업보다는 제품에 치중하고 있어 다국적기업보다는 해외직접투자를 설명하는 데 더 적합한 이론이다. 따라서 제품주기이론은 여러 가지 해외직접투자이론들 중 하나의 유망한 이론이라고 할 수 있다.

부록 8-3 제품주기이론의 이론적 수정과 관련 이론

이상에서 설명한 제품주기이론의 내용은 대부분 버논(R. Vernon, 1966)의 고전적 연구에 의한 것임에 대하여 이후 제품주기이론의 이론적 한계성을 극복하고 보다 현실에 적합한 모델을 제시하려는 노력이 버논 자신에 의하여 스스로 이루어졌다. 이하에서는 이러한 버논 자신의 노력들 중 대표적인 2개의 후속 논문의 주요 내용을 소개하고 아울러 제품주기이론의 관련이론으로서, 개도국의 해외투자를 이러한 제품주기론적인 맥락에서 설명하려는 안행형태론에 대해 소개한다.

1. 입지론적인 관점의 이론적 확장

버논(R. Vernon, 1974)은 다국적기업의 과점적 행동원리를 생산입지론과 결부시켜 생산입지의 결정이 다국적기업에 의하여 어떻게 달라질 수 있는가를 설명하였다. 그는 이러한 관점에서 다국적기업을 과점(oligopoly)적 존재로 파악하여 이러한 과점에서의 경쟁적 우위가 무엇인가에 따라 3단계의 과점으로 구분하고 이러한 과점단계에 따른 변화를 다음과 같이 설명하였다.

기술혁신과점(innovation-based oligopolies) : 과점적 경쟁의 우위요소를 신제품창조의 기술적 강점에서 찾을 수 있는 경우로서 최초의 논문이 상정하고 있는 경우와 유사하다. 따라서 이러한 단계에서의 생산의 최적입지는 기술혁신이 이루어지는 나라가 된다.

성숙과점(mature oligopolies) : 과점적 경쟁의 우위요소를 기술혁신력보다는 생산규모 · 운송 · 마케팅능력 등의 강점에서 찾을 수 있는 경우이다. 이러한 단계에서의 생산의 최적입지는 경쟁기업들 간의 가격전략이나 입지전략 등의 경쟁에서 결정된다. 따라서 규모의 경제나 과점적 대응전략 등이 주요한 변수이고 입지와 관련된 지리적 집중 등의 현상이 발생된다.

정체과점(senescent oligopolies) : 기술혁신이나 규모의 경제 등이 과점적 경쟁우위요소로서 중요성을 상실한 단계의 과점이다. 이러한 단계에서 기업들은 시장점유율의 안정을 유지하기 위하여 경쟁기업들 간의 카르텔이나 광고를 통한 제품차별화 등과 같은 수단을 사용하기도 한다. 이러한 과정을 통하여 생산의 최적입지는 결국 최저 코스트에서 찾게 되어 다국적기업들은 그들의 생산입지를 개도국으로 이전한다.

이상과 같은 버논의 이론적 확장은 결국 다국적기업의 해외직접투자를 과점적 이윤의 극대화를 추구하는 과점적 경쟁행위로 규정하고 과점의 단계변화에 따라 다국적기업의 생산입지가 어떻게 변화되는가를 이론화하고 있는 것이다.

2. 국제환경변화에 대응한 이론적 수정

1970년대 말 버논(R. Vernon, 1979)은 또다시 그의 최초의 제품주기이론에 대한 스스로의 비판적 리뷰를 행하고 그에 대한 스스로의 이론적 수정을 가하였다. 그는, 모든 이론모델은 특정한 환경을 전제로 하는 만큼 그러한 모델의 전제가 되는 환경이 변화되는 경우 그 이론모델도 당연히 변화되어야 한다는 관점에서 자신의 제품주기이론에 대한 이론적 수정을 가하였다. 그는 1970년대 말과 1980년대에 있어서 나타난 환경적 변화로서 다음과 같은 2가지를 분석하였다.

다국적기업의 범세계적 네트워크 확대 : 전후 30여 년을 경과하는 과정에서 다국적기업 활동의 지리적 네트워크가 급속히 확산되어 생산거점의 다국적화가 이루어졌다. 따라서 미국에서 신제품이 출현하고 도입된 이후 다른 나라로 확산되는 시기까지의 시간적 간격(time lag)이 크게 감소되었다.

서유럽 및 일본의 거시환경 변화 : 전후에는 미국과 서유럽의 거시경제적 환경의 격차가 매우 커 제품주기이론이 적용될 수 있는 이론적 적합성이 매우 높았지만 서유럽이나 일본의 급속한 경제부흥으로 인하여 미국과의 격차가 좁혀짐에 따라 미국경제의 절대성 우위성이라는 당초의 전제가 무너지게 되었다. 이에 따라 미국과 이들 간의 1인당 소득 · 노동비용 · 시장규모 · 소비자기호 등에서의 경제적 격차가 상당히 좁혀지게 되었다.

이러한 2가지 변화로 인하여 다국적기업은 더욱더 글로벌한 행위자가 되는 동시에 많은 제품들이 보다 표준화되었다. 이것은 결국 제품주기이론이 적용될 수 있는 국제적 환경이 점차 사라지고 있고 따라서 그것의 이론적 적용가능성이 약화되고 있음을 뜻하게 되는데 버논 자신이 이 논문을 통하여 이를 시인하였다. 다만 그는, 이러한 환경변화에도 불구하고 제품주기이론의 적용가능성이 있는 영역들이 여전히 존재한다고 전제하고, 제품주기이론이 한계적 · 선별적으로 적용될 수 있는 경우를 다음과 같이 제시하였다.

특정 기업유형의 경우 : 글로벌 활동을 크게 하지 않고 소규모시장과 표준화되지 않는 수요에 대응하는 소규모기업의 기술혁신활동 경우, 또는 개개의 시장에서 나타나는 개별적 수요는 무시하고 오히려 동질적인 세계수요에 대응하여 표준화된 제품의 개발과 생산 · 판매에만 전념하면서 항상 기술상의 우위를 지키기 위하여 혁신활동의 중핵부분을 본사 가까이 입지하려는 기업의 경우 등에는 제품주기이론이 여전히 적용될 수 있다.

선후진국 간의 기술혁신확산 경우 : 선진국과 개도국 간 기술혁신의 확산과정에 대해서는 여전히 제품주기이론의 적용가능성이 존재한다.

초기의 제품주기이론에 대한 이상과 같은 버논 자신의 재검토는 결국, 오늘날의 다국적기업들이 범세계적 네트워크를 확대하고 있고 또한 1960년대까지 누리고 있던 미국의 경제적 · 기술적 우위성이 감소됨에 따라, 제품주기이론의 이론적 설명력이 약화되고 있으며 따라서 이 이론은 이제 특정한 산업 · 기업 · 시장의 경우에 한정적으로 적용될 수밖에 없음을 설명하고 있는 것이다.

3. 선발개도국의 안행형태론(雁行形態論)

1970년대에 들어와 선발개도국 내지 신흥공업국들의 해외직접투자가 증대되게 되자 이들의 해외투자를 제품주기론적인 관점에서 설명하려는 노력이 이루어지기도 하였다. 말하자면 선진국인 기술혁신국으로부터 발생하는 해외투자를 설명하는 본래의 제품주기이론을 개도국의 해외투자에 적용하려는 이론적 수정과 확장이라고 할 수 있다.

일찍이 일본의 아까마츠(赤松 要) 교수는 1930년대에 이른바 캐칭－업 제품주기모델(catching-up model)을 제창한 바 있다. 버논 등이 제시한 본래의 제품주기모델(genuine product cycle model)이 기술혁신국에 있어서의 신제품의 제품주기 변화에 따른 생산입지·무역·투자를 설명하는 것이었음에 대하여, 이 모델은 후발공업국의 표준화제품에 있어서의 제품주기 변화에 따른 생산입지·무역·투자의 변화를 설명하였다. 후발공업국의 경우 선진국으로부터 신제품이 수입되어 소비되다가 점차 국내수요가 어느 수준에 도달되면 국내에서 수입대체적인 생산이 이루어지고 국내생산비가 국제적인 수준에 도달되면 수출을 통한 해외진출을 행하게 되는 과정을 이러한 모델을 통하여 이론화하였다.

이상과 같은 과정에서 시간의 변화에 따른 수입(M)－국내생산(P)－수출(X)이 이루어지는 궤적을 시간의 변화에 따라 그린 3개의 곡선이 마치 기러기가 줄지어 날아오르는 형태를 취한다고 하여 안행형태론(the wild geese flying pattern)이라고 명명하였다.[33] 따라서 이러한 안행형태론은, 신제품이 아닌 표준화제품에 있어서 선진국이 아닌 후발공업국이 수입대체로부터 출발하여 수출을 행하는 캐칭－업과정을 모델링한 것으로서, 1970년대 후반 이후 일본이 행한 해외투자나 1980년대 이후 신흥공업국이 행한 해외투자를 설명하는 논리로서 자주 인용되기도 하였다.

제2절 국제생산의 절충이론

1. 절충이론의 의의와 주요 내용

1970년대 후반 이후 지금까지 제시된 여러 가지 해외직접투자이론을 종합함으로써 보다 포괄적인 설명력을 제공하는 어떤 새로운 이론체계를 정립하려는 노력들이 각 방면에서 이루어졌다. 이러한 이론적 시도들 중 대표적인 이론이 더닝(J. H. Dunning)에 의해 제시되어진 국제생산의 절충이론(the eclectic theory of international production)이다.

이 이론의 기본적인 전제는, 지금까지의 해외직접투자이론들은 결국 ① 해외진출기업이 어떻게(how) 현지기업들과의 경쟁에서 이길 수 있는가, ② 그들은 수출이나 라이센싱 대신에 왜(why) 직접투자를 선택하는가, ③ 직접투자를 통한 국제생산이 이루어지는 현지국은 어디(where)인가의 문제들을 규명하여 왔는데 이러한 각각의 해명들은 국제생산(international production)에 대한 부분적인 설명에 그치고 있으므로 이러한 3가지의 문제를 포괄적으로 설명해 주는 이론이 국제생산이론이라는 것이다.[34]

---

33 小島清(1973) p.260 및 K. Kojima(1978) p.65.

34 그는 무역과 직접투자를 포괄한 개념으로서 국제생산(international production) 또는 국제경제참가(international

그는 이러한 3가지 문제들(어떻게 · 왜 · 어디)을 각각 소유권(ownership) 특수적 우위 · 내부화(internalization)우위 · 입지(location) 특수적 우위로써 설명하고 이러한 요소들의 결합을 통하여 다국적기업과 해외직접투자에 대한 포괄적 설명력을 제공할 수 있다고 주장하였다. 그런데 이들 3가지의 우위요소들 중 기업특수적 우위 · 내부화우위는 미시적 · 기업적 · 경영학적 개념임에 대하여 입지특수적 우위는 거시적 · 국민경제적 · 경제학적 개념이므로, 이러한 양자를 종합하였다는 점에서 그 스스로 이를 절충이론(eclectic theory)이라고 지칭하였다. 또한 이러한 더닝의 절충이론은 3가지 우위요인의 머리글자(initial)를 따서 'OLI패러다임'(OLI paradigm)이라고 불리어지기도 하는데, 이들 3대 우위요소의 구체적 내용은 다음과 같다.

소유권 특수적 우위(ownership specific advantages) : 이는 어떤 특정한 시장에서 국제생산 활동을 행하려고 하였을 때 그 기업에게만 특수적(specific)인 우위요인, 즉 다른 경쟁기업들이 소유 · 취득 · 활용할 수 없는 특권적 소유의 자산이다. 따라서 이는 해외에 진출한 기업이 적어도 일정 기간 동안 배타적으로 사용할 수 있는 자원이나 능력으로서 특수한 인력 · 자원 등과 같은 유형의 자산뿐만 아니라 기술 · 정보 · 경영스킬 · 조직구조 상의 우위 등과 같은 무형의 자산(intangible assets)도 포함된다. 국제생산을 위하여 해외로 진출하는 기업은 이러한 소유권 특수적 우위를 통하여 외국에서의 경영활동에서 추가적으로 발생되는 외국비용(cost of foreignness)이나 현지국의 경쟁기업들에 대한 해외진출기업의 불리함(disadvantages)을 극복할 수 있다.

내부화 우위(internalization incentive advantage) : 어떤 기업이 이와 같은 소유권 특수적 우위를 갖추었다고 했을 때 이러한 우위성을 활용할 수 있는 방법에는 여러 가지 대안적 방식이 있다. 이때 이러한 여러 가지 방식들 중 해외직접투자를 통하여 자신의 우위를 활용하기 위해서는, 라이센싱이나 기타 계약 등과 같이 시장을 통하여 그러한 우위를 타 기업에 양도 · 대여하는 외부화(externalization)보다도 이를 자사 조직 내에서 직접 거래하는 내부화(internalization)를 선택하도록 하는 우위가 요구되는데 이러한 우위요인이 내부화우위이다. 따라서 해외직접투자가 발생하려면 자신만이 보유하고 있는 특수적 우위를 외부화하지 않고 내부화하려는 동기, 즉 여타의 대안적 사업방식을 선택했을 때의 이익보다 내부화(직접투자)하였을 때 발생할 수 있는 이익이 더 커야 한다.

입지 특수적 우위(locational specific advantage) : 어떤 기업이 이상과 같은 소유권 특수적 우위와 내부화우위를 다 갖추었다고 하더라도 반드시 해외로 진출하는 것은 아니다. 만약 해외 현지국보다 본국의 투자환경이나 여건이 더 좋다면 굳이 해외로 진출하여야 할 필요가 없기 때문이다. 따라서 해외직접투자가 일어나기 위해서는 이러한 2가지 우위성을 해

---

economic involvement)라는 용어를 사용하면서 이에 대한 이론은 이러한 2가지 활동을 함께 설명할 수 있어야 한다고 인식하였다.

외에 있는 현지국의 생산요소와 결합하여 이용하는 것이 이익이 되게 하는 우위요인이 있어야 하는데 이것이 입지특수적 우위요인이다. 이러한 우위요인은, 기업이 해외진출을 행함에 있어 수출 대신 직접투자를 선택되는 이유를 설명해 주는 동시에 직접투자가 이루어지는 특정한 현지국이 어디인가를 설명해 주는 요인이다. 위에서 설명한 소유권 특수적 우위가 기업이 해외시장으로 나가게 하는 촉진(push)요인이라면 이러한 입지 특수적 우위는 외국기업을 현지국으로 들어오게 하는 유인(pull)요인이라고 할 수 있다.

국제생산의 절충이론을 구성하는 이상과 같은 3가지 특수적 우위요인을 더닝(J. H. Dunning, 1980) 자신이 보다 구체적으로 명시하여 정리한 것이 <표 8-3>이다.

표 8-3 **국제생산의 절충이론의 3가지 우위요소**

구 분	3가지 우위의 구체적 내용	
소유권 특수적 우 위 (ownership specific advantage)	• 제1유형 (기업의 다국적성 무관한 우위)	• 기업규모와 지위·제품 및 공정의 다양화·우위를 이용하는 능력 • 독점자원 이용능력. 특허 등 법률로 보호받는 전유적 기술 및 상표 • 생산관리 조직 마케팅시스템·R&D능력·인적자본 축적과 경험 • 노동·천연자원·금융정보 등 자원에 대한 배타적인 접근능력 • 유리한 조건으로 투입요소를 획득할 수 있는 능력 • 제품시장에 대한 배타적인 또한 유리한 접근능력 • 시장진입의 통제 등과 같은 국가정부의 보호
	• 제2유형 (해외 자회사의 우위)	• 투입물에 대한 저렴한 접근성 • 시장 및 현지시장에 대한 지식 • 본사의 영업관리·R&D·마케팅 등의 저렴한 비용 이용가능성 • 생산·구매·마케팅·자금조달 등에 대한 공동공급 유리점
	• 제3유형 (기업의 다국적성 우위)	• 이상의 제우위에 대한 보다 넓은 기회의 제공능력 • 정보·투입요소·시장 등에 대한 보다 유리한 접근능력 • 요소부존·시장 등의 국제차이를 더 잘 활용할 수 있는 능력 • 위험을 분산시킬 수 있는 능력
내부화 우 위 (internalization incentive advantage)	• 거래자 선정·협상 조정 등의 시장거래비용의 회피 • 독점적 권리확보에 따르는 소유권비용의 회피 • 매매 대상물의 가치 및 성질 등에 대한 매매자불확실성의 회피 • 외부시장이 가격차별화 허용치 않을 경우 기업내부로 흡수할 수 있는 이점 • 제품의 품질을 보호하려는 판매자 욕구를 충족할 수 있는 이점 • 상호의존적 활동에 따르는 경제성을 향유할 수 있는 이점 • 거래시장부재를 기업의 내부화로 보충할 수 있는 이점 • 쿼터·관세·가격통제·조세차별 등의 정부간섭을 회피할 수 있는 이점 • 기술을 포함한 투입물의 공급과 판매조건을 통제할 수 있는 이점 • 시장판로를 통제할 수 있는 이점 • 상호보고·침탈적 가격책정 등 경쟁전략을 수행할 수 있는 이점	
입 지 특수적 우 위 (location specific advantage)	• 투입물과 시장의 공간적 분산 • 투입물의 가격·품질·생산성 • 수송비 및 통신비용 • 정부의 간섭과 정책 • 경제하부구조의 발달정도 • R&D·생산·마케팅상의 경제성 • 수입규제·세율·투자유인 및 투자환경·정치적 안정성 등 • 언어·문화·관습 등에 있어서의 사회 심리적 거리감	

자료 : J. H. Dunning (Nov. 1979), (Nov. 1980), (1981)

그후 더닝(J. H. Dunning, 1981)은 국제사업활동의 중요한 참여방식, 즉 수출·라이센싱·해외직접투자 중 무엇을 선택하는가 하는 기준을 이러한 세 가지 특수적 우위요인의 상호관계를 통하여 〈표 8－4〉와 같이 설명하였다. 이를 통해 알 수 있는 바와 같이 기업이 수출·라이센싱·해외직접투자의 어느 것을 선택하더라도 국제적 경영활동을 행하는 데에는 무엇인가 그 기업에만 특수한 경쟁적 우위가 존재하여야 한다. 이때 이러한 기업특수적 우위를 어떻게 활용하느냐에 따라 해외시장의 진입형태(entry mode)가 달라진다.

표 8－4 **해외시장개입 형태와 결정요인**

우위요인 / 해외사업형태	소유권 특수적 우위	내부화우위	입지 특수적 우위
라이센싱 등	○	×	×
수 출	○	○	×
해외직접투자	○	○	○

자료 : J. H. Dunning(1981)

즉, 어떤 기업이 자신만의 특유한 소유권 특수적 우위를 보유하였을 때 그러한 우위 자체를 외부시장에 판매하거나 임대하는 것이 유리할 경우 라이센싱을 행하게 되고, 그러한 우위를 국내의 생산요소와 결합하여 제품을 생산하여 그 제품을 해외에 판매하는 것이 유리할 경우 수출을 행하는 반면, 그러한 우위를 국내 생산요소와 결합하는 것보다 그것을 해외로 이전하여 현지국의 생산요소와 결합하는 것이 유리하다면(입지적 우위가 본국보다 현지국에 있다면) 수출 대신에 해외직접투자를 선택하게 되는 것이다.

따라서 어떤 기업이 라이센싱·수출·직접투자 등과 같은 국제경영활동을 하기 위해서는 자신에게만 특유한 어떤 우위를 보유하여야 하고, 이러한 우위를 외부시장을 통하여 활용하는 것보다 기업 내에서 내부화하는 것이 유리하도록 해주는 내부화요인이 존재하면 라이센싱 대신에 수출이나 직접투자 중 어느 것을 선택하게 되는데, 이때 국내에서 생산하는 것보다 해외에서 생산하는 것이 유리하도록 해주는 입지적 우위가 충족될 때 해외직접투자를 선택하게 되는 것이다. 따라서 해외직접투자는 이러한 3가지 우위요인이 동시에 충족되어 3위 일체(trinity)가 이루어질 때 이루어진다고 할 수 있다.

이렇게 국제생산의 절충이론은, 해외직접투자란 투자기업이 보유하고 있는 소유권 특수적 우위(ownership specific advantages)를 시장을 통한 거래(arm's length transactions) 대신에 기업 내부조직을 통하여 거래하는 내부화(internalization)의 우위와 해외에서의 유리한 입지적 우위(locational specific advantage)를 활용하는 국제경영활동이라고 규정한다. 이러한 절충이론의 프레임워크를 국가적 차원으로 확장하면, 어떤 주어진 시점에서 어떤 나라의 기업이 다른 나라의 기업에 비하여 소유권적 우위(O)를 더 많이 가지면 가질수록, 그것을 외부화하기보다 내부화할 유인(I)이 크면 클수록, 해외에서 그것을 활용하거나 접근할 때의 입지적 이익유인(L)이 크면 클수록 더 많은 해외직접투자를 행하게 된다는 일반적 예견을 제시할 수 있다.[35]

2. 절충이론의 이론적 유용성

이상에서 고찰한 바와 같이 국제생산의 절충이론은, 소유권 및 내부화라는 기업특수적(firm-specific) 우위성과 입지적 요인이라는 국가특수적(nation-specific) 우위성을 결합하여 해외직접투자를 설명함으로써, 미시적·기업적·경영학적 시각뿐만 아니라 거시적·국민경제적·경제학적 시각도 함께 고려하는 '종합적 이론'으로서의 성격을 갖추고 있다. 따라서 어떤 사람들은 그동안 제시되었던 여러 가지 주요한 이론적 경향들이 이러한 절충이론을 통하여 통합됨으로써 절충이론이 지난 20여 년간 국제경영 분야의 지배적인 패러다임으로 자리매김하여 왔다고 평가하기도 한다.[36]

또한 이러한 통합적 이론으로서의 성격 때문에 해외직접투자이론이 해명하여야 할 제 이론적 과제들, 즉 ① 해외진출기업이 어떻게(how) 현지기업들과 경쟁에서 이길 수 있는가, ② 수출이나 라이센싱 대신에 왜(why) 직접투자를 선택하게 되는가, ③ 이러한 해외직접투자가 이루어지는 현지국은 어디(where)인가라는 기본적 과제에 대한 해답을 제시해 준다. 이와 함께 이 이론은 현실의 해외투자에서 나타나는 여러 가지 특성에 대한 설명력도 제공해 준다.

예컨대, 해외직접투자가 특정의 기업에 지배적인 이유나 해외직접투자의 패턴이 산업별로 상이한 이유 등에 대하여 기업특수적 우위라는 개념을 통하여 설명해 주며 또한 해외직접투자의 국가별 패턴이 상이한 이유도 국가특수적 특성(country specific characteristics)을 통하여 설명해 준다.

따라서 이 이론은 해외직접투자이론의 흐름이라는 관점에서 현재까지의 제이론들을 포괄하는 가장 '일반적 이론'이라는 평가도 받고 있다. 전술한 바와 같이 해외진출기업의 경쟁우위의 원천이 무엇인가를 설명하는 독점적 우위론이 독자적인 직접투자이론 연구의

---

35 이러한 논리를 외국의 다국적기업을 유치하려는 현지국의 경우에 그대로 적용하면 그 반대의 논리가 그대로 적용될 것이고, 또한 특정한 국가의 해외직접투자와 외국인직접투자의 포지션 역시 소유권적 우위와 입지적 우위의 상대적 변화와 자산을 외부시장에서 거래할 때보다 내부화함으로써 얻을 수 있다고 생각하는 이익의 정도 여하에 따라 결정될 것이다.

36 J. A. Cantwell and R. Narula(2003) 참조. 또한 국제경영에 대한 많은 세미나에서도 더닝의 절충이론체계에 바탕을 둔 많은 논문들이 항상 주류적 위치를 점하여 왔다(Grazia Ietto-Gilies, 2005 p.117).

출발점이 되었으나 그러한 우위를 활용하는 방법으로서 왜 직접투자가 선택되는가를 설명하지 못하였다. 이에 라이센싱과 직접투자 간의 선택 문제를 설명하는 내부화이론이 나오게 되었고 다시 수출과 직접투자의 선택기준으로서의 현지국의 입지요인까지를 포함한 절충이론이 제시되기에 이르렀다.

말하자면 여타의 해외직접투자이론들이 하나의 변수에만 초점을 맞춘 반면 절충이론은 둘 이상의 변수를 통합함으로써 동일한 프레임워크 내에서 3가지의 주요한 국제화 진입유형(무역 · 라이센싱 · 국제생산)을 분석할 수 있게 해주었다. 따라서 해외직접투자이론의 경영학적 연구의 큰 줄기는 독점적 우위이론 → 내부화이론 → 국제생산의 절충이론의 흐름으로 이루어져 왔다고 할 수 있고, 또한 지금까지의 제이론들의 대부분은 이러한 절충이론의 체계 속에 포괄할 수 있는데 이러한 관계를 나타낸 것이 〈그림 8−2〉이다.

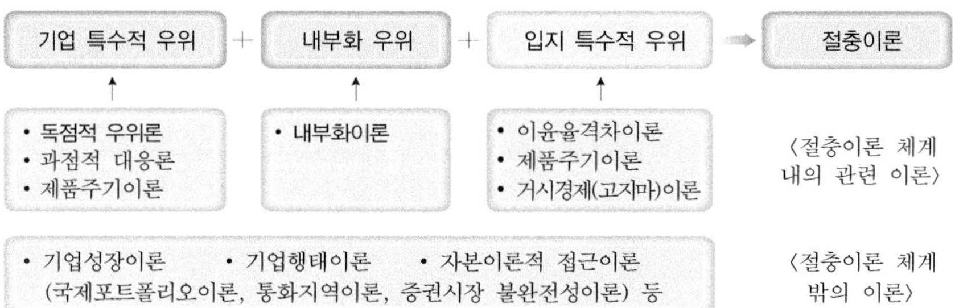

그림 8−2 절충이론의 체계에서 본 관련 해외직접투자이론

이처럼 국제생산의 절충이론은, 비록 다국적기업의 해외직접투자에 대한 유일한 이론일 수는 없으나 하나의 유력한 이론이며 또한 오늘날의 다국적기업이나 해외직접투자의 생성원인과 결정요인을 설명하는 이론적 연구는 대체로 이러한 절충이론의 방향에서 완결된 것으로 파악하려는 것이 대부분 국제경영학자들의 공통된 인식인 것으로 보인다. 그러나 이러한 절충이론의 체계 역시 여러 가지 관점에서 그 한계성이 지적되기도 하였고 이러한 논의의 연장선상에서 이론체계에 대한 확장과 수정이 이루어지기도 하였는데, 이에 대해서는 [부록 8−4]에서 논의하고 있다.

부록 8-4 절충이론에 대한 비판적 평가와 이론적 확장

1. 절충이론에 대한 비판적 평가

위에서 살펴본 바와 같이 국제생산의 절충이론은 다국적기업과 해외직접투자에 대한 하나의 통합적 이론으로서의 성격을 보여주었고 오늘날 해외직접투자이론의 연구가 이러한 절충이론으로 수렴되면서 종결되는 모습을 보여주고 있다. 그러나 이 이론 역시 여러 가지 관점에서 비판을 받고 있는데, 그러한 비판들을 크게 나누어보면 다음과 같은 2가지 측면으로 요약할 수 있다.

(1) 이론의 접근방법·이론적 성격과 관련되는 비판

첫 번째의 비판점은 절충이론의 기본적인 접근방법 또는 하나의 독자적인 해외직접투자이론으로서 갖추어야 할 이론적 요건이나 성격과 관련되는 이론적 한계성 문제이다.

원래의 절충이론에서 더닝(1977·1980)이 제시한 우위요인들이 너무 광범위하다. 〈표 8-3〉에서 보았듯이 그의 1980년 논문에는 소유권 우위요인이 20개 이상, 내부화 우위요인이 11개, 입지특수적 우위요인이 16개 이상 열거되고 있다. 이러한 각각의 우위요인들은 다시 세분류될 수 있고 또한 이러한 변수는 필요에 따라서 얼마든지 추가될 수도 있다. 따라서 그의 이론은 여러 가지 변수들을 총 망라한 하나의 리스트(list of variables)에 불과하여, 최악의 경우 해외직접투자를 실행하는 기업의 의사결정과정에서의 여러 가지 고려사항들을 종합하고 있는 하나의 절충적 분류체계(eclectic taxonomy) 내지 관련 이론들의 리스트(list of theories)에 지나지 않을 수 있다.

이러한 점에서 절충이론은, 오늘날 성장하는 다국적기업 그 자체를 설명하고 있다기보다는 그것을 설명하는 데 중요한 요인으로 여겨지는 제 우위요인들을 예시함에 그치고 있다. 따라서 이러한 여러 가지 요인들의 망라적 종합화를 통하여 어떤 하나의 기준을 찾을 수는 없으며, 더 나아가 이러한 프레임워크를 사실상 '하나의 이론'(single explanatory theory)이라고 할 수 있는가라는 의문이 제기된다.[37] 이러한 관점에서 절충이론은, 여러 가지 우위요인들을 기술하고 분류하는 방법론으로서는 유용할 수 있지만 어떤 현상을 설명하고 예견하는 하나의 이론으로서의 설명력과 예견력을 갖기 어렵다는 비판을 면하기 어렵다.

절충이론은 이렇게 많은 변수들을 포괄하여 종합함으로써 전후에 제시된 모든 해외직접투자이론들이 모두 이 이론이 제시하는 특성 중의 하나 또는 몇 가지와 부합될 수 있다. 따라서 절충이론은 어떤 경우에도 설명력을 가지는 이론, 모든 경우를 정당화시켜주는 우산(umbrella)으로 사용될 위험이 있다고도 할 수 있다. 그러나 이러한 사실은 과학적 방법론의 관점에서는 강점이 되기보다 오히려 약점이 될 수 있다. 말하자면 이 이론은 '모든 것을 말하려다 아무 것도 말하지 못하는 결과를 가져오고 있다'는 비판으로부터 자유롭지 못하다.[38]

이러한 이유로 하여 그의 절충이론을 현실에 적용시키거나 이를 바탕으로 어떤 체계적 검증을 행하기가 어려울 뿐만 아니라, 더욱이 이론은 해외직접투자가 발생되는 이유와 조건을 설명하는 실증적 이론(positive theory)으로서는 나름대로 설명력이 있다고 하더라도 다국적기업이나 해외직접투자가 어떠한 경제적 효과와 영향을 가져올 것인가라는 규범적 측면에 대한 어떠한 이론적 함의(implications)도 제공하지 못하여, 다국적기업과 해외직접투자에 대한 규범적 이론(normative

37 小島清(1981) p.421

38 Gariza Ietto-Gillies(2005) p.117 및 江夏健一(1989) p.49

theory)으로서의 가치를 지니고 있지 못하다는 평가를 받는다. 이것은 어떤 이론이 비록 기본적으로는 실증적 성격의 이론이라고 하더라도 그에 관한 규범적 측면에 대해서도 일정 부분 함의를 가지는 일반적인 경제이론의 경우와 다른 점이다.

(2) 직접투자이론으로서의 성격 · 설명력과 관련되는 비판

둘째로는, 이러한 국제생산의 절충이론이 해외직접투자와 다국적기업을 설명하는 이론으로서 갖추어야 할 이론적 적격성과 논리성을 얼마나 충족하고 있는냐, 또는 해외직접투자이론으로서 해명해 주어야 할 여러 가지 이론적 · 현실적 과제들에 대하여 얼마나 충분한 설명력을 지니고 있는가와 관련된 비판들이다.

(1) 이 이론에 있어 특수적(specific)이라는 의미가 애매모호하여 다의적이다. 여기서 기업 특수적 우위라는 것은 대기업과 독과점적 기업의 우위를 말하는 것으로 이들 기업이 해외에까지 진출하여 다국적기업으로 된다면 시장내부화라고 하는 또 하나의 우위가 추가될 뿐이다. 또한 국가에 따라 입지요인이 상이하다는 것은 당연한 것이므로 이를 구태여 입지 특수적 요인이라고 할 필요도 없다. 더욱이 절충이론은 그러한 3가지 우위요인을 정태적 관점에서 논의하고 있을 뿐 시간의 변화에 따라 이들 요인들이 어떻게 변화하는가라는 동태적 속성을 설명하고 있지 못하다.

(2) 이 이론은 이미 제시된 독점적 우위론과 내부화이론에 입지 특수적 요인만을 추가한 것으로서 그다지 큰 독창성이 엿보이지 않은 이론이다. 따라서 이 이론은 독점적 우위론이나 내부화이론에 대하여 가해진 비판들이 이에도 동일하게 적용된다. 또한 이 이론은 이러한 제우위요인들 간의 관계에 대해서도 충분히 논의하고 있지 못하여 문자 그대로 '절충'에 그치고 있다.[39] 따라서 이 이론은 국제생산 활동의 선택에 있어서 어떠한 기업 특수적 · 입지 특수적 요인이 중요한가를 고려하여 많은 특수적 요인들을 추가시키고 있을 뿐이다.

(3) 이 이론은 형식적으로는 미시적 시각과 거시적 시각을 함께 고려함으로써 이 양자를 통합화하고 있는 이론으로 평가되고 있으나, 그 기본적 성격은 오히려 미시적 · 경영학적 통합에 머물고 있다고 할 수 있다. 왜냐하면 미시적인 성격의 독점적 우위론과 내부화이론에 단순히 입지요인을 추가시킴으로써 미시적 기초 위에서 거시적 요인을 절충하고 있으며 또한 거시적 요인을 지나치게 입지요인에만 한정하고 있기 때문이다. 따라서 이 이론은 직접투자와 무역을 포괄하는 일반적 이론체계로서의 지위에 이르지는 못하고 있다. 이 때문에 다국적기업의 해외직접투자가 당사국의 미치는 경제적 영향 등과 같은 거시적 · 규범적 문제에 대한 어떤 이론적 함의를 제공하지도 못한다는 것은 상술한 바와 같다.

(4) 이 이론이 제시하고 있는 기업특수적 우위란 주로 거대기업 특히 기술적 우위를 가지고 제품차별화를 행하는 독과점기업들이 누리는 우위이고, 또한 내부화우위 역시 세계적으로 규모가 거대한 다국적기업들이 누리는 우위인 만큼, 결과적으로 이 이론은 거대한 독과점적 다국적기업의 행위를 합리화하고 옹호하는 결론에 도달된다. 이 때문에 절충이론은 주요 선진국들의 거대 다국적기업의 투자와 행태를 설명하고 있을 뿐 이와는 다른 특성을 지닌 투자유형에 대하여서는 설명력을 가지지 못한다.

39 P. J. Buckley M. C. Casson(1985) p.11

(5) 절충이론은 소유권적 우위 · 내부화 우위 · 입지적 우위라는 3가지 요소를 종합하고 있으나 그의 이론적 중점은 어디까지나 내부화 및 하이에라키의 성장에 초점이 맞추어져 있고 시장의 불완전성과 관련하여서도 시장의 구조적인(structural) 실패 측면보다 거래적(transactional) 측면의 실패를 강조하고 있다. 따라서 투자의 유형을 선택함에 있어서 전략적 관점보다는 거래비용이나 효율의 측면에서 파악하려 한다. 제2차 세계대전 후 내부화의 진전과 하이에라키의 성장이 30여 년 동안 계속되었지만, 1970년대 말부터 이러한 추세가 변화되기 시작하여 1980년대 이후부터는 내부화가 진전되기보다 기업의 다운사이징 · 아웃소싱 · 다른 기업과의 제휴 등이 활발해지는 등 하이에라키의 분열과 대체가 이루어져, 이러한 패턴의 파괴와 역전이 이루어지고 있다. 이러한 패턴의 변화는 절충이론이 강조하는 효율성 측면보다는 오히려 전략적 요인을 통하여 잘 설명될 수 있는데 절충이론은 이러한 전략적 요인을 충분히 고려하지 않는다.[40]

(6) 이 이론은 또한 해외직접투자이론이 해명하여야 할 제 이론적 과제에 대해서도, 전술한 바와 같은 실질적 우위의 문제 · 직접투자의 선택 · 현지국의 선택문제에 대한 나름대로의 설명력은 제공하고 있으나, 해외직접투자의 실체 · 해외직접투자의 시기의 문제에 대한 해답까지를 제시해 주지는 못하며 기타의 현실적 문제 특히 상호투자(cross investment)의 문제 등에 대한 충분한 설명력을 제시해 주지 못한다.

이상의 제 논의들을 종합하여 볼 때 이 이론은 결국 해외직접투자를 설명함에 있어 3가지의 우위요인을 망라적 · 평면적으로 결합한 하나의 절충적 · 종합적 이론으로서의 성격을 보여주고 있으나, 미시적 기초 위에서 단순히 입지요인을 추가함에 그치고 있어 완전한 일반적 · 통합적 해외직접투자이론, 해외직접투자의 실증적 측면뿐만 아니라 규범적 측면에 대한 함의도 제공하는 경제이론으로서의 성격에는 미달되고 있다고 할 수 있겠다.

2. 더닝 자신에 의한 절충이론의 이론적 확장

더닝은 원래의 절충이론 이외에도 다국적기업과 해외직접투자에 대한 광범위하고도 많은 연구업적들을 쏟아내어 그의 연구내용 전체를 여기서 리뷰한다는 것은 거의 불가능할지도 모른다. 따라서 이하에서는 원래의 절충이론과 관련되어 그 자신이 행한 후속적 논의들 중 중요한 내용들에 대해 소개한다. 이들 대부분은 자신의 절충이론에 대하여 가해진 여러 가지 비판에 대하여 그 자신이 대응한 이론적 논의들과, 국제 경제적 · 경영적 환경의 변화에 대응하여 최초의 절충이론이 어떻게 확장되고 해석될 수 있는가와 관련된 논의들로 나누어 볼 수 있다.

(1) 이론적 비판에 대한 대응적 논의(개념의 조작화 노력)

먼저, 절충이론에 대하여 가해진 여러 가지 비판에 대한 그의 대응적 논의들이 이루어졌다. 우선 더닝은 그의 절충이론이 너무 많은 우위요인들을 광범위하게 제시하고 있어 이를 현실에 적용시키거나 이를 바탕으로 실증적 분석이 어려울 뿐만 아니라 하나의 이론으로서의 이론적 설명력과 예견력을 갖기 어렵다는 비판에 대하여, 그 자신도 그러한 비판을 받을 우려가 있음을 스스로 인정하였다(J. H. Dunning, 1977 p.406). 그럼에도 불구하고 더닝(2000a)은 자신의 절충적 패러다임의 목적이 국제생산 활동에 대한 여러 이론들을 통합하는 이론으로서의 분석적 프레임워크를 제

40 Gariza Ietto－Gillies(2005) p.119

공하는 것이었음을 강조할 가치가 있다고 주장하였다.

또한 절충이론이 해외직접투자의 규범적 측면에 대한 이론적 함의를 제공하지 못한다는 비판에 대하여서도 더닝(2000b, 2008 p.95)은, 절충적 패러다임은 다국적기업과 해외직접투자의 규범적 측면(what should be)을 설명하려고 하는 것이 아니라 이들의 원인과 결정요인을 설명하는 실증적 측면(what is)에 대한 개념적 프레임 워크·분석적 프레임 워크를 제공하려는 것이었음을 분명히 전제하고 있다.

따라서 그 이후의 작업에서 그는, '이론'(theory)이라는 용어를 사용하지 않고 '체계적 프레임워크'(systematic framework) 또는 여러 가지 이론들을 포괄하는 '패러다임'(paradigm) 등의 용어를 사용하였다. 이러한 용어사용의 변화를 보인 것은 그의 절충이론적 접근이 그것을 바탕으로 여러 구체적인 이론들이 개발되고 검증될 수 있는 넓은 프레임 워크를 제공하는 체계라는 의미를 지니고 있다. 그러나 이러한 용어를 사용하여 그러한 한계점을 인정한다고 하더라도 어떻게 그러한 프레임워크 내의 추상적 개념을 조작화(operationalization)하게 만들고 그것으로부터 검증이 가능한 이론들을 어떻게 유도할 것인가가 중요해진다.

이에 대하여 더닝(1993, 2000a)은 3종류의 우위요인과 연결되는 구체적 변수의 설정에 대하여 논의하였다. 그는 소유권 우위의 변수를 선택하기 위하여 해외직접투자를 ① 자원추구형, ② 시장추구형, ③ 효율추구형, ④ 자산추구형으로 구분하여 각각의 유형에 따른 변수의 선택이 필요하고, 입지우위요인의 선택을 위하여 현지국에서 중요한 요인이 무엇인가에 대한 예비적 분석이 이루어져야 하며, 내부화변수의 선택을 위하여 사용되는 기술의 유형을 포함하여 산업 및 기업의 특수한 상황으로부터 특정한 요인이 선택되어야 함을 주장하였다.

또한 더닝(1981 pp.112~113)은, 그의 절충이론을 검증할 경우 각각의 우위요소에 영향을 주는 구조적 변수로서 다시 ① 국가별 특수요인, ② 산업별·활동유형별 특수적 요인, ③ 기업별 특수요인을 동시에 살펴볼 필요가 있다고 전제하고, 이러한 요인들의 매트릭스를 하나의 표로서 예시하기도 하였다. 그는 특정국의 기업이 해외생산 활동을 전개하려고 하는 성향은 특정국의 경제적·문화적·제도적 특성에 따라 달라지고 투자하려고 하는 산업이나 활동유형에 따라 달라질 뿐만 아니라 투자하는 특정 기업의 경영관리나 조직전략에 따라 변하기 때문에 이러한 변수들을 종합적으로 고려하여야 한다고 설명하였다. 이러한 종합적 고려가 이루어질 때 절충적 패러다임은 다국적기업의 레벨·형태·성장·조직 등에 대한 풍부한 개념적 프레임워크를 제공할 수 있을 뿐만 아니라 다국적기업의 역할·영향·정책문제에 대한 견고한 분석도구로서의 역할도 하게 될 것이라고 주장하였다.[41]

(2) 동태적 이론화를 위한 노력

절충이론이 국제생산이 이루어지기 위한 3가지 우위요인을 정태적 관점에서 제시하고 있을 뿐 시간의 변화에 따라 이들 요인들이 변화되는 동태적 속성을 설명하지 못한다는 지적과 관련하여, 더닝(1993)은 3가지 변수(OLI)가 시간의 흐름에 따라 어떻게 영향을 주게 되고 또한 이들이 내생적으로 취급되어야 하는가 아니면 외생적으로 취급되어야 하는가에 대하여 논의하였다. 그는 해외직접투자의 레벨이나 패턴이 전체 경제시스템과 어떠한 관련성을 가지는가를 분석함에 있어서 이러한 동태적 프레임워크를 활용하여 국가의 발전경로(development path)와 직접투자의 순포지션 간

41 J. H. Dunning and S. M. lundan(2008) p.103

의 관계가 변화하는 과정을 설명하는 투자의 발전경로(IDP : investment development path)모델을 제시하였다(J. H. Dunning, 1981 · 1986 · 1988 · 1996 · 2001).

이러한 모델은 국가경제의 발전에 따라 기업의 소유권적 우위(O)나 국가의 입지적 우위(L)가 변화하므로 이들이 어떻게 변화하고 어떻게 상호작용하는가를 통하여 특정 국가의 해외직접투자의 발전경로를 밝히는 거시경제적 논의라고 할 수 있다. 이러한 투자의 발전경로(IDP)의 기본적인 아이디어는 어떤 나라의 해외직접투자와 외국인직접투자의 관계가 그 나라의 경제발전수준에 따라 일정한 단계를 거치며 변화되어 간다는 것이다. 따라서 더닝은 해외투자와 외국인투자 간의 크기에 의해 결정되는 순투자포지션(net outward－investment position)이 그 나라 기업의 경쟁력을 나타내는 지표인데 이러한 지표는 그 나라의 경제발전수준에 따라 변화된다는 것을 모델링하였는데, 이에 대해서는 제5편에서 다시 소개한다.

(3) 새로운 환경변화에 대한 이론적 확장 노력

오늘날의 국제경영환경은 더닝이 처음 절충이론을 제시하였을 때에 비하여 많은 변화들이 이루어지고 있고 이러한 환경변화로 인하여 해외직접투자의 형태와 성격도 변화된 만큼, 절충이론체계 속에서 이러한 환경변화들을 어떻게 포괄할 수 있는가에 대한 논의들도 이루어졌다. 이렇게 새로운 환경변화에 대응한 이론적 확장으로서 이루어진 주요한 논의들은 다음과 같다.

서비스산업의 해외직접투자 : 최근에 이르러 서비스산업의 해외직접투자가 급속히 증대되자, 해외직접투자의 대부분이 제조업에서 이루어지던 시대를 배경으로 정립된 절충이론이 이러한 서비스부문의 투자에 대해서도 일정한 이론적 유용성을 가지느냐, 또는 소유권 우위 · 내부화 우위 · 입지적 우위라는 3가지 요인을 통하여 해외투자를 설명하는 절충이론 체계가 이러한 서비스부문의 투자에 대해서도 그대로 적용될 수 있느냐 등에 대한 의문이 제기되었다. 이와 관련하여 더닝(1989)은, 서비스 다국적기업은 소득을 창출할 수 있는 특정 자산을 배타적 · 독점적으로 소유하고 있을 뿐만 아니라 그것을 보완하는 여러 가지 자산을 보다 효율적으로 수집하고 조정할 수 있는 경쟁적 우위요소를 활용하여 해외에 진출하고 있다고 설명하면서, 서비스산업의 해외직접투자도 절충이론 체계를 통하여 잘 설명될 수 있다고 주장하였다.[42]

M&A와 전략적 제휴 : 지난 20여 년간의 해외투자의 진입모형 가운데 가장 뚜렷한 2개의 변화가 있다면 M&A형 투자와 전략적 제휴가 급속히 증대된 점이라고 할 수 있다. 이에 따라 다국적기업의 이러한 새로운 진입모형에 대하여서도 절충이론체계가 적용될 수 있을까에 대한 문제제기가 이루어졌다. 이에 대하여 더닝(1997)은, M&A란 다른 기업에 의해 이루어지는 급속한 자산의 내부화이고 기업 간 제휴 역시 거래코스트를 감소시키기 위한 내부화 또는 시장우회를 위한 하나의 대안적 방법이라는 점에서, 2가지 형태 모두 절충이론 체계를 통하여 설명하는 데 아무런 문제가 없다고 주장하였다.[43] 그는, 해외직접투자의 방식이 시장실패로 인하여 이루어지기 어려운 경우 이러한 시장실패를 우회하거나 약화시키기 위한 대안으로서 제휴가 이루어지는 것이므로 제휴와 같은 기업 간 협력은 하이에라키를 대체하기보다 보완하는 또 다른 형태의 내부화유형일 뿐이라고 규정하면서, 이러한 변화를 종래의 하이에라키 자본주의가 제휴자본주의(alliance capitalism)로 발전한 것이라고 파악하기도 하였다.

---

42 J. H. Dunning(1989)

43 전략적 제휴에 대한 더닝류의 이러한 접근에 대한 비판에 대해서는 위의 글 (5)를 통하여 전술하였다.

제도적 요인의 문제 : 최근에 이르러 더닝은 지금까지의 해외투자이론에 대한 보다 근본적인 재평가가 요구되는 새로운 국제경영의 트렌드(trend)가 나타났다고 전제하고 그러한 트렌드로서 ① 협력적 제휴와 네트워크의 급속한 증대, ② 고부가가치 활동의 국제적 클러스팅, ③ 기업과 국가 간의 관계적 자산의 증대, ④ 해외직접투자의 3대 우위요소(OLI)를 결정하는 기반으로서 제도(institution)의 역할 증대 현상 등을 예거하였다. 따라서 이러한 현상들을 수용하기 위해서는 새로운 이론적 정밀화가 이루어져야 하는데 이에 대한 실마리는 제도적 요인을 포함시킨 수정된 형태의 절충이론 체계화에서 찾아야 한다고 주장하였다.[44]

예컨대 다국적기업이 이전시키는 자산의 개념을 자산 특수적 우위(Oa)로만 파악하지 않고 제도적 우위(Oi)까지를 포함하는 것으로 파악하는 것이 오늘날의 다국적기업의 해외직접투자의 결정요인을 이해함에 있어서나 해외직접투자로 인한 국가의 경제발전을 이해함에 있어서 매우 중요해졌다는 것이다.

부록 8-5 개도국 해외직접투자 및 투자 철수에 대한 이론

지금까지 우리는 다국적기업의 해외직접투자가 발생하는 원인이나 기업의 다국적화가 이루어지는 이유가 무엇인가에 대한 제 이론들을 논의하였다. 그러나 이러한 이론적 논의들은 대체로 미국을 비롯한 선진국계 다국적기업의 해외직접투자를 대상으로 하는 것이었고 또한 초기적 투자가 이루어지는 원인과 조건이 무엇인가를 중심으로 이루어졌다. 이것은 물론 그 당시 해외직접투자나 기업의 다국적화 현상 자체가 주로 이러한 선진국 다국적기업에 의한 초기 투자로서의 성격을 가졌기 때문이다.

그러나 1970년대 이후 다국적기업의 해외직접투자가 보다 성숙한 단계에 이르자 이와는 다른 여러 가지 특성들이 나타나게 되었다. 예컨대 선진국의 거대기업뿐만 아니라 개도국의 중소규모적 기업들 역시 활발한 해외직접투자를 행하기 시작하였고, 초기의 투자뿐만 아니라 추가적인 투자 또는 현지국에서의 재투자 등도 활발하게 이루어졌으며, 때로는 이미 이루어진 투자를 회수하거나 축소하는 투자 철수 현상도 빈번하게 일어났다.

이에 따라 지금까지의 주류적인 해외직접투자이론이 다루지 않았던 이러한 현상들에 대한 이론적 관심이 높아졌다. 이에 따라 기존의 해외직접투자이론 체계로써 이러한 현상에 대해서도 설명이 가능한가 아니면 이러한 특성을 설명해 줄 어떠한 새로운 이론체계가 필요한가에 등에 대한 논의가 이루어졌다. 이하에서는 이러한 논의들 중 개도국의 해외직접투자와 다국적기업의 투자 철수와 관련된 논의 내용을 소개한다.

1. 개도국의 해외직접투자 이론

기존에 개발된 해외직접투자이론들은 거의 선진국 다국적기업들의 해외직접투자에 초점을 맞추

44 J. H. Dunning and S. M. Lundan(2008) ch. 5 참조

어 정립되었다. 그러나 1970년대 중반 이후, 특히 1980년대에 들어서면서 선도적인 개발도상국 기업들의 해외직접투자가 급속히 증대되면서 그들 기업이 선진국 다국적기업과 어깨를 같이하는 수준에 이르기도 하였다. 개도국 기업의 이러한 해외투자는 투자의 방향과 유형, 투자기업의 동기나 우위요인 등이 선진국 다국적기업들의 투자와는 다른 특성을 가지는 경우가 많다. 따라서 이러한 투자를 설명하는 별도의 이론이 필요하지 않느냐 하는 문제가 제기되어 이와 관련된 다양한 논의들이 이루어지기도 하였는데 이에 대해서는 대체로 다음과 같은 3가지 갈래의 이론적 접근이 이루어져 왔다.

(1) 첫 번째 견해는, 개도국의 해외직접투자도 선진국의 그것과 특별히 다르지 않으므로 기존의 투자이론을 그대로 연장하여 적용하려는 주장이다. 이러한 시도에 해당되는 대표적 논의로서는 절충이론을 개도국의 해외투자를 설명하는 이론체계로서 활용할 수 있다는 더닝(J. H. Dunning, 1981) 자신의 연구가 있다. 또한 제품주기이론체계를 연장하여 제품주기의 변화에 따라 생산입지가 변화하는 과정에서 해외직접투자가 선진국으로부터 시작되어 후에는 개도국으로 이루어지는 과정을 이론화하는 논의들도 다수 있다.

(2) 두 번째 견해로는, 선진국 해외직접투자를 대상으로 하는 기존이론과는 별도로 개도국 해외직접투자의 특성을 설명하기 위한 별도의 독자적인 이론이 필요하다는 주장이다. 이미 앞에서 설명한 바와 같이, 고지마(K. Kojima, 1973 · 1978)와 오자와(T. Ozawa, 1979)는 노동집약적이고 표준화된 기술분야의 중소기업에 의해 주로 행해지는 일본의 대개도국 해외투자는 기업특수적 우위(독점적 우위)를 바탕으로 하는 선진국 다국적기업의 해외투자와는 그 특성이 상이하므로, 독점적 우위론이나 제품주기이론과 같은 미시적 관점의 해외투자이론으로서는 이에 대한 적절한 설명이 불가능하므로 거시경제적 관점에 입각한 별도의 해외투자이론이 필요함을 역설하였다. 이들의 주장은 '비교우위 원리에 따른 한계산업의 대개도국 진출이론'이라고 할 수 있다.

(3) 세 번째의 견해로는, 개도국 기업의 해외투자현상은 기존에 제시된 이론의 수정 · 보완을 통하여 설명력을 가질 수 있다는 주장이다. 이러한 주장이 대체로 주류적인 위치를 차지하고 있는데 절충이론 또는 제품주기이론 등과 같은 기존의 이론체계를 일부 수정하거나 보완함으로써 개도국 투자의 특성을 설명하려고 하는 내용들이다.

이러한 3가지 이론적 접근들 중 기존의 직접투자이론의 수정 · 보완을 통하여 개도국의 해외직접투자를 설명하는 이론을 제시할 수 있다는 연구들이 중점을 두고 있는 것은 결국 개도국 다국적기업의 경쟁의 원천이 어디에 있느냐 하는 것인데 이와 관련하여 다음과 같은 이론들이 제시되어 왔다.

레크로우의 연구 : 레크로우(D. Lecraw, 1981)는 제품주기이론체계의 수정을 통하여 개도국의 해외투자를 설명할 수 있다고 보고, 제품주기변화에 따라 생산입지가 선진국 → 선발개도국 → 후발개도국으로 이전되는 과정을 상정하여 이러한 전제가 아세안국가들의 해외직접투자에 대한 실증분석 결과와 합치되고 있음을 보여주었다. 그는, 개도국시장은 규모가 작고 소득수준도 낮아 소규모방식의 노동집약적 제품을 생산하는 선발개도국 기업이 선진국기업에 비하여 오히려 경쟁우위를 누릴 수 있다고 전제하고, 이러한 경쟁우위는 선발개도국들이 자국시장에서 축적한 경험과 기술을 바탕으로 현지에서 보다 적합한 제품을 생산할 수 있기 때문에 얻어진다고 주장하였다.

웰즈의 연구 : 웰즈는 개도국의 해외투자를 제품주기이론 또는 절충이론의 수정을 통하여 설명할 수 있다는 관점에서 이론을 전개하였다. 그의 초기 연구(L. T. Wells, 1977)는 개도국의 해외직접투

자가 제품주기이론의 수정에 의해 설명할 수 있다는 관점에서 전개되었다. 그는 수출과 마찬가지로 해외직접투자도 순위(pecking order)가 있어 미국과 같은 기술혁신국이 맨 먼저 해외투자의 전성기를 맞고 이어서 유럽·일본과 같은 선진국의 해외투자가 활성화되며 나중에는 선발개도국의 해외투자가 발생되는데, 선발개도국들이 해외투자를 행할 수 있는 것은 현지개도국의 소득이나 소비 수준에 적합하도록 자신의 제품을 변형시키거나 개조하고 합작투자 등에도 유리한 조건을 제시하는 방법 등을 채택할 수 있는 경쟁우위 때문이라고 주장하였다.

반면 그의 후기 연구(1983)는, 절충이론 체계의 수정·보완을 통하여 개도국의 해외투자를 설명할 수 있다는 관점에서 개도국 해외투자의 경쟁우위의 원천·투자동기·투자와 라이센싱 간의 선택 등에 대하여 설명하였다. 특히 그는, 개도국기업이 현지기업이나 현지에 진출한 다른 선진국의 다국적기업과 경쟁할 수 있는 우위의 원천은 자국시장에 적합하도록 개조한 제품 및 제조공정에 있다고 보고 그중에서도 소규모 생산방식과 노동집약적 기술의 중요성을 특히 강조하였다.

기디와 영의 연구 : 기디와 영(I. H. Giddy and S. Young, 1982)은, 개도국기업의 해외투자 현상 중 가장 특징적인 것은 기업특수적 우위가 분명하지 않고 중소기업도 해외투자에 참여하고 있으며 투자국이나 피투자국의 시장구조가 모두 독과점인 성격을 가지고 있지 않다는 점인데, 이렇게 기업규모가 작고 기술상의 경쟁우위가 없는 개도국기업이 해외투자를 행할 수 있는 것은 자신이 가진 기업적 특성을 현지국 특유의 입지요소와 결합시켜 외국비용을 줄일 수 있기 때문이라고 설명하였다.

그들은 개도국 기업이 이렇게 외국비용을 줄일 수 있는 방법으로서, 현지파트너와의 합작투자를 행하는 방법 이외에도 ① 자사의 주요 경쟁기업들이 이미 진출한 지역, ② 하청관계기업들이 이미 투자한 지역, ③ 언어·문화적 유대감과 지리적 접근성 있는 지역, ④ 외국인투자 우대정책 있는 지역, ⑤ 자국보다 후진적인 지역에 투자하여 경쟁을 피하는 방법 등을 예거하였다. 따라서 이들의 접근은 개도국 기업들이 입지적 요인을 활용하기 위하여 다른 개도국으로 입지하는 투자를 대상으로 하는 이론이라고 할 수 있다.

랄의 연구 : 산자야 랄(S. Lall, 1983)은 기존의 해외직접투자이론이 제3세계 해외직접투자 현상을 제대로 설명할 수 없는 것은 이들 제3세계 투자기업들의 경쟁우위의 원천이 어디에 있는가를 정확히 파악하지 못하기 때문이라고 전제하고, 첨단기술이나 고도의 마케팅능력을 보유하지 못한 그들이 가지는 경쟁우위의 원천으로서 ① 전파속도가 빠른 저수준기술, ② 비차별화 제품에 대한 마케팅능력, ③ 독특한 경영능력이나 지식 등을 예거하였다. 그는, 개도국기업들은 저렴한 숙련기능공들을 통하여 공정기술이나 제품기술을 현지에 적합하게 변형시켜 토착화하는 능력을 발휘할 수 있으며 또한 개도국에서 해외투자를 행하는 기업은 주로 재벌그룹에 속한 회사이기 때문에 해외에서의 손실을 본사가 보상해 줄 수 있는 특성을 지니고 있으므로, 선진국 다국적기업들과는 다른 나름대로의 독특한 다국적기업이 될 수 있다고 주장하였다.

한편, 기존 해외직접투자이론의 수정·보완을 통하여 개도국기업의 해외직접투자에 대해서도 설명력을 가질 수 있다는 이상과 같은 시도들에 대하여, 그들의 주요한 관심사는 주로 기술에 초점을 맞추어 더 높은 단계의 기술력을 갖춘 신흥공업국 기업이 그보다 더 낮은 단계의 후발국에 진출하는 투자를 설명하고 있으므로 결국 기존의 해외직접투자이론이 전제하고 있는 소유권우위를 연장하여 적용한 것에 불과하다고 규정하고, 이러한 체계로서는 개도국기업들이 자국보다 더 높은 기술수준에 있는 선진국에 투자를 하는 이유라든지 대규모 자본과 기술을 필요로 하는 자원 추출산업에 투자하는 이유를 제대로 설명할 수 없다는 비판이 있다.

이러한 관점에 서있는 연구자들은 개도국이 행하는 해외직접투자를 ① 경제발전수준이 더 높은 나라로부터 낮은 나라로 투자하는 하향적(downward) 투자, ② 서로 비슷한 나라들 간에 이루어지는 평행적(parallel) 투자, ③ 낮은 나라에서 높은 나라로 투자하는 상향적(upward) 투자 등 3가지 유형이 존재하는 만큼 이러한 경우 모두를 설명할 수 있어야 하는데 위에서 보여준 시도들은 결국 첫 번째의 경우만을 설명하는 데 그치고 있다고 비판한다.[45]

2. 다국적기업의 투자 철수 이론

상술한 대로 기존의 해외직접투자이론은 해외직접투자의 발생원인 또는 기업의 초기적 해외진출의 원인을 규명하는 데에 초점을 두고 있으므로 초기투자 이후 행하는 추가적인 투자나 재투자(re-investment)라든지 이미 현지국에 투자된 자산을 회수하거나 현지국에서의 사업 활동을 폐업하거나 제3국으로 이전하는 이른바 투자 철수(foreign direct divestment) 등에 대해서는 특별한 관심을 기울이지 않았다.

그러나 1970~1980년대 이르러 선진국 다국적기업의 투자가 성숙단계에 접어들자 이러한 재투자나 투자 철수가 중요한 새로운 흐름으로 대두되기 시작하였다. 이러한 변화에 따라 해외직접투자이론 분야에서도 이러한 현상을 설명하는 이론들이 제시되기 시작하였다. 이들 중 투자 철수와 관련하여서는, 해외철수보다 국내 자회사의 철수문제가 먼저 주목을 끌었던 만큼 국내 투자 철수에 대한 이론적 연구가 선행되었고 이러한 연구들이 이후 해외 투자 철수의 연구에도 크게 기여하였다.

투자 철수가 이루어지는 이유와 동기는 해외진출이 이루어지는 경우보다 더 다양하고 복잡할 수 있다. 따라서 해외투자 철수를 설명하려는 이론들이 주목하는 변수와 접근들을 보면 환경적 측면·재무적 측면·전략적 측면·기업조직적 측면·기업행태 및 의사결정과정 측면 등 실로 다양하다. 이 때문에 기존의 해외직접투자이론을 이러한 투자 철수 문제에 적용하려는 시도 역시 산업조직론·제품주기이론·기업행태이론·거시경제적 접근이론 등 각각의 이론들을 확장하고 수정하여 활용하려는 시도가 다양하게 이루어졌다. 이러한 여러 가지 시도들 중 주목받는 이론적 접근은 역시 절충이론을 통하여 투자 철수 문제에 접근하려는 이론적 시도이다.

이러한 시도는 절충이론적 패러다임을 확장시켜 해외직접투자의 철수문제도 설명하려는 노력이 더닝(J. H. Dunning, 1988) 자신에 의하여 이루어졌지만 그 밖에 대표적으로 주목받은 이론은 보데윈(J. J. Boddewyn, 1983)에 의해 이루어졌다. 그는 해외투자 철수에 더닝의 절충이론을 역(逆)으로 적용할 수 있는지를 검토하여 ① 특정 시장에서 일정 기간 독점적으로 보유하고 있어야 할 경쟁적 우위를 상실한 경우, ② 경쟁적 우위를 보유하고 있더라도 이를 타 기업에 매각하거나 라이센싱하는 것이 보다 유리하여 내부화를 유지할 유인이 사라질 경우, ③ 해외자회사가 현지국에서 생산할 입지적 우위를 상실한 경우 해외투자의 철수가 발생된다고 주장하였다.

---

45 이들에 따르면 해외직접투자는, 어떤 기업이 규모의 경제를 실현하는 최적수준의 생산을 하려고 할 때 어떤 요소는 적정한 수준을 초과하여 보유(잉여요소)하고 있는 반면 다른 요소는 그에 미달하는 수준을 보유(부족요소)하고 있을 경우, 이러한 기업 내 잉여요소(예컨대 자본잉여)와 부족요소(예컨대 노동부족) 간의 불균형을 조절하여 최적수준이 되도록 하기 위하여 행하여진다는 관점에서 새로운 모형을 제시하고 있다(문휘창 외, 1990 참조).

이러한 보데윈의 이론적 접근은 결국 더닝의 절충이론을 거꾸로 적용하여 해외투자의 철수를 설명하는 것이지만, 기업의 철수를 설명하는 이러한 철수이론이 기업의 해외진출을 설명하는 절충이론과 다른 점은 해외진출의 경우 3가지 우위조건이 동시에 충족되어야 하는 "and"이론이라면 투자의 철수이론은 3가지 요소 중 어느 하나라도 충족되지 못할 경우 발생한다는 의미에서 "or"이론이라고 할 수 있다. 물론 이러한 보데윈의 이론적 접근에 대해서는, 투자 철수의 경우 진출할 때와는 다른 여러 가지 요인들이 개재되므로 투자가 이루어지는 진출조건의 역(逆)이 반드시 투자의 철수조건이라고 말할 수는 없다는 비판도 가해지고 있다.

: PART 04

다국적기업의 경제적 영향

“

세계적 다국적기업들은 세계의 투자 · 경제성장 · 고용 · 무역 · 국제수지 기술이전 등 국제경제에 있어 절대적인 비중을 차지하고 있을 뿐만 아니라 국제정치사회에 미치는 영향에 있어서도 가히 국제사회를 압도할 정도로 성장하여 세계경제의 발전과 국제경제질서에 대한 주요 행위자(actor)가 되고 있다. 따라서 다국적기업은 세계경제는 물론 투자국(home country)이나 현지국(host country)의 경제에도 광범위한 영향을 미친다.

한편, 다국적기업과 세계경제 또는 각국의 국민경제 간에는 조화와 상충이 교차함에 따라, 세계경제에 대한 다국적기업의 역할에 대해서나 국민경제에 미치는 다국적기업의 영향에 대한 평가 역시 광범위한 스펙트럼을 지닌다. 따라서 다국적기업의 세계경제적 영향에 대한 객관적이고 합리적인 연구는 물론, 다국적기업의 진출과 수용에 따르는 국민경제적 효과와 비용을 객관적으로 분석하는 것이 필요하고, 이러한 필요성은 이에 대한 올바른 정책의 수행을 위하여서도 그러하다.

이에 제4편에서는 다국적기업의 국제경영활동이 세계경제 및 개별 국가의 국민경제에 미치는 경제적 영향(economic effects/consequences)을 다음과 같이 논의한다.

(1) 다국적기업의 경제적 영향을 평가하는 의의가 어디에 있고 이러한 평가와 관련하여 발생되는 난점들에 대하여 논의하고, 특히 다국적기업을 바라보는 기본적 시각에 따라 그에 대한 평가 역시 서로 상이한 만큼 다국적기업의 경제적 영향에 대한 기본 시각이 어떻게 서로 다른가를 논의한 후, 다국적기업이 세계경제 및 국민경제(투자국 · 현지국)에 미치는 영향을 종합적으로 개관한다(제9장).

(2) 이러한 전제 하에 다국적기업의 경제적 영향을 경제성장 · 고용 · 산업조직 등 대내경제에 미치는 영향(제10장), 무역 · 국제수지 · 기술이전 등 대외경제에 미치는 영향(제11장), 기타 정치경제적 · 사회문화적 영향(제12장)으로 나누어 논의한다.

”

CHAPTER 09

다국적기업의 경제적 영향에 대한 총설

제1절 경제적 영향 평가의 의의와 시각

1. 경제적 영향 평가의 의의와 난점

다국적기업의 경제적 영향과 관련하여 끊임없이 제기되는 질문은 '그것은 좋은 것(a good thing)인가 나쁜 것(a bad thing)인가', '좋은 것이라면 그러한 효과를 어떻게 극대화할 것이고 나쁜 것이라면 그러한 효과를 어떻게 극소화할 것인가'라는 문제이다. 이러한 질문에 대하여 많은 정치인이나 언론은 나름대로 분명한 결론을 성급히 제시하기도 하지만 그 동안의 수많은 경험적 연구들을 통하여 내릴 수 있는 가장 합리적인 결론은 오히려 '이러한 질문에 대하여 만족스러운 일반적(general) 정답은 없다'는 것이다.

다국적기업이나 해외직접투자로 인한 경제적 영향을 분석하고 평가하는 것은 매우 어려운 문제들을 수반한다. 다국적기업이 세계경제에 미치는 효과가 설령 긍정적이라고 하더라도 그것이 곧 모든 국가의 경제적 영향이 긍정적이라고 평가할 수 없으며, 또한 모든 경제적 효과들이 긍정적 측면과 부정적 측면을 동시에 지니고 있기 때문에 훨씬 더 광범위하고 치밀한 분석이 필요하기 때문이다.

따라서 다국적기업에 대한 경제적 영향을 선험적으로 일반화하기가 어렵고 이에 대한 실증적 연구결과 역시 일의적으로 나타나고 있지 않다. 이 때문에 다국적기업이나 해외직접투자의 경제적 영향만큼 논란이 많고 그에 관한 실증분석에 있어서도 불가피한 제약요인이 많은 주제도 드물다. 이처럼 다국적기업과 해외직접투자의 경제적 영향에 대한 연구와 평가가 복잡하고 그 효과측정도 어려운 것은 다음과 같은 문제들 때문이다.

문제의 복합성과 복잡성 문제 : 다국적기업의 경제적 영향이 복합적일 뿐만 아니라 그러한 영향이 지나치게 복잡한 요인들에 의해 좌우된다. ① 효과가 미치는 영역에 따라 정치적・경제적・사회문화적 측면으로 다양하고, ② 효과가 나타나는 경로에 따라 직접효과(direct effects)와 간접효과(indirect effects)가 있으며, ③ 효과의 성격에 따라 양적 효과(quantitative effects)와 질적 효과(qualitative effects)가 있지만 이들은 때때로 서로 반대 방향으로 나타난다. 또한 이러한 각각의 효과들은 개별 투자의 투자유형(산업별・동기별・단계별・행태별 유형), 관련 국가의 거시적 특성(산업구조 · 경제발전단계 · 고용상황 · 무역구조 · 코스트격차 · 투자정책 등), 투자기업의 미시적 특성(투자전략 · 기술수준 등) 등에 따라서도 달라지므로 그것의 순(純)효과를 평가하기가 쉽지 않다. 뿐만 아니라 해외직접투자와 관련되는 통계자료는 신뢰성의 문제뿐만 아니라 정확성에 있어서도 일정한 한계를 가진다.

사회적 편익과 비용의 계량화 문제 : 다국적기업의 진출에 따른 경제적 후생을 정확히 분석하기 위해서는 그것의 사회적 편익과 비용을 정확히 계량화(quantitification)할 수 있어야 한다. 다국적기업의 여러 가지 효과들 중에서 일반적으로 주목받는 효과는 그나마 계량화가 가능한 경제적 효과 · 직접적 효과 · 양적 효과 등이지만 시간이 흐를수록 더 중요한 의미를 지니는 효과는 오히려 비경제적 효과 · 간접적 효과 · 질적 효과들이라고 할 수 있는 이것들은 모두 겉으로 쉽게 포착되지도 않고 따라서 계량화도 어렵다.

예컨대 다국적기업의 활동으로 인한 사회적 편익과 비용의 산정에 있어 산업주권 상실 · 문화동질성 파괴 · 환경파괴 등이 가져오는 사회적 비용의 산정이 사실상 매우 어렵다. 또한 다국적기업의 기술 · 노하우 등과 같은 무형자산이 가져오는 사회적 편익과 비용을 정확히 계량화하기 어렵고, 이전가격조작(transfer pricing) 등과 같은 다국적기업의 행태는 정상적 시장 밖에서 이루어지므로 이와 관련된 경제적 편익과 비용을 계량적으로 평가하기가 용이하지 못하다.

기본 가정 및 방법론 문제 : 이러한 실체의 복합성과 복잡성 때문에 해외직접투자의 효과분석에서는 몇 가지의 기본적 가정들이 동원되는데 이때 어떠한 가정을 두느냐에 따라 그 효과가 정반대로 나타나기도 한다. 가장 대표적인 가정이 '이러한 투자가 이루어지지 않았다면 어떻게 되었을까'(what would have been otherwise?)라는 전제이다. 이것은, '만약 해외직접투자나 외국인직접투자가 이루어지지 않았다면 그 결과는 현재와 어떻게 달라졌을까'라는 문제로서 투자가 이루어지지 않았을 경우(counter－factual case)와 현재의 경우를 비교평가하는 것이다. 그러나 어떠한 전제를 두냐에 따라 그 결과는 얼마든지 과대평가되기도 하고 과소평가되기도 하여 객관적 평가가 어려워진다. 이러한 특성 때문에 해외직접투자의 효과를 측정하는 연구방법론 역시 다양하고 채택된 연구방법 여하에 따라 그 결론이 상반되기도 한다.[1]

---

1 해외투자에 대한 분석방법으로서 해외투자기업의 임원에 대한 서베이방법이나 케이스 스터디(case－study)와 같은 미시적 연구방법과 산업연관분석 등 거시적 데이터를 이용한 계량적 연구방법이 이용되고 있지만 이 두 가지 연구방법의 결론이 반드시 항상 일치하지는 않는다. 또한 이러한 방법론이 갖는 특성상 전자의 경우 경험적 · 실증적 타당성은 높지만 대표성 · 일반성이 결여되는 반면 후자의 경우 일반화는 용이하지만 산업별 · 기업별 · 지역별 특성에 따른 타당성이 결여될 수 있다. 따라서 이러한 두 가지 연구방법의 종합을 통해 객관적 합리성이 있는 결론을 도출하려 하지만 자료의 제약이나 분석방법상의 제약으로 완전히 만족스러운 결론을 도출하기 어려운 경우가 많다.

기본 시각 및 우선순위 문제 : 다국적기업과 해외직접투자 문제에 대하여 경제학 · 경영학 · 정치학 · 법학 등 다양한 학문분야가 복합적으로 관련되어 있고, 경제학 중에서도 국제무역 · 국제자본이동 · 국제투자 · 노동경제 · 산업정책 · 정치경제 등 다양한 분야가 교차하는 영역이므로 각각의 접근방법들에 의한 종합적인 평가가 요구된다. 그러나 이들 시각과 접근방법은 대체로 서로 상반된 성격을 지니고 있어 분석자의 시각과 태도에 따라 그 가치평가가 달라질 수 있다.

또한 직접투자의 여러 가지 경제적 효과들 중에서도 어떠한 효과를 가장 중요한 것으로 평가하여야 하는가에 대한 우선순위 역시 분석자에 따라 다르고 시대에 따라 달라지기도 한다. 미국의 경우 1960년대에는 직접투자가 가져오는 국제수지효과에 대한 관심이 높았던 반면, 1970년대에는 해외투자로 인한 직장수출 문제가 뜨거워지자 고용효과가 쟁점이 되었고, 1980년대에는 해외투자로 인한 기술유출문제로 기술이전효과가 중요한 논쟁의 대상이 되었다. 마찬가지로 외국인직접투자의 경제적 영향과 관련하여서도 그 나라의 경제발전수준에 따라 국제수지효과 · 고용효과 · 기술이전효과 중 무엇을 가장 중요한 것으로 평가할 것인가에 대한 국가적 우선순위가 달라진다.

거시적 · 미시적 이익의 불일치 문제 : 직접투자에 따른 경제적 효과를 평가함에 있어서는 거시적 측면과 미시적 측면이 상호 모순되는 이른바 구성의 오류(fallacy of composition)가 작용한다. 다국적기업의 활동과 이해관계를 논의함에 있어서 투자를 행하는 기업과 그 기업이 속해 있는 국가를 동일시하는 경향이 있다. 우리는 미국계 다국적기업의 이해관계가 바로 미국의 국가이익과 직결되는 것으로 전제하는 경우가 많다. 그러나 현실에 있어서 그 나라에 국적을 둔 어떤 다국적기업의 이해관계가 그 나라의 국가적 이해관계와 일치하지 않을 수 있다. 이러한 점 역시 해외직접투자의 국민경제적 영향을 일의적으로 평가하기 어렵게 하는 원인이 된다.

이윤극대화를 목표로 하는 기업의 입장에서 보면 생산의 효율성과 시장의 우위성에 따라 최적한 경영환경을 찾아 생산거점을 해외로 이전하는 것이 바람직한 전략이지만, 이러한 기업의 이윤극대화 노력으로 인하여 투자국의 국민경제는 산업의 생산력과 경쟁력 저하 · 고용감소 · 무역수지악화 등과 같은 타격을 받을 수 있어, 때로는 '강한 기업 · 약한 국가'라는 결과를 가져올 수도 있다.[2] 이처럼 자국 기업의 해외투자는 사적 이익(private

2 이러한 현상을 보여주는 현실적 예들이 많이 있다. 세계에 대한 미국의 공업제품 수출비중이 18%(1966)에서 12%(1990)로 저하되어 미국의 국가경쟁력이 저하되었다는 논의가 활발히 이루어졌지만 미국계 다국적기업의 모사와 자회사의 전체 수출의 세계비중은 거의 저하되지 않았다(R. E. Lipsey, 1994). 스웨덴의 경우 공업제품의 수출비중이 1965년에서 1990년까지 거의 1/3로 저하되었지만 스웨덴기업이 행한 세계수출의 비중은 오히려 약간 증가되었다(M. Blomstrom 1990, R. E. Lipsey 2004). 영국의 경우 역시 영국계 다국적기업의 경쟁력이 영국경제의 경쟁력보다 줄곧 더 높았던 것으로 나타났다(L. Nachum, G. Jones and J. H. Dunning 2001). (이상 Gerffrey Jones, 2004 p.350 참조)

benefit)과 사회적 이익(social benefit), 기업이익과 국가이익, 다국적기업이라는 개별 자본과 국민경제적 총자본 간에 숙명적인 비대칭성과 괴리를 발생시킬 수 있다.

이와는 반대로, 해외직접투자로 인하여 국민경제 전체적으로는 유익하다고 하더라도, 이로 인하여 특정 지역·특정 산업의 공동화가 발생되거나 중소기업·노동자들의 후생이 저하되는 문제가 발생할 수 있다. 따라서 직접투자의 경제적 효과분석에서는 특정 지역·산업·부문·요소 등의 경제적 영향을 논의하는 또 다른 차원의 평가가 필요할 수 있다. 이러한 이유 때문에 해외직접투자의 경제적 영향을 분석하는 연구방법으로서 거시적 방법론과 미시적 방법론이 모두 필요해진다. 그러나 이러한 두 가지 평가의 결과가 반드시 일치하지 않기 때문에 어려움이 있고 또한 이러한 두 측면의 갭을 메우기 위한 노력과 시도들이 계속되어 왔지만 총체적으로는 여전히 한계가 존재한다.

2. 경제적 영향에 대한 다양한 이론적 시각

다국적기업의 경제적 영향에 대한 평가는 이를 바라보는 관점이나 시각에 따라 다양하게 나타나고, 심지어는 동일한 현상을 놓고도 서로 정반대의 결론을 내리기도 한다. 어떤 사람들은 다국적기업을 세계적 생산·성장·후생의 창조자로서 자원의 최적배분과 효율을 증진시키는 도구로서 평가하지만, 또 다른 사람들은 선진국의 거대한 기업들이 그들의 이윤동기를 적극적으로 추진해감으로써 개별 국가의 국가이익과 상충될 뿐만 아니라 더 나아가서는 조화로운 세계질서를 교란하는 악(惡)으로 평가하기도 한다.

전자의 입장에 있는 사람들은 다국적기업의 활동을 더욱 자유롭게 하기 위한 자유화 정책을 지지하는 반면, 후자의 입장에 있는 사람들은 이에 대한 엄격한 통제를 권고하기도 하고 자유화정책을 지지하되 일정한 산업정책을 통하여 그 폐해를 시정할 것을 권고하기도 한다. 다국적기업에 대한 평가가 이처럼 서로 다른 것은, 다국적기업이 세계경제나 국민경제에 미치는 영향이 복합적이기 때문이기도 하지만, 다국적기업을 바라보는 정치경제적 관점과 시각에 다양한 스펙트럼이 존재하기 때문이기도 하다.

이처럼 다국적기업에 대한 서로 다른 시각과 이론적 조류들을 〈표 9－1〉과 〈표 9－2〉가 종합적으로 분류하고 있다. 이들 표에서 위로 올라갈수록 다국적기업에 대해 우호적인 태도를 지니는 경향이 강한 반면 아래로 내려올수록 다국적기업에 대해 적대적인 태도를 지니고 있다고 할 수 있다. 이러한 문제와 관련하여 국제정치경제의 3대 시각들이 다국적기업에 대하여 어떠한 태도와 평가를 보여주는지를 [부록 9－1]에서 보다 구체적으로 설명하고 있다.

표 9-1 다국적기업의 역할에 대한 6가지 이론적 조류

구 분	이론적 조류	관점의 주요 내용
친(親) 다국적 기업론	경영학적 접근 (business school approach)	기업경영의 효율성만을 고려하는 국제경영학자들의 입장(찬성파 중 가장 우파적 견해)
	전통경제학적 접근 (traditional economic approach)	자유방임과 외자유입의 극대화를 지지하는 전통경제학의 입장
	신전통주의적 접근 (neo-traditionalist approach)	외국투자가 바람직하지만 다국적기업의 과점적·수탈적 성격도 고려하여 통제와 규제도 권고하는 입장(킨들버거, 버논, 버만 등)
반(反) 다국적 기업론	민족주의적 접근 (nationalist approach)	현지국 입장에서 외국투자의 폐해를 논의하고 규모와 코스트의 극소화, 개별적 규제를 주장하는 입장 (스트리튼, 산자야 랄, 바이트소스 등)
	종속학파적 접근 (dependencia approach)	선진자본주의의 제도·방법의 도입으로 인한 폐해를 전체 자본주의적 발전과정의 관점에서 논의하고 비판하는 입장(도스 산토스, 선켈 등)
	마르크스적 접근 (marxist approach)	계급투쟁의 관점에서 다국적기업으로 인한 저개발국의 착취와 신제국주의를 논의하는 입장 (맥도프, 스위지, 프랑크, 와이스코프 등)

자료 : S. Lall(1981) p.54

표 9-2 다국적기업의 경제적 영향과 정책에 대한 5가지 이론적 흐름

이 론	대표 경제학자	세계경제효과	현지국 효과	현지국 정책
신고전학파	킨들버거, 케이브스, 버논	기술혁신의 주도자 신기술의 전파자	현지국산업화에 기여함	적극적 개방과 자유방임정책
세계경제 학파	듀센느, 미샬레, 무치엘리	세계자본주의형성, 국제산업이전의 주도자	산업화에 기여하면서 저해도 하는 2중효과	개방, 산업정책 통한 대응(일률적 통제지양)
민족주의·급진주의	스트리튼, 랄, 바이트소스, 바넷, 뮬러	기술혁신 주도자, 세계시장의 불안정화	산업화에 기여하지만 효율적 국가통제 필요	개방은 하되 현지국정부의 통제와 규제 필요
종속주의	아민, 산토스 푸루타도, 프랑크, 선켈	종속적인 국제분업체제의 형성	중심부국가의 종속적 지위로 전락함	세계자본주의 체제로부터의 단절 필요
네오-마르크시스트	스위지, 바란, 맥도프, 빨루아	세계경제의 구조적 착취	개도국의 경제적 착취	극단적 폐쇄정책

자료 : 安世英(1998) p.53

부록 9-1 다국적기업의 영향에 대한 국제정치경제의 3대 시각

[부록 1-2]를 통하여 설명하였듯이 국제정치경제학(international political economy)은 자유주의(liberalism) · 중상주의(mercantilism) · 급진주의(radicalism)의 3대 시각으로 나누어지는데 이러한 3대 시각은 다국적기업과 해외직접투자에 대한 해석과 평가에 있어서도 서로 다른 시각을 나타내어 다국적기업의 발생원인은 물론 경제적 영향이나 정책적 처방에 있어서도 서로 다른 대안을 제시하고 있다. 다국적기업의 경제적 영향과 관련된 3대 시각들의 평가를 보다 구체적으로 살펴보면 다음과 같이 서로 달라진다.

1. 자유주의적 시각의 평가

자유주의적 시각(liberal perspective)에 서있는 학자들은 다국적기업이 ① 전 세계적 차원에서의 자원의 최적배분과 규모의 경제를 실현시키고, ② 이를 통하여 세계 전체의 후생증대를 가져오며, ③ 새로운 기술의 혁신과 전파자로서, ④ 국제적 산업이전의 주도자로서의 기능을 행한다고 평가한다.

따라서 이와 같은 자유주의적 시각의 학자들은 다국적기업들이 투자본국과 현지국 모두에게 이득을 줄 뿐만 아니라 경제적 분업논리에 따라 자본풍부국에서 자본을 수출하여 노동풍부국의 저렴한 노동력을 활용함으로써 세계적 차원에서의 자원의 효율적 배분을 이루는 일종의 포지티브섬게임이라는 것이다. 이러한 자유주의시각에 입각하여 다국적기업을 옹호하는 대표적 이론이 이른바 "주권궁지모델"(Sovereignty at Bay model)로서, 이들은 다국적기업과 민족국가의 대결에서 결국 다국적기업이 승리하게 되어 민족국가의 운명이 궁지에 몰리게 될 것이라고 주장한다. 이러한 자유주의모델에 입각한 학자들이 주장하는 요점은 다음과 같다.

(1) 다국적기업들이 확장될수록, 국제정치경제질서(international political economic order)는 기업이 중심이 되어 시혜적 기업질서(beneficial corporate order)로 바뀐다.

(2) 다국적기업의 글로벌화가 진행됨에 따라 지구촌(global village)은 국민(민족)국가(nation state)를 시대착오적인 고물로 만든다.

(3) 세계경제의 효율성과 국내경제의 번영 · 복지를 위해서 국민국가의 경제통제권은 점차 다국적기업이나 IMF · GATT등의 세계기구(world organization)로 이관될 것이다.

(4) 다국적기업은 무역 · 통화 등의 경제적 통합(economic integration)을 이룩하고 생산의 국제화(internationalization of production)를 실현시킬 것이다. 생산 · 시장 · 투자가 다국적기업들에 의해 전 세계적 규모(worldwide scale)로 조직화될 것이다. 다국적기업들은 국경을 초월하여 범세계적인 차원에서 자원 · 생산 · 마케팅 등에 걸친 경영의사결정을 할 것이다.

(5) 경제적 필요와 기대감의 혁명(revolution in economic need and expectation)으로, 국내경제문제는 국내정치보다 우선순위가 훨씬 높은 국가목표가 될 것이며, 국제경제통합에서 비롯되는 경제효율성의 증가가 개별 국민경제의 자율성을 유지하는 데에서 초래되는 비효율성을 능가할 것이므로, 시민들은 더 이상 민족주의에 동조하지 않고 세계시민적 성격(cosmopolitan character)을 띠게 될 것이다.

따라서 다국적기업에 대한 이들 자유주의자들의 정책관은, 〈표 9-1〉과 〈표 9-2〉가 보여주듯이, 친 다국적기업적 경향을 보인다. 경영학자들이나 신고전파 경제학자들은 다국적기업에 대한 적극적 개방과 친시장경제적인 자유화정책을 적극적으로 권고하고 있다. 다만 세계경제론자들은 다국적기업이 현지국의 산업화에 기여하는 측면과 저해하는 측면이 함께 병존하므로 이러한 이중성에 대한 적절한 산업정책이 필요함을 역설하고 있다.

2. 급진주의적 시각의 평가

급진주적 시각(radical perspective)의 전통은 레닌이 그의 제국주의론과 관련시켜 해외투자문제를 분석한 것으로 거슬러 올라갈 수 있다. 그의 입장에서 해외투자란 자본주의의 자기모순을 극복하기 위한 탈출구였다. 자본주의가 성숙해감에 따라 이윤율체감법칙이 작용하여 투자기회가 사라지면 선진국의 잉여자본은 이러한 위기를 극복하기 위하여 식민지 등의 주변국으로 흘러가게 되는 바, 따라서 해외투자는 자본주의 생산양식을 주변부로 확산시키는 중요한 메커니즘이 된다는 것이다.[3]

급진주의적 시각을 가진 학자들은 현재의 국제체제를 제국적 기업주의(imperial corporate order)로 파악한다. 그들은 자본의 국제화를, 자본주의 성숙에 따른 이윤율저하 경향을 회피하기 위한 해외진출로 규정한 고전적 급진주의의 전제를 계승하여, 오늘날의 다국적기업들을 신제국주의(neo－imperialism)·신식민주의(neo－colonialism)의 상징으로 간주하고, 경제적 착취와 수탈의 도구이자 대리자로서 규정한다. 또한 이러한 급진주의적 입장에 서 있는 종속이론은, 선진자본주의(중심부)의 다국적기업들이 종속적 국제분업체제를 형성함으로써 저개발국(주변부)을 지배하고 그들의 경제적 잉여를 유출해 감으로써 저개발국들을 착취하는 수단으로 작용하고 있으며 또한 주변부경제를 왜곡하고 종속시킨다고 주장한다. 이러한 급진주의모델에 입각한 학자들이 주장하는 요점은 다음과 같다.

(1) 자유주의자들은 자유주의 경제체제 하에서 선진국의 경제발전이 저개발국의 경제발전에 대한 확산효과를 주장하지만, 현재의 제국적 기업질서는 위계적·착취적 질서이므로 다국적기업의 확장에서 비롯되는 세계경제발전의 경제적 편익은 북에만 편중되고 남은 빈곤상태를 면할 수 없게 되어 결과적으로 남(南)은 북(北)에 종속되어 발전하지 못한다. 또한 자유주의자들은 다국적기업들이 개도국으로 진출함에 따라 부(富)가 북에서 남으로 이전한다고 주장하지만, 경제적 잉여가 오히려 남에서 북으로 유출되는 소득의 역류효과가 발생된다.

(2) 다국적기업들과 개도국들의 관계는 초기에는 무역종속(trade dependence)으로 출발하여 투자종속(investment dependence)으로 발전하여 불평등과 종속이 영구화되기 쉽고 다국적기업에 의한 수직적 분업구조의 진전으로 개도국들이 종속으로부터 탈피하는 것이 불가능해진다. 따라서 무역종속·투자종속·기술종속(technology dependence)·경영관리종속(management dependence)의 체계변화를 통한 영구적 종속화가 고착될 수 있다.

(3) 다국적기업들은 투자대상국의 경제상황이나 발전에 대한 고려 없이 스스로 결정한 상품을 스스로 결정한 방법에 따라 원하는 만큼 생산한다. 따라서 현지국 경제는 일종의 지사(支社)경제(branch－plant economy)로 전락하고 다국적기업이 진출하는 부문은 현지국의 국민경제와 유리되어 돌아간다.

(4) 다국적기업은 현지국의 기준에서 볼 때 너무 자본집약적 기술을 사용하기 때문에 기술이전

---

3 V. I. Lenin, *Imperialism : The Highest Stage of Capitalism*(International Publisher, 1939)

에도 부적합하고 기술이전을 위한 노력도 게을리 한다. 때로는 자본을 스스로 들여와서 투자하기보다는 우월한 신용조건을 이용하여 투자대상국 금융시장에서 조달하여 투자하기 때문에 자본시장을 왜곡한다.

(5) 다국적기업에 종사하는 노동부문에는 높은 임금을 지급하기 때문에 노동시장도 2중구조화하게 되고 소비자의 소비행태 변화를 통해 문화적인 제국주의를 유포시킨다. 게다가 투자대상국으로 다국적기업들을 유치하기위해 정치지도자들은 노동을 억압하고 권위주의적 정치체제를 유지하는 등 정치체제까지도 왜곡한다.

이처럼 종속이론 등 급진주의시각은 현지국 특히 주변부 개발도상국에 진출해 있는 다국적기업들의 부정적 영향들에 초점을 맞추고 있다. 따라서 급진주의자들의 다국적기업에 대한 정책관은 당연히 부정적이고 극단적이기도 하여, 세계자본주의와의 단절 · 극단적인 폐쇄정책 · 국유화 등과 같은 강경한 정책들을 권고한다.

3. 중상주의적 시각의 평가

중상주의적 시각(mercantilist perspective)의 학자들은 오늘날의 국제경제체제와 다국적기업의 본질을 다음과 같은 관점에서 파악한다.

(1) 세계의 정치와 경제의 주체는 국민국가이며, 따라서 기업의 이익 · 사회계층의 이익 등을 포함한 국익(national interests)에 의해서 세계의 정치 · 경제는 좌우된다. 여기서 말하는 국익에는 대내적인 것으로 완전고용 · 물가안정 · 국제수지균형 등이 포함되며 대외적인 것으로 국가안보 · 국가목표를 추구하기 위한 외교정책 등이 포함된다.

(2) 미국의 힘이 상대적으로 약화됨과 동시에 자본주의 경제체제 내에서의 갈등이 심화됨에 따라, 다국적기업들의 활동에 유리한 지금까지와 같은 상호의존적 경제시대가 끝나고 다국적기업들에게 불리한 신경제질서가 형성될 것이다.

(3) 새로 등장하는 세계질서는 시장 · 투자 · 원자재 확보 등과 연관된 국제경쟁을 강화시킬 것이다. 그러한 결과의 하나로 국내의 경제목표와 정치목표가 세계경제의 효율성보다 높은 우선순위를 지닐 것이다. 따라서 국민국가들은 지역경제블럭 형성 · 보호무역주의 · 자원민족주의 등을 통하여 지역국가 및 자국의 이익을 보호 · 증진시켜야 한다.

이러한 기본적 시각을 지니고 있는 중상주의 시각들은, 국가주의적 관점에서 추구되는 국민국가의 이익과 세계주의적 관점에서 경영되는 다국적기업의 이익은 필연적으로 상충과 모순이 존재한다고 전제하고, 그 결과 다국적기업이 세계경제를 지배하는 시대는 끝이 날 것이라고 전망한다. 이러한 중상주의적 시각과 궤를 같이 하고 있는 민족주의(nationalism) 역시 외국인직접투자의 유해한 측면을 강조하고 이윤의 과다를 논하며, 다국적기업의 기술혁신효과나 산업이전효과 등을 인정하면서도 부정적 효과를 무시할 수 없음을 강조한다. 따라서 이들은 외국인투자에 대한 개방정책을 전제하면서도 정부의 적절한 통제와 규제를 권고한다.

제2절 다국적기업의 경제적 영향 개관

다국적기업이나 해외직접투자는 생산요소의 국제적 이전과 생산거점의 해외이전을 수반하므로 그것이 투자국이나 현지국의 국민경제와 세계경제에 미치는 경제적 영향이 실로 다양하고도 광범위하다. 이러한 경제적 영향에 대해서는 제10장 이후에서 보다 구체적으로 논의하기로 하고, 본 절에서는 이러한 경제적 영향을 세계경제 · 투자국경제 · 현지국경제에 미치는 영향으로 나누어 그 주요 내용을 개관한다.

1. 세계 경제적 영향 개관

오늘날 국경을 넘는 경제거래가 급속히 확대되고 있고 기업 · 국제기구 · 비정부기구(NGO : non-governmental organization) 등 정부 이외의 행위자들이 국제경제관계에 미치는 영향이 크게 증대됨에 따라 국민국가(nation states)만이 국제경제관계의 주체로서 군림하던 시대는 지났다. 사람들은 이러한 현상을 국경 없는 경제(borderless economy) · 세계자본주의(global capitalism) · 국제생산체제(international product system) · 경제의 범세계화 · 지구촌경제 등 다양한 개념으로 표현하고 있다.

이처럼 국민국가 이외의 다양한 주체들이 국제경제관계에 미치는 영향이 중대한 가운데서도 다국적기업이 세계경제에 미치는 비중과 역할이 특히 지대하여 세계의 투자 · 생산 · 성장 · 고용 · 무역 · 국제수지 등에 대한 다국적기업의 영향을 고려하지 않고서는 세계경제발전이나 국제경제질서 문제를 제대로 논의할 수 없게 되었다.

이렇게 다국적기업이 세계경제에 미치는 경제적 영향을 개관해 보면, 그것의 긍정적 효과로서 ① 생산과 시장의 범세계적 통합을 통한 성장과 후생효과, ② 국제분업체제의 촉진과 기업내무역의 활성화를 통한 세계무역의 창조효과, ③ 새로운 기술개발과 전파를 통한 기술의 혁신과 확산효과 등을 들 수 있다.

반면 다국적기업이 세계경제에 미치는 부정적 효과로서 ① 이익분배의 불평등 및 종속적 분업체제의 형성, ② 노동의 세계적 분절과 노동착취로 인한 세계노동의 피해문제, ③ 다국적기업의 비윤리적 경영이나 불법행위로 인한 사회문화적 폐해문제, ④ 다국적기업의 정치적 행위로 인한 정치적 갈등문제 등이 발생될 수 있다. 다국적기업이 세계경제에 미칠 수 있는 이러한 양 측면의 영향을 〈표 9-3〉이 요약하여 종합하고 있다.

표 9-3 다국적기업의 세계 경제적 영향 개관

구 분		세계 경제적 영향의 내용
긍정적 영향 (+효과)	범세계적 생산 및 경제의 통합효과	국제적 생산과 효율의 증대, 세계적 고용 창출과 후생증대 세계경제의 통합과 국제협력증진, 독점체제 완화(경쟁촉진)
	국제무역 창조효과 기업내무역효과	국제적 분업생산체제의 확립, 세계무역의 창조효과 기업내무역의 경제적 효과
	기술 혁신·확산효과	다국적기업에 의한 새로운 기술혁신, 기술의 세계적 전파
부정적 영향 (−효과)	정치경제적 폐해	이익배분의 불균등 문제, 현지국 경제의 종속 심화 우려,
	국제노동의 폐해	세계적 노동의 분절과 노동의 지위 약화, 노동착취 우려
	사회문화적 폐해	다국적기업의 비윤리적 경영과 불법행위에 의한 피해 우려, 사회문화적 피해, 환경오염 및 안전의 피해, 부정부패의 심화
	국제정치적 폐해	경제주권의 약화, 정치개입에 의한 정치적 갈등 유발 우려

이처럼 다국적기업이 세계경제에 미치는 경제적 영향 역시 긍정적 측면과 부정적 측면이 동시에 존재하는 것이 사실이지만 이에 대한 양 극단의 평가가 실로 극명하다. 어떤 사람들은 다국적기업을 세계적 생산의 창조자·각국의 복지향상과 경제성장의 촉진자·세계자원의 최적배분과 효율을 증진시키는 도구로서 평가하지만, 또 다른 사람들은 선진국의 거대한 기업들이 막강한 자본력과 기술력을 바탕으로 이윤동기를 적극적으로 추진해감으로써 국가이익과 상충될 뿐만 아니라 더 나아가서는 조화로운 세계질서를 교란하는 악으로 평가하기도 한다.

이처럼 다국적기업의 세계경제에 대한 영향은 이를 바라보는 기본적 시각에 따라 최고 선(善)에서 최고 악(惡)까지 망라하고 있는데, 일반적으로 경제학의 중심은 자유주의적 시각 위에서 급진주의적·중상주의적 시각을 포괄하려는 데 비하여 정치학 또는 정치경제학의 중심은 대체로 급진주의적·중상주의적 시각을 그들의 중요한 이론적 토대로 삼는 경향이 강하다.

2. 투자국의 경제적 영향 개관

전통적으로 다국적기업이나 직접투자의 경제적 효과는 주로 이를 받아들이는 현지개도국의 입장에서 논의되었지만 투자국의 국민경제에 대해서도 여러 가지 광범위한 경제적 효과를 발생시킨다. 해외직접투자가 투자국에 미치는 경제적 영향 역시 긍정적 효과(positive consequences)와 부정적 효과(negative consequences)라는 상반된 측면을 가지는데 이러한 양 측면의 경제적 영향을 〈표 9-4〉가 요약하고 있다.

그러나 이 표에서 볼 수 있듯이 각각의 효과가 서로 상반된 측면을 동시에 지니고 있을 뿐만 아니라, 긍정적 효과의 경우 해외직접투자가 가장 성공적으로 이루어졌을 경우 발생할 수 있는 성과를 나타내는 반면 부정적 효과는 해외직접투자가 초래하는 기회비용적 성격을 띠고 있으므로, 해외직접투자의 순효과(net－effect)는 실제로 어떠한 투자가 어떻게 이루어졌느냐에 따라 달라질 수 있다.[4]

표 9－4 다국적기업의 투자국에 대한 경제적 영향 개관

구 분	긍정적 영향(+효과)	부정적 영향(－효과)
시장확보효과, 산업조직효과	해외시장 확보와 유지, 세계시장의 경제적 우위 확보	산업집중 및 금융지배 증대, 이전가격 통한 비시장거래 증대
요소확보효과 기술/경쟁력효과	생산요소의 효율적 확보 기술 및 국제경쟁력 향상	기술의 해외유출(부메랑효과) 국제경쟁력 약화
고용효과	새로운 고용기회 창출, 고용의 질적 개선	직장수출(exporting jobs)로 인한 국내고용 감소
소득효과·후생효과	과실 송금·로열티수입 등으로 인한 소득·후생증대	국내투자(자본)의 대체, 리스크의 사회화 인한 소득·후생 저하
재정수입효과	해외소득에 대한 과세 통한 정부재정수입 증가	탈세·이전가격조작 등으로 인한 재정수입 감소 발생
국제수지효과	과실 등 자본유입, 수출유발·수입대체 통한 국제수지 개선	투자송금·원리금상환 등 자금유출, 역수입·수출대체 통한 국제수지 악화
산업구조효과	국내 한계산업의 해외이전 통한 산업구조 조정	국내 생산기반 침식, 국내생산 저하, 국내생산력 약화(산업공동화효과)
국가이미지·국제협력효과	국가이미지 제고·국제적 협력 증대	마찰증대로 인한 국가이미지 훼손 국가의 정치·외교적 부담 증대

따라서 해외직접투자가 투자국의 국민경제에 주는 경제적 효과는 장기적 효과와 단기적 효과, 직접적 효과와 간접적 효과를 종합적으로 고려하여 평가하여야 하며 또한 투자유형(투자산업별·투자동기별·투자단계별·투자행태별 유형)·투자국의 경제구조(산업구조·경제발전단계·고용상황)·투자기업의 경영전략·투자국정부의 정책 여하에 따라서 그 효과가 달라질 수 있다는 점도 고려하여야 한다.

---

4 이같이 긍정적 효과와 부정적 효과가 동시에 발생하고 있으므로 결국 해외직접투자로 인한 국민경제적 순효과(net effect)가 어떠한가가 중요하다. 원론적으로 말한다면, 해외직접투자로부터 얻게 되는 편익(해외로부터 얻는 직접적 수익+투자와 관련하여 본국에서 발생되는 수익+눈에 보이지 않는 가치)으로부터 비용(투자에 따른 기회비용+해외투자로 인한 국내 조정비용+기타의 부정적 효과)을 제외한 것이 해외직접투자의 국민경제적 순효과라고 할 수 있다.

1.1 투자국에 대한 긍정적 영향

일반적으로 일국의 해외직접투자가 그러한 투자를 행한 투자국의 국민경제에 미칠 수 있는 긍정적인 영향은 다음과 같다.

해외시장의 확보 : 해외투자를 통하여 새로운 시장을 개척하거나 무역장벽을 우회하여 기존의 시장을 방어함으로써 더 새로운 시장을 확보하거나 기존시장을 유지하는 효과를 누릴 수 있고 이를 통하여 세계시장에서의 경제적 우위를 확보할 수 있다.

생산요소의 확보 : 해외투자를 통하여 해외에서의 풍부한 자원, 저렴한 노동력, 높은 기술 등을 획득함으로써 보다 효율적인 생산요소를 확보하고 이를 통하여 투자국의 국제경쟁력을 높일 수 있다.

기술 및 국제경쟁력 향상 : 선진국에 대한 기술추구형 해외직접투자를 통하여 선진기술의 습득이 가능해지고 또한 해외진출에 따른 요소의 효율성 증대로 인하여 투자국의 국제경쟁력이 향상될 수 있다.

고용의 양적 증대 · 질적 개선 : 해외투자에 따라 투자기업이나 관련 업체의 자본재나 중간재의 수출이 촉진되어 이에 따른 고용창출이 이루어질 수 있고, 또한 해외현지법인이 설립됨에 따라 모기업에서의 기획관리 · 연구개발 · 국제마케팅 등의 핵심 기능을 담당할 비생산직고용이 증대되며, 회계 · 자문 · 금융 등 해외투자에 대한 지원업체의 고용창출효과도 발생될 수 있다. 이와 동시에 해외파견인력 및 고급화된 전문직 · 관리직 등에 대한 수요 증대로 고용의 질적 개선효과도 나타날 수 있다.

소득 및 후생 증대 : 해외투자로 인한 과실송금 · 로열티수입이 이루어짐으로써 투자국의 국민소득이 증대된다. 보다 일반적으로는 국제자본이동에 대한 신고전파모형이 제시하는 바와 같이, 국내자본이 보다 높은 한계생산력 하에 있는 현지국에 진출하여 보다 효율적으로 이용됨으로써 투자국의 소득과 후생수준이 증대될 수 있다.

재정수입 증대 : 해외직접투자로 인하여 발생되는 해외소득에 대한 과세가 이루어져 투자국정부의 조세수입이 증대될 수 있다.

국제수지개선 : 해외직접투자가 이루어지면, 이에 따른 과실송금 · 로열티수입 · 투자원금의 회수 등으로 투자국의 서비스수지 및 자본수지가 개선될 수 있고, 또한 현지생산에 필요한 자본재 · 중간재 · 원자재의 수출이 증대되는 동시에 이와 관련된 간접적인 수출증대나 수입감소가 발생하여 투자국의 무역수지를 개선시킬 수 있다.

산업구조조정과 고도화 : 생산시설의 해외이전을 통하여 투자국의 한계산업들을 해외로 이전시킴과 동시에 부가가치가 높은 새로운 산업을 국내에 육성함으로써 투자국의 산업구조가 고도화되는 효과가 발생할 수 있다. 따라서 해외직접투자는 투자국의 산업구조조정과 국제적 산업구조재편을 이룩하는 채널이 될 수 있다.

국가이미지 제고 · 대외협력 증진 : 해외직접투자를 통하여 투자국의 국가이미지를 제고시킬 수 있으며 이를 통하여 국제적 경제협력 기반을 형성할 수 있다.

1.2 투자국에 대한 부정적 영향

외국인직접투자와 마찬가지로 해외직접투자의 경우에도 긍정적 측면과 부정적 측면이 동시에 존재한다. 일반적으로 자국 기업이 해외투자를 행함으로써 투자국은 여러 가지 경제적 이득을 얻기 때문에 이를 적극적으로 장려하고 지원한다고 생각하기 쉽다. 그러나 투자국의 경우에도 다음과 같은 부정적 효과 또는 정치외교적 부담 때문에 자국 기업의 해외직접투자를 반대하거나 규제하려는 경향이 발생하기도 한다.

반시장 · 반경쟁 효과 : 해외투자를 통하여 시장을 확보하고 유지함으로써 투자국의 경제적 지위를 향상시키는 효과도 있지만, 해외투자와 관련하여 투자기업들이 국내기업보다 유리한 불공정혜택을 누림으로써 산업집중 · 금융지배와 같은 부작용이 초래될 수 있고, 다국적기업의 이전가격조작을 통하여 비시장경제를 조성할 우려도 있으며, 이러한 요인들이 때로는 국가정책에 대한 위협요인으로 작용할 수도 있다.

기술의 해외유출 및 국제경쟁력 약화 : 해외투자는 보다 풍부하고 저렴한 생산요소의 확보를 통하여 자국의 경쟁력을 강화시키는 효과를 가지기도 하지만, 투자기업이 보유하고 있던 높은 기술이나 경영상의 노하우 등이 해외로 유출되어 경쟁상대국의 기술수준을 향상시킴으로써 투자국의 국제경쟁력을 약화시키는 이른바 부메랑 효과(boomerang effect)를 초래할 수 있다.

직장수출 및 고용감소 : 해외투자는 국내에서 이루어지던 생산 활동을 해외로 이전시키거나 국내에서 발생할 수 있는 투자기회를 감소시킴으로써 투자국의 고용을 감소시키는 이른바 직장수출(exporting job)효과를 초래할 수 있다.

소득 및 후생 저하 : 해외투자는 투자국의 국민소득과 후생을 증진시키는 효과를 가지기도 하지만, 국내에 투자될 수 있는 자본이 해외투자에 투입됨으로써 국내투자기회의 감소 · 국내투자의 대체로 인하여 투자국의 소득과 후생을 훼손시킬 수 있다. 또한 신고전파 모형이 보여주듯이 투자국의 자본이 해외로 이전할 경우 투자국의 자본소득은 증가하는 반면 노동소득은 감소하여 소득분배구조가 오히려 노동자의 지위를 저하시키는 방향으로 작용할 수 있다. 또한 무리한 해외투자로 인하여 실패하였을 경우 그로 인한 비용과 리스크가 국민 전체로 사회화됨으로써 국민경제의 사회적 비용을 증가시킬 수도 있다.

재정수입 감소 : 해외투자로 인하여 발생한 해외소득에 대한 과세로 정부의 재정수입이

증가되는 효과가 나타날 수도 있지만, 해외진출기업들이 조세피난처(tax havens)의 활용・이전가격조작(transfer pricing)・현지국의 조세인센티브(tax incentives) 활용 등으로 인하여 투자국정부의 조세수입이 오히려 감소할 수도 있다.

국제수지 악화 : 해외투자는 현지투자에 따른 자금의 유출・해외차입금의 원리금 상환 등으로 인한 부정적인 재무효과와 해외현지에서 생산된 제품의 역수입이나 현지생산판매로 인한 기존수출의 대체 등으로 인하여 일국의 국제수지가 악화되는 효과도 발생할 수 있다.

국내생산력약화(산업공동화) : 해외투자를 통한 국내 한계산업들의 해외이전으로 투자국의 산업구조를 고도화시키는 효과를 누릴 수 있는 반면, 지나치게 급속한 해외투자나 비교우위산업의 해외투자 등이 국내생산기반을 침식시켜 투자국 전체의 생산력을 저하시키고 국내산업구조의 완결성을 저해하는 동시에 해외의존성을 증대시키는 부작용을 초래할 수 있다. 말하자면 해외투자가 기존의 국내 산업에 구멍이 생기도록 하는 이른바 산업공동화(hollowing-out of industry)가 발생될 수 있다.

국가이미지 훼손(정치외교적 부담) : 해외투자는 투자국의 국가이미지를 제고시키고 이를 통해 경제협력 기반을 증대시킬 수 있지만, 과도한 해외투자나 해외에서의 경영활동 수행 과정에서 현지국 정부나 국민과 마찰을 빚을 경우 이러한 영향이 오히려 투자국 정부나 국민에게 해를 끼칠 수 있다. 또한 미국의 기업들이 세계 곳곳에 광범위하게 투자하고 있기 때문에 이들을 전 세계적으로 보호해 주어야 하는 부담을 미국정부가 안고 있는 것처럼 다국적기업은 본국정부에 대해 여러 가지 정치・외교적 부담을 안겨주게 되고, 때로는 다국적기업이 국가 간의 정치・외교적 관계를 무시한 무모한 기업 활동을 전개함으로써 양국 간의 국제적 관계를 어렵게 만들 수도 있다.

3. 현지국의 경제적 영향 개관

전통적으로 다국적기업의 경제적 영향은 주로 이를 유치하는 현지국과 관련하여 논쟁되어 왔다. 다국적기업이나 외국인직접투자의 진출이 현지국에 미치는 경제적 영향 역시 긍정적인 효과만 있는 것도 아니고 부정적인 효과만을 가져오는 것도 아니다. 일반적으로 외국인직접투자는 그것을 유치하는 현지국에게 ① 경제성장 및 후생증대, ② 고용증대, ③ 기술이전, ④ 재정수입증대, ⑤ 지역개발효과 등과 같은 긍정적 영향을 가져오는 반면, 외국자본에 의한 ① 현지국의 시장지배와 토착산업의 파괴, ② 현지국의 주권제약과 경제적 종속, ③ 사회문화적 가치관 파괴와 같은 정치・경제・사회적 폐해 등과 같은 부정적 영향을 초래하는 것으로 평가된다. 이러한 양 측면의 효과를 〈표 9-5〉가 보다 종합적으로 요약하고 있다.

표 9-5 다국적기업의 현지국에 대한 경제적 영향 개관

구 분	긍정적 영향(+효과)	부정적 영향(-효과)
경제성장 · 후생효과	• 자본부족 완화(투자증대), • 경제성장, 소득 · 후생 증대, • 자원배분개선(신고전파모형)	• 국내자본형성 저해(성장잠재력 훼손) • 이중경제 · 불균형성장 · 소득불균형 심화 • 소비패턴 · 산업구조의 왜곡
소비자후생효과	• 소비자후생 증대 • 소비자선택권 신장	• 소비자의 안전 위협, 환경오염 • 고유문화 및 생활양식 잠식
고용효과	• (직접적 · 간접적) 고용창출	• 고용감소(시장퇴출 · 산업대체) • 투자철수 의한 고용불안정
기술이전효과	• 기술의 이전 및 확산	• 기술이전의 제한성 · 비적정성 • 자체 기술개발 억제 우려
재정수입효과	• 재정수입 증대	• 이전가격조작 통한 탈세
지역개발효과	• 특정 산업 및 지역 개발 촉진	• 부존자원 고갈, 환경파괴
국제수지효과	• 국제수지 개선 (자본유입 · 수출증대 · 수입대체)	• 국제수지 압박 (자본재 및 중간재수입 · 과실송금)
산업조직효과	• 외국기업 의한 경쟁 촉진	• 시장지배 및 독과점 강화, • 국내기업 및 토착산업 파괴 우려
정치경제적 효과	• 국제경제협력 증진	• 외국자본의 주권 제약 • 경제적 잉여 유출 · 경제종속화 • 사회문화적 폐해(문화제국주의)

외국인직접투자로 인한 경제적 효과들을 이렇게 긍정적 효과와 부정적 효과로 구분하지만 각각의 효과에 있어서도 다시 그에 상반되는 효과들이 동시에 존재하며, 국제수지효과와 같은 경우 그 효과가 양면적이어서 어느 한쪽으로 분류하기 어려운 경우도 없지 않다. 이것은 외국인직접투자의 국민경제적 효과가 실로 다양한 요소에 의해 영향을 받기 때문이다. 또한 역사적으로 한국 · 대만 등 아시아 신흥공업국에서는 외국인직접투자가 현지국의 산업화에 크게 기여한 것으로 평가된 반면, 멕시코 · 브라질 · 아르헨티나와 같은 중남미국가에서는 오히려 산업주권상실 · 기술종속 · 시장독점화 등과 같은 사회적 병폐를 유발한 것으로 비판받아 왔다.

이렇게 현지국, 특히 현지개도국에 대한 다국적기업의 역할에 대한 상반된 견해들을 하나의 기준으로 평가할 실증적 증거는 없으며, 또한 그것이 옹호론이든 비판론이든 양쪽 모두 약간은 과장되어 있는 것이 사실이다. 특히 부정적인 효과들 중 상당한 내용들은 외국기업의 진출로 인한 피해라기보다 개도국 자신의 구조적 문제이거나 발전과정에서 필연적으로 나타나는 부작용일 경우가 많은 것도 사실이다.

3.1 현지국에 대한 긍정적 영향

일반적으로 다국적기업 또는 외국인직접투자의 진출은 현지국 경제에 대하여 다음과 같은 긍정적인 영향을 가져온다고 할 수 있다. 그런데 이러한 긍정적 효과를 분해해 보면 투자주체가 '외국자본'(다국적기업)이기 때문에 발생되는 효과와 투자주체가 누구인가와 상관없이 새로이 발생되는 '투자' 그 자체의 효과로 구분해 볼 수 있다. 예컨대 기술이전효과·국제수지개선효과·경쟁촉진효과 등은 전자의 예이고 고용증대효과·재정수입효과·지역개발효과 등은 후자의 예이다. 따라서 현지국 내에서도 중앙정부는 전자에 대해서도 관심이 높은 반면 지방정부의 경우 상대적으로 후자에 대한 관심이 높다.

투자와 성장 촉진 : 외국계 다국적기업의 진출은 투자유치국의 자본부족을 완화하고 투자를 증대시키며 또한 기술·경영관리능력 등과 같은 생산요소를 제공함으로써 현지국의 경제성장을 촉진시키게 된다. 특히 외환부족으로 어려움을 겪는 나라들의 경우 외국인직접투자의 유입을 통하여 외환의 안정적 확보가 가능해진다.

자원의 효율적 배분 : 다국적기업은 자신이 보유하는 기술·인력·자본 등과 같은 경영자원의 국제적 이동을 통하여 가장 최적한 곳에서 이러한 자원들을 활용함으로써 세계적 관점에서 한계생산력의 극대화와 자원의 최적배분을 이룩하는 역할을 하게 되고 이러한 자원의 효율적 배분효과는 현지국 경제에 있어서도 실현된다.

소비자후생 증대 : 다국적기업의 진출로 인한 개방화와 경쟁촉진으로 소비자들에게 더 좋은 품질·더 값싼 가격·더 높은 서비스를 제공하게 되어 현지국의 소비자후생이 증대되고 소비자의 선택권이 더 높아질 수 있다.

고용증대 및 고용조건 개선 : 다국적기업의 진출은 현지국의 고용을 개선시키는 효과가 있다. 또한 이러한 고용증대효과는 현지국 노동력의 전반적인 기술수준을 향상시키는 경우가 많다. 동시에 외국인직접투자는 노동자의 실질임금과 생산성을 향상시키는 효과도 발생시킨다.

기술의 이전과 확산 : 다국적기업은 해외투자를 통하여 산업기술을 국제적으로 파급시키는 데 큰 기여를 하고 있다. 이 같은 기술파급효과는 개발도상국의 기술수준 향상과 이를 통한 경제개발 촉진에 기여할 뿐만 아니라, 기술의 신개발 및 기술확산(technology diffusion)에 크게 이바지하고 있다.

국제수지 개선 : 다국적기업은 현지국의 국제수지 개선에 긍정적으로 기여할 수 있다. 외국인직접투자로 인한 새로운 자본유입과 현지에서 생산된 제품의 해외수출이 이루어지기 때문이다.

해외경쟁도입(경쟁촉진) : 다국적기업의 국내 진출에 의하여 현지국 시장구조의 효율성이 높아지고 현지국 내 경쟁을 촉진하는 효과를 가져 올 수 있다.

재정수입 증대 : 다국적기업의 진출은 현지국의 관세·법인세 등 조세수입증대에 기여한다. 현지국 정부는 국내에 진출한 다국적기업의 자본수익 및 사업수익에 대하여 과세할 권리를 가지기 때문이다.

지역개발 : 다국적기업은 현지국인 개도국의 공단개발 등 산업입지 발전에 기여함으로써 지역개발효과를 가져온다. 멕시코의 경우 미국과의 국경지대를 일종의 보세가공지역으로 설정하여 외국인투자를 집중적으로 유치함으로써 지역개발효과를 극대화할 수 있었다. 이 같은 지역개발효과와 경제성장효과에 따라 최근에는 대부분의 개도국들이 외국인투자를 적극 유치하려는 경향을 보이고 있다.

국제경제협력 증진 : 다국적기업은 직접투자를 통하여 생산 및 가격구조의 변화를 초래함으로써 국제무역을 확대시키고 외부경제를 창출함과 동시에 국제협력에도 기여하는 경우가 많다. 더 많은 외국자본을 유치하고 있는 나라일수록 투자국과의 긴밀한 관계와 협력이 더욱 중요해지기 때문이다.

3.2 현지국에 대한 부정적 영향

외국계 다국적기업이나 외국인직접투자는 그것을 유치하는 현지국에게 이상과 같은 긍정적 영향들을 제공할 수 있지만 그에 못지않은 다양한 부정적 영향을 유발할 수 있다. 이러한 부정적 효과가 발생될 수 있는 것은 다국적기업의 1차적 관심사는 이윤극대화이고 현지국의 경제발전이나 후생증대는 자신들의 주된 관심사가 아니어서 현지국의 경제적 이익이나 주권국가의 정치적 이익과 충돌할 소지가 있기 때문이다. 이 때문에 다국적기업이 현지국에 미치는 부정적 영향을 강조하는 사람들은 '다국적기업은 해외진출을 통하여 최적의 이익(optimal interests)을 도모할지 모르지만 그것을 유치하는 현지국은 기껏해야 차선의 이익(sub-optimal interest)밖에 얻지 못할 것'이라고 비판하기도 한다.

성장잠재력 훼손 및 소득불평등 심화 : 외국인직접투자의 유입이 현지국에 대한 경제성장효과가 있지만 이와 동시에 외국자본 유입으로 인하여 국내자본형성이 저해됨으로써 장기적인 경제성장의 잠재력이 훼손되는 효과가 발생될 수 있고, 또한 현지국의 소비패턴과 산업구조의 왜곡이나 불균형성장의 심화 등으로 인한 이중경제 형성이나 소득분배 불평등이 심화될 수 있다.

고용의 감소 및 불안정성 증대 : 외국인직접투자는 당연히 일정한 고용증대효과를 지니지만 이와 동시에 외국인직접투자에 따른 시장퇴출 및 산업대체로 인한 고용의 감소효과도 나타난다. 뿐만 아니라 외국인직접투자의 빈번한 투자 철수(divestment)로 인한 현지국의 고용불안정도 발생할 수 있다.

기술이전 제한 및 기술개발 훼손 : 외국인직접투자로 인하여 일정한 기술이전효과가 있는 것은 사실이지만, 그러한 기술이전효과는 매우 제한적이며 심지어는 현지국의 자체 기술개발잠재력을 오히려 훼손할 수도 있다. 이러한 경우 현지국의 경제발전에 선도적 역할을 해야 할 산업부문이 외국자본에 의하여 지배당함으로써 기술의 종속(technological dependency) 또는 기술적 식민지(technological colonies)가 나타날 우려마저 있게 된다.

국제수지 압박 : 외국인직접투자가 현지국의 국제수지를 개선시키는 효과 못지않게 현지국의 국제수지를 압박하는 부정적 효과 역시 크다. 외국인직접투자는 단기적으로는 국제수지에 긍정적으로 기여하지만, 외국인직접투자로 인한 자본재 및 중간재의 수입이 증대되고 외국인투자가 정착된 이후부터 로열티 및 이윤의 송금이 이루어지는 단계에 이르면 오히려 국제수지의 마이너스요인으로 작용할 수 있기 때문이다.

시장독점 강화 : 외국인직접투자의 유입은 새로운 경쟁을 촉진시키는 효과가 있는 것이 사실이지만 때때로 공격적인 판매전략을 통하여 현지시장에서의 지배력을 높이고 산업집중도를 높일 가능성도 매우 크므로 산업조직 측면에서 부정적인 효과 역시 매우 크다.

재정수입 훼손 : 외국인직접투자가 이루어지면 이에 따른 재정수입 증대효과가 발생하지만 이전가격조작 등을 통한 탈세 등의 문제로 현지국의 재정수입이 훼손되는 효과가 발생할 수도 있다.

부정적인 소비자효과 및 지역개발효과 : 현지국의 낮은 안전기준 · 환경기준을 활용한 다국적기업들의 생산 및 판매 활동으로 소비자안전이 위협받을 수 있고 외국계 다국적기업의 활동으로 인하여 현지국의 고유한 문화나 생활양식이 훼손될 수도 있다. 또한 다국적기업의 진출로 특정 산업이나 특정지역의 개발효과가 발생할 수 있지만 이와 동시에 외국인직접투자에 의한 국내자원의 고갈이나 공해유발 등과 같은 부작용이 발생할 수 있다.

부정적인 국제정치경제효과 : 외국인직접투자가 국제협력을 증대시키는 측면도 있지만 오히려 국제적 갈등의 원인이 되기도 한다. 범세계적 관점에서 이윤활동과 경영전략을 수행하는 다국적기업은 기업 활동에 있어 일종의 경제적 치외법권을 추구함으로써 현지국의 주권과 마찰이 발생하게 되고 이러한 과정에서 현지국의 주권제한효과가 발생할 수 있다. 또한, 종속이론이 주장하듯이, 다국적기업의 해외투자활동은 현지국의 산업구조를 왜곡시키고 현지국의 유치산업을 피폐화시킴으로써 현지개도국들을 선진국의 종속체제로 영속화시키는 부정적 측면이 발생할 수도 있다.

CHAPTER 10 경제성장 · 고용 · 산업조직에 대한 영향

제1절 다국적기업의 경제성장 촉진효과

1. 국제자본이동의 경제적 효과에 대한 이론적 논의

1.1 국제자본이동에 대한 신고전파모델(M－C모델)

다국적기업의 경제적 영향을 평가하는 이론적 프레임워크로서 국제자본이동의 원인과 영향을 논의한 신고전파모델이 주로 원용된다. 국제자본이동이 투자국 · 현지국 · 세계의 생산 · 소득 · 후생에 미치는 영향에 대한 경제학적 분석이 맥더갈(G. D. A. MacDougall, 1960)에 의해 이루어졌고 이를 보다 정밀화시킨 것이 켐프(M. C. Kemp, 1964)였으므로 이들의 이론체계를 “맥더갈－켐프모델”(M－C model)이라고도 한다. 이 모델은 전통적인 자본이동론 가운데 가장 간명하면서도 가장 우수한 통찰을 제공하여 줄 뿐만 아니라 국제적 요소이동의 규범적 측면에 대한 거시경제적 접근의 길을 열어주었다고 할 수 있다.

이들은, ① 동질의 재화를 생산하는 2국(투자국과 현지국), ② 완전고용과 완전경쟁(자본의 가격＝자본의 한계생산력), ③ 외부경제 · 규모의 경제효과가 없는 경제, ④ 자본의 총량이 불변인 정태, ⑤ 동일한 생산함수와 한계생산력의 체감, ⑥ 국제수지의 균형 및 국제자본이동에 대한 장벽의 부재 등과 같은 여러 가지 가정 아래서, 자본은 한계생산력(가격)이 낮은 나라(자본풍부국)에서 높은 나라(자본희소국)로 이동한다는 것을 이론화하였고 이러한 한계생산력(가격) 격차에 의해 이루어지는 국제자본이동이 투자국 · 현지국 · 세계에 미치는 경제적 효과를 분석하였다.

[그림 10－1]의 횡축과 종축에 각각 자본의 양과 자본의 한계생산력을 표시하고 종축의 좌측과 우측에 각각 투자국과 현지국의 상황을 표시하였다. 자본이동이 일어나기 이전 각국의 실물자본량은 각각 AQ와 A'Q'로서 세계 전체의 자본부존량은 AA'이다. 규모에 대한 수확불변 하에서 자본의 한계생산력이 체감하므로 자본의 한계생산력곡선은 각각 MN · M'N'과 같이 하향의 기울기를 가진 직선이다. 완전경쟁 하에서 자본의 가격은 자본의 한계생산력과 일치하므로 투자국의 자본가격 QT가 현지국의 QU보다 낮다. 이러한 자본가격의 차이에 따라 투자국의 자본이 현지국으로 이동되게 되는데 자본이동에 대한 아

무런 장벽이 없으므로 양국의 한계생산력이 일치하는 점(S)까지 이동하게 되어 결국 SQ만큼의 자본이 이동된다.

이러한 자본이동이 이루어지면 〈표 10－1〉과 같은 경제적 효과가 발생된다. 즉, 투자국의 경우 국내생산 감소(－)・소득 증대(＋)・소득분배 변화(자본가에게 유리하고 노동자에게 불리한 분배효과)효과가 나타나는 반면, 현지국의 경우 국내생산 증대(＋)・소득 증대(＋)・소득분배 변화(자본가에게 불리하고 노동자에게 유리한 분배효과)효과가 나타나며, 자본의 한계생산력 차에 따른 자본이동으로 자원의 효율적 배분이 이루어짐에 따라 세계 전체의 소득・후생이 증대되는 경제적 효과가 발생한다.

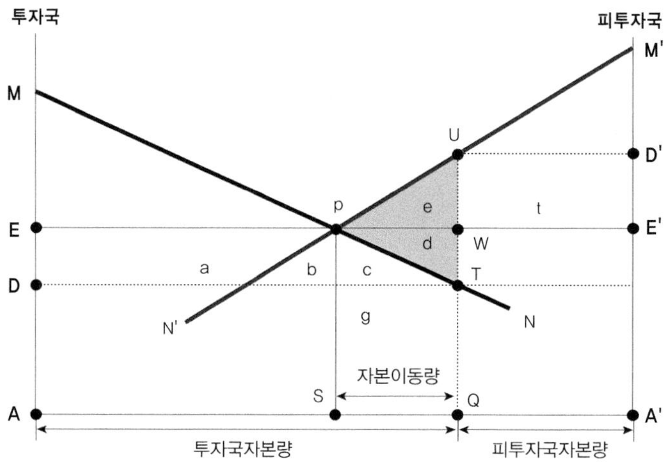

그림 10－1 국제자본이동의 국민경제적 효과

표 10－1 **국제자본이동의 경제적**(생산・소득) **효과**

구분		이동 전 ➡ 이동 후	변화	
투자국	국내생산	□ AQTM ＞ □ ASPM	－ SQTP	－(c＋g)
	국민소득	□ AQTM ＜ □ AQWPM	＋△ PTW	＋(d)
	자본소득	□ AQTD ＜ □ AQWE	＋□ DTWE	＋(a＋b＋c＋d)
	노동소득	△ DTM ＞ △ EPM	－□ DTPE	－(a＋b＋c)
현지국	국내생산	□ A'QUM' ＜ □ A'SPM'	＋□ SQUP	＋(c＋d＋e＋g)
	국민소득	□ A'QUM' ＜ □ A'QWPM'	＋△ PWU	＋(e)
	자본소득	□ A'QUD' ＞ □ A'QWE'	－□ E'D'UW	－(f)
	노동소득	△ D'UM' ＜ △ E'PM'	＋□ E'D'UP	＋(e＋f)
세 계	생산/소득	AA'M'UTM＜AA'M'PM	＋△ PTU	＋(d＋e)

이러한 신고전파적 모델은, 완전경쟁 등 여러 가지 비현실적인 가정에 입각해 있을 뿐만 아니라 국제자본이동을 화폐적 자본의 이동(국제간접투자)으로 전제하고 있으므로 직접투자와 간접투자를 구별하고 있지 않다. 따라서 해외직접투자가 왜 발생하는가, 현지국기업에 대한 외국기업의 불리함을 상쇄할 수 있는 해외투자기업의 우위요인이 무엇인가, 왜 직접투자가 자본풍부국에서 자본희소국으로 일방적으로 이루어지지 않고 상호교류하는가 등과 같은 문제를 제대로 설명할 수 없음은 다국적기업의 해외직접투자이론과 관련하여 제3편에서 논의한 바 있다.

또한 해외직접투자의 경제적 영향과 관련하여서도 국제자본이동을 화폐적 자본의 흐름만으로 파악하여 직접투자에 수반되는 ① 기술이전 등과 같은 외부경제효과와 경제발전효과, ② 국제수지나 교역조건에 미치는 효과, ③ 경쟁 및 시장에 미치는 효과, ④ 산업구조 변화나 기존 산업의 파괴에 따른 경제적 효과 등을 설명하지 못한다는 한계를 지니고 있다.

따라서 신고전파적 국제자본이동론은, 자본이동의 규범적 영향에 대한 거시경제적 분석을 위한 기초를 제공함으로써 이와 관련되는 여러 가지 통찰을 제공할 수 있는 이론모델인 것은 사실이지만, 오늘날의 다국적기업이나 해외직접투자의 경제적 영향을 분석하는 모델로서는 근본적인 한계와 제약성을 가지고 있는 것이 사실이다. 신고전파 모델의 이와 같은 한계와 제약성 때문에 신고전파적 표준모델에 대한 대안적 논의, 또는 그들이 제시하는 경제적 효과와는 다른 효과가 나타날 수 있음을 주장하는 논의들이 여러 가지 측면에서 제기되었다. 이러한 이론적 논의들 중 대표적인 몇 가지 대안적 모델들을 [부록 10－1]에서 소개하고 있다.

부록 10－1 신고전파적 국제자본이동모델에 대한 대안적 논의

위에서 살펴본 대로 신고전파적 모델은 국제자본이동이 투자국 · 현지국 · 세계 경제에 미치는 영향을 각기 생산 · 후생 · 소득분배라는 측면에서 설명하고 있다. 그러나 해외직접투자로 인하여 발생되는 경제적 효과가 이러한 신고전파적 모델이 모델링하고 있는 내용과 다르게 나타날 수 있음을 주장하는 여러 가지 대안적 논의들이 여러 가지 관점에서 일어났다. 이러한 대안적 논의들을 생산효과 · 후생효과 · 소득분배효과 측면에서 살펴보면 다음과 같다.

1. 생산효과에 대한 대안적 논의

국제자본이동에 대한 신고전파모델은 국제자본이동으로 인하여 투자국의 생산 감소 · 현지국의 생산 증대 · 세계 전체의 생산증대효과가 발생함을 설명하고 있다. 그러나 이러한 결론은 많은 가정과 전제들 위에 정립되어 있다. 따라서 이러한 모델에 따라 다국적기업의 경제적 영향을 해석함에 있어서 항상 그러한 가정의 존재를 염두에 두어야 한다.

1960년대 말 후퍼바우어와 애들러(G. C. Hufbauer and M. Adler, 1968)는 해외직접투자의 미국경제에 대한 영향을 분석한 그들의 초기 연구를 통하여, 분석자들이 어떠한 가정을 두느냐에 따라 국제자본이동으로 인한 생산효과가 달라질 수 있다고 전제하고 그러한 가설들을 다음과 같은 3가지 유형으로 제시하였다. 이러한 3가지 가설유형은 제시된지 40여 년이 지난 오늘날에 있어서도 여전히 유용한 접근방법으로 평가되고 있다.

고전적 가설(classical hypothesis) : 이 가설은 해외직접투자가 투자국의 생산능력을 감소시키고 현지국의 생산능력은 증가시킨다고 가정한다. 투자국의 경우 해외투자로 인하여 자본대체와 생산능력 감소가 일어나는 반면 현지국의 경우는 외국투자에 의하여 국내투자가 구축되는 효과가 발생하지 않는다고 가정하기 때문이다. 따라서 이 경우 해외직접투자로 인하여 투자국의 생산능력이 현지국으로 이전되는 효과만 발생하여 생산입지의 지리적 변동만 발생할 뿐 세계 전체의 생산능력에는 아무런 변화가 없게 된다.

역고전적 가설(reverse-classical hypothesis) : 이 가설은, 투자국의 경우 해외투자가 이루어지더라도 다른 기업들이 그러한 투자기회를 다시 보충하고 활용하기 때문에 국가 전체적으로 투자대체나 생산능력 감소가 발생하지 않고, 현지국의 경우 역시 다른 투자를 구축하지 않고는 새로운 투자가 수용될 수 없는 상태에 있으므로 외국인투자가 유입되더라도 현지국 전체의 생산능력에 새로운 순증가는 이루어지지 않는다고 가정한다. 따라서 해외투자가 이루어지더라도 투자국이나 현지국 모두 생산수준이 종전과 동일하게 되고 따라서 세계 전체의 생산수준도 변함이 없게 된다.

반고전적 가설(anti-classical hypothesis) : 주로 미국의 경제학자들에 의해 제기된 가설로서 투자국에서나 현지국에서 모두 투자의 대체는 일어나지 않는다고 가정한다. 따라서 직접투자가 이루어지면 투자국의 생산능력이 감소됨이 없이 현지국의 생산능력을 증가시킨다고 가정한다. 이러한 가설하에서는 직접투자로 인하여 세계 전체의 생산능력이 증가된다.

표 10-2 그린필드형 해외직접투자가 생산능력에 미치는 효과[5]

가설의 유형	생산능력(자본스톡)의 변화		
	투자국	피투자국	세계
신고전파모델	축소(−)	증가(+)	증가(+)
고전적 가설	축소(−)	증가(+)	불변
역고전적 가설	불변	불변	불변
반고전적 가설	불변	증가(+)	증가(+)

5 물론 이러한 3가지 유형의 가설들은 모두 해외투자가 M&A가 아닌 그린필드형 투자로 이루어진다는 것을 공통적으로 가정하고 있다. M&A의 경우 투자기업의 생산능력은 증가시키지만 그 자체가 현지국이나 세계 전체의 생산능력에는 아무런 증가를 가져오지 않기 때문이다.

이상과 같은 3가지 가설의 내용을 〈표 10－2〉가 요약하고 있는데 결국 해외투자가 투자국이나 현지국의 국내투자를 대체하느냐 않느냐와 관련된다. 어떠한 가설유형에 속하느냐에 따라 자본스톡과 생산능력의 변화가 달라지므로 직접투자가 성장 · 고용 · 국제수지에 미치는 경제적 영향을 분석하는 데 있어 이러한 가설유형이 매우 중요한 의미를 가질 수 있다.

그러나 이와 같은 가설유형 분류는 이처럼 논리적으로는 명확하지만 이것을 현실에 적용하여 활용하는 데에는 많은 어려움이 따른다. 왜냐하면 이러한 가설들은 각각 다시 일련의 부차적인 가정들, 예컨대 투자국과 현지국에 있어서의 투자기회 · 투자자금가능성 · 투자기업 간의 경쟁전략 · 투자자금 조달방법이나 관련 산업의 시장구조 · 고용 상황 · 자본활용 수준 등과 같은 여러 가지 거시경제 상황에 대하여 어떠한 가정을 두느냐와 관련되기 때문이다.

따라서 이러한 3가지 가설의 현실적 적용가능성에 일정한 한계가 있을 뿐만 아니라 어떠한 모델이 가장 현실적인가에 대해서도 어떠한 사전적(事前的) 일반화가 가능하지 않다. 또한 어떤 하나의 모델만으로 모든 다국적기업과 해외직접투자의 경제적 효과를 적절히 설명할 수 있다고 말하기도 어렵다. 이 때문에 해외직접투자가 투자국과 현지국의 생산능력에 미치는 효과를 현실적으로 분석하려는 연구자들은 이러한 모델들을 합성하여 사용하기도 한다.

2. 후생효과에 대한 대안적 논의 : 우자와－하마다(宇澤－兵田) 명제

국제자본이동의 신고전파모델에서는 국제자본이동이 현지국의 소득 및 후생수준을 향상시킨다는 것을 주요한 전제로 삼고 있다. 그러나 우자와(宇澤弘文, 1969)와 하마다(兵田宏一, 1971)는, 현지국이 상품수입(무역)에 대한 관세장벽(보호정책)을 설치하면서 투자(자본)에 대해서는 자유화정책을 채택할 경우 현지국의 국민소득과 후생이 오히려 감소할 수 있음을 논증하였는데, 이것이 보호무역 하의 자본이동에 대한 '우자와－하마다 명제'이다.[6]

이러한 그들의 주장은, 헥셔－오린적인 전제조건 하에서 외국으로부터 자본이 유입되면 현지국의 요소부존도(자본/노동)가 변화되고 생산과 무역이 변화되게 되는데 이러한 과정에서 무역량감소 · 교역조건 악화 · 관세수입 감소 등이 발생하여 현지국의 후생이 감소된다는 것이다. 따라서 이러한 명제는 자본자유화를 이룩하기 위해서는 당해 산업에 대한 무역자유화를 먼저 행하여야 함을 주장하고 있다. 이런 점에서 이들의 명제는 개도국들이 수입대체적 공업화정책을 채택하였을 경우 보호무역보다도 자유무역정책을 취하여야 한층 더 높은 후생수준을 실현할 수 있다는 정책적 함의를 던져준다고 할 수 있다.

그러나 이러한 우자와－하마다 명제에 대해서도 여러 가지 비현실적인 가정에 입각해 있으므로 현실 적용에 일정한 한계가 있다는 비판이 제기되었다. 이러한 비판들 중 주요한 내용을 살펴보면, ① 이 명제는 자본을 물적 생산요소로서의 의미로만 해석하여 자본유입에 따른 외부경제효과나 교역조건개선효과 등을 고려하고 있지 않는데 이러한 효과가 나타날 경우 보호무역 하에서의 자본유입에 의해서도 현지국의 후생은 증대될 수 있다. ② 이 명제는 완전고용을 전제로 하지만 현지국에 실업이 존재하는 경우 외국자본 유입은 새로운 생산 · 고용 · 소득의 증대를 가져올 수 있다. ③ 외국자본에 대한 과세가 이루어지고 외국자본의 이윤유보가 이루어지면 무역규모가 축소되지 않고 국민후생도 개선될 수 있다는 주장 등이다.

6 宇澤弘文(1969.12.23), 兵田宏一(1971.2.5)

3. 소득분배효과에 대한 대안적 논의

(1) 투자국의 소득분배효과 논의

국제자본이동의 경제적 효과에 대한 신고전파적 모델은, 해외직접투자를 행한 투자국(home country)의 경우 투자국의 소득분배구조가 오히려 노동자의 지위를 저하시키는 방향으로 변동된다고 이론화하였다. 실제로 이러한 모델의 기본적 가정에 따라 1960년대 미국의 해외직접투자에 의한 효과를 분석한 연구는 전체 GNP 중 노동의 비중이 줄고 자본의 비중이 높아졌음을 보여주기도 하였다.[7] 그러나 이러한 신고전파적 모델은 국제무역의 소득분배효과에 대한 헥셔-오린모델의 단순한 연장선상에 있을 뿐, 해외직접투자로 인한 무역의 변화·기술의 창출 및 이전효과·외국인직접투자의 유입촉진효과 등을 고려하고 있지 않으며 특히 직접투자로 인한 구조고도화 효과도 무시하고 있다.

실제로 해외직접투자가 노동으로부터 자본으로의 소득이전효과를 발생시키는가에 대한 실증적 연구결과들을 보면 신고전파적인 주장을 뒷받침해 주지 못하였다.[8] 미국 해외직접투자의 장기적인 소득효과에 대한 분석들을 보면 해외직접투자가 미국 내 순투자에 어떤 영향을 미쳤느냐에 따라 그 결과가 달라질 수 있음을 보여주었다. 그들은 미국의 해외직접투자가 상당한 투자대체효과를 발생한 것은 사실이지만 해외투자로 인하여 증가된 자본가의 수익이 그러한 국내투자 수익감소를 상당히 상쇄하였음을 보여주었다.

따라서 해외직접투자의 소득분배효과와 관련하여 오히려 주목되는 쟁점은 직접투자가 국내소득배분의 불평등성을 심화시키는가 그렇지 않은가 하는 문제였다. 선진국의 경우 보다 저렴한 노동력을 얻기 위한 해외직접투자가 국내 미숙련노동자들의 임금을 더욱 저하시켜 소득격차가 확대될 수 있기 때문이다. 특히 1980년대 후반 미국에서 실업률이 저하되는 한편 소득격차가 확대되는 양극화경향이 나타나자 과도한 해외직접투자가 이러한 양극화의 원인일 수 있다는 논쟁이 일어나기도 하였다.[9]

(2) 현지국의 소득분배효과 논의

신고전파모델은 외국직접투자를 수용하는 현지국(host country)의 경우 외국자본의 유입으로 자본의 국내수익률이 떨어져 자본가의 소득배분이 낮아지는 반면 노동자의 소득배분은 높아질 수 있다고 이론화하였다. 그러나 이 경우에도 현지국이 외국인투자기업의 소득에 대하여 어떠한 과세를 행하느냐를 포함하여 투자이익의 배분이 어떻게 이루어지느냐에 따라 달라질 수 있다. 이와 관련하여 외국인직접투자가 현지국의 소득분배를 악화시키거나 부의 불균등분배를 가져오지 않는가

---

7 이러한 모델의 기본적 가정에 따라 1968년까지의 미국의 해외직접투자를 분석한 결과를 보면 800억 달러의 미국의 해외직접투자 잔고가 미국의 GNP 중 노동의 비중을 79%에서 72%로 변화시키고 자본의 비중을 21%에서 28%로 변화시킨 것으로 나타났다(P. B. Musgrave, 1975).

8 1950년대와 1960년대 미국의 총 국민소득 중 노동의 비중은 약간 증가된 반면 자본의 비중은 거의 비슷한 수준을 유지하였다(C. F. Bergsten, 1978).

9 이러한 논쟁과정에서 미국 기업에 의한 역외생산이 이러한 소득불평등의 원인이었다는 주장(Robert Reich, 1991), 이러한 해외투자보다 저임금 개도국과의 무역확대가 원인이었다는 주장(G. Borjas and V. Ramey, 1993), 해외투자나 해외무역이 그 원인이 될 수 없고 기술진보 등 국내의 구조적 요인이 주요 원인이었다는 주장(Paul Krugman, 1996) 등이 서로 난립하였다.

하는 문제가 제기되어 왔다. 그러나 외국인직접투자가 현지국의 소득분배를 악화시킬 수 있다는 이러한 주장에 대해서는 많은 사람들이 반론을 제기하였는데 그들의 대표적인 주장을 보면 다음과 같다.

(1) 다국적기업은 급속한 경제성장을 이룩하는 나라로 진출하는 경향이 있는데 일반적으로 급속한 경제성장이 이루어지는 나라의 경우 초기에는 소득불균형이 증대되는 모습을 나타내다가 점차 이것이 완화되는 과정으로 가는 경향을 가진다. 따라서 다국적기업이 진출한 나라에서 발견되는 소득불평등이 급속한 경제성장 과정에서 발생되는 결과인지 외국계 다국적기업의 진출에 의한 영향인지를 구분하기 어렵다.

(2) 다국적기업은 일반적으로 현지국의 국내기업보다 더 높은 임금을 지급하는 경향을 가지는 것은 사실이지만 그렇다고 현지국의 소득분배 악화가 외국인직접투자에 의하여 조장된다는 인과관계를 지지할 증거가 되는 것은 아니다.

(3) 개도국들 중 외국인직접투자를 더 많이 유치하는 나라들이 외국인투자의 유입을 제한하는 나라들보다 오히려 더 균형적인 소득분배를 시현하고 있다. 따라서 외국인직접투자가 현지국의 소득분배를 악화시키는 원인이라고 보기 어렵다.

④ 단기적으로 소득분배의 형평성을 결정하는 1차적 요인은 저개발국 정부의 정책이라고 할 수 있어 현지국의 정책 여하에 따라 소득배분의 균형성이 좌우되는 경향이 강하다. 따라서 어떤 특정 개도국의 소득분배 불평등이 발생한 원인을 외국인직접투자 때문이라고 일반화하기 어렵다.

1.2 세계 생산과 효율에 대한 다국적기업의 영향

1.1.1 국제생산과 부가가치의 창출

다국적기업에 의한 국제생산이 급격히 확대됨에 따라 세계의 생산 · 고용 · 무역에 미치는 역할과 비중 역시 급격히 증대되고 있다. UN무역개발회의(UNCTAD)는 세계적 다국적기업들이 국내적으로나 해외에서 창출하는 부가가치가 2010년 기준으로 16조 달러에 달하는 것으로 추산하였다. 이러한 부가가치 생산액은 세계 전체 GDP의 약 1/4에 해당하는 크기이고 공공부문을 제외한 민간부문이 창출하는 부가가치의 1/3 수준에 해당되는 크기로서, 세계에서 경제규모가 가장 큰 미국의 GDP 규모를 능가하고 있다.

[그림 10－2]가 보여주듯이 이러한 분석에 따르면 세계적인 다국적기업들이 창출하는 16조 달러의 부가가치 생산액 중 투자본국에서 창출하는 부가가치가 약 9조 달러(세계 전체 GDP의 14%)이고 해외자회사를 통하여 창출하는 부가가치가 약 8.6조 달러(세계 전체 GDP의 10%)로서 해외에서의 생산액이 투자본국에서의 국내생산과 거의 비슷한 수준에 육박하고 있음을 알 수 있다.

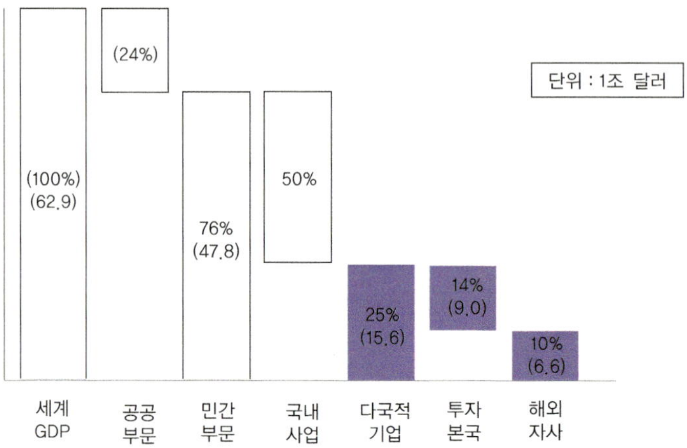

자료 : UNCTAD, WIR(2011) p.21.

그림 10-2 세계 전체 GDP(2010)에 대한 다국적기업의 비중

이처럼 세계적인 다국적기업들의 규모가 급속히 증대되면서 세계의 생산과 부가가치 창출에 대한 그들의 영향력이 상상을 초월할 만한 수준에 이르고 있어, 일찍이 미국계 다국적기업의 유럽진출 확대에 대하여 그의 저서 『미국의 도전』을 통하여 '유럽 속의 미국 산업'이 초래할 위협을 우려하였던 프랑스 슈방 슈라이버(Servan Schreiber, 1968)나 세계경제에 있어서 다국적기업의 역할과 규모의 급속한 확대를 미리 간파한 하이머(S. H. Hymer) 등 많은 사람들이 내린 다국적기업에 대한 다양한 예견들이 오늘날 거의 그대로 적중되어 조금도 놀라울 바가 되지 못하고 있음은 제1편에서 논의한 바와 같다.

1.1.2 다국적기업의 효율 · 후생 증대효과에 대한 논쟁

이처럼 세계적인 다국적기업들이 세계 생산의 많은 부분을 담당하고 있어 다국적기업이 국제적 생산을 창조하고 증대시키는 주역임에 틀림없다. 그러나 다국적기업이 과연 세계의 생산 · 효율 · 후생에 어떠한 영향을 미치는가에 대해서는 긍정적인 견해와 부정적인 견해가 서로 대립된다.

앞에서 살펴본 바와 같이 국제자본이동에 대한 신고전파적 모델은 다국적기업이 세계의 생산 · 효율 · 후생에 긍정적 영향을 미치는 것으로 설명하고 있고 다국적기업의 투자활동이 세계 전체의 투자규모를 증대시킴으로써 세계의 생산과 효율의 증대를 가져온다는 긍정적 견해가 주류적인 위치를 차지하고 있지만, 다국적기업 자신이 스스로 시장의 불완전성을 창출함으로써 세계적 차원의 자원의 합리적 배분을 왜곡시키고 후생을 저하시킨다는 부정적 견해들도 있다.

우선, 다국적기업이 세계경제의 효율과 후생에 미치는 효과를 긍정적인 관점에서 평가하는 사람들은 대체로 다음과 같은 경제적 효과들을 강조한다.

세계경제의 효율성 증대 : 다국적기업은 생산에 가장 효율적인 최적생산거점에서 생산하고 이를 위하여 자본 등 필요한 생산요소를 국제적으로 이동시킨다. 이러한 생산요소의 이동은 세계적 차원에서의 자원의 최적배분을 구현한다. 해외직접투자로 인하여 생산요소가 한계생산력(가격)이 낮은 국가로부터 높은 국가로 이동됨으로써 요소의 한계생산력(가격)이 국제적으로 균등화되고 이로 인해 생산요소의 국제적 배분이 최적상태에 도달되기 때문이다. 또한 다국적기업은 최적생산거점에 자원을 집중하여 세계시장을 대상으로 하는 제품 생산을 행함으로써 세계적 차원에서 규모의 경제를 구현할 수 있게 한다. 이러한 자원의 최적배분과 규모의 경제가 세계경제의 효율성을 증대시킨다.

국제적 분업생산체제 확립 : 세계경제는 국경 없는 무한경쟁의 시대로 접어들고 있다. 이같이 국경이라는 장벽을 제거하는 데 핵심적 역할을 행하는 것이 바로 다국적기업에 의한 해외직접투자이다. 국가와 국가 간에 이루어지는 해외직접투자는 생산체제를 국제적으로 분업화시키는 역할을 한다. 즉, 선진국은 서비스업 · 기계 · 첨단산업에 특화하고, 중진국은 중화학공업 · 기계(선진국에 비해서는 부가가치가 떨어지는 제품) · 조선 등의 산업에 특화하며, 후진국은 섬유 · 신발 · 가전제품의 조립 등의 산업에 특화하는 생산체제로 이행함으로써 국제적인 분업체제를 구축하게 되고 이러한 분업체제의 발전이 세계의 생산과 효율을 증진시킨다.

독점체제의 완화(경쟁의 촉진) : 현실적으로 완전경쟁시장의 성립조건이 충족되는 시장은 없지만[10] 동종 산업에 대한 기업의 참여가 많아질 경우 시장은 완전경쟁시장의 형태와 비슷해짐으로써 경쟁촉진효과와 후생증대효과가 나타나게 된다. 소수 기업들이 독점경쟁이나 카르텔을 형성하고 있는 시장에 다국적기업과 같은 새로운 기업의 진입은 시장의 경쟁을 심화시킴으로써 이에 따른 경제발전 촉진효과와 소비자후생 증대효과가 나타나게 된다.

세계적 후생증대와 혁신 : 이와 같은 다국적기업에 의한 자원의 최적배분과 효율성증대는 세계후생(world welfare)의 증대를 가져온다. 다국적기업에 의한 최적생산거점에서의 생산과 규모의 경제 실현으로 소비자들은 보다 양질의 상품을 싼 값에 구입할 수 있게 되어 엄청난 소비자잉여를 누리게 된다. 또한 다국적기업은 자원의 효율적 배분 · 후생증대라는 이

10 완전경쟁시장의 조건은 ① 공급자인 기업과 수요자인 소비자들이 가격수용자(pick－taker)일 것, ② 생산물이 동질적(homogeneity of product)일 것, ③ 산업에 대한 진입과 퇴출의 자유(freedom of entry and exit)가 보장될 것, ④ 완전정보의 조건이 충족될 것 등이다.

같은 정태적 이익뿐만 아니라 국제무역과 국제생산을 통하여 새로운 아이디어 · 생산방식 · 경영조직 등을 신속하게 세계적 규모로 확산시킴으로써 혁신을 주도한다. 다국적기업에 의한 이러한 국제적 혁신이 세계경제의 성장과 변화에 미치는 동태적 영향 역시 지대하다.

세계경제통합과 국제협력증진 : 이와 같이 다국적기업의 해외투자활동이 세계적 차원에서 자원의 효율적 배분 · 효율성증대 · 후생증진을 이룩함은 물론 세계경제를 하나로 통합하는 데 기여한다. 과거 국내기업들이 생산요소가 풍부한 지역에서 희소한 지역으로 경영자원을 이동시켜 국내적인 자원의 최적배분을 이룩함으로써 하나의 국민경제를 이룩하는 역할을 하였던 것처럼, 오늘날에는 다국적기업들이 생산요소가 풍부한 국가에서 희소한 국가로 경영자원을 이동시킴으로써 세계경제를 하나로 통합하는 데 기여하고 있다고 할 수 있다. 이러한 세계경제의 통합은 그 자체가 국가 간의 협력을 증진시키는 역할을 할 뿐만 아니라 이를 통한 상호의존관계의 증진이 세계평화에도 기여하게 된다.

한편, 다국적기업의 투자활동이 자원의 효율적 배분을 통하여 세계의 생산과 효율을 증대시킨다는 이상과 같은 긍정적 평가에 대하여, 다국적기업 자신이 스스로 시장을 불완전성을 창출함으로써 세계적 자원배분을 왜곡시키고 후생을 저하시킨다는 부정적인 영향을 강조하는 주장들이 있다. 다국적기업이 자원의 효율적 배분이나 효율의 증진을 오히려 해치게 된다는 이들의 주요한 논거는 다음과 같다.

(1) 다국적기업은 공급자 과점시장에서 활동하므로 특허권 등을 적극적으로 보호하여 진입장벽을 강화시키는 등 다양한 제한조치들을 강구함으로써 시장의 불완전성을 창조하는 존재일 뿐만 아니라 교묘한 이전가격조작이나 정부규제를 회피하는 활동을 행함으로써 시장메커니즘을 교란한다.

(2) 과점적 시장구조 하에서 어떤 선도기업이 행하는 해외진출에 대응하여 다른 경쟁기업들이 투자를 감행하는 과점적 대응투자전략이 결국 세계적 차원에서의 자원의 낭비를 초래하게 되고, 또한 과점적 지위를 지키기 위해서 행하는 해외직접투자나 무역장벽을 우회하기 위하여 행하는 해외직접투자 등은 투자국과 현지국의 비교우위를 보완하지 못하여 오히려 자원의 효율적 배분을 해치게 된다.

2. 투자국의 경제성장에 미치는 효과

2.1 국내투자 · 국내생산 대체효과

해외직접투자가 이루어지면 국내에 투자되어야 할 자본이 해외로 유출되므로 해외투자가 국내투자를 대체(구축)할 수 있다. 또한 기업적 관점에서 보아 국내사업과 해외사업은 내부자금에 대해 서로 경쟁하는 관계이므로 해외투자가 증가할수록 국내투자가 감소될 수 있다. 따라서 해외직접투자가 증대되면, 이것이 현지국의 경우에는 자본형성을 증대시키는 효과를 가지지만, 투자국의 경우 그 만큼 국내자본을 축소시키므로 국내투자를 대체(구축)하는 효과가 발생할 수 있다.[11]

해외투자가 국내투자를 대체한다는 이러한 일반적 인식은 선진국들의 경제성장정체론이나 산업공동화론의 논의과정에서 중요한 이슈가 되었다. 영국의 경우 제1차 세계대전 이전까지 이루어진 거액의 자본수출이 영국의 국내투자와 경제성장을 저하시킨 원인으로 지목되었고, 그 이후 영국경제의 산업공동화 논의에 있어서도 영국경제(특히 영국 제조업부문)가 산업공동화를 맞이한 가장 중요한 원인으로서 지나친 해외투자로 인한 저투자문제가 지적되었다.

또한 1980년대 미국경제의 정체문제를 산업공동화의 관점에서 논의한 블루스톤과 해리슨(B. Bluestone & B. Harrison)은 『미국의 탈산업화』(The Deindustrialization of America)라는 그들의 저서를 통하여 그 원인을 광범위한 디스-인베스트먼트(dis-investment)로 규정하였는데, 이러한 투자기피현상의 발생 원인을 국내자본스톡의 노화 · 기간산업부문의 투자둔화 · 자본의 해외유출 등에서 찾음으로써 지나친 해외투자가 미국경제의 투자위축과 성장둔화를 초래한 중요한 원인이라고 역설하였다.

그러나 해외직접투자가 국내투자를 대체한다는 이러한 인식에는 몇 가지 문제점이 있다. 우선 해외투자가 이루어진다고 하여 그 투자금액이 전부 본국에서 송금되는 것이 아니고 현지조달이나 현지법인의 재투자 등에 의해 이루어질 수 있고, 또한 국내생산과 해외생산 간의 통합 형태에 따라 그러한 대체효과는 얼마든지 달라질 수 있다. 또한 '만약 어떤 기업이 해외투자를 하지 않았을 경우 그 투자액에 상당한 금액이 국내에 투자되었을까'라는 관점에서 파악하면 이러한 투자대체(investment substitution) 효과는 일정한 한계가 있다.

해외투자가 국내투자를 대체할 수 있을지 보완할 수 있을지는 결국 개별적인 투자에 따라 다르다고 할 수 있다. 실제로 이에 대한 실증적 연구결과를 보면, 투자가 이루어지는 산업 · 기업 · 지역별로 다르게 나타나기도 하였고, 또 다른 연구에서는 해외투자와 국내투자 간에 약간의 대체성이 존재하였지만 대체되는 정도는 명확히 밝혀지지 못하였다. 한편 개도국의 해외투자를 대상으로 분석한 유엔무역개발회의(UNCTAD, 2006)는, 해외투자가 오히려 투자국의 경제성장을 가져왔을 뿐만 아니라 산업구조조정을 촉진하는 요인으로 작용하였음을 보여주기도 하였고, 또 다른 일련의 경제학자들은 해외투자가가 투자국

---

11 산업공동화론자들은 이러한 과정을 '자본의 공동화'라고 지칭하기도 하고 해외투자로 인하여 국내 투자와 생산이 단기적으로 대체되는 효과를 구성효과(composition effect)라고도 한다.

의 생산성을 향상시킴으로써 종국적으로는 투자국의 산업생산을 오히려 증대시키는 효과가 있음을 보여준다.[12]

따라서 어떤 나라의 해외직접투자가 국내 투자와 생산을 대체(구축)하는 효과가 있느냐 없느냐, 해외투자가 투자국의 산업공동화를 초래하느냐 않느냐의 여부는 구체적인 실증분석을 통하여 평가되어야 한다. 또한 해외직접투자가 국내 투자 및 생산을 대체하는 효과가 있느냐를 논의함에 있어서는 다음과 같은 3가지 측면을 동시에 고려하여야 할 것이다.

해외투자와 국내설비투자의 관계 : 만약 해외투자와 국내투자가 경쟁적이라면 해외투자는 국내투자를 감소(대체)시키는 효과를 나타내지만 양자가 서로 경쟁적이지 않거나 보완적이라면 해외투자는 국내투자에 아무런 영향을 미치지 않거나 국내투자를 오히려 증가시킬 수도 있다. 해외투자를 통하여 국내의 사양산업이 해외로 이전하는 대신 국내에는 새로운 고도화산업에 대한 설비투자가 일어나는 경우에는 해외투자가 국내투자를 대체하지 않고 오히려 보완할 수도 있기 때문이다. 따라서 해외투자가 국내투자에 미치는 효과는 해외투자와 국내설비투자와의 관계를 통하여 파악할 수 있다. 해외직접투자가 증가하면서 새로운 국내설비투자가 이루어지지 않으면 해외투자가 국내투자를 대체한다고 할 수 있지만, 해외투자와 함께 국내설비투자도 동시에 증가하고 있다면 해외투자가 국내투자를 대체한다고 말할 수 없기 때문이다.

해외투자와 외국인투자의 관계 : 해외투자로 인한 국내투자 대체효과를 논함에 있어서는 외국인직접투자의 유입정도도 동시에 고려하여 국민경제 전체의 거시적 투자수준의 변화를 종합적으로 평가하여야 한다. 가령 많은 해외직접투자가 이루어지더라도 그에 못지않게 더 많은 외국인직접투자가 유입된다면 해외투자로 인한 국내투자의 축소문제는 발생되지 않기 때문이다. 따라서 경제의 국제화수준이 높아져 해외직접투자의 증가와 동시에 외국인직접투자도 증가하는 경우 결과적으로 해외투자는 국내투자수준에 악영향을 주지 않는다고 볼 수 있다. 실제로 영국이나 미국과 같은 선진국들의 경우 해외직접투자와 함께 외국인직접투자 역시 크게 이루어져 국내의 자본스톡이 해외투자로 인하여 감소되지 않는 경우가 많다.

해외투자와 산업생산성의 관계 : 해외투자를 통한 국내생산기지의 이전이 단기적으로는 국내투자를 대체함으로써 생산을 감소시킬 수 있지만, 장기적으로는 해외투자로 인한 국내의 구조조정과 해외생산에 따른 전문화 등으로 투자국의 생산성이 증가함으로써 해외투자가 오히려 국내생산에 긍정적인 영향을 미칠 수 있다. 실제로 해외투자가 투자국의 산업생산성에 미치는 영향을 분석한 많은 실증적 연구들은 다양한 결과를 보여주고 있지만

---

12 우리나라의 경우도 1992~2008년 동안 이루어진 해외투자금액이 1% 증가할 때 국내산업의 생산이 0.004~0.009% 범위 내에서 증가하였음을 보여주기도 하였다(KIET 2010.12 p.77).

양자 간에 긍정적인 관계를 보여주는 경우가 많아, 해외투자가 투자국의 산업생산성을 향상시킴으로써 결과적으로 투자국의 산업생산을 증대시키고 있음을 보여준다.

2.2 해외직접투자의 산업공동화효과

이처럼 해외투자가 투자국의 국내 투자와 생산에 미치는 효과는 긍정적인 측면과 부정적인 측면이 동시에 존재하지만 해외투자로 인하여 국내투자가 저하되고 국내생산부문이 해외로 이전하여 국내생산기반이 침식되면서 국내의 생산과 고용이 축소되는 부작용이 더 가시적으로 나타나게 된다. 이 때문에 해외투자로 인하여 투자국의 산업생산에 구멍이 발생되고(hollowing-out) 국내생산력이 약화되는 현상을 산업공동화(産業空洞化)라고 규정하여 논의하는 사람들이 있다.

이렇게 해외직접투자로 인한 국내생산이 감소하는 현상을 산업공동화로 정의하는 사람들은, 해외투자로 인하여 국내생산이 감소되는 구체적 형태에 따라 다음과 같은 3가지 유형의 공동화로 분류하기도 한다.[13]

국내생산의 상대적 감소 : 이러한 유형의 공동화는 국내생산도 증가하고 있지만 해외생산이 그 이상으로 증가되어 상대적으로 국내생산 비율이 감소하고 국내생산의 중요성이 감소하는 경우이다. 이러한 단계의 공동화는 아직 심각한 문제가 되지 않는다.

국내생산의 절대적 감소 : 국내기업의 해외생산이 본격화되어 국내생산이 절대적으로 감소되는 경우이다. 이러한 경우 국내공장이 폐쇄되거나 종전의 생산량이 감축됨으로써 실업이나 노동력의 방출 등이 발생하여 공동화로 인한 고용문제가 가장 중요한 문제로 대두되는 경우이다.

핵심 부문의 국내생산 공동화 : 위에서 설명한 두 가지 유형의 공동화는 국내생산이 상대적으로나 절대적으로 감소되는 양(量)적인 문제임에 대하여 핵심 부분의 국내생산 공동화는 질(質)적인 문제로서, 생산의 핵심이 되는 부문이 해외로 빠져나가 구멍이 생기는 이른바 '도넛츠화 현상'을 의미한다. 예컨대 신제품생산이 국내를 거치지 않고 바로 해외에서부터 시작된다든지 또는 양쪽에서 모두 생산하지만 국내보다는 해외에서 주력생산이 이루어지는 경우, 생산설비의 기술수준이 국내보다 해외의 경우가 더 높거나 제품개발 · 생산기술개발을 행하는 핵심적 개발부문이 해외에서 이루어지는 경우 등이 그러하다.

---

13 해외직접투자로 인한 산업공동화를 이렇게 국내의 산업생산에 구멍이 생기고 국내생산이 약화되는 것으로 정의하는 협의(俠義)의 개념 대신에 해외직접투자로 인해 국내투자가 저하되고 국내생산기반이 침식되면서 국내 산업에 구멍이 발생하여 국가 전체의 투자 감소 · 고용 감소 · 성장 정체를 가져올 뿐만 아니라, 투자국의 국제경쟁력 약화 · 국제수지 악화 · 산업생산력 약화 등과 같은 일련의 부정적 인과관계가 발생하는 것을 총칭하는 광의(廣義)의 개념으로 사용하는 경우도 있다. 이에 대해서는 제13장 3절의 투자국의 정책문제에서 논의한다.

3. 현지국의 경제성장에 미치는 효과

3.1 국내투자 증대 및 자본축적 효과

3.1.1 외국자본 유입효과(1단계 투자증대효과)

외국인직접투자는 현지국의 경제성장을 위하여 필요로 하는 자원을 국내로 이전시키는 효과가 있다. 부족한 투자자금을 공급해 주고 선진적인 기업가정신이나 현대적 경영기법을 이전시키며 개도국의 경제개발에 가장 주요한 애로가 되는 기술을 이전시켜주는 자원이전효과 등이 그것이다. 이러한 여러 가지 자원이전효과 중에서도 가장 1차적인 효과는, 외환부족 · 자본부족에 시달리는 현지국에게 부족한 외환을 공급하여 외환위기를 극복하거나 예방할 수 있도록 하는 동시에 현지국의 투자를 증대시켜 경제성장을 이룩하게 해주는 "자본유입효과"라고 할 수 있다. 외국인직접투자로 인한 이러한 자본유입효과는 다음과 같은 경제적 효과를 수반하게 된다.

(1) 외국인투자가 고도성장을 위해 필요한 투자재원을 국내저축만으로는 조달할 수 없을 때 이러한 자본부족을 해결해 주는 동시에 무역적자 등으로 인하여 발생되는 외환부족을 보전해 주는 수단이 된다. 일찍이 외자도입의 경제성장효과에 대한 "투－갭 모델"(two－gap model)은, 저개발국의 경제발전에 있어 장애요인이 되는 국내저축부족 · 외환부족과 같은 2가지 갭(gap)을 내부적으로 해결하기가 불가능하므로 이를 해소하기 위한 외자도입이 필요함을 역설하였다.[14] 이러한 이론적 모델이 우리에게 주는 중요한 시사점은 저축부족이나 외환부족에 시달리는 저개발국의 경우 경제를 성장시키기 위해서는 일정한 외자도입이 불가피한데 외국인투자가 이러한 역할과 기능을 제공한다는 것이다.

(2) 세계적인 다국적기업이 진출하게 되면 그러한 투자가 이루어지지 않았더라면 불가능하였을 국제적 자본의 활용도 가능해진다. 세계적인 다국적기업들은 그 자신이 막대한 자금을 보유 · 운영하고 있을 뿐만 아니라 필요할 경우 자신의 명성 · 금융력을 활용하여 유리한 조건으로 외국의 자본을 조달할 수 있기 때문이다.

(3) 선진적인 다국적기업이 진출하면 보다 효율적인 금융중계기능을 제공할 수 있게 되어 자본의 흐름과 투자가 촉진되게 된다. 19세기 유럽 은행들이 해외로 진출하여 현지개도국들에게 근대적 은행의 개념과 인프라를 전파하였고, 19세기 후반 서방은행들이 라틴아메

---

14 정부부문을 제외할 경우 국민소득방정식은 Y(총생산)＝C(소비)＋I(투자)＋X(수출)－M(수입)이고 지출면에서는 Y＝C＋S(저축)이다. 양식에서 Y를 소거하면 S－I＝X－M이 되는데 이때 좌변이 저축－투자 갭이고 우변이 외환 갭이 된다. 투－갭 모델은 저개발국의 경제성장에 있어서 소요되는 외자의 크기는 이러한 2개의 갭(gap)에 의하여 결정된다고 설명한다. 한편 개도국이 안고 있는 기술부족의 문제(기술갭)까지를 포함하는 모델로서 Three－gap model이 있다.

리카에 진출하여 현지의 은행시스템 내에서 가장 안정적인 일원을 구성하면서 현지국의 금융산업 발전에도 크게 기여하였다. 또한 1960년대 이후 미국 은행들이 유럽에 진출하면서 은행서비스 · 외환업무 · 리스크관리 등과 같은 금융업무를 포함하여 새로운 대부기법과 적극적인 마케팅기법을 전파하여 현지국의 은행제도에 다이내믹한 변화를 주도하였다.[15]

3.1.2 외자로서 외국인직접투자의 장단점

현지국이 자국 경제의 성장과 발전을 위하여 외국자본을 도입하는 경우 자본을 도입하는 경로로서는 직접투자 · 간접투자(증권투자) · 차관 등이 있을 수 있는데 이들 중에서 어떠한 형태의 자본유입이 더 주요한 역할을 하는가 하는 것이 관심의 대상이 될 수 있다. 이러한 관점에서 외국자본의 유입이 더 중요한 의미를 가지는 개도국의 경우를 살펴보면 1990년대 중반 이후 여러 가지 외국자본의 형태 중 외국인직접투자(FDI)가 가장 중요한 비중을 차지하고 있음을 알 수 있다.

개도국의 외자도입 형태의 비중 변화를 나타낸 [그림 10－3]이 보여주듯이, 1980년대와 1990년대 초반까지는 공공자본과 직접투자가 비슷한 비중을 차지하고 있었고 1990년대 중반에는 간접투자와 직접투자가 대체로 비슷한 비중을 나타내고 있었지만, 1990년대 후반 이후에는 직접투자의 비중이 계속 증대되어 개도국에 대한 외자유입의 대부분이 직접투자를 통하여 이루어졌음을 보여준다. 이러한 현상은 2000년대 이후에도 계속되어, 다소 그 비중의 부침은 없지 않지만, 여전히 직접투자가 개도국에 대한 외자유입의 지배적인 원천이 되고 있음을 〈표 10－3〉이 보여주고 있다.

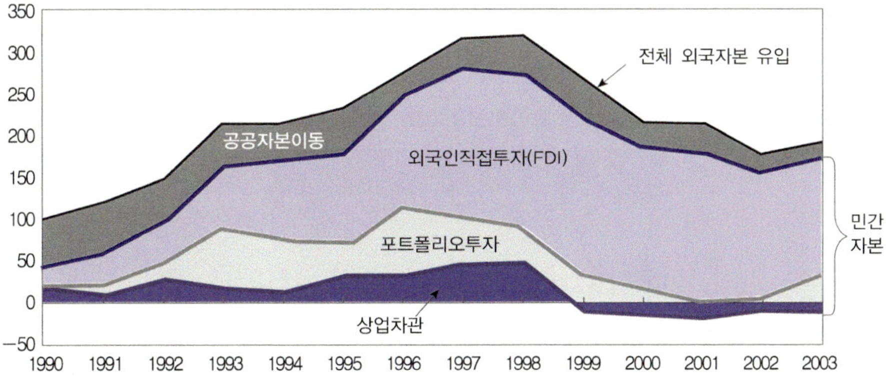

자료 : UNCTAD, WIR(2004) p.5

그림 10－3 개도국의 외자유입 형태의 변화 추이(1990~2003)

15 물론 외국자본에 의한 이러한 금융산업 진출이 현지국의 금융계에 여러 가지 코스트를 초래하는 측면도 있게 된다.

표 10-3 개도국의 외자유입 형태의 변화 추이(2005~2010) (단위 10억 달러, %)

구 분	2005	2006	2007	2008	2009	2010
전체 외자유입액	579 (100)	930 (100)	1,850 (100)	447 (100)	656 (100)	1,095 (100)
외국인직접투자	332 (57.3)	435 (46.8)	571 (34.6)	652 (145.9)	507 (77.3)	561 (51.2)
간접투자	154 (26.6)	268 (28.8)	394 (23.9)	−244(−54.6)	93 (14.2)	186 (16.9)
기타	94 (16.2)	228 (24.5)	686 (41.6)	39 (8.7)	56 (8.5)	348 (31.8)

주 : 기타의 경우 상업차관, 공공차관, 무역금융 등 포함
자료 : UNCTAD, WIR(2011) p.21

이처럼 개도국에 대한 외국자본의 유입형태 중 직접투자가 가장 큰 비중을 차지하고 있다는 것은 그 자체로서 직접투자가 현지개도국에 대한 커다란 투자증대효과를 가지고 있다는 것을 보여주는 것이지만, 직접투자 형태의 외자가 다른 형태의 외자에 비하여 현지국의 경제성장을 촉진시키는 효과가 더 크다고 할 수 있는가, 또는 현지국의 경제성장을 촉진시키기 위해서는 어떤 형태의 외자를 도입하는 것이 더 효율적인가 등에 대한 논의도 이루어져 왔다.

많은 연구결과들은 외자도입 형태 중 간접투자보다는 직접투자의 성장촉진효과가 더 큰 것으로 평가하였다. 우선, 간접투자의 경우 단기적인 목표를 추구하는 화폐적 자본이 이동되는 데 비하여 직접투자의 경우 보다 장기적인 목표를 위한 실물자본의 이동이 이루어지므로 자본의 안정성 면에서 더 유리하고, 또한 직접투자의 경우 생산유발효과와 생산성향상효과 등이 수반되기 때문이다. 한편 직접투자를 통한 외자도입은 차관을 통한 외자도입과는 다른 여러 가지 특성을 지니고 있다. 이러한 양자의 특성을 〈표 10-4〉가 비교하고 있는데 이를 통하여 현지국들이 차관보다 직접투자를 선호하는 이유를 살펴보면 다음과 같다.

표 10-4 외자로서의 차관과 외국인직접투자의 성격 비교(〈표 3-5〉와 동일)

구 분	차 관	외국인직접투자
소유·경영	외국인소유·자국인경영	외국인소유·외국인경영
과실형태	금리(확정적)	이윤(불확정적)
존속기한	확정(시한부 채무)	미확정(영구채무적 성격 / 안정적 성격)
상환부담	원리금 상환부담 있음	직접적인 원리금 상환부담 없음
기술이전효과	없거나 아주 작음	있음(여러 가지 제한성 있음)
산업지배효과		국내산업 파괴·경제적 잉여 유출우려(−효과)

과실의 형태 : 과실의 형태면에서 직접투자는 이윤획득이 목표인 반면 차관은 금리취득이 목표이다. 따라서 평면적으로 비교한다면, 현지국의 자본생산성(이윤)이 금리보다 높으

면 차관이 유리하고 그 반대인 경우 직접투자가 유리하다고 할 수 있다. 또한 차관의 경우 국제적 인플레가 있는 경우 채무국인 저개발국이 상대적으로 득을 얻을 수 있으나 직접투자는 그렇지 않다.

채무의 성격 : 차관은 존속기간이 미리 정해져 있는 시한부채무이고 외환의 여유가 있으면 언제든지 갚을 수 있는 채무인 데 비하여 직접투자는 투자자의 의사결정에 따라 존속기간이 결정되므로 갚고 일종의 영구채무적인 성격을 지닌다. 또한 차관은 확정이자부 채무이므로 국제적 인플레가 있을 때 외자도입국이 상대적으로 득을 볼 수 있다는 점에서 유리하다고 말할 수도 있다. 반면 직접투자는 현지에 경영권을 확보하여 장기적인 사업활동을 목표로 진출하는 자본인 만큼 투자기간이나 투자회수 측면에서 오히려 장기적이고 안정적인 성격을 지닌다고 할 수 있다.

원리금상환압박 : 차관의 경우 미리 정해진 조건에 따라 원리금을 상환해야 하므로 만성적인 국제수지적자나 외채누증에 시달리는 저개발국의 경우 원리금상환압박이 커진다. 그러나 직접투자의 경우, 투자기업이 현지국에서 창출한 이윤을 본국으로 송금하는 행위 등에 따른 장기적 부담을 지니지만, 적어도 단기적으로는 이러한 원리금상환부담을 지지 않는다. 이러한 차이 때문에 외채상환능력이 부족한 현지국으로서는 차관 대신에 직접투자를 선호하는 경향이 있다.

기술이전효과 : 차관에 비하여 직접투자는 기술의 이전과 파급효과를 수반한다. 외국인 투자기업의 기술보호전략에 의하여 이러한 기술이전효과에는 일정한 한계가 있는 것은 사실이지만 일반적으로 직접투자가 더 높은 기술이전효과를 가진다고 할 수 있다. 실제로 많은 개도국들이 투자의 흡수능력이 부족한 경제발전의 초기단계부터 산업이 고도화되고 성숙되는 높은 단계에 이르기까지 각각의 단계에서 겪게 되는 기술적 애로(technical bottleneck)를 타개하기 위한 수단으로 차관보다 외국인투자를 선호하는 경향이 있다.

산업지배효과 : 차관의 경우 외국인 소유의 자본을 내국인이 운용하므로 외국자본에 의한 국내산업 지배효과가 약한 대신, 직접투자의 경우 외국인 소유의 자본을 외국인이 경영하므로 이에 따른 국내산업 파괴나 시장지배와 같은 효과가 나타나고 장기적으로 현지국의 경제적 잉여가 해외로 유출되어 경제의 대외종속이 심화될 우려도 있다.

이상과 같은 비교를 통하여 알 수 있듯이, 일반적으로 많은 개도국들이 외국자본을 도입함에 있어서 차관보다는 직접투자 방식을 선호하는 경향이 더 큰데 이러한 경향이 강한 것은 대체로 다음과 같은 2가지 이유 때문이라고 할 수 있다.

(1) 직접투자의 경우 장기적으로 외국자본에 의한 국내산업의 파괴 등과 같은 여러 가지 부정적 효과가 우려되지만 단기적으로는 원리금상환이 요구되지 않으므로 외채상환부담이나 국제수지상의 압박 없이 외자를 조달할 수 있기 때문이다. 따라서 외채상환부담이

큰 나라의 경우 차관 대신에 외국인직접투자를 유치하여 자본부족을 완화시키는 것이 단기적인 해결책이 될 수 있다.

(2) 경제성장과 발전에 있어 기술적 애로를 겪고 있는 현지국으로서는 직접투자를 통하여 일정한 기술이전효과를 기대할 수 있기 때문이다. 뒤에서 보듯이 외국인직접투자를 통한 기술이전효과에는 여러 가지 한계가 존재하지만 자신이 직면하고 있는 기술상의 애로를 국내적으로 해결할 수 없거나 기술도입을 통하여 해결할 수 없을 때 외국인직접투자가 하나의 유력한 대안적 방법이 될 수 있기 때문이다.

3.1.3 자본축적효과(2단계 자본축적 저해효과)

일반적으로 외국인직접투자로 인한 자본유입효과 및 성장촉진효과가 발생되면 이를 통하여 현지국의 국내자본이 축적되는 "자본축적효과"가 발생하게 된다. 그러나 이러한 외국인투자의 자본축적효과에 대하여서는 외국인투자가 현지국의 자본축적을 오히려 저해하게 된다는 "자본축적저해론" 측의 주장도 만만치 않다.[16] 외국인투자로 인한 현지국의 자본축적효과가 단기적인 제1단계효과라면 외국인투자로 인하여 현지국의 자본축적이 오히려 저해되는 자본축적저해효과는 중장기적인 제2단계효과라고도 할 수 있다.

외국인투자가 현지국의 자본축적을 오히려 저해한다는 이러한 자본축적저해론은, 외국자본의 국내유입으로 국내자본의 한계생산물(이윤)이 체감함에 따라 국내자본의 총이윤이 저하되어 국내저축이 감소되는 결과를 초래할 수 있다는 이론적이고 추상적인 논의뿐만 아니라, 다국적기업들이 과도한 이윤을 창출하여 현지국에 재투자하지 않고 본국으로 송금하는 경우, 이전가격조작 · 세금포탈 등을 통하여 현지국의 경제적 잉여를 과도하게 본국으로 유출하는 경우, 현지국의 경쟁기업들을 도태시키거나 소비성향이 높은 계층에게 더 많은 소득을 발생시켜 현지국의 저축성향을 저하시키는 경우 등이 발생되면 장기적으로 현지국의 자본축적을 저해하는 역기능이 초래될 수 있다는 논의에 이르기까지 광범위하다.

이렇게 외국인투자의 유입이 현지국의 자본축적을 오히려 저해할 수 있다는 자본축적저해론의 주장자들은, 외국인투자가 현지국의 자본축적에 기여하기는커녕 오히려 그들의 국내자본축적을 영원히 불가능하도록 만든 역사적 사례를 중남미의 현실을 통하여 실제로 확인할 수 있다고 역설한다.

---

16 직접투자가 투자국 및 현지국의 고정자본형성에 미치는 효과에 대해서도 후퍼바우어와 아들러가 제시한 3가지의 대안적 가설유형이 그대로 적용될 수 있다(G. C. Hufbauer and M. Adler, 1968).

3.2 현지국의 경제성장 촉진효과

외국인투자의 경제적 효과에 대한 평가가 극명한 의견대립을 보이고 있음에도 불구하고 외국인투자의 유입이 현지국의 경제성장을 촉진하는 주요 수단이 된다는 점에서 대해서는 일정한 공감대가 형성되고 있다. 외국인투자로 인한 현지국의 경제성장 촉진효과에는, 새로운 요소투입 · 생산성향상 · 노동자능력의 향상으로 인하여 발생되는 "직접적 성장촉진효과"뿐만 아니라 전후방연관효과 · 확산효과 · 집적효과 등을 통하여 파생되는 "간접적 성장촉진효과"도 있다.

그림 10－4 외국인직접투자가 현지국의 경제성장에 미치는 효과

3.2.1 직접적 성장촉진효과

외국인직접투자가 현지국의 경제성장에 기여하는 "직접적 성장촉진효과"는 다음과 같은 요인들을 통하여 나타날 수 있다.

새로운 생산요소의 투입 : 외국인직접투자는 현지국에서 이용이 가능하지 않거나 효율적으로 이용할 수 없는 새로운 생산요소의 투입을 가져 온다. 이러한 생산요소의 투입에는 위에서 논의한 자본뿐만 아니라 생산기술 · R&D능력 · 경영 및 마케팅기법 · 제도 · 기업가정신 등과 같은 다양한 경영자원들도 포함되는데 이러한 생산요소들의 새로운 투입으로 현지국의 경제성장이 촉진된다.

생산성의 향상 : 더 높은 기술과 생산성을 보유하고 있는 외국인투자기업이 진출하여 국내생산을 증대시킴으로써 당해 기업과 당해 산업의 생산성이 향상되어 현지국의 경제성장이 촉진된다. 뿐만 아니라, 외국인직접투자의 유입에 따라 새로운 제도 및 기업가정신이 도입되고 외국기업과의 경쟁 과정에서 비효율적인 국내기업이 퇴출됨으로써 현지국 경제활동의 재구축이 이루어지게 되면 현지국 전체의 생산성향상이 초래될 수 있다.

노동자능력의 향상 : 외국계 다국적기업은 평균적으로 국내기업보다 더 높은 임금을 지급

하는 동시에 국내고용자에 대하여 더 높은 수준의 교육과 훈련을 제공함으로써 현지국 노동자들이 보다 업그레이드된 기술과 스킬을 습득하게 되어 현지국의 소득과 성장잠재력이 높아질 수 있다.

이상과 같이 외국인투자가 간접투자나 차관에 비하여 좀더 높은 성장촉진효과를 기대할 수 있다는 것이 일반적 견해이고 여러 경험적 연구에서도 외국인투자와 경제성장 간에는 강한 정(正)의 인과관계가 확인되기도 하였지만, 이러한 직접적 성장촉진효과가 반드시 뚜렷한 것은 아니라는 "반론"들도 있다. 여기에는, 외국인투자가 경제성장을 촉진시킨다기보다 경제성장이 외국인투자를 촉진시킨다는 거시적 관점의 반론,[17] 외국인투자가 선진적인 기술과 경영기법 및 경쟁을 도입함으로써 투자된 산업부문의 생산성향상을 가져온다는 주장도 실제로는 확인하기 어렵다는 미시적인 관점의 반론[18] 등이 포함된다.

3.2.2 간접적 성장촉진효과(외부경제효과)

외국인직접투자가 현지국의 경제성장에 기여할 수 있는 잠재적 성장효과에는 이상과 같은 직접적인 효과 이외에 다양한 "간접적 성장촉진효과" 내지 외부경제효과도 존재한다. 이러한 간접적 효과로서는 다음과 같은 전후방 연관효과・확산효과・집적효과 등의 외부경제효과가 있다.

전・후방 연관효과 : 외국인투자로 인한 연관효과(linkage effect)란, 다국적기업과의 합작・계약・제휴 등 연계성을 가진 국내기업들이 이러한 연계성(linkage)을 통하여 여러 가지 금전적・비금전적 이득을 얻게 되는 효과이다. 이러한 연관효과에는, 다국적기업의 산출물을 투입물로 구매하거나 소비하는 국내기업이나 현지고객이 누리게 되는 전방연관효과와, 자신의 산출물을 다국적기업에게 공급하는 국내기업이 누리게 되는 후방연관효과가 있다. 또한 이러한 연관효과에는 거래되는 생산물의 양(quantity)이 증가되어 발생하는 양적 효과뿐만 아니라 생산물의 질(quality)과 생산성(productivity)이 높아져 발생하는 질적 효과도 중요하다.

일반적으로 과거 수십 년 동안 많은 개도국에 있어서 다국적기업과 현지공급자 간에는 플러스(+)인 연관효과가 작용한 것으로 분석되고 있다. 외국기업의 현지자회사는, 제품사양과 납기 등과 관련하여 지나친 요구를 행하여 현지국 기업에게 피해를 주는 경우도 없지 않았지만, 현지국 기업에 대해 필요한 조언・지원・지도를 행하는 것이 일반적이기 때문이다. 따라서 다국적기업에 의한 경제성장 촉진효과를 보다 극대화하기 위해서는 국내기업과 다국적기업 간의 연계성을 더욱 촉진시키고 조장하는 정책적 노력이 필요하다.

---

17 C. N. L. Calderon and L. Serven(2004).

18 G. H. Hansen(2001), 이강국(2005) p.109.

확산효과 : 외국투자로 인한 확산효과(spill-over effect)란, 외국계 다국적기업과 직접적으로 연계되지 않는 제3그룹이 누리게 되는 간접적 효과로서, 다국적기업의 의도적인 행위에 의해서 일어나는 것이 아니라 사후적 · 결과적으로 일어날 수 있는 외부효과이다. 이러한 확산효과에는 다국적기업 진출로 인한 기술확산 · 생산성향상 · 국내판매증대 · 임금수준 향상 · 노동의 질적 개선 · 수출향상효과 등이 있다. 다국적기업이 제공해 주는 이러한 잠재적 확산효과를 극대화하기 위해서는 다국적기업이 보유하고 있는 경쟁적 우위를 보다 효율적으로 습득할 수 있도록 현지국의 흡수능력(absorptive capacity)을 강화시키는 노력이 필요하다.

집적효과 : 집적효과(agglomeration effect)란, 어떤 부문의 투자가 특정 지역에 집중됨으로써 특정 생산의 집중과 시너지가 발생되는 효과이다. 컴퓨터 · 기계류 · 전자 · 반도체 · 의약 등과 같은 지식집약산업의 경우 기술혁신활동이 어떤 특정 지역에 공간적으로 클러스터(cluster)를 이루는 경향이 있고, 동일한 과학기술지식기반을 활용하는 산업들이 동일 지역에서 생산 및 혁신의 클러스터를 이루는 경향이 강하며, 때로는 서로 보완적인 성격을 지니는 경제활동이 특정 지역에서 클러스터를 이루어 경제활동의 전문화보다 더 큰 기술적 산출물을 생산하기도 한다. 이러한 과정에서 지역적 클러스터를 형성하는 데 다국적기업이 중요한 역할을 하기도 한다.

경제성장과 구조조정에 관심을 가진 학자들은 다국적기업과 현지기업의 연계성과 부가가치활동의 현지클러스터에 관심을 기울이고 있고, 특히 지식추구형 해외직접투자(특히 자산추구형 M&A)가 증대되고 다국적기업에 의한 역공학(reverse engineering)에 대한 관심이 높아지자 글로벌경제에 있어서 입지문제의 중요성이 강조되고 있으며, 이와 관련하여 다국적기업의 투자입지 선정에 있어 이러한 집적효과가 주목받고 있다.

제2절 다국적기업의 고용효과

다국적기업의 세계적 고용에 대하여 보수적으로 예측한 한 연구는, 1986년 다국적기업이 창출한 세계 전체의 고용이 약 6,500만 명으로서 이들 중 약 2/3는 투자본국에서 고용되고 1/3 정도(2,200만)는 현지국에서 고용되고 있으며 현지자회사 고용 중 약 1/3이 개도국 소재 현지자회사에 고용되고 있다고 추정하였다(P. J. Bailey and A. Parisotto, 1991). 이러한 다국적기업의 고용자 수는 당시 세계 전체 유효노동력(21억 6천만)의 3% 정도에 불과한 것이었지만 개도국의 경우 무시할 수 없는 고용비율이었다고 할 수 있다.

최근 유엔무역개발회의(UNCTAD, 2006)는, 다국적기업 해외자회사의 고용자 수가 1,900

만(1982), 2,400만(1990), 4,600만(2000), 6,000만(2005) 명 정도로 계속 증대되어 온 것으로 추정하였다. 물론 이러한 통계가 다국적기업이 창출할 수 있는 잠재적 고용량을 제대로 다 말해 주지는 못한다. 다국적기업의 해외투자에 따른 고용효과는 이러한 직접적 고용효과 이외에도 연관효과나 파급효과 등에 따른 간접적 고용효과도 존재하기 때문이다. 또한 보다 정확한 고용효과를 파악하기 위해서는 '만약 다국적기업의 해외투자가 일어나지 않았다면 어떻게 되었을까'를 상정하여 분석하여야만 할 것이기 때문이다.

다국적기업으로 인한 고용효과는 투자국 입장에서나 현지국 입장에서 모두 중요한 문제이다. 다국적기업의 고용효과와 관련하여, 일반적으로는 다국적기업이 새로운 생산체제를 통하여 세계적 생산과 고용을 창출하는 존재라는 점에서 그 효과를 긍정적으로 평가하지만, 투자국의 직장수출을 초래하고 국경 간 임금격차(wage gap)를 확대하는 동시에 착취공장의 운영·부당한 노동관행·노동에 대한 부당한 위협 등을 통하여 현지국 노동자의 지위를 저하시킨다는 우려를 낳고 있다.

따라서 다국적기업의 고용효과에 대하여서는 이러한 여러 가지 측면들을 균형 있게 살펴보아야 한다. 다국적기업의 고용효과와 관련하여 투자국의 경우와 현지국의 경우를 동시에 살펴보아야 함은 물론,[19] 해외투자로 인하여 투자국과 현지국의 고용수준이 어떻게 변화되는가라는 양적(量的) 측면뿐만 아니라 해외투자가 노동자의 임금·스킬·고용조건 등에 어떠한 영향을 미치는가라는 질적(質的) 측면도 동시에 평가되어야 하기 때문이다. 이하에서는 투자국과 현지국의 고용효과를 양적인 측면과 질적인 측면에서 긍정적 효과와 부정적 효과를 논의하고, 다국적기업으로 인한 노동의 지위와 협상력의 저하 우려 등에 대해서는 제12장에서 세계적 노동문제와 관련하여 따로 논의한다.

1. 투자국의 고용에 미치는 효과

1.1 투자국 고용의 양적 효과

1.1.1 투자국 고용효과에 대한 논쟁

국내기업의 해외투자로 인한 고용효과와 관련하여, 노동조합 측은 해외투자가 가져오는 마이너스(−)적인 고용효과나 고용상실을 강하게 주장하는 반면 투자기업들은 해외투

19 다국적기업이 고용에 미치는 효과를 투자국과 현지국으로 나누어 논의할 때, 투자국의 경우에는 주로 해외투자로 인한 국내고용의 감소문제가 뜨거운 이슈가 되어 온 반면 현지국의 경우에는 외국인직접투자가 유발하는 고용증대효과가 얼마나 크고 이로 인하여 발생되는 고용상실효과는 없는가 하는 문제, 외국인직접투자로 인하여 현지국 고용의 질이 과연 향상되었다고 할 수 있는가 등이 중요한 이슈가 되어 왔다.

자가 가져올 수 있는 고용기회의 확대 및 고용의 질적 개선효과를 강조하려는 경향이 강하여 전통적으로 뜨거운 정치적 논쟁점이 되어 왔다.

노동조합 측은 해외투자로 인하여 국내투자가 해외투자로 대체되면 결국 국내생산축소가 불가피하고 이러한 국내생산의 축소는 당연히, 지금까지 국내에서 존재하던 일자리를 해외로 이전시키는 직장수출(job exporting)과 함께 국내의 잠재적 고용기회를 감소시킴으로써 국내고용감퇴 및 실업증대를 초래한다고 주장하였다.[20]

이러한 주장에 따라 해외투자의 고용효과에 대한 다양한 추산이 이루어진 바 있다. 1960년대 미국의 노동조합(AFL－CIO)은[21] 1966～1969년간 미국 내 노동집약산업의 해외도피(run－away)로 인하여 50만 명의 고용상실이 일어났다고 주장하였고, 일본의 통산성장관은 1980년대 중반부터 2000년까지 일본의 급격한 해외투자로 인하여 약 80만 개의 일자리가 상실될 것이라고 추산하였다. 또한 지난 1990년대 NAFTA협정을 둘러싼 교섭과정에서도 1977～1999년까지 미국의 다국적 제조기업이 해외투자를 통하여 국내 200만 명 고용기회를 빼앗은 반면 이와 비슷한 숫자의 고용을 해외에서 행하였고 이 기간 동안 해외자회사의 고용비중이 15%에서 25%로 증가하였다는 보고서가 나오기도 하였다(A. E. Harrison & M. S. McMillan 2006).

또한 최근에는 제조업분야나 서비스부문에서 아웃소싱(outsourcing)이 증대됨에 따라 이러한 아웃소싱이 투자국의 고용에 어떤 영향을 미치는가에 대한 논쟁이 격화되고 있다. 최근 미국과 영국의 기업들은 저임금이라는 메리트는 물론 노동조합이 거의 결성되어 있지 않으면서 영어를 사용하는 젊은 노동력이 풍부하다는 장점을 지닌 인도에 콜센터(call－center)나 소프트웨어 개발사업 등을 대대적으로 아웃소싱하게 되자, 이것이 본국의 서비스산업에 대한 고용을 크게 감축시킬 것을 우려하여 정치권이 이를 쟁점화하고 이러한 아웃소싱을 규제할 것을 주장하기도 하였다(Jeffrey Jones, 2004). 전통적으로 투자국의 직장수출문제는 주로 블루칼라 노동자를 중심으로 일어났지만 이제는 화이트칼라 노동자나 대학졸업 노동자들도 이와 유사한 입장에 놓이게 되었다.

한편 이러한 우려와 주장에 대하여 투자기업 측은 해외투자가 국내의 고용감소를 초래하지 않는다고 주장하였다. 그들은, 해외투자로 인하여 노동조합 측이 주장하는 바와

---

20 그들은 ① 자국기업이 생산거점을 외국으로 이전하면서 국내공장을 폐쇄하는 경우, ② 외국에서 생산된 제품이 본국으로 역수입됨으로써 본국의 생산 활동이 저해되는 경우, ③ 해외투자에 따른 수출감소로 국내생산이 감소되는 경우, ④ 다국적기업의 해외진출이 현지국의 경쟁력을 향상시킴으로써 본국의 수출과 생산이 감소되는 경우 등과 같은 직 · 간접의 경로를 통하여 직장수출이 이루어진다고 주장하였다.

21 AFL－CIO(American Federation of Labor－Congress of Industrial Organizations)는 미국 최대의 노동운동조직으로 미국노동총연맹－산별조합회의이다. 1866년 창설된 미국노동총연맹은 숙련공 중심의 직능별 노동조합체였는데 1938년 대량생산산업의 미숙련노동자들을 중심으로 한 산별노동조합회의가 독립하였다. 이후 1951년 두 단체가 통합되어 AFL－CIO가 되었다.

같은 대규모 직장수출이 실제로 이루어지지 않을 뿐만 아니라 해외투자에 따른 일정한 국내고용 증대효과도 발생될 수 있다고 주장하였다.[22] 이들은 또한, 해외로 진출하는 다국적기업들이 해외에 자회사를 가지고 있지 않은 내국기업들에 비하여 국내에서 더 많은 새로운 고용을 창출하고 있다고 주장하면서, 기업의 해외진출이 결코 국내고용을 대체하는 것만은 아니라고 주장하였다.

일반적으로 해외투자가 투자국의 고용에 미칠 수 있는 고용효과는 [그림 10－5]와 같이 나타낼 수 있다. 해외직접투자가 일어나면, 한편으로는 국내에 존재하던 생산라인이 해외로 이전함으로써 발생하는 직접적 고용감소와 수출대체・역수입증대・현지국의 경쟁력향상 등으로 인한 간접적 고용감소가 발생할 수 있는 반면, 다른 한편으로는 해외직접투자에 수반되는 일정한 고용증대효과 역시 발생할 수 있다.

해외직접투자	고용대체효과(－)	직접적 고용감소효과		FDI → 생산거점 해외이전 → 직장수출
		간접적 고용감소 효과	수출대체효과	FDI → 기존의 수출 대체 → 고용감소
			역수입증대효과	FDI → 현지생산품 역수입 → 고용감소
			현지국 경쟁력 향상효과	FDI → 현지국의 경쟁력향상 → 국내생산 및 수출의 감소 → 고용감소
	고용증대효과(＋)	본사 고용증대효과		FDI → 해외투자 관리요원 증대 → 고용증대
		수출자극(촉진)효과		FDI → 수출촉진(투자기업・관련기업) → 고용증대
		지원업체 고용증대효과		FDI → 투자지원업체(회계・금융・자문 등)의 고용증대

그림 10－5 해외직접투자의 투자국 고용수준에 대한 종합적 효과

1.1.2 투자국 고용효과 논쟁의 평가

해외투자가 투자국의 고용에 미치는 모든 효과를 분석하고 그 순효과를 분리하여 계량적으로 평가하기란 쉽지 않다. 따라서 실제의 분석결과 역시 어떠한 전제를 바탕으로 하느냐에 따라 그 결과가 서로 다르다. 그러나 해외투자가 투자국의 고용에 미치는 효과와 관련하여서는 고용증대효과보다는 고용감소효과가 더 뜨거운 이슈가 되어 왔고 이러한 고용감소효과를 외치는 노동조합 측의 주장이 더 강력하였던 것이 사실이다.

22 그들은 ① 투자기업 및 연관업체의 자본재 및 자재의 수출촉진에 따른 고용증대효과 및 해외자회사로부터의 수입증대에 따른 직장보존효과, ② 해외현지법인이 설립됨으로써 모기업의 기획관리・연구개발・국제마케팅 등의 핵심 기능을 담당할 비생산직 고용이 증대됨에 따른 고용증대효과, ③ 회계・자문・금융 등 해외투자기업에 대한 지원업체의 고용창출효과도 발생될 수 있다고 주장하였다.

그러나 해외투자로 인하여 대량의 고용상실이 이루어진다고 주장하는 노동조합 측의 추산에도 그 자체 여러 가지 문제점을 내포하고 있다. 우선 '실제로 해외투자가 이루어지지 않았다면 어떻게 되었을까'라는 관점에서 보지 않고 단순히 여러 가지 고용상실이 가능한 시나리오만을 분석했다는 점에서 제한적이다. 또한 이러한 추산은 어떤 산업은 쇠퇴하는 반면 또 다른 산업은 새로이 출현하여 새로운 비교우위를 창출해가는 끊임없는 동태적 구조변화과정을 무시한 정태적 접근에 머물러 있다. 산업의 경쟁력이 어떤 국가에서 다른 국가로 이전되는 동태적 과정에서 국내의 사양산업이 해외로 이전하지 않는다면 그 산업은 결국 문을 닫게 될 것이므로 해외투자가 이루어지지 않았더라도 일정한 고용상실이 발생되었을 것이기 때문이다.

따라서 국내의 고용수준을 국가 전체적인 거시적 관점에서 종합적으로 평가하여야지 어떤 특정 분야의 고용변화에만 초점을 맞출 경우 오해를 가져올 수 있다. 이 때문에, 단순히 생각하면 해외투자가 이루어지는 만큼 국내고용의 감소가 이루어진다고 할 수 있지만 그런 식의 일의적인 결론을 내리기가 쉽지 않고, 또한 해외투자가 고용에 미치는 효과만을 따로 분리한다는 것 역시 방법론상 매우 어려운 것이 사실이다.

해외투자로 인한 투자국의 고용효과에 대한 우려가 나타나기 시작한 것은 1950년대부터 1970년대까지 해외투자와 해외고용이 급격히 증대되면서부터였다. 이에 따라 1970년대 이후, 특히 미국이나 유럽과 같은 선진국을 대상으로 하여 이에 대한 수많은 경험적 연구들이 이루어졌다. 그러한 연구들은 서로 상반된 전제를 채택함으로써 서로 다른 결과들을 보여주기도 하였고, 연구방법에 따라 서로 다른 결과를 보여주기도 하여 한결같지 않았다.

이렇게 다국적기업의 고용에 대한 효과에 대한 명확하고 완전히 만족스러운 연구가 없어서 여러 가지 불확실성이나 부정확성이 포함되어 있지만, 많은 연구들이 해외투자가 투자국의 국내고용에 부정적인 영향을 미치는 것으로 분석하였다. 그럼에도 불구하고 이에 대한 또 다른 연구결과들은, 해외투자로 인한 투자국 고용의 양적 효과는 중립적 또는 작게나마 플러스(+)적임을 보여주어, 반드시 부정적인 영향만이 존재하지 않는다는 것을 보여주었다.[23] 물론, 해외투자로 인하여 발생되는 투자국의 전체 고용효과가 이렇게 중립적이거나 심지어는 유리한 것일지라도 어떤 특정 부문에서는 해외투자로 인하여 상당한 직장상실이 일어날 수 있다.

한편 많은 실증적 연구결과를 보면, 부정적 고용효과는 주로 비숙련직 · 생산직 노동자에서 크게 나타나는 반면 긍정적 고용효과는 숙련직 · 사무직 · 연구직 노동자에서 크게 나타나는 경향이 있다. 또한 단기적으로 노동집약적 산업부문에서의 고용효과는 부정적인

---

23 John H. Dunning and Sarinna M. Lundan(2008) p.436 및 대외경제정책연구원(2010.10) pp.106~112.

영향을 미치지만 자본집약적 산업부문의 경우 별다른 영향이 없었으며 장기적으로는 양 산업부문 모두 미미한 영향만을 나타내기도 하였다. 이 때문에 해외투자가 국내고용에 미치는 효과는 단기적으로는 부정적인 영향을 나타내지만 장기적으로는 긍정적인 영향을 미치는 것으로 나타나는 경우가 많다.

1.1.3 투자국 고용효과의 결정요인과 함의

해외투자로 인한 투자국의 고용효과와 관련하여 이러한 고용효과를 결정하는 주요한 요인이 무엇이고 이러한 요인들이 제공하는 정책적 함의는 무엇인가를 살펴보면 다음과 같다.

투자분야와 투자유형 : 해외투자로 인한 고용효과는 결국 어떠한 산업(비교우위－열위산업, 노동집약산업－자본집약산업)에서 어떠한 유형의 투자(시장지향형－요소지향형 투자)가 이루어지느냐에 따라 달라진다. 일반적으로, 세계적인 산업발전과 경쟁력변화의 과정에서 산업구조고도화・비교우위의 동태화에 이바지하는 해외투자의 경우에는 오히려 새로운 고용을 창출하고 국내고용의 질도 높아질 수 있는 반면, 너무 성급하게 추진되는 국내산업의 해외이전이나 비교우위구조에 역행하는 해외투자는 국내고용의 상실을 초래할 수 있다. 따라서 국제적 산업조정속도와 국내적 산업조정속도 간의 균형을 유지하는 점진적이고 순차적인 해외투자가 이루어질 필요가 있다.

기업의 전략적 대응유형 : 세계적 비교우위가 변화하는 동태적 과정에서 기업이 어떠한 전략적 대응을 행하느냐에 따라 투자국의 고용효과가 달라질 수 있다. 예컨대 일본의 경쟁기업에 의해 시장을 상실하게 될 것을 우려한 미국의 반도체회사들은 그들이 생산하고 있는 제품의 가격경쟁력을 유지하기 위하여 저렴한 노동력이 존재하는 해외로 진출하였지만, 동일한 문제에 직면한 일본의 반도체회사들은 그들의 기술적 능력을 업그레이드하는 방법으로 대응한 결과 해외투자가 국내고용에 미치는 효과가 서로 다른 결과를 가져왔다(M. E. Porter 1990).

투자국의 고용조정정책 : 국내 산업구조를 고도화시키고 동태적인 비교우위를 창출하는 해외투자라고 하더라도 새로운 고용이 창출되는 부문과 직장을 상실하는 부문 간의 노동스킬이 동일하지 않을 경우, 해외로 생산거점을 옮겨 국내에서 생산이 축소되는 부문과 새로이 고용이 창출되는 부문 간의 '고용조정문제'가 발생된다. 이러한 고용조정은 대체로 선진국에서 발생하는 문제이지만 수출지향적인 노동집약산업들을 해외로 이전하는 신흥공업국의 경우에도 이러한 고용조정문제가 나타날 수 있다.

이러한 문제와 관련하여 제기되는 중요한 핵심 이슈는 ① 해외투자로 대체된 노동이 다른 일자리를 짧은 기간에 쉽게 구할 수 있도록 구조조정적 고용정책이 성공적으로 수행되어야 하고, ② 이러한 과정에서 해외투자로 인하여 방출된 노동력이 보다 낮은 생산성분야가 아닌 보다 높은 생산성분야로 이전되는 효율적인 조정이 이루어져야 하며, ③ 고용조정에 수반되는 코스트를 기업 · 노동자 · 정부 간에 어떻게 배분하는가에 대한 적절한 대응이 이루어져야 한다.[24] 따라서 해외투자로 인한 투자국의 고용문제를 논의할 때는 순고용의 증감 여부 못지않게 해외투자로 인한 부문 간 고용조정(workforce adjustment)의 문제 역시 매우 중요해진다.

1.2 투자국 고용의 질적 효과

해외투자가 투자국 노동의 임금 · 생산성 · 스킬 · 노동의 교섭력 등에 미치는 고용의 질적 효과 역시 긍정적인 측면과 부정적인 측면이 동시에 존재하는데 그러한 양측면의 효과를 [그림 10-6]이 요약하여 보여주고 있다.

해외직접투자	효과	구분	내용
→	질 향상 효과(+)	고급노동의 창출효과	해외파견을 위한 고급 전문직 노동수요의 창출
		해외투자산업의 스킬믹스효과	미숙련노동 · 낮은 스킬 부문의 해외이전, → 숙련노동 · 높은 스킬 부문의 국내집중
		산업의 구조조정과 구조고도화 효과	해외직접투자로 인한 국내산업의 구조고도화 → 노동의 장기적 효율성 · 전문성 증대
→	질 저하 효과(−)	국내노동자의 임금 수준 저하 우려	국내생산축소 → 직장유지 위한 임금 인하압력
			저렴한 해외노동력 활용 → 국내임금 하향압력
			역수입증대 → 경쟁력약화 → 임금 인하압력
		해외투자기업의 위협효과	생산시설의 해외이전 위협 → 고용불안정, 자본에 대한 노동의 협상적 지위 저하
		임금격차 확대우려	고급노동과 미숙련노동의 임금 격차 확대

그림 10-6 해외직접투자의 투자국고용의 질에 대한 효과

1.2.1 투자국 고용의 질적 개선효과

해외투자는 다음과 같은 경로를 통하여 투자국 노동자의 질적 수준을 향상시키는 긍

24 예컨대 경쟁력을 잃고 있는 저성장경제의 경우에는 해외투자로 인한 고용상실이 주로 미숙련 · 저임금노동에서 일어나고 있음에도 새로운 일자리는 창출되지 않아 고용조정이 순조롭게 일어나지 않지만, 새로운 일자리를 창출하는 고성장경제의 경우에는 해외투자로 인하여 방출된 노동력이 고숙련 · 고임금 산업으로 흡수되어 순조로운 고용조정이 발생하게 된다. 이러한 경우 고용조정이 다국적기업 내에서 이루어지면 고용조정코스트를 기업이 부담하게 되지만 그렇지 않은 경우 그 코스트를 노동자 자신이 부담하거나 국가가 부담하게 된다.

정적인 효과를 발생시킬 수 있다.

고급노동창출효과 : 해외의 사업 활동에 파견할 고급 전문직·관리직 노동에 대한 수요가 새로이 창출됨으로써 투자국 고용의 질을 개선시키는 효과가 나타날 수 있다. 실제로 다국적기업의 해외투자가 이루어진 산업 내부에서 블루칼라노동자에 대한 수요는 감소하고 화이트칼라노동자에 대한 수요는 증가되며, 다국적기업의 해외투자가 부가가치 낮은 생산 활동을 외국으로 수출하는 반면 경영관리·마케팅관리·연구개발 등 부가가치가 높은 활동은 투자본국에 집중시키는 경향이 있음이 확인되었다(R. E. Lipsey 2004).

스킬믹스의 변화효과 : 미국과 스웨덴의 해외투자가 국내고용의 질에 미치는 영향을 분석한 연구결과를 보면, 해외투자로 인하여 상실되는 고용은 생산부문노동·미숙련노동이었음에 대하여 새로운 일자리가 창출되는 부문은 숙련적·전문적 경영관리와 관련된 노동으로서 해외투자가 이루어진 산업에서의 스킬믹스(skill-mix)의 변화가 이루어졌음을 보여주었다.

구조고도화효과 : 보다 거시적으로 보면, 해외투자가 국내의 사양산업을 해외로 이전하는 대신 새로운 유망산업을 국내에 육성하는 산업구조고도화 과정을 수반하는 경우 국내노동의 장기적 효율성과 전문성 제고가 해외투자로 인하여 유발된다고 할 수 있다.

1.2.2 투자국 고용의 질적 저하효과

해외투자가 투자국 고용의 질적 수준에 미치는 이러한 긍정적 효과와는 달리 투자국 고용의 질적 수준을 저하시키는 여러 가지 부정적 효과를 초래할 수도 있다.

임금수준 저하우려 : 해외투자로 인하여 국내노동자의 임금수준이 저하되거나 인하 압박을 받을 수 있다. 해외의 저임금을 활용하기 위하여 투자하는 기업의 노동자는 해외의 저임금노동자와 일종의 경쟁관계가 형성되고 해외투자로 인하여 국내생산축소가 이루어지면 국내노동자는 인원 감축이나 임금인하 압력을 받을 수 있다. 또한 해외로 진출한 국내기업이 현지국에서 생산한 제품을 국내로 역수입하는 경우 국내에 잔존하고 있는 동종 산업들은 이러한 저가제품들과의 경쟁에서 살아남기 위하여 국내노동자의 임금을 저하시키는 방법을 채택할 수 있다. 이러한 경우 해외투자로 인하여 국내노동자들의 임금인상이 억제되거나 때로는 임금이 오히려 인하되는 과정이 일어나게 된다.

국내노동자에 대한 위협효과 : 노동조합 측은 국내기업의 해외진출로 인하여 국내노동자 및 노동조합의 지위가 약화되는 결과를 초래할 수 있다고 주장한다. 다국적기업의 세계노동에 대한 영향과 관련하여 뒤에서 논의하듯이, 다국적기업들은 노동자의 지위향상이나 근로조건개선 요구에 대하여 공장폐쇄 또는 해외이전이라는 수단을 무기로 하여 노동자와 노동조합의 요구를 무력화시키고 때로는 임금삭감과 같은 양보를 얻어내는, 이른바 노동에 대한 위협효과(threat effect)를 야기시킬 수 있다.

실제로 다수의 다국적기업들이 노동조합의 임금인상과 근로조건 개선요구에 대하여 생산시설의 해외이전이라는 수단으로 대항한 적이 없지 않아 해외투자로 인하여 기업주의 협상력이 높아지고 노동자의 협상적 지위가 저하될 수 있다. 노동조합 측은, 이러한 과정에서 국내노동자의 임금인상이 억제되거나 오히려 인하되는 과정을 밟게 되어 국내고용의 지위가 저하되고 이러한 과정이 전 세계적인 수준으로 확산될 경우 이른바 '바닥으로 향하는 경주'(race to the bottom)가 진행된다고 주장된다.

임금격차의 확대우려 : 1970년대 이후 고숙련노동과 저숙련노동 간 임금의 불평등성이 더 확대되고 있음이 여러 선진국에서 명백해졌다. 이러한 임금격차 확대의 원인에 대해서는, 서로 다른 노동시장정책과 노동제도 때문이라는 주장이나 보다 숙련된 노동을 선호하는 숙련노동 편향적 기술의 변화 때문이라는 주장이 있지만, 무역과 해외투자의 급속한 증가 때문에 이러한 임금격차가 발생된 것이 아닌가 하는 문제제기도 이루어졌다. 말하자면 해외투자로 인하여 수요가 증대되는 노동자는 보다 전문적인 고급인력인 반면 미숙련 · 저스킬 블루칼라 노동자에 대한 수요는 오히려 감소하여 양자 간의 격차가 더욱 확대될 수 있다는 것이다.

2. 현지국의 고용에 미치는 효과

2.1 현지국 고용의 양적 효과

2.1.1 고용창출효과와 고용감소효과

외국인투자를 유치하는 현지국의 1차적 관심사는 주로 자본의 유입규모가 얼마나 큰가 하는 점과 이로 인하여 발생될 수 있는 고용증대효과가 어느 정도인가 하는 점이다. 외국인투자로 인한 현지국의 고용효과는 투자국의 고용효과와 그 구조가 많이 흡사하지만 투자국의 고용에 대한 양적 효과보다는 현지국에 대한 고용의 양적 효과가 더 중요하다고 할 수 있다. 그럼에도 불구하고 투자국의 경우 직장수출 등 부정적 효과와 관련하여 뜨거운 논쟁이 이루어졌지만 현지국의 고용효과와 관련하여서는 투자국에서와 같은 그러한 뜨거운 논쟁이 이루어지지 않았다.

이것은 [그림 10-7]이 보여주는 바와 같이, 외국인투자는 크든 작든 현지국의 고용에 긍정적인 영향을 주게 되는데 이러한 긍정적 효과가 보다 1차적이고 가시적이며 직접적

이기 때문이다. 외국인투자는 현지국에서 새로운 투자와 새로운 생산을 행하므로 당연히 이에 따른 1차적이고 직접적인 고용증대효과가 발생된다.

그림 10-7 외국인직접투자의 현지국 고용수준에 대한 효과

이러한 직접적 고용효과뿐만 아니라 외국기업투자의 투자승수효과에 의한 소득과 고용의 창출, 외국기업의 생산과 연계되는 전후방 연관효과에 따른 고용증대, 외국인투자기업의 수출확대에 따르는 고용증대 등 다양한 간접적 고용증대효과도 수반된다. 따라서 현지국의 고용효과와 관련하여 이러한 간접적 효과 역시 직접적 효과에 못지않게 중요하다. 1997년 도요타가 프랑스에 자동차공장을 세우기로 결정하였는데 당시 이러한 자동차공장의 설립으로 약 2,000개의 직접적 일자리가 창출되는 동시에 관련업체를 통한 간접적 일자리 창출 역시 2,000여 개가 발생될 것으로 추정된 바 있다.

이처럼 다국적기업의 국내진입은 다양한 직간접적 고용증대효과를 가져오는 것이 사실이지만 실제로 외국기업이 얼마만큼의 고용기회를 최종적으로 창출하느냐 하는 문제는 그렇게 단순하지 않다. 다국적기업의 진출이 가져오는 이러한 고용증대효과와 함께 다국적기업의 진출이 현지국의 고용을 오히려 감소시키는 다음과 같은 고용감소효과 역시 존재하기 때문이다.

시장퇴출적 고용감소 : 막강한 경쟁력을 가진 외국의 다국적기업이 국내로 진출하면 현지국의 경쟁기업들이 한계기업화되어 시장에서 퇴출하게 되고 이러한 기업퇴출에 따라 현지국의 고용이 감소될 수 있다. 이 경우 현지국기업들이 다국적기업보다 노동집약적인 성격을 띠고 있으면 있을수록 그러한 고용감소효과는 더욱 커진다.

산업대체적 고용감소 : 보다 경쟁력 있는 외국의 다국적기업이 현지에서 생산 및 판매활동을 하게 되면 대체관계에 있는 산업이 피해를 입게 되므로 다국적기업의 진출은 다국적기업이 진출한 산업과 대체관계에 있는 산업의 수요감퇴와 고용축소를 가져온다. 외국의 대형할인마트의 진출이 현지국의 재래시장이나 영세 유통업산업의 쇠퇴와 고용감소를 초래하는 것이 이러한 경우이다.

기술적 고용감소 : 다국적기업은 현지기업에 비하여 자본집약적 생산방식을 채택하고 있어 고용의 창출효과가 크지 않을 뿐만 아니라 다국적기업이 진출하는 해당산업의 기술함수를 노동절약적으로 전환시키는 경향이 있다. 이러한 과정에서 발생되는 고용감소가 기술적 고용감소효과이다. 보다 효율적인 자본집약적 생산양식을 채택한 다국적기업이 진출하면 그들과 경쟁해야 하는 현지국 기업들 역시 공장자동화나 생산합리화를 통하여 자신의 생산양식을 자본집약적으로 변화시키게 되는데, 이러한 자본집약적 생산양식으로의 전환은 곧 노동절약적 생산형태가 되어 고용감소를 유발시킨다.

M&A에 의한 고용감소 : 다국적기업이 그린필드형 투자가 아닌 M&A형 투자를 행할 경우 피매수기업에 대한 구조조정이나 합리화과정이 뒤따르게 되고 이로 인해 고용이 감소될 수 있고, 진출한 다국적기업이 수출증대를 통하여 고용증대를 이룩할 수 있듯이 국내진출 후 수입을 증대시키면 이로 인한 일정한 고용감소도 발생될 수 있다.

2.1.2 현지국 고용효과의 결정요인

이와 같이 외국인투자가 현지국의 고용에 미치는 효과는 다양하여 구체적인 경우에 따라 그 결과가 다르게 나타날 수 있지만 현지국의 고용효과에 영향을 미치는 일반적 결정요인은 다음과 같다.

요소집약도 : 외국인투자가 자본집약적 산업보다 노동집약적 산업에서 이루어질 때 고용증대효과는 더 커진다. 투자기업의 생산이 지나치게 자본집약적인 경우 국내생산이 증가되더라도 고용의 증가는 별로 이루어지지 않는, 이른바 '고용 없는 성장'이 이루어질 수 있다. 1990년대 이후 베트남과 같은 일부 국가들의 경우 상당한 외국인투자의 유입이 있었음에도 불구하고 그것이 창출하는 고용효과는 별로 크지 못한 것으로 분석되었는데, 이는 그러한 투자들이 규모가 별로 크지 못하였을 뿐만 아니라 그들이 사용한 기술들이 주로 노동대체적 기술이었다는 점에 기인하였다(R. O. Jenkins 2006).

다국적기업의 진출동기 : 현지시장 접근형 투자보다 해외생산 거점형 투자의 경우 고용효과가 더 커진다. 현지시장 접근형의 경우 독점적 우위를 지니고 있는 기계 · 전자 · 화학 등 자본집약적 분야에서 이루어지므로 고용효과가 미미한 반면, 현지노동력을 이용해 제품을 생산하여 수출하는 해외생산 거점형의 경우 주된 동기가 값싸고 풍부한 현지노동력을 이용하기 위한 투자이므로 상당한 고용증대효과가 발생하기 때문이다.

다국적기업의 진출방식 : 일반적으로 그린필드형 진출이 M&A형 진출보다 고용효과가 더 크다. M&A는 투자기업의 입장에서는 새로운 생산능력을 취득하는 것이지만 현지국 입장에서는 기존의 기업을 이어받는 것이므로 새로운 고용창출이 일어나지 않는다. 다국적기업에 의해 매수되는 현지기업이란 비효율적인 기업인 경우가 대부분이므로 다국적기업은 M&A 이후 당연히 생산합리화 · 구조조정을 행하기 때문에 중기적으로는 일자리가 오히려 감소될 수 있다. 그러나 M&A 경우에도 인수된 기업이 새로운 투자확장 및 생산 확장을 일으킬 경우 장기적으로는 그린필드형 투자에 버금가는 고용창출효과를 발생시킨다는 연구도 있다(UNCTAD).

진출산업의 연관효과 : 진출산업이 현지산업과 높은 연관효과를 가진 경우 고용증대를 기대할 수 있지만, 다국적기업이 필요한 중간재를 본국이나 제3국에서 수입하여 현지에서 단순조립만 하는 스크루 드라이버형 공장(screw−driver factory)을 운영할 경우 고용효과는 보잘 것 없을 것이다. 위에서 언급한 베트남의 경우 역시 외국인투자가 현지조달이 매우 낮고 현지기업과의 연계가 제한적이었기 때문에 고용의 간접효과 역시 중립적이거나 때로는 부정적인 것으로 나타났다(R. O. Jenkins 2006). 따라서 자국에 진출한 외국기업과의 연관효과를 발생시킬 수 있는 기술 · 생산능력 · 정책 · 제도 등을 현지국이 얼마나 잘 갖추고 있는가도 고용효과에 중요한 영향을 미친다.

현지국의 산업화전략 : 현지국이 수출주도형 산업전략을 추진하는 경우 수입대체산업 육성전략을 추진하는 경우에 비해 고용증대효과가 높다. 한국과 대만의 경우 1960~1970년대 섬유 · 봉제 · 신발 · 가전제품 등 노동집약적 산업을 육성하여 수출산업화 하는 과정에서 외국인투자를 유치하여 상당한 고용증대효과를 가져온 반면, 중남미국가의 경우 1950~1960년대 자동차 · 석유화학 · 기계 등 자본집약적 산업에 있어서의 수입대체정책을 추진해 오는 과정에서 외국인투자를 유치하였지만 기대만큼의 고용증대를 가져오지 못하였다.

현지국의 노동시장구조 : 현지국 노동시장의 이동성 · 유연성이 높을수록 고용의 순효과는 커질 수 있다. 노동의 이동성과 유연성이 높을수록 외국인투자로 인하여 퇴출되거나 대체되는 노동을 새로운 분야가 흡수하기 쉽기 때문에 고용의 순감소를 완화시켜줄 가능성이 커지기 때문이다.

2.2 현지국 고용의 질적 효과

한편 다국적기업이 현지국의 고용에 미치는 효과 역시 양적인 측면 못지않게 질적인 측면이 중요하다. 현지국 고용의 질과 관련된 효과는 생산성 · 스킬 · 임금 · 노동환경과 노동조건 · 노동의 교섭력 등과 관련되는데 다국적기업이 현지국 고용의 질(質)에 미치는 효과 역시 긍정적 측면과 부정적 측면을 동시에 가진다.

2.2.1 현지국 고용의 질적 개선효과

다국적기업의 진출은 다음과 같은 측면에서 현지국 고용의 질적 수준을 높이는 질적 개선효과를 발생시킬 수 있다.

생산성 · 스킬의 향상 : 다국적기업의 경우 상대적으로 생산성이 더 높은 것이 일반적인데 이렇게 생산성이 더 높은 것은, 기업규모의 거대성에 따르는 규모의 경제가 작용하고 있을 뿐만 아니라 보다 자본집약적이며 보다 선진된 기술을 사용하는 경향이 있기 때문이다. 또한 생산성수준은 스킬의 업그레이드를 가져오는 훈련프로그램을 통해서도 이루어지는데 다국적기업들은 훈련과 개발에 더 많은 지출을 행한다는 증거가 있다(UNCTAD, 1994 ch.5). 다국적기업은 또한 제품 · 공정 · 생산의 조직에 대하여 보다 더 혁신적인 경향을 가지는데 이러한 것들도 생산성에 긍정적인 영향을 미친다. 따라서 이러한 조건을 갖춘 다국적기업에 고용되는 현지국 노동자의 생산성과 스킬이 향상된다. 또한 노동은 기업과 기업 간 이동이 이루어지는데 다국적기업에서 훈련받은 노동이 다른 기업으로 이동하는 경우 그들이 익힌 스킬이 파급되는 효과도 발생할 수 있다.

임금수준의 향상 : 외국인투자가 고용의 질에 미치는 효과와 관련하여 주목받는 하나의 문제는 임금수준 문제, 즉 외국기업이 현지국의 국내기업이 지불하는 임금보다 높게 지불하느냐 아니면 더 낮게 지불하느냐 하는 것이다. 지난 40여 년간의 경험을 통하여 나타난 결과는 다국적기업이나 그들의 자회사들은 국내기업들보다 대체로 높은 임금을 지불하는 것으로 확인되었다(R. E. Lipsey 2004). 다국적기업들이 이렇게 보다 높은 임금을 지불하는 이유에 대해서는, ① 다국적기업들이 보다 부가가치가 높은 지식 · 광고 집약적 산업에 종사하고 있고, ② 현지국기업보다 규모가 크기 때문에 보다 더 높은 스킬을 가진 노동력을 필요로 하며, ③ 현지기업보다 노동생산성과 자본집약도가 높고, ④ 보다 능력 있는 현지 노동자들을 채용하기 위하여 더 높은 임금지불이 필요하며, ⑤ 현지기업에 비하여 불리한 위치에 있는 외국기업으로서의 일종의 외국비용(cost of foreignness)이라는 점 등이 지적된다.

노동관행과 제도의 향상 : 일반적으로 다국적기업은 순수한 국내기업에 비하여 '일하기가 자유롭고 유연하다'는 평가를 받기도 한다. 물론 이러한 견해를 지지하는 주장도 있고 반대하는 주장도 있지만 최근 몇 개의 연구는 어느 정도 긍적적 평가를 지지하고 있다. 말하자면 다국적기업의 진출로 인하여 보다 선진적인 노동 관련 관행과 제도가 현지국에 도입되고 전파될 수 있다.

여성노동의 고용향상 : 최근 여성을 고용하는 사업주로서 다국적기업의 역할이 주목받고 있다. 수출가공지역이나 자유무역지역에서 다국적기업에 고용되는 노동력의 대부분이 대체로 여성이었기 때문이다. 이로 인해 종전에 사회문화적 전통이나 노골적인 성차별 때문에 경제활동 참여가 저조한 수준이었던 여성들에 대하여 고용기회가 주어졌다. 또한 구미제국의 다국적기업, 특히 미국계 다국적기업들은 오fot동안 관리직 포스트에 보다 많은 여성을 등용하여 왔다. 다국적기업에 있어서 여성이 이렇게 고위관리직에 기용되는 경향에 따라 여성해방이 뒤늦은 현지국의 경우 성에 관한 고정관념이나 상급관리직에 대한 여성 고용의 사회적 제약이 깨뜨려지는 효과가 발생할 수도 있다.

외국인직접투자	효과	항목	내용
	질 향상 효과 (+)	생산성 · 스킬 향상	교육훈련, 보다 자본 · 기술집약적 생산방식
		임금수준의 향상	현지국의 국내기업에 비하여 높은 임금 지급
		노동관행 · 제도의 향상	좋은 노동관행 및 제도의 도입과 전파
		여성노동의 고용향상	외국기업에 의한 여성노동기회의 증대
	질 저하 효과 (−)	내국기업 임금수준 저하	외국기업과 경쟁하는 내국기업의 임금인하
		임금격차의 확대	숙련 · 비숙련노동 간의 임금격차 확대
		잘못된 관행 · 제도의 정착	바람직하지 않는 노동관행 정착 우려
		고용불안정성의 증대	경제상황에 따른 다국적기업의 높은 이동성 (빈번한 투자철수) → 국내고용 안정성 저해
		착취공장의 우려	여성노동 · 아동노동에 대한 착취 우려

그림 10−8 외국인직접투자의 현지국고용의 질에 대한 효과

2.2.2 현지국고용의 질적 저하효과

이처럼 다국적기업의 진출이 현지국 고용의 질적 수준 향상에 기여 할 수 있는 측면이 높지만 이와 동시에 현지국 노동의 임금수준 · 노동조건 · 교섭력 등을 오히려 저하시켜 현지국 고용의 질을 저하시키는 부정적 효과를 초래할 수 있는 측면 역시 존재한다.

임금수준 · 노동조건 저하 : 상술한 대로 다국적기업들은 현지기업보다 더 높은 임금을 지불하는 경향을 가지는데 그럼에도 불구하고 다국적기업 때문에 현지국의 임금수준이 오히려 저하되는 효과가 발생할 수 있다. 규모가 작은 현지국(특히 개도국)의 기업들은 자신보다 우월한 위치에 있는 다국적기업과의 경쟁에서 비용절감을 통하여 대응하려고 하는 경향을 가지는데 이 과정에서 현지국 기업들이 그들 피고용인들의 임금을 낮추려 하기 때문이다. 또한 다국적기업이 현지국 여성노동자의 고용향상을 이룩한다는 점에서는 긍정적인 것이지만 여성이 취업기회를 갖는 대부분의 직종이 압도적으로 저임금 · 미숙련 분야였기 때문에 어떤 나라에서는 그것이 여성의 낮은 지위를 개선하기보다 오히려 그것을 조장하는 결과를 초래하기도 하였다. 또한 거의 예외 없이 여성들이 취업하는 직종에는 보호조치가 거의 없다고 할 정도로 노동조건이 열악하여 현지국의 고용조건 개선에 기여하지 못하였다.

임금격차 확대 : 다국적기업의 진출이 현지국의 평균임금을 인상시키는 일정한 효과를 나타내는 동시에 숙련 · 비숙련 노동 간의 임금격차를 더욱 확대하여 소득배분을 악화시킬 수 있다는 것이 많은 연구를 통하여 확인되었다. 이것은 외국계 다국적기업과 국내기업 간의 평균적 임금수준 격차가 있기 때문일 뿐만 아니라 다국적기업들이 상대적으로 숙련노동을 흡수하는 반면 국내기업들이 비숙련노동을 더 많이 채용하고 있는 사실과 관련된다.

잘못된 노동관행 · 제도의 정착 : 외국기업은 현지국에서 보편적으로 행해지는 고용조건이나 고용관행과는 다른 조건과 제도를 활용한다. 미국의 제조기업이 20세기 전반 유럽으로 진출하였을 때 노동조합과의 교섭을 회피하는 경향이 다분하였다(Jones 1988). 전후 미국의 다국적기업은 유럽의 자회사에 대하여 노동조합을 인정하려 하지 않거나 생산단위 레벨에서의 개별적 교섭을 강요하고 노동자의 기업참가를 규제하고 성과주의임금을 적극적으로 지향하는 성과평가시스템 등을 공식화함으로써 본국과는 다른 노동제도를 고집하기도 하였다(T. Edward and A. Ferner 2002). 이러한 과정을 통하여 현지국에 바람직하지 않는 노동관행과 제도가 정착될 우려가 있고 더 효율적인 노동조직화가 어려워지기도 하였다.

고용의 불안정성 증대 : 외국인투자의 고용효과와 관련하여 우려되는 또 다른 문제점은 다국적기업의 높은 이동성(mobility)으로 인한 현지국고용의 불안정성 증대 문제이다. 다국적기업은 현지국의 상황변화에 매우 민감하게 반응하므로 채산성이 맞지 않는다고 판단할 경우 쉽게 공장폐쇄나 투자철수(divestment)를 감행한다.[25] 따라서 외국기업의 고용비중이 높은 나라의 경우 갑작스런 외국기업의 철수로 인한 사회적 문제가 발생되기도 한다. 1980년 후반 우리나라에서 노사분규가 심화되고 임금상승이 급속히 이루어지던 시기에, 국내기업들은 어떻게 해서든지 이러한 난관을 헤쳐 나가기 위해 노력하였지만, 우리나라에 진출한 외국인투자기업들은 저임금이라는 경제적 이점이 없어지게 되자 쉽게 철수하여 동남아국가로 그 생산지를 이전하였는데 이로 인한 국내고용시장의 불안정성이 사회적 문제로 대두된 바 있다.

---

25 1990년대 스페인정부가 노임을 인상하는 새로운 법률을 통과시키자 스페인에 진출하고 있던 콜게이브 팔모리브(Colgate−Palmolive)와 폴크스바겐(Vlokswagen) 등과 같은 다국적기업들이 공장을 폐쇄하거나 직원을 감축하여 한때 스페인의 실업률이 24.5%까지 상승한 예가 있다(강태구, 2003 p.233).

착취노동의 발생 : 다국적기업이 세계 노동에 미치는 영향과 관련하여 보다 자세히 후술하듯이, 몇몇 다국적기업들이 개도국에 직접 진출하거나 아웃소싱을 통하여 어린 아동노동자(child labor)나 여성노동자들에게 극히 낮은 임금을 지불하며 노동을 착취하는 이른바 착취공장(sweatshop)을 운영하여 국제사회의 비난을 받기도 한다.

부록 10-2 현지국의 고용증대효과를 위한 정책과제

전술한 대로 외국인투자를 유치하는 현지국의 1차적 관심사는 주로 자본의 유입규모와 이로 인한 고용증대효과에 있다. 그러나 이러한 고용증대효과는, 투자가 부족하여 풍부한 노동력을 흡수하지 못하는 개도국에서만 주목받는 이슈가 아니라, 급격한 산업구조조정으로 인하여 전통산업부문에서 막대한 일자리가 방출되어 실업이 심각한 사회문제로 대두되고 있는 선진국의 경우에도 중요한 이슈가 되고 있다. 예컨대 미국의 경우도 주(州)정부가 저마다 각종 인센티브를 제공하면서 외국인투자를 유치하기 위하여 경쟁적으로 노력하고 있는데 그들이 당면하고 있는 투자유치목표는 외국인투자에 의한 고용증대효과이다.

앞에서 살펴본 대로 다국적기업에 의하여 새로운 투자가 국내에 유입되면 이에 따른 1차적 · 직접적 고용창출효과뿐만 아니라 다양한 2차적 · 간접적 고용증대효과가 발생할 수 있지만 그로 인하여 다양한 고용감소효과도 발생할 수 있는 만큼, 외국기업의 투자가 최종적으로 얼마만큼의 고용기회를 창출하느냐 하는 문제는 단순하지 않다. 따라서 국내고용을 증대시키기 위한 목적으로 외국인투자를 유치함에 있어서는 외국인투자가 고용에 미치는 영향을 종합적으로 평가함과 동시에 그러한 고용효과를 결정하는 요인들에 대한 정책적 고려도 이루어져야 한다.

일반적으로 외국인투자가 현지국의 고용에 미치는 효과는 진출산업의 요소집약도 · 진출기업의 투자동기 · 진출형태 등에 따라 달라진다는 점은 앞에서 설명한 바와 같다. 따라서 현지국으로서는 고용효과가 더 큰 유형의 외국인투자를 더 많이 유치하는 것이 바람직하지만, 외국인투자의 고용효과는 현지국 측의 여러 가지 환경이나 전략에 따라서도 달라진다. 따라서 외국인투자로 인한 고용효과를 극대화하기 위해서는 현지국 스스로 다음과 같은 환경조성과 정책운용을 하도록 노력하여야 한다.

노동시장구조의 유연화 : 현지국 노동시장의 이동성 · 유연성이 높을수록 고용의 순효과는 커질 수 있다. 노동의 이동성과 유연성이 높을수록 외국인투자로 인하여 퇴출되거나 대체되는 노동을 새로운 분야가 흡수하기가 용이하기 때문에 고용의 순감소를 완화시켜줄 가능성이 커지기 때문이다.

인적 자원의 구축 : 현지국의 고용효과는 다국적기업들이 필요로 하는 스킬이나 능력을 지닌 고용인력을 현지국이 얼마나 충분히 보유하고 있느냐에 의해서도 좌우되므로 이러한 노동수요에 대응하는 인적자본의 구축이 이루어져야 한다. 실제로 다국적기업으로부터 가장 많은 경제적 편익을 누리는 것으로 평가되는 나라들은 대체로 교육과 기술능력에 대한 투자를 적극적으로 행하여 그들의 제도를 업그레이드 할 수 있었던 나라들이었다(E. L. Glaeser et. als. 2004).

적정한 산업화전략 : 현지국이 수출주도형 산업전략을 추진하는 경우 수입대체산업 육성전략을 추진하는 경우에 비해 고용증대효과가 높아진다. 한국과 대만의 경우 1960~1970년대 섬유 · 봉

제 · 신발 · 가전제품 등 노동집약산업을 육성하여 수출산업화 하는 과정에서 외국인투자를 유치하여 상당한 고용증대를 가져왔던 반면, 중남미국가의 경우 1950~1960년대 자동차 · 석유화학 · 기계 등 자본집약적 산업에 있어서의 수입대체정책을 추진해 오는 과정에서 외국인투자를 통한 고용증대효과가 기대만큼 발생하지 못하였다.

산업연관효과의 증대 : 다국적기업이 진출하는 산업이 현지산업과 높은 연관효과를 가진 경우 고용증대효과를 기대할 수 있지만, 다국적기업이 필요한 중간재를 본국이나 제3국에서 수입하여 현지에서 단순조립만 하는 스크루 드라이버형 공장(screw-driver factory)을 운영할 경우 그 고용효과는 보잘 것 없게 된다. 베트남의 경우 역시 외국인투자가 현지조달이 매우 낮고 현지기업과의 연계가 제한적이었기 때문에 고용의 간접효과 역시 중립적이거나 때로는 네거티브한 것으로 나타났다(R. O. Jenkins 2006). 이러한 관점에서 현지국이 자국에 진출한 외국기업과의 연관효과를 증대시킬 수 있는 기술 · 생산능력 · 정책 · 제도를 얼마나 잘 갖추고 있는가도 고용효과에 중요한 요인이 된다.

최근에 이르러 외국인투자의 고용효과와 관련하여 더 주목받는 부분이 고용의 양적 증대효과뿐만 아니라 고용의 질적 개선효과이다. 상술한 대로 다국적기업으로 인하여 현지국의 노동생산성 · 스킬 · 임금수준 · 노동환경 · 노동조건이 향상되어 노동의 질을 개선하는 긍정적 측면과 함께 현지국의 임금수준 · 노동조건 · 교섭력 등을 저하시켜 노동의 질을 오히려 떨어뜨리는 부정적 측면이 발생될 수 있기 때문이다.

오늘날과 같이 기술과 힘의 변화가 끊임없이 이루어지면서 인적 · 물적 자원의 재배치가 급속히 이루어짐에 따라 이에 대응하는 노동관련 제도의 리모델링이 요구되는 글로벌추세에 비추어 이러한 추세에 저항하고 이를 저지하려는 시도는 단기적으로는 가능할 수 있겠지만 장기적으로는 낭비일 수 있다. 다국적기업은 현지국의 인적 자원과 역량을 업그레이드하고 재배치시키는 구조개선에 주요한 역할을 할 수 있으므로, 외국자본을 유치하는 현지국으로서는 외국인투자를 통한 이러한 고용의 질적 개선효과에 주목하여 이를 실현하기 위한 적절한 정책과 전략도 추진할 필요가 있다.

제3절 다국적기업의 산업조직(시장구조) 효과

다국적기업과 직접투자의 국민경제적 효과로서 투자 · 생산 · 고용효과와 더불어 주목받는 또 다른 효과가 산업조직효과이다. 멕시코 · 브라질 · 아르헨티나 등 중남미국가나 미국의 경우 다국적기업의 경제적 영향을 논의할 때 가장 관심을 기울이는 부분이 이러한 산업조직효과, 즉 다국적기업이 시장구조를 독과점화하여 시장지배력을 행사함으로써 발생되는 부정적인 산업조직효과가 문제이다.

다국적기업에 의한 산업조직효과에는 다양한 측면이 있지만 크게 나누어 보면 ① 다국적기업의 국제생산으로 인하여 여러 산업 간의 구조 또는 특정 산업 내 여러 부문 간의 구조가 어떻게 달라지는가 하는 "산업구조"에 미치는 효과와,[26] ② 다국적기업의 투자가 시장의 집중과 경쟁 등 "시장구조"에 미치는 효과로 대별해 볼 수 있다. 전자와 관련하여서는 제5편(다국적기업에 대한 정책과 전략)에서 논의하기로 하고 여기에서는 다국적기업의 진출이 투자국이나 현지국의 시장구조, 특히 산업집중이나 기업 간 경쟁에 어떤 영향을 미치는가를 중심으로 논의한다.

1. 투자국의 산업조직에 미치는 효과

투자국의 경우 자국 기업이 해외진출을 통하여 적극적으로 해외시장을 개척하거나 기존의 해외시장을 방어함으로써 세계시장을 확보・유지하고 세계시장에서의 우위를 지키는 해외시장효과를 누릴 수 있음은 자명하다. 그러나 이러한 해외직접투자가 자국의 국내 산업조직과 시장구조에 어떠한 영향을 미치는가를 평가하는 것은 매우 어렵다.

다국적기업의 경제이론과 관련하여 논의하였듯이 해외직접투자 자체가 시장불완전성과 밀접한 관계를 지니고 있다. 이에 하이머・케이브스・닉커보커 등과 같은 산업조직론자들은 해외직접투자가 투자국 내에서 산업집중도가 높은 분야에서 규모의 경제나 제품차별화 등의 진입장벽을 통하여 시장지배력을 누리는 대규모기업에서 주로 이루어진다는 것을 독점적 우위론으로 이론화하였고, 또한 많은 실증적 연구들이 기술적・마케팅적 진입장벽이 높은 산업에서 해외직접투자가 집중되고 있다는 사실을 확인해 주었다. 따라서 투자국의 국내 산업조직구조와 해외직접투자 간에는 높은 상관성이 있다.

그러나 거꾸로 다국적기업의 해외직접투자가 투자국의 산업조직구조에 어떠한 영향을 미치는가에 대해서는 명확한 결론을 내리고 있지 못하다. 다만 이와 관련된 많은 실증적 연구들은 해외투자를 행하는 기업들이 그렇지 않은 기업들에 비하여 보다 높은 수익률과 시장지배력을 행사하고 있다는 것을 보여주었다. 이러한 결과는 기업의 국제화가 그 기업의 수익성과 시장지배력을 높여준다는 전통적인 가설을 지지하고 있는 것이라고 할 수 있다. 만약 그렇지 않다면 초기의 해외투자에서 발생하는 위험과 비용을 감수할 이유가 없을 것이다.

뿐만 아니라, 해외투자기업은 때때로 다른 국내기업에 비하여 여러 가지 유리한 불공정혜택을 누리게 되어 이로 인한 산업집중이나 금융지배 등과 같은 부작용을 초래할 수

26 다국적기업이 투자국의 산업구조에 미치는 효과는 해외직접투자가 투자국 내의 투자와 보완적이냐 대체적이냐에 따른 투자국의 산업구조변화라는 측면에서 논의될 수 있고, 현지국의 산업구조에 미치는 효과는 ① 외국인 직접투자와 국내기업투자의 산업별 차이에 따른 국내산업구조의 변화, ② 다국적기업의 진출이 특정 산업 내에서 어떠한 부문(예컨대 자본집약적 부문, 고부가가치 부문 등)에 집중되느냐에 따른 산업 내 부문별 변화라는 측면에서 논의될 수 있다(J. H. Dunning and S. M. Lundan, 2008 pp.506~517 참조).

있으며, 또한 해외투자기업은 기업 내 이전가격조작을 통하여 반 시장경제를 조성할 우려도 있다. 이러한 요인들로 인하여 해외투자기업은 투자국 내에서 자신의 시장지배력을 높이는 원인이 되고 때로는 이것이 투자국의 정책에 대한 위협요인으로 작용할 수도 있다. 그러나 이러한 사실이 곧 다국적기업활동이나 해외직접투자가 투자국의 시장구조에 반경쟁적 요소를 높이거나 시장집중을 초래한다는 것을 증명하는 것은 아니다.

일반적으로 자국기업의 해외투자가 자국의 시장구조에 미치는 효과는, 투자기업의 기술수준 · 수요 · 경쟁조건 등에 따라 달라질 수 있으며 해외기업활동의 내용에 따라서 달라질 수도 있다. 예컨대 해외기업활동이 고도화 · 다각화로 이어지는 경우 시장집중이 조장되기는 하지만 그것이 경쟁을 해칠 정도로 크지 않을 가능성도 높기 때문이다. 또한 투자국의 경제규모나 시장개방 여하에 따라서도 투자국에 미치는 산업조직효과가 달라질 수 있다. 일반적으로 투자국의 경제규모가 크고 외국으로부터의 경쟁압력이 높은 개방형 국가의 경우에는 해외진출기업에 의한 반시장효과(反市場效果)가 나타날 가능성이 낮은 반면, 보호주의적 성격이 강한 소규모 국가의 경우 해외진출기업에 의한 국내시장지배와 반경쟁적 행태가 높아질 수 있기 때문이다.

2. 현지국의 산업조직에 미치는 효과

2.1 현지국 산업조직효과의 의의

다국적기업이 시장구조에 미치는 영향에 대한 연구와 관심의 대부분은 주로 현지국에 대하여 집중되어 왔다. 다국적기업이 현지국의 시장구조에 미치는 영향에 대해서는 서로 상반된 2개의 가설이 있다. 하나는 다국적기업의 진출이 현지국의 경쟁을 촉진시키고 산업적 집중을 감소시킨다는 가설이고, 다른 하나는 다국적기업들이 보유하고 있는 소유권특수적 우위를 활용하여 기존시장에 있는 경쟁자들을 몰아내고 추가적 경쟁에 대한 진입장벽을 설치함으로써 현지국의 산업집중을 초래하고 경쟁을 훼손한다는 가설이다.

현실적으로 외국계 다국적기업의 국내진출이 이루어질 때 현지국 입장에서 가장 관심을 가지는 것은 외국의 다국적기업이 진출하면 상대적으로 경쟁력이 약한 국내기업이 구축되어 자국의 산업집중도가 높아지고 시장구조가 독점화되지 않을까 하는 우려였다. 실제로 이러한 예가 수입대체적 공업화를 추구하던 남미에서 주로 발생하였다. 물론 최근에는 많은 개도국들이 시장개방정책을 실시한 이후 다수의 외국기업들이 경쟁적으로 진출함으로써 소수의 외국기업에 의한 시장지배 우려는 다소 저하되고 있다.

케이브스(R. Caves, 1971)는, 다국적기업은 규모의 경제가 작용하고 R&D · 광고집약적인 산업에 활발히 진출하는데 이러한 다국적기업의 진출과 현지국 해당산업의 산업집중도 간에 밀접한 상관관계가 있음을 보여주었다. 다국적기업의 기업적 특성과 관련하여 살펴본 바와 같이 다국적기업은 과점적 시장에서 제품차별화・높은 진입장벽 등 시장의 불완전성이 높은 제조업부문에서 주로 활동하는 만큼, 다국적기업의 진출이 이루어지면 현지국의 시장집중도가 증가되는 효과가 자연히 발생되게 된다.

이처럼 외국계 다국적기업의 진출로 인하여 현지국의 시장에 집중이 높아지고 경쟁이 제한되는 부정적인 산업조직효과가 발생될 우려가 큰 것이 사실이지만 외국계 다국적기업의 진입으로 인하여 현지국의 경쟁이 촉진되는 긍정적인 산업조직효과가 발생하는 측면도 결코 작지 않다. 다국적기업이 진출하면 새로운 시장진입자의 수를 늘려 산업집중도를 완화시키고 현지국기업과의 경쟁을 촉진시키는 효과가 발생하기 때문이다. 따라서 현지국의 시장구조에 대한 이러한 2개의 가설은 모두 타당할 수 있다. 다만 이러한 효과 중 어느 쪽이 더 타당한가는 진출하는 다국적기업의 동기・전략・투자유형이나 현지국의 시장구조 및 현지기업의 경쟁력 등에 따라 달라진다.

2.2 현지국 산업조직효과의 단계별 변화

이처럼 다국적기업이 현지국의 시장구조에 미치는 효과는 다양할 수 있지만 일반적으로 이러한 산업조직효과는 단기적 효과와 장기적 효과가 서로 달라지는 경향을 가진다. 단기적으로는 외국기업의 진입으로 인하여 현지국시장에 경쟁이 도입되고 촉진되는 긍정적인 산업조직효과가 발생하지만, 시간이 지나면서 진출한 다국적기업이 현지국의 경쟁기업들을 도태시켜 산업집중도를 높이고 우월한 경쟁력을 바탕으로 시장지배력을 높이게 되면 중장기적으로는 부정적인 산업조직효과의 발생가능성이 높기 때문이다.

일찍이 미국의 자동차기업 포드(Ford)는 1911년 영국에 제1호 조립공장을 개설하여 영국 내 자동차산업의 경쟁을 촉진시키는 데 기여하였지만 10여 년이 지난 1920년대에 이르러서는 영국 자동차생산의 거의 1/4의 비중을 점하여 영국 자동차시장에서 지배자적 위치를 차지하였다. 이러한 관점에서 보면 다국적기업의 진출이 현지국의 시장구조에 미치는 산업조직효과는 단기적인 "해외경쟁도입효과"(1단계)와 중장기적인 "시장지배효과"(2단계)로 구분하여 볼 수 있다.[27]

---

27 안세영(2003) pp.220~224 참조. 물론 이러한 시간별 변화와 반대되는 경우도 있을 수 있다. 외국의 다국적기업이 진출하는 초기에는 그들이 국내기업의 진입을 막아 부정적인 경쟁효과를 발생시키지만 그들의 진입이 현지국에 대한 긍정적인 외부효과를 발생시켜 국내산업의 발전을 촉진시킬 경우 시간이 흐름에 따라 오히려 경쟁이 촉진되는 효과가 발생할 수도 있다. S. Barrios et al(2005)은 이를 'U형 효과'라고 명명하고 1972~2000년 기간 동안 아일랜드의 제조업분야에서 이러한 효과가 발생하였음을 확인하였다.

2.2.1 해외경쟁도입효과(1단계 경쟁촉진효과)

외국계 다국적기업이 국내에 진입함으로써 해외경쟁이 도입되고 현지국의 경쟁이 촉진되는 긍정적인 산업조직효과는 다음과 같은 측면을 통하여 발생된다.

공급자 집중도의 완화 : 다국적기업의 진출에 의해 현지국시장에 공급자가 하나 더 늘어난다면 이는 당연히 현지국의 공급자 집중도(seller concentration)를 완화하여 경쟁을 촉진시키고 산업집중도를 완화시켜 현지국 시장구조의 효율성을 높인다.

국내기업의 경영효율화 : 종래 국내시장에서 피나는 경쟁 없이 시장을 지배하고 있던 국내기업들의 경우 외국기업의 진출로 인하여 경쟁이 촉진되면 종래의 시장점유율을 유지하기 위해서는 새로운 기술의 습득은 물론 기업경영의 효율화와 선진화도 이룩해야 한다. 국제경영학자들은 이러한 경쟁촉진효과의 대표적 예로써 한국의 유통산업을 지목한다. 1996년 외국인투자에 대한 규제가 완화되면서 세계적인 대형 할인매장업체인 월마트(Wal－Mart) · 코스트코(Costco) · 까르푸(Carrefour) · 테스코(Tesco) 등이 한국으로 대거 진출하였지만 이에 맞서 이마트(E－Mart)와 같은 국내업체들이 그들의 운영효율성을 높이려고 경쟁한 결과 현지국기업들이 더 높은 경쟁적 지위를 누리게 되었다는 것이다.

현지국정책의 선진화 : 선진국 다국적기업의 진출이 이루어지면 현지국의 기업은 물론 현지국 정부의 경제정책 수립과 집행과정도 보다 글로벌하게 변하지 않을 수 없게 된다. 만약 현지국의 거시경제가 불안정성이 높거나 현지국의 경제정책이 일관성 없게 운용될 경우 그들의 생산입지를 범세계적인 관점에서 정할 수 있는 다국적기업들은 언제든지 떠날 수 있는 만큼 이러한 경우 외국인투자의 지속성이 보장되지 않는다. 따라서 외국인투자의 유입은, 현지국 기업이나 정부 모두에게 그동안 자국 시장에 존재하던 전근대적 관행이나 불투명한 경쟁원리를 보다 투명하고 합리적인 글로벌스탠더드로 전환하도록 하는 등, 현지국의 시장운영원리를 선진화시킴으로써 시장효율성을 증대시키는 효과를 발생시키게 된다.

이상과 같이 다국적기업의 진출이 현지국의 경쟁을 촉진시키고 시장의 효율성을 높이게 되는 1단계 해외경쟁도입효과가 얼마나 크게 작용하느냐는 다음과 같은 2가지 요인에 의해 좌우된다.

현지국의 시장구조 : 기존의 현지국시장이 정부보호나 부당한 경쟁제한행위 등으로 높은 진입장벽(entry barrier)을 형성하고 있거나 독과점화되어 있는 경우 외국인투자로 인한 해외경쟁도입효과는 그만큼 커질 수밖에 없다. 독과점적 시장구조를 가진 산업에 상대적으로 더 높은 경쟁력을 가진 외국기업이 진입하면 그러한 독과점적 구조에 안주하던 국내기업들이 자신의 경쟁력을 높이기 위해 노력하지 않으면 안 되는 경쟁촉진효과가 발생되기 때

문이다.

다국적기업의 진출형태 : 일반적으로 현지국시장의 경쟁을 촉진하는 효과는 그린필드형(greenfield start-up) 투자의 경우가 M&A의 경우보다 더 긍정적이라고 할 수 있다. 물론 M&A가 퇴출위기의 한계기업을 대상으로 이루어지는 경우 시장퇴출이 예상되는 기업을 하나라도 시장에 남아있도록 한다는 면에서 공급자집중도 완화에 기여한다고 할 수 있다. 그러나 경영이 부실하지만 이미 시장지배자적 위치에 있는 대기업이나 국영기업에 대한 외국자본의 M&A가 이루어지는 경우 외국기업에 의한 시장지배효과가 극대화되어 현지국의 산업조직에 부정적 효과가 커질 수 있다. 중남미국가의 산업조직에 관한 많은 연구들은 이 지역에 대한 미국의 해외직접투자가 주로 M&A형태로 이루어졌기 때문에 현지시장 구조에 상당히 부정적인 효과를 가져왔다는 점을 지적하고 있다.[28]

2.2.2 시장지배효과(2단계 경쟁파괴효과)

이같이 다국적기업의 진출은 초기에 있어서는 현지국 시장구조를 효율화하는 측면이 있지만 중장기적으로 볼 때 오히려 경쟁을 제한하고 산업집중도를 높이는 결과를 초래할 수 있다. 일반적으로, 다국적기업들은 그들이 가지고 있는 기업특수적 우위를 활용하여 새로운 시장에 진입하고 추가적인 경쟁에 대한 진입장벽을 설치하는 과점적 성격을 지닌 거대기업들이고, 또한 자신의 우월한 효율성과 공격적 사업관행으로 기존시장에 존재하는 경쟁자들을 몰아내고 스스로 현지국에서의 시장지배력을 높이려고 노력하기 때문이다. 이와 같은 제2단계의 시장지배효과를 결정하는 요인들은 다음과 같다.

현지자회사의 투자동기와 전략 : 일반적으로 다국적기업의 진출동기가 해외생산 거점형 투자인 경우, 현지시장 점유율보다 세계시장 점유에 관심이 더 클 가능성이 높으므로 현지시장 지향형 투자보다 현지국의 시장지배력이 높지 않을 가능성이 크다. 현지시장 지향형 투자의 경우에도 현지자회사가 현지기업과의 '공존'을 도모하는 마케팅전략을 채택하는 경우 별다른 문제는 없지만, '공격적인 마케팅전략'을 구사하여 시장점유율을 높이려고 하는 경우 현지시장에 중대한 교란요인(disturbance factor)으로 작용할 수 있다.[29]

---

28 예를 들면 브라질 내에 있는 미국계 다국적기업의 약 1/3이 기존의 현지기업을 매수·합병하여 진출한 것이며 멕시코의 경우 이 비율이 43%에 달하는데 이들은 주로 재정난이나 경영부실에 빠진 거대한 현지국의 국영기업을 인수하여 현지시장 점유율을 높여 나갔기 때문이다.

29 이의 가장 대표적인 예가 브라질 중전기산업(heavy electrical equipment industry)이다. 동 분야에서 국제적으로 카르텔을 형성하고 있는 서구 다국적기업들은 브라질에 진출하여 공격적 마케팅전략을 펼치는 한편 카르텔을 형성하여 이에 참여하지 않은 브라질기업을 M&A하거나 시장에서 퇴출시켰다. 이러한 과정을 통하여 일단 시장지배력을 형성한 다국적기업들은 '고가격-고이윤'의 마케팅전략을 통해 브라질의 소비자잉여를 희생시키고 부(富)의 해외유출을 초래하였다.

규모의 경제와 M&A : 만약 자본집약적 산업에 진출한 현지자회사가 규모의 경제를 실현하는 데 필요한 효율적 생산규모(efficient scale)를 확보하지 못하는 경우 규모의 경제를 구현하기 위해 현지기업을 적극적으로 M&A하여 나가기도 한다. 이러한 경우 이에 맞서 현지기업 역시 서로 간의 M&A를 통해 규모의 경제를 실현하려는 노력이 이루어지게 되어 현지국의 시장구조가 보다 더 독과점화될 수 있다. 역사적으로 1950~1960년대에 유럽에 진출하여 유럽시장을 잠식해가던 미국계 다국적기업에 대항하기 위해 유럽기업들 간에 적극적 M&A가 이루어졌고 그 결과 유럽지역의 산업집중도가 상당히 높아진 것으로 나타났다.

밴드-왜건효과(band wagon effect) : 밴드왜건현상이 발생할 경우 현지시장의 참여기업 수가 늘어난다는 점에서는 유효경쟁을 촉진하는 효과가 있다고 볼 수 있으며, 특히 현지의 시장구조가 독과점적일 경우 이러한 효과가 커진다. 그러나 이로 인해 현지국의 좁은 시장규모에 비해 지나치게 많은 다국적기업들이 진출함으로써 어느 기업도 적정한 규모의 경제를 실현하지 못하게 되면,[30] 이 경우 과도한 제품차별화나 공급과잉 등에 따른 문제점이 발생될 수 있으며 또한 각기 규모의 경제를 달성하기 위한 시장포식행위 등이 발생하여 부정적 산업조직효과가 유발될 수 있다.

현지국기업의 경쟁력 : 외국인투자로 인한 현지국 시장지배효과는 현지국 기업이 얼마만큼 경쟁력을 갖추고 있느냐에 따라 달라진다. 한국의 가전 · 자동차산업 등과 같이 현지국 기업이 이미 상당한 경쟁력을 갖추고 있는 경우 다국적기업의 진출이 현지국에 미치는 시장지배효과는 미미할 것이다. 그러나 현지기업이 미처 경쟁력을 확보하지 못한 첨단산업이거나 정부의 과보호에 의해 만년 내수산업으로 안주하고 있는 산업부문에 외국계 다국적기업이 진출하는 경우 이들이 상당한 시장지배력을 행사할 수 있게 된다.

부록 10-3 현지국의 긍정적 산업조직효과를 위한 정책과제

상술한 대로 현지국에 대한 다국적기업의 산업조직효과는, 국내시장의 경쟁을 촉진하고 이러한 경쟁압력에 따라 국내기업들이 경쟁력 제고에 주력하게 만드는 경쟁촉진효과와 외국기업의 진출 후 높은 시장점유율을 확보하면서 시장의 지배자가 되는 시장지배효과라는 양 측면을 가지게 되는데, 대체로 투자가 유입되는 초기에는 경쟁촉진효과가 강한 반면 시간이 경과함에 따라 경쟁파

---

30 밴드왜건효과가 가져오는 가장 전형적인 폐단은 중남미의 자동차공업이었다. 중남미 8개국의 자동차산업에 있어서 규모의 경제를 실현하는 데 적합한 생산규모는 1970년대 당시 연간 22~24만 대 정도로 평가되었다. 그런데 당시 무려 70개의 서구자동차 다국적기업이 진출하여 200여 개의 차종을 생산하였는데 이를 공장단위당으로 계산해 보면 연간 1만 대 정도였고, 가장 심한 경우 칠레는 19개 기업이 진출하여 총 16만 대의 자동차를 생산하고 있어 평균 8,000대를 약간 상회하는 수준이었다.

괴효과가 더 크게 나타나게 된다. 후자의 경우 다국적기업이 현지국의 산업집중을 직접적으로 초래한다고 볼 수는 없더라도 그들이 지닌 막강한 독점적 우위 때문에 현지경쟁자를 한계기업화 시킨다거나 시장퇴출을 유도하여 결과적으로 산업집중을 가속하거나 경쟁을 제한할 우려가 크다고 할 수 있다.

한편 그동안의 역사적 과정을 뒤돌아보면, 멕시코・브라질・아르헨티나와 같은 남미제국에서는 다국적기업의 진출로 인한 부정적인 산업조직효과가 커져서 이들의 산업주권 상실문제까지 제기된 반면, 한국・대만 등 아시아 신흥공업국가의 경우 외국계 다국적기업의 진출에도 불구하고 이러한 부정적인 산업조직효과가 크게 부각되지 않고 때로는 국내산업의 독점도를 완화시키고 경쟁을 촉진시키는 긍정적인 산업조직효과가 나타나기도 하였다.

중남미국가와 아시아 신흥공업국 간의 이러한 대조적인 현상은 다국적기업의 진출이 반드시 현지시장의 독점화를 초래하는 것은 아니라는 것을 말해 준다고 할 수 있다. 그렇다면 이러한 중남미국가와 아시아 신흥공업국 간에는 어떠한 차이가 존재하였는가? 대체로 전자는 전통적으로 외국자본에 대하여 폭 넓은 개방정책을 추진하면서 처음부터 외국인직접투자를 중심으로 하는 외자유치정책을 취한 반면, 후자는 국내산업의 경쟁력이 확보되지 않은 경제발전초기에는 차관을 중심으로 하는 외자정책을 취하면서 외국인직접투자를 점진적으로 개방함과 동시에 이에 대한 적절한 산업정책을 취하였다는 점이 서로 달랐다고 할 수 있다.

이상과 같은 외국인투자의 산업조직효과를 종합적으로 고려할 때 외국인투자로 인한 긍정적 산업조직(시장구조)효과를 극대화하기 위하여 현지국이 취하여야 할 정책적 방향은, 단기적으로 다국적기업의 진출로 인한 경쟁촉진효과가 잘 발휘되도록 하는 것이고 보다 중장기적으로는 외국기업에 의한 국내산업과 국내시장의 지배우려를 최소화시키기 위한 적절한 정책의 수행이라고 할 수 있다. 이러한 관점에서 외국인투자를 유치하는 현지국들이 취하여야 할 정책적 과제를 요약하면 다음과 같다.

(1) 외국인투자를 유치함에 있어서 국내기업의 부당한 경쟁제한행위 등으로 높은 진입장벽이 형성되어 있거나 독과점화되어 있는 부문, 국내시장에 전근대적인 관행이나 투명하지 못한 경쟁원리가 존재하는 부문 등에 대하여 우선적으로 외국자본을 도입하여 국내시장의 경쟁촉진효과를 극대화시키는 것이 바람직하다.

(2) 거대한 다국적기업이 진출한 이후 이들에 의한 시장지배가 이루어질 가능성에 대비하여 외국자본의 유입 이전에 국내시장의 경쟁을 촉진시키기 위한 노력과 함께 공정경쟁을 유도하기 위한 경쟁유도정책이나 독점금지법의 제정・강화 등이 이루어져야 한다. 1960~1970년대 말레이시아・멕시코를 비롯한 개도국에서 다국적기업이 진입하여 시장집중도를 높였고 1990년대 이후 많은 신흥시장국들이 규제완화와 민영화를 추진하는 과정에서 규모가 거대한 외국계기업들이 시장지배자적 지위를 획득하였는데, 이는 이들 나라들이 모두 외국계 다국적기업의 진출 이전 그들의 시장규제시스템이 취약하였기 때문이었다(UNCTAD, 2003).

(3) 외국인투자에 대한 시장개방 이전에 국내 기업과 산업의 국제경쟁력의 배양과 강화가 우선되어야 한다. 또한 경쟁여건이 불완전한 산업의 경우 외국자본의 진출에 대한 적절한 개입과 산업정책을 통해 다국적기업의 진출로 인한 현지시장구조의 독과점화가 초래되지 않도록 하는 산업조직정책도 적절히 이루어져야 한다.

CHAPTER 11

무역 · 국제수지 · 기술이전에 대한 영향

제1절 다국적기업의 국제무역효과

1. 국제무역에 대한 다국적기업의 영향

1.1 국제무역에 대한 다국적기업의 역할과 강점

1.1.1 다국적기업에 의한 세계무역의 창출과 지배

다국적기업은 세계적인 생산의 창조자인 동시에 세계의 무역을 창조하고 지배하는 주체이기도 하다. 역사적으로 다국적기업은 다음과 같이 새로운 무역을 창출하고 주도하는 역할을 수행하여 왔다.

(1) 1930년대 이전까지 이루어진 국제투자의 절반 이상이 자원 관련 투자였는데 이러한 투자가 현지국의 무역을 새로이 창출하는 데 기여하였다. 당시 석유회사 · 광산회사 · 무역상사 · 은행 등이 해외투자를 통하여 1차산품의 개발과 수출에 필요한 인프라를 제공함으로써 1차산품 무역이 새로이 창출되었다. 국제석유기업의 해외진출로 인하여 제1차 세계대전 이전에는 러시아 · 멕시코가, 전간기에는 이란 · 베네수엘라가, 제2차 세계대전 이후에는 쿠웨이트 · 사우디아라비아가 새로운 석유수출국으로 변신하게 되었다. 또한 바나나 · 사탕 · 고무 등과 같은 농산품의 경우에 있어서도 이에 대한 다국적기업의 투자로 인하여 새로운 농산물 수출국이 탄생되었다.

(2) 제2차 세계대전 이전 전간기에 있어서는, 세계적 보호주의에 대응하는 제조업의 해외직접투자가 상당히 이루어졌지만 이들 대부분이 현지시장지향적 투자였으므로 현지자회사에서 생산된 제품의 대부분이 현지의 소비에 충당되었다. 그러나 이러한 가운데서도 몇몇 다국적기업의 현지자회사들이 상당히 활발한 수출활동을 행하였다. 기록에 따르면 1930년대까지 영국에서 활동하는 외국기업 현지자회사의 1/3이 수출활동을 행하였던 것으로 나타났다(M. Wilkins 1974, F. Bostock and G. Jones 1994).

(3) 1960년대 이후 제조업 부문에 대한 해외투자가 활발히 이루어진 이후, 다국적기업 현지자회사들의 수출성향이 매우 높아 대외무역을 증대시키고 현지국의 산업구조를 국제

화시키는 경향을 높았음이 많은 연구에서 일관되게 나타나고 있다. 특히 일본을 중심으로 하는 다국적기업들은 전자・섬유・기타 조립산업 분야에서 본국으로의 역수입 또는 제3국으로의 수출을 위한 해외생산거점형 투자를 동남아시아에서 활발히 전개하였다. 이후 이러한 수출지향적 해외생산거점형 투자는 그들의 생산거점을 중국으로 전환하여 거대한 무역을 창출해 오고 있다.

(4) 1980년대 이후 서비스산업에 대한 해외직접투자가 활발해진 이후에도 서비스업투자에 있어서 무역・도매・소매・마케팅 등 무역관련 서비스에 대한 투자가 금융관련 서비스 투자에 이어 가장 많은 비중을 차지하고 있어 여전히 세계무역창조자로서의 다국적기업의 역할을 계속하고 있다.

1.1.2 국제무역에 대한 다국적기업의 강점

다국적기업은 이렇게 새로운 무역을 창조하는 주체인 동시에 그들이 보유하고 있는 여러 가지 강점을 활용하여 세계무역의 우위를 확보하고 세계무역을 지배하는 주체가 된다. 다국적기업은 거대한 규모와 기술력・세계적인 통합과 네트워크 등의 이점을 활용하여 세계의 생산과 산업을 지배하는 동시에 이러한 강점을 바탕으로 자신의 독점적 우위를 활용하는 데 적합한 국제분업체제를 확립할 수 있기 때문이다. 다국적기업이 이렇게 세계무역상의 우위를 누릴 수 있도록 해주는 그들만의 강점이 무엇인가를 살펴보면 다음과 같다.

생산요소의 효율적 확보능력 : 다국적기업은 범세계적인 관점에서 가장 효율적으로 생산요소를 확보하는 동시에 이들에 대한 강력한 통제권을 행사함으로써 국제무역에 중대한 영향을 미친다. 다국적기업이 해외에서 저원가로 부품과 원자재에 대한 안정적인 통제권을 확보하면 본사나 해외자회사 등은 이를 이익적으로 활용하여 생산 및 마케팅 활동을 전개함으로써 무역창조적인 역할을 행한다. 동시에 다국적기업은 생산요소를 국제적으로 이동시키는 가장 대표적인 조직이다. 생산요소의 국제적 이동이 때로는 상품의 국제적 이동을 대체하기도 하지만, 생산요소의 이동 자체가 새로운 무역을 창출하기도 하고 상품의 국제적 이동을 보완하기도 한다. 따라서 다국적기업은 이러한 생산요소의 확보와 이동을 통하여 국제무역에 중대한 영향력을 가지게 된다.

규모의 경제 실현 능력 : 국제무역은 규모의 경제에 의해 크게 영향을 받는다. 다국적기업들은, ① 단일공장의 규모를 확대함으로써 실현되는 규모의 내부경제(internal economies of scale), ② 복수의 생산공장을 여러 지역에서 운영함으로써 실현되는 규모의 외부경제(external economies of scale), ③ 국제적 수직통합(international vertical integration)을 통하여 얻게 되는 생산이나 마케팅상의 규모의 경제, ④ 지역적 생산보완전략(regional production complementation strategy)을 통하여 누릴 수 있는 규모의 경제효과[31] 등 다양한 형태의 규모의 경제를 추구한다. 다국적기업들은 이처럼 다양한 규모의 경제를 누리고 또한 이러한 강점을 가장 효과적으로 활용하는 경쟁전략을 구사함으로써 국제무역상의 우위를 누리고 이를 통하여 세계무역에 상당한 영향을 미친다.

높은 기술력 및 기술혁신 능력 : 다국적기업들의 기술적 강점과 기술혁신능력이 세계무역과 세계투자에 상당한 영향을 미친다. 대부분의 다국적기업들은 막대한 연구개발투자에서 비롯되는 기술적 선도력을 활용하여 일정 기간 동안 우위를 누리면서 투자본국으로부터 제품을 수출할 수 있고 그후에는 해외생산입지를 변경시켜 가면서 생산 · 수출 · 마케팅활동을 전개하는 해외투자전략을 통하여 제품의 라이프사이클(life cycle)과 이익사이클(profit cycle)을 연장시킬 수가 있다. 따라서 다국적기업들은 기술의 국제적 흐름을 가속화시키기도 하고 해소시키기도 하면서 세계무역에 깊숙이 개입하게 된다. 실제로 그들의 이러한 기술능력과 기술전략이 세계무역패턴을 좌우할 만큼 전 세계무역에 대한 크나큰 영향력을 높이고 있다.

정보탐지능력 : 다국적기업들이 세계무역 패턴에 막대한 영향을 미칠 수 있는 것은 그들이 보유하고 있는 국제적 정보네트워크와 탐지능력(scanning capability)을 동원하여 국제무역에서 발생되는 여러 가지 무지 · 불확실성 · 위험 등을 제거할 수 있기 때문이다. 다국적기업들은 이러한 탐지능력을 동원하여 전 세계에 걸친 생산 · 무역 · 마케팅 활동에 필수적인 정보(제품규격, 품질기준, 포장기준, 배달스케줄, 수요의 규모와 계절변동 등)를 수집하여 활용함으로써 세계무역에 크나큰 영향을 미치고 상대적으로 정보탐지능력이 부족한 국가와 기업들의 무역을 지배할 수 있게 된다.

다양한 해외진출전략 : 다국적기업들이 세계무역에 막대한 영향을 미칠 수 있는 것은 그들이 활용하는 모든 해외진출전략들이 수출입활동을 증진시키기 때문이다. 다국적기업의 직접적인 수출입활동이나 해외투자활동이 무역을 창출함은 물론 자회사들의 해외현지마케팅 · 국제라이센싱 · 국제기술제공 · 국제경영계약 · 해외건설 · 턴키방식의 공장건설 · 해외자원개발 등 역시 수출입활동을 확대시킨다. 또한 다국적기업들은 최근 생산과 마케팅활동의 지역화와 글로벌화를 확대하는 전략적 수단으로서 기업매수와 전략적 제휴를 활용하고 있다. 이들의 전략적 목적은 규모의 경제를 확대 실현하는 데도 있지만 생산—마케팅활동을 글로벌하게 수직적으로 통합시키는 데도 있다. 따라서 다국적기업들의 기업매

31 예컨대 동남아지역에 있는 여러 국가들이 각기 자동차공업의 육성을 원하지만 이들 국가들의 국내시장규모가 자동차의 경제적 생산규모에 모두 미달하여 각기 독립적인 자동차산업육성이 어려울 경우, GM · Ford · Toyota · Nissan 등과 같은 다국적 자동차 제조기업들이 완제품자동차를 조립 생산하는 데 필요한 주요 부품별로 대량생산을 전문화시키고 상호수출입하도록 하여 완제품을 생산 · 판매하는 전략을 말한다. 이러한 지역적 생산보완전략은 분명히 무역을 창조하고 확대하는 역할을 하게 된다.

수 및 전략적 제휴 역시 그들의 무역패턴 및 세계무역패턴에 상당한 영향을 미친다.

기업내거래 : 다국적기업은 국경을 초월하여 많은 나라에 그들의 자회사를 설치하고 그들을 수평적 · 수직적으로 통합하는 글로벌 네트워크(global network)를 보유하고 있기 때문에 그들 거래의 많은 부분이 기업내거래(intra firm/group transactions)이다. 다국적기업의 이러한 기업내무역은, 아래에서 설명하는 바와 같이, 중간재시장의 국제화를 가져와 중간재의 무역을 창출하는 동시에 수출과 수입 · 판매와 구매에 대한 의사결정을 동일한 전략본부가 결정함으로써 다국적기업이 세계시장과 세계무역을 지배(dominate)할 수 있는 가능성을 높여줌으로써 국제무역에 대한 다국적기업의 영향력을 더욱 증대시킨다.

1.2 투자국과 현지국의 대외무역에 대한 영향

이상에서 살펴본 바와 같이 다국적기업은 그들이 보유하고 있는 다양한 강점을 통하여 세계의 무역을 창출하고 지배하는 주체로서의 기능하는 만큼 이러한 다국적기업이 세계무역 또는 개별 국가의 대외무역에 미치는 영향 역시 매우 크고 다양하게 나타난다. 이러한 무역효과들 중 국제수지에 미치는 효과는 다음 장에서 자세히 논의하고 있는 만큼 여기서는 ① 해외직접투자가 투자국의 수출에 미치는 효과, ② 외국인직접투자가 현지국의 수출에 미치는 효과와 영향에 대하여 논의한다.

1.2.1 해외직접투자와 투자국의 수출효과(대체성과 보완성)

뒤에서 논의하듯이 해외투자가 투자국의 국제수지에 미치는 효과에 대한 논쟁은 1960년대부터 시작되어 1970년대 이후 다양한 실증적 연구가 진행되었지만 그러한 연구결과 역시 그 내용과 결과가 동일하지 않았다. 이러한 여러 가지 불확실성 가운데서도 가장 핵심적인 문제는 '해외투자가 투자국의 수출을 대체하는가 아니면 보완하는가'라는 문제, 즉 '해외직접투자와 수출 간의 대체성과 보완성'문제라고 할 수 있다.

이와 관련하여 가장 비관적인 주장을 펼친 것은 1960년대 이래 미국 기업의 해외생산이 전적으로 미국의 수출을 대체하였다고 주장한 미국 노동조합 측의 견해였고, 가장 낙관적인 주장은 '해외직접투자는 결코 수출을 대체하지 않으며 오히려 그러한 해외생산이 이루어지지 않았다면 그 시장은 다른 경쟁자들에게 빼앗겼을 것'이라는 비즈니스 스쿨(business school)의 견해였다. 물론 이러한 두 극단의 주장 중 어느 것도 모든 해외투자활동에 대한 일반화(generalization)를 제공해 주지는 못한다.

해외직접투자가 투자국의 수출에 미치는 상호관계에 대해서는 그동안 많은 이론적 모델들이 제시되어 왔는데 이들을 크게 분류해 보면, ① 해외투자가 무역을 완전히 대체하는 관계에 있다는 모델, ② 해외투자가 무역을 보완할 수 있다는 모델, ③ 대상산업이나 투자유형에 따라 달라진다는 모델, ④ 시간의 경과에 따라 달라진다는 동태적 모델 등으로 구분해 볼 수 있다. 이처럼 투자와 수출 간의 관계에 대하여 다양한 모델들이 제시와 함께, 과연 현실의 투자와 수출은 대체적인가 보완적인가 또는 어떠한 모델이 경험적으로 더 설득력이 있느냐 등에 대한 실증적 연구 역시 다양하게 이루어졌는데 그 결과 역시 다양한 형태로 나타났다.[32]

지난 40여 년 동안 미국 · 스웨덴 · 일본 등을 대상으로 이루어진 다양한 실증연구 결과를 총괄해 보면 투자(해외생산)와 수출 간에 어떤 일관된 관계는 나타나지 않았다. 그러나 선진국의 경우 해외직접투자가 투자국의 수출을 보완하는 플러스(+)효과가 있음을 확인한 연구들이 다수를 차지하여 해외투자가 국제수지를 개선할 수 있는 현실적 가능성을 확인시켜 주었다.[33] 또한 경제적 글로벌화가 진전됨에 따라 점차 대체적 관계보다 보완적 관계가 더 지배적인 현상으로 나타나고 있고 이에 대한 실증분석의 결과 역시 최근으로 올수록 양자 간에 대체성 보다는 보완성이 더 커지고 있는 경향을 보여주기도 한다. 그럼에도 불구하고 투자와 수출 간의 상호관계를 한마디로 일반화하는 것은 여전히 용이하지 않다. 이러한 문제들에 대하여 [부록 11－1]에서 보다 구체적으로 논의한다.

부록 11－1 해외직접투자와 수출의 대체성과 보완성

후술하는 바와 같이 해외직접투자의 국제수지효과에 대한 논쟁은 1960년대부터 시작되어 1970년대 이후 이에 대한 다양한 실증적 연구가 진행되었지만 그러한 연구결과 역시 그 내용과 결과가 동일하지 않았다. 또한 이와 관련된 여러 가지 주장들이 제기되었지만 이들 역시 모든 해외투자활동에 대한 일반화(generalization)를 제공해 주지는 못하였다. 이하에서는 이러한 논쟁에 대하여 지금까지 제시된 다양한 이론적 모델들을 소개하고 논평하기로 한다.

---

32 그 결과들을 보면, ① 대체관계가 확인된 연구, ② 보완관계가 가능할 수 있음을 보여준 연구, ③ 양자의 관계가 병존할 수 있음을 보여준 연구, ④ 실증분석의 과정에서 대안적인 가정이 무엇이냐에 따라 그 결과가 서로 상이하게 나타난 연구 등 매우 다양하였다.

33 이러한 보완적 관계를 확인한 대표적 연구로서는 미국을 대상으로 한 C. F. Bergsten et al(1978), R. E. Lipsey and M. Y. Weiss(1981, 1984), 미국과 프랑스 간의 투자를 대상으로 한 OECD(1996) 등이 대표적이고, 한국의 투자와 수출 간의 관계를 분석한 대부분의 연구들 일반적으로 상호 보완적임을 보여주었다(KIEP, 2010. 12 p.103). 역시 한편 투자와 수출의 대체적 관계를 확인한 약간의 결과들은 대체로 기업별 또는 제품별로 양자의 관계를 분석한 연구들이었다. 예를 들면 1974~1994년까지 미국의 수입과 외국인직접투자의 관계를 분석한 D. L. Swenson(2004)의 경우 전체적인 레벨에서는 보완적인 관계가 발견되었지만 산업별 · 제품별 레벨에서는 대체적 관계가 더 지배적이었다.

1. 대체성과 보완성에 대한 이론적 모델

투자와 수출 간의 상호관계에 대해서는 그동안 많은 이론적 모델들이 제시되어 왔는데 이들을 크게 분류해 보면, ① 완전한 대체관계 모델, ② 해외투자와 수출의 보완관계 모델, ③ 투자유형별 모델, ④ 동태적 모델 등으로 구분해 볼 수 있다. 이러한 모델의 내용과 의의를 간략히 살펴보면 다음과 같다.

투자와 수출의 완전한 대체관계 모델 : 헥셔-오린적인 신고전파 모형 하에서는 투자와 무역은 완전한 대체관계에 있다고 본다. 헥셔-오린의 모형 하에서는 요소부존도의 차이가 국제무역의 흐름을 결정하므로 자본풍부국에서 자본희소국으로 자본이 이동된다는 것은 국가 간 요소부존도의 차이가 축소되는 것이므로 당연히 해외투자는 무역의 흐름을 대체하게 된다. 실제로 먼델(R. A. Mundell, 1957)은 이러한 헥셔-오린적 모형과 요소가격의 국제적 균등화명제를 기초로 하여 투자와 수출이 완전히 대체됨을 논증하는 모델을 제시하였다.

그러나 해외투자가 이루어지면 수출이 완전히 대체된다는 이러한 모델은, 이동되는 자본을 단순한 화폐적 자본으로 전제하고 있어 자본뿐만 아니라 기술・경영능력 등과 같은 여러 가지 경영자원이 복합적으로 이전되는 직접투자의 특성을 제대로 고려하지 못할 뿐만 아니라, 생산함수의 동일성 등 헥셔-오린이론이 전제하고 있는 많은 비현실적인 가정들을 그대로 전제하고 있어 직접투자와 수출의 실질적이고 현실적인 관계를 제대로 설명한다고 보기 어렵다. 다만 자본풍부국에서 직접투자로 인하여 현지국의 자본집약적 생산이 증가하면 투자국의 수출잠재력이 낮아져 양국의 무역이 축소될 수도 있다는 가능성을 설명해 준다는 점에서 의의가 있다고 하겠다.

투자와 수출의 보완관계 모델 : 먼델모형과 같이 투자와 무역이 완전 대체적이라고 하는 주장과 달리 양자는 상호보완적일 수 있다는 모델들이 제시되었다. 퍼비스(D. D. Purvis, 1972)는, 헥셔-오린이론이나 먼델이 전제한 생산함수의 국제적 동일성이라는 가정을 제거할 경우 자본이동과 무역은 상호 보완적이 될 수 있는 가능성을 제시하였고, 또한 양국이 특정재의 생산에 완전 특화하는 경우 자본이동과 무역은 대체적이기 보다 보완적이 되는 것도 보여주었다. 그는 특히 해외직접투자가 투자국의 비교우위산업에서 이루어지면 투자와 무역은 대체적인 관계가 되지만 비교열위산업에서 이루어지면 무역창조적 내지 보완적이 될 수 있음을 논증하였다.

투자와 수출의 투자유형별 모델 : 1980년대 이후 해외직접투자가 급속히 확대되는 가운데서도 국제무역 역시 계속 증대되어온 사실에 주목하는 사람들은, 해외직접투자로 기업이 생산을 해외로 이전할 경우 투자국의 해외생산이 수출을 대체하는 측면도 있지만 이를 보완하는 효과가 더 크다는 주장을 하기 시작하였다. 이러한 관점에 서 있는 사람들은 투자와 무역의 대체성과 보완성을 투자유형에 따라 그 효과가 달라질 수 있음을 다음과 같이 주장하였다.

(1) 일본의 고지마(K. Kojima 小島清) 교수는 해외직접투자를 미국형(역무역지향형) 투자와 일본형(순무역지향형) 투자로 유형화하고, 투자국의 비교우위산업을 중심으로 해외투자를 행하는 미국형 투자는 양국 간의 무역을 축소시키고 투자가 수출을 대체하는 반면, 투자국에서 비교열위화되는 산업을 중심으로 해외투자를 행하는 일본형 투자는 양국의 무역을 보완・확대함으로써 해외투자가 수출을 보완하게 된다고 주장하였다.

(2) 캔트웰(J. A. Cantwell, 1994)은 해외생산의 유형을 자원지향형 생산・시장지향형 생산・생산공정의 수직적 통합형으로 구분하여 양자 간의 상호관계를 논의하였다. 우선 자원지향형 생산의

경우 투자국에서는 기계설비가 수출되고 현지국에서는 개발된 자원의 수출이 일어나 무역과 투자의 보완성이 높다. 시장지향형 생산의 경우 현지시장 지향적 투자는 해외투자가 무역을 대체하게 되지만 현지국에서 생산된 제품을 제3국으로 수출하는 수출지향형 투자인 경우에는 무역창출효과도 가능해진다. 생산공정의 국제적 통합형 투자의 경우에는 부품의 국제적 이동이 증대됨에 따라 투자가 수출을 촉진시키는 효과를 발생시킨다.

(3) 해외투자의 동기가 거래비용을 낮추기 위한 수평적 투자 · 시장지향형 투자일 경우 현지생산을 통하여 현지시장에 상품을 공급하는 것이 유리하므로 투자와 수출이 대체적인 관계에 있는 반면, 투자국과 현지국 간에 분업관계가 형성되는 수직적 투자 · 생산거점형 투자의 경우 투자국의 원자재 및 부품의 수출이 증대되므로 투자와 수출이 보완적인 관계에 있게 된다.[34]

투자와 수출의 동태적 모델 : 해외직접투자이론과 관련하여 제3편에서 소개한 제품주기이론은, 제품의 주기변화에 따라 최초에는 투자국에서 생산되고 수출되지만 제품이 성숙기를 지나면서 투자국의 비교우위가 상실되기 시작하면 기존의 수출이 해외투자로 대체됨을 이론화하고 있다. 이러한 시각은 결국 수출과 직접투자를 기술의 개발 · 모방 · 확산이라고 하는 동태적 과정과 관련하여 파악하는 것이다.

투자국이 비교우위를 상실하기 시작하는 일정한 제품주기단계에서 투자국이 그 제품의 생산을 해외로 이전시키기 위하여 행하는 해외직접투자를 정태적인 관점에서 본다면 분명히 투자가 수출을 대체한다고 볼 수 있다. 그러나 이러한 제품주기의 변화에도 불구하고 투자국이 그러한 국내생산을 계속하였을 경우 결국 그들의 비교우위가 상실하게 되어 더 이상 생산도 수출도 이루어지지 못하였을 것이다. 따라서 시간의 변화까지를 고려하는 동태적 관점에서 투자와 수출의 관계를 파악한다면, 해외직접투자로 인하여 투자국의 수출이 감소되는 순대체(net displacement)는 없었다고 할 수 있다.

2. 해외투자와 수출 간의 대체성과 보완성 평가

이처럼 투자와 수출 간의 관계에 대하여 다양한 모델들이 제시됨과 함께, 과연 현실의 투자와 수출은 대체적인가 보완적인가 또는 어떠한 모델이 경험적으로 더 설득력이 있느냐 등에 대한 실증적 연구 역시 다양하게 이루어졌는데 그 결과 역시 다양한 형태로 나타나 투자와 수출과의 상호관계를 한마디로 일반화하는 것은 여전히 용이하지 않음은 상술한 바와 같다.

따라서 해외직접투자가 수출에 대체적인가 보완적인가를 논의함에 있어서는, 단순히 해외투자가 일어나는 부문 내에서 양자의 상호관계를 정태적으로 평가하는 전통적인 논의보다는, 투자기업의 해외진출이 종전까지 국내에서 생산하던 것을 단순히 해외로 이전하는 것인가 아니면 대내외적 환경변화에 적절히 대응하면서 투자국에게 새로운 입지적 우위를 창출하는 것인가라는 동태적 관점에서의 논의할 필요가 있다. 말하자면 해외직접투자가 이루어지는 당해 산업부문에서는 기존의 수출이 투자에 의하여 대체되는 현상이 발생하더라도 그러한 투자가 새로운 비교우위를 창출하는 과정과 연결된 것이라면 그러한 수출대체를 부정적으로 평가할 필요가 없다는 것이다.

34 김준동(1994), J. Markusen and K. E. Maskus(2001)

이처럼 투자와 수출을 동태적 관점에서 파악하는 경우, 어떤 나라가 구조고도화를 이룩하지 못하는 상태에서 단순히 비교우위를 상실한 부문을 해외로 도피하는 투자를 행하면 이러한 투자는 수출을 대체하는 효과만을 발생시켜 당해 산업의 쇠퇴(공동화)는 물론 투자국의 국제수지효과 역시 마이너스(−)가 되지만, 반대로 투자국경제의 구조조정이나 산업구조 고도화의 일환으로서 비교우위를 잃고 있는 부문을 해외투자를 통하여 보다 효율적인 생산지로 이전시키는 동시에 이를 대체하는 새로운 비교우위부문을 국내에 육성하는 동태적 노력이 이루어진다면 그러한 투자는 단순히 수출을 대체하기만 하는 것은 아니라고 평가할 수 있을 것이다. 말하자면 무역과 투자가 순차적이고 연속적으로 발전하기 위해서는 국내산업의 구조고도화와 연계되면서 이를 촉진시키는 형태의 해외투자가 이루어지는 것이 중요하다.

1980년대 이후 일본은 자국 기업의 대중국투자의 급격한 증대 때문에 산업공동화를 걱정하였지만, 최근에는 중국에 진출한 자국 기업의 현지자회사들이 일본으로부터 자본재를 더욱 많이 수입함으로써 대중국수출이 크게 증대되고 있다. 무섭게 추격하면서 심각한 위협으로 여기던 중국이 이제는 오히려 일본경제의 새로운 기회로서 작용한 것이다. 또한 최근 일본의 많은 기업들은 중국으로 공장을 이전시키는 대신 국내생산을 더욱 늘리는 경향도 보여주고 있는데, 이것은 자국의 높은 노동숙련도와 생산성에서 얻을 수 있는 이득이 해외생산에서 얻을 수 있는 비용절감이라는 이득을 능가하고 있기 때문이다.

이러한 관점에서 일본은 무역과 투자의 동태적인 발전을 성공적으로 수행한 케이스라고 할 수 있다. 이에 무역과 투자가 선순환적인 동태적 발전이 이루기기 위해서는 투자국정부의 정책과 역할이 중요하다고 주장하는 사람들은 일본정부의 해외투자 관련 정책과 역할이 이에 대한 모범적인 사례였다고 평가하기도 한다.[35]

1.2.2 외국인직접투자와 현지국의 대외무역효과

외국계 다국적기업이 국내에 진출함으로써 현지국의 대외무역에 미치는 다양한 효과는 이후 제11장의 국제수지효과를 통하여 보다 자세히 논의되지만, 외국자본을 유치하는 현지국으로서 가장 관심을 가지는 대외무역효과는 그들의 진출이 자국의 수출성과와 수출구조에 어떠한 영향을 미치는가 하는 문제이다. 다국적기업은 세계적으로 통합된 생산 및 무역 시스템을 구축하고 있어 국제무역에 대한 강점을 지닐 뿐만 아니라 그들의 현지자회사 수출성향이 현지국의 국내기업보다 더 높다는 사실이 관찰되고 있어 다국적기업이 현지국의 무역에 미치는 영향과 역할이 매우 크다는 것을 시사해 준다.

---

35 예컨대 L. Katseli(1992)는 몇몇 나라(대부분 아시아 NICs와 최근의 멕시코)들은 해외직접투자가 산업의 구조조정과 국제적인 통합에 대한 촉매제로서 기능하였지만 또 다른 나라들(브라질, 나이지리아 등)은 그러한 연계성이 희박하였다고 분석하고, 그녀는 이러한 역할모델로서 일본의 전략을 언급하면서 수출지향적 노동집약산업 → 국내자본재산업 · 화학산업 · 조립산업 → 지식집약산업 · 세계지향적 제조업 · 서비스산업으로의 고도화과정에서 다국적기업의 활동과 무역의 발전관계를 논의하였다.

그러나 이러한 대외무역의 영향 역시 아주 다양하여 가용한 몇 개의 사례만으로 일반적인 결론을 내리기는 어렵다. 그럼에도 불구하고 이와 관련된 연구들은, 인도 등과 같은 현지개도국의 경우에 대한 조사를 통하여 다국적기업은 현지국의 대외무역에 대하여 다음과 같은 2가지의 긍정적 영향을 발휘하는 것으로 설명하고 있다.

수출성과의 향상효과 : 일반적으로 다국적기업의 현지자회사는 국내기업에 비하여 상대적으로 더 높은 수출성향을 지니고 있는 것으로 나타난다. 따라서 이러한 다국적기업 현지자회사의 활동이 현지국기업의 수출성향을 높여줄 뿐만 아니라 수출성과 역시 높여줄 가능성이 높다. 실증적 연구에 따르면 외국인소유비율이 높은 산업일수록 수출성과가 크게 개선된 것으로 나타나 외국인투자기업이 현지국의 수출확대에 공헌할 가능성이 큰 것을 보여주었다. 특히 1980년대 중반 이후에는 외국계 다국적기업들의 수출성과, 특히 서비스 부문에 대한 수출성과가 매우 높았다.

수출구조의 다각화효과 : 외국인직접투자가 현지개도국의 무역과 산업에 기여할 수 있는 긍정적 효과 중의 하나는 현지국의 산업구조 및 수출구조를 다각화시키고 고도화시킬 수 있다는 점이다. 다국적기업의 투자가 개도국의 비전통적 부문(예컨대 기술집약적 부문)에 유입되는 경우 지금까지 노동집약적 상품의 수출에만 머물던 수출구조를 기술집약적 상품의 수출로 다각화시키는 효과가 발생될 수 있다. 이렇게 외국인직접투자가 현지국의 새로운 수출구조를 창조하는 과정이 발생하면 그동안 개도국들이 선호하는 수입대체적 정책이나 보호무역정책이 동태적 비교우위에 바탕을 둔 공업화정책이나 자유무역정책으로 전환될 수 있고 그러한 과정에서 현지국의 산업과 무역의 구조가 고도화되는 효과가 수반될 수 있다.

2. 다국적기업에 의한 기업내무역의 영향

2.1 기업내무역의 의의와 발생원인

2.1.1 다국적기업에 의한 기업내무역의 의의

다국적기업은 국경을 초월하여 많은 나라에 그들의 자회사를 설치하고 그들을 수평적 · 수직적으로 통합하는 글로벌 네트워크를 보유하여 그들 거래의 많은 부분을 기업내무역을 통하여 행한다. 기업내무역(intra－firm/group trade)이란 다국적기업의 본사와 자회사 간 또는 자회사 상호 간에 이루어지는 내부적인 무역을 말한다.[36] 이러한 기업내무역은 외부시장을 통하여 서로 독립된 기업들 간에 행해지는 '정상적 무역거래'(arm's length trade

36 기업내무역을 좁게 정의하는 경우 본사와 자사 간의 무역만을 말하고 넓게 정의하는 경우 다국적기업 그룹 내 관련회사 모두와의 거래를 포함하는 것으로 구분하기도 한다.

/ transactions) 내지는 '기업간무역'(inter-firm trade)과 대비되는 의미와 특성을 지니고 있다. 오늘날 세계무역의 상당 부분이 이러한 기업내무역의 형태로 이루어지고 있는 것으로 추정되고 있다. 그럼에도 불구하고 전 세계 다국적기업들이 행하는 이러한 기업내무역의 규모가 얼마나 되는지에 대해서는 정확한 통계를 얻기 어려운 것이 사실이다.

몇몇 선진국들(미국 · 스웨덴 · 프랑스 · 일본 등)의 경우 선택된 범위 내에서 어느 정도 이와 관련된 통계를 공표하고 있지만 대부분의 기업이나 정부들은 이와 관련되는 통계(특히 수입 통계)를 대외비로 하여 공개하지 않기 때문이다. 이들이 이렇게 관련 통계를 외부에 공표하지 않는 이유는 2가지이다. 하나는 그들이 어떤 특정국(투자본국)으로부터 너무 많은 수입을 행하고 있다는 비난을 받을 우려가 있기 때문이고, 다른 하나는 기업내무역의 전체 금액이나 국가별 통계가 밖으로 드러날 경우 다른 나라 조세당국으로부터 이전가격조작과 탈세의 의심을 받을 우려가 있기 때문이다.

따라서 기업내무역과 관련되는 통계는 충분하지 못할 뿐만 아니라 대외적으로 공표되는 통계마저도 그 정확성을 담보하기가 어렵다. 우선 나라마다 통계적 기준이 서로 통일되어 있지 못하고 이러한 내부거래에는 이전가격조작이 이루어지고 있기 때문이다. 특히 이러한 기업내거래의 상당 부분이 기술의 국제적 이전인데 이러한 기술이전의 경우 이전가격조작이 가장 많이 또한 손쉽게 이루어질 수 있으므로 이에 대한 정확한 파악이 더욱 어려워진다. 그럼에도 불구하고 세계 전체 무역 중 상당한 비율이 이러한 기업내무역의 형태로 이루어지고 있음을 보여주는데 그에 대한 내용을 [부록 11-2]에서 보다 구체적으로 보여주고 있다.

2.2.2 기업내무역의 발생원인

그렇다면 이러한 기업내무역은 왜 일어나고 어떠한 경우에 더 활발하게 일어나는가? 기업내무역이 증가되는 이유에 대해서는 크게 ① 내부화가 가져다주는 이익, ② 생산의 국제적 통합이 가져다주는 이익이라는 2가지의 측면이 있다. 전자가 복수의 공장을 지닌 기업의 이익이라면 후자는 이러한 이익이 왜 국제생산을 통하여 추구되는가를 설명해 준다고 할 수 있다.

내부화의 이익 : 다국적기업에 의한 기업내무역이 이렇게 증가하고 있는 것은 이러한 기업내무역을 통한 내부화가 일정한 이익을 가져다주기 때문이다. 이미 논의하였듯이, 다국적기업은 외부시장을 통한 기업간거래(inter-firm transaction) 대신에 본사와 자사 또는 자사 상호 간의 기업내거래로 내부화함으로써 ① 원자재 및 중간재의 외부거래에 따르는 여러 가지 위험과 코스트를 회피 · 절감할 수 있고, ② 부품생산에 있어서 규모의 경제를 추구할 수 있으며, ③ 자신이 보유하고 있는 기술을 보호하고 제품판매에 대한 통제권을 행사

할 수 있으며, ④ 이전가격조작을 통한 여러 가지 재무적 이익들을 향유할 수 있다.

통합전략의 이익 : 이러한 내부화의 이익은 복수공장을 가진 국내기업들에게도 발생될 수 있는 만큼 다국적기업이 국경을 넘어 행하는 기업내무역에는 이러한 내부화의 이익뿐만 아니라, 국제적으로 생산을 분산하고 그것을 통일적으로 통합함으로써 얻게 되는 통합전략의 이익도 있다. 다국적기업은 생산의 수평적 · 수직적 통합이나 글로벌네트워크 시스템적 통합을 통하여 효율을 극대화하고 있다(〈표 11-1〉 참조). 다국적기업의 이러한 다양한 국제적 통합전략이 주는 이익 때문에 기업내무역이 창조되고 확장되게 된다.

표 11-1 **여러 가지 통합 형태에 따른 기업내무역의 창조**

구 분		기업내 무역의 창조
수평적 통 합	무형자산의 이전	기술 · 상표권 · 특허권 · 영업기밀 등 무형자산의 기업 내 이전
	산업설비의 이전	본사로부터 현지생산을 위한 자본재 및 산업설비 등의 이전
	제 품 차 별 화	각국 공장별로 전문화되어 생산된 차별재의 기업 내 이전
수직적 통 합	단선적 공정분업	본국과 특정 현지국 간의 공정분업에 의한 기업 내 이전
	복선적 공정분업	여러 지역에서 생산된 부품의 조달 · 조립에 의한 기업 내 이전
글로벌 네트워크시스템 통합		R&D · 생산 · 조달 · 판매 등 기업의 가치사슬 활동을 유기적으로 결합하여 세계적으로 배열하고 조정함에 따르는 기업내거래

부록 11-2 기업내무역의 세계적 현황과 결정요인

1. 다국적기업에 의한 기업내무역의 현황

상술한 대로 다국적기업에 의한 기업내무역이 상당한 규모로 이루어지고 있음에도 불구하고 전세계 다국적기업들이 행하는 이러한 기업내무역의 규모가 얼마나 되는지에 대해서는 정확한 통계를 얻기 어려운 것이 사실이다. 이러한 점을 전제해두고 그동안에 발표된 여러 통계자료들 중 비교적 최근에 발표된 대표적인 통계들을 통하여 살펴보면 다음과 같다.

(1) 1993년 세계 전체 무역 중 다국적기업이 행한 무역의 비중이 2/3 수준이었는데 이 중 절반 정도(세계무역의 1/3 수준)가 다국적기업 내부에서 이루어진 기업내무역이었다. 한편 1992년 미국의 수출 중 37.2%와 수입 중 42.5%, 일본의 수출 중 26.9%와 수입 중 14.8%가 기업내무역이었다(UNCTAD, WIR, 1995 p.193).

(2) 1977~1994년간 미국의 전체 수출의 35%, 수입의 40%가 다국적기업에 의한 기업내무역이었다. 이들 기업내무역 중 수출은 주로 미국계 다국적기업의 중간재수출이 차지한 반면 수입의 대부분은 외국에 소재한 미국계 다국적기업의 자회사로부터의 수입이었다(W. J. Zeile, 1997). 한편 미국에 소재하는 외국기업의 자회사의 무역패턴을 보면 2002년 일본으로부터의 수입 중 82%가 일본계 자회사가 행한 수입이었는데 그러한 수입 중 85%가 일본에 있는 그들의 본사로부터의 수

입한 기업내무역이었다. 또한 독일로부터의 수입의 51%, 한국으로부터의 수입의 54%가 이러한 기업내무역이었다(W. J. Zeile, 2004).

(3) 미국에 대한 비교적 상세한 최근까지의 통계가 〈표 11－2〉에 나타나 있다. 2004년 경우 미국의 전체 수출 중 약 30%, 전체 수입의 약 35%가 기업내무역으로서 그 비중이 종전보다 조금 낮아지고 있다. 또한 다국적기업이 행한 무역 중 자신의 그룹 내에서 행한 기업내거래 비중을 보면 미국계 다국적기업 본사의 경우 수출·수입 모두 40% 내외의 수준이었고 외국계 다국적기업의 미국 내 현지자회사들의 경우 수출의 48%, 수입의 81%에 이르렀다.

표 11－2 미국의 상품무역 중 기업내무역의 비중 추이 (단위 : %)

구분			1985	1990	1994	1999	2004
전체무역	수출	기업내무역 비중	40.1	32.5	36.3	31.2	29.1
		(미국 본사, 외국계 자사)	(28.3, 11.8)	(22.9, 9.6)	(26.6, 9.7)	(22.8, 8.4)	(20.1, 9.0)
	수입	기업내무역 비중	40.4	44.0	42.1	38.0	35.1
		(미국 본사, 외국계 자사)	(16.1, 24.3)	(16.2, 27.8)	(17.1, 25.0)	(16.0, 22.0)	(14.2, 20.9)
MNE무역	수출	미국 본사 비중	37.7	40.0	40.1	38.2	38.5
		외국계 자회사 비중	47.1	46.5	46.6	41.5	48.0
	수입	미국 본사 비중	38.8	41.9	44.7	42.7	41.6
		외국계 자회사 비중	76.3	77.1	77.4	72.0	81.2

자료 : J. H. Dunning and S. M. Lundan(2008) p.486

(4) 일반적으로 서비스부문의 경우 중간투입물의 국제교역가능성이 상대적으로 낮기 때문에 상품거래보다는 기업내거래가 낮을 것으로 예상한다. 그러나 이러한 예상과는 달리 〈표 11－3〉는 미국 서비스부문의 국제거래 중 기업내거래가 상당한 수준임을 보여준다. 이것은 많은 서비스들이 시장을 통한 거래(arm's length tractions)를 행하기 어려울 뿐만 아니라 경제에 대한 서비스의 중요성이 증가하고 있음을 반영한다. 로열티와 라이센스 피(license fee)의 경우 기업내거래 비중이 특별히 높아, 전체 수취의 2/3(66.0%)가 미국계 다국적기업 본사에 의한 기업내거래, 전체 지불의 2/3 이상(70.2%)이 미국에 소재하는 외국계 다국적기업 자회사들의 기업내거래인 것으로 나타나 있다.

표 11－3 미국의 서비스무역 중 기업내무역의 비중 추이 (단위 : %)

구분			2000	2002	2004/05
서비스거래	수출(수취)	기업내거래 비중	23.5	27.3	25.9
		(미국 본사, 외국계 자사)	(18.2, 5.3)	(19.7, 7.6)	(19.4, 6.5)
	수입(지불)	기업내거래 비중	20.0	22.5	20.8
		(미국 본사, 외국계 자사)	(9.2, 10.8)	(9.7, 12.8)	(10.0, 10.8)
로열티 및 라이센스 피	수취	기업내거래 비중	67.7	73.9	73.3
		(미국 본사, 외국계 자사)	(62.8, 4.9)	(66.9, 7.0)	(66.0, 7.3)
	지불	기업내거래 비중	76.2	78.4	83.3
		(미국 본사, 외국계 자사)	(15.1, 61.1)	(15.1, 63.3)	(13.1, 70.2)

자료 : J. H. Dunning and S. M. Lundan(2008) p.488

(5) 한편 〈표 11－4〉를 통하여 우리나라의 기업내무역이 전체 수출입에서 차지하는 비중을 보면, 매년 증가하여 2006년의 경우 전체 수출의 30.1%(981억 달러), 전체 수입의 12.6%(391억 달러) 수준으로 높아졌고 기업내무역의 무역수지가 큰 폭의 흑자를 나타내었다. 한편 제조업의 기업내무역 비중을 보면 수출의 8.1%, 수입의 12.6% 수준이어서 우리나라의 기업내무역은 주로 무역업에 종사하는 현지법인의 수출입이 큰 비중을 차지하고 있다.

표 11－4 **우리나라 기업내무역의 비중 추이** (단위 : %)

구	분	2000	2001	2002	2003	2004	2005	2006
기업내 수출	전산업 (제조업)	19.4 (4.5)	19.8 (5.1)	20.9 (4.9)	22.3 (4.5)	19.1 (6.5)	27.8 (7.3)	30.1 (8.1)
기업내 수입	전산업 (제조업)	7.8 (1.9)	6.8 (2.3)	7.0 (2.0)	7.1 (2.4)	10.2 (2.2)	9.5 (3.4)	12.6 (3.7)

자료 : KIET(2008. 6. 30) p.3

2. 다국적기업에 의한 기업내무역의 결정요인

다국적기업의 기업내무역과 관련하여 어떠한 경우에 이러한 기업내무역이 더욱 창조되고 활성화되는가라는 연구도 다양하게 이루어졌다. 이러한 기업내무역의 활성화요인에 대한 현실적 연구를 통하여 얻어진 결과를 통하여 기업내무역의 주요한 결정요인들을 살펴보면 다음과 같다.

기업적 · 산업적 요인 : 1970년 미국계 다국적기업에 의한 기업내수출의 산업 간 패턴을 연구한 랄(S. Lall, 1978)은 거래되는 제품의 기술집약도가 높을수록, 해당되는 투자의 규모가 클수록, 생산공정의 분업가능성이 높을수록 전체 수출 중 기업내무역의 비중이 커진다는 것을 발견하였다. 그 후 다른 많은 연구자들도 기업의 R&D가 높을수록 기업내무역의 비중이 높아짐을 확인하였는데[37] 이것은 기술집약도 · R&D집약도가 높을수록 제품 및 요소시장의 시장실패 가능성이 높기 때문에 그 실패위험을 줄이기 위하여 기업내거래가 선호되기 때문이다. 이러한 관점에서 보면 최근 다국적기업들이 R&D의 국제화 경향이 높아지는 것이 기업내무역의 증대 원인이 되었다고 할 수 있다(UNCTAD, 2005). 또한 해외직접투자의 소유지분율에 있어서 합작투자나 소수지분투자보다는 단독투자나 다수지분투자의 경우 기업내무역의 경향이 더 높은 것으로 나타났다.

입지적 · 환경적 요인 : 일반적으로 기업내무역은 국가 간 상대적 요소가격의 격차가 클수록, 국제생산에 의해서 규모의 경제가 훼손되지 않을수록, 전체 비용에서 운송비 · 관세가 차지하는 비중이 낮을수록, 수직적 통합에 따른 기업의 효율성이 클수록 더욱 활성화된다(H. P. Gray and S. M. Lundan, 1993). 또한 지역경제통합이 이루어지면 이것이 다국적기업의 제품 및 제조공정의 특화를 증대시키고 따라서 다국적기업에 의한 기업내무역을 증가시켰다. 한편 지난 20여 년 동안 통신과 기술의 발전으로 다국적기업의 효율지향형 투자가 증대됨에 따라 기업내무역이 증대되었고(UNCTAD, 1996, p.103) 또한 가치사슬 단계의 아웃소싱(outsourcing)이 증가함에 따라 다국적기업에 의한 기업내무역도 증가되었다(UNCTAD, 2002, p.125).

---

37 세계 최대 다국적기업 156개를 대상으로 한 1972년 조사에서 비R&D집약산업의 기업 내 수출 비율이 18.3%인데 비하여 R&D집약적산업의 그것은 평균 50.5%였다(P. J. Buckley and R. D. Pearce, 1979).

제도적 · 정책적 요인 : 해외직접투자와 관련되는 현지국의 정책이나 제도 여하에 따라서도 기업내무역의 양과 패턴이 달라질 수 있다. 현지국이 수출자유지역을 설치하는 등 기업내무역을 유발하는 외국인투자를 더 많이 유치하는 정책을 수행하거나 국제거래에 대해 이전가격조작이 용이하도록 하는 시스템을 운용하는 경우 기업내무역은 증대되지만, 원산지규정이나 현지부품 의무비율 등을 엄격히 하는 정책이나 제도를 운용할 경우 기업내무역은 감소되는 경향을 가진다(G. K. Helleiner and R. Lavergne, 1979).

2.2 기업내무역의 경제적 영향과 함의

2.2.1 기업내무역의 경제적 영향

상술한 대로 다국적기업이 행하는 무역거래의 상당 부분이 다국적기업의 조직 내에서 행해지는 기업내무역의 형태로 이루어지는데, 이러한 다국적기업의 기업내무역이 세계무역이나 세계경제에 대하여 어떠한 영향을 미치는가를 요약하면 다음과 같다.

중간재무역의 촉진 : 다국적기업은 국경을 넘는 여러 가지 형태의 생산적 통합과 네트워크를 형성하여 이러한 과정에서 생산된 각각의 중간재(원료 · 부품 · 반제품 등)를 그들 기업(그룹)내부에서 상호 교환하는 기업내거래를 행한다. 따라서 다국적기업의 기업내무역은 중간재무역을 촉진시키는 역할을 한다. 이 때문에 다국적기업이 행하는 기업내무역을 '중간재시장의 국제화'라고 표현하기도 하는데, 다국적기업의 경제이론으로서 내부화이론은 다국적기업의 기업내무역이 중간재교역을 촉진하는 이러한 역할을 강조하는 이론이라고 할 수 있다.

산업내무역과의 연계 : 다국적기업의 기업내거래는 이처럼 '기업 간 무역'을 '기업 내 무역'으로 전환시키는 동시에 '제품 간 무역'을 '공정 간 무역'으로, '산업 간 무역'(inter-industry trade)을 '산업 내 무역'(intra-industry trade)으로 전환시키는 역할을 하게 된다. 실제로 기업내무역과 산업내무역 간의 상관관계를 분석한 연구결과들을 보면,[38] 기업내무역이 산업내무역과 동일한 요인에 의해 결정될 뿐만 아니라 일정한 시차를 두면서 전자가 후자의 형태를 따라간다는 사실을 확인해 주고 있어[39] 기업내무역이 산업내무역을 촉진시키는 원인이 되고 있음을 알 수 있다.

새로운 무역패턴의 결정 : 다국적기업이 행하는 기업내무역은 서로 독립적인 기업들 간에 이루어지는 외부시장에서의 정상적인 무역거래(arm's length trade)와는 다른 특성을 지니고 있는 만큼, 이러한 기업내무역이 증대될수록 무역패턴의 결정원리 역시 달라진다. 범세계

38 대표적으로 H. G. Grubel and P. J. Lloyd(1979), A. M. Rugman(1985), J. H. Dunning(1981)이 있다.

39 대부분의 기업내무역이 산업내무역과 유사하게 컴퓨터 · 전자 · 의약품 · 자동차 등 소득탄력적이고 기술집약적인 산업과 은행 · 호텔 등 수평적 통합이 이루어지는 서비스부문에서 이루어진다.

적 관점에서의 이윤극대화를 추구하는 다국적기업은 세계를 대상으로 하여 전체 생산 공정을 어떻게 계획하고 분할하느냐를 결정하게 되는데 이러한 다국적기업의 전략적 의사결정에 따라 일국의 수출입구조가 달라질 수 있기 때문이다. 따라서 다국적기업의 기업내무역은 국제무역의 지리적 패턴을 변화시킬 수 있고 때로는 이를 통하여 새로운 국제분업 형태가 나타날 수도 있다.[40]

이전가격조작 문제의 발생 : 다국적기업에 의한 기업내무역은 결국 '시장에 기반을 둔 무역'(market-based trade)을 '관리된 무역'(administrated trade)으로 전환시키게 되는데 이러한 과정에서 이전가격조작(transfer pricing) 문제가 발생된다. 이러한 이전가격조작은 관련 국가 간의 여러 가지 갈등관계를 유발할 뿐만 아니라 세계무역과 세계경제에 대하여서도 여러 가지 새로운 문제점과 함의들을 던져주게 되는데 이에 대해서는 제12장에서 다시 상론한다.

2.2.2 기업내무역의 경제적 함의

이처럼 다국적기업의 기업내무역은 중간재무역과 산업내무역을 촉진시키고 때로는 새로운 무역패턴을 창조하는 동시에 이전가격조작으로 인한 여러 가지 문제들을 발생시키게 되는데, 이러한 기업내무역이 세계무역이나 세계경제에 대하여 던져주는 2가지의 주요한 경제적 함의(implications)를 살펴보면 다음과 같다.

기업내무역의 후생효과 : 다국적기업에 의한 기업내무역은, 새로운 중간재무역을 창출하고 산업내무역을 증대시킴으로서 세계무역과 세계경제의 효율을 증대시킬 수 있는 긍정적 측면이 있다. 그러나 다국적기업은 이러한 기업내무역을 통하여 자신이 보유하고 있는 독점적 우위를 활용하기에 유리한 무역패턴과 국제분업체제를 확립할 수 있고, 자신의 이윤극대화를 위한 전략적인 이전가격조작을 행함으로써 시장불완전성을 강화시키고 세계무역에 대한 지배력을 증대시킬 수 있어, 세계무역과 세계경제에 새로운 왜곡과 비효율을 초래할 수 있는 부정적 측면을 동시에 지니고 있다.

그러나 기업내무역이 초래하는 이러한 긍정적 효과나 부정적 효과를 실제로 측정하거나 가늠하기가 어렵기 때문에 기업내무역(intra-firm trade)이 기업간무역(inter-firm trade)에 비하여 전체 후생의 증대를 초래하는지 감소를 초래하는지를 평가할 수 있는 사전적 근거가 별로 없다. 또한 학문적으로도 기업내무역이 전체 후생에 미치는 효과에 대한 논의가 충분히 이루어지지 못하여 그에 대한 일반적 평가를 내리기도 매우 어렵다. 따라서 투자국이든 현지국이든 이러한 기업내무역이 순이득을 발생시키느냐 순손실을 발생시키느냐

40 이러한 변화로 인하여 오늘날 국제무역의 패턴을 결정하는 요인이 무엇인가라는 논의에 있어서, 전통적 무역이론이 강조하고 있는 요소부존비율 등과 같은 자연적 요인보다는, 제도 · 전략 등과 같이 인위적으로 창조된 자산(created assets)의 중요성이 강조되는 경향이 높아지고 있다.

하는 문제는 결국 그것이 발생되는 특정 상황에 따라서 달라진다고 할 수 있는데,[41] 앞으로 이러한 문제에 대한 많은 연구가 이루어져야 할 것이다.

기업내무역과 국제수지 개념문제 : 다국적기업의 기업내무역이 증대됨에 따라 우리가 사용하는 현행 국제수지의 개념과 기준에 대한 새로운 문제제기가 이루어지고 있다. 국경을 넘어 이루어지는 해외직접투자나 기업의 해외진출이 별로 중요하지 않았던 시대에는 우리가 지금 사용하고 있는 거주자(국경)기준의 국제수지 개념에 특별한 문제가 발생하지 않았지만, 오늘날과 같이 해외에 진출한 자국 기업들이 현지에서 생산된 제품을 현지에서 판매하는 규모가 일국의 수출규모를 능가하는 것이 일상적이 되고 다국적기업의 본사와 자사 간에 행해지는 기업내무역의 규모가 점차 증대됨에 따라, 거주자를 기준으로 하는 국제수지 개념에 문제가 있을 수 있기 때문이다.

이러한 문제점을 제기하는 사람들은, 거주자(국경)기준에 따라 계정하는 전통적인 국제수지의 회계시스템이 오늘날의 세계에서는 여러 가지 부족함과 모순점이 발생된다고 비판하면서, 현행의 거주자(국경)기준 회계시스템 대신에 여러 나라에 자신의 자산을 소유하고 경영활동을 하는 기업의 국적(소유권)이 어디인가를 기준으로 거래를 파악하고 계정하는 방식, 즉 국적 또는 소유권 원칙(ownership principle)에 따른 회계시스템으로 전환하는 것이 바람직하다고 주장하였다.

'일국의 대외경제거래를 기록하는 국제수지의 회계원칙으로서 거주자(국경)기준이 바람직한가, 소유권(국적)기준이 바람직한가'라는 이러한 논쟁이 던져주는 정책적 함의는, 오늘날과 같이 해외직접투자가 급격히 확대되고 기업내무역이 크게 증대된 시대에 있어서는 그 나라의 국제수지 상황을 바탕으로 그들의 대외경제정책이나 거시정책을 수립하고 수행함에 있어서 이와 같은 양쪽의 개념을 동시에 고려할 필요성이 있다는 것이다. 이러한 논의에 대하여 [부록 11-3]이 보다 자세히 보충하여 설명하고 있다.

부록 11-3 기업내무역과 국제수지의 개념 문제(보충)

1. 문제의 제기

상술한 대로 다국적기업의 해외투자와 기업내무역이 급격히 증대됨에 따라 우리가 사용하는 현행 국제수지의 개념과 기준에 대한 새로운 문제제기가 이루어지고 있다. 일국의 대외경제거래를 기록하는 국제수지(balance of payment)는, 일정한 기간 동안 자국의 거주자(residents)와 비거주자(non-residents) 간에 이루어진 모든 경제거래를 체계적으로 기록한 통계이다. 따라서 국제수지는 국

41 보다 구체적인 논의는 J. H. Dunning and S. M. Lundan(2008) p.489 참조

민국가를 분석단위로 하여 거주자원칙(residency principle)에 따라 기록하는 거시적 회계시스템이다.

이때 거주자의 기준을 경제적 이익의 중심(center of economic interest)이 어디에 있느냐에 두기 때문에 외국 국적의 기업이라도 국내에 거주하면서 그들의 경제적 이익의 중심이 국내에 있는 한 우리의 거주자가 된다. 따라서 '거주자'를 기준으로 하는 이러한 국제수지는 치외법권이 허용되는 일정한 예외를 제외한다면 곧 '국경'을 기준으로 하는 회계방식으로서, 말하자면 거래주체가 거주자냐 비거주자냐 또는 국경을 넘는 거래냐 아니냐를 기준으로 하는 회계시스템이다. 국경을 넘어 이루어지는 해외직접투자나 기업의 해외진출이 별로 크지 않았던 시대에는 이러한 거주자(국경)기준의 국제수지 개념에 특별한 문제가 발생하지 않았지만, 오늘날과 같이 해외직접투자와 기업의 해외진출이 활발해지는 경우 이러한 국제수지 개념에 문제가 발생할 수 있다.

우선 해외에 진출한 자국 기업들이 해외 현지에서 생산한 제품을 현지에서 판매하는 거래규모가 일국의 수출규모를 능가하는 것이 일상적이 되었는데, 이러한 현지판매거래는 비록 국경을 넘는 자금거래가 이루어지지 않아 당연히 국제수지에 반영되지 않지만, 국적의 관점에서 본다면 투자국의 기업과 현지국의 소비자 간에 이루어지는 국제적 거래라고 할 수 있다. 반면 다국적기업의 본사와 자사 간에 이루어지는 기업내무역(intra−firm trade)의 규모가 점차 증대되고 있는데, 이러한 기업내거래는 국경을 넘는 자금거래가 이루어지므로 거주자기준의 국제수지에 반영되지만 사실은 동일 국적 기업 내 모사와 자사 간의 거래일 뿐이므로 국적의 관점에서 보면 동일 국가 내의 거래로서 국제거래가 아니라고 할 수 있다.

이러한 현실 앞에서 거주자(국경)를 기준으로 하는 전통적인 국제수지 개념이 과연 국가 간에 발생되는 대외거래상황과 이에 따른 국가이익을 나타내는 지표로서 아무런 문제가 없는가 하는 논의가 일어나게 되었다. 특히, 동일한 기업(그룹)의 모사와 자사 간에 이루어지는 기업내무역을 국경을 넘는 거래라는 이유로 인위적으로 분할하여 아무런 관련이 없는 기업들 간에 이루어지는 기업간무역과 동일시하는 것은 기업내무역이 해당국의 국민경제나 세계무역에 미치는 영향을 무시하거나 경시하게 되는 문제점을 초래하게 된다는 것이다.

이러한 문제점을 제기하는 사람들은, 거주자(국경)기준에 따라 계정하는 전통적인 국제수지의 회계시스템이 다국적기업의 해외활동이 급격히 증가되고 있는 오늘날의 세계에서는 여러 가지 부족함과 모순점이 발생시킨다고 비판한다. 따라서 그들은, 무역이나 국제수지를 통계함에 있어서 경제활동이 어디에서 일어나고 있는가를 기준으로 하는 거주자(국경)기준의 회계시스템 대신에, 여러 나라에 자신의 자산을 소유하고 경영활동을 하는 기업의 경우 그 기업의 국적(소유권)이 어디인가를 기준으로 하여 거래를 파악하고 계정하는 방식, 즉 국적 또는 소유권 원칙(ownership principle)에 따른 회계시스템으로 전환하는 것이 바람직하다고 주장하였다.

2. 거주자(국경)기준 vs 소유권(국적)기준의 국제수지

그렇다면 이러한 2가지 회계시스템은 실제로 그 나라의 국제수지에 어떤 차이를 가져올 수 있는가? 이러한 차이를 보여주기 위하여 [그림 11−1]은 경제거래의 주체(기업이나 국민)를 국적을 기준으로 하여 구분할 때 일어날 수 있는 여러 가지 경제거래의 흐름들을 나타내주고 있다. 이러한 거래흐름에 따라 실제로 미국(1986년)과 일본(1983년)의 국제수지 상황을 거주자(국경)기준으로 계정하였을 경우와 소유권(국적)기준으로 계정하였을 경우를 〈표 11−5〉가 비교하여 보여주고 있다.

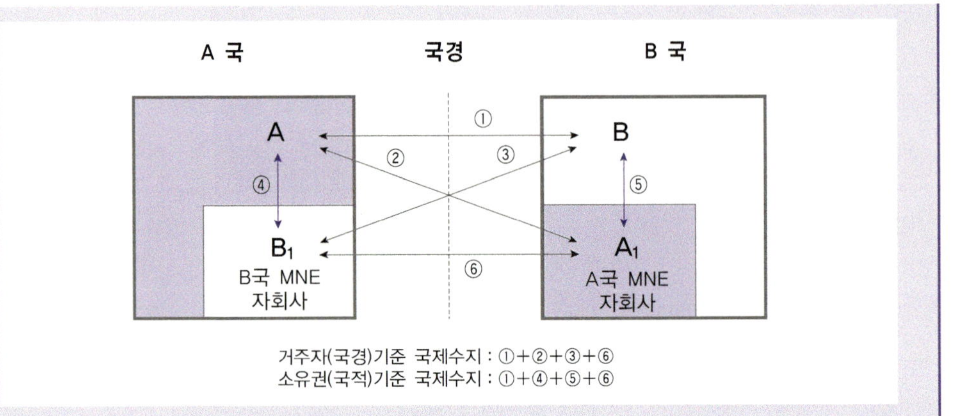

그림 11-1 다국적기업이 존재하는 양국 간 무역의 형태

표 11-5 **거주자기준과 소유권기준 무역수지의 비교** (단위 : 10억 불)

국가	거주자(국경) 기준		소유권(국적)기준	
	수 출	수 입	대외 판매	대외 구입
미국 (1986)	① A → B 100.8	① B → A 176.9	① A → B 100.8	① B → A 176.9
	② A → A_1 71.7	② A_1 → A 66.3	④ A → B_1 267.0	④ B_1 → A 445.0
	③ B_1 → B 51.5	③ B → B_1 125.2	⑤ A_1 → B 777.0	⑤ B → A_1 446.2
	⑥ B_1 → A_1	⑥ A_1 → B_1	⑥ A_1 → B_1	⑥ B_1 → A_1
	224.0	368.4	1,144.8	1,068.1
	무역수지 −144.4		무역수지 +76.7	
일본 (1983)	① A → B 85.9	① B → A 49.1	① A → B 85.9	① B → A 49.1
	② A → A_1 55.4	② A_1 → A 45.6	④ A → B_1 2.9	④ B_1 → A 58.0
	③ B_1 → B 4.4	③ B → B_1 19.4	⑤ A_1 → B 150.0	⑤ B → A_1 90.0
	⑥ B_1 → A_1	⑥ A_1 → B_1	⑥ A_1 → B_1	⑥ B_1 → A_1
	145.7	114.1	238.8	197.1
	무역수지 +31.6		무역수지 +41.7	

주 : 외국에 소재하는 현지자회사 간의 거래(⑥ A_1 ↔ B_1)는 무시할 만한 규모로 추정
자료 : 기초적인 데이터 자료는 D. Julius(1990)

그 결과 1986년 미국의 경우 거주자기준의 무역수지는 1,144억 달러 적자를 기록했지만 이를 소유권기준의 무역수지로 계정해 보면 오히려 767억 달러 흑자가 발생하였다. 이것은 당시 대규모 해외투자를 통하여 해외에서 대규모의 생산을 하여 그들 중 대부분을 현지시장에서 판매하였던 미국 기업의 실상과, 당시 거주자기준 전체 수출액(2,240억 달러)이 해외자회사의 현지판매액(7,770억 달러)의 1/3 수준에도 미치지 못하였던 현실을 반영한 것이다. 따라서 이러한 대외거래 상황에 놓여 있는 나라들이 거주자기준의 무역수지가 적자라는 이유로 과도한 수입억제나 무역규제를 행한다면 이것은 지나친 자국 중심의 근린궁핍화정책(beggar thy neighbour policy)이라고도 할 수 있을 것이다.

한편 일본의 경우 소유권기준 무역수지가 거주자기준의 무역수지보다 조금 클 뿐 양자 모두 일정한 흑자를 나타내고 있다. 여기에 나타내지는 않았지만 최근 일본의 무역수지와 기업내무역수지의 관계를 발표한 어떤 경제연구소의 자료를 보면 2005년 일본의 기업내무역 흑자규모가 일본 전체의 무역흑자규모를 상회하는 것으로 보고하고 있다. 이것은 만약 기업내무역을 제외하면 일본은 사실상 무역적자국이 될 수 있다는 것을 뜻하는데 최근으로 올수록 이러한 추세가 더욱 커지고 있다는 것이다. 산업연구원(KIET)에 따르면 우리나라의 경우에도 2006년 우리나라 기업내무역수지 흑자규모(590억)가 전체 무역수지 흑자규모(161억 달러)를 능가하여 우리나라의 경우에도 기업내수출이 우리의 무역수지흑자에 크게 기여하는 것으로 나타났다.

3. 국제수지개념의 정책적 함의

해외직접투자가 급격히 확대되고 이에 따른 기업내무역이 크게 증대됨에 따라 일국의 대외경제거래를 기록하는 국제수지의 회계원칙으로서 거주자(국경)기준이 바람직한가, 소유권(국적)기준이 바람직한가와 같은 이러한 논쟁이 던져주는 정책적 함의는 무엇인가? 그것은 어떤 나라의 국제수지 상황을 바탕으로 그들의 대외경제정책이나 거시정책을 수립하고 수행함에 있어서는 이와 같은 양쪽의 개념을 동시에 고려할 필요성이 있다는 것이다.

예컨대 막대한 무역수지의 누적적 흑자로 비난받고 있는 일본이 동남아시아로 설비를 이전하여 현지에서 생산하고 그 생산물을 다시 수입하는 것은, 거주자(국경)기준의 국제수지에서는 분명 무역흑자를 축소시키는 요인이 되지만 소유권(국적)기준의 국제수지에서는 이것은 조금도 무역흑자의 축소요인이 되지 못한다. 오히려 현지생산에 의하여 현지판매가 늘어난다면 소유권기준으로는 무역수지 흑자가 더 증가되는 결과가 될 것이다. 이 때문에 일본의 무역흑자 규모를 균형화하기 위해서는 외국상품의 수입확대나 외국투자의 유입확대가 이루어져야 한다는 주장이 집요하게 이루어지고 있는 것이다.

이러한 맥락에서 오늘날과 같이 기업의 해외생산과 교차투자가 급속하게 팽창하고 있는 상황에서는 과거와 같이 국경을 기준으로 하는 국제수지를 바탕으로 하는 환율정책 · 금리정책 · 조세정책 등이 제대로 실효를 거두기 어렵다는 것이다.[42] 이러한 의미에서 국제수지 상황을 고려하여 실행되는 여러 가지 경제정책들이 유효한 결과를 거두기 위해서는 이러한 양자의 국제수지 개념을 파악하고 대처하여야 할 것이다.

그러나 이러한 소유권기준의 국제수지 접근방식은 국제거래와 관련이 없는 국내기업 · 지역경제 · 국내근로자의 이익 등을 고려하지 못하게 되고 또한 해외직접투자를 행하는 다국적기업의 경쟁력과 그 기업이 속해 있는 국민경제의 경쟁력을 동일시하는 오류를 범하기 쉬운 것도 사실이다. 이러한 이유 때문에 연구자나 정책가에게 보다 명확한 상황을 제공하기 위하여 거주자기준과 소유권기준 양쪽의 통계를 동시에 수집하고 발간하자는 제3의 제안도 있는 것이 사실이다.[43]

---

42 박태하(2004) p.283

43 이러한 소유권(국적)기준의 국제수지 통계를 제안한 것은 서로 다른 형태이지만, US National Academy of Science와 D. Julius(1990)가 있다. 이러한 두 가지 기준의 통계를 병행하자는 제안은 미국상무성(US Department of Commerce)에서 행한 바 있다. 보다 자세한 것은 S. J. Landerfeld et al(1993), UNCTAD(1994) pp.153~154 참조

제2절 다국적기업의 국제수지효과

다국적기업의 경제적 효과와 관련하여 전통적으로 가장 많은 관심과 논쟁의 대상이 되어온 주제는, 앞서 설명한 투자(성장)효과・고용(소득)효과와 더불어 국제수지효과였다. 다국적기업에 의한 국제수지효과는, 외국자본의 유치를 통하여 부족한 자본을 조달하고 국내에 진출한 외국계기업의 수출증대효과를 기대하는 현지국 입장에서도 관심이 높은 주제이지만, 보다 논쟁적이었던 것은 해외투자를 대량으로 행하는 선진투자국에서였다.

해외투자가 투자국의 국제수지에 부정적 영향을 미친다는 사람들은, 해외투자를 통하여 국내 투자와 생산이 대체되고 산업경쟁력이 약화됨으로써 투자국의 국제수지가 악화되는 결과가 초래될 수 있음을 강조하였다. 실제로 1960년대 미국에서는 해외투자로 인한 자금유출이 미국의 자본수지악화의 원인으로 지목되어 1963년 해외투자에 대한 이자평형세(interest equalization tax)를 부과하기도 하였다. 이처럼 해외투자의 국제수지효과는 자본수지 측면에서 논의되기 시작하였지만 1960년대 후반부터는 해외투자가 투자국의 상품수출입에 미치는 무역효과가 논의의 중심에 서게 되었다. 1971년 전미노동조합(AFL－CIO)은, 미국계 다국적기업의 해외활동 확대가 미국의 고용 및 국제수지에 지대한 악영향을 미친다고 주장하면서 해외로 진출하는 자국 기업들을 '미국의 국익에 무관심한 도망기업'(runaway corporation)이라고 비난하기도 하였다.

이러한 노동조합 측의 주장에 대해 다국적기업 측은, 국내에서 제품을 생산하여 이를 수출하는 방식으로 해외시장을 확보할 수 있는 시대는 이미 지났으므로 기업의 해외진출을 저해하는 투자제한정책은 바람직하지 않다고 주장하였다. 이러한 논쟁과정에서 당시 미국 의회에 다국적기업 측 주장을 지지하는 연구보고서가 채택되고 미국상무성 역시 이러한 견해를 지지함으로써 노동조합의 반대운동은 효과를 보지 못한 채 1970년대 후반 이후 이에 대한 논쟁은 수면 아래로 내려갔다.

그러나 1980년대 후반 이후 미국의 국제수지가 만성적인 적자를 나타내자 미국의 해외투자 확대가 국제수지 적자의 원인이 된다는 논의가 다시 재론되기도 하였다. 일본의 경우 역시 1980년대 후반 이후 해외투자가 급격히 증대됨에 따라, 초기적 해외투자가 국제수지에 미치는 효과는 긍정적이었지만 해외투자가 급격히 확대된 1990년대 이후부터는 오히려 마이너스(－)효과로 반전되고 있는 것이 아닌가 하는 논의들이 이루어졌다.

이러한 논쟁과정에서 해외투자의 국제수지효과에 대하여 다양한 실증적 연구들이 이루어졌다. 그러나 그 연구 결과들이 일의적이지 않아 어떤 명확한 결론을 보여주지 못하였다. 따라서 해외투자가 국제수지에 미치는 영향 문제가 가장 난해한 논쟁 중의 하나가

되었다. 이하에서는 다국적기업의 해외투자가 국제수지에 미치는 영향을 투자국 중심으로 살펴보면서 현지국의 국제수지효과를 병행하여 논의하기로 한다.

1. 국제수지효과의 구성요소와 결정요인

1.1 국제수지효과의 구성요소

해외직접투자의 국제수지효과는 그 자체 관련되는 범위가 광범위하여 해외자의 경제적 효과를 종합적으로 망라하고 있다고 할 수 있다. 따라서 이에 대한 논의가 여러 레벨에서 이루어질 수 있는데 ① 가장 좁은 차원에서는 해외투자와 직접적으로 관련되는 자금의 유출입만을 논의하는 방법이고, ② 조금 더 확대하면 해외투자에 따른 무역흐름까지를 포함하여 논의하는 방법이고, ③ 범위를 더욱 확대하면 '만약 투자가 이루어지지 않았다면 어떤 결과를 가져왔을까'라는 차원 또는 해외투자와 관련되는 기회비용과 기회수익까지 포함하는 수준으로까지 확대될 수 있다.

그러나 해외직접투자의 국제수지효과는 일반적으로 해외투자가 국제수지의 자본계정과 경상계정에 미치는 효과, 그것도 간접적(2차적) 효과를 제외한 직접적(1차적) 효과를 중심으로 다루어진다. 이렇게 해외투자가 투자국과 현지국의 국제수지에 미치는 직접적 효과는, 투자로 인하여 이동되는 자금흐름을 나타내는 재무효과(financial flow effect)와 투자로 인하여 발생되는 상품흐름을 나타내는 무역효과(trade flow effects)로 나눌 수 있어 다음과 같은 식으로 나타내 볼 수 있는데 동일한 내용을 〈표 11－6〉이 다시 보여주고 있다.

〈재무효과〉 〈무역효과〉

투자국의 $BOP = \{-(\mathbf{K}+\mathbf{I}) + (\mathbf{R}+\mathbf{P})\} + \{(\mathbf{X_1}+\mathbf{X_2}+\mathbf{S_m}) - (\mathbf{M}+\mathbf{S_x})\}$

현지국의 $BOP = \{\mathbf{K} - (I+\mathbf{R}+\mathbf{P})\} + \{-(\mathbf{M_1}+\mathbf{M_2}) + (\mathbf{X}+\mathbf{S_m})\}$

K : 투자자본 I : 해외차입금의 원리금상환 R : 로열티 P : 과실(이윤)
X_1 / M_1 : 초기 자본재의 수출 / 수입 X_2 / M_2 : 중간재 · 부품의 수출 / 수입
X : 현지자회사 수출 M : 본국으로의 역수입 S_x : 수출대체 S_m : 수입대체

표 11-6 **직접투자의 국제수지효과** (직접적 효과)[44]

구 분		투자국 국제수지		현지국 국제수지		계정
재무효과 (자금흐름)	투자자금 유출입 (원리금상환)	투자자금의 유출 (차입원리금상환)	−K −I	+K −I	투자자금의 유입 (차입원리금상환)	자본 계정
	투자과실 송금	로열티 유입 이윤 송환	+R +P	−R −P	로열티 유출 이윤 송금	경상 계정
무역효과 (상품흐름)	자본재 수출입 중간재 수출입	초기 자본재수출 중간재 · 부품수출	$+X_1$ $+X_2$	$-M_1$ $-M_2$	초기 자본재수입 중간재 · 부품수입	
	현지자회사 수출	현지생산품 역수입	−M	+X	현지자회사 수출	
	수출의 대체 수입의 대체	기존 수출의 대체 기존 수입의 대체	$-S_x$ $+S_m$	 $+S_m$	 기존 수입의 대체	

주 : 부호(+,−) 표시는 국제수지에 대한 흑자 요인과 적자 요인을 나타냄

1.1.1 직접투자의 재무효과

직접투자가 이루어지면 우선 투자에 수반되는 자금의 흐름에 의하여 다음과 같은 재무효과가 발생하여 일국의 자본수지 및 소득수지에 영향을 미치게 된다.

투자자금의 유출입(K) : 해외투자가 이루어지면 최초의 초기투자나 후속투자에 따르는 투자자금의 흐름이 발생되어 투자국에는 자금유출효과(−효과), 현지국에는 자금유입효과(+효과)가 발생된다. 물론 이러한 투자자금을 현지국에서 차입하거나 현지국에서 발생된 이윤을 재투자하는 방식으로 조달하는 경우, 초기투자를 자본보다는 자본재 · 원료의 수출 형태로 행하는 경우 이러한 자금유출입효과는 그만큼 축소된다. 한편 이러한 투자자금을 제3국에서의 해외차입을 통하여 조달하는 경우 이후 원리금상환에 따른 자금의 유출효과(−I)도 발생된다.

투자과실의 송금(R, P) : 해외투자가 이루어져 일정 기간이 경과되면 현지법인으로부터의 기술료 · 로열티 · 직원의 임금 · 수수료 등의 송금에 따른 자금흐름(R)이 일어난다. 또한 현지에서 발생된 이윤이 송금되거나 장기적으로 해외에 투자된 투자자금이 회수되는 경우 이로 인한 자금흐름(P)도 나타나게 된다. 물론 이 경우 해외 현지자회사에서 발생된 수익을 현지에서 유보하거나 재투자하면 이러한 효과는 그 만큼 상쇄된다.

44 이 표는 국제수지의 직접적 효과를 중심으로 하였다. 또한 이 표에서는 투자국과 현지국의 국제수지 구성요소를 서로 대칭되게 나타내었지만 그러한 대칭되는 항목들의 크기가 반드시 상호 일치하는 것은 아니다. 왜냐하면 일국의 국제수지에는 투자국과 현지국 이외에 제3국과의 자본이동이나 무역이 포함되기 때문이다.

1.1.2 직접투자의 무역효과

해외투자로 인한 국제수지의 재무효과가 비교적 간명하게 파악되는 데 비하여 직접투자가 투자국과 현지국의 수출입에 미치는 무역효과는 보다 복잡한 형태를 띠게 된다.

자본재 및 중간재의 수출입 : 투자국의 경우 해외투자가 이루어지면 해외생산시설의 초기 건설과 운영에 필요한 생산설비 및 자본재 수출이 증가된다$(+X_1)$. 그러나 이러한 초기의 수출효과는 해외에서 생산이 본격화되고 본사로부터의 독립성이 높아지면 점차 감소된다. 한편 노동비용을 절약하거나 현지시장을 얻기 위하여 이루어진 투자의 경우 현지생산에 필요한 부품 · 중간재 등의 후속 수출$(+X_2)$이 유발되는 수출증대효과가 발생된다. 여기에 나타내지 않았지만 이러한 직접적인 수출증대는 여러 가지 간접적인 수출증대효과(외부효과)도 수반할 수 있다.[45] 한편 이러한 투자국의 자본재수출 및 중간재수출은 현지국에게는 초기 자본재수입$(-M_1)$과 후기 중간재수입$(-M_2)$으로 나타나게 된다.

현지자회사의 수출 : 해외투자를 행한 후 일정한 기간이 지나면 현지자회사는 현지국에서 생산한 제품을 외국으로 수출하게 되는데 이에 따른 현지국의 수출증대효과$(+X)$가 나타난다. 그런데 현지국에서 생산된 제품이 제3국으로 수출하게 되는 경우도 있지만 생산된 제품의 일부가 투자국으로 역수출되는 경우도 많은데 이러한 현지자회사의 역수출은 투자국 입장에서는 해외에서 생산된 부품 · 중간재 등이 역수입되는 수입증가효과$(-M)$로 나타난다.

수출대체 및 수입대체 : 투자국의 경우 국내생산이 해외로 이전됨에 따라 그동안 국내생산을 위하여 수입되던 부품 · 중간재 등이 더 이상 수입되지 않기 때문에 이로 인하여 수입이 감소되는 수입대체효과$(+S_m)$가 발생된다.[46] 또한 우리나라 현대자동차가 미국 현지에서 자동차생산을 함으로써 우리의 수출물량이 감소되는 것과 같이 지금까지 투자국에서 생산되어 수출되던 제품의 일부가 더 이상 국내에서 생산 · 수출되지 않기 때문에 발생되는 수출대체효과$(-S_x)$도 발생된다.[47] 한편 현지국에서는, 종전까지 투자국으로부터 수입하였지만 그것을 수출하던 투자국기업이 자국에서 국내생산을 하게 됨으로써, 종전의 수입이 현지생산으로 대체(전환)되어 수입이 감소되는 수입대체효과$(+S_m)$가 발생된다.

---

45 예컨대 ① 해외직접투자로 인하여 현지국의 소득이 증대되면 이러한 소득증대에 따른 수출증대, ② 해외투자로 인하여 투자국의 이미지가 상승함으로써 투자국제품의 전반적 수출이 촉진되어 발생되는 수출증대, ③ 해외현지법인이 현지에서 생산 활동뿐만 아니라 판매활동을 전개함으로써 새로운 시장을 개척하고 시장점유율을 높임에 따른 수출증대 등과 같은 간접적인 수출증대효과도 나타나게 된다.

46 물론 해외투자로 인하여 새로운 수출과 생산이 유발되고 그러한 생산유발에 따라 부품 · 중간재 등이 새로이 수입되는 경우 그에 따른 간접적인 수입증대효과도 발생할 수 있다.

47 이 경우에도 해외직접투자가 국내생산성저하 · 기술개발정체 · 기술유출 등을 초래하여 투자국 산업의 경쟁력이 약화되는 경우 이에 따른 간접적인 수출감소효과도 발생할 수 있다.

1.2 국제수지효과의 결정요인

이상과 같이 직접투자가 이루어지면 이에 따른 여러 가지 자본거래 및 상품거래가 이루어짐으로써 투자국과 현지국의 국제수지에 영향을 주게 되는데 이러한 국제수지효과의 크기를 결정하는 요인은 무엇인가를 나타내고 있는 것이 〈표 11-7〉이다.

이 표를 통하여 알 수 있듯이, 외국인직접투자가 현지국의 국제수지에 미치는 효과는 ① 다국적기업의 자본조달 규모・형태, ② 현지자회사의 로열티 지불 성향, ③ 현지자회사의 과실송금 성향, ④ 현지자회사의 자본재・중간재 수입성향, ⑤ 직접투자와 수출 간의 대체성과 보완성 ⑥ 현지자회사의 수출성향/역수입성향 등에 의하여 결정된다.

표 11-7 **직접투자에 의한 국제수지효과의 결정요인**

구분		투자국	현지국	국제수지의 주요 결정요인
재무효과	투자자금 흐름 (원리금상환)	−K −I	+K −I	① 자본조달 규모, 자본조달 형태
	로열티 송금 이윤의 송금	+R +P	−R −P	② 로열티 송금성향 ③ 과실(이윤) 송금성향
무역효과	자본재 수출입 중간재 수출입	$+X_1$ $+X_2$	$-M_1$ $-M_2$	④ 자본재・중간재 수출입성향
	수출대체 및 수입대체	$-S_x$ $+S_m$	$+S_m$	⑤ FDI와 수출 간의 대체성과 보완성
	현지자회사 수출	−M	+X	⑥ 자회사의 수출성향 / 역수입성향

자본조달 규모와 형태 : 해외직접투자의 규모가 클수록 투자국의 자금유출효과(−)와 현지국의 자금유입효과(+)가 커지는 것은 당연하다. 그러나 동일한 규모의 투자라고 하더라도 자금조달형태에 따라 국제수지효과는 달라진다. 현지자회사가 투자본국으로부터 자금조달을 하는 경우 투자국의 자금유출효과(−)와 현지국의 자금유입효과(+)로 반영되지만, 현지국에서 자금조달을 하게 되면 양국의 국제수지에는 아무런 영향을 미치지 않는다. 반면 해외에서 자금이 조달되는 경우, 해외로부터 자본이 유입되므로 현지국의 국제수지를 개선하는 단기적 효과가 나타나지만 중장기적으로는 이후 이러한 자금의 원리금상환에 따른 자금유출효과(−)가 발생한다. 물론 이러한 자금유출효과가 투자국과 현지국 어느 쪽에서 발생하느냐는 원리금상환을 투자기업의 모사가 하느냐 현지자회사가 하느냐에 따라 달라진다.

로열티 지불형태 : 로열티(royalty)란 외국에서 들여온 기술 및 특허권 사용・경영자문 등에 대한 대가로 지불하는 금액으로서 해외투자에 따른 로열티지불은 투자국에게는 자금유입효과(+)가 발생되고 현지국에게는 자금유출효과(−)가 발생된다. 그런데 전통적으로 기술

자립도가 약한 개도국의 경우 이러한 로열티지불이 상당한 국제수지 부담요인으로 작용하여 왔다. 산업화를 추진하기 위해 의욕적으로 선진기술을 도입하는 경우라면 설사 로열티지출이 좀 많다고 하더라도 크게 문제되지 않겠지만, 시장가격을 산정하기 힘든 보이지 않는 무형자산의 사용에 대한 대가 지불이라는 특성 때문에 그 적정성이 보장되기 어렵다. 따라서 이러한 로열티문제가 개도국들에게 상당한 부담을 안겨 주고 있는 것이 사실이다.[48]

현지자회사의 송금성향 : 일정한 기간이 지난 후 현지자회사가 얻은 과실(이윤)을 본국으로 송금하게 되면 이에 따른 투자국과 현지국의 국제수지효과가 나타난다. 그런데 해외에 진출한 기업이 현지에서 얻은 이윤을 향후 재투자를 위해 현지에 적립하느냐 아니면 모기업에 송금하느냐 하는 행태가 기업에 따라 다르므로 이러한 과실송금유형이 국제수지에 상당한 영향을 미치게 된다. 일반적으로 현지자회사의 과실송금성향과 관련해서 ① 일본계 다국적기업보다 미국계 다국적기업의 과실송금성향이 높고, ② 미국계 다국적기업이라 하더라도 중남미에 진출한 현지자회사의 과실송금성향이 유럽진출 현지자회사의 그것보다 훨씬 높은 것으로 나타났다.[49]

현지자회사의 자본재 · 중간재 수입성향 : 투자초기에 있어 공장건설에 소요되는 기계설비 등 자본재가 투자국으로부터 수입되고 이후 중간재 · 부품 등의 수입이 뒤따른다. 따라서 자본재 수입성향이 국제수지에 미치는 영향이 단기적인 것이라면 중간재 · 부품의 수입성향은 보다 장기적이고 구조적인 성격을 가진다. 이러한 측면에서 보면 외국인투자의 투자부문이 자본집약적일수록 현지국의 국제수지에 대한 압박요인이 커진다고 할 수 있다. 자본집약산업은 산업 그 자체의 특성상 초기 자본재 수입성향이 높을 뿐만 아니라 현지에서 중간재나 부품을 조달 할 가능성도 낮아 중간재 수입성향이 높기 때문이다.

일반적으로 이러한 중간재 수입성향은 다국적기업이 자신이 필요한 부품을 주로 현지국에서 조달하느냐 아니면 투자국이나 제3국에서 조달하느냐와 같은 부품조달정책에 따라 국제수지에 미치는 영향이 달라진다. 현지국의 국제수지 측면에서 가장 바람직하지 못한 것은 모든 부품을 본국에서 수입하여 현지에서는 단순조립만 하여 판매하는 이른바 스

---

48 예컨대 개발도상국이 지불하는 많은 부분의 로열티가 모기업과 자회사 간의 '기업내 기술이전'(intra－firm transfer of technology)에 대한 대가이며, 또한 로열티는 시장가격산정이 힘들기 때문에 이전가격조작의 수단으로 이용되기 쉽기 때문이다. 또한 로열티 중에는 용도가 애매한 소위 경영자문료가 상당한 부분을 차지하고 있는 경우가 많다.

49 레스터 써로우(Lester Thurow)는, 일본 기업들은 시장점유율확대(market－share maximization)를 주요 목표로 삼는 제국건설형 기업(empire－building firm)으로 재투자경향이 강한 반면 미국 기업들은 주주의 이윤극대화가 주된 목표이므로 이윤의 많은 몫을 배당금 형태로 모기업에 송금하는 경향이 높다고 주장하였다. 그는 또한 동일한 미국계 다국적기업이라 하더라도 중남미에 진출한 현지자회사들은 '과실송금형 자회사'(subsidiary oriented towards remittances)인 반면, 유럽에 진출한 자회사들은 '재투자형 자회사'(subsidiary oriented towards reinvestment)로 분류하였다(安世英, 1998, pp.230~231).

크루드라이버형 공장(screwdriver factory)인데, 투자유형별로 볼 때 무역장벽 회피형 투자에서 이와 같은 경우를 많이 찾아 볼 수 있다.[50]

일본의 자동차회사가 행한 대미 직접투자의 경제적 효과를 회의적으로 보는 사람들은, 이들 일본 자동차기업들이 미국 진출 이후 대량의 자동차부품을 일본으로부터 수입하는 경향이 있으므로 이러한 투자가 미국의 국제수지에 오히려 해악적일 수 있다고 비판하였다. 이에 일본 자동차회사들은 이러한 미국의 비판을 완화시키고자 부품의 75%를 미국 현지 부품업체들로부터 조달하겠다고 선언하였는데, 이러한 현상은 일본의 닛산이 영국에 진입하면서 부품의 현지조달을 60%에서 80%로 상향하겠다고 선언한 사례에서도 반복되었다.

투자와 수출 간의 대체성과 보완성 : 앞에서 보았듯이 투자국이나 현지국 모두 종전에 수출입거래가 있던 분야에서 해외투자가 이루어지면 그 제품의 생산입지가 전환됨에 따르는 수출대체나 수입대체가 발생하게 된다. 이러한 경우 투자가 이루어지기 전 투자국과 현지국 간의 수출입구조가 어떠하였느냐, 종전 투자국기업의 부품과 중간재 조달이 어떠하였느냐, 현지에서의 생산이 어떠한 형태로 이루어지느냐 등과 같은 복합적 요인에 의해서 대체효과의 크기와 수준이 결정되지만, 이러한 대체효과에 영향을 미치는 주요한 하나의 요인이 해외직접투자와 수출 간의 대체성과 보완성 문제인데 이에 대해서는 앞에서 논의하였다.

현지자회사의 수출성향/역수입성향 : 해외직접투자가 이루어지면 현지국에서 생산한 제품을 현지국에서 판매하기도 하지만 다시 투자국이나 제3국으로 수출하게 된다. 이때 현지자회사가 현지국 내 판매를 많이 하느냐 수출을 많이 하느냐 하는 현지자회사의 수출성향에 따라 현지국의 국제수지에 미치는 효과도 달라진다. 일반적으로 현지자회사의 수출성향은 해외직접투자 동기에 의해 크게 좌우되는데, 해외생산거점형 투자의 경우 이러한 수출성향이 높은 반면 현지시장지향형 투자의 경우 현지시장에 대한 판매비중이 높고 수출성향은 낮을 가능성이 높다.[51]

이처럼 현지국의 경우 현지자회사의 수출성향에 따라 국제수지에 미치는 영향이 다르듯이 투자국의 경우에는 해외 현지자회사가 현지에서 생산한 제품을 얼마나 본국으로 다시 역수입(M)하느냐 하는 역수입성향에 따라 국제수지효과가 달라진다. 해외에서 생산한

---

50 전자 · 기계 · 자동차 등 기술집약적 분야에서 미국이나 유럽에 진출한 일본계 다국적기업들은 그들의 높은 중간재 수입성향 때문에 현지국정부와 잦은 마찰을 빚고 있다. 포춘지에 의하면 1980년대 말 미국에 진출한 일본계 다국적기업은 독일계나 영국계보다 공장단위당 3배나 더 많이 중간재를 수입하였던 것으로 나타났다.

51 이러한 점에서 현지국의 국제수지효과 측면에서 가장 바람직하지 않은 투자유형은 자본집약적인 산업부문에 대한 현지시장 지향적 투자이라고 할 수 있다. 앞에서 설명한 대로 자본집약적 산업에 대한 투자의 경우 노동집약적 산업에 대한 투자보다 초기의 자금유입 · 자본재수입 · 부품과 중간재의 수입성향이 모두 더 높을 가능성이 크고, 해외생산거점형 투자나 수출지향적 투자보다 현지생산지향형 투자의 경우 수출성향이 더 낮을 가능성이 크기 때문이다. 이 때문에 많은 개도국들이 자본집약적 부문에 대한 현지시장 지향형 투자를 피하려고 하는 경향이 있다.

제품을 다시 본국으로 역수입하는 성향이 강할수록 투자국의 상품수지는 더 큰 압박을 받기 때문이다.

2. 국제수지효과에 대한 정책적 함의

2.1 국제수지에 대한 투자국의 정책적 함의

이상에서 살펴본 바와 같이 해외투자가 투자국의 국제수지에 미치는 영향은 매우 복잡하고 다양하여 그 효과를 일의적으로 평가하기가 어렵다. 그러나 어떤 나라의 해외직접투자가 그 나라의 국제수지에 미치는 영향을 평가함에 있어서 중요한 함의를 가지는 핵심 포인트는 ① 시간의 경과에 따른 단기적 효과와 장기적 효과, ② 해외투자와 수출 간의 대체성과 보완성 문제라고 할 수 있다. 후자에 대해서는 다국적기업이 국제무역에 미치는 영향과 관련하여 이미 앞에서 논의하였으므로 이하에서는 투자국의 국제수지가 시간의 경과에 따라 어떻게 달리질수 있는가를 논의하고 이와 관련하여 투자국의 국제수지 개선을 위한 정책적 함의에 대하여 언급한다.

해외투자가 투자국의 국제수지에 미치는 효과를 종합적으로 살펴보면, 재무효과의 경우 단기적으로는 자금유출효과(－효과)가 크지만 중장기적으로는 자금유입효과(＋효과)가 커지는 특성이 있는 반면, 무역효과의 경우 투자 초기에는 국제수지 개선효과(＋효과)가 강하지만 시간이 경과할수록 중장기적으로는 악화효과(－효과)가 강하다고 할 수 있다. 따라서 해외투자로 인한 전체 국제수지효과는 이러한 2가지 상반된 효과의 종합을 통하여 나타난다. 이와 같은 재무효과와 무역효과, ＋효과와 －효과가 시간의 경과에 따라 어떻게 달라지는가를 요약하여 보여주는 것이 〈표 11－8〉과 [그림 11－2]이다.

표 11－8 시간의 경과에 따른 투자국의 국제수지효과

구 분		단기(공장 건설기)	→ 중기(제품생산 개시 후)	→ 장기(이윤송금 개시 후)
재무효과	＋효과		▪ 로열티 송금(＋R)	▪ 이윤송금(＋P)
	－효과	▪ 투자자금 유출(－K)		
	종합	〈－효과〉	→ 〈＋효과〉 나타나 점차 증대됨	
무역효과	＋효과	▪ 자본재수출(＋X_1)	▪ 부품 · 중간재 수출(＋X_2) ▪ 수입대체효과(＋S_m)	
	－효과		▪ 수출대체효과(－S_x)	▪ 현지생산품 역수입(－M)
	종합	〈＋효과〉	→ 〈－효과〉 나타나 점차 감소됨	

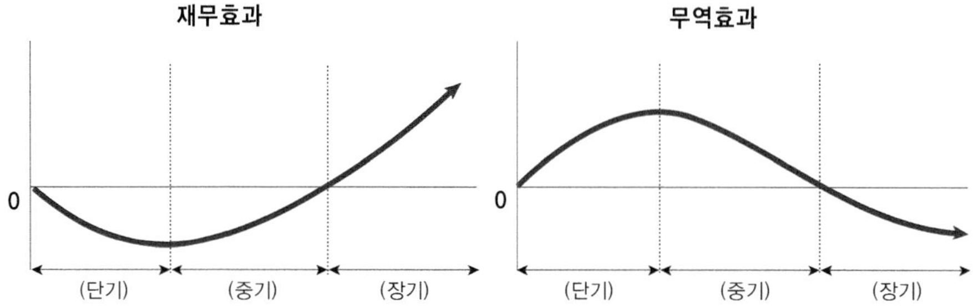

그림 11-2 해외직접투자의 기간별 국제수지효과

해외직접투자의 재무효과 : 단기적으로는 초기투자(K)에 따른 자금유출효과(-효과)가 크지만 중장기적으로는 투자에 수반되는 로열티송금(R)이나 이윤송금(P) 등으로 인하여 자금유입효과(+효과)가 커지는 특성을 가진다. 말하자면 해외투자로 인한 국제수지의 재무효과는 대체로, 초기의 자본유출(capital outflow)이 차기의 소득유입(income inflow)흐름에 의해 상쇄되는 일종의 J커브효과(J-curve effect)를 가진다고 할 수 있다.

해외직접투자의 무역효과 : 해외투자 초기에는 시설재·자본재 등의 수출(X_1)과 부품·중간재 등의 수출(X_2)이 유발되어 무역수지의 개선효과(+효과)가 강한 반면, 중장기적으로는 부품·중간재 등의 수출(X_2)이 감소되고 현지생산으로 인한 수출대체효과(S_x)와 현지생산품의 역수입(M)이 증대되어 무역수지의 악화효과(-효과)가 강하다고 할 수 있다. 그러나 해외투자로 인한 무역효과가 단기적으로는 +효과를 지니지만 장기적으로는 -효과로 나타난다는 이러한 결론 역시 몇 가지의 제한점들을 내포하고 있다.[52] 따라서 해외투자의 국제수지효과를 분석함에 있어서는 보다 객관적이고 실증적인 자료를 통하여 신중하게 분석할 필요가 있다.

이상과 같이 투자국의 국제수지효과를 재무효과와 무역효과로 나누어 살펴보았지만 이들 중 재무효과는 계측이 용이하고 명확한 데 비하여 무역효과는 계측이 어려울 뿐만 아니라 불확실한 측면이 있다. 따라서 일반 시민이나 정책 당국이 해외투자의 무역효과보다는 재무효과를 더 직접적으로 인식하는 경향이 있다. 이 때문에 국제수지 적자에 직면하는 나라들의 경우 해외투자가 가져오는 단기적인 재무효과만을 고려하여 해외투자를 규제하려는 경우가 많다. 그러나 이렇게 단기적인 자금유출효과만을 중시하여 자본의 해

---

52 그러한 제한점으로서는 ① 개별적인 해외투자의 무역효과를 논리적으로 설명한 것이지만 국민경제 전체적으로 보면 개별적인 해외투자가 계속적으로 이루어져 중첩되는 경우 국가 전체의 무역효과는 반드시 부정적이라고 할 수 없다. ② 해외투자를 행함에 있어서도 지속적인 기술혁신을 통한 신상품개발로 연속적인 제품주기의 리사이클링(recycling)이 이루어지면 해외직접투자의 급속한 확대 속에서도 전체 상품수지가 계속 흑자효과를 지속할 수 있다. ③ 이러한 무역효과는, 만약 해외투자가 이루어지지 않았다면 상실하게 되었을지도 모르는 미래의 소득과 편익(future income and benefits)을 충분히 고려하고 있지 못하다는 점 등을 들 수 있다.

외유출을 제한하는 정책은, 해외투자로부터 얻을 수 있는 중장기적인 국제수지 플러스(+) 효과를 포기하는 것이 되어 자기 파괴적인 성격을 지닌다고 할 수 있고, 오늘날과 같은 국제경쟁시대에 있어서 투자국의 경쟁적 지위에도 악영향을 미칠 수 있다.

이러한 관점에서 해외직접투자국이 취해야 할 바람직한 정책기조는, 국제수지 적자를 우려하여 해외투자 자체를 제한하는 정책보다는 미래의 국가경쟁력을 위하여 적극적으로 해외투자를 행하되, ① 해외현지기업의 수익성을 높여 이윤 등 자금의 국내유입효과를 높이고(+재무효과의 극대화), ② 본사와 자사 간의 생산과 판매의 적절한 통합을 통하여 중간재 · 부품 등의 후속수출을 증대시키는 동시에 현지자회사로부터의 역수입을 억제시키는(−무역효과의 극소화) 방향이라고 할 수 있다.

2.2 국제수지에 대한 현지국의 정책적 함의

지금까지 해외직접투자로 인한 국제수지효과를 투자국의 경우를 중심으로 살펴보았지만 외국인직접투자가 현지국의 국제수지에 미치는 효과는 투자국의 경우와 정반대적인 입장에서 이해될 수 있다. 외국인투자가 현지국의 국제수지에 미치는 효과는, 외국인투자 규모가 클수록 현지국의 자금유입효과(+)가 커지는 것은 물론 ① 자금조달형태가 투자본국으로부터의 조달방식일수록, ② 현지자회사의 로열티 지불 송금경향이 낮을수록, ③ 현지자회사가 얻은 과실(이윤)을 본국으로 송금하지 않고 현지에 재투자하는 경향이 높을수록, ④ 현지자회사의 수입성향이 낮고 현지부품 조달비율이 높을수록, ⑤ 현지자회사의 수출지향성이 클수록 긍정적인 국제수지효과가 커진다.

따라서 현지국이 외국인투자에 의한 국제수지효과를 개선시키기 위해서는 국제수지효과를 결정하는 이러한 요인들에 대한 충분한 고려를 바탕으로 외국인투자에 대한 정책과 제도를 운용하여야 한다. 그런데 개별 외국인투자프로젝트가 현지국의 국제수지에 미치는 효과가 시간의 경과에 따라 어떻게 달라지는가는, 위에서 설명한 투자국의 경우를 뒤집어 보면 이해할 수 있게 된다. 대체로, 어떤 국가에 대한 다국적기업의 진출역사가 길면 길수록, 외국인투자의 잔고가 많으면 많을수록 국제수지의 기여효과는 감소하고 국제수지의 압박요인이 커질 가능성이 증대된다.

이렇게 외국인투자의 초기단계로부터 중장기단계로 갈수록 현지국의 국제수지에 대한 압박요인이 더 커질 가능성이 높아진다고 할 수 있는데 이러한 패턴이 나타나는 이유는, 투자 초기에는 투자자금의 유입으로 국제수지에 긍정적인 영향이 나타나지만 시간이 지날수록 이러한 자금유입효과가 감소되는 대신 로열티송금 · 이윤송금 · 원리금상환 등에 따른 자금유출효과가 커지고, 시간의 경과에도 불구하고 투자국으로부터 수입되는 부품 ·

중간재가 감소하지 않기 때문이다. 이 때문에 외국인투자의 역사가 길고 국민경제규모에 대한 외국인투자 비중이 높은 나라들의 경우 심각한 국제수지 적자부담을 안게 되는데, 중남미국가들의 자동차산업의 경우가 그러한 예라고 할 수 있다.

이와 같은 중장기적인 국제수지 악화우려를 개선하기 위해서는 부품・중간재의 현지조달을 증대시킬 수 있도록 다국적기업과 국내기업과의 연관효과를 높이는 동시에 현지자회사의 수출성과가 극대화되도록 하여야 한다. 이러한 점에서 외국인투자로 인한 현지국의 국제수지효과에 있어서 가장 중요한 과제는 결국 현지자회사의 수출성향과 수출성과를 높이는 것이라고 할 수 있다.

전술한 대로 다국적기업은 국제무역에 대한 강점을 보유하고 있고 현지자회사의 수출성향이 현지국의 기업보다 높아 현지국의 수출성과를 향상시키고 수출구조를 다각화시키는 효과가 있다. 이 때문에 외국투자를 유치하는 현지국들은 현지자회사의 수출증대효과를 중요한 투자유치목표로 채택하기도 한다. 그러나 이러한 현지자회사의 수출증대효과는 현지국이 어떠한 외자정책과 산업정책을 채택하는가에 따라 달라질 수 있다. 이와 관련된 그동안의 역사적 경험을 바탕으로 외국인투자가 수출증대로 이어지도록 하기 위하여 현지국이 취해야 할 정책적 과제를 살펴보면 다음과 같다.

적정한 목표수립과 정책운용 : 외국인투자를 통하여 자국의 수출을 증대시키기 위해서는 이를 위한 구체적 목표설정과 함께 그러한 목표에 적합한 정책을 일관되게 운용하는 것이 매우 중요하다. 이와 관련된 다수의 연구결과에 따르면, 현지국이 자유무역지역(FTZ)이나 수출가공지역(EPZ) 등을 설치하여 외국인투자를 유치하는 경우 외국인투자기업의 수출지향성이 높아질 뿐만 아니라 이것이 내국기업의 수출지향성에도 영향을 미쳤다는 것이 확인되었다.[53]

연관효과의 극대화 : 외국인투자를 통한 수출증대효과를 높이기 위해서는 외국기업과 국내기업 간의 연관효과를 극대화시키는 노력이 필요하다. 싱가포르나 아일랜드 모두 '외국인직접투자 주도적 발전전략'으로 높은 경제성장을 이룩한 나라이지만, 싱가포르는 외국기업과 현지기업 간의 연관효과를 높이고 이를 통하여 현지기업의 발전을 조장하는 정책을 쓴 반면 아일랜드는 그렇지 못하였다. 그 결과, 싱가포르의 경우 외국기업과 국내기업 간의 수출성향 및 생산성의 격차가 좁혀졌지만 아일랜드의 경우 그 격차가 좁혀지지 못하였던 것으로 나타났다(F. Ruane and A. Ugar, 2005).

---

53 그러나 이러한 경우에도 이러한 수출지향적 목표를 분명히 하는 정책운용을 행한 나라에서는 수출증대효과가 나타났지만, 코스타리카와 같이 많은 수출가공지역(EPZ)을 설치하는 노력을 행하였음에도 이것이 엔크레이브적인 생산만을 영구화시켜 내국기업에 대한 파급효과를 발생시키는 데에 실패한 경험 역시 없지 않다(T. H. Moran 2002).

제도적 지원시스템 구축 : 선진국 다국적기업의 진출이 개도국들의 기술집약적 부문을 고도화시키는 수단이 되어왔지만 그러한 고도화가 적절하게 유지되기 위해서는 현지국의 제도적 지원시스템이 올바르게 작동되어야 한다. 랄(S. Lall, 2000)은 몇 개의 기술집약적 부문에 있어서 개도국의 수출성과를 비교하면서 그 국가유형을 ① 다국적기업의 활동과 연계가 높은 나라(싱가포르), ② 소극적으로 연계된 나라(말레이시아, 타일랜드, 필리핀, 중국, 멕시코), ③ 국내기업에 의해서만 수행된 나라(한국, 대만) 등으로 분류하고, 이들 간의 차이는 전체 수출 중에 외국계기업이 차지하는 비중에서 그대로 나타나고 있음을 보여주었다.

제3절 다국적기업의 국제적 기술이전효과

1. 세계의 기술발전에 미치는 효과

다국적기업의 직접투자 활동은 세계적 차원에서의 자원의 효율적 배분 · 효율성증대 · 후생증진을 이룩함은 물론 세계경제를 하나로 통합하는 데 기여한다. 그러나 다국적기업이 세계경제에 미치는 이와 같은 정태적 효과는 다국적기업이 새로운 기술을 개발하고 이를 전 세계적으로 확산시킴으로써 세계적 기술발전과 경제발전에 미치는 동태적 효과에 비하여 오히려 덜 중요하다고 할 수 있다.

다국적기업은 '새로운 기술과 혁신의 창조자'인 동시에 '혁신과 기술의 세계적 전파자'로서 어떠한 다른 기구나 조직에 비교할 수 없을 만큼 획기적인 역할과 기능을 수행하기 때문이다. 이처럼 다국적기업은 새로운 기술의 혁신과 전파를 통하여 세계경제의 발전에 기여하는 긍정적인 역할을 행하고 있지만 이러한 다국적기업의 기술적 역할과 관련하여서도 여러 가지 부정적인 폐해와 문제점을 제기하는 우려 역시 없지 않다.

1.1 세계 기술발전에 대한 긍정적 효과

1.1.1 새로운 기술의 혁신과 창조 기능

다국적기업은 거대한 기술력을 지니고 있다. 세계시장의 통합이 진행되면서 기술혁신을 통하여 경쟁우위를 확보하려는 기업 간 경쟁이 격화됨에 따라 세계적 기업들은 경쟁자들보다 먼저 기술을 개발하여 이를 상품화하기 위한 새로운 기술의 혁신과 창조에 매진하게 된다. 그런데 이러한 새로운 기술의 혁신과 창조에는 막대한 연구개발(R&D)투자비용과 위험이 따르므로 여기에 소요되는 거대한 비용과 위험을 감당할 수 있는 기업은 거대한 기업들에 한정되게 된다. 이것이 세계적 다국적기업이 거대한 기술을 창조하고 보유하는 주체가 되는 이유이다.

오늘날과 같이 기술이 각국의 산업특화(industrial specialization)나 국제경쟁력을 결정짓는 기술주도형 국제분업시대에 있어서 새로운 기술의 혁신과 창조를 행할 수 있는 다국적기업의 기술력이 그들이 범세계적 경영활동을 할 수 있도록 해주는 독점적 우위(monopolistic advantages)의 원천이 된다. 거대한 기술력에 바탕을 둔 다국적기업의 이러한 독점적 우위는, 그들이 외국에 진출할 때 불가피하게 감수해야 하는 외국비용(cost of foreignness)을 보전해 주는 동시에 여러 가지 불리한 환경에도 불구하고 현지국기업과의 경쟁에서 우위에 설 수 있는 경쟁력의 원천이 될 뿐만 아니라, 이렇게 확보된 독점적 우위를 바탕으로 계속적인 기술개발을 추진할 수 있어 세계적인 경쟁에서 우위에 설 수 있는 원천이 된다.

일반적으로 다국적기업들이 기술을 창조하고 보유하기 위하여 활용하는 주요한 방법은 다음과 같이 ① 자체 기술개발, ② 제3자 개발 기술의 사용권 매입, ③ 기술의 외부조달이나 국제적 제휴 등 크게 3가지로 구분할 수 있다.

자체적 기술개발 : 다국적기업들은 기술혁신의 중요성을 강조하며 기술개발 활동에 그들의 역량을 집중시킨다. 다국적기업들의 이러한 자체 기술개발 노력은 그들이 지출하는 R&D투자규모에 의해 파악할 수 있다. 최근 가장 많은 R&D투자를 하는 다국적기업들은 자동차산업의 포드·도요타·다임너 클라이슬러·GM, 전자산업의 지멘스(Simens)·마이크로소프트·IBM·마쯔시다·삼성전자, 의화학산업의 화이자(Pfizer)·존슨 앤 존슨(Johnson and Johnson) 등 10대 기업들인데 이들의 연간 R&D투자액이 50~80억 달러 수준에 이르러 웬만한 국가의 전체 기술개발투자 규모보다 오히려 앞서 있다. 이렇게 거대기업들이 막대한 R&D지출을 행함으로써 주요 선진국의 전체 R&D지출에서 기업의 R&D지출이 차지하는 비중이 60% 수준을 넘어서고 있다.[54]

제3자 개발기술 매입 : 다국적기업은 지식·정보 분야의 모험자본형(venture-capital) 중소기업이나 개인이 발명해 낸 기술의 사용권을 사들여 이를 실용화시켜 나간다. 일반적으로 하나의 기술이 개발되어 수익을 가져다주기까지는 기술 개발 → 실용화 → 상품화를 위한 투자(시설투자 등) → 마케팅 등 여러 가지 단계를 거쳐야 하는데 이러한 단계마다 상당한 자금력과 마케팅능력이 뒤따라 주어야 하지만 모험자본형 중소기업이나 개인발명가는 이 같은 능력이 부족하여 자신이 개발한 기술의 사용권을 다국적기업에게 팔아 버리는 경향이 많다. 또한 최근에는 특정 기술을 보유하고 있는 해외의 기업을 M&A하여 그들이 보유하는 기술을 흡수하는 형태가 보편화되고 있다. 이러한 기술확보전략의 대표적인 예로

---

54 2000년대 초반 OECD 과학기술통계지표에 따르면 미국 70.1%, 일본 75.2%, 캐나다·이탈리아 약 50% 수준이었고 한국은 76.7%이었다. 반면 아르헨티나·폴란드 등 개도국의 경우 상대적으로 낮게 나타났다.

서는 일본계 다국적기업들이 컴퓨터 소프트웨어산업이나 반도체산업의 미국 기업을 M&A 하여 성공한 사례를 들 수 있다.

외부기술소싱 · R&D제휴 : 최근 많은 다국적기업들이 아웃소싱(external sourcing)을 통하여 기술을 확보하는 경향이 높아졌다.[55] 또한 최근에는 세계적인 다국적기업들이 그들의 경쟁기업과 R&D제휴를 통하여 새로운 기술을 개발하는 경향도 높아졌는데, 지난 20여 년간 기업 간 전략적 제휴가 크게 증대된 데에는 이러한 기술제휴가 중요한 역할을 하였다.[56]

이처럼 세계적인 다국적기업들은 다양한 방식을 통하여 새로운 기술을 개발하거나 보유함으로써 세계적으로 중요하게 취급되고 있는 기술의 대부분은 다국적기업이 개발하였거나 아니면 다국적기업이 외부로부터 매입하여 보유하고 있는 기술들이다.

1.1.2 기술의 세계적 확산과 전파

다국적기업은 그들이 개발하고 보유하고 있는 기술의 독점적 위치(monopolistic position)를 국제경영활동의 가장 중요한 원천으로 활용하기 위하여 다양한 기술전략을 활용한다. 다국적기업은 이렇게 다양한 방법으로[57] 자신의 독점적 기술우위를 활용하는 과정을 통하여 기술을 국제적으로 이전시키고 전파시키는 중요한 매개체(agent, medium) 역할을 수행하게 된다.

다국적기업이 이렇게 기술의 세계적인 이전과 전파를 행하여 왔다는 사실은 오랜 역사를 통하여서도 확인된다. 일찍이 19세기 초 유럽에 있는 미국계 다국적기업의 자회사들은 화학산업 등에서 새로운 제품과 새로운 공정을 전파하였고 이후 전기 · 자동차산업 등에서 그들의 기술을 전파함으로써 유럽지역에 대한 기술이전을 주도하였다. 뿐만 아니라 개도국에서 행해진 광산 · 유전 · 플랜테이션의 개발이나 항만 · 철도망 등의 건설에서도 다국적기업에 의한 기술이전이 이루어졌고 이러한 과정에서 충분한 인프라가 정비되어 있지 못한 현지개도국들에게 자신의 활동에 필요한 기술뿐만 아니라 경찰 · 우편 · 교육시스템 등과 같은 사회적 기술을 이전하기도 하였다.

---

55 유럽계 R&D집약적인 다국적기업 95개에 대한 최근의 조사결과를 보면, 전체 기업의 90% 정도가 기술의 외부조달을 행하였고 전체 R&D중 평균 15% 정도를 외부조달에 지출한 것으로 밝혀졌다(European Commission 2006) .

56 다국적기업이 이렇게 R&D제휴를 증가시키는 것은, 전략적 제휴 일반과 관련하여 전술한 바와 같이, 기술의 교차촉진과 모니터링, R&D에 있어서의 규모의 경제와 범위의 경제, R&D비용과 불확실성의 공동관리, 기술혁신 사이클 단축, 보완적 기술의 시너지효과, 상대방의 전략적 기술과 지식의 취득 때문이다.

57 이러한 방법에는 ① 국제라이센싱, ② 국제기술제공계약, ③ 국제경영계약, ④ 상품 · 공장시설 · 서비스의 수출입, ⑤ 해외직접투자를 통한 해외생산 활동, ⑥ 국제합병 및 매수, ⑦ 전략적 제휴 등과 같은 공식적인 방법도 있지만 산업스파이 활동(industrial espionage)이나 도용 등과 같은 비공식적 방법도 활용되고 있다.

세계적인 기술의 이전과 전파를 행하는 이러한 다국적기업의 역할과 기능은 20세기에 들어와서도 계속되었다. 전후의 세계역사를 보면 미국계 다국적기업들이 상대적으로 가장 뛰어난 기술적 강점과 우위(technological strength and advantage)를 보유하고 있었고 다국적 경영활동과정에서 이러한 기술을 전 세계로 이전하고 전파(spillover)시킴으로써, 기술의 국제적 이전에 주도적인 역할을 하였다. 이러한 미국계 다국적기업의 해외투자과정을 통하여 많은 나라들이 기술적 편익을 얻어 왔다는 사실은 누구도 부인할 수 없다.58

다국적기업은 이렇게 새로운 기술을 창조하는 '기술의 창조자'인 동시에 이러한 기술을 세계적으로 전파하는 '기술의 전파자'로서의 주도적 역할과 기능을 과거로부터 수행하여 왔지만, 오늘날에 있어서도 이러한 역할과 기능은 다음과 같이 다양한 형태・다양한 내용으로 계속되고 있다.

다양한 형태의 기술이전 : 다국적기업은 다양한 형태의 기술 관련 활동을 통하여 기술을 국제적으로 전파하는 역할을 행한다. 최근 세계적인 다국적기업들이 그들의 연구개발(R&D)활동을 분권화하여 현지에서 연구개발을 행하는 현지화함으로써 현지국에 대한 다국적기업의 기술전파효과가 다양화되고 있다. 또한 오늘날 국경을 넘는 기술무역이 급격히 증대되고 있는데 그러한 기술무역 중 상당한 부분이 다국적기업과 현지자회사 간에 이루지는 기업내거래(intra-firm trade)를 통하여 이루어지고 있다. 이에 따라 세계적인 기술의 전파자로서의 다국적기업의 역할은 오늘날에 있어서도 그 형태가 달라졌을 뿐 그 중요성이 더해가고 있다.

다양한 내용의 기술이전 : 오늘날 다국적기업이 국제적으로 이전하는 기술의 내용은 공학적 기술에 국한하지 않는 다양한 형태를 포함한다. 전후 미국의 많은 다국적기업들이 유럽에 진출하여 유럽기업들에게 그들의 회계・마케팅 등의 경영기법을 이전시켰고, 1970년대 이후에는 일본의 다국적기업들이 미국과 기타 제국에 진출을 확대하면서 린(lean) 생산방식 등 그들 특유의 생산시스템을 전파하기도 하였다. 이처럼 다국적기업에 의한 기술이전은 단순한 공학적・하드웨어적 기술에 그치지 않고 경영기법・조직관행・소프트기술・기업가정신 등과 같은 경영시스템적・소프트웨어적 기술로 확산되면서 이러한 형태의 지식이전이 보다 중요성을 더해가게 되었다.

1.1.3 기술의 국제적 격차와 불균형 해소

일반적으로 기술은 기술적 능력이 부강한 선진국에 극히 집중되고 기술의 개발과 발

58 특히 일본은, 원천기술(original technology)이 없다시피 하여 외생적 기술(exogenous technology)을 대내적으로 도입하는 동시에 막대한 연구개발투자로 자체적인 기술혁신을 추가하는 방법으로 높은 수준의 기술발전을 이룩하여, 미국과 그 기업들이 해외에 이전하고 전파한 기술로부터 가장 많은 편익을 얻은 나라라고 할 수 있다.

전이 일부국가 · 일부지역에 편중됨으로써 국가 간 · 지역 간 불균형이 심화되어 대부분의 국가들은 많은 기술을 수입하여 사용하지 않으면 안 되게 되었다. 또한 기술의 개발과 생산에는 거대한 비용과 위험이 따르므로 이를 감당할 수 있는 특정한 거대기업들만이 이것이 가능한 만큼 기업 간 기술의 불균형 역시 매우 높아지고 있고 이러한 기술의 불균형이 국제무역 불균형의 원인이 되기도 한다.

이처럼 국가 간 또는 기업 간 기술격차(technology gap)가 점점 확대되고 있는데[59] 다국적기업들이 이렇게 다양한 내용의 기술을 다양한 형태로 이전시키고 전파시킴으로써 각 경제주체들 간의 기술적 격차와 불균형을 해소시키는 중요한 매개자가 되고 있다. 다국적기업들이 개발한 세계적 기술들이 현지의 자회사에 이전되거나 라이센싱 형태로 현지기업에게 판매될 경우 이러한 국가 · 지역 · 기업 간 기술의 불균형문제가 해소될 수 있기 때문이다.

이에 따라 다국적기업에 의한 기술의 국제적 이전효과를 긍정적으로 평가하는 사람들은, 거대한 규모를 가진 기업일수록 연구개발(R&D)에 더 많은 지출을 행하여 다국적기업이 더 혁신적일 뿐만 아니라 기업의 다국적성과 기술혁신 간의 상관성이 높다는 사실이 실증적으로 입증되었다는 점을 강조하면서, 다국적기업이 여러 나라에서 활동한다는 사실 그 자체가 그들이 속하는 산업이나 지역의 기술혁신을 증대시키는 역할을 행하는 만큼 다국적기업이 기술과 무역의 국제적 불균형을 해소시키는 주요한 역할을 한다고 주장한다.

1.2 세계 기술발전에 대한 부정적 효과

다국적기업은 이렇게 세계적인 기술창조자로서뿐만 아니라 이러한 기술을 세계적으로 이전시키고 확산시키는 기술전파자로서의 역할과 기능을 행하여 왔으며 이러한 기술의 전파가 세계적인 기술발전과 경제성장을 촉진시키는 큰 잠재력을 지니고 있는 것이 사실이다. 그럼에도 불구하고 다국적기업이 행하는 기술의 창조와 확산이 가져다 줄 수 있는 긍정적인 잠재력이 실제의 현실에서 얼마나 실현될 수 있고 각 경제주체들 간의 기술적 격차를 얼마나 해소할 수 있는가에 대해 회의를 가지거나 때로는 오히려 부정적인 결과를 초래할 수 있다는 비판과 우려들이 제기되고 있다.

기술의 국제적 독점 초래 : 새로운 기술을 생산하는 데에는 매우 거대한 비용이 소요되므로 그러한 거대한 연구개발비용을 감당할 수 있는 소수의 거대기업들만이 기술의 창조와 혁신을 행할 수 있는 만큼 세계적인 다국적기업들이 새로운 기술개발을 독점할 수 있다.[60] 뿐만 아니라 이러한 기술이 다국적기업들의 범세계적 경영활동을 가능케 하는 독점

---

59 이러한 국가 간 기술격차의 수준을 보면 ① 신기술 및 신제품을 독자적으로 개발할 수 있는 능력을 나타내는 기술개발지수가 미국을 100으로 할 때 일본은 55.1, 독일은 39.1, 한국은 4.1이다. ② 기술의 산업생산에 대한 기여도를 가리키는 기술개발지표 역시 미국을 100으로 할 때 일본은 82.3, 독일은 52.1, 한국은 7.3에 불과하다.

적 우위의 원천이 되는 만큼 자신이 보유하는 기술을 외부에 유출시키지 않기 위한 철저한 기술보호전략 내지 기술관리전략을 적극적으로 수행한다.

다국적기업의 이러한 높은 기술혁신능력과 철저한 기술보호전략으로 인하여 다국적기업에 의한 기술의 국제적 독점이 초래된다. 더욱이 최근에 이르러 특허권 등 지적재산권의 보호가 세계적인 차원에서 더욱 강화됨에 따라 다국적기업의 이러한 국제적 기술독점은 더욱 공고해지게 된다. 다국적기업에 의한 이러한 기술독점(technology monopoly)은 그들이 누리는 독점적 이윤의 주요한 원천이 될 뿐만 아니라 자본독점과 상호 작용하면서 다국적기업의 독점적 성격을 더욱 강화시키게 된다. 이에 많은 사람들은 그동안 자본을 기초로 형성되었던 국제적 독점형태가 기술을 바탕으로 하는 독점형태로 그 내용이 전환되고 있다고 평가하기도 한다.

기술혁신능력향상의 한계성 : 다국적기업들이 더 많은 연구개발투자를 행하고 있는 것은 사실이지만 그들이 비(非)다국적기업에 비하여 더 기술혁신적인가, 다국적기업의 존재가 그들이 속하는 산업이나 지역의 기술혁신 경향을 실제로 더 향상시키게 되는가에 대해서는 논란이 없지 않다. 상술한 대로 다국적기업의 기술이전효과를 긍정적으로 평가하는 사람들은 다국적기업이 여러 나라에서 활동한다는 사실 그 자체가 그들이 속하는 산업이나 지역의 기술혁신을 증대시킨다고 주장하지만, 비판론자들은 다국적기업의 활동이 산업 내 독점도를 높여 기술혁신의 유인을 저하시키며 현지국에 진출한 다국적기업이 현지국 자체의 기술혁신을 오히려 구축(crowding out)하는 경향이 있어 때로는 새로운 기술혁신과 개발을 저해하거나 훼손시키는 부정적 효과를 발생시킨다고 주장한다.

기술의 이전 · 확산효과의 한계성 : 상술한 대로 다국적기업들은 자신이 보유하는 기술을 외부에 유출시키지 않기 위한 여러 가지 기술보호전략을 수행한다. 또한 그들은 막대한 비용을 투입하여 기술의 생산과 조직을 지배하면서 기술의 창조와 이전의 수단으로 시장(market)뿐만 아니라 기업 내부의 네트워크(network)를 활용하므로 이들이 행하는 국제적 기술이전의 상당 부분을 기업내거래(intra−firm trade) 형태로 행한다. 이러한 기업 내 기술이전은 자신의 기술이 경쟁기업이나 후발기업에게 이전 · 확산되는 것을 방지함으로써 자신이 구축해놓은 기술독점기간을 연장하게 된다. 따라서 외형적으로는 다국적기업이 국경을 넘는 기술이전을 많이 행하고 있지만 이러한 기술이전이 반드시 현지국의 토착기업들에게 확산되는 효과를 발휘한다고 말할 수 없다.

---

60 이에 많은 사람들은 모든 산업분야에서 신기술개발은 다국적기업에 의하여 거의 독점되다시피 하고 있으며 오늘날 세계적인 다국적기업들이 행하는 기술전략의 본질은 미래의 기술을 그들이 독점하기 위한 음모의 단편이라고 주장한다. 특히 최근 급격히 이뤄지고 있는 정보화혁명 · 디지털혁명이 기술결정론적인 성격을 띠고 있는 만큼 이와 관련 되는 기술, 예컨대 전자공학기술이나 생명공학기술에 대한 소수 다국적기업에 의한 기술독점이 아주 심각한 문제를 야기할 수 있음을 경고하기도 한다.

기술의 격차 · 불균형 해소의 한계성 : 다국적기업에 의한 기술의 국제적 전파와 확산이 기술의 국제적 격차와 불균형을 해소시키는 데 기여한다는 긍정론자들과는 반대로, 비판론자들은 세계적인 다국적기업에 의한 국제적 기술독점이 기술의 격차와 불균형을 오히려 심화시킬 수 있다는 우려를 제기한다. 과학기술이 점차 거대화되면서 연구개발(R&D)의 집중화 현상이 심화됨에 따라[61] 기술력과 기술창조능력이 소수의 선진국들에 극히 집중된 채 대부분의 나라들은 이러한 소수 국가들이 창조하고 보유하는 기술을 수입하여 사용하는 소비자적인 위치에 놓이게 되었고, 거대한 연구개발비용을 감당할 수 있는 소수의 거대기업들만이 기술을 독점함으로써 기술의 국가 간 격차와 기업 간 불균형이 더욱 심화되고 고착화되고 있다는 것이다.

기술의 종속 심화 우려 : 따라서 외국계 다국적기업의 유치를 희망하는 많은 현지개도국들은 더 높은 기술을 보유하고 있는 외국기업의 유치를 통하여 선진기술의 이전과 확산이 이루어질 것을 크게 기대하지만, 실제로는 이러한 기대효과가 실현되기 어려울 뿐만 아니라 때로는 국내에 진출한 다국적기업이 현지국의 자체 기술개발을 억제하고 왜곡하여 기술의 종속을 초래하게 된다고 주장된다. 이러한 시각에 서 있는 사람들은, 세월이 갈수록 이러한 기술의 종속이 심화되어 다국적기업을 유치하는 현지개도국들은 일종의 기술식민지(technology colonies)가 될 수 있음을 우려한다. 이 때문에 외국계 다국적기업을 유치하는 현지국들은 한편으로는 기술이전에 대한 기대감을 갖는 동시에 다른 한편으로는 다국적기업에 의한 기술독점이나 기술종속에 대한 공포감도 갖게 된다.

이처럼 다국적기업에 의한 국제적 기술이전이 가져오는 경제적 효과는 다양한 요인들에 영향을 받고 다양한 측면을 지니기 때문에 이 역시 일반화가 쉽지 않다. 다국적기업의 직접투자가 투자국과 현지국의 기술에 미치는 효과 역시 이러한 양 측면을 동시에 가지게 된다. 따라서 ① 투자국의 경우 해외직접투자로 인한 기술습득효과(+효과)와 기술유출효과(−효과), ② 현지국의 경우 외국인직접투자로 인한 기술이전효과(+효과)와 기술개발훼손효과(−효과)라는 양 측면을 균형적으로 살펴보아야 한다.

2. 투자국의 기술발전에 미치는 효과

해외직접투자가 투자국의 기술에 미치는 효과를 보면 이 역시, 한편으로는 새로운 기술을 습득하거나 기술적 편익을 얻고 국내기술의 스킬을 향상시키고 기술구조를 개선시

61 2002년 OECD가 30개국의 R&D비용을 구매력평가환율(PPP)로 측정한 결과 6,520억 달러로 나타났는데 이 중 G7(미 · 영 · 불 · 독 · 이 · 캐 · 일)이 차지하는 비중이 83%(미국 42%)였고 개도국의 비중은 일부 신흥국(한국 · 싱가포르 · 중국)에서 크게 성장하고는 있지만 여전히 전반적으로 낮은 수준이었다.

키는 긍정적 효과가 있는 반면, 해외투자를 통하여 자국의 기술이 해외로 유출되고 이와 관련하여 국내기술개발이 정체되거나 기술력이 약화되는 부정적 효과가 발생할 수 있다. 해외투자로 인한 투자국의 기술습득효과(+효과)와 기술유출효과(-효과)라는 양 측면의 효과를 [그림 11-3]이 요약하고 있다.

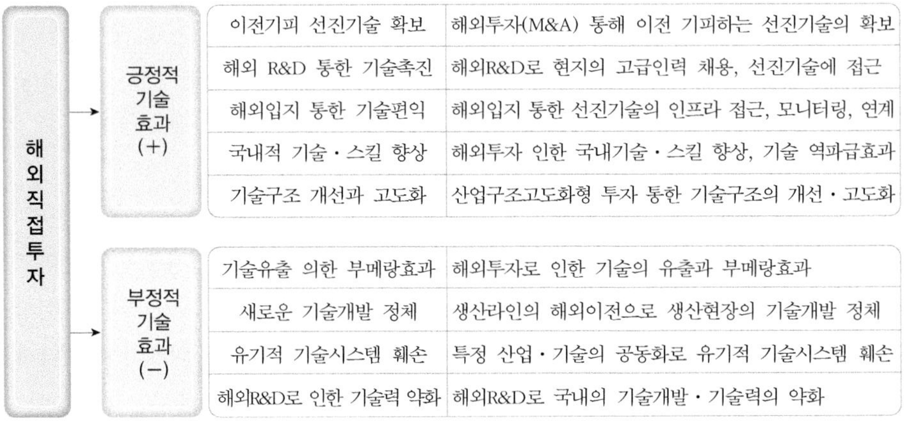

그림 11-3 해외직접투자가 투자국에 미치는 기술효과

2.1 투자국의 긍정적 기술효과

2.1.1 선진기술 습득효과

오늘날 해외투자 중에는 선진국에 진출하여 앞선 기술이나 노하우를 습득하려는 선진기술습득(추구)형 투자가 중요한 위치를 차지하고 있다. 이것은 기술에 대한 경쟁이 날로 심화되고 기술의 내용이 더욱 복잡해짐에 따라 기술개발과정이 더욱 급속히 이루어져야 하는 한편, 기술에 대한 보호장벽이 높아지고 기술에 의한 경쟁력확보가 더욱 중요해짐에 따라 자체적인 기술개발이나 라이센싱을 통한 기술도입보다도 해외직접투자를 통하여 선진기술을 습득하는 것이 더 효율적이라고 인식하기 때문이다.

1980년대 이후 유럽·일본·신흥공업국 기업들이 미국의 실리콘밸리 등에 행한 직접투자 중에는 이러한 유형의 기술자산추구형 해외투자가 많았다. 1980~1990년대 이루어진 대부분의 기술자산추구형 투자는 주로 주요 선진국들 간에 이루어졌지만 20세기 이후에는 개도국들도 이러한 투자에 적극적으로 참여하고 있다. 이러한 유형의 해외투자는 현지국의 높은 기술을 습득하는 효과뿐만 아니라 투자국의 국내기술발전에도 기여하게 되는데 이러한 긍정적 기술효과의 의의를 구체적으로 살펴보면 다음과 같다.

이전 기피 기술의 확보 : 선진국기업들이 보유하고 있으면서도 그것의 이전을 기피하는 선진기술을 해외M&A투자를 통하여 확보할 수 있게 된다. 기술을 얻기 위한 이러한 M&A 투자는 독자적 개발에 수반되는 많은 시간 · 비용 · 위험을 감소시킬 수 있고 또한 기술제휴 등의 방법만으로는 획득하기 힘든 비공개기술이나 현재 개발이 진행 중인 기술까지를 일괄적으로 얻을 수 있다는 장점이 있다.

해외R&D 통한 기술촉진 : 해외에 R&D센터를 설립하여 현지의 고급 기술인력이나 연구인력을 채용하여 활용함으로써 보다 효율적으로 선진기술에 접근해 갈 수 있다. 한걸음 더 나아가 이를 모험자본회사로 발전시켜 나갈 경우 현지에서 타인이 개발한 다양한 기술의 사용권을 본사로 이전시킴으로써 투자국의 기술축적에 기여할 수 있다. 이러한 기술촉진 효과 때문에 오늘날 선진국의 많은 다국적기업들이 해외자회사에 대한 R&D투자활동을 크게 증대시키고 본사와 자사 간에 다양한 R&D분권화를 행하고 있다.

해외입지에 따른 편익 : 해외자회사를 통하여 현지국의 과학기술 인프라와 연결되거나 경쟁자들과의 기술제휴를 통하여 선진기술에 접근하게 된다. 어떤 직접적인 제휴가 없는 경우에도 기술혁신을 주도하는 국가에 입지하는 것만으로 얻을 수 있는 편익도 매우 크다. 예컨대 해외자회사가 선진국에 입지함으로써 그들의 기술변화를 모니터링할 수 있는 기회를 얻게 되고, 미국 등 주요 선진국들이 WTO 등 국제규범이 규정하고 있는 내국민대우(national treatment) 원칙에 따라 자국 기업과 동일하게 부여하는 R&D지원혜택 등을 누릴 수 있게 된다.

2.1.2 국내 기술수준 향상효과

해외직접투자는 이처럼 기술자산추구형 투자를 통하여 선진기술을 습득하거나 선진국들이 부여하는 기술적 편익을 누리게 되는 기술효과를 얻을 수 있을 뿐만 아니라 해외직접투자를 통하여 투자국 자신의 국내기술이 향상되는 효과도 누릴 수 있다.

기술개발 코스트의 분산 : 새로운 기술개발에는 높은 코스트가 수반되는데 해외투자를 통하여 더 큰 시장을 확보함으로써 기술개발에 따르는 고정비용을 분산시킬 수 있고 이러한 기술개발 코스트의 분산을 통하여 새로운 기술개발이 더욱 촉진될 수 있다.

국내 기술과 스킬의 향상 : 해외투자는 높은 수준의 스킬이 요구되므로 이를 위한 새로운 훈련 등이 이루어지게 되므로 이러한 과정 자체가 고용자들의 스킬을 높이게 된다. 또한 해외투자로 인하여 그들의 고용자가 새로운 사업 환경 · 소비자 · 경쟁자들에게 노출(exposure)됨으로써 이로 인한 학습효과가 발생되어 이것이 기업 전체 스킬의 향상과 축적을 가져올 수도 있다. 이러한 스킬효과는 제조업부문에서도 발생하지만 서비스산업의 경우 이러한 효과가 더욱 현저할 수 있다. 또한 최근의 몇몇 연구에 따르면 해외투자가 투자국의 기술적 능력과 생산성의 향상에 기여하는 기술의 역파급효과(reverse technology spillover)가 있음을 확인해 주고 있다.

2.1.3 기술구조 개선효과

오늘날 선진국 간의 신기술개발경쟁 · 신흥공업국의 부상 · 후발개도국의 추격 등으로 인하여 세계적인 비교우위구조의 변화와 산업재편성이 활발히 진행되고 있다. 이러한 세계분업구조의 재편과정에서 해외투자가 자국의 산업구조 조정수단으로 활용되는 경우가 많아 이를 산업구조조정형 투자로 분류하기도 하는 것은 전술한 바와 같다. 이러한 산업구조조정형 투자가 성공적으로 이루어지면 국내의 노후기술을 해외로 이전시킴과 동시에 국내의 산업구조와 기술구조를 고도화시키는 효과가 발생될 수 있다.

해외직접투자가 투자국의 산업구조와 기술구조를 개선시키는 이러한 긍정적 기술효과가 발생되기 위해서는 투자국 정부의 적정한 정책이 수행되어야 하는데 투자국정부가 추진해야 할 주요한 정책방향은 다음과 같은 2가지에서 찾을 수 있다.

동태적 산업구조 고도화정책 : 경제활동의 글로벌화에 따라 다국적기업이 국내의 산업과 기술을 해외로 수출하거나 재배치함에 따라 동태적 비교우위구조가 변화하게 되면, 투자국 정부는 이러한 동태적 변화를 국내의 산업과 기업들에게 인식시키고 생산성향상과 기술혁신을 촉진시키는 정책, 기술집약산업의 업그레이드를 촉진시키는 전략 등 동태적인 산업고도화정책을 행하여야 한다. 이러한 과정에서 국내기술구조의 개선과 고도화가 이루어지고 인적자원의 스킬이 높아지는 결과가 초래될 수 있는데 이러한 경우 해외투자가 투자국의 국내기술구조를 개선시키고 업그레이드시키는 수단으로 작용하게 된다.

노동의 재훈련프로그램 : 해외직접투자의 생산 및 고용 효과와 관련하여 논의하였듯이 해외투자로 인하여 전통적 산업부문에서의 구조적 실업이 발생할 수 있는데 이러한 예를 섬유 · 의류 등과 같은 노동집약적 산업이나 경공업 · 가전제품과 같은 부문에서 종종 볼 수 있다. 이러한 경우 해외투자로 인하여 방출되는 종전의 일자리를 새로운 일자리 창출을 통하여 대체하는 산업구조고도화가 이루어져야 한다. 일반적으로 산업구조고도화 과정에서 창출되는 새로운 일자리는 해외투자로 인하여 방출되는 종전의 일자리와는 다른 스킬을 요구하게 된다. 따라서 어떤 효율적인 재훈련프로그램이 이루어지지 않으면 해외투자로 인한 구조적 실업이 계속될 수 있다.

WTO의 섬유류교역협정에 의해 종래의 다섬유협정(MFA)이 종료되자 해외투자가 미국이나 유럽의 노동시장에 미치는 효과에 대한 관심이 다시 높아지게 되었다. 이렇게 낡은 주제가 새로운 논쟁점으로 다시 부각된 것은 이러한 변화가 노동의 분업구조상 불가피해졌기 때문이다. 이러한 과정에서 투자국 정부는 해외투자로 인하여 방출되는 인적 자원의 질을 높이는 교육훈련정책 등을 통하여 해외투자로 인한 구조조정 비용을 극소화하는 교육과 재훈련 프로그램을 잘 운영하여야 하는데 이러한 과정이 제대로 이루어졌을 때 해외투자로 인한 기술구조 개선효과도 제대로 나타날 수 있다.

2.2 투자국의 부정적 기술효과(기술유출 및 경쟁력약화)

해외투자를 통하여 생산거점이 해외로 이전되면 투자국 기업이 보유하고 있는 기술을 외국에 내어주는(giving away technology) 결과를 가져와 기술의 해외유출효과(leakage effect)가 발생될 수도 있다. 이러한 기술유출이 이루어지면 이것이 결과적으로 현지국의 경쟁력을 높여줌으로써 국제시장에서의 경쟁을 심화시키는 동시에 투자국의 국제경쟁력을 상대적으로 약화시킬 수 있다.[62]

전후 미국 기업들은 상품수출 및 해외투자를 적극적으로 추진하는 동시에 국제수지개선이라는 목전의 이익을 위하여 기술의 해외이전에도 상당히 적극적이었다. 그러나 이러한 기술수출은 일시적으로 미국의 국제수지를 개선하는 데 도움이 되었지만 결과적으로는 그들이 누리고 있는 기술과 노하우를 유럽과 일본 기업들에게 넘겨주는 결과를 초래하였고 이것이 결국 해외시장이나 국내시장에서의 강한 경쟁압력으로 작용하였다. 이에 따라 미국은 1970년대부터 이러한 기술이전 정책과 전략을 수정하게 되었다.

이처럼 해외투자로 인하여 투자국의 기술이 해외로 유출되고 경쟁력이 약화되는 부정적 효과를 우려하는 사람들은 해외투자가 초래할 수 있는 부정적 기술효과로서 다음과 같은 점들을 지적한다.

기술의 부메랑효과 : 투자국의 국제경쟁력의 원천이던 기술이 해외투자를 통하여 경쟁대상인 현지국으로 이전되면 현지에서의 기술적 캐칭업(catching-up)이 이루어져 투자국의 경쟁력이 상대적으로 저하되는, 이른바 부메랑효과(boomerang effect)가 발생된다.[63] 이러한 부메랑효과는 투자국의 해외투자가 비교우위부문에서 이루어지면서 해외투자에 상응하는 새로운 산업구조고도화가 원활히 이루어지지 않는 경우 더 강하게 발생된다.

새로운 기술개발 정체 : 해외투자로 인해 국내에 존재하던 생산시설과 생산과정이 해외로 이전되면 투자국의 생산기술이나 응용기술이 쇠퇴하고 새로운 기술개발이 정체될 수 있다. 생산기술이나 응용기술의 개발은 생산의 현장에서 이루어지는데 해외투자를 통하여 국내생산기반이 소멸되면 이러한 생산현장과 밀착하여 이루어지는 기술개발기반이 상실되어 기술개발력이 약화될 수 있기 때문이다. 실제로 1980년대 미국산업의 생산기술 및 응용기술의 약화가 미국경제력의 약화원인이 되었고 이러한 과정의 배후에는 미국의 해외직접투자가 원인이었다는 지적이 이루어졌다.

---

62 산업공동화론자들은 이러한 메커니즘을 '기술의 공동화'라고 지칭하기도 한다.

63 부메랑은 호주 원주민들의 사냥도구로서 멀리 던지면 다시 자신에게로 돌아오도록 만들어져 있다. 따라서 경제학에서는 자신의 행동이 사후적으로 자신에게 부정적 영향을 가져오는 것을 부메랑효과라고 하는데, 해외직접투자를 통하여 선진국의 자본과 기술을 이전받은 현지개도국이 경쟁력을 갖추어 다시 선진국을 위협하게 되는 현상을 지칭하는 용어로 사용되어 왔다.

유기적 기술시스템 훼손 : 해외투자로 인하여 어떤 특정 산업·단계의 생산기반이 해외로 이전하면 이러한 특정 산업·단계의 기술이 공동화됨으로써 기술 및 생산 상의 전체 시스템이 유기적으로 연결되지 못하여 전체적인 국내기술력이 정체하게 된다. 예컨대 어떤 나라가 첨단기술개발이나 그것을 적용하는 기술적 문제해결에 있어 우수한 성과를 나타냈다고 하여도 생산현장에서 그 결과를 활용할 수 있는 시스템이 존재하지 못한다면 전체 기술력에 문제가 발생될 수 있다. 또한 일본과 같이 중소기업의 해외진출이 활발한 경우 만약 그들의 급격한 해외진출로 인해 그들이 담당하고 있던 기반기술이 통째로 없어지는 경우 총체적인 기술력이 훼손될 수 있다.

해외R&D로 인한 국내기술력약화 : 해외투자로 인한 기술력문제와 관련된 또 하나의 우려는 R&D의 해외이전이다. 최근 들어 R&D의 국제화경향이 높아짐에 따라 해외투자가 증대될수록 국내R&D활동이 축소될 우려가 높다는 것이다. 물론 대부분의 다국적기업들의 경우 R&D강도가 여전히 본사 쪽이 강한 것이 사실이고 또한 해외R&D를 통하여 투자기업이 얻게 되는 일정한 기술적 이익이 있는 것도 사실이지만, 해외투자로 인해 R&D와 같은 고부가가치 활동이 해외에서 이루어짐으로써 국내에는 주로 저부가가치 생산 활동만이 남는 경우 투자국의 기술개발 노력이 저하될 우려가 있는 것도 사실이다.

이와 같이 해외투자를 통한 기술유출은 단순히 투자국의 기술이 해외로 유출되는 데에만 그치지 않고 보다 장기적으로 투자국산업의 경쟁력을 약화시키는 결과를 가져올 수 있다. 따라서 이러한 부정적 효과를 염려하는 사람들은 해외투자로 인하여 이상과 같은 문제점들이 복합적으로 나타날 경우 이것이 결국 투자국의 제조업경쟁력의 원천을 약화시킴으로서 투자국 경제 전체의 경쟁력을 약화시킬 수 있다고 주장한다.

부록 11-4 투자국의 기술효과에 대한 평가와 함의

1. 투자국 기술효과에 대한 종합적 평가

이상에서 설명한 바와 같이 기업의 해외진출은 투자국의 기술 및 국제경쟁력을 강화시키는 데에 기여할 수도 있고 오히려 약화시키는 결과를 초래할 수도 있다. 따라서 이에 대한 논의들이 다양한 관점에서 이루어졌고 실증적 연구들 역시 광범위하게 이루어져 왔다. 그러나 이 문제 역시 일의적으로 답할 수 있을 만큼 그 결론이 일반화되어 있지 못하다.

해외투자가 투자국의 기술에 미치는 효과와 관련하여서는 우선 해외투자가 새로운 선진기술의 확보와 습득에 얼마나 기여하고 있는가가 중요하다. 또한 해외투자를 통한 기술유출효과가 얼마나 발생하느냐 문제와 함께 그러한 기술유출이 발생한다고 하더라도 '해외투자가 일어나지 않았더라면 과연 그러한 기술유출이 일어나지 않았을까' 내지는 '해외투자 때문에 그러한 기술유출이 더 빠른 속도로 이루어진 것일까'에 등에 대한 평가도 종합적으로 이루어져야 한다.

신고전파적 자본이동론은, 기술의 국제적 이전과 전파는 배분적 · 기술적 효율을 증대시켜 세계 전체의 실질생산량을 증대시키고 기술의 수출국과 수입국 모두에게 이익을 가져온다고 전제한다. 그러나 이러한 이론적 논의는 완전경쟁 · 완전고용 · 이윤극대화를 전제로 하는 후생함수 등과 같은 비현실적인 가정들 위에 정립되어 있기 때문에 이러한 조건들이 충족되지 않는 경우 이러한 효과를 기대할 수 없게 된다. 이러한 점에서 신고전파적 모델은 자본이동에 따른 기술이전의 효과를 너무 과장하거나 기술유출로 인한 손실을 제대로 고려하지 못한다는 비판을 받게 된다.

반면, 해외투자로 인한 기술유출효과를 강조하는 주장 역시 기술이전으로 인한 투자국이 누릴 수 있는 여러 가지 간접적 이익을 충분히 고려하지 않고 있다. 예컨대, 해외투자를 통한 기술이전은 소득의 승수효과를 통하여 투자국경제에 간접적인 이익을 가져다 줄 수 있다. 19세기 영국경제는 자국의 자본수출에 수반된 기술이전에 의해 현지국의 소득증대효과가 나타났고 이로 인하여 영국제품의 수출이 증대되고 규모의 경제가 달성되는 이익을 얻기도 하였다. 오늘날에도 해외자회사에 대한 부가가치활동과 현지국의 한계수입성향에 따라 이러한 간접적 이익이 발생할 수도 있다. 다수의 경제학자들은 미국의 해외투자로 인하여 이러한 소득의 승수효과가 발생할 수 있음을 1960~1970년대에 실증적으로 제시한 바 있다.

또한 기술의 상실효과와 관련하여 라이센싱(licensing)을 통한 기술의 상실가능성과 해외투자를 통한 기술의 상실가능성 중 어떤 쪽이 더 큰가 하는 문제도 있다. 이에 대해서는 라이센싱보다는 해외투자가 오히려 자신의 기술적 우위를 더 오랫동안 지키는 수단이라는 것 일반적 견해이다. 해외투자의 경우 현지에서 고용된 숙련노동자의 이탈 · 현지경쟁기업이나 현지협력기업의 모방 · 현지 R&D활동 등을 통한 기술유출이 일어나고 있지만, 다국적기업이 보유하고 있는 독점적 기술의 경우 장기적인 훈련 없이는 이전되기 어려운 복잡한 성격을 띠고 있고 또한 현지국의 기술흡수능력 역시 낮아서 기술의 유출정도가 라이센싱에 비하여 오히려 제한적이라는 것이다.

2. 투자국 기술효과의 정책적 함의

이와 같이 해외투자로 인한 기술의 해외유출효과는 과장되기도 하고 때로는 사실과 다른 측면도 없지 않지만 해외투자로 인한 이러한 기술유출이나 국제경쟁력약화가 발생할 수 있는 가능성이 있는 것은 사실이므로 이러한 우려를 감소시키고 방지하기 위해서는 다음과 같은 투자국의 정책적 노력이 이루어져야 한다.

바람직한 투자유형 확보 노력 : 해외투자가 자신의 비교우위부문에서 이루어지는 미국형 투자보다는 자신의 비교열위부문을 해외로 이전시키는 일본형 투자가 해외투자로 인한 기술의 해외유출효과 면에서 더 바람직하다는 고지마(小島清)의 가설에 귀 기울일 필요가 있다. 또한 해외투자로 인한 기술유출문제를 산업구조조정의 관점에서 보면, 국내적 산업조정 속도가 국제적 산업조정 속도보다 빠른 경우를 의미하므로 투자국은 양자 간의 속도를 통제할 수 있는 전략과 정책수단을 강구하여야 한다.

국내산업의 구조고도화 노력 : 이상의 논의들은 결국, 아직도 국내에서 생산하여 해외로 수출할 수 있는 국내산업을 지나치게 성급히 해외로 진출함으로써 국내산업의 경쟁력이 약화되는 효과를 방지하기 위한 고려가 이루어져야 한다는 것이다. 그러나 이러한 기술유출문제를 두려워하여 해외투자 자체를 인위적으로 억제하기보다는 국내산업 구조고도화를 위한 원활한 구조조정을 적극적으로 추진하여 더 높은 기술을 바탕으로 하는 새로운 비교우위를 창출하는 노력이 더 근본적으로 추진되어야 한다. 또한 시장왜곡으로 인하여 해외로의 기술이전이 투자국에게 이익이 되지 않는 경우에도 기술의 해외유출을 통제하기보다는 그러한 왜곡을 제거하는 노력이 더 바람직한 것이 된다.

3. 현지국의 기술발전에 미치는 효과

세계의 주요한 기술개발이 대부분 다국적기업에 의해 이루어졌고 다국적기업들은 이러한 기술을 현지자회사에 이전시키거나 라이센싱 형태로 해외에 매각함으로써 기술의 세계적 전파를 주도하고 있는 만큼 다국적기업은 새로운 기술의 창조자인 동시에 기술의 세계적 확산을 주도하는 주체이기도 하다. 이렇게 새로운 기술의 창조자인 동시에 세계적 전파자인 다국적기업을 유치하는 현지국은 이를 통하여 선진기술이 이전되고 확산되는 효과를 누리게 된다. 많은 현지국들이 외국인투자를 환영하는 주된 이유 중의 하나가 이러한 기술이전효과이고, 특히 우리나라와 같은 중진국의 경우 이러한 기술이전효과가 매우 중요하다.

이렇게 다국적기업은 현지국에 대하여 여러 가지 기술이전효과를 발생시키는 것이 사실이지만 이러한 효과는 여러 가지 이유 때문에 사실상 제한적이거나 불완전한 성격을 띠고 있는 것도 사실이다. 따라서 다국적기업의 기술이전효과를 논의함에 있어서는 현지국에 대한 긍정적 기술이전효과와 함께 ① 기술확산효과의 한계성, ② 이전되는 기술의 적합성, ③ 다국적기업에 의한 자체기술개발의 잠재력 훼손 문제 등과 같은 부정적 측면도 함께 검토되어야 하는데[64] 이러한 양 측면을 [그림 11－4]가 요약하고 있다.

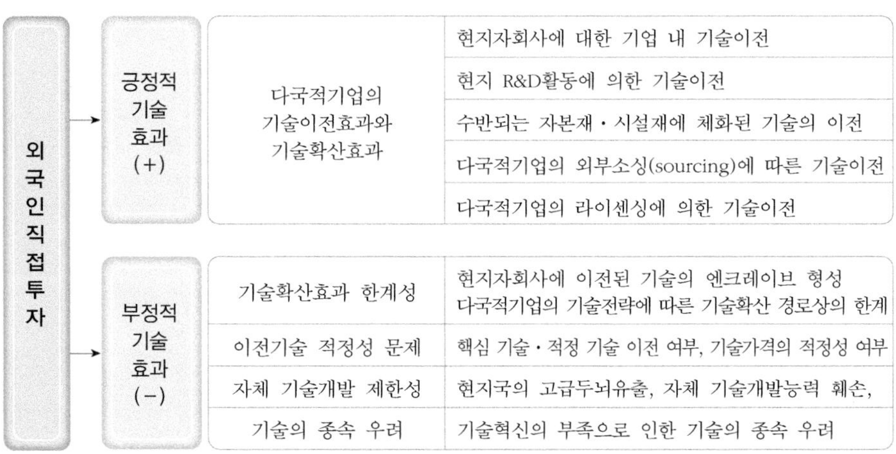

그림 11－4 외국인직접투자가 현지국에 미치는 기술효과

64 현지국의 기술이전 및 확산효과와 관련한 다양한 논의는 안세영(1998) 제4장 참조

3.1 선진기술 이전효과(긍정적 효과)

다국적기업의 기술이전과 관련된 많은 실증적 연구결과를 보면, 해외매출액이 크고 보다 많은 혁신기술을 가진 다국적기업일수록 기술이전을 많이 해준다는 사실을 보여주고 있고, 또한 많은 개도국의 경우 다국적기업의 진출이 활발한 산업에서 기술집약도가 높을뿐더러 기술진보 속도도 높았다는 사실을 보여주었다. 이러한 연구결과는 결국, 세계적인 다국적기업일수록 더 많은 기술을 창조하여 더 많은 기술을 이전하고 이러한 다국적기업의 기술이전이 현지국의 기술발전에 기여하고 있다는 것을 말해 준다.

다국적기업에 의한 기술이전은 현지국의 생산성향상 · 경제적 리스트럭처링 · 장기적 경제성장 등에 영향을 미친다. 그러나 이러한 경제적 효과를 계량적으로 보여주기가 쉽지 않으므로 경제학자들은 외국인투자가 자국의 생산성에 미치는 효과를 분석하여 그 결과를 통하여 기술이전효과를 간접적으로 설명하기도 한다. 1985년부터 1995년까지 영국의 외국인투자 스톡변화가 제조업생산에 미치는 효과를 분석한 어떤 연구는, 동 기간 동안 외국인직접투자가 약 12.5%(연평균 1.2%)의 제조업 성장을 가져왔는데 이것은 제조업 생산성향상의 약 30% 정도가 외국인투자에 의하여 이루어진 것으로서, 직접적이든 간접적이든 외국인투자를 통하여 상당한 기술이전이 이루어졌음을 의미한다고 해석하였다.[65]

다국적기업을 통하여 기술이 이전되는 일반적인 형태로서는 ① 다국적기업이 현지자회사에 자신의 기술을 직접적으로 이전시키는 기업 내 기술이전, ② 다국적기업 현지자회사의 R&D활동을 통한 기술이전, ③ 직접투자와 함께 유입되는 자본재 및 시설재에 체화된 기술의 이전이 있고, ④ 최근에는 다국적기업에 의한 기술의 아웃소싱(sourcing)에 따르는 기술이전도 주목받고 있다.

이러한 여러 가지의 기술이전 형태 중 다국적기업 현지자회사가 행하는 R&D를 통한 기술이전에 대한 관심이 매우 높다. 이와 관련하여 현지국의 R&D자금조달 중 외국기업이 차지하는 비중에 대한 통계를 보면 지난 20여 년간 해외에서 이루어진 R&D자금조달의 약 85%가 다국적기업에 의해 조달되었던 것으로 알려지고 있고, 또 다른 많은 조사결과는 외국기업에 의한 R&D가 현지국의 기술 활동에 차지하는 비중과 중요성이 매우 클 뿐만 아니라 그 중요성이 점차 증대하고 있음을 보여주고 있다.[66] 한편 최근에 이르러 다국적기업의 국제적 기술혁신활동이 점차 계약이나 R&D제휴 등과 같은 아웃소싱에 의해

---

65 R. Barrell and N. Pain(1997) pp.1770~1786

66 유엔무역개발회의(UNCTAD, 2005)에 따르면 1996년에서 2002년 사이 현지국의 R&D자금조달 중 외국기업이 차지하는 비중이 선진국의 경우 11%에서 16%로 증가하였고 개도국의 경우 2%에서 8%로 증가하였으며, OECD(2006)에 따르면 OECD국가들의 R&D 중 해외자회사에 의하여 이루어진 R&D비중이 1993년 12%에서 2004년 16%로 증가하였다.

보완되고 있다.[67]

3.2 현지국 기술확산효과의 한계성

3.2.1 기업 내 기술이전과 엔크레이브

다국적기업은 그들의 독점적 우위의 원천을 기술에 두고 있으므로 이를 보호하려는 전략을 적극적으로 수행하는 만큼 현지국에 대한 다국적기업에 의한 기술의 파급・확산효과는 일반인들이 기대하는 수준에 미치지 못하는 것이 보통이다. 따라서 다국적기업들이 표면적으로는 많은 기술을 현지국으로 이전하는 것처럼 보이지만 정작 '기술이전(transfer of technology)의 진정한 의미가 무엇인가'라는 관점에서 보면 다국적기업의 기술이전효과에는 일정한 한계가 있음을 알 수 있다.

일반적으로 다국적기업이 많은 기술이전을 해준다고 생각할 수 있었던 것은 모기업의 현지자회사에 대한 기술이전, 즉 [그림 3-5]가 보여주는 '기업 내 기술이전'(intra-firm transfer of technology)을 현지국에 대한 기술이전으로 파악하였기 때문이다. 진정한 기술이전이 이루어지기 위해서는 모기업과 해외자회사 간의 '기업 내 기술이전'뿐만 아니라 이렇게 이전된 해외자회사의 기술이 기술확산(technology diffusion) 과정을 통해 현지국에 효율적으로 흡수되어 산업발전이나 생산성향상에 기여할 수 있어야 한다.

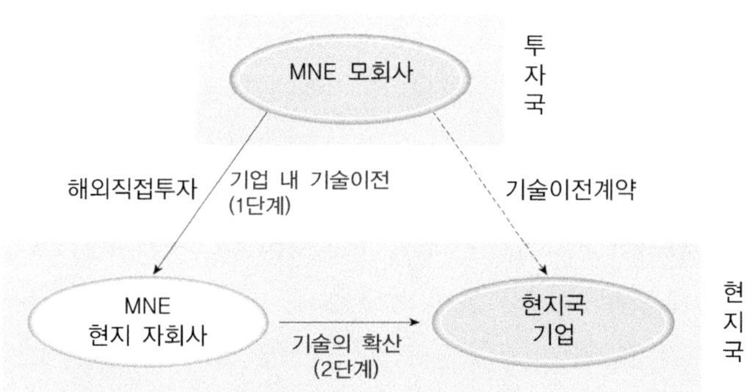

자료 : 安世英(1998) p.180

그림 11-5 다국적기업에 의한 기술이전의 경로

---

67 어떤 조사에 따르면 미국 국내산업의 R&D중 계약에 의한 비율이 3.7%(1997)에서 5.6%(2003)로 증가하였고(National Science Board, 2006), 유럽계 R&D집약적 다국적기업 95개에 대한 조사에서도 그들 중 90% 정도가 기술의 외부조달을 행하여 전체 R&D 중 평균 15%정도를 아웃소싱한 것으로 나타났다(European Commission, 2006). 또한 이러한 국제적 기술제휴가 이루어지는 형태를 보면, 대부분이 계약이나 합작투자 형태의 제휴로서 R&D제휴 중 이들의 비중이 1980년대 50% 정도에서 1998년 90% 수준으로까지 높아졌고, 또한 새로운 R&D제휴 중 하이테크산업이 차지하는 비중이 같은 기간 중 50%에서 80%로 증가되어 대부분의 R&D제휴가 하이테크산업에서 발생되었음을 보여주었다(J. Hagedoorn and S. M. Lundan, 2001).

말하자면 1단계의 '다국적기업 내 기술이전과정'과 2단계의 '기술확산과정'을 모두 거쳐 내국인에 의해 그 기술이 토착화어 현지국이 관리할 수 있게 되었을 때 진정한 의미의 기술이전이 이루어졌다고 볼 수 있다. 이러한 관점에서 기술의 이전을 정의하면 다국적기업에 의한 기술이전효과는 매우 제한적인 성격을 띠게 된다.

앞에서 논의한 바와 같이, 기술이란 다국적기업의 입장에서 볼 때 중요한 독점적 우위(monopolistic advantage)의 원천인 만큼 이러한 그들의 기술을 현지국에 유출시키는 것은 곧 자신의 독점적 우위를 상실하는 것을 의미하는 만큼, 자신의 기술적 기반을 보호하기 위한 전략적 노력을 기울이게 된다. 따라서 다국적기업의 집권화 특성과 관련하여 설명한 대로 대부분의 R&D기능이나 신기술을 모기업이 독점하고 있고 불가피하게 현지자회사에 이전시켜주는 경우에도 그러한 기술이 현지국에 유출되지 않도록 기술을 독점관리하는 철저한 기술전략을 채택하게 된다.

후자의 경우와 같이 다국적기업이 현지자회사에 이전한 기술을 철저히 보호하는 전략을 수행하는 경우 소위 말하는 기술의 엔크레이브(technological enclave)가 형성된다.[68] 기술의 엔크레이브란, 다국적기업이 현지자회사에 기술을 이전함으로써 1단계인 '기업 내 기술이전'은 이루어졌지만 2단계인 '기술의 확산'이 이루어지지 않았을 때 발생한다. 말하자면 현지국 영토 내에 존재하고 있는 다국적기업의 자회사가 기술을 보유하고 있지만 이것이 현지국의 국내 산업과 기업에 전혀 확산되지 않는 이방지대를 형성하고 있는 것이다.

이러한 경우 표면적으로는 다국적기업과 현지국 간에 많은 기술이전이 이루어졌지만 이로 인한 기술의 외부경제효과나 파급효과(spillover effect)가 전혀 발생하지 않아 현지국의 과학기술 잠재력의 향상이나 경제발전에는 기여하지 못하게 된다. 물론 이러한 기술의 엔크레이브는 다국적기업이 이전하는 기술을 현지국들이 흡수할 능력이 없는 경우, 또는 다국적기업이 기술이전을 행하면서 자회사의 수출능력이나 기술생산능력 등을 지나치게 제한하는 조건을 부과하는 경우 등에도 발생된다.

3.2.2 기술 확산경로상의 한계성

이상과 같이 다국적기업에 의한 현지자회사에 대한 기슬이전이 현지국에 대한 확산효과를 갖지 못하는 것이 사실이지만 일단 현지국에 공장을 세워 현지인을 채용하고 현지에서 부품을 조달하여 제품생산을 행하는 이상 현지자회사가 지닌 기술은 ① 현지고용기술

---

68 이러한 엔크레이브는 국제외교에서의 치외법권에 상응하는 개념이다. 현지국에 주재한 외국대사관이 '현지국 영토 내의 외국(enclave)'으로 초영토적 사법적 위상을 가지듯이, 기술이 현지국 영토 내에 존재하기는 하지만 다국적기업의 자회사가 철저히 배타적으로 보유 · 이용하고 있어 현지국에 대한 기술의 이방지대(enclave)를 형성하는 것을 말한다.

자, ② 현지 하청생산업체, ③ 현지R&D활동, ④ 라이센싱 등과 같은 경로를 통해 외부로 확산되어 나가는 효과를 발생시킨다. 그러나 이러한 제 경로를 통한 기술의 확산효과 역시 각각 다음과 같은 점에서 일정한 한계와 제약요인이 있다.

현지채용 기술자 : 현지자회사에 채용된 현지국 기술자들이 학습(learning by doing)이나 교육훈련을 통하여 기술을 익힌 후 다른 국내기업으로 이직할 경우 기술확산이 발생하게 된다. 그러나 다국적기업들은 그들의 핵심 기술(key technology)에 대해서는 본사의 기술자를 직접 파견하여 현지기술자의 접근을 제한하는 경향이 강하다. 또한 다국적기업들은 좋은 보수 등으로 현지채용기술자의 이직(移職)을 방지한다. 또한 기술습득은 현지기술자가 어느 정도의 기본적 기술지식과 습득능력을 가지고 있을 때 가능하므로 기대만큼의 효과가 나타나지 않을 수 있다. 이러한 여러 가지 제약 때문에 기대만큼의 기술확산효과가 나타나기가 쉽지 않다.

현지 하청생산업체 : 대부분의 현지자회사는 현지 하청생산업체로부터 일정한 부품을 공급받는다. 이때 기대수준의 품질유지나 원가절감을 위하여 하청생산업체에 대한 기술지도를 행하지 않을 수 없으므로 이를 통하여 여러 가지 기술이나 노하우가 현지 하청생산업체로 확산되게 된다. 그러나 다국적기업의 현지자회사들은 대부분 기술적으로 중요한 핵심 부품은 모사로부터 공급받고 주변부품만을 현지에서 조달하므로 이러한 기술확산효과 역시 제한적인 성격을 가진다.

현지R&D활동 : 다국적기업이 현지에서 R&D센터를 설립하여 기술개발 활동을 하는 경우 이러한 현지R&D활동에 따른 기술확산효과를 기대할 수 있지만 이러한 경우에도 기술확산효과는 매우 제한적이다. 전술한 대로, 다국적기업의 R&D집권화로 인하여 현지의 R&D활동이 제한되고 있을 뿐만 아니라 현지R&D를 행하는 경우에도 기초적 연구나 기반적 연구가 아닌 부수적이고 2차적인 기술이나 특정 제품이나 공정의 적응을 위한 연구가 많고, 현지R&D를 통하여 얻은 성과 역시 거의 모두 모기업에 부속되도록 하고 있으며, R&D에 대한 의사결정 역시 거의 본사가 행하고 있는 폐쇄적인 형태를 유지하기 때문이다.

라이센싱 : 다국적기업의 본사나 현지자회사가 자신의 보유기술을 현지국 기업에 라이센싱(licensing)으로 넘겨주는 경우 이로 인한 기술확산이 이루어질 수 있다. 그러나 이러한 경우에도, 후술하는 바와 같이, 기술주기 측면에서 볼 때 성숙기술이나 표준화기술 등 독점적 우위의 원천으로서의 의미를 상실하게 된 낡은 기술을 라이센싱 하는 경우가 많아 기술의 확산효과로서 미흡한 경우가 많다.

3.3 이전기술의 적정성 문제

다국적기업에 의해 기술이 이전된다고 하더라고 이전된 기술의 내용이 현지국의 기술발전이나 경제발전에 유용한 것인가라는 입장에서 볼 때 적정하거나 바람직하지 않은 것일 수 있다. 따라서 '다국적기업에 의해 이전되는 기술수준이 현지국의 기술수준이나 기술발전에 과연 적정하고 바람직한 것인가'라는 관점에서의 평가가 필요하게 되는데, 이러한 평가에는 다음과 같이 ① 핵심 기술의 이전 여부, ② 적정 기술의 이전 여부, ③ 적정 가격의 지불 여부 등이 포함된다.

3.3.1 핵심 기술의 이전 여부

다국적기업이 설령 기술을 이전해 준다고 하더라도 핵심 기술을 이전해 주느냐 아니면 핵심 기술을 제외한 주변기술만을 이전해 주느냐 하는, 핵심 기술의 이전 여부가 중요하다. 다국적기업에 의해 이루어지는 기술이전이 핵심적 기술이 아닌 주변기술들에 국한되는 경우 진정한 기술이전효과는 발휘되지 못하기 때문이다.

일반적으로 기술은 소재기술 · 중간재기술 · 조립기술 등과 같이 수직적으로 연결된 고리(chain)를 형성하고 있는데 이들 중에서 어떤 특정 기술만이 핵심 기술을 이루게 되고 나머지 기술들은 주변기술로서 존재한다. 따라서 다국적기업들은 어떤 재화의 생산에 필요한 핵심 기술만을 장악하고 나머지 부수적 기술은 외부에 이전시켜 주는 소위 '기술의 지배고리 장악전략'을 선호한다. 소재기술 · 중간재기술 · 조립기술 중에서 어떤 기술이 핵심 기술이냐 하는 것은 산업에 따라 각각 다른데 핵심 기술이 무엇이냐에 따라 다국적기업의 기술전략도 달라진다.

예컨대, 반도체산업의 경우 가장 중요한 기술은 설계기술이지만 이에 못지않게 소재기술이 핵심 기술로서 기술의 지배고리역할을 한다. 이의 좋은 예가 말레이시아의 반도체산업이다. 외견상 말레이시아가 세계 유수의 반도체 수출국으로 부상하고 있지만 이는 미국 · 일본계 다국적기업이 해외현지조립(off-shore assembly)전략의 일환으로 현지에 진출하여 조립한 제품을 수출하고 있는 데 불과하다.

중간재기술이 지배고리역할을 하는 것은 전자산업과 기계산업 등의 경우이다. 이러한 산업들 중 VTR의 헤드(head), 산업용 로봇의 서브모터 · 센서(sensor) · 핵심 제어장치(controller) 등은 우리나라가 일본에 의해 기술의 지배고리를 장악당한 대표적인 예이다. 한국은 세계적인 VTR생산국이지만 아직도 핵심 기술인 헤드기술은 일본에 의존하고 있어 매출의 10%에 해당하는 부분에 대한 특허사용료를 지불하고 있다. 공작기계 · 산업용 로봇 등의 경우에도 소재기술이나 조립에서 상당한 국산화를 이룩하고 있으면서도 핵심 기술은 일본에 장악당하고 있다.

다국적기업들은 이와 같은 기술의 지배고리장악전략에 따라 핵심 기술 이외의 부수적 기술들은 현지국에 잘 이전하여 주기 때문에 언뜻 보기에는 다국적기업이 현지국이 원하는 기술을 잘 이전시켜 주는 것처럼 인식하도록 만드는 역설적인 효과를 초래한다. 바로 이점에 현혹되어 많은 경제학자나 현지국 관료집단은 외국인투자가 선진기술을 도입하는 좋은 수단이라고 믿고 있다.

3.3.2 적정 기술의 이전 여부

다음으로 '다국적기업을 통해 이전받는 기술이 현지국의 기술발전이라는 동태적인 관점에서 보았을 때 과연 바람직하고 적정한 기술인가'라는 이전기술의 적정성 문제이다. 다국적기업을 통해 현지국이 이전받는 기술은 고작해야 기술주기(technology life cycle)상 독점적 우위의 원천으로서 의의를 상실한 성숙기술(maturing technology)이거나 표준화기술(standardized technology) 정도에 불과하다는 비판이 제기되어 왔다.

일찍이 맨스필드와 로미오(E. Mansfield & A. Romeo, 1980)는 미국계 다국적기업의 개발한 신기술이 몇 년 만에 해외로 이전되는가를 조사하였다. 그 결과, 모기업의 신기술이 유럽 등 선진국에 위치한 해외자회사에 이전되는 데 6년, 개도국에 위치한 해외자회사에 이전되는 데 10년, 라이센싱 등 기술시장(arm's length market)을 통해 이전되는 데 13년이 소요된 것으로 나타났다. 이러한 조사결과는, 조사대상기간의 제품 및 기술주기가 10년 내외였던 1970년대였음을 고려할 때, 미국계 선진다국적기업이 개발한 신기술은 성숙단계에 이르러 한국 같은 중진국에 이전되었고 표준화단계에 가서야 개도국으로 이전되었던 셈이다. 이러한 사실은 우리나라를 비롯한 여러 나라에 이전되는 기술수준에 대한 조사에서도 비슷하게 발견할 수 있었다.

적정 기술의 도입 여부 문제와 관련하여 제기되는 또 다른 논의는, 노동과잉・자본부족이라는 요소부존상태에 있는 개도국에 선진국 다국적기업들이 지나치게 자본집약적인 기술을 가지고 진출하는 경우 적정 기술이 이전되었다고 할 수 없다는 주장이다. 그들은 지나치게 자본집약적인 기술이 이전되는 경우, ① 노동의 흡수능력이 발휘되지 못하여 현지국의 실업해소에 도움이 되지못하고, ② 자본집약적 기술을 적용하는 생산 공정이 채택됨에 따라 소요되는 자금을 해외차입에 의존하게 됨으로써 대외채무가 증가될 수 있으며, ③ 개도국의 경우 그러한 기술에 대한 기술흡수능력이 부족하여 올바른 기술파급효과나 토착적 기술발전효과를 기대할 수 없으므로, 그러한 기술을 적정한 기술이라고 할 수 없다고 주장한다.[69]

---

69 물론 이러한 주장에 대해서는 다음과 같은 3가지 차원의 비판적 논의가 있다. ① 외국기업이 현지국기업보다 더 자본집약적인 생산을 행하는가에 대하여 조사해 보면 1970~1980년대의 경우 인도・브라질・가나의 경우 그러하였지만 필리핀・말레이시아・멕시코의 경우 그 반대의 결과가 도출되었다(Chen, 1990). ② 이러한 주장은 적정 기술의 필요성이라는 점에서 상당히 직관적인 호소력을 가지고 있지만, 다국적기업들이 자신의 기술을

3.3.3 기술이전가격의 적정성 여부

다국적기업으로부터 이전받는 기술에 대한 대가로 지불하는 비용이 적정한가라는 기술비용의 적정성 문제이다. 기술은 그 성격상 무형재이고 일부 소수 기업에 의해 독점적으로 소유되고 있어 이에 대한 일반적인 시장가격이 형성되어 있지도 않기 때문에 이에 대한 가격은 공급자(다국적기업)와 수요자(개도국기업) 간의 협상력에 의하여 결정되는 경향이 강하다. 이 경우 현지국 기업들의 협상력이 상대적으로 약한 것이 보통이므로 개도국에게 이전되는 기술가격이 적정 가격보다 높아지기 쉽다.

다국적기업의 경우 기술개발에는 많은 비용과 위험이 수반되기 때문에 자신이 보유하는 기술에 대하여 가능한 독점권을 행사하여 그에 대한 충분한 보상을 받으려고 하는 반면, 기술을 도입하고자 하는 현지국의 입장에서는 자신이 그러한 기술을 자체적으로 개발하거나 다른 공급원으로부터 대체기술을 도입할 수 없는 한 기술을 보유하고 있는 다국적기업에 의존할 수밖에 없다.

따라서 현지국 기업은 대부분의 경우 기술도입에 있어서 불리한 약자의 입장에 놓이게 된다. 이 때문에 현지국 정부는 때때로 기술이전거래에 참여하여 자국 기업의 협상력을 증진시키고 기술도입비용을 인하시키기 위한 노력을 행하기도 하지만, 기술시장의 구조와 비용은 결국 기술에 대한 공급자와 수요자의 특성에 의해 결정되기 때문에 기술수준이 낮고 기술에 대한 정보능력도 낮은 현지국이 높은 협상력을 가지기가 어렵다.

3.4 자체 기술개발의 제한성과 기술종속성

다국적기업들이 행하는 기술전략이 오히려 현지국에서 일어날 수 있는 자체기술개발을 제한하거나 그 가능성을 훼손하는 경우도 있다. 따라서 '외국계 다국적기업들이 국내에 진출하여 활동함으로써 자체적인 국내기술 개발 노력이 오히려 제한되고 위축되는 점은 없는가' 하는 점을 분석해 보아야 한다. 이러한 우려는 많은 실증적 조사에서도 현실로 입증되고 있다. 캐나다에 진출한 미국계 다국적기업은 캐나다기업의 자체기술 개발 노력에 부정적인 영향을 미쳤고 브라질의 전자산업에 대한 외국인투자가 현지기업의 자체기술개발 노력을 저해했다는 조사결과가 있다.

이렇게 다국적기업을 통한 기술이전이 현지국의 자체기술개발능력을 저해하는 사실은 일반적으로 다음과 같은 다국적기업의 기술전략과 관련되는 요인들에 의하여 발생된다.

전혀 수정하지 않은 채 그대로 개도국으로 가져온다는 전제를 두고 이루어진 추상적인 수준의 주장으로서 지나치게 단순한 논리이다. 실제로 어떠한 기술이라도 그것이 새로운 환경에 적용되는 경우 상당한 수준의 조정이 이루어지고 있다. ③ 개도국의 경우 자본집약적 기술과는 반대되는 노동집약적 기술 역시 제대로 정립되어 있지 못한 경우가 많으므로 엄밀한 의미에서 개도국에게는 적정한 기술의 존재를 찾기 어렵다.

고급두뇌 유출 : 다국적기업은 거대한 경제력을 무기로 그들이 필요로 하는 현지의 고급 연구개발 인력을 높은 보수와 좋은 연구여건 등을 조건으로 스카우트해 갈 수 있다. 또한 현지의 고급두뇌는 세계적인 다국적기업에서 일하는 것을 선호하는 경향이 있다. 한 나라가 자체 기술개발능력을 높이기 위해서는 물질적인 R&D투자나 연구개발시설뿐만 아니라 우수한 연구개발인력을 확보할 수 있어야 하는데 다국적기업의 이러한 인력 스카웃이 이른바 고급두뇌유출(brain－drain)효과를 가져와 현지국의 기술개발 잠재력을 훼손하게 된다.

자체 기술개발투자의 기대수익 봉쇄 : 다국적기업들은 또한 현지국 기업들이 성공적으로 개발한 기술의 상품화를 저해하기도 한다. 기업의 R&D투자는 R&D에서 발생하게 될 기대수익이 기대비용보다 클 경우 기술개발을 감행하지만 그 반대일 경우 기술개발보다는 라이센싱이나 외국기업과의 합작 등을 통하여 기술을 확보하려 한다. 그러므로 다국적기업들은 현지국 기업이 상당한 기술력을 축적하여 자신들에 도전해 올 경우 이를 저지하기 위하여 기술개발투자의 기대수입을 저하시키는 전략을 채택하게 된다. 예컨대, 자체기술개발을 추진하고 있는 현지기업과 경쟁관계에 있는 기업에게 당해 기술을 라이센싱으로 판매해 버리는 방법, 현지기업이 기술개발에 성공할 시점에 그 상품을 덤핑판매 해버리는 '제품세대교체 후 덤핑작전' 등이 그것이다.

M&A에 의한 개발능력 잠식 : 경제력이 월등한 다국적기업이 현지국 기업, 특히 정보・기술집약형 중소기업을 매수・합병해 나간다면 현지국의 기술개발능력을 상당히 잠식할 수 있다. 1980년대 후반 일본의 반도체가 미국의 경쟁력을 능가하기 시작한 것은 관련 기술을 지닌 미국의 벤처기업들에 대한 일본 기업들의 활발한 M&A가 원인이 되었으므로 국가안보적 차원에서 이를 규제하여야 한다는 주장 등도 이러한 문제와 관련된다. 선진국 다국적기업들의 경우 현지개도국의 해당산업에서 경쟁상대가 되는 정보・기술집약형 중소기업을 차례로 M&A해 감으로써 종국에는 산업기술과 시장지배력을 행사하고 있는 예가 실제로 많다.

제품차별화에 의한 상표권도입 : 세계적 차원에서의 집중적 광고를 통한 제품차별화전략은 현지시장에서 차별적 수요를 형성할 수 있다. 이런 경우 다국적기업은 구태여 현지국에서 생산할 필요 없이 상표권 하나만을 현지기업에 판매하여 상당한 이윤을 확보할 수 있으며, 또한 이러한 경우 소비자의 구매의사결정이 상품의 질보다는 광고에 의존하게 된다. 따라서 현지기업이 자체 기술개발을 통해 아무리 좋은 상품을 개발하더라도 이러한 다국적기업 활동으로 인하여 이의 판매 자체가 봉쇄되는 효과가 나타나게 된다.

이상과 같은 다국적기업의 여러 가지 기술전략적 행태들에 의하여 현지국은 자신이 필요한 기술을 외국으로부터 단순히 수입하여 사용할 뿐 자체 기술혁신을 이룩하려는 동기가 줄어들게 되어 선진국에 대한 기술적 의존과 종속이 진행되게 된다. 이에 프레비시

(R. Prebisch)와 같은 종속이론가들은, 다국적기업의 투자는 개도국과의 불평등한 관계에서 유리한 점만을 이용함으로써 현지개도국의 산업발전과 경제성장을 오히려 저해할 뿐만 아니라 국내기술개발을 억제하고 왜곡하여 기술의 종속을 초래하게 된다고 주장하였다. 이러한 시각에 서 있는 사람들은, 세월이 갈수록 이러한 기술의 종속이 심화되어 저개발국은 일종의 기술식민지(technology colonies)가 될 수 있다고 우려한다.

부록 11-5 현지국의 기술효과에 대한 평가와 정책과제

이상에서 살펴본 바와 같이 다국적기업은 직접적이든 간접적이든 현지국에 대한 상당한 기술이전 효과를 발생시키고 있고, 오늘날 현지국이 추구해야 할 가장 중요한 전략적 목표가 외국인투자를 통한 산업경쟁력 강화와 산업구조 고도화라고 하였을 때 외국인투자에 의한 기술이전 및 확산효과가 매우 중요하다. 또한 최근 들어 기술의 진보속도가 빨라지고 경제의 글로벌화가 진전됨에 따라 생산과정이 전 세계시장으로 통합되는 경향을 띠게 됨에 따라 외국기업의 유치를 통하여 그들의 기술과 마케팅 네트워크를 적극 활용하는 것이 자국 기업의 성공적인 해외진출을 위하여서도 필요해졌다.

다국적기업에 의한 기술이전이 이렇게 현지국의 기술발전과 경제발전에 중요한 것이 사실이지만, 그러한 기술이전이 과연 현지국의 국내기업이나 국민경제 내부에 파급되는 확산효과가 얼마나 큰가, 또는 다국적기업이 현지국의 자체 기술발전을 오히려 저해하는 효과를 가지는 것은 아닌가 하는 문제들이 주요한 쟁점으로 떠오른다. 따라서 다국적기업의 기술효과와 관련하여 현지국의 취해야 할 정책적 목표는 ① 다국적기업이 제공하는 긍정적인 기술효과를 어떻게 극대화하느냐 하는 문제와 ② 다국적기업에 의한 기술의 종속을 회피하면서 얼마나 자립적 기술을 창조해 가느냐 하는 문제라고 할 수 있다.

1. 현지국 기술효과의 결정요인

이러한 정책적 과제와 관련하여 먼저 살펴보아야 할 것은, 다국적기업을 통하여 현지국이 누릴 수 있는 기술이전효과와 기술확산효과는 어떠한 요인들에 의하여 영향을 받는가, 또는 현지국의 기술효과를 결정하는 요인이 무엇인가 하는 점이다. 일반적으로 현지국의 기술효과는 다음과 같은 요인들에 의해 결정된다.

현지자회사 자율성 : 다국적기업의 현지자회사가 현지국의 조달자나 유통자에 대하여 얼마나 자율적 결정을 하느냐에 따라 기술의 파급효과가 달라진다. 상대적으로 본사로부터의 통제가 작아서 분산화(현지화)된 구조를 가진 자회사는 현지성을 더 선호하므로 현지국에 대한 기술파급효과가 더 커질 수 있지만, 보다 집권화된 구조를 가진 자회사의 경우 지식의 내부적 이전방식을 선호하므로 기술의 파급효과가 작아질 수 있다.

현지자회사 현지화 정도 : 현지자회사의 자율성 여부와 함께 다국적기업의 현지자회사가 얼마나 현지화되어 있는가에 따라서도 기술의 파급효과가 달라진다. 현지국에서 생산 및 판매활동을 함에 있어 현지조달비율이나 현지기업과의 연계성이 높을수록 현지기업들이 더 많은 기술과 지식의 파급효과를 누릴 수 있다. 이 때문에 많은 현지국들이 일정 수준 이상의 부품을 현지에서 조달하도록 하는 현지부품 사용의무(local content)를 부과하기도 하고 모든 부품을 투자국으로부터 수입하여 현지국에서는 조립만 하는 스크루 드라이버(screw driver)형 공장을 배척하기도 한다.

외국인직접투자 유형 : 다국적기업의 투자유형이 현지국의 기술적 파급효과의 크기와 속도에 영향을 줄 수 있다. 일반적으로 완전소유형태의 단독투자보다는 합작투자가 현지국 기업의 학습과정과 파급효과를 더 크고 빠르게 할 수 있다. 개도국은 물론 선진국조차도 많은 산업부문에서 외국인참여지분을 제한하거나 합작투자를 선호하는 이유가 이러한 기술이전효과 때문이다. 또한 일반적으로 다국적기업의 진입형태가 M&A형 투자일 경우 국내기술발전에 미치는 잠재적 역효과(－효과)가 그린필드형 투자보다 더 큰 것으로 이해된다. M&A의 경우 단기간에 해외시장에 침투하거나 해외기업의 축적된 기술을 인수하는 것을 목표로 하는 경우가 많으므로 국내기업의 기술발전에 도움을 주지 못하거나 국내기술발전에 역효과를 줄 수 있기 때문이다.[70]

이전기술 적정성 : 전술한 대로 다국적기업을 통해 이전받는 기술이 현지국의 요소부존도 상황과 얼마나 합치되는가, 기술발전이라는 동태적인 관점에서 보았을 때 과연 바람직하고 적정한 기술주기를 가졌는가가 현지국의 기술파급효과에 있어 매우 중요하다.

현지국 시장구조 : 해당 산업에 있어 투자국과 현지국의 시장구조가 어떠하냐에 따라 기술이전이나 확산효과에 영향이 있다. 현지국의 시장구조가 경쟁적인 경우 다국적기업은 현지자회사의 경쟁력을 높이기 위하여 보다 높은 기술을 이전시키려고 노력하지만 현지시장구조가 독과점적이고 현지자회사가 이미 시장지배력을 행사하고 있는 경우에는 경쟁압력이 작아 자연히 기술이전을 행하지 않게 된다. 한편 투자국의 시장구조가 경쟁적이어서 자신과 비슷한 기술을 보유한 기업들이 많은 경우 현지자회사에 기술을 이전해 주어야 할 외부압력이 강해진다. 따라서 투자국이나 현지국의 시장구조가 경쟁적일수록 다국적기업의 기술이전을 위한 유인이 크고 따라서 현지국의 기술파급효과도 커질 가능성이 높다.

현지국 기술흡수능력 : 현지국 노동력의 기술적 스킬과 교육수준이 높고 현지국의 R&D능력과 수준이 높아 외부기술을 흡수할 수 있는 기술적 흡수능력이 높을 경우 현지국은 더 높은 기술파급효과를 누리게 된다. 또한 이러한 경우 외국기업의 입장에서는 해외직접투자를 행함에 있어 중요한 입지적 우위요인이 되어 더 많은 투자가 이루어지게 되므로 투자규모와 기술적 파급효과가 가속적인 선순환을 이루게 된다.

2. 현지국 기술효과 극대화를 위한 과제

이상과 같이 다국적기업에 의한 현지국의 기술확산효과는 ① 다국적기업의 현지자회사의 자율성이 높고 본사로부터의 통제가 작아서 분산화(현지화)된 구조를 가질수록, ② 현지국에서 생산 및 판매활동을 함에 있어 현지조달비율이나 현지기업과의 연계성이 높을수록, ③ 완전소유형태의 단독투자보다는 합작투자형태 또는 현지국기업과 협력관계를 유지하는 투자일수록, ④ 다국적기업을

70 그러나 M&A형 투자가 국내기술이전에 미치는 효과는 여러 가지 관점에서 살펴보아야 한다. 우선 자신이 보유한 기술이나 자원을 해외시장에 걸쳐 내부화하려는 자산활용형 그린필드투자일 경우, 장기적인 효과는 다국적기업의 기술전략이나 현지국의 기술흡수능력이 어떠한가에 따라 달라질 수 있지만, 단기적으로는 현지국의 기술력에 긍정적인 효과를 가진다고 할 수 있다. 그러나 해외자산추구형 M&A투자의 경우 현지국의 기술혁신에 미치는 초기효과는 별로 없지만 장기적으로 피인수기업의 기술적·조직적 업그레이드가 이루어지고 그들의 경쟁적 위치가 개선되는 경우 긍정적인 기술효과가 발생될 수 있기 때문이다.

통해 이전하는 기술이 현지국의 요소부존도 상황이나 기술수준에 비추어 바람직하고 적정한 기술주기를 가졌을 경우 증대된다.

따라서 현지국 정부는 다국적기업에 의한 기술효과가 극대화할 수 있도록 보다 자율성을 가지고 현지화를 많이 행하는 투자, 현지기업과의 협력을 보다 많이 하는 투자, 보다 현지국의 기술발전에 기여할 수 있는 적정기술을 수반하는 외국인투자를 유치하기 위한 정책적 노력을 하여야 한다. 이와 아울러 이러한 기술이전효과가 극대화될 수 있도록 하기 위하여서는 현지국 역시 다음과 같은 여건의 조성이 이루어져야 한다.

경쟁적 시장구조 형성 : 해당산업에 있어서의 현지국의 시장구조가 어떠하냐에 따라 기술이전이나 확산효과에 영향이 있으므로 현지국의 시장구조를 경쟁적인 구조로 만드는 정책적 노력을 행하여야 한다. 현지국의 시장구조가 경쟁적인 경우 다국적기업은 현지자회사의 경쟁력을 높이기 위하여 보다 높은 기술을 이전시키려고 노력하지만 현지시장구조가 독과점적이고 현지자회사가 이미 시장지배력을 행사하고 있는 경우 경쟁압력이 작아 자연히 그러한 기술이전을 행하지 않게 되기 때문이다.

기술 흡수능력의 배양 : 외국기업으로부터 이전되는 기술이 현지국에 이전되고 확산되어 자국의 기술발전에 기여할 수 있는가 여부는 이러한 기술을 습득하고 적응시키는 현지국의 기술적 흡수능력이 어떠한가에 따라 결정된다. 따라서 외국의 다국적기업이 보유하고 있는 축적된 기술력을 효율적으로 활용하고 흡수할 수 있도록 적극적이고 잘 정비된 기술전략과 이러한 전략을 수행할 적절한 제도와 환경을 마련하여야 한다. 현지국 노동력의 기술적 스킬과 교육수준이 높고 현지국의 R&D능력과 수준이 높아 외부기술을 흡수할 수 있는 기술적 흡수능력이 높을 경우 현지국은 더 높은 기술파급효과를 누리게 되고, 또한 이러한 경우 외국기업의 입장에서는 해외직접투자를 행함에 있어서의 입지적 우위요인이 증가되게 되어 투자규모를 증가시키게 되므로 투자규모와 기술적 파급효과가 가속적인 선순환을 이루게 된다. 이를 위해서는 다국적기업이 필수적이라고 생각하는 인프라를 제공하는 거시적 전략뿐만 아니라 인적 스킬과 기술적 혁신능력을 촉진시키는 정책 등 국가적 과학기술 잠재력을 높이는 노력도 함께 이루어져야 한다.

3. 자립적 기술발전을 위한 과제

이상과 같은 논의가 다국적기업에 의한 기술이전효과와 그러한 기술이 국민경제 내에 토착화되는 기술확산효과를 높이기 위한 정책적 과제가 무엇인가를 논의하는 것임에 대하여, 다국적기업에 의한 기술이전이 오히려 현지국의 자체 기술발전을 훼손하고 기술적 종속을 초래하지 않는가, 다국적기업을 통한 기술이전에만 의지하는 현지국의 기술전략이 바람직한가라는 보다 근본적인 문제들이 제기된다.

이러한 문제에 대하여 개별 국가들이 취한 외국인투자정책을 보면 나라에 따라 서로 다른 모습을 보여주었다. 한국 · 일본의 경우, 시장의 왜곡이나 실패로 인하여 다국적기업의 자회사들이 기술혁신능력의 최적배분을 이룩할 수 없다는 전제 하에 내국의 기술적 역량이 외국계 다국적기업의 자회사들과 유익한 상호작용을 할 수 있을 때까지 외국인투자를 제한하는 정책을 채택하였다. 반면 독일 · 아일랜드 · 싱가포르 등과 같은 나라들은, 외국인투자의 유입이 국내기술력을 업그레이드시키는 데 가장 빠르고 저렴한 길이라는 믿음에 기초하여 외국인투자를 자유화하여 기술의

이전과 확산을 기대하는 정책을 펼쳤다.[71]

그러나 이러한 양자 중 어느 쪽이 더 바람직한가라는 논쟁은 결코 한마디로 결론짓기 어렵고, 더욱이 기술과 지식을 획득하는 방법이 점차 다양해짐에 따라 그 해답 역시 더욱 복잡해지게 되었다. 그러나 어떠한 나라도 모든 분야에서 기술적으로 우월할 수는 없으므로 기술과 R&D의 국제적 이전문제에 있어서도 재화와 서비스의 국제적 교역을 설명하는 비교우위원리가 적용될 수 있을 것이다(UNCTAD, 2005). 따라서 다국적기업의 역할 역시 새로운 지식과 기술의 창조뿐만 아니라 이러한 자산의 배분이라는 관점에서 파악해 볼 필요가 있고 현지국 역시 이러한 관점에서 다국적기업에 의한 기술의 이전 및 확산효과를 이해할 필요가 있다.

이러한 전제 하에서 외국인직접투자를 통한 선진기술의 도입과 확산이 일정 부분 필요하고 또 중요한 것이 사실이지만 또 다른 한편으로는 일찍이 핀들레이(R. Findley, 1978)가 제시한 구조적 기술격차론(theory of systematic technology)에 주목할 필요가 있다.[72] 그는, 단기적으로는 외국인직접투자를 통한 기술의 이전효과가 보다 효율적일 수 있을지 모르지만 다국적기업에만 의존하여 기술력 향상을 도모하려 하는 경우 어떤 구조적 한계에 직면할 것이므로 종국적으로는 자립적 기술발전과 축적을 위한 노력을 기울이지 않으면 안 된다고 주장하였다.

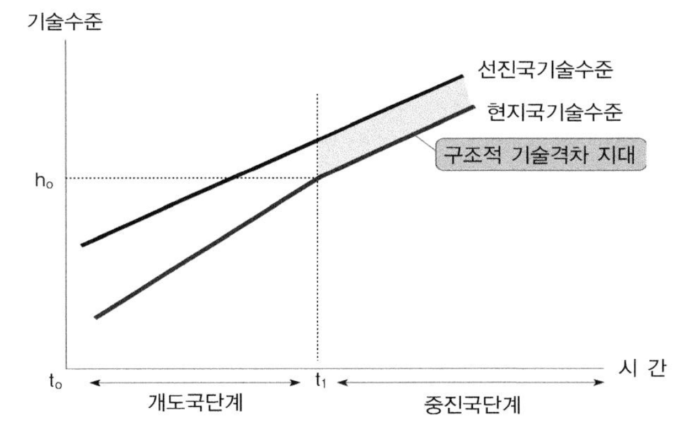

그림 11-6 구조적 기술격차론(R. Findley, 1978)

이 이론은 [그림 11-6]이 보여주듯이, 현지국의 기술수준이 아주 낮은 저개발단계에서는 다국적기업을 통한 기술이전에 의하여 투자국과의 기술격차를 쉽게 좁힐 수 있지만 현지국의 기술수준이 일정한 단계(h_0)에 도달되면 더 이상 그러한 방법을 통하여 기술격차를 좁히기가 구조적으로 어렵다는 것을 말해 주고 있다. 이러한 단계 이후의 기술은 다국적기업의 독점적 우위로서의 핵심기술이므로 다국적기업은 내부화를 통하여 이러한 기술을 보호하려 하기 때문에 현지국이 원하는 기술의 이전이나 확산이 제대로 이루어질 수 없기 때문이다.

---

71 J. H. Dunning and S. M. Lundan(2008) p.412

72 안세영(1998) pp.214~216

CHAPTER 12

정치경제적 · 사회문화적 영향

제1절 다국적기업의 정치경제적 영향

다국적기업에 의하여 야기되는 정치경제적 영향의 문제는 실로 다양한 측면이 있겠지만 특별히 관심을 가질 수 있는 주제는 다음과 같은 2가지 문제라고 할 수 있다.

(1) 다국적기업의 정치경제적 영향이라는 관점에서 주목되어야 할 첫 번째의 주제는 '다국적기업에 의하여 새로이 창출되는 부가가치가 관련 국가들 간에 어떻게 배분되는가' 라는 문제이다. '다국적기업의 경제적 후생효과와 관련하여 다국적기업이 창출되는 부가가치나 부(富)의 크기가 얼마나 큰가'라는 규모의 문제 못지않게 그러한 부가가치가 관련 국가들 간에 어떻게 배분되는가라는 배분문제가 중요하기 때문이다. 해외직접투자가 증대될수록 투자국 · 현지국 모두의 경제적 후생이 증대된다고 주장되지만 이 경우 누구의 후생이 더 많이 증가되는가가 정치경제적으로 중요한 의미를 지닐 수 있다.

(2) 다국적기업의 정치경제적 영향이라는 관점에서 주목되어야 할 두 번째의 주제는 '국경을 넘어 범세계적 관점에서 활동하는 다국적기업이 투자국 · 현지국의 국제정치적 위상이나 국제체제의 특성에 어떠한 영향을 미치는가' 하는 문제이다. 이와 관련하여 다국적기업에 의한 경제적 상호의존이 현지국의 경제적 종속을 초래하지는 않는가, 다국적기업의 활동으로 인하여 투자국이나 현지국의 국가주권이 침해되지는 않는가, 다국적기업으로 인하여 국제체제는 어떠한 정치경제적 변화를 초래할 수 있는가 등과 같은 문제들이 제기된다.

이하에서는 다국적기업으로 인한 이와 같은 국가 간 부가가치의 배분문제와 다국적기업으로 인한 경제적 종속 · 주권침해 등과 관련되는 정치경제적 논점들에 대하여 논의한다.

1. 관련국 간 부가가치 배분문제

다국적기업에 의하여 창출된 부(富)나 부가가치가 이와 관련되는 이해당사자 간에 어떻게 배분되는가 하는 문제는 매우 중요한 문제인 만큼, 그에 대한 관심도 높다. 다국적기업이 창출하는 부가가치의 배분과 관련하여서는 다국적기업과 현지국, 다국적기업과 투자국, 투자국과 현지국 등 다양한 상호관계가 개재된다. 이러한 여러 이해관계자 간의 부가가치의 배문문제와 관련하여 제기되는 주요 이슈는 ① 다국적기업이 창출하는 소득과 수익에 대하여 누가 어떻게 과세하느냐와 관련되는 "국제과세문제"와, ② 다국적기업이 행하는 위장된 기업내거래, 즉 "이전가격조작으로 인한 갈등문제" 등 2가지로 압축할 수 있다.

1.1 다국적기업과 국제과세 문제

다국적기업은 해외에 진출하여 여러 나라에 사업적 기반을 두고 활동하므로 일국 내에서 활동하는 국내기업과는 다른 복잡한 조세문제에 직면하게 된다. 다국적기업은 이러한 복잡한 과세 환경 하에서 그룹 전체의 세금극소화를 이룩하기 위한 전략적 행동을 하게 되고 이러한 다국적기업의 전략적 행동이 때때로 관련 국가들 간 이해관계가 상충되는 문제를 야기하는데 이러한 이해관계 상충의 한 가운데 국제과세문제가 있다.

1.1.1 국제과세문제의 발생원인

다국적기업으로 인하여 국가와 국가 간에 발생되는 국제과세 문제의 주요 이슈는 다음과 같이 국가의 과세권이 충돌되는 문제와 과세제도와 세율이 국가 간에 서로 다르다는 점으로부터 출발된다.

과세권 충돌 : 다국적기업과 관련하여 국제과세문제가 발생되는 가장 중요한 원인은 다국적기업의 국제경영활동으로 인하여 각국이 독자적으로 행사하고 있는 과세권이 서로 충돌하기 때문이다.

과세권은 국가주권의 본질적 요소이기 때문에 원칙적으로 과세는 자국의 주권이 미치는 범위로 한정되고 그 범위를 넘는 역외적 과세는 국제법상 제한을 받는다. 그러나 모든 나라는, ① 거주지를 불문하고 자국의 국민에 대하여 과세하는 국민적 조세관할권(national tax jurisdiction), ② 국적과 상관없이 자국의 영토 내에 거주하는 자에 대하여 과세하는 영토적 조세관할권(territorial tax jurisdiction), ③ 이 양자를 함께 행사하는 조세관할권 등 광범위한 조세관할권을 행사하려 한다. 모든 나라들이 어떤 하나의 기준으로 과세관할권을 행사한다면 다국적기업과 관련된 조세충돌문제는 없어질 수 있지만 이러한 광범위한 조세관할권을 행사하려고 하는 한 여러 나라에서 사업을 행하는 다국적기업과 관련되는 조세권 충돌이나 이중과세 문제는 필연적으로 발생하게 된다.

과세제도와 세율의 국제적 차이 : 국제과세문제가 발생되는 또 다른 원인은 각국의 법인세제도 및 세율이 크게 다르다는 것이다. 과세종목의 정의, 과세대상이 되는 순이익의 인정

범위, 손익계산방법, 조세감면혜택 등과 관련된 조세제도가 국가마다 차이를 보일 뿐만 아니라 법인세율 역시 대개 35~50%까지 서로 다른 편차를 보인다. 이렇게 국가 간 과세권의 충돌이나 세제 및 세율의 차이 때문에 발생되는 국제과세문제는 서로 다른 조세제도와 세율을 가지고 있는 여러 나라를 대상으로 사업 활동을 하는 다국적기업에서 특히 문제가 된다. 그들의 소득은 2개국 이상에서 과세대상이 될 뿐만 아니라 이전가격조작을 통하여 소득원천국을 변경하거나 조세금액을 회피할 수 있기 때문에 과세와 관련된 국가 간 이해관계 충돌의 주요한 원인 제공자가 되기 때문이다.

1.1.2 직접투자 관련 투자국의 과세문제

다국적기업이 해외에서 경영활동을 하는 것은 국내에서보다 더 높은 수익을 얻을 수 있기 때문인데 다국적기업이 이렇게 더 높은 수익을 창출하면 이것이 투자국의 사회적 후생을 높이는 데 기여할 수 있다. 다국적기업이 해외에서 얻은 수익 또는 소득은 조세의 형태로 투자국과 현지국 간에 배분되게 되는데, 이 과정에서 투자국과 현지국 모두 자신은 적정한 조세수입을 얻지 못한다고 생각하는 경향이 있다. 특히 투자국의 경우 그러한 투자가 자국에서 이루어졌다면 국내에서 발생하였을 조세수입을 외국에게 넘겨준다는 인식을 가질 수 있다. 이것은 해외투자로 인하여 국내의 투자와 고용이 감소된다는 주장과 유사한 문제로서 해외투자에 따른 일종의 기회비용이라도 할 수 있다.

그렇다면 다국적기업의 해외투자는 투자국의 조세수입에 어떠한 영향을 미치는가? 투자국 정부가 자국기업의 해외투자에 대하여 과세하거나 해외투자로 인하여 발생된 해외의 소득에 대한 과세가 이루어지면 투자국의 조세수입이 증대될 수 있다. 그러나 다국적기업들은 범세계적 조세부담극소화를 이룩하기 위하여 다양한 재무전략을 추구한다. 그들의 자금을 조세피난처(tax heavens)로 이동시키기도 하고, 현지국이 부여하는 여러 가지 조세상의 인센티브(tax incentives)를 활용하기도 하며, 이전가격조작(transfer pricing)을 통하여 세금이 더 낮은 곳으로 소득을 이전시키기도 한다. 범세계적 세금부담의 극소화를 위하여 다국적기업이 행하는 이러한 재무적 전략은 다국적기업으로서는 자사의 이익을 극대화하기 위한 노력이지만 이러한 노력이 투자국의 조세수입을 감소시키는 결과를 발생할 수 있다.

따라서 다국적기업의 해외투자가 투자국의 조세수입에 어떠한 영향을 미치는가는 다국적기업의 해외 투자와 소득에 대한 과세로 얻게 되는 조세수입증대효과와 세금극소화를 위하여 다국적기업이 추구하는 재무적 전략으로 인하여 발생되는 조세수입 감소효과가 어떻게 작용하느냐에 따라 달라진다. 이러한 효과들 중 전자의 경우와 관련하여 제기되는 이슈는 다음과 같이 ① 해외투자에 대한 투자국의 과세문제와 ② 해외에서 얻은 소득에 대한 투자국의 과세문제이다.

해외투자에 대한 과세문제 : 첫 번째의 이슈는 자국 기업의 해외투자에 대하여 투자국이 과세하는 경우 이것이 투자국 정부의 재정수입에 어떠한 영향을 미칠 것인가 하는 문제이다. 이에 대해서는 1960년대에 미국이 실시한 바 있는 이자평형세와 관련하여 많은 논쟁이 이루어져 왔다. 이러한 논쟁을 통하여 얻은 교훈은 해외투자에 대하여 투자국이 과세하는 경우 이것이 오히려 투자국의 조세수입을 감소시킬 가능성이 크므로 신중하게 설계되어야 한다는 것이다. 따라서 투자국이 조세수입을 증대하기 위한 목적으로 자국 기업의 해외투자에 대하여 어떠한 차별적인 정책을 채택하거나 과세하는 것은 바람직하지 못하고, 보다 적절한 거시경제 환경을 조성하고 더 효율적인 경제정책을 운영함으로써 국내자본이 필요 이상으로 해외로 진출하지 않고 국내에 투자될 수 있도록 하는 것이 자국의 조세수입 증대를 위하여 더 근본적인 해결책이라고 할 수 있다.

해외소득에 대한 과세문제 : 두 번째의 이슈는 자국의 기업이 해외에서 얻은 원천소득에 대한 투자국의 과세문제이다. 당초 미국의 조세법은 미국계 다국적기업의 자회사가 해외에서 얻은 소득에 대하여 그 소득이 미국으로 송금되지 않는 한 과세할 수 없으며 송금된 경우라도 현지국에서 부담한 조세액만큼 공제하도록 규정하였다. 이러한 조치는 다국적기업의 소득에 대한 이중과세(double taxation)를 방지하기 위한 것인데, 이때 현지국의 세율이 미국과 동일하다면 미국이 과세여지가 없어지게 되므로 극단적인 경우 해외에서 취득한 소득에 대한 과세가 완전히 배제될 수도 있다.

그러나 현실적으로 대부분 국가의 법인세율이 미국보다 낮으므로 그 차이만큼 미국은 과세할 수 있다. 그러나 이러한 경우에도 미국계 다국적기업들은 미국이 부여하는 조세유예(tax deferral)를 증가시키기 위하여 그들의 소득을 미국으로 송금하지 않고 세율이 극히 낮거나 아예 세금이 없는 조세피난지에 종이회사(paper company) 내지 비사업적 자회사(non－operating subsidiary)를 설치・운영함으로써 투자본국에 세금을 납부하지 않은 채 이 자금이 제3국에 재투자되기도 하였다. 이러한 방법으로 행해지는 조세회피규모를 정확히 알기는 어렵지만 미국 국세청(IRS)은 전 세계에서 1년 동안 6~7조 달러 정도의 거액이 조세천국으로 유입되는 것으로 추정하였다. 또한 최근의 어떤 연구는 미국계 다국적기업의 약 60% 이상이 이러한 조세회피지에서 활동하고 있는 것으로 파악하기도 하였다(M. A. Desai et als 2006).

이러한 경우 미국 정부는 자국의 다국적기업들이 해외에서 얻은 원천소득에 대하여 과세하지 못하거나 극히 작은 세금만을 징수할 수 있게 된다. 이에 케네디정부는 1962년 하원에 대하여 선진국에 소재한 미국의 자회사들에게 조세유예특전을 제거하고 조세피난지에 있는 모든 해외자회사를 제거할 것을 요구하였다. 의회는 결국 그 요구를 수용하여

1962년 국세법은 해외에서 얻은 소득에 대하여 국내 송금 여부와 상관없이 과세하도록 규정하여 조세피난지에 소재한 다국적기업의 자회사들에 타격을 가하였다. 이로 인하여 해외자회사를 두고 있는 다국적기업들이 이중과세를 당할 수 있게 되자 각국 정부는 이중과세협정 체결을 통하여 이중과세와 조세포탈을 방지하고자 노력하게 되었다.

이후 1970년대에는 미국에서 새로운 법안(Burke−Hartke)이 제안되기도 하였다. 이 법안은 모든 해외원천소득에 대하여 국내 송금 여부와 상관없이 과세함으로써 조세유예(tax deferral)의 특전을 없애고 해외조세 공제(credit)를 해외조세 차감(deduction)으로 대체하자는 것이었는데 논란 끝에 채택되지는 못하였다. 이후에도 해외원천소득에 대한 과세문제는 계속 논란의 대상이 되고 있는데, 결국 어떠한 과세제도와 과세방법을 채택하느냐에 따라 다국적기업이 얻는 이익과 손실이 큰 영향을 받게 되고 다국적기업이 창출한 소득의 국가 간 배분도 영향을 받게된다.

1.1.3 직접투자 관련 현지국의 법인세 인하문제

한편 다국적기업에 대한 과세와 관련하여 현지국들의 고민은, 외국계 다국적기업들이 이전가격조작 등을 통하여 자국에서 취득한 소득에 대한 과세를 회피함으로써 정당한 과세를 행하지 못하는 것은 아닌가 하는 문제와 함께, 외국의 다국적기업을 유치하기 위하여 현지국들이 법인세율을 경쟁적으로 인하하는 세금인하경쟁(tax competition)이 이루어짐으로써 '바닥으로의 경주'(race to the bottom)의 또 다른 모습이 연출되지 않는가 하는 문제이다. 이러한 법인세 인하경쟁을 우려를 하는 사람들은 세금인하 경쟁이 심화될 경우 ① 자본에 대한 세율이 노동에 대한 세율에 비해 상대적으로 낮아지고, ② 각국 간 세금인하 경쟁으로 법인세율이 바닥을 향해 수렴됨으로써, ③ 현지국의 세수감소 · 재정지출 축소 · 재정위기 등이 나타날 수 있다고 주장한다.

실제로 1990년대 이후 외국자본을 유치하기 위한 법인세율 인하경쟁이 현실로 나타나기도 하였다. 이러한 현상은 특히 EU를 중심으로 치열하여 EU 27개국 평균 법인세율이 1993년 38% 수준에서 2007년 24.2% 수준으로 인하되었고, OECD국가들의 평균 법인세율 역시 1980년대 중반 40%대 수준에서 2000년대 초 30%대 수준으로 낮추어졌다. 이렇게 법인세율 인하가 세계적인 추세로 자리 잡고 외국자본을 유치하고자 희망하는 모든 나라들이 이러한 법인세 인하경쟁에 참여하는 모습이 나타나자 외국자본에 대한 현지국의 조세수입이 지나치게 저하되는 것은 아닌가 하는 논의가 촉발되었다.

이러한 법인세 인하경쟁은 외국인투자를 유치하기 위한 미국 내 각 주들 간의 경쟁에서도 나타났다. 이러한 경쟁이 일어난 결과 미국의 주 정부들은 법인세인하로 인한 세수감소문제에 봉착하게 되었고 급기야 미니아폴리스 연방은행 등은 이러한 파괴적 경쟁을 막기 위하여 세금인센티브를 금지시키는 연방법을 제정하여야 한다고 촉구하기도 하였다. 이러한 예는 주로 미국을 비롯한 선진국을 대상으로 한 것이었지만 이러한 경향은 개도국에서도 예외가 아니어서 많은 개도국들이 외국인투자를 유치하기 위하여 세금을 감면하거나 인하하는 경쟁의 대열에 참여하고 있다.

그렇다면 정말로 이러한 법인세의 인하경쟁이 이루어지고 있는 것일까? 자본의 세계화와 법인세 인하경쟁이라는 이러한 흥미로운 주제를 학자들이 놓칠 리 없어서 1990년대 이후 이에 대한 많은 실증연구가 이루어졌다. 이러한 연구들 중 1980년대와 1990년대 세계 18개 주요국들의 과세제도의 변화를 조사한 한 연구는, 대부분의 국가에서 법인세율이 인하되어 전체 평균이 1980년대 초 48%에서 1990년대 말 35% 수준으로 인하되었으며 전체 조세수입에 대한 법인세수입의 비중 역시 동 기간 중 상당히 저하되었음을 확인하였다.[73] 또한 OECD통계를 사용하여 1988~1997년의 법인세율 변화를 조사한 또 다른 연구 역시 각국의 법인세율 수준이 실제로 인하되었음을 확인하였다.

그러나 이러한 법인세인하가 과연 계속적인 추세인가, 법인세인하가 이루어졌다고 하더라도 이러한 인하가 얼마나 정부 간 조세경쟁의 결과로서 발생하였는가, 앞으로도 이러한 추세가 계속될 수 있는가 등의 관점에서 살펴보면 법인세 인하론자들의 주장은 상당히 과장되어 있는 것이 사실이고 최근의 변화추세와도 다르다는 주장들이 제기되고 있다. 이와 관련되는 다양한 논의들의 주요 내용을 살펴보면 다음과 같다.

(1) OECD국가들의 현실을 자세히 들여다보면 법인세의 세율(tax rate)이 인하된 것은 사실이지만 노동에 대한 세율 역시 상당히 인하되었고, 또한 법인세 과세대상(base)이 확대됨으로써 GDP에 대한 법인세 세금부담(tax burden)의 비중은 1970년대 후반 약간 줄었지만 1980년대 이후부터는 오히려 꾸준히 증가되었다. 따라서 법인세인하로 재정위기가 초래될 수 있다는 주장의 실증적 증거는 취약하며, 또한 많은 선진국들의 경우 세금과 관련하여서는 '바닥으로의 경주'가 아닌 '중간으로의 경주'(race to the middle)가 진행되고 있을 뿐이다(J. M. Hobson, 2003).

(2) 현지국의 세금인하가 과연 외국인투자의 유입에 도움이 되는가에 대한 논의도 이루어졌다. UN(WIR 1999)은, 현지개도국들이 제공하는 세금감면 등의 인센티브가 개도국의 직접투자 유치에 별다른 도움을 주지 못하였으며, 설사 그로 인해 직접투자의 유치가 다소 이루어졌다고 하더라도 그로 인해 정부의 규제능력이 사라진다면 국민경제가 받는 이득은 별로 없을 것임을 지적하였다. 또 다른 많은 학자들도 개도국이 더 많은 외국인투자를 유치하기 위해서는 세금인하와 같은 인센티브 요인보다 성장잠재력 · 시장규모 · 교육

---

73 M. P. Devereux et al(2002) 및 R. Gropp and K. Kostial(2000)

수준 · 인프라 등과 같은 환경적 요인들이 오히려 더욱 중요함을 강조하였다. 이러한 주장들은 외국인투자를 유치하기 위한 개도국의 세금인하 경쟁이 기대만큼의 효과를 내지 못함을 웅변하고 있다고 할 수 있다.

(3) 지난 20여 년간 국가 간 조세경쟁이 증가한 것은 사실이지만 또 다른 한편으로는 조세분야의 국제적 세금협력(tax cooperation) 역시 크게 심화되었다. 예컨대 1997년 EU는 회원국 간의 지나치고 유해한 조세경쟁을 규제하기 위한 노력을 행하였고 이후 유로화출범을 계기로 조세조화(tax harmonization)를 이룩하기 위한 노력도 강화하여 왔다. OECD 역시 1996년 OECD 재무장관들이 파괴적인 세금경쟁을 막기 위한 노력을 촉구하였고, 2000년 6월에는 그들 회원국 내 47개 특혜적 세금제도의 시정을 요구하는 한편 미국령 버진아일랜드 등 조세회피지 35개국을 지정하여 이들에게 유해한 조세관행의 시정을 촉구하는 등, 지나친 조세경쟁을 막기 위한 노력이 계속되고 있다(OECD, 2000).

1.2 다국적기업과 이전가격조작 문제

1.2.1 이전가격조작의 의의

상술한 대로 다국적기업은 세계 여러 곳에 자회사를 두고 본사와 자사 또는 자사 상호 간에 재화와 용역을 거래하는 기업내거래(intra-firm transaction)를 통하여 범세계적인 이윤극대화를 추구하는 존재이다. 따라서 다국적기업은 그들 기업집단 내부에서 이루어지는 이러한 거래에서 거래가격을 과다책정(over pricing)하거나 과소책정(under pricing)하는 조작을 통하여 여러 가지 목표들을 추구한다. 이러한 목적을 위하여 다국적기업의 그룹 내부거래에서 채택하는 내부거래가격이 이전가격이다.

이처럼 이전가격(TP : transfer price)이란, 서로 아무런 특수 관계에 놓여있지 않는 독립된 주체들끼리 시장을 통하여 행하는 거래에서 채택되는 정상가격(arm's length price) 내지 시장가격(market determined price)에 대칭되는 개념으로서, 모사와 자사 또는 자사 상호 간의 거래처럼 서로 특수 관계에 있는 주체들 간에 이루어지는 내부거래에서 자의적으로 설정하는 일종의 관리가격(administered price)이다. 이때 이러한 내부가격을 조작하는 행위를 이전가격조작(TPM : transfer price manipulation, transfer pricing)이라고 한다.

그렇다면 다국적기업은 과연 이러한 이전가격조작을 얼마나 어떻게 행하고 있는가? 여기에 대해서는 누구도 정확히 말하기 어렵지만 현실적으로 이전가격조작으로 추정되어 문제가 된 유명한 케이스들이 다수 있다.

1990년 9월 비즈니스위크(Business Week)지에 게재된 한 기고문은, 당시 미국에서 활동중인 외국계 다국적기업들이 1년 동안 약 130~300억 달러의 세금을 부정적으로 포탈하고 있는데 이러한 세금포탈의 상당 부분이 이전가격조작을 통하여 이루어진다고 주장하였다. 1990년대 초 미국의 국세청(IRS)은 일본의 히타치·미쯔비시와 한국의 대우 현지 자회사들을 세금포탈 혐의로 고발한 바 있다. 1993년 한국은 모토롤라(Motorola)의 자회사가 국내에서 생산한 제품을 모사에 공급하면서 수출마진 10%를 5%로 조작하여 세금을 포탈하였다는 혐의로 160억 원의 세금을 추징하였다. 1990년대 중반 일본의 국세청은 코카콜라(Coca Cola)·굿이어(Good－Year)·P&G의 현지 자회사들에 대하여 이전가격조작을 통하여 세금을 포탈한 혐의로 각기 1억 4천만·6억·8억 엔의 추징금을 부과한 바 있다.

한편, 2004년 미국 국세청은 이전가격조작을 이유로 스미스클라인(Glaxo Smith Kline)에게 270억 달러, 모토롤라(Motorola)에게 5억 달러의 세금을 부과하였고 시티그룹·GE 등에 대하여 직접 고발하지는 않았지만 그들이 공격적인 이전가격조작으로 글로벌조세액을 낮추었다는 혐의를 두고 조사하였다. 2004년 영국에서는 혼다(Honda)와 닛산(Nissan)의 자회사들이 지나치게 낮은 세금을 납부하였기 때문에 영국 세무당국의 내사를 받기도 하였다.

이같이 이전가격조작에 대한 상황증거들이 여러 나라에서 다양하게 축적되고 있음에도 불구하고 그 증거들은 여전히 부분적이고 상황적이며 추정적인 수준에 머물러 있다. 따라서 다국적기업에 의한 이전가격조작이 현실적으로 얼마나 일어나고 있고 또한 얼마나 중요성을 가지는가를 간접적인 방법으로나마 포착하려는 다양한 연구들이 다양한 방법으로 이루어져 왔는데 그 내용을 [부록 12－1]에서 보다 구체적으로 보여주고 있다.

1.2.2 이전가격조작의 주요 동기

그렇다면 다국적기업들은 왜 이러한 이전가격조작을 행하는가? 여러 가지 다양한 동기들이 개재되지만 크게 분류해 보면 대체로 다음과 같은 내부적 요인(조세부담 경감, 경영성과 통제, 전략적 이득 추구)과 외부적 요인에 대한 대응으로 구분해 볼 수 있다.

조세부담 경감 : 다국적기업이 세계 여러 곳에서 경영활동을 행하면서 세율이 높은 나라에서는 더 적은 이윤을 신고하고 세율이 낮은 나라에서는 더 많은 이윤을 신고하는 경우 다국적기업 전체의 세금이 축소되어 범세계적인 관점에서 법인세를 감소시킬 수 있다. 많은 사람들이 이전가격조작의 가장 보편적인 동기로서 이러한 조세부담의 경감을 손꼽는다.[74]

---

74 가령 법인세율이 50%인 A국에 해외자회사를 두고 있는 다국적기업이 현지에서 1,000만 달러 소득을 얻었고 세율이 20%인 모국에서도 1,000만 달러의 소득을 얻었다고 하자. 그러면 전체 과세금액은 700만 달러(500만 달러는 A국, 200만 달러는 모국에 납부)가 되어 납세 후 순이익은 1,300만 달러가 된다. 그런데 이때 A국에 소재한 자회사가 모국으로 2,000만 달러 상당의 수출을 하고 모국으로부터 2,500만 달러 상당의 수입을 하였다고 가정하자. 이 경우 자유로운 선택이 가능하다면 다국적기업은 법인세율이 낮은 모국에 더 많은 이윤을 신고하고 법인세율이 높은 A국에 더 작은 이윤을 신고하여 전체적인 납세액이 낮아지기를 희망한다.

이러한 목표를 달성하는 하나의 방법은 A국에 소재하는 자회사가 본국의 모사에 재화와 용역을 판매할 때는

자회사 경영성과의 통제 : 다국적기업은 여러 가지 이유로 현지자회사의 경영성과를 적정하게 통제할 필요가 있다. 현지자회사가 너무 높은 이윤을 내고 있다는 현지국의 비판을 피하기 위하여 외부로 드러난 이윤율이 너무 높지 않도록 해야 할 필요가 있다든지, 이와는 반대로 현지자회사의 경영성과가 부진하여 주주나 이해관계자들로부터 경영책임문제가 제기될 우려가 있어 현지자회사의 경영성과를 높여야 할 필요가 있을 때 다국적기업은 이전가격조작을 통하여 자회사의 경영성과를 통제하게 된다.

시장지배력 증대 : 다국적기업은 현지자회사의 경쟁력이나 시장지배력을 높이기 위하여 이전가격조작을 행하기도 한다. 예컨대 현지자회사의 시장점유율을 높이기 위해서는 일정한 손해를 감수하고라도 적극적인 판매활동을 해야 하는데 영업이익이 너무 낮아 이러한 전략적 목표를 달성하기 어려운 경우, 진입초기 경쟁기업과의 경쟁에서 살아남기 위하여 현지자회사의 시장포획전략이 필요한 경우, 현지자회사가 자금력 부족 또는 가격경쟁력 약화 등으로 경쟁에서 밀리고 있어 그들의 경쟁력을 높여줄 필요가 있는 경우 등이 그것이다. 다국적기업이 활동하는 대부분의 산업이나 시장이 과점적 성격을 지니므로 과점시장의 특성상 이러한 이전가격조작은 매우 중요한 의미를 가질 수 있다.

경영전략적 동기 : 이상과 같은 세금경감 · 경영성과통제 · 시장지배력증대 등이 다국적기업들이 이전가격조작의 주된 동기들이지만 다국적기업이 이전가격조작을 행하는 이유에는 이러한 세금경감이나 경영성과 통제를 뛰어 넘는 다양한 전략적 동기들이 있다. 이전가격조작이 이루어지는 전략적 동기들 중 대표적인 것들로서 다음과 같은 것들이 있다.

(1) 다국적기업의 경우, 임금인상을 요구하는 현지국 노동조합의 요구가 강해지면 이전가격조작을 통하여 자사의 수익률을 낮춤으로써 이러한 요구를 방어할 수 있고, 현지의 합작투자 파트너 등 이해관계자들의 목소리가 지나치게 클 경우 현지의 신고소득을 감소시켜 자신의 교섭력이 강한 나라로 소득을 이전시킬 수도 있다.

(2) 현지국에서 높은 이윤율을 신고하는 경우 현지국 정부가 이것을 독점가격의 신호로 간주하여 불공정경쟁과 관련되는 조사나 규제를 받을 우려가 있을 때, 이전가격조작을 통하여 현지자회사의 이윤율을 조작함으로써 이러한 조사나 규제를 회피할 수 있다. 또한 지나치게 낮은 가격으로 수출하는 경우 당사국으로부터 덤핑판정을 받거나 시장교란 협의를 받게 되므로 이러한 규제를 회피하기 위하여 부품이나 최종재의 이전가격을 조작하

정상가격보다 낮은 가격을 책정(under pricing)하고 반대로 구매할 때는 그보다 높은 가격을 책정(over pricing)하는 이전가격조작을 행하는 것이다. 가령 A국의 자회사가 판매의 경우 25% 낮게 책정하고 구매의 경우 20% 높게 책정하면 수출액은 1,500만 달러가 되고 수입액은 3,000만 달러가 되어 판매수익을 500만 달러만큼 줄이고 구매비용을 500만 달러만큼 증가시켜, 자회사에서는 순이익이 발생되지 않는 반면 본국의 모사 경우 소득이 종전보다 1,000만 달러 증가된 2,000만 달러가 되어 본국에서의 과세금액이 400만 달러가 된다. 이 경우 이전가격조작에 의하여 다국적기업의 전체 과세금액이 300만 달러 만큼 삭감되어 납세 후 순이익은 1,600만 달러로 증가된다.

기도 한다.

(3) 이전가격조작을 통하여 기업 전체의 재무적 이득을 높이거나 재무적 위험성을 낮출 수 있다. 예컨대 통화약세국에서 발생된 소득을 통화강세국으로 이전시키는 경우, 금융환경이 불안정한 나라에서의 현금노출을 감소시킴으로써 금융위험을 감소시키는 경우, 정치경제적 리스크가 높은 나라로부터 리스크가 낮은 나라로 소득을 이전시킴으로써 이러한 정치경제적 리스크를 회피하는 경우 등이 그러하다.

(4) 이전가격조작을 통하여 현지국이 제공하는 여러 가지 정책적 인센티브를 활용하거나 규제를 회피할 수 있다. 외국계 자회사의 수출에 대한 장려정책이나 제한정책을 활용하기 위한 행위, 정부의 재정적 지원정책을 활용하기 위한 행위, 가격통제 하에 있는 규제된 시장에서 가격인상을 정당화시켜 주기 위하여 의도적으로 손실을 조작하는 행위, 새로이 설립된 자회사가 시장에 진입하거나 판매네트워크를 설립하는 데 도움이 되는 보조를 받기 위한 행위 등이 그것이다. 이들이 성공적으로 이루어졌을 때 이러한 각각의 이전가격조작행위가 경쟁자들에 대한 그들의 특수적 우위를 증대시킬 수 있다.

외부적 요인에 대한 대응 : 이상의 동기들이 주로 이전가격조작이 행해지는 기업 내부적·경영적 요인이었다면 기업 밖의 외부적 요인으로 인하여 이전가격조작이 필요해지는 경우도 있다. 이전가격조작을 통하여 지나치게 높은 관세장벽을 회피하려는 경우, 현지국의 자본이동통제 또는 배당금·송금의 제한을 회피하려는 경우, 경제적·정치적 리스크나 환위험을 분산시키려는 경우 등이 그것이다.

부록 12-1 다국적기업에 의한 이전가격조작의 증거

상술한 대로 다국적기업의 이전가격조작에 대한 상황증거들이 여러 나라에서 축적되고 있음에도 불구하고 그 증거들은 여전히 부분적이고 상황적이며 추정적인 수준에 머물러 있다. 이러한 이전가격조작의 현실적 증거와 관련된 논의들을 보면 대체로 거래가격의 차이라는 측면과 소득이전이라는 측면에서 그 증거들을 추정하고 있고 때로는 다국적기업에 대한 설문조사결과를 통하여 추정하기도 한다. 이러한 논의들 중 대표적인 이전가격조작 추정의 방법들을 살펴보면 다음과 같다.[75]

1. 거래가격의 차이 통한 이전가격조작 추정

정상적인 기업간거래에서 이루어지는 시장가격과 기업내거래에 책정된 거래가격을 비교하여 이전가격조작을 추정하는 연구들이 다양하게 이루어졌다.

(1) 다국적기업의 이전가격조작에 대한 체계적 분석을 처음으로 행한 연구는 바이트소스(C. V. Vitsos, 1972)에 의해서 이루어졌다. 그는 콜롬비아에 진출한 다국적기업이 얻은 이윤의 약 82% 정

75 J. H. Dunning and S. M. Lundan(2008) pp.625~629 참조

도는 이전가격조작에 의한 것이라고 분석하면서 이는 과세를 피하기 위하여 그들의 이윤을 고의로 낮게 책정하였기 때문이라고 주장하였다. 또한 콜롬비아 당국이 조사한 바에 따르면 1967~1970년간 콜롬비아 소재 외국계자회사들이 수입품가격을 87~155% 정도를 과다 책정하여 국제 시세에 비하여 50~60배 높은 수준이 된 것도 있었다.

(2) 브라질의 141개 제조기업들을 조사한 결과 129개 품목 중 76개 품목의 경우 내국기업보다 다국적기업 자회사의 수입가격 평균이 더 높았는데 그러한 과다책정의 범위가 21~39%이었고 47개 품목의 경우에는 내국기업의 수입가격 평균보다 더 낮았다(P. Natke 1985).

(3) 5개 ASEAN국가들의 6개 경공업 부문에 153개 자회사를 운영하는 111개 다국적기업의 기업내거래와 기업간거래의 수출입가격에 차이가 발생될 수 있는 결정요인을 검증하였다. 흥미로운 것은 일본계 다국적기업들이 미국 · EU 다국적기업들보다 비시장적 가격을 더 많이 채택하는 경향이 있었는데 이것은 일본계 다국적기업들이 보다 더 집중된 통제과정을 가진 것 때문이라고 할 수 있다(D. J. Lecraw 1985).

(4) 1975년 466개 미국 제조기업들이 행한 674개 대외거래와 1,380개 국내거래에 대한 데이터를 활용하여 이전가격조작 실태를 분석한 결과 국제적인 기업내거래가 미국 내에서 이루어진 기업내거래의 경우보다 가격조작을 더 많이 행하였다. 또한 기업 내에서 이루어진 수출금액이 클수록, 해외에 진출한 나라의 수가 많을수록 가격조작을 행할 가능성이 더 큰 것으로 나타났다(A. Benvignati 1985).

(5) 1993~2000년까지 미국 제조업수출에 대한 미국 세관의 제품레벨 데이터를 사용하여 미국 수출의 정상가격(arm's length price)이 기업내거래의 수출가격보다 높았음을 확인하였다. 이때 양자 간의 가격 차이는, 일반상품보다는 차별화재의 경우가 더 컸고 기업규모와 수출 점유율이 클수록 더 커졌으며 법인세율이 낮고 관세가 높은 나라에 대한 수출일수록 더 높았다(A. R. Bernard et als 2006).

2. 소득이전 증거 통한 이전가격조작 추정

기업내가격과 기업간거래 가격의 차이를 통해 이전가격(TP)의 존재를 관찰하는 것은 서로 대칭되는 거래를 비교하기가 어렵기 때문에 학자들은 자회사의 수익성을 결정하는 요인에 대한 분석을 통하여 이전가격조작의 가능성에 대한 증거들을 찾기 위한 시도를 행하게 되었는데 주요한 연구결과는 다음과 같다.

(1) 1990년대 초 미국 재무당국은 미국에 진출해 있는 외국계 자회사(특히 일본계 경우)의 과세대상 소득이 너무 낮은 것은 이전가격조작에 기인한다는 의구심을 갖게 되었다. 이러한 관심에 부응하여 외국계 자회사들의 수익성이 낮아질 수 있는 이유를 조사한 결과, 여러 가지 재무적 요인들(채무의존, 자본비용, 환율)이 외국기업과 미국 기업 간에 수익률의 차이가 발생되는 이유의 절반 정도를 설명할 수 있었지만 나머지 절반 정도는 이전가격조작에 그 원인이 있는 것이라고 할 수 있었다(H. Grubert et al, 1993).

(2) 기업 내 판매가 낮은 다국적기업보다 기업 내 판매가 높은 다국적기업이 납부한 세계 전체의 총세금이 더 낮았는데 이것은 글로벌 조세극소화전략에 따른 소득이전이 이루어졌음을 확인해주는 것이다. 미국 다국적기업들이 1982~1984년에는 미국 기업 전체의 평균 세금보다 더 작은 세금을 납부했지만 1988~1990년에는 평균 세금보다 더 많은 세금을 납부하였는데 이것은 1986

년 미국 조세협약이 도입됨에 따라 조세극소화를 위한 이전가격이 더 이루어진 결과라고 할 수 있다(J. Jacob 1996).

(3) 다국적기업의 소득이전을 파악하기 위하여 고세율국과 저세율국에 따른 지역별・국가별 더미변수를 채택하여 분석한 결과 미국 제조기업의 경우 고세율지역에 자회사를 입지시키는 것은 미국의 세금이 더 높았던 것과 관련이 있었다. 따라서 거대한 다국적기업들은 그들의 미국 내 납세액을 낮추기 위하여 소득이전을 활용하는 것으로 보였다(Horris et al, 1993).

(4) 1996년 미국 재무성 데이터를 활용하여 본사의 무형자산(R&D와 광고)을 포함한 기업내거래를 조사한 결과 세금이 아주 높거나 아주 낮은 지역에 소재한 다국적기업 자회사들이 더 많은 기업내거래를 행한 것으로 나타났다(H. Grubert, 2003).

3. 설문조사 결과 통한 이전가격조작 추정

한편 해외에 자회사를 두고 있는 다국적기업들을 직접적으로 설문조사한 결과들을 보면 다수의 기업들이 이러한 이전가격조작과 관련이 있음이 드러났다. 1970년대 말 미국 145개, 일본 102개, 캐나다 192개, 영국 80개 기업들을 대상으로 그들의 국제적 이전가격 관행에 대하여 설문한 결과 미국 기업의 92%, 일본 기업의 93%, 캐나다기업의 85%, 영국기업의 79% 기업들이 이전가격조작을 실제로 행하였다고 시인하였다(R. Y. Tang, 1979, 1981).

또한 39개 일본계 다국적기업과 28개 미국계 다국적기업을 서베이한 결과 미국계 다국적기업의 61%가 이전가격조작을 목적으로 2중 장부를 유지한 반면 일본계 다국적기업의 10%만이 그러하였음도 발견하였다. 또한 캐나다・독일・일본・영국・미국계 다국적기업 159개에 대한 서베이를 통해 무형자산의 이전가격에서 사용한 이전가격조작방법이 유형자산의 이전가격에서 사용한 방법보다 보다 더 조화적인 것으로 밝혀졌다(S. C. Borkowski, 1997, 2001).

1.2.3 이전가격조작의 경제적 영향

이처럼 다국적기업은 나름대로의 다양한 동기로 인하여 이전가격조작을 행하지만, 이러한 다국적기업의 이전가격조작행위는 관련되는 국민국가의 정치경제적 이해관계에도 다양한 영향을 미친다. 다국적기업의 이전가격조작이 어떠한 경제적 영향과 문제점을 초래할 수 있는가에 대해서는 다음과 같은 점들이 주목되고 있다.

통계적 신뢰성과 정확성 저하 : 다국적기업의 이전가격조작으로 인하여 그들이 발표하는 원가구성이나 이윤 등 경영성과에 대한 통계적 신뢰성과 정확성이 저하될 뿐만 아니라 이로 인해 경제적 가격통계에 왜곡이 발생됨으로써 국민경제에 대한 여러 가지 영향을 발생시킨다. 예컨대 이전가격조작으로 인하여 관련국의 국제수지 금액과 구조가 영향을 받게 되고 국민총생산 통계에도 왜곡이 발생할 수 있으며,[76] 또한 국민소득계정의 외국무역 항

76 아일랜드의 경우 하이테크부문이 전체 제조업에서 차지하는 비중이 높은데 그들의 R&D집약도는 OECD 평균에도 미치지 못하였다. 아일랜드의 경우 국내기업의 R&D집약도는 외국계 다국적기업의 그것보다 더 높은데

목을 디플레이트하고 환율의 예측에도 이용되는 국제물가지수(IPIs) 역시 이전가격조작으로 인하여 그 정확성이 훼손될 수 있다.[77] 이러한 주요 통계의 왜곡과 부정확성으로 인하여 국제수지 · 환율 · 금리 등에 기초하는 거시경제정책이 영향을 받을 수 있다.

갈등관계와 괴리의 유발 : 이전가격조작은 더 높은 세율을 가진 나라의 조세수입이 더 낮은 세율을 가진 나라로 분할되는 등 관련 국가의 조세수입의 증감을 초래하여 서로 다른 나라 간의 편익의 재분배를 초래한다. 또한 이전가격조작은 이해관계자들의 이익분배에 영향을 미치고 다국적기업 내의 경영인센티브에도 왜곡을 가져온다. 따라서 이전가격조작은 관련 국가 간 또는 기업 내 여러 이해관계자 간에 갈등관계를 유발한다. 또한 이전가격조작은 기업에게는 세금극소화(수익극대화)를 가져오지만 그 반대 편에 있는 정부에게는 재정수입감소를 초래하여 경제적 잉여(surplus)가 공적 부문으로부터 사적 부문으로 이전되는 문제가 발생된다. 이 때문에 이전가격조작문제가 때때로 국가 간 통상분쟁의 대상이 되어 외교문제로까지 번지는 경우 역시 없지 않다.

시장구조와 무역구조의 변화 : 이전가격조작전략이 세금극소화를 위하여 이루어지는 경우 상술한 바와 같은 갈등과 괴리문제가 발생하지만 시장침투를 위하여 이루어지는 경우에는 불공정경쟁의 문제가 발생할 수 있다. 이러한 경우 이전가격조작은 다국적기업이 활동하고 있는 산업의 시장구조나 무역구조에도 영향을 미치게 된다.

1.2.4 이전가격조작의 제약요인과 전망

다국적기업의 이전가격조작 행위는 다국적기업의 활동이 커지면 커질수록, 기업내무역의 기회가 증대되면 될수록, 기업 내 특화(분업)의 인센티브가 커지면 커질수록 더욱더 커진다. 이러한 관점에서 보면 이전가격조작은 향후 더욱더 증대될 가능성이 높다. 그러나 기업내무역에 의한 이전가격조작의 동기와 기회가 주어졌더라도 그것의 코스트가 그것의 편익을 초과한다고 판단하는 경우 그러한 이전가격조작은 일어나지 않는다. 따라서 이전가격조작 행위에는 일정한 제약이 따르게 되는데, 다국적기업의 이전가격조작을 어렵게 만드는 제약요인으로서는 다음과 같은 2가지 측면을 들 수 있다.

내부적 제약요인 : 현실적으로 다국적기업이 이전가격조작 행위를 행하는 데에는 여러 가지 기술적인 문제가 따르게 된다. 그것을 행하기 위해서는 어떤 형태의 이중장부가 필

외국계 다국적기업의 R&D집약도가 왜 이렇게 낮은가에 대하여 의문을 제기한 F. Barry et als(2005)는 아일랜드의 경우 세율이 낮으므로 다국적기업이 그곳의 생산량을 과다보고 하여 R&D집약도 측정에 있어서의 분모를 증가시켰기 때문이라고 분석하였다. 따라서 그는 R&D집약도를 측정하는 분모를 생산량 대신 고용자 수로 전환할 경우 외국기업의 R&D집약도가 국내기업보다 오히려 2.5배만큼 높았고 다른 유럽국가들과의 비교에서도 그 격차가 줄어들었다고 보고하였다.

77 L. Eden and P. Rodriguez(2004)

요하고 더욱이 이러한 가격조작은 서로 다른 단위의 경영자들 간에 이해관계의 갈등을 야기하기도 한다. 예컨대 다국적기업이 그들의 자회사에 의사결정권을 분산시킨 경우 또는 현지파트너와 합작투자를 행한 경우, 현지자회사나 현지국의 합작파트너는 다국적기업 본사에 의한 이전가격조작이 자신의 평가·통제·보상 등에 불리하다고 판단될 경우 본사의 이전가격전략에 강하게 반대할 수 있기 때문이다.

외부적 제약요인: 다국적기업의 이러한 이전가격조작 행위에 대하여 관계 당사국은 항상 이를 규제하려는 태도를 지니고 있는 만큼 이에 대한 규제가 커지면 커질수록 이전가격조작이 어려워지게 된다. 실제로 오늘날 선후진국을 막론하고 모든 나라들이 다국적기업의 이전가격조작이 그들의 국민경제적 이해관계에 영향을 미친다고 인식하고 있기 때문에 가능한 그것을 금지시키거나 그것이 가져올 부정적 효과를 제거하기 위한 정책과 제도적 장치를 채택하고 있다.

그렇다면 다국적기업에 의한 이러한 이전가격조작이 앞으로 더욱더 증대될 것인가 아니면 더욱 감소하게 될 것인가?

우리가 접하고 있는 다국적기업의 이전가격조작에 대한 증거들은 여전히 부분적이고 상황적이며 또한 산업이나 국가에 따라 달라 이를 근거로 이전가격조작을 판단하는 데에는 여전히 한계를 가지고 있지만, 몇몇 나라(예컨대 미국, 영국 등)의 경우 상당한 수의 외국계 자회사들의 이윤이 0(zero)이거나 때때로 －(minus)여서 조세당국의 주목을 받고 있다. 따라서 이전가격조작이 이루어지고 있다는 사실에 대해서는 의문을 제기하지 않으며, 앞으로도 다국적기업의 기업내거래가 증가되는 것에 비례하여 이전가격조작의 잠재적 기회 역시 증가하고 있는 것이 사실이다.

그러나 선진국 간에 이루어지는 효율지향형 투자나 자산추구형 투자의 경우에는 개도국에 대한 자원지향형 투자나 시장지향형투자에 비하여 이전가격조작의 유인이 상대적으로 더 작다고 할 수 있는데, 이러한 유형의 투자가 최근 더욱 급속히 성장하고 있다. 또한 선진국이든 개도국이든 각국 정부의 이전가격조작에 대한 관리능력이 보다 전문적이고 세밀해졌고 다국적기업의 활동에 대한 정치사회적 환경이 개선됨으로써 다국적기업들이 이전가격조작을 행할 유인도 감소되고 있다. 또한 지난 30여 년 동안 시장친화적 경제정책이 부활하고 있고 국제적 요소이동에 대해 보다 조화적인 정책이 시행되고 있으며 이에 대한 규제 역시 점진적으로 철폐됨에 따라 다국적기업이 이전가격조작을 행할 유인도 크게 감소되었다.

이처럼 다국적기업의 이전가격조작 행위가 감소될 수 있는 유인이 커지고 있는 것은 사실이지만, 이와는 대조적으로 인터넷거래에 대한 과세관할권 등과 관련되는 이슈로 인하여 여전히 다국적기업의 조세부담과 관련되는 복잡한 문제들이 새로이 제기되고 있다.

또한 이전가격조작으로 인한 양국 간 분쟁을 최소화하기 위한 지역적 시스템이 증가하고 있고 이에 대한 공동시스템이 채택될 가능성도 커지고 있다. 그럼에도 불구하고 누가 그들의 소득에 대하여 과세할 권리를 가지는가에 대한 정부 간 분쟁의 한가운데 다국적기업의 이전가격조작이 여전히 자리하고 있다.

2. 다국적기업과 현지국의 종속 문제

2.1 종속이론과 다국적기업

2.1.1 종속이론의 이론적 의의

다국적기업에 대하여 부정적인 태도를 지닌 대부분의 급진주의적 국제정치경제학자들은 다국적기업이 끼치는 정치경제적 폐해, 특히 현지국에 대한 폐해를 신랄히 비판한다. 민족주의자들은 외국자본의 유해한 측면을 찾아내고 이윤과다를 논하며 이에 대한 민족국가의 엄격한 규제를 주장한다. 또한 마르크스주의자들은 다국적기업을 강대국에 의한 약소국의 경제적 침략과 착취의 수단으로 파악하여 이를 신제국주의(neo-imperialism) 내지는 신식민주의(neo-colonialism)의 도구라고 규정한다. 다국적기업의 정치경제적 영향과 관련하여 비판적인 입장을 취하고 있는 또 다른 급진주의적 접근으로서 종속이론이 있다.

1950년대 이후 자유주의자들이 제시하는 근대화이론이나 확산이론이 저개발국의 현실과 괴리를 나타내기 시작하고 프레비쉬(R. Prebisch)를 중심으로 하는 라틴아메리카 경제위원회(ECLA : Economic Commission for Latin America)가 제시한 수입대체적 공업화정책이 실패로 돌아가자 1960년대 중반 이후 라틴아메리카를 배경으로 하는 종속이론(dependency theory)이 등장하였다. 이들은, 저개발국의 저발전이 불합리한 국제분업을 기반으로 하는 국제경제관계의 고유한 모순과 사회경제적 저발전의 악화를 가져오는 종속관계에서 연유한다고 규정하고, 주변부 저개발국들이 세계경제체제의 중심부 국가들에게 통합되고 종속됨으로써 발전에 대한 구조적 장애가 심화되고 국제적 불평등이 확대되는 만큼 중심과 주변 간의 종속관계를 축소하는 것이야말로 저발전의 해결책이라고 주장하였다.

종속학파로 지칭되는 이러한 경제학자들은 다국적기업의 실체를 저개발국을 저발전의 상태로 얽매어 놓고 있는 전형적인 특징이자 도구로 지적하면서 다국적기업에 대한 강렬한 비판을 행하였다. 이에 종속학파인 선켈(O. Sunkell)은, 오늘날 종속의 요체는 발전국의 강력한 경제적 대리인인 다국적기업에 의한 저개발국의 침투현상이라고 규정하면서, 다국적기업이 오늘날 종속의 중요한 요체임을 주장하였다. 또한 이들은 대외종속의 메커니즘을 역사적으로 유형화하여 다국적기업에 의한 지배와 착취가 이루어지고 있는 종속을 '새로운 현대적 종속'으로 규정하기도 하였다.[78]

2.1.2 다국적기업에 대한 종속이론의 주요 가설

이와 같은 종속이론은 그 주장자에 따라 현실에 대한 접근방법이나 정책대안 등이 크게 달라 그 내용의 스펙트럼이 매우 크지만 다국적기업과 관련하여 종속이론이 주장하는 주요한 가설은 대체로 다음과 같다.

이익분배 불균형과 경제적 잉여 유출 : 빈곤한 국가들이 자신이 비교우위에 있는 상품생산에 특화하여 이를 수출하는 대신 외국의 상품과 자본을 자유로이 받아들이는 것이 동등하게 경쟁할 수 있는 국제경제관계를 형성하는 것으로 보일지 모르나 그러한 국제경제관계에서 얻어지는 이익은 부국에게만 유리하도록 불균형적으로 배분되므로 부국과 빈국 간에는 결국 지배와 종속의 착취관계가 형성된다. 따라서 다국적기업에 의해 창출된 부가가치 역시 현지국에 빈약하게 배분됨으로써 경제발전을 위해 이용되어야 할 개도국의 경제적 잉여(economic surplus)가 다국적기업에 의해 외부로 유출될 우려가 크다.

정치적 · 사회문화적 왜곡과 종속 : 다국적기업에 의한 외국인투자가 이루어지면 현지국의 국가주권에 대한 간섭이 이루어져 현지국의 정치적 왜곡과 종속(political distortion and dependency)이 초래됨으로써 현지국의 정치적 주권이 상실되고, 현지국의 전통적인 문화와 제도의 정체성이 파괴되는 문화적 종속(cultural dependency)도 초래될 수 있다.

경제적 왜곡과 종속 : 다국적기업에 의한 외국인투자가 현지국의 국내경제에 여러 가지 경제적 왜곡(economic distortion)을 야기하고 부(富)의 창조활동과 경제방향이 외국자본에 의해 통제됨으로써 현지국의 경제적 종속이 초래될 수 있다. 다국적기업은 자신의 상황에 따라 현지국의 요소부존도와는 다르게 너무 자본집약적 기술을 사용하여 현지국의 요소시장을 왜곡하고, 자본을 스스로 조달하여 투자하기보다 현지금융을 이용한 투자를 행함으로써 자본시장을 왜곡하며, 다국적기업에 종사하는 노동자에게 높은 임금을 지불하여 노동시장의 왜곡을 가져온다. 또한 다국적기업들은 현지국의 경제상황이나 발전에 대한 고려 없이 스스로 정한 부문에서 스스로 정한 방법에 따라 생산 활동을 함으로써 현지국의 경제구조가 다국적기업의 의사결정에 종속되는 결과를 초래할 수 있다.

이와 같이 다국적기업의 경제적 영향에 대한 종속이론의 비판적 시각은, 한편으로는

---

78 푸르타도(C. Furtado)는 비교우위의 구조에 따라 ① 1차 산품 수출단계, ② 수입대체단계, ③ 다국적기업단계의 종속으로 구분하였고, 도스 산토스(T. Dos Santos)는 ① 식민지적 종속(colonial dependence), ② 금융 · 산업적 종속(financial－industrial dependence), ③ 다국적기업에 의한 새로운 유형의 종속(new type of dependence)으로 구분하였다.

다국적기업으로 인한 선진국과 개도국 간의 이익분배의 불균형 · 정치적 사회적 왜곡과 종속 · 경제적 왜곡과 종속문제에 대한 나름의 유용한 분석시각과 방향을 제시하고 있는 것이 사실이다. 그러나 객관적 사실보다는 주관적 판단에 따른 이데올로기적 성격을 지니고 있으며 때로는 지나치게 과장되어 있다는 비판을 받았다.

더욱이 오늘날 다국적기업의 해외투자가 선진국에서 개도국으로만 흘러들어가는 것이 아니라 선진국 간의 상호투자에 집중되어 개도국에 대한 투자잔고 비중이 1990년대 이후 오히려 축소되고 있으며, 또한 오늘날 대부분의 개도국들은 종속이론의 처방과는 달리 실용주의적 입장을 취하여 선진국의 자본을 적극적으로 유치하기 위하여 경쟁하고 있는 현실과도 배치되고 있다는 한계를 지니고 있다.

2.2 현지국의 종속적 산업구조 · 분업체제

이상과 같은 종속이론의 다국적기업 관련 명제들 중, 정치 · 사회 · 문화적 왜곡과 종속문제는 이후 국가주권문제 또는 다국적기업의 사회문화적 영향과 관련하여 논의하기로 하고, 여기서는 다국적기업에 의한 현지국의 경제적 왜곡과 종속, 특히 주변부 산업구조의 종속화 및 무역구조의 종속화에 대한 주장을 살펴보기로 한다.

2.2.1 주변부 산업구조의 종속화

종속이론에 따르면 세계는 공업화를 이룩해 부유한 중심부(center)와 그렇지 못한 아프리카 · 중남미 등 주변부(periphery)의 2가지 그룹으로 구성된다. 주변부국가는 중심부국가에 농산물 · 공업용 원자재 등 주로 1차 산품을 수출하고 소비재 · 기계설비 같은 2차 산품을 수입하는 무역형태를 통하여 세계자본주의체제에 편입(integration)된다. 그런데 이러한 형태의 편입은 필연적으로 주변부국가가 중심부국가에 종속되는 결과를 초래하고 주변부국가의 산업구조와 사회계층이 양극화되며 주변부의 산업이 종속적 성격을 띠게 된다는 것이다.

이러한 종속의 굴레를 탈피하기 위해 주변부국가는 나름대로의 산업화를 시도하지만 다국적기업의 존재 때문에 이러한 주변부국가의 산업화가 자립적 산업화가 아닌 종속적 산업화(dependent industrialization)로 귀결되어 버린다. 이처럼 다국적기업이 주변부국가의 산업화를 더욱더 종속적인 구조로 고착시키는 이유는 다음과 같은 2가지 이유 때문이다.

다국적기업을 통한 산업화로 인한 종속화 : 주변부의 산업화는 기존의 수입을 대체하기 위한 수입대체산업 육성으로부터 시작되는데, 1950～1960년대 중남미국가들의 예에서 보듯이 주변부국가들은 자본 · 기술의 부족 때문에 독자적인 수입대체산업 육성할 수 없기 때문에 결국 선진국의 다국적기업을 불러들이는 수밖에 없다. 다국적기업이 현지에 공장을 세우고 지금까지 수입해 오던 고급소비재를 생산하는 것은 언뜻 보기엔 성공적인 수입대체 산업 육성처럼 보인다. 그러나 그 내막을 보면 중심부국가에서 들여온 기계설비로 공장을 세우고 수입된 중간재를 사용해 제품을 만들어 낸 것에 불과하므로 애초에 기대했던 것만큼 현지국의 경제발전에 기여하지 못하고 오히려 그들의 월등한 경쟁력을 바탕으로 현지 시장을 독과점화 시켜 새로운 형태의 종속을 초래하게 된다. 말하자면 수입대체산업 육성 전략이 종속의 탈피라는 본래의 의도와는 달리 1차 산업(수출부문)에 이어 제조업(수입부문)까지 서구 다국적기업에 종속되어 버리는 결과를 초래하였다.

다국적기업의 피라미드형구조로 인한 종속화 : 신고전학파 분석의 틀 속에서 국제분업체제는 어디까지나 각국의 비교우위에 의해 결정되고 다국적기업은 이와 같은 국제분업체제를 '주어진'(given)것으로 간주하여 그것에 대응하는 생산거점체제를 해외에 구축하는 데 불과한 것으로 간주한다. 그러나 하이머(S. Hymer)는 이와 반대로, 범세계적 차원에서 생산·판매활동을 하는 다국적기업의 기업내 분업(intra-firm division of labor)에 의해 각국의 산업특화 방향이 결정되고 이로 인해 국제분업체제는 종국적으로 피라미드형 체제가 형성된다고 주장하였다.[79] 말하자면 다국적기업의 활동이 활발해질수록 다국적기업의 피라미드형 계층조직에 상응(parallel)하는 피라미드형 국제분업체제가 형성되어 선진국-중진국-개도국 간의 3원적·수직적 상호종속이 유발된다는 것이다.

다국적기업의 전략본부에는 고도의 기술집약적 산업이나 첨단공정이, 지역본부에는 자본집약적 산업이나 중급의 기술집약적 공정이, 단순생산거점에는 노동집약적이나 단순조립공정을 분담시킨다. 따라서 다국적기업의 이러한 3원적 기업 내 분업전략은 각자가 속한 국가의 산업특화방향에 중요한 영향을 미치게 된다. 따라서 어떤 국가가 어떠한 산업에 특화하느냐 하는 문제를 스스로의 선택에 의하여 결정하는 것이 아니고 자국에 위치한 다국적기업의 현지자회사가 다국적기업의 피라미드형 계층조직 속에서 어떠한 위치를 차지하고 있느냐에 따라 좌우되는 것이다. 만약 다국적기업이 세계적 생산거점전략 차원에서 자국을 단순생산거점으로밖에 인식되지 못한다면 이 국가는 만년 노동집약적 산업이나 단순조립공정에 특화하는 한낱 해외하청기지로서의 지위를 벗어나지 못하여 다국적기업의 일개 지사국가(branch-plant countries)로 전락하여 선진국의 하청적 종속경제가 되고 마는 것이다.

2.2.2 주변부 무역구조의 종속화

일반적으로 주변부국가의 무역구조는 농산물·공업용 원자재 등 중심부국가의 산업활동에 필요한 1차 산업을 생산하여 수출하는 수출부문과, 자동차·전자제품 등과 같은

---

79 S. Hymer(1979) pp.35~70

고급소비재를 수입하는 수입부문으로 구성된다. 그러나 주변부의 수출부문은 중심부국가의 산업수요를 충족시키기 위한 종속적 구조가 되고 수입부문 역시 주변부국가 특권계층의 수요를 충족하기 매판적 수입구조로 이루어짐으로써 주변부국가의 국민후생을 증대시키지 못하는 종속적 무역구조가 형성된다.

수출부문의 종속성 : 중심부의 산업수요를 충족하기 위한 종속적 구조로 형성된 주변부 수출부문의 경우 그들의 수출품에 대한 세계수요가 대부분 독과점력을 행사하는 다국적기업의 손에 의해 좌우되어 가격이나 수요의 안정성을 확보할 수 없다. 가격의 불안정성 속에는, 단기적으로 1차 상품의 가격이 불안정한 것을 포함할 뿐만 아니라 장기적으로 교역조건(terms of trade)이 악화되는 것도 포함한다.[80] 이렇게 주변부국가의 수출구조가 종속적 성격을 띠고 있다는 것이 주변부사회의 성장을 저해하는 중요한 요인으로 작용하게 된다.

수입부문의 매판성 : 주변부국가의 수입부문이 매판적(買辦的) 성격을 띠고 있다는 것은 1차 산품의 수출을 통해 얻어진 외화가 국민대중의 기본 욕구를 충족시키기 위한 재화의 수입에 사용되지 않고 일부 특권적 소비계층의 수요를 충족시키기 위한 고급소비재 수입을 위해 사용됨으로써, 미샬레(C. A. Michalet)가 말하는 이른바 '매판적 부르주아계급'의 수요를 충족하는 데 기여하게 된다는 것을 말한다.[81] 이 같은 수입부문의 매판성은, 중심부와 달리 건전한 중상층이 형성되어 있지 않고 소수의 특권층과 빈곤한 대중으로 양극화되어 있는 사회구조의 이중성과도 관련된다.[82]

종속학파에 따르면 중심부와 주변부 사이의 이와 같은 종속적 대외무역구조를 더욱 고착화시키는 데 핵심적 역할을 하는 것이 다국적기업이다. 서구의 다국적기업은 주변부국가의 수출산업을 거의 지배하고 있어 중남미 · 아시아 · 아프리카에 있어서 석유 · 구리 · 주석 · 보크사이트 등 자원개발과 대규모 플랜테이션산업이 대부분 세계적 다국적기업에 의해 소유 · 운영되고 있다. 또한 수입부문에서 매판적 부르주아계급이 필요로 하는 고급소비재를 제공하는 기업 역시 GM · GE · 소니 · 도시바 · 필립스 등 서구의 다국적기

80 교역조건의 악화란 주변부국가가 수입하는 공산물의 가격은 급속히 상승하는 데 비하여 수출하는 1차산품의 가격은 느리게 상승하는 것을 말하는데, 심한 경우를 보면 장기적으로 사탕수수 등 일부 농산물가격은 오히려 하락하는 수가 있다. 그 좋은 예가 필리핀이다. 이 나라 수출의 큰 부분을 차지하고 있는 사탕수수의 국제가격이 1차 석유파동 후인 1974년의 톤당 654달러, 1975년의 449달러에서 1985년에는 89달러까지 폭락하고 1990년대 초에야 겨우 200달러대로 회복되었다. 그런데 같은 기간 중 공산품 가격지수(manufacturing unit value index)는 1974년의 235에서 510으로 2배 이상 증가하였다. 말하자면 사탕수수의 공산품에 대한 교역조건이 1974년의 278에서 39로 악화되어 그만큼 필리핀의 대외구매력을 저하시킨 셈이다.

81 C. A. Michalet(1976) p.99, 안세영(1998) p.59.

82 중남미나 아프리카 등 주변부국가를 보면 인구의 대부분은 경제적 부의 배분에서 완전히 소외되어 빈곤의 구렁텅이를 못 벗어나고 있는 데 반해 인구의 5~10%에 불과한 특권계층은 사회 전체 부의 60~70% 이상을 독점하며 종속이 빚어내는 이중구조로부터 이득을 취하고 있다.

업이다. 더욱이 다국적기업은 집중적 광고를 통한 제품차별화전략을 통하여 매판적 부르주아계급의 수요패턴을 더욱 왜곡시키고 필요한 경우 이들과 담합하여 현지국정부에 정치적 영향력을 행사하기도 한다.

3. 다국적기업과 국가주권문제

범세계적 관점에서의 이윤극대화를 추구하는 다국적기업의 경영전략과 자주성과 국익극대화를 추구하는 국민국가의 주권(sovereignty) 간에는 근본적인 비대칭성(asymmetry)이 존재하므로 양자 간에는 대립과 갈등이 필연적으로 내재해 있다. 따라서 국민국가적 관점에서 수립되고 평가되는 "국가의 정치경제적 이해관계"와 범세계적 관점에서 계획되고 통제되는 "다국적기업의 경영전략" 간에는 대립과 갈등이 없을 수 없다. 이 때문에 버논(R. Vernon)과 같은 자유주의 경제학자까지도 다국적기업이 현지국에 미치는 영향은 결코 경제적인 의미만을 가지고 설명될 수 없으므로 경제적 분석 이상의 통찰이 필요함을 역설하였다.

다국적기업들은 해외경영활동을 행함에 있어 일종의 경제적 치외법권을 추구하려 한다. 그러나 다국적기업을 유치하는 주권국가는 자국 영토 내에서 이루어지는 모든 경제행위를 자신의 통제 하에 두기를 원하므로, 자국에 진출해 있는 다국적기업의 제반활동을 파악하려 하고 간섭·통제하려고 하므로, 다국적기업과 주권국가는 본질적으로 충돌할 소지를 가지고 있다. 이러한 양자의 상충관계 때문에 모든 국민국가는 다국적기업으로 인하여 어느 정도 자신의 주권을 위협받거나 제한받지 않을 수 없다. 다국적기업에 의한 이러한 주권제한효과는 다시 경제주권(economic sovereignty) 제한문제와 국가주권(national sovereignty) 제한문제로 나누어 볼 수 있다.

3.1 경제주권 제한효과

다국적기업으로 인한 국민국가의 경제주권 제한 문제는 다시 ① 다국적기업에 의하여 개별 국가의 정책결정 자율성이 훼손되고 정책효과가 외부화됨으로써 발생되는 정책주권(policy sovereignty) 제한 문제와, ② 일국의 산업이나 산업정책이 다국적기업에 심각하게 의존됨으로써 발생되는 산업주권(industrial sovereignty) 제한 문제로 구분하여 생각하여 볼 수 있다.[83]

83 안세영(1998) pp.258~266

3.1.1 정책주권의 제한 문제

일국의 정책주권(policy sovereignty)이 제대로 행사되기 위해서는 정부정책의 결정 · 수립이 자주적으로 결정되어야 하고 또한 스스로 채택한 정책을 효율적으로 집행할 수 있어야 하는데, 다국적기업에 의해 이러한 기능이 약화되거나 훼손됨으로써 일국의 정책주권이 침해될 우려가 있게 된다. 따라서 정책주권의 침해는 정책결정의 자주성이 약화되는 문제와 정책집행의 효율성이 저하되는 문제로 나누어 볼 수 있다.

정책결정의 자주성 약화 : 외국계 다국적기업이 국내에 진입하게 되면 직접 · 간접으로 현지국정부의 정책결정에 영향을 미치게 된다. 1960~1970년대 중남미지역에 대한 미국계 다국적기업의 진출에서 경험하였듯이 투자국 정부가 여러 가지 통로를 통하여 현지국 정부의 정책결정에 대한 정치 · 외교적 개입을 행하는 경향이 있다. 이러한 경우 외국에 진출하는 다국적기업 자신도 유사시 자신들의 이익을 잘 옹호해 줄 수 있는 보호자가 본국정부라고 믿기 때문에 이러한 투자국 정부의 개입을 위한 로비활동을 전개하기도 한다.[84]

또한 다국적기업 자신이 로비스트(lobbyists)를 고용하거나 정치자금 및 뇌물제공 등을 통한 합법적 · 비합법적 정치활동을 도모하기도 하며, 현지국에 자신의 이익을 위하여 목소리를 높일 압력단체를 조성 · 활용하거나 현지인경영자를 통하여 현지국의 정책 결정과 수립에 영향을 미치기 위해 노력하기도 한다. 이러한 일련의 과정을 통하여 현지국정부의 정책결정의 자주성이 침해받게 되고, 투자국 정부 역시 때때로 자국기업의 이해관계에 의하여 정책적 자주성이 훼손되기도 한다.

정책집행의 효율성 저하 : 다국적기업에 의한 외국자본의 진출이 심화되면 현지국이 실시하는 통화금융 · 재정 · 반독점 · 관세 · 외환 · 경제발전 관련 정책의 정책효과가 외부화되어 효율성이 저하될 수 있는데 이러한 경우의 구체적인 예를 [부록 12-3]에서 보여주고 있다. 또한 다국적기업의 이전가격조작(transfer pricing)이나 외국인투자를 유치하기 위한 현지국들의 세금인하경쟁이 국가재정수입 감소나 국가재정 위기를 초래할 수 있어 이들 역시 현지국 경제정책의 효율성을 저해하는 중요한 요인이 되고 있음은 앞에서 살펴본 바와 같다.

이상과 같은 현지국의 정책주권 제한효과는 여러 가지 상황에 따라 그 파장이 달라질 수 있는데 이러한 정책주권효과에 영향을 미치는 주요 요인들을 살펴보면 다음과 같다.

투자의 비중과 구성 : 일반적으로 그 나라 국민경제에 대한 외국인투자 비중이 커질수록

---

84 미국의 1,000개 대기업 중 80%가 이른바 '워싱턴 담당이사'를 가지고 있는데 이들은 워싱턴에서 이루어지는 미국의 대외정책결정이 자기들에게 유리하도록 영향력을 행사하기 위한 일종의 로비스트들이다(R. J. Barnet and R. E. Muller, 1974 p.1090).

정책주권이 침해되는 정도도 커질 가능성이 높다. 또한 전체 외국인투자 중 어떤 특정국의 투자비중이 높은 경우 여러 나라의 자본이 진출해 있는 경우에 비하여 정책주권에 대한 침해우려가 더 높아진다. 후자의 경우 진출자본 간의 상호경쟁과 견제에 의해 일관된 영향력의 행사가 어려워지기 때문이다. 이러한 이유 때문에 캐나다는 오랫동안 그들의 경제적 연대를 미국 이외의 다른 나라로 다각화하려고 노력하여 왔고 중남미국가들 역시 미국계 다국적기업의 막강한 힘에 대하여 저항하여 왔다.

진출기업의 국가별 특성 : 전통적으로 해외에 진출해 있는 자국 기업에 대해 강한 영향력을 행사하려는 국가가 있는가 하면 그렇지 않은 국가도 있어서 투자기업의 국가별 특성에 따라 정책주권의 침해정도가 달라질 수 있다. 일반적으로 현지국에 대하여 가장 강한 개입성향을 지닌 국가가 미국・프랑스이고, 중간 정도의 개입성향을 나타내는 국가가 영국・독일・이탈리아 등이며, 개입의 정도가 약한 나라가 일본・스위스・스웨덴인 것으로 평가되기도 한다. 일반적으로 정치외교적으로 강한 영향력을 지닌 국가의 다국적기업들이 진출하는 경우 현지국의 정책주권에 더 큰 영향을 미칠 가능성 역시 높다.

현지국 관료집단의 자질 : 정책의 입안・집행을 담당하는 현지국 관료들의 자질・이념・청렴도 등도 정책주권의 침해 정도에 영향을 미친다. 따라서 부패하고 무능한 관료집단을 가진 개도국일수록 다국적기업에 의해 정책주권이 훼손되는 정도가 커진다고 할 수 있다.

3.1.2 산업주권의 제한 문제

외국인투자가 국민경제에 차지하는 비중이 지나치게 높아지는 경우, 현지국의 산업에서 외국인이 통제하는 부가가치 비중이 적정한 수준을 넘는 경우, 그 나라의 산업 활동이 다국적기업에 심각하게 의존되는 이른바 산업주권(industrial sovereignty)의 제한효과가 발생될 수 있다.

1960년대 중반 캐나다 제조업의 60%, 천연가스와 석유산업의 75%, 광업의 60%가 외국인 수중에 들어가자 캐나다 산업주권이 심각하게 위협받고 있다는 목소리가 높아진 역사적 사례가 있다. 1980년대 초반 라틴아메리카의 경우를 보면 페루 화학산업의 67%, 멕시코 의약품산업의 80%, 브라질 자동차산업의 100%, 아르헨티나 비전기산업의 82%를 외국인소유기업이 지배하고 있어 산업주권의 약화문제가 논의되었는데,[85] [부록 12－2]가 보여주듯이 외국자본에 의한 중남미 자동차산업에 대한 산업주권문제가 제기되기도 하였다.

흔히 산업주권상실 문제는 멕시코・칠레 등과 같은 나라에서나 발생하는 것으로 알고 있는데 이와 같은 현상은 한국과 같은 중진국은 물론 선진국인 미국에서도 얼마든지 발생

85 J. M. Stopford and J. H. Dunning(1983) pp.26~37

할 수 있다. 예를 들면 로라 타이슨(Laura Tyson)은 미국이 반도체산업에서 공격적 투자나 매수 · 합병전략을 펼친 일본 기업의 공략을 방치함으로써 반도체산업 분야에서 미국의 산업주권이 훼손당하였다고 주장하였다.

그렇다면 외국의 다국적기업에 의하여 현지국의 산업주권이 약화되거나 제한을 받게 되면 어떠한 문제점이 발생하게 되는가? 외국인투자에 의하여 현지국의 산업주권이 상실되거나 훼손될 경우 초래될 수 있는 주요 문제점은 다음과 같다.

산업특화방향의 왜곡 : 일국의 산업특화 방향이 자국의 여건이나 특성보다는 다국적기업의 투자방향에 의해 일방적으로 결정되면 그 나라의 산업특화 방향이 왜곡될 수 있다. 이러한 경우 그 나라의 산업구조가 다국적기업의 세계전략이라는 틀 속에서 외생적으로 결정되어, 자국의 입장에서 자원의 합리적 배분이나 경제발전을 위한 동태적 목표에 적합한 구조로 이행되지 못한 채, 수동적으로 다국적기업의 이익에만 기여하는 결과를 초래할 수 있다. 이러한 우려는 현지국과 관련하여 더 큰 것이 사실이지만 산업공동화의 논의에서 볼 수 있듯이 이러한 왜곡이 투자국의 경우에도 발생할 수 있다.

안보적 · 정치적 위협 : 외국인투자에 의해 현지국의 산업주권이 상실되면 이로 인해 현지국의 국가안보에 위협요인이 될 수 있다. 따라서 대부분의 국가들이 국가안보와 직결된다고 생각되는 통신 · 교통 · 에너지산업 분야의 통제권이 외국자본의 손에 넘어가지 않도록 정부규제를 행하고 있고, 외국인투자에 대해 가장 자유주의적 입장을 취하고 있는 미국도 국가안보(national security)에 위협을 받을 우려가 있는 경우 이를 규제할 수 있도록 하고 있다.

위에서 언급한 미국의 타이슨(Laura Tyson)과 같은 학자는 안보의 개념을 경제안보(economic security)로 확장하여, 반도체 등과 같은 미국의 중요 전략산업에 대한 산업주권을 유지하기 위한 노력을 행할 것을 주장하기도 하였다. 이러한 위협은 주로 현지국의 입장에서 논의한 것이지만 해외직접투자와 관련하여서도 이와 유사한 문제들이 나타날 수 있다.[86]

기술적 종속 우려 : 외국인투자에 의해 그 나라의 산업주권이 상실되면 이에 따른 현지국의 기술종속문제가 발생된다. 오늘날 전 세계 기술개발의 절대적인 비중이 선진국에서 이루어지고 그들 중의 대부분은 다국적기업을 중심으로 이루어지고 있는데 다국적기업은 이러한 기술을 통하여 범세계적인 전략을 펼 수 있는 조직을 보유하면서 이러한 기술을 독점적으로 활용할 수 있다. 따라서 다국적기업의 본사는 기술을 개발하고 개도국에 위치

---

86 예컨대 미국의 어떤 다국적기업이 그들의 첨단기술제품을 다른 선진국에 소재한 그들의 자회사에 수출하여 그러한 선진국의 경제력이나 군사력이 상대적으로 높아졌을 때 이것이 미국의 국제정치적 영향력이나 군사전략적 파워를 약화시킬 수도 있기 때문이다.

한 자회사는 이러한 기술을 소비하는 소비자로 전락하여 시간이 갈수록 선진국에 대한 기술종속이 심화되고 기술식민지로 전락하여 신기술에 대한 접근이 통제당한 채 영원히 기술 2등국으로 전락할 우려마저 발생하게 된다.

3.1.3 경제주권 제한효과의 함의

이상과 같은 외국인투자에 의한 현지국의 경제주권제한 우려를 어떻게 평가할 것인가에 대해서는 서로 상반된 견해가 대립되고 있다. 민족주의적 · 급진주의적 입장에 서 있는 사람들은 다국적기업의 발달로 국가통치권 자체가 도전을 받는다는 관점에서 다국적기업에 대한 규제와 통제가 필요함을 역설한다. 자유주의적 입장에 서 있는 사람들은 국가 간 경제적 상호의존도가 증대되고 다국적기업이 국제정치경제의 주요한 행위자(actor)로 활동하는 오늘날에 있어서 민족국가나 경제주권의 개념은 시대착오적인 무용지물이 되고 있다고 주장한다.

이러한 양자의 주장들은 서로 다른 세계관 · 이데올로기를 전제로 하는 만큼 어느 쪽이 반드시 옳다고 할 수 없다. 경제의 범세계화로 인하여 전통적인 국가개념이나 주권개념에 변화가 요구되고 있는 것이 사실이지만 이러한 변화 속에서도 여전히 개별 국민국가의 국가적 이익과 목표 역시 무시할 수 없기 때문이다. 따라서 아무리 경제의 세계화가 진전되고 다국적기업의 활동이 확대되더라도 이와 관련된 국민국가의 민족주의적 입장이 완전히 소멸될 수는 없을 것이다.

따라서 이 문제에 대해서는 어떠한 경우 외국인투자의 주권제한효과가 더 높아지는가라는 관점에서 논의될 필요가 있다. 일반적으로 현지국 경제 내의 외국인통제 부가가치비중이 30% 정도를 넘게 될 때 산업주권이 위협받기 시작하는 것으로 추론하기도 하였다.[87] 또한 외국인투자가 어떤 특정 산업에 집중되어 있어 그러한 산업들이 사실상 그들에 의해 장악되거나 어떤 특정 산업의 핵심 기술이 그들에 의해 장악되는 경우, 비록 외국인자본의 전체 비중이 이러한 수준에 이르지 않더라도, 그 나라의 산업주권은 예상보다 빨리 심각하게 침해받을 수 있게 된다.

---

87 이러한 비율에 대한 명확한 답을 내리기는 매우 어렵고 또한 다국적기업 경제학자들도 직접적으로 정확한 수치를 언급한 적은 없다. 그러나 역사적으로 볼 때 1980년대 중반 산업주권침해 논란이 있던 캐나다에서 제조업에 대한 외국자본진출비중이 60%를 넘었고, 멕시코 · 브라질 · 아르헨티나 중남미 3개국에서도 이 비율이 30% 수준에 이르렀다는 점을 고려하여 이러한 기준이 근거 있는 것으로 받아들여졌다. 다만 경제의 국제화와 자본자유화에 따라 외국자본의 비율이 전반적으로 높아지고 있는 추세에 비추어 이러한 비율기준이 보다 상향될 수 있을 것이다.

부록 12-2 다국적기업의 정책주권효과와 자동차산업주권

1. 다국적기업의 정책주권 제한효과

상술한 대로 다국적기업에 의한 외국자본의 진출이 심화되면 현지국이 실시하는 통화금융·재정·반독점·무역·외환·발전 정책 등의 정책효과가 외부화되어 정책집행의 실효성이 약화될 수 있다. 이처럼 다국적기업으로 인하여 국민국가의 정책주권이 훼손되는 예는 크게 케인즈적인 거시경제정책의 경우와 발전지향적 정책의 경우를 들 수 있다.

(1) 케인즈적 거시경제정책의 약화

거대한 다국적은행이나 다국적기업에 의한 자본의 국제적 이동성이 크게 증대된 상황에서 일국민국가적 입장에서 행해지는 통화금융정책 또는 재정정책 등과 같은 케인즈적 거시경제정책이 의도한 대로의 정책효과를 발휘하기가 쉽지 않다. 국가적 차원에서 행하는 거시경제정책이 범세계적 이윤극대화를 추구하기 위하여 국경을 초월하여 자금을 관리하는 다국적기업의 전략과 이해관계와 상충될 수 있기 때문이다.

경제학자들은 주요국의 다국적기업이 보유하고 있는 유동자산이 주요국의 중앙은행이 보유하는 지불준비금을 초과하고 있어 이들이 보유하는 유동성자금의 일부만 조작해도 중앙은행의 통화정책을 무산사킬 수 있다고 경고하고 있고 실제로 이와 같은 상황이 벌어지기도 한다. 어떤 현지국이 경기침체를 탈피하고자 이자율을 인하하는 통화정책을 채택하는 경우 다국적기업들이 그러한 이자율인하에 대응하여 국내자금을 해외로 이전하거나 국내에서 낮은 이자율로 차입하여 해외에 투자해버리는 등 자금의 해외유출을 행하게 되면 이러한 금융정책은 제대로 효과를 거둘 수 없게 될 뿐만 아니라, 때로는 이것이 원인이 되어 자국통화의 급속한 평가절하와 경제위기가 초래될 수 있다. 반대로 국내인플레압력을 제거하고자 이자율을 인상하는 통화정책을 채택하는 경우, 다국적기업들이 그러한 이자율인상에 대응하여 해외에서의 자금을 국내로 유입하는 행위를 행하게 되면 이러한 금융정책은 제대로 효과를 거둘 수 없다.

이러한 사례는 재정정책의 경우에 있어서도 마찬가지이다. 자본의 이동성이 강한 상황에서 세율을 높이는 재정정책을 펼칠 경우 국내에 진출한 다국적기업들의 자본이탈과 이에 따른 세수감수를 용인해야한다. 또한 개도국의 경우 재정적자가 발생되면 이로 인하여 인플레이션이 발생하기 쉬운데 이러한 상황에서 이후 현지국통화가 평가절하될 것을 우려한 다국적기업들이 자신의 자금을 급격히 해외로 유출시키는 경우 심각한 자본유출과 환율상승이 이루어지고 이것이 금융외환위기로 이어질 수 있다. 실제로 라틴아메리카의 금융외환위기는 주로 이러한 경로를 통하여 발생하였다.

이렇게 다국적기업의 활동이 자유로워지고 자본의 국제적 이동이 확대됨에 따라 국민국가의 통화정책이나 재정정책과 같은 케인즈적 거시경제정책의 경제적 효과가 외부화되는 이러한 현실에 대하여, 국제적 케인즈주의자들은 경제의 세계화가 케인즈적인 수요관리정책을 무력화시킴으로써 자본주의 황금기의 토대를 무너뜨렸다고 주장하기도 한다(D. Baker et als, 1998).

(2) 발전지향적 국가개입정책의 약화

자본의 국제화나 세계화를 우려의 눈으로 바라보는 발전경제학자들은, 자본시장의 개방으로 인하여 경제발전을 위해 수행하여왔던 개별 국가의 여러 가지 정책수단들이 무력화하게 되었다고 주장한다. 한국과 같은 동아시아 국가들은, 국제자본의 흐름에 대한 강력한 통제를 실시하면서 수출을 촉진하고 수입을 제한하는 무역정책, 자국 산업과 기업의 국제경쟁력을 높이기 위한 환율정책, 특정 산업·특정 기업에 대한 산업정책적 지원을 통하여 국내산업의 비약적 발전과 고도성장을 촉진시키는 성공적인 발전정책을 수행하여 왔다. 그러나 오늘날에는 세계하와 자본자유화로 인하여 현지국시장이 개방되고 외국인직접투자의 유입이 증대되어 이러한 '발전국가'유형의 발전지향적 경제정책을 수행하기가 어려워졌다.

우선 자국 산업을 보호하고 자국기업의 경쟁력을 높여주기 위한 무역정책이나 환율정책이 다국적기업의 경영활동으로 인하여 본래의 정책목표를 달성하기가 어려워졌다. 자국의 산업을 보호하기 위하여 수입관세를 인상하는 경우 해외에서 원자재를 수입하여 국내에서 가공 수출하는 자국 기업들의 경쟁력이 그 만큼 약화될 수 있다. 또한 국제수지개선을 위하여 자국통화를 평가절하하는 정책을 채택할 경우 그들이 수입하는 해외원자재 수입가격을 인상시키는 결과가 되고 또한 그들의 해외진출 비용을 증가시켜 세계시장의 개척과 확보에 어려움을 줄 수 있다.

또한 국내기업들에게 유리한 경쟁조건을 제공하는 전통적인 의미의 산업정책도 시행하기가 어려워진다. 그동안의 산업정책의 골자는 국내기업과 국내산업에 대한 전략적이고 차별적인 지원과 육성을 통하여 세계시장에서의 경쟁력을 확보하는 것이었다. 그러나 1980년대 이후 선진국과 개도국을 불문하고 외국기업과 외국자본을 국내에 유치하기 위한 경쟁이 벌이고 있기 때문에 외국자본을 유치하면서 국내기업에 대하여 차별적 우대를 행하기가 어려워졌다. 따라서 다국적기업이나 외국인직접투자가 이렇게 확대된 오늘날에는 종래에 발전국가들이 행하였던 전통적인 산업정책은 설자리를 잃게 되었다.

2. 한국과 중남미의 자동차산업주권 문제

멕시코·브라질·아르헨티나 등 중남미 3개국의 자동차산업들은 그들의 산업주권을 서구 다국적기업들에게 장악당하였다고 할 수 있다. 이들 국가의 경우 국내 5대 자동차회사들을 보면 현지기업은 찾아볼 수 없고 GM·클라이슬러(Chrysler)·폴크스바겐(Volkswagen) 등이 주요 기업으로 시장을 지배하여 왔다. 이 때문에 외국계 다국적 자동차기업들의 생산비중 역시 멕시코나 브라질의 경우 99% 수준에까지 이르게 되었다.

이들 중남미국가들이 처음부터 외국계 자동차기업들에게 현지시장을 내어준 것은 아니었다. 1950년대 그들이 의욕적인 자동차산업 육성정책을 펼칠 때 이들은 보호주의적 수입대체산업 육성정책을 채택함으로써 해외로부터의 경쟁을 차단하여 현지에 진출한 다국적기업들에게 엄청난 독점적 이익을 안겨 주었다. 또한 1960년대 들어 현지 자동차 조립업체를 육성하는 과정에서 자유방임적 투자개방정책을 채택함으로써 현지자본이나 외국자본을 불문하고 자동차산업에 진출하기를 원하는 모든 기업들에게 무제한의 참여를 허용하였다. 이러한 정책오류에 의하여 서구 자동차회사들의 경쟁적인 진출이 이루어지게 되었고 이로 인한 과당경쟁 과정에서 현지 자동차기업들이 도태함으로써 결국 자동차산업이 주권이 외국자본에 의해 장악되게 되었다.

이러한 과정을 걸어온 중남미국가들에 비하여 10~20년 늦게 출발한 한국의 자동차산업은 처음부터 현지기업 중심의 산업발전을 이룩함으로써 그들과는 대조적인 발전과정을 걸어왔고 결과적으로 산업주권의 확보에 성공하게 되었다. 한국의 자동차 업체들은 선진국 다국적기업과의 제휴를 통하여 필요한 자본과 기술을 도입하고 자체기술을 축적하면서 학습효과에 의해 국산화율을 제고시키는 동시에 경영권을 확보해가는 전략을 구사하여 왔기 때문이다.

예컨대 현대자동차의 경우 일본 미쓰비시와의 기술 및 자본제휴(1960년대) → 독자적 경영권 획득 → 독자모델개발(1975) → 자체상표수출(1980년대) → 해외직접투자(2000년대)의 과정을 밟아 왔고, 대우자동차의 경우 역시 GM과의 합작(1978) → 경영권인수(1983) → GM과의 합작 청산(1992)의 과정을 통하여 자생적 발전기반을 다져왔다. 기아는 1944년 자전거생산을 시작으로 1961년에는 모터사이클을 생산하였고 1971년 승용차생산에 진입하였다.

또한 1960년대 한국정부는 외국자본의 완전소유 자회사를 허용하지 않고 합작이나 라이센싱과 같은 방법으로 외국자본을 허용하였고 국산 자동차산업을 육성하기 위하여 완성차의 수입을 금지시켰다. 따라서 한국의 재벌은 정부가 제공하는 특혜적 지원정책에 기초하는 제한적인 무역정책의 덕에 성장하였다. 이러한 과정을 통하여 발전한 한국의 자동차산업은 1980년대 후반에는 브라질의 생산량을 능가하였고 2000년대에 이르러서는 연간총생산 300만대를 초과하여 이 중 150만대 이상을 수출함으로써 세계 제5위 생산국, 제6위 수출국의 위치를 차지하고 있으며 20여 개국 이상에 해외생산라인을 가동하고 있는 자동차산업국가로 발돋움하였다.

3.2 국가주권 제한 문제

상술한 대로 다국적기업에 의한 경제주권(economic sovereignty)의 제한문제는, 범세계적인 관점에서 활동하는 다국적기업의 이윤극대화가 국민경제적 입장에서 시행되는 경제정책의 자주성과 효율성을 침해하는 문제와 일국의 산업구조나 산업활동이 다국적기업에 심각하게 의존함으로써 생기는 경제적 갈등문제를 의미한다. 이에 대하여 다국적기업에 의한 국가주권(national sovereignty)의 침해 문제는, 이러한 경제적 측면을 넘어 국민국가의 정치적 · 법적 · 외교적 통치권 자체가 도전받게 되는 측면을 의미한다.

다국적기업으로 인한 국가주권의 침해문제는, ① 다국적기업의 활동으로 인하여 국가의 경제주권이 약화되고 침해되는 것을 넘어 국민국가의 전통적인 역할과 존재가 약화 · 소멸되는 것이 아닌가라는 문제, 즉 "다국적기업과 국민국가 간의 우위성문제", ② 다국적기업을 둘러싸고 발생되는 투자국과 현지국 간의 정치경제적 갈등으로 인한 "국가주권의 충돌문제"로 나누어 볼 수 있다.

3.2.1 다국적기업과 국민국가 간의 우위론

다국적기업으로 인하여 국민국가의 역할과 기능이 약화되거나 소멸되고 있지 않느냐에 대한 논쟁은 경제의 세계화가 국민국가의 역할과 주권에 어떤 영향을 미치게 되느냐라는 논쟁과 관련되어 많은 국제정치학자나 미래학자들에 의하여 오랫동안 뜨겁게 논쟁되어 왔다. 이러한 논쟁의 주요한 흐름은 다국적기업과 국민국가 간의 우위성과 관련하여 다음과 같은 3가지 견해로 요약될 수 있다.[88]

국민국가의 약화 · 쇠퇴론 : 이들은 오늘날 다국적기업의 역할과 기능이 확대됨으로써 다국적기업의 의사결정 여하에 의하여 국가의 이해관계가 변동된다고 할 수 있으므로, 이제 국가는 더 이상 절대적이거나 효과적인 경제주체로서의 기능을 상실하고 있는 만큼 전통적인 국민국가는 약화 또는 소멸될 것이라고 주장한다. 이러한 입장에 서있는 사람들은 국제정치경제의 자유주의(liberalism)적 입장이나 최근의 경제적 세계화를 지지하는 세계화론자들이다.

이에 대한 고전적인 모델로서는, 다국적기업의 위력 앞에 국가주권 · 국가경제력 등과 같은 개념은 그 의미를 상실하였다고 주장하면서 전통적인 국민국가가 누리는 주권은 한계에 봉착하게 되었다고 주장한 버논(R. Vernon, 1971)에 의한 '주권궁지모델'(sovereignty－at－bay model)이 있다. 또한 이와 같은 자유주의적 전통의 맥락에서 1980년대 후반 이후 나타난 세계화론자들은 세계화현상으로 인하여 국가주권은 무력화되고 국민국가의 경제활동은 쓸모없게 되어 궁극적으로 국민국가가 소멸된다는 '국민국가쇠퇴론'을 주장하기도 하였다. 대표적인 주장자로서는, 『국경 없는 세계』(The Borderless World, 1990)와 『국민국가의 종말』(The End of the Nation State, 1995)의 저자인 오마에 겐이치(大前研一, Ohmae Kenichi)와, 그의 저서 『국가의 과제』(The Work of Nations, 1992)를 통하여 세계화라는 거역할 수 없는 역사적 추세로 인하여 국민국가가 쇠퇴할 것이라고 보았던 로버트 라이시(Robert Reich) 등이 있다.

국민국가의 유지 · 강화론 : 이들은, 다국적기업으로 인하여 국민국가가 약화 · 소멸된다는 주장은 세계경제통합이 국민국가의 요구에 의해 진행되고 국민국가에 의해 통제되면서 조절된다는 사실을 과소평가하는 반면 다국적기업이나 세계화의 영향을 너무 과장하고 있다고 비판하면서, 다국적기업의 활동이 아무리 크게 증대되고 세계화가 아무리 진전되더라도 이 때문에 국민국가가 약화되거나 소멸되지는 않는다고 주장한다.

이러한 입장에 서있는 사람들은 국제정치경제의 중상주의(mercantilism) 내지 현실주의(realism)적 학자들이다. 이들은, 경제력 · 군사력 · 외교력 등으로 구성되는 투자국의 국력(national power)과 정책적 뒷받침 없이는 어느 나라 어느 기업도 세계적인 다국적기업으로 발전하여 효율적으로 활동하기가 어렵다고 주장하면서, 이러한 사실은 세계적인 다국적기업들의 본국이 주로 경제력이 높은 선진국이라는 사실에서 확인될 수 있다고 주장한다. 오늘날의 세계화경향을 비판적으로 바라보는 반세계화론자들 역시 세계화의 진전에도 불구하고 국민국가의 권위와 역할은 여전히 중요할 뿐만 아니라 오히려 강화되고 있다고 주장한다.

---

88 이러한 3가지 견해의 구체적 논쟁내용과 평가에 대해서는 노택환(2012) [부록 4－3] 참조

다국적기업과 국민국가의 상호작용론 : 이들은, 이상과 같은 대립적 견해가 발생되는 보다 근본적인 이유는 시장과 국가, 자본과 국가, 경제와 정치의 상호관계를 어떻게 보는가와 관련된 이데올로기의 차이를 반영하고 있으므로 이러한 질문은 결국 국제정치경제에 대한 여러 가지 이념과 시각 중 어떤 것이 더 적실성을 가질 수 있는가의 문제로 귀착된다고 할 수 있다고 전제하고, 양쪽 모두 양자의 관계를 상호배타적 · 대립적 · 이분법적으로만 고찰하여 어느 한쪽의 우위만을 주장함으로써 양자의 상호보완적 · 상호규정적인 작용을 충분히 고려하지 못한다고 주장한다.

양자의 상호작용을 중시하는 이들은, 양자의 관계는 어느 한쪽이 다른 한쪽을 지배하는 것이 아니라 서로가 서로에게 영향을 주고받음으로써 변증법적으로 변화해가는 실체이므로 다국적기업과 국민국가의 관계를 논의함에 있어서 이러한 양자의 상호작용을 강조하는 것이 보다 더 큰 현실적 설득력을 지닐 수 있다고 주장한다. 따라서 이들은, 다국적기업이나 세계화로 인하여 종전보다 더 약화된 국가기능과 오히려 더욱 강화된 국가기능을 보다 균형 있게 평가하여야 하며, 다국적기업의 활동이 증대되고 세계화가 진전되는 환경변화에 대응하는 국민국가의 동태적 역할전환이나 국가에 따라 상대적으로 다른 대응유형 등을 함께 고려하는 것이 바람직하다고 주장한다.

3.2.2 투자국과 현지국 간의 주권충돌문제

다국적기업은 민족국가의 국경을 초월하여 범세계적인 기업경영활동을 행하는 존재인 만큼 투자국과 현지국 간의 여러 가지 정치경제적 갈등과 마찰을 일으키게 된다. 종종 투자국과 현지국 모두 다국적기업을 자국의 국익을 증대시키기 위한 수단으로 이용하려 하고 이것이 양국 간의 국가주권이나 법적 관할권의 충돌문제를 야기할 수 있다. 이렇게 투자국과 현지국 간에 국가주권 충돌문제를 일으킬 수 있는 주요한 갈등과 마찰에는 다음과 같은 문제들이 포함된다.

경제정책목표의 상충에 따른 갈등 : 동일한 다국적기업의 투자행위에 대하여 투자국과 현지국이 각기 서로 다른 정책목표를 추구하기 때문에 발생되는 이해상충은 고용 · 기술이전 · 통화(외환) · 무역 등 모든 거시경제 분야에서 발생될 수 있지만, 특히 국제수지균형을 이룩하려는 양국의 정책목표는 그 속성상 필연적으로 마찰과 갈등을 가져오기 마련이다.

투자국의 경우 자국의 국제수지개선을 위하여, 가능한 외국으로의 자본유출이 증대되지 않으면서 더 많은 이윤과 배당금이 본국으로 송금되고 또한 해외자회사에 대한 자국의 수출이 증대되면서 해외자회사로부터의 역수입은 증대되지 않기를 원한다. 이와는 반대로 현지국의 경우에는, 더 많은 자금유입, 더 작은 이윤과 배당금의 송금, 더 많은 수출과 더 작은 수입을 기대한다. 〈표 12－1〉은 국제수지효과를 둘러싸고 투자국과 현지국 간에 발생되는 정책목표의 상충 내용을 보여주고 있다.

표 12－1 국제수지에 대한 투자국과 현지국의 정책목표의 상충

구 분	투자국의 목표	현지국의 목표
투자자본	자본유출 제한(현지금융, 제3국 조달)	투자국으로부터의 더 많은 자금유입
이 윤	본국으로의 과실송금 확대	발생된 이윤의 송금제한 · 현지재투자
로 열 티	더 높은 로열티의 수취	로열티 대외지불의 제한
무 역	자사에 대한 수출확대, 역수입제한	자회사의 수출확대 및 수입제한

자료 : D. H. Blake and R. S. Walters(1983) p.116 적의 수정

과세권 및 이전가격조작에 따른 갈등 : 다국적기업에 대한 과세문제와 이전가격조작(TPM)이 투자국과 현지국 간의 갈등과 마찰의 원인이 된다. 현지국은 때때로 더 많은 외국인투자를 유치하기 위하여 자국의 세율을 인하하고 다양한 인센티브를 제공하지만 외국계 다국적기업의 과세대상소득을 높이려는 경쟁을 함으로써 투자국과 현지국 간에 과세권 충돌이 야기된다. 이러한 과정에서 다국적기업이 행하는 이전가격조작은, 다국적기업에게는 유익한 행위이지만 투자국과 현지국에게는 자국의 소득재분배에 영향을 미치는 주요한 요인이므로, 이를 둘러싼 양국 간의 갈등을 발생시키는 원인이 된다.

제도적 차이 및 정치적 이해관계에 의한 갈등 : 다국적기업은 투자국의 여러 가지 제도를 현지국으로 이전시키는 대리인 또는 제도적 차이(institutional difference)를 중재하는 행위자가 되기도 하는데 이러한 과정에서 투자국과 현지국 간의 주권충돌이 발생될 수 있다. 예컨대 오늘날 국제적으로 이슈화되어 있는 노동 및 환경에 대한 기준(standards), 정보공개 및 회계절차, 부패나 뇌물 등에 대한 행위규범(norms) 등과 관련되는 인식과 제도의 차이들이 다국적기업을 둘러싼 투자국과 현지국 간의 새로운 갈등 영역이 되고 있다.

또한 다국적기업은 국가 간 정치적 갈등의 원인이 되기도 하고 때로는 다국적기업이 국가의 정치외교적 수단으로 활용되기도 하는데 이러한 과정에서 투자국과 현지국의 정치적 이해관계 충돌이 발생된다. 전후 라틴아메리카나 아프리카에서는 선진국 다국적기업의 현지자회사를 국유화(nationalization)하는 조치가 빈발하였고 이에 맞서 선진국 정부들은 자국기업의 이익을 보호하기 위하여 현지국의 내정에 간섭하는 경우가 많았다. 이러한 경우 투자국과 현지국 간의 정치적 마찰과 갈등이 발생하게 되는데, 최근 석유와 천연자원 등을 둘러싸고 몇몇 라틴아메리카 국가들이 민족주의적 태도를 강화함으로써 이러한 갈등요인이 다시 나타나고 있다.

투자국의 법 · 정책의 역외적용에 따른 갈등 : 투자국과 현지국의 주권의 충돌을 야기할 수

있는 또 다른 하나의 문제는 투자국의 정부정책이나 법을 현지국에 소재하는 다국적기업의 자회사에 적용하려고 할 때 발생하는 법적 관할권 충돌문제와 투자국의 국내법과 정책의 역외(초영토적)적용에 따른 갈등 문제가 있다. 모든 국가는 정도의 차이는 있을망정 자국에 영향을 미치는 외국기업 및 자국기업의 해외영업활동에 대하여 일정한 규제를 행하는 것이 일반적이고,[89] 특히 자국민이나 자국기업이 본국의 정책목표에 반하지 않도록 관련 국내법을 역외 적용하는 규제적 조치를 취하는 것이 일반적이기 때문이다.

이러한 법적 관할권 충돌문제와 국내법이나 정책의 역외적용문제가 발생하는 이유는 다국적기업의 자회사들이 귀속의 2중성(twin personality)을 가지기 때문이다. 다국적기업의 현지자회사는 현지국 영토 내에서 경영활동을 하므로 현지국에 대한 '영토적 귀속성'을 가지지만, 본사로부터의 경영통제에 따라야 하는 '통제적 귀속성'을 가진다. 따라서 현지자회사는 그들이 활동하는 나라의 법률에 종속되고 또한 현지국정부 역시 자기의 주권 하에 있는 영토에서 경영활동을 하는 모든 기업들이 그들의 통제에서 벗어나지 않기를 바란다.

이와는 대조적으로 모기업의 입장에서 볼 때 해외자회사는 자신들의 분신(分身)에 불과하므로 범세계적 이윤극대화를 추구하는 그들의 가치사슬에 따르기를 원한다. 더욱이 투자국 정부도 해외자회사를 자신들의 외교나 통상정책을 성공적으로 이끌기 위한 수단으로 간주하고 자국 내에 위치한 모기업을 통해 압력을 가하는 수도 있다. 따라서 다국적기업의 현지자회사는 현지국에 대한 영토적 귀속성과 모기업에 대한 통제적 귀속성 사이에서 가능한 최대한의 합의점을 찾아내어 자신들의 이해가 침해받지 않도록 노력한다. 이 경우 대부분의 현지자회사는 모기업에 따르는 듯하다가 현지국에 순응하는 등 기회주의적인 태도를 취하게 되는데, 이러한 이중성 때문에 시간이 지남에 따라 양자 사이의 마찰과 갈등이 증폭되기 마련이다.

제2절 다국적기업의 사회문화적 영향

1. 다국적기업의 비윤리적 경영 문제

기업이 성장·발전하여 거대해지면 많은 이해관계 당사자들과의 사회적 관계를 가지게 되고 사회적 영향력이 커지는 동시에 사회의 일정한 기능을 담당하게 된다. 이러한 상

89 우리나라의 경우에도 공정거래법(제32~34조)은 국제거래 분야에 있어서 경쟁을 제한하는 부당한 국제계약의 체결을 금지하고, 대외무역법(제24조의 3)은 국제평화와 안전유지, 국가안보, 기타 국가이익을 위하여 필요한 경우 관계 장관에게 전략물자 및 기술의 수출입을 통제하는 권한을 부여하고 있다.

태에 도달된 기업은 독선적인 경영이나 일방적인 이윤추구가 허용되지 않을 뿐만 아니라 사회에 대하여 일정한 행동을 취하고 기여해야 할 책임, 이른바 기업의 사회적 책임(CSR : corporation social responsibility)이 부과된다. 기업의 사회적 기능인 생산을 효율적으로 수행해야 하는 사회성, 공공질서를 지켜 다른 업체나 집단에게 피해를 주지 않아야 하는 공공성, 특정한 집단에만 봉사하는 것이 아니고 이해관계자 모두의 이익을 증대시켜야 하는 공익성, 단순히 이윤의 극대화만을 추구할 것이 아니라 사회적 윤리를 중시해야 하는 윤리성 등의 책임이 그것이다.

국내기업과 마찬가지로 다국적기업 역시 이러한 기업의 사회적 책임을 다해야 하지만 다국적기업은 보다 더 강력한 파워를 지닌 존재인 만큼 그에 상응하는 책임 역시 더 커진다고 할 수 있다. 더욱이 다국적기업은 수많은 나라에서 사업 활동을 수행하기 때문에 그들이 준수해야 할 정치경제적·법적·사회적·윤리적 책임 역시 더 무거워진다고 할 수 있다. 다국적기업이 진출한 국가의 수가 많으면 많을수록 그들이 준수해야 할 법률과 규범의 수가 많아지고, 그들의 행동과 경영이 현지국들과 상충되는 점이 크면 클수록 지켜야 할 윤리적 책임 역시 커지기 때문이다.

그러나 이러한 당위와는 달리 현실적으로 다국적기업의 활동이 현지국의 법률과 규범에 저촉되는 경우가 많으며 심지어 특정 국가의 주권이 다국적기업에 의하여 위협받는 상황이 발생되기도 한다. 이 때문에 다국적기업이 세계경제에 미치는 영향과 관련하여서도 다국적기업이 세계경제에 미치는 공적(merit) 이상으로 다국적기업의 비윤리적 활동에 대한 비판 역시 다양하게 제기되어 왔다. 다국적기업의 비윤리성과 관련되어 세계적으로 비판받고 있는 대표적인 부정적 측면과 사례들을 보면 다음과 같다(이와 관련된 구체적 사례들은 [부록 12－3] 참조).

비윤리적 제품 생산 및 판매행위 : 세계적 다국적기업들 중에는 의약품·농약·담배·분유 등의 판매에 있어 현지국 소비자들의 건강을 해치거나 빈곤한 사회적 약자들의 약점을 활용하는 비윤리적 판매행위를 자행하여 부도덕한 이윤추구를 행하는 기업들이 있다. 또한 유수의 세계적 다국적기업들은 전쟁무기의 생산과 수출을 통하여 막대한 이익을 창출할 뿐만 아니라 이를 통하여 전쟁이나 폭력을 조장하기도 한다.

비윤리적 현지 경영활동 : 다국적기업들은 현지개도국에 진출하여 비윤리적인 노조탄압과 착취적인 노사관리를 행하기도 할 뿐만 아니라, 자신의 막강한 힘을 무기로 하여 현지기업들에게 불평등계약이나 불공정거래를 강요하고, 때로는 생산시설의 해외이전을 무기로 위협하여 현지국정부로부터 부도덕한 특혜를 받기도 한다. 또한 현지국 기업들에게 자신의 기술이전을 회피할 뿐만 아니라 때로는 현지국 자체의 기술개발이나 발전이 이루어질 수 없도록 하는 비윤리적인 기술전략을 행하기도 하고, 때로는 이전가격조작이나 범법행위를 통하여 과다하게 이윤을 송금하거나 세금을 포탈하는 범죄행위를 행한다.

안전 · 환경기준의 비윤리적 악용 : 선진국인 자국의 국내기준보다 엄격하지 않은 현지국의 안전 · 환경기준을 악용하여 생산시설의 안전을 소홀히 하여 현지국에 막대한 위험과 사고피해를 주거나, 본국의 환경기준으로는 허용되지 않거나 허용되더라도 높은 비용이 요구되는 공해집약적 산업이나 공해집약적 생산공정을 해외로 이전하여 현지국의 환경을 파괴하고 훼손하기도 한다. 또한 석유 등 천연자원의 개발에 있어 현지국의 생존기반을 무시한 채 무자비한 개발을 자행하여 비난받기도 한다.

정치적 · 사회적 불법행위 : 다국적기업은 때때로 자신의 기업이익을 위하여 부당하게 정치적 개입을 행하여 현지국의 정치적 주권을 훼손하거나 때로는 전쟁에 관여하기도 한다. 또한 현지국에 대한 뇌물공여나 부패스캔들을 만들어 사회적 부패를 조장하기도 하고, 부도덕하거나 독재적인 정권과 결탁하여 자신의 이익을 취하기도 한다.

비윤리적 국제금융행위 : 서구의 대형 은행들이 개도국들에게 막대한 손실을 입히거나 윤리적 · 환경적으로 논란이 많은 프로젝트에 자금을 공급하여 막대한 수익을 챙기기도 하고, 빈곤국을 상대로 하는 투기적인 외환거래나 대외채무가 과다한 부채국가들에게 비윤리적인 금융행위를 하여 자신의 이익을 극대화하는 비윤리적 금융행위를 행하기도 하여 비난받기도 한다.

국제기구에 대한 영향력행사 : 다국적기업들은 그들의 본국이나 현지국 정부에 대한 로비나 압력을 통하여 자신에게 유리한 정책을 펼치도록 하는 것은 물론, 국제기구나 국제기구의 정책입안자들에게 자신의 부당한 영향력을 행사하기도 하고 자신의 정보력 · 로비력 · 자금력 등 막강한 영향력을 무기로 하여 국제기구의 의사결정과 정책방향이 자신들에게 유리하도록 유도하고 강요한다는 비난을 받기도 한다.

부록 12-3 다국적기업의 비윤리적 경영활동 사례[90]

1. 비윤리적 제품판매

자신의 제품을 세계적으로 판매하는 세계적인 다국적기업들 중에는 판매극대화만을 위하여 비윤리적인 마케팅활동을 자행하거나 자국에서와는 다른 방법으로 인위적인 판매증대를 이룩함으로써 현지국의 건강과 위생에 해를 끼치는 행위를 하여 비난받는 경우가 있다. 여러 가지 사례들이 있지만 특히 분유나 담배 등과 같은 소비재부문에서 이러한 행위가 자주 일어나고 있고, 또한 무기의 제조와 판매에서 이익을 얻는 활동을 행하는 경우 역시 많다.

---

90 이하에서 소개하는 내용들은 지금까지 알려진 표준적인 사례들과 함께 Klaus Werner & Hans Weiss(2008), John Medeley(2004)에서 소개한 사례들을 주로 참고하였음.

분유판매 행위 : 스위스 네슬레(Nestlé)사의 분유판매 사례는 다국적기업의 비윤리적인 상행위를 적나라하게 보여주는 가장 전형적인 예로서 자주 거론된다. 네슬레의 유아식은 원래 모유를 먹일 수 없는 신생아의 생명을 구하기 위해 개발된 것이었으나 네슬레는 이것을 아프리카 등 제3세계 국가에서 유아용 조제분유가 모유보다 훨씬 더 영양이 풍부하다고 선전하는 광고와 무료샘플 증정 들을 통하여 대대적으로 판매하면서 임산부와 초보엄마들에게 수유를 못하도록 하였다.

네슬레가 판매한 이 분유는 아프리카에서 설사를 일으키는 박테리아 및 불결한 식수공급과 함께 유아들에게 공급되었다. 네슬레가 판매하는 분유와 유아사망률 간의 인과관계에 대해서는 서로 견해가 달랐지만, 비판가들은 네슬레의 판매전술이 어머니들로 하여금 유아에게 모유 대신 분유를 먹이게 함으로써 유아들이 모유 속에 들어 있는 항체성분을 섭취할 수 없게 하였으며, 어머니가 분유제품을 불결한 물에 타든지 또는 분유를 아끼기 위해서 물을 너무 많이 타 먹인 결과 영양실조나 사망의 결과를 초래하게 되었다는 것이다. 비판가들은 이처럼 분유제품이 잘못 사용되고 있는 것은 개발도상국의 어머니들의 문맹수준이 너무 높아서 제품의 적절한 사용과 냉장을 지시한 설명서를 잘 이해하지 못하였기 때문이라고 주장하였다.

이러한 현실과 관련하여 WHO는 매년 150만 명 이상의 유아들이 모유를 먹지 못해 죽어가고 있다고 보고하였고, 유니세프는 아기분유를 철저한 감독 하에서만 시판할 수 있게 하자고 목소리를 높이기도 하였으며, 당시 자메이카의 카리브해 식량연구소 소장인 데리크 젤레프는 개발도상국 시장에서 모든 상업적 유아용 우유제품을 회수할 것을 건의하기도 하였다. 그러나 네슬레는 시장에서 유아용 제품을 회수하기보다는 오히려 의사에게 무료견본을 제공하고, 우유간호사(간호원 복장을 하고 어머니들에게 우유를 권하는 판매원)를 판매원으로 활용하는가 하면, 병원을 퇴원하는 산모들에게 퇴원기념선물로 분유를 제공하는 등 대중매체 광고를 계속하였다.

1979년 범교회단체(ICRR)와 유아제품 항의운동연합(INFACT)은 공동으로 제3세계에 대한 최대의 유아제품 공급회사인 네슬레를 상대로 전 세계적인 불매운동을 펼쳤다. 이 불매운동은 6년 반 동안 지속되었고 여기에는 교회, 가톨릭 단체, 의사, 간호원, 교사 및 기타 전문직을 대표하는 70개 이상의 미국단체들이 참여했다. 유아제품 항의운동연합은 네슬레의 경우와 비슷한 이유를 들어 유아제품을 생산하고 있는 미국 기업들(Bristol Myers, Abbot Laboratories, American Home Products 등)에 대해서도 이와 비슷한 압력을 가하였다.

담배판매 행위 : 미국 내 담배소비가 감소하면서 필립 모리스(Philip Morris)와 같은 미국의 담배 제조기업들은 담배판매를 증대시키기 위해 시장다변화전략뿐만 아니라 해외판매 노력을 강화하여 왔다. 이에 따라 지난 20여 년 동안 세계 담배소비량이 75%나 증대되었고 또한 1년만에 중국의 담배생산량은 10%가 증가하기도 하였다. 담배제조기업의 비윤리적인 담배판매 행위는 여기에만 그치지 않았다. 필립 모리스는 일본의 청년층과 독신여성층을 목표로 담배마케팅을 강화하기도 하였다. 일본의 폐암사망자는 1950년 10만 명당 2.7명이었는데 1979년에는 10만 명당 20.2명으로 크게 증가한 바 있다. 미국의학협회는 이에 대한 직접적인 이유를 흡연인구의 증가에서 찾았다.

한편, 담배 제조기업들은 담배무역을 확대하기 위해서는 본국 정부의 도움이 필수적이었기 때문에, 필립모리스는 대만을 비롯한 여러 나라에 미국담배에 대한 수입장벽을 낮추지 않으면 보복조치를 취하겠다는 위협을 가하도록 미국정부에 요청하기도 하였다. 미국 담배수출조합에 의하면 1989년 당시 전 세계의 담배무역액은 잎담배를 포함하여 50억 달러에 이르고 있으며, 이로 인한 미국의 고용창출은 12만 5천명에 달하는 것으로 알려지고 있다.

2007년 7월 다국적 담배회사인 브리티시 아메리칸 타바코(BAT)와 필립 모리스가 개발도상국 어린이와 미성년자들을 상대로 마케팅을 벌인 혐의로 나이지리아의 4개 주정부로부터 흡연으로 인한 질병치료에 따른 손해배상 청구소송을 당했다. 원고 측 변호사는 '이들 담배회사가 음악콘서트와 스포츠 행사를 후원하고 일부 지역에서는 담배를 무료로 나눠 줌으로써 청소년들이 담배를 피우도록 만들었다'고 말하고 흡연으로 인한 피해액이 적어도 386억 달러에 달한다고 주장했다. 나이지리아에서는 젊은 층 흡연인구가 큰 폭으로 늘고 있는데 세계보건기구(WHO)에 따르면, 특히 젊은 여성의 흡연비율이 1990~2001년 사이에 10배 정도 늘어났다. 나이지리아는 광고판이나 TV, 라디오방송에서 담배광고를 규제하지만 미성년자에게 담배를 팔지 못하게 하는 규정은 없다.

원고 측은 "담배회사들은 예나 지금이나 젊은 세대를 주요 시장으로 삼는다"면서 필립모리스와 BAT의 내부보고서를 공개했다. BAT의 나이지리아의 담배시장 보고서는 "새로운 흡연자들이 매우 어린 나이에 담배시장에 발을 들여놓고 있으며 8~9세 어린이들도 상당히 많다"고 덧붙였다. 필립모리스 보고서는 '오늘날 10대는 미래의 단골 고객이고 흡연자의 절대 다수는 10대 때부터 담배를 피우기 시작했다'고 밝혔다. 이에 어떤 미국인 변호사는 "다국적 담배회사들이 미국과 영국에서 흡연율이 계속 줄어들자 개도국시장을 개척하고 있다"고 지적했다. BAT 대변인은 이와 관련, "소송은 완전히 근거가 없는 것"이라면서 "우리는 어린이를 상대로 판촉활동을 벌인 적이 없으며 오히려 이들 정부에 담배구매 가능연령을 18세로 올릴 것을 요구하고 있다"고 말했다. 그럼에도 불구하고 세계보건기구(WHO)는 1994년 보도 자료를 통하여 담배산업이 어린이와 젊은 사람들을 새로운 흡연자로 만드는 데 전력하고 있다고 경고하였다.

무기의 제조 및 판매 행위 : 다국적기업이 전 세계의 무기수출에 있어서 결정적인 역할을 하고 있다. 이들은 그들 자신이 직접 무기를 생산 · 수출하는 데 그치지 않고, 제3세계의 무기생산과 관련한 라이센싱을 제공하거나 또는 하청생산을 의뢰하는 방식으로 무기생산을 지원하고 있다.[91] 영국의 국제전략문제연구소(IISS)가 공개한 1999년의 연례보고서에 따르면 전 세계 최대의 무기수출국은 미국으로서 265억 달러를 기록하고 있고, 그 다음으로 프랑스(98억 달러), 러시아(28억 달러) 등의 순을 보이고 있다. 그리고 최대 수입국으로는 사우디아라비아가 104억 달러로 가장 많았고, 그 다음으로 대만(63억 달러), 한국(14억 달러), 이집트(10억 달러), 이스라엘(10억 달러) 순을 보였다(동아일보 1999.10.22). 이 보고서는 1945년 이후 전 세계적으로 1,900여 만 명에 달하는 사람들이 무력분쟁으로 숨졌다고 밝히고 있는데, 그중 중국과 동남아시아에서 1,040여 만 명이 숨졌고 아프리카에서 410만 명이 숨진 것으로 집계됐다.

한편, 무기생산 및 수출은 주로 항공산업에 속하는 기업들이 그 대부분을 장악하고 있는데, 록히드(Lockheed)와 같은 거대 군수기업들은 소총에서부터 초음속 제트기 · 미사일 등에 이르기까지의 최첨단 무기를 수출하고 있으며, 전체 사업 활동에서 무기 수출을 제외하는 경우 기업의 존립기반이 흔들릴 정도의 구조가 되고 있다. 이 외에 GE · GM · AT&T · 다임러벤츠(Daimler-Benz) 등과 같은 기업들의 경우에도 정부에 대한 군사 및 비(非)군사부문 납품이 전체 매출액의 상당 부분을 차지하는 다국적기업들이다. GE는 선구적인 핵무기 생산기업이며 군용비행기 · 미사일 · 잠수함 등의 부품을 생산하고 있다. 그런가하면 무기류 생산업으로 설립된 듀퐁(DuPont)은 세계 군축회의의 진전을 방해하고 핵무기 및 신경가스와 같은 치명적인 무기를 제작하여 한때 나치(Nazi)세력과 손을 잡기도 하였다.

---

91 S. W. Williams(1986), pp.66~90.

1993년 미국의회의 무기통제 및 외교정책평의회의 보고에 의하면, 아시아 각국에는 냉전종식으로 판로가 막힌 재래식 무기들이 구소련 및 위성국 그리고 미국 등지로부터 무더기로 쏟아져 들어와 아시아 국가들이 최근 3년 동안 전 세계 무기수입의 35%를 차지하는 가장 큰 무기시장으로 부상하고 있다고 주장하였다(조선일보 1993.5.18). 이때 수입되는 무기의 상당 부분이 선진국 다국적기업이 생산하고 있는 제품들이라는 점은 두말할 여지가 없다.

2. 제약기업의 비윤리적 약품실험과 판매활동

세계적인 제약화사들은 자신들의 약품 개발과 판매와 관련하여 많은 비윤리적인 경영활동을 행하여 비난의 대상이 되기도 하는데 그들의 비윤리적 경영활동의 내용으로는 다음과 행위 등에서 찾아볼 수 있다.

비윤리적 약품 시험 : 대부분의 제약회사들은 신약개발과 테스트과정에서 신중하지 못하고 비윤리적인 행위를 자행하기도 한다. 대부분의 결과는 왜곡되고 신약의 후유증에 대해서는 일체 함구한 채 생명이 위험한 환자들이 진짜 필요한 약을 투여 받지 못하도록 만들기도 한다. 세계 최대의 의약・화학기업인 바이엘(Bayer)은 1990년대 두 차례에 걸쳐 대대적인 약품 임상시험에 자금을 지원하였다. 이때 시험한 약이 고협압 제제인 니트렌데핀(Nitrendepin)인데 시험과정에서 수천 명의 환자들은 몇 년간 효능 있는 약품이 아닌 위약(플라시보)만 투여 받았다. 이때 바이엘과 참여 의사들은 수많은 환자들이 뇌졸중이나 심장마비에 빠질 위험을 신약시험으로 감수한 것이다. 또한 스위스의 두 회사 치바가이기와 산도츠가 합병한 노바르티스(Novartis)는 정신분열증 환자들에게 자신의 신약 조마릴(Zomaril)에 대한 연구자금을 지원하였는데 이로 인해 이미 검증된 약품이 있음에도 불구하고 중증환자들에게 효능이 없는 약품을 복용하게 만들었다.

이와 유사한 또 다른 사례는 얼마든지 있다. 화이자(Pfizer)는 1996년 나이지리아 어린이들 사이에 전염성 뇌막염이 유행하자 그동안 새로운 허가를 받기 위하여 준비하고 있던 항생제를 그들에게 시험 투약하여 그중 11명이 사망하였다고 워싱턴 포스트가 보도한 바 있다. 1997년 12월 이 항생제는 미국과 유럽연합으로부터 성인대상 치료제로서 허가를 받았지만 유럽 허가청은 1999년 6월 이 약의 시중판매중지를 권고하였고 결국 화이자는 해당약품을 회수하였다. 이후 2001년 30명의 나이지리아 가족들이 뉴욕 연방법원에 화이자를 고소하였다.

화이자는 또한 2000년 6월부터 그들의 류머티즘 치료제를 독일에서 엄청난 광고와 함께 시판하면서 효능 있고 안전한 약으로 선전하였지만 후에 이것은 의도적인 자료조작과 거짓정보임이 밝혀졌다. 또한 1990년대 화이자는 세계적으로 일반화되어 매년 10억 유로 이상의 매출액을 기록하는 자신의 항균제 디플루칸이 경쟁사의 제품보다 더 탁월하게 감염을 차단하는지를 실험한 결과 경쟁사의 제품이 더 탁월하였음에도 자사 제품의 효능이 더 높은 것으로 미화하였음이 사후에 밝혀진 바 있다.

베링거 인겔하임(Boehringer Ingelheim) 역시 1996년 자신의 신약 아사탄틴(Assanthin)의 실험에 60만 유로의 연구비를 임상시험 담당의사에게 지원하였는데 이후 존재하지도 않은 가상환자 438명을 대상으로 하여 그 효능이 조작되었음이 밝혀졌지만 그 연구비환불을 요구하지 않은 채 그러한 보도를 허위라고 일축하였다. 또한 미국의 제약화사 놀(Knoll)은 1990년 갑상선환자에 대한 치료제 신트로이드(Synthroid)의 신약실험을 캘리포니아대학에 의뢰하였는데 그 결과, 회사 측도 놀랄 만큼 경쟁사의 더 저렴한 제품이 동일한 효능이 있음을 발견하였지만 이러한 결과를 발표하지 못하도록 압박하였다가 2000년 이 사실을 알게 된 복용환자들에게 약 1억 달러를 지급하라는 미국 지방법원의 판결을 받았다.

판금된 의약품 판매 : 다국적 제약회사들은 사망 · 기형 등 심각한 부작용과 위험 때문에 미국 내에서는 오래 전에 판매 금지된 약품을 제3세계시장에서는 버젓이 판매하였다(조선일보 1992.12.6). 골수에 치명적인 영향을 끼치는 진통제 다이피론(Dipyrone), 미국 · 일본 · 뉴질랜드 · 스웨덴 · 덴마크 · 노르웨이 등에서는 판매가 금지되어 수거된 바 있는 지사제 클리오퀴놀(Clioquinol), 선천성 기형을 유발할 수 있는 임신반응검사제 에스트로겐 프로제스테론(Estrogen Progesteron) 등은 그 좋은 예에 속한다.

미국 제약회사들은 또한 새로 개발한 신약의 부작용 여부를 충분히 검증하지 않은 상태에서 제3세계 사람들을 실험용으로 이용하고 있다. 제3세계 국가에서 버젓이 팔리고 있는 관절염치료제인 오라플렉스(릴리제약), 고혈압치료제 세라크린(스미스클라인사)과 같은 약품은 미국 내에서는 이미 사라진지 오래된 약품들이다. 또한 스위스의 다국적기업인 치바가이기(Ciba-Geigy)는 인도 등 제3세계 국가에서의 규제미비를 악용하여 비윤리적인 약품을 판매하였고 또한 한국에서도 베링거인겔하임 등이 비윤리적인 약품판매로 물의를 일으킨 적이 있다.

위에서 언급한 치바가이기를 포함한 다국적 제약회사들은 중증 신경병(스몬병)을 유발하는 멕사포름(Mexaform)과 엔터로비오포름(Enterovioform) 등을 생산 · 판매하여 물의를 일으킨 바 있다. 이 약품에는 스몬병을 유발하는 클리오퀴놀이 함유되어 있는데, 일본에서는 이 약품을 복용한 후 수천 명이 스몬병에 걸렸고 수백 명이 사망하는 이른바 스몬스캔들이 1976년 6월 8일자 일본신문에 보도되기도 하였다. 그러나 이 약품은 인도네시아 · 아프리카 · 인도 등 제3세계에서 선진국의 경우 반드시 부착되는 부작용 경고문도 삭제된 채 판매되었다.

유독성 농약 판매 : 미국 내에서는 암 · 기형아출산 · 시력상실 · 혈액질환 · 전신마비 등의 치명적인 부작용을 일으킬 수 있다는 이유로 완전히 판금되거나 제한되고 있는 농약이 제3세계 국가에서는 버젓이 팔리고 있다. DDT(Dichloro-diphenyl-trichloro-ethane)는 1972년 이후 미국에서는 농작물 경작지역에서의 사용이 완전히 금지되어 있고 그 사용도 엄격히 제한되고 있다. 그럼에도 불구하고 미국의 생산기업 몬산토(Monsanto Chemical Corporation)는 많은 외국의 수입업자들에게 이 DDT를 여전히 판매하였다. 그리고 이러한 농약산업은 개발도상국에서 급속히 증대되어 가고 있다. 이러한 유독성농약제품을 판매하고 있는 다국적기업 중에는 우리가 이미 잘 알고 있는 전세계적인 다국적기업들(Dow Chemical, Union Carbide, Occidental Petroleum, Upjohn, Pfizer, Sterling, Squibb 등)도 들어 있다.

2000년 가을 페루 의회의 조사위원회는 1999년 10월에 안데스 한 마을의 초등학생 어린이 50명이 바이엘(Bayer)의 폴리돌에 중독되어 24명이 사망한 사실을 확인하였다. 해당 제품의 플라스틱 용기에는 중독성에 대해 숙지할 만한 경고문조차 표시되어 있지 않았다. 또한 1997년 세계개발운동(World Development Movement) 보고서에서는 세계 최대 바나나회사인 치퀴타(Chiquita) · 델몬트(Delmont) · 돌(Dole) 등이 사용자에게 불임 · 신장기능약화 · 기억상실, 심지어는 사망에 이르게 하는 독성농약을 과잉사용하면서 바나나를 재배하도록 하였다고 고발하였다. 이러한 과정을 통하여 오늘날 그 시장규모가 엄청나게 커진 세계농약판매의 약 80% 이상을 10여 개의 다국적기업들이 장악하고 있으면서 그들은 엄청난 광고비용 지출을 무기로 개도국들을 그들의 농약시장이자 농약처리장으로 만들었다.

비윤리적 약품판매 행위 : 이상과 같은 유독약품은 아니지만 자사 약품의 판매증진을 위하여 비윤리적인 판매행위를 하는 다국적 제약회사의 사례 역시 상당히 많다. 글락소 스미스 클라인(GSK)은 부다페스트의 병원들에게 그들의 제품 라모트리진의 실험을 지원하였는데 이 과정에서 병세가 심각한 우울증환자들이 효능 없는 약을 억지로 복용하여야 하기도 하였다. 2002년 독일 검찰은 적어도 1,600명에 이르는 병원 의사들을 매수한 혐의로 동사에 대하여 폭넓은 수사를 행하였고 2003년에는 이탈리아 검찰이 동사의 제품을 7~8% 더 처방해 주는 대가로 의사들에게 뇌물을 제공한 혐의로 수사에 착수하였다. 노바르티스(Novartis) 역시 1990년대 초 광범위한 금전기부를 통하여 의사들의 약 처방에 영향력을 행사하려고 하였던 것이 발각된 바 있다.

한편 놀(Knoll)은 처방전이 있어야 구입할 수 있는 약품의 경우 유럽에서는 선전이 금지되어 있음에도 불구하고 1999년 그들의 다이어트제제 리덕털을 시판하면서 이러한 금지규정을 무시하고 판매를 강행하였다. 또한 브리스톨-마이어스 스퀴브(Bristol-Myers Squibb)는 항암제와 항우울제의 가격을 높이 유지하기 위하여 비합법적인 수단을 동원하여 경쟁사를 방해한 혐의로 2003년 미 연방의 몇몇 주에 대하여 총 6억 7천만 달러의 벌금을 물어야 했다. 자사 제품을 판매하기 위하여 경쟁사 제품의 판매를 저지하는 다국적 제약회사의 비윤리적 판매행위는 여기에 그치지 않고 개도국 사람들의 생명에 중요한 의약품의 생산과 판매를 저지하는 노력에 까지 이른다.

2001년 2월 바이엘 · 훼스트 · 베링거 인겔하임 등 세계 38개 제약회사는 공동으로 남아공화국 정부를 특허권위반으로 고발하였다. 그들이 고발한 위반행위란 1997년 남아공 정부가 에이즈환자의 치료를 저가약품으로 가능하도록 하는 법을 공포하여 자신들의 특허권을 침해하였다는 것이었다. 이에 에이즈 구호 행동가들은 '인간의 생명보다 이익을 앞 세운다'고 그들을 비난하였고 이로 인해 그들의 국제적 이미지 위기를 느낀 그들은 결국 2001년 4월 이러한 고발을 취하하였다. 어떤 보도에 따르면 2000년대 초 이미 에이즈 감염자가 500만을 넘은 남아공의 경우 노동자의 한 달 수입이 25유로도 안되는 데 비하여 당시 독일에서 시판되는 에이즈 치료제 1개월 치 약값은 800유로 이상인 것으로 알려지고 있다.

3. 비윤리적인 현지경영활동

불평등계약 체결 : 다국적기업은 자신이 진출한 현지국 기업에 비해 협상력(bargaining power)이 높기 때문에 불평등한 투자계약 체결을 강요할 가능성이 높다. 우리나라에서 있었던 불평등계약의 사례로는 미국의 다우 케미컬(Dow Chemical)과 한양화학(주) 간에 있었던 불공정합병 강요 미수사례를 들 수 있다.

다우 케미컬은 한국정부가 석유화학공업을 제2차 5개년경제개발계획의 핵심 사업으로 육성키로 하자, 1969년 충주비료와 50 대 50의 합작으로 한양화학을 설립하였고, 그후 1980년에는 한양화학에 원료를 공급하기 위하여 100% 출자로 한국 다우케미칼을 설립하였다. 그러나 제2차 오일쇼크로 판매가 격감되자 비교적 경영상태가 좋았던 한양화학의 합병을 요구하면서 합병조건으로 자신의 지분율을 70%로 하여 자신들이 경영권을 장악하려 하였다.

한양화학 측이 적자기업과의 합병을 반대하여 미국 측 이사회 소집요구에 거부하자 미국은 한국 측 임원의 이사회 보이콧을 이유로 다우 측 임원 1명의 추가선임을 위한 소송을 제기하였다. 그 결과 양측이 상대방 경영진에 대한 직무집행정지 가처분신청을 제기하였다가 생각하는 대로 집행되지 않자 한국으로부터 철수하였다. 이상의 사례 외에도 한국석유공사가 미국의 걸프(Gulf

Oil)와 체결한 합작계약, 한국남해화학이 미국의 아그리코(Agrico)와 체결한 합작계약 등 수많은 불평등계약 사례가 있다.

불공정거래 강요 : 다국적기업은 현지 합작회사나 하청기업과의 관계에 있어서 다국적기업이 제품의 최종판매에 대한 책임을 지고 있거나 또는 원자재를 공급하도록 되어 있는 경우 불공정거래를 강요하는 경우가 허다하다. 이러한 불공정거래는 경쟁기업의 성장을 저지하기 위해 이루어지는 경우도 있는데, 여기에는 본사로부터의 핵심 부품의 공급을 통제한다든지 또는 제품을 덤핑하는 경우 등이 있다.

세계적인 스포츠용품회사인 미국의 나이키(Nike)는 국제하청업체의 하나인 한국의 화승 등이 자체 브랜드제품을 육성하자 이를 중단하도록 요구하였고, 이에 응하지 않자 신발주문을 하루아침에 중단한 바 있다. 또한 납품업체로 하여금 자기와 경쟁기업인 서독의 아디다스(Adidas), 일본의 아식스(Asics) 등에게 신발을 공급하지 못하도록 강요하기도 하였다. 그리고 한때는 신발을 수입하면서 국내업체들로부터 수입금액의 1%를 체육육성기금 명목으로 징수하여 U$4백만을 수합하여, 이를 자사 홍보를 겸해서 체육지원에 사용토록 기부하는 생색을 내기도 하였다.

비윤리적 노사관리 : 뒤에서 살펴보는 바와 같이 다국적기업은 여러 가지 방법을 동원하여 노동조합을 탄압할 뿐만 아니라 일부 다국적기업은 처음부터 노동합의 결성을 아예 인정하지 않고 때로는 폭력적인 방법으로 이를 저지하기도 한다. 또한 다국적기업들은 후진국이 공업화를 추구하는 과정에서 외국기업을 적극적으로 유치하려고 노력하고 있고, 이들 후진국들이 비숙련노동력을 많이 보유하고 있다는 점을 악용하여 비인간적인 노무관리 관행을 보이는 경우도 허다하다(이와 관련된 논의는 다음 절에서 다시 자세히 논의함).

부도덕한 특혜 수혜 : 다국적기업들은 생산시설의 해외이전을 무기로 위협하여 현지국정부로부터 부도덕한 특혜를 받기도 한다. 미국의 클라이슬러(Chrysler)는 1975년 자본철수를 무기로 활용하여 영국정부에 대해 금융 및 세제 면에서의 특혜를 강요한 바 있다.[92] 자회사인 클라이슬러 UK는 수익성이 계속 좋지 않아 영국에서 철수할 것을 표명하고 나서자 노동조합은 전면 스트라이크로 이에 대항하였다. 이에 클라이슬러는 자회사 지분의 80% 이상을 영국정부에 이전한다는 조건을 영국정부에 제시하였다.

이와 같은 클라이슬러의 조건에 대해 당시 영국은 실업률이 우려할 정도로 높았고 자동차 수입급증 등의 영향으로 국제수지 적자가 증가되는 상황이었기 때문에 영국 정부는 이 제안에 대해 미래에 대해 아무런 확약도 하지 않고 아무런 지분의 확보 없이 자금을 지원하였다. 그러나 이후 크라이슬러는 모든 유럽 지분을 프랑스 퓨조-시트랭(Peugeot-Citroen)그룹에 매각했다. 영국 정부는 이에 대해 아무런 사전경고를 할 수 없었으며 제공한 대출도 회수할 수 없었다. 이는 영국 정부가 영국 크라이슬러의 미래에 대해 아무런 보장도 하지 않는다는 합의를 노조의 참여 하에 하였기 때문이다.

기술이전의 회피 : 개도국이 외국기업을 받아들이는 주요한 목적은 다국적기업의 우수한 기술이전을 받고자 함이다. 그러나 다국적기업은 기술이전에 인색하여 이전은 커녕 기술적 종속적 관계 영구화를 모색한다. 연구개발을 모국에 집중시키며 현지국에서는 개발된 기술을 이용하여 현지시장에 적합한 제품 생산한다. 이것은 현지국의 자체 기술개발 저해, 투자국과 현지국 간의 기술격차의 확대, 기술적 종속관계를 영구화시킨다는 전략이다.

그 한 예로서 한국에 진출한 IBM은 한국에 대한 기술이전에는 극도로 인색한 반면, 본국에 대

92 N. Hood and S. Young(1979), pp.351~352

한 과실송금은 터무니없이 많아 비난을 면치 못한 적이 있었다. IBM은 최첨단의 기술로 세계시장을 지배하고 있는 다국적기업으로서 한국에도 2개의 100% 완전소유자회사를 두고 있었는데, 1967년 3월에 설립된 한국IBM과 1985년 3월에 설립된 한국IBM시스템이 그것이다. 그러나 IBM을 유치하면서 우리나라가 기대했던 기술이전은 1985년도 말 현재 한 건도 이루어지지 못하였지만, 과실의 본국송금에 있어서는 한국IBM이 본사인 IBM WTC(World Trading Corporation)와 기술도입계약을 체결하고 이를 매 5년마다 연장하면서 매년 연간매출액의 10%에 해당하는 로열티를 본사에 지급했던 것으로 알려지고 있다.

세금포탈 : 다국적기업은 종종 불법적인 방법으로 현지에 납부해야 할 세금을 포탈하기도 한다. 특히 다국적기업들은 개발도상국 정부의 규제능력이 미흡한 점을 이용하여 교묘한 방법으로 세금을 포탈한다. 그리고 개발도상국들이 다국적기업의 세금포탈 전모를 사전에 발견하더라도 그 글로벌기업이 철수하는 경우 국민경제 전반에 미치게 될 영향을 고려하여 합법적인 제재를 가하지 못한다는 약점을 알고 이것까지를 이용하기도 한다.

한국에 진출했던 미국 AT&T의 사례는 현지국에서 고정사업장을 가지고 기업 활동을 할 경우 현지국에 세금을 납부해야 하는 국제조세법을 위반한 경우였다. AT&T는 한국에 임시사무소만을 설치하고 홍콩의 형식적인 현지법인(paper company)을 통해 KBS와 한국전기통신공사에 1천억 원이 넘는 대규모 전기·통신자재를 판매한 것으로 조작하였다. 즉, AT&T의 국내 임시사무소는 미국 본사와 텔렉스 교신을 통해 각종 계약조건을 합의하면서도 그러한 업무를 처리하지 않은 것으로 은폐하여 전기·통신자재의 판매수익이 국내 임시사무소가 아닌 홍콩 현지법인에서 발생한 것으로 처리하였다. 결국 이익이 국내에서 발생하지 않은 것으로 조작하여 세금을 포탈하기 위한 것이었다. 그러나 국세청은 국내 임시사무소와 미국 본사와의 텔렉스 교신내용을 찾아내 실제 업무가 국내 임시사무소에서 이루어졌다는 사실과 AT&T가 국내에 고정사업장을 두고 있음을 밝혀 약 1백억 원의 세금을 추징하였다.

다국적기업들이 이전가격(transfer price)을 활용하는 데는 여러 가지 이유가 있지만 세금경감이 가장 주된 동기임은 여러 차례 설명하였다.[93] 이전가격조작을 통해 현지국의 법률을 위반하고 세금을 포탈한 사례로는 한국에 진출한 미국 모토롤라의 한국 현지법인을 들 수 있다.

모토롤라(Motorola)의 한국 현지법인(Motorola Korea)은 국내에서 생산한 반도체 제품을 미국 모회사에 공급하면서 수출 마진 10%를 그 절반인 5%로 과소신고하여 영업수익을 조작하는 방식으로 자금을 본국으로 빼 돌렸다. 국세청이 모토롤라에 부과한 세금은 160억 원으로서 국내에 진출한 외국기업에게 이전가격조작 혐의로 부과한 세금으로는 가장 최대의 규모였다(조선일보 1993.1.17). 다국적기업이 현지국에서 세금을 포탈하는 방법 중 가장 은밀하고도 규모가 큰 방법이 본·지점 간의 수출입을 이용한 이전가격조작이다. 1970년대 중반에 발표된 한 논문에 의하면 콜롬비아에 진출해 있는 외국의 특정 제약회사가 당기의 수익률을 7%로 신고했으나, 본·지점 간의 거래를 시장가격으로 산정하는 경우 당기 수익률이 80%를 상회할 것이라고 추정한 바 있다.

다국적기업의 세금포탈은 꼭 개발도상국에 진출한 선진국 다국적기업만의 전유물은 아니다. 〈비즈니스 위크〉지에 의하면 1990년 미국에서 활동 중인 외국 다국적기업들이 1년 동안 약 130~300억 달러의 세금을 부정포탈 한 것으로 추정하였다.[94] 미국의 국세청(IRS)은 당시 일본

---

93 M. Z. Brooke and H. L. Remmers(1970) pp.172~175

94 H. Gleckman and T. Holden(Sept. 1990)

의 히타치(Hitach America)와 미쓰비시(Mitsubishi), 한국의 대우(Daewoo) 등 몇 개 기업을 세금포탈 혐의로 고발한 바 있다. 또 1990년대 중반 일본 국세청은 이전가격을 조작하여 세금을 포탈한 코카콜라(Coca Cola)의 자회사에 대해 1억 4천만 달러, 그리고 굿이어(Goodyear)와 P&G(Proctor & Gamble)의 자회사에 대해 각각 6억 엔과 8억 엔의 추징금을 부과하였다(The Asian Wall Street Journal 1996.11.6).

4. 안전 · 환경 기준의 비윤리적 악용

선진국인 자국보다 엄격하지 않은 현지국의 안전 · 환경기준을 악용하여 생산시설의 안전을 소홀히 하여 현지국에 막대한 위험과 사고피해를 주거나, 본국의 환경기준으로는 허용되지 않거나 허용되더라도 높은 비용이 요구되는 공해 집약적 산업이나 공해 집약적 생산공정을 해외로 이전하여 현지국의 환경을 파괴하고 훼손한다.

공해산업 이전 : 다국적기업은 후진국들이 공업화 초기단계에서 대기, 수질 등의 오염에 대한 규제가 미비하거나 불가능한 점을 이용하여 후진국에게 공해산업을 이전시키는 경우마저 없지 않다. 또 일부 후진국의 위정자들은 자신의 정치적 목적을 달성하기 위하여 이러한 공해산업을 적극적으로 유치하거나 또는 그러한 산업의 도입을 미화하기도 한다.

다국적기업은 값싼 노동력을 이용함과 동시에 환경규제에 따르는 비용을 절감하기 위하여 이러한 생산 공정을 공해산업에 대한 인식이 상대적으로 결여되어 있고 정부의 규제가 미흡한 후진국으로 이전하여 제품을 생산하는 경우가 많다. 그뿐만 아니라 선진국에서는 주민들의 강력한 저항 때문에 폐기하기가 힘든 산업폐기물을 국제적으로 수출하여 문제를 해결하기도 한다. 여기에 대한 실례로는 선진국 다국적기업과 연계된 공해물질 수출상에 의한 대 아프리카 산업폐기물 수출, 그리고 우리나라의 1, 2차 경제개발 5개년 계획기간 중 일본으로부터 수입한 공해산업 등을 들 수 있다. 비슷한 경우로서, 멕시코에서는 미 · 멕시코 국경을 따라 부품조립공장이 세워지면서 멕시코 국경 캘리포니아(California) 해안은 하수정화시설 미비 때문에 오염하수가 흘러들어 수영을 할 수 없을 정도로 오염되었고 인근지역의 강물도 카드뮴 · 비소 · 기타 독극성 금속물질로 뒤덮여 버린 사례를 들 수 있다.

물론 다국적기업들이 환경기준이 낮은 지역을 찾아서 투자하고 이러한 경향이 세계적으로 심화됨에 따라 결국 세계 전체의 환경수준이 점차 낮아질 수 있다는 공해피난처(pollution haven)가설에 대한 반론 역시 존재한다. 특히 UNCTAD 보고서(1999)는, 일부 이러한 가설에 적합한 사례가 없지 않지만 다국적기업의 입지를 결정함에 있어 환경이 차지하는 비중은 사실상 별로 크지 못하고, 다국적기업의 행동에 대한 세계시민들의 관심과 감시가 환경문제에 집중되어 있는 상황에서 환경문제를 소홀히 하는 기업의 경우 그 이미지훼손이 가져올 파장이 너무나 지대하므로 이를 소홀히 하기 어려우며, 때로는 다국적기업이 보유하고 있는 우수한 환경관리능력을 통하여 현지국의 환경보호에 기여하는 사례 역시 적지 않다고 적시하면서, 이러한 공해피난처가설은 결국 몇몇 사례에 근거한 것일 뿐이라고 주장하였다.

환경 파괴 : 다국적기업이 점차 더 큰 유조선을 건조하고, 방사성 폐기물을 배출하는 원자로를 더 많이 건설하고, 더 많은 나무를 베어 넘기고, 더 많은 유독성 화학폐기물을 호수로 흘러 보낼 때 환경은 말없이 파괴된다.

엑슨(Exxon), BP(British Petroleum) 등 대규모 석유기업의 유조선들이 파나마(Panama)에서 알래

스카(Alaska)에 이르는 해양에 독성폐기물과 기름이 뒤섞인 오물을 정기적으로 투기한 것으로 조사되었다. 세계적인 다국적 석유기업들은 석유의 채굴과정에서 석유생산지역의 생활기반을 파괴하고 환경을 파괴하는 일이 다반사였다. 1995년 환경단체 그린피스는 대대적인 캠페인을 통하여 로열 더치 쉘의 원유시추시설 브렌트 스파가 북해에 폐기되지 못하도록 함으로써 예상되는 환경재해를 예방할 수 있었다.

또한 전 세계 기업들이 일상적인 업무처리와 제품보장, 그리고 사무실을 장식하는 데 소비하는 나무와 종이는 북반부 삼나무지대와 열대우림 숲을 놀라운 속도로 파괴하고 있다. 일부 다국적기업들은 이와 같은 벌목에 직접 참여하기도 하고, 벌목한 목재의 가공·유통·무역에 간접적으로 참여하기도 한다. 최근 일부 국가의 연간 산림 벌채율을 보면 가봉(Gabon) 0.1%, 브라질(Brazil) 2.2% 등에 이르는 것으로 알려지고 있으며 산림 벌채의 18%는 상업적인 벌목 및 채광 때문에 빚어지고 있다(UNCTAD 1992 pp.228~229). 1989년 '열대우림 운동네트워크'의 미국 환경운동가들은 일본의 미쓰비시가 그들이 동남아·남미·북미·시베리아 등의 원시림파괴에 큰 책임이 있다고 비판하면서 미쓰비시 그룹 전체의 생산품에 대한 불매운동을 벌인 바 있는데 이 불매운동은 보다 환경친화적인 제품을 만들겠다고 공언한 1998년에야 종결되었다.

최근에는 생명공학의 발전에 따라 유전자조작과 관련된 불법행위 및 위험행위가 세계적인 다국적기업에 의해 자행되는 문제들이 이슈화되었다. 유서 깊은 미국의 화학기업 몬산토(Monsanto)는 1982년 처음으로 식물세포의 유전자조작에 성공하였다. 이때부터 동사는, 유럽에서는 허용되지 않지만 미국에서는 빈번히 사용되는, 동물용 성장호르몬(BGH)의 시판으로 유명해졌다. 이후 이에 대한 많은 논란이 계속되었는데 2002년 유럽연합은 학술적으로 연구한 결과 동물사육에 사용하는 성장호르몬이 인체에도 위험하다는 사실을 확인하였다. 그럼에도 불구하고 몬산토는 젖의 양을 늘리기 위한 호르몬이나 돼지의 성장을 촉진하기 위한 호르몬이 안전하다고 주장하면서 생산 및 판매행위를 계속하였다. 또한 미국의 〈월스트리트 저널〉은 2002년 4월, 법적으로 실험실을 절대 벗어나지 못하도록 규정되어 있는 유전자조작 캐놀라 오일 씨를 미국의 지주들에게 공급하였다고 보도하기도 하였다.

오늘날 전 세계적으로 환경보호에 대한 관심이 높아짐에 따라 환경을 파괴하는 다국적기업들은 소비자들로부터 강력한 도전을 받고 있다. 미국정부는 일본 도요타(Toyota)자동차의 미국법인이 미국 내 환경보호규정을 위반했다고 주장하고 580억 달러(약 68조 4,400억원)의 벌금부과를 청구하는 소송을 제기했다(동아일보 1999.7.14). 미 법무부는 도요타 미국법인이 1996~1998년 사이에 생산·판매한 자동차 가운데 220만대의 배기가스 감지장치에 결함이 있다고 주장하고 이 같은 소송을 제기했다. 이에 따라 미 법무부는 렉서스(Lexus), 캠리(Camry), 아발론(Avalon), 코롤라(Corolla) 등 도요타 미국법인의 차량에 대해 혼다 차종별로 대당 2만 5,000~2만 7,500달러, 총액 580억 달러의 벌금을 요구했다. 한편, 1998년 6월 혼다 미국법인도 이와 비슷한 문제로 160만대 분에 대한 벌금 2억 6,700만 달러를 납부한 바 있다.

대형 공해사고 유발 : 세계 최대의 다국적기업인 엑슨(Exxon)의 유조선인 발데즈(Valdez)호가 알래스카(Alaska)에서 석유를 유출시켜 공해를 유발시킨 사건이 발생하였다. 발데즈호의 석유유출로 700마일의 알래스카 해안지역과 야생생태계 국립공원이 오염되었고, 그 영향으로 수많은 조류와 3,500마리의 바다수달과 200마리의 바다표범이 몰살됐다. 이 사고에 따른 피해복구에는 25~50억 달러가 소요될 것으로 분석되었다. 엑슨의 경영진은 1,100만 갤론(gallon)의 원유를 프린스 윌리엄 사운드(Prince William Sound)지역에 버리기로 결정하기도 하였다. 이 사고로 330건의 소송이 엑슨을 상대로 제기되었는데, 제소자 중에는 연어잡이 어부, 알래스카 원주민도 포함되어 있었다. 이 사고에 대해 엑슨의 최고경영자는 성의 있는 대책을 강구하기보다는 오히려 문제해결을 도외시함으로써 많은 사람들의 분노를 자아냈다.

이러한 석유 유출사고는 비단 엑슨에만 국한된 것은 아니다. BP(British Petroleum)의 용선 유조선도 캘리포니아 해안에서 좌초되어 헌팅턴(Huntington)의 해변에 이르는 지역을 오염시키기도 하였다. 최근 환경보호의 중요성이 높아짐에 따라 다국적기업들은 자기 기업이 환경보호에 앞장서고 있다는 이미지를 부각시키기 위해 여러 가지의 노력을 하고 있는데, BP가 회사의 로고 색깔을 초록색으로 바꾼 것도 이러한 노력의 일환이라고 할 수 있다.

대형 안전사고 유발 : 1984년 12월 인도 보팔(Bhopal)에서 발생한 유나이티드 카바이드(United Carbide)사의 가스폭발 사고는 다국적기업이 안전관리를 소홀히 하는 경우, 현지국에게 얼마나 많은 인적 · 물적 피해를 가져다줄 수 있는가를 여실히 보여준 전형적인 예로 유명하다. 인도 보팔 유나이티드 카바이드사의 저장 탱크에 저장된 독가스의 폭발로 인하여 6,600여 명이 사망하고 350만 명 이상이 상해를 입었다고 발표하였으나 지역 시민단체들은 1만 6천여 명이 사망하고 60만 명 가량이 상해를 입은 것으로 추정하였다. 이는 비용절감 조치만을 생각하고 안전관리는 신경을 쓰지 않는 비윤리적 행태로 인하여 발생하였다. 사고 얼마 후 유나이트 카바이드는 보팔공장의 운영권을 다른 회사에 매각하여 버렸다. 1972년에는 이라크에서 미국으로부터 수입된 수은처리된 곡물을 먹고 4,000~5,000명의 이라크인들이 사망하기도 하였다.

2000년 12월 미국의 인터넷 매거진 〈멀티내셔날 모니터〉는 멕시코의 GM사가 근로자들이 창유리를 생산할 때 미국에서와 동일한 기계를 사용하지만 생산속도를 높이기 위하여 그 기계에 사지가 절단될 위험을 예방할 사전보호시설을 전혀 구비하지 않은 채 운영하고 있다고 폭로하였다. 1997년 맥도날드(McDonald's)의 '해피 밀'의 캐릭터 인형을 제조하는 베트남의 공장에서 용해제로 사용되는 아세톤으로 1천 명 중 종업원 220명이 집단 중독되는 사건이 발생하였다. 이 역시 생산공장에서의 안전기준을 지키지 않은 채 작업을 시킨 결과였다.

다국적기업의 농산물 플랜테이션에서 유해살충제 투입으로 농장근로자가 희생되는 경우 역시 많았다. 델몬트(Del Monte)는 과테말라의 바나나농장에서 인체에 치명적인 화학살충제를 보호복도 입히지 않은 채 장기간 공중 살포하여 근로자의 건강을 해치거나 심한 경우 죽음에까지 이르는 사태가 발생한 바 있다. 또 다른 식품기업 돌(Dole) 역시 금지된 살충제 네마곤을 라틴아메리카에서 대량 살포하여 노동자와 그 가족들에게 치명적인 중독 증세와 심각한 건강이상을 속출시켰고, 동사의 태국농장에서도 이러한 살충제와 화학비료가 투입되어 비난받았다.

이러한 사고 이후 다국적기업이 선진국과 개발도상국의 환경에 미치는 영향에 대한 우려의 소리가 한층 높아졌다. 실제로 많은 다국적기업들이 공해집약적 산업 및 위험산업에 속하기 때문에 사람의 건강과 환경에 악영향을 끼칠 가능성이 대단히 높다. 실제로 이러한 역효과를 고려하여 선진국의 경우에는 갖가지 규제조치를 통해 다국적기업의 활동을 규제하고 있지만, 개발도상국의 경우에는 빈곤과 자원 빈약 때문에 환경문제에 대한 고려는 뒷전으로 밀리고 있는 실정이다.

5. 비윤리적인 정치사회적 불법행위

뇌물 공여 : 다국적기업이 여러 나라 정부의 고관 및 관리에게 뇌물을 제공한 사건들은 다국적기업의 부도덕성을 극명하게 보여주는 비윤리적인 행동이다. 미 상원의 한 위원회는 포춘(Fortune)지

가 선정한 500대 대기업 중 117개 기업이 이에 관련되어 있다고 주장하였다. 또한 어떤 평론가는 군수산업에 있어 군장비 거래금액의 10~20%가 뇌물로 주어지는 것이 관행이어서 연간 세계적으로 30억 달러 정도의 뇌물수수가 추정된다고 하였다.

1975년 유나이티드 브랜드(United Brands)는 바나나에 대한 수출세를 경감시키기 위해서 온두라스의 정부관리에게 125만 달러의 뇌물을 제공한 바 있다. 그들은 세계 최대의 바나나회사로서 과테말라 · 온두라스 · 코스타리카 · 파나마 · 콜롬비아 · 에콰도르의 총 경지면적의 11%를 점하고 있으며, 이들 국가에서 농원 · 철도 · 항구 · 해운회사를 직영하고 있으며, 바나나의 재배에서 수송 · 수출 · 수출지에서의 도매까지를 완전히 장악하고 있다. 그러면서도 경쟁사의 바나나에 대해서는 적출역이나 항구에 야적하여 썩게 만들고 노동쟁의에 대해서는 사병을 고용하여 저지하는 비윤리적인 행동을 일삼았다.

엑슨(Exxon)은 세금경감 · 정유소인가 · 주유소 용지확보 등과 같은 사업목적을 달성하기 위하여 1963년부터 1971년까지 이탈리아의 각 정당에게 900만 달러의 뇌물을 살포하였고 또한 2002년 카자흐스탄에서 석유채굴권을 얻기 위해 수백만 달러의 뇌물을 주었다고 비판받았다. 걸프 오일(Gulf Oil)은 이탈리아의 밀란(Milan) 근처에서 정제작업을 할 수 있도록 승인을 얻어내기 위하여 컨설턴트에게 8억 달러의 뇌물을 제공하기도 하였다.

이러한 뇌물제공은 특히 무기를 생산하고 있는 다국적기업들의 전유물이 되다시피 하고 있다. 이러한 사실은 미국 항공기 생산기업들(Boeing, Northrop, Lockheed, McDonnel Douglas 등)이 뇌물제공에 깊숙이 관여하고 있다는 사실로도 증명이 가능하다.[95] 노쓰롭(Northrop)은 사우디아라비아와 브라질 정부에 1억 3천만 달러의 뇌물을 제공한 바 있고, 미국 최대의 군수기업인 록히드(Lockheed)는 네덜란드 · 서독 · 이탈리아 · 스웨덴 · 일본의 고위관리에게 수많은 뇌물을 제공하였다. 록히드가 일본의 재군비계획에 참여하기 위해 1,200만 달러의 뇌물을 일본 자민당 당수인 요시도 고다마에게 제공한 사건이 그 대표적인 예라고 할 수 있다.[96] 또 록히드 마틴이 1994년 C180 화물비행기 3대를 이집트에 판매하는 과정에서 이집트 공무원에게 뇌물을 제공하기도 하였다.

미국 증권거래위원회(Securities and Exchange Commission)는 1970년대 말 워터게이트(Watergate) 사건에 대한 반발의 일환으로 미국의 몇몇 대기업을 '해외부패관례에 관한 법률(Foreign Corrupt Practices Act)' 위반 혐의로 고발한 바 있다.[97] 여기에 관련된 한 기업은 공산당을 포함하여 이탈리아의 정당들에게 기부금 명목으로 5천 9백만 달러를 제공했고, 걸프오일(Gulf Oil)은 한국의 한 정당에게 4백만 달러를 제공했으며, 또 다른 기업은 사우디 장군에게 45만 달러를 제공했던 것으로 파악되고 있다. 또 어떤 기업은 37만 7천 달러를 유용하여 투표자들을 쿠크 군도(Cook Islands)로 실어 날라 부정선거 혐의를 받았던 것으로 알려지고 있다.

1970년 초 미국의 록히드사는 그의 에이전트인 마루베니사를 통하여 일본 젠닛쿠항공사에 항공기를 팔려고 하는데 그 감독관인 운수상(교통부장관)에게 '행정지도'를 해주도록 당시의 다나까 가구에이(田中角榮) 당시 수상에게 일화 5억 엔(55억 원)을 주었다. 이 사건으로 수상이 구속되고 재판은 무려 19년이나 끌었다. 한국도 예외는 아니었다. 1975년 미국 의회는 걸프석유사가 한국의 공화당 정권에게 미화 400만 달러를 주었다고 폭로하였다. 재미있는 것은 미국의 해외 부패 관

---

95 C. A. Bartlett(1981).

96 N. Hood and S. Young(1979) P.352.

97 J. A. Fadiman(1986) pp.122~136

련에 관한 법에서는 정부 관리의 임무수행을 위해 윤활유로서의 금품에 대해서는 규제가 미약하다는 것이다. 이러한 공공연한 내용은 미국의 기업들이 외국의 정당이나 후보자 또는 자치권을 가진 정부 관리에게 금품을 제공하는 것을 금지함을 엄격히 규정하고 있으나 하위직 관리에 대한 금품 제공은 금지하지 않고 있다는 데 기인한다.

이렇게 뇌물공여와 관련된 다국적기업의 비윤리성이 높아지게 되자 1996년 4월 IIC(국제상업회의소)는 국제공사 입찰시 뇌물을 주고받는 행위와 같은 기업의 부패관행을 근절시키기 위한 국제적 가이드라인을 강화시켰다. 이 가이드라인에는 각국 정부들이 기업의 정치헌금을 요구하는 것을 규제하는 한편 정치헌금의 공개를 촉구하고 있고 상업 활동에 직간접으로 관여하고 있는 정부 관리들을 감독하기 위한 조치를 주기적으로 공표하도록 권고하였다.

OECD의 경우에도 외국공무원에 대한 뇌물증여와 이에 따른 공무원 수뢰를 막기 위해 1997년에 '국제상거래에 있어서의 외국공무원에 대한 뇌물제공방지협약'(Convention on Combating Bribery of Foreign Public Officials in International Business Transactions)을 제정하였다. 이 협약은 국제거래에 있어서 외국공무원에 대한 뇌물제공을 금지하고, 이를 어길 경우 자국 법에 따라 처벌을 가하도록 의무화하고 있다. 처벌대상은 뇌물을 제공한 기업(개인)으로 한정하고 받은 사람은 처벌하지 않도록 되어 있다. OECD의 회원국인 우리나라도 1998년에 '뇌물제공방지협약'에 대한 국회비준절차를 거친 바 있고, 특별법으로 '해외뇌물거래방지법'을 제정한 바 있다. 우리나라의 해외뇌물거래방지법은 국제상거래시 외국공무원에 대해 뇌물을 제공한 국내기업과 개인을 형사 처벌할 수 있도록 규정하고 있다.

부당한 정치 개입 : 다국적기업은 그들이 소유하고 더 풍부한 자본과 더 높은 기술과 경영능력 그리고 이러한 자원을 세계적으로 활용할 수 있는 능력 등 현지국보다 우월한 위치에서 있다. 이러한 우위성을 내세워 현지국의 정치에 깊숙이 개입한다든지 정책수행의 동반자 역할을 수행함으로써 그들의 입지조건을 높여 놓았다. 물론 여기에는 투자대상국의 고위 관리를 뇌물로 사서 그들을 통한 개입에 활용하기하고 때로는 다국적기업이 현지국의 정치에 깊숙이 개입하기도 한다.

이러한 예로는 1950년대 과테말라의 아벤즈(Arbenz)정부를 전복한 유나이티드 푸르츠(United Fruits), 1970년대 칠레의 아옌데 정권의 전복을 기도한 ITT, 그리고 이란에서 정치개입을 기도한 앵글로-이라니언 오일(Anglo-Iranian Oil) 등을 들 수 있다. 그중 가장 전형적인 사건이 ITT사건이다. 미국의 다국적기업인 ITT는 1927년 칠레의 전화망 지배권을 확보하고 1930년에는 1억 5백만 달러로 자회사를 설립하였다. 처음에는 영업활동도 성공적이었고 칠레정부와도 좋은 관계를 유지하였지만 칠레정부가 이를 국유화하려자 하자 아옌데의 대통령 당선을 방해하기 위하여 선거자금 제공, 보수계신문에 자금제공, 미국정부에 대한 로비 등 여러 가지 조치를 강구하기 시작하였다. 이러한 ITT의 노력에도 불구하고 아옌데의 당선을 저지하지 못하자 당선된 아옌데와 그 정권을 국제적으로 고립시키기 위한 공적 · 사적 신용규제, 칠레 화폐의 거부, 소형무기 및 탄약의 운송과 연료배달의 의도적인 지연, 반 아옌데 선전 등을 취하였는데 이것은 CIA가 ITT에게 제안했던 내용을 구체화한 것들이었다. 이러한 ITT의 아옌데정권 전복기도는 결국 1972년 앤더슨(J. Anderson)에 의해서 그 진상이 만천하에 폭로되기에 이르렀다.

비합법적 정권 또는 반군 지지 : 다국적기업이 현지국의 국민들로부터 지지를 받지 못하고 있는 독재정권이나 비합법적인 군사정권 또는 반군을 지지하거나 이들과 야합하여 자신의 이익만을 추구하는 비윤리적인 경우도 쉽게 찾아볼 수 있다.

1960년대 초부터 앙골라・모잠비크・기니아 등에서는 포르투갈의 식민지정책에 항의하는 아프리카 게릴라집단의 무장봉기가 진행되고 있었는데, 포르투갈 정부는 이들의 독립요구를 묵살하고 이를 진압하기 위해 5만 명의 군대를 파견하였다. 1962년 UN이 포르투갈의 군대파견 중지를 요구하는 결의안을 통과시켰으나 포르투갈정부는 UN의 결의안을 무시하고 계속 군대를 파견하였다. 이때 반식민지투쟁이 한참인 앙골라에서 식민지정권과 야합하여 이익을 추구하던 걸프(Gulf Oil)는 국제적으로 커다란 비난을 받게 되었다. 포르투갈의 식민지정권에 대한 세금 및 로열티 지급, 괴뢰정권에 대한 외환공급, UN의 제재조치에 의한 충격을 완화하는 데 필요한 전략물자공급, 미국이 포르투갈을 지원할 수 있도록 영향력 행사, 포르투갈의 식민지정책에 대한 미국에서의 긍정적인 이미지형성 등을 행하였기 때문이다.

세계 최대 석유판매기업인 로열 더치 쉘이 석유생산의 주도권을 잡고 있는 나이지리아에서 독재자 사니 아바차의 군부정권이 1995년 인권운동가 9명을 처형하였다. 그런데 이들은 셸을 비롯한 세계적 석유기업들이 심각한 환경훼손을 가져오고 있다고 주장해 온 사람들이어서 이들의 처형에 이들 석유기업들이 무관하지 않다는 주장이 제기되었다. 뿐만 아니라 동사는 주민들에게 잔학행위를 서슴치 않았고 자신의 시설물 보호를 위하여 관할 경찰들에게 무기를 제공하기도 하였음을 이후 시인하기도 하였다.

세계에서 네 번째로 큰 프랑스의 석유기업 토탈(Total)은 미얀마에 남은 최후의 다국적기업 중의 하나로 활동하고 있었다. 군부독재 미얀마는 자국민을 얼마나 잔혹하게 다루었던지 미국을 비롯한 여러 나라의 석유 다국적기업조차도 결국 국외로 빠져나왔을 정도이지만 토탈을 비롯한 몇몇 기업들만이 군부독재정권과 협력하며 활동하였다. 이에 노벨평화상 수상자이기도 한 부루마이스 반군지도자 아웅산 수치여사는 토탈사를 가리켜 '군부독재 최고의 후원자'라고 하였다. 세계적인 석유 다국적기업들이 비합적인 정권이나 독재정권을 지지하거나 결탁하여 그들의 후원자가 되는 이러한 사례는 위에서 열거한 기업 이외에도 이탈리아의 지주회사 에니그룹 내에서 석유제품의 생산과 판매를 담당하는 아지프의 경우 역시 예외가 아니었다.

파산하여 이제는 사라진 세계 최대의 에너지기업 엔론은 아프가니스탄의 탈레반에게 1990년대말 1,200만 달러를 지원하였다. 그들은 미국 석유기업 유노컬과 함께 투르크메니스탄과 우즈베키스탄의 가스와 석유를 운반하기 위하여 탈레반지역을 통과하는 송유관건설을 행하기 위하여 운반되는 가스의 양에 따른 세금을 납부하기로 하였기 때문이다. 엔론은 이후 파산하였지만 유니컬은 그후 프랑스 석유기업 토탈과 함께 부루마이스 혁명정부와 협력하기도 하였다. 이에 엔론의 파산을 조사한 위원회의 한 위원은 '엔론은 기업에 이익이 된다면 악마하고도 계약하였을 것'이라고 말하기도 하였다.

전쟁 관여 : 1998년 11월 30일 워싱턴 포스트(Washington Post)는 미국의 대표적 다국적기업인 GM・포드(Ford)가 과거 나치(Nazi)정권과 결탁했다는 주장을 소개하였다. 이들 기업들은 나치로부터 전쟁포로라는 공짜 인력을 공급받아 현지 생산시설에서 강제노동을 시키고 나치정권을 위해 무기를 생산하고 물자를 제공하여 전쟁을 확산시키는 데 이바지했다는 것이다(조선일보 1998.12.1). 지금까지 탱크와 전투기 생산을 통하여 미국의 승전에 지대한 공로를 세웠다고 칭송받아왔던 이들 기업이 적국 독일에게도 똑같은 역할을 병행했다는 것이다.

미국이 독일에게 선전포고를 한 시점인 1941년 이전까지는 미국 자회사가 독일 현지에서 나치정권과 접촉을 갖는 것이 불법이 아니었으므로 1920~1930년대부터 앞을 다투어 독일에 진출해 있던 자동차 메이커들은 전쟁이 발발한 1939년 이후 미국 국내보다 재빨리 생산시설을 변경하여 나치를 위한 군수공장을 운영하기 시작했던 것이다. 이에 포드사의 창립자 헨리 포드는 1938년 나치정권이 외국인에게 수여하는 최고의 훈장인 '독수리훈장'을 수여받았고, 1941년 미국의 선전포고 이후에도 여전히 나치의 전쟁기계에 자재를 공급하였다. 이후 1990년대 말 GM과 포드는 나치시대 강제노역자들에 대한 보상금 지급문제가 제기되어 끝까지 부인하다 포드는 1,300만 달러를 지급하기도 하였다.

한편, 1970~1980년대 일본의 도시바(Toshiba)는 미국의 일급 군사기밀기술, 즉 잠수함이 조용하게 항진하고 또 적이 위치를 쉽게 탐지할 수 없도록 한 잠수함 프로펠러 제작기술을 당시의 소련(Soviet Union)에 불법적으로 판매하여 미국과 연합국을 소련 잠수함의 위협에 노출시켰던 예도 있다.

무기거래자금 지원 : 대부분의 세계적 석유기업들은 자신들의 유전개발이나 이권획득을 위하여, 위에서 말한 뇌물제공 · 부도덕한 정권과의 협력 · 생활기반 파괴 · 비윤리적 로비활동 등과 함께, 무기를 제공하거나 무기거래를 위한 자금을 지원하는 부도덕한 행위를 자행하였다. 심해에서 석유가 채굴되는 앙골라해안의 경우 국가수출의 90%를 차지하는 석유가 잔인한 내전의 자금줄이 되어 왔다. 세계 최대의 석유기업인 엑슨 모빌(Exxon Mobil)이 이곳에서의 채광권을 얻기 위하여 지불한 세금의 절반 이상이 군사적 침략에 사용된 것으로 알려져 있다. 엑슨 모빌은 또한 차드와 카메룬의 대규모 송유관 건설사업을 현실화할 컨소시엄을 주도하였는데 이때 차드 정부로 흘러들어간 자금의 일부가 무기를 구입하는 데 사용되었다. 〈비즈니스 위크〉에 따르면 인도네시아에서 모빌은 전 독재자 수하르토 장군의 군대와 공조하였는데 이 군대의 보호를 받던 자신의 시설물 근처지역에서 대량학살이 일어나 이에 대한 책임공방이 이루어진 바 있다.

6. 비윤리적 국제금융행위, 국제기구에 대한 부당한 영향력 행사

비윤리적 국제금융행위 : 서구의 대형은행들은 환경 및 생활기반 파괴문제, 낮은 사업성과 위험성, 윤리적인 문제 등으로 많은 비판을 받고 있는 빈곤국들의 대형 프로젝트에 관여하여 왔다. 이로 인해 개도국들의 대형 광산 · 댐 · 원자로 등의 건설이 실패로 끝난 채 이러한 프로젝트에 자금을 공급한 서구의 은행들만 유일한 수익자가 되는 사례들이 빈번하게 일어나고 있다. 또한 서구의 대형은행들은 빈곤국을 상대로 하는 투기적인 외환거래를 통하여 개도국들에게 막대한 손실을 입히는 비윤리적 금융행위를 자행한다. 또한 세계적인 서구의 은행들은 대외채무가 과다한 부채국가들에게 그러한 사정을 알면서도 비윤리적인 금융행위를 행하여 자신의 이익을 얻는 대신 채무국들을 더욱더 어려워지게 만드는 비윤리적 해악행위 때문에 비난받기도 한다.

도이체방크(Deutsche Bank)는 1999년 브라질 연방의회의 조사위원회로부터 부당하게 입수한 사내정보를 통한 투기수익과 고부채국가의 통화위기를 활용한 선물거래를 통하여 고수익을 누렸다고 비난받았다. 또한 헤르메스 신용보험회사의 보증 하에 개도국의 위험부담이 크거나 윤리적으로 의심스러운 사업프로젝트에 대형 대부를 행하여 개도국들의 부채만 증대시켰다는 비난도 받고 있다. 인도네시아에서도 1985년 인종차별적 정권에 엄청난 대출과 유리한 장기대부를 행하여 비난받은 적이 있으며, 2001년 환경과 보건안전 측면에서 적절치 못한 그리스의 금광개발 프로젝트에 거액을 투자하여 주민들의 저항을 불러일으키기도 하였다.

독일의 드레스덴은행(Dresden Bank) 역시 인간과 환경에 심각한 결과를 초래하는 프로젝트에 대한 자금지원과 부채국가들에 대한 자금지원행위로 인도네시아・루마니아・헝가리・브라질 등에서 비난받은 바 있고, HVB그룹도 인도네시아・인도 등에서 동일한 행위로 비난받았다.

비윤리적 로비활동 : 다국적기업은 때때로 자신의 이익극대화를 위한 비윤리적인 로비활동을 행한다. 다국적기업에 의하여 매수되는 것은 남반구의 저소득국만이 아니다. 서구의 선진국 정부나 관료들 역시 그들을 선택한 시민을 위한 정책보다는 거대기업을 위한 정책을 더 많이 수립하기도 한다. 세계적인 다국적기업들은 현지국정부에 대하여 자신에게 유리한 영향력을 행사하기 위하여 로비스트(lobbyists)를 고용하거나 정치자금을 제공하며 현지자회사들 사이에 압력단체를 결성하는 등의 방법을 통하여 비윤리적인 로비활동을 펼치기도 한다.

이러한 비윤리적 로비활동은 국내 산업정책뿐만 아니라 일국의 대외정책이나 국제적인 협정에 있어서도 마찬가지이다. 1970년대 미국의 군수산업체 록히드는 군수품판매를 위하여 1970~1975년간 총 2억 200만 달러의 불투명한 돈을 수수료・조정금 등의 명목으로 전 세계 수백 명에게 지불해야 했다고 시인하였다. 그에 따르면 자신들 이외에도 엑슨모빌, 유나이티드 브랜드, 웨스팅하우스, 파이어스톤, 필립모리스, ITT, 보잉 등과 같은 360개 회사들이 관련되어 있고 뇌물을 받은 쪽은 가봉의 봉고대통령, 한국의 박정희대통령, 볼리비아의 바리엔토스, 이란의 팔레비, 필리핀의 마르코스, 아이티의 뒤발리에 등이었다고 말하였다.

미국에서는 엑슨 모빌・몬산토 같은 거대기업들이 대통령경선에 거대한 자금을 후원하고 있으면서 그들이 바라는 대가는 친기업적인 정책이었다. 엑슨 모빌은 일련의 산업로비를 통하여 세계 기후 보호에 대한 의무화규정조치를 거부하고 있다. 동사는 자사의 홈페이지에서 생태학적 세금과 온실가스의 최소화에 대한 교토의정서를 논박하고 있다. 이러한 점에서 당시 공화당의 최고 경선 기부자 중의 하나인 동사는 미국이 세계 최대의 에너지 소비국으로서 교토의정서에 서명하기를 거부하는 데 큰 책임이 있다고 할 수 있다.

국제기구에 대한 부당한 영향력 : 세계적인 다국적기업들은 그들의 본국이나 현지국 정부에 대한 로비나 압력을 통하여 자신에게 유리한 정책을 펼치도록 하는 것은 물론 국제기구나 국제기구의 정책입안자들에게 자신의 부당한 영향력을 행사하기도 한다.

UN은 1974년 다국적기업에 관련되는 사항들에 대한 중심적 역할을 행할 주체로서 다국적기업센터(UNCTC : UN Center for Transnational Corporations)를 설립하였다. 본 센터는 현지국의 이익을 보호하고 다국적기업의 활동이 국가개발목표에 부합되도록 하기 위하여 다국적기업의 행동기준을 제정하기 위한 강령을 만들려고 노력하였지만 서구국가들은 이 협상에서 개도국들이 다국적기업의 투자를 장려하고 보호해야 한다고 강하게 주장하였다. 1980년대 후반 점차 많은 개도국들이 시장을 개방하고 투자보호를 보장하자 다국적기업의 영향을 받은 서구국가들은 이러한 강령 자체에 대한 관심도 없어져 협상은 유기된 채 다국적기업센터마저 축소되어 버렸다. 이때 이러한 윤리강령을 제정하지 못한 것은 다국적기업들이 유엔체제와 각국 정부에 깊은 영향력을 미치고 있음을 말해 주는 것으로서 국제협상에 있어 게임의 주역은 정부가 아니라 그 배후에 있는 다국적기업들이었던 것이다.

1992년 리우데자네이루에서 열린 UN환경개발회의에서 다국적기업의 규제에 대한 의제가 협의사항에서 포함되지 않았다. 정상회담 몇 달 전에 국제상공회의소와 대다수 다국적기업회원들이 '지속가능한 개발을 위한 아젠다 21'라는 문서를 작성하여 기업에 대한 규제를 언급하지 않을 것을 촉구하였기 때문이다. 결국 UN과 UN기구들의 정책이 다국적기업의 로비와 압력에 영향을 받았던 것이다. 이러한 현상은 UN의 전문기구인 식량농업기구(FAO)나 세계보건기구(WHO)의 여러 가지 정책형성 과정에서도 그대로 나타난다.

1961년 UN총회의 결의에 따라 1964년 설립된 유엔무역개발회의(UNCTAD)는 당초 가난한 나라들의 무역과 개발 노력을 지원하기 위한 목적으로 설립되어 나름대로 성과를 구가하기도 하였다. 1990년대 초반 일부 서구 국가들은 가난한 나라들의 이익에 초점을 맞추고 있는 유엔무역개발회의에 변화가 일어나지 않는 한 이 기구를 폐지하여야 한다고 주장하였다. 이후 1996년 유엔무역개발회의 제9차 회의에서는 기업이 고용창출과 기술변화증진뿐만 아니라 가난을 줄이고 구조조정을 가속화하는 것과 같은 더 넓은 사회적 목표에 기여한다고 칭찬하였다. 말하자면 유엔무역개발회의가 더 이상 가난한 사람들을 보호하는 본래의 목적보다는 서구국가들과 다국적기업의 원하는 바를 실현시키는 기구로 전락되었다고 할 수 있다.

지난 우루과이라운드협상(UR) 과정에서 다국적기업들은 협상결과에 적극적으로 영향을 미치기 위하여 무역정책 입안자들과 가까운 유대관계를 맺으며 활동하였고, 협상기간 중 다국적기업 대표단은 미국정부가 설립한 15개 자문기관들이 미국의 입장을 대변하도록 하였고 무역관련 지적재산권협정(TRIPs)의 경우 본 대표단이 협정초안을 제공하였다. 이후 세계무역기구(WTO)가 설립되어 그 회의에서 공식적 활동을 행하는 것은 일국의 각료나 공무원들이지만 주요 다국적기업들의 관계인들이 자신들의 사업을 위하여 얼굴을 내미는가 하면 심지어는 공식대표단의 일부분으로 참여하기도 하였다. 다국적기업들은 WTO에 가입하려는 개도국들이 경제자유화를 행하지 않는 한 가입을 허락해서는 안 된다고 주장할 만큼 파워를 지니고 있다.

WTO뿐만 아니라 국제통화기금(IMF)이나 세계은행 등 주요한 국제기구의 운영과정 배후에는 거대한 다국적기업과 은행들이 존재한다. 그들은 무수히 많은 국제행사의 비공개회의에서 정책결정권자들과 정기적으로 중요한 정보를 신속하게 교환하고 협의한다. 또한 이들 주요한 국제기구의 정책에 결정적인 영향을 미치는 중요한 국제적 로비단체들이 회의소·연맹·포럼·연합회 등의 이름을 달고 거대한 기업과 금융기관의 이익을 대변한다.

UN의 금수조치 위반 : UN은 인종차별과 국내 인권탄압이 심했던 남아프리카공화국·로데지아 등에 대해 금수조치를 취한 바 있는데, 미국의 모빌(Mobile Oil)은 이러한 UN의 금수조치를 도외시하고 석유수출을 감행한 바 있다. 그들은 석유제품을 남아프리카의 현지자회사에 수출하고, 남아프리카의 자회사는 이를 다시 로데시아에 소재하고 있는 그들의 100% 투자법인(Mobile Oil Southern Rhodesia)에 수출하는 방식으로 로데시아 인종차별정권인 이안 스미드(Ian Smith) 정부의 석유수입에 결정적인 역할을 수행하였다. 모빌은 남아프리카의 자회사를 통한 석유제품의 우회수출을 은폐하기 위해 서류를 조작하는 등의 다양한 수단을 사용하였고 쉘(Royal Dutch Shell)·BP(British Petroleum)·칼텍스(Caltex)·토탈(Total of France) 등과 같은 석유회사들 역시 같은 방법으로 로데지아에 석유를 수출하였다.

결국 1976년 미국 상원이 청문회를 개최하였으나 모빌은 모빌의 남아프리카 현지회사(Mobile South Africa)가 로데지아에 석유를 수출한 것은 미국법을 위반한 것이 아니며, 동사는 남아프리카의 법률에 의해 설립된 회사이기 때문에 남아프리카의 법률을 준수하는 것이 당연하다고 주장하였다. 이러한 논리 하에 미국에 소재하고 있어 미국법을 따라야 하는 모빌 본사는 로데지아에 대한 거래를 금지하고 있고 실제로 한 건의 거래도 하지 않았음을 주장하였다. 이후 미 의회가 모빌의 자회사를 조사하려고 하였지만 모빌의 남아프리카 현지회사는 미 의회의 이러한 요구를 거절하였고, 남아프리카 정부도 이에 불응하였다. 결국 미 재무성은 1977년 5월 남아프리카 소재 모빌 자회사의 서류를 조사할 수 없기 때문에 모빌이 미국법의 금수조치를 위반하였는지에 대한 판단을 내릴 수 없다는 결론을 내렸다.

2. 현지국의 소비자 및 문화에 미치는 영향

2.1 현지국의 소비자에 미치는 영향

다국적기업의 활발한 활동은 이미 우리의 소비생활 주변에 너무나 가까이 다가와 있다. 맥도날드 · KFC 등 다국적 외식업체를 거리 곳곳에서 발견할 수 있고 월마트 · 까르프 · 마크로 등과 같은 대규모 유통업체 등 서비스산업에 있어서도 무수히 많은 다국적기업들이 이미 우리 주변에서 쉽게 발견된다. 따라서 이들 다국적기업들이 우리의 소비자에게 미치는 영향은 매우 크다고 할 수 있다.

그럼에도 불구하고 다국적기업에 대한 관심은 주로 제조업이나 생산측면에 치우쳐 있어 다국적기업의 팽창이 현지국 소비자들에게 미치는 영향에 대한 이해가 상대적으로 부족하였던 것이 사실이다. 이 때문에 최근에는 외국계 다국적기업이 현지국의 소비자에게 미치는 정치경제적 영향에 대한 논의가 증대되고 있고 이와 관련되는 시민운동 역시 활발해지고 있다. 일반적으로 다국적기업의 활동이 현지국 소비자들에게 미치는 영향은 다음과 같은 긍정적 측면과 부정적 측면으로 구분해 볼 수 있는데 이러한 부정적 측면과 관련하여 문화적 제국주의 논의도 있다.

2.1.1 소비자에 대한 긍정적 영향

다국적기업의 활동이 현지국의 소비자에게 미치는 긍정적 영향은 다음과 같이 소비후생이 증대되고 소비자의 선택권이 신장된다는 2가지 점을 들 수 있다.

소비후생 증대 : 다국적기업의 활동이 소비자에게 미치는 가장 중요한 긍정적 영향은 자유교역체제 또는 자유로운 경쟁구조가 소비자에게 미치는 긍정적인 효과라고 할 수 있다. 다국적기업의 진출로 인한 현지국시장의 개방화되고 경쟁이 촉진됨으로써 소비자들에게 더 좋은 품질 · 더 값싼 가격 · 보다 나은 서비스를 받을 기회를 높여줌으로써 소비자후생이 증대될 수 있다.

소비자선택권의 신장 : 다국적기업의 진출로 인하여 국내기업들이 제공하지 못하는 다양한 제품을 제공하게 되면 국내소비자는 자신의 취향 · 선호 · 욕구 등을 충분히 충족할 수 있게 되어 다양한 제품과 서비스를 선택할 권리가 보장될 수 있다. 다국적기업의 다양한 제품과 서비스 제공은 경쟁을 유발하여 장기적으로 국내기업들의 경쟁력강화의 계기가 될 수 있다. 실제로 최근 유통시장의 개방으로 할인판매점 · 창고형 소매점 · 창고클럽 · 공장형 아울렛 등이 등장하면서 가격파괴 · 판매시간파괴 등의 붐을 일으켜 소비자들의 선택범위가 획기적으로 넓어졌다.

2.1.2 소비자에 대한 부정적 영향

소비자의 안전위협 : 다국적기업이 활동하는 현지국의 안전에 대한 기준과 법적 규제가 선진국 또는 투자본국에 비해 낙후되어 있는 경우가 많다. 따라서 현지국의 경우 수입제품이나 다국적기업의 제품으로 인하여 소비자의 안전이 위협받을 수 있다. 현지국의 소비자안전기준이 낮고 감독이 소홀한 점을 악용하여 투자본국에서 취급하지 않거나 위해한 물질을 판매 · 유통시킬 우려도 있다. 예컨대, 미국의 강력하고 수준 높은 기준에 비해 낮은 안전기준과 감시수준을 틈타 미국 내에서 판매금지하고 있는 약품 · 농약 · 식품 등을 현지국에 판매할 우려가 있다. 또한 표시제도와 관련하여 투자본국에서는 위해성 경고에 대한 강력한 문구를 삽입하도록 되어 있으나 현지국에 수출할 경우 이러한 문구를 약하게 기입하거나 아예 기입하지 않는 경우가 있고 심지어는 위해제품을 여성과 청소년을 상대로 과대광고 하여 현지국 소비자의 안전을 해치기도 한다.

환경오염 : 환경에 대한 인식이 부족하고 환경과 관련된 제도나 규제가 제대로 되어 있지 않은 후발국가에 선진국의 다국적기업이 진출하여 위험물질을 함부로 이전시키거나 불건전한 생산체계를 이식하여 환경을 오염하는 경우가 빈번하다. 다국적기업이 유발하는 환경문제 유형으로서는 유해생산시설이전 · 유해제품판매 · 유해성분수출 · 자연파괴 등을 들 수 있다. 실제로 투자본국에서 금지된 위험한 살충제 · 의약품 · 오염물질 · 산업폐기물 등을 안전기준이 낮고 법적 규제도 적은 개도국에서 사용한 실례가 이를 증명한다고 하겠다. 예컨대 인도의 보팔참사 · 남태평양 속의 방사능쓰레기 처분 · 아시아 및 아프리카 등지로의 쓰레기처분 · 북한으로의 핵폐기물 수출 등이 이에 해당한다.

고유 문화 및 생활양식 잠식 : 다국적기업의 활동으로 모기업이 속한 나라의 문화나 생활양식 등 외래문화가 유입되어 현지국의 고유한 문화나 양식에 많은 영향을 미칠 수 있다. 고도의 마케팅기법을 사용하여 선진국문화 속에서 발달한 제품이나 서비스가 유입되어 현지국의 전통양식이나 가치관이 무너질 수 있다. 이로 인하여 다국적기업과 현지국 간에 문화적 마찰과 갈등이 높아질 수 있다.

2.2 현지국의 문화에 미치는 영향

2.2.1 다국적기업과 문화적 제국주의

다국적기업의 소비자에 대한 영향들 중 다국적기업이 고유문화나 전통에 미치는 부정적인 영향은 소비자보호 차원을 넘어서는 간과할 수 없는 본질적 문제라고도 할 수 있다. 많은 아동소비자들이 피자나 햄버거를 선호함으로써 우리나라 고유의 음식문화가 사라진다는 우려가 이에 해당하는 대표적인 경우이다. 또한 미국의 코카콜라(Coca Cola)나 청바지(blue jean) 등이 몰고 오는 서구적 기호와 문화가 제3세계 현지국의 전통적 가치와 충돌을 일으키고 그들의 문화적 정체성(cultural identity)에 위기를 가져온다는 우려도 있었다.

이렇게 문화적 정체성의 위기를 초래한 전형적인 예로서는 1970~1980년대 라틴아메리카의 미국화(Americarnization of Latin America)를 들 수 있는데 이 지역에 대한 미국 기업의 진출이 미국식 사고·생활패턴·소비문화를 조장하여 현지의 고유문화를 서서히 해체하여 버린 경우이다. 문화비평가들은 이러한 현상을 '문화적 제국주의 형태' 또는 '사회의 코카콜라화'(Coca-Colanization) 등으로 지칭하기도 하였고 이후 미국의 맥도날드(McDonald) 햄버거 역시 이러한 비판의 대상이 되기도 하였다. 다국적기업이 현지국의 소비패턴에 미치는 이러한 영향은 때로는 문화적 제국주의로 평가되기도 한다. 거대한 규모의 다국적기업은 강력한 브랜드를 앞세우고 탁월한 마케팅능력을 보유하고 있어, 현지국의 소비선호에 대하여 절대적인 영향력을 미칠 수 있기 때문이다. 그것은 한편으로는 소비자의 선택의 폭을 넓히는 것이 되지만 다른 한편으로는 현지국의 전통문화를 침해하고 지배하는 부정적 영향이 될 수 있다.

1970년대부터 1980년대를 통하여 네슬레의 분유 마케팅활동이 다방면에서 비판을 받게 되었다. 왜냐하면 개도국의 산모들이 동사 제품의 사용을 열망한 나머지 수단을 가리지 않고 그것을 사용하려고 하였는데 그 책임의 일단이 네슬레에 있었기 때문이다. 아프리카의 경우 분유에 오염된 물을 사용하기도 하였고 그러한 고가제품을 오랫동안 사용할 수가 없게 되어 충분한 양의 분유를 제공하지 못하여 유아들이 아사하는 사고가 발생하기도 하였다. 또한 개도국에 있어서의 이러한 분유 마케팅활동은 모유에 의한 수유를 급감시키기도 하였는데 많은 경우 이것이 유아건강의 위험을 가져왔다(M. B. Bader, 1980).

할리우드영화는 이상적인 아름다움으로 미화되어 기업으로서는 좋은 광고수단이 되었다. 제2차 세계대전 후 미국 기업은 퍼스날 케어시장에서 지배자가 되어 1950년대에는 적어도 세계매출고의 절반을 점하게 되었고 그 때문에 미국은 신제품을 생산하는 혁신의 중심지가 되었다. 예컨대 세제 데오더란트(deodorant) 등은 후에 세계의 소비자들이 구매를 갈망하는 표준적 제품으로 성장하였다.

소비재에 있어서는 브랜드 이미지가 제품의 아이덴티티와 소비자의 구매의욕에 중요한 영향을 미친다. 마스크 팩터·폰즈와 같은 미국 화장품회사는 전간기에 해외로 진출하였는데 그들의 광고선전은 백인인 유럽인과 미국인의 미의식에 기초한 것이었지만 그것이 머지않아 서로 다른 환경과 민족적 배경을 지닌 여성들에 있어서도 마땅히 그래야 할 표준으로 받아들여졌다. 최근 중국에서는 P&G·유니레버·로레알 등 거대 퍼스날케어 다국적기업이 국제적 브랜드를 가지고 들어와 상당한 성공을 거두었다. 1966년에 미국에 매수되어진 로레알의 메이베린은 2004년 중국 국내 루즈시장의 1/3을 점유하였다.

중국의 스킨케어시장에서는 중국인의 피부색보다도 미백을 선호하는 경향이 발생되어 서양인에게는 인기가 있는 햇빛을 태우는 상품이 아닌 미백효능이 있는 화장품에 치중하고 있다. 특히 일본의 화장품회사 시세이도(資生堂)는 일반적인 국제브랜드상품 외에 중국을 위하여 특별히 만든 브랜드에서 높은 수익률을 올리고 있다. 1994년 동사는 중국에서 생산하여 중국에서 판매하는 오쁘레라는 브랜드를 투입하여 그로부터 10년 후 이 제품은 아테네올림픽에 참가한 중국팀의 공식화장품으로 채택되기도 하였다.

물론, 다국적기업에 의한 이러한 문화적 침투문제가 반드시 개도국에서만 발생되는 문제는 아니다. 일본의 도요타(Toyota)가 미국의 켄터키주에 자동차공장을 설립하자 현지의 식품업자들이 일본인이 좋아하는 두부를 판매하고 스파(spar)를 개설하였던 것처럼, 외국의 다국적기업을 받아들이면서 그와 함께 투자국의 이질문화가 동반 수입되기도 하였다. 그러나 이러한 문화적 침투문제는 대부분 선진국에서 개도국으로 일방적으로 미치는 예가 많으므로 외국기업을 받아들이는 많은 현지개도국들은 다국적기업에 의한 이러한 문화적 정체성의 상실에 대한 깊은 우려와 저항을 느끼고 있다.

그러나 다국적기업의 진출로 인하여 발생될 수 있는 이러한 문화적 제국주의 폐해는 그것을 받아들이는 현지국의 문화적 특성이나 경제적 상황에 따라 달라질 수 있다. 라틴아메리카인들은 특별히 자존심이 높고 독립적인 사람들이다. 그들은 미국시민들이 누리는 생활수준을 부러워하고 열망하면서도 그들 고유의 정치시스템·종교적 가치·문화적 규범을 매우 존중한다. 따라서 외국인직접투자가 이러한 것들을 거세하거나 간섭한다고 생각하면 환영받지 못한다. 이러한 문화는 라틴아메리카에서만 특유한 것은 아니다. 많은 중동국가들의 경우 이슬람근본주의적 신념을 해친다고 인식되는 경제정책이나 문화를 가진 나라들로부터의 외국인투자를 용인하지 않는다.

한편 아프리카 사하라지역의 나라들은 풍부하고 독특한 문화유산을 지닌 나라들이지만 그들의 생활수준이 여전히 낮다. 따라서 몇몇 자원부국을 제외하면 외국인직접투자로 의한 문화적 정체성의 파괴를 논하는 것은 그들에게 사치스러운 것이 된다. 그들은 외국인직접투자를 간절히 바라지만 그러한 투자를 유익하게 활용할 수 있는 보완적 자산과 시장이 부족하다. 이와는 대조적으로 한국・대만과 같은 동아시아국가들은 외국인직접투자를 하나의 선택적 대안으로 삼을 수 있는 그들 자신의 자원과 시장을 보유하고 있다. 따라서 그들은 외국인직접투자에도 불구하고 그들의 주권과 문화적 정체성을 보호할 수 있는 자신감이 상대적으로 매우 강하다.[98]

2.2.2 다국적기업과 문화적 마찰문제

지금까지는 외국계 다국적기업의 진출로 인한 현지국의 문화가 침해받는 측면을 논의하였지만 다국적기업이 자신들과 전혀 다른 문화적 배경을 가진 현지국에서 경영활동을 행하면서 발생되는 문화적 마찰 역시 매우 중요한 문제이다. 한때 우리나라 기업들이 대거 진출한 중국・인도네시아・베트남 지역에서 심각한 노사분규를 겪은 적이 있었는데, 이렇게 많은 노사분규가 발생한 것은 현지진출기업들의 무리한 단기이윤추구나 경영전략에도 원인이 없지 않았지만 가장 주된 원인은 현지노동자들의 노동문화에 대하여 우리 기업들의 이해가 부족하였기 때문이었다.

예를 들면 잔업수당 지급으로 시간외근로를 쉽게 하는 우리 노동자들과는 달리 수당과 상관없이 시간외근로를 싫어하는 중국 노동자들의 노동문화라든지, 상대방의 머리나 몸에 손을 대는 것을 모욕으로 느끼지 않는 한국적 문화와는 달리 머리카락을 만지는 것을 상당한 모욕으로 느끼는 베트남이나 인도네시아 노동자들과의 문화적 차이 때문에 발생되는 문제들이 그것이다. 또한 현지인의 종교적 습관・역사적 배경・식생활문화 등에 대한 이해부족으로 발생되는 문화적 마찰 역시 적지 않다. 돼지고기를 금기시하는 이슬람 문화권, 경제수준은 낮지만 문화적 자존심이 강한 중국과 베트남의 문화적 특성을 이해하지 못한 데서 발생되는 마찰이 그러하다.

이와 같이 다국적기업의 진출로 인한 문화적 정체성의 상실이나 침해의 문제는 쉽게 평가하거나 어느 한쪽이 옳고 그르다고 일반화되기도 어렵다. 그것을 받아들이는 국가의 경제력이나 경제정책, 그들이 지니고 있는 고유한 문화적 자산의 정도, 그들에 대한 현지국의 문화적 태도 등에 의하여 그 영향과 마찰의 정도가 얼마든지 달라질 수 있기 때문이다.

그런데 현지국의 내셔널리즘적인 저항과 문화적 차이에도 불구하고 현지국에 진출하는 다국적기업이 현지국의 고유한 아이덴티티와 문화를 손상시키지 않으며 문화적 동화를 이룩하는 경우 역시 적지 않다. 제1차 세계대전 이전 미국의 전화회사 벨(Bell)은 국경을 넘어 캐나다로 사업을 확장하였는데 당시 캐나다는 미국에 대한 민족주의적 반감이 강하였음에도 그 나라의 내셔널리즘적 목표에 멋지게 적응하였고, 1947년 미국의 백화점체

98 J. H. Dunning and S. M. Lundan(2008) p.642

인 씨얼스(Sears)는 내셔널리즘적 저항이 극히 강하였던 그 당시에도 신중한 마케팅전략을 취함과 동시에 멕시코혁명의 전통이 지향하는 이익의 공유 · 연금제도 · 저가식품가격 등의 경영방침을 내걸며 성공적으로 사업을 전개한 바 있다.

3. 다국적기업과 세계적 노동문제

다국적기업의 경제적 효과와 관련하여 투자국이나 현지국 등 국민경제적 관점에서뿐만 아니라 세계적 관점에서 관심을 끄는 중요한 이슈 중의 하나가 다국적기업이 세계의 노동자에 미치는 정치경제적 영향이다. 기업의 다국적화가 노동에 미치는 영향문제에 대한 연구는 다른 분야에서 만큼 충분히 이루어지고 있지는 못하지만, 이에 대한 대부분의 시각들은 기업의 다국적화가 노동자에게 여러 가지 폐해를 입히고 있다는 부정적인 측면에 동의하는 성격이 강하다.

다국적기업과 노동의 관계에 있어 보다 근본적인 문제는 다국적기업의 투자활동이 투자국과 현지국 고용량에 미치는 효과이지만, 다국적기업이 노동에 미치는 폐해문제는 범세계적인 관점에서 이윤극대화를 추구하면서 피라미드적인 계층구조를 유지하고 강한 이동성(mobility)을 가지는 다국적기업의 특성에서 비롯된 문제들이다.

예컨대 다국적기업의 강한 이동성과 계층구조 때문에 발생되는 노동의 분절과 노동자 간의 경쟁, 이윤극대화만을 추구하는 다국적기업의 현지국 노동자에 대한 노동착취와 비윤리적 노무관리, 다국적기업의 위협효과 때문에 발생되는 고용의 불안정성과 노조의 협상력약화, 이러한 일련의 과정을 통하여 나타나는 '바닥으로의 경주' 문제 등 그 주제는 광범위하다.

다국적기업의 해외직접투자가 고용량에 미치는 고용효과에 대해서는 앞에서 이미 논의하였으므로 이하에서는 다국적기업이 세계의 노동에 미치는 이러한 부정적인 측면에 대한 여러 가지 논의와 평가를 소개하기로 한다.

3.1 노동의 분절과 노동자 간 경쟁

오늘날 노동자들은 세계적으로 분절(分節)되어 있다. 자본은 끊임없이 변동되는 비교생산비에 따라 최적한 해외생산거점을 찾아 세계를 휘젓고 다니는 이동성이 강하지만, 노동은 자기가 태어난 곳을 벗어나 국경을 넘어서려 할 때 마주치는 장벽이 너무 높기 때문에 국제적 이동이 매우 어렵다. 이러한 사실은 세계적으로 이동하는 노동력이 전체의 1.5%(약 8,000만 명)에 불과하다는 통계에서도 확인된다. 이처럼 자본은 자유롭게 이동하는 데 비하여 노동의 이동은 제약을 받음에 따라 다국적기업의 세계적 자본축적이 확대되면서 노동자들은 이러한 자본의 세계적 분할과정으로 빨려 들어간다.

세계적 다국적기업들이 전 세계적인 관점에서 입지를 선정하여 생산공장을 건립하면 노동자들은 다국적기업이 만드는 세계적 분업체제의 일부분이 되어 자본순환의 세계적 분할과정으로 빨려 들어가 지구촌 곳곳에서 분절된다.[99] 그런데 이러한 세계적 분절은 다국적기업의 세계적 자본축적전략에 따른 계층화된 분절을 의미한다. 앞에서 살펴본 바와 같이 다국적기업은 세계의 여러 지역을 본사의 전략본부・지역본부・단순생산거점과 같은 계층화(hierarchization)된 피라미드형 조직을 형성하고 있으므로 전 세계 노동자들은 다국적기업의 이러한 세계적 자본순환의 분할에 따라 다양한 위치에 서게 된다.

주로 선진국의 전략본부나 지역거점에서 일하는 숙련노동자들은, 노동에 대한 성과를 합법적으로 보장받을 수 있는 노동관행 속에서 상대적으로 쾌적한 생활을 유지하면서 높은 임금을 받고 능력에 따라서는 여러 가지 추가적인 인센티브를 제공받기도 하며 상대적으로 안정적인 지위를 보장받고 있다. 말하자면 노동의 계층화된 분절의 상층부를 이루는 것이다. 그러나 세계적 생산의 최전선인 단순 거점에서는 주로 저임금・미숙련노동이 이루어진다. 이러한 거점에서 일하는 노동자들은 오랜 시간 단순한 노동을 하고 다른 곳의 자본순환이 중단되지 않도록 철야근무를 하며 전근대적인 노동관행에 묶여 초과착취를 당한다.

그런데 이렇게 분절된 노동의 피라미드형 계층구조는 다국적기업의 세계적 자본축적 전략의 변화에 따라 끊임없이 변동되고 변화된다. 저임금을 좇아 이동하는 다국적기업의 입지경쟁에 따라 어느 곳의 생산공장이 사라지고 또 다른 곳에서 새로이 만들어지는 과정이 계속해서 반복된다. 예를 들어 나이키운동화는 1960년대 당시 저임금・고효율시스템이었던 일본에서 만들어졌으나 일본의 임금이 높아지자 1970년대 중반부터는 한국에서 생산되었고 1990년대에 한국의 노동자들이 높은 임금과 노동조건을 요구하자 인도네시아・태국・중국 등지로 옮겨갔다.

이처럼 계층화된 분절이 끊임없이 확대되고 재구성되면서 전 세계 노동자들은 경쟁에 시달리고 있다. 오늘날 전 세계의 노동자들은 얼굴도 모르고 친분도 없는 다른 노동자들에게 일자리를 빼앗길까봐 염려하고 있으며 자신보다 더 낮은 임금과 높은 생산성을 가진 다른 나라의 노동자로 인해 불안을 느끼고 있다. 이에 따라 노동자들은 자신의 일자리를 지키기 위하여 눈앞에 보이지도 않는 다른 나라의 노동자들과 대립하게 된다. 미국의 노동조합들은 후진국의 열악한 노동 상황을 문제 삼으며 세계무역기구 새로운 무역자유화 의제에 후진국의 노동관행 시정문제가 포함되어야 한다고 주장하였다. 명분은 후진국의

---

99 장시복(2004) pp.89~96

열악한 노동 상태를 개선하려는 선진국 노동자들의 국제연대이지만 실제로는 후진국 노동자들 때문에 자국의 노동자들의 일자리가 줄어드는 것을 막기 위한 방편일 뿐이었다.

또한 다국적기업은 경영의 합리화 또는 생산의 유연화를 위하여 하청 · 아웃소싱 · 인원감축 · 구조조정 등을 활발히 시행하는데 이러한 경우 그동안 다국적기업과 고용관계를 유지하던 많은 노동자들이 하청노동자로 전락하거나 실직하게 되는 이른바 노동의 유연화가 수반되게 된다. 이 과정에서 정규직노동자들은 자신의 일자리를 지키기 위하여 고용안정을 위한 안전판으로 비정규직을 허용했다. 그러나 시간이 지남에 따라 비정규직이 증가하면서 이들이 정규직 노동자의 목을 겨누기 시작하였다. 다국적기업이 비정규직 노동자들을 이용하여 정규직의 고용 · 임금 · 노동 상태를 계속해서 낮추려고 시도했기 때문이다. 이에 따라 결국 정규직 노동자들이 비정규직 노동자들과 경쟁해야만 하는 상황이 벌어졌다.

노동자들 사이의 경쟁은 여기서 끝나지 않는다. 노동자들은 기존의 일자리를 놓고 경쟁해야 할 뿐만 아니라 새로운 일자리를 위해서도 경쟁해야만 하기 때문이다. 많은 수의 실업자 · 불완전고용노동자 · 여성 · 청년 · 이민자 등 신규진입 노동자가 널려있는 상황에서 노동자들의 경쟁은 노동계급 전체를 관통하고 있다. 따라서 노동자들은 국적 · 민족 · 인종 · 기업 · 성별 · 능력 · 학력 · 지역 · 직종 · 신분 · 고용형태 등 수많은 갈래로 분절된 채 경쟁하고 있는 것이다.

말하자면, 다국적기업은 국제생산을 통하여 ① 전체적인 생산통제전략의 내에서 계층화되거나 일부활동의 외부화(아웃소싱)를 행함으로써 이루어지는 조직적 분할전략과 ② 서로 다른 제도와 노동조건을 가진 여러 나라에 생산입지를 두는 지리적(국가적) 분할전략을 행하고 되었는데, 이러한 다국적기업의 분할전략이 결국 여러 가지 형태의 노동분절을 초래하였고 이렇게 분절된 노동자 간의 경쟁이 심화됨으로써 노동자의 결속력과 지위가 약화되는 경향을 초래하였다는 것이다.

3.2 세계노동에 대한 다국적기업의 폐해

다국적기업의 확대로 인한 이상과 같은 세계노동의 분절과 노동자 간의 경쟁증대가 가져오는 부정적 영향들이 다양하게 논의되지만 그러한 폐해의 주요 내용들을 보면 다음과 같은 저임금을 통한 착취노동과 아동 및 여성의 노동, 비윤리적인 노무관리, 노동자에 대한 위협효과, 바닥으로의 경주에 의한 임금수준 저하 등으로 요약할 수 있다(이와 관련된 구체적인 사례들은 [부록 12-4] 참조).

저임금 · 노동착취 : 다국적기업들은 일반적으로 국내시장보다 해외시장에서 훨씬 낮은 저임금을 지급하는 경향이 있다. 따라서 선진국 다국적기업들이 개도국의 노동자를 심하게 착취하고 있다는 비판을 받고 있다. 개도국 노동자들의 임금은 선진국 노동자들의 몇 십분의 일도 되지 않는 반면 나이키나 베네통과 같이 잘 나가는 브랜드들은 이러한 값싼 노동력을 활용하여 엄청나게 높은 이윤마진을 얻고 거의 모든 이윤이 선진국 자본가의 수중에 떨어진다는 것이다.

아동노동 · 여성노동 : 대부분의 유명브랜드 스포츠용품들은 주로 동남아시아 등지의 하청공장에서 생산된다. 특히 스포츠용품을 만드는 동남아의 착취공장(sweatshop)에서는 흔히 15세가 되지 않은 어린이들이 일하고 있어서 충격을 준다.[100] 최근의 많은 비난에도 불구하고 이러한 아동노동이 줄어들고 있지는 않은 것 같다. 또한 아시아지역에서 특히 열악한 조건에 있는 노동자는 수출자유지역과 비공식부문에서 일하는 여성들이다. 여성노동자들은 대부분 임시직이나 시간제작업을 수행하는 비정규직에 집중되어 있으며 종종 불확실한 계약을 맺으며 극악한 노동조건의 지배를 받았다. 다국적기업들은 여성노동자를 선호하는 경향을 가진다. 이것은 남성보다 임금이 낮고 젊은 여성들의 경우 대개 농촌출신으로 처음 직장생활을 하여 의욕이 높고 자신과 다른 사람들의 노동조건을 비교할 기회가 없으며 가사노동과 유급노동의 이중고를 겪기 때문에 노동조합을 조직할 기회도 거의 없기 때문이다.[101]

비윤리적 노무관리 : 다국적기업은 여러 가지 방법을 동원하여 노동조합을 탄압하는 것으로 밝혀지고 있다. 일부 다국적기업은 처음부터 노동조합의 결성을 아예 인정하지 않고 때로는 폭력적인 방법으로 이를 저지하기도 한다. 또한 다국적기업들은, 후진국이 공업화를 추구하는 과정에서 외국기업을 적극적으로 유치하려고 하고, 이들 후진국들이 비숙련 노동력을 많이 보유하고 있다는 점을 악용하여 비인간적인 노무관리 관행을 보이는 경우가 허다하다. 따라서 대부분의 후진국 노동자들은 여전히 최저생활수준 이하의 임금, 아동과 여성에 대한 초과착취, 무자비한 노조탄압, 전근대적인 노동관행, 비공식 일자리의 증가 등으로 지속적인 생활수준의 하락을 겪으며 근근이 삶을 연장하고 있다.

위협효과와 노동조합 약화 : 상술한 대로 노동자들 사이의 경쟁은 다국적기업의 자본축적 전략에 따라 더욱 격심해진다. 다국적기업들이 노동자들의 경쟁을 부추기는 데 흔히 사용하는 수단은 생산 공장을 다른 나라로 옮기겠다고 으름장을 놓는 '노동위협효과'(labor threat effect)이다. 물론 생산시설의 해외이전에는 적지 않은 비용이 소요되기 때문에 그렇게 쉽사리 이루어지기 어렵다. 그럼에도 불구하고 다국적기업이 필요에 따라 생산 공장을

---

100 착취공장(sweatshop)이란 많은 노동자들이 저임금과 불안정한 노동환경에서 노동을 착취당하는 보이지 않는 공장(backyard shop)을 의미한다.

101 잉게보르그 빅, 국제노동관행 윤리규범가이드-노동자의 무기인가? 홍보수단인가?(프리드리히 에브트재단, 2002)

이전할 수 있다는 사실이 노동자에게는 커다란 위협이 되어 이러한 위협만으로도 노사교섭상의 힘의 균형을 기업 측에 유리하도록 만든다.

따라서 학자들은 이러한 공장폐쇄 위협이 고용불안이나 노동조건저하로 이어짐은 물론 노동자 간의 결속력과 노동자의 협상력(bargaining power)을 약화시킴으로써 노동자들의 근로조건과 상대적 지위약화를 초래할 수 있다고 주장한다. 또한 많은 연구자들은 이러한 위협효과가 광범위하게 사용되었고 이러한 노동위협이 효과를 발휘하지 못할 경우 생산공장을 다른 곳으로 이전하기도 하였음을 보여주고 있다.

바닥으로 향하는 경주 : 계층화된 분절과 노동자들 사이의 경쟁은 노동세계에 파국적인 결과를 가져왔다. 전 세계 곳곳에서 생활하는 노동자들은 모두 정도의 차이는 있지만 이로 인해 실질임금과 소득의 하락을 감수해야 했고, 실업에 대한 공포로 고용이 불안해졌고 비정규직은 확산되었으며 노동조합의 힘은 현저히 약화되었다. 다국적기업이 몸집불리기를 통하여 정상을 향해 올라가기를 계속하고 있다면 노동은 계속해서 '바닥으로의 경주'(race to the bottom)를 하고 있는 셈이다.

우선 선진국의 노동자들에게 가장 심각한 위협은 고용불안정문제이다. 고용불안정은 주로 정규직의 비정규직화를 말하는 노동의 유연화와 관련되는데 노동세계에서는 수많은 비정규직 노동자들이 생계를 유지하기 위하여 애쓰고 있다. 선진국의 노동자들은 파트타임 근로자의 급속한 증대·정리해고로 인한 대량의 감원 등으로 과거와 달리 하루하루 일자리를 걱정하고 생계를 유지하기 위하여 두세 개의 일을 해야만 하는 처지로까지 몰렸다. 이러한 점에서 바닥으로의 경주는 선진국에서도 예외 없이 진행되고 있는 것이다.

이처럼 다국적기업의 경영활동과정에서 이루어지는 비정규직화·대량감원 등과 같은 고용불안정 요소는 미국 노동자들의 임금과 소득에 직접적인 영향을 주었다. 1973~1995년간 미국 노동자들의 80%가 주당 평균 실질임금의 18%를 삭감당하였고 시간당 실질임금이 12% 정도 떨어졌다. 1970년대 중반 이후 많은 비숙련노동의 실질임금이 1990년대 중반까지 계속 저하되었고 숙련자와 비숙련자 간의 임금격차는 크게 증가되었다. 이러한 실질임금 저하와 관련하여 연구자들은, 다국적기업이 그들의 생산을 해외에 하청을 주는 아웃소싱이 중요한 원인이었으며 또한 다국적기업에 의한 세계화와 자본이동이 진전되면 자본가들은 이전에 비하여 노동임금의 변화에 더욱 민감해져 임금이 조금만 올라도 노동자를 덜 고용하려는 경향이 있어 노동수요의 가격탄력성이 더 높아질 수 있음을 논증하기도 하였다.

그러나 다국적기업의 세계전략에 따라 노동자의 근로조건이 악화되고 그들의 상대적 지위가 하락하는 것은 이상에서 보여준 선진국만의 문제는 아니다. 개도국의 경우 역시 더 많은 외국인직접투자를 유치하기 위한 인센티브제공·규제완화·노동탄압 등이 개도국 근로자의 이익을 해치게 되고, 또한 자국에서 활동하고 있는 다국적기업의 생산공장이 다른 나라로 이전되지 않도록 하기 위하여 경쟁하는 과정에서 임금수준의 하락과 근로조건의 악화가 끊임없이 계속되고 있기 때문이다.

3.3 세계노동에 대한 영향의 평가와 함의

3.3.1 세계노동에 대한 영향의 평가

다국적기업의 범세계적 활동이 세계의 노동에 악영향을 미친다는 이상과 같은 논의들을 보면 그 내용이 약간 과장되거나 감정적인 측면이 없지 않다. 또한 그러한 현실이 반드시 다국적기업의 영향이라기보다 경제의 세계화가 가져다주는 보다 일반적인 영향의 문제이거나 개도국의 노동환경 자체가 열악하기 때문에 발생되는 근본적인 문제로서의 성격이 강한 것도 사실이다.

바그와티(J. Bhagwati, 2004)는 그의 저서 『세계화를 옹호하며』(In Defence of Globalization)를 통하여, 선진국의 자본에 착취당하는 개도국 노동자의 열악한 노동조건을 강조하는 주장에 대하여 이해는 가지만 현실을 상당히 왜곡하고 있다고 비판하면서, 그러한 예가 가끔은 존재하겠지만 가난한 나라에 선진국자본이 공장을 짓거나 생산시설을 이전하는 것이 결국 그 나라 노동자들에게 전반적으로는 도움이 될 수 있다고 주장하였다. 그는 실제로 중국 등의 노동자를 대상으로 행한 설문조사 결과를 인용하며 대부분의 개도국 노동자들은 다국적기업의 공장에서 일하기를 원하며 이들의 임금과 생활수준이 다른 국내기업의 노동자들보다 당연히 높은 것으로 나타났다고 설명하였다.

또한 착취노동이나 아동노동의 문제 역시 그것이 반드시 서구 다국적기업에 의해서만 이루어지는 것이 아니라 토착자본이나 동내의 가내수공업에서도 동일하게 존재하는 문제라고 주장한다. 예컨대 터키나 파키스탄에서는 아주 어린 아이들이 카펫(carpet)을 짜고 있는데 이는 카펫섬유가 미세하여 손이 작은 어린이들이 전통적으로 그 일을 해왔고 오히려 부모들이 그러한 일을 강요하기도 하여 아동노동이 반드시 다국적기업만의 특유한 노동행태가 아니라고 할 수 있다. 또한 경제의 개방화가 아동노동에 미치는 영향을 조사한 다수의 연구들도 개방화가 아동노동문제를 더 악화시켰다는 증거는 없으며 오히려 빈곤을 해결할 수 있는 기회를 제공하였다는 결론을 제시하기도 하였다.

이 때문에 어떤 사람들은 '선진국에서는 아동노동이 도덕적 이슈로서 인식되지만 개도국에서는 그것이 가장 중요한 경제문제로 인식된다'고 주장한다. 또 다른 사람들은 일부 다국적기업의 특수한 예외적 상황을 가지고 전체 다국적기업들에게 일반적으로 적용하려는 것은 지나친 논리의 비약인 점이 없지 않다고 주장한다. 따라서 다국적기업과 세계의 노동문제를 논의함에 있어서는 다국적기업의 투자로 인한 노동기회 상실 · 노동조건 악화 · 노동조합 무력화 등과 같은 부정적 효과도 함께 이러한 투자가 현지국 노동자들에게 제공하는 고용기회 증대 · 소득증대와 같은 긍정적 효과도 함께 바라보는 균형 잡힌 시각이 필요할 것이다.

3.3.2 노동조건개선을 위한 정책적 함의

그럼에도 불구하고 개도국에 진출한 선진국의 다국적기업에서 착취공장이나 아동노동 문제가 극심하게 제기되는 것은 다국적기업의 수치스런 얼굴이라고 할 수 있으며 그들의 세계적 명성과 위상에 걸맞는 기업의 사회적 책임을 다하지 못한 것이라고 할 수 있다. 또한 착취노동이나 아동노동 문제가 후진국 노동시장에 이미 존재하고 있다고 하더라도 다국적기업들이 그러한 개도국의 현실을 악용하거나 악화시킨다면 그것은 비난받아 마땅할 것이다. 따라서 다국적기업의 확대가 세계의 노동에 미칠 수 있는 이와 같은 부정적 효과에 더욱 큰 관심을 기울이고 더욱 면밀한 연구와 조사를 통하여 보다 정확한 현실을 밝힘은 물론 이를 개선하기 위한 여러 차원의 적극적인 대응이 모색되어야 할 것이다.

이러한 인식이 높아짐에 따라 다국적기업에 의한 현지국의 고용상실 문제와 함께 다국적기업의 고용조건, 특히 개도국에서 적용되는 노동기준에 대한 논의가 활발히 이루어졌다. 예컨대 스포츠웨어를 생산하는 착취공장에 대한 비판이 아동노동에 대한 인식을 광범위하게 확산시켰고 많은 노동운동단체들이 아동노동이 이루어지지 못하도록 하는 행동규약(codes of conduct)을 채용토록 하기도 하였는데, 이들 중 국제노동기구의 핵심적 기준(ILO Core Labour Standards)은 아동노동금지 · 강제노동금지 · 고용의 차별금지 · 결사의 자유 · 집단적 조직과 교섭의 권리 등을 담고 있다. 이러한 핵심적 기준은 3개의 핵심적 조직(ILO, OECD, UN)이 주도한 "다국적기업과 사회정책의 원리에 관한 3자간 선언"(ILO 2002)의 기초를 이루게 되었다.

한편, 다국적기업과 노동과의 관계와 관련하여 경제성장을 해치지 않으면서도 개도국의 근로조건을 개선할 수 있는 몇 가지의 가능성을 제시하는 주장들도 있다. 그들은 많은 사람들이 개도국정부가 경쟁력을 갖추기 위하여서는 노동기준에 대한 일정한 타협이 필요하다고 믿지만, 경험적 연구에 따르면 외국인직접투자의 유입이 현지국의 높은 노동기준 때문에 방해받지 않았으며 노동조건을 향상시키는 것이 단순히 코스트만의 문제가 아니라 사회적 통합과 정치적 · 사회적 안정성을 높여줌으로써 제도적 인프라를 향상시키는 것이 된다고 주장하였다.[102] 또 다른 사람들은, 산업공해에 비하여 노동기준의 침해는 매우 은밀하여 밖으로 드러나지 않는 속성이 있는 만큼 그에 대한 감시수단으로서 제품라벨의 사

---

102 D. Kucera(2002) pp.31~69 및 K. A. Elliot(2004)

용과 이해관계자를 인식하는 코드의 사용이 큰 도움이 될 것이라고 주장하기도 하였다.[103]

또한 개도국의 아동노동에 대한 연구결과를 보면, 그 나라의 무역이 개방되고 해외직접투자의 스톡이 높을수록 아동노동이 낮은 것으로 나타났고, 또한 상대적으로 더 폐쇄적이고 1인당 소득이 낮은 소규모국가들이 보다 개방적이고 소득이 높은 대규모국가에 비하여 아동노동비율이 높았으며, 민주화된 나라일수록 아동노동비율이 낮았다는 것을 보여주었다. 보다 개방적이고 보다 민주화된 국가의 아동노동비율이 상대적으로 낮다는 이러한 연구결과를 바탕으로 학자들은, 아동노동을 제재한다는 목적으로 선진국들이 개도국의 수출품에 대한 무역규제를 행하는 것은 개도국의 노동조건을 개선시키지도 못한 채 정작 그들이 도와주려고 하는 열악한 근로조건그룹의 경제적 이익을 오히려 손상시킬 위험이 커지게 된다고 주장하였다.[104]

부록 12-4 세계노동에 대한 다국적기업의 부정적 사례[105]

1. 후진국에 대한 저임금과 노동착취 사례

저임금 : 일반적으로 다국적기업들은 국내시장보다 해외시장에서 훨씬 낮은 임금을 지급하는 경향이 있어 선진국 다국적기업들이 개도국의 노동자를 착취하고 있다는 비판을 받고 있다. 이러한 사례들은 다국적기업이 진출한 개도국 일반에서 전반적으로 나타나지만 특히 농산물, 의류・스포츠용품・완구 등의 소비재산업, 최근 선진국에서 개도국으로 입지가 이전된 제조업 등에서 현저하게 발견된다.

브라질의 경우 다국적기업의 진출확대가 브라질 노동자의 처지를 열악하게 만들었다. 브라질 자동차산업은 폴크스바겐・GM・피아트・포드자동차가 장악하고 있는데 이들 다국적기업들은 부품공장을 중심으로 글로벌 아웃소싱을 확대했다. 이에 따라 많은 부품업체들이 문을 닫거나 외국기업에 인수되어 하청생산을 맡았다. 그 결과 자동차부품업체 수는 1997년 1,000개에서 1999년 200개로 줄었고 국산화율은 1980년 100%로부터 1995년 88%, 2000년 66%로 저하되었다. 당연히 브라질노동자들은 지위가 낮은 하청노동자로 전락하였고 높은 노동강도와 열악한 노동조건 아래 과거보다 적은 임금을 받으며 일해야 했다.

또한 브라질에서 다국적기업이 행한 신규투자와 구조조정은 브라질의 산업중심지를 바꿔놓았고 노동운동의 중심지인 상파울루지역에 커다란 타격을 입혔다. 다국적기업은 상파울루가 아닌 다른 지역이 제공하는 저임금・자동화된 신규설비・취약한 노동운동・주정부의 인센티브라는 이점을 이용하였고 또한 그곳을 벗어나 생산을 분산함으로써 전통적인 노동운동 중심지역인 상파울루의 탈산업화를 초래함으로써 강력한 노동운동을 분쇄하였다.

---

103 D. Rodrik(1996) pp.35~80

104 W. Martin and K. E. Maskus(2001) pp.317~328 및 K. A. Elliot(2004)의 내용을 주로 인용하였음.

105 이하의 논의들은 장시복(2004) 제2장 2절, 이강국(2005) 제4장, Klaus Werner & Hans Weiss(2008)의 내용을 주로 인용하고 참고하였음.

멕시코에서는 브라질과 약간 다른 상황이 벌어졌다. 멕시코는 북미자유무역협정이 체결된 이후 마킬라도라(Maguiladora)에 다국적기업을 유치하기 시작했다.[106] 마킬라도라에는 전기 · 전자 · 자동차부품 · 의류와 직물부문의 다국적기업의 생산 공장들이 들어섰다. 고용을 늘리고 실업률을 낮추는 효과가 있기 때문에 멕시코정부는 지원을 아끼지 않았다. 이에 많은 노동자들이 이곳에서 일하게 되어 2000년에는 130만 명이 고용되었다. 그러나 이러한 다국적기업의 진출로 이 지역의 노동조건은 오히려 악화되었다. 마킬라도라에서 일하는 노동자의 임금이 하락했고 이후 다른 지역의 임금이 마킬라도라 수준으로 하향 조정되는 상황이 발생하였다.

1994년 마킬라도라의 평균임금은 다른 지역 제조업 노동자의 47%에 불과하였다. 10년 동안 그 비율이 80% 수준으로 올라갔지만 여전히 마킬라도라 노동자의 생활수준은 향상되지 못하였다. 이렇게 임금비율이 높아진 것은 마킬라도라의 임금수준이 향상되어서가 아니라 다른 지역의 임금수준이 하락한 데 기인하였기 때문이다. 더욱이 생산성이 증가하는 데도 불구하고 임금이 오히려 하락하는 '새로운 경제학'이 마킬라도라에서 펼쳐졌다. 멕시코 자동차부문의 생산성이 1994~1999년에 10.3% 올랐지만 임금은 20%나 떨어졌다. 뿐만 아니라 1998년 마킬라도라 자유무역지역에서 약 2,000개 공장에 100만 명이 일하고 있었지만 노동조합은 10개밖에 안 될 정도로 노동운동은 완전히 무력화되었다.

엘살바도르는 1998년 3천만 벌에 가까운 의류를 수출하며 수출자유지역 마킬라도라에서 일하는 노동자는 6만 5천 명에 이르렀다. 이 지역에서 일하는 노동자들 중 유명브랜드의 하청 의류업체에서 일하는 공장의 여공들은 시간당 60센트를 받으며 일주일 7일 내내 때로는 하루 15시간 노동을 하였다. 이곳에서 생산되는 리즈 클레어본(Liz Clairbone)의 우아한 여성 자켓의 소매가격이 198달러인데 그중 엘살바도르 여공들에게 지불되는 노동비용은 고작 81센트, 소매가격의 0.4%에 불과했다.

따라서 대부분의 이윤은 자본가에게 돌아가고 그렇게 일하는데도 여공들의 살림살이는 여전히 빠듯해서 식사와 방값을 내고나면 남는 게 없다고 보고된다. 한 연구에 따르면 엘살바도르 노동자의 생활임금수준은 시간당 약 1.8 달러 정도이며 이를 맞추려면 자켓에서 차지하는 노동비용이 약 0.8% 정도만 되어도 충분하다고 한다.

이러한 남아메리카의 상황은 태평양을 건너 아시아에서도 재현되고 있다. 인도네시아 한 빈민가의 나이키공장 노동자는 한 달에 우리 돈으로 약 4만원 수준의 임금으로 생활한다. 문제는 매주 18~30시간의 잔업을 하는데도 여전히 생계를 꾸려가지 못한다는 것이다. 또한 하루에 11~15시간 노동을 하는데도 작업 도중 휴식은 거의 없으며 위험한 환경에서 작업을 하는 경우도 많았다. 잘 알려진 대로 나이키의 연간 광고비는 거의 수십억 달러로서 새로운 모델의 스포츠화가 전시되면 수많은 청소년들이 장사진을 이루게 만든다. 덕분에 나이키사의 경영자 필 나이트는 억만장자가 되었지만 중국의 나이키 하청회사 웰코의 여성재봉사들은 시간당 겨우 17센트 정도의 임금을 받고 있다.

---

106 멕시코정부는 1965년부터 미국 기업들의 유치를 위하여 국경지역에 공장을 설립한 기업들에게 많은 지원과 규제완화를 해주는 외국인투자지역 또는 수출자유지역인 마킬라도라(Maguiladora)제도를 실시하였다. 이후 라틴아메리카 국가들이 이와 비슷한 지역을 전반적으로 '마킬라도라'라고 부르게 되었다. 원래 마킬라도라는 '방앗간에서 옥수수를 빻아준 뒤 절구통에 붙어있는 옥수수가루'라는 뜻이다. 미국이 옥수수를 들고 오면 멕시코는 이를 빻아주고 절구통에 붙어있는 찌꺼기만 가지게 된다는, 즉 멕시코의 산업발전에 미치는 기여효과는 별로 크지 못하면서 노동조건은 열악하다는 다소 냉소적인 비유라고 할 수 있다.

나이키 다음으로 세계에서 가장 비난받고 있는 의류회사로서 갭(GAP) 역시 그들 제품의 대부분이 아시아와 라틴아메리카의 보이지 않는 공장에서 생산된다. 그곳에서 적절한 수당도 없이 초과근무를 강요받는 여성재봉사들이 수준 이하의 임금을 받고 일하고 있다.

이와 같은 저임금과 노동착취는 대체로 2가지 행태를 수반하게 되는데 그 하나는 하청공장의 착취행위이고 다른 하나는 부당한 이동노동이나 여성노동문제이다. 다국적기업들이 아웃소싱을 통하여 아시아와 아프리카 등지에 세운 공장들은 인권문제 · 환경문제 · 노동문제 등에 있어 일종의 사각지대였다. 이러한 개도국들의 이야기는 멕시코나 브라질의 의류공장, 필리핀과 인도네시아의 운동화공장, 인도나 방글라데시의 봉제공장 등 전 세계 곳곳에서 벌어지고 있는 현실이기도 하다.

하청공장의 착취행위 : 세계 최대의 식료품기업인 네슬레는 식료품 생산을 위하여 인권기준이 가장 낮은 나라들에서 수많은 원료를 들여오고 있다. 이 때문에 특히 카카오와 커피 생산에 있어 수많은 아동노예들이 착취당하고 있다. 물론 네슬레가 직접적으로 아동노예들의 손으로 카카오를 수확하는 것은 아니지만 네슬레가 시장을 주도하는 기업으로서 세계시장가격에 큰 영향을 미치는 만큼 거기에 공동의 책임이 없다고 할 수 없다. P&G 역시 이러한 문제에서 자유롭지 못하다. 유럽에서 가공하는 오렌지 주스의 농축액은 대부분 브라질에서 들여오는데 브라질 농장 노동자들의 하루 수입은 보통 12유로 이하로서 이것은 한 가족 최저생계비의 1/3 정도밖에 되지 않는 것으로 알려져 있다.

세계적인 다국적기업들이 그들이 납품받는 제품에 대한 극심한 가격압박을 가하여 그들의 하청공장들이 극심한 착취를 당하기도 한다. 유니레버(Unilever)는 아프리카 최대의 농장을 운영하고 있는데, 케냐와 탄자니아 등 대부분 자신의 손아귀에 잡혀있는 차 산업에서 가격압박을 행사하였고 이로 인해 납품업체들의 극심한 저임금과 열악한 근무환경이 초래되었다고 비난받았다. 이러한 현상은 세계적인 식료품기업인 크래프트(Kraft Foods International)가 그들의 초콜릿 원료인 카카오를 아프리카의 상아해안에서 구입하는 과정이나, 바비인형으로 유명한 세계최대의 완구 제조기업인 마텔(Mattel)이 그들의 하청공장에서의 저임금과 노동착취 때문에 비난받는 과정에서도 잘 알려지고 있다.

부당한 아동노동 : 아동노동의 뿌리는 빈곤이다. 기술적 관점에서 보면 성인보다 아동노동을 선호할 이유가 없다. 그럼에도 불구하고 아동노동이 오히려 선호되는 것은 지불되는 임금이 극히 낮기 때문이다. 아동노동은 어린이들에게 교육에 참여할 기회를 박탈하며 또한 그들의 건강을 해치고 어린 시절에 누려야 할 자유와 기쁨을 상실케 한다.

대부분의 유명브랜드 스포츠용품들은 주로 동남아시아 등지의 하청공장에서 생산된다. 특히 스포츠용품을 만드는 동남아의 착취공장(sweatshop)에서는 흔히 15세가 되지 않은 어린이들이 지금도 일하고 있어서 충격을 준다. 최근의 많은 비난에도 불구하고 이러한 아동노동이 줄어들고 있지는 않은 것 같다. 국제노동기구(ILO)는 전 세계에서 5~14세 사이의 후진국 아동이 2억 5천만 명에 이르며 그중 약 절반은 거의 하루 종일 노동을 하고 있다고 보고한다. 그중 61%는 아시아 아동이고 32%는 아프리카의 아동들이며 심지어는 미국에서조차 농업 등의 분야에 불법적 아동노동자 수가 29만 명에 이른다는 보고도 있다. 아동노동 가운데 최악의 형태는 성적 착취와 아동노예제 형태이다. 전자에 해당되는 것으로서는 매춘과 어린이 포르노그래피 제작이고, 후자에 해당되는 것은 부모의 빚을 대신 상환하기 위하여 일하는 채무노예관계이다.

1996년 6월 어떤 잡지에서 나이키의 멋진 마크가 선명하게 새겨진 축구공을 웅크리고 앉아 꿰

매고 있는 12세 파키스탄 소년의 모습과 자기의 손가락보다 더 큰 바늘로 축구공을 만들고 있는 인도의 3세 어린이 사진이 실렸다. 이로 인해 나이키는 분노한 시민단체 등으로부터 엄청난 지탄을 받았고 소비자의 외면을 받았다. 또한 연이어 베트남에 있는 나이키공장의 착취문제가 CBS를 통하여 보도되자 그동안 아동노동을 사용하던 여러 비도덕적인 다국적기업들에게 비난이 쏟아져 스포츠용품의 거인 나이키가 곤경에 빠진 적이 있었다. 당시 나이키는 한국에서 하청공장을 시작하였으나 한국의 여성노동자들이 노조를 조직하려고 하자 인도네시아로 공장을 옮겼고 결국에는 그들의 생산지를 베트남으로까지 옮겼던 것이다.

이러한 나이키의 아동노동 행태는 경쟁사인 아디다스(Adidas)에서도 예외가 아니었다. 엘살바도르의 아디다스 하청업체에서는 12세 아동들이 야간작업이 끝나면 다음 날 다시 작업이 시작될 때까지 공장바닥에서 잠을 자야 했다고 증언하고 있고, 인도네시아의 하청업체들도 초과근무를 강요받았는데 그들 노동자 중에는 15세 이하의 청소년들이 포함되어 있었는데 그들 역시 초과근무를 강요받았는데 거부할 경우 해고조치를 비롯해 감금 · 임금삭감 · 화장실청소 · 공장 앞에서 굴욕적인 벌서기 등의 가혹행위도 이루어졌다.

어린이들이 주요한 고객인 맥도날드나 월트디즈니 역시 아동노동으로부터 자유롭지 못하였다. 2002년 홍콩의 한 소비단체는 맥도날드(McDonald's)의 '해피 밀'의 캐릭터인형을 생산하는 맥도날드 하청회사 5곳에 대한 실태보고서를 통하여 하루 15시간을 일하는 아동노동이 있었음을 밝혀내고, 특히 이러한 과정에서 아동노동자들이 실제 나이보다 많도록 조작된 위조신분증을 사용하였음을 고발하였다. 월트디즈니(Walt Disney) 역시 그들의 캐릭터인형을 만드는 하청공장이 이러한 아동노동으로 얼룩져 있었다. 캐나다의 한 국가보고서는 2001년 캘리포니아의 월트디즈니 하청공장에서 시간당 평균임금 1.35달러(법정 최저임금 6.25달러)를 받으면서 일하였는데 그곳에는 7~15세 어린이도 있었다고 고발하였고, 이후 중국 · 마카오 · 아이티 섬의 하청공장에 대해서도 이와 유사한 보고서들이 제시되었다.

한편 2003년 초 네덜란드의 인도위원회가 발표한 보고서에 따르면 바이엘 · 몬산토 · 유니레버 · 신젠타 같은 다국적기업들이 종자생산에서 아동의 착취노동으로 부당한 이익을 얻었다고 고발하였다. 그에 따르면 인도에서 6~14세 어린이 약 45만 명이 목화밭에서 일하고 있고 잡곡생산을 하는 지역의 면화농부들은 보통 수년간 위험한 농화학물질에 노출되어 있는 소녀들을 채무노예제로 묶어놓고 있다고 폭로하였다. 또한 2002년 4월 한 인권단체(Human Life Watch)는 델몬트의 에콰도르 바나나농장에서 8~13세 어린이들이 하루 평균 3.5유로의 임금을 받으면서 날카로운 칼과 만도를 들고 일해야 하며 그들의 90%는 비행기에서 살충제를 살포하는 동안에도 일하고 있고 오염된 물을 마시며 그들의 일부는 성폭행을 당하기도 한다고 보고하고 있다.

부당한 여성노동 : 아동노동과 더불어 또 하나의 심각한 노동문제로서 다국적기업에 의한 부당한 여성노동문제가 있다. 앞에서 여러 차례 언급한 나이키의 경우 2001년 2월 인도네시아의 하청회사에서 여성근로자들에 대한 성적 추행과 신체적 부당행위 때문에 물의가 빚어졌고, 2003년 3월 한 인권단체가 "우리는 기계가 아니다"라는 보고서를 통하여 나이키와 아디다스의 인도네시아 하청회사의 여성재봉사들이 하루 임금으로 2유로를 받고 일하면서 생리기간에는 회사의 여의사들이 근로자들의 생리혈을 직접 확인하는 가혹행위를 하였다고 보고하였다.

2003년 12월 나이키 · 갭 · 월마트 등에 납품하는 태국의 하청회사 여성근로자 149명이 갑자기 공장이 폐쇄된 후 받지 못한 10개월 치 임금을 받기 위해 투쟁을 하여야 하였다. 또 다른 스포츠용품회사인 리복(Reebok)이나 아디다스(Adidas)의 경우 역시 태국의 납품업체 소유주가 여성근로자들에게 총 40만 유로에 해당되는 월급과 피해보상금을 체불하여 문제가 발생되었다. 그들은 초과근무를 강요당하면서 심지어는 밤늦게까지 일할 수 있도록 각성제의 일종인 암페타민을 희석한 음료를 나누어 주었다고 보고되고 있다.

여성노동문제와 관련하여 문제시되는 행위로서는 성적 폭행문제나 임신한 여성의 경우에 대한 차별행위가 있다. 독일의 오토무역그룹(Otto)의 인도네시아의 하청공장에 대하여 1999년 한 전문가팀은 여성근로자들이 불응할 경우 처벌한다는 조건 하에 초과근무를 강요당하고 항의할 경우 감금이나 성적 추행을 당하는 기업을 발견하였다. 삼성전자의 멕시코 하청공장에 대하여 1998년 12월 한 인권단체의 보고서는 임신한 여성의 채용을 막기 위하여 조직적으로 불법 임신테스트를 받아야 하였다고 보고하였다.

미국의 최신 유행 패션디자인 기업인 토미 힐피거(Tommy Hilfiger)는, 미국의 보호령이기 때문에 그곳에서 제작되는 제품의 미국 내 반입에 관세를 부담하지 않아도 된다는 장점을 활용하기 위하여 미국의 보호령인 사이판에 하청공장을 두고 태국·중국·필리핀 여성재봉사들을 대거 고용한 후, 임신여성을 찾아내기 위한 호르몬테스트는 물론 임신여성은 관리자들을 통하여 강제로 낙태약을 복용시켰고 혹시라도 도주가 일어나지 않도록 대부분의 여성들이 그들의 여권을 공항에 보관하도록 하였다.

그런데 이러한 여성노동자들에 대한 가혹행위를 고발하고 비판하는 사람들은, 이러한 차별을 행한 기업일수록 가증스럽게도 자신의 홈페이지에는 자신들이 윤리적인 경영을 행한다는 문구를 보란 듯이 올려놓고 있다고 비난한다. 위에서 예거한 리복에 대하여 한 캐나다 저널리스트는, 리복이야말로 '자신은 나이키와는 다른 윤리적 기업'이라는 자체 마케팅을 동원하는 '아주 대단한 사기꾼'이라고 규정하면서 모든 것이 아주 위선적이라고 주장하였다. 또 다른 비판자들은 2001년 토미힐피거의 기업 홈페이지에는 '우리 회사는 지난 5년 동안 여러 구호단체에 기부하여 왔다'며 보란 듯이 올려놓고 있다고 비난하였다.

2. 비인간적인 노조탄압과 노사관리 사례

노조 탄압 : 다국적기업은 여러 가지 방법을 동원하여 노동조합을 탄압하는 것으로 밝혀지고 있다. 우선 일부 다국적기업들의 경우에는 노조설립 자체를 아예 인정하지 않고 있는데, 한국IBM은 1988년 사원들이 회사의 기밀을 취급한다는 이유를 들어 노조설립취소를 청구한 바 있다. 또 때로는 어떤 한 지역에서 파업이 발생하는 경우 다른 나라 공장에서 그 제품을 생산하여 소비자들에게 공급하는 이중제품 공급정책을 쓰기도 하고, 다국적기업의 경우 진정한 책임소재가 불명확하다는 특성을 활용하여 노조교섭에도 성실하게 임하지 않는 것으로 알려지고 있다.

또한 때로는 폭력적인 방법으로 노조설립을 저지시키기도 한다. 1980년대 중반 수십 명이 넘는 코카콜라(Coca Cola) 과테말라지사의 노동자들이 과테말라시의 외곽에 위치한 음료공장에서 노동조합을 결성하려다가 피랍되거나 살해되는 사건이 발생하였다. 당시 노동운동 관계자들은 코카콜라 경영자들이 정부 및 경찰의 힘을 빌려 노동운동을 탄압했다고 비난하였다. 이러한 노동자 피살사건은 제네바(Geneva)에 본부를 두고 있는 국제식품 노동자연맹뿐만 아니라 전 세계 교회 및 인권단체들의 거센 항의를 불러 일으켰다. 결국 국제식품연맹은 이와 같은 폭력탄압행위를 즉각 중지하도록 압력을 가하였고, 코카콜라는 국제식품연맹의 조직적인 불매운동에 굴복하여 현지

영업권자를 교체하였다.

2001년 7월 20일 콜롬비아의 한 노동조합은 코카콜라와 콜롬비아의 파트너를 상대로 소송을 제기하였다. 준군사적인 기병대가 조합원들을 상대로 살인 · 유괴 · 고문을 행하여 8명의 조합원이 살해되고 65명의 조합원이 살해위협을 당하였던 것으로 알려졌다. 그후 2002년 가을 코카콜라 병입회사의 노조원 8명이 근무조건개선을 위해 노력하였다며 계약위반으로 해고당하였다.

이처럼 노동조합이나 노조운동을 탄압한 예를 코카콜라를 통하여 살펴보았지만 그 외에도 많은 다국적기업들이 이와 유사한 사례들을 발생시켜 왔다. 2001년 1월 나이키의 멕시코 소재 하청공장 극동(한국기업)에서 노동조건에 항의하는 시위에 참가하였다는 이유로 징계와 부당해고조치가 취해져서 현지조사 위원회가 발족된 바 있다. 리복의 한국 · 대만의 하청기업들 역시 노동조합을 결성했다가 그 보복으로 얼마 되지도 않은 임금을 한참 후에야 지급받아야 했던 경우가 있었다. 1990년대 델몬트(Delmonte)는 과테말라의 바나나 노동자들과 조합원에 대한 강압적 탄압으로 문제된 적이 있었고, 1998년 11월 온두라스 · 니카라과 · 과테말라에서 수천 명의 사람들이 허리케인으로 목숨을 잃고 집과 생활터전을 잃었을 때 델몬트 · 돌(Dole) 등은 이를 악용하여 노동자들을 강제휴가 조치하거나 해고하여 노동자의 어려움을 파렴치하게 악용했다는 비난을 받았다.

비인간적인 노무관리 : 한편 다국적기업은 때때로 비인간적인 노무관리 관행을 보이는 경우가 허다하다. 미국의 컨트롤 데이터(Control Data)가 한국의 종업원들에게 가한 비인간적인 노무관리는 가히 상상을 초월하는 수준이다. 그들은 1967년 한국에 투자하여 컴퓨터 기억장치를 생산했던 기업으로서 투자초기부터 많은 이익을 달성하여 투자 5년이 되는 1971년에는 이미 투자원금을 모두 회수하고도 매년 막대한 이익을 본국으로 송금하는 성과를 올렸다.

그럼에도 불구하고 컨트롤 데이터는 작업내용에 따라 종업원의 작업동작 하나하나를 초시계로 측정하여 근무목표량을 컴퓨터로 산출한 다음 목표량을 정하고, 모든 종업원들을 '목표량을 달성한 사람', '목표량을 100% 이상 달성한 사람'으로 구분하여, 이것을 책상 위에 표시토록 하여 경쟁심을 유발시키고 심리적인 압박을 가했다. 그래도 목표량을 달성하지 못한 종업원에게는 경고장을 발부하고 부서를 이동시키고 월급마저 차등적으로 인상하였다. 또한 수시로 대규모 감원을 실시하여 새로운 종업원을 채용하는 등 종업원들에게 심리적인 압박을 가했는데, 1970년 2월에는 한 달 동안 3차례의 감원을 통해 총 400명의 종업원 가운데 370명을 해고했다가 1970년 6월 8일에는 300명을 다시 채용하기도 하였다.

위에서 언급한 엘살바도르의 수출자유지역 마킬라도라에서 일하는 노동자들 중 유명브랜드의 하청 의류업체에서 일하는 공장의 여공들은 일주일 7일 내내 때로는 하루 15시가 노동을 하면서 화장실에 갈 권리조차 통제되었다(C. Kemaghan, 1999). 이곳의 노동자들은 수출자유지역의 기업들이 대부분 그러하듯 노조를 조직할 권리가 전혀 없었으며 총을 차고 무장한 깡패들이 노동자를 감시하며 정부의 관리들조차도 노동권리를 보호하기 위한 조사를 할 수 없었다고 전해진다.

21세기 들어와 매출액규모 면에서 세계 제1위 기업에 오르기도 하였던 월마트(Wal Mart)의 경우 매년 수억 달러 상당의 종업원 초과근무수당에 대한 계획적인 지급거부 및 지연으로 소송이 발생하거나 갈등이 심화되기도 하였다. 2002년 여름 〈뉴욕 타임스〉의 광범위한 조사 결과 이러한 초과근무수당의 체불이 월마트의 일반적인 사업전략인 것으로 드러났다. 캐나다의 한 인권단체가 2002년 12월 아프리카 레소토의 월마트 하청회사에서 근로자들은 최장 24시간 동안 제품생산을 강요당하고 불응할 경우 질책과 구타를 당하였음을 보도한 바 있다. 또한 월마트의 핸드백을 제조하는 중국 소재 하청공장에서는 신분증을 회사 대표에게 압류당한 채 한 달 30일 내내 12~14시간 노동을 강요받았으며 하루에 두 번의 식사가 제공되고 공장 숙직실에서 1실에 16명이 함께 자는 감옥 같은 생활을 하였음이 알려졌다.

인종차별행위 : 다국적기업의 비윤리적 노사관리와 관련하여 인종차별 문제도 메뉴에서 빠지지 않는다. 2001년 8월 8일 미국의 BBC보도에 의하면, 코카콜라는 2003년 인도 남서부 대규모 농장에서 아프리카에 뿌리를 둔 미국인 아프로 아메리칸 종업원들에게 인종주의적 차별을 했다는 이유로 1억 9,250만 달러를 지불하라는 판결을 받았는데 이것은 이러한 종류의 소송 중 미국 역사상 가장 커다란 사건이었다. 1996년 미국의 한 평등위원회는 포드(Ford)의 공장 내에서 인종주의적 성추행사건이 빈발하고 있음에도 불구하고 경영진에서 아무런 조치를 취하지 않는다고 비판하였다. 1998년 동사는 여성근로자에 대한 지속적인 성추행혐의로 고소당했다. 또한 1999년 영국의 포드공장 데겐햄에서 속출하고 있는 아시아 출신 근로자들에 대한 인종주의적 차별에 대하여 책임을 져야 했다. 영국의 일간지 〈미러〉는 2003년 3월 28일 포드의 사우스 스테이트공장은 수년 동안 특별한 선발방식을 통하여 백인에게는 쉬운 일감을 주는 대신 소수민족에게는 좋지 않은 일감을 배당하는 제도적 인종주의를 행하여 왔다고 비난하였다.

3. 현지국 노동자에 대한 위협효과 사례

다국적기업이 생산공장을 다른 나라로 옮기겠다고 으름장을 놓아 더 유리한 상황을 만들어 노동자들에게 피해를 강요하는 이른바 '노동위협효과'(labor threat effect)는 이론적으로만 존재하는 실체가 아니라 노동의 분절에 따라 노동을 경쟁시켜 다국적기업이 더욱 효과적으로 자본축적을 할 수 있는 무기로서 현실세계에서 실제로 자주 사용되는 수단이다.

예컨대 다국적기업이 베트남 노동자의 임금이 저렴하기 때문에 태국의 생산 공장을 베트남으로 이전하겠다고 발표하면 베트남 노동자들은 다국적기업을 유치하기 위하여 노력하게 되고 태국 노동자들은 생산 공장의 이전을 반대하게 된다. 이 때문에 두 나라 노동자는 스스로 의도하지 않았지만 서로 경쟁관계에 놓이게 된다. 이때 다국적기업은 태국의 노동자들에게 임금을 낮추기를 제의하고 태국의 노동자들은 이에 동의해야 할 것이다.

미국의 노동자들은 끊임없이 국경을 넘어오는 멕시코 노동자들만 막으면 자신들의 일자리는 안정될 것이라고 믿었다. 미국정부가 멕시코 노동자들의 불법이주를 강하게 단속하자 그들은 안도했지만 그들의 이러한 안도감은 그리 오래가지 못했다. 북미자유협정(NAFTA)이 체결되고 멕시코 마킬라도라에 자유무역지대가 형성되자 미국에 소재하던 생산 공장들이 이곳으로 이전하였고 이에 따라 미국에서 일하던 노동자들은 졸지에 일자리를 빼앗기고 실업자로 전락하였기 때문이다.

그렇다고 여기서 끝난 것도 아니다. 갑자기 중국이 다국적기업을 유혹하기 시작하였고 어마어마한 시장과 노동력을 지닌 중국은 다국적기업에게 너무나도 매력적인 투자처였다. 유혹에 눈먼 다국적기업들은 다시 공장을 중국으로 이전해버렸다. 이에 따라 멕시코노동자들이 다시 실직자 대열에 합류했다. 아마 이러한 과정은 중국에서 끝나지도 않는다. 중국이 아닌 다른 곳에 공장을 설립하는 것은 다국적기업의 세계전략에 따라 결정될 것이기 때문이다. 따라서 노동자들은 다른 나라의 노동자에게 일자리를 빼앗기지 않기 위하여 다국적기업에 최대한 협조하고 자신들의 노동조건을 악화시키면서까지 일자리를 유지하기 위하여 노력할 수밖에 없고 다국적기업을 새로이 유치하려는 노동자들은 다른 나라의 노동자들보다 더 유리한 조건을 제시하며 다국적기업을 유혹할 수밖에 없다.

이에 많은 사람들은, 이러한 위협효과로 말미암아 자본가에 대한 노동자의 협상력(bargaining power)이 약화되어 노동자들의 근로조건과 상대적 지위가 저하됨은 물론 전후에 형성된 노사 간의 협조적인 관계에 악영향을 미칠 수 있다고 주장한다. 또한 많은 연구자들은 실제로 이러한 위협효과가 광범위하게 사용되었음을 보여준다. 1990년대 초중반(1993~1995) 미국 고용주의 50%가 공장폐쇄를 위협수단으로 내세웠으며 1990년대 후반에는 미국제조업과 통신부문의 2/3에 해당하는 기업들이 노동조합의 노조활동을 방해하기 위하여 공장을 이전하겠다고 위협하였던 것으로 조사되었다(K. Bronfenbrenne, 1997).

미국의 경우 공장폐쇄와 관련하여 명시적으로 위협하는 것은 불법이지만 때때로 사실상 위협이 가해졌고 때로는 멕시코 행 주소를 붙인 설비를 공장에 늘어놓은 등 묵시적인 위협을 행하기도 하였던 것으로 보고되었다. 흥미로운 것은 제조업 · 통신업 등 이동성이 높은 산업의 경우 그 빈도가 62% 수준으로 의료나 서비스업과 같이 이동성이 적은 산업의 경우 36% 보다 훨씬 높게 나타났고, 멕시코나 아시아 등에 생산공장이 있는 기업일 경우 그 확률이 더 높았다는 것이다. 이후 동일한 방법으로 1990년대 후반(1998~1999)에 있어서도 이전의 연구와 동일한 결과 또는 이러한 위협효과가 종전보다 더 높아진 경향을 발견하였다. 따라서 학자들은 이러한 공장폐쇄의 위협이 고용불안이나 노동조건저하로 이어지는 동시에 노동조합의 협상력과 결속력을 저하시키고 있다고 주장한다.

이러한 사실을 보여주는 실제의 사례들은 수없이 많다. 미국의 대표적 자동차회사 GM은 노조선거에 개입하여 '만약 자기들에게 맞지 않는 노조대표를 선출한다면 새로운 차종 생산을 위한 설비개선은 더 이상 없을 것이고 회사는 그 도시를 떠날 것'이라며 노동자들을 위협하였다. 이러한 위협은 노조선거에 직접적인 영향을 주어 회사가 지원하는 공식대표들이 승리하였다. 그러나 공장은 더 이상 새로운 자동차를 생산하지 않았고 GM의 경영진은 도시를 떠났으며 다른 생산시설 역시 문을 닫았다. 당연히 일자리와 함께 노동조합도 사라졌다.

의류를 생산하는 버지니아와 노스캐롤라이나 주의 털텍스(Tultex)사의 노동조합은 1994년 공장폐쇄의 위협 속에서도 힘겹게 노동조합을 설립하여 1990년대 노조운동의 최고의 승리라고 자축했지만 2000년 이 기업은 노조가 설립된 모든 공장을 폐쇄하고 시설을 멕시코와 자메이카로 이전하여 2,600여 명의 노동자가 직장을 잃었다. 또한 2000년 텍사스 잭슨빌에서는 38년 만에 처음으로 월마트 정육부문 노동자들이 노조를 설립하는 데 성공하였지만 몇 달 후 월마트는 정육부문을 폐쇄하고 미리 가공된 정육을 사용하기로 결정했다.

이러한 사례는 한국에서도 발견된다. 1963년 한국에 진출한 미국의 반도체 생산업체인 페어차일드(Fairchild)는 한국 외에도 홍콩 · 싱가포르 · 인도네시아 · 필리핀 등에 현지공장을 운영하고 있었기 때문에 임금인상 시기가 되면 작업분량을 다른 국가의 공장으로 빼돌린 다음, '한국에서는 수지가 맞지 않아 회사를 동남아지역의 다른 나라로 옮겨야겠다'라고 위협함으로써 한국 근로자들의 요구를 번번이 묵살하곤 하였다.

4. 바닥으로의 경주 사례

다국적기업이 몸집불리기를 통하여 정상을 향해 올라가기를 계속하는 대신 전 세계 곳곳에서 생활하는 노동자들은 임금과 소득의 하락을 감수해야 하는 이른바 '바닥으로의 경주'(race to the bottom)가 이루어지고 있다는 사실이 여러 현실 속에서 확인된다.

우선 자본주의 최강국 미국의 경우 노동자들에게 가장 심각한 위협은 고용불안정문제이다. 고용불안정은 주로 정규직의 비정규직화를 말하는 노동의 유연화와 관련되어 있는데 미국의 노동세계에서는 수많은 비정규직 노동자들이 생계를 유지하기 위하여 애쓰고 있다. 독립계약 노동자·호출노동자·파견근로자·계약업체 노동자 등으로 구성되는 미국의 대체고용은 1990년대 이후 빠르게 증가하여 1997년 전체 고용자의 10% 수준에 달했고, 특히 파견근로자는 눈부시게 증가하였다.

파트타임 근로자도 빠르게 증가하여 노동시간이 주당 35시간 미만인 파트타임 근로자의 비중이 1995년 전체 미국 노동자의 30%에 이르렀다. 파트타임 노동자들은 몇 개의 일자리를 동시에 가지고 있는 경우도 많다. 미국의 파트타임 노동자의 85%가 주당 24시간 미만의 또 다른 일자리를 지니고 있다. 그 밖에도 장기계약을 맺지 않고 임금을 받으며 노동하는 한시적 노동자가 1995년 전체 노동자의 5% 수준에 이르렀다. 이러한 비정규직 노동자들은 높은 이직률을 보이며 이직할수록 임금은 더욱 하락하는 것을 경험하게 된다.

미국의 고용불안정의 또 다른 지표는 대량감원인데 정리해고 등으로 인해 많은 노동자들이 일자리를 잃게 되는 것이다. 1990년대 초반(1992~1995년) 미국에 본사를 둔 대표적인 다국적기업들, 예컨대 AT&T(30%)·IBM(35%)·GM(29%)·보잉(37%) 등 거의 모든 기업들이 엄청난 규모의 감원을 행하였고 1996년 한해만 하더라도 45개 기업이 12만 7천여 명을 한꺼번에 해고했다. 이러한 대량감원은 M&A과정에서도 발생하여 1998년 미국에서 M&A와 관련하여 정리 해고된 사람은 전체 해고자 중 11%인 7만 4천여 명에 이르렀다.

아시아의 최고 부국 일본의 경우 연공서열이 중시되고 고용이 세계적으로 가장 안정되어 있다는 평가를 받아왔지만 이 말은 이제 흘러간 유행가일 뿐이다. 일본의 노동 상황은 빠르게 미국을 닮아가고 있다. 2001년 일본의 비정규직노동자가 1,346만 명에 달해 전체 고용자의 20.8%를 차지했다. 또한 일본에서도 미국처럼 대규모 감원이 이루어졌다. 이러한 감원의 주요 목표는 주력사업의 재편·해외이전·국내생산철수였다.

사실 미국과 일본에서 일어나고 있는 이러한 일들은 대부분의 다른 선진국에서도 일어나고 있는 일이기도 하다. 영국과 호주의 경우 파트타임노동자는 전체 노동력의 20% 이상을 차지하고 있고 네덜란드에서는 이 비율이 30%에 이르고 있으며 대부분의 유럽 국가들이 구조적인 실업과 함께 실질임금의 하락과 빈곤계층의 확대현상을 경험하고 있다. 결국 선진국 노동자들은 과거와 달리 하루하루 일자리를 걱정하고 생계를 유지하기 위하여 두세 개의 일을 해야만 하는 처지로까지 몰린 것이다. 이처럼 바닥으로의 경주는 선진국에서도 예외 없이 진행되고 있는 것이다.

이처럼 다국적기업의 경영활동과정에서 이루어지는 비정규직화·대량감원 등과 같은 고용불안정 요소는 미국 노동자들의 임금과 소득에 직접적인 영향을 주었다. 1973~1995년간 미국 노동자들의 80%가 주당 평균 실질임금의 18%를 삭감당하였고 시간당 실질임금이 12% 정도 떨어졌다. 1970년대 중반 이후 많은 비숙련노동의 실질임금이 1990년대 중반까지 계속 저하되었고 숙련자와 비숙련자 간의 임금격차가 크게 증가되었다.

그러나 다국적기업의 세계전략에 따라 노동자의 근로조건이 악화되고 그들의 상대적 지위가 하락하는 것은 이상에서 보여준 선진국만의 문제는 아니다. 개도국의 경우 역시 더 많은 외국인 직접투자를 유치하기 위한 인센티브제공·규제완화·노동탄압 등이 개도국 근로자의 이익을 해치고, 또한 자국에서 활동하고 있는 다국적기업의 생산 공장이 다른 나라로 이전되지 않도록 하기 위하여 경쟁하는 과정에서도 노동자의 근로조건과 처지가 악화될 수밖에 없기 때문이다.

: PART 05

다국적기업에 대한 정책과 전략

“

제4편을 통하여 고찰하였듯이 다국적기업과 해외직접투자는 투자국이나 현지국은 물론 세계경제에 대해서도 다양하고 복합적인 영향을 미치게 되므로 그것의 긍정적 영향을 극대화하고 부정적 영향을 극소화하기 위한 올바른 정책의 수립과 실천이 필요하다.

다국적기업 관련 정책은 실행 주체에 따라 국가적(투자국 · 현지국) 차원의 정책과 국제적(쌍무적 · 지역적 · 다자적) 차원의 정책으로 나눌 수 있고, 정책 내용에 따라 촉진형 정책과 규제형 정책으로 구분할 수 있다. 제2편에서는 다국적기업이나 해외투자와 관련되는 이러한 경제정책(economic policy)과 전략(strategy)에 대하여 논의한다.

(1) 먼저, 자국 기업의 해외투자에 대하여 투자국 정부가 취하여야 할 바람직한 정책방향이 무엇이고 이를 위한 정책수단에는 어떠한 것들이 있느냐를 논의하고, 해외투자가 투자국경제의 발전에 미칠 수 있는 동태적 효과를 극대화하기 위한 정책과 전략을 논의한다(제13장 다국적기업에 대한 투자국의 정책과 전략).

(2) 다음으로, 자국에 진출하는 외국계 다국적기업에 대하여 현지국 정부가 취해야 할 바람직한 외국인투자정책의 기본 방향은 무엇이고 이를 위한 정책수단에는 어떠한 것들이 있느냐를 논의하고, 이를 바탕으로 보다 적극적인 외국인투자를 유치하기 위한 정책과제, 현지국이 누릴 수 있는 국민경제적 기여효과를 극대화하기 위한 전략과 정책과제에 대하여 논의한다(제14장 다국적기업에 대한 현지국의 정책과 전략).

(3) 끝으로, 다국적기업과 직접투자에 대한 정책은 기본적으로 개별 국가적 차원에서 이루어지지만 이러한 국가적 노력만으로 도달되기 어려운 문제들을 해결하기 위하여 국제적 차원의 노력이 이루어져 왔다. 이러한 과정에서 형성된 국제투자규범의 내용에 대하여 살펴보고 향후의 전망에 대하여 논의한다(제15장 다국적기업에 대한 국제투자규범).

”

CHAPTER 13

다국적기업에 대한 투자국의 정책과 전략

제4편을 통하여 살펴본 바와 같이 해외직접투자가 투자국의 경제에 미치는 영향은 매우 복합적이어서 결론이 명확하지 않고 또한 그런 이유 때문에 명확한 결론을 내리기도 쉽지 않다. 또한 다국적기업의 경제적 영향에 대하여서는 투자국보다는 현지국을 중심으로 논의가 집중되어 왔다. 이런 점에서 다국적기업의 경제적 영향에 대한 연구와 분석이 보다 투자국의 경우에 대해서도 보다 객관적이고 구체적으로 이루어져 그 실체(fact)를 더욱 명확히 하려는 노력이 필요하다.

다국적기업이 투자국에 미치는 경제적 영향에 대한 연구와 더불어 해외투자로 인한 국민경제적 순효과를 증대시키기 위한 투자국의 정책과 전략에 대한 연구 역시 매우 중요하다. 다국적기업은 범세계적인 경영전략을 통하여 기업(그룹) 전체의 이윤극대화를 이룩하는 것이 목표인 반면 투자국는 자국 기업의 해외진출을 효율적으로 관리하여 국민경제의 발전과 후생극대화를 이룩하는 것이 목표인 만큼, 양자가 지향하는 목표가 서로 상충될 수도 있다. 따라서 투자국 정부는 해외진출기업이 추구하는 미시적·기업적 목표와 국민경제의 발전이나 후생증대라는 거시적·국가적 목표를 적절히 조화시키면서 해외투자의 경제적 편익과 장점(merit)을 극대화하고 비용과 단점(demerit)을 극소화하기 위한 정책적·전략적 노력을 행하여야 한다.

이에 본장에서는 '자국 기업의 해외직접투자에 대하여 투자국이 취하여야 할 바람직한 정책과 전략이 무엇인가'라는 규범적·정책적 과제에 대하여 다음과 같은 2가지 측면을 중심으로 논의한다.

(1) 자국 기업의 해외투자에 대하여 개별 국가들이 취한 해외투자정책의 기조는 어떠한 유형을 보여왔으며, 종국적으로 투자국이 추구해야 할 바람직한 정책의 방향은 무엇인가? 또한 해외투자의 긍정적 영향과 편익(benefit)을 극대화하고 부정적 영향과 비용(cost)을 극소화하기 위하여 투자국 정부가 취할 수 있는 주요한 정책수단과 제도에는 어떠한 것들이 있는가?(제1절 해외직접투자정책의 방향과 수단)

(2) 투자국의 국민경제가 해외투자를 통하여 보다 장기적이고 동태적인 이익을 얻기 위하여서는 어떠한 수준에서 어떠한 유형의 투자가 이루어지는 것이 바람직하며, 또한 투자국의 산업구조를 고도화시키고 국가경쟁력을 제고시키기 위한 보다 거시적인 레벨에서

의 전략적인 투자정책 및 산업정책의 방향과 과제는 무엇인가?(제2절 해외직접투자에 대한 투자국의 전략적 과제)

제1절 해외직접투자의 정책방향과 정책수단

1. 해외직접투자에 대한 정책유형과 정책방향

1.1 해외직접투자정책의 국가별 유형

제2편을 통하여 살펴보았듯이, 다국적기업이나 해외투자에 대한 투자국들의 보편적인 인식변화 추세를 역사적으로 살펴보면, [그림 13－1]에서와 같이 우호적 단계 → 회의적 단계 → 양면적 단계 → 전략적 단계를 거치며 오늘에 이르고 있다. 이러한 인식의 변화에 따라 해외투자에 대한 투자국의 정책 내용 역시 시대별로 변화하여 왔다.

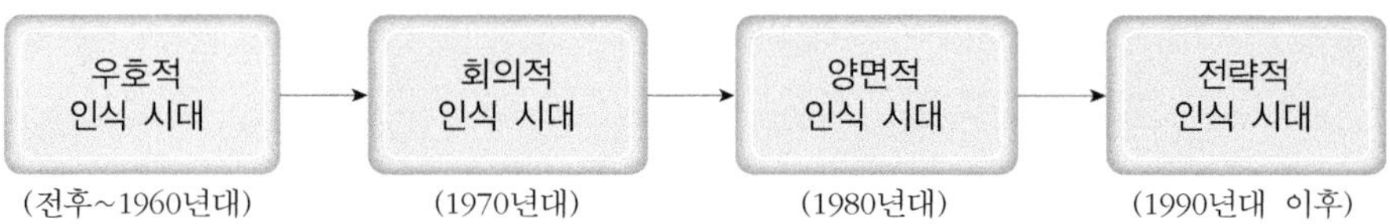

그림 13－1 다국적기업/해외직접투자에 대한 투자국의 정책기조 변화([그림 3－1]과 동일)

이처럼 해외투자에 대한 투자국의 일반적 정책기조가 역사적으로 변화하여 왔지만 개별 국가들이 취하는 구체적인 정책과 제도는 그 국가의 경제 상황(외환보유고・국제수지・산업경쟁력 등)에 따라 서로 조금씩 다른 차이를 보이고 있다. 개별 국가들이 취한 해외투자정책을 보면 대체로 그 주체가 선진국이냐 개도국이냐, 개별 국가의 지향점이 무엇이냐에 따라서 정책유형이 조금씩 달랐다고 할 수 있다.

우선 선진국들의 해외투자정책 기조를 유형화해 보면 크게 미국형 정책유형과 일본형 정책유형으로 구분해 볼 수 있다. ① "미국형 투자정책유형"은 어떠한 산업정책적인 고려 없이 해외투자를 행하는 기업의 이해관계를 반영하여 자유로운 투자정책을 채택한 유형인 데 비하여, ② "일본형 투자정책유형"은 해외투자를 산업구조조정・경제발전 등과 같은 국가정책 목표와 조화시키려는 정책을 채택한 유형이다. 이러한 점에서 일본정부가 견지해 온 해외투자정책은 서구 선진국들과는 달리 자국 기업의 경쟁력이나 국제경영활동에 대하여 국가차원에서의 체제적・거시적인 접근을 행하였다고 할 수 있다.

한편 1980년대까지 대부분의 신흥개도국들이 취한 해외직접투자정책을 유형화해 보면 보면 ① 적극적 자유화유형, ② 소극적 자유화유형, ③ 투자규제유형 등 3가지로 분류해 볼 수 있다.

적극적 자유화유형 : 자국 기업의 해외투자를 자유화할 뿐만 아니라 이를 적극적으로 촉진하는 정책을 채택한 경우이다. 홍콩・싱가포르・타이완・한국 등과 같이 수출지향적 성장전략을 택한 개도국의 경우 해외투자를 자국의 국제경쟁력 변화에 대응하는 전략적 수단으로 파악하여 이를 촉진하기 위한 정책을 전개하였다.[1]

이들의 경우 외환보유고 면에서 비교적 여유가 있는 상황에서 해외투자에 대한 통제를 최소화하면서 해외투자를 촉진하는 정책을 적극적으로 추진하였다. 동아시아 소강국인 홍콩・싱가포르는 자유로운 외환거래와 자유화정책을 오래 전부터 채택하여 왔고, 타이완의 경우 1980년대 풍부한 외환보유고를 바탕으로 적극적인 해외투자 진흥책을 전개하여 왔으며, 한국의 경우 역시 1980년대 중반 이후 외채문제나 국제수지문제가 다소 호전되자 이후 해외투자에 대한 자유화정책과 함께 다양한 지원정책을 전개하여 왔다.

소극적 자유화유형 : 자국 기업의 해외투자를 자유화하지만 이를 촉진하기 위한 특별한 정책수단을 채택하지는 않은 경우로서 동남아시아 신흥공업국들의 경우가 이러한 유형에 속한다. 이들은 보다 자유로운 해외투자정책을 채택하였지만 어떠한 명시적인 투자촉진정책을 행하지는 않았다.

투자규제 유형 : 해외투자를 촉진하는 정책을 채택하지 않았음은 물론 자국 기업의 해외투자에 대하여 오히려 일정한 규제를 가한 정책유형이다. 내향적 성장전략을 채택한 개도국들의 경우 대체로 해외투자에 대한 강한 통제와 승인(허가)제도를 운용하였다. 인도의 경우 1900년대 초반까지도 해외투자는 현금보다도 자본재 또는 노하우 형태로 투자하도록 규제하였고 가능한 소수지분형태의 투자를 요구하기도 하였다. 브라질의 경우 역시 자국의 외환사정을 고려하여 해외투자를 규제하는 반면 이를 촉진시키기 위한 정책적 노력은 별로 행하지 않았던 나라였다.

이처럼 1980년대까지 신흥개도국들이 취한 해외투자정책은 크게 3가지 유형으로 나타났지만 1990년대 이후에는 대부분의 개도국들이 해외투자에 대한 개방적이고 적극적인 태도를 취하고 있다. 동유럽국가 등 체제전환국들 역시 보다 적극적인 태도로 자국 기업

---

1 따라서 이들은 ① 비교우위가 쇠퇴하는 산업을 해외로 이전시키는 산업구조 조정형 투자, ② 새로운 수요가 기대되는 분야에서 고객과의 접근성을 높이기 위한 시장지향형 투자, ③ 안정적인 원자재공급을 확보하기 위한 자원지향형 투자, ④ 하이테크산업에서의 높은 기술에 접근하기 위한 기술습득형 투자를 주로 행하였다. 특히 최근에 이르러서는 한국・싱가포르・말레이시아 등은 자국 기업들이 전략적 자산추구형 투자를 통하여 진정한 글로벌기업으로 성장할 수 있도록 해외투자에 대한 적극적인 장려책을 펼치기도 하였다(UNCTAD, 2006).

의 해외투자를 촉진시켜 국제무대의 주요한 행위자로 부상하고 있고, 21세기에 이르러 가장 다이내믹한 경제로 부상한 중국 역시 이러한 정책노선을 뒤따르고 있다.

전후 일본의 성장이 해외투자에 의하여 촉발되었음에 비하여 중국의 성장은 외국인투자에 의하여 주도되었다. 이렇게 경제개발초기 중국은 개혁·개방정책을 통하여 외국자본을 적극적으로 유치하여 지속적인 경제성장을 이룩하였지만 중국 기업의 해외투자는 상대적으로 활발하지 못하였다. 그러나 중국 정부는 1999년 자국 기업을 세계적 기업으로 육성한다는 목표 아래 '밖으로 달려 나가자'(going global)라는 뜻을 지닌 '쩌우추취(走出去)전략'을 적극적으로 추진하였고, 2006년부터는 해외투자 한도액을 철폐하는 등 자국 기업의 해외투자를 적극 장려하는 정책을 펼치기 시작하였다. 이후 중국 기업들은 정부의 이러한 지원과 풍부한 자금을 바탕으로 세계시장 진출을 가속화하기 시작하였다.

이러한 추세 속에서 그동안 내수시장에 치중하면서 전통적으로 가장 규제적인 해외투자정책을 채택하였던 인도 같은 나라들도 최근에는 공격적인 해외진출을 추진하고 있어 주목받고 있다. 21세기에 들어와 중국·인도 등 이른바 신흥시장국(emerging market)들이 해외투자의 새로운 주도국으로 부상하고 있는 이러한 현상은, 오늘날과 같은 세계화 추세 속에서 기업들 자신이 해외투자를 세계적 경쟁에서 살아남고 이기기 위한 전략적 수단으로 인식하고 있음은 물론, 투자국 정부 역시 이를 자국의 국가경쟁력을 제고시키는 전략적 수단으로 인식하고 있음을 의미한다.

1.2 바람직한 해외투자정책의 기본 방향

1.2.1 바람직한 해외투자정책의 기조

그렇다면 오늘날 개별 국가들이 추구해야 할 바람직한 해외투자정책의 기본 방향은 무엇인가? 가장 먼저 논의되어야 하는 것은, 자국 기업들이 자유롭게 해외로 진출하도록 해외투자를 자유화하고 촉진시키는 정책이 바람직한가 아니면 해외투자를 규제하고 제한하는 정책이 바람직한가 하는 문제이다. 결론부터 말한다면, 해외투자가 초래할 수 있는 국민경제의 부작용만을 두려워하여 해외투자를 규제하는 정책기조를 견지하는 것은 다음과 같은 이유 때문에 결코 바람직하지 않다.

(1) 자국 기업의 해외투자 자체를 제한하거나 규제하는 것만으로 해외투자로 인하여 발생될 수 있는 여러 가지 부작용이나 폐해를 근원적으로 방지할 수 없으므로 이러한 투자규제가 근본적인 해결책이 되지 못하기 때문이다.

역사적으로 많은 투자국들이 자본의 해외유출을 규제하거나 현지국에서 발생된 이윤을 송금하는 대신 현지에 재투자하는 것을 제한하는 규제정책을 채택한 바 있었다. 이러한 규제를 행한 이유는 대체로 ① 국제수지 방어적 목표(자금의 해외유출방지), ② 외환관리적 목표(국내자산의 해외 도피 방지), ③ 사회정책적 목표(지나친 해외투자로 인한 리스크의 사회화 위험성 사전 봉쇄), ④ 산업정책적 목표(해외투자로 인한 국내산업의 고용감소 · 성장저하 · 경쟁력 약화 등 방지) 때문이었다. 그러나 해외투자가 초래할 수 있는 부정적 영향을 방지하거나 축소하기 위하여 해외투자 그 자체를 규제하는 것은 실효성이 없는 정책일 뿐만 아니라 이러한 규제로 인하여 발생되는 부작용 때문에 오히려 장기적인 피해를 입을 수도 있다.

미국은 1960년대 초부터 국내투자기회의 해외유출과 국제수지의 악화를 방어하기 위하여 해외투자에 대한 이자평형세와 개별 기업의 투자총액에 대한 쿼터를 부과하는 정책을 실시한 바 있다. 그러나 이러한 규제에도 불구하고 미국계 다국적기업들은 해외투자를 크게 축소하지 않았을 뿐만 아니라 이러한 규제에 대응하여 미국 내에서 자본을 조달하는 대신 유러시장을 통하여 지본을 조달함으로써 외부금융의존도가 높아지고 은행과 금융기관의 해외이동이 오히려 가속화되는 부작용이 초래되었다. 또한 1960년대 미국이 취한 이러한 해외투자 규제조치는 단기적으로는 달러의 해외유출을 어느 정도 감소시켜 미국의 국제수지에 플러스(+)효과가 있는 것으로 보였지만, 미국 기업의 해외차입증대 · 금융의 해외의존성증대 · 국내금융기관의 해외이전증대 등으로 인하여 중장기적으로는 오히려 미국의 국제수지에 더 큰 마이너스(−)효과를 초래한 바 있다.

(2) 오늘날과 같이 세계경제가 다국적기업에 의하여 지배되는 시대적 환경 하에서 자국기업의 해외투자를 규제하는 것은 장기적이고 동태적인 이익과 기회를 희생시키는 자기 파괴적인 것이 되기 쉽기 때문에 자국 기업의 해외투자 자체를 규제하는 정책이 바람직하지 않기 때문이다.

기업의 해외투자는 글로벌경쟁에서 필요로 하는 규모의 경제나 범위의 경제를 얻는데 도움이 되고 가장 최신의 기술과 지식 등을 취득할 수 있는 효율적인 수단이 된다. 이 때문에 오늘날처럼 경제의 국제화 · 세계화가 확산되고 있는 기업환경 하에서 기업이 해외로 진출하여 더 큰 이익과 기회를 얻는 것이 글로벌경쟁에서 살아남고 이기기 위한 필수적인 전략수단으로 자리 잡고 있다. 해외투자는 이처럼 더 큰 시장 · 더 큰 이익기회를 얻기 위한 개별 기업의 합리적 선택인 만큼 이를 국가가 인위적으로 규제하는 것은 자국의 기업이 새로운 시장이나 추가적인 미래이익을 창출할 수 있는 기회를 박탈하는 것이 되어 그 자체 합리적인 정책방향이라고 할 수 없다.

(3) 자국 기업의 해외투자 자체를 규제하는 정책은 자국 기업의 해외투자와 국제경영활동을 자국의 국가경쟁력을 제고시키는 전략적 수단으로 인식하는 오늘날의 일반적 경향과도 배치되기 때문이다.

상술한 대로 해외투자에 대하여 개별 국가들이 취해 온 정책의 기조와 내용은 나라에 따라서 조금씩 다른 정책유형을 보이기도 하였지만 무한경쟁을 요구하는 오늘날과 같은 세계화시대에 이르러서는 거의 모든 나라들이 자국 기업의 해외투자를 자유화하는 차원을 넘어 이를 적극적으로 촉진시키고 이를 통하여 산업구조 고도화와 국가경쟁력 강화를 이룩하려는 전략적 노력을 행하고 있다. 따라서 오늘날과 같은 세계화시대에 있어서 기업의 국제경쟁력을 제고하고 국가의 산업구조를 고도화하기 위해서는 해외투자를 규제하려는 정책보다는 해외투자를 촉진시키기 위한 적극적인 정책을 펼치는 노력이 오히려 필요하고도 바람직한 정책방향이라고 할 수 있다.

일찍이 더닝(J. H. Dunning, 2003b)은 국가경쟁력을 구성하는 요인이 무엇인가에 대한 보다 정교한 모델을 제시하였다. 그는, 경쟁우위에 대한 포터(M. E. Porter, 1990)의 다이아몬드 모델을 확장시켜 포터가 제시한 4가지 요인(요소 · 수요 · 산업 · 기업적 요인) 위에 다시 ① 경쟁력에 대한 마인드(mentality of competitiveness), ② 해외직접투자(FDI), ③ 정부와 투자촉진기관(IPAs) 등 3가지 요인을 추가하여 이들 요인들 간의 상호작용을 통하여 국가경쟁력이 결정되는 메커니즘을 설명하였다. 이러한 더닝의 국가경쟁력모델은 결국, 국가경쟁력과 해외직접투자 사이에는 밀접한 상관관계가 존재한다는 것을 강조하는 것으로서 국가경쟁력 제고를 위하여 적극적인 해외투자가 매우 중요한 요인임을 역설한 것이다.

이러한 관점에서 자국 기업의 해외투자에 대하여 투자국이 취해야 할 바람직한 정책기조는, 자국 기업의 글로벌 경영활동을 조장하고 지원하는 촉진자가 되는 동시에 다른 나라 정부의 부당한 정책과 전략으로부터 자국 기업의 해외투자를 보호하는 하나의 '전략적 과점행위자'(strategic oligopolist)로서의 역할을 수행하는 것이어야 한다.[2]

1.2.2 3가지 정책방향의 종합적 추진

이처럼 해외투자에 대하여 투자국이 취해야 할 바람직한 정책기조는 자국 기업의 글로벌경영활동을 자유화하면서 이를 지원하고 보호하는 것이지만, 이와 더불어 자국기업의 해외투자가 초래할 수 있는 폐해와 부작용을 예방하고 극소화하기 위한 정책적 노력이나 자국 기업의 해외투자가 투자국경제의 장기적 · 동태적 목표와 조화시키도록 하는 전략적 노력이 동시에 이루어져야 한다. 이러한 관점에서 자국 기업의 해외투자와 관련하여 투자국이 취해야 할 바람직한 정책방향은 다음과 같은 3가지 측면의 정책과 전략을 종합적이고 조화 있게 추진하는 것이다.

---

2 J. H. Dunning and S. M. Lundan(2008) p.753

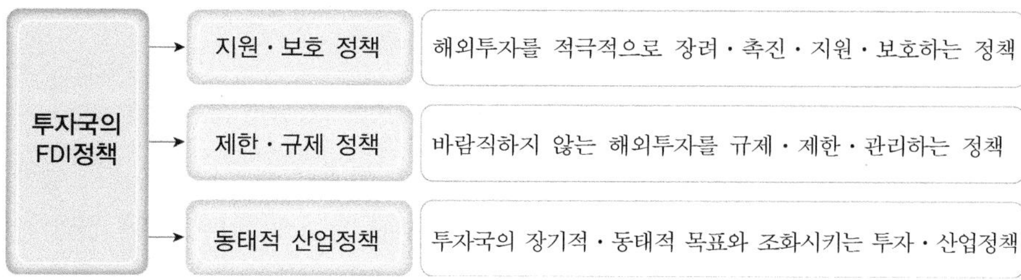

그림 13-2 바람직한 해외직접투자정책의 3가지 방향

해외투자의 지원 및 보호 정책 : 기본적으로 자국 기업들이 활발한 해외투자를 통하여 새로운 시장과 더 큰 이익을 창출하고 글로벌경쟁력을 강화할 수 있는 기회를 제공하고 이것이 자국의 경제에 가져다주는 긍정적 효과와 편익(benefit)을 극대화할 수 있도록 자국기업의 해외투자를 적극적으로 장려 · 촉진 · 지원 · 보호하는 정책이 필요하다. 이렇게 자국기업의 해외투자를 촉진하고 지원함에 있어서 개별적인 정책수단을 채택함은 물론 투자기업의 기업이익과 투자국의 국가이익이 조화할 수 있도록 하는 거시적 · 총체적 · 전략적인 접근이 필요하다.

해외투자의 제한 및 규제 정책 : 이렇게 자국 기업의 해외투자를 장려하고 촉진하는 정책이 기본적으로 전제되어야 하지만, 때로는 기업적 입장에서 바람직한 행위가 국민경제적 입장에서는 오히려 유해한 결과를 가져올 수도 있는 만큼, 자국 기업의 해외직접투자가 가져올 수 있는 부정적 효과와 비용(cost)을 극소화할 수 있도록 하는 해외직접투자가 이루어지도록 자국 기업의 투자를 규제 · 제한 · 관리하는 정책 역시 일정 부분 필요하다.

동태적 투자정책 및 산업 정책 : 개별 기업적 입장에서 행해지는 해외직접투자가 투자국의 산업고도화 · 경제발전 · 국가경쟁력향상 등과 같은 장기적이고 동태적인 전략적 목표에 기여할 수 있도록 하는 체계적이고 전략적인 투자정책 및 산업정책의 고려 역시 매우 중요하다. 이러한 점에서 모범이 될만한 사례가 일본 정부가 취해 온 해외투자정책이라고 할 수 있다. 일본 정부는 지난 40여 년 동안 다양한 수단을 통하여 자국의 기업들이 행하는 글로벌경영 활동에 대하여 적극적이고 의도적인 영향을 미쳤으며, 해외투자를 촉진하고 지원함에 있어서도 개별적인 정책수단뿐만 아니라 기업이익과 국가이익이 상생하는 협력적 공조(collaborative symbiosis) 전략을 취하는 총체적 · 통합적 · 전략적 접근방식을 취하여 왔다.

2. 해외직접투자에 대한 투자국의 정책수단

개별 국가의 상황에 따라 해외투자에 대한 정책기조가 나라마다 조금씩 다를 수 있지만 한 가지 공통된 사실은, 어떤 나라도 자국기업의 해외직접투자가 가져올 긍정적 효과를 극대화하면서 부정적 효과를 극소화하기 위한 정책을 동시에 채택한다는 것이다. 따라서 모든 나라는, 해외직접투자를 장려·촉진·지원·보호하기 위한 노력을 행하면서 동시에 그것을 규제·제한·관리하기 위한 노력을 병행함으로써 서로 상반되는 정책수단과 제도를 병행하여 채택한다. 이때 투자국이 취할 수 있는 주요한 정책수단과 제도를 〈표 13－1〉이 요약하고 있다.

표 13－1 해외직접투자에 대한 일반적 정책수단 및 제도

구 분		구체적 정책 및 제도의 내용
투자 제한 · 규제 정책	자본수출통제 자본수출금지	국제수지·외환관리·산업정책적 목표 등을 위한 자본수출통제, 일정한 정치·외교적 목적을 위한 자본수출금지
	해외투자 인허가제도	투자자·투자방법·대상국·대상산업·재원조달 등에 대하여 일정한 요건을 정하고 그에 따라 인증·허가·신고하도록 하는 제도
	해외투자 사후관리제도	자금송금 및 외화증권취득·투자자금 회수·사업청산·사업실적 및 결산 등에 대하여 보고·신고·허가 의무화, 일정한 경우 제재조치
투자 촉진 · 보호 정책	해외투자 지원제도	금융·조세·정보 등에 대한 지원, 불가항력적인 비상위험에 대한 해외투자 보험제도 운영, 해외투자 전담기구 운영 통한 지원 등
	외국과의 투자협정체결	투자자의 비상위험보호·투자교류 활성화를 위한 투자보장협정체결, 투자자보호·국제조세처리의 단순화를 위한 이중과세방지협정체결
	정치외교적 영향력 행사	외국인직접투자에 대한 현지국의 규제정책완화를 위한 영향력 행사, 해외에 투자한 자국기업의 경제적 이익 보호하기 위한 영향력 행사

2.1 투자의 제한 및 규제 수단

해외투자를 행하는 기업의 입장에서 바람직한 투자행위가 국민경제적 입장에서는 오히려 유해한 결과를 가져올 수도 있는 만큼, 자국 기업의 해외투자가 초래할 수 있는 부정적 효과와 비용(cost)을 극소화할 수 있도록 이를 규제·제한·관리하는 정책이 일정 부분 필요하게 된다. 이처럼 해외투자를 제한·규제하기 위하여 채택하는 주요한 정책수단이나 제도로서는 다음과 같은 것들이 있다.

자본수출 통제 및 금지 : 일반적으로 투자국정부는 국제수지방어·외환관리·리스크예방·산업정책적 목표 등을 위하여 자국의 자본수출을 통제하는 정책을 채택한다. 영국의

경우 1960년대부터 1970년대 말까지 자국 기업이 해외로 유출할 수 있는 자금의 양을 제한하는 외환통제정책을 채택한 바 있고, 비록 의회에서 채택되지는 않았지만 1971년 미국에서 발의된 버키－하키(Burke－Hatke)법안은 이러한 목표를 위하여 해외투자에 대한 강력한 통제를 시도한 것이었다. 이 밖에도 특수한 목적을 위하여 해외투자를 강력하게 통제하는 경우도 있고 때로는 정치적 목적을 달성하기 위하여 특정 국가에 대한 투자를 금지시키는 조치를 취하는 경우도 있었다. 한때 남아공화국의 인종차별에 대한 항의 표시로서 미국·영국·네덜란드·스칸디나비아 제국들이 남아공화국에 대한 새로운 투자를 금지시키고 기존의 투자를 철수토록 한 바 있고, 미국의 경우 자국의 정치적 이념과 상반되는 쿠바·리비아·이란 등에 투자금지조치를 취한 바 있다.

해외투자 인허가제도 : 기본적으로는 해외투자를 자유롭게 행할 수 있도록 하되, 일정한 경우 예외적으로 일정한 요건을 정하고 그 요건에 따라 인증·허가·신고하는 사전적 관리제도를 두기도 한다. 일반적으로 채택되는 인허가요건으로서는 ① 투자자, ② 투자방법, ③ 투자대상국, ④ 투자대상사업, ⑤ 투자재원조달 등이 있고 이러한 요건을 예시하는 방법으로서는 포지티브 리스트 시스템(positive list system)과 네거티브 리스트 시스템(negative list system)이 있다.

해외투자 사후관리제도 : 해외투자에 대한 인허가제도가 투자의 개발단계에서 투자자금이 송금되는 단계까지에 대한 사전적 관리제도라면 투자가 이루어진 후 투자원리금이 상환될 때까지의 단계에 대한 관리가 사후관리제도이다.

이러한 사후관리를 채택하는 것은 ① 해외투자를 행한 현지법인의 건전경영을 유도하는 동시에 경영부실 등 현지법인에서 발생할 수 있는 문제에 대한 대책 수립, ② 투자 관리의 효율성 측면에서 개별 기업이 간과하기 쉬운 부분에 대한 국가차원의 관리, ③ 해외투자에 대한 국민경제적 효과의 검증과 투자자산의 해외도피방지 등을 목적으로 한다. 주된 내용으로서는 자금송금 및 외화증권취득·투자자금의 회수·투자사업의 청산·사업실적 및 결산 등에 대하여 보고·신고하거나 허가를 받도록 의무화하고 이러한 의무를 불이행하는 경우 제재조치를 취하는 것이다

2.2 투자의 촉진 및 보호 수단

2.2.1 촉진·보호형 정책수단의 내용

자국 기업들이 행하는 해외투자를 장려·촉진·지원·보호하기 위하여 개별 국가들이 채택하는 정책수단과 제도 역시 다양할 수 있다. 일반적으로 사용되는 정책수단과 제도로서는 다음과 같은 것들이 있다.

해외투자 지원제도 : 투자국정부는 국내기업의 원활한 해외투자사업 활동을 촉진하기 위하여 여러 가지 차원의 대내적인 투자지원제도를 둔다. 이러한 지원제도로서는 해외투자기업에 대한 ① 금융지원, ② 조세지원, ③ 정보지원, ④ 재산수용・전쟁・송금불능 등 불가항력적인 비상위험으로 인한 손실을 보상해 주는 해외투자보험, ⑤ 해외투자에 대한 총괄적이고 일관된 지원을 행할 해외투자 전담기구의 설치・운영 등이 있다.

외국과의 투자협정체결 : 이상과 같은 대내적 지원 이외에 해외투자를 행한 개인이나 기업이 해외투자와 관련하여 입게 될지도 모르는 여러 가지 위험이나 손실을 예방하고 안정적인 사업 활동을 행할 수 있도록 하기 위하여 국제협정을 체결하여 투자자를 보호하는 대외적 지원방법도 이루어진다. 이러한 투자협정에는 전쟁・수용・송금제한 등과 같은 비상위험으로부터 투자자를 보호함으로써 협정체결국 간의 투자교류를 증진하고자 하는 투자보장협정(investment treaties), 해외투자에 대한 국제적 조세처리의 단순화와 투자자의 이중과세 부담을 경감시켜주기 위한 이중과세방지협정(double taxation treaties) 체결이 대표적인 경우이다.

정치・외교적 영향력 행사 : 투자국정부는 자국 기업들이 쉽게 해외에 진출할 수 있도록 현지국정부가 취하고 있는 외국인투자 제한정책을 완화하도록 정치・외교적 영향력을 행사하기도 하고, 이미 해외투자를 행한 자국 기업이 현지국 정부로부터 불이익을 받을 경우 현지국에 대한 정치적 영향력을 행사하여 자국 기업의 이익을 보호하기도 하는데, 이 또한 해외투자에 대한 일종의 지원정책이 될 수 있다.

1970년대 멕시코정부가 미국과 일본의 자동차기업의 국내진출을 규제하려고 하자 양국 정부가 강력히 반발하여 멕시코정부에 정치적 영향력을 행사한 바 있고, 1980년대 초 미국의회는 자국 기업 모토롤라(Motorola)가 일본에 진출할 수 있도록 일본정부에 대하여 반도체 및 통신시장의 개방에 압력을 가한 바 있으며, 미국 기업 토이저러스(Toys "R"Us)는 일본시장 개방을 위해 미국정부와 함께 5년간의 끈질긴 로비 끝에 1991년 겨울 마침내 일본에 매장을 개설하였던 경우 등이 전자의 예이다.

반면 1960년대 말부터 1970년대 남미국가들이 미국계 다국적기업을 국유화하거나 그들의 경제적 이익을 침해하였을 경우 여러 가지 방법으로 당해 현지국에 대하여 압력을 행사한 바 있고, 1980년대 이후 미국 의회가 완전한 보상 없이 미국의 자산을 국유화하는 정부에 대하여 준 자동적으로 제재를 가할 수 있도록 입법함으로써 자국 기업의 해외활동을 보호해 준 것은 후자의 예이다. 이러한 경우 투자국 정부가 영향력을 행사하는 방법으로서는 현지국에 대한 해외지원 중지・일반특혜관세(GSP)의 혜택 중지・국제기구의 차관지원 반대 압력 등 다양한 방식으로 이루어졌다.

2.2.2 촉진 · 보호형 정책수단의 정책적 함의

이상과 같이 투자국정부는 자국 기업의 해외투자를 장려하고 촉진시키기 위한 여러 가지 지원 정책과 제도를 활용하지만 이러한 정책과 제도만으로 자국 기업의 해외투자가 활성화되는 것은 아니다. 왜냐하면 해외투자를 결정짓는 근본적인 요인은 투자국의 국민경제나 투자기업의 경쟁적 위치나 상대적 경쟁력이 어떠하냐이기 때문이다. 따라서 해외투자기업에게 여러 가지 인센티브를 부여하는 지원정책이 단기적으로 일정한 효과가 없는 것은 아니지만 보다 근본적이고 장기적인 이익을 보장해 주는 데에는 일정한 한계를 가질 수밖에 없다.

해외투자가 보다 활성화되고 그로 인하여 투자국이 보다 장기적인 이익을 향유하기 위한 해외투자정책은 바람직한 투자의 흐름을 촉진시키는 동시에 그러한 투자로 인한 잠재적 이익을 더욱 증대시키는 일이라고 할 수 있다. 이러한 점에서 해외직접투자에 대한 투자국의 촉진정책은 다음과 같은 2가지 관점에서 논의될 수 있다.

현존하는 우위의 활용정책 : 자국 기업이 보유하고 있는 현재의 소유권적 우위나 입지적 우위를 충분히 활용할 수 있도록 해외투자에 대한 불필요한 장애를 없애고 해외투자를 행하는 데 필요한 요소를 지원해 주고 해외투자를 촉진시켜주는 인프라를 조성해 주는 일이다. 이를 위해서는 위에서 설명한 바와 같은 금융지원 · 조세지원 · 정보지원 · 투자위험회피 등을 위한 정책적 · 제도적 지원과 함께, 설비와 부품의 본국조달 의무부과 등 투자기업의 경쟁력을 훼손시키는 간섭이나 의무부과 등을 하지 않아야 하며, 국내의 물적 하부구조 · 금융시스템 · 정치제도 등의 경제 환경이 다른 경쟁국들에 뒤떨어지지 않도록 뒷받침되어야 한다.

새로운 우위의 확보정책 : 자국 기업의 해외투자가 장기적으로 경쟁력을 갖기 위해서는 자국 기업이 보유하고 있는 현재의 소유권적 우위를 유지하면서 보다 높은 우위를 미래에 확보할 수 있도록 해주어야 한다. 기업의 소유권적 우위의 형성과 축적은 기본적으로는 개별 기업 차원에서 이루어지는 것이지만 보다 종국적으로는 그 기업이 속해 있는 투자국의 국가경쟁력 · 국가제도 · 인프라 · 정책 등과 같은 국가적 요인에 의하여 영향을 받는다. 따라서 투자국 기업의 해외투자를 촉진하는 장기적이고 종국적인 정책은 이러한 국가적 요인들의 향상과 업그레이드를 통하여 이루어져야 한다.

이상과 같은 논의는 결국 해외투자를 행하는 투자기업의 소유권적 우위나 경쟁력은 투자국의 국가경쟁력 등 국가적 요인과 밀접하게 관련된다는 것을 말해 준다. 이때 기업의 소유권적 우위를 증진시키는 데 필요한 국가적 요인이 무엇인가에 대해서는 논자에 따라 강조점이 서로 다르지만, 대체로 많은 사람들이 투자국의 높은 기술진보와 경제발전 · 투자국의 제도 및 정책적 인프라·교육과 훈련시스템 등의 우위성 등을 주요한 요인으로 들고 있다.

이러한 논의와 관련하여 주목할 만한 정책적 함의를 제공해 주는 이론이 1980년대 후반 이후 마이클 포터(M. E. Porter)에 의해 제기된 글로벌기업의 경쟁우위론이다. 마이클 포터의 경쟁우위론은 [부록 13-1]에서 보다 구체적으로 논의하고 있듯이 여러 가지 정책적 함의를 내포하고 있지만, 투자국의 해외투자정책과 관련하여 자국 기업의 해외투자를 촉진하고 장려하는 보다 장기적이고 근본적인 지원정책은 투자국의 국가경쟁력·국가제도와 인프라·관련 정책 및 전략의 향상과 업그레이드를 통하여 추구되어야 한다는 점을 강조하고 있다는 점이다.

부록 13-1 글로벌기업의 경쟁우위론과 해외투자정책

1. 포터의 글로벌기업 경쟁우위론의 의의

1980년대 후반 마이클 포터(M. E, Porter)는 국가의 경쟁우위(competitive advantages of nations)라는 새로운 개념을 개발하고 기업의 글로벌 경쟁우위는 그 기업이 속해있는 국가경제로부터 창출되고 또 창출되어야 한다고 주장하는 글로벌기업의 경쟁우위론을 제기하였다. 그는 세계 10개국·100개 산업을 대상으로 왜 어떤 국가에서만 특정 산업이 성공하였는지 또는 왜 어떤 국가만이 국제경쟁에서 성공하였는지에 대하여 조사·연구하였다. 예컨대 왜 일본 기업들이 세계자동차산업에서 우위를 점하고 스위스기업은 정밀기계와 의약품생산에서 강하며 이탈리아기업들이 패션·세라믹·타일산업에서 우수하고 미국과 독일이 컴퓨터나 화학산업의 경쟁력이 높은지 등을 조사하고 이에 대하여 논의하였다(M. E. Porter, 1990).

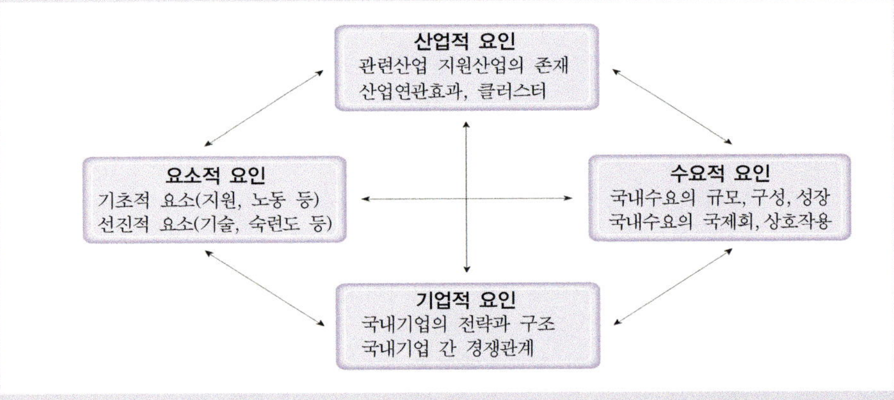

그림 13-3 국가경쟁우위의 원천 : 포터(M. Poter)의 다이아몬드모델

그는 이러한 이유를 설명함에 있어서 기존의 비교우위론이나 헥셔-오린의 요소부존도이론만으로 이러한 이유를 충분하지 설명하지 못한다고 전제하고 이러한 경쟁우위의 결정에 영향을 주는 핵심적 요소로서 ① 요소적 요인, ② 수요적 요인, ③ 산업적 요인(연관산업효과), ④ 기업적 요인(전략·구조·경쟁), 등 4가지를 규정하고 보조적 요인으로서, ⑤ 상황적 요인과, ⑥ 정부정책요인을 추가하였다. 그는 이러한 4가지 주요 요인들이 [그림 13－3]에서와 같이 국가경쟁우위의 다이아몬드(diamond)를 구성한다고 규정하면서 이러한 요인들은 상호강화(mutual reinforcing)적 속성을 지니고 있어 서로가 서로에게 복합적인 영향을 미치게 되는데 이러한 다이아몬드 조건이 유리한 산업이 국제경쟁에서 성공을 거둘 가능성이 높다고 주장하였다.

이러한 포터의 경쟁우위론은 결국, 지금까지의 다양한 무역이론이나 비교우위론 등 전통적 경제학이 제시하는 ① 거시적 요인(요소·수요 등)과, ② 산업적 요인(산업연관효과 등)을 적절히 절충하면서 거기에 더하여, ③ 기업적 요인(기업의 전략·구조·경쟁 등)과, ④ 정부의 정책적 요인을 추가하여 종합함으로써, 국제무역패턴뿐만 아니라 산업경쟁력이나 국가경쟁력이 결정되는 요인을 보다 간결하면서도 광범위하게 설명하려고 한 시도라고 할 수 있다.

이렇게 포터의 다이아몬드모델은 요소부존도 등 기존의 비교우위요인을 비롯하여 보다 광범위한 요인들로 구성되는 경쟁우위(competitive advantage)라는 개념을 통하여 '국가경쟁력(national competitiveness)을 제고하기 위해서는 기업·산업·정부 등 각각의 단위에서 어떤 전략과 정책을 구사해야 하는가'라는 정책적 과제를 제시하고 있다.

2. 포터의 경쟁우위론의 정책적 함의

따라서 이러한 포터의 다이아몬드모델은, 전통적 경제학에서는 노동·자본·천연자원 등 요소부존을 국가경쟁력의 원천으로 생각하였으나 현실적으로는 이러한 부존요소가 열악한 조건 하에서도 국가경쟁력을 높인 나라들이 많았던 원인을 설명할 수 있고, 또한 요소부존이 동일한 경우라도 국가 간 무역이 발생할 수 있음을 제시함으로써 국제무역과 비교우위의 상대적 차이가 발생되는 원인을 보다 더 광범위하게 제시하는 포괄적 모델이라고 할 수 있다. 아울러 이러한 모델은 기업의 국제경영활동과 관련하여 다음과 같은 몇 가지의 정책적 함의를 제공해 준다.[3]

국제적 입지의 선택 : 개개의 국가들이 보유하고 있는 다이아몬드가 나라마다 다른 만큼 다국적기업이 국제적 생산 활동을 행함에 있어서 이익극대화를 실현하기 위해서는 각각의 생산과정을 가장 효율적으로 수행할 수 있는 최적의 입지를 선택하고 조합하여 수행함으로써 경쟁우위의 구축에 유리해질 수 있다.

선도기업적 우위 구축 : 국제무역패턴의 결정 원리를 새로운 관점에서 설명하려는 신무역이론으로서 선도기업 우위론(first mover advantage theory)은 어떤 나라가 특정 산업에서 누리는 경쟁력의 원천을 그 산업에서 초기 진입자들이 누리는 경제적·전략적 우위로써 설명한다.[4] 상업용 항공기 산업에서와 같이 새로운 비행기 개발비용이 막대하기 때문에 규모의 경제가 매우 중요한 산업의 경우 그 산업에 먼저 진출한 선발기업들의 우위를 후발기업들이 극복하는 것이 거의 불가능해지므로 어떤 기업이 처음으로 그 산업에 진출하였는가가 경쟁력을 결정하는 중요한 요인이 된다고 설명한다.

3 Charles W. L. Hills(2009) 245－9 참조

4 M. B. Liberman and D. B. Montgomery(1988) pp.41~58

이러한 경우는 휴대폰 제조와 같이 독점도가 상대적으로 낮은 산업의 경우에 있어서도 누가 경쟁우위를 초기에 확보하였느냐가 중요한 산업에서도 일어나게 된다.

하버드대학의 경영사학자인 챈들러(A. D. Chandler,1990)는 특정 국가의 특정 기업이 국제시장을 선도할 수 있었던 이유 중의 하나가 이러한 선도기업적 우위를 확보했기 때문임이 화학・건설용 중장비・대형 트럭・타이어・가전・제트기엔진・컴퓨터 소프트웨어산업 등에서 실제로 발견되었음을 지적하였다. 이러한 논의들이 개별 기업에게 주는 메시지는 선도기업적 우위를 구축하기 위하여 상당한 투자를 감행하는 것이 충분한 가치가 있다는 것이며 또한 자국의 어떤 기업이 이러한 선도자적 우위를 가지게 될 때 그 기업이 속하고 있는 국가의 산업경쟁력이 확보되어질 수 있다는 것이다.

또한 어떤 산업에서 어느 국가가 산업적 헤게모니를 가지고 있는가를 논의할 때 그 나라의 총생산량이나 세계 전체 생산에서 그 나라가 차지하는 상대적 비중 등에 의하여 결정되지 않고 오히려 어느 나라가 가장 높은 경쟁력을 지닌 글로벌기업을 보유하고 있는가에 의해서 결정되는 경우가 많다. 예컨대 섬유・의류산업의 무역특화지수를 측정해 보면 중국이 미국이나 프랑스에 비하여 더 큰 비교우위를 가졌다고 말할 수 있지만 사람들이 이러한 산업의 헤게모니를 중국이 가지고 있다고 보지 않는다. 왜냐하면 미국이나 프랑스는 나이키나 LVMH그룹과 같은 섬유・의류 분야의 세계적인 일류 기업을 보유하고 있지만 중국은 그와 같은 위상을 지닌 글로벌기업을 보유하고 있지 못하기 때문이다.[5]

정부와 정책의 역할 : 포터는 또한 정부가 이러한 다이아몬드의 4가지 요인 모두에 긍정적이거나 부정적인 영향을 미칠 수 있음을 지적하였다. 정부는 보조금지급・자본시장정책・교육정책 등을 통하여 요소부존도 요인에 영향을 미칠 수 있고 제품표준규격 제정・소비자구매 관련 규제 등을 통하여 수요요인에 영향을 미칠 수 있으며, 정부의 규제로 인하여 산업이 영향을 받는 것은 물론 국내기업 간 경쟁도 정부의 자본시장규제・세금정책・독점금지법 등에 의하여 영향을 받게 된다. 특히 포터가 말하는 선진적 요소(advanced factor), 예컨대 커뮤니케이션 기반시설・고도로 숙련된 노동력・연구개발 설비・기술적 노하우 등과 같은 요소를 업그레이드하기 위하여 정부가 교육・사회적 인프라・기초과학연구 등에 더 많은 투자를 행하고 국내시장에 공정한 경쟁을 유도하는 제도와 정책 등을 강화하면 그 나라의 기업・산업의 경쟁우위가 강화된다.

3. 해외직접투자정책에 대한 포터모델의 정책적 함의

이상과 같은 포터의 다이아몬드모델에 대하여서는, 기존의 많은 산업들이 어떻게 경쟁력을 갖추어 성공하였는지에 대한 이해를 높이는 데에는 도움이 되지만 향후 어떤 방법으로 경쟁력을 창출하고 높여야 하는가에 대한 구체적인 답을 제시하는 데에는 부족하다는 비판이 가해지기도 하였다. 예컨대 어떤 나라가 반도체산업에 높은 경쟁력을 보유하고 있을 때 이러한 경쟁력이 어떠한 요인에 의하여 이루어졌는가를 사후적으로 설명하는 데에는 유용할 수 있지만 반도체산업의 경쟁력을 높이기 위하여 4가지 결정요인 중 어떤 우위요인을 중점적으로 향상시켜야 하는가를 사전적으로 제시하는 데에는 설명이 명확하지 않다는 것이다. 또한 포터의 다이아몬드모델은 다국적기업의 우위나 국제투자의 패턴을 설명하는 것이 아니고 수출활동의 경쟁우위를 설명하는 모델에 불과하다는 비판도 있다.

---

5 LVMH그룹은 이니셜에 나타나 있는 대로 LOUIS VUITTON, MOET HENNESSY를 비롯하여 CELINE, GIVENCHY, CHRISTIAN DIOR, GUIRLAI과 DFS 주식을 반 이상 소유하는 세계적인 패션 그룹이다.

그럼에도 불구하고 이 모델은, 어느 나라가 어떤 특정 산업에 있어서 특별히 강한 배경요인을 설명하는 데 적합한 분석적 체계를 제시하고 있고, 또한 좀더 확장하여 해석한다면 다국적기업이란 어디까지나 국적 있는 기업으로서 그러한 다국적기업의 경쟁력은 기업 자신이 가지고 있는 기업차원의 경쟁력뿐만 아니라 그들이 속해 있는 투자국의 경제적 여건과 제도·정책·전략 등의 상대적 우월성에 따른 국가적 특성이 경쟁력의 중요한 원천이 된다는 함의(implications)를 제공해 주고 있다.[6]

이러한 함의를 투자국의 해외직접투자정책과 관련하여 본다면, 자국 기업의 해외직접투자를 촉진하고 장려하는 장기적이고 근본적인 지원정책은 투자국의 국가경쟁력·국가제도와 인프라·관련 정책 및 전략 등의 향상과 업그레이드를 통하여 추구되어야 한다는 정책적 함의를 지니고 있다고 할 것이다.

제2절 해외직접투자에 대한 전략적 정책과제

제1절에서는 자국 기업에 대한 투자국의 해외직접투자정책의 유형과 정책수단 등에 대하여 논의하였다. 그러나 해외직접투자가 투자국의 국민경제에 미치는 경제적 편익을 극대화되기 위해서는, 현재의 편익이 비용을 초과하는 정태적 이익이 극대화되어야 함은 물론 해외투자가 투자국의 장기적이고 동태적인 산업고도화와 경제발전에 기여할 수 있어야 한다.

따라서 해외직접투자에 대한 투자국의 정책과 전략의 논의에 있어서는, 해외투자를 어떻게 규제하고 어떻게 촉진시킬 것인가라는 차원을 넘어 해외투자를 통하여 보다 장기적이고 동태적인 이익을 얻기 위하여 해외투자가 어떠한 수준에서 어떠한 유형으로 이루어지는 것이 바람직하며, 해외투자를 통하여 투자국의 산업구조를 고도화시키고 국가경쟁력을 제고시킬 수 있는 정책방향이 무엇인가 등에 대한 전략적 고려가 이루어져야 한다.

이를 위하여 제2절에서는 ① 해외투자가 투자국의 국민경제에 미치는 경제적 효과를 동태적 관점에서 살펴보고 이를 바탕으로 해외투자의 적정 수준 문제와 해외투자와 경제발전과의 관계를 논의한 발전경로모델을 소개하고, ② 투자국의 산업구조도화와 국가경쟁

6 그는 글로벌경쟁전략은 국경을 넘는 경제활동이기 때문에 국가의 경제적 특성이 매우 중요하다고 전제하며 이를 글로벌 플랫폼(global platforms)이라고 명명하면서 이것이 기업의 경쟁적 우위의 중요한 원천이라고 간주하였다(M. E. Porter, 1986 pp.19~22). 포터는 그후 1990년대에 이르러 이러한 글로벌 플랫폼이라는 국가적 특성을 국가경쟁력(national competitiveness)이라는 개념으로 발전시켰다.

력향상에 도움이 될 수 있는 바람직한 해외직접투자의 투자유형이 무엇이고 그러한 투자유형을 창출하기 위하여 취해야 할 정책방향이 무엇인가 하는, 보다 거시적인 레벨에서의 전략적 과제를 논의한다.

1. 해외투자의 동태적 효과와 투자규모의 적정성

1.1 해외직접투자의 단계별 효과

상술한 대로 해외직접투자의 경제적 영향을 논의함에 있어서는 정태적 편익과 비용뿐만 아니라 해외투자의 단계에 따라 이러한 효과가 어떻게 변화되는가를 동태적으로 논의할 필요가 있다. 이렇게 해외투자의 경제적 효과가 시간 흐름이나 투자단계에 따라 어떻게 달라지는가에 대한 많은 논의들은, 일정한 단계까지는 해외투자가 가져올 수 있는 경제적 편익이 비용보다 크지만 일정한 단계가 지나게 되면 오히려 부정적인 효과가 더 높아져 해외투자가 투자국 경제에 미치는 효과가 마이너스(minus)가 될 수 있음을 모델링하고 있는데, 이와 관련되는 대표적인 논의들을 살펴보면 다음과 같다.

(1) 해외투자기업의 국제화가 진전됨에 따라 투자국의 산업공동화가 나타날 가능성이 높아질 수 있다는 주장이 있는데 〈표 13－2〉는 이러한 논리적 단계를 보여주고 있다. 이에 따르면 해외투자로 인한 국제수지효과는 자본수지효과와 상품수지효과의 상반된 방향으로 나타나 일의적인 결과를 예측할 수 없다고 하더라도, 해외투자의 기간이 경과할수록 또한 해외투자의 전체 수준과 규모가 커질수록 국내생산축소에 따른 고용감소나 기술유출에 따른 부메랑효과가 더 커지므로, 시간이 경과할수록 해외투자로 인한 투자국의 산업공동화 가능성이 커질 수 있음을 말해 주고 있다.

표 13－2 해외투자기업의 국제화 단계별 경제적 효과

구 분	제1기(국제화초기)	제2기(현지화기)	제3기(범세계화기)
자본수지	초기 자금유출증대로 －효과 매우 높음	투자수익의 환류로 ＋효과 나타남	＋효과 더욱 높아질 수 있음
상품수지	자본재 · 중간재 수출로 ＋효과 매우 높음	＋효과 감소하는 반면 －효과 증가하기 시작함	수출대체 · 역수입 증대로 －효과 높아짐
고용효과	크게 영향 없음(오히려 수출유발 따른 고용창출)	국내생산 축소에 따른 고용감소효과 나타남	해외진출산업의 도태로 인한 저숙련노동 고용의 대량감소
기술유출	영향 별로 없음	저급기술의 해외 이전	기술의 부메랑효과 나타남
공동화효과	시간이 경과할수록 해외생산의 확대 · 심화에 따른 산업공동화 가능성 높아짐		

자료 : R. B. Stobaugh(1976), 일본통산성 통상백서(1990), 배종렬(1992.8) 참조

(2) 한편 국제정치경제학자 길핀(R. Gilpin, 1975) 교수는 해외직접투자와 패권국(헤게모니국가)과의 관계를 논의하였다. 그에 따르면 헤게모니국은 그들의 융성기에 있어서나 쇠퇴기에 있어 모두 해외투자라는 전략을 활용하지만, 융성기의 해외투자는 그들에게 축적된 부(富)를 세계경제의 주변지역으로 수출하는 것임에 비해 쇠퇴기의 해외투자는 그들의 지배적 산업이 상대적으로 쇠퇴함에 따른 대응책으로 진출하는 것이라고 규정하였다. 그것은, 19세기 영국이 그랬던 것처럼 주변부에 비해 중심부의 투자기회가 감소기 때문이고 또한 20세기의 미국이 그렇듯이 불완전한 시장이 존재하고 국내투자를 희생하여 해외투자를 감행하려는 기업구조가 존재하기 때문이라는 것이다. 따라서 그는 패권국의 지배력이 상승하는 융성기의 해외투자는 투자국의 국익에 플러스(+)효과를 초래하지만 쇠퇴기의 해외투자는 마이너스(−)효과를 초래한다고 주장하였다.

이처럼 어떤 수준까지의 해외투자는 중심부의 융성을 상징하지만 그 수준을 지나게 되면 오히려 이것이 중심부의 쇠퇴를 상징하게 되는 것인데, 그 분기점이 영국의 경우 1830년대 이후의 어느 시점이었고 미국의 경우 1960년대 중반 이후의 어느 시점이었다고 지적하였다. 그는 또한, 일반적으로는 기업이익과 국가이익이 합치되지만 지배국의 경제가 쇠퇴과정에 들어가게 되면 기업이익이 국가이익과 합치되지 않을 수 있다고 전제하고, 패권국의 쇠퇴기에 행해지는 해외투자가 이러한 속성을 지닌다고 지적하였다. 그는 이러한 이유로서 해외투자수익에 의존하는 사회는 그렇지 않은 사회에 비하여 생산력 확대가 둔화되고 그 만큼 국내투자 기회가 경시된다는 점 등을 지적하면서, 이러한 경우 해외로 유출되는 자본을 국내의 투자부족(under invested) 해결에 투입시키는 것이 최선의 해결책이라고 주장하였다.

이러한 길핀의 주장은, 패권국의 흥망성쇠와 관련되는 정치경제적 논점에서 해외투자의 동태적 효과를 논의한 것이고 또한 해외투자를 억제하여 국내투자의 회복을 이룩하여야 한다고 주장함으로써 비현실적인 측면이 없지 않다. 그러나 해외직접투자가 계속되어 일정한 단계에 이르면 그 이후의 지나친 해외투자가 국가경쟁력에 마이너스(−)효과를 가져 올 수 있다는 점을 지적하는 주장으로 이해할 수 있다.

(3) 한편 기업의 해외진출에 따른 기술유출과 수입촉진효과를 '부메랑효과'라고 명명하였던 시노하라(篠原三代平) 교수도 이러한 부메랑효과를 경제대국의 흥륭과 쇠퇴라는 역사적 논리로 확장하여, 산업공동화도 결국 이러한 부메랑현상의 일환에 지나지 않는다고 주장하였다.[7] 이 또한 또 다른 측면에서 해외직접투자의 국민경제적 영향을 해외투자의 장단기효과에 따라 논의한 것이라고 할 수 있겠다.

---

7 篠原三代平(1982) 및 篠原三代平・鈴木淑夫編(1987).

이같이 해외직접투자가 단기적으로는 긍정적인 효과를 지니지만 장기적으로는 부정적 효과를 수반하게 된다는 주장은 결국, 일국의 해외투자가 어떤 적정 수준을 초과하여 지나치게 비대해지면 투자국의 국민경제에 부정적 효과를 수반할 수 있음을 의미한다. 따라서 일국의 경제규모에 비하여 너무 지나친 해외투자, 또는 국내투자를 소홀히 하면서 해외투자에 지나치게 열중하는 것은 바람직하지 않다는 점을 역설하고 있다.

이와 같은 논의는 주로 1970년대 초반 및 1980년 후반 미국경제력의 쇠퇴가 지나친 해외투자와 관련되어 있지 않은가라는 관점에서 제기된 것이었지만 이러한 역사적 해석은 19세기의 패권국이었던 영국경제와 관련하여서도 이루어졌다. 19세기 후반 이후 제1차 세계대전 이전까지 영국의 경제력이 약화되고 산업생산이 쇠퇴한 원인이 무엇인가를 논의함에 있어서 많은 사람들은 당시 영국의 막대한 해외투자와 지나친 해외생산치중 때문이었다고 분석하였다. 이 시기에 영국이 감행한 막대한 해외투자는, 단기적으로는 영국의 수출을 증대시키고 투자수익의 환류를 가져와 영국의 국제수지에 기여한 것이 사실이지만 장기적으로 보면 영국경제에 여러 가지 악영향을 미치게 되었다는 것이다.

영국의 거대 기업들이 국내보다 높은 수익률을 구하여 거액의 해외투자를 행함으로써 해외로의 이민이 촉진되고 영국의 고용과 국제수지에 나쁜 영향을 미치게 되었을 뿐만 아니라 지나친 해외투자로 인하여 국내 자본축적이 저해되고 금리가 상승함으로써 필요한 기술혁신이 지체되고 국내산업의 구조전환에 필요한 설비투자 역시 한층 압박을 받게 되었다는 것이다. 말하자면, 영국경제의 패권기라고 할 수 있는 19세기 중엽에 누적적으로 행해진 해외투자가 미증유의 규모에 이르렀고 이러한 대량의 해외자본유출에 의해 영국경제의 경제력이 장기적으로 약화되면서 영국의 패권적 지위 역시 쇠퇴하였다는 것이다.

1.2 해외직접투자 규모의 적정 수준 문제

1.2.1 적정 투자수준 평가의 의의

이처럼 단기적으로는 자국 기업의 해외투자를 자유화하고 촉진하는 것이 투자국의 국민경제적 입장에서 바람직하다고 하더라도 해외투자가 일정한 규모를 초과하는 과도한 경우 그것이 오히려 투자국의 국민경제에 마이너스(−)적인 효과를 초래할 수 있다면, 자국의 경제규모에 비하여 어떠한 수준의 해외투자가 적정한 수준인가 하는 문제가 제기된다. 그러나 어떠한 수준의 투자가 적정한 수준인가 또는 현재의 투자수준이 적정한가 아닌가를 객관적으로 분석하고 평가하기란 매우 어려운 문제이다. 따라서 이러한 투자수준의 적정성을 논의하기 위해서는 여러 가지 요인들에 대한 객관적 자료를 통하여 비교적이고 종합적으로 검토되어야 할 것이다.

어떤 특정국의 해외투자 수준이 적정한가를 평가하기 위해서는 그 나라 해외투자의 절대적 규모・전체 생산 중의 해외생산 비중・여타국들의 일반적 경향 등을 비교적으로 고려하여야 한다. 또한 어떤 특정 국가의 해외투자가 국내생산과 고용을 축소시켜 국내생산의 공동화를 초래하는가 아닌가를 논의함에 있어서는, 생산과 고용 측면・기술 및 경쟁력 측면・국제수지 측면 등을 종합적으로 고려하여야 함은 물론 국내설비투자 규모・외국인투자 규모 등도 함께 고려하는 다양한 관점이 필요할 것이다. 제10장에서 논의한 바와 같이 해외투자로 인하여 국내자본이 해외로 진출하여 일정한 투자대체효과가 발생하더라도 이와 함께 국내설비투자나 외국인투자가 증가되는 경우 해외투자로 인한 투자의 순대체(net-displacement)는 발생되지 않기 때문이다.

또한 이러한 해외투자의 경제적 효과를 평가함에 있어서는 양적인 효과(quantitative effects)뿐만 아니라 질적인 효과(qualitative effects)까지를 고려하여 종합적으로 평가하여야 한다. 예컨대 해외투자가 가져올 수 있는 경제적 영향은 일국의 경제발전단계, 해외투자의 단계별 특성, 해외투자의 동기별 특성 등에 따라 서로 상이하게 나타날 수 있으므로 해외투자의 구성・투자유형・투자동기 등에 대한 분석과 함께, 이러한 해외투자가 이루어지지 않았을 때 일어날 수 있는 손실과 이러한 투자가 가져다 줄 미래의 이익 등에 대한 대안적 분석시각도 고려되어야 할 것이다.

1.2.2 국민경제규모에 대한 해외투자 비중 분석

이처럼 해외투자의 적정성 문제는 어느 하나의 척도로서 규정하기가 힘든 만큼 여러 가지 간접적인 지표를 통하여 이를 논의하게 된다. 어떤 나라의 해외투자가 적정한 수준인가를 평가해 보는 방식으로서는 흔히 개별 국가의 국민경제에 대한 해외투자의 상대적 비중을 비교해 보는 분석방법을 사용한다.

이것은 해외직접투자 규모의 적정 수준과 관련하여 개별 국가들의 해외직접투자(FDI스톡)가 그들의 경제규모(GDP)에 비하여 상대적으로 높은 수준인가 아니면 낮은 수준인가를 살펴보기 위하여 양자 간의 비중(%)을 비교적으로 분석하는 것인데, 주요국에 대한 분석 결과를 〈표 13-3〉이 요약하고 있다.

표 13-3 **경제규모(GDP)에 대한 해외직접투자(FDI스톡) 비중 추이** (단위 : %)

구 분	1980	1990	2000	2005	2010	구 분	1980	1990	2000	2005	2010
세계평균	4.9	9.9	24.3	27.4	32.6	미국	8.1	12.6	27.0	28.7	33.0
선진국평균	6.5	11.1	27.8	32.5	41.4	영국	14.9	22.6	60.8	52.6	76.3
EU 평균	6.1	11.0	39.0	42.1	55.0	독일	5.3	8.8	28.5	33.3	43.0
개도국평균	0.5	4.1	12.7	12.2	15.7	프랑스	3.6	9.0	69.6	57.3	59.1
동구·CIS	—	0.	6.0	11.1	16.1	일본	1.8	6.6	6.0	8.5	15.1
캐나다	8.5	14.6	32.8	34.3	39.1	한국	0.2	0.9	4.0	4.6	13.8
호주	1.5	11.4	23.4	27.3	31.3	대만	0.2	18.4	20.4	29.2	46.6
네덜란드	24.9	35.3	79.3	100.9	113.9	중국	—	1.1	2.3	2.5	5.1
스웨덴	4.5	20.9	50.2	56.5	90.5	HK	0.5	15.5	229.6	265.1	419.5
스위스	20.0	27.6	92.0	114.8	173.7	싱가포르	47.7	21.2	61.2	100.1	139.4
스페인	0.6	3.0	22.2	27.0	46.9	말레시아	1.7	1.6	16.9	16.0	41.0
멕시코	0.1	0.9	1.3	3.5	6.4	칠레	0.2	0.5	14.8	18.1	24.1
브라질	0.3	1.2	8.1	9.0	8.8	콜롬비아	0.4	0.8	3.2	6.2	8.1
아르헨티나	0.1	4.3	7.4	12.7	8.1	베네수엘라	—	2.6	6.6	8.0	5.2

자료 : UNCAD, *World Investment Report*(2011)에서 정리.

이 표를 통하여 알 수 있듯이 전 세계적으로 경제규모에 대한 FDI규모의 비중이 최근으로 올수록 높아지고 있어 세계경제나 국민경제에 대한 직접투자의 역할과 기능이 점차 더 중요해지고 있음을 보여준다. 또한 최근 전 세계 평균이 32.6% 수준인데 선진국 평균이 41.4%이고 개도국 평균은 15.7% 수준이어서 여전히 선진국들의 해외투자 활동이 상대적으로 더 적극적임을 확인해 주고 있다. 우리나라의 경우 경제규모에 대한 해외투자의 비중이 계속 증가하고 있고 최근에 그 비중이 급속히 높아져 13.8% 수준에 이르렀지만 세계 평균에는 물론 개도국 평균에도 미치지 못하고 있고, 우리와 경쟁관계에 있는 대만·싱가포르의 경우에 비하여 훨씬 낮은 수준에 있어 우리나라는 경제규모에 비하여 해외투자활동이 상대적으로 낮은 수준에 있다고 할 수 있다.

1.2.3 해외직접투자의 성과지수 분석

이처럼 전 세계적으로 해외투자와 다국적기업의 활동이 활발하게 전개되어 왔지만 이러한 과정에서 그 성과를 보면 국가별로 주목할 만한 차이를 나타내고 있다. 해외투자를 행할 수 있는 개별 국가의 잠재력과 실제의 투자성과가 일치하지 않을 뿐만 아니라 국가별로 어떠한 정책을 취하였는가에 따라서도 양자의 관계가 서로 다른 특성을 보여준다. 이에 유엔무역개발회의(UNCTAD)는 각국의 FDI성과지수(FDI Performance Index)를 산출하여 해외직접투자와 관련되는 각국의 상대적 위상을 평가하는 동시에 이에 대한 정책적 함의를 제공하기 위한 시도를 행하였다.

여기서 FDI성과지수는 특정국의 해외직접투자가 세계 전체 투자에서 차지하는 비중(FDIi / FDIw)을 특정국의 GDP가 세계 전체 GDP에서 차지하는 비중(GDPi / GDPw)으로 나누어 개별 국가의 해외투자와 경제력의 위상을 상대적으로 비교하는 지수이다. 따라서 이러한 FDI성과지수가 1이라면 해외투자의 위상과 경제력의 위상이 동일하다는 것이고, 이것이 1보다 작다면 경제력에 비하여 해외투자의 위상이 상대적으로 낮은 것이며 반대로 1보다 크다면 해외투자의 위상이 경제적 위상보다 상대적으로 높다는 것이다.

그런데 이러한 해외직접투자의 성과지수가 높다는 것은 한편으로는 그 나라의 기업이 다른 나라 기업에 비하여 강한 소유권우위(ownership advantage)를 지녔다는 것을 의미하지만 다른 한편으로는 그 나라의 입지요인(locational factors)이 상대적으로 불리해져 국내의 기업들이 그들의 생산입지를 해외로 이전하였다는 의미를 가질 수도 있다.[8] 따라서 해외직접투자의 성과지수는 개도국에 비하여 선진국, 특히 그 나라 기업이 강한 소유권우위를 가지는 동시에 단순제품의 생산에 있어서 입지환경이 불리해진 선진국들의 경우가 더 높을 가능성이 크다.

실제로 유엔무역개발회의는 1980년대 후반부터 해외직접투자 성과지수를 산출하여 왔는데 그러한 통계 중 성과지수가 높은 상위 20개국의 자료를 〈표 13-4〉가 보여주고 있다. 그 결과를 보면 해외직접투자의 성과지수가 높은 나라들은 대표적인 세금회피지(tax havens)나 역외금융중심지를 제외하면 대체로 선진국, 특히 국가규모는 크지 않지만 국제화를 적극적으로 행하는 고소득국가들이 많다. 반면 미국이나 일본과 같이 경제규모가 큰 대규모 선진국의 경우는 그들의 경제규모 때문에 해외직접투자의 성과지수는 상대적으로 낮게 나타나고 있다.

---

8 그러나 임금상승 등과 같이 그 나라의 투자입지요인이 악화되었다는 것이 반드시 그 나라의 경쟁력이 약화되었음을 의미하지는 않는다. 왜냐하면 임금이 상승하였지만 동시에 그 나라의 비교우위가 종전보다 오히려 보다 기술집약적인 제품으로 고도화되었을 수 있기 때문이다.

표 13-4 해외직접투자 성과지수의 국가별 순위 (괄호 속은 index value)

순위	'99~01(플로, 128국)	'02~04(플로, 140국)	'05~07(플로, 125국)	'01~03(스톡기준)
1위	벨-룩셈불크 (12.26)	벨-룩셈불크 (20.07)	룩셈부르크 (18.07)	홍콩 (10.75)
2위	홍콩 (5.76)	파나마 (9.79)	아이슬란드 (16.58)	스위스 (5.14)
3위	네덜란드 (4.90)	홍콩 (7.00)	홍콩 (7.80)	싱가포르 (4.48)
4위	스위스 (4.04)	아제르바이잔 (6.53)	스위스 (5.20)	벨-룩셈불크 (4.03)
5위	덴마크 (3.62)	아이슬란드 (5.60)	파나마 (4.29)	네덜란드 (3.85)
6위	싱가포르 (3.58)	바레인 (3.77)	벨기에 (4.05)	영국 (2.88)
7위	영국 (3.56)	싱가포르 (3.53)	네덜란드 (3.70)	파나마 (2.85)
8위	핀란드 (3.18)	스웨덴 (2.87)	쿠웨이트 (3.36)	스웨덴 (2.84)
9위	스웨덴 (3.04)	스위스 (2.79)	바레인 (2.75)	핀란드 (2.11)
10위	프랑스 (2.99)	스페인 (2.65)	싱가포르 (2.69)	덴마크 (1.95)
11위	스페인 (2.32)	네덜란드 (2.63)	아일랜드 (2.67)	프랑스 (1.82)
12위	폴투갈 (1.72)	사이프러스 (2.28)	스웨덴 (2.54)	캐나다 (1.70)
13위	아일랜드 (1.58)	캐나다 (2.01)	스페인 (2.46)	스페인 (1.40)
14위	캐나다 (1.46)	영국 (1.80)	프랑스 (2.37)	아일랜드 (1.38)
15위	파나마 (1.25)	포르투갈 (1.70)	에스토니아 (2.25)	말레이시아 (1.36)
16위	칠레 (1.18)	프랑스 (1.57)	영국 (2.08)	독일 (1.36)
17위	아이슬란드 (1.10)	오스트리아 (1.43)	이스라엘 (2.06)	바레인 (1.30)
18위	독일 (1.08)	호주 (1.38)	노르웨이 (1.90)	바하마 (1.30)
19위	아제르바이잔 (0.99)	보츠와나 (1.33)	오스트리아 (1.86)	폴투갈 (1.17)
20위	노르웨이 (0.86)	에스토니아 (1.12)	덴마크 (1.76)	호주 (1.12)
미국	28위 (0.51)	25위 (0.79)	40위 (0.49)	
일본	46위 (0.21)	40위 (0.39)	44위 (0.46)	
한국	44위 (0.25)	41위 (0.35)	48위 (0.37)	

주 : (1) 1999~1901, 2002~2004, 2005~2007 통계는 플로(flow)기준, 2001~2003 통계는 스톡(stock) 기준임.
(2) 2005~2007 통계에서는 주요 조세회피지(tax havens)를 제외하였음.
자료 : UNCTAD, WIR(2004) p.18~19, 295 및 trail not published data.

1.3 해외직접투자의 발전경로 모델

1.3.1 더닝(J. H. Dunning)의 투자발전경로모델

해외직접투자의 동태적 변화를 설명하는 또 다른 논의로서 일국의 경제발전수준에 따라 그 나라의 해외투자수준이 어떻게 달라지는가를 나타내는 발전경로모델이 있다. 일찍이 더닝(J. H. Dunning)은 한 나라의 경제발전단계와 해외투자의 수준 간에는 밀접한 관련이 있다고 보고 경제발전에 따라 직접투자의 순유출(net outflow)이 동태적으로 변화되는 과정을 모델링한 투자발전경로(IDP : Investment and Development Path)모델을 제시하였다.

그는 일국의 경제발전단계를 5단계(1인당 GDP로 측정)로 구분하고 각각의 단계에서 그 나라의 직접투자의 순유출(해외직접투자액－외국인직접투자액, 직접투자 포지션)이 일정한 패턴으로 변화되는 동태적 과정을 가진다는 모델을 제시하였다.[9] 이 모델의 가장 기본적인 가설은 일국의 경제수준과 경제구조가 발전함에 따라 절충이론(ecletic theory)을 구성하는 소유권우위(O)・입지우위(L)・내부화우위(L) 요인이 변화하게 되고 이러한 변화에 따라 일국의 직접투자 포지션이 변화된다는 것이다.

이러한 더닝의 투자발전경로모델에 따르면, 어떤 나라의 소득수준 향상과 경제발전단계에 따라 그 나라의 1인당 직접투자 포지션은 －로부터 시작하여 이 이후 －가 더욱 심화되다가 그 나라의 기업의 소유권우위가 높아진 일정한 단계 이후 이것이 상향하기 시작하여 ＋로 전환되고 이러한 ＋상태가 최고에 도달한 이후 다시 하향하게 되어 0(zero) 수준에서 균형을 이루게 된다는 논리적 과정을 설명하고 있는데, 그 구체적인 내용은 [부록 13－2]가 보여주고 있다.

이렇게 투자발전경로(IDP)모델은 특정 국가의 공업화 및 경제발전의 진전에 따라 직접투자를 결정하는 기업의 소유권우위(O)와 국가의 입지적 우위(L)가 어떻게 상호작용하고 그러한 변화에 따라 그 나라의 직접투자 포지션이 어떻게 변화되느냐에 대한 유용하고도 직관적인 설득력을 제공해 주며, 특히 개도국 다국적기업의 출현을 진화론적으로 설명해 준다. 그러나 이 모델은 해외투자와 외국인투자의 상호작용에 대한 매우 일반적인 수준의 설명에 머물러 있고 개도국의 해외투자가 이루어지는 단계에만 관심이 있을 뿐 더 이상의 설명이 가능하지 않으며, 더욱이 제2차 세계대전 이후 처음부터 해외투자가 외국인투자를 상회하다가 1980년대에 양 투자가 균형을 이루고 1990년대에는 다시 해외투자가 급격히 증대된 미국과 같은 경우 그들의 직접투자포지션이 이러한 단계모델과 부합되지 않는다는 비판을 받기도 하였다.

1.3.2 유엔무역개발회의(UNCTAD)의 투자발전경로모델

유엔무역개발회의(UNCTAD, 2006)년 전 세계 135개국의 2004년도 1인당 GDP와 1인당 투자순유출(NOI : Net Outward Investment per capita)의 상호관계를 분석하였는데 그 결과를 [그림 13－4]가 보여주고 있다.

9 이 모델은 J. H. Dunning (1981, 1986, 1988)으로부터 J. H. Dunning and R. Narula (1996)를 거쳐 J. H. Dunning(2001, 2003)으로 이어졌다. 초기에는 경제발전단계를 4단계로 모델링하였으나 이후 5단계로 수정하였다. 이러한 모델을 기초로 최근 유엔무역개발회의(UNCDAD, WIR, 2006)는 전 세계 135개국을 대상으로 하여 이러한 직접투자의의 발전경로를 논의하였다.

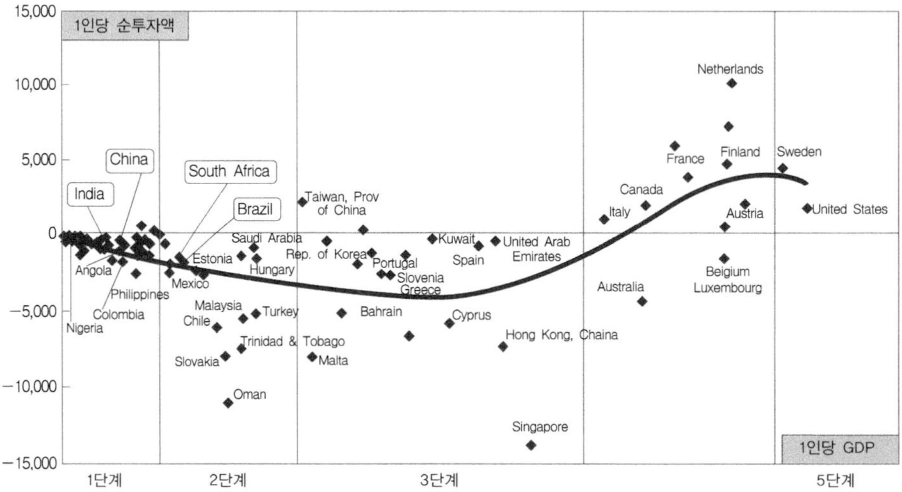

자료 : UNCTAD World Investment Report(2006) p.144.

그림 13−4 경제발전단계에 따른 직접투자 포지션의 변화(2004년)

이 결과를 보면 대체로 더닝의 투자발전경로모델이 제시한 바와 유사한 경로궤적을 보여주고 있다. 즉, 1단계에서 3단계 중간까지 외국인투자가 해외투자를 상회하여 투자포지션이 마이너스(−)를 보여줄 뿐만 아니라 그 크기도 증가하여 하향하는 곡선을 그리다가, 이후부터는 해외투자의 성장률이 외국인투자의 그것을 초과하여 투자포지션이 플러스(+)로 반전하며 더욱 상향하는 궤적을 그리고 있다. 다만 더닝은 4단계 후반 이후 투자경로곡선이 다시 하향하여 0(zero) 수준으로 수렴하리라고 예측하고 있는데 아직 그에 대한 충분한 데이터를 보여주지는 못하고 있다.

따라서 이러한 실증분석결과는 더닝의 투자발전경로모델이 예측한 결과를 나름대로 지지하고 있다고 말할 수 있다. 그러나 이러한 결과를 보다 구체적으로 살펴보면 여러 가지 개념적 한계가 나타난다. 예컨대 경제발전단계(1인당 GDP)가 비슷한 나라들의 직접투자 포지션이 크게 차이가 나고 있다. 이것은 각국의 공업화수준이나 공업화패턴의 차이 때문이기도 하고 싱가포르처럼 세계적인 다국적기업의 지역본부가 입지하고 있는 그 나라의 전략적 위치 때문이기도 한데 발전경로모델은 이러한 차이를 반영하지 못한다.

또한 브라질·중국·인도·멕시코·남아공·터키 등의 경우 해외투자를 많이 행하고 있을 뿐만 아니라 세계적인 다국적기업을 배출하고 있는 나라들인데 이들의 투자발전경로는 1단계 또는 2단계에 머물러 있다. 이것은 이들 나라가 많은 해외투자를 행함과 동시에 많은 외국인투자도 받아들이고 있기 때문인데, 따라서 이 모델은 이러한 나라들의 해외투자국으로서의 위상을 제대로 반영해 주지 못한다.

한편 유엔무역개발회의의 동 보고서는, 해외투자와 외국인투자 모두 그 국가가 보유하고 있는 고유한 자원과 역량에 구조적 변화를 가져오게 함으로써 그 나라의 동태적 비교우위를 촉진시키고 그 나라의 국가경쟁력을 향상시키는 수단으로 활용할 수 있음을 역설하였다. 또한 기업적 차원에서도 해외투자를 통하여 필요한 시장・자원・효율・전략적 자산 등을 해외에서 조달함으로써 빠른 시일 내에 경쟁력을 향상시킬 수 있는 수단이 된다고 보았다. 또한 투자발전경로는 단순히 외국인투자와 해외투자의 양적 변화를 넘어서 투자의 구성에 있어서의 구조적 변화를 예측할 수 있도록 해준다.

경제발전의 초기단계에서는 외국인투자를 통하여 새로운 자산을 만들어간다. 처음에는 낮은 수준의 기술・지식산업부문으로부터 시작하여 점차 고부가가치・하이테크・효율추구형 직접투자로 이동해간다. 시간이 지남에 따라 다양한 파급효과가 발생하고 이로 인해 국내기업들 간의 경쟁이 축적되면 가장 효율적인 기업들은 수출・계약・해외직접투자 등을 통하여 해외시장으로 진출하게 된다. 해외직접투자의 경우에 있어서도 외국인직접투자의 경우와 유사하게 처음에는 낮은 기술형 또는 자원지향형 투자로부터 시작하여 점차 고부가가치 활동으로 변화한다. 최근에는 기술수준의 발달・정보통신의 발달・국제화의 압력 등으로 인하여 이와 같은 해외직접투자를 통한 경제발전 프로세스가 더욱 가속화되고 있다.

이처럼 시간이 지남에 따라 외국인투자와 해외투자의 구조고도화가 이루어지고 이러한 구조고도화가 그 나라의 국가경쟁력을 향상시키는 중요한 수단이 된다. 따라서 각국은 그들의 경제적 상황에 따라 각기 자신에게 가장 적합한 외국인투자와 해외투자의 전략을 추구한다. 또한 한 기업의 입장에서도 해외투자를 통하여 새로운 자산을 획득하거나 활용하는 것이 좋을 수도 있고 다른 국가로부터의 외국인투자를 증진시켜 그들의 경쟁우위를 향상시키는 것이 더 효율적일 수도 있으므로 기업 역시 자신에 적합한 전략적 경영을 통하여 자신의 기업경쟁력을 높여가게 된다.

부록 13-2 더닝(J. H. Dunning)의 투자발전경로(IDP)모델(보충)

상술한 대로 더닝(J. H. Dunning)은 일국의 경제발전단계를 5단계(1인당 GDP로 측정)로 구분하고 각각의 단계에서 그 나라의 직접투자의 순유출(해외직접투자액－외국인직접투자액, 직접투자 포지션)이 일정한 패턴으로 변화되는 동태적 과정을 가진다는 모델을 제시하고 있는데, 그가 모델링한 5단계의 구체적 내용은 다음과 같다.

DP 1단계 : 공업화 이전의 단계로서 소득수준이 매우 낮은 수준의 빈곤국이다. 이러한 단계의 나라에서는 외국의 다국적기업들이 자국에 진출하려는 입지우위(L)요인이 별로 없어 외국인투자가 별로 이루어지지 않지만 천연자원의 부존에 따른 외국인투자가 일어날 수 있다. 반면 자국 기업이 해외로 진출할만한 소유권우위(O)가 없어 해외투자는 거의 일어나지 않는다. 따라서 1인당 직접투자의 포지션은 마이너스(−)로 나타난다.

IDP 2단계 : 소득수준이 향상되고 사회간접자본의 수준도 높아지며 시장규모가 커지고 교육·훈련 등을 통하여 인적 자본도 증가하는 등 그 나라의 입지우위(L)가 높아짐에 따라 외국인투자가 점차 증가한다. 여전히 천연자원 지향적 투자가 주류를 이루지만 일부 저노임지향적 투자도 일어난다. 그러나 소유권우위(O)의 축적은 여전히 낮아 해외투자 수준이 전반적으로 낮은데 몇몇 나라들의 경우 천연자원 취득이나 외국시장에 대한 진출을 위한 해외투자를 행하는 등 해외투자가 서서히 증가하기 시작한다. 따라서 1인당 직접투자 포지션은 마이너스(−)로 나타나고 그 수준이 점점 커진다.

IDP 3단계 : 소득수준이 더욱 향상되고 중간 단계의 공업화수준을 나타내는 단계로서 외국기업이 보유하고 있던 소유권우위(O)는 저하되기 시작하고 현지기업의 경쟁력이 상대적으로 높아지기 때문에 1인당 외국인투자 유입은 정체되는 반면 자국 기업의 소유권우위(O)가 향상됨에 따라 1인당 해외투자 유출은 빠르게 증가하기 시작한다. 따라서 1인당 직접투자의 포지션은 여전히 마이너스(−)이지만 그 방향이 상향하기 시작한다. 이 단계에서는, 다른 조건이 일정하다면, 해외투자나 외국인투자 모두 그 나라의 경제에 중요한 역할을 가지는 단계로서 직접투자에 대한 정책기조가 어떠하냐에 따라 그 나라의 직접투자패턴이나 경제발전에 미치는 역할이 다르게 나타날 수 있다. 예컨대 내향적 성격을 지닌 개도국의 경우 외국인투자가 상대적으로 부진할 뿐만 아니라 자국 기업의 해외투자에 대해서도 제한을 가할 가능성이 높은 반면 외향적 성격을 지닌 개도국의 경우 양 방향에서의 직접투자가 활발히 이루어진다.

IDP 4단계 : 이 단계에서는 해외투자가 외국인투자의 플로(flow)를 초과하여 직접투자의 순유출이 플러스(+)로 나타나기 시작한다. 국내기업의 소유권우위(O)가 강해져서 자국 시장에서뿐만 아니라 해외에서도 다른 다국적기업과 경쟁할 수 있게 되고 동시에 자국의 입지우위(L)는 약화됨에 따라 해외투자를 통한 기업의 내부화유인(I)이 점차 커지기 때문이다. 이에 따라 1인당 직접투자의 포지션은 마이너스(−)에서 플러스(+)로 전환되어 점차 상향하게 된다. 이러한 단계에서는 기술집약적 산업이나 서비스산업에 대한 외국인투자가 증가하고 해외투자도 자산추구형 또는 시장추구형 투자와 더불어 기술집약적 부문에 대한 투자가 증가하기 시작한다. 많은 선진국들이 이러한 단계에 속하고 한국·대만 등 소수의 개도국들도 1990년대 초부터 이러한 단계에 진입하기 시작하였다.

IDP 5단계 : 이 단계는 해외투자와 외국인투자가 다시 비슷해지기 시작한다. 이 단계에서는 각국의 우위요인이 유사해짐에 따라 다국적기업의 소유권우위는 점차 기업특유의 것으로 전환되고 다국적기업의 입지결정이 요소부존 등과 같은 요인보다도 경쟁자의 글로벌전략 등에 따르게 되며 산업 내 생산을 통하여 합리적으로 결정된다. 따라서 1인당 직접투자 포지션은 일정한 시점에서 정점을 지나 하향하기 시작하면서 해외투자와 외국인투자가 서로 거의 균형을 이루는 0(zero) 부근으로 수렴하게 된다.

2. 산업고도화를 위한 해외투자정책의 과제

2.1 산업공동화형 투자 / 산업고도화형 투자

해외직접투자가 투자국의 국민경제에 미치는 경제적 영향을 종합적이고 동태적인 관점에서 평가한다면, '해외직접투자가 투자국의 산업생산력 내지 국가경제력에 어떤 영향을 미치는가'라는 문제로 귀착된다. 해외투자가 장기적으로 투자국의 경제적 위상을 높여주는가 그렇지 못하는가 하는 문제는 결국 해외투자가 그 나라의 산업생산력이나 국가경쟁력에 어떠한 영향을 미치는가에 따라 달라지기 때문이다.

이와 관련하여 논의되는 핵심적 논쟁점이 해외직접투자로 인한 산업공동화 문제이다. 해외직접투자의 경제성장효과와 관련하여 제10장에서 논의하였듯이, 해외투자로 인한 산업공동화를 협의(狹義)의 개념으로 정의하는 사람들은 해외투자를 통하여 국내생산부문이 해외로 이전함으로써 국내 산업의 투자 · 생산 · 고용이 축소되어 구멍이 생기는(hollowing-out) 국내생산의 공동화현상을 산업공동화로 정의한다. 그러나 산업공동화를 광의(廣義)의 개념으로 정의하는 사람들은, 해외투자로 인해 국내투자가 저하되고 국내생산기반이 침식되면서 국내 산업에 구멍이 발생하여 국가 전체의 투자감소 · 고용감소 · 성장정체를 가져올 뿐만 아니라 국제경쟁력 약화 · 국제수지 악화 · 산업생산력 약화 등과 같은 일련의 부정적 효과가 발생하는 것을 총칭하는 것으로 정의한다.

말하자면 산업공동화를 넓게 정의하는 사람들은, 해외투자로 인하여 투자국 경제의 산업생산력 · 국가경제력 · 국가경쟁력이 약화되는 현상까지를 포괄하여 산업공동화로 정의하는 것이다. 이러한 경우 산업공동화란 결국 '해외직접투자의 진전과정에서 야기되는 투자국 경제의 실패 내지 악영향'을 총칭하는 것이라고도 할 수 있다. 산업공동화를 이렇게 광의로 정의하는 경우, '해외투자로 인한 부정적 효과를 극소화하는 동시에 해외투자가 장기적이고 동태적인 산업고도화와 경제발전에 기여할 수 있도록 하기 위한 투자국의 산업정책방향이 무엇인가'라는 문제는 곧 '해외투자로 인하여 발생될 수 있는 산업공동화를 방지하면서 해외투자를 통하여 산업구조를 고도화하고 국가경쟁력을 강화시키기 위한 투자국의 산업정책방향이 무엇인가'로 치환하여 생각할 수 있다.

일반적으로 해외직접투자는 2가지의 가능성을 동시에 지니고 있다. 우선, 국내에 존재하는 한계산업의 생산거점을 해외로 이전시킴과 동시에 부가가치가 높은 새로운 비교우위산업을 국내에 육성함으로써 투자국의 산업구조를 고도화시키고 이를 통하여 투자국의 산업생산력 · 국가경제력 · 국제경쟁력을 향상시키는 수단이 될 수 있다. 이러한 경우 해외투자는 투자국의 산업구조조정과 산업구조재편을 이룩하는 채널이 되는 동시에 국가의 산업생산력과 경제력을 유지・향상시키는 과정이 될 수 있다.

반면, 해외투자가 지나치게 급속히 이루어지거나 국내생산거점이 해외로 이전되기만 할 뿐 국내에 새로운 투자가 이루어지지 않는 잘못된 방향으로 진전될 경우, 해외투자로 인하여 국내생산기반이 침식되고 투자국의 산업생산력이 저하되며 국내산업구조의 완결성이 저해되는 동시에 해외의존성이 증대되는 부작용만을 초래하여 투자국의 산업생산력・국가경제력이 약화되는 과정이 될 수도 있다.

전자의 경우가 해외투자를 통한 산업고도화(産業高度化) 과정인 반면 후자의 경우는 기존의 국내 산업이 해외투자로 인하여 구멍이 생기고(hollowing-out) 국가의 산업생산력과 경제력이 약화되는 산업공동화(産業空洞化) 과정이 된다. 따라서 해외투자가 투자국의 국민경제에 유익한 방향으로 이루어지기 위해서는 결국, 산업공동화형의 투자가 아닌 산업고도화형의 투자가 이루어져야 한다.

그렇다면 일국의 해외직접투자가 어떠한 경우 산업고도화형의 투자가 되고 또 어떠한 경우 산업공동화형의 투자가 될 수 있는가, 또한 산업공동화형 해외투자가 아닌 산업고도화형의 해외투자가 되기 위해서는 어떠한 정책적・전략적 노력이 요구되는가? 이하에서는 이러한 2가지 문제에 대하여 논의하고 최종적으로 해외직접투자로 인한 산업공동화에 대응하는 투자국의 산업고도화 정책방향에 대하여 언급하기로 한다.

2.2 고지마(小島清)의 미국형 투자 / 일본형 투자

2.2.1 미국형 투자와 일본형 투자의 특성

해외직접투자에는 다양한 패턴이 있고 이러한 투자유형에 따라 해외투자로 인한 투자국의 국민경제적 영향도 다양하므로 이러한 패턴에 대응하여 다면적인 영향을 검토하여야 한다. 이러한 필요성 때문에 다양한 투자유형의 분류와 평가가 이루어지고 있는데 해외투자의 유형을 미국형 투자와 일본형 투자로 분류하려는 주목할 만한 모델이 일본의 경제학자 고지마(小島清, K. Kojima)에 의해 제시되어 왔다.[10]

그는 종전까지의 해외투자유형 분류나 해외직접투자이론이 주로 미국계 다국적기업들을 모델로 하는 서구 학자들에 의해 이루어져 왔지만 일본 기업의 해외투자는 그 특성과 경제적 영향이 미국계 다국적기업의 투자와는 서로 다르므로, 다국적기업과 해외직접투자의 투자유형을 분류함에 있어서나 이에 대한 경제이론을 정립함에 있어서도 양자를 서로 구분하는 것이 바람직하다고 주장하였다. 이에 따라 그는 해외직접투자 유형을 미국형 투

10 대표적인 연구로서 小島清(1973, 1981, 1988.1, 1988.11, 1989) 및 K. Kojima(1978) 등 참조.

자(American type investment)와 일본형 투자(Japanese type investment)로 구분하고 이러한 두 유형의 투자특성과 그에 따른 국민경제적 영향이 서로 다르다는 것을 모델링하였는데 〈표 13－5〉는 이러한 고지마의 주장과 논리적 귀결들을 종합하여 정리하고 있다.

표 13－5　　미국형 투자와 일본형 투자의 비교 (小島淸모델)

구 분		미 국 형 투 자	일 본 형 투 자
투자의 특성	투자주체	과점적 거대기업(다국적기업)	중·소규모적 기업
	진출산업	비교우위·선발성장·기술집약산업 (전기·전자·수송·기계·화학 등)	비교열위·표준화·노동집약산업 (섬유·의복·철강·가전 등)
	진출동기	독점적 우위 활용한 시장지향형 투자 (공격적·적극적, 이윤극대화)	요소지향형 및 시장방어적 투자 (방어적·소극적, 비용극소화)
	투자지역	대 선진국투자 선호	대 개도국투자 선호
	소유정책	단독투자(다수지분형) 선호	합작투자(소수지분형) 선호
	관 점	미시적·산업조직론적 관점 국제경영학적 관점	거시적·산업구조 조정론적 관점 국제경제학적 관점
경제적 영향	무역효과	역무역지향형·무역축소형 투자 (무역과 직접투자의 대체관계)	무역지향형·무역촉진형 투자 (무역과 직접투자의 보완관계)
	기술이전	역순적 기술이전(reversed orderly transfer of technology)	순차적 기술이전 (orderly transfer of technology)
	비교우위	비교우위 차의 축소 (투자국의 비교우위 상실, 현지국의 추격, 마찰격화)	비교우위 차의 확대 (상호 비교우위의 구조고도화 쌍방의 조화적 고도화)
	고용효과	비교우위산업 생산축소로 －효과	중립적 또는 ＋효과 발생
	산업공동화	투자국의 산업공동화 효과, 현지국의 종속화 심화 우려	투자국의 산업구조조정효과, 현지국의 경제발전지향효과

그는 우선 미국계 다국적기업들이 주로 행하는 이른바 미국형 투자(American type investment)는 다음과 같은 특성을 지니는 것으로 요약하고 있다.

(1) 과점적 대기업들이 이윤극대화를 이루기 위한 목적으로 자본·기술·경영능력 등 제경영자원의 거대성과 탁월성을 무기로 하여 세계시장점유율을 높이기 위한 시장지향적 진출을 행한다. 비교우위 구조상 비교우위가 높은 선발성장산업(전기·전자·기계·화학·의약·수송기 등)을 중심으로 해외에 진출한다.

(2) 세계로 뻗어 있는 자회사 네트워크(network)를 통하여 제 거래를 기업내부에서 행하는 내부화를 통하여 거래코스트의 절약과 이윤극대화를 추구한다. 따라서 미국형투자는 다국적기업형 해외직접투자라고 특정지을 수 있다. 이 때문에 투자지역도 대부분이 선진국이며 소유정책도 시장을 내부화하고 기업 내에서의 독점이윤을 획득하기에 용이하도록 완전소유가 대부분이다.

(3) 따라서 이러한 미국형 투자는 미시적 · 경영학적 이론으로부터 옹호된다.

반면, 일본 기업의 해외직접투자는 1970년대에 이르러서야 비로소 본격적으로 행해지는 후발적 투자였기 때문에 투자지역 · 대상산업 · 규모 등이 미국형 투자와는 다른 특성을 나타내는데 이러한 일본형 투자(Japanese type investment)의 특성은 다음과 같다.

(1) 많은 중소규모기업들이 해외의 자원산업이나 노동집약적 산업에 투자함으로써 자원지향형 · 노동지향형 해외투자를 행한다. 비교우위 구조상 비교우위가 약화되었거나 표준화된 산업(섬유 · 의복 · 철강가공 · 자동차조립 · 라디오 등의 전기기기)에 대하여 거시적 · 국민경제적 관점에 입각하여 진출한다.

(2) 따라서 해외직접투자를 통하여 투자국의 비교열위산업이 투자수입국의 비교우위산업으로 전환됨으로써 쌍방의 산업구조를 고도화시킴과 동시에 상호 간의 조화적인 무역의 확대를 가져오게 된다. 따라서 이는 경제발전지향형 투자라고 할 수 있다. 이 때문에 투자지역도 대부분 개발도상국 특히 아시아 · 남미의 투자비중이 높으며 소유정책도 주로 합작투자의 형태를 취한다.

(3) 이러한 투자특성 때문에 일본형 투자는 거시적 · 산업구조조정적 관점에서 이루어지고 국제경제학으로부터 지지를 받는다.

2.2.2 미국형 / 일본형 투자의 국민경제적 영향

한편, 고지마는 이러한 투자유형의 차이에 따라 그러한 투자유형이 초래할 수 있는 경제적 영향 역시 서로 달라진다고 주장하면서, 미국형 투자가 역무역지향형(reverse/anti-trade oriented type)인 데 비하여 일본형 투자는 무역지향형(trade oriented type) 투자로서 거시적 · 국민경제적 관점에서 후자가 전자보다 더 바람직한 투자유형이라고 주장하였다.

미국형 투자의 경우, 비교우위라는 거시적 · 국민경제적 관점을 무시한 채 독과점적 기업들의 이윤극대화를 추구하기 위한 첨단산업 · 비교우위산업에서의 시장지향적인 투자가 주류를 이루고 있는데, 이러한 투자유형은 투자국의 비교우위를 상실시키고 현지국과의 무역마찰을 증대시키는 결과를 초래하므로 역무역지향형 투자 내지는 무역축소형 투자라는 것이다.

반면 일본형 투자의 경우, 투자의 대부분이 비교열위에 있는 자원산업이나 비교우위를 상실해가는 표준화산업에 집중되어 있어 자신의 비교열위를 보완하거나 비교우위의 변화에 순응하는 투자 또는 거시적 · 국민경제적 관점에 입각한 투자인데, 이러한 투자는 투자국의 산업구조조정에 기여함은 물론 현지국의 공업화와 비교우위 고도화에도 기여함으로써 양국의 비교우위를 보완하는 무역지향적 투자 내지는 무역촉진적 투자로서의 성격을 지닌다는 것이다. 예컨대 급속한 성장에 따른 요소부존의 변화로 일본의 노동집약산업이 국제경쟁력을 잃고 사양산업화 되면 이웃 나라의 저렴한 노동력을 추구하는 해외투자가 이루어지게 되는데 이때 일본의 비교열위산업은 개발도상국의 비교우위산업으로 갱생되어 현지국의 수출증대에도 기여한다는 것이다.

따라서 그는 미국형 투자의 경우 개별 기업적 입장에서는 합리적일지 모르지만 국민경제・국제경제라는 거시적 차원에서는 불리한 점을 가진다고 주장하였다.

우선 미국형투자와 같이 투자국이 비교우위를 지니고 있는 선발성장산업에서 대규모의 투자가 이루어는 경우 경제규모도 작고 기술수준도 낮은 현지개도국들에게 경제적 엔크레이브(enclave)만을 형성함으로써 그들의 경제발전에 도움을 주지 못한다. 미국형 투자는 이렇게 현지개도국에게 유익한 결과를 가져다주지 못할 뿐만 아니라 투자국에 대하여서도 유익하지 못한 결과를 가져올 수 있다. 국내에서 생산이 이루어지더라도 경쟁력을 누릴 수 있는 비교우위산업이 해외로 이전됨으로써 자신의 비교우위가 약화되는 결과를 초래하여 첨단성장산업의 우위성은 경쟁국으로부터 침식당하고 비교우위약화산업은 후발국들에 의해 추격되어 국제수지 및 고용이 악화되는 이롭지 못한 결과가 초래될 수 있기 때문이다.

반면 일본형 투자의 경우, 미국형 투자와는 달리 자신의 비교우위를 보완하거나 자신이 비교우위를 상실하는 부문에서 해외투자를 행하는 거시적・국제경제적 관점에 입각하여 투자가 행해짐으로써, 투자국이나 현지국 모두에게 유익한 경제적 영향을 가져다 줄 수 있다고 그는 주장하였다.

먼저 시장규모가 작고 경제발전수준도 낮은 현지 개도국의 입장에서 볼 때 중소규모적 외국기업이 국내로 진출해 오는 경우 기술이전이나 고용증대 등의 확산효과(spill－over effect)가 증대될 수 있고, 또한 천연자원・농산물・가공농산물 등에 대한 투자가 이루어지면 이러한 현지국의 토착산업부문의 개발이 이루어질 뿐만 아니라, 투자국의 입장에서는 비교우위가 약화된 산업이지만 개도국의 입장에서는 비교우위를 가질 수 있는 산업이 해외투자를 통하여 이전됨으로써 현지국의 비교우위가 강화될 수 있다는 것이다.

또한 이러한 일본형 투자는 해외투자를 통하여 비교우위가 약화되는 사양산업을 해외로 이전시키는 동시에 국내에서는 더 높은 산업에 대한 새로운 투자를 행함으로써 투자국의 산업구조를 고도화하는 동시에 해외에서의 저렴한 노동력과 풍부한 자원을 활용함으로써 투자국의 국제경쟁력을 강화하고 국제수지를 개선시킬 수 있어, 투자국의 입장에서도 유익한 경제적 효과를 가져 올 수 있다. 투자국과 현지국 간의 이러한 상생적 상호작용을 초래하는 일본형 투자는 더 나아가 남북 간 쌍방의 비교우위구조의 고도화를 조화적으로 촉진시켜 줌으로써 남북무역의 재편성과 국제무역의 상호적 증진을 이룩할 수 있다는 것이다.

이러한 주장과 관련하여 고지마는 비교우위산업부문에서 해외투자를 행하는 미국형투자는 ① 비교우위산업의 생산축소로 인한 고용 감소, ② 선진기술의 해외유출로 인한 비교우위 약화, ③ 해외투자와 무역 간의 대체관계로 인한 국제수지 악화 등을 초래하여 산업공동화를 유발하는 데 비하여, 비교열위산업부문에서 해외투자를 행하는 일본형 투자는 이러한 산업공동화를 유발하지 않는다고 주장한다. 말하자면 일본형 투자가 산업고도화형의 투자라면 미국형투자는 산업공동화형의 투자라는 것이다.

2.2.3 국가별 투자유형 분류의 평가

이처럼 해외투자를 미국형과 일본형으로 구분하고 이러한 유형에 따라 그 경제적 영향 역시 달라진다는 고지마의 국가별 투자유형이 논리적으로나 역사적으로 얼마나 일반적 타당성과 보편성을 지니고 있는가에 대해서는 [부록 13－3]에서 논의하고 있지만, 일본형 투자는 산업고도화형 투자임에 비하여 미국형 투자는 산업공동화형 투자라는 이러한 주장에 대한 비판들을 요약하면 다음과 같다.

(1) 비교열위산업에서 행해지는 일본형 해외투자도 대량의 투자가 급속히 해외로 빠져나가는 경우 이로 인해 비게 되는 산업공간을 새로운 산업생산으로 메우지 못한다면 산업공동화문제가 발생하게 된다. 따라서 투자되는 산업이 비교우위산업이냐 비교열위산업이냐만으로 공동화의 발생 여부를 단정하는 것은 문제가 있다.

(2) 미국형 투자는 기술의 해외이전이 수반되어 기술의 부메랑효과가 높아진다고 설명하고 있지만 기술을 보호하려는 다국적기업의 기술전략에 따라 이러한 기술유출이 실제로 일어나기는 쉽지 않다. 오히려 일본형 투자의 경우 이를 수용하는 개도국은 선진국의 표준화된 기술만을 이전받게 되어 자신의 산업구조가 영구적인 종속적 하청경제로 머물 우려가 있다. 따라서 투자국의 입장에서나 현지국의 입장에서 일본형 투자가 미국형 투자에 비하여 반드시 더 유리하다고 평가하기는 곤란하다. 따라서 이러한 주장은 어떤 의미에서는 일본의 투자를 국제적으로 합리화하려는 뜻으로 국한해서 이해할 수도 있다.

(3) 그에 따르면 미국형 투자는 역무역지향적 성격으로 인해 투자국과 현지국의 국제수지를 악화시키는 반면 일본형 투자는 무역지향형적 성격으로 투자국과 현지국의 국제수지를 개선시킨다고 전제한다. 그러나 동태적인 관점에서 보면 반드시 그렇지 않을 수도 있고, 이로 인해 양국의 무역규모는 커질지 모르지만 무역의존도는 오히려 심화되어 만성적 국제수지 적자에 빠질 우려도 있다.

이처럼, 미국형 투자는 투자국의 산업공동화를 초래하는 데 비하여 일본형 투자는 오히려 산업고도화를 가져오는 투자라는 고지마의 주장에 대하여서는 여러 가지 논란이 제기되고 있다. 그럼에도 불구하고 이러한 그의 주장은 해외투자와 산업공동화문제에 대한 몇 가지의 유용성과 시사점을 우리에게 던져주고 있다고 할 수 있다.

우선, 그 동안 추상적인 수준에서 논의되던 해외투자의 산업공동화효과를 하나의 종합적 체계로서 유형화하였고 해외직접투자가 일국의 산업구조고도화를 위한 산업구조조정의 일환으로서 이루어져야 한다는 명제를 던져주고 있다. 또한 그 동안 일본경제는 이러한 고지마형의 해외직접투자를 행함으로써 해외투자로 인한 공동화문제에 비교적 교묘히 대처하여 왔다는 현실적 경험을 통하여 이러한 유형분류가 갖는 시사점을 음미해 볼 필요도 있다.

또한 해외직접투자를 미국형과 일본형으로 분류하고 그러한 투자유형에 따라 그 경제적 영향이 달라진다는 고지마모델과는 상관없이, 해외직접투자가 초래할 수 있는 투자국의 경제적 영향을 산업고도화형(산업구조조정형) 투자와 산업공동화형 투자유형으로 구분하는 시도들이 다른 사람들에 의해서도 이루어지고 있다. 오늘날의 세계경제는 선진국 간 신기술개발경쟁・신흥공업국의 부상・후발개도국의 추격 등으로 인해 비교우위 구조변화와 산업재편성이 활발히 진행되고 있는데 이러한 세계분업구조의 재편과정에서 각국은 자국의 해외투자를 산업구조조정의 수단으로 활용하고 있다.

이러한 관점에서 본다면 해외투자를 산업공동화형 투자와 산업고도화형 투자로 유형분류하는 것은 나름대로의 의의를 지닌다고 할 수 있고, 이때 산업고도화형 투자란 해외투자를 통하여 국내사양부문을 해외로 이전시키는 동시에 국내에는 새로운 성장산업을 육성하는 노력이 동시에 이루어지는 투자유형이라고 할 수 있다. 이러한 산업고도화형의 투자는, 제품의 리사이클링(recycling)을 통하여 노후시설과 노후기술을 재활용함으로써 투자국의 국제경쟁력을 연장할 수 있고, 국내생산부문과 해외생산부문의 공정 간 분업을 통하여 해외시장을 안정적으로 확보하는 동시에 국내생산에 필요한 원료 및 중간재들을 안정적으로 공급받는 분업적 이익도 누릴 수 있게 된다.

그럼에도 불구하고 이러한 산업고도화형 투자가 전체적인 산업정책과 연계된 장기적인 관점에서 이루어지지 않을 경우 국내산업의 급속한 사양화와 산업공동화를 초래할 우려도 있게 된다. 따라서 해외직접투자와 관련한 투자국의 정책은 해외투자가 투자국의 국민경제에 산업공동화를 발생시키는 대신 이를 통하여 산업고도화가 이루어지도록 하는 산업정책적 관점에서 전략적으로 이루어져야 한다.

부록 13-3 고지마(小島淸)의 국가별 투자유형에 대한 종합적 평가

앞에서 소개하였던 고지마의 해외직접투자 유형분류는 이론적으로 역사적으로 얼마나 일반성과 보편성을 가진다고 평가될 수 있는가? 이와 관련하여 많은 논의들이 이루어졌지만 이러한 논의에는 적어도 2가지 관점에서의 논의가 필요하다. 첫 번째로는, 그가 제시한 미국형투자와 일본형 투자유형이 과연 양국의 투자행태를 올바르게 설명하느냐 또는 미국형과 일본형 투자라고 하는 국가별 투자유형 분류가 현실적으로 유의한 것이라고 할 수 있는가 하는 실증적 측면의 평가문제이다. 두 번째로는, 그가 주장한 대로 국민경제적 관점이나 세계경제적 관점에서 일본형 투자가 미국형 투자보다 과연 더 바람직한 유형이라고 할 수 있는가라는 규범적 측면의 평가문제이다.

1. 실증적 측면(국가별 투자특성)에 대한 평가

첫 번째의 실증적 측면에 대해서는, 1970년대 중반까지 일본 기업의 해외투자는 어느 정도 그가 말하는 일본형 투자의 특성을 가지고 있었던 것이 사실이다. 따라서 그의 유형화는 분명히 하나의 가치 있는 모델링이라고 할 수 있다. 그러나 이후 일본의 해외투자가 더욱 확대되고 본격화됨에 따라 일본 기업의 투자 역시 점차 그가 말하는 미국형 투자의 패턴으로 옮겨져 왔고 이와는 반대로 서구의 다국적기업들도 그가 말하는 일본형 투자형태를 취하기도 하였다.

따라서 해외직접투자를 '미국형' 또는 '일본형'이라는 국가별 유형으로 분류하는 것은 현실적 정합성이 부족한 것이 사실이며, 결국 해외투자는 그 기업의 목표와 특성 및 투자의 발전단계에 따라 차이가 발생할 뿐이지 이를 미국형 또는 일본형이라고 하여 국가별 특성이라는 관점에서 분류하는 것은 타당하지 않다는 비판이 이루어져 왔다.

이렇게 고지마의 가설을 비판하는 사람들 중에는, 그동안 일본 기업이 행한 투자 역시 이른바 미국형 투자를 설명하는 이론으로서도 설명이 가능하다는 주장을 제기하는 사람들이 있었다. 예를 들면, 기술집약도가 낮은 표준화제품을 생산하는 중소규모의 일본 기업들이 누릴 수 있는 우위성을 독점적 우위론(monopolistic advantage theory)의 관점에서도 설명할 수 있다는 주장, 기술혁신자가 아닌 모방자로서의 일본 기업의 해외직접투자는 제품주기이론(product life cycle theory)을 통하여 설명할 수 있다는 주장, 일본의 해외투자는 과점적 대응이론(oligopolistic reaction theory)의 관점에서 과점적 경쟁에 의한 밴드왜건효과(band wagon effect)로서 설명할 수 있다는 주장 등이 그것이다. 이러한 주장들 역시 일본 기업의 투자를 미국 기업의 투자와 구별되는 하나의 독자적 모델로 취급할 필요가 없다는 기본 인식을 바탕으로 하는 것이다.

2. 규범적 측면(경제적 영향)에 대한 평가

과연 일본형 투자가 미국형 투자보다 거시적·국민경제적 관점에서 미국형 투자보다 더 바람직한 경제적 영향을 가져오는 것인가라는 규범적 측면에 대해서는, 고지마의 이러한 주장은 어느 정도의 타당성을 가지고 있는 것이 사실이지만 다음과 같은 점에서 일정한 문제점과 한계점이 있다는 비판들이 다양하게 이루어졌다.

(1) 어떤 의미에서 고지마의 주장은 그들의 일본형 투자를 국제적으로 합리화시키려는 아전인수적인 논리로 국한해서 이해할 수도 있다. 전후 일본경제는 자신이 말하는 미국형 투자를 유치하여 서구의 선진기술을 도입함으로써 오늘의 경제발전을 이룩한 것이 사실인데 자신은 미국형 투

자의 유치를 통하여 경제발전을 이룩하였으면서 지금의 개도국들에게는 이러한 미국형 투자가 바람직하지 않다고 주장하는 모순을 범하고 있다. 그렇다면 고지마가 주장하는 일본형 투자란 결국 지금의 개도국들이 경제발전을 이룩하는 데 반드시 적합한 유형이 아님이 일본 자신의 경험으로써 입증되었다고 할 수도 있다. 이러한 관점에서 본다면 그가 말하는 일본형 투자란 결국 여타 신흥공업국들의 추격을 두려워하는 나머지 자국의 첨단기술 이전을 꺼리는 일본 기업들의 이해관계를 옹호하는 것에 불과할 수도 있다.

(2) 고지마의 주장에 따라 개도국들이 일본형 투자만을 유치한다면 임금이 낮은 개도국들은 노동집약재의 생산, 특히 부품생산에만 머물게 되는데 이는 개도국 경제를 영구적인 종속적 하청경제로 머물게 할 우려를 가져온다. 또한 이러한 극단적인 경우가 아니더라도 고지마이론에 따른 직접투자는 현지국의 산업구조를 지나치게 투자국에 의존적인 것으로 만들 가능성이 커지는데, 이러한 경우 현지개도국의 무역규모는 커질지 모르나 투자국에 대한 무역의존도가 감소하지 않아 결국 국제수지가 계속 적자상태에 머물 우려가 있게 된다.

(3) 일본형 투자를 통해 상호 간 비교우위가 강화됨으로써 무역지향적인 것이 된다 하더라도 그 경우의 직접투자란 일방 통행적이어서 양국 간 기술의 상호교류 현상을 기대할 수 없게 된다. 또한 동태적인 관점에서 보면 이러한 투자가 반드시 무역촉진적이라고 할 수 없기 때문에 해외투자로 인하여 무역규모가 확대되지 않을 수도 있다.

(4) 비교우위산업에서 해외투자를 행하는 미국형투자는 산업공동화형의 투자인 데 비하여 비교열위산업에서 해외투자를 행하는 일본형 투자는 이러한 산업공동화를 유발하지 않고 오히려 투자국의 산업구조를 고도화시키는 산업구조 조정형 투자라고 하는 주장 역시 투자가 이루어지는 산업의 비교우위나 비교열위 여부만으로 반드시 그러한 결과가 발생된다고 말하기 어렵다.

이처럼 고지마의 투자유형 분류나 이론은 여러 가지 한계점이 없지 않지만 그럼에도 불구하고 해외직접투자의 경제이론이나 경제적 영향과 관련하여 일정한 이론적 유용성과 정책적 시사점을 던져주고 있다고 할 수 있다. 해외직접투자가 투자국의 비교우위가 약화되는 한계산업으로부터 시작되어 이것이 현지국의 잠재적 비교우위를 강화한다면 양국 간 비교우위 격차를 확대시켜 무역을 확대하고 자원의 효율적 배분을 이룩할 수 있다는 점을 밝히고 있으며, 또한 해외직접투자의 산업공동화효과와 관련하여 해외투자가 일국의 산업구조고도화 및 산업구조조정의 일환으로서 이루어져야 한다는 명제를 던져주고 있다. 이러한 점에서 이러한 유형분류가 갖는 시사점을 음미해 볼 가치가 있다고 하겠다.

2.3 산업고도화형 투자를 위한 전략적 정책과제

이상에서 우리는 해외투자가 투자국의 경제에 산업공동화 대신 산업고도화를 수반하도록 하는 전략적 관점에서 이루어져야 한다는 것을 논의하였다. 그렇다면 이렇게 산업공동화형 투자가 아닌 산업고도화형 투자가 되기 위하여 투자국이 취해야 할 바람직한 투자정책과 산업정책의 방향은 무엇인가?

산업공동화형의 투자가 아닌 산업고도화형의 투자가 되도록 하기 위하여 투자국이 취해야 할 투자정책 및 산업정책의 기본 방향은 결국, 해외투자로 인하여 야기될 수 있는 산업공동화와 같은 부정적 효과를 최소화하면서 해외투자가 자국의 장기적이고 동태적인 산업고도화와 경제발전에 기여하는 동시에 글로벌경쟁력을 강화할 수 있도록 하는 전략적인 산업정책이라고 할 수 있다. 이를 위해서는 다음과 같은 3가지 측면의 정책적 노력이 종합적으로 이루어져야 할 것으로 요약할 수 있다.

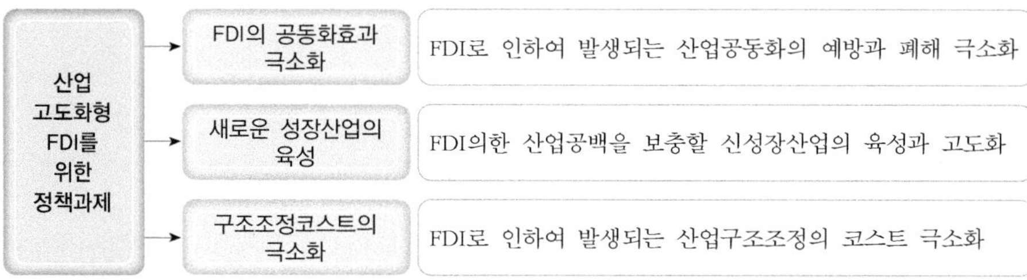

그림 13-5 산업고도화형 해외직접투자를 위한 전략적 정책과제

해외투자로 인한 공동화효과의 극소화 : 보다 적극적으로 해외투자를 추진하되 해외투자로 인한 국내생산력 약화·기술유출·국제경쟁력 약화·국제수지 악화 등과 같은 부정적 효과를 예방하고 극소화하기 위한 노력이 이루어져야 한다. 이를 위해서는 비교우위산업부문에서의 성급한 해외진출을 가급적 억제하면서 비교열위산업·비교열위화 산업들에 대한 해외투자를 적극적으로 추진하여 이를 통한 경쟁력 갱생(recycling)을 추구하여야 한다.

이렇게 비교우위부문의 성급한 해외진출이 일어나지 않고 자국의 산업구조변화와 조응하면서 점진적으로 이루어지기 위해서는 국내에서 이루어지는 것이 바람직한 투자나 국내에서 생산하더라도 여전히 비교우위를 누릴 수 있는 산업이 국내경제환경의 악화 때문에 해외로 도피하는 것과 같은 투자가 발생하지 않도록 적정한 거시경제운용과 유리한 기업환경의 조성·유지가 이루어지도록 하여야 한다. 또한 이미 이루어진 해외투자가 성공적인 성과를 창출하도록 하는 해외투자에 대한 사전적·사후적 관리와 효율적 운영이 이루어져야 한다.

새로운 신성장산업의 육성과 고도화 : 해외투자로 인한 국내의 투자·고용·성장의 대체와 관련하여 해외투자를 통하여 해외로 빠져나간 산업적 구멍(hollow)을 새로운 산업으로 메워주기 위한 노력이 이루어져야 한다. 이것은 국내산업의 합리화·생산성향상 등을 통하여서도 후발국의 추격을 극복할 수 없는 산업의 경우 해외투자를 통하여 해외로 생산거점을 이전하는 대신 이들을 보충하는 새로운 성장산업·고도화산업 분야를 어떻게 개발하고 확충해 갈 수 있는가의 문제로서, 결국 해외투자를 통한 산업구조 고도화·새로운 성장산업의 발굴과 육성이 동시에 이루어져야 한다는 것이다.

해외투자로 인한 구조조정코스트의 극소화 : 해외투자로 인하여 기존의 산업구조가 조정되는 과정에서 고용감퇴와 실업 · 생산설비의 유휴 · 특정 산업 및 특정 지역 경제력 약화 등과 같은 사회적 비용의 발생이 불가피한 만큼, 이러한 구조조정이 원활하게 이루어지는 동시에 그에 따른 사회적 비용을 극소화하기 위한 정책적 노력이 함께 이루어져야 한다. 이를 위해서는 너무 급격한 해외투자가 이루어지지 않도록 하는 동시에 구조조정으로 인하여 발생되는 산업과 산업 · 직종과 직종 간의 자원이동이 원활할 수 있도록 하는 제도적 장치와 정책적 노력이 필요하다.

CHAPTER 14

다국적기업에 대한 현지국의 정책과 전략

제4편을 통하여 살펴본 바와 같이, 외국인직접투자가 현지국의 국민경제에 미치는 영향 역시 매우 복합적이므로 이에 대한 평가 역시 아주 광범위한 스펙트럼을 지니고 있고, 또한 이와 관련된 열띤 논쟁이 오랫동안 이루어져 왔다. 그럼에도 불구하고 여전히 하나의 보편적 결론을 내리기가 어렵다. 그러나 분명한 것은 어떠한 외국인투자도 긍정적 효과와 부정적 효과라는 양방향의 효과를 동시에 수반하는 만큼 이를 유치하는 현지국의 정책과 전략에 따라 그 경제적 영향이 크게 달라질 수 있다는 점이다.

다국적기업과 현지국정부는 서로 다른 목표를 가지고 있다. 다국적기업은 자유로운 국제경영활동을 통하여 범세계적 이윤극대화를 이룩하는 것이 1차적 목표인 반면 현지국 정부로서는 국내에 진출한 외국기업을 효율적으로 관리하여 자국의 경제발전과 후생극대화에 기여하도록 하는 것이 1차적 목표이기 때문이다. 따라서 현지국으로서는 외국인투자의 긍정적 효과(merit)를 극대화하고 부정적 효과(demerit)를 극소화하기 위한 적절한 정책과 제도를 조화적으로 운용하는 것이 중요한 과제가 된다.

이러한 점을 전제로 하여 본장에서는 외국인직접투자에 대하여 현지국이 취할 정책 및 전략과 관련하여 다음과 같은 3가지 측면을 중심으로 논의한다.

(1) 외국계 다국적기업을 유치하는 현지국이 종국적으로 취해야 할 가장 바람직한 외국인투자정책의 기본 방향이 무엇이고, 외국인투자를 규제하거나 촉진시키기 위한 정책수단과 제도에는 어떠한 것들이 있으며, 이러한 현지국의 정책에 대하여 다국적기업들은 어떠한 대응전략을 행하는가?(제1절 외국인직접투자정책의 방향과 수단)

(2) 오늘날 선진국이나 개도국을 막론하고 모든 나라들이 더 많은 외국인투자를 유치하기 위하여 노력하는 경쟁이 조성되고 있는데 더 많은 투자를 더 적극적으로 유치하기 위하여 어떠한 전략적 투자유치활동이 이루어져야 하는가?(제2절 외국인직접투자의 적극적 유치를 위한 정책과제)

(3) 외국인투자를 유치하는 현지국들이 그로부터 얻을 수 있는 국민경제적 기여효과를 극대화하기 위하여 고려하여야 할 전략적 정책과제는 무엇인가?(제3절 외국인직접투자에 대한 전략적 정책과제)

제1절 외국인직접투자의 정책방향과 정책수단

1. 외국인투자에 대한 정책유형과 정책방향

1.1 외국인투자정책의 국가별 유형과 추이

1.1.1 외국인투자정책의 국가별 유형

제2편을 통하여 논의하였듯이, 다국적기업과 현지국 정부와의 관계는 다국적기업과 투자국 정부와의 관계에서와 마찬가지로 이 역시 어떤 한 방향으로의 고정된 틀이 존재하는 것이 아니라 그때마다의 경제적 상황이나 세계정치경제환경의 변화에 따라 역사적으로 변화되어 왔다. 따라서 어떤 시기에는 다국적기업과 현지국의 이해관계가 일치하여 외국인투자를 우호적인 것으로 인식한 반면 또 어떤 시기에는 적대적이기도 하였다.

외국계 다국적기업이나 외국인투자에 대한 현지국의 일반적 인식과 정책기조가 어떻게 변화되어 왔는가를 살펴보면 [그림 14－1]이 보여주듯이 다국적기업 주도기 → 현지국의 도전기(대립기) → 화해기 → 동반자적 밀월기로 변화되어 왔다.

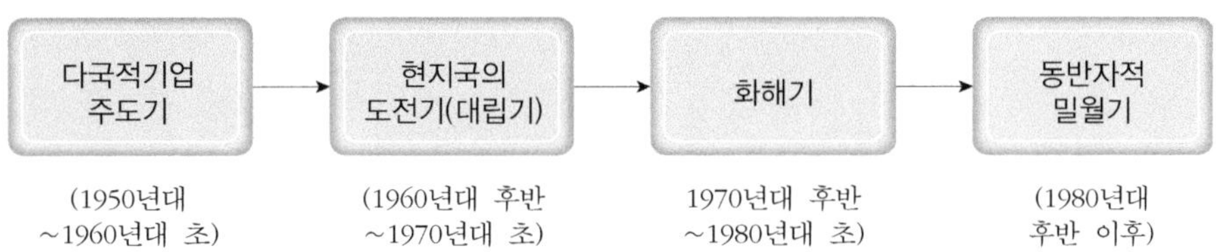

그림 14－1 외국인투자에 대한 현지국의 정책기조 변화 ([그림 3－2]와 동일)

한편, 외국인투자가 현지국에 미치는 경제적 영향이 다양하고 그것을 바라보는 인식의 차이 역시 큰 만큼 외국계 다국적기업의 진출에 대하여 현지국정부가 채택하거나 채택하고자 하는 정책 역시 나라마다 차이를 가질 수밖에 없는데, 외국인투자에 대한 현지국 정부가 취하는 정책기조를 유형화해 보면 다음과 같은 5가지로 구분할 수 있다.

적극적 투자유치정책 : 외국인투자에 대하여 보조금이나 금융적·재정적 인센티브를 제공함으로써 투자를 적극적으로 유치하려는 정책유형으로서 자유무역지역이나 수출가공지역을 설치하거나 필수적인 인프라를 제공하는 경우도 있다. 이러한 정책을 주로 활용하는 대표적인 나라들로는 말레이시아·태국 등 동남아시아국가들과 라틴아메리카의 멕시코 등이 있다.

자유방임 · 불개입정책 : 외국인투자의 흐름에 대하여 정부간섭을 최대한 줄이고 산업과 시장에 맡기는 방식으로서 대부분의 OECD국가들과 싱가포르 같은 선발개도국들이 주로 이러한 정책유형을 채택하고 있고 몇몇 또 다른 선발개도국들도 이보다는 약간 더 제한적이지만 대체로 이러한 정책기조를 유지하고 있다. 이러한 나라들의 경우 외국인투자에 대한 인센티브를 제공하고 있지만 주로 안정적인 거시경제운영 등 주로 간접적인 지원방식을 채택한다는 점에서 적극적 투자유치정책 유형과는 다르다.

구조조정 · 구조고도화 정책 : 해외투자나 외국인투자를 자국 경제의 구조조정이나 구조고도화를 위한 경제정책과 전략의 일부로 파악하여 외국인투자가 이러한 목표에 기여하도록 통합시키려는 정책기조를 가진 나라들로서 일본 · 한국 · 대만 등이 대표적으로 여기에 속한다. 대부분의 선진국들은 물론 말레이시아 · 태국 · 중국 · 멕시코 같은 개도국들 역시 외국인투자를 국내 특정 부문의 자원과 역량을 업그레이드시키는 데 활용하려는 노력을 행하고 있다.

선별적 투자유치정책 : 외국인투자를 유치하되 특정 부문에 대한 투자를 제한하거나 외국인투자에 대하여 일정한 이행요구조건 등을 부과하는 전통적인 투자정책유형으로서 1960~1970년대 수입대체적 공업화정책을 채택하였던 대부분의 라틴아메리카국가들과 사하라지역의 아프리카국가들이 주로 채택하였던 정책기조이다.

통제적 투자정책 : 외국인투자에 대하여 강력한 통제를 행하는 정책유형으로서 과거 인도 · 중국과 같은 나라들이 이러한 정책을 취하였지만 1990년대 이후 대부분의 국가들이 외국인투자를 환영하고 이를 유치하기 위한 경쟁적 노력을 행함으로써 이러한 정책기조를 취하는 나라들은 이제 거의 없어졌다.

1.1.2 외국인투자 관련 법령의 변화 추이

한편 외국인투자를 유치하려는 현지국의 정책기조가 어떻게 변화되고 있는가를 간접적으로나마 보여주는 것이 외국인투자 관련 법령의 변화로서, 변화된 내용 중 우호적 개정과 규제적 개정의 비중이 어떻게 변화되었느냐를 통하여 정책기조의 변화추이를 파악할 수 있다. 〈표 14－1〉은 유엔무역개발회의(UNCTAD)가 1990년대 이후 현지국의 법령개정 추이를 조사한 결과를 요약하고 있다.

표 14－1 **현지국의 투자유치 관련 법령의 개정 추이**(1991~2010) (괄호 속은 비중 : %)

구 분	'91~95	'96~00	'01~05	2006	2007	2008	2009	2010
법령개정 국가 수	246국	337국	420국	91국	56국	54국	50국	74국
전체 개정법령 수	481	698	1,168	177	98	106	102	149
▪ 우호적 개정	470 (97.7)	645 (92.4)	1,041 (89.12)	142 (80.2)	74 (75.5)	83 (78.3)	71 (69.6)	101 (67.8)
▪ 규제적 개정	11	53	127	35	24	23	31	48

자료 : UNCTAD, WIR(2011) p.94 통하여 작성

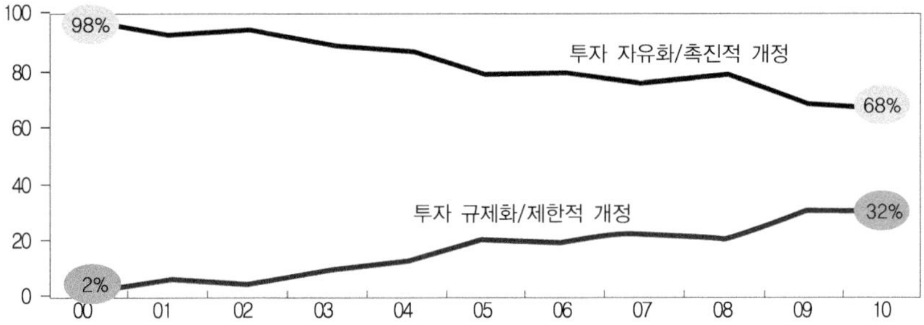

자료 : 〈표 14－1〉과 동일

그림 14－2 외국인직접투자에 대한 현지국의 정책변화 추이

여기서 확인할 수 있듯이 1991년부터 2000년까지 전 세계 외국인투자 관련 법령개정 1,179개 중 94.5%가 외국인투자에 대해 우호적인 환경을 조성하기 위한 것으로서 절대 다수를 차지하고 있다. 2000년 이후에도 여전히 우호적 개정이 비우호적 개정보다 2배 이상 높아 기본적으로는 이러한 경향이 계속되고 있지만, 최근에 이르러 외국인투자에 대해 불리한 규제적 법령개정 비중이 더 크게 증가되어 2000년 초반 2% 수준에서 2010년의 경우 30% 수준을 초과하고 있어 주목된다([그림 14－2] 참조).

이러한 변화가 나타난 중요한 원인은 라틴아메리카국가들의 규제정책(특히 천연자원에 대한 규제) 때문인데 최근에 이루어진 그들의 법령개정 중 약 68%가 외국인투자에 비우호적인 것으로 나타났다. 뿐만 아니라 미국의 9.11테러 후유증으로 제기된 국가안보에 대한 우려가 외국인투자의 규제로 연결되는 경향이 증가하였고, 다른 한편으로는 신흥시장국 다국적기업의 급속한 부상에 대한 반발로 인하여 이러한 경향이 높아지기도 하였다. 신흥시장국 기업들이 M&A를 통하여 선진국의 거대한 국영기업이나 대표기업을 매입하려고 하는 시도에 대응하여 이러한 규제적 조치들을 증가시키고 있기 때문이다.

이러한 경향이 나타나게 되자 선진국들은 G7 또는 G8회의를 통하여 외국인투자에 대한 보호주의적 경향을 경계하고 이에 반대하는 의사를 표하기도 하였다. 그러나 이러한

법령개정 경향이 곧 외국인투자에 대한 보호주의화를 의미하지는 않는다. 국가안보문제나 자국에 대한 경제적 기여도를 높이기 위한 목표 등 적절한 공공정책적 목표 때문에 행해진 규제조치들이 외국인투자자에게 불리한 조치인 것은 사실이지만, 그렇다고 하여 이를 반드시 외국인투자에 대한 보호주의라고 하기는 어렵기 때문이다. 또한 많은 나라들이 여전히 더 많은 외국인투자를 유치하기 위하여 경쟁하고 있다. 그럼에도 불구하고 라틴아메리카와 같은 개도국은 물론 선진국들도 이제 외국인투자의 편익과 비용을 재평가하려는 경향이 나타나고 있다는 점에서 주목할 필요가 있겠다.

1.2 외국인투자기업에 대한 현지국의 시각

이렇게 자국에 진출하는 외국계 다국적기업에 대한 현지국의 정책기조가 서로 다른 것은 결국 자국에 진출하는 외국인투자기업 또는 외국자본을 바라보는 현지국의 시각과 인식이 서로 다르기 때문이다. 이러한 현지국의 시각이나 인식 문제와 관련하여 제기되는 문제들 중 주목할 만한 논쟁점은 대체로 '누가 우리 기업인가' 하는 문제와 '외국자본에 대한 윔블던효과'라는 주제로 압축할 수 있다.

1.2.1 누가 우리 기업인가?

현지국들이 지향해야 할 외국인투자정책의 기본 방향과 관련하여 '과연 누가 우리 기업인가' 하는 문제가 제기된다. 1980년대 이전만 하더라도 자국 내에 활동하고 있는 기업들이 대부분 자국 국적의 기업이었기 때문에 별다른 인식의 혼란이 없었다. 그러나 1980년대 이후 급격한 경제의 범세계화와 다국적기업활동의 글로벌화로 인하여 자국 내에 입지(location)하고 있는 기업이 곧 자국 소유(own)의 기업이 아닐 수 있음이 보편적인 현상이 되었다. 따라서 외국의 기업이 자국에 투자하여 생산과 고용에 중요한 비중을 차지하고 있을 때 현지국정부는 이러한 기업들을 어떻게 인식하고 어떠한 시각으로 정책을 운용할 것인가 하는 문제가 발생하게 된 것이다.

이러한 문제는 결국, 국내에 활동하고 있는 기업의 소유관계가 어떠하든 그들 모두를 '우리 기업'으로 간주하여 외국기업을 내국기업과 동일하게 대우함으로써 완전한 내국민대우(national treatment)를 해주는 것이 마땅한가, 아니면 그들이 국내에서 활동하고 있지만 내국인 소유의 기업과는 동일할 수 없으므로 '우리 기업'과 달리 취급하는 것이 더 바람직한가 하는 문제라고 할 수 있다. 여기에 대해서는 개인의 국적(nationality)을 정하는 국적법에서의 기준 문제와 유사한 2가지 시각이 대립된다.

속인주의적 관점 : 속인주의는 자국민이 소유하는 기업(national-owned firm) 또는 자국의

국기를 휘날리는 기업(national flag flying firm)만을 '우리기업'의 범주에 포함시키는 국기주의(national flaggism) 또는 국민주의(nationalism) 관점이다.

클린턴 행정부에서 대통령경제자문회의 의장을 역임한 로라 타이슨(R. Tyson)은 '미국인이 소유하는 기업에 의하여 주도되는 미국경제가 최선(first-best)의 선택이고 외국인투자는 어디까지나 차선(second-best)의 선택'이라고 규정하고, 이것은 기업의 가치사슬 · 충성심 · 고부가가치 생산활동 등 여러 가지 측면에서 국민기업이 국가의 경제후생에 더 효율적으로 기여하기 때문이라고 주장하였다.[11] 그녀는, 오늘날과 같은 글로벌시대에 있어서도 한 국가의 경제적 운명은 그 국가에 기반을 둔 기업의 운명과 여전히 밀접하게 관련된다고 전제하고, 미국에 진출한 외국 기업보다 미국 기업이 미국 내에서 보다 많은 생산과 고용을 행하며 보다 많은 연구 활동과 기술이전을 행할 뿐만 아니라 미국에 진출한 외국기업은 장기적으로 미국경제에 해로울 수 있다고 주장하였다.

속지주의적 관점 : 속지주의는 그 기업이 외국인소유 기업인가 내국인소유 기업인가와 상관없이 자국 내에서 활동하고 있는 기업이면 모두 '우리기업'으로 보아야 한다는 국제주의(internationalism) 내지는 범세계주의(globalism, cosmopolitanism) 관점이다.

역시 클린턴정부의 노동부장관을 역임한 하버드대학의 라이시(R. Reich)는 그의 저서 『국가의 과업』(Work of Nations, 1992)을 통하여[12], 아무리 미국국적의 기업이라도 국내생산보다 해외생산이 더 높은 이윤을 보장한다면 서슴없이 미국 땅을 떠나는 글로벌시대에 '우리기업 대 외국기업'이라는 2분법적 인식으로서는 효율적인 경제정책을 펴나갈 수 없다고 전제하고, 미국의 국익을 보호하기 위하여 '미국 기업'을 우대하는 식의 발상은 이제 의미가 없어졌다고 주장하였다. 그는 오늘날과 같은 세계화시대에 한 국가의 경쟁력은 그 국가 내에 존재하고 있는 기업의 경제활동의 질(quality)에 의해 결정되는 것이지 그 기업의 소유권이 누구에게 있느냐 하는 것은 중요하지 않다는 것이다. 따라서 그는 국내에서 활동하고 국내노동자를 고용하며 국내에서 새로운 부가가치를 창출하는 기업이면 모두 '우리기업'이라고 규정하였다.

물론 이러한 라이시의 주장은, 외국인투자기업에 대하여 국내기업과 동등한 내국민대우를 해주는 것이 바람직하다는 주장이라기보다, 지금까지 미국의 국익을 위하여 '미국

---

11 그녀는 대표적 저서 『Who is Bashing Whom?』(누가 누구를 때리는가?)와 1991년 American Perspective지에 기고한 「They are not Us. Why American ownership still matters?」 등을 통하여 이러한 주장을 행하였다.

12 라이시의 저서 『국가의 과업』이라는 이 책은 전 세계 22개국의 언어로 번역되면서 '20세기의 국부론'이라는 말을 듣기도 하였다. 이 책은 제목 그대로 국가의 일과 과제가 어떻게 변화되어 왔고 앞으로 어떻게 변화되어 갈 것인가를 논의한 것이지만 그가 붙인 부제 '21세기 자본주의를 위한 우리 스스로의 준비'(Preparing Ourselves for 21st Century Capitalism)가 시사하듯이 국가뿐만 아니라 개인이나 기업들이 어떻게 대처해야 하는가에 대하여서도 논의하고 있다.

기업'을 우대하던 정책기조를 이제는 '미국인'에 대한 투자로 전환해야 한다는 주장에 무게가 주어져 있다. 그는, 경제가 세계화될수록 어느 것이 미국 기업이고 어느 것이 미국 제품인지를 구별하기가 어려워졌을 뿐만 아니라 흔히 우리기업이라고 생각하였던 기업도 언제든지 미국을 떠날 수 있으므로 이제는 미국에 뿌리를 내리고 언제든지 미국의 번영과 운명을 같이 할 '미국인'에 대한 투자, 특히 미국인의 스킬과 생산성을 향상시키고 이를 세계시장에서 활용할 수 있도록 국민의 잠재력을 증대시키기 위한 투자를 국가가 행하여야 한다고 주장하였다.

그는, 만약 이렇게 인적자본에 대한 과감한 투자를 통하여 미국인의 스킬과 생산성이 높아진다면 미국 내에서 활동하고 있는 모든 기업들이 보다 높은 수익을 올리게 되어 범세계적인 관점에서 최적 입지를 찾는 외국의 다국적기업들도 미국에 대한 투자를 늘리게 될 것이고, 그러한 경우 외국인이 소유하였든 내국인이 소유하였든 미국 내에서 활발한 부가가치 활동이 이루어져 미국의 경제성장과 생활수준 향상에 기여하게 되는 것은 당연하다고 역설하였다.

1.2.2 외국자본과 윔블던효과

이러한 문제와 유사한 차원에서 주목할 만한 또 다른 논의가 이른바 윔블던효과(Wimbledon effect)이다. [부록 14－1]에서 보다 구체적으로 설명하고 있듯이 종래 윔블던효과란, 윔블던 테니스대회를 개최하는 것은 영국이지만 정작 결승에 오르고 우승하는 것은 대부분 외국선수들인 점에 비유하여, 영국이 금융시장을 대폭 개방하는 빅뱅을 단행하였지만 외국자본에게 자국의 안마당을 내어준 영국은 별로 실익이 없다는 것을 냉소적으로 표현하는 용어였다.

그러나 최근에 이르러 이러한 윔블던효과가 다른 의미로 해석되기도 한다. 윔블던대회에서 비록 영국선수가 결승까지 진출하지 못하더라도 이 대회는 전 세계의 주목을 받고 있을 뿐만 아니라 관광객 유치·국가이미지 홍보 등과 같은 많은 유형·무형의 이익을 영국경제에 안겨주는 경제적 효과가 있다는 것이다. 실제로 영국은 자국의 금융시장을 개방함에 있어 외국자본에 의한 국부유출과 경제예속을 우려하는 목소리 속에서도 과감한 규제개혁과 경영노하우의 도입을 행하여 새로운 고용창출과 세수증대 효과를 이룩하였고 런던을 세계금융의 중심지로 우뚝 서게 하여 다시 세계적 금융 강국으로 부상하는 성과를 거두었다.

이러한 의미에서 '윔블던효과'는 이제, 외국인이 마음껏 활동하도록 좋은 투자여건과 인프라를 제공하여 외국자본의 유입을 촉진함으로써 현지국 경제 역시 크게 이득을 얻을 수 있다는 긍정적인 의미로 사용되게 되어, 이러한 현지국의 외국자본 유치노력을 '윔블던방식의 외자유치'라고 부르기도 한다. 윔블던효과를 이러한 의미로 사용하는 현상은 국제금융시장에서보다 외국인투자의 경우에 더욱 그러하다. 오늘날 선후진국을 막론하고 모든 나라들이 외국인투자를 유치하여 자국의 고용증대·세수증대·경제성장과 발전에 활용하려는 노력을 경쟁적으로 경주하는 것이 보편적인 추세가 되었기 때문이다. 결국 중요한 문제는 어떻게 하면 부정적인 윔블던효과 대신에 긍정적인 윔블던효과를 극대화하느냐 하는 것이지 영국의 윔블던대회가 외국선수들을 자유롭게 출전하도록 개방한 것 그 자체에 있지 않은 것이다.

이와 같은 합리적이고 균형적인 시각에서 외국인투자를 바라본다면, 다국적기업이 현지국에서 창출하는 이윤을 현지국이 누려야 할 경제적 잉여를 외국기업이 수탈하는 것으로 보는 시각보다, 외국인투자를 통하여 보다 새로운 편익과 후생을 창출함으로써 투자국과 현지국 모두 그것으로부터 더 큰 이익을 향유하게 되어 양자 모두가 윈윈(win-win)한다는 시각, 다시 말하면 외국인투자를 제로-섬게임(zero-sum game)의 관점에서가 아니라 포지티브-섬게임(positive-sum game)의 관점에서 바라보는 발상의 전환이 가능할 수 있다.

1.3 바람직한 외국인투자정책의 기본 방향

1.3.1 자유주의적 기본 시각 전제

다국적기업의 진출이 현지국에 미치는 경제적 영향은 긍정적인 효과만이 있는 것도 아니고 그렇다고 부정적인 효과만을 가져오는 것도 아니다. 또한 외국인투자의 국민경제적 효과는 진출기업의 투자동기·진출형태·경영전략이나 현지국의 거시경제환경·시장구조·인프라·정책 등 실로 다양한 요소에 의해 영향을 받기 때문에 이에 대한 어떤 보편적인 법칙이 존재하지 않는다. 역사적으로도 한국·대만 등 아시아 신흥공업국에서는 외국인투자가 현지국의 산업화에 크게 기여한 것으로 평가된 반면 멕시코·브라질·아르헨티나와 같은 중남미국가에서는 산업주권상실·기술종속·시장독점화 등 많은 사회적 병폐를 유발한 것으로 비판받아 왔다.

따라서 외국인투자가 현지국에 미치는 경제적 효과를 종합적으로 평가하여 한마디로 결론지을 수 없다. 이 때문에 외국인투자를 무조건 경계하거나 무조건 유치해야 한다는 획일적인 정책은 지양되어야 하고 보다 균형 있고 합리적인 시각에서 외국인투자 문제에 대하여 접근하여야 한다. 이렇게 균형적인 시각이 전제되어야 함에도 불구하고 오늘날 외국인투자에 대하여 현지국이 견지해야 할 1차적인 정책기조는 외국인투자에 대한 부정적인 시각보다는 이를 보다 긍정적으로 바라보고 이를 통하여 성장과 발전을 이룩하려는 자유주의적 시각 또는 적극적인 자세라고 할 수 있다.

오늘날 모든 현지국들이 외국인투자의 부정적 측면을 우려하여 이를 규제하고 제한하는 자세보다도 보다 적극적으로 이를 유치하여 이익적으로 활용하려는 자유주의적 시각이나 적극적 사고를 더 우선시해야 할 이유와 필요성은 다음과 같다.

전략적 국가목표의 달성 : 요소의 국제적 불이동성을 전제로 하는 전통적 시대에는 자국의 경제성장 · 경쟁력확보를 위한 국가의 전략적 목표는 자국 내에 부존되어 있는 생산요소들을 어떻게 효율적으로 잘 조합하여 활용하느냐 하는 것이었다. 그러나 오늘날과 같은 세계화시대에는 국경을 넘어 세계를 무대로 자유롭게 이동하고 있는 생산요소 · 경영자원들을 어떻게 '국내로 유치'하여 '국내에서의 부가가치창출'을 강화하고 '국제적으로 더 높은 경쟁력'을 확보하느냐 하는 것으로 대체되고 있다. 따라서 이러한 목표를 효율적으로 달성하기 위해서는 생산요소와 경영자원들을 복합적으로 소유하며 범세계적인 조직을 통하여 이들을 효율적으로 네트워킹하고 있는 다국적기업을 적극적으로 유치하여 자국 내에서 효율과 경쟁력을 강화하도록 하는 것이 국가의 중요한 전략적 목표가 되고 있다.

국가 간 투자유치경쟁 : 오늘날과 같은 무한경쟁 하에서 모든 나라들은 세계의 다른 나라와 경쟁하면서 협조하는 개방형국가를 지향하는 것이 생존과 번영을 위한 기본 방식이 되고 있고, 이러한 글로벌경쟁으로 인하여 외국자본을 유치하기 위한 국가 간 경쟁이 치열해지고 있다. 과거에는 국민국가가 다국적기업을 규제하거나 선별하여 유치할 수 있었지만 이제는 다국적기업이 특정 국가를 선택해서 그들의 입지를 결정하는 상황으로 역전되었고 다국적기업의 투자전략 역시 이러한 전제 위에서 이루어지고 있다. 따라서 1980년대 후반 이후 개별 국가들이 다국적기업에 대하여 어떠한 협상포지션을 가지느냐는 그들에게 얼마나 좋은 투자환경을 제공할 수 있느냐에 의해 좌우되는 상황이 되었다. 이처럼 다국적기업이 주도하는 게임의 룰(rule) 아래서 개별 국가들은 그러한 룰에 하루빨리 적응하여 자신의 의식 · 제도 · 관행에 대한 혁신을 통하여 외국계 다국적기업이 적극적으로 진출할 수 있는 환경을 제공하는 것이 중요한 경쟁전략이 되었다.

국민경제에 대한 기여효과 : 현지국이 필요한 외국자본을 조달하는 방식으로서는 차관(금융자본) · 간접투자(포트폴리오투자) · 직접투자가 있고 그들은 각기 서로 다른 장단점을 가지고 있지만 국민경제의 장기적 성장과 발전에 미치는 효과에 있어서 직접투자가 가장 큰 영향력을 가진다고 할 수 있다. 차관이나 간접투자의 경우 단기적이고 불안정한 성격을 가졌음에 비하여 직접투자는 장기적이고 안정적인 성격을 지니고 있다.[13] 또한 직접투자가 반

---

13 물론 이러한 주장에 대하여 의문을 제기하는 연구결과도 있다. 1985~2004년 동안 알제리 · 방글라데시 등 가난한 30여 개 개도국들에 대한 연구결과를 보면 외국인직접투자의 유입이 포트폴리오나 차관의 흐름보다 변동성이 훨씬 큰 것으로 나타나 외국인투자가 경제발전에 대한 안정적인 자금공급원이 되지 못하였음이 지적되었다(A. E. Kose et al., 2006).

드시 긍정적인 측면만을 가진 것은 아니지만 그것의 긍정적 효과는 차관이나 간접투자와 비교할 수 없을 만큼 크고 광범위하다. 외국인투자는 자본이전과 함께 기술과 경영능력이 이전되는 효과를 기대할 수 있고 새로운 생산 활동에 따른 고용·소득 창출효과가 수반되며 연계되는 산업이나 기업에 대한 다양한 연관효과를 발생시키기 때문이다. 더욱이 오늘날과 같은 글로벌경쟁 하에서 수출산업이나 첨단기술산업 분야의 성장은 보다 높은 기술력을 보유하고 있는 다국적기업의 유치와 직결되어 있으므로 직접투자는 투자유치국의 경제발전에 견인차적인 역할을 할 수 있는 잠재력을 지니고 있다.

역사적 경험을 통한 교훈 : 1980년대 이후 외국인투자에 대한 개도국들의 인식이 변화된 주요한 이유는, 경제 성장과 발전을 촉진하고 외채위기 해결을 위해 외국인투자의 유입이 필요하였을 뿐만 아니라, 민간은행의 대출이자 지불보다 다국적기업의 이윤송금이 오히려 유리하다는 합리적 결론에 도달하기도 하였기 때문이다. 또한 수출주도형 경제성장을 추구한 아시아 신흥공업국들이 괄목할만한 경제성장을 이룩하면서 외국인투자에 대한 이들의 자신감이 높아졌고 이러한 역사적 교훈이 여타 저개발국들의 발전동기를 자극하였기 때문이다.

물론, 이상과 같은 외국인투자의 유용성이나 전략적 의의에도 불구하고 직접투자는 차관이나 간접투자와는 달리 외국자본에 의한 시장지배·산업파괴·경제적 잉여의 해외유출·경제적 종속·경제주권의 훼손 등과 같은 부정적 위험과 비용을 수반할 수 있다. 그러나 중요한 문제는, 어떤 나라가 국제화·개방화를 추진할 때 가장 많이 범하는 잘못 중의 하나는 개방과 국제화의 이익(benefit)은 최대로 향유하되 이에 따르는 대가나 비용(cost)을 부담하는 것은 거부하거나 이를 과장되게 경계하는 것이다.

더닝(J. H. Dunning)은 이러한 태도에 대하여, 자신의 산업화나 경제발전을 위하여 필요한 '외국자본'은 받아들이지만 간섭과 비용을 수반하는 '외국자본가'는 받아들이지 않겠다는 것(the foreign investment is wanted but not foreign investor)이라고 규정하고 이야말로 '편협한 국민주의적 사고방식'(narrowly－nationalistic view)이라고 비판하였다. 그는, 국제화라는 것 그 자체가 좋은 의미든 나쁜 의미든 상호의존성의 증대를 초래하기 때문에 어떤 국가가 개방체제를 유지하는 이상 일정한 상호의존비용(costs of interdependence)이 발생되는 것은 불가피한 필요악(necessary evil)이라고 규정하고, 외국인투자의 유치를 통하여 얻게 되는 경제적 편익에 수반되는 이러한 비용을 최대한 줄이기 위한 노력은 필요하지만 이러한 대가나 비용 그 자체를 피할 수는 없다고 강조하였다.

다국적기업이 행하는 투자의 핵심은 자신이 보유하는 기업특유의 우위를 실현(realization)하는 데 있으므로 각국 정부는 이러한 다국적기업의 입장을 이해하여야 하고 또한 다국적기업은 결국 전 세계를 대상으로 하여 가장 최적한 곳을 투자입지로 결정하는 현실을 고려하여, 막연히 자국의 입장에서 유리하고 도움이 되는 기업만을 유치하겠다는 발상은 바람직하지 않다. 이러한 관점에서 오늘날과 같은 세계화시대에 다국적기업이나 외국인투자에 대하여 현지국이 견지해야 할 1차적이고 기본적인 자세는 외국인투자에 대한 '자유주의적 시각' 내지는 '포지티브-섬 게임적 시각'이라고 할 수 있다.

1.3.2 개입주의적 자유주의의 실현

이처럼 오늘날과 같은 글로벌시대에 현지국이 견지해야 할 1차적인 자세는 외국인투자에 대한 부정적인 시각보다는 이를 보다 긍정적으로 바라보고 이를 통하여 성장과 발전을 이룩하려는 자유주의적 시각 내지는 적극적인 자세라고 할 수 있지만, 외국인투자가 현지국에게 주는 부정적 효과나 비용 역시 불가피한 만큼 이것을 극소화하기 위한 정책적 노력 또한 중요하다. 따라서 현지국이 취해야 할 최선의 정책방향은 한편으로는 적극적인 투자유치를 통하여 그것의 편익을 극대화하는 동시에 다른 한편으로는 그에 따르는 부정적 효과와 비용을 극소화함으로써 외국인투자로 인한 순효과(net effect)를 증대시키는 것이다.

이러한 현지국의 정책방향에 대하여 다국적기업 경제학자들은 이른바 '개입주의적 자유주의'(interventional liberalism)를 주장한다. 그들은, 자유주의적 정책이나 경제세계화를 통하여 현지국의 경제적 후생이 극대화되기 위해서는 여러 가지 가정과 조건이 충족되어야 하지만 이러한 가정과 조건은 현실적으로 충족되기 어려우므로, 현지국이 할 수 있는 차선(second best)의 선택은 시장경제의 기본 원칙을 지키되 필요한 경우 정부가 부분적으로 개입하여 다국적기업을 둘러싸고 있는 시장실패를 제거하고 나름의 국가경제목표를 달성하기 위한 정책적 노력을 행하는 것이 바람직하다고 주장한다.

또한 이들은, 외국인투자와 관련하여 현지국이 입게 되는 부정적 영향의 대부분은 외국인투자에 고유한 속성이라기보다 현지국정부가 아예 자유방임주의(laissez faire)를 취하여 전혀 개입하지 않거나 적절한 정책을 펼치지 못하였기 때문에 나타나는 문제점들이라고 주장한다. 이러한 주장을 역으로 해석하면 외국자본의 진출이나 다국적기업의 활동에 대하여 현지국정부가 적절한 정책과 제도를 운용한다면 외국인투자가 초래할 수 있는 부정적 효과를 얼마든지 방지할 수 있다는 것이다.

따라서 현지국이 나아가야 할 외국인투자정책의 기본 방향은 결국, 경제의 범세계화에 부응해 국내시장을 개방하고 적절한 투자환경을 조성하여 적극적으로 투자를 유치하되 적절한 산업정책(industrial policy) 또는 필요한 전략적 개입(strategic intervention)을 통하여 그로 인하여 발생될 수 있는 여러 가지 부정적 영향과 실패를 시정하고 보완해 나가는, '개입주의적 자유주의'여야 한다는 것이다.

부록 14-1 외국자본의 역할에 대한 역사적 해석과 윔블던효과

1. 다국적기업의 역할에 대한 역사적 해석[14]

현지국의 경제성장과 발전에 대한 다국적기업의 역할을 논의하는 하나의 방법론으로서 '만약 다국적기업을 받아들이지 않았을 경우 그 나라들은 어떻게 되었을까'라는 역사적 해석방식이 있을 수 있다. 역사적 증거를 통하여 어느 정도 확신을 가지고 말할 수 있는 결론은, 과거에 있어서는 외국인투자나 다국적기업의 진출이 현지국의 경제적 성과에 미치는 효과가 그렇게 깊은 것이 아니었다는 것이다.

예컨대 1914년 이전 인도와 중국은 일본보다는 훨씬 더 많은 외국인투자를 유치하였지만 근대적인 경제성장이 가장 강력하게 나타난 것은 오히려 일본이었다. 제2차 세계대전 후 영국은 프랑스·독일·일본보다도 훨씬 더 많은 외국인투자를 받아들였지만 적어도 1990년대 이전의 단계에서 강력한 경제성장을 시현한 것은 영국이 아닌 그러한 나라들이었다. 또한 외국계 다국적기업은 1960년대 이후 한국과 대만이 보여준 '동아시아의 기적'에 대하여서도 제한적인 역할밖에 수행하지 못하였다. 대만과 한국은 싱가포르나 홍콩과는 달리 일본의 정책을 답습하여 외국자본의 완전소유 자회사를 인가해 주지 않고 합작이나 라이센싱과 같은 방법을 통하여 외자를 유치하는 제한적 정책을 펼쳤기 때문이다.

또한 한국과 브라질은 자동차산업의 성장과정에서 서로 극명하게 대비되는 점이 있다. 브라질은 이미 1950년대 초부터 의욕적인 자동차산업 육성정책을 펼쳤지만 후발주자인 한국은 겨우 1960년대 후반부터 자동차산업을 일으키기 시작했지만 1980년대 후반에 이르러 한국의 자동차 생산량이 브라질을 능가하였다. 이러한 양국의 자동차산업 육성과정에서 나타난 중요한 차이점은 브라질의 경우 처음부터 세계적인 다국적 자동차기업의 투자를 유치하여 국내 자동차산업을 육성한 반면 한국은 처음부터 국산 자동차산업을 육성하는 정책을 통하여 이러한 성과를 만들었다는 점이다.

이처럼 과거에는 외국인투자와 현지국의 경제발전 간에 밀접한 상관관계가 있었다고 보기 어려운 것이 역사적 현실이었다고 할 수 있다. 그러나 경제의 세계화가 급속히 진전되고 있고 기업의 경영활동이 범세계적인 관점에서 이루어지는 현상이 보편화된 오늘날의 글로벌경제에 있어서는 어떤 국가의 외국인투자 유치수준이 낮다고 하는 것은 잠재적으로 치명적인 약점을 가진 것으로 볼 수 있다.

더욱이 다국적기업이 지식의 창조와 전파에 미치는 역할이나 국제무역의 흐름에 미치는 중요성을 미루어 볼 때 더욱 그러하다. 또한 새로운 21세기에 보다 통합된 글로벌경제에 있어서는 종래 1960년대부터 1980년대까지 동아시아가 보여주었던 외국인투자정책의 체계와 패턴은 이제 디메리트는 있어도 메리트는 없는 것이 확실해지고 있다고 할 수 있다.

이처럼 과거에는 외국인투자와 현지국의 경제발전 간에 밀접한 상관관계가 있었다고 보기 어려운 것이 역사적 현실이었다고 할 수 있지만, 경제의 세계화가 급속히 진전되고 있고 기업의 경영활동이 범세계적인 관점에서 이루어지는 현상이 보편화된 오늘날의 글로벌경제에 있어서는 어떤 국가의 외국인투자 유치수준이 낮다고 하는 것은 잠재적으로 치명적인 약점을 가진 것으로 볼 수 있다. 더욱이 다국적기업이 지식의 창조와 전파에 미치는 역할이나 국제무역의 흐름에 미치는

---

14 Geffery Jones(2004) pp.394~395의 내용 일부 인용

중요성을 미루어 볼 때 이는 더욱 그러하다. 또한 새로운 21세기에 보다 통합된 글로벌경제에 있어서는 종래 1960년대부터 1980년대까지 동아시아가 보여주었던 외국인투자정책의 체계와 패턴은 이제 디메리트는 있어도 메리트는 없는 것이 확실해지고 있다고 할 수 있다.

지난 30여 년 동안 대부분의 개도국들이 모두 외국인투자를 받아들였지만 세계최대의 빈곤대륙인 아프리카의 경우 전체 국가들이 받아들인 외국인투자의 비중은 세계 전체의 2% 내외에 불과하였다(UN 2003). 이러한 현실은, 다국적기업에 의해 초래되는 부정적 영향이 없지 않지만 다국적기업의 투자를 받아들이지 않았을 경우에 발생되는 결과가 오히려 더 비참하다는 것을 말해 주는 간접적 증거가 될 수 있다. 또한 1980년대 후반 이후 급속한 경제성장으로 세계의 주목을 받고 있는 중국과 인도, 그리고 종래 사회주의로부터 시장경제로 전환한 체제전환국들 중 높은 경제성장을 이룩하고 있는 나라들, 소위 말하는 신흥국가(emerging countries)들은 대체로 대규모의 외국인투자를 적극적으로 유치하고 있는 나라들인 것이 사실이다.

물론 이러한 역사적 증거를 어떻게 해석할 것인가는 그렇게 단순한 문제가 아니다. 가장 중요하게 주의를 기울이지 않으면 안 되는 것은 경제성장은 다국적기업 이외의 여러 가지 요인에 의해서도 좌우되어진다는 것이다. 만약 한국과 같은 나라에 더 많은 외국인투자가 있었다면 한국의 성장은 훨씬 더 빨랐을지도 모른다. 반대로 한국과 같은 인적자본이나 제도적 구조를 갖추지 못한 나라 또는 한국기업과 같은 능력을 갖추지 못한 기업을 보유하고 있는 나라가 한국과 마찬가지로 외국인투자를 규제하는 정책을 행하였다면 아마도 한국과는 다른 결과가 나왔을 것이다. 현재의 사하라사막 이남의 아프리카는 질병·내전·취약한 정부구조 등 발전에 대한 저해요인들을 다수 안고 있는데 이들의 경우 다국적기업에 의한 많은 투자유입이 있었든 또는 자국을 외국인투자로부터 멀리 떼어놓았든 어느 경우에 있어서나 제대로의 경제성장을 기대하기 어려웠을 것이기 때문이다.

2. 외국인투자와 윔블던효과(보충)

상술한 대로 국제금융시장이나 국제자본이동과 관련하여 윔블던효과(Wimbledon effect)라는 용어가 자주 회자된다. 이 용어의 어원은 물론 윔블던테니스대회이다. 120여 년의 유서 깊은 역사를 자랑하는 전 영국 오픈테니스대회는 런던의 교외도시 윔블던에서 개최되어 '윔블던대회'로 더 잘 알려져 있다. 1877년 영국 상류사회의 클럽경기로 시작된 이 대회는 1968년 프로와 외국선수들에게도 문호가 개방되어 오늘날에는 프랑스오픈·US오픈·호주오픈 등 테니스의 4대 메이저대회 중에서도 가장 권위 있는 대회로 인정받고 있다.

그러나 이렇게 문호가 개방된 이후 달라진 것은 영국이 대회를 개최하지만 외국선수들이 우승을 휩쓸고 있다는 것이다. 예를 들면 1910년 이후 남자 단식경기에서 영국선수가 우승을 한 것은 1934년 이후 3년 간이 처음이자 마지막일 정도이고 여자부의 경우도 사정은 조금 낫지만 1970년대 이후 영국선수가 우승한 경우는 없어서 외국인들의 잔치가 되어버렸다. 말하자면 집 대문을 열어놓자 외국인들이 몰려와 안방을 차지해버린 셈이 되었다.

영국에서는 이러한 윔블던테니스대회의 상황을 영국 금융시장의 상황에 빗대어 윔블던효과라고 불렀다. 1986년 대처총리가 금융시장을 개방하고 규제를 대폭 철폐하는 빅뱅을 단행하자 영국의 증권회사들이 도산하고 미국과 유럽자본이 절반 이상의 영국금융회사를 차지하는 현상이 나타났기 때문이다. 따라서 윔블던효과는 국내시장에서 외국기업들이 활개를 치고 다니는 반면 자국

기업들은 부진을 면하지 못하는 현상, 즉 윔블던 테니스대회처럼 다국적 금융회사의 활동무대만 제공하고 말았다는 현상을 자조적으로 표현한 용어이다.

이러한 용어는 몇 년 전부터 우리나라 금융시장에서도 사용되기 시작하였다. 우리나라가 주식을 거래하는 마당을 만들었지만 거기서 수익을 얻는 쪽은 외국인 투자자들이고 외환위기 이후 타의에 의하여 금융시장과 자본시장을 개방한 이후 많은 금융기관들의 소유권이 사실상 외국으로 넘어가 금융주권의 상실 우려가 높아졌기 때문이다.

그러나 윔블던 테니스대회가 반드시 이러한 부정적인 측면만을 가지는 것은 아니다. 우선 이 대회는 세계 모든 선수에게 문호가 열려있고 이 대회에서 우승한 선수는 세계적 스타로 부상하여 부와 명예를 차지하기 때문에 세계의 모든 테니스선수들에게 꿈의 무대가 되고 있어, 비록 영국 선수가 결승까지 가지 못하더라도 이 대회로 인하여 영국은 전 세계의 주목을 끈다. 또한 주최국인 영국에 주는 효과도 크다. 매년 50만 명 이상이 참관하고 전 세계에 중계되는 이 대회를 통하여 선수단과 관광객의 유치·국가이미지의 홍보 등에 따른 유형·무형의 이익을 가져다준다. 이와 마찬가지로 영국정부는 금융시장개방 이후 외국자본에 의한 국부유출과 경제예속을 우려하는 목소리 속에서도 과감한 규제개혁과 경영노하우의 도입을 통하여 고용창출·세수증대 등을 이룩하였고 런던을 다시 세계금융의 중심지로 우뚝 서게 하였으며 국부의 1/3이 금융에서 창출되는 금융강국이 되었다.

따라서 이제 윔블던효과는 종래와 같은 부정적 효과만을 의미하는 것이 아니고 외국인이 마음껏 활동하도록 좋은 투자여건과 인프라를 제공하여 외국자본의 유입을 촉진함으로써 이득을 얻는다는 긍정적인 의미로 사용되기도 하여 이러한 노력을 '윔블던방식의 외자유치'라고 부르기도 한다. 이처럼 윔블던효과가 오히려 긍정적 의미로 사용되는 현상은 국제금융시장에서 보다 외국인직접투자에 있어서 더욱 그러하다. 오늘날 선진국은 물론 개도국들 역시 외국인직접투자를 유치하여 이를 자국의 고용증대·세수증대·경제성장과 발전에 활용하려는 노력을 경쟁적으로 경주하고 있는 것이 보편적인 추세가 되었기 때문이다.

결국 중요한 문제는 어떻게 하면 이러한 윔블던효과 중 부정적인 측면을 극소화하고 긍정적인 측면을 극대화하느냐 하는 것이지 영국의 윔블던대회가 외국 선수들을 자유롭게 출전하도록 문호를 개방한 것에 있지 않다.

2. 외국인투자에 대한 정책수단과 다국적기업의 대응전략

앞에서 살펴본 바와 같이 외국인투자를 유치하고 규제하는 데 있어 나라마다 그 강도와 방법이 서로 달라 여러 가지 유형의 정책기조가 존재하는 것이 사실이지만, 어떠한 나라도 어느 한쪽의 정책을 일방적으로 채택하는 나라는 없고 그것의 긍정적 효과를 극대화하면서 부정적 효과를 극소화하기 위하여 서로 상반되는 양쪽의 정책수단과 전략을 적절히 채택하는 경향을 보인다. 말하자면 한편으로는 이를 장려·촉진·지원·보호하기 위한 촉진(promotion)정책을 채택하는 동시에 또 다른 한편으로는 이를 규제 · 제한 · 관리하기 위한 규제(regulation)정책을 채택하는 것이다.

2.1 투자 규제형 정책수단

외국인투자를 규제 · 제한 · 관리하기 위한 현지국의 규제형 정책의 수단과 제도에는 ① 외국인투자에 대한 사전적 규제로서 새로운 진입을 규제하는 "진입규제정책"과 외국기업의 진출 시 미리 일정한 철수조건을 부과하는 "철수조건 부과정책", ② 외국기업의 운영과 경영행태(managerial behavior)에 대하여 제한을 가하거나 그 결과를 관리하는 "행위규제정책", ③ 외국인투자기업에게 일정한 이행의무를 부과하여 자국의 국민경제발전에 기여하도록 하는 동시에 자국의 경제후생이 극대화되도록 하는 "이행요구정책", ④ 외국기업 현지자회사의 경영권을 현지인이 장악하게 하거나 아예 현지자회사의 소유권을 축출해버리는 "현지화정책" 등이 있다.

표 14-2 외국인직접투자에 대한 규제형 정책수단 및 제도

구분		정책수단 및 제도의 구체적 내용
진입 관련	진입규제정책	• 투자부문별 · 투자사례별 진입제한 • 투자형태별 · 소유형태별 진입제한 • 투자지역 · 투자입지별 진입제한 • 자금조달 형태별 진입제한 등
	철수조건 부과	• 투자철수(divestment)에 대한 조건(exit conditions) 부과 정책
운영 관련	행위규제정책	• 산업조직(공정경쟁) 관련 정책 • 이전가격조작 관련 정책 • 과도한 이윤 및 로열티의 송금제한정책 • 현지금융 제한정책 • 과도한 제품차별화 억제정책 등
	이행요구정책	• 현지조달의무 • 현지인고용의무 • 수출 · 무역수지 균형의무 • 기술개발(이전)의무 • 정보공개의무 부과정책 등
소유 관련	현지화정책	• 외국인직접투자의 몰수 · 수용 · 국유화 • 점진적 현지화 정책 등

2.1.1 진입 관련 규제정책(사전적 규제정책)

진입규제정책은, 지나치게 과도한 수준의 외국인자본이 유입됨으로써 발생될 수 있는 폐해와 부작용을 예방하기 위하여, 외국인투자의 진입(entry)에 대하여 일정한 기준을 설정하거나 제한을 가하는 정책수단이다. 이러한 정책은 투자가 이루어지기 전에 행해지는 사전적(事前的)인 정책수단으로서 다음과 같은 것들이 포함된다.

투자부문의 제한: 특정 산업에 대한 외국인투자를 허용하지 않거나 제한하는 것으로서, 일반적으로 국가의 기간산업 · 전략산업 · 자원개발산업 · 방위산업 · 전매사업 · 서비스산

업 등에 대하여 이러한 진입제한을 두는 경우가 있다. 역사적으로 몇몇 개도국의 경우 천연자원산업에 대한 외국인투자를 강력하게 제한하는 경우가 있었다. 그 밖에도 일부 개도국들이 나름대로 민감하게 생각하는 특정 산업에 대한 진입제한을 두었는데, 브라질・모로코 등은 특정 천연자원개발에 대하여 외국인소유기업이 참여하지 못하도록 하였고, 인도의 경우 2001년까지 외국인들이 미디어산업에 속하는 기업의 소유를 금지시켰다. 선진국의 경우 역시 특정 산업의 외국인투자에 진입제한을 두는 경우가 있는데 핀란드의 어업・스웨덴의 광산업과 전매업・이탈리아의 광산업・아일랜드의 소맥제분업 등이 대표적인 사례이다.

투자사례별 제한 : 외국인투자의 경제적 영향을 투자 사례별(case by case)로 검토하고 심사하여 진입을 허용해 주는 정책수단이다. 이러한 절차 자체가 외국기업들에게 추가적인 비용과 위험을 부담시키기 때문에 해외투자진출에 대한 진입장벽으로 작용할 수 있다. 이러한 외국인투자 사전 심의에 있어서 나라마다 강조점을 두는 기준이나[15] 규제방식이 조금씩 다를 뿐 대부분의 나라들이 이러한 투자사례별 제한을 행하는 경우가 많다.

프랑스의 경우 1967년부터 1988년까지 모든 외국인투자를 재무성이 심사하여 진입을 통제하였고, 캐나다는 1972~1984년까지 모든 외국인투자 프로젝트를 외국인투자심사위원회(Foreign Investment Review Agency)가 사전에 심의하여 허가하였다. 1980년대 들어와 새로이 사례별 진입제한정책을 채택한 대표적인 국가로서는 멕시코와 미국을 들 수 있다. 멕시코는 외국투자자로 하여금 투자계획서와 자금운용계획서를 제출받아 이를 토대로 심사하였고, 1980년대 중반 이후 급격히 증가한 일본 기업의 진출을 경계하기 시작한 미국도 1988년 엑슨-플로리오법(Exon-Florio Amendment)을 제정하여 국가안보에 위협을 줄 수 있는 외국인 매수합병(M&A)을 제한할 수 있도록 하였다.

투자형태의 제한 : 대부분의 국가들이 외국인투자를 수용하더라도 가능한 그린필드(green-field)형 투자를 장려하는 반면 매수합병(M&A)형태의 투자를 억제하려고 한다. 이것은 그린필드형 투자에 비하여 M&A형 투자가 현지국에 미치는 경제적 영향이 긍정적이지 않다고 생각하기 때문이다. 그린필드형 투자를 장려하고 M&A형 투자를 억제하기 위한 정책수단은 대체로 ① 직접적으로 M&A진출을 제한하는 방법, ② 그린필드형 투자에 대해서는 여러 가지 유인(incentive)을 제공하고 M&A형 투자에 대해서는 불리한 조건이나 의무를 부과하는 방법, ③ 매수대상이 될 위험이 있는 현지기업을 지원해 주거나 다른 국내기업

---

15 캐나다의 경우 그 기준을 ① 국가경제 및 산업정책과의 대립 여부, ② 고용창출, ③ 생산성향상, ④ 기술발전, ⑤ 수출향상, ⑥ 해외경쟁도입효과로 설정하여 자신들의 정책주권이 침해되는 것을 가장 최우선적으로 고려한 반면, 멕시코는 ① 수출효과, ② 현지부품 사용계획, ③ 고용・임금・물가에 대한 영향, ④ 국제수지 기여효과, ⑤ 기술이전효과, ⑥ 인력의 교육, ⑦ 지역개발 기여효과, ⑧ 사회적 가치 존중, ⑨ 국익과의 일치 여부를 기준으로 삼아 수출효과 및 국내경제 파급효과를 우선적으로 고려하였다.

이 이를 인수할 수 있도록 정부가 알선하는 방법 등이 주로 동원된다.

이후 [부록 14-5]에서 보여주듯이 국내기업에 대한 외국자본의 M&A에 대하여 가장 적극적인 제한정책을 펼친 선진국은 미국이었다.[16] 미국 이외의 많은 나라들도 정도의 차이는 있지만 외국기업에 의한 M&A를 제한하는 정책을 채택하는 경우가 많은데, 이때 가장 주요한 관점이 되는 것이 피매수대상이 되는 현지기업의 시장점유율이다. 만약 상당한 시장지배력을 행사하고 있는 기업이 외국인에게 넘어간다면 외국인에 의한 시장지배와 산업의 독과점화가 이루어질 가능성이 높기 때문이다.

이와 관련하여 모란(T. Moran, 1991)은 이른바 '4-4-50원칙'을 제시한 바 있다. 이것은 상위 4개 기업 또는 4개 국가가 세계시장의 50% 이상을 지배하고 있는 경우 해당 산업의 세계시장은 이미 독과점화되어 있다고 볼 수 있으므로 이들 기업이나 국가가 현지기업을 M&A하려고 하는 경우 현지국정부는 이를 저지할 수 있다는 원칙이다.

소유형태/투자지분의 제한 : 많은 현지국들이 외국인투자기업의 소유권을 제한하는 정책을 채택하는 경우가 많다. 이러한 소유권제한에는 외국인의 소유권이나 경영권을 49%까지만 허용한 1973년 멕시코의 외국인투자법이나 항공산업에 대하여 외국인소유지분을 25%까지만 허용하는 미국과 같이 최대지분을 제한하는 방식도 있고, 1980년대 초반까지 대부분의 외국인투자를 금지하면서도 기술력이 높은 외국기업과의 합작투자는 허용한 일본의 경우처럼 원칙적으로 합작투자만을 허용하거나 합작투자를 유도하는 방식도 있다. 후자의 경우에도 이를 강제적으로 종용하는 방법, 합작투자를 조건으로 투자를 승인해 주는 방법, 합작투자에 대해서는 더 많은 인센티브를 부여하는 방법 등이 사용된다.

현지국이 이렇게 외국기업에게 합작투자를 요구하는 경우에도 다시 투자지분의 형태에 대하여 규제와 요구를 하는 정책을 사용한다. 이 경우 전반적으로 외국인의 소수지분소유만을 허용하는 경우도 있고, 이보다 비교적 자유주의적 태도를 지닌 나라들의 경우 경영권확보가 필요하다고 생각되는 특정 산업에 대해서만 외국인의 다수지분소유를 제한하는 경우도 있다. 이렇게 현지국 정부가 합작투자, 그것도 내국기업의 다수지분소유를 선호하는 것은 기술이전의 촉진, 현지인의 채용이나 현지부품의 사용 확대를 통한 국내자

---

16 1987년 미국 연방최고법원이 적대적 M&A를 제한한 인디애나주의 법을 합헌(合憲)이라고 판시한 후 다른 주(州)에서도 이와 비슷한 입법이 이루어졌다. 또한 1990년 미국 연방최고법원은 외국기업이 상당한 시장지배력을 행사하는 국내기업을 인수하여 자유경쟁을 해칠 우려가 있다고 판단될 경우 주 정부가 그러한 M&A를 무효화하는 소송을 제기할 수 있도록 하여, 외국인에 의한 미국 기업의 M&A가 미국의 국익에 반할 경우 이를 무효화할 수 있다는 제도적 장치를 마련하였다. 또한 연방차원에서는 외국인투자 심의위원회(CFIUS : Committee on Foreign Investment in the US)로 하여금 외국인투자가 미국의 국가안보를 해칠 우려가 있다고 판단될 경우 이러한 M&A의 저지를 대통령에게 건의할 수 있도록 하였다. 실제로 이 위원회는 미국의 항공기부품업체인 맘코(Mamco)에 대한 중국의 국영 항공기술 수출입공사의 매수 시도를 저지시킨 바 있고 그 외에도 몇 건의 전략적 산업에 있어서의 매수 시도를 철회하도록 하기도 하였다.

원의 효율적 동원을 이룩하는 동시에 외국인에 의한 국내산업의 지배나 정치경제적 영향력 증대를 방지하기 위한 것임은 후술하는 바와 같다.

투자지역/자금조달형태의 제한 : 투자지역 제한정책은 현지국 내의 특정 지역에 대해서만 외국자본 진출을 허용하는 정책이다. 대체로 사회주의로부터 시장경제체제로 전환을 행한 중국・베트남 등과 같은 체제전환국들이 주로 사용한 정책수단이다. 이들 나라들이 이러한 정책을 사용한 것은 특정 지역에 대한 개방체제전환을 시범적으로 행하면서 개방에 따르는 정치경제적 충격을 최소화하는 동시에, 외국기업이 요구하는 사회간접시설기반을 골고루 마련할 수 없기 때문에 특정 지역에 이러한 기반을 확충하여 외국인투자를 집중적으로 유치하기 위함이었다.

또 다른 나라들은 외국기업들에게 성장이 지체된 지역 또는 실업률이 평균이상으로 높은 지역 등에 그들의 입지를 정할 것을 요구하거나 압력을 가하기도 한다. 일부 외화부족국가들의 경우 현지금융을 통하여 자금을 조달하는 것을 막기 위하여 외국인투자자에게 최초 투자는 반드시 본국 또는 국제금융시장으로부터 자금을 조달하도록 요구하거나, 또는 일정 비율 이상의 현지금융조달을 허용하지 않는 등 투자자금의 조달형태에 대한 진입제한을 가하기도 한다.

투자철수조건의 부과 : 이상과 같은 진입규제정책들이 외국기업의 국내진입과 관련된 제한수단임에 대하여 1960~1970년대에는 새로운 외국기업의 진입이 이루어질 때 미리 일정한 투자철수조건(exit conditions)을 부과하는 조치가 행해지기도 하였다. 이러한 정책은 외국인투자의 역할을 국내기업에 대한 가정교사(tutor)로 규정하여 그러한 가정교사적인 역할이 성공적으로 성취되는 즉시 품위 있게 철수하여야 한다는 생각에서 이루어졌다.

물론 이러한 조치는 선진국기업들이 원하는 특정 자원을 보유하고 있어 높은 교섭력을 지니고 있는 일부 자원보유국들에 대한 자원지향적 투자 또는 자신의 경쟁적 우위가 쉽게 현지국에 이전될 수 있는 무형자산에 기초를 두고 있는 시장지향형 투자의 경우에 가능하였고, 보다 강력한 경영적 통제를 바탕으로 글로벌 네트워크를 형성하고 있는 외국계 자회사에 대해서는 이러한 정책의 부과가 쉽지 않았다.

이상과 같은 진입규제정책들은 1960~1970년대만 하더라도 현지국, 특히 개도국들이 다국적기업의 진출에 대응해나가는 대표적인 정책수단으로서 그 효과가 상당히 직접적이고 강력하였다. 그러나 이후 다국적기업과 현지국 간의 상호관계가 우호적으로 개선되고 또한 경제의 세계화추세와 더불어 WTO체제가 새로이 출범한 이후 이러한 진입규제정책의 실행에는 많은 제약이 따르게 되었다. 더욱이 현지국 자신이 외국인투자의 도입을 통한 급속한 경제성장이나 선진기술의 이전을 열망하는 상황에서 이러한 진입규제정책은 오히려 현지국의 사회적 비용과 부작용을 초래하는 구시대적 정책수단이 되었다.

다만 현지개도국들이 자국의 산업구조고도화를 추구하는 과정에서 이러한 진입제한정책들이 새로운 동태적 비교우위구조를 창출하는 데 일정한 효력을 발휘할 수 있었다. 즉, 앞으로 국제경쟁력을 확보할 수 있다고 기대되는 유망산업에 대하여 외국인투자의 진입을 한시적으로 제한하여 국내산업의 경쟁력을 확보한 후에 외국인투자를 자유화하여 그것의 긍정적 효과를 누리는 방식이 그것인데 이러한 정책으로 성공한 나라로서는 일본을 들 수 있다. 일본은 1960년대부터 외국인투자의 제한 → 국내산업의 보호육성 → 경쟁력확보 및 수출산업으로의 도약 → 국내 시장 및 외국인투자의 개방이라는 과정을 단계적으로 수행하여 자국 산업의 국제화와 고도화를 이룩하였다. 이러한 일본의 외국인투자정책은, 국내산업의 경쟁력이 충분히 확보되지 못한 상태에서 외국인투자를 개방함으로써 국내시장과 산업이 외국자본의 손에 사실상 넘어가는 잘못을 범한 나라들과 대조를 보인다.

1.2 행위 관련 규제정책(사후적 규제정책)

이상에서 살펴본 진입제한정책이 외국인투자에 대한 사전적 규제수단이었다면, 이미 투자된 외국기업의 현지자회사에 대한 사후적(事後的)인 규제로서, 국내에서 활동하고 있는 외국인기업의 운영이나 경영행태(behavior)에 대하여 제한을 가하거나 그 결과를 관리하는 사후적인 행위규제정책들이 있다. 이러한 정책수단에도 여러 가지 형태가 존재하지만 다음과 같은 것들이 대표적인 경우이다.

산업조직(공정경쟁)정책 : 개별 산업의 시장구조와 그 산업을 구성하고 있는 개별 기업의 행태 및 그들 상호 간의 역학관계를 결정하는 여러 가지 요소에 영향을 미침으로써 산업적 효율과 성과를 증진시키는 정책으로서, 그중에서도 가장 중요한 정책수단이 시장지배적 기업에 대한 규제와 통제를 행하여 보다 공정하고 경쟁적인 시장으로서의 효율성을 증진시키는 정책이다. 따라서 독과점적 성격을 지닌 특정 기업에 의하여 어떤 산업이 지배되거나 지배될 우려가 있는 경우 이를 사전적으로 예방하거나 사후적으로 개선시켜주는 정책 또는 특정 기업이 불공정경쟁을 행하는 경우 이를 규제하는 정책 등이 필요하다.

물론 이러한 정책수단은 국내외 자본을 불문하고 동일하게 적용되는 것이지만 국내에 진출한 외국자본과 다국적기업에 대해서도 유효한 규제수단으로 작용하게 된다. 외국인투자에 대한 이러한 행위규제에는, 시장지배우려가 있는 외국인투자를 허가하지 않거나 일정한 제한을 두는 사전적 규제방식도 있고, 일단 진출한 다국적기업의 현지자회사가 시장지배력을 증가시켜 나가거나 불공정행위를 행하는 경우 이를 규제하는 사후적 규제방식도 있다. 예를 들면 우리나라가 1981년 이후 시행하고 있는 "공정거래법"(독점규제 및 공정거래에 관한 법률)에서는 일정한 기준을 충족하는 사업자를 '시장지배적 사업자'로 정의하고 이들에 대하여 일정한 행위를 하지 못하도록 규제하고 있는데 이러한 규제에 따라 다국적기업의 시장지배적 행위 역시 제한을 받게 된다.[17]

이전가격조작 관리정책 : 다국적기업은 세계 여러 곳에 자회사를 두고 그들 내부에서 이루어지는 기업내거래(intra－firm transaction)를 활용하여 광범위한 이전가격조작행위(TPM : transfer price manipulation, transfer pricing)를 행한다. 이러한 이전가격조작행위는 다국적기업에게는 조세부담 경감 · 경영성과 통제 등 다양한 이익을 가져다주는 전략적 행위이지만, 현지국에게는 조세수입 감소 · 불공정경쟁 증대 · 시장구조와 무역구조 왜곡 등과 같은 폐해를 주게 되므로 이에 대한 적정한 통제와 관리가 필요하게 된다. 따라서 대부분의 나라들이 외국인투자에 대한 규제나 제한을 축소하고 자유화를 강화시키고 있는 추세 속에서도 이전가격조작에 대해서는 적정한 이전가격조작관리정책 통하여 오히려 규제를 강화하고 있는 경향을 보여준다.

송금제한 정책 : 현지국에 진출한 외국기업들은 시간이 경과함에 따라 현지에서 발생한 이윤 · 배당금 · 로열티 · 수수료나 투자원금을 투자본국으로 송금한다. 전통적으로 외국인투자를 유치한 현지국들은 자국에 진출한 외국기업이 과도하게 자금을 본국으로 송금하여 국제수지에 악영향을 주거나 경제적 잉여가 해외로 유출되는 것을 막기 위하여 일정한도 이상의 송금을 제한하거나 규제하는 정책을 쓰기도 하였다.

이러한 송금제한정책과 관련하여 특히 주목되는 것은 로열티지불에 대한 현지국의 규제인데 이러한 로열티지불의 제한은 국제수지방어 차원에서보다 기술도입비용 절감 차원에서 중요하다. 한국 · 대만 등 아시아 국가들이 이러한 로열티 지불 규제를 별로 하지 않는 것과는 대조적으로 라틴아메리카국가들은 엄격한 규제를 행하고 있는데, 이는 과거 로열티지불을 자유방임하였다가 1970년대에 이르러 로열티지불이 수출에 차지하는 비중이 높아진 쓰라린 경험 때문이라고 할 수 있다.

라틴아메리카 주요국들은 일반적으로 매출액의 5%를 초과하는 로열티지불을 금지하는 상한규제방법을 채택하였는데 이외에도 모기업에 대한 특허권 · 상표권 등 산업재산권에 대한 로열티지불을 금지하고 있다. 모기업이 자회사에 기술을 이전해 주면 그로 인해 매출이 증가하고 따라서 이윤송금도 당연히 증가되는데 이와 별도로 기술사용료까지 지불하는 것은 이중적 특혜라고 보았기 때문이다. 또한 자국의 자동차산업주권을 상실하다시피 한 브라질의 경우 동 부문에서의 로열티지불이 크게 높아지자 이를 엄격히 규제하기 위하여

---

17 현행법은 단일 품목의 매출액이 5백억 원을 넘는 업체로서 한 회사의 매출액 점유율이 50%를 넘거나 상위 3개사의 매출액 점유율이 75% 이상인 경우(단 상위 3개사 중 매출액점유율이 10% 미만인 업체는 제외)를 시장지배적 사업자로 지정하고 있다. 이러한 시장지배적 사업자에 대해서는 제품 값을 부당하게 올려 받거나 제품의 출고를 조절하는 행위, 새로 시장에 참여하려는 기업을 방해하거나 경쟁사를 부당하게 방해하는 행위, 소비자의 이익을 해칠 우려가 있는 행위 등을 철저히 금지시키고 있다.

해외에서 개발된 자동차모델이나 생산 공정에 대한 기술로열티지불을 제한하기도 하였다.

현지금융제한 정책 : 만성적 자본부족에 시달리고 있는 개도국들의 경우, 금융기능을 시장에만 맡겨둘 경우 금융기관들은 신용이 좋은 외국인투자기업에게만 편중되게 자금을 대출함으로써 국내기업들이 자금조달에 어려움을 겪게 되므로, 많은 나라들이 외국계 다국적기업의 현지금융을 제한하는 정책을 채택하기도 하였다. 역사적으로 안데안국가들은 외국계 다국적기업들에게 현지에서의 단기금융만 허용하고 장기금융을 금지시켰고, 인도와 같은 나라는 다국적기업의 모든 현지차입에 대하여 허가제도를 채택하기도 하였으며, 또 다른 나라들은 현지에서 자본조달을 하는 경우 원칙적으로 금융기관을 통한 간접금융보다 주식발행을 통한 직접금융을 행하도록 유도하기도 하였다.

과도한 제품차별화 억제정책 : 적정한 수준의 제품차별화는 소비자의 선택범위를 넓히고 소비자잉여를 증대시키는 긍정적인 효과가 있다. 그러나 지나친 제품차별화가 이루어지면 생산자가 규모의 경제를 실현하기 힘들게 되고 막대한 광고비지출을 부담하여야 하므로 이것이 소비자가격 상승으로 이어져 종국적으로는 소비자잉여를 희생시킬 수 있고, 또한 이러한 제품차별화를 성공적으로 행한 기업이 시장지배력을 높이는 결과가 초래될 수 있다. 1960년대 브라질·아르헨티나 등 중남미에 진출한 서구의 자동차 다국적기업들이 이미 수요가 포화상태에 있는 시장에서 매년 새로운 자동차모델을 개발하여 신제품을 출시하고 집중적인 광고를 행하는 판매전략을 채택한 결과 소비자들은 국제시세보다 2배 정도 비싼 가격으로 자동차 소비를 강요받았던 역사적 사실이 전형적인 예가 되고 있다.

따라서 외국인투자기업이 국내시장에서 과도하게 제품차별화를 행하여 발생할 수 있는 이러한 피해를 막기 위하여 현지국들은 지나친 제품차별화를 억제하는 규제정책을 채택하기도 한다. 1983년 멕시코정부가 자동차산업에 대하여 자동차 조립라인과 자동차모델 수를 줄이도록 종용한 것이 그 예이다. 다만 이러한 경우 어디까지를 '과도한 제품차별화'로 보느냐 하는 문제가 쉽지 않아 현지국이 이러한 정책을 섣불리 시행하는 경우 자칫 다국적기업의 반발을 불러일으킬 수 있는 소지가 없지 않다.

2.1.3 이행요구정책

현지국정부는 외국인투자기업에게 일정한 이행의무(performance requirements)를 부과하여 다국적기업이 자국의 국민경제발전에 기여하고 자국에 귀속되는 경제적 후생이 극대화되도록 하는 정책을 수행한다. 앞서 살펴본 진입규제정책이 외국기업의 진입과 관련되는 정책조치임에 대하여 이행요구정책은 국내에서 활동하고 있는 기업의 운영과 관련되는 조치들이다. 이러한 이행요구정책은 그 내용이 극히 다양하여 현지자회사의 모든 운영 관행이 대상이 될 수 있지만, 대표적인 이행요구정책 수단으로서는 다음과 같은 것들이 있다.

현지부품 사용의무 : 외국계 다국적기업의 현지자회사로 하여금 현지국에서 생산된 현지부품(local content)을 일정 비율 이상 사용하도록 의무화하는 조치이다. 현지국 정부는 이러한 의무를 투자인가조건이나 법규로서 강제하기도 하고 의무를 이행하는 외국기업에 대하여 일정한 인센티브를 부여하는 방식을 취하기도 한다. 이러한 정책은 라틴아메리카 등의 개도국은 물론 미국·EU 등 선진국들도 선호하는 가장 보편적인 정책수단으로서 자동차나 가전제품과 같이 생산 공정이 국제적으로 분업화된 조립형산업에서 더욱 중요해진다.

일찍이 미국 정부는 도요타(Toyota)나 혼다(Honda)가 미국 내에서 생산하는 자동차에 소요되는 부품의 75%를 반드시 미국 내에서 생산된 부품을 사용해야 한다는 압력을 가한 바 있다. EU는 모든 제품의 부품을 분해하여 EU산 부품을 일정 비율 이상 사용하지 않았을 경우 관세나 쿼터 상의 혜택을 제외시키는 방법을 사용하였다. 미국은 1992년 북미자유무역협정(NAFTA)에서는 이러한 현지부품 사용의무를 폐지하는 대신 원산지규정(local content)을 강화하였다. 멕시코에서 생산된 제품이 미국으로 수출될 경우 일정 비율 이상의 부가가치를 북미에서 창출한 경우에만 관세혜택을 받을 수 있도록 하여 미국에 진출하기 위하여 멕시코에 우회생산기지를 만든 스크루드라이버형 공장(screw－driver factory)이 주는 폐해를 막기 위해서였다.

이처럼 현지부품 사용의무는 현지국들이 주로 활용하는 정책수단이지만 이러한 정책이 무리하게 추진될 때 왜곡된 보호효과로 인하여 이러한 정책을 부과하는 현지국들이 오히려 경제적 손실을 입을 가능성도 높은데 그 이유는 다음과 같다.[18]

(1) 현지국정부가 이러한 정책을 활용할 때 국내 부품생산업체들이 자신의 경쟁력을 향상시키려는 노력을 행하여야 원래의 정책목표가 달성될 수 있는데, 국내업체들이 정부의 보호정책에 안주하기만 하여 새로운 기술개발이나 생산성향상을 행하지 않는 경우 이 정책은 최종재산업의 원가를 상승시키고 품질을 저하시킨 나머지 후생의 악화만을 초래할 수 있다. 젠킨스(R. Jenkins)에 따르면, 1950년대 중남미국가들의 정부가 서구 다국적기업들에게 강력한 현지부품 사용의무를 부과한 결과 자동차산업에서의 현지부품 사용비율이 30% 수준(1957년)에서 90% 수준(1970년)으로 급격히 상승하였지만 그 결과 승용차의 생산원가가 국제수준의 1.3배(브라질), 1.6배(멕시코), 2배(아르헨티나) 수준으로 상승한 바 있다.[19]

(2) 이러한 생산원가의 상승이나 기술개발의 정체로 경쟁력이 없는 현지부품의 사용을 지나치게 강요할 경우 장기적으로 현지자회사의 수출경쟁력이 저해된다. 이러한 사실은 해외생산거점형 투자를 받아들인 한국·대만 등은 외국기업들에게 중간재 수입을 자유롭게 허용한 반면 현지시장지향형 투자를 받아들인 남미국가들이 외국기업에게 현지부품

18 안세영(1998) pp.465~466.

19 R. Jenkins(1987) p.112.

사용의무를 강화시킨 결과, 남미에서 생산된 최종재의 수출경쟁력이 약화되어 결국 그들의 국제경쟁력이 상대적으로 뒤처지게 되었던 역사적 사실에서도 나타난다.

(3) 현지국 정부가 지나치게 현지부품 사용의무를 강요하는 경우 투자국의 부품생산업체들이 최종재산업과 함께 동반 진출함으로써 본래의 정책효과를 상쇄시킬 수 있다. 이러한 현상은 동남아시아에 대한 일본 기업의 진출에서 나타났지만 선진국에서도 나타나게 된다. 1980년대 초 미국에 진출한 일본자동차 조립업체에 대하여 미국 정부가 현지부품사용의무를 강하게 부과하자 1980년대 후반 일본의 자동차 부품업체들이 동반 진출함으로써 미국 부품생산업체의 집단적 도산이 발생한 적도 있었다.

수출의무/무역수지 균형의무 : 수출의무요구정책은 국내에 진출한 다국적기업에 대하여 일정한 수출의무를 가하여 국제수지를 개선하고 외국기업에 의한 국내판매를 억제시키려는 정책수단이다. 1980년대 후반 미국의 타이어 제조회사 굿이어(Goodyear)가 한국 내 자회사를 설립하려고 하였을 때 우리 정부는 국내에서 생산된 타이어 전량을 외국으로 수출한다는 조건으로 한국공장의 소유지분을 승인하였던 것이 대표적 예이다. 이렇게 생산량 전체에 대한 수출의무를 부과하는 방식 외에도, 매출액의 일정 비율을 수출하도록 강제하는 방식을 쓰기도 하고 일정한 수출의무를 이행하는 경우 조세 등에 인센티브를 주는 방식을 쓰기도 한다. 1960~1970년대에는 전자의 방식을 많이 채택하였지만 1980년대 이후부터는 점차 후자의 방식으로 전환되어 왔다.

이러한 수출의무정책을 수행함에 있어, 외국기업의 현지자회사가 수입한 금액만큼 수출하도록 하는 무역수지 균형의무를 부과하는 경우도 있다. 1980년대 초 멕시코정부는 국제수지 적자 중 자동차부문에서의 적자가 차지하는 비중이 높아지자 자국에 진출한 모든 자동차산업 다국적기업들에게 무역수지 균형의무를 부과하였고 이후 1980년대 말에는 이러한 조치를 더욱 강화하였다. 멕시코정부는 이러한 규제정책과 함께, 일정한 수출의무를 이행한 다국적기업에 대해서는 원칙적으로 금지되어 있는 완전소유 자회사를 허용해주는 유인책 등도 함께 채택하여 일정한 경제적 성과를 거둔 바 있다.

이처럼 현지국정부가 강력한 수출의무 부과정책을 사용할 경우 현지자회사의 수출이 증가되는 효과가 발생될 수 있지만 이러한 이행요구정책 역시 여러 가지 사회적 비용과 부작용을 가져올 소지가 크다. 우선, 현지국 정부가 강력한 수출의무를 부과하면 현지자회사가 기업내수출(intra firm exports)을 통하여 이러한 의무를 충족시키는 한편 이로 인해 발생되는 손실을 국내 판매가격 인상 등과 같은 방법으로 보전하는 경우가 발생할 수 있다. 또한 이러한 정책을 채택하는 대부분의 개도국들이 수출보조금 · 수출금융과 같은 수출지원정책을 함께 사용하는 경우가 많은데 이러한 경우 외국기업들이 이러한 혜택을 많이 향유하게 되어 결국 외국의 다국적기업들에게 경제적 지대(economic rent)를 안겨주는 결과를 초래할 수도 있다.

현지고용/현지R&D/현지기술이전 의무 : 현지국들은 때때로 현지부품 조달의무나 수출의무 부과와 같은 방식을 다른 영역에 대하여서도 부과하는 정책을 사용하기도 한다. 예컨대 전체 고용원 중 일정 비율 이상을 현지인으로 채용하여야 한다든지 또는 임원 중 일정 비율 이상을 현지경영자로 구성하여야 한다는 현지고용의무, 다국적기업의 현지자회사에게 일정한 규모 또는 일정 비율 이상의 R&D를 하도록 하거나 현지인에 대한 일정한 교육훈련 의무를 부과하는 경우, 미리 정한 일정 계획에 의거하여 현지국에 일정한 기술을 이전해 주어야 할 기술이전 의무를 부과하는 경우 등이 그것이다.

정보공개의무 : 대부분의 나라들이 외국계 다국적기업에 대하여 일정한 정보공개 의무를 부과한다. 민간기업에게 별다른 정보공개 의무를 부과하지 않는 미국도 외국인투자기업에 대해서는 그들의 영업활동에 대하여 여러 국가기관들에게 보고하도록 하고 있다. 예를 들면 미국에서 활동하는 외국기업의 경우 국세청(IRS)에 조세 관련 자료, 노무성에 고용 관련 자료, 상무성 산하기관에 주요 영업활동자료를 보고하여야 한다. 이들 중 미국 정부 입장에서나 현지 다국적기업 입장에서 가장 관심을 가지는 것은 국세청에 대한 조세 관련 자료인데 이것이 다국적기업의 이전가격조작(transfer pricing)과 관련되기 때문이다. 이 때문에 오늘날 거의 모든 나라가 조세 관련 정보에 대한 공개의무를 강화시키고 있는 추세이다.

제15장에서 후술하듯이 1976년 OECD가 마련한 "다국적기업의 가이드라인"에서도 다국적기업이 국내법에 따라 발표해야 할 정보뿐만 아니라 영업활동과 성과에 관한 전반적인 정보를 정기적으로 공개할 것을 요구하는 정보공개의무를 규정하고 있다.[20] 다만 정보를 공개함에 있어서 어느 수준의 정보를 공개하도록 의무화하느냐가 문제인데 대부분의 경우 조세 관련 자료의 공개정도에 만족하고 있지만 보다 엄격한 공개를 요구하는 나라들도 있다. 이 경우 특히 논쟁이 되는 것은 다국적기업의 R&D와 관련한 정보의 공개문제이다. 다국적기업의 경우 이러한 기술정보의 공개가 자신의 기업경쟁력과 관련되기 때문에 이에 대하여 보다 민감하기 때문이다.

2.1.4 현지화정책

현지국들이 외국인투자기업에 대하여 취하는 또 다른 사후적 규제수단으로서 외국기업의 현지자회사의 경영권을 현지인이 장악하게 하거나 아예 그 소유권을 축출해버리는 현지화정책이 있는데, 이러한 정책에는 다음과 같은 수단들이 포함된다.

---

20 정보공개의무를 규정하고 있는 예시사항으로서는 ① 모기업의 주식분포비율 및 자회사에 대한 지분소유비율, ② 주된 영업활동 및 영업지역, ③ 지역별 신규설비투자, ④ 재무상태 변동, ⑤ R&D지출, ⑥ 가격결정정책, ⑦ 회계원칙 등 9개가 있다.

몰수(confiscation) : 현지국 정부가 아무런 대가나 보상 없이 특정 외국기업의 자산을 강제적으로 접수하는 조치이다. 과거 혁명으로 정권을 장악한 공산정권이나 일부 급진적 좌파정권들이 실행하였던 극단적인 현지화형태이다. 그러나 1980년대 이후 이러한 유형의 현지화정책은 거의 없어졌다.

수용(expropriation) : 현지국이 외국기업에게 일정한 보상을 해주면서 그 자산을 접수하는 조치이다. 그러나 일반적으로 그 보상기준이 매우 낮아 사실상 몰수와 같은 것으로 볼 수 있는 유형이다. 예컨대 1970년대 초 석유위기 이후 중동 산유국들이 자국 내에 있는 국제석유회사의 생산시설을 수용하면서 그 대가로 지불한 보상액은 정당한 가격의 1/10에도 미치지 못하였다. 몰수 방식은 국가이미지나 대외공신력의 손상 때문에 거의 활용하지 않는 대신 수용의 경우 형식적으로는 보상이 이루어지는 형태이므로 이러한 수용이 보다 더 자주 활용되었다. 실제로 1970년대 아시아 · 아프리카 · 라틴아메리카 제3세계국가들이 당시 최고조에 달하였던 자원민족주의를 등에 업고 이러한 수용을 자주 채택하기도 하였다.

국유화(nationalization) : 몰수나 수용의 경우 특정 외국기업의 소유권을 박탈하거나 접수하는 선별적인 정책수단인 데 비하여 국유화는 현지국정부가 어떤 산업정책이나 정치경제적 이념에 따라 특정 산업 전체를 국유화하는 조치를 행함으로써 내국기업은 물론 외국기업도 국가소유화되는 조치를 말한다. 1960년 쿠바의 카스트로가 국내외 구분 없이 모든 재산을 국유화한 조치, 칠레 아옌데정권의 구리광산 주식의 국유화조치, 과거 영국의 철강산업에 대한 국유화조치, 1980년대 프랑스 미테랑 정부의 몇몇 은행에 대한 국유화조치, 베네수엘라의 석유산업에 대한 국유화조치 등이 대표적인 예이다.

점진적 현지화(fade-out) : 외국인이 소유한 현지자회사 지분의 일부 또는 전부를 일정기간 내에 현지인에게 양도하도록 함으로써 현지인이 점진적으로 경영권을 인수하거나 장악하도록 하는 조치이다. 이러한 점진적 현지화는 외국기업의 국내진출 시 미리 인가조건으로 규정하는 경우도 있고 이미 활동하고 있는 외국기업에 사후적으로 강제하는 경우도 있다. 한때 안데안국가들은 1970년 결의안(제24조)을 통하여 향후 15~20년 내에 외국기업의 지분 51% 이상을 점진적으로 현지인에게 양도할 것을 의무화하였다가 1987년 결의안(제220조) 이후 그 조건을 완화시킨 적이 있었다. 1970년대에는 멕시코 · 인도네시아 · 말레이시아 등도 이와 유사한 조치를 취하였다가 1980년대 들어와 결국 이러한 정책을 포기하기도 하였다.

이처럼 외국인투자기업에 대하여 현지국이 취할 수 있는 현지화정책은 다양하지만 1970년대 중반을 고비로 이러한 현지화정책은 크게 줄어들었다. 1980년대에 들어와 다국적기업과 현지국의 관계가 전반적으로 호전됨에 따른 결과이기도 하지만, 대부분의 현지국들은 그동안의 정책시행 과정에서 이러한 현지화정책이 다국적기업과 심각한 마찰을 빚고 때로는 투자국정부로부터 보복을 초래함은 물론 아무런 실질적인 이득도 얻지 못한 채 요란한 정치행위로 끝나는 경우가 많았다는 학습효과를 얻었기 때문이다.

다국적기업의 현지자회사와 모기업이 수직적으로 통합되어 있을 경우 현지국이 아무리 현지화정책을 통하여 현지자회사를 자국기업으로 바꾸어도 모기업이 중간재공급을 거부하거나 생산물의 판로를 봉쇄할 경우 현지인에 의한 자립적 경영이 불가능해지고, 이러한 수직적 통합이 이루어지 않은 경우라고 하더라도 개도국들이 막상 현지자회사를 자국기업으로 전환한 이후 기술이나 경영상의 노하우 부족으로 효율적인 경영이 불가능해졌기 때문이다.

이러한 전형적인 예가 베네수엘라와 페루 등의 석유산업 국유화조치였다. 이들은 1970년대 후반 엑슨·쉘 등 자국에 진출한 서구 다국적기업의 정유시설을 일정한 보상금을 주고 국유화하는 조치를 취하였지만 복잡한 생산공정을 장악하지도 못하였고 생산물의 판로를 개척할 수도 없었다. 결국 이들은 과거 그들이 축출한 서구 다국적기업들과 기술원조·판매협력·교육훈련 등의 명목으로 로열티를 지불하기로 하고 정유시설을 가동시킴으로써, 운영의 형태만 달라졌을 뿐 대부분의 이윤이 다시 다국적기업의 손에 넘어가게 되었다.[21]

2.1.5 투자 규제형 정책의 평가

이상과 같이 외국인투자나 외국기업에 대하여 현지국이 행할 수 있는 규제형 정책수단은 다양하지만 오늘날에는 이들 전통적인 규제정책의 대부분이 사라지거나 최소화되고 있다. 이것은, 다국적기업에 대하여 현지국들이 거세게 도전하던 1960년대 말~1970년대에는 많은 국가들이 사전적 정책수단으로서 진입규제와 사후적 정책수단으로서 현지화정책을 많이 채택하였지만 이후 이러한 정책수단이 거의 자취를 감추었기 때문이다.

1960~1970년대 외국인투자에 대하여 규제적인 정책으로 전환하였던 프랑스·호주·캐나다 등이 1980년대에 자유화정책으로 돌아선 것은 그들의 지나친 규제나 간섭이 외국인투자를 저하시키며 특별한 입지적 우위를 가지지도 못하면서 무리한 개입정책을 감행할 경우 결과적으로 얻는 것보다 잃는 것이 더 많다고 판단하였기 때문이다. 더욱이 1980년대 후반 이후부터는 외국인투자를 유치하기 위한 경쟁이 강화됨에 따라 불필요한 진입규제가 자국으로 진입할 외국인투자를 타국으로 빼앗길 가능성마저 높아져 이러한 전통적인 규제정책수단이 투자유치에 장애요인이 된다고 인식하게 되었기 때문이다.

따라서 외국인투자에 대한 규제형 정책을 채택하는 경우에도 진입규제나 현지화와 같

21 안세영(1998) p.407.

은 전통적인 규제수단보다는 다국적기업의 특정 행위를 규제하거나 억제하는 행위규제정책 또는 그들에게 일정한 의무를 부과하는 이행요구정책을 주로 채택하고 있다. 이것은, 이러한 정책들이 전통적인 규제정책이 초래할 수 있는 불필요한 마찰이나 갈등을 피할 수 있을 뿐만 아니라 이를 통하여 현지국이 얻을 수 있는 편익과 후생을 극대화할 수 있기 때문이다. 또한 현지국들이 이렇게 행위규제정책과 이행요구정책을 채택함에 있어서도 이행요구정책을 더 선호하는 경향을 가지는데, 이는 이미 진출한 다국적기업들이 자국의 국민경제에 더 큰 기여를 행하도록 하기 위해서는 행위규제보다 이행요구가 더 효율적이라고 평가하였기 때문이다.

이렇게 현지국의 외국인투자정책 중에서도 가장 선호되고 있을 뿐만 아니라 합리적인 정책이라고 할 수 있는 것이 이행요구정책이지만 이 역시 다음과 같은 본질적인 한계와 문제점을 내포하고 있다.

(1) 후술하는 바와 같이 WTO의 새로운 국제규범인 "무역관련 투자협정"(TRIMs)에서는 그 동기가 무엇이든 간에 현지부품사용의무 · 무역수지균형의무 · 수출통제 · 외환규제 등의 조치를 사용하지 못하도록 금지하고 있고, 다수의 쌍무적 · 지역적 투자협정에서도 합작투자의무 · 최소지분의무 · 고용의무 · 수출의무 · 특정 지역에 대한 입지요구 및 판매규제의무 · 재산권이전의무 · R&D의무 등과 같은 이행요구조건을 제한할 수 있도록 규정하고 있다. 이에 대하여 브라질 · 인도 같은 영향력 있는 개도국들은 현지국의 정책적 유연성을 높이기 위하여 현지국의 이행의무요구를 금지시킨 WTO의 무역관련 투자협정을 다시 개정할 것을 주장하기도 하였다.

(2) 몇몇 실증적 연구에 따르면 외국인투자의 유치가 부진하였던 나라들의 경우 현지부품사용의무 · 합작투자의무 · 기술이전의무 등의 이행요구조건이 투자유치부진의 주요한 원인이었던 것으로 나타났다.[22] 따라서 외국인직접투자를 더 많이 유치하기 위하여 경쟁하고 있는 현지국들이 이러한 이행요구정책을 실제로 시행하기란 쉽지 않아 이것의 정책적 실효성이 약화되고 있다.

(3) 현지국이 이행의무정책을 사용할 경우 표면적으로는 상당한 성과가 나타나는 것처럼 보일 수 있지만 이러한 정책이 무리하게 추진될 때 왜곡된 보호효과로 인하여 오히려 장기적인 손실이 증대될 가능성이 높다. 예컨대 현지부품사용의무는 현지국들이 보편적으로 선호하는 정책수단이지만 이로 인해 현지국의 국제경쟁력이 약화되는 결과를 가져온다든지, 또한 수출의무 부과정책을 통해 표면적으로는 수출증대를 가져올 수도 있지만 이것이 오히려 현지국 국민의 후생저하나 경제적 지대의 해외유출을 초래할 수 있기 때문이다.

---

22 대표적인 연구로서는 T. H. Moran(2003) 참조.

2.2 투자 촉진형 정책수단

2.2.1 투자촉진형 정책의 수단과 제도

투자촉진정책이란 더 많은 외국인투자를 유치하기 위하여 특정 외국인투자기업의 수익률을 제고시키거나 위험과 비용을 저하시킬 목적으로 현지국정부가 제공하는 여러 가지 정책을 말한다. 일반적으로 현지국의 중앙정부나 지방정부는 외국인투자를 더 많이 유치하기 위하여 다양한 투자유인(investment incentives)과 특전을 제공하고 여러 가지 보장과 보호를 제공해 주고 있다.

유엔무역개발회의(UNCTAD)가 행한 여러 차례의 조사결과를 보면, 외국인투자에 대하여 이러한 촉진형 정책을 사용하지 않는 나라는 거의 없다는 것이 오늘날의 현실이다. 일반적으로 외국인투자기업에 대하여 제공하는 인센티브의 정도는 투자대상지역으로서 현지국의 매력도와 반비례하는 경향이 있다. 자원이 풍부하게 부존되어 있고 요소비용이 저렴하거나 시장규모가 큰 나라의 경우 특별한 투자인센티브의 제공 없이도 외국자본을 쉽게 유치할 수 있지만 그렇지 못한 나라의 경우 이러한 투자인센티브를 강화하여 투자환경을 개선하려는 노력을 더 적극적으로 행하기 때문이다.

이처럼 거의 모든 나라가 외국인투자에 대한 인센티브를 제공하고 있지만 그들이 채택하는 구체적인 유인과 특혜의 내용과 형태는 나라마다 서로 다르다. 따라서 현지국이 제공하는 촉진형 정책의 유형과 내용을 여기서 모두 예거할 수는 없지만 외국인투자를 촉진시키고 유치하기 위하여 보편적으로 채택하는 정책수단과 제도로서는 다음과 같은 것들이 있다.

표 14-3　외국인직접투자에 대한 촉진정책의 수단 및 제도

구 분	정책수단 및 제도의 구체적 내용
세금 및 세제 지원	• 각종 조세 및 부담금의 감면·유예　• 관세의 감면·환급 • 가속 감가상각의 인정　• 소득공제 및 세액공제 등
재정적·금융적 지원	• 보조금 지급　• 장단기 투자자금의 융자 및 금리우대 • R&D지원　• 신용보증의 제공　• 정부보험의 제공 등
토지 및 인프라 지원	• 토지제공, 토지취득 절차의 우대　• 자유항·자유무역지역 등의 설치 • 사회간접시설의 제공 또는 개선 등
행정적·제도적 지원	• 종합행정서비스의 지원　• 노사관계 안정화 지원 • 투자절차의 우대　• 시장진입 제한에 대한 우대, 시장독점권의 제공 등
투자 보장 및 보호	• 투자원금 회수보장　• 과실송금 보장　• 수용·국유화에 대한 보장 • 외국인 재산권과 투자활동의 보장　• 이중과세방지협정 체결 등

세금 및 세제상의 지원 : 외국인투자기업의 수익률이 증가할 수 있도록 각종 조세나 부담금을 감면·유예하거나 내국인에게는 부과하는 관세를 감면하거나 환급해 주는 제도, 가속적인 감가상각을 인정해 주는 제도, 특정 지출에 대하여 소득공제를 실시하거나 일정한 성과에 대하여 세액을 공제해 주는 제도 등이 이에 속한다. 이러한 세제지원제도는 외국인투자를 유치하고자 하는 국가들이 가장 많이 채택하는 정책으로서 유엔무역개발회의(UNCTAD)가 조사한 바에 따르면 1990년대 초반 조사대상 103개 국가 가운데 이러한 정책을 채택하지 않는 국가가 겨우 4개국밖에 없었던 것으로 나타났다.

재정적·금융적 지원 : 외국인투자에 대한 재정적 지원제도로서 가장 보편적인 정책수단은 자본투자·생산비용·판매비용 또는 공장건설이나 종업원훈련에 대하여 일정한 자금을 지급해 주는 보조금제도가 있다. 금융적 지원제도로서는 외국인투자를 활성화하기 위하여 장단기 투자자금을 융자해 주거나 대출금리를 우대해 주는 금융지원, 외국인투자기업에 대하여 외화자금의 도입을 허용해 주는 지원제도 등이 있다. 이 밖에도 현지자회사의 연구개발을 장려하기 위한 R&D지원제도, 외국인기업에 대한 지급보증이나 신용보증을 해주는 보증제도, 환율변동 등 비상업적 위험에 대하여 특별 요율을 적용하는 정부보험을 제공하는 지원제도 등이 있다.

토지 및 인프라 지원 : 많은 나라들이 외국인투자를 유치하기 위하여 특정 토지를 제공하거나 토지취득과 관련되는 절차상의 우대를 제공하기도 하고, 외국인투자를 위한 전용공단을 마련하여 분양 또는 임대하여 투자를 유치하는 정책을 채택하기도 한다. 또한 외국인투자기업을 위하여 자유항이나 자유무역지역을 설치하거나 그들이 필요로 하는 특정 사회간접시설을 설치·제공하는 지원정책을 사용하기도 한다.

행정적·제도적 지원 : 외국인투자와 관련된 행정절차에 대하여 현지국이 특별한 대우를 하거나 특별한 서비스를 제공하는 여러 가지 지원책들이 있다. 예컨대 외국인투자를 관장하는 행정기관·투자촉진기구(IPA : Investment Promotion Agency)·종합지원센터 등을 설치하여 투자에 대한 면담·접수·민원처리·정보제공·고충처리 등을 종합적으로 해결해 주는 행정서비스지원제도, 투자절차나 출입국 관련 절차와 관련하여 특별히 우대하는 제도 등이 그것이다. 이러한 행정적 지원제도 이외에도 외국인투자기업이 국내에서 경영활동을 행함에 있어 애로가 될 수 있는 노사관계의 안정을 지원하기 위한 제도, 시장진입제한이나 공정경쟁에 대한 예외를 인정해 주거나 시장독점권을 예외적으로 인정해 주는 제도적 지원정책도 있다.

투자보장 및 보호 : 이상과 같은 통상적인 지원정책 이외에도 많은 나라들이 외국인직접투자를 보다 안정적으로 유치하기 위하여 투자원본회수·과실송금의 보장, 수용이나 국유화를 하지 않겠다는 보장, 외국인재산권과 투자활동에 대한 보장을 제공하는 제도를 채택

하기도 하고, 투자국정부와 이중과세방지협정을 체결하여 외국인투자를 보호해 주는 정책을 채택하기도 한다.

이상과 같이 외국인투자를 유치하고 촉진시키기 위한 정책과 제도는 다양하지만 이러한 촉진형 정책의 내용과 운용형태가 모든 나라에 일률적인 것은 아니다. 국가에 따라서는 처음에는 촉진형 정책을 채택하였다가 일정 기간이 지난 후에는 규제형 정책을 가하는 경우도 있고, 일부 개도국의 경우 어떤 산업분야에 대해서는 진입제한을 두면서 다른 산업분야에서는 인센티브를 부여하는 경우도 있으며, 한편으로는 수출보조를 하면서 다른 한편으로는 현지부품 사용의무를 고집하는 등 촉진형 정책과 규제형 정책을 동시에 혼용하여 사용하는 경우도 있다.

2.2.2 투자촉진형 정책의 선택 이유

오늘날 거의 모든 현지국들이 외국인투자의 유치를 위하여 여러 가지 투자인센티브를 경쟁적으로 제공하고 있는 것이 현실인데 현지국들이 투자촉진형 정책을 제공하는 이유는 무엇 때문인가? 이에 대한 경제학적 관점의 설명은 대체로 시장실패 보완론이나 동태적 이익론 관점에서 이루어진다.

(1) 시장실패 보완론은 현지국시장이 안고 있는 시장실패 때문에 적정한 외국인투자가 이루어지지 못하므로 일정한 인센티브 제공을 통하여 이러한 실패를 보완함으로써 적정한 투자가 이루어지도록 보정하여야 한다는 이론이다. 이러한 이론에는 시장이 생산의 외부효과로부터 나오는 광범위한 혜택을 적절하게 반영하지 못하여 발생되는 사적 수익률과 사회적 수익률 간의 괴리를 투자인센티브 제공을 통하여 보상해 주어야 적정한 외국인투자와 생산이 이루어진다는 외부경제론, 정보 부족으로 인하여 적정한 외국인투자가 이루어지지 못하는 경우 투자인센티브를 통하여 적정한 투자를 유도할 수 있다는 정보의 비대칭성론 등이 있다.

(2) 동태적 이익론의 경우, 유치산업보호의 사례에서와 마찬가지로, 외국기업이 규모의 경제를 통한 단위비용 하락이나 생산과정을 통한 학습효과와 같은 동태적 이익을 창출할 수 없는 경우 일정한 투자인센티브를 제공함으로써 이러한 동태적 효과가 나타날 수 있도록 하여야 한다는 것이다.

이처럼 현지국이 외국인투자를 유치하기 위하여 투자인센티브를 제공해야 하는 이유를 설명하는 이론적 근거들이 제시되고 있지만 대부분의 현지국들이 투자인센티브를 경쟁적으로 제공하고 있는 데에는 다음과 같은 현실적인 이유들이 오히려 더 크게 작용하고 있기 때문이다.

역사적 성공 사례 : 국제과세와 관련하여 제12장에서 논의하였듯이, 조세나 금융상의 인센티브의 제공이 외국인투자의 유치에 상당히 기여하였다는 사실이 아일랜드 · 스위스 · 싱가포르 등과 같은 나라의 사례에서 현실적으로 입증되었기 때문이다.[23] 이 때문에 많은 나라들이 조세상의 인센티브를 제공하는 것이 외국인투자 유치에 큰 도움이 된다는 인식을 보편적으로 공유하고 있다.

죄수의 딜레마게임 : 만약 외국인투자가 현지국의 경제적 펀더멘털(fundamentals)에 의해서만 결정되고 모든 잠재적 투자유치국들이 어떠한 인센티브도 제공하지 않는다는 신뢰할 수 있는 합의가 이루어진다면 어떤 나라도 별도의 인센티브를 제공할 필요가 없을 것이다. 그러나 외국인투자가 그러한 펀더멘털에 의해서만 이루어지는 것이 아닐 뿐더러 인센티브를 제공하지 않겠다는 신뢰할 수 있는 합의가 이루어지기도 어려우므로 결국 모두가 투자인센티브를 제공하고 싶은 유혹을 갖게 된다. 많은 국가들이 경쟁적으로 인센티브를 제공하는 조건 속에서 외국인투자를 유치하려는 국가 간 경쟁은 일종의 죄수의 딜레마게임(prisoner's dilemma game)과 같은 성격을 가지게 된다. 이러한 경우 정도의 차이는 있지만 모든 나라가 투자인센티브를 제공하기 위한 경쟁에 빠지게 된다.[24]

관료조직의 정치적 선택 : 투자인센티브정책이 인기를 누리는 또 다른 이유는 현지국의 공무원이나 관료들은 직접적 · 즉각적 · 가시적 효과가 있다고 생각되는 인센티브정책을 정치적으로 보다 더 선호하기 때문이다. 현지국의 공무원이나 관료조직의 입장에서 보면 외국인투자를 유치하기 위하여 교육시설이나 사회적 인프라수준을 향상시키는 것은 그 효과가 나타나는 데 오랜 시간이 필요하고 그 효과가 간접적이어서 즉각적이고 가시적인 효과를 기대할 수 없으며, 또한 다른 나라 다른 지역들이 다양한 투자인센티브를 제공하는 경쟁을 행하는 상황에서 그러한 장기적이고 근본적인 정책을 수행하는 것은 매우 소극적인 것으로 보일 수 있기 때문에,[25] 투자인센티브를 제공하는 정책을 선택하게 된다.

2.2.3 투자촉진형 정책의 정책적 평가

그렇다면 이상과 같은 투자촉진형 정책이 과연 외국인투자의 흐름을 얼마나 증가시킬 수 있으며 또한 그러한 촉진형 정책이 가져오는 편익이 그로 인한 비용을 충분히 보상하고도 남는다고 할 수 있는가? 그동안 이러한 주제와 관련된 연구와 논의들이 다양하게 이

---

23 물론 이러한 사례에 대해서도 아일랜드나 싱가포르의 경우 금전적인 인센티브는 외국인직접투자를 유치하기 위한 통합적 정책의 일부분으로서 이루어졌으며 스위스 역시 그것이 외국기업이든 내국기업이든 모든 기업들에게 입지적 경쟁력과 경쟁조건을 개선하려는 노력의 일부로서 이루어졌으므로 외국인직접투자가 증대된 것을 그러한 금전적 인센티브의 결과라고만 볼 수 없다는 비판도 있다.

24 S. Young and A. T. Tavares(2004) pp.1~29.

25 D. A. Rondinelli and W. J. Burpitt(2000) pp.181~205.

루어졌다.

우선 다수의 연구결과는, 이러한 촉진형 정책이 때때로 외국인투자의 입지선정에 중요한 역할을 하기도 하였던 것이 사실이지만, 보다 일반적으로 이러한 정책변수는 가장 중요한 투자결정요인이 아닌 부차적 요인으로 작용하여 그 정책효과가 제한적일 수밖에 없었다는 점을 보여주고 있다. 전체적으로 많은 학자들은 금전적 인센티브가 주어진 상태에서의 부가가치활동이 이러한 인센티브가 주어지지 않았을 경우와 별로 크게 다르지 않았다고 믿는다. 또한 대부분의 현지국들이 여러 가지 투자인센티브를 경쟁적으로 제공하고 있는 것이 현실이지만 이러한 투자인센티브로 인하여 발생되는 편익(benefit)이 과연 그것의 비용(cost)을 보상하고도 남음이 있는가 하는 것은 또 다른 문제이다.

이와 관련하여 현지국이 제공하는 투자인센티브정책이 초래할 수 있는 여러 가지 비용과 비효율성에 대한 다음과 같은 우려 역시 제기되고 있다.

재정적 부담 : 외국인투자를 촉진시키기 위하여 투자환경을 개선하는 것과 같은 간접적 정책수단과는 달리 현금을 공여하거나 기타의 재정적 인센티브를 제공하는 직접적인 정책수단은 현지국의 공적자금의 투입을 요하게 되므로 이에 대한 재정적 부담이 커진다.

국내기업 역차별 : 국내투자와 외국투자를 구별하지 않고 동일한 인센티브를 제공하는 선진국들과는 달리 우리나라와 같이 외국인투자기업에게만 인센티브를 제공하는 경우 이것이 결과적으로 국내기업의 역차별문제를 초래하게 된다.

역선택문제와 협상력약화 : 외국인투자가 투자국경제의 펀더멘털(fundamentals)이 아닌 현지국이 제공하는 인센티브에 의하여 이루어지는 경우 현지국경제에 대한 통합적 효과가 크지 않을 뿐만 아니라 최초 투자에 이어지는 후속 투자나 또 다른 기업의 투자를 끌어들이는 유발효과 역시 기대하기 어렵다. 또한 인센티브에 의존하는 투자를 행한 기업의 경우 투자 철수의 비용 역시 그만큼 작아지므로 다른 경쟁지역에서 제공하는 인센티브에 민감하게 반응하게 된다. 따라서 이러한 인센티브 제공이 결국 더 우월한 투자 대신에 더 열등한 투자를 유치하게 되는 역선택문제(adverse selection problem)를 야기할 수 있고, 또한 다른 지역으로의 투자 철수를 우려하여 필요한 규제를 강제하지도 못하게 되어 외국인투자자에 대한 현지국의 협상력을 약화시킬 수 있다.[26]

자원배분의 왜곡 : 제12장에서 논의하였듯이 많은 현지국들이 외국인투자를 유치하기 위하여 법인세율을 경쟁적으로 인하하는 세금인하경쟁(tax competition)을 함으로써 세율이 바닥을 향해 수렴하게 되는 이른바 바닥으로의 경주(race to the bottom)가 이루어지면 ① 자본에 대한 세율이 노동에 대한 세율에 비해 상대적으로 낮아지고, ② 각 정부의 세수감소・재정지출축소가 초래되어 재정위기가 나타날 수 있다. 또한 외국인투자를 유치하기 위한

26 J. H. Dunning and S. M. Lundan(2008) p.688.

현지국들의 과도한 투자유치경쟁 행태가 국내적으로는 물론 국제적 차원에서 자원의 배분을 왜곡시키는 결과를 초래할 수 있다.

2.2.4 투자촉진형 정책의 정책적 함의

이상과 같이 외국인투자를 유치하기 위하여 투자인센티브를 제공하는 현지국의 투자촉진형 정책은, 적정한 투자유치를 위하여 필요하기도 하고 다른 나라와의 투자유치 경쟁 때문에 불가피한 측면이 있지만, 또 다른 한편으로는 현지국에 일정한 비용과 비효율을 발생시키는 것이 불가피하다. 따라서 중요한 문제는 이러한 인센티브 제공이 고용증가 등 현지국의 편익증대에 얼마나 기여하느냐 하는 것이다. 만약 이러한 긍정적 효과가 충분하지 못하여 인센티브 제공으로 인한 사회적 비용을 커버하지 못한다면 투자인센티브정책의 존립의의는 없어지게 될 것이다.

이에 많은 학자들은, 외국인투자에 대한 투자인센티브를 제공하기에 앞서 외국인투자기업과 내국기업의 성과에 대한 면밀한 조사와 검증이 필요하며, 외국인투자기업의 성과가 내국기업의 그것을 초과하여 양자 간에 분명한 갭(gap)이 존재하는 경우에 비로소 내국기업의 발전을 촉진하는 것보다 외국인투자 유치를 위하여 인센티브를 제공하는 것이 정당화될 수 있다고 강조하였다.[27] 실제로 이러한 인센티브제도의 효율성을 분석한 어떤 연구는, 여러 가지 재정적 인센티브와 함께 고용·교육훈련 등에 대한 보조금을 지급한 체코(Czeco)의 인센티브정책이 10% 정도의 외국인투자 증가도 가져오지 못한 채 특정 외국인투자자들에게 적용한 선별정책만이 대형투자를 유치하는 데 성공하였을 뿐이라고 분석하였다.[28]

물론 그렇다고 하여 외국인투자에 대한 인센티브 제공이 불필요하거나 무익하다고 할 수는 없다. 코스타리카(Costa Rica)에 대한 인텔(Intel)의 투자가 보여주듯이, 사회적 인프라와 교육에 대하여 투자하는 것과 같은 제도적 정비와 외국인투자기업에 대한 적정한 정보제공이 상당한 긍정적 성과를 가져온 사례도 얼마든지 있기 때문이다. 외국인투자에 대해 제공하는 금전적 인센티브의 효율성을 논의하는 연구자들은 ① 외국인투자기업이 사용하는 자원의 공급이 탄력적일수록, ② 외국인투자기업이 국내시장에서 현지기업을 구축(驅逐)하는 정도가 낮을수록, ③ 현지국 기업에 파급되는 생산성향상효과가 클수록 효율성이 더 커지는 경향이 있다고 분석하기도 하였다.[29]

이상과 같은 여러 가지 논의는 결국, 외국인투자를 유치하기 위하여 현지국이 제공하는 인센티브는 적절한 수준에서 제공되어야 하고 그것이 효율적으로 활용되고 있는가에

27 C. Bellak(2004) pp.29~55.

28 T. J. S Mallya et. als(2004) pp.109~148.

29 G. H. Hansen(2001).

대한 심도 있는 검토가 필요하며, 또한 무한정 투자인센티브를 강화할 수는 없는 만큼 불필요한 인센티브를 축소하고 필요한 인센티브는 더욱 강화하여 전체적으로 현지국 경제의 사회적 편익을 증진시키는 방안을 추구하여야 한다는 것으로 이해할 수 있다.

이와 더불어 강조되어야 할 또 하나의 중요한 정책적 함의는 이러한 인센티브 제공만으로 적정한 외국인투자가 보장되는 것은 아니라는 점이다. 외국인투자의 흐름은 이러한 정책적 인센티브 요인보다는 현지국 경제의 기초적 펀드멘털(fundamentals)이나 외국인투자를 받아들일 수 있는 흡수능력(absorptive capacity) 등 투자대상지역으로서의 매력도에 의하여 결정되므로, 투자인센티브의 제공이 외국인투자의 유치를 위한 근원적이고 최종적인 결정요인이 되지는 못한다는 것이다.

2.3 현지국에 대한 다국적기업의 대응전략

이상에서 살펴본 바와 같이 다국적기업을 유치하는 현지국들은 나름대로 자국의 국익을 높이기 위한 여러 가지 정책수단들을 활용하게 되는데 이러한 현지국의 정책을 다국적기업 측에서 보면 자신의 경영자율성이나 전략적 선택권을 제한하는 것이 된다. 따라서 범세계적인 네트워크 속에서 글로벌한 경영활동을 행하는 다국적기업들은 이러한 현지국의 정책을 수동적으로만 받아들이지 않고 다양한 대응전략을 펼치게 된다. 이와 같은 작용과 반작용으로 인하여 현지국과 다국적기업 간에는 때로는 협조하면서 또 때로는 경쟁하는 일련의 상호작용이 발생하게 된다.

다국적기업들은 이렇게 자신이 진출한 현지국정부가 어떠한 정책을 부과하는지를 예의 주시하면서 그것의 비용과 편익을 면밀히 고려하여 최적이라고 생각되는 대응전략(countering strategies)을 선택하게 된다. 이때 다국적기업들이 추구하는 궁극적 목적은 현지국과의 마찰을 최대한 줄이고 위험부담을 극소화하면서 이익을 극대화하는 일이다. 따라서 다국적기업이 선택하는 대응 수준과 방법은 현지국의 요구와 정책이 어떠한가, 현지에서 얻을 수 있는 기대이익이 얼마나 큰가, 현지국에 대한 자신의 상대적 교섭력이 어떠한가 등에 따라 달라진다.[30]

현지국에 대하여 다국적기업이 취하는 이러한 대응에는 다양한 전략들이 있지만 가장 보편적으로 사용되는 대응전략의 유형은 〈표 14-4〉와 같다. 이를 통하여 알 수 있듯이 다국적기업이 현지국의 요구와 정책에 순응하고 협력하는 형태로부터 현지국의 요구와 규

30 T. N. Gladwin and I. Walter(1980)는 ① 경영자의 행태, ② 현지국과의 관계, ③ 이해관계, ④ 상대적 교섭력, ⑤ 기대이익 등에 따라 다국적기업의 대응전략이 결정된다고 전제하고 대응전략 유형으로서 ① 경쟁(competitive), ② 회피(avoidant), ③ 순응(accommodative), ④ 협동(collaborative), ⑤ 타협(compromise) 등 다섯 가지 유형을 제시하고 있다(안세영, 1998 pp.511~514).

제를 회피하기 위하여 철수하는 2개의 극단적인 대응방식이 있고, 그것들의 중간적 형태로서 현지국과의 협상이나 경쟁을 통하여 더 많은 이익을 확보하려는 대응전략 등이 있다.

표 14-4 현지국에 대한 다국적기업의 대응전략 유형

구분		구체적 대응전략 내용	
순응적 대응전략		• 선량한 기업시민 전략	• 현지화전략
협상적 대응전략		• 협상을 통해 반대급부를 받아내는 전략(입지이전 위협전략 등)	
경쟁적 대응전략	내부적 · 방어적 대응	• 기업내거래와 이전가격조작 • 국제적 수직통합	• 해외 판로의 봉쇄 • 기술전략과 브랜드를 통한 대항력 등
	외부적 · 공격적 대응	• 법률적 제소 • 다국적기업 간의 공동대응 등	• 투자국 정부와의 공동대응
회피적 대응전략		• 투자 철수 전략	

2.3.1 순응적 대응전략

순응적 대응전략(accommodative counter strategy)이란, 현지국의 정책과 요구에 대하여 다국적기업이 잘 적응하고 협력하는 전략을 말한다. 대체로 현지국과 친밀한 관계를 유지하면서 이해관계가 일치할 뿐만 아니라 자신의 교섭력이나 기대이익도 별로 크지 않아 가능한 마찰을 만들지 않으려는 경우, 또는 당장에 약간의 양보를 하더라도 우호적인 관계를 만들어 앞으로의 교섭력을 강화시키려는 경우 이러한 전략을 채택하게 된다. 이러한 대응전략의 대표적 유형으로서는 다음과 같이 선량한 기업시민이 되는 전략과 현지화전략이 있다.

선량한 기업시민전략 : 다국적기업들이 현지국의 구성원들로 하여금 자신에 대하여 좋은 호감과 긍정적 평가를 가지도록 노력하여 이른바 '선량한 기업시민 이미지'(good corporate citizen image)를 구축하는 전략이다. 현지 법률을 준수하고 윤리적 기업경영을 행하고, 현지국에 최대한 편익을 제공하겠다는 열의(committment)를 가지고 현지국의 목표와 불화(discord)가 발생되지 않도록 노력하는 동시에, 현지국이 바라는 기대와 요구사항을 최대한 충족시키기 위한 노력을 행한다.

예컨대 현지국의 고용과 성장에 기여하고 더 많은 수출을 통하여 현지국의 국제수지를 개선시키는 데 기여하며 현지국정부가 특별히 관심을 가진 산업분야나 지역에 투자를 행하여 공동의 이익을 만들려는 정책적 노력을 행하는 것 등이 그것이다. 이러한 기업경영활동과 관련된 노력뿐만 아니라 교육기관 · 병원 · 구호기관에 헌금이나 기부활동을 하고 이를 대대적으로 공중매체에 선전함으로써 선량한 기업시민이미지를 구축하려는 노력도 행한다.

1980년대 말 미국에서 허리케인・지진 등 대재앙이 발생하였을 당시 반 일본정서 때문에 고민하던 일본 기업의 현지자회사들이 재해복구비를 헌납하고 이를 대대적으로 선전하여 이미지를 개선한 사례나, 베트남에 진출한 한국기업들이 초기의 경험부족으로 현지국 정부나 노동자들과 상당한 마찰과 갈등을 빚었지만 이후 과거 월남전 격전지에 병원이나 직업훈련소를 건립하고 교육・문화단체 등에 활발한 지원활동을 행하여 기업이미지를 회복한 사례 등이 그것이다. 또한 1980년대 이후 세계적인 다국적기업들이 단순한 상품광고 이외에 기업이미지 제고를 위한 이미지광고활동을 크게 증가시킨 것 역시 이러한 노력과 무관하지 않다.

현지화전략 : 이것은 또 다른 순응적 대응전략으로서 초기에 투자를 행하면서 현지자회사의 경영에 현지인의 참여를 높이고 현지 자원의 활용도를 높여 점진적으로 현지인이 통제하는 기업으로 현지화(localization)시켜 나갈 것을 미리 결정하여 현지국정부의 개입과 규제를 봉쇄하고 마찰과 갈등을 사전에 방지하는 대응전략이다. 1980년대 일본 기업이 EU나 미국 등 선진국으로 진출하면서 많이 채택한 전략으로서, 현지인의 고용・교육훈련・승진기회를 가능한 높이려는 인사정책, 가능한 합작투자를 통하여 진출하고 연구개발에 현지전문가를 참여시키거나 현지연구소와 협력하려는 기술정책, 가능한 현지부품의 사용비율을 높이려는 정책 등이 그것이다.

2.3.2 협상적 대응전략

한편, 다국적기업이 현지국정부의 요구와 규제에 대하여 협상과 타협을 통하여 조정해가면서 일정한 반대급부를 받아내는 전략으로서 협상적 대응전략이 있다. 다국적기업의 여러 가지 대응전략 중 중간적 형태로서 다국적기업들이 가장 많이 채택하는 대응방식이라고 할 수 있다. 현지국과의 관계가 특별히 친근하거나 특별히 나쁘지도 않고 현지국에서의 기대이익 역시 특별히 크지도 작지도 않은 경우 다국적기업이 그들의 협상력을 조심스럽게 사용하여 현지국과 밀고 당기기를 행하고 현지국의 정책목표나 법률적 테두리 내에서 최적한 결과를 얻어내는 대응방식이다.

이러한 대응전략에는 다양한 전략적 옵션(option)이 존재하지만 그중에서도 가장 강력한 방식이 '입지이전 위협전략'이다. 이것은, 현지국이 지나치게 불리한 조치를 취하거나 무리한 요구를 행할 때 생산입지를 다른 나라로 이전하겠다는 위협을 통하여 다국적기업이 원하는 일정한 목표를 확보하는 전략이다. 다국적기업이 자신의 생산입지를 커다란 비용 없이 다른 나라로 이전할 수 있는 경우 이러한 위협전략은 상당한 협상력을 발휘할 수 있다. 일반적으로 다국적기업들은 정치적 위험이 크거나 반(反)외자정서가 높은 지역에 진출할 경우, 이러한 전략을 쉽게 사용할 수 있도록 초기투자 단계에서부터 고정투자규모를 가능한 줄이거나 아예 지분참여가 없는 비(非)지분참여투자를 행하거나 현지국기업과의 네트워킹을 최소화하여 기업의 이동성(mobility)을 향상시키기 위한 고려를 행하기도 한다.

2.3.3 경쟁적 대응전략

경쟁적 대응전략(competitive counter strategy)이란, 현지국의 규제나 요구에 대하여 적극적으로 경쟁하며 자신의 이익을 고수하거나 또 다른 방법으로 회피해가는 대응전략으로서, 현지국에서 기대되는 이익은 큰 데 반하여 다국적기업이 상당히 유리한 교섭적 지위에 있을 때 주로 활용하게 된다. 이러한 경쟁적 대응전략에도 다음과 같이 내부적・방어적인 대응전략과 외부적・공격적 대응전략이 있다.

기업의 내부적・방어적인 대응전략이란, 현지국의 규제나 요구에 명백한 이의를 제기하지 않되 여러 가지 기업 내부적인 관리방식을 통하여 결과적으로 그러한 규제를 우회하거나 그 효과를 상쇄시키기도 하고 또한 이를 통하여 현지국에 대한 자신의 교섭력을 높일 수도 있는 대응전략을 말하는데, 다국적기업들이 주로 활용하는 전략수단으로서는 다음과 같은 것들이 있다.

기업내거래와 이전가격조작 : 다국적기업이 중간재수입과 최종재수출 등을 기업내거래(intra-firm trade)를 통하여 함으로써 설사 현지국이 자국 내에서 어떤 통제를 강화하더라도 이러한 기업내거래를 통하여 현지국에 대항할 수 있다. 또한 현지국의 송금제한 등에 대하여 다국적기업은 이전가격조작(transfer pricing)을 통하여 이러한 규제를 사실상 회피할 수 있는 것처럼 이전가격조작 자체가 이러한 규제와 요구를 회피하거나 그 효과를 상쇄시키는 기능을 수행할 수 있다.

국제적 수직통합 : 다국적기업이 여러 나라에 원자재와 부품・중간재・최종재의 생산과정을 수직적으로 통합시켜 자신의 통제 하에 두는 경우 현지국정부가 현지자회사에 대해 어떤 통제를 가하더라도 다국적기업은 얼마든지 이에 맞서 다른 방법으로 대처할 수 있기 때문에 우세한 교섭력을 확보할 수 있게 된다.

해외 판로 봉쇄 : 현지국이 다국적기업의 현지자회사를 몰수하거나 국유화할 경우 다국적기업은 자신의 영향력을 발휘하여 그러한 제품의 해외판로를 봉쇄함으로써 현지국 정부의 영향력을 무효화시키기도 한다. 1970년대 일부 개도국들이 석유・구리 등 천연자원에 대한 몰수・수용 등의 조치를 취하자 세계적인 다국적 석유기업이나 광산업체들이 대대적인 선전활동을 통하여 이것의 판로를 불안정하게 만들거나 주요 수입국에 영향력을 행사하여 판로를 봉쇄함으로써 자신의 이익을 지키려고 한 사례들이 있었다.

기술전략과 브랜드를 통한 대항력 : 다국적기업은 그들이 보유하고 있는 높은 기술력과 제품차별화능력은 물론 막대한 광고비지출을 통하여 국제적인 브랜드(brand)를 구축하고, 이를 통하여 현지국의 자체 기술개발이나 고유브랜드 개발을 봉쇄함으로써 이후 현지국이 이와 관련되는 어떠한 정책을 펼치더라도 그것을 무효화시킬 수 있는 위력을 발휘하게 된다.

다국적기업은 현지국의 여러 가지 규제와 요구에 대하여 이상과 같은 내부적·방어적 대응전략을 구사할 뿐만 아니라 때때로 외부적으로 드러내놓고 현지국과 정면으로 맞서는 공격적 대응전략을 구사하기도 한다. 이러한 경우 다국적기업은 단호하고 분명한 태도로 현지국의 규제나 요구에 대하여 강력하게 대응하게 되는데 일반적으로 채택되는 외부적·공격적 대응전략에는 다음과 같은 것들이 있다.

법률적 제소 : 현지국의 행위나 정책에 대하여 현지국 법원·제3국 법원·WTO 등에 제소하여 법률적으로 대처하는 적극적인 대응전략이다. 이러한 법률적 제소는 그 자체로서 일정한 법률적 효과를 얻을 수도 있지만 비록 승소하지 못하더라도 현지국 정부의 자의적이고 편파적인 정책을 견제하거나 국제적인 여론을 불러일으켜 유리한 입지를 가지게 되는 간접적인 효과를 기대할 수 있다.

본국정부와의 공동대응 : 자국 기업이 해외에 진출하여 부당하거나 불리한 대우를 받을 경우 투자국 정부가 자국 기업의 이해관계를 지키기 위하여 정치외교적·경제적 압력을 과하거나 다국적기업과 투자본국 정부가 공동으로 대처하여 자신의 이익을 지키는 사례가 과거부터 존재하였는데, 이러한 과정에서 국제정치적 갈등과 마찰이 발생한 적도 있었다. 물론 이러한 대응전략이 유효하기 위해서는 투자국 정부가 현지국 정부에 대하여 상당한 협상력을 가지고 있고 필요 시 효율적인 위협과 제재를 가할 수 있는 정치적·경제적·군사적 힘을 지니고 있어야 한다.

다국적기업 간의 공동대응 : 현지국의 정치경제적 리스크가 너무 크거나 경제적 불안정성이 높을 경우 다른 다국적기업과 컨소시엄(consortium)을 형성하여 공동으로 진출함으로써 리스크를 분담하고 현지국에 대한 압력을 강화시키는 전략이 사용된다. 이때 파트너로 삼는 다국적기업의 국적이 막강한 국제적 영향력을 행사할 수 있는 국가일 경우 이러한 효과는 더욱 커진다. 또한 현지국에 진출하여 동일한 이해관계를 가진 다른 다국적기업들과 공동전략을 펼치거나 아예 그들의 이익을 보호할 수 있는 단체를 만들어 공동행동을 취함으로써 현지국의 압력과 요구에 대항하는 전략을 취하기도 한다.[31]

---

31 1980년대 미국이 자국에 진출한 유럽계 다국적기업에 대하여 불리한 과세조치를 취하였을 때 유럽계 다국적기업들이 '안정적인 투자제도 구축을 위한 위원회'를 결성하여 미국의 의도를 저지시킨 바 있고, 우리나라에 진출한 미국이나 유럽의 기업인들이 미국상공회의소나 EU지사협의회를 구성하여 활동하고 있는 것도 이러한 예에 속한다(안세영, 1998 p.521).

2.3.4 회피적 대응전략(투자 철수)

현지국에 진출한 다국적기업이 현지국의 정책과 요구에 대항하여 취할 수 있는 가장 강력하고 최후적인 회피전략(avoidant strategy)으로서 투자 철수(divestment)가 있다. 투자 철수란, 해외 경영활동을 위하여 투자한 해외자산을 현지국으로부터 회수하는 것으로 현지시장에서 느끼는 기대이익이 별로 크지 못하거나 감당하기 어려운 지나친 규제를 가해 올 경우 다국적기업이 취하게 되는 최후의 대응수단이다.

이러한 투자 철수는 그 형태나 원인에 따라 ① 투자기업이 자발적 의사에 의한 자발적 철수와 현지국의 강요에 의한 강제적 철수, ② 해외 자회사를 매각하거나 청산하는 완전한 철수와 지분권비율을 축소하는 축소철수, ③ 철수 원인에 따라 사업부진이나 사업실패에 따른 소극적 철수, 유통이나 노동조합에 대한 대응으로서 철수하는 적극적 철수, 사업부진이나 실패 때문이 아니라 오히려 사업발전을 목표로 하는 합리적 철수 등으로 분류하기도 한다. 이러한 여러 가지 형태의 투자 철수를 망라하여 "다국적기업 투자 철수의 일반적인 동기"는 다음과 같다.

입지요인 상실 : 현지국이 누리고 있던 입지적 우위요인(location specific advantages)이 상실되어 행하는 철수로서 가장 전형적인 예는 현지국의 임금상승으로 인하여 철수하는 경우이다. 1960~1970년대 값싼 노동력을 이용하고자 섬유·봉제·완구·신발 등의 분야에서 우리나라에 진출했던 일본계 다국적기업들이 1980년대 말 이후 우리나라가 대폭적 임금상승으로 인해 해외생산거점으로서의 매력을 상실하자 대부분 중국과 동남아로 철수해 버렸다. 오늘날 저렴한 인건비를 활용하기 위하여 중국에 진출한 기업들이 점차 베트남과 같은 새로운 동남아지역으로 이동하는 투자 철수 역시 이에 속한다.

해외생산거점 재편 : 다국적기업은 항상 범세계적 차원에서 최적생산거점을 선택하고 환경이 변화될 경우 이러한 생산거점을 재편하기 위해 현지국에서 철수한다. 북미자유무역협정(NAFTA)의 체결로 멕시코가 미국시장진출의 유망한 교두보로 부상함에 따라 이전까지 카리브해 연안국가에 진출했던 다국적기업들이 멕시코로 해외생산거점을 이전하였던 것이 그 좋은 예이다. 말하자면 사업실패나 부진 때문이 아니라 해외사업의 합리화를 위하여 행하는 전략적인 철수이다.

위험 회피 : 중남미국가에 진출했던 다국적기업들이 1980년대 외채위기 이후 대거 철수한 사례와 같이 현지국에서의 위험요인이 증가할 때 그러한 위험을 사전에 방어하기 위하여 행하는 철수유형이다. 이러한 철수의 특징은 저렴한 노동력이나 부존자원 등 현지국의 입지적 우위요소가 여전히 존재함에도 불구하고 현지국 경제의 앞날에 대한 불안 등으로 인하여 발생되는 위험회피형 철수(country-risk divestment)라는 점이다.

현지시장 포화 : 중남미국가의 수입대체산업 육성정책에 호응해 현지에 진출했던 다국적기업의 철수가 그 예이다. 과거 이들 국가는 수입대체산업육성을 위해 적극적인 외국인투자 유치정책을 펼치는 한편 외국 상품의 국내유입을 막기 위하여 관세 등으로 강력한 보호정책을 실시하였다. 이 같은 정부정책에 호응해 중남미에 진출한 다국적기업의 경우 일정 기간이 지나 현지시장이 포화에 도달하게 되면 국제경쟁력향상을 통하여 수출기업화하느냐 아니면 철수하느냐라는 선택의 기로에 서게 되었다. 그러나 오랫동안 정부의 보호 속에서 현지시장에 안주하여 온 그들로서 세계시장으로 진출할 수 있는 경쟁력을 갖추기가 쉽지 않았으므로 대부분 차선의 선택으로 투자 철수를 선택하게 되었다.

강제적 철수 : 이상에서 살펴본 철수가 다국적기업의 의사에 의한 자발적 철수라면 현지국의 강요에 의한 강제적 철수도 중요한 철수요인이 되고 있다. 1960년대 말과 1970년대 초 개도국정부들은 외국계 다국적기업에 대한 신경과민으로 그들의 현지자회사에 대한 몰수·국유화조치 등을 남발하였다. 또한 과거 인도네시아나 안데안(Andean)국가는 외국인투자 허가 시 일정 기간이 지난 후 그들의 자회사를 현지화할 것을 허가조건으로 하는 소위 점진적 현지화(fade-out)정책을 즐겨 사용하였다. 이러한 현지국의 정책에 맞서 세계적 다국적기업들은 그러한 위험이 있는 곳에 더 이상 머물지 않고 과감히 투자 철수로 대응하였는데 이것이 강제적 철수이다. 이후 개도국정부는 이러한 정책을 통하여 자신이 기대하는 이익을 얻을 수 없고 이것이 오히려 다국적기업과의 갈등만을 일으키게 된다는 사실을 인식하게 되었다.

제2절 외국인직접투자의 적극적 유치를 위한 정책과제

현지개도국들이 자국에 진출하는 외국계 다국적기업에 대하여 대립적인 태도를 보였던 1970년대와는 달리 1980년대 이후에는 다국적기업과 현지국 간에 화해분위기가 조성되었고, 1990년대 이후부터는 다국적기업에 대한 현지국의 투자유치 열망이 더욱 높아져 많은 현지국들이 보다 우호적인 외국인투자정책으로 전환되었을 뿐만 아니라 외국인투자를 더 적극적으로 유치하기 위하여 보다 유리한 조건과 대우를 제공하려는 국가 간 경쟁으로까지 전환되었다.

다국적기업과 외국인투자에 대한 현지국의 정책기조가 이렇게 변화된 것은, 외국인직접투자의 유치를 통하여 자국의 경제성장과 산업경쟁력강화를 이룩하는 것이 오늘날과 같은 글로벌경제 하에서 개별 국가들이 취해야 할 효율적인 정책이라고 인식하고 있기 때문이다. 이러한 관점에서 보았을 때 외국인투자에 대하여 현지국으로서 취해야 제1차적

과제는 더 많은 외국자본을 보다 더 적극적으로 유치하는 것이다.

이렇게 보다 많은 외국인투자를 더욱 적극적으로 유치하기 위하여 현지국이 취해야 할 정책적·전략적 과제는 크게 나누어 ① 외국인투자기업들이 매력을 느낄 수 있는 투자환경 또는 다국적기업이 주도하는 글로벌경제와 부합되는 경쟁력 있는 투자환경을 조성하는 일, ② 현지국경제에 도움이 되는 바람직한 투자를 보다 효율적으로 유치하기 위한 전략적인 투자유치활동을 전개하는 일이라고 할 수 있다. 제2절에서는 이러한 2가지 과제와 관련되는 문제들을 논의한다.

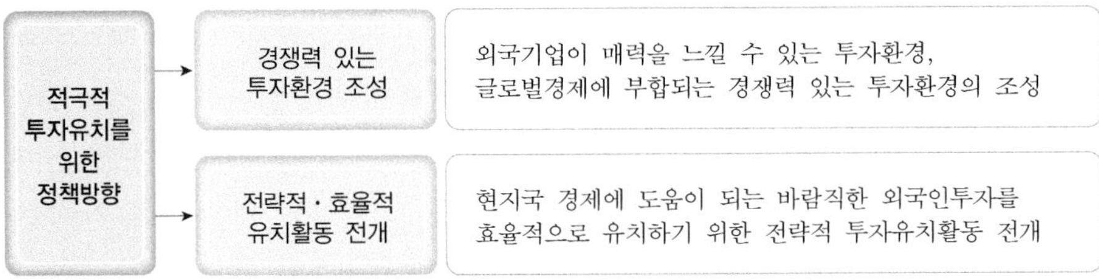

그림 14-3 외국인투자의 적극적 유치를 위한 정책과제

1. 경쟁력 있는 투자환경의 조성

1.1 외국인직접투자의 입지결정요인

범세계적 관점에서 자신의 투자입지를 결정하는 다국적기업을 유치하기 위하여 현지국이 이룩해야 할 첫 번째 과제는 다른 경쟁국들에 비하여 보다 경쟁력 있는 투자환경을 제공하는 일이다. 전술한 대로 다국적기업이 투자입지를 결정하는 데 있어서 현지국이 제공하는 투자 관련 인센티브 등이 영향을 미치지 않는 것은 아니지만 그러한 요인보다도 현지국의 경제적 펀더멘탈(fundamentals)이나 새로운 투자를 수용할 수 있는 국민경제적 흡수능력(absorptive capacity) 등이 더 주요한 요인이 된다. 따라서 보다 많은 투자를 유치하기 위해서는 무엇보다도 자국의 경제적 펀더멘탈을 개선하고 투자의 흡수능력을 향상시키는 것이 중요하다.

그렇다면 외국인투자의 흐름을 결정하는 이러한 펀더멘탈이나 흡수능력은 어떠한 요인들에 의해 결정되는가? 외국인투자가 현지국에 어떠한 경제적 영향을 미치는가에 대한 연구와 분석은 오래 전부터 많은 사람들에 의해 이루어져 왔지만 외국인투자기업이 현지국의 어떠한 요인에 의하여 투자를 결정하는가에 대한 연구는 상대적으로 부족하였던 것이 사실이다.

제3편(다국적기업의 해외직접투자이론)에서 논의한 바와 같이 더닝(J. H. Dunning)의 절충이론은 해외직접투자의 결정요인을 ① 소유권(ownership) 우위, ② 내부화(internalization) 우위, ③ 입지(location) 우위로 규정하였다. 그런데 이러한 3가지 요인 중 소유권우위·내부화우위는 투자를 결정하는 기업적 요인인 데 반하여 입지우위는 외국인투자의 유입에 결정적인 영향력을 갖는 국가적 요인이다. 따라서 소유권우위와 내부화우위요인이 투자기업이 갖추어야 할 기업적 조건이라면 입지우위요인은 외국인투자를 유치하기 위하여 현지국이 갖추어야 할 요인으로서, 현지국의 '투자유치경쟁력' 또는 '투자매력도'라고 할 수 있다.

표 14-5 외국인직접투자에 대한 현지국의 입지결정요인

구분	외국인직접투자의 투자입지 결정요인	
경제적 요인	현지시장 지향형 투자	• 시장규모, 1인당소득수준 • 시장성장성 • 지역/세계시장에 대한 접근성(거리 등) • 현지국 소비자 특성과 기호 • 시장구조 등
	자원/자산 지향형 투자	• 천연자원 • 생산요소의 부존과 질(저임금노동·숙련노동·기술 등 창조적 자산 등) • 인프라(항구, 도로, 통신, 에너지 등)
	효율 지향형 투자	• 천연자원 및 생산요소 비용 • 부품·중간재 등 기타 투입물 비용 • 물류·통신 등 인프라 수준과 비용 • 지역통합 네트워킹 수준 등
정책적 요인	• 경제적·정치적·사회적 안정성 • 외국인투자에 대한 규제정책 • 시장경쟁 규칙 • 외국기업에 대한 표준화된 제도 • 민영화정책 • 무역정책 • 조세정책 등	
사업 편의성	• 투자촉진활동 • 투자인센티브 • 기업환경(관료주의, 행정효율성, 투명성, 부패 등) • 현지 생활환경(외국인학교, 주거·문화생활 등) • 사후 투자관리 서비스	

자료 : UNCTAD, WIR(2007) p.91.

유엔무역개발회의(UNCTAD, 1998)는 현지국의 투자유치경쟁력을 결정하는 요인을 ① 경제적 요인(economic determinants), ② 정책적 요인(policy framework), ③ 사업편의성 요인(business facilitation) 등 3그룹으로 대별하여 각각의 그룹에 속하는 여러 가지 구체적 요인들을 〈표 14-6〉과 같이 예시였다. 물론 이러한 요인들 중 어떠한 요인이 더 중요한 의미를 가지고 더 높은 우선순위를 가지는가는 개별적인 투자의 동기·형태·부문·규모 등에 따라 달라질 것이다.[32]

---

32 예컨대 투자동기의 관점에서 볼 때, 시장지향형 투자는 자사 제품에 대한 잠재적 소비시장규모와 향후의 시장성장성 등이 중요할 것이고, 자원지향형 투자는 천연자원의 활용가능성과 질적 수준이 우선 중요하지만 아울러 현지국의 정치사회적 안정성이나 정부정책의 신뢰성 등이 중요할 것이며, 전략적 자산추구형 투자는 전략적 자산의 보유 여부와 현지국의 시장개방성이나 민영화정책 등이 중요할 것이고, 생산효율지향형 투자는 풍부하고 저렴한 노동력의 존재와 노동시장의 안정성, 그리고 저렴한 요소비용·투자인센티브·물적 인프라 등이 투자 결정에 중요한 고려요인이 될 것이다.

1.2 현지국 입지요인의 전략적 의의

한편 〈표 14－6〉은 외국인투자의 입지결정에 주요한 영향을 미치는 현지국 요인들을 보다 더 확장하여 ① 경제적 · 구조적 요인, ② 제도적 · 정책적 요인, ③ 현지생활환경요인으로 분류하여 정리하고 있다. 이하에서는 이들 각각의 그룹에 속하는 환경요인들에는 어떠한 것들이 포함되며 이들이 외국인투자 유치에 대하여 어떠한 전략적 의의를 가지는가를 살펴본다.

표 14－6 **외국인직접투자 흐름을 결정하는 현지국의 입지적 요인**

구 분		외국인직접투자의 투자입지 결정요인	속 성
경제적 · 구조적 요인	시장 환경	• 시장의 규모, 1인당 소득수준 • 시장의 성장성 • 소비자 특성과 기호 • 시장구조 등	근원적 요인 (통제 불능 / 장기적 개선과제)
	생산 환경	• 천연자원 부존 • 부품 · 중간재의 이용가능성과 비용 • 생산요소(저임금노동 · 숙련노동 · 기술 등 창조적 자산 · 전략적 자산 등)의 이용가능성 · 수준 · 비용 등	
	산업인프라	• 거리 및 지리적 접근성 • 문화적 유사성 • 물적 인프라(항구, 도로, 물류, 통신 에너지 등) 환경 • 지역통합 네트워킹의 수준 등	
제도적 · 정책적 요인	일반적인 제도 · 정책	• 정치 · 경제 · 사회적 안정성(민주주의, 재산권보호, 법치, 사회질서, 노사관계, 기업친화적 정책 등) • 시장경쟁규칙(기업지배구조, 시장개방, 민영화정책 등) • 행정적 인프라(관료주의, 행정효율성, 투명성, 부패 등)	부차적 요인 (중단기적 개선과제)
	FDI 관련 제도 · 정책	• 투자촉진활동과 투자인센티브체계 • 투자에 대한 규제정책 • 사후 투자관리 서비스 제도 등	
현지생활환경요인		• 주거, 의료제도, 교통, 통신, 외국인 교육시설 등	투자 장애요인

1.2.1 경제적 · 구조적 요인의 의의

외국인투자를 유치함에 있어서 가장 근원적이고 1차적인 영향을 미치는 것은 다음과 같은 현지국의 경제적 · 구조적 요인들이다.

시장규모와 성장성 : 외국인투자의 입지결정에 있어서 현지국 시장규모의 크기가 중요하다. 특히 시장지향형 투자의 경우 자사 제품에 대한 잠재적 소비시장규모와 향후의 시장성장성 등이 매우 중요하다. 19세기 이후 많은 다국적기업들이 미국으로 진출하려고 노력한 것은 거대한 시장규모와 높은 소득수준 때문이었고 라틴아메리카의 멕시코 · 브라질 ·

아르헨티나 등이 외국인투자의 주요 유치국이 된 것 역시 그들의 현지시장이 다국적기업들이 진출하려는 욕구를 가질 정도의 시장규모를 지니고 있었기 때문이었다. 또한 21세기에 들어와 중국·인도·동구권 국가들에 대한 외국인투자가 급격히 증대된 것 역시 그들이 지닌 거대한 시장규모와 시장잠재력 때문이었다.

천연자원 및 생산요소 : 제2차 세계대전 이전에 이루어진 외국인투자 흐름을 보면 천연자원의 입수가능성이 큰 영향을 미쳐서 천연자원의 부존 여부가 투자를 유치하는 주요한 입지적 요인이었다. 이후 제조업에 대한 투자가 증대된 이후 초기에 이루어진 노동집약산업에 대한 투자의 경우 미숙련노동의 활용가능성·저임금·노동시장의 안정성 등이 주요한 투자유인으로 작용하였지만, 이후 기술 등 전략적 자산에 대한 투자나 서비스업에 대한 투자가 증대되면서 기술 등 창조적 자원의 중요성이 높아졌다.

산업적 인프라 : 외국기업이 현지국에서 생산·판매 활동을 행함에 있어서 도로·항구·물류·통신·에너지 등 물적 인프라의 수준·비용·효율성이 매우 중요한데 최근에는 현지국의 인적 자본이나 인적 인프라 등의 중요성이 커지고 있다. 최근 외국기업들이 싱가포르·스위스 같은 나라에 투자를 많이 행하고 있는데 이것은 그들의 인적 자원과 인프라에 대한 투자레벨이 매우 높았기 때문이다.

지리적 입지와 문화 : 캐나다와 멕시코가 주요한 외국인투자 유치국이 된 것은 상당 부분 미국과 지리적으로 근접하기 때문이다. 또한 해외투자에는 국제비즈니스에 수반되는 리스크가 높기 때문에 일반적으로 문화적·언어적으로 가까운 곳에 투자하기를 선호한다. 과거 100여 년을 뒤돌아 보면 미국과 영국은 상호 간 최대투자국이었고 중국에 대한 외국인투자 역시 초기에는 화교에 의한 투자가 대부분이었다. 또한 아일랜드는 영어사용국이라는 이점을 이용하여 적극적인 외국인투자유치에 상당한 성공을 이룬 나라이고 최근 IT 산업분야나 서비스분야에 있어서 인도에 대한 서구국가들의 투자가 증대된 것도 영어사용이 가능한 인력을 구비하고 있다는 문화적 환경과 무관하지 않다.

1.2.2 제도적·정책적 요인의 의의

이렇게 외국인투자의 결정에 있어서 보다 근본적인 역할을 하는 것이 현지국의 경제적·구조적 환경요인이지만 또 다른 주요한 입지요인으로서 현지국의 제도적·정책적 환경요인이 있다. 경제적·구조적 요인들이 투자입지를 결정하는 가장 근원적이고 1차적인 요인이기는 하지만 이것들은 현지국이 인위적으로 통제하는 것이 불가능하거나 그것의 개선을 위해서는 구조적 변화가 요구되는 장기적인 변수(long-term variables)인 반면에, 제도적·정책적 요인들은 투자입지의 결정에 있어서는 상대적으로 부차적인 요인이지만 이에 대한 현지국의 통제가 어느 정도 가능하고 중단기적인 노력으로 개선이 가능한 요인

(managerial variables)들이다.

따라서 현지국이 보다 적극적으로 외국인투자를 유치하기 위해서는 경제적·구조적 요인들을 개선하고 업그레이드하는 근본적인 노력이 필요하지만 전략적으로 보다 의미를 가질 수 있는 정책변수는 오히려 이러한 제도적·정책적 인프라의 수준과 효율성이라고 할 수 있다. 이러한 사실은, 경제활동에 있어 전통적으로는 천연자원부존이나 요소비용과 같은 요인들이 강조되어 왔음에 비하여 오늘날에 이르러서는 기술이나 수송·통신·정보 촉진적 인프라 등과 같은 창조된 자산(created asset)이 점차 더 큰 전략적 의미를 가지는 것과 맥락을 같이 한다. 외국인투자활동에 있어서도 전통적으로는 그러한 자연적 요인이 강조되었지만 글로벌경제가 확장되고 직접투자가 보다 전략적 자산을 추구하는 형태로 변화됨에 따라 외국인투자자에 대한 현지국의 매력도 역시 그들이 제공하는 제도적 인프라의 내용과 수준에 크게 영향을 받기 때문이다.[33]

그렇다면 어떠한 제도적·정책적 요인들이 외국인투자자의 결정에 중요한 역할을 하는가? 일찍이 더닝(J. H. Dunning)은, 오늘날과 같은 세계화시대에 외국인투자의 유치를 위하여 정부가 추진해야 할 정책방향으로서 ① 인적 자원의 훈련을 통한 고급기술력의 배출(인적 인프라), ② 사회 전반에서의 수준 높은 교통·통신·네트워크의 구축(산업적 인프라), ③ 투명하고 안정적인 법과 규제 장치(제도적 인프라), ④ 사회적 질서와 정치적 안정의 제공 등과 같은 4가지 목표를 제시하였다.[34]

더닝은 그 이후, 오늘날과 같은 글로벌경제 하에서 외국투자자들이 느끼는 현지국의 매력도는 그 나라의 제도적 인프라 내용과 수준이라고 주장하면서 이를 강조하는 다양한 논의들을 행하였고,[35] 또 다른 제도학파 경제학자들 역시 이러한 외국인투자의 입지요인으로서 제도적 환경요인에 대한 다양한 논의들을 행하였다. 이러한 모든 논의들은 결국 외국인투자의 입지 결정에 있어 현지국의 제도적·정책적 인프라가 매우 중요한 의미를 가지고 있으며 따라서 외국인투자를 보다 적극적으로 유치하기 위해서는 이 같은 제도적·정책적 인프라의 수준과 질을 업그레이드시켜야 함을 강조하고 있다.

한편 외국인투자와 직접적으로 관련되는 제도적·정책적 환경요인으로서 투자와 관련되는 제도 및 정책들 역시 외국인투자가 원활하게 유입될 수 있도록 하는 데 매우 중요한 의미를 가진다. 그러나 이러한 인센티브는, 앞에서 논의한 바와 같이 그것의 제공만으로 적정한 외국인투자가 보장되는 것이 아닐 뿐만 아니라 그러한 인센티브 제공으로 일정한 비용의 발생도 불가피한 만큼, 적절한 수준에서 제공되어야 하고 그것이 효율적으로 활용

---

33 J. H. Dunning and Sarinna M. Lundan(2008) p.751.

34 J. H. Dunning(1997) pp.118~120.

35 J. H. Dunning and Sarinna M. Lundan(2008) p.295~314.

되고 있는가에 대한 심도 있는 검토도 필요하다. 또한 불필요한 인센티브를 축소하는 대신 필요한 인센티브는 더욱 강화하여 전체적으로 현지국 경제의 사회적 편익을 증진시키는 방향으로 추구되어야 한다.

아울러 이러한 투자인센티브를 제공함에 있어서도 보다 다양하고 신축적인 운영이 필요하다. 이러한 투자인센티브를 제공하는 기본 취지가 결국 현지국의 산업경쟁력 강화와 경제발전을 위한 것이라고 하였을 때 동일한 업종에서 동일한 기술을 가지고 들어온다고 하더라도 기업마다 구체적인 국제화수준과 현지화전략이 달라 현지국경제에 기여하는 정도는 모두 다를 수 있기 때문이다. 따라서 미리 정해진 요건에 따라 인센티브를 기계적·경직적으로 제공하기보다 구체적인 사안에 따라 인센티브수준을 결정하는 신축성을 발휘하는 것도 필요하다.

1.2.3 현지생활환경 요인의 의의

끝으로, 외국인투자의 입지결정에 영향을 주는 또 다른 요인으로서 현지국의 생활환경요인을 들 수 있다. 이것은 외국인투자기업이 현지에서 경영활동을 행함에 있어 불편과 애로를 느끼는 장애요인으로서 주로 주거·의료·교육·교통·문화생활 전반과 관련된다. 이러한 현지생활환경요인이 열악한 경우 외국기업의 국내진출을 가로막는 장애요소가 될 뿐만 아니라 이미 이루어진 외국인투자가 오래 머물지 못하도록 하는 요인으로도 작용하기 때문에 현 이러한 생활환경의 개선을 통하여 외국인들의 생활불편을 최소화하는 노력을 기울여야 한다.

이를 위해서는 외국인투자기업의 애로를 잘 수집하고 외국인기업들이 기업 활동을 하는 데 불편을 느끼는 제도와 여건들을 국제표준에 맞도록 전환하는 노력과 함께 이를 뒷받침 할 수 있는 제도적 장치를 마련할 필요가 있다. 예를 들면 우리나라가 1999년에 개소한 "외국인투자 옴부즈만(ombudsman)"제도처럼[36] 자국에 투자한 외국기업의 경영 및 생활애로를 청취하여 관계 부처 및 유관기관에 문제를 제기하고 해결을 지원하는 외국인투자 애로해결 전담기구 등의 운영도 필요할 것이다.

외국인투자에 영향을 미치는 생활환경요인으로서 어떠한 내용들이 포함되고 그중에서 어떠한 요인이 더 중요한 의미를 가지는가는 개별 현지국·투자기업·투자의 성격과 특성에 따라 달라진다. 〈표 14-7〉은 KOTRA가 우리나라에 진출한 외국기업을 대상으로 행한 최근의 설문조사결과를 요약하고 있다. 그 결과를 보면 우리나라에 진출한 외국기업들은 여전히 교통·주거·교육·여가문화생활·의료 등 거의 모든 생활환경요인에서 애

---

36 옴부즈만(ombudsman)은 원래 '대표자' 또는 '대리인'을 의미하는 스웨덴어(ombud)에서 유래하였다. 현재에는 '국가기관이나 공무원에 대해 일반 시민의 고충과 민원을 처리하는 행정 감찰관'을 의미한다.

로를 느끼고 있지만, 모든 분야에서 공통적으로 애로를 느끼는 것이 언어소통문제였던 것으로 나타나고 있다. 따라서 우리나라가 외국인투자를 보다 더 적극적으로 유치하기 위해서는 외국인의 전반적인 생활환경개선과 함께 언어소통문제에 대한 보다 많은 개선노력이 이루어져야 할 것이다.

표 14-7 우리나라에 진출한 외국인투자기업의 생활환경 애로요인

구 분	만족도(%)			선결과제(%)			분야별 세부 개선사항 우선순위(08)
	'06	'07	'08	'06	'07	'08	
교통 환경	8.9	7.5	31.4	63.0	54.9	39.4	난폭운전, 교통법규 미준수, 주차장 부족
주거 환경	21.4	14.2	24.4	22.2	31.6	31.4	높은 임차료, 언어소통, 월세물건 부족
교육 환경	14.8	13.4	14.4	30.4	26.1	23.1	높은 학비, 외국인학교 부족, 정부지원 부족
여가문화생활	-	28.1	49.7	19.0	22.1	23.1	언어소통, 정보취득 어려움, 다양성 부족
의료 서비스	44.0	31.2	39.4	20.2	17.4	17.9	언어소통, 설명 불충분, 외국인병원 부족
비자서비스	38.1	32.0	40.4	17.5	15.0	14.1	비자체류기간, 취득/연장요건, 언어소통
출입국서비스	35.4	29.6	39.7				전용레인 부족, 담당직원 태도, 언어소통

주 : 설문조사한 외국기업체 수는 257(2006), 253(2007), 312(2008)개 업체임
자료 : KOTRA, 2008년 외국인투자기업 생활환경 애로조사 통해 정리

2. 효율적 · 전략적 투자유치활동의 전개

모든 나라들이 보다 질 높은 외국인투자를 더 많이 유치하기 위하여 치열하게 경쟁하는 가운데 더 높은 성과를 거두기 위해서는 보다 효율적이고 전략적인 투자유치활동의 전개가 필요하다. 오늘날 기업 간 국제경쟁이 심화되면서 기업경영에 있어서 전략적 개념이 더욱 중요해지고 있듯이 외국인투자 유치를 위한 국가 간 경쟁에 있어서도 이러한 전략적 개념이 빠르게 보편화되고 있다.

현지국경제에 도움이 될 더 바람직한 외국인투자를 더 많이 유치하기 위하여 추구해야 할 전략적 투자유치활동의 전개과정을 살펴보면 [그림 14-4]와 같이 ① 경제발전 목표와 연계한 투자유치 목표와 우선순위 설정, ② 그러한 목표에 적합한 대상기업을 선정하여 집중적인 유치활동을 전개하는 타케팅전략, ③ 투자유치 활동을 전담하여 효율적으로 관리할 수 있는 투자촉진기구의 설립과 운영, ④ 투자의 성과를 사후적으로 평가하여 투자유치환경 · 제도 · 정책을 계속적으로 개선해가는 과정으로 정리해 볼 수 있다.

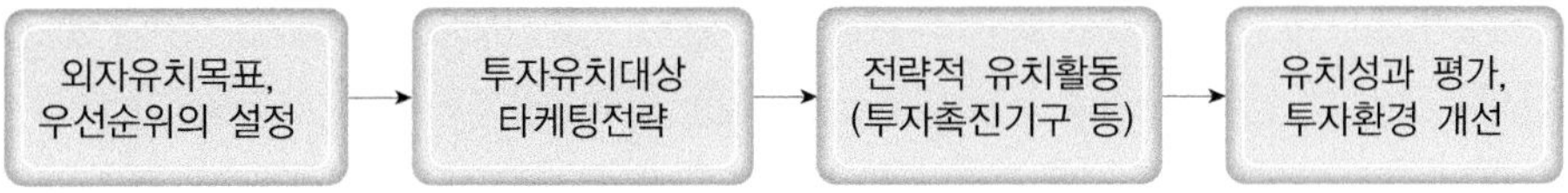

그림 14-4 전략적 외국인직접투자 유치활동의 전개과정

2.1 투자유치 목표 · 우선순위의 설정

외국인투자를 효율적으로 유치하기 위하여 행해야 할 첫 번째의 과제는 투자를 유치하려는 정책목표를 분명하게 설정하는 일, 또한 외국인투자의 유치를 통하여 이룩하려는 정책목표들 중 무엇을 더 우선할 것인가에 대한 국가적 우선순위(national priority)의 설정이 필요해진다. 오늘날 모든 나라들이 외국인투자를 유치하기 위하여 치열하게 경쟁하는 것은, 단순히 부족한 국내투자를 보완하거나 일시적인 외환부족을 완화시키기 위한 수준을 넘어 국민경제의 발전전략과 연계하여 외국인투자를 유치하려는 전략적인 정책으로 전환되었기 때문이다.

일반적으로 외국인투자에 대하여 현지국들이 기대하는 가장 주요한 거시경제효과로서는 고용효과 · 국제수지효과 · 기술이전효과를 들 수 있다. 이들 3대 효과 중 어떤 것에 우선순위를 두는가는 개별 국가의 경제상황이나 발전단계에 따라 달라진다. 예컨대 외환부족과 만성적 국제수지 적자에 직면하고 있는 개도국의 경우 국제수지효과에 우선순위가 있겠지만, 기술력향상에 깊은 관심을 가지고 있는 중진국의 경우에는 우선순위가 기술이전효과에 있을 것이며,[37] 심각한 경기침체나 실업문제를 안고 있는 나라들의 경우 경기활성화와 고용증대에 우선순위가 있을 것이다.

이 같이 그 나라의 정책목표와 우선순위에 따라 외국인투자를 유치하는 정책목표도 달라져야 할 것이다. 실제로 외국인투자를 통하여 경제적 번영을 이룩한 것으로 평가되는 성공적인 투자유치국들을 보면 모두가 자신이 처해 있는 정치 · 경제 · 사회적 상황에 따라 외국인투자유치에 대한 나름대로의 정책목표를 구체적으로 설정하고 그러한 목표에 따라 외국인투자를 유치하는 데 집중하여 왔음을 알 수 있다.

(1) 영국의 경우 전통산업의 사양화에 따르는 실업문제를 해결하기 위하여 투자유치의 정책목표를 고용창출과 낙후된 지역개발에 최우선순위를 두고 이러한 경제적 효과를 거두는 데 적합한 외국인투자를 중점적으로 유치하는 노력으로부터 출발하였다.

(2) 아일랜드는 높은 실업률과 경제침체를 해결하기 위하여 개방과 자유화를 추진하여

37 우리나라의 외자도입법상 외국인직접투자 유치목적을 보면 과거의 우선순위가 ① 국제수지개선 ② 고용효과 ③ 기술이전 ④ 현지부품사용 등으로부터 ① 기술이전 ② 현지부품사용 ③ 국제수지효과, ④ 고용효과로 바뀌었다.

일정한 성과를 거둔 후에는 산업고도화를 위한 5대 핵심 산업을 중점적 투자유치 분야로 지정하면서 지식기반(knowledge-based)사업에 대한 클러스터 형성에 초점을 맞추었다.

(3) 싱가포르는 그들의 경제발전단계에 발맞추어 투자유치 목표 역시 고용창출 → 수출증대 → 첨단기술이전 등으로 업그레이드하여 왔고 최근에는 세계화의 중심지역할을 수행할 국제비즈니스센터와 금융・의료・교육 등 3부문의 허브(hub)정책을 추진하는 데 도움이 될 수 있는 외국인투자를 중점적으로 유치하고 있다.

(4) 이들뿐만 아니라 거의 모든 현지국들이 나름대로의 구체적인 투자유치 목표를 설정하고 그러한 목표달성에 적합한 외국인투자를 집중적으로 유치하기 위한 노력을 경주하고 있다. 예컨대 영국은 영화・에너지・금융서비스・생명공학 분야, 스위스는 바이오산업 분야, 대만은 지식기반 R&D센터에 중점을 두고 있다. 최근에는 중국 역시, 투자의 내용과 업종을 가리지 않고 경쟁적으로 외자를 끌어들이던 종래의 태도에서 벗어나, 2002년 '외국인투자 산업지도목록' 작성을 계기로 산업구조조정・기술발전・환경보호・지역균형발전에 도움이 되는 외국인투자를 선별적으로 유치하는 정책으로 전환하고 있다.

2.2 투자유치 대상의 타케팅

외국인투자 유치를 위한 정책목표와 우선순위가 전략적으로 설정되면 이러한 목표와 우선순위에 적합한 유치대상기업을 구체적으로 선정하여 선택과 집중을 하는 타케팅전략(targeting strategy)이 필요하다. 한정된 자원과 노력으로 최대의 성과를 내기 위하여 이러한 전략이 필요한 것도 사실이지만, 현지국에 투자하려는 다국적기업들 역시 어떤 국가가 보다 적절하고 효율적인 타케팅시스템을 마련하고 있느냐가 관심의 대상이 되기 때문이다. 외국인투자 유치대상을 사전에 구체적으로 선정하여 유치활동을 행하는 이러한 타케팅전략을 수행하는 방법에는 특정 산업・특정 지역(국가)・특정 기업을 선정하는 방식 등 모두가 포함될 수 있다.

일반적으로 전략적 투자유치를 위한 타케팅을 행하기 위해서는 먼저 투자유치 대상산업을 결정하여야 하고 그것이 결정되면 그러한 산업이 존재하는 지역이나 국가를 선정하여야 하며 최종적으로 투자를 행할 대상기업을 선정하는 과정이 이루어져야 한다. 이렇게 유치대상이 되는 산업이나 기업을 선정함에 있어서 기준이 되어야 할 전략적 요인이 무엇인가에 대하여 많은 학자들이 여러 가지 전략적 모델들을 제시하고 있다. 이러한 전략적 모델들이 제시하는 핵심 내용을 보면, 투자유치의 필요성(현지국의 기대효과)과 가능성(현지국의 투자유치경쟁력)의 상호관계를 조화적으로 고려하여 유치대상 산업이나 기업을 타케팅하여야 더 높은 경제적 효과를 얻을 수 있다는 것으로 요약된다.

이러한 관점에서 현지국이 투자유치 대상기업을 선정하는 전략적 타케팅은 대체로 ① 현지국이 기대하는 투자잠재력과 경쟁우위를 보유하고 있는 기업군의 선정, ② 그들 중에서 자국의 투자유치환경을 선호할 수 있는 기업의 선정, ③ 그들 기업 중에서 경제적 기여도가 높을 것으로 기대되는 기업을 구분해내고 그들을 중점 유치대상기업으로 타케팅하는 실행단계를 거치며 이루어질 수 있다. 한편, 외국인투자의 유치대상을 타케팅 함에 있어서 대상 산업이 선정되면 그러한 투자대상을 특정 국가 또는 특정 지역으로 구분하는 것이 필요할 경우도 있다. 이것 역시 제한된 자원으로 투자유치성과를 극대화하기 위하여 필요한 고려요인이다. 투자유치대상을 이렇게 특정 국가나 지역으로 선정할 때 고려되어야 할 요소들은 다음과 같다.[38]

해당국의 산업발달 정도 : 나라마다 상대적으로 더 강한 산업과 강한 기업이 존재한다. 예컨대 미국은 석유·화학·바이오산업, 일본은 자동차·전자산업, 독일은 기계·정밀화학·엔지니어산업 등이 다른 나라에 비하여 상대적으로 강하고 따라서 이들 분야에 세계적인 기업들이 많이 존재한다. 동일한 조건에서 목표산업 분야에 100개 이상의 기업이 존재하는 국가가 20여 개만 존재하는 국가보다 투자를 유치함에 있어 비용이나 효과 면에서 더 큰 이익이 발생될 가능성이 상대적으로 더 높다.

문화적·역사적 유대관계 : 양국 간에 문화적·역사적 유대관계가 강할수록 해당산업에서 기술교류·인적자원교류·기업교류 등이 활발할 가능성이 높고 또한 그 역(逆)도 성립된다. 일반적으로는 양국 간의 유사성과 교류정도가 높을수록 투자유치대상으로 더 적합하다고 할 수 있지만 때로는 이러한 조건 때문에 투자유치대상에서 제외될 수도 있다. 예컨대 현재 어떤 특정국 기업의 특정 산업에 대한 투자가 지나치게 집중되어 있다면 그러한 국가에 의한 산업종속이나 기술종속 우려가 있기 때문에 오히려 투자선을 다양화해야 할 필요가 있을 수 있기 때문이다.

지리적 거리 및 경제협력관계 : 투자지역과의 거리 등 국경의 근접성이나 그 나라와의 자유무역협정(FTA) 체결 여부 등 양국 간의 경제협력관계도 영향을 미친다. 예컨대 멕시코 북부 마킬라도라 산업지역은 미국의 국경과 인접하여 있고 양국 간 자유무역협정이 체결되어 있기 때문에 미국의 기업을 최우선 투자유치대상으로 정하고 있다. 생산된 제품이나 부품·중간재의 국가 간 이동에 따르는 시간과 비용 면에서 유리할 뿐만 아니라 자유무역협정에 따른 관세의 혜택도 존재하기 때문이다. 또한 동유럽 국가의 자동차부품공장이 서유럽국가와 인접한 국경지역에 집중되어 있는 이유도 이와 유사하다.

---

38 임성훈(2004) p.50 참조

2.3 투자촉진기관(IPA)의 효율적 운영

이상과 같은 과정을 거쳐 중점 유치대상기업이 선정되면 이들에 대한 효과적인 밀착 유치활동을 전개하여야 한다. 이러한 투자유치 활동에는 ① 투자환경을 분석하고 투자자의 성향을 파악하는 투자조사활동, ② 잠재적 투자자들에 대한 광범위한 홍보 및 이미지 구축활동, ③ 실제로 투자자와의 협상을 통하여 투자를 성사시키는 투자창출활동, ④ 투자자가 투자한 이후에 원활한 투자가 진행되도록 지원하는 사후관리활동 등이 모두 전략적으로 이루어져야 한다. 오늘날 많은 나라들이 외국인투자 유치의 중요성과 전략적 가치를 인식하여 투자유치를 촉진하기 위한 이러한 일련의 전략적 투자유치 활동을 전개하고 있다.

효율적 투자유치를 위한 이와 같은 여러 가지 유치활동 중 중요한 하나의 전략적 요소가 되는 것이 일관되고 효율적인 투자유치활동을 전담할 조직체계, 이른바 투자촉진기관(IPA : Investment Promotion Agency)의 설립과 운영이다. 외국인투자 유치를 위하여 전략적으로 접근하고 있는 거의 모든 나라의 중앙정부나 지방자치단체들이 이러한 투자유치기관을 설립하여 운영하고 있어, 이러한 투자촉진기관의 경쟁력이 곧 그 나라의 투자유치경쟁력을 결정하는 중요한 요인이 되고 있다고 하여도 과언이 아니다. 또한 외국인투자 유치를 통하여 성장과 발전을 이룩한 성공사례에서 볼 수 있듯이 이들 나라들 역시 이러한 기관의 설립을 통하여 외국인투자유치에 대한 올바른 전략을 수립하고 전략적 시스템을 활용한 효율적인 투자유치 활동을 전개하고 있다.

최근의 조사에 따르면 이러한 투자촉진기구에 대한 예산 배정이 개도국들보다도 오히려 선진국들의 경우 더 급격하게 증가되고 있는데 이것은 선진국들이 이러한 투자촉진기구의 전략적 가치를 더 잘 인식하고 있기 때문인 것으로 평가된다. 유엔무역개발회의(UNCTAD, 2001)에 따르면 이러한 투자촉진기관이 1990년대에 급격히 증가하여 전 세계적으로 국가가 운영하는 164개의 기관과 지방정부가 운영하는 250여 개의 지역기관이 존재하고 있으며, 1995년에는 이들 기관 간의 상호협력과 경험공유를 통하여 세계적 투자촉진을 이룩하기 위한 세계투자촉진기관협회(WAPIA : World Association of IPA)가 결성되기도 하였다.

세계적으로 외국인투자 촉진기구를 적극적으로 운영하고 있는 대표적인 국가들의 구체적인 운영사례들을 살펴보면 영국의 UKTI(UK Trade & Investment), 아일랜드의 IDA(Industrial Development Authority), 싱가포르의 EDB(Economic Development Board), 일본의 JETRO 등을 들 수 있고 우리나라의 경우 Invest KOREA가 있는데 이들의 구체적 운영 내용에 대하여서는 [부록 14－2]에서 보여주고 있다.

2.4 투자유치성과의 종합적 평가와 피드백

외국인투자를 적극적으로 유치하기 위한 노력의 최종결과는 필요한 외국인투자를 얼마만큼 유치하였는가라는 실적으로서 나타나지만 그렇다고 하여 그러한 실적의 평가만으로 현지국의 투자유치정책에 대한 평가가 완성되지는 못한다. 이러한 결과와 함께 얼마나 투자유치환경의 개선이 이루어졌고 투자유치과정에서의 투자유치활동이 얼마나 효율적으로 추진되었냐가 미래의 투자유치가능성을 높이는 데 기여하기 때문이다.

이처럼 투자유치성과를 측정하고 평가하는 것은 단순히 애초에 달성하고자 하였던 투자유치목표가 얼마만큼 실현되었는가를 알아보기 위해서 뿐만 아니라 투자유치과정에서 발생된 여러 가지 경험을 통하여 투자유치에 대한 학습효과를 누리는 동시에 향후의 새로운 투자유치전략 수립에 유용한 기초자료로 사용하는 피드백(feed back)기능을 수행하기 위해서이다. 따라서 외국인투자유치 성과에 대한 평가는 다음과 같은 요인들을 중심으로 하여 종합적으로 이루어져야 한다.

유치규모와 경제기여도 평가 : 유치성과의 궁극적인 평가는 실제로 유치된 투자 건수와 금액에 의하여 이루어진다. 이러한 실적에 대한 평가는 신고기준 또는 도착기준, 산업별·지역별·투자형태별 등 다양한 측정지표에 따른 평가되어야 하지만 GDP 대비 비중·총고정자본형성 대비 비중 등과 같은 측면에서도 평가되어야 한다. 또한 이러한 투자를 유치하는 데 기여한 지역별·기관별 실적 등에 대한 평가도 이루어져야 한다.

투자유치환경의 평가 : 외국인투자환경은 투자자가 투자결정시 고려하는 요인이다. 외국인투자기업이 투자를 결정함에 있어 고려하는 여러 가지 요인들에 대한 양적 지표와 질적 지표를 설정하여 이러한 지표들이 얼마나 개선되었는가를 종합적으로 평가할 필요가 있다. 이와 관련된 국제기관의 평가로서는 스위스의 국제경영개발원(LMD : International Institute for Management Development)이 1979년부터 매년 세계 46개국의 경쟁력 현황을 분석하여 발표하는 IMD보고서가 있다.

투자유치조직의 활동평가 : 외국인투자 유치성과의 평가에는 투자유치를 위하여 활동하고 있는 조직이나 기관의 활동내용과 효율성에 대한 평가도 포함되어야 한다. 투자유치를 위한 전략적 목표는 얼마나 잘 설정되었고 투자유치대상에 대한 타케팅은 적절하게 이루어졌으며 실제의 유치활동은 적정한 비용으로 얼마나 효율적으로 추진되었고 당초에 설정한 목표를 얼마나 달성했는가 등을 점검하고 평가하는 것이 필요하다.

부록 14-2 세계 주요국의 외국인투자 촉진기구(IPA) 운영 사례

일관되고 효율적인 외국인투자 유치활동을 전담할 투자촉진기관의 형태와 구성은, 각국의 경제 발전단계 · 문화적 환경 · 지리적 입지조건 등이 다를 뿐만 아니라 각국의 산업과 그 산업에서 차지하고 있는 기업의 경쟁우위 역시 다르기 때문에, 어떠한 기구와 조직이 가장 적합하고 효율적인가에 대하여 일률적으로 정해진 바는 없고 각국이 처해 있는 여러 가지 여건과 정책목표에 따라 달라진다. 이렇게 다양한 각국의 투자촉진기관에는 어떤 조직구조유형이 있는가를 [그림 14-5]가 모델링하고 있다.

	정부 부처 내 조직	독립 조직	
단위부처 소속	제1유형 (정부부처 내부 조직)	제3유형 (부처 내 독립 조직)	영국 UKTI 아일랜드 IDA, 싱가포르 EDB
상위기관 소속 / 독립조직	제2유형 (대통령/총리 직속 조직)	제4유형 (별도의 독립 조직)	일본 JETRO, 한국 Invest Korea

자료 : 임성훈(2004) p.74 적의 수정

그림 14-5 외국인직접투자 촉진기구의 조직유형

이 그림이 보여주는 내용은, 이러한 투자촉진기관이 어떤 정부부처 내 조직으로 존재하느냐 아니면 일반부처보다 포괄적인 권한을 지닌 상위기관(대통령 또는 총리 등)에 소속되는 독립적 조직으로 존재하느냐 하는 '편제'와, 전략수립 · 예산 · 운영 등을 얼마나 자율적으로 행하느냐라는 '독립성'이라는 2가지 기준을 사용하여 유형분류하고 있다. 그 내용을 보면 어떠한 정부조직에 편제되느냐와 상관없이 이러한 투자촉진기관의 독립성과 자율성을 높이는 방향으로 추진되고 있음을 알 수 있다. 이러한 외국인투자 촉진기구를 적극적으로 운영하고 있는 대표적인 국가들의 구체적인 운영 사례들을 살펴보면 다음과 같다.[39]

영국의 UKTI : 영국의 경우 종래 따로 존재하던 투자유치조직(Invest UK)과 무역진흥기구(Trade Partners UK)를 2003년에 UKTI(UK Trade & Investment)로 통합하여 운영하고 있다. 이 기관은 BEER(Dept. of Business, Enterprise & Regulatory Reform)과 외무성의 공동소속으로 두 조직의 산하에 있지만 독립적 자율성도 어느 정도 가지고 있다. 영국의 경우 중앙정부가 운영하는 이러한 투자촉진기관은 웨일즈 · 스코틀랜드 · 북아일랜드 등 지방정부가 운영하는 개발청과의 협조 아래 외국인 투자 유치활동을 전개하고 있다.

이 기관은 현지 전문가를 공무원으로 채용하여 그동안 축적된 그들의 노하우를 바탕으로 그들 기업의 영국 유치에 높은 성과를 보이고 있고, 산업별 전문가들이 투자유치목표가 되는 산업과 기업의 리스트를 작성하여 타케팅을 통한 효율적인 투자유치를 행하고 있으며, 해외활동에 있어서는

39 문휘창 외(2007) pp.303~307 참조

자국의 해외 대사관과 영사관을 활용하고 있다. 또한 2000년대 중반 이후 조직을 지역별 편제로부터 산업별 편제로 개편하여 산업분야별 투자유치를 중점적으로 추진하면서 지식지향(knowledge driven)기업 등 전략산업의 유치에 힘을 기울이고 있다.

아일랜드의 IDA : 아일랜드정부는 농업중심의 산업구조를 제조업중심의 산업구조로의 전환을 추진하기 위하여 1970년에 IDA(Industrial Development Authority)를 설립하였다. 설립초기에는 국내투자유도 · 제조업구조조정 · 경쟁력 강화 등에 주력하면서 외국인투자자들에 대한 홍보활동만을 주로 하였으나, 1980년대에 들어와 외국인투자업무를 강화하기 시작하고 1994년부터는 국내투자부문과 독립된 별도의 조직으로서 외국인투자업무만을 전담하는 조직으로 변신하여, 투자유치활동 · 투자인센티브 제공 여부 결정 · 외국인투자정책 제언 · 투자정보 및 행정지원 · 투자유치를 위한 원스톱 서비스제공 등의 업무를 수행하고 있다. 이러한 아일랜드의 IDA는 특히 전략적 산업분야를 지정하여 집중적으로 투자유치활동을 전개하고 있고 인센티브 제공도 일정한 금액을 초과하지 않는 한 독자적으로 결정하여 신속히 집행하고 있으며 주요 투자프로젝트별로 태스크포스(Task Force)를 결성하여 투자계약이 완성될 때까지 집중적인 협상 및 지원업무를 수행한다.

싱가포르의 EDB : 싱가포르의 EDB(Economic Development Board)는 1961년 설립 당시 총GDP의 4% 정도의 예산을 배정받을 정도로 정부의 적극적 지원 아래 막강한 권한을 부여받은 통상산업부 소속의 법정기관으로서 외국인투자를 통한 싱가포르 경제발전을 도모하는 기구이다. 이 기관은 국가발전을 위한 전략산업 선정 · 핵심적 투자유치 분야 결정 · 사전조사 및 투자유치활동 전개 등 외국인투자유치에 대한 전략적 기획과 실행을 담당하는 주체로서, 외국인투자가 더 용이하게 이루어질 수 있도록 하기 위하여 필요할 경우 외국기업과 공동투자도 실시한다. 싱가포르는 외국인투자에 대한 인센티브를 비공개적 · 개별적으로 제공하는 정책을 취하고 있는데 이러한 인센티브 제공의 심사를 이 기관이 맡고 있고 무역개발청 · 국립과학기술청 · 노동부 등 관련 부처와의 협조 아래 투자 관련 전 분야에 대한 원스톱서비스도 행한다.

일본의 JETRO : JETRO는 일찍이 1958년에 설립되어 시대적 상황변화에 따라 그 핵심적 역할을 달리하여 왔다. 1960년대와 1970년대 초까지는 수출드라이브정책의 주역으로 기능하였고, 1970년대 중반 이후 1980년대 초에는 막대한 무역수지 흑자를 바탕으로 해외직접투자에 집중하였으며, 1980년대 중반 이후 1990년대에는 일본제품에 대한 선진국들의 통상압력이 거세지자 조직 내에 수입촉진부(Import Promotion Department)를 설치하는 등 수입증대정책을 전개하였고, 2003년 조직개편을 통하여 자율성을 높인 후 무역보다 투자와 관련되는 업무의 비중을 점차 늘리면서 투자유치전략의 목표를 고용창출 · 소비확대 등 경제활성화에 두고 있다. 투자와 관련하여 특이한 제도로는, 외국기업의 초기진출 시 사무실임대 · 컨설팅 등 원스톱서비스를 제공하는 투자지원센터(IBSC : Invest Japan Business Support Centers)와 외국기업이 일본에 진출하기 전에 미리 법률 · 규제 등에 관한 문의를 해오면 이에 대한 상담을 해주는 시스템(No-Action Letter System)을 운영하고 있다는 점이다.

한국의 Invest Korea : 한국은 1998년 금융위기 직후 외국인투자자유화를 과감하게 실행하면서 외국인투자지원센터(Korea Investment Service Center)를 설립하였는데 초기에 일정한 성과가 있었으나 외자유입이 서서히 둔화되면서 보다 적극적인 외국인투자유치가 필요하게 되었다. 이에 2003년 9월 외국인투자를 증대시키고 투자제도를 전면적으로 개선하기 위한 외국인투자유치 종합계획을 확정하였고 동년 12월 기존의 외국인투자지원센터(KISC)를 확대하여 외국기업 투자유치기관인 Invest KOREA를 대한무역투자진흥공사(KOTRA) 내에 설립하였다.

이 기관은 유망한 외국인투자기업 발굴 · 투자프로젝트 지원 · 외국인투자기업에 대한 사후지원 · 유관기관과의 협조체계구축 등 광범위한 외국인투자유치 관련 활동을 펼치고 있고, 특히 프로젝트 매니저(PM)제도를 도입하여 개별 투자프로젝트에 담당자를 지정하여 투자상담이나 인 · 허가 발급에서부터 기업이 실제로 사업을 개시할 때까지 모든 과정을 맞춤형으로 지원하고 있다. 말하자면 국내산업진흥에 파급효과가 큰 잠재적인 외국인투자기업을 발굴하고 그들의 성공적인 진출은 물론 진출 후 국내사업 활동을 지원하는 동시에 그들이 경험하는 고충을 해결해 주는 원스톱서비스체제를 운영하고 있다.

부록 14-3 성공적인 외국인투자유치국의 역사적 경험과 교훈

1. 성공적인 투자유치국의 주요 사례

세계경제의 자유화와 개방화가 신속하게 진행되면서 외국인투자가 국가 경제발전의 중요한 전략적 수단으로 등장하고 있고 실제로 외국인투자의 유치를 통하여 경제적 성공을 이룩한 역사적 사례들이 많이 있다. 앞에서 적극적인 외국인투자 유치를 위해서는 경쟁력 있는 투자유치환경을 조성하여야 한다는 당위를 추상적으로 다루었지만, 실제로 이들 나라들은 경쟁력 있는 투자환경과 제도를 마련하고 전략적인 외국인투자 유치를 통하여 성공적인 성과를 이룩하였다. 이러한 성공적 사례로서 대표적으로 예거되는 나라들의 사례를 보면 다음과 같다.

영국 : 영국은 1970년대 전통적 산업이었던 석탄 · 철강 · 조선업의 사양화, 이로 인한 실업증대 · 노사분규 격화 등으로 국내생산이 위축되고 국가경제가 피폐해지자 기업의 투자촉진을 위한 다양한 노력을 경주하게 되었다. 이에 영국정부는 국내투자 부족분을 외국인투자로 보충하기 위하여 대규모 외국인투자를 꾸준히 유치한 결과 1990년대 중반 이후(1996) 외국기업이 차지하는 비중이 제조업 총고용의 19%, 제조업 총생산의 28%, 총순자본지출의 34%, 총수출의 50%에 이르렀고 순수 영국자본의 기업보다 외국기업의 1인당 부가가치율 · 임금수준 · 순자본지출 등이 더 높은 수준을 나타내었다.

영국이 이렇게 성공적인 외국인투자유치를 이룩한 것은 영국이 보유하고 있는 자연적 요인보다도 외국인투자에 대한 경쟁력 있는 제도적 장치를 인위적으로 조성함으로써 투자매력도를 높인데 있는 것으로 평가된다. 예컨대 투자자가 투자한 자본비용의 15% 이상을 보조함으로써 유럽연합(EU) 회원국 중 가장 높은 투자인센티브를 제공하였고 법인세율 역시 31% 수준으로 다른 경쟁국들보다 낮게 부과하였으며, 그룹형태로 기업을 운영할 경우 자회사 간 손실이전을 인정하여 조세부담을 줄여주는 등 투자자에게 유리한 제도를 갖추고 있었다.

영국이 제공한 투자인센티브의 특징은 세금감면이 아닌 직접보조금 형태로 지급하면서 보조금의 범위를 투자자와의 협상을 통해 결정하였다는 점인데, 보편적으로 고용창출력을 우선적으로 고려하여 보조금을 지급하면서도 반도체 · 첨단화학 · 제조 · 설비투자 등 고정자본투자가 큰 산업의 경우 고용창출 능력 이외에 자본투자 규모를 고려하여 보조금수준을 정하는 등 국민경제의 기여효과를 높이기 위한 지원정책을 채택하였다는 점이다.

싱가포르 : 싱가포르는 기본적으로 협소한 국토면적으로 인하여 외국기업을 유치하여 경제성장을 이룩하려는 전략을 추진하여 왔다. 따라서 싱가포르의 외국인투자정책은 그들의 역사와 정치경제환경의 변화와 밀접한 관련을 가지고 변화되어 왔다. 싱가포르는 1819년 영국동인도회사의 무역기지였고 1867년에 영국의 식민지가 되었으며 1942년부터 4년간은 일본군 점령 하에 있다가 이후 자치정부수립(1959) · 말레이시아연방 가입(1963) · 말레이시아연방 탈퇴 · 완전한 독립국가 수립(1965) 과정을 밟아왔다.

독립을 한 이후 싱가포르가 극복해야 할 최대의 과제는 고용촉진 · 수입대체 · 수출촉진이었으므로 섬유 · 직물 · 완구 · 목제품 등 노동집약적 산업에 대한 외국인투자를 적극적으로 유치하여 고용을 창출하고, 종래 수입에 의존하던 산업구조를 외국인투자기업이 국내에서 대체 생산하도록 하는 동시에 이를 통하여 수출도 증대시키는 전략을 추진하였다. 이후 1970년대에 싱가포르는 자본집약산업 및 고부가가치산업의 육성에 초점을 맞추고 선진기술을 보유한 외국인투자기업의 유치에 총력을 기울인 결과 1970년대 초(1971) 외국인투자기업의 비중이 전체 기업의 26%, 총고용의 63%, 총부가가치생산의 75%, 총수출의 75%를 차지하였다.

1980년대 이르러 섬유 · 신발 · 가구 등 자국의 수출품에 대한 선진국들의 무역장벽이 높아지자 1981년 싱가포르정부는 '제2차 산업혁명'을 선언하고 선진국들의 무역규제가 심하지 않고 고부가가치를 창출하는 첨단기술산업 분야(집적회로 · 컴퓨터 · 산업용 전자장비 · 특수 화학물질 분야 등)의 외국인투자를 중점적으로 유치하기 위한 노력을 경주하였다. 따라서 그들의 외국인투자 유치목표를 신기술 및 신공정의 도입 · 생산성향상 · 첨단산업육성을 통한 산업구조고도화와 수출촉진에 두고 이를 위하여 외국인투자자에게 개척자(pioneer status) · 추가개척자(post－pioneer status) 등의 자격을 부여하여 그 등급에 따라 차등화된 인센티브를 부여하였고 신규프로젝트를 수행하는 기업에 대한 개발 및 확장인센티브(development and expansion incentive), 수출기업에 대한 수출서비스(export services) 등 목적형 인센티브제도를 운영하였다.

싱가포르는 또한 이러한 제조업 육성뿐만 아니라 이후 세계화의 중심지로서의 역할을 수행할 국제비즈니스센터를 육성하기 위하여 여기에 맞는 외국인투자를 유치하는 것을 주요한 목표로 설정하였다. 이를 위하여 싱가포르는 외국기업의 지역본부(operational headquarters)지정 우대제도와 국제무역회사 · 국제물품구매회사 · 국제원유취급회사에 대한 조세감면제도 등을 시행하였다.

이러한 싱가포르의 투자유치제도의 특징으로서 주목할 점은, 다양한 투자인센티브를 활용하였을 뿐만 아니라 투자유치활동의 주요 과정에 있어 중장기적인 목표를 수립하고 이러한 목표에 적합한 투자분야를 구체적으로 설정하여 이에 따라 목표산업 · 목표기업을 타케팅한 후 심층적인 사전조사와 치밀한 설득을 통하여 투자를 유도하였다는 점이다.

따라서 싱가포르는, 세계적인 초우량기업을 유치하여 세계최고의 경쟁력을 갖춘 나라로 발돋움하는 동시에 협소한 지역적 한계를 극복하고 경쟁력을 유지하기 위하여 그들의 산업구조와 조화를 이루고 앞으로의 산업고도화를 선도할 수 있는 외국기업만을 골라서 유치하는 전략을 펼쳐 왔으며, 또한 금융 · 의료 · 교육 등 3부문의 허브(hub)정책을 추진하면서 이러한 목표에 적합한 투자를 보다 집중적으로 유치하는 전략적 타케팅을 행하였다.

홍콩 : 홍콩 역시 그들의 경제규모에 비하여 외국인투자 규모가 상대적으로 매우 높은 수준에 있는 지역인데 이것은 홍콩이 지니고 있는 경제적 · 지리적 환경에 기인한 바 크다. 홍콩은 노동인력의 부족과 고임금 · 높은 부동산가격과 비용 · 현지시장의 협소성 · 진출기업 간 경쟁심화 등과

같은 취약점이 존재하였지만, 아시아의 교통중심지로서의 천혜의 항만과 도로·통신망·고급인력 등 고도로 발달된 사회간접자본을 구비하고 있고 경제자유구역·자유주의적 경제정책·외환거래 자유화·아시아금융센터 등과 같은 경제적 인프라를 갖추고 있어 무역·금융·서비스부문의 사업 환경이 우수할 뿐만 아니라, 중국 남부와의 밀접한 경제교류로 실질적인 1일경제권을 형성하고 있어 중국진출의 교두보로서의 기능을 수행할 수 있는 매력을 지니고 있다.

이에 따라 급격히 커지고 있는 중국과 아시아지역을 대상으로 하는 글로벌업무를 수행할 지역본부를 홍콩에 설립하려는 다국적기업들이 많아 북미의 뉴욕이나 유럽의 런던과 같은 역할을 담당하고 있으며, 홍콩을 발판으로 글로벌시장의 진출을 노리는 중국기업들의 투자도 급상승하였다. 뿐만 아니라 홍콩 정부 당국 역시 회사설립이 쉽고 자유롭게 이루어질 수 있도록 신고주의를 채택하여 새로운 투자에 대한 진입제한을 두지 않았을 뿐만 아니라, 자유주의 경제원칙에 따라 외국인투자에 대한 특별한 우대조치도 특별한 규제조치도 없는 외국인투자정책을 견지하여 왔다. 다만 최근에 이르러 홍콩기업의 생산성향상과 산업구조고도화를 위하여 정밀전자·사무자동화·컴퓨터 관련 기기 등 고도의 기술집약산업에 대한 외국인투자를 집중적으로 유치하기 위한 노력을 행하고 있다.

말레이시아 : 말레이시아는 1980년대까지 저임금지향형 외국인투자 유입을 통하여 높은 경제성장을 실현하였는데, 1990년대 이후 급격한 임금상승과 노동력부족 현상이 나타나게 되자 단기적으로는 주변국의 노동력을 흡수하여 임금상승압력을 완화하는 한편 산업구조의 고도화와 고부가가치화를 서두르게 되었다. 말레이시아는 2020년까지 선진국 대열에 합류한다는 기치 아래 산업구조고도화·수출증대·국민경제자립도 증대를 외국인투자유치정책의 목표로 설정하고 있다. 특히 산업구조고도화라는 최대과제를 위하여 노동집약산업이나 저부가가치산업에 대하여서는 인허가조차 허용하지 않고 조세감면에 있어서도 신규투자·재투자를 구별하여 인센티브를 부여할 뿐만 아니라 목재·섬유·기계 및 엔지니어링 분야에 대하여 생산성향상 등 구조조정을 위해 지출한 자본지출에 대한 산업구조조정투자 공제제도를 운영하고 있다.

2. 아일랜드의 외국인투자 유치 사례와 교훈

이처럼 영국이 전통산업의 사양화에 따르는 문제점들을 해결하고 경제의 재활성화에 성공하였고, 싱가포르는 말레이시아의 가장 가난한 지역에서 어엿한 선진국대열에 합류하게 되었고, 말레이시아 역시 전통적인 산업구조의 한계를 벗어나 산업구조고도화를 이룩한 것 등 모두 외국인투자의 적극적인 유치가 국가경제의 발전 및 고도화와 긴밀하게 연관되어 있음을 보여주고 있다. 뿐만 아니라 체제전환 이후 경제적으로 크게 약진하고 있는 동구권의 체코·슬로바키아와 새로운 경제대국으로 부상하고 있는 중국·인도 역시 이들의 빛나는 성과 뒤에는 활발한 외국인투자의 유치가 중요한 배경으로 작용하고 있다. 더욱이 유럽의 빈국이었던 아일랜드(Ireland)가 켈트의 호랑이(Celtic Tiger)로 변신한 것 역시 외국인투자가 경제성장에 미치는 효과를 보여주는 대표적인 사례로 회자되고 있다.

실제로 많은 사람들이 외국인투자의 촉진을 통하여 경제성장을 이룩한 나라들 중 가장 대표적인 성공케이스로서 아일랜드를 거론한다. 아일랜드의 경우 1950년대까지 지속된 수입대체정책과 보호무역주의 때문에 다른 유럽 국가들과는 달리 경제가 침체하여 어려움을 겪자 1950년대 말 정책기조를 수출진흥과 개방정책으로 전환하였지만 여전히 성장이 침체된 나라였다. 그후 1973년

EU 가입을 계기로 외국인투자가 증대되기 시작하여 1980년대 중반까지 그들의 교육시스템을 업그레이드시키고 첨단기술 분야에 대한 적극적인 투자유치를 통하여 외국인투자를 크게 증대시켰으며, 1980년대 후반 이후부터는 법인세인하·사회협약제도의 추진 등을 통하여 국내투자환경을 획기적으로 개선시킴으로써 본격적인 외국인투자유치를 시현하여 왔다.

자원도 빈약하고 이렇다 할 산업도 존재하지 않았던 아일랜드는 이러한 외국인투자유치와 경제의 국제화를 통하여 1970년대 이후 계속 높은 경제성장률을 이룩하였고, 특히 1990년대 중반 이후 연평균 10%에 가까운 획기적인 경제성장률을 나타내었으며 국가채무도 GDP의 50% 이하로 하락하였다. 또한 1980년대 중반 최고 17.2%(1986)의 실업률을 기록한 이후 지속적으로 실업률이 낮아져 4% 수준으로 감소하는 성과를 나타내었고, 1990년 영국의 73% 수준이었던 1인당 GDP가 2000년대에 들어와 800여 년간 그들을 지배하였던 영국을 오히려 앞지르게 되어 모건스탠리(Morgan Stanley)의 한 보고서가 '켈트의 호랑이'라고 불렀던 것이 전혀 과장된 찬사가 아니었다.

아일랜드가 이렇게 OECD 평균보다 더 높은 성장률과 더 낮은 실업률을 이룩한 경제적 성공의 원인이 무엇인가에 대하여 많은 학자들은 아일랜드에 대한 외국인투자의 급속한 확대가 중요한 원인이었던 것으로 평가하고 있다.[40] 이에 따라 많은 사람들과 많은 나라들이 아일랜드의 외국인투자가 확대된 요인이 무엇인가에 대하여 관심이 높아져 여러 가지 관점에서 그 원인을 분석하여 왔다. 아일랜드는 EU와 가깝게 위치한다는 지리적 접근성 때문에 유럽시장에 대한 수출과 판매의 전진기지로서 적합하다는 점이 외국인투자의 중요한 결정요인으로 작용한 것이 사실이지만 이와 함께 그들이 펼친 여러 가지 제도적·정책적 요인들 역시 주요한 배경으로 작용하였다.

이러한 점에서 아일랜드의 사례가 외국인투자 촉진을 이룩하기 위하여 어떠한 정책적 노력이 유효한가에 대한 시사점을 제공한다고 할 수 있다. 아일랜드의 투자유치노력이 성공적으로 이루어지게 된 주요 배경들을 살펴보면 다음과 같다.

법인세 대폭 인하 : 아일랜드는 1990년대 초 약 40%에 달하던 법인세율을 인하하기 시작하여 2000년대 초 약 24% 수준, 2003년부터는 국내외 모든 기업들에게 유럽지역에서 가장 낮은 수준의 법인세율(12.5%)을 부과한 이후 이를 계속 유지하여 왔다. 이러한 법인세율은 OECD 평균에 비해서도 현저히 낮은 것이어서 EU·독일·벨기에 등이 경쟁을 왜곡시키는 조치라고 이의를 제기하기도 하였다. 현지국의 법인세율이 낮을수록 외국인투자의 유입이 증가한다는 것은 누구나 인식할 수 있는 것이지만 다수의 실증분석을 통해서도 확인되는 바로서 아일랜드의 경우 역시 이러한 대폭적인 법인세인하가 외국인투자의 촉진요인이 되었음은 의심의 여지가 없다.

기업친화정책 및 개방확대 : 많은 사람들은 아일랜드 경제의 성공원인이 글로벌스탠더드도입을 통한 각종 규제완화 및 과감한 시장개방과 진입장벽제거 등과 같은 기업친화적 규제완화정책과 대외적 개방조치를 일관되게 펼친 데에 있다고 평가한다. 최근에 발간된 세계은행의 기업환경보고서(2008)는 아일랜드의 투자환경에 대한 종합순위를 세계 8위로 평가하였고, 시장경제 활성화수준을 나타내는 프레이저연구소(Fraser Institute)의 경제자유도(economic freedom) 역시 1980년 24위(전체 72개국) 수준에서 2005년에는 9위(전체 141개국) 수준으로 대폭 개선된 것으로 평가하여 경제적 활력이 넘치는 국가로 변모되었음을 보여주었다. 아일랜드는 1973년 EU 가입 이후 과감한 개방정책

40 이에 대한 대표적 연구로서는 O'Connor(2001)과 J. McCarthy(1999) 등을 들 수 있는데 후자의 경우 아일랜드 제조업에 대한 외국인직접투자의 유입이 1993~1997년 기간 중 영국경제의 성장을 연평균 2.25% 증가시키는 효과를 가져왔다고 분석하였다.

과 외국인투자유치정책을 일관되게 채택하여 높은 무역개방성과 투자개방성을 보여주었고 이것이 외국인투자를 급격히 증대시키는 주요한 배경이 되었다.

노동시장 안정 : 아일랜드는 또한 노동시장의 유연화를 통하여 임금 및 노사관계의 안정화를 이룩하였고 교육개혁을 통하여 교육의 질을 높임으로써[41] 저렴하고 질 높은 노동력을 원활히 공급하는 데 성공하였다고 평가된다. 1987년부터 국가재건프로그램(Program for National Recovery) 등 각종 사회연대협약을 체결하여 노동계는 임금인상을 연 2.5% 이내로 자제하고 정부는 소득세인하·인플레이션억제·재정건전화정책을 강력히 추진하는 등 여러 사회경제 주체들 간의 합의를 통하여 사회 및 노사의 안정을 유지하여왔다. 그 결과 1980년대 초반까지 빈발하였던 노사분규발생 건수가 계속 줄어들었고 임금상승률 역시 뚜렷하게 감소하는 추세를 보여주었는데 2000년대에 들어와 임금상승률이 다소 증가하였지만 이는 높은 생산성향상으로 커버되어 왔다. 이러한 노동시장의 안정이 지속적인 경제성장의 밑거름이 되었을 뿐만 아니라 외국기업이 안심하고 투자할 수 있는 투자여건을 제공하였다.

연구개발(R&D) 지원 : 아일랜드정부는 첨단산업과 은행업 중심의 외국인투자 유치전략을 구사하여 전자·의료·금융 등 하이테크산업을 중심으로 투자를 유치하여 이것이 아일랜드경제의 성장에 견인차역할을 하였다. 또한 외국인투자기업의 연구개발에 대한 세액공제와 지적재산권에 대한 세제혜택, 제3국에 소재하는 자회사를 매각하여 얻은 자본이득이나 그로 인한 배당소득에 대한 세제혜택 등을 부여하는 등 외국인투자기업에 대한 적극적인 연구개발(R&D) 지원정책을 펼쳐 자국 내에서 연구개발 활동이 촉진되도록 지원하였다.

이상과 같은 정책과 제도를 통하여 아일랜드는 눈부신 경제적 성과를 이룩하였지만 이러한 경제적 성공에 수반하여 임금이 크게 상승하고 시장경제체제로 전환한 동구권국가들이 새로운 투자입지로 부상하면서 외국인투자 유치경쟁력이 약화되기 시작하였다. 이에 아일랜드정부는 모든 업종에 대하여 투자인센티브를 제공하는 대신에 R&D센터·서비스산업·첨단제조업 등에 대하여 중점적으로 인센티브를 제공하는 정책으로 전환하기도 하였다. 그러나 1990년대 이후 10여 년 이상 고성장을 이룩하였던 아일랜드경제가 2000년대 이후 수출둔화로 인한 경기침체와 최근의 글로벌금융위기와 함께 찾아온 주택시장의 버블붕괴 등으로 어려움을 겪고 있다. 만년 유럽의 변방이었던 아일랜드가 1인당 GDP 6만 달러를 구가하는 나라로 엄청난 도약을 이룩하여 주변의 찬사를 받았지만 최근에 이르러 일대 위기에 봉착하게 된 것이다.

이러한 원인에 대하여 분석가들은, 위기가 발생한 1차적 원인은 금융부문과 주택시장에서 발생한 엄청난 거품(bubble)때문이었다고 할 수 있지만 외국인투자와 관련하여서도 2가지 관점에서 문제점이 있었음을 지적하기도 한다. 첫째는, 경제성장의 동력을 거의 전적으로 외국인투자에 의존함으로써 이후 외국인투자의 유입이 정체되자 경제성장도 한계에 부딪히게 되었으며 또한 자체적인 기술개발 등을 통한 경쟁력 있는 국내기업의 육성이 제대로 이루어지지 못하였다. 둘째로, 그동안 외국인투자기업과 아일랜드 토종기업 간에 상품시장에서의 경쟁이 거의 없어서 외국인투자의 증가에도 불구하고 이것이 국내경제에 파급되는 효과가 미약하였다는 점이다. 따라서 외국인투자를 적극적으로 유치하되 경쟁력 있는 국내기업을 육성하기 위한 노력이 병행되어야 하며 이와

41 아일랜드의 경우 1990년대 본격적인 경제성장이 이루어지기 전에는 고학력 인구의 해외유출이 심각하였지만 경제성장과 함께 고급인력이 아일랜드로 되돌아오기 시작하여 아일랜드는 젊고 영어사용이 가능하며 고등교육을 받은 전문노동력을 갖추게 되었다.

아울러 외국인투자가 국내 기업의 생산성과 효율성을 증가시키는 파급효과를 증대시키는 데에도 정책의 초점을 맞추어야 한다는 지적이 이루어지고 있다.

3. 최근 일본의 외국인투자 유치정책

그동안 주요 선진국들 중에서 상대적으로 외국인투자 실적이 가장 저조한 수준에 머물던 일본에 대한 외국인투자가 1990년대 이후 급속히 증대되어 GDP 대비 비중이 1990년 0.3%대에 불과하였으나 2005년도에는 2.2% 수준까지 상승하였다. 이러한 외국인투자의 증가가 자원배분의 효율성을 높이고 고용확대에도 긍정적인 영향을 미치는 것으로 평가되고 있다. 일본의 통상백서(2006)는 외국기업과의 경쟁이 촉진되고 외국기업에 대한 벤치마킹 등을 통하여 경제 전체의 생산성이 증가한 것으로 분석하였고, 이러한 외국인투자가 규제완화 및 민영화를 촉진시키는 효과뿐만 아니라 일정한 고용효과도 발생시키는 것으로 평가되고 있다.

일본에 대한 외국인투자는 제조업보다 주로 서비스업 등 비제조업을 중심으로 이루어졌는데 이것은 제조업의 경우 국제경쟁력이 상대적으로 높아 외국기업의 진출유인이 별로 크지 못한 데 비하여 비제조업부문은 진입규제 등으로 경쟁이 촉진되지 못하여 상대적으로 생산성이 낮았기 때문인 것으로 해석된다. 또한 투자가 이루어진 세부업종을 보면 비제조업 중에서도 금융·보험·정보통신 등 그동안 규제완화가 빠르게 진전된 분야에서 더 많은 투자가 이루어진 것으로 나타났다.

표 14-8　최근 일본의 투자촉진 프로그램의 중점분야별 과제

분 야	정책과제의 주요 내용
1. 투자정보 제공	• 외국인직접투자의 환영방침에 대한 외국투자자들에게 적극 홍보 • 외국인직접투자가 일본경제 활성화에 기여하는 역할과 중요성 대국민 홍보
2. 사업 환경 정비	• 국제적 M&A가 용이하도록 제도개선 • 기업정보의 투명성과 신뢰성 제고 • 신규 사업 개시절차의 간소화 • 외국인투자 지원 법률 등 개선 • 공공서비스 등에 외국기업의 능력 활용이 가능하도록 제도개선
3. 행정절차 간소화	• 행정정보의 일원화, 절차의 명확화·간소화·신속화 추진 • 외국기업에 대한 법령 등의 명료화 지원시스템(No Action Letter System)
4. 고용·생활 환경 정비	• 노동시장 개혁추진, 공적연금제도의 중복가입 폐지 • 출입국·체류 제도개선 • 국제학교 관련 제도정비, 일본인 비즈니스능력양성, 외국유학생 수용환경 정비 • 외국인 의료인 수용 확충
5. 지원체제 정비	• 지방자치단체의 적극적 투자유치, 중앙정부의 지원 강화 • 구조개혁 특구제도의 강화 • 투자촉진을 위한 중앙정부의 체제정비

따라서 일본이 다른 나라들처럼 외국인투자를 통하여 경제성장과 발전을 이룩한 대표적 사례라고 할 수는 없지만 외국인투자가 상대적으로 지극히 저조하였던 나라가 최근에 이르러 비제조업 분야를 중심으로 급속한 투자유치를 이룩한 나라로 등장하였다고 할 수 있고 이와 관련하여 일정한 정책적 함의가 있다고 할 수 있다. 이렇게 1990년대 이후 일본에 대한 외국인직접투자가 급속히 증대하게 된 배경을 살펴보면 다음과 같다.

규제완화 : 일본정부는 1990년대 중반 이후 '규제완화 3개년 계획'을 수립하고 매년 각 부문별로

1,000건 이상의 규제를 폐지·완화함으로써 기업의 구조조정과 함께 외국기업의 사업 환경을 개선하는 데 역점을 두었다. 일본정부는 특히 수익성이 낮고 상대적으로 경쟁력이 낮은 비제조업의 효율성과 생산성강화가 일본경제의 장기적인 성장동력 확충에 필수불가결하다는 인식 하에 비제조업 관련 분야의 규제완화에 역점을 두었다.

기업경영방식의 변화 : 그동안 일본이 채택하여왔던 주거래은행제도가 붕괴됨으로써 주식의 상호보유가 감소하고 외국인 주주비율이 높아지는 등 기업의 지배구조가 변화되었다. 이에 따라 기업경영방식이 종래 일본의 전통적인 경영방식인 이해관계자 중시경영으로부터 점차 주주 중시경영으로 변화되었고 이러한 변화가 외국인기업의 진출을 가속화시키는 계기가 되었다.

투자유인정책 : 일본정부는 2001년 외국인투자의 수준을 5년 후 2배로 증가시킨다는 목표로 다각적인 정책을 추진하였고, 2003년에는 〈표 14−9〉에서와 같이 투자정보제공·사업환경정비·행정절차간소화·고용 및 생활환경 정비·지원체제정비 등 5개 분야로 구성된 '외국인직접투자촉진 프로그램'을 추진하였다. 이를 위하여 일본은 특구를 지정하여 특례조치를 행하고 무역진흥협회(JETRO)가 주도하여 중앙부처 및 지방자치단체들과 연계하여 외국인직접투자를 유치하는 활동을 전개하였으며 특히 도쿄금융시장의 국제화를 목표로 금융관련 투자유치에 역점을 두기도 하였다.

제3절 외국인직접투자에 대한 전략적 정책과제

제2절을 통하여 우리는, 국민경제의 성장과 발전을 이룩하기 위한 외국인투자를 더 적극적으로 유치하기 위해서는 외국의 다국적기업들이 매력을 느낄 수 있는 보다 경쟁력 있는 투자환경을 제공하고 보다 전략적인 투자유치활동을 전개하여야 한다는 것을 논의하였다. 그러나 외국인투자를 통하여 국민경제의 성장과 발전을 이룩하려는 이러한 목표는 더 많은 투자를 유치한 것만으로 달성되지 않는다. 그에 못지않게 중요한 것은 국내에 투자된 외국인투자의 국민경제적 순효과(net−effect) 내지 경제발전 기여효과가 극대화되는 일이다.

말하자면, 보다 적극적으로 외국자본을 유치하는 것이 외국인투자를 통하여 경제발전을 이룩하기 위한 1차적 목표이자 필요조건이라면 외국인투자가 제공하는 국민경제적 기여효과를 극대화하는 것이 최종적 목표이자 충분조건이 되는 셈이다. 제3절에서는 외국인투자를 유치하는 현지국들이 그로부터 얻을 수 있는 국민경제적 기여효과를 극대화하기 위하여 고려하여야 할 전략적 정책과제에 대하여 논의한다. 이러한 논의를 위해서는 적어도 2가지 방향에서의 논의가 이루어져야 할 것이다.

(1) 현지국의 경제성장과 발전에 대한 순효과가 극대화될 수 있는 투자의 적정 규모는 어떠한 수준이고, 또한 보다 긍정적인 효과를 창출할 수 있는 바람직한 투자유형이 무엇

인가 하는 문제이다(외국인투자규모 및 투자유형의 적정성 문제).

(2) 투자된 외국자본이 국내산업의 경쟁력이나 국가경쟁력에 미치는 효과가 극대화되도록 하기 위해서는 어떠한 투자정책이나 산업정책이 이루어져야 하고, 또한 외국인투자로부터 더 많은 경제적 편익을 얻기 위하여 현지국이 갖추어야 할 조건은 무엇인가 하는 전략적 정책문제이다(현지국 경제발전효과 극대화를 위한 전략적 정책과제).

1. 외국인투자 규모의 적정성 논의

외국인투자가 현지국에 미치는 경제적 효과와 관련하여 많은 경제학자들의 연구결과는, 외국인투자기업이 진출한 초기에는 투자규모가 증가할수록 현지국 경제에 대한 기여효과도 커지지만 일정한 수준이 넘어서게 되면 외국자본의 진출이 늘어날수록 현지국 경제에 대한 기여효과가 감소한다는 것을 보여주고 있다.

예컨대 허쉬만(A. Hirschman, 1969)은 중남미국가에 대한 외국자본의 진출과 관련하여 '초기에는 경제발전의 자극제(development stimulant)로 작용하지만 일정 기간이 지난 후에는 성장의 제동요인(retardant)으로 작용한다'고 지적하였고, 산자야 랄(S. Lall, 1976)도 '외국인투자활동이 많이 누적될 때 시장지배 · 소비수요의 국제화 · 현지기업의 자생력훼손 등과 같은 여러 가지 병폐가 발생한다'고 주장하였다. 종속론자 카르도소(F. Cardoso, 1973) 역시 브라질의 외국인투자에 대한 연구를 통하여 외국인직접투자의 경제적 효과를 '단기적인 긍정적 효과와 장기적인 부정적 효과'(a positive short-term effect and a negative long-term effect)라는 표현을 통하여 함축적인 결론을 내리기도 하였다.

이상과 같은 논의들은 결국, 현지국이 외국인투자를 받아들이는 데 있어서는 산업주권침해나 현지시장지배 등과 같은 잠재적 병폐를 유발함이 없이 국민적 후생을 극대화시킬 수 있는 그 어떤 '최적한 외국자본 진출수준'이 존재할 수 있다는 것을 의미한다.[42] 그렇다면 현지국의 입장에서 가장 바람직하다고 할 수 있는 최적한 외국자본 진출수준은 어디이고 또한 현지국 경제에 미치는 순효과가 극대화되는 적정한 투자규모는 어디인가?

그러나 가장 최적한 투자수준이 어디인가를 어느 누구도 한마디로 말할 수는 없다. 다만, 이러한 최적 자본진출수준을 직접적으로 논의한 것은 아니지만 이러한 문제에 대하여 일정한 정책적 함의를 제공해 줄 수 있는 논의로서는 ① 다국적기업과 현지국 간의 마찰모델, ② 현지국 경제규모에 대한 외국인투자의 비중 분석, ③ 외국인직접투자의 잠재력과 성과의 분석 등이 있다.

42 안세영(1993) p.261

1.1 다국적기업과 현지국의 마찰 모델

1.1.1 시간 경과에 따른 다국적기업과 현지국의 마찰

다국적기업과 현지국 간의 관계가 역사적으로 여러 단계를 거치며 변화되어 왔듯이 외국인투자에 대한 현지국의 인식이나 양자의 상호관계 역시 시간의 경과와 함께 변화되게 된다. 일반적으로 외국인투자가 이루어지는 초기에는 양자 모두 그러한 투자로부터 경제적 편익을 얻게 될 것이라고 기대하여 별다른 갈등이나 마찰이 발생하지 않는다. 그러나 현지국 내에 외국자본의 진출이 늘어날수록 여러 가지 병폐와 부정적 영향이 드러나게 됨에 따라 부정적 시각과 비판이 증대되게 된다.

이러한 경우 현지국 정부는 자국에 진출한 다국적기업에 대하여 새로운 제한을 가하거나 새로운 요구를 행하게 되고 이는 필연적으로 다국적기업의 반발을 불러와 새로운 마찰과 갈등을 일으키게 된다. 이처럼 시간이 지날수록 다국적기업과 현지국 간의 관계가 보다 갈등적으로 변화되고 마찰이 증대되는 것은, 제4편을 통하여 살펴보았듯이 외국인투자가 현지국에 미치는 경제적 영향이 시간이 지날수록 부정적 측면이 커질 가능성이 있어 단기적인 플러스(+) 효과가 장기적인 마이너스(−) 효과로 변화될 수 있기 때문이다.

예컨대, 외국인투자 초기에는 고용증대효과가 나타나지만 시간이 지날수록 이러한 효과가 정체되고 오히려 현지국의 고용을 훼손하는 효과가 나타나게 되고, 투자초기에는 경쟁촉진효과가 나타나지만 시간이 지날수록 기업도태·산업파괴 등이 일어나 다국적기업에 의한 시장지배와 산업지배가 커질 가능성이 있다. 또한 투자 초기에는 공장건설 등을 위한 자본유입으로 국제수지가 개선되는 효과가 크지만 본격적인 과실 송금기에 들어가면 다국적기업이 오히려 현지국의 국제수지를 압박하는 요인으로 작용할 수 있다. 기술이전효과 측면에서도 어느 단계가 지나면 다국적기업으로부터 기술을 이전받아 기술력을 향상시키는 데에 근본적인 한계가 따르고 오히려 현지국의 자체 기술개발잠재력을 훼손시킬 가능성마저 있다. 또한 시간이 경과하여 현지국에 대한 외국인투자 비중이 높아질수록 현지국의 산업주권이나 경제주권이 침해받을 가능성도 커진다.

1.1.2 다국적기업과 현지국의 관계에 대한 마찰모델

이렇게 시간이 경과할수록, 외국인투자의 진출이 증가될수록 다국적기업과 현지국 간에 갈등과 마찰이 증대될 수 있다는 현실을 모델링한 논의들이 있는데 이들 중 대표적인 논의가 루트(F. F. Root)에 의한 모델이다. 그는, 다국적기업이 현지국 경제에 미치는 경제적 편익(B)과 비용(C)에 대하여 양측이 어떻게 인식하고 있고 이러한 인식이 시간의 경과에 따라 어떻게 변화되느냐를 [그림 14−6]과 같이 모델링하였다.

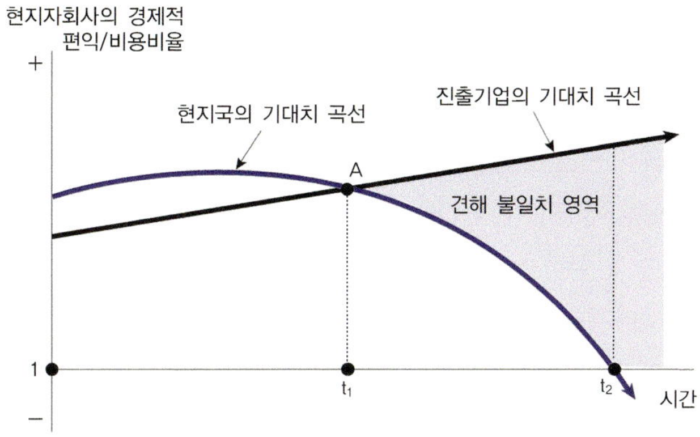

자료 : F. R. Root(1994) p.638

그림 14-6 시간 경과에 따른 다국적기업과 현지국의 인식변화

여기서 외국인투자에 대하여 현지국이 인식하는 경제적 편익/비용(B/C) 비율이 1보다 크다는 것은 투자로 인하여 경제적 이익이 발생된다고 인식하는 것이고, 반대로 이 비율이 1보다 작다는 것은 경제적 손실이 발생된다고 인식하는 것을 의미한다. 대개의 경우 투자초기에 있어 현지국이 인식하는 편익/비용(B/C) 비율은 1보다 훨씬 크다. 다국적기업의 진출로 인하여 새로운 자본・경영자원・기술이 도입되어 자국으로 이전되고 국내경쟁을 촉진함으로써 국내기업의 경쟁력이 높아질 수 있으며 높은 수준의 교육훈련 등에 따르는 외부경제효과도 발생될 것이라고 생각하여 편익(B)이 매우 크다고 인식하기 때문이다. 또한, 투자초기이므로 다국적기업이 이윤을 거의 내지 못하거나 설사 이윤이 발생하더라도 그것을 현지에 재투자할 가능성이 크므로 자국의 국민경제에 대한 비용(C)은 그렇게 크지 않다고 인식하게 된다.

그러나 이러한 현지국의 인식은 시간의 경과에 따라 점차 변화하게 된다. 다국적기업에 의한 자본유입과 기술이전을 더 이상 기대할 수 없고 다국적기업의 활동이 일상화되면 초기와 같은 외부경제효과도 발생하지 않을 것이므로 다국적기업이 자국의 국민경제에 줄 수 있는 편익(B)이 한계에 이르렀다고 인식하기 때문이다. 또한, 시간이 지남에 따라 다국적기업의 과실송금・중간재수입대금・로열티 등이 점차 늘어나게 되어 이로 인해 자국의 경제적 잉여가 해외로 유출된다고 인식할 뿐만 아니라 현재 다국적기업이 행하는 역할은 자국 기업을 통하여서도 충분히 대체할 수 있다고 인식하기도 하고 다른 외국의 기업과 협약을 맺으면 지금보다 더 만족스러운 결과를 얻을 수 있을 것이라고 인식하기도 하여 현지국이 인식하는 비용(C)은 더 커진다.

이러한 현지국의 입장과는 달리 다국적기업의 경우, 자신이 현지국의 국민경제에 제공한다고 인식하는 편익/비용(B/C) 비율이 시간의 경과에도 불구하고 계속 상향하는 것이 일반적이다. 다국적기업은, 자신의 현지생산으로 현지국의 국민생산이 늘고 재정수입이 증대되는 공헌을 하고 있다고 생각하고 이러한 공헌이 누적될수록 현지국의 편익(B)도 계속 증대된다고 인식하는 반면, 과실송금 등은 자신의 기업가적 노력에 대한 당연한 대가일 뿐 그것을 특별히 현지국의 비용(C)이라고 인식하지 않기 때문이다.

이에 따라 현지국이 인식하는 편익/비용 비율은 초기에 일정 기간 증가하였다가 시간이 경과할수록 점차 낮아지는 하향곡선이 되는 반면 다국적기업이 인식하는 편익/비용곡선은 계속 상향함에 따라 시간의 경과에 따라 다국적기업과 현지국 간의 관계 역시 변화되게 된다. 투자초기 일정 시점(t_1)까지는 현지국정부가 인식하는 편익/비용 비율이 다국적기업의 그것보다 커서 현지국은 아무런 불만이 없다. 또한 이러한 투자초기에 있어서 다국적기업은 여러 나라 중에서 생산입지를 선택하는 입장이지만 현지국정부는 여러 가지 투자인센티브를 제공해가며 투자를 유치하려는 입장에 있었으므로 자신보다 다국적기업이 우위에 있기 때문에 더욱 그렇다.

그러나 이러한 시점을 경과하여 시간이 지날수록 다국적기업이 인식하는 편익/비용 비율과 현지국이 인식하는 그것의 불일치가 점점 증대되고, 또한 현지국에서 계속적인 기업 활동을 해야 하는 다국적기업은 현지국의 요구와 정책에 순응하여야 하는 입장에 놓이게 되므로 다국적기업에 대한 현지국의 협상적 지위 역시 높아지게 된다. 이에 따라 현지국 정부는 다국적기업에 대하여 여러 가지 새로운 요구, 예컨대 R&D센터 설립・수출비중 증대・현지부품사용비율 증대・내국인의 최고경영자 채용・더 많은 납세・로열티 지불 감축요구 등을 강화하기도 한다.

시간이 더욱 경과하여 현지국이 인식하는 편익/비용(B/C) 비율이 1이 되는 일정 시점(t_1)을 지나 1보다 아래로 계속 내려가게 되면 현지국은 다국적기업으로 인하여 발생되는 비용(C)이 그들이 제공해 주는 편익(B)을 초과한다고 인식하게 된다. 이러한 경우 양자 간의 마찰이 경제적인 마찰에 그치지 않고 정치적인 마찰로까지 확대되게 된다. 물론 어떤 정치적 요인으로 인하여 부정적인 왜곡이 극심하게 발생되는 경우가 아니고서는 현지국 정부의 인식이 이러한 시점(t_2)을 넘어서는 경우는 현실적으로 극히 드물다. 그럼에도 불구하고 이러한 단계에 진입하게 되면 현지국은 외국인투자기업을 내국인에게 팔아넘기기를 요구하거나 극단적인 경우 강제수용 등과 같은 현지화조치를 행하기도 한다.

1.1.3 다국적기업과 현지국 간 마찰모델의 정책적 함의

시간이 경과함에 따라 현지국과 다국적기업이 인식하는 편익/비용 비율이 어떻게 변화되는가를 설명하는 이러한 루트(F. R. Root)의 마찰모델은 현지국의 외국인투자정책과 관련하여 적어도 다음과 같은 2가지 측면의 함의를 던져준다.

상대적 교섭력의 변화 : 시간의 경과에 따라 양자가 인식하는 편익/비용(B/C) 비율이 이처럼 변화되는 것은 다국적기업과 현지국 간의 상대적 힘의 균형(relative power position)과 관련된다. 상술한 대로 투자초기에는 다국적기업의 협상적 지위가 상대적으로 우위에 있지만 시간이 경과할수록 현지국의 협상적 지위가 높아질 수 있기 때문이다.

그러나 이러한 모델은 그야말로 하나의 일반론일 뿐 모든 외국인투자에 있어서 상대적 힘의 변화가 반드시 이와 같이 일어나는 것은 아니다. 만약 다국적기업이 현지자회사에 계속적으로 새로운 기술・제품・수출시장 등을 제공할 수 있다면 시간의 경과에도 불구하고 외국인투자기업의 상대적 위상이 떨어지지 않는다. IBM과 같이 고도의 기술집약적 분야에서 행해지는 외국인투자의 경우 시간의 경과에도 불구하고 계속 유리한 협상적 지위를 유지해갈 수 있다. 이와 반대로 현지국 역시 매력 있는 요소부존・요소비용・시장규모 등과 같은 경제적 펀더멘털이나 다국적기업이 요구하는 수준의 인적・물적・제도적・정책적 인프라를 유지하지 못하면 오늘날과 같은 글로벌경쟁 하에서 자국의 협상적 지위를 유지하거나 높이는 것이 어려워지게 된다.

최적 외국자본진출의 수준 : 시간 경과에 따라 일정 시점 이후 현지국이 인식하는 편익/비용 비율이 이렇게 하향한다는 것은 외국자본의 진출이 어떤 일정한 수준을 초과하는 경우 경제적 이득보다 손실이 클 수 있음을 의미한다. 따라서 현지국이 견지해야 할 외국인투자정책의 기본 방향이 문호를 개방하고 외국자본을 적극적으로 유치하는 것이라고 하더라도 여기에는 어떠한 최적수준이 존재한다는 점을 시사하고 있다. 이론적으로는 위의 [그림 14-6]에서 양자의 편익/비용 비율곡선이 교차하는 수준(A점)이 현지국의 경제적 후생을 극대화시켜주는 최적 자본진출수준이라고 할 수 있다.[43]

그렇다면 외국인투자가 유입된 후 몇 년쯤이 경과한 시점에서 이러한 최적수준에 도달되는가?[44] 현지국이나 다국적기업이 인식하는 편익/비용곡선의 형태와 기울기가 여러 가지 요인에 의하여 결정되기 때문에 이러한 시기를 일률적으로 단정하기 어렵다. 그러나 멕시코・브라질・아르헨티나 3개국의 경우 1940년대 말부터 제조업분야에 대하여 본격적인 외국인투자가 이루어진 후 1970년대 전후에 경제적 마찰단계가 나타나 약 20여 년이 소요된 셈이고, 프랑스의 경우 제2차 세계대전 직후 미국자본이 진출한 후 1960년대 중반부터 마찰이 나타나 15년쯤이 소요되었으며, 캐나다의 경우 역시 20여 년이 소요되었다.

이러한 역사적 경험을 기초로 한다면 다국적기업이 진출한 이후 15~20년 후에 최적

---

43 모란(T. Moran)은 이 점을 지나서부터는 다국적기업과 현지국 간에 마찰과 갈등이 발생되기 시작한다고 하여 이를 '마찰발화점'(choke point)라고 하였다(T. Moran, 1991 p.44).

44 이와 관련된 논의로서 안세영(1998) pp.318~319 참조.

외국자본진출수준을 초과하게 되어 이후부터는 경제적 마찰이 발생하는 단계로 접어든다고 할 수 있다. 이 경우 외국인투자가 현지국 경제에 본격적인 영향을 미치는 데 일정한 시차(time-lag)가 존재하는 것을 고려하면 그 기간은 10~15년 정도라고 할 수 있을 것이다. 더욱이 경제의 세계화에 따라 외국자본의 진출이 과거와는 비교가 안 될 규모와 속도로 이루어지고 있고 기술과 제품의 라이프사이클 역시 짧아지고 있어 이러한 기간은 종래보다 더욱 짧아질 가능성이 크다.

따라서 현지국은 외국인투자를 적극적으로 유치하여 그것이 가져다 줄 경제적 편익을 극대화하면서 국민경제에 대한 외국인투자의 비중과 역할이 지나치게 높아지지 않도록 적정한 투자수준을 견지하는 동시에, 효율적인 산업정책 · 외국인투자 관리정책 · 자국 기업과 산업의 경쟁력향상 등을 통하여 다국적기업과의 마찰을 사전에 예방하고 관리하는 노력을 행하여야 할 것이다.

1.2 경제규모에 대한 외국인투자 비중 분석

해외직접투자의 경우와 마찬가지로 외국인투자에 대해서도 그 규모가 적정 수준인가 하는 문제와 관련하여, 자국에 진출한 외국인투자(FDI스톡)가 그들의 경제규모(GDP)에 비하여 상대적으로 높은 수준에 있는가 아니면 낮은 수준에 있는가를 평가하기 위하여 양자의 비율(%)을 분석하기도 한다. 세계 주요 국가들의 경제규모에 대비한 외국인투자 규모의 상대적 비중을 〈표 14-9〉가 요약하고 있다.

우선, 외국인투자가 전체 경제규모에 대비한 비중이 모든 나라에서 증가되고 있어 외국인투자의 역할이 그만큼 커지고 있음을 보여준다. 또한 최근에는 세계 전체 · 선진국 · 개도국의 평균이 거의 비슷해지고 있어 그 비율이 대체로 수렴되고 있음을 알 수 있고, 특히 체제전환국인 동유럽지역의 외국인투자가 상대적으로 급속히 증대되고 있음을 알 수 있다. 우리나라의 경우, 경제규모에 대한 해외직접투자의 비중에서와 마찬가지로 외국인투자의 비중 역시 2000년대 이후 급속히 증가하여 10% 수준 이상으로 높아졌지만 여전히 다른 나라에 비해서는 상대적으로 낮은 수준에 머물러 있다.

또한 〈표 14-9〉는 총고정자본형성에 대한 외국인투자의 상대적 비율도 함께 보여주고 있다. 총고정자본형성(gross fixed capital formation)이란 공장 · 상점 · 빌딩 등 고정자산에 투자된 자본 총량을 의미하는데 다른 요소들이 동일할 경우 이러한 자산에 대한 투자가 크면 클수록 미래의 성장전망이 더 크다고 할 수 있다. 따라서 총고정자본형성에 대한 외국인투자의 비중이 크면 클수록 외국인투자가 그 나라 자본투자의 중요한 원천으로 작용하는 동시에 미래의 경제성장률을 높일 수 있는 요인으로 작용한다고 말할 수 있다.

이러한 관점에서 그 비율을 보면 국가별로 큰 편차를 보이고 있는데 대체로 선진국보다는 개도국의 경우가 더 높고 개도국 일반의 경우보다는 동유럽지역이 높은 것으로 나타나고 있다. 따라서 외국인투자가 그 나라의 경제성장에 기여하는 역할이 선진국보다는 개도국, 개도국 일반보다는 체제전환국에서 더 커지고 있다고 할 수 있다.

표 14-7 주요국의 경제규모에 대한 외국인직접투자의 비중 추이 (단위 : %)

구 분	FDI스톡 / GDP					FDI유입액 / 총고정자본형성(평균)				
	'80	'90	'00	'05	'10	'85~90	'91~95	'96~00	'01~05	'06~10
세계 평균	4.6	9.6	22.5	25.2	30.3	5.4	4.1	12.3	9.7	13.0
선진국평균	4.8	8.7	21.9	25.3	30.8	5.5	3.6	12.4	8.8	11.1
개도국평균	4.3	13.4	24.8	25.0	29.1	8.0	6.5	12.1	11.7	12.0
동구 · CIS	—	0.0	15.5	25.3	32.8	—	6.9	13.3	15.7	35.6
미국	3.1	9.3	27.9	22.2	23.5	5.3	4.2	12.7	4.8	9.4
영국	11.7	20.1	29.7	36.9	48.4	13.7	15.8	29.5	21.4	19.5
독일	4.5	6.5	14.3	17.1	20.4	1.6	0.7	14.4	4.8	7.6
프랑스	3.4	7.8	29.4	41.3	39.1	10.3	7.7	12.5	15.6	11.1
일본	0.3	0.3	1.1	2.2	3.9	0.2	0.1	0.5	0.6	1.1
캐나다	20.4	19.4	29.3	30.1	35.6	6.6	6.0	20.6	10.1	17.5
호주	8.7	24.4	28.9	31.7	39.6	11.2	9.3	8.1	5.7	12.6
네덜란드	11.3	23.3	63.3	75.1	75.5	20.2	12.6	40.2	29.4	22.1
스웨덴	2.9	5.2	38.0	46.6	76.0	16.0	23.5	57.1	20.9	25.5
스페인	2.4	12.7	26.9	34.0	43.7	14.8	8.8	11.0	13.8	10.0
한국	1.8	1.9	8.2	12.2	12.6	1.9	0.8	4.8	3.0	2.3
대만	5.8	5.9	6.0	13.3	14.9	5.1	2.4	3.7	3.4	6.6
중국	—	5.1	16.2	10.5	9.9	14.5	16.2	12.7	10.3	5.3
HK	158.6	262.3	269.3	390.9	485.5	12.2	14.8	53.6	61.9	126.8
싱가포르	52.9	82.6	119.3	171.9	218.4	59.3	23.3	35.6	55.3	61.1
말레시아	24.8	22.6	56.2	34.3	42.9	43.7	21.2	15.9	17.4	15.8
멕시코	4.2	7.8	15.3	26.8	31.9	16.9	10.5	14.5	14.5	10.3
브라질	6.9	9.2	19.0	20.6	22.9	3.1	2.7	23.5	16.1	12.5
아르헨티나	6.9	6.4	23.8	30.1	23.4	13.0	17.6	22.6	8.5	9.6
칠레	3.2	48.1	60.8	62.7	67.6	21.5	9.2	30.6	25.8	34.4
콜롬비아	3.2	6.5	11.9	25.5	29.3	17.0	11.0	19.2	22.8	15.9
베네수엘라	2.7	8.3	30.5	30.9	9.8	8.3	8.5	24.9	11.3	−1.2

자료 : UNCAD, *World Investment Report*(2011) 및 각 년호에서 정리.

1.3 외국인투자의 잠재력과 성과 분석

유엔무역개발회의(UNCTAD)는 해외투자와 마찬가지로 외국인투자에 대해서도, 외국인투자를 유치함에 있어서 그 국가가 보유하고 있는 입지적 우위 또는 투자매력도를 나타내는 여러 가지 요인들을 기초로 하여[45] 외국인투자 유치가능성 정도를 나타내는 FDI잠재력지수(FDI Potential Index)를 산출하고 이를 FDI성과지수(FDI Performance Index)와 상호 비교하는 분석을 행하고 있다.

이러한 분석을 통하여 외국인투자유치에 대한 개별 국가의 상대적 위상을 1980년대 말과 2000년대 초를 비교하여 살펴보면, ① 잠재력도 높고 성과도 높은 나라(서구의 영국·네덜란드, 동구의 벨기에－룩셈부르크·체코·헝가리 등, 카자흐스탄, 중동의 아제르바이잔·바레인, 뉴질랜드, 아시아의 홍콩·싱가포르·태국, 남미의 칠레 등), ② 잠재력은 높지만 성과가 낮은 나라(서구의 독일·이탈리아·핀란드·오스트리아·아일랜드, 러시아, 중동의 쿠웨이트·카타르, 아시아의 일본·한국, 남미의 브라질·베네수엘라 등), ③ 잠재력은 낮지만 성과가 높은 나라(알바니, 아프리카의 이집트·나이지리아·잠비아·토고, 아시아의 베트남, 남미의 온두라스 등), ④ 잠재력도 낮고 성과도 낮은 나라(터키, 아프리카의 빈곤국들, 아시아의 인도·파키스탄·방글라데시·네팔 스리랑카, 남미의 파라과이·엘살바도르·아이티 등)로 나눌 수 있다.

또한 이 기간 중 외국인투자 유치국으로서 위상에 변화가 있었던 나라들을 보면 ① 잠재력이 높은 나라 중에서 성과가 개선된 나라(아이슬란드·이스라엘, 중동의 사우디아라비아·아랍연합, 브루나이·바하마·파나마 등)와 악화된 나라(미국·캐나다, 유럽의 프랑스·노르웨이·덴마크·스위스·스페인·포르투갈·그리스, 호주, 아시아의 중국·대만 등), ② 잠재력이 낮은 나라 중에서 성과가 개선된 나라(마케도니아, 아프리카의 에티오피아·수단·우간다·탄자니아, 남미의 니카라과 등)와 악화된 나라(아시아의 인도네시아·필리핀·르완다, 남미의 에콰도르·과테말라, 아프리카의 가봉 등), ③ 잠재력 자체가 개선된 나라(아르헨티나·멕시코·리비아·요르단·알제리)와 악화된 나라(남아공 남미의 콜롬비아·우루과이) 등으로 구별해 볼 수 있다.

이와 같은 유엔무역개발회의의 분석을 통하여 주요국들의 상황을 정리한 것이 〈표 14－10〉과 [그림 14－7]이다. 이를 통하여 우리나라의 외국인투자에 대한 잠재력과 성과를 평가하여 보면 우리나라의 경우 외국인투자 유치잠재력에 비하여 유치성과가 낮은 나라로서 그 상대적 위상에도 별로 변화가 없는 나라에 속한다고 할 수 있다.

---

45 유엔무역개발회의(UNCTAD)는 이러한 요인으로서 ① 정책적 결정요인(사회정치적 안정성·투자관리정책·민영화정책·투자 관련 국제협약가입 등), ② 경제적 요인(시장·자원·효율성·전략적 자산 등), ③ 사업편의(투자촉진 활동·투자인센티브 제도·사회생활 편의제도·사후적 투자관리 서비스 등) 등을 통하여 이를 산출하였다.

표 14-10　주요국의 외국인직접투자 성과지수와 잠재력지수 순위

구 분	외국인직접투자 성과지수									외국인직접투자 잠재력 지수							
	'90	'95	'00	'05	'06	'07	'08	'09	'10	'90	'95	'00	'05	'06	'07	'08	'09
미국	58	86	68	123	111	121	102	112	96	1	1	1	1	1	1	1	1
영국	15	60	211	21	42	47	78	59	76	3	7	5	3	4	4	8	11
독일	90	104	10	103	108	105	133	110	104	4	4	10	7	5	5	4	6
프랑스	42	66	65	65	85	89	100	105	105	5	8	17	18	19	19	18	20
일본	99	130	130	134	137	134	126	136	136	13	6	12	24	24	27	26	26
캐나다	37	65	14	85	60	37	72	94	98	2	2	4	6	9	12	12	14
호주	19	34	59	139	73	73	63	72	63	14	13	20	20	18	20	20	15
네덜란드	11	37	7	32	103	12	130	48	141	7	10	6	15	15	14	10	12
스웨덴	60	13	12	69	34	52	35	71	109	10	9	7	9	6	11	13	13
스페인	20	69	28	86	93	76	59	126	89	23	27	25	27	28	26	28	30
한국	82	118	91	122	132	137	123	118	122	20	18	15	17	17	18	17	19
대만	61	99	95	130	106	115	118	124	125	22	21	18	22	23	22	21	21
중국	57	17	62	70	91	104	97	83	86	42	49	48	34	33	32	30	27
H.K.	6	23	1	5	6	5	3	3	2	15	12	14	11	10	3	5	4
싱가포르	1	1	6	12	9	6	61	20	9	9	3	2	2	2	2	2	3
말레이시아	2	11	55	73	69	71	82	123	46	34	32	30	39	41	38	37	35
멕시코	54	36	74	76	101	96	98	87	84	43	58	51	57	57	59	59	61
브라질	84	98	43	101	113	101	93	90	69	54	60	69	70	73	70	65	62
아르헨티나	39	50	61	75	92	102	89	104	91	59	53	50	61	58	57	60	58
칠레	27	26	29	34	56	38	28	24	26	44	42	46	49	49	50	55	51
콜롬비아	52	77	81	23	66	77	65	61	67	62	78	90	91	90	91	91	86
베네수엘라	30	70	54	98	139	135	134	139	137	39	44	49	59	60	63	42	48

자료 : UNCTAD, *World Investment Report*(2011)에서 정리.

〈FDI 잠재력〉 \ 〈FDI 성과〉	고	← →	저
고	HK, 싱가포르	UK, 네덜란드, 스페인, 스웨덴, 캐나다, 호주, 중국, 말레이시아	US, 독일, 프랑스, 일본, 한국, 대만
↕	칠레	멕시코, 브라질, 콜롬비아	베네수엘라
저		아르헨티나	

주 : 전체 141개국 12개 경제적·정책적 변수로 계산(UNCTAD, WIR, 2011 통해 작성).

그림 14-7 외국인직접투자의 국가별 잠재력과 성과

2. 외국인투자 유형의 적합성 논의

외국인투자자규모가 적정성 문제와 더불어 논의되어야 할 또 다른 적정성 문제는 현지국에 진출한 외국인투자기업의 투자유형이 현지국경제에 미치는 순효과를 극대화할 수 있는 바람직한 형태인가 하는 투자유형의 적합성 문제이다. 외국인투자의 유형에 따라 현지국 경제에 미치는 효과가 어떻게 달라지는가 하는 논의 역시 여러 가지 관점에서 이루어질 수 있지만 이하에서는 투자분야 및 동기 · 투자지분 · 진입형태 등 3가지 측면에서의 투자유형을 논의하고, 이를 통하여 현지국 경제에 더 바람직한 경제적 효과를 가져다 줄 수 있는 적정한 투자유형이 무엇인가를 논의한다.

2.1 투자 분야 및 동기의 적합성

외국계 다국적기업이 진출하는 투자분야 및 투자동기가 무엇이냐에 따라 그것이 현지국경제에 미치는 효과를 종합적으로 평가할 때 가장 바람직하지 못한 투자유형은 "자본 · 기술 집약적 분야에 대한 현지시장지향형 투자"라고 할 수 있다. 실제로 많은 개도국들이 더 많은 외국인투자를 유치하기 위하여 노력하면서도 가능한 이러한 투자유형을 회피하려는 경향을 가진다. 이러한 유형의 투자가 현지국 경제에 미치는 효과가 그다지 바람직하지 않을 가능성이 큰 이유는 다음과 같다.

고용효과 측면 : 자본 · 기술집약적 분야에 대한 시장지향적 투자의 경우 그에 따른 고용증대효과가 크지 못할 가능성이 높다. 외국인투자기업의 생산이 지나치게 자본집약적인 경우 국내생산이 증가되더라도 고용은 별로 증가되지 않는, 이른바 '고용 없는 성장'이 이루어질 수 있다. 대부분의 현지시장지향형 투자는 독점적 우위를 지니고 있는 기계 · 전자 · 화학 등 자본집약적 분야에서 이루어지므로 해외생산 거점형 투자에 비하여 고용 창출가능성이 높지 못하다. 뿐만 아니라 이러한 유형의 투자는 투자 이후 현지국의 토착산업이나 토착기업을 파괴함으로써 산업대체적 고용감소나 시장퇴출적 고용감소를 발생시킬 가능성도 높고, 이러한 자본집약적 생산양식의 진출로 인하여 현지국기업의 전반적인 기술함수가 노동절약적으로 전환됨으로써 야기되는 기술적 고용감소도 발생할 수 있다.

국제수지효과 측면 : 자본 · 기술집약적인 산업부문에 대한 현지시장지향적 투자는 현지국의 국제수지효과 측면에서도 바람직하지 않은 투자유형이라고 할 수 있다. 자본 · 기술집약적 산업은 그 자체의 특성상 초기에 기계설비 등 자본재의 수입성향이 아주 높고 투자가 이루어진 이후에도 현지에서 조달할 수 없는 중간재 · 부품의 수입이 계속될 가능성이 크다. 따라서 단기적 관점에서뿐만 아니라 장기적 관점에서도 현지국의 국제수지에 대한 압박요인이 커진다고 할 수 있다. 뿐만 아니라 해외생산거점형 투자나 수출지향형 투자의 경우에는 현지국에서 생산된 제품을 본국이나 제3국으로 수출하는 성향이 높지만 현지시장지향형 투자의 경우 현지시장에 대한 판매비중이 높아 외국인투자로 인한 수출

증대효과도 기대하기 어렵다.

기술이전효과 측면 : 일반적으로 현지국이 기술집약적 분야에서 외국인투자를 받아들일 때 이를 통하여 기술의 이전과 확산이 이루어지기를 기대하지만 다국적기업이 이러한 분야에서 현지시장지향적 투자를 하는 경우 자신이 보유하는 독점적 우위(monopolistic advantage)의 원천인 기술을 보호하기 위하여 철저한 내부화를 행한다. 따라서 다국적기업 본사와 자사 간의 내부적 기술거래는 많이 이루어질 수 있지만 이러한 과정에서 현지국이 얻을 수 있는 기술의 이전이나 확산은 별로 크지 못한 것이 사실이다. 뿐만 아니라 이러한 유형의 투자기업은 현지국 자체의 기술개발능력과 기회를 오히려 훼손하는 기술전략을 사용하기도 하여 현지국에게 부정적인 기술효과마저 발생시킬 수 있다.

산업조직 및 주권효과 측면 : 다국적기업의 진출이 현지국의 산업 집중을 직접적으로 초래한다고 할 수는 없더라도 그들이 지닌 막강한 독점적 우위 때문에 현지경쟁자를 한계기업화시키거나 퇴출토록 함으로써 산업 집중을 가속시키고 경쟁을 제한할 우려가 커지는데, 이러한 경향은 자본·기술집약 산업에 대한 현지시장지향적 투자일 경우 더 커진다. 현실적으로 자본·기술집약적 산업에서 거대한 기술력과 자금력을 지닌 다국적기업과 경쟁할 수 있는 현지국 기업이 거의 없으므로 이러한 분야에 다국적기업이 진출하면 현지기업은 저가품(low-end product)이나 생산하는 한계기업으로 전락하거나 아예 시장에서 퇴출되어 외국계 다국적기업이 시장지배력을 행사할 우려가 크다.

외국인투자가 초기에는 현지국의 경쟁을 촉진하는 효과를 발휘하지만 시간이 지날수록 오히려 경쟁을 저해하는 효과를 나타낼 수 있음은 1960년대 이후 중남미 3개국의 경험은 물론 1960~1970년대 말레이시아를 비롯한 개도국에 다국적기업이 진입하여 자본집약적 생산 공정과 차별화된 제품생산을 통하여 시장집중도를 높이고 시장지배적 지위를 획득하였던 역사적 경험을 통해서 알 수 있다. 이러한 경우 현지국정부가 이를 계속 방치하면 외국기업에 의한 시장지배를 넘어 현지국의 산업주권이 상실되는 심각한 문제가 대두되기도 한다.

이처럼 "자본·기술 집약적 분야의 현지시장지향형 투자"는 고용·국제수지·기술이전·산업조직·산업주권 등의 측면에서 모두 부정적인 결과를 가져올 가능성이 크다. 그럼에도 불구하고 현지국이 더 높은 선진기술의 이전, 연관효과를 통한 외부경제, 외국인투자를 통한 산업구조고도화를 이룩하기 위해서는 이러한 자본·기술집약적 부문의 외국인투자의 유치가 반드시 필요한 것도 사실이다. 따라서 우리나라와 같은 중진국들의 경우, 이러한 유형의 외국인투자를 적극적으로 유치하는 개방정책을 통하여 그러한 투자가 가져다주는 기술이전효과·연관효과·산업고도화효과를 극대화시키되 적절한 산업정책이나 전략적 개입을 통하여 그것이 초래할 수 있는 부정적 효과를 최소화하는 노력이 동시에 필요하다.

2.2 투자 지분형태의 적합성(단독투자 vs 합작투자)

진출하는 다국적기업의 투자가 단독소유의 투자인가 아니면 현지국 파트너와의 합작투자인가라는 투자지분 형태에 따라 현지국의 경제적 영향이 달라진다. 대부분의 개도국들은 차관보다는 직접투자를 선호하고 직접투자 중에서도 단독투자보다는 합작투자를 선호한다. 이에 많은 현지국들이 외국인의 소유권이나 경영권을 일정한 지분까지만 허용하도록 외국인의 최대지분을 제한하는 정책, 합작투자만을 허용하거나 합작투자를 강제적으로 종용하는 정책, 합작투자를 조건으로 투자를 승인해 주는 정책, 합작투자에 대해서는 더 많은 인센티브를 부여하는 정책 등을 채택하고 있다.

국내에 진출하는 다국적기업의 입장에서는 합작투자를 통하여 ① 저비용으로 대규모 투자를 행할 수 있고 단독투자 시 발생될 수 있는 경영위험을 감소시킬 수 있어 투자의 효율성과 안정성이 증대될 수 있고, ② 외국기업에 대한 현지국의 차별적 장벽을 완화할 수 있으며, ③ 현지국이 제공하는 합작투자 우대제도를 활용하는 이점, ④ 합작관계를 통한 추가적 이익기회를 증대시킬 수 있다는 이점 때문에 합작투자 형태의 진출을 선호함은 제2편에서 논의하였다. 반면 외국인투자를 받아들이는 현지국 정부나 현지국 기업들이 외국기업의 국내진출 시 단독투자보다는 합작투자 형태로 들어오기를 원하는 이유는 〈표 14−11〉과 같다.

여기에서 요약하고 있듯이 현지국의 입장에서 단독투자보다 합작투자를 더 선호하는 주요한 이유는 ① 국내 인력과 자원의 투입이 보다 활성화되고 따라서 외국인투자로 인한 연관효과가 커질 수 있으며, ② 보다 선진적인 기술과 경영능력을 습득할 기회가 증대되고, ③ 외국기업의 진출에 따르는 국내산업의 지배와 정치경제적 영향력증대 우려가 상대적으로 축소되며, ④ 상대적으로 투자과실이나 원금의 송금규모가 작아져서 외국인투자로 인한 국제수지의 압박요인이 작아질 수 있고, ⑤ 현지파트너의 경영참여로 이전가격조작이 용이하지 않아 외국인투자로 인한 세금포탈 우려도 감소될 수 있다는 경제적 장점 때문이다.

표 14−11 현지국에 대한 합작투자의 경제적 장단점

합작투자의 경제적 장점	합작투자의 경제적 단점
• 내국인 · 국내원자재 · 국내자원의 투입 증대 외국인투자 의한 연관효과 증대 될 수 있음 • 선진기술 · 경영능력의 습득 및 파급효과 • 외국기업에 의한 국내산업의 지배우려와 정치적 영향력 위험을 다소 제거 가능함 • 투자과실송금 · 원금송금 등의 감소로 국제수지 악화 우려 경감시킬 수 있음 • 현지기업 경영참여로 이전가격조작 감소	• 현지국 금융시장에 대한 접근이 용이해져 해외자본조달보다 현지조달 선호 우려 이로 인해 국제수지개선효과 미흡 우려 • 외국비용감소로 현지시장에 대한 접근용이 이로 인한 현지국 시장지배 우려 있음 • 합작투자를 통해 진입규제 회피 용이해짐 • 필요 시 현지파트너에 자산인수 통해 투자 철수가 용이해짐

그러나 합작투자가 반드시 현지국에게 유리한 경제적 장점만을 가지는 것은 아니다. 국내에 진출하는 다국적기업이 외국기업에 대한 현지국의 차별적 장벽을 우회하거나 외국기업이기 때문에 감수해야 하는 외국비용(cost of foreignness)을 제거하기 위한 수단으로 합작투자를 활용하는 경우, 다음과 같은 부정적 측면이 발생될 수 있기 때문이다.

국제수지 개선효과의 제한성 : 현지파트너와의 합작투자를 통하여 외국기업이 받게 되는 현지국의 차별적 장벽을 우회하면 현지금융시장에 대한 접근이 용이해진다. 이에 따라 해외로부터의 자금조달보다는 현지자금조달 방식을 채택할 가능성이 커지고 이러한 경우 외국인투자로 인한 현지국의 국제수지 개선효과가 제한되게 되고 더 나아가 이 때문에 국내 중소기업의 자금조달원이 고갈될 수도 있다.

현지시장 지배가능성 증대 : 합작을 통하여 외국비용을 최소화하게 되면 현지시장에 대하여 보다 효율적인 접근이 가능해져 더 쉽게 현지국에서의 시장지배력을 높일 수 있다. 현지국의 국내기업에 비하여 월등히 높은 기업특수적 우위를 지닌 다국적기업이 현지시장에서 아무런 제약 없이 마음껏 활동할 경우 그들의 시장지배력이 더 커지고 현지국 산업과 기업의 도태가 더 급속히 일어날 수도 있다. 또한 다국적기업이 현지국에서 정치경제적 영향력이 있는 엘리트집단과 관련되는 현지파트너를 선정하여 이후 이를 통하여 현지국의 정책결정에 영향력을 발휘할 수도 있다.

진입제한규제의 회피 : 현지국이 국가안보・공공정책・국내산업보호 등을 이유로 국내의 특정 자산이나 산업에 대한 외국인매입을 금지하거나 제한할 경우 다국적기업은 현지국 파트너와의 합작투자를 통하여 이러한 제한을 우회할 수 있어 현지국의 정책목표가 훼손될 수 있다. 또한 다국적기업이 현지국에서 철수하고자 하였을 때 현지파트너에게 사업을 양도하고 보다 쉽게 철수할 수 있게 되므로 현지국경제에 대한 충성도가 약하다.

2.3 진입유형의 적합성(그린필드형 vs M&A형 투자)

현지국에 진출하는 다국적기업의 진입방식이 그린필드형 투자인가 매수합병(M&A)인가에 따라 현지국이 받게 되는 경제적 효과가 달라질 수 있다. M&A가 매수기업이나 피매수기업에 미치는 기업적 성과 못지않게 국민경제에 미치는 효과에 대한 관심 역시 큰 것이 사실이지만 미국의 경제학계에서도 이에 대한 종합적이고 체계적인 분석이나 보편적 결론이 도출되고 있지는 못하다.[46] 더욱이 국경을 넘어 이루어지는 국제M&A의 경우 이것이 투자국이나 현지국에 미치는 경제적 영향은 더욱 복잡해질 수 있다. 일반적으로 M&A형 투자가 현지국에 미치는 경제적 영향 역시 다음과 같은 부정적 측면과 긍정적 측

46 노택환 외(1994) p.368

면이 동시에 존재한다.

표 14-12 국제 M&A형 투자의 현지국에 대한 영향

긍정적 기대 효과	부정적 우려 효과
• 부실기업의 회생과 경쟁력 제고효과 • 신속한 구조조정의 촉진효과 • 시장의 경쟁 촉진효과 • 기업경영의 근대화 촉진효과	• 현지국에 대한 고용증대효과 미흡 우려 • M&A를 통한 기술의 해외유출 우려, 현지국의 기술 잠재력 훼손 우려 • 시장의 집중과 경쟁저해 우려

2.3.1 M&A형 외국인투자의 부정적 측면

현지국의 경우 M&A형 투자보다 그린필드형 투자를 선호하여 이에 대해서는 인센티브를 제공하는 반면 M&A형 투자에 대해서는 여러 가지 정책수단을 동원하여 규제하려는 일반적 경향이 있다. 이것은 대부분의 사람들이 그린필드형 투자에 비하여 M&A형 투자가 현지국에 미치는 부정적 측면이 더 크다고 인식하기 때문이다. M&A형 투자가 그린필드형 투자에 비하여 더 부정적인 것으로 인식되는 이유는 다음과 같다.

자본형성효과의 한계 : 일반적으로 그린필드형 투자는 새로운 자본 유입이 이루어져 국내자본형성이 증가되는 효과를 가지지만 M&A형 투자의 경우 이미 존재하던 국내의 자본이 외국자본으로 대체하는 효과, 즉 자본의 소유주가 내국에서 외국인으로 바뀌는 결과만을 가져오므로 새로운 자본형성이나 순투자가 이루어지지 않는다.

고용효과의 한계 : 일반적으로 M&A형 투자는 그린필드형 투자에 비하여 고용효과가 크지 못하다. M&A의 경우, 기존의 기업을 이어받는 것이므로 새로운 고용창출이 일어나지 않고 고용승계만 발생할 뿐만 아니라 M&A가 이루어지면 현재 고용되고 있는 인원의 상당 부분을 정리하는 과정이 뒤따르는 것이 일반적이다. 외국기업에 인수되는 현지국기업의 경우 비효율성 때문에 인수되는 만큼 이러한 기업을 인수한 외국기업은 이후 경영의 합리화·효율화를 위하여 생산성이 떨어지는 부문을 폐쇄하거나 인력을 감축하는 구조조정을 행하기 때문이다. 물론 M&A 경우에도 인수된 기업이 새로운 투자와 생산을 확장하는 경우 장기적으로는 그린필드형 투자에 버금가는 고용창출효과를 발생시키기도 한다.

기술의 해외유출 : 외국기업들이 현지국기업이 보유하는 전략적 기술을 획득하기 위한 목적으로 M&A를 하는 경우 이로 인한 기술의 해외유출이 발생하게 된다. 실제로 1980년대 중반 이후 미국이 반도체산업의 기술주도권을 상실하게 된 주된 이유 중의 하나가 외국기업, 특히 일본 반도체기업들의 M&A 때문이라고 보는 시각이 유력하였다. 이 때문에 전략적으로 중요한 기술이 M&A로 인하여 외국으로 유출되는 것을 막기 위하여 외국기업

이 미국의 대기업이나 방위산업 관련 기업 등을 인수할 경우 외국인투자위원회 또는 국가안보기구 등의 조사나 승인을 받도록 하려는 노력이 진행되었다.

기술개발 잠재력 훼손 : 경제력이 월등한 다국적기업들이 기술개발력이 높은 국내 벤처기업 등을 인수할 경우 이로 인해 현지국의 기술개발능력이 잠식될 가능성이 커진다. 이것은 M&A의 경우 신속히 해외시장에 침투하거나 해외기업의 기술을 취득하는 것을 목표로 하는 경우가 많으므로 현지국의 기술발전에 도움을 주지 못할 뿐만 아니라 때로는 국내기술개발에 역효과를 줄 수 있다.[47] 이러한 경우의 전형적인 예를 브라질의 전자·기계·자동차 등의 산업에서 찾을 수 있다. 서구의 다국적기업들은 현지국에 진출한 후 경쟁상대가 되는 현지국의 기술집약형 중소기업들을 차례로 M&A해 감으로써 브라질 내 자동차 산업의 기술을 지배하게 되었기 때문이다.

또한 그린필드형 투자의 경우 국내에 존재하지 않는 새로운 기술을 활용하는 투자를 행하는 경우가 많아 동종 산업 내에 이와 유사한 기술을 가진 국내기업이 존재하지 않을 가능성이 크지만 M&A형 투자는 이미 존재하는 기업을 인수하는 것이므로 동종 산업 내 유사한 기술을 가진 경쟁기업들이 존재할 가능성이 있다. 이러한 경우 동종 산업에 종사하는 국내의 경쟁기업들은 더 이상 기술개발을 통하여 다국적기업과 경쟁하기를 포기할 가능성이 커진다. 이러한 경우 이로 인해 현지국의 기술개발잠재력이 약화될 수 있다.

시장구조에 대한 악영향 : 그린필드형 투자의 경우 새로운 시장참여자가 추가되는 것이므로 현지국의 산업집중도를 완화시키고 경쟁을 촉진하는 효과가 있지만, M&A의 경우에는 새로운 기업이 시장에 진입하지 않는다는 점에서 산업집중도를 완화시키지는 못한다고 할 수 있다. 물론 현지국시장에서 퇴출이 예상되는 기업을 외국기업이 M&A하는 경우 하나라도 더 시장에 남아 있도록 한다는 점에서는 공급자집중도를 완화시킨다고 할 수 있다.

문제는 어떤 기업에 대해 M&A가 행해지고 M&A 이후 어떠한 시장전략을 행하느냐 하는 것이다. 예컨대 외국자본이 경영이 부실한 시장지배자적 위치에 있는 대기업이나 국영기업을 매수한 후 자신의 기업능력을 활용하여 시장점유율을 높이는 경우 현지국의 산업조직에 부정적인 결과가 초래된다.[48] 따라서 M&A가 활발히 이루어지는 선진국에서조차 경쟁정책(competition policy)을 통해 M&A의 반경쟁적 행위를 규제하고 있다.

---

47 그러나 M&A형 투자가 국내기술이전에 미치는 효과는 여러 가지 관점에서 살펴보아야 한다. 우선 자신이 보유한 기술이나 자원을 해외시장에 걸쳐 내부화하려는 자산활용형 그린필드형 투자일 경우, 장기적인 효과는 다국적기업의 기술전략이나 현지국의 기술흡수능력이 어떠한가에 따라 달라질 수 있지만, 적어도 단기적으로는 현지국의 기술력에 긍정적인 효과를 가진다고 할 수 있다. 그러나 해외자산추구형 M&A투자의 경우 현지국의 기술혁신에 미치는 초기효과는 별로 없지만 장기적으로 피인수기업의 기술적·조직적 업그레이드가 이루어지고 그들의 경쟁적 위치가 개선되는 경우 긍정적인 기술효과가 발생될 수 있다.

48 중남미국가의 산업조직에 관한 많은 연구들은, 이 지역에 대한 미국계 다국적기업들의 해외직접투자가 주로 M&A형태로 이루어졌기 때문에 이들이 현지시장구조에 부정적 영향을 미쳤음을 지적하여 왔다.

또한 자본집약산업에 진출한 다국적기업의 현지자회사가 규모의 경제를 실현하는 데 필요한 일정한 생산규모를 확보하지 못하는 경우 규모의 경제를 구현하기 위해 현지기업을 적극적으로 M&A하여 나가고 이에 맞선 현지국기업들 역시 M&A를 통해 규모의 경제를 실현하려는 노력을 행하게 되는데, 이러한 경우 현지국의 산업집중도가 높아질 수 있다. 역사적으로 1950~1960년대에 유럽에 진출하여 유럽시장을 잠식해가는 미국계 다국적기업에 대항하기 위해 유럽기업들 간에 적극적 M&A전략이 이루어졌으며 이는 결과적으로 유럽지역의 많은 산업들의 산업집중도를 상당히 높인 것으로 나타났다.

2.3.2 M&A형 외국인투자의 긍정적 측면

국내기업에 대한 외국자본의 M&A형 투자가 이상과 같은 여러 가지 부정적 효과를 발생시킬 수 있다는 우려와는 반대로, M&A형 투자는 현지국의 국민경제에 대하여 긍정적 효과를 발생시키므로 이를 부정적으로만 보는 것은 옳지 않다는 주장 역시 제기되고 있는데, 이러한 주장자들의 주요 논거는 다음과 같다.

부실기업의 회생 : M&A형 외국인투자는, 그 기업이 가진 잠재력은 크지만 경영이 부실한 국내기업을 인수하여 기업경영의 효율성과 합리성을 제고함으로써 부실기업을 회생시키고 경쟁력을 높이는 효과가 있다. 특히 국내자본만으로 부실기업의 회생이 어려운 경우 외국자본에 의한 M&A가 국내 부실기업의 회생을 위한 유일한 대안이 될 수 있다. 또 어떤 연구는 M&A를 통한 외국인투자의 경우 경쟁과정에서 인수가격이 합병기업의 통상적인 이윤수준보다 높게 책정되고 있어 투자유치국의 사회후생을 증가시킨다는 결과를 보여주기도 하였다.[49]

신속한 구조조정촉진 : M&A시장이 발달하면 기업소유권의 이전이 원활해짐으로써 경쟁력이 약화된 한계기업의 시장퇴출을 촉진시켜 신속한 구조조정이 이루어지도록 하는 긍정적 효과가 발생된다.[50] 따라서 위기를 맞고 있거나 여러 가지 구조적 문제 때문에 신속한 구조조정이 필요하지만 이것이 용이하지 않을 경우 외국자본에 의한 M&A가 이러한 문제에 대한 효율적인 대안이 될 수 있다.

경쟁촉진 및 경영근대화 : 독과점적 시장구조나 전근대적인 기업지배구조를 지닌 국내 산업에 M&A를 통하여 외국자본이 진입하면, 국내경쟁 촉진 · 기업투명성 제고 · 기업지배구조 개선 · 주주경영체제 확립 등 경영근대화를 이룩하는 계기가 될 수 있다. 실제로 외국

---

49 P. J. Noback and L. Persson(2005)

50 그러나 이러한 한계기업의 경우에도 ① 그 기업이 일시적 재정악화를 겪는 경우, ② 기술집약적 산업의 경우 그 기술의 시장가격이 일시적으로 낮아진 경우, ③ 현지시장에서 그 기업이 이미 상당한 시장지배력을 행사하고 있는 경우 등은 신중하게 판단할 필요가 있을 것이다.

자본의 M&A로 인하여 이러한 긍정적인 결과가 초래된 역사적 사례들이 다수 존재하고 있고 1990년대 말 외환위기 이후 우리나라도 이러한 긍정적 효과가 발생하였다고 평가하는 사람들이 많다.

2.3.3 M&A형 투자의 경제적 효과에 대한 평가

이상과 같이 M&A형 외국인투자가 현지국의 국민경제에 미치는 영향에 대해서는 부정적 측면과 긍정적 측면이 동시에 존재하지만 일반적으로는 M&A투자에 비하여 그린필드형 투자가 더 유용한 것으로 인식되는 경향이 있다.

이러한 인식이 있는 것은, 투자가 이루어지는 시점에서 보면 그린필드형 투자가 새로운 설비투자와 새로운 고용창출을 발생시켜 보다 긍정적인 효과가 가시적으로 나타나는 반면 M&A형 투자는 경영권의 이전만 이루어질 뿐 이러한 가시적 효과가 나타나지 않기 때문이다. 따라서 이를 비판적으로 보는 사람들은 M&A의 경우 실질적인 부의 창출보다는 부의 재분배만을 가져오는 것으로 평가한다. 또한 외국자본에 의한 국내기업의 M&A에 대해 국내기업이 외국자본의 손에 들어가게 되었다는 정서적 반감이 높기 때문이기도 하다. 이러한 인식은 외환위기 이후 확대된 M&A형 투자에 대해서 '헐값 매각' 또는 '국부유출' 논란 등 부정적 이미지가 형성되었던 우리나라의 사례에서도 실제로 나타났다.

유엔무역개발회의(UNCTAD, 2000)는 그린필드형 투자와 M&A형 투자가 현지국의 경제발전에 미치는 효과를 ① 자금유입 및 자본형성, ② 기술이전, ③ 고용 및 인력개발, ④ 수출경쟁력 및 무역, ⑤ 시장구조 및 경쟁에 미치는 효과 등 5가지로 구분하여 그 결과를 비교 분석하였다.[51] 분석결과를 보면, 단기적인 관점에서 보면 투자자금 유입효과 및 고용효과 등의 측면에서 그린필드형 투자가 상대적으로 유리한 것이 사실이지만 장기적인 관점에서는 양자 간에 뚜렷한 차이를 입증하기 어렵기 때문에, 유입되는 투자가 그린필드형이냐 M&A형이냐 하는 것보다 다국적기업의 투자동기가 무엇이며 현지국이 외국인투자로부터 긍정적인 효과를 이끌어낼 수 있는 흡수능력을 얼마나 보유하고 있는가 하는 점이 오히려 더 중요한 요인이 된다고 결론지었다.

우리나라 외국인투자의 경제적 효과에 대한 연구에서도 그린필드형 투자는 투자대로 고용창출효과와 생산능력 확대효과가 큰 것이 사실이지만 M&A형 투자 역시 기업구조조정을 통하여 개별 기업의 경쟁력강화는 물론 시장 전반의 경쟁을 촉진시키는 긍정적 효과가 있다는 평가를 내리고 있다. 따라서 투자유치를 위한 인센티브를 신규고용 및 생산능력 창출과 연계하여 제공하되 M&A형 투자에 대해서도 여건개선 등을 통하여 보다 많은 외국인M&A투자를 유치할 필요가 있다고 주장하고 있다. 이러한 입장에 있는 사람들은

51 UNCTAD, *WIR*(2000) pp.159~199

외국기업에 의한 M&A를 제한하거나 규제하는 것보다 시장경제원리에 맡겨 이를 자유화하고 촉진시키는 개방적인 태도를 가질 필요가 있다고 주장한다.

이렇게 외국기업의 M&A형 투자에 대하여 개방적인 태도를 취하는 것이 좋다고 주장하는 경우에도 적대적(hostile) M&A까지를 허용하는 것이 좋은가 하는 문제에 대해서는 또 다른 시각과 견해를 가진 사람들이 있다. 또한 적대적 M&A 여부를 떠나 일정한 경우 외국자본에 의한 M&A를 제한하거나 규제하는 것이 필요하다는 주장 역시 무시할 수 없다. 이들은 피매수 대상기업이 국가적으로 중요한 전략적 기술을 보유하고 있는 기업이어서 M&A를 통하여 자국의 기술과 노하우가 외국인에게 유출될 가능성이 있는 경우, 현지국에서 이미 상당한 시장지배력을 보유하고 있어 그러한 기업이 외국자본에 매수될 경우 현지국 시장을 지배할 가능성이 큰 경우, 진출기업이 세계적인 독과점력을 행사하고 있어 국내기업이 그러한 기업에 매수되었을 때 해당 제품의 안정적 공급이 위협받을 수 있을 경우 등을 그러한 경우로서 지적한다.

이처럼 외국자본에 의한 국내기업의 M&A형 투자에 대해서는 다양한 문제를 둘러싼 다양한 논란들이 제기되고 있고 이와 아울러 이러한 외국자본의 M&A형 투자에 대한 현지국기업의 경영권방어제도와 현지국정부의 대응책과 관련하여서도 많은 논의들이 이루어지고 있다. 이들에 대하여 [부록 14－4]와 [부록 14－5]가 설명하고 있다.

부록 14－4 적대적 M&A에 대한 경영권 방어제도

앞에서 살펴본 대로 M&A에는 매수자와 피매수자 간 쌍방의 합의에 따라 이루어지는 우호적 M&A와 강압적 수단에 의하여 이루어는 적대적 M&A가 있다. 이들 중 적대적 M&A는 현대적 기업형태가 정착된 19세기 후반부터 이미 발생하여 오랜 역사를 가지고 있으나 그에 대한 제도는 비교적 근래에 정비되었다. 이러한 적대적 M&A가 관련되는 경제주체들, 즉 기업・투자자・국민경제에 대하여 어떠한 영향을 미치는가에 대해서는 양론이 첨예하게 대립된다.

적대적 M&A를 찬성하는 사람들은, 시장논리에 따른 결과로서 자원의 효율적 배분이 이루어지고 산업재편을 위한 기업퇴출이 용이해지며 기업경영진의 전횡이나 무능에 대한 감시역할을 통하여 주주의 이익이 보장된다는 점을 강조한다. 반면 이를 반대하는 사람들은, 기업의 장기적인 경영목표보다 단기적인 성과에 치중되는 비효율이 발생할 수 있고 과도한 차입으로 인한 재무상태의 부실화와 M&A가 시장의 독과점화의 수단으로 전락될 수 있다는 문제점을 강조한다.

이러한 논의들과 함께 적대적 M&A의 경우 기업사냥꾼(corporate raiders)의 의해 이루어지는 피도 눈물도 없는 머니게임(money game)으로서의 성격을 지니고 있기 때문에 이러한 적대적 M&A로부터 기업의 경영권을 방어하는 문제가 기업 차원에서뿐만 아니라 국가적 차원에서도 매우 중요한 문제라는 인식 역시 매우 높다. 적대적 M&A로부터 경영권을 방어하는 방법에는 기업차원에서 행할 수 있는 경영권 방어제도와 국가차원에서 관리하는 법률적 방어제도로 나누어 볼 수 있다.

1. 적대적 M&A에 대한 기업 차원의 경영권방어제도

적대적 M&A에 대항하는 기업차원의 방어수단이 매우 다양화되고 교묘해지고 있어 수많은 방법들이 있지만 전통적으로 널리 활용되어온 대표적인 예방적 방어수단(preventive defences)들을 살펴보면 다음과 같다.

차등의결권(dual class stock) : 보통주의 수십 배에 달하는 의결권을 가진 특별한 주식의 발행을 허용하는 제도로서 미국이나 유럽 등에서 시행되고 있다. 이 제도는 회사경영을 잘 할 수 있어 장기적으로 기업 가치를 가장 높일 수 있을 것으로 기대되는 대주주에게 안정된 경영권을 부여해 주는 방식으로 경영권을 방어하는 방법이다. 그러나 이러한 제도는 주주권한이 공평해지지 않고 대주주의 전횡에 대한 통제가 어려워 기업지배구조가 약화될 수 있다는 약점이 있다.

독소조항(poison pill) : 기존 주주에게 유사 시 신주를 할인하여 저가에 매입하도록 하고 인수합병 후에 높은 프리미엄을 받고 환매할 수 있도록 약정된 우선주나 전환사채를 대량 발행하여 적대적 M&A를 방어하는 제도로서, 말하자면 특별한 권리가 부여된 독약(poison pill)을 인수자에게 먹이게 하여 적대적 M&A를 방어하는 제도이다. 미국의 경우 거의 모든 공개기업들이 채택하여 온 제도로서 적대적 M&A에 대한 방어제도 중 가장 강력한 방어수단의 하나이다. 따라서 최근에는 이러한 독소조항을 폐지하거나 주주의무를 강화하자는 요구가 확대되고 있다.

황금주식(golden share) : 차등의결권제도의 특수한 형태로서 어떤 주주가 특별한 다수의결권을 가지게 함으로써 특정 안건에 대하여 실질적 거부권을 가지게 하는 거부권주식이라고 할 수 있다. 이 제도는 원래 유럽에서 국영기업을 민영화하는 과정에서 정부가 해당기업의 경영권이 외국인에게 이전되는 것을 방지하고 지배구조에 중대한 변경을 초래하는 경우 거부권을 행사할 수 있도록 하기 위하여 고안한 제도이다. 이러한 제도가 도입되면 국가의 기간산업이 외국자본에 넘어가는 것을 방지할 수 있다는 장점이 있으나 민영화된 기업이 계속 정부의 영향 하에 놓이게 된다는 단점도 있다. 유럽 대부분의 국가에서 방위산업·에너지산업·공중보건 등 공익목적이 명백한 분야에서 이를 허용하여 왔는데 현재는 EU와 유럽연합재판소의 압력으로 이를 포기하거나 수정 중에 있는 것으로 알려져 있다.

황금낙하산(golden/tin parachute) : 적대적 M&A대상 기업의 임직원에게 높은 상여금을 지급하도록 하거나 기업지배권이 이전되어 기존의 임원이 직위를 상실할 경우 거액의 퇴직위로금을 지급하도록 함으로써, 적대적 M&A공격을 행하는 기업의 인수비용을 증가시켜 M&A를 억제하는 제도이다. 이 제도는 기존의 대주주가 적대적 M&A를 방어하는 수단으로 사용되는 것 이외에 기업의 경영권 변화과정에서 유능한 경영진을 임의로 해임하지 못하게 함으로써 기업의 경쟁력을 유지하고 주주를 보호한다는 의미도 있다. 미국 기업이나 유럽 기업의 상당수의 기업들이 이 제도를 채택하고 있는 것으로 알려지고 있다.

초다수 의결요건(super majority vote) : 적대적 M&A나 영업양수도 등 특별한 사항에 대하여 주주총회의 의결요건을 최대로 높여두고 필요할 경우 이러한 의결요건조항을 활용하여 경영권을 방어하는 제도이다. 예컨대 회사의 일반적 의결사항에 대해서는 과반수 또는 2/3 이상의 찬성을 의결요건으로 하지만 합병의 경우 이를 80% 또는 95%까지 가중하는 것이다. 그러나 이러한 제도는 경영진을 과도하게 보호할 뿐만 아니라 주주 대부분이 피인수를 원하는 경우에도 이것이 불가능하도록 함으로써 오히려 주주이익을 해칠 수 있다는 단점이 있다.

이사의 시차임기(staggered board) : 이사의 임기가 특정 연도에 동시에 만료되지 않고 일정한 비율씩 시차를 두고 교체되도록 정관에 규정함으로써 적대적 매수자가 M&A에 성공하더라도 실질적인 기업지배권을 획득하는 데에는 3~4년이 걸리도록 함으로써 적대적 M&A를 예방하려는 방법이다.

2. 적대적 M&A에 대한 국가차원의 법률적 방어제도

M&A시장을 주도하고 있는 주요 선진국들의 경우에도 적대적 M&A에 대한 폐해를 규제하기 위하여 다양한 방안들을 입법화하고 있는데 적대적 M&A에 대한 미국·일본·유럽국가의 규제법제의 일반적 동향을 보면 다음과 같다.

미국의 법제 : 거대자본을 바탕으로 세계시장에서 월등한 지위를 누리고 있는 미국은 전통적으로 적대적 M&A를 적극 도입하여야 한다는 입장을 취해 온 반면 학계에서는 이와 관련된 방어수단을 적극 도입하자는 입장이 강하였다. 1933년 제정된 미국의 증권거래법은 적대적 M&A에 대한 사항을 상세히 규정하지 않았기 때문에 적대적 M&A로 인한 폐해가 증가하기 시작하자 이를 규제하기 위하여 1968년 "윌리암스법"(Williams Act)이 제정되었고, 1970~1980년대에는 미국 대부분의 주에서 자신의 주 내에 있는 기업들을 보호하기 위하여 다양한 "반기업인수법"을 제정하여 운용하게 되었다.

일본의 법제 : 일본에서는 적대적 M&A에 대한 방어수단으로서 주식의 상호보유·신주의 제3자 배정방식이 사용되었으나 실효성이 없어지거나 법원의 부정적 판결 등으로 부적절한 측면이 부각되자, 2000년대 초 상법을 개정하여 신주예약권이나 의결권제한주식 등의 제도를 도입하였다. 그러나 이러한 제도가 적대적 M&A를 방어하기 위한 목적으로 도입된 것이 아니었던 만큼 2005년에 제정된 "신회사법"에서 주식 종류의 다양화·신주예약권제도 등 적대적 M&A방어로 활용될 수 있는 제도를 도입하였다.

유럽의 법제 : 일찍부터 주주자본주의가 형성되어 있던 영국의 경우 1960년대부터 적대적 M&A가 활성화되었고 따라서 엄격한 정보공개의무·공개매수에 의한 기업의 지배권 획득 등 적대적 M&A와 관련된 제도와 규제장치가 강구되어 왔다. 그러나 유럽의 대륙계 국가들의 경우 특정 주주 또는 일련의 주주들이 회사의 주식을 집중적으로 보유하고 있거나 높은 의결권을 보유하고 있어 적대적 M&A 자체가 성립되기 어려운 구조를 갖고 있었다. 따라서 적대적 M&A에 대한 통일적인 법체계를 가지고 있지 못하다. 다만 유럽지역의 국가들은 자국 기업이 국제 M&A에 노출될 위험에 놓이게 되는 것을 바람직하지 않게 생각하여 적대적 M&A를 제한하는 제도를 유지하는 것이 바람직하다는 인식을 가지고 있다.

부록 14-5 외국자본의 M&A에 대한 현지국의 규제정책 및 제도

1. 외국자본의 M&A에 대한 현지국의 규제

이상과 같이 각국은 그 나라의 주식시장 환경에 따라 구체적인 내용은 서로 다르지만 적대적 M&A에 대한 나름대로의 규제수단들을 보유하고 있는데 이들이 모두 M&A 일반에 대한 법적 수단임에 대하여 특별히 외국자본(외국기업)에 의한 국내기업의 M&A 중 일정한 경우에 대하여 제한을 가하거나 규제를 가하는 경우가 있다.

예컨대 M&A에 대하여 비교적 우호적인 태도를 지니고 있는 미국의 경우에도 외국인에 의한 M&A가 국가안보를 손상시킬 우려가 있는 경우 법을 통하여 이를 규제하고 있다. 이러한 법안의 입안은 1986년 일본의 후지쯔(Fujitsu Ltd.)가 캘리포니아 반도체회사인 페어차일드(Fairchild)를 인수하려는 과정에서 촉발된 측면이 크다. 당시 미국의 상무성과 국방성이 미국국방에 중요한 첨단기술 유출을 우려하여 매수계획에 제동을 걸었고 이를 계기로 유사 사례 방지를 위한 법안 제정의 필요성이 대두되었기 때문이다.

이에 1988년 민주당의 엑슨(James Exon) 상원의원과 플로리오(James Florio) 하원의원이 미국안보에 영향을 미치는 외국인투자를 규제하기 위한 법안, 이른바 엑슨-플로리오(Exon-Florio) 법안을 제출하였다. 이후 이 법안은 종합무역경쟁력강화법(1998) 제5201조가 되었고 이 조항에 따라 방위생산법 제721조가 개정되었는데 이렇게 개정된 조항이 '엑슨-플로리오 조항'이다. 이 법은 대통령에게 국가안보 차원에서 외국인투자를 조사하도록 하고 필요한 경우 외국인투자의 철수를 결정할 수 있는 강력한 권한을 부여하였다.

그런데 이러한 법령의 집행은 미국의 외국인투자심의위원회(CFIUS : Committee on Foreign Investment in the United States)에서 이루어진다. 이 위원회는 국방성·상무성·국무성 등 12개 부서가 참여하여 구성되는데 2003년에는 검토범위를 국가안보에 연결될 수 있는 중요 기간산업(critical infrastructure)과 중요 기술(critical technology)로까지 확대하였다. 또한 2007년에는 외국인투자와 국가안보법(FINSA : Foreign Investment and National Security Act)을 제정하여 모든 외국인투자를 이 위원회에 신고하도록 하였다. 이후 대통령에게 보고된 사건 중 단 1건에 대해서만 투자금지 결정이 내려졌는데 그것이 1989년에 내려진 중국 국영 항공기기술수출입공사의 미국의 항공기 부품회사 맴코(Mamco)의 인수 건인데, 이러한 결정이 내려진 것은 중국에 대한 미국 항공우주산업의 기술유출우려 때문이었다.

이렇게 명시적으로 투자금지처분이 내려진 것은 극히 소수에 불과하지만 심사과정에서 공식적·비공식적 협의를 통하여 자진 철회한 사건이 상당히 존재하였고 의회와 여론의 압력에 의하여 자진 철회한 사건도 상당히 존재하므로 이러한 규제가 상당한 실효성을 발휘하고 있다고 할 수 있다. 또한 이 위원회가 심의의 기준으로 삼고 있는 '국가안보에 대한 위협'이라는 개념이 매우 추상적이고 모호하여 이러한 기준을 활용하여 다른 외국인투자를 제한하거나 제재할 가능성도 존재한다. 실제로 외국자본에 의하여 적대적 M&A를 당할 위험에 처해 있는 미국 기업이 이 위원회에 로비를 하여 이 법의 적용을 받도록 한 사례가 없지 않다. 이에 따라 이 법이 자본자유화에 역행한다는 비판의 목소리가 EU 등은 물론 미국 내에서도 일어나고 있는 실정이다. 이에 따라 동 위원회는 외국인투자는 원칙적으로 허용하되 공적 이익을 확보하여야 한다는 조건부 허가를 내리기도 하였다.

적대적 M&A를 규제하려는 이상과 같은 노력은 미국에서뿐만 아니라 대부분의 세계 주요국들에서도 일어나고 있고 특히 최근에 들어와서는 기술보호와 관련하여 더욱더 높아지고 있다. 일본의 경우 '외환과 무역법'을 통하여 국가안보를 해치거나 공공질서유지에 위반하거나 공공안전보호에 지장을 초래하는 경우와 국민경제의 원활한 운영에 현저한 악영향을 미친다고 판단되는 경우에 사전심사를 받도록 하고 있고, 또한 경제계를 중심으로 동법을 미국식 엑슨-플로리오법화하려는 움직임이 있다.

영국의 경우 외국인투자만을 대상으로 하는 심사제도를 따로 운영하고 있지는 않지만 '공정무역법'에 의거하여 정부가 공공이익에 반하는 투자를 금지하거나 철회지시를 할 수 있도록 하고 있고, 프랑스는 '통화금융법'에서 국가안보·공공질서 등에 영향을 미치는 외국인투자에 대해서는 사전 승인을 받도록 하고 있고 최근(2005.12)에는 '경영권인수방어법'을 제정하여 11개의 전략산업에 대한 외국자본의 인수는 국가 승인을 받도록 하였다. 러시아 역시 2006년 11월 '경영권 방어인수법'을 제정하여 39개 전략산업에 대한 50% 이상 지분참여 외국인투자를 감시하고 있고 연방안보국(Federal Security Service)에 인수합병을 거부할 수 있는 권한까지를 부여하고 있다.

2. 우리나라 기업에 대한 외국자본의 적대적 M&A 시도

1997년 외환위기 이후 우리 정부의 적극적인 외자유치정책과 금융구조 조정과정에서의 외국자본 참여 등으로 외국자본의 국내진출이 크게 확대되었다. 이러한 과정에서 외국자본의 국내기업에 대한 적대적 M&A 시도가 수차례 일어났고 이를 계기로 외국자본으로부터 우리 기업을 보호하기 위한 경영권방어 장치를 강화하자는 주장도 제기되었다. 그동안 우리나라 국내기업에 대한 외국자본의 적대적 M&A 시도들 중 대표적인 사례들을 살펴보면 다음과 같다.

소버린과 SK(주) : 2003년 1월 참여연대가 'SK글로벌'의 분식회계에 대하여 기업 총수를 고발하여 2월에 구속되면서 SK의 주가가 급락하자 동년 4월 초 모나코에 본사를 두고 있는 영국계 투자회사 소버린(Sovereign)은 그들의 자산운용사 크레스트 명의로 SK의 주식을 매집(주당 9,293원, 약 1,900만주)하여 지분율을 14.99%로 끌어올렸다. 이후 소버린은 SK의 사업계획 재조정과 지배구조 개혁의 필요성을 언급하며 강력한 경영참가 의지를 밝혔다.

SK의 2대 주주로 올라선 소버린은 2004년 3월 주주총회에서 주주제안을 통하여 이사의 수를 5인 이상 10인 이하로 하는 한편 사외이사를 그 절반 이상으로 한다는 내용과 함께 자신들이 추천하는 사내·사외 이사 명단까지 발표하며 사실상 경영권장악을 시도하였다. 결국 정기 주주총회에서 표 대결 끝에 소버린의 경영권장악 시도는 실패로 돌아갔으나 이 과정에서 소버린은 일부 외국인투자자와 소액주주들의 지지를 얻어 자신의 지분을 훨씬 상회하는 표를 얻을 수가 있었다. 또한 이러한 과정에서 SK가 경영권방어를 위해 거액의 자금을 주식매입에 쏟아 부으면서 주가가 급격히 상승함에 따라 소버린은 투자금액의 약 6배에 이르는 9,000억 원의 평가차익을 올린 것으로 알려졌다.

이후 2004년 10월 소버린 자산운용은 보도자료를 통하여 최태원회장의 임원자격을 문제 삼으며 임시주총소집을 요구하였는데, 이것은 차기 주주총회에서 다시 경영권장악을 시도하겠다는 의지를 나타낸 것이었다. 소버린의 이러한 요구는 이후 법원의 기각결정으로 무산되었지만 2005년 3월 정기 주주총회에서 소버린은 다시 경영권장악을 시도하였다. 그러나 SK는 압도적인 표 차이로 소버린의 시도를 물리치고 경영권방어에 성공하였다. 이렇게 SK는 비록 경영권방어에는 성공하였지만 2004년에 900억 원에 불과하였던 배당금을 2005년에는 2,325억 원으로 늘려주는 엄청난 비용을 치르게 되었다.

헤르메스(Hermes)와 삼성물산 : 영국계 펀드인 헤르메스는 2004년 3월 삼성물산 지분 5%를 매입한 뒤 금융감독원에 '단순투자목적'이라고 신고하였다. 이어 헤르메스는 동년 12월 한 언론사와의 인터뷰에서 '경영진이 지배구조를 바꾸지 않으면 M&A를 시도하는 펀드를 지원하겠다'고 협박한 뒤 인터뷰 직후 삼성물산 주식 지분 5%를 모두 팔아 200억 원의 시세차익을 남겼다. 이에 금융감독원은 삼성물산의 주가조작혐의로 영국 런던에서 헤르메스펀드에 대한 조사를 벌인 바 있다. 이러한 과정에서 삼성물산은, 헤르메스로부터 경영권을 방어하기 위해 자신이 보유한 부동산과 해외법인 등을 매각하여 이를 부채상환과 자사주 매입에 사용하면서 자금난으로 인하여 신규사업추진에 어려움을 겪는 등 경영권방어의 후유증에 시달렸다.

JP모건 컨소시엄과 만도기계 : JP모건 컨소시엄은 외환위기 이후 부도를 맞았던 만도기계를 인수(76.0%)하였으며 인수 5년 만에 만도기계는 매출액 1조원이 넘는 세계 굴지의 자동차 부품회사로 성장하였다. 만도기계는 JP모건에 인수된 뒤 2004년까지 매년 매출액의 5% 가량을 연구개발에 투자하는 등 대규모 투자를 행하였고 400명이 넘는 고용을 창출하는 성과도 이루었으며 영업이익도 적자상태로부터 대규모 흑자로 전환되었다. 만도의 이러한 변화는 JP모건이 만도이사회를 통하여 경영투명성을 강도 높게 추진하면서 한국인 경영진에 힘을 실어준 것이 효과를 발휘한 것으로 평가되었다. 그러나 2003년 12월 대주주 JP모건은 지분 33.6%를 액면가 1만원의 3배에 가까운 가격으로 유상감자하면서 760억 원을 회수해 감에 따라 국부의 해외유출 논란을 촉발하였다.

아이칸과 KT&G : 기업사냥꾼으로 유명한 아이칸(Carl Celian Icahn)은 1980년대부터 TWA항공과 대형식품업체 나비스코에 대한 적대적 M&A를 시도하면서 유명세를 탔다. 아이칸은 2006년 2월 합작사인 스틸파트너스와 함께 KT&G 지분 6.6%를 보유했다고 공시하면서 KT&G의 경영참여의사를 공개적으로 드러냈고 그 이후에는 KT&G 주식을 공개매수 하겠다는 뜻을 내비치기도 하였다. 이후 아이칸 측은 KT&G의 자회사인 인삼공사 매각과 부동산처분 등을 요구했고, 3월 주주총회에서는 표 대결을 통해 사외이사 1명을 확보하며 이사회에 진출하기도 했다.

이에 맞서 KT&G는 2006년 8월 자사주 소각 등 최대 2조 8천억 원 규모의 주주환원책을 포함한 중장기 경영계획을 발표하면서 경영권방어에 안간힘을 썼다. 이러한 아이칸의 경영권공격과 KT&G의 대응으로 인하여 연초 4만원 대였던 주가는 연말에 6만원대로 뛰어올랐다. 이렇게 KT&G의 경영권을 위협했던 칼 아이칸 연합은 2006년 12월 KT&G 주식 7백 만주(지분율 4.75%)를 대량거래방식으로 매도하여 1천5백억 원대의 차익을 챙기고 사실상 철수했다. 이로써 2006년 2월 아이칸연합의 5% 이상 지분취득공시로 촉발된 KT&G와의 경영권분쟁은 10개월 만에 막을 내리게 됐다. 그러나 공개매수 등을 통해 KT&G의 경영권을 장악하겠다던 주장과 달리 아이칸은 결국 1년도 채 안되어 이익만을 챙기고 손을 뗀 외국자본이라는 비난을 면치 못하게 됐다.

증권업계에서는 아이칸 측이 처음부터 단기차익 목적으로 KT&G 주식에 투자한 것으로 보는 시각이 우세하였다. 주주가치 제고를 명분으로 KT&G와 경영권분쟁을 벌였지만 공시 후 10개월 만에 보유지분을 매각했기 때문이다. 2007년 말에는 적대적 M&A 논란 속에 선임된 KT&G의 외국인 사외이사 리크텐스타인(스틸파트너스 대표)이 이사회에 단 한 번도 참석하지 않은 채 수천만 원대의 보수만을 챙겼다는 보도와 함께 소기의 목적을 달성한 외국계 기업사냥꾼에 속수무책인 국내기업의 현실을 단적으로 보여주는 것이라는 지적이 나오기도 하였다.

3. 우리나라의 경영권방어제도 도입 논의

상술한 대로 1990년대 말 외환위기 이후 외국자본의 국내진출이 급격히 증대되고 국내 우량기업에 대한 이들의 적대적 M&A 시도가 늘어나게 되자 지배주주 측의 지분이 외국인 전체 지분보다 낮은 대기업집단 소속 일부 기업(예컨대 삼성전자 등)에 대한 적대적 M&A가 일어날 수 있다는 우려가 높아지기도 하면서 우리나라도 적대적 M&A, 특히 외국자본에 의한 적대적 M&A에 대한 규제와 방어 장치가 도입되어야 하느냐에 대한 논의가 활발하게 이루어져 왔다. 이러한 논의들은, 특별히 새로운 제도를 도입할 필요가 없다는 주장과 새로운 제도의 도입이 필요하다는 주장으로 대립되어 왔는데 그 주요한 내용을 살펴보면 다음과 같다.

(1) 새로운 경영권방어제도 도입 반대 주장

새로운 경영권방어제도의 도입이 필요하지 않다고 주장하는 사람들은, 이러한 외국인투자의 규제강화는 효율적이고 건전한 기업경영을 유도하게 되는 M&A의 순기능을 약화시킬 뿐만 아니라 OECD의 자본이동자유화규약 등 국제투자규범에 위배될 수 있고, 또한 외국인투자환경에 부정적인 이미지를 주게 되어 외국인투자의 위축을 초래할 수 있다고 비판하였다.

그들은 또한, 전반적인 국제추세가 경영권방어제도를 축소하는 방향으로 가고 있으며 경영권강화수단을 더 강화할 경우 우리나라 대기업집단들이 지배력 유지를 위하여 부실 계열기업을 지원하고 부실경영이 이루어지는 등 부작용이 우려된다고 주장하였다. 또한 그들은, 외환위기 이후 외국자본에 의한 주요한 국내기업의 M&A우려가 여러 번 제기되었던 것은 사실이지만 실제로 이러한 적대적 M&A가 이루어질 가능성은 낮다고 주장하였다.

외국인투자자들이 대부분 포트폴리오펀드로서 경영권장악보다는 자본이득(capital gain)에 관심이 있고 또 이들이 단일주체가 아니라 이해관계가 다른 주체들 간의 연합으로서 적대적 M&A를 실행하기가 사실상 어려우며, 이들이 연합을 이룩한다고 하여도 우리나라에서 이사해임은 주총의 특별결의사항이어서 전체 발행주식의 2/3를 확보하지 않으면 불가능하기 때문에 적대적 M&A가 용이하지 않다는 것이다. 또한 국내 우량기업에 투자한 외국인주주가 대체로 뮤추얼펀드인데 이들은 내부통제나 정부규제 때문에 적대적 M&A를 시도하기가 어렵다는 것이다.

그럼에도 불구하고 국내기업에 대한 외국투자자의 적대적 M&A 시도가 잇달아 나타나게 되자 다른 나라에서 이미 사용하고 있는 경영권방어 장치를 우리나라에서도 도입하여야 한다는 주장이 나오게 되었다. 이러한 주장에 대하여 이들은, 우리나라 기업에 대한 외국자본의 적대적 M&A 가능성이 높지 않을 뿐만 아니라 M&A를 시도할 가능성이 있다고 하더라도 우리나라에는 이미 다음과 같은 여러 가지 경영권방어 장치가 마련되어 있어 적대적 M&A에 무방비로 노출되어 있지는 않다고 주장하였다.

(1) 상장법인 주식의 5% 이상을 보유하거나 1% 이상의 변동이 있을 경우 5일 이내에 보고하도록 하는 주식대량보유 등 보고의무제(증권거래법 제200조의 2)

(2) 자사 주식 취득을 통하여 적대적 M&A를 시도하는 상대방에게 인수비용을 증대시킬 수 있고 취득한 자사주를 우호적 제3자에게 매각하여 의결권을 부여함으로써 경영권을 방어하는 방법

(3) 이사의 임기가 시차를 두고 만료되도록 하여 기업인수자가 주식의 과반수를 인수하여도 특정 주주총회에서 이사진을 한 번에 교체할 수 없도록 하는 이사의 시차임기제도의 활용방법

(4) 우리사주 조합이 주식을 매입하거나 정관에 합병 관련 특별의결조항을 삽입하는 방법이 있고 또한 경영권에 영향을 줄 목적으로 주식을 보유한 자에 대해서는 5일 동안 의결권을 제한하거나 주식 등의 추가 취득을 금지하는 냉각기간제도의 활용방법

(5) 재벌기업의 경우 출자총액 한도제로 제한이 있기는 하지만 계열사 간 출자를 통하여 의결권을 증대시킬 수 있고 금융계열사를 통한 보유주식 의결권행사의 활용방법

따라서 이들은, 주요 기업에 대한 적대적 M&A 가능성이 크지 않고 이미 여러 가지 경영권 방어 장치도 마련되어 있으며, 적대적 M&A가 때로는 경영을 잘못하여 기업 가치를 떨어뜨린 경영자를 교체함으로써 기업가치를 높이고 주주를 보호하는 긍정적 역할도 행하는 등 경제적 폐해만을 가져

오는 것도 아닐 뿐만 아니라, 전반적인 국제적 추세도 경영권보호제도를 축소하는 방향으로 가고 있기 때문에 경영권방어 장치를 더 높일 필요가 없다고 주장하였다. 더욱이 우리나라에서 외국인의 적대적 M&A 대상이 되는 기업들은 대부분 지배주주의 지분이 매우 낮은 대기업집단 내의 주요 회사인 만큼 추가적인 경영권 방어장치를 요구하기에 앞서서 오히려 계열사 간의 출자를 줄이고 기업지배구조를 개선하는 노력을 해야 할 것이라고 주장하기도 하였다.

(2) 새로운 경영권방어제도 도입 주장

우리나라의 경우 적대적 M&A에 대한 새로운 경영권방어제도 도입이 필요하지 않다는 이러한 주장에 대하여, 우리나라도 공정한 경쟁을 통한 M&A가 촉진될 수 있도록 지원제도를 확충하는 노력을 강화시키면서 또 다른 한편으로는 M&A가 가져올 역기능을 줄이기 위해한 제도강화, 특히 외국자본의 적대적 M&A에 대한 경영권방어제도를 도입하여야 한다는 목소리도 높아져 왔다.

우리나라는 현재 M&A를 포함한 외국인투자에 대하여 ① "외국인투자촉진법"이 전 산업에 있어서 국가안전보장과 공공질서·국민의 보건위생 또는 환경보전·미풍양속에 현저하게 악영향을 주는 경우 외국인투자를 제한할 수 있음을 포괄적으로 규정하고 있고, ② 외국인지분을 일정 한도 제한하고 있는 규제로서는 "증권거래법"이 공공적 법인에 대한 외국인지분의 일정 한도 제한과 "방송법", "전기통신사업법", "항공법", "신문 등의 자유와 기능보장에 관한 법률", "뉴스 통신 진흥에 관한 법률" 등에 의한 특정 개별 산업에 대한 제한이 있고, ③ 첨단기술유출에 관해서는 "산업기술의 유출방지 및 보호에 관한 법률"과 "기술개발촉진법"에 의한 보호제도가 규정되어 있지만 외국인자본의 적대적 M&A를 직접적으로 규제하는 제도적 장치는 마련되어 있지 않다. 이에 따라 외환위기 이후 철강·전자·에너지 등 국가의 주요 산업에 대한 외국투기자본의 적대적 M&A위협이 고조되면서 한국판 엑슨-폴리오법안 제정의 필요하다는 주장이 힘을 얻기도 하였는데 적대적 M&A에 대한 이러한 법적 장치의 도입이 필요하다고 주장하는 주요한 근거는 대체로 다음과 같다.

세계적 M&A추세 동참: 세계경제의 글로벌화와 함께 세계 모든 기업의 경쟁환경 및 성장전략이 변화되고 있는데 이러한 상황에서 M&A가 주요한 기업성장전략의 수단으로서 각광받고 있다. 이러한 세계적 M&A추세 속에서 국내기업에 대한 외국자본의 M&A시도로부터 경영권을 방어하기 위해서 뿐만 아니라 우리 기업들도 이러한 추세에 편승하여 M&A를 통한 세계시장에서의 성장 동력을 갖도록 하기 위해서는 우리 기업 자신의 경영권안정이 중요한 선결조건이 된다. 따라서 국내기업의 경영권안정을 이룩하여 주기위해서는 경영권방어제도의 강화가 필요하다. 더욱이 최근 사모펀드(PEF)나 국부펀드(SWF : Sovereign Wealth fund)에 의한 M&A가 활발해지면서 국가 주요 산업에 대한 외국인의 적대적 M&A가 발생할 위험이 더욱 커지고 있다.

국내 중요기업의 경영권불안: 국민경제에 대한 기여도가 높은 중요기업의 경우 대부분 경영권이 불안하다. 시가총액 30대 그룹 중 삼성전자, POSCO, 현대자동차, SKT 등 17개 기업과 10대 기업 중 7개 기업의 외국인지분이 최대주주지분을 상회하고 있다. 물론 현행 "외국인투자촉진법"이나 "전기통신사업법" 등 개별법을 통하여 주요 산업의 외국인 주식취득을 제한하고 있으나 대상업종을 구체적으로 열거하는 열거주의를 채택하고 있어 유사시 반도체·생명공학 등 핵심 기술산업에 대하여 정부가 보호할 수 있는 법적 근거가 미비하다. 또한 대개의 경우 주식취득한도가 49%로 규정되어 있어 실질적 경영권방어에는 한계가 있다.

경영권방어노력의 부작용: 이러한 적대적 M&A우려와 경영권불안으로 우리 기업들이 과도한 자사

주 매입을 행하게 되면 장기적인 투자가 저해된다. 뚜렷한 경영권방어수단이 없는 기업들이 경영권 불안을 해소하기 위한 유일한 방편으로 자사주(自社株) 매입방법을 이용함에 따라 국가경제의 중요한 부분을 차지하는 기업의 장기투자가 위축되어 국가의 성장잠재력이 저하될 수 있다.

민간기업의 첨단기술보호 : 국내첨단산업의 기술유출을 방지할 필요가 있다. 상술한 대로 "산업기술의 유출방지 및 보호에 관한 법률"(2007)이 시행되고 있으나 이 법은 국가로부터 연구개발비용을 지원받아 국가핵심 기술로 지정된 것에 대해서만 적용되므로 민간기업이 독자 개발한 첨단기술은 M&A를 통한 해외유출로부터 보호받을 수 없다.

주요 선진국 수준의 제도 도입 : 〈표 14-13〉에 나타나 있는 바와 같이 자국 기업에 대한 외국자본의 적대적 M&A에 대하여서는 주요 선진국들 역시 다양한 방어제도를 도입하고 있다. 이에 비하여 우리나라는, 일정 비율 이상의 의결권지분 취득 시 잔여주식에 대한 공개매수를 의무화하여 소액주주를 보호하고 적대적 M&A를 억제하는 효과를 가지도록 1976년에 도입하였던 공개매수 의무제도를 외환위기 이후 1998년에 폐지하였고, 주식대량보유 신고제도와 통신 · 전기부문에서 사전규제를 행하는 정도에 그치고 있어 그 보호정도가 상대적으로 취약하다. 따라서 적어도 많은 선진국들이 이미 시행하고 있는 독소조항제도(poison pill)나 미국과 같은 외국인투자심의위원회 등의 도입을 검토하여야 한다.

표 14-13 **주요 선진국의 M&A공격 방어제도 현황**

구 분	영 국	미 국	프랑스	일 본	한국
주식대량보유신고	○	○	○	○	○
공개매수 의무화	○	×	○	○	×
외국자본에 대한 정부의 사전 규제	○ (국익)	○ (국가안보)	○ (공공질서)	○ (국가안보)	△ (통신, 전기)
의결권 추가 부여	○	○	○	○	×
독소조항제도	×	○	○	○	×
황금주식제도	○	×	○	○	×

3. 외국인투자의 경제발전효과 극대화를 위한 과제

이상에서 우리는, 외국인투자를 통하여 현지국이 얻을 수 있는 경제적 효과를 극대화하기 위하여서는 외국인투자로 인한 경제적 효과가 마이너스(-)로 반전되지 않을 최적규모 수준의 외국자본을 유치하는 동시에 현지국의 투자 · 성장 · 고용 · 산업조직 · 국제수지 · 기술이전 등에 미치는 경제적 효과가 더 크게 나타날 수 있는 유형의 투자를 유치하는 노력이 중요하다는 것을 논의하였다. 그러나 외국인투자가 현지국의 국민경제에 기여하는 효과는 이러한 개별적인 효과의 극대화만으로 완성되지는 않는다.

외국인투자가 현지국의 국민경제에 기여하는 총체적인 기여효과가 극대화되기 위해서는, 외국인투자가 현지국의 국가경쟁력 향상을 위한 목표나 경제발전을 위한 목표와 조화를 이루며 연계되어야 하고 또한 현지국 스스로 외국인투자가 제공할 수 있는 경제적 편익을 최대한 자신의 것으로 습득·활용할 수 있는 흡수능력을 갖추고 있어야 한다.

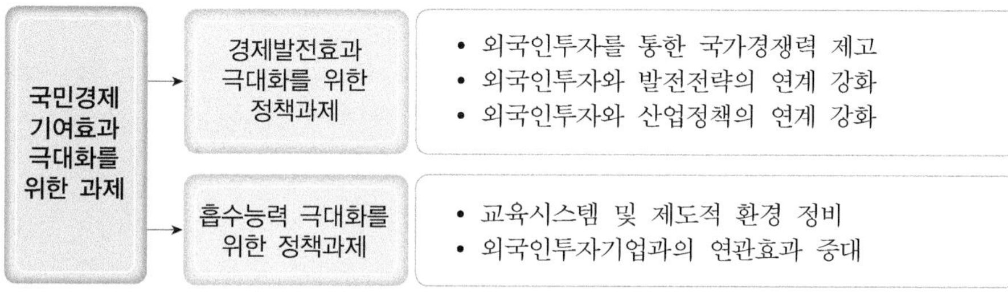

그림 14-8 현지국의 국민경제기여효과 극대화를 위한 전략적 정책과제

3.1 경제발전효과 극대화를 위한 정책과제

국내에 진출한 외국자본이 현지국의 경제발전효과를 극대화하기 위하여 현지국이 추구해야 할 정책과제는 다양한 측면에서 논의할 수 있지만 이하에서는 ① 외국인투자가 현지국의 국가경쟁력을 향상시킬 수 있도록 하기 위하여 고려하여야 할 정책과제, ② 외국인투자가 현지국의 경제발전전략과의 정합성을 가지도록 해야 할 정책과제, ③ 외국인투자가 현지국의 산업정책과 연계성이 높아지도록 해야 할 정책과제에 대하여 논의한다.

3.1.1 외국인투자를 통한 국가경쟁력의 제고

앞에서 살펴보았듯이 특정 외국인투자가 현지국의 투자·성장·고용·국제수지·기술이전 등에 미치는 경제적 효과에 대해서 많은 연구들이 이루어져왔고 많은 연구결과들이 도출되기도 하였다. 그럼에도 불구하고 외국인투자가 현지국의 경제 전반에 미치는 종합적인 영향을 체계적으로 분석하는 데에는 여전히 한계를 지니고 있다. 또한 현지국에 미치는 긍정적 영향과 부정적 영향의 방향 역시 일의적이지 못하여 현지국의 경제발전에 대한 외국인투자의 적정한 역할이 무엇인가를 일반화(generalization)하기가 어렵다는 점을 많은 학자들이 토로하고 있다.[52]

이러한 한계를 극복하기 위하여 몇몇 학자들은 국가경쟁력(national competitiveness) 개념을 활용하여 현지국 경제 전반에 미치는 외국인투자의 영향을 포괄적으로 평가하려는 시

52 Dunning and Narula(1996a)

도를 행하였다. 말하자면 외국인투자가 현지국에 미치는 경제적 효과는 그러한 투자가 현지국의 국가경쟁력에 미치는 효과를 통하여 종합적으로 평가될 수 있다는 것이다. 이러한 논의에 있어 대두되는 첫 번째의 논점은 '무엇이 국가경쟁력인가'라는 개념 정의 문제로서 그 정의가 시대에 따라 사람에 따라 매우 다양하게 나타났다.[53]

전술한 대로 포터(M. Porter, 1990)는 어떤 나라의 국가경쟁력은 그 나라의 산업생산성에 의하여 결정된다고 전제하고 국가경쟁력을 '더 높은 생산성을 달성하고 이를 계속 향상시킬 수 있도록 국내여건을 조성해 주는 능력'이라고 정의하였다. 이를 바탕으로 그는 이러한 국가경쟁력(국가경쟁우위)은 생산요소 · 시장수요 · 산업여건 · 기업경영여건(전략 · 구조 · 경쟁) 등 4가지 변수에 의하여 구성된다는 국가경쟁우위의 다이아몬드모델(diamond model)을 제시하였다. 이후 더닝(J. H. Dunning, 2003)은, 포터의 다이아몬드모델이 제시하는 이러한 4가지 변수가 외국인투자와 밀접한 관계가 있다고 보고 이러한 모델을 이용하여 외국인투자가 현지국의 국가경쟁력에 미치는 효과를 설명하였다.

문휘창(2006, 2008)은 더닝이 제시한 이러한 변수들을 더 넓게 확장 · 수정하여 8가지 요인들을 제시하고 이들이 현지국의 국가경쟁력을 구성하는 주요 변수에 미치는 효과를 긍정적인 경우와 부정적인 경우로 나누어 8가지 투자유형으로 분류하였다.[54] 이에 따르면 외국인투자는 ① 현지국의 생산요소에 미치는 효과에 따라 생산능력 증대형 투자와 생산능력 훼손형 투자, ② 시장수요에 미치는 효과에 따라 유효수요 창출형 투자와 거품수요 창출형 투자, ③ 현지국의 산업구조 · 경쟁여건 등 기업경영여건에 미치는 효과에 따라 혁신클러스트형 투자와 외부불경제형 투자, ④ 현지국의 산업구조 · 경쟁여건 등 기업경영여건에 미치는 효과에 따라 경쟁여건 조성형 투자와 독과점 형성형 투자의 유형으로 구분할 수 있다.

이들 각각의 투자유형에 대해서는 [부록 14－6]에서 구체적으로 설명하고 있지만 이러한 투자유형 논의가 우리에게 주는 메시지는, 외국인투자가 현지국의 생산능력을 훼손하고 거품수요와 외부불경제를 촉진시키며 독과점적 구조를 조성하는 부정적 효과 대신에 현지국의 생산능력 향상 · 유효수요 창출 · 혁신클러스트 촉진 · 경쟁여건 조성 등과 같은 긍정적 효과가 발생되도록 하여 국가경제력 내지 국가경쟁력을 제고시키도록 하는 것이 현지국이 추구하여야 할 외국인투자정책의 전략적 방향과 과제라는 점이다.

---

53 세계적으로 권위가 높은 WEF(World Economic Forum)과 IMD(International Institute for Management Development)는 각기 매년 여러 가지 다양한 요소를 구성하여 세계 각국의 경쟁력을 비교한 보고서를 발간하고 있고 또한 1980년대 이후 많은 경제학자들이 국가경쟁력을 논의하고 있는데 대체로 이들이 강조하고 있는 개념요소는 생산성(productivity), 번영(prosperity), 경쟁우위(competitive advantage) 등이다.

54 문휘창 외(2008) pp.34~38 참조.

부록 14-6 외국인직접투자의 유형과 현지국의 국가경쟁력

상술한 대로 문휘창(2006, 2008)은 국가경쟁력에 영향을 주는 외국인직접투자 관련 변수로서, 포터(M. Porter, 1990)와 더닝(J. H. Dunning, 2003)이 제시한 변수들을 더 넓게 확장·수정하여, 8가지 요인들을 제시하고 이를 바탕으로 하여 이들이 현지국의 국가경쟁력에 미치는 영향을 긍정적인 경우와 부정적인 경우로 나누어 외국인직접투자의 투자유형을 8가지로 분류하였는데(〈표 14-14〉 참조) 그 내용을 살펴보면 다음과 같다.

표 14-14 현지국의 국가경쟁력에 대한 외국인직접투자의 투자유형

경쟁력 요인	경쟁력에 영향 주는 FDI 관련 변수		국가경쟁력에 대한 영향	외국인투자의 유형
	변수(A)	변수(B)		
생산 요소	천연자원 창조자산	기초(노동·자본·환경) 고급(기술, 생산성향상)	투자활성화, 고용증대 불안정성 증대, 생산잉여 유출	생산능력 증대형 투자 생산요소 훼손형 투자
시장 수요	신제품생산 글로벌수요	크기(소비, 수출) 질(소비자안목, 글로벌화)	유효수요·수출의 증대 과소비 등 거품경제, 수입증대	유효수요 창출형 투자 거품수요 조장형 투자
산업적 요인	산업연관성 클러스터	클러스터(관련 산업) 시너지(글로벌네트워크)	기술이전효과, 클러스터 촉진 기술유출, 환경오염 등 부작용	혁신 클러스터형 투자 외부불경제형 투자
기업적 요인	기업가, 경쟁 전략구조	산업구조 자원배분(경쟁)	구조고도화, 경쟁 촉진 산업파괴, 기업부실, 독과점증대	경쟁여건 조성형 투자 독과점 형성형 투자

주 : 변수(A)는 J. H. Dunning(2003), 변수(B)는 문휘창(2006)

생산능력 증대형 투자 vs 생산요소 훼손형 투자 : 이것은 외국인투자가 현지국의 생산요소에 미치는 영향을 기준으로 분류한 투자유형이다.

생산능력 증대형 투자란, 외국인투자가 현지국의 투자와 생산을 증대시켜 생산능력이 증대되고 이에 따라 고용이 창출되는 투자유형으로서 다국적기업이 대규모 생산시설을 설립하여 지역의 유휴인력을 흡수하는 그린필드형 투자인 경우가 대표적이다. 종전에는 생산능력이 부족한 개도국들이 주로 이러한 유형의 투자를 유치하기 위하여 노력하였으나 최근에는 실업문제가 심각해진 선진국들 역시 이러한 유형의 투자를 유치하기 위하여 노력하고 있다.

생산요소 훼손형 투자란, 외국인투자가 현지국의 생산능력을 증대시키기보다 생산요소에 대한 충분한 보상을 해주지 못하여 자원의 유출 등 부정적인 효과가 발생되는 투자유형이다. 이러한 유형의 투자가 유입되면 단기적으로는 자본유입·고용증대 등과 같은 긍정적 효과가 나타나지만 장기적으로는 현지국의 생산능력을 저하시켜 국가경쟁력을 저하시킨다. 과거 19세기 말과 20세기 초 식민지시대에 종주국이 식민지회사를 설립하여 현지국의 노동력을 착취하고 천연자원을 훼손하였던 경우가 대표적이다.

유효수요 창출형 투자 vs 거품수요 조장형 투자 : 이것은 외국인투자가 시장수요에 미치는 영향을 기준으로 분류한 투자유형이다.

유효수요 창출형 투자란, 외국인투자가 일어나면 국내소비가 증대되거나 수출증대·수입대체증대 등으로 국제수지가 개선되어 유효수요가 창출되는 투자유형이다. 이러한 투자유형은 단순히 유효수요의 절대적 규모증대에 따른 시장의 확대뿐만 아니라 외국인투자로 인하여 더 질 높은 제품과 서비스를 제공함으로써 발생되는 수요의 창출도 포함된다.

거품수요 조장형 투자란, 불필요한 수요나 거품을 조장함으로써 결과적으로 국내유효수요의 창출이 저해되는 투자로서, 예컨대 현지에 기업을 설립하여 불법 · 위조 제품을 생산하거나 불필요한 사치품 수입을 확대함으로써 건전한 국내수요를 훼손하거나 부동산 등에 대한 과도한 투자로 거품수요를 발생시켜 거품이 꺼질 경우 현지국의 유효수요를 훼손하는 경우이다. 이러한 투자들은 단기적으로는 국내수요를 증가시키는 것처럼 보이지만 장기적으로는 오히려 그것을 감소시키는 결과를 가져온다.

혁신클러스터형 투자 vs 외부불경제형 투자 : 이것은 외국인투자가 국내 산업이나 지역사회 또는 클러스터에 미치는 연관효과를 기준으로 분류한 투자유형이다.

혁신클러스터형 투자란, 특정 지역에 외국인투자가 이루어짐으로써 관련 산업이 발전하고 기술혁신과 집적효과가 발생하여 국가경쟁력이 제고되는 투자를 말하는데 다국적기업의 지역본부 · 부품소재 및 R&D센터 등이 설립되는 경우 이들 주변에 혁신클러스터가 조성되어 이러한 연관효과가 발생될 가능성이 높다.

외부불경제형 투자란, 외국인투자가 지역사회나 관련 산업에 오히려 부정적인 영향을 초래하는 투자를 말한다. 예컨대 외국인투자가 진출하여 현지국의 기술을 유출하거나 아니면 자체적인 기술개발의 기회를 훼손하는 경우, 핵심적인 기술을 지닌 기업을 인수합병(M&A)함으로써 관련 클러스터가 파괴되고 관련 산업의 경쟁력이 저하되는 경우, 또는 지역 환경을 훼손하고 파괴함으로써 외부불경제를 발생시키거나 이 때문에 지역에서 형성된 클러스터가 해체되는 경우 등이 이에 속한다.

경쟁여건 조성형 투자 vs 독과점 형성형 투자 : 이것은 외국인투자가 현지국의 산업구조 · 경쟁여건 등 기업경영여건에 미치는 효과를 중심으로 분류한 투자유형이다.

경쟁여건 조성형 투자란 외국인투자의 유입이 기업 간 경쟁을 촉진시켜 경제의 효율성이 증대되는 투자유형을 말한다. 국내시장이 대외무역장벽 또는 행정규제 등 여러 가지 진입장벽 때문에 독과점적 성격이 높은 경우 외국자본의 진출이 이러한 독과점적 성격을 완화하고 경쟁을 촉진시킬 수 있으며 또한 외국기업이 국내기업을 인수합병(M&A)하여 기업의 경쟁력을 높이는 경우가 이러한 투자유형의 예가 된다. 반면 독과점 형성형 투자란, 세계적인 시장지배력을 가진 다국적기업이 국내시장에 진출하여 시장을 지배하고 독과점적 이익을 누리게 됨으로써 현지국의 경쟁을 훼손하여 국가경쟁력을 저하시키는 투자유형을 말한다.

외국인투자가 현지국의 국민경제 전반에 미치는 영향에 따라 분류한 이상과 같은 투자유형 분류는 결국 외국인투자가 현지국의 국가경쟁력을 구성하는 4가지 주요 변수에 미치는 효과를 긍정적인 경우와 부정적인 경우로 나누어 8가지 투자유형으로 분류한 것이다. 이러한 논의를 보다 단순화시킨다면 외국인투자가 현지국에 미치는 국민경제적 효과를 생산효과 · 시장(수요)효과 · 산업연관효과 · 시장경쟁효과로 구분하고 각각의 경우에 대하여 긍정적(+) 영향을 발생시키는 투자와 부정적(−) 영향을 발생시키는 투자로 분류한 것이다.

따라서 논리적으로는 이러한 투자유형의 분류가 얼마든지 가능하다. 그러나 현실적으로는 여러 가지 효과가 복합적으로 나타나 어떤 특정의 투자를 어느 하나의 유형으로 분류하기가 용이하지 않을 수 있다. 그럼에도 불구하고 이러한 투자유형 분류는 외국인투자가 일국의 국민경제에 미치는 경제적 영향을 분석하고 설명하는 데 하나의 유용한 프레임워크가 될 수 있을 뿐만 아니라 외국인투자의 영향을 평가하고 그에 대한 정책방향을 논의하는 데 있어서도 하나의 유용한 분석도구나 기준이 될 수 있을 것이다.

3.1.2 외국인투자와 경제발전전략과의 연계

이상에서 우리는 외국인투자가 현지국의 국민경제에 미치는 총체적 효과 내지 현지국의 국가경쟁력에 미치는 효과를 중심으로 투자유형을 논의하였는데 이러한 논의를 뒤집어보면 결국 외국인투자가 현지국의 국가경제 발전목표와 조화를 이루고 연계될 때 비로소 현지국에 대한 총체적인 경제적 기여효과가 극대화될 수 있다는 것이다. 또한 외국인투자를 통하여 경제발전에 성공한 나라들의 사례를 보면 그들 모두가 자국의 경제발전 목표와 투자유치 목표를 잘 연계시켜 외국인투자를 자신의 국가발전목표를 달성하는 수단으로 활용하였음을 볼 수 있다.

최근에 이르러 많은 나라들이 자국에 진출하는 외국인투자를, 단순히 자국의 고용을 증대시키거나 수출증대에 기여하는 차원을 뛰어넘어, 인적자원개발・첨단기술이전・산업구조고도화・연관효과 등과 같은 국가경제발전전략과 연계시켜 그러한 목표에 적합한 투자를 유치하는 정책과 전략으로 전환하고 있다. 이것은 오늘날과 같이 기술과 산업의 급속한 발전이 요구되는 세계화시대에 있어서, 자체기술의 발전을 통하여 산업의 발전과 고도화를 이룩하는 방법은 시간과 자원의 제약으로 인하여 한계를 가질 수밖에 없으므로, 외국인투자를 통하여 신속하게 기술경쟁력을 높이고 산업구조를 고도화하는 것이 전략적으로 더 효율적인 경제발전의 길이 되기 때문이다.

이상과 같은 논의들은 결국 외국인투자를 유치하는 현지국의 전략적 정책목표는 그 나라의 경제상황과 경제발전단계 등에 따라 적절히 설정되어야 한다는 것을 말해 준다. 문휘창(2007)은 현지국이 취해야 할 외국인투자 유치전략을 〈표 14－15〉와 같이 ① 외국자본 유치형, ② 경기활성화형, ③ 전략적 투자유치형, ④ 비즈니스허브형 등 4단계로 모델링하였는데[55] 이 역시 각기 그 나라가 처해있는 경제상황이나 경제발전단계에 따라 서로 다른 정책목표가 전략적으로 설정되어야 함을 보여주는 시도이다.

55 그는 이러한 전략모델에 입각하여 볼 때, 우리나라는 마지막 단계인 비즈니스 허브형을 표방하고 있지만 실제로는 후진국들이 주로 채택하는 외국자본유치형(1단계)을 실시하고 있다고 평가하면서 우리나라가 추구해야 할 정책목표는 전략적 투자유치형(3단계)이라고 주장하였다(문휘창 외, 2007 p.309).

표 14-15 외국인직접투자의 4단계 유치전략 모델

단 계	외국인투자유치의 정책목표	해당국 사례
1. 외국자본유치형	외환부족이나 국내투자자본의 부족 해결을 위한 외국자본의 유치	• 외환부족 개도국 • 과테말라 · 스리랑카 · 파키스탄 등
2. 경기활성화형	국내실업문제 · 소비위축 해결 통한 고용의 증대 · 경기활성화 목표	• 1980년대 이후의 영국, • 1990년대 중반 이후의 일본 등
3. 전략적 투자유치형	특정한 전략산업의 육성을 통한 국내산업구조의 고도화 달성	• 영국(특히 R&D센터 유치) • 싱가포르 등
4. 비즈니스허브형	전체적인 기업경영환경 개선 통한 글로벌 비즈니스 허브의 형성	• 미래의 싱가포르(Ecosystem)

우리나라 역시, 과거 외환위기를 맞았을 경우 부족외환의 확보가 외국인투자 유치의 당면목표가 되기도 하였고 고용확대와 경기활성화 역시 여전히 등한시 할 수 없는 정책목표이지만, 선진국 진입 문턱에 서있는 현재의 관점에서 외국인투자를 유치하는 보다 더 중요한 목표는 기술고도화 · 산업구조고도화 · 산업연관효과 등이라고 할 수 있다. 따라서 우리나라에 대한 외국인투자 유치의 전략적 목표를 논의하는 사람들은, 지식기반 고부가가치분야의 투자, 연구개발(R&D) 기지형 투자, 동북아비즈니스허브전략과 지역균형발전과 연계되는 투자, 고용효과 및 산업경쟁력강화효과가 높은 서비스부문의 투자, 양질의 일자리 창출과 산업구조고도화와 연계되는 투자 등을 투자유치의 전략적 목표로 강조하고 있다.

3.1.3 외국인투자와 전략적 산업정책과의 연계

이처럼 외국인투자유치를 위한 국가전략적 목표는 그 나라의 경제상황과 발전수준에 따라서 여러 가지 유형으로 나타날 수 있지만 대부분의 현지국들이 공통적으로 추구하는 보편적인 전략적 정책과제로서는 외국인투자를 현지국의 산업구조 고도화와 산업경쟁력 강화를 위한 전략적 수단으로 활용한다는 것이다. 외국인투자의 유입은 현지국의 국내 산업에 직접적인 영향을 미치므로 외국인투자정책은 결코 하나의 독립된 정책이 아니라 현지국의 산업정책과 연계되어야 하고 일국의 산업정책이 지향하는 목표와 정합성을 가져야 한다.

따라서 오늘날 외국인투자를 적극적으로 유치하기 위하여 노력하는 나라들을 보면 외국인투자의 유치목표를 산업발전 · 산업경쟁력 강화 · 산업구조 고도화 등과 같은 산업정책적 목표를 설정하고 있다. 이러한 사실은 우리나라를 비롯한 말레이시아 · 인도네시아 · 중국 등 많은 국가들이 산업구조고도화를 외국인투자유치의 목표에서 높은 위치를 부여하고 있음에서도 확인된다. 이처럼 외국인투자는 그 나라의 산업정책과 관련성이 높은 만큼 외국인투자의 경제적 기여효과를 극대화하기 위한 정책도 산업정책적 관점에서 논의되어야 한다.

산업정책에 대해서는 다양한 정의들이 있지만[56] 일반적으로, ① 시장 경쟁을 촉진시키기 위한 "산업조직정책"과 ② 현재의 산업구조를 바람직한 구조로 전환하기 위하여 산업 간 자원배분을 조정하는 "산업구조정책"으로 구분할 수 있는데, 후자는 다시 ① 경쟁력을 잃고 있는 산업의 합리화와 경쟁력 회복을 위한 "산업조정정책"과 ② 경제발전을 위하여 부가가치가 높은 미래의 전략적 산업을 집중적으로 지원하고 고도화하는 "산업고도화정책"으로 구분할 수 있다.

따라서 어떤 나라의 외국인투자정책이 산업정책과의 연계 속에서 자국의 산업정책적 목표를 달성하는 데 기여해야 한다는 것은 결국, 외국인투자가 이러한 현지국의 산업조직정책・산업조정정책・산업고도화정책이 추구하는 정책목표를 달성하는 유용한 수단으로 활용되어야 한다는 것이다.

외국인투자와 산업조직정책 : 위에서 살펴본 대로 외국인투자를 통하여 새로운 외국기업이 진입하면 새로운 경쟁이 도입되고 경쟁이 촉진됨으로써 산업의 효율성이 개선될 뿐만 아니라 이러한 경쟁과정에서 기업경영의 투명성・경쟁방식의 객관성・글로벌 스탠더드 등과 같은 선진국의 시장운영원리가 도입됨으로써 현지국 시장의 효율성이 증대되는 긍정적인 효과가 나타나게 된다. 그러나 일정한 기간이 지나면 이러한 경쟁촉진효과와 함께 외국기업에 의한 현지국의 시장지배로 경쟁이 저해되는 경쟁파괴효과 역시 나타날 수 있다. 따라서 외국인투자를 받아들이는 현지국은 이러한 경쟁촉진효과가 극대화되도록 하는 동시에 경쟁파괴효과가 나타날 가능성과 폐해를 극소화하기 위한 산업조직정책 활동이 필요하다.

외국인투자와 산업조정정책 : 산업의 수명주기상 이미 성숙단계에 접어든 산업의 경우나 상대적으로 경쟁력을 잃고 있는 기존산업의 경우 외국인투자의 유입을 통하여 구조조정하거나 대형화・선진화를 유도함으로써 산업의 경쟁력을 유지하거나 갱생할 수 있다. 이는 주로 M&A를 통한 외국인투자의 경우에 해당되는데 이러한 M&A가 현지국의 기업과 산업의 효율성증대를 통하여 신속한 구조조정효과가 발생될 수 있다.

외국인투자와 산업고도화정책 : 첨단기술이나 고부가가치를 창출하는 기술을 보유한 기업이 절대적으로 부족한 현지국이 이러한 강점을 보유하고 있는 다국적기업을 국내로 유치하는 경우 이를 통하여 부가가치가 높은 미래의 전략산업분야의 기술발전과 경쟁력향상

---

56 일반적으로 산업정책은 '경쟁적 시장메커니즘에 어떠한 기능 장애가 발생하였을 경우 정부가 개입하여 이를 시정하고 산업 간 자원배분을 변경하거나 특정 산업의 산업조직을 개선함으로써 국가 후생수준을 향상시키는 정책 활동'이라고 정의된다.

을 이룩하는 산업육성효과 내지 산업고도화효과를 발생시킬 수 있다.

이러한 여러 가지 산업정책들이 모두 외국인투자의 경제적 편익과 기여효과를 극대화하는 데 필요한 요소들이지만 이러한 산업정책 중에서도 가장 주목받는 효과가 외국인투자를 통하여 산업구조를 고도화하고 경쟁력을 제고시키는 산업고도화효과라고 할 수 있다. 실제로 외국인투자를 통하여 경제발전에 성공한 나라들은 모두 그러한 투자를 산업구조조정수단으로 활용하였던 나라들이었다. 이렇게 외국인투자를 통하여 산업고도화를 이루기 위해서는 이러한 목표에 부합되는 투자가 이루어져야 하는데, 많은 나라들이 산업구조고도화를 위하여 유치하고자 하는 대상이 되는 산업은 다음과 같다.

기술 및 지식 기반산업 투자 : 외국인투자를 통하여 산업고도화를 이룩하려는 많은 나라들이 투자유치 목표로 설정하고 있는 분야는 기술 및 지식기반산업(technology and knowledge-based economy)이다. 기술혁신이 가속화되고 생산의 글로벌화가 이루어짐에 따라 부가가치의 생성 원천으로서 기술과 지식의 중요성이 크게 부각되고 있고 국가경쟁력의 원천 역시 노동・자본 등 전통적인 생산요소로부터 기술・지식 등 무형의 생산요소로 전환되고 있기 때문에 미래의 성장을 보장받기 위해서는 기술 및 지식기반중심의 산업체제로 개편되어야 하기 때문이다.

이러한 추세에 따라 선진국들은 이미 1990년대 초반부터 지식경제로의 전환을 위해 전력을 다하고 있다. 우리나라와 같은 중진국의 경우 역시, 이러한 세계적 경제여건변화에 부합되는 새로운 경쟁력 요소를 강화하고 이에 조응하는 산업구조의 변화를 이룩해야 한다는 관점에서 기술 및 지식기반산업 중심의 산업체제로 고도화되어야 한다. 따라서 외국인투자의 유치목표 역시 연구개발(R&D)활동이 활발한 사업, 핵심 기술을 체화하고 있는 산업, 고숙련노동의 투입비중이 높은 산업 등 이른바 기술 및 지식 기반산업분야의 외국자본을 적극적으로 유치하고 이를 통하여 국내산업의 경쟁력강화를 이룩하는 것으로 설정되어야 한다.

고부가가치 서비스산업 투자 : 경제의 서비스화가 진전되면서 서비스산업이 일국의 국민경제에 차지하는 비중과 역할이 점차 증대되고 있고 제조업과 서비스업의 연관관계가 높아짐에 따라 서비스산업이 국가경쟁력에 미치는 영향 역시 커지고 있다. 이러한 경제구조의 변화와 함께 WTO출범 이후 서비스산업에 대한 진입장벽이 완화되고 국가 간 서비스 관련 투자협정체결이 증대됨에 따라 해외직접투자에 있어서도 서비스 관련 투자가 급격히 증대되고 있다. 서비스산업분야에 대한 외국인투자의 유치는, 전체 외국인투자의 증대에 결정적 기여를 할 수 있을 뿐만 아니라, 서비스의 공급능력을 확충하여 서비스의 양과 질을 확충하는 동시에 제조업에 중간투입물로 투입되어 제조업의 고부가가치화를 이끌어낼 수 있으므로 현지국의 산업구조고도화와 산업경쟁력강화를 위하여서도 필요한 전략적 유치대상산업이 될 수 있다.

더욱이 경제구조가 서비스화하는 이러한 변화과정에서 대부분의 개도국들은 선진국들에 비하여 금융・의료・교육・법률・회계・소프트웨어・레저・디자인・컨설팅 등 고부가가치 서비스산업의 생산성과 경쟁력이 상대적으로 취약하다. 따라서 빠른 시간 내에 이러한 고부가가치 서비스산업부문의 구조고도화와 경쟁력향상을 이룩하기 위하여 유용하고 현실적인 하나의 전략은 보다 높은 경쟁력을 보유하고 있는 서비스산업의 외국인투자를 유치하여 이것이 국내서비스 분야에 미치는 파급효과를 극대화하는 일이라고 할 수 있다.

지역거점형 투자: 최근에 이르러 외국인투자가 현지국의 내수시장에 안주하지 않고 다른 인접지역에 진출하기 위한 거점형 투자 또는 인접지역을 관리하는 중간 계층조직으로서 활용되는 지역거점형 투자에 대한 관심도 높아지고 있다. 예컨대 다국적기업들이 아시아지역에 대한 진출을 위한 지역거점으로서 싱가포르나 홍콩 등에 지역본부(regional center)를 설치함으로써 계층적 조직구조가 주는 여러 가지 이점을 활용하려고 한다. 이때 이러한 다국적기업의 지역본부는 관할 지역 내 여러 지점들을 총괄 관리하고 지원하는 '관리형 지역본부'뿐만 아니라 연구개발(R&D)・생산・물류 등 특정 기능을 중점적으로 수행하는 '거점형 지역본부'도 포함된다.

다국적기업의 지역거점형 투자나 지역본부를 유치하는 현지국은, 다국적기업의 지역거점이 자국 내에 형성됨으로써 얻게 되는 연구개발・생산・물류 등과 관련되는 여러 가지 직접적 효과뿐만이 아니라 자국의 글로벌 네트워크기능이 증진되고 국제적 비즈니스 허브(hub)로서의 기능성과 가능성을 나타내는 상징적 지표로서 인식되는 간접적 효과까지 누릴 수 있다. 이 때문에 많은 나라들이 다국적기업의 지역본부를 자국 내에 유치하기 위한 정책적 노력을 기울이고 있다.

예컨대 싱가포르는 '본부 프로그램'(headquarters programme)이라는 인정제도를 통해 다국적기업의 지역본부에 대한 선별적 인센티브를 제공하고 있고, 말레이시아는 지역본부의 기능을 사업운영・국제조달・지역물류 등에 따라 구분하고 각각의 기능별 지역본부를 선정하여 인센티브를 제공하는 제도를 운영하고 있으며, 홍콩은 물론 중국의 베이징이나 상하이도 이러한 지역본부 인센티브제도를 운영하고 있다. 우리나라도 한때 이른바 '동북아 비즈니스 허브전략'이라는 이름 아래 이러한 다국적기업의 지역거점형 투자를 유치하기 위한 전략을 시도하였으나 충분한 효과를 거두지는 못하고 있다.

3.2 현지국의 흡수능력 제고를 위한 정책과제

자국에 진출한 외국인투자가 제공할 수 있는 경제적 기여효과를 높이기 위해서는 상술한 바와 같이 현지국의 산업구조 고도화와 경쟁력향상에 더 큰 도움이 되는 외국인투자를 더 많이 유치하는 일이 중요하지만 이에 못지않게 중요한 또 다른 과제는, 이미 이루어진 외국인투자가 제공할 수 있는 편익을 최대한 습득하고 그것이 주는 파급효과를 최대한 활용할 수 있도록 해주는 현지국의 흡수능력(absorptive capacity)을 배양하고 향상시키는 일이다.

외국인투자에 대한 현지국의 이러한 흡수능력에는, 더 많은 외국자본을 유치할 수 있도록 더 매력적인 환경이나 더 유리한 입지조건을 제공할 수 있는 능력도 포함되지만, 외국인투자가 제공할 수 있는 잠재적 편익을 최대한으로 습득하고 활용하는 능력 역시 이에 포함된다. 이러한 흡수능력의 확보 없이는 국내 자원과 능력의 업그레이드를 통한 성장이 어려워지고 외국인투자의 긍정적인 효과가 제대로 실현되기 어렵기 때문이다.

이와 같이 현지국의 흡수능력을 결정하는 요인은 다양할 수 있지만 많은 사람들은 다음과 같이 현지국의 효율적인 교육시스템과 제도적 환경의 개선, 외국인투자기업과의 연관효과 증대라는 2가지 측면을 강조하고 있다.

3.2.1 교육시스템과 제도적 환경의 정비

많은 사람들이 현지국의 흡수능력을 결정하는 요인으로서 풍부하고 질 높은 인적 자원, 높은 기술수준, 경쟁력 있는 교육제도, 효율적이고 근대적인 제도시스템 등을 들고 있다. 말하자면 풍부한 전문 인력을 보유하고 어느 정도 기술수준을 확보하고 있는 나라의 경우 높은 기술력을 보유한 다국적기업을 자국으로 유치하는 데 경쟁력이 있을 뿐만 아니라 이러한 외국인투자를 통하여 자국 산업을 고도화하고 경제발전을 이룩할 수 있게 되는데, 이러한 수준의 인력과 기술을 보유하기 위해서는 효율적인 교육시스템과 제도적 환경이 갖추어져야 한다는 것이다.

실제로 다국적기업으로부터 가장 많은 경제적 편익을 누린 것으로 평가되는 나라들은 교육과 기술능력에 많은 투자를 행하여 제도를 업그레이드할 수 있었던 나라들이었고, 또한 그러한 나라들은 글로벌시장이 요구하는 제도를 스스로 만들었거나 다국적기업을 그들의 제도적 개선에 활용하였던 나라들이었다.[57] 이때 그러한 나라들의 어떠한 제도적 요인들이 외국인투자의 유치와 활용에 중요한 배경이 되는가에 대해서는 외국인투자의 입지적 결정요인과 관련하여 앞에서 논의하였다.

---

57 E. L. Glaeser et als(2004) 및 Ozawa(2003, 2005) 참조.

3.2.2 외국인투자기업과의 연관효과 증대

외국인투자가 제공하는 편익을 최대한 습득하고 활용하는 흡수능력을 결정하는 또 다른 요인은 국내기업들이 외국계 다국적기업과의 합작관계・계약관계・전략적 제휴관계 등의 연계성(linkage)을 통하여 여러 가지 금전적・비금전적 이득을 얻게 되는 연관효과(linkage effect)이다. 이러한 연관효과에는, 다국적기업이 생산한 산출물을 구매하거나 소비하는 국내 기업이나 고객과 관련되는 전방(forward) 연관효과와 자신의 생산물을 다국적기업에게 공급하는 국내 기업과 관련되는 후방(backward) 연관효과가 있고, 거래되는 생산물의 양(quantity)이 증가되는 양적 효과와 생산물의 질(quality)과 생산성(productivity)이 높아지는 질적 효과도 있다.

앞에서 아일랜드의 외국인투자에 대한 제도개선과 유치정책이 획기적인 성공을 거두어 아일랜드의 경제성장과 발전에 크게 기여하였다는 평가를 받고 있음을 소개하였지만 이러한 외국인투자의 증가에도 불구하고 이것이 아일랜드의 국내경제에 파급되는 효과가 미약하였다는 비판을 받았다. 상품시장에서 외국인투자기업과 아일랜드 토종기업과의 경쟁이 거의 없었고 현지기업과의 연관효과도 크지 못하여 외국인투자로 인한 파급효과가 별로 크지 못하였기 때문이다.

유엔무역개발회의 보고서(UNCTAD, 2001)가 제시하듯이, 외국인투자로 인하여 발생되는 현지국의 연관효과는 외국인투자의 유형이나 현지자회사의 성격에 따라서 달라지므로 더 큰 연관효과가 기대되는 유형의 외국인투자를 더 많이 유치하는 것이 중요한 과제이지만, 다국적기업이 제공해 주는 잠재적 파급효과를 극대화할 수 있도록 현지국 자신의 흡수능력을 증대시키고 다국적기업과 내국기업 간의 연계성을 조장하고 증대시키는 정책적 노력 또한 중요하다. 일반적으로 현지국이 다국적기업과의 연관효과를 증대시키기 위하여 주력해야 할 정책적 과제로서는 다음과 같은 것들을 들 수 있다.

후방연관효과의 증대 : 다국적기업으로 인한 전방 연관효과도 중요하지만 다국적기업이 제공하는 편익을 극대화하기 위해서는 후방 연관효과가 더욱 중요하다. 다국적기업과 현지국 기업들 간에는 기술・품질・경영상의 격차가 존재하기 때문에 개도국에 진출한 다국적기업들이 중간재나 부품을 현지조달하는 비율이 낮은 것이 사실이다. 따라서 현지국 정부는 다국적기업과 현지국 기업 간의 연관성을 높일 수 있는 연계프로그램(linkage program)을 적극 개발하여 외국인투자기업이 국내에 더 오래 머물고 국내산업과 더 긴밀하게 연계되도록 하는 노력을 경주하여야 한다.

산학협력효과의 강화 : 국내에 진출한 다국적기업은 국내기업에 비하여 더 높은 기초기술과 상품기술을 보유하고 있기 때문에 현지국의 기초연구기관이나 기업의 수요자가 되기 때문에 국내의 산업·대학·연구기관을 연계시키는 매개체 역할을 수행할 수 있다. 따라서 현지국 정부는 빠른 시간 내에 국내 관련 기관들, 특히 대학·연구기관·관련 기업과의 산학협력이 잘 이루어질 수 있는 여건을 마련하여야 한다. 예컨대 외국인투자기업이 국내에서 연구개발(R&D)을 수행하거나 연구개발센터를 설립하게 되면 현지국의 연구인력을 흡수하고 연구인력의 신규수요를 창출하여 새로운 전문인력 육성의 자극제가 될 뿐만 아니라 연구개발센터의 운영을 위한 연구재료나 연구 관련 장비를 조달하는 과정을 통하여 관련 분야의 발전이 촉진되는 산학협력효과가 발생될 수 있다.

집적효과의 강화 : 앞에서 소개한 대로 포터(M. Porter) 교수는 글로벌경쟁 하에서의 국가의 경쟁우위에 대한 다이아몬드모델을 통하여, '특정 산업이 특정 지역에서 발전하는 원천이 클러스터이고 이것이 국가의 핵심적 경쟁력이라고 규정하고 선진경제로 진입하기 위한 필수조건 중의 하나가 효율적인 클러스터를 개발하는 일'이라고 주장하여, 향후 국가의 경쟁우위 결정에 있어서 개별 기업이나 개별 산업보다도 클러스터가 주도적인 개념으로 부상하고 있음을 지적하였다. 또한 경제성장과 구조조정에 관심을 가진 많은 학자들은 다국적기업과 현지기업의 연계성과 부가가치활동의 현지클러스터에 관심을 기울이면서, 이러한 클러스터의 육성을 통한 외국인투자 유치 또는 클러스터의 성장을 촉진하는 방향의 외국인투자 유치가 바람직하다고 권고한다. 이러한 주장들은 모두 다국적기업과 현지국 기업과의 집적효과를 통하여 연관효과가 극대화될 수 있음을 강조하는 것이다.

CHAPTER 15

다국적기업에 대한 국제투자규범

다국적기업이나 직접투자에 대한 규제나 촉진을 위한 정책은 기본적으로 개별 국가(투자국 또는 현지국) 차원에서 이루어지는 것이 일반적이다. 그러나 이와 관련되는 정책은 그 성격상 개별 국가 차원의 정책과 제도만으로 충분한 효과를 거두기 어려울 뿐만 아니라, 각기 자신의 입장에서 만들어진 정책과 제도의 수준과 내용이 서로 달라 이로 인해 국제투자 흐름이 왜곡되거나 저해되는 경우가 많으므로, 모든 나라들에게 공동으로 적용되는 어떤 통일적인 국제규범이 존재할 필요가 있다.

세계경제의 글로벌화와 함께 다국적기업이나 직접투자와 관련되는 국제투자규범의 중요성이 더욱 증대되고 있는 이러한 환경변화를 반영하여 다양한 국제투자규범들이 존재하고 있다. 이러한 국제투자규범들 중에는 어떤 법적 구속력을 가지지 못한 채 권고적 성격을 지닌 행위규범도 있고 일정한 법적 강제력을 수반하는 법적 규범으로서 국제투자협정도 존재하고 있으며, 규범에 참여하는 주체들의 범위에 따라 쌍무적 · 지역적 · 다자적 차원의 투자협정도 있다.

그럼에도 불구하고 다국적기업이나 직접투자가 세계경제에서 차지하는 중요성에 상응되는 수준의 보편적이고 종합적인 성격의 국제규범체계가 존재하지 못한 것이 사실이다. 1990년대 중반 WTO의 출범으로 인하여 보다 종합적이고 포괄적인 다자적 국제투자규범의 수립이 진일보하였다고 볼 수 있지만 이것만으로 현실에서 나타나는 문제들을 조화 있게 규율하는 만족스러운 국제규범체제라고 하기에는 여전히 거리가 멀다고 할 수 있다. 이러한 점들을 전제해 두고 본장에서는 다음과 같은 논의를 행한다.

(1) 다국적기업이나 직접투자와 관련되는 국제투자규범의 개념과 유형은 어떠하고 이러한 국제규범이 존재해야 할 필요성은 무엇이며, 이러한 국제투자규범을 제정하기 위한 노력은 역사적으로 어떻게 진행되어 왔는가?(제1절 국제투자규범의 의의와 논의 역사)

(2) 이러한 역사적 과정을 통하여 이루어진 대표적인 국제투자 관련 행위규범이나 협정에는 어떠한 것들이 있고 이들이 담고 있는 주요 내용이 무엇이며, 이들에 대한 논의과정에서 제기된 주요한 논쟁점들을 고려할 때 새로운 다자적 투자협정체제가 출범할 수 있는 전망은 어떠한가?(제2절 다국적기업 관련 국제투자 행위규범 및 제3절 다국적기업 관련 국제투자협정)

제1절 국제투자규범의 의의와 논의 역사

1. 국제투자규범의 의의

1.1 국제투자규범의 개념과 유형

세계경제의 글로벌화와 함께 다양한 국제경제규범들이 등장하고 있는데 그중에서도 다국적기업이나 직접투자와 관련되는 국제투자규범의 중요성이 더욱 커지고 있다. 국제투자규범(international investment norm)이란, 국제투자 활동과 관련되는 여러 주체(기업・투자국・현지국)들의 권리와 의무를 명시적으로 규정하는 국제적 규범을 말한다. 이러한 국제투자규범은, ① 구속력 여부에 따라 투자협정과 투자행위규범으로 대별되지만 ② 참여 범위, ③ 규율 내용, ④ 포괄 범위 등에 따라 여러 가지 유형으로 분류할 수 있다(〈표 15－1〉 참조).

표 15－1 다국적기업에 대한 국제투자규범의 유형

기준	규범 유형	규범의 구체적 내용
법적 구속력	구속적 규범 비구속적 규범	일정한 법적 구속력을 가지는 국제투자규범(국제투자협정 등) 원칙적으로 법적 구속력을 갖지 않는 국제적 가이드라인・행위규약 등
참여 범위	쌍무적 협정 지역적 협정 다자적 협정	투자국과 투자유치국 2개 국가 간에 양자적으로 이루어지는 협정 지역통합체 또는 지역별 협력에 의하여 이루어진 협정 국제기구 또는 다자협상에 의하여 세계적으로 이루어진 협정
규율 내용	촉진적 규범 규제적 규범	투자의 자유화・보장・보호를 통해 투자를 촉진하기 위한 규범 투자의 제한・부당행위 제재를 통해 투자를 규제하기 위한 규범
포괄 범위	부분적 규범 포괄적 규범	투자보호・규제・분쟁해결 중 일부만 규율 / 특정 부문 투자 관련 협정 투자보호・규제・분쟁해결 등을 모두 규율 / 일반적 투자 관련 협정

구속력 여부 : 국제투자규범에는 일정한 구속력을 가지는 대부분의 국제투자협정(IIA : International Investment Agreement)과[58] 정당하게 위반할 수 없도록 정치적으로 합의된 지침으로서 원칙적으로는 자발적 협조에 의하여 규율될 뿐 어떠한 법적 구속력을 갖지 못하는 국제투자 행위규범이 있다. 후자의 경우 법적 구속력은 없지만 정치적・도덕적・자율적으로 준수되어야 할 것으로 합의된 것으로서 국제투자의 가이드라인(guideline) 또는 행위규약(code of conduct) 등으로 지칭한다.

58 국제투자협정은 IIA(International Investment Agreement) 이외에도 international Investment Treaty/Convention 등으로도 표기된다.

참여 범위 : 투자협정의 경우 체결국이 2국이냐, 지역이냐, 범세계적이냐에 따라 쌍무적 · 지역적 · 다자적 투자협정으로 구분할 수 있다.[59]

규율 내용 : 국제투자규범 역시 일국의 투자규범과 마찬가지로 그것의 주된 목표에 따라 투자의 자유화 · 보장 · 보호를 목표로 하는 투자촉진형 규범과 투자의 규제 · 제한 · 제재를 목표로 하는 투자규제형 규범으로 나눌 수 있다. 물론 이러한 양 측면을 동시에 포함하고 있는 규범도 있고 어느 한쪽을 중심으로 만들어진 규범도 있지만 어느 쪽에 속하더라도 그 수준과 정도에 있어서 다시 다양한 스펙트럼이 존재한다.[60]

포괄 범위 : 국제투자규범은 그 대상과 규율범위에 따라 부분적 투자규범과 포괄적 투자규범으로 분류한다. 포괄적 투자규범은 투자자에 대한 대우 · 투자의 자유화와 보호 · 투자의 규제와 부당행위 규제 · 투자와 관련된 분쟁해결 등을 포괄적으로 규정하고 있어 완성도가 높은 규범이고, 부분적 투자규범은 이러한 내용들 중 일부만을 대상으로 규정하고 규율하는 규범이다. 또한 모든 투자를 일반적으로 규정하고 있는 포괄적 투자규범과 서비스일반협정(GATS)처럼 일부 특정 부문의 투자만을 규정하고 있는 부분적 투자규범도 있을 수 있다.[61]

1.2 국제투자규범의 필요성

제13~14장을 통하여 살펴보았듯이 다국적기업이나 직접투자를 규제하거나 촉진하기 위한 정책은 기본적으로 개별 국가(투자국 또는 현지국) 차원에서 이루어진다. 그러나 이러한 투자 관련 정책과 규범이 국제적 차원에서도 이루어질 수 있고 또 그렇게 되어야 할 필요

59 현재(2010년 말)까지 체결된 국제투자협정 수는 모두 약 6,100여 개(6,092)에 이르고 있는데 그 구성을 보면 쌍무적 투자협정(BIT)이 약 2,800여 개(2,807), 이중과세방지협정(DTT)이 3,000여 개(2,976)에 이르고 있고, 자유무역협정(FTA)이나 기타 경제통합협정 등을 포함한 지역적 투자협정이 약 300여 개(309)에 이르고 있으며, 다자적 차원의 투자협정으로서는 WTO · World Bank · OECD 등에 의해 시도되는 국제투자규범 등이 있다.

60 다국적기업의 경제적 영향에 대한 기본 시각의 차이가 존재하듯이 다국적기업에 대한 투자규범에도 서로 다른 스펙트럼이 존재한다. 예를 들면 시장기구의 건전한 운용이 이루어지도록 국제적 규제를 반대하는 입장(OECD)이 있음은 물론, 다국적기업의 활동에 대한 국제적 규제를 행하기 위한 규범을 지지하는 경우에도 그 중심이 어디에 있느냐에 따라 ① 다국적기업의 활동이 개도국의 발전에 장애가 되므로 규제를 강화해야 한다는 시각(UNCTAD), ② 다국적기업이 개도국의 발전에 기여하지만 그 피해 또한 적지 않기 때문에 이러한 피해를 제거해 주어야 한다는 시각(ILO), ③ 개도국의 경제발전을 위해 다국적기업을 어떻게 이용하여야 할지를 논의하는 시각(NIEO) 등이 다양하게 존재한다.

61 이러한 여러 가지 기준을 종합적으로 보면, 대부분의 쌍무적 · 지역적 투자협정은 구속력을 가지고 있으나 APEC의 지역협정은 구속력이 없으며 WTO가 제정한 투자 관련 협정은 분쟁해결절차까지 완비된 구속력 있는 다자적 협정이다. OECD 투자규범의 경우에는 양대 자유화규약은 구속력을 가지고 있으나 여타의 규범은 구속력을 가지고 있지 못하다. 또한 세계은행(World Bank)의 국제투자에 관한 가이드라인은 포괄적인 다자적 투자규범이라고 할 수 있지만 구속력이 전혀 없는 단순한 가이드라인에 불과하다.

성이 있다. 다국적기업이나 직접투자와 관련된 투자규범이 이렇게 국제적 차원에서 논의되고 정립되어야 할 필요성은 다음과 같다

투자자유화를 통한 세계후생의 증대 : 국제투자를 포괄적으로 규율하는 국제투자규범이 필요한 것은 다수의 국가가 참여하는 국제규범의 제정을 통하여 안정되고 투명하며 예측 가능한 투자환경을 제공할 때 투자의 자유화와 활성화가 이루어져 세계자원의 효율적 배분과 세계 전체의 후생증대가 이루어질 수 있기 때문이다. 국제투자 관련 주체들이 각기 이기적인 목표에 따라 투자의 자유로운 흐름을 왜곡하는 조치를 취할 경우 일시적으로는 당사자에게 이익을 줄 수 있지만 궁극적으로는 세계자원의 비효율적 배분과 후생저하로 귀결된다.

따라서 국제투자의 원활한 흐름이 이루어지기 위해서는 투자 관련 주체들 간의 협력체제 구축이 필요하고 이러한 협력관계는 다수가 합의한 국제투자규범을 통하여 가장 쉽고 효율적으로 도달될 수 있다.

상충하는 국가별 이해관계의 조화 : 다국적기업 관련 주체들 간의 이해관계가 서로 대립되고 개별 국가들이 행하는 관련 정책과 규범이 서로 상충하는 속성을 지니고 있다. 다국적기업은 범세계적 경영전략을 통하여 자사의 이윤극대화를 이룩하는 것이 1차적인 목표인 반면 투자국이나 투자유치국은 자국기업의 해외진출이나 외국기업의 국내진출에 대한 효율적 관리를 통한 국익극대화가 주요 목표이다. 또한 국민국가라고 하더라도 투자국의 경우 자국 내에서 이루어져야 할 투자와 고용이 외국으로 빠져나간다는 인식 때문에 자국기업의 해외진출을 저지하려는 목소리가 강한 반면, 현지국은 외국인투자가 국내투자를 보전하고 새로운 일자리를 창출하는 데 기여할 것이라는 기대 때문에 이를 유치하기 위하여 모든 정책적 노력을 경주한다.

이렇게 다국적기업과 국민국가 또는 투자국과 현지국이 추구하는 서로 다른 목표 때문에 발생되는 이해관계의 상충과 마찰을 예방하고 조화시키기 위해서는 국제적으로 합의되고 준수되는 어떤 국제규범의 존재가 필요하다.

투자규범의 국제적 통일화 : 이처럼 투자국과 현지국 간의 이해관계 상충으로 인하여 각기 다양한 기준과 정책수단을 사용하여 개별 국가의 규범과 정책의 수준과 내용이 나라마다 천차만별이어서 통일적이지 못한 경우 여러 가지 비효율성이 발생하게 된다. 우선 개별적인 행정부가 서로 다른 기준이나 규범을 통하여 자국의 입장에서 다국적기업을 촉진하거나 규율하려는 노력만으로 다국적기업이 만들어내는 시장실패나 부작용을 치유하고 해소하는 데에 한계를 지닐 수밖에 없어 다국적기업에 대한 촉진정책이나 규제정책의 실효성을 기대할 수 없다. 또한 이러한 경우 국경을 넘어 범세계적인 경영활동을 행하는 다국적기업도 이 때문에 여러 가지 어려움과 비효율성에 직면하게 되고[62], 이것이 종국적으로

국제투자의 흐름을 왜곡하고 투자의 확대를 저해하게 되어 세계 전체적인 관점에서 비효율성이 발생하게 된다.

따라서 이러한 한계와 비효율성을 극복하기 위해서는 국제적 협력을 통하여 국제투자를 통일적으로 규율할 수 있는 국제적 규범의 제정과 실행이 필요해진다. 더욱이 오늘날과 같이 국제투자의 형태나 성격이 다양화되고 있는 추세 속에서 이러한 통일적인 규범 정립의 필요성은 더욱더 커진다.

협상적 지위의 균형화 : 일반적으로 다국적기업의 위상은 더욱 막강해지는 반면 개별 국가(특히 현지개도국)의 경우 다국적기업에 대한 교섭력이나 협상적 지위가 상대적으로 약화되는 경향을 가지는 것이 사실이다. 다국적기업들이 범세계적인 네트워크와 막강한 정보력·자금력을 바탕으로 전략적 경영활동을 펼치는 데 비하여 대부분의 투자유치국들은 모든 면에서 부족하여 교섭과 협상에 있어 열위를 면할 수 없기 때문이다. 더욱이 최근에 이르러 외국기업을 유치하기 위한 현지국들 간의 경쟁이 치열해짐에 따라 그들의 협상적 지위가 더욱 저하되고 있다. 이러한 협상력의 불균형을 시정하는 하나의 방안은 현지국들이 이러한 협상적 지위의 약화로 인하여 불이익을 받지 않도록 하는 어떤 집단적인 국제투자규범을 정립하고 시행하는 것이다. 상대적으로 열위에 있는 현지국의 협상적 지위를 보호해 주는 동시에 상대적으로 우위에 있는 다국적기업에게 일정한 책임과 의무를 부과함으로써 양자의 협상적 지위를 균형화시킬 수 있도록 하는 국제적 지원이 필요한 것이다.

협상력의 균형화를 이룩하기 위한 또 다른 하나의 대안적 방안은, 다국적기업과 그들 자회사들의 목표·전략·행태가 밖으로 잘 드러나도록 투명화 하여 이를 모니터링 하는 동시에 외부로부터 일정한 규율을 받을 수 있도록 하는 어떤 제도적 프레임워크와 시스템을 정립하는 일이다. 최근에 이르러 선진국의 다국적기업들이 더 강력한 파워(power)를 지닌 막강한 주체로 자리매김 함에 따라 다국적기업으로 하여금 그러한 강력한 파워에 상응하는 일정한 사회적 책임(social responsibilities)도 수행하도록 하여야 한다는 목소리가 높아졌고, 이를 위한 국제적 가이드라인이나 규범 등이 제정되는 성과가 이루어지기도 하였던 것은 이러한 노력의 결과라고 할 수 있다.

---

62 이처럼 개별 국가들이 행하는 정책과 규범의 비통일성 때문에 발생되는 이러한 문제점과 비효율성을 제거하기 위하여 다국적기업 자신이 오히려 국제적으로 통일된 어떤 투자규범의 틀을 요구하게 된다.

2. 국제투자규범의 논의 역사

2.1 1970년대 이전의 논의 과정

18세기 후반 이후 19세기에 유럽 국가들과 미국은 자국의 해외투자자를 보호하기 위한 최소한의 기준으로서 외국인투자를 유치하는 현지국들이 외국인재산에 대하여 수용하거나 간섭할 수 없도록 하는 '국제표준주의'를 대외통상조약의 주요 내용으로 규정하였고 때로는 정치적 압력이나 군사적 통제를 통하여 이를 강요하기도 하였다. 그러나 19세기 라틴아메리카 국가들이 이러한 국제표준주의에 도전하여 외국인재산을 수용 또는 국유화하거나 다국적기업의 국내활동에 대한 여러 가지 규제를 강화하는 경향을 나타내기 시작하자,[63] 이에 미국을 비롯한 주요 선진국들은 해외투자를 규율하는 국제규범의 제정을 시도하기에 이르렀다.

그러나 해외투자를 보호하는 국제규범을 수립하려는 이러한 선진국들의 노력은 성공적으로 진전되지 못하였다. 해외투자 문제의 조정과 협력을 위한 최초의 공식적인 국제적 시도는 1948년 UN에 제출된 이른바 '아바나헌장'의 기초 작업에서부터 시작되었다. 아바나헌장은, 전후 새로운 국제무역질서 확립을 논의할 다자간 통상회의와 새로운 국제무역기구의 창설을 주창한 미국의 제안에 따라 1948년 쿠바의 아바나회의에 참가한 53개국이 채택한 헌장으로서, 새로운 국제무역기구(ITO : International Trade Organization)의 창설을 주장하는 동시에 해외투자에 대한 국제 협조의 필요성을 강조하는 제안이었다.[64]

그러나 이러한 제안이 실패로 끝나게 됨으로써 새로운 국제무역기구의 창설이 무산되었고 따라서 해외투자에 대한 최초의 국제적 룰(rule)도 성립되지 못하게 되었다. 이후 새로운 다자간무역체제 GATT가 출범하였지만 국제투자를 직접 규율하는 조항을 마련하지 못하였고 다만 무역거래와 관련된 최혜국대우원칙(제1조)·내국민대우원칙(제3조)·수량제한금지원칙(제11조) 등이 간접적으로 적용될 수 있을 뿐이었다.

이렇게 해외투자를 규율하려는 다자적 규범의 제정이 성공을 거두지 못하자 투자국과 현지국 간의 쌍무적 투자협정을 통하여 국제투자와 관련하여 발생되는 문제를 규율하는

---

63 이들은 이른바 칼보이론(Calvo doctrine)에 입각하여 외국인에 대한 유리한 대우를 규정한 국제표준주의에 대하여 도전하였다. 칼보이론은, 1806년 아르헨티나의 국제법학자인 칼보(Calvo)에 의하여 제창된 것으로, 외국인은 계약에 관한 한 모든 사항에서 현지국의 국민과 동등한 권리를 갖지만 어떠한 경우에도 본국 정부의 외교적 보호를 요청하거나 외국법원에 권리보호를 요청할 수 없다는 이론이다.

64 당시 미국대표들은 해외투자국의 권리를 보호하고 투자유치국의 국유화·차별조치 등에 대한 보호규정을 삽입하려고 기도한 데 대하여 중남미 국가대표들이 투자유치국의 권리를 보호하고 외국인투자기업에 대한 국유화의 조건과 권리를 규정하는 조항으로 바꾸어 버렸다. 결국 이것이 이후 미국 기업들이 아바나헌장의 비준을 반대한 중요한 이유 중의 하나가 되어버렸다.

노력을 기울이게 되었다. 1950년대 말부터 1960년대에 미국 기업의 대유럽투자가 활발히 전개되자 투자기업의 안전을 보장해 주기 위한 여러 가지 국가 간 노력이 계속되면서 국제투자분쟁해결조약(1966)이 체결되기도 하였다. 이후 1960년대 후반부터 미국의 직접투자가 유럽으로부터 점차 일본·호주·개도국 등지로 확산됨에 따라 직접투자에 따른 투자유치국의 문제가 부각되기 시작하여 외국인직접투자로 인한 현지국의 폐해를 방지하기 위한 노력이 구체화되기 시작하였다.

이러한 상황 변화에 따라 국제상업회의소(ICC, 1968)나 OECD(1969) 등이 "다국적기업에 대한 행동기준"을 제정하는 작업에 착수하였다. 그러나 1960년대에 이루어진 이러한 움직임은 여전히 선진국 간의 자본이동이 주요 관심사였고 그 내용 또한 해외투자에 대한 규제보다는 투자의 촉진과 보장을 기조로 하는 것이었다.

2.3 1970년대의 논의 과정

1970년대에 들어와 다국적기업 문제는 선후진국 간의 갈등을 상징하는 남북문제(north－south problem) 또는 신국제경제질서(NIEO : New International Economic Order)의 일환으로서 다루어지기 시작하였다. 자연히 다국적기업 활동의 부정적 측면이 더 부각되기 시작하였고 투자활동에 대한 규제문제가 상대적으로 더 높은 관심을 띠게 되었다. 이러한 변화에 따라 1970년대 이후부터는 다국적기업에 대한 국제적 규제문제가 UN 차원에서 이루어지기 시작하였다. 종전까지 UN에서는 투자문제를 주로 무역개발회의(UNCTAD)를 통하여 논의하여 왔는데 1970년대 이후부터는 이것을 경제사회이사회로 옮겨 활동을 계속 진행하였다. 그 결과 1970년대 초 UN이 주도적으로 다국적기업과 관련되는 결의안 채택, 위원회 설치, 보고서 작성, 규범 제정 등 일련의 과정이 이루어졌다.

1970년대에 들어와 UN이 이렇게 다국적기업과 관련된 활동을 활발하게 행하자 UN 이외의 국제기구들 역시 이에 대한 논의를 진행하였는데 여기에는 투자를 촉진하기 위한 친다국적기업적인 성격과 투자를 규제하기 위한 반다국적기업적인 성격이 혼재되어 있었다. 예컨대 1972년 국제상업회의소(ICC)가 제정한 가이드라인과 1976년 OECD가 제정한 가이드라인 등이 전자의 성격을 지닌 경우였다면, 1973년 국제노동기구(ILO)가 제정한 결의와 1974년 UN특별총회에서 결의한 선언 및 행위규약이나 1975년 비동맹그룹이 제정한 규약(안) 등은 후자의 성격이 강한 경우였다.

이처럼 1970년대에 이르러 다국적기업 관련 국제투자규범의 제정을 위한 시도들이 다양한 경로를 통하여 이루어졌는데, 이들 중 후술하는 UN이나 OECD 이외의 국제기구들이 제정하였던 국제투자 행위규범들을 살펴보면 다음과 같다.

국제상업회의소의 가이드라인(1972) : 국제상업회의소(ICC)는 1972년 “국제투자에 대한 가이드라인”(Guidelines for International Investment)을 채택하였다. 동 가이드라인은 다국적기업이 보다 안정된 투자환경 하에서 기업 활동을 할 수 있도록 하는 투자정책 · 소유와 경영 · 재정 · 금융정책 · 노동정책 등을 펼칠 것을 투자기업 · 투자국정부 · 투자유치국정부에 대해 권고하는 내용을 담고 있으며, 아울러 다국적기업에 대해서는 투자유치국의 경제사회적 목표를 존중해 줄 것을 요청하고 있다.

비동맹그룹의 규약안(1975) : 비동맹그룹은 1970년대에 들어와 여러 차례의 수뇌회담을 통해 자력갱생(self-reliance)의 원칙을 발표하고 경제문제에 대한 관심을 높였는데 이러한 움직임이 전술한 신국제경제질서(NIEO)의 형성에 견인차 역할을 하였다. 이 과정에서 선진국계 다국적기업에 대한 비난의 목소리가 높아졌고 이를 토대로 1975년 7월 “외국투자의 취급, 다국적기업 및 기술이전에 대한 규약(안)”을 성안하였다. 위에서 소개한 ICC의 가이드라인이 선진국의 입장에서 해외투자 촉진을 위하여 만들어진 것이었다면 동 규약(안)은 반다국적기업적 성격의 규범 또는 현지개도국 입장에서 시도된 규범이었다.

국제자유노련의 다국적기업헌장(1975) : 1949년 세계노동조합연맹으로부터 독립하여 설립된 세계적 노동조합 조직체인 국제자유노련(ICFTU : International Confederation of Free Trade Unions)은 1950년대부터 다국적기업에 대한 대책을 강구하여 오면서 1967년 세계대회에서 “다국적기업과 거대기업에 대한 결의”를 채택한 바 있고, 1975년 세계대회를 통하여 “다국적기업헌장”을 채택하였다. 주요 내용을 보면 타국에서의 동맹파업을 허용하고 노동조합 권장 · 정보공개 · 비자발적 휴직 제한 · 기업의 사회적 의무 등을 촉구하는 노사정 3자대표로 구성되는 국제적 규제기구를 설립하며, 다국적기업이 철수하거나 사업을 축소하는 경우 노동자에 대한 보상을 위한 일정 금액의 예치 등을 요구하였다. 이후 국제자유노련은 1977년 다국적기업의 부정적 측면과 관련된 법적 구속력이 있는 국제적 행위규범 제정을 주장하기도 하였다.

국제노동기구(ILO)의 3자 선언(1977) : 세계 각국의 노사정 3자가 참가하는 UN의 특별기구인 국제노동기구(ILO)는 1970년대 초부터 다국적기업에 대한 공정한 노동기준과 국제행위기준에 대한 토의를 시작하여 1977년 “다국적기업과 사회정책에 대한 3자 선언”(Tripartite Declaration of Principles concerning Multinational Enterprises and Social Policy)을 채택하였다. 동 선언은 빈곤과 실업을 해소하기 위해서는 20세기 말까지 10억 이상의 신규고용이 이루어져야 한다고 보고 이를 위한 다국적기업의 역할증대가 필요하다는 전제에서부터 출발하였다. 이를 위하여 동 선언은 고용의 촉진과 보장 · 노동 및 생활조건 · 노사관계와 관련되는 기본 원칙과 준수사항 등을 담고 있다.

2.3 1980년대 후반 이후의 논의 과정

이처럼 1970년대 이후 국제투자규범 논의는 선진국과 개도국의 견해차이가 너무 커 별다른 합의와 진전을 이루지 못한 채 표류하고 있었지만 1980년대 후반 이후 다국적기업과 관련된 국제적 환경과 인식이 대폭 전환되기 시작하였다. 우선 1970년대 격렬하게 제기되었던 남북문제가 아무런 결실을 보지 못한 채 정체되기 시작하면서 개도국들의 태도가 이념적 갈등·대립으로부터 실리·협력이라는 실용주의적 노선으로 전환되었고, 선진국의 다국적기업 진출이 개도국의 성장에 긍정적 효과가 있다는 실증적인 결과가 동아시아 및 남미의 일부 개도국에서 나타나게 되면서 다국적기업에 대한 규제를 외치던 개도국들이 오히려 더 많은 외국인투자를 유치하려는 경쟁에 뛰어들었기 때문이다.

이러한 환경 변화를 배경으로 하여 1980년대 후반 이후 주요 선진국들은 다국적기업과 관련되는 투자자유화와 시장개방문제를 다자적인 채널을 통하여 해결하려는 시도를 하기 시작하였다. 다자적 차원의 국제투자규범이 제정되면 보다 쉽게 개도국을 포섭하여 투자자유화의 외연을 확대할 수 있고 비교적 높은 강제성을 띠는 국제규범이 가능해질 것이기 때문이다. 이러한 시도는 주로 OECD와 WTO를 중심으로 수행되었다.

OECD의 다자적 투자규범 논의 : 1993년 OECD 각료이사회는 국제투자와 관련되는 포괄적인 투자규범 제정을 위한 기초 작업의 검토를 시작하였고, 그 다음 해인 1994년 OECD 각료이사회는 "다자간 투자협정"(MAI : Multilateral Agreement on Investment)의 새로운 제정 작업을 추진하였으며, WTO체제가 출범한 해인 1995년의 9월에 개최된 OECD각료회의에서는 이에 대한 협상개시를 공식적으로 선언하고 이후 관계국 간 협상그룹(negotiation group)을 구성하여 협정 내용을 구체적으로 조율하는 작업을 거쳐 1997년 각료회의까지 협상을 타결하기로 목표를 정하였다.

당시 OECD는, GATT의 출범을 계기로 세계교역체제가 다자간 체제로 전환되었듯이 MAI 역시 사실상 쌍무적 협정에 의존하고 있던 국제투자규범 체제를 다자간 체제로 전환하여 투자자유화를 획기적으로 개선시키는 계기가 될 수 있을 것이고, 또한 WTO체제의 출범으로 무역자유화의 규범수준이 더욱 높아지고 보다 강제력 있는 분쟁해결체제가 마련되었듯이 MAI체제 역시 투자자유화의 규범을 보다 체계화하고 그 법적 구속력을 대폭 강화하는 계기를 마련할 것으로 기대하였다.

그러나 이러한 MAI체제는 1995년 공식적 협상이 개시된 이후 그 협상을 완료시키지 못한 채 결국 1998년 12월에 폐기되어 협상이 중단되었다. OECD가 추진한 이러한 다자간 투자협정이 실패하게 된 것은, 보다 본질적으로는 투자자유화라는 실체의 특성상 이에 대한 다자적 협정이 성사되기 어려웠기 때문이지만 논의과정에서 개도들의 격렬한 반대에 봉착하였고 또한 이를 주도해야 할 주요 선진국들의 추진열의 역시 크게 높지 못하였기 때문이었다.

WTO의 다자적 투자규범 논의 : 다자적 투자협정을 체결하려는 또 다른 국제적 노력은 GATT와 WTO를 통하여 이루어졌다. 전술한 대로 새로운 국제무역기구(ITO)를 설립하기 위하여 선언된 아바나헌장에 국제투자 관련 내용이 포함되었지만 그것이 무산됨으로써 GATT체제에서는 이에 대한 관련 규정이 도입되지 못하였고, 이후 GATT 내 전문가그룹들이 투자자유화 문제에 대한 연구와 검토를 계속하였지만 별다른 성과를 나타내지 못하였다. 그러나 1980년대 후반 이후 새로운 세계무역기구(WTO) 창설을 위한 UR협상이 시작되면서 국제투자문제를 규율할 다자적 투자협정문제가 의제로 채택된 후, 우여곡절 끝에 국제투자와 직간접적으로 관련되는 3대 협정, 즉 ① 무역 관련 투자조치협정(TRIMs), ② 서비스무역 일반협정(GATS), ③ 무역 관련 지적재산권협정(TRIPs)이 체결되었다.

이러한 3대 협정이 WTO를 통하여 체결됨으로써 보다 종합적이고 포괄적인 다자적 국제투자규범의 수립이 진일보하였다고 볼 수 있다. 그러나 이들은 국제무역과 관련되는 제한된 범위의 투자에 대한 초보적 수준의 협정으로서 국제투자에 대한 일반적이고 통일적인 규범으로 기능하기에는 한계를 지니고 있다. 이에 WTO는 그동안 OECD가 추진하려다 실패한 다자간투자협정(MAI)을 자신이 주도하여 추진하기 위한 노력을 계속하였다. 이러한 노력이 이루어지는 가운데 2001년 카다르 도하에서 열린 WTO 제4차 각료회의에서 새로운 다자간무역협상(round), 이른바 '도하개발아젠다'(DDA : Doha Development Agenda)의 출범이 선언됨에 따라 국제투자문제를 새로운 DDA협상의 의제로 채택하기 위한 노력을 시도하였다.

그러나 이러한 시도는 여전히 격렬한 반대와 저항에 부딪혀 협상의제로 채택되는 것 자체가 무산되었고 이후 DDA협상마저 지지부진하여 협상의 성사마저 불투명한 상태가 됨에 따라 국제투자와 관련되는 별다른 논의가 재개되고 있지 않다. 따라서 오늘날 다국적기업이나 직접투자와 관련되는 국제적 행위규범이 다양하게 존재하고 있고 또한 투자와 관련되는 국제협정 역시 쌍무적 · 지역적 차원에서 다양하게 존재하고 있지만 다국적기업이나 직접투자가 세계경제에서 차지하는 중요성에 상응되는 수준의 전반적이고 종합적인 성격의 국제 협정은 존재하지 않고 있고 당분간 그러한 다자적 체제가 성립될 가능성도 별로 없는 것이 사실이다.

제2절 다국적기업 관련 국제투자행위규범

1. 국제투자 행위규범의 의의와 성격

상술한 바와 같이 국제투자규범에는 그것의 구속력 여부에 따라 국제투자행위규범과 국제투자협정으로 구분한다. 국제투자행위규범은, 법적 구속력과 강제력을 지닌 투자협정과는 달리 자발적인 협조에 입각하여 규율되는 일종의 연성법(soft law)으로서, 법적 구속력을 갖지는 않지만 정당하게 위반할 수 없도록 정치적으로 합의된 규범이라고 할 수 있다. 대체로 국제투자나 다국적기업과 관련되는 원칙과 기준・권리와 의무・규제와 대우 등을 규정하고 있는 행위규약(code of conduct)이나 가이드라인(guideline) 등이 이에 속한다. 일반적으로는 '자발적인'(voluntary) 또는 '법적 구속력이 없는'(not binding / not legally enforceable) 규범임을 명시하는 것이 보통이다.

따라서 이러한 국제투자의 행위규범은 권고(recommendation)적인 성격을 지니고 있어 궁극적인 이행이 회원국들의 자발적인 준수에 달려 있으므로 그 효력에 있어 일정한 한계가 존재한다. 그러나 그럼에도 불구하고 이러한 투자행위규범은 그 나름대로 다음과 같은 중요한 존재의의를 지니고 있다.

(1) 국제투자 행위규범은 법적 구속력을 수반하는 투자협정을 체결하기 어려운 경우 효과적인 행위규범으로 기능하면서 기존의 관계 법규의 미비한 사항을 보완할 수 있다.

(2) 다국적기업의 활동에 대하여 국제사회가 채택한 공적인 정책을 반영하고 있으므로 관계국의 투자 관련 법규의 제정과 개정에 중요한 참고방향으로 작용할 수 있으며, 분쟁 발생시 하나의 권위 있는 국제기준으로 적용되거나 서로 다른 국내법 간의 충돌을 해결하는 기준으로도 적용할 수 있다.

(3) 이것이 담고 있는 원칙적이고 선언적인 내용이 이후 다수의 국가들에 의해 준수되면 이것이 새로운 국제투자규범(international investment norm)으로 발전될 수도 있다.

이러한 국제투자 행위규범은 그 내용이 일반적인 것도 있고 구체적인 것도 있으며, 또한 개별 국가나 개별적인 다국적기업이 작성하는 경우도 있을 수 있지만 국제적으로는 지역경제공동체・국제기구・국제경제단체・국제위원회 등에 의하여 작성되는 것이 보통이다. 그동안 UN, OECD를 비롯한 여타 국제기구가 작성해 온 주요한 국제투자 관련 행위규범의 종류와 성격을 살펴보면 〈표 15－2〉와 같다.

표 15-2 다국적기업 관련 주요 국제투자 행위규범

주체	국제투자 행위규범의 명칭(연도)	기본적 성격
UN	• "신 국제경제질서 수립 선언 및 행동계획"(1974.5) • "제 국가의 경제적 권리의무 헌장"(제2장 및 행동규약 V 다국적기업에 대한 행위규약)(1974.12) • UNCTC, "다국적기업에 대한 행위규약"(1983)	• 다양한 정치적 선언 • 신 국제경제질서 선언 위한 국가행동기준 • 1992년 이후 논의 중지
OECD	• "자본자유화규약"및 "경상무역외거래 자유화규약"(1961) • "국제투자와 다국적기업에 관한 선언"(1976) • "OECD 다국적기업 가이드라인"(1976, 2000 일부개정)	• 회원국에 대한 강제규범 • 구속력 있는 3가지 결의 • 권고 수준의 가이드라인
기타	• ICC, "국제투자에 대한 가이드라인"(1972) • 비동맹그룹, "투자, 다국적기업, 기술이전 규약"(1975) • 국제자유노련(ICFTU), "다국적기업 헌장"(1975) • ILO, "다국적기업과 사회정책에 대한 3자 선언"(1977) • WB, "해외직접투자에 대한 가이드라인"(1992) • 아시아태평양경제협력체(APEC), "APEC 투자원칙"(1994)	• 권고 수준의 가이드라인 • 반 다국적기업적 선언 • 반 다국적기업적 결의 • 원칙과 준수사항 규정 • 권고 수준의 가이드라인 • 권고적 투자원칙 천명

이처럼 다국적기업 관련 국제투자규범은 다양하지만 그 성격을 보면 그것을 제정하는 국제기구의 성격과 정치적 입장에 따라 투자규범의 성격 역시 큰 차이를 보이고 있다.

(1) UN과 같은 국제기구는 기본적으로는 중립적·균형적인 입장을 취하지만 그때마다의 국제정치적 상황을 반영하여 현지개도국에 대한 다국적기업의 폐해를 제거하고 방지하기 위한 입장이 강조되어 왔다.

(2) OECD·ICC(국제상업회의소)·WB(세계은행) 등은 시장기구의 건전한 운용과 다국적기업의 긍정적 측면을 강조하면서 현지국의 투자자유화를 확대할 것을 추구하면서 다만 시장기구로부터 발생되는 문제점을 다국적기업의 윤리강화를 통하여 해결한다는 기본 입장을 취하고 있다.

(3) ILO(국제노동기구)·ICFTU(국제자유노련) 등은 다국적기업의 부정적 측면을 제거하고 현지국의 이익을 보호하기 위한 구속력 있는 국제투자규범의 정립을 주장하고 있고, WEFT(세계노동조합연맹) 등 더 강경한 입장에 있는 국제기구들은 다국적기업 그 자체의 존립에 대하여 부정적인 태도를 취하기도 하였다.

2. 주요 국제투자 행위규범의 내용

이처럼 1970년대 이후 다국적기업과 관련되는 국제투자 행위규범을 제정하기 위한 노력이 이루어졌고 이를 주도한 국제기구로서 UN과 OECD가 중심을 이루었지만 이밖에도 또 다른 국제기구·국제지역공동체·국제경제단체·국제위원회 등이 작성하고 채택한 투자 관련 행위규범들이 다수 존재하여 왔다. 이러한 국제투자 행위규범들 중 다소 포괄적인 성격을 지닌 대표적인 규범들을 살펴보면 다음과 같다.

2.1 UN의 국제투자 행위규범

상술한 대로 1970년대에 들어와 남북문제 또는 신국제경제질서의 일환으로 다국적기업과 국제투자 문제가 관심의 대상으로 떠오르게 되자 다국적기업 규제 논의가 UN으로 옮겨지게 되었다. 이후 UN에서 다국적기업에 대한 규제문제가 본격적으로 논의되기 시작한 것은 1972년 경제사회이사회에서 칠레 대표가 미국 기업 ITT가 칠레 내정에 깊숙이 개입하여 인권을 유린한 사례를 드러내기 시작한 것이 계기가 되었다.

1972년 "다국적기업이 발전과정에 미치는 영향에 대한 결의"가 채택되었고 1973년에는 'UN 다국적기업 저명인사그룹'(Group of Eminent Persons)이 설치되어 앞으로의 활동방향을 검토하도록 하였다. 이후 1974년에는 53개 조항의 권고사항을 포함한 "발전과 국제관계에 대한 다국적기업의 영향"이라는 보고서가 작성되었고,[65] 1975년에는 다국적기업 문제를 전문적으로 다룰 다국적기업위원회(UNCTC : UN Commission on Transnational Corporations)를 설치하기도 하였다.

이러한 일련의 과정에서 1970년대 UN이 시도한 주요한 국제투자 관련 규범(안)은 신국제경제질서선언과 관련하여 논의된 "다국적기업의 규약"과 1976년 이후 다국적기업위원회(UNCTC)에 의해 제시된 "다국적기업 행위규약(안)"이었다.

2.1.1 신국제경제질서와 다국적기업 행위규약

1974년 5월 제6차 UN특별총회는 "신국제경제질서 수립 선언 및 행동계획"(The Declaration and Programme of Action on a New International Economic Order)을 채택하였다. 이 특별총회는 경제문제를 의제로 하여 제3세계국가들이 주도하여 개최한 최초의 총회로서 이후 신국제경제질서 외교의 신기원을 이루게 되었다. 이러한 신국제경제질서 구상은 국제무역·국제통화 문제로부터 공업화·기술이전·천연자원의 항구주권·다국적기업·개도국 간 협력 문제 등 극히 다양한 내용을 담고 있었는데, 전체적으로 개도국들이 제시한 요구를 보다 체계적으로 종합하고 집대성한 것이었다.

이후 UN에서는 동년 12월 국제경제관계에 있어서의 국가의 행동기준을 정립하고 신

65 이 보고서는 제3세계의 강력한 요구에 부응하는 UN의 기본 입장을 반영하여 다국적기업의 폐해를 강조하는 내용으로 구성되었다. 동 보고서는 다국적기업을 '가해자', 개도국을 '피해자'로 규정하면서 다국적기업 자산의 국유화를 인정하고 정당한 보상을 규정하는 등 투자유치국의 이해관계를 중시하는 내용이 중심이 되었다. 따라서 이후 이에 대한 다양한 비판이 제기되었다.

국제경제질서의 법적 기초를 닦기 위한 "제 국가의 경제적 권리의무 헌장"(The Charter of Economic Right and Duties of States)을 채택하였는데, 이러한 헌장 제2장(경제적 권리 및 의무) 제2조(천연자원의 항구주권, 민간투자, 다국적기업)에서는 ① 자국의 법령 및 국가의 정책목표의 우선순위에 따라 외국인투자를 규제하는 권한을 행사하고, ② 자국의 경제사회정책에 합치하는 조치를 취하며, ③ 외국인 자산을 국유화·수용 또는 소유권을 이전할 권리를 투자유치국이 보유한다고 규정하였다.

한편, 이보다 구체적인 규제내용을 담고 있는 행동계획 V(다국적기업의 활동규제)에서는 다국적기업에 대한 국제적 행위규약(International Code of Conduct)의 채택과 실시를 규정하고 있는데 ① 다국적기업의 투자유치국 내정간섭 방지, ② 투자유치국의 개발계획과 목표에 부응하기 위한 다국적기업의 규제, ③ 공평하고 유리한 조건의 기술·경영노하우의 이전, ④ 다국적기업 이익의 환원, ⑤ 이윤재투자 촉진 등을 담고 있다.

이같이 UN의 신국제경제질서선언이 포함하고 있는 투자 관련 규범들은, 투자유치국이 외국인자산에 대한 국유화·수용을 행할 수 있고 자국의 정책과 목표에 따라 필요한 규제를 행할 수 있는 권한을 가진다는 것을 선언하고 다국적기업에게 내정불간섭·기술이전촉진·이윤의 환원과 재투자를 주요한 기준으로 제시하였다.

2.1.2 다국적기업위원회(UNCTC)의 "다국적기업 행위규약(안)"

1974년 경제사회이사회의 결의에 따라 설치된 다국적기업위원회(UNCTC)는 1976년부터 "다국적기업에 관한 행위규약"(Code of Conduct for Transnational Corporations)을 입안하는 작업에 착수하였다. 그후 논의과정에서 다국적기업의 규제와 보호에 대한 선후진국 간의 의견대립이 너무 첨예하여 1983년에 입안된 행위규약(안)이 수차례에 걸쳐 개정되었고 1990년에 최종적으로 개정된 규약(안)이 마련되었다.

UN다국적기업위원회가 주도한 다국적기업의 행위규약은 당초부터 개도국의 특정한 이해관계를 염두에 두고 작성되었고 여기에 서명한 국가들에 대해서 적어도 그것 중의 주요 규정은 법적 구속력을 가지도록 할 계획이었다. 물론 규약(안) 협의과정에서 선진국과 개도국 간의 의견 차이를 최대한 절충하려고 노력하였지만 개도국의 의견이 상대적으로 더 많이 반영되어 자본수출국들의 반대가 심하였고 또한 규약의 문구나 단어 사용을 포함하여 여전히 해결되지 못한 쟁점들이 남아있었다.

이렇게 UN다국적기업위원회의 행위규약(안)은 1970년대 중반부터 오랜 기간을 거치며 어렵게 작성되었지만 1992년 최종 규약 개정안이 만들어진지 20여 년이 지난 오늘날까지도 여전히 비준되지 못하고 있으며 가까운 시일 내에 완결된 국제적 행위규범으로 채택되기를 기대할 수도 없어 사실상 정지된 상태에 있다.

2.1.3 UN을 통한 투자행위규범 논의의 평가

이처럼 UN은 1970년대에 국제투자 행위규범을 만들기 위하여 노력하였지만 이후 별다른 성과를 이루지 못한 채 사실상 폐기되고 말았다. 1980년대 초 UN 다국적기업위원회는 다국적기업의 윤리규범 제정 작업에 돌입하였지만 이마저도 선후진국 간의 입장차이가 좁혀지지 않아 채택되지 못하면서 이에 대한 추진동력이 사라졌고, 또한 이후 경제발전에 대한 외국자본유입의 필요성을 둘러싼 논의과정에서 다국적기업의 보호와 투자증진을 위한 조치가 오히려 중심적 논의내용으로 전환되었다. 이러한 시대적 상황에 따라 1980년대 후반 이후 다국적기업에 대한 행위규범 제정 문제는 더 이상 관심을 끌지 못하고 1992년에는 그동안 UN의 국제투자 관련 행위규범에 주역을 담당하였던 다국적기업위원회도 경제사회이사회의 일개 부서로 격하된 후 이후 UNCTAD로 흡수되었다.

한편 1990년대 후반 UN의 '인권 증진 및 보호를 위한 소위원회'는 그동안 소강상태에 있던 다국적기업에 대한 규제문제를 인권의 관점에서 다시 논의하기 시작하여 다국적기업 행위규범 제정에 나섰다. 이 작업은 다국적기업의 활동이 인권에 미치는 영향에 초점을 맞추어 경제·사회·문화적 권리와 차별금지, 신체에 대한 권리, 소비자보호, 환경보호 등에 이르기까지 광범위하게 규정하였는데 2003년 8월 UN에서 통과되었다. 그러나 이러한 행위규범은 인권과 관련되는 윤리적인 차원의 내용일 뿐 다국적기업의 활동 전반에 대한 보편적 규범으로서의 성격에는 미치지 못하고 있다. 따라서 많은 사람들은 국가마다 경제적·문화적 특성이 다양할 뿐만 아니라 외국인투자에 대한 기대 역시 서로 다른 상태에서 다국적기업에 대한 어떤 일반적 행위규범이 실질적으로 실행될 수 있을지에 대한 의문을 제기하기도 한다.

이처럼 국제투자 행위규약을 제정하려는 UN의 노력은 결국 완성되지 못하였지만, 그럼에도 불구하고 이러한 노력과 시도들이 투자유치국이 다국적기업을 관리하는 데 많은 실질적인 기준으로서 도움이 되었음은 부정할 수 없다.

2.2 OECD의 국제투자 행위규범

OECD는 국제투자 및 다국적기업과 관련되는 여러 가지 행위규범을 규약(code)·협약(arrangement)·선언(declaration)·결의(decision)·가이드라인(guidelines) 등의 형태로 보유하고 있다. 이들 중 규약·협약·결의 등은 일정한 법적 구속력을 가지는 규범인 데 대하여 선언·가이드라인 등은 정치적 약속 또는 준수하여야 할 기준으로서 구속력을 지니는 규범은 아니다. OECD가 보유하고 있는 이러한 여러 가지 국제투자규범 중 대표적인 것으로서는 1961년 OECD설립과 함께 제정한 '자본자유화규약'과 '경상무역외거래 자유화규약'이 있고, 1976년에 제정한 '국제투자 및 다국적기업에 관한 선언'과 '다국적기업 가이드라인'이 있다. 이들 중 전자의 규약(특히 자본자유화규약)이 신규투자에 대한 것이라면 후자의 선언이나 가이드라인은 이미 설립된 외국기업의 활동에 대하여 규정하고 있다.

2.2.1 OECD "자본자유화규약"(1961)

상술한 대로 OECD는 1961년 자본자유화규약과 경상무역외거래 자유화규약이라는 양대 규약을 제정하였다. 이들 중 "자본자유화규약"(The Codes of Liberalization of Capital Movement)은 새로운 신규투자의 자유화를 위한 규범으로서, 비록 OECD 회원국 간의 자본이동에만 적용되는 한계가 있지만 국제투자의 많은 부분이 이들에 의해 규율되고 있다는 점에서 세계적으로도 중요한 국제투자규범이라고 할 수 있다. 이러한 자본자유화규약이 담고 있는 주요 내용을 살펴보면 다음과 같다.

점진적 자유화 : 자유화규약을 수락하는 회원국은 국제자본이동에 대한 제한조치를 철폐하여야 하고 이는 원칙적으로 법적 구속력을 가진다. 다만 이러한 의무를 즉각적・무조건적으로 이행해야 하는 것은 아니고 일정한 사항에 대하여 일부 적용을 유보할 수 있도록 규정하여(제2조) 각 회원국들이 처해 있는 경제적 상황에 따라 신축성을 부여하는 점진적 자유화를 채택하였다.

자유화 범위 : 자유화되어야 할 대상은 부속서A에 수록된 항목으로 한정하였는데 1961년 제정 목록에는 직접투자와 직접투자 청산 이외에도 부동산・유가증권・외국환・신용 및 대부・개인적 자본이동거래 등을 포함하여 16개의 대항목과 91개의 소항목으로 구성되었다. 그러나 1984년 OECD이사회는 외국인투자에 대한 사업장설립권이 포함된다는 결정을 내려 적용대상을 명확히 하였고, 1992년에는 자유화 항목을 단기자금시장거래・선물・옵션 등 새로운 금융기법까지 포함시킴으로써 실질적으로는 모든 자본거래가 자유화의 의무대상이 되었다.

무차별대우원칙 : 본 규약은 기본 원칙으로서 무차별대우・내국민대우・투명성을 규정하고 있다. 특히 무차별대우원칙에 있어, 각 회원국의 자유화조치 또는 유보조치는 모든 회원국에게 무차별적으로 적용되어야 한다고 규정하고 있는데(제9조) 이때 무차별조치는 상대국의 제한조치와 상관없이 부여된다는 점에서 무조건적인 것으로서 OECD는 이를 보장하기 위하여 상호주의적 양허협상을 금지하였다(제14조). 다만 특별관세제도나 지역통화체제를 구성할 경우에는 예외로 한다고 규정하여(제10조) 오늘날 EU가 이에 따라 예외를

인정받는 근거가 되었다.

한편 1961년 자본자유화규약과 함께 제정된 “경상무역외거래 자유화규약”(The Codes of Liberalization of Current Invisible Operations)은, 자본자유화규약과 병렬적인 관계를 가지고 있는 규약으로서 대부분 동일한 규정을 담고 있지만 이 규약의 규율대상이 경상무역외거래에 관한 항목들이라는 점만 다를 뿐이다. 이렇게 이 규약은 직접투자와 직접 관련되지는 않지만 외국인투자기업의 이윤 및 배당금의 송금과 본사에 대한 제 경비지급의 자유화를 규정하고 있다. 따라서 사람들은 자본자유화규약과 이 규약을 OECD의 양대 자유화규약이라고 지칭한다.

2.2.2 OECD “국제투자와 다국적기업에 관한 선언”(1976)

OECD각료이사회는 1975년 1월 ‘국제투자 및 다국적기업위원회’(CIME)를 구성하여 18개월 간의 협상 끝에, 각국 정부가 일단 합의할 수 있는 공통적 틀을 중심으로 “국제투자와 다국적기업에 관한 선언”(Declaration on International Investment and Multinational Enterprises)을 채택하였다. 동 선언은 양대 규약에서 다루지 않고 있는 국제투자 관련 문제들에 대한 회원국들 간의 협력을 통하여 세계투자환경을 개선하기 위한 내용을 담고 있는데, 구체적인 협력분야로서는 다음과 같이 ① 내국민대우, ② 국제투자의 유인 및 제한조치, ③ 정부 간 협의절차 등 3가지 결의(decision)를 포함하고 있다.

내국민대우 : 지금까지도 내국민대우(NT : national treatment)는 OECD투자규범의 주요 원칙으로 전제되어 왔지만 1976년 ‘내국민대우결의’에 의하여 처음으로 명확히 정의되었다. 본 결의는 외국인투자기업과 내국기업과의 차별을 원칙적으로 금지할 것을 규정함과 동시에 국내 공공질서유지・국제법상 평화와 안보의무 준수에 대한 예외조치를 허용하였다. 또한 금융・보험・운송 등의 분야와 같이 국가 간 법적・기술적 기준이 상이하여 내국민대우원칙을 적용하기가 불가능한 경우 최소한의 범위 내에서 예외를 인정하되 국내기업과 동등한 경쟁기회를 보장(equivalent treatment)하도록 규정하였고, 다만 이러한 경우에도 정기적 검토를 통하여 예외조치의 허용범위를 축소해나가도록 하였다.

국제투자 관련 조치 : OECD의 국제투자 유인 및 제한조치에 대한 결의는 이러한 조치에 대하여 각 회원국들이 투명성을 제고하는 동시에 이를 위한 검토 및 협의를 행할 것을 권고하고 있다.

정부 간 협의절차 : OECD의 정부 간 협의절차에 대한 결의는 관할권의 적용 등으로 회원국들이 부과하는 요건들이 서로 상충하는 경우 이러한 사항들을 제거하거나 최소화할 것을 권고하고 있다.

2.2.3 OECD "다국적기업 가이드라인"(1976)

1976년 OECD각료이사회의 선언은 이와 병행하여 "OECD 다국적기업 가이드라인"(OECD Guidelines for Multinational Enterprises)을 제정하였는데 그후 2000년 6월에 일부 개정되었다. 위에서 살펴본 '결의'는 일정한 법적 구속력을 가지는 데 비하여 이러한 '가이드라인'은 법적으로 구속력을 가지지는 않는 지침이라는 점에서 구별된다. 동 가이드라인은 다국적기업이 회원국의 국민경제에 긍정적인 기여를 하도록 권장되어야 한다는 전제 아래, 다국적기업과 관련 국가의 정책목표 충돌을 최소화하고 해결함으로써 해외투자환경을 개선하는 것을 목적으로 하여 제정되었는데 다음과 같은 내용을 담고 있다.

국내법규 준수와 경제주권 행사 : 각 회원국은 다국적기업이 자국 내에서 활동하는 조건을 규정할 권리를 가지며 다국적기업은 이러한 투자유치국의 국내법을 준수하여야 한다. 다만 이러한 투자유치국의 경제주권행사는 국제법이나 관련 국제협정에 따라야 하고 투자유치국의 국내법규는 내국민대우원칙을 준수하여야 한다.

기본적 의무 : 일반적 정책(general policies) 항목으로서 다국적기업이 준수하여야 할 9가지 기본적인 의무, 즉 ① 투자유치국의 정책목표(특히 경제사회적 발전목표)를 충분히 고려할 의무, ② 투자유치국의 법과 정책을 준수할 의무, ③ 직원을 채용할 때 국적에 대한 차별 없이 개개인의 능력을 정당히 고려할 의무, ④ 투자유치국의 공무원에 대하여 직・간접의 부패관행을 삼가야 할 의무, ⑤ 법적으로 허용되지 않는 정치적 기부와 정치활동에 대한 부당한 간여 금지 의무 등을 포함하고 있다.

정보공개의무 : 정보공개항목으로서 다국적기업이 그들의 조직・활동・정책・재정 등에 대한 정보를 공개할 의무를 선언하면서 9개의 예시적인 공개대상을 열거하였다. 이러한 조항은 기업과 관련되는 정보를 충분히 대중에게 공개함으로써 기업 전체의 투명성을 높이려는 것이다.

경쟁제한금지의무 : 경쟁항목으로서, 다국적기업이 투자유치국의 공정경쟁과 관련되는 법규와 정책을 준수하고, 반경쟁적인 인수・경쟁자에 대한 약탈적 행동・불합리한 거래거절・산업재산권의 반경쟁적 남용・가격차별・이전가격조작 등을 통한 경쟁제한행위와 카르텔형성 등 경쟁제한을 위한 협정체결을 삼가며, 경쟁제한행위를 규제하는 투자유치국의 관계당국과 협조하여야 함을 규정하였다.

기타 사회경제적 의무 : 이 밖에도 재정항목 통하여 다국적기업이 재정적・상업적 활동을 함에 있어 투자유치국의 국제수지 및 신용과 관련된 정책목표를 고려하여야 함을 규정하였고, 환경보호 항목을 통하여 다국적기업이 투자유치국의 환경보호 관련 정책목표를 정당히 고려하고 환경적 측면에서 유해할 수 있는 건강문제를 야기하는 것을 삼가도록 규정하였다. 이 밖에도 본 가이드라인은 과세・고용과 산업관계・과학과 기술의 항목들을 따로 두고 이와 관련하여서도 다국적기업이 준수하여야 할 구체적인 여러 가지 의무를 규정하고 있다.

이상과 같이 OECD의 다국적기업 가이드라인은 다양한 범위를 종합화하고 있는 포괄적인 규범인 동시에 임의적이기는 하지만 도덕적 권고로서 상당한 영향력을 지니고 있다는 점에서 그 유용성이 인정되고 있다. 실제로 이러한 가이드라인은 OECD회원국과 일부 수락국 정부들이 이의 준수를 장려하기로 약속하였고 업계(business community)와 노동단체 양쪽으로부터의 지지도 받고 있다.

그럼에도 불구하고 본 가이드라인은, 규정 내용이 너무 추상적이고 법적 성격 역시 모호하며, 주로 OECD회원국 간의 다국적기업 활동에 대해서만 적용된다는 한계가 있어 개도국들의 이해관계를 제대로 반영하지 못하고 있다는 비판을 받고 있다. 이러한 태생적 한계가 있음에도 불구하고 이러한 가이드라인은 다국적기업의 기업행위를 국제적으로 규제하고 감시하는 국제규범의 형성을 위한 시도과정이라는 점에서 여전히 상당한 의의를 지니고 있다고 할 수 있다.

2.3 기타의 주요 국제투자 행위규범

2.3.1 세계은행의 "해외직접투자 가이드라인"(1992)

1990년대에 들어와 국제투자 행위규범 제정을 위한 노력이 재개되었는데 이들 중 대표적인 경우가 세계은행과 APEC에 의한 논의이다. 1991년 세계은행(World Bank)의 개발위원회는, 외국인직접투자의 촉진을 위해서는 국제적 차원의 종합적 법률체계가 필요하다는 인식을 기반으로 유관기관과 협의하여 새로운 규범체계를 검토하도록 결의하였다.

이후 세계은행총재는 IBRD · IFC(국제금융공사) · MIGA(국제투자보증기구)의 법률고문을 중심으로 전담반을 구성하여 다수국의 국내법과 국제투자협정 등의 주요 내용을 담은 보고서를 작성하도록 하였는데 1992년 동 위원회는 "해외직접투자에 대한 가이드라인"(Guidelines on the Treatment of Foreign Direct Investment)이라는 보고서를 제출하였다. 동 보고서는, 해외투자 관련 국제법이 명확하지 않고 논란이 많은 부분이 있으므로 국제법상 확립된 기준을 성문화하기보다는 해외투자와 관련하여 바람직하다고 간주되는 국가 관행을 정리하는 것을 목표로 하여 가이드라인 형태로 작성되었다.

위에서 설명한 다국적기업위원회(UNCTC)나 OECD의 가이드라인은 투자유치국에 대한 다국적기업의 의무를 주로 규정하고 있는 데 비하여, 본 가이드라인은 투자유치국들이 외국인투자에 우호적인 투자환경을 조성하여 투자를 촉진하는 데 목적을 두고 있는 만큼 여기서 규정하는 원칙들을 회원국들이 시행하도록 권고하는 형태를 취하고 있다. 세계은행의 가이드라인의 주요 내용을 요약하면 다음과 같다.

적용범위 : 본 가이드라인은 법이나 조약을 보완하는 2차적・보충적 규범으로서 투자유치국의 국내 법규에 충분히 부합되는 '선의의 민간투자'(bona fide private foreign investment)에 적용된다(제1조).

투자허용 : 투자유치국은 외국인투자를 장려하여야 하고 특별한 경우가 아닌 한 투자환경에 대한 정보를 제공하여야 하며, 외국투자를 승인함에 있어서 복잡한 절차적 규제나 조건을 달아서는 안 되고 특정 이행요구조건 부과는 금지되며, 투자업종에 제한을 두는 경우 제한업종을 명시하는 시스템(negative list system)을 채택하여야 한다(제2조). 국가안보・공공질서・공중위생・환경보호 등을 위한 경우 제한할 수 있으나 이는 명백히 정의되고 엄격히 해석되어야 하며 내국인 투자자와 동등한 제한이어야 한다(제4~5조).

투자대우 : 투자유치국은 외국인투자에 대하여 '공정하고 형평한 대우'(fair and equitable treatment)를 부여하여야 하고 내국민대우・최혜국대우에 관한 일반적 기준을 적용하여야 한다(제3조). 투자유치국은 국적에 관계없이 직원을 채용할 수 있는 자유와 필요할 경우 무제한적 송금을 행할 수 있는 자유를 허용하여야 한다(제5~6조).

재산수용 : 적절한 법률적 절차와 공공목적에 의한 경우가 아닌 한 원칙적으로 외국인자산에 대한 수용(expropriation)이나 이에 준하는 조치는 금지된다. 외국인자산에 대한 수용이 이루어질 경우 국적에 따른 차별이 없어야 하고 적절한(appropriate) 보상이 충분하고 효과적이며 신속하게 이루어져야 한다(제4조).

2.3.2 APEC(아시아태평양경제협력체)의 "국제투자원칙"(1994)

아시아 태평양 경제협력체(APEC)는 1994년 11월 인도네시아에서 개최된 각료회의에서 이른바 "APEC투자원칙"(Non-binding Investment Principles)을 채택하였다. 동 원칙은 민간기구인 태평양경제협력위원회(PECC)의 통상정책포럼이 1992년 구성된 연구작업반이 몇 차례의 초안 검토・수정 후 1993년 시애틀에서 개최된 APEC 정상회담에서 합의가 이루어졌고 1994년 각료회의에서 승인된 것이다. APEC의 성격상 투자협정에는 이르지 못하는 권고적 성격의 투자원칙으로 채택하였다.

동 원칙은 전문에서 '역내국들은 APEC이 지향하는 개방적 지역주의 정신에 입각하여 역내국 간의 다양성과 경제발전수준 차이를 반영하는 서로 상이한 투자규제제도를 인정하는 바탕 위에서 추가적 투자자유화를 달성하기 위한 투자원칙을 희망한다'고 규정하고 있다. 동 원칙이 담고 있는 내용을 보면 투명성, 최혜국대우, 내국민대우, 투자유인책으로서의 보건・안전・환경규제의 금지, 이행요구 금지, 수용과 보상, 송금 및 환전의 자유화, 분쟁해결, 투자관계자의 입국 및 체류 허용, 이중과세방지, 투자자 행동, 자본수출장벽금지 등 12개 원칙을 제정하고 있다.

이 같이 동 원칙이 투명성·내국민대우·무차별대우를 기본 원칙으로 한다는 점에서 WTO의 투자 관련 협정이나 OECD의 투자규범과 다를 바 없지만 그들과는 다르게 보험·금융과 같은 서비스분야에 대한 최혜국대우의 예외를 두지 않고 있다. 이것은 동 원칙이 법적 구속력이 없는 원칙선언에 불과하기 때문에 가능하였던 것으로 평가된다. 특기할 것은, 외국인투자를 유치하기 위하여 국민의 보건·안전·환경에 대한 규제수준을 완화하지 않는다는 투자유인에 대한 규제원칙을 포함시킨 것이다. 한편 동 원칙은 외국인투자기업의 수용과 보상에 대하여 ① 공익성, ② 비차별성, ③ 국내법 및 국제법의 원칙 준수, ④ 적절하고 효과적 보상이라는 4가지 원칙을 제시하고 있는데 이는 국유화에 적용될 최소한의 국제법적 기준을 채택한 것으로 평가된다.

이 같이 동 원칙은 본질적으로 아무런 법적 구속력이 없고 전문과 10여 개 조항만으로 구성된 간단한 문서이지만 이러한 투자규범의 제정이 갖는 의의는 매우 중요하다고 할 수 있다. 우선, 세계에서 가장 역동적인 경제성장을 보여주고 있고 직접투자 역시 활발하게 이루어지고 있는 지역의 국가들이 투자자유화에 대한 공감대를 형성하여 다자간에 적용될 포괄적인 투자규범을 처음으로 합의하였다는 점 그 자체가 중요한 의미를 가진다. 또한 APEC 참여국들은 경제발전 정도나 투자규제 수준면에서 실로 다양한 차이가 있음에도 불구하고 통일적인 투자규범에 대한 합의를 이루었기 때문에 이러한 투자규범의 내용이 전 세계적으로 확산되어 채택될 가능성이 없지 않고, OECD 등을 중심으로 논의되고 있는 다자간 투자규범의 제정에도 일정한 기여를 할 수 있는 가능성을 보여주기 때문이다.

제3절 다국적기업 관련 국제투자협정

상술한 바와 같이 국제투자 활동과 관련되는 여러 주체들의 권리와 의무를 규정하는 국제투자규범으로서 국제투자협정(IIA : International Investment Agreement)은, 자발적 협조에 의하여 규율될 뿐 어떠한 법적 구속력을 갖지 못하는 국제투자 행위규범과는 달리 일정한 법적 구속력을 수반한다. 이러한 국제투자협정은 그것의 ① 참여범위, ② 규율내용, ③ 포괄범위 등에 따라 여러 가지 유형의 협정으로 분류해 볼 수 있는데 그것에 참여한 체결국이 2국이냐, 지역이냐, 범세계적이냐에 따라 쌍무적·지역적·다자적 투자협정으로 구분할 수 있다.

현재(2010년 말 기준)까지 체결된 국제투자협정 수는 모두 약 6,100여 개(6,092)에 이르고 있는데 그들 중 쌍무적 투자협정(BIT)이 약 2,800여 개(2,807), 이중과세방지협정(DTT)이 3,000여 개(2,976)에 이르고 있고, 자유무역협정(FTA)이나 기타 경제통합협정 등 지역적 투자협정이 약 300여 개(309)에 이르고 있으며[66], 다자적 차원의 투자협정으로서는 WTO · World Bank · OECD 등에 의한 국제투자규범 등이 있다. 이러한 국제투자협정을 활발하게 체결한 국가들을 보면, 선진국의 경우 영국 · 독일 · 프랑스 등 유럽 국가들이 선두에 있고 개도국으로서 중국 · 한국 · 터키 등과 체제전환국으로서 크로아티아가 가장 선도적 위치에 있다.[67]

이러한 국제투자협정이 국가 간에 체결되는 이유는 자국의 해외투자를 보호(protect)하고 촉진(promote)시키기 위함인데 오늘날 세계 전체 해외직접투자 스톡의 약 2/3가 이러한 국제투자협정을 통하여 보호받고 있다. 그러나 이러한 범위를 쌍무적 투자관계에서 차지하는 숫자로 보면 전체 투자의 약 1/5(22%) 정도에 불과하여 모든 국가들 간의 투자를 국제투자협정으로 보호받기 위해서는 약 14,000(14,100)여 개의 쌍무적 투자협정 체결이 필요하다고 하겠다(〈표 15－3〉 참조).

표 15－3　국제투자협정의 세계FDI스톡 및 쌍무적 투자관계 규율범위

구　분	쌍무적 투자협정(BIT)	지역투자협정 및 FTA	투자협정 무	전 체
전체 FDI스톡 비중(%)	34	34	32	100
쌍무적 투자관계 수(%)	2,200 (12)	1,800 (10)	14,100 (78)	18,100

1. 쌍무적 · 지역적 차원의 국제투자협정

이처럼 국제투자협정은 체결국의 참여범위에 따라 쌍무적 · 지역적 · 다자적 협정으로 구분할 수 있는데 이러한 투자협정의 대부분이 2개국 간에 체결된 쌍무적 협정의 형태를 이루고 있고 때때로 경제적 이해관계를 같이하는 지역의 인접국들이나 특정 지역경제공동체가 주도하는 지역적 투자협정의 형태로 존재하는데 그 주요한 내용을 살펴보면 다음과 같다.

1.1 쌍무적 국제투자협정

1.1.1 쌍무적 투자협정(BIT)의 의의

쌍무적 투자협정(BIT : Bilateral Investment Treaties)이란, 투자국과 투자유치국 간에 투자와 관련되는 권리와 의무를 규정한 협정으로서 자국의 투자를 보호하려는 투자국의 이해관

---

66 UNCTAD, *WIR*(2011) p.100

67 2011년 5월까지 영국 320, 독일 304, 프랑스 297, 중국 249, 한국 190, 터키 183, 크로아티아 118개의 국제투자협정을 체결하고 있다.

계와 외국자본의 유치를 통하여 경제적 이익을 극대화하려는 투자유치국의 이해관계를 호혜적으로 보장하기 위한 제도적 장치라고 할 수 있다. 국가 간에 이루어지는 투자의 흐름을 자유화시키고 관련 당사국 간의 이해관계를 조정함으로써 국제투자의 흐름을 원활히 하는 동시에 이를 통한 경제적 이익을 증대시키기 위하여 행하는 가장 초보적인 방법이 쌍무적인 투자협정이라고 할 수 있다.

일반적으로 투자국 입장에 있는 선진국들은 자국의 해외투자를 보호할 목적으로 협정을 체결하는 반면 투자유치국의 입장에 있는 개도국들은 투자증진을 목적으로 체결한다. 따라서 쌍무적 투자협정에는 주로 투자기업과 현지기업과의 차별문제를 해결하는 동시에 투자 원금이나 과실의 송금을 보장하는 것을 주요 내용으로 한다. 이처럼 대부분의 쌍무적 투자협정들이 양국 간의 투자보호와 투자증진을 목적으로 체결되므로 이를 '투자보장협정'(Investment Protection Treaties) 또는 '투자증진 및 상호보장 협정'(Treaties on Promotion and Reciprocal Protection of Investment) 등으로 지칭하기도 한다.

1.1.2 쌍무적 투자협정의 역사

쌍무적 투자협정의 기원은 18세기에서부터 체결되기 시작한 '우호・통상・항해조약'(Treaty of Friendship, Commerce and Navigation)에서 찾을 수 있다. 그러나 이러한 조약은 양국 간의 통상문제뿐만 아니라 체약국 국민의 입국・체류・여행, 신체 및 재산의 보호, 회사설립 등의 영업활동과 재산권보호, 관세 및 조세, 내륙 항해문제 등 광범위한 내용을 대상으로 하여 직접투자를 주된 대상으로 하는 투자협정과는 그 규율범위가 다르다고 할 수 있다. 이러한 점에서 쌍무적 투자협정은 쌍무적 우호통상협정보다 그 규율범위가 좁은 것이지만 투자와 관련되는 문제를 중점적으로 규정하고 있어 투자 문제에 관한 한 오히려 보다 발전된 협정이라고 할 수 있다.

쌍무적 협정이 직접투자와 관련하여 본격적으로 체결되기 시작한 것은 제2차 세계대전 이후부터였다. 전후 신생독립국과 개도국들이 외국인투자에 대한 국가통제권을 행사하려는 움직임이 있게 되자 선진제국들이 자국의 해외투자를 보호하기 위한 방안으로 이러한 쌍무적 협정을 체결하기 시작하였기 때문이다.[68] 그러나 이러한 쌍무적 투자협정은 이후 오랫동안 국제사회의 큰 관심을 끌지 못하다가 1990년대 이후 폭발적인 증가가 이루어져 1990년대 약 400여 개에 불과하던 협정이 2010년까지 전 세계적으로 2,800여 개에

68 초기 이러한 쌍무적 투자협정에 가장 관심이 높았던 나라는 독일이었다. 제2차 세계대전 이후 독립한 신생국들이 독일의 해외투자자산을 국유화해버리는 사례가 늘어나자 이를 보호할 필요성이 높아졌기 때문이다. 따라서 최초의 쌍무적 투자협정은 1959년 독일과 파키스탄 간의 조약으로 알려져 있는데 1970년대 이후부터는 일반적으로 확산되기 시작하였다. 초기에는 주로 선진국과 개도국 간에 체결되는 것이 보통이었지만 최근에는 개도국들 간에 체결되기도 한다.

이르고 있다. 최근에 체결되는 투자협정의 내용을 보면, 현지자회사가 설립된 이후 현지기업과의 차별금지뿐만 아니라 현지자회사 설립 이전 국내진출의 자유화까지를 포함하는 내용으로 확장되는 경우가 많아졌다.

1.1.3 쌍무적 투자협정의 주요 내용과 평가

일반적으로 쌍무적 투자협정이 담고 있는 내용은, 체약국의 경제적 여건이나 양국 간 협상력 등에 따라 달라지지만, 대체로 ① 투자에 대한 일반원칙, ② 투자의 용어정의 및 적용범위, ③ 투자의 허용과 이행의무, ④ 수용조건과 보상범위, ⑤ 투자수익에 대한 송금보장, ⑥ 분쟁해결절차, ⑦ 타 협정 및 국내법과의 관계 등을 규정하게 된다. 이들 중 투자에 대한 일반적 원칙으로서는 ① 공정하고 형평한 대우(fair and equitable treatment), ② 내국민대우(NT : national treatment), ③ 최혜국대우(MFN : most－favored－nation treatment) 등 3가지 원칙을 규정하는 것이 일반적이다.

이상과 같은 쌍무적 투자협정은, ① 해외투자를 보호하거나 규율하는 다자적 규범이나 국제관습법이 확립되어 있지 못한 상황에서 이러한 흠결을 보완하는 기능을 하게 되고, ② 체약국 간의 특수적 관계를 적절히 반영함으로써 관련 당사국의 국가이익 보호를 위하여 가장 효과적인 역할을 수행할 수 있으며, ③ 투자보호와 투자증진을 위한 법적 구속력이 있는 제도적 장치를 갖추고 있다는 점에서 해외투자에 대한 가장 기본적이고 중요한 국제투자규범으로 평가된다.

그러나 이러한 쌍무적 투자협정은 당사국 간에만 적용되는 양국 간의 규범에 불과하여 모든 외국인투자에 일반적으로 적용되는 보편적인 국제투자규범이 될 수 없다는 한계를 가진다. 특히 투자협정의 주요 내용이 협정체결 당사국 간의 관계에 따라 서로 달라지고, 대부분의 경우 투자허용 · 내국민대우 · 송금 범위 등을 규정할 때 국내법 우선적용을 규정하고 있어,[69] 이러한 협정만으로 해외투자보호를 위한 글로벌한 기준과 통일적인 원칙을 확립할 수 없다는 근본적인 한계를 가질 수밖에 없다.

물론, 논자에 따라서는 여러 나라에서 체결된 쌍무적 투자협정이 공통적으로 규정하고 있는 원칙이나 규정은 국제관습법화되었다고 보는 것이 타당하고도 주장하기도 한다. 그러나 투자국과 투자유치국의 이해관계는 본질적으로 서로 상반된다는 점을 고려할 때 해외투자를 규율하는 양국 간의 협정이 실제로 존재하지 않는 경우 그러한 공통규정을 국

---

69 일반적으로 쌍무적 투자협정은 외국인투자에 대한 투자유치국의 주권행사를 광범위하게 허용하여, 투자의 허용여부 · 내국민대우 · 송금 등에 대하여 일반적으로 국내법의 우선적용을 규정하는 점이 다자적 투자협정과 다르다. 이것은 쌍무적 투자협정의 1차적 목표가 아니라 투자자유화보다는 투자보호에 있는 것이 일반적이기 때문이다.

제관습법으로 원용하는 것이 현실적 실효성을 가지기 어려운 것이 사실이다.

1.4 이중과세방지협정(DTT)

양국 간에 체결되는 쌍무적 투자협정의 일 형태로서 이중과세방지협정이 있다. 국경을 넘는 투자가 이루어지면 동일 소득에 대하여 투자국은 거주지국 과세원칙(the residence of taxpayer)을 주장하는 반면 투자유치국은 원천지국 과세원칙(the source of income)을 주장함으로써 과세권 충돌문제가 발생할 수 있다. 이러한 충돌이 발생되면 이것이 국가 간 자본의 원활한 흐름에 장애를 초래할 수 있으므로 각국 정부는 이러한 과세충돌문제를 해결하기 위한 조세협정/협약(tax treaty/convention)을 체결하여 이를 방지하려고 한다. 이러한 조세관련 조약이나 조세협정들 중 가장 중심에 서 있는 것이 이중과세방지협정(DTT : Double Taxation Treaty)이다.

일반적으로 조세협정은, 소득 및 자본에 대한 법률적 이중과세를 방지하기 위하여 국가 간에 체결된 협정으로서 그 공식명칭은 대체로 "소득 및 자본에 대한 조세의 이중과세 회피 및 탈세방지를 위한 협정/협약"(Treaty/Convention for the Avoidance of Double Taxation and the Prevention of Fiscal Evasion with respect to Taxes on Income and Capital)이 사용되는데 이러한 공식명칭이 너무 복잡하여 보통은 "이중과세방지협정"으로 불리어진다. 이처럼 이중과세방지협정은, 양국 간에 발생되는 법률적 이중과세를 방지하기 위한 것이므로 소득세나 자본세의 경우가 대상이 되고 소비지 과세원칙이 적용되어 법률적 이중과세가 발생하지 않는 간접세의 경우 그 대상이 되지 않으며, 협약을 체결한 당사국에게만 효력을 발생하므로 다자적인 협정과는 구별되지만 일반적으로 국내법에 우선하는 특별법으로서의 효력을 지닌다.

일반적으로 이중과세(double taxation) 문제를 해결하기 위하여 각국은 국내법에 규정을 두는 경우가 많다. 그러나 국내법에 의한 해결은 일방적인 성격을 지니고 있기 때문에 국제분쟁의 소지가 크고 따라서 법적 안정성이 결여되기 쉽다. 이에 각국은 이러한 이중과세방지협약을 체결하여 이 문제를 해결하는 것이 합리적인 방안이 된다고 판단하여 실제로 많은 나라들이 이러한 협약을 쌍무적으로 체결하고 있다. 실제로 2009년까지 전 세계적으로 체결된 이중과세방지협정의 수는 2,900여 개에 이르고 있다.

그런데 서로 다른 경제・사회・법률적 여건과 서로 다른 조세제도를 가진 양국이 어떤 통일된 기준이나 기본 모델 없이 협정을 체결하는 경우 하나의 국제적 규범을 도출하는 데 상당한 어려움이 따를 수 있다. 또한 협정체결 시 다루어야 할 쟁점들이 모든 나라들이 공통으로 직면하는 유사한 문제들이므로 이러한 협정체결의 기준이 될 수 있을 어떤 표준적인 모델이 존재하면 국가 간의 협정체결이 용이해질 뿐만 아니라 분쟁이 발생할 경우에도 통일적인 해석이 가능해진다. 이에 따라 대부분의 국가들이 투자협정을 체결할 때에 어떤 모델협정을 기본으로 설정하고 자국의 경제현실이나 국가이익에 맞도록 일부 수정하여 이를 협정초안으로 활용하는 경우가 많다.

따라서 이러한 표준적인 모델협정을 제정하기 위한 국제적 노력이 국제연맹 · UN · OECD 등을 중심으로 이루어져 다양한 모델이 존재하지만, 현재 국제적으로 가장 널리 채택되고 있는 모델협정으로서는 1977년 제정된 'OECD모델협정'과 1979년 제정된 'UN 모델협정'이 있다. 전자는 주로 선진국 간의 조세협정체결에 이용되고 있는 반면 후자는 주로 선후진국 간의 조세협약체결에서 널리 활용되고 있다.

1.2 지역적 국제투자협정

1.2.1 지역적 투자협정의 의의

쌍무적 투자협정이 투자국과 투자유치국 간의 투자 관련 권리와 의무를 명확히 규정함으로써 투자의 흐름을 활성화하는 동시에 투자와 관련된 양국의 이해관계를 호혜적으로 보장하는 제도적 장치라면, 이러한 노력은 지역적 차원에서나 특정 지역경제공동체 차원에서도 성립될 수 있는데 이것이 지역적 투자협정(regional investment treaty)이다. 이러한 지역 차원의 투자협정 체결은 1980년대 후반 이후 지역주의(regionalism)가 심화되는 과정에서 더욱 의미를 가지게 되었다.

이러한 지역적 투자협정은 결국 각각의 지역공동체들이 그들의 설립목적과 관련된 범위 내에서 해외투자를 규율하는 기본 원칙을 채택하여 역내투자의 자유화를 이룩하는 동시에 투자규제를 위한 일관된 규범을 지역적 차원에서 마련하려는 것이다. 따라서 이러한 지역적 투자협정은 쌍무적 투자협정에 비하여 훨씬 다양한 유형을 나타내고 있다. 어떤 협정은 참가국 사이의 투자장벽을 제거하는 데 초점이 맞추어져 있는가 하면 또 다른 협정은 투자의 촉진과 보호를 강조하기도 한다. 이렇게 다양한 지역적 투자협정들이 존재하지만 대표적인 것들로는 다음과 같은 협정을 들 수 있다.

유럽연합(EU) : 유럽공동체(EEC)를 창설한 로마조약은 상품 · 노동 · 서비스 · 자본의 자유로운 국제적 이동을 규정하였고 특히 제52조부터 58조는 거주의 자유 · 회사설립권 · 내국민대우 등을 규정하였다. 이후 1993년 출범한 유럽연합(EU)은 현존하는 지역경제통합체 중 가장 높은 수준의 역내투자 자유화를 이룩한 경우라고 할 수 있다. 회원국에 적용되는 별도의 투자규범이 만들어져 있지는 않지만 외국인투자와 관련하여 다양한 지침(directives)들이 적용되어 자유로운 투자와 보호가 이루어지고 있다. 외국인투자와 직접 관련되어 만들어진 1998년 자본이동 가이드라인과 EU조약 제73조에서는 투자 및 송금과 관련되는 모든 제한을 금지시키고 있다.

북미자유무역협정(NAFTA) : 북미 3국의 무역과 투자의 활성화를 위하여 제정된 북미자유무역협정의 제11장(투자자유화 관련 38개 규정)은 자본이동과 투자유치에 대한 제반 규정 및 분쟁해결 절차와 방법에 대하여 규정하고 있다. 동 협정은 재화뿐만 아니라 서비스까지 포괄적으로 다루고 있어 모든 형태의 기업·재산소유권·지분을 투자의 대상으로 하고 있고 신규투자와 기존투자·역내투자와 역외투자도 적용대상으로 하고 있다. 주요 내용을 보면, 투자와 관련한 내국민대우, 수출의무 및 기술이전의무 등과 같은 이행의무요건의 금지, 투자기업 임원에 대한 국적제한 금지, 송금제한금지, 수용금지 및 공정한 배상 등과 함께 특히 강력한 투자분쟁해결절차 등을 포함하는 광범위한 내용들을 규정하고 있다. 이런 점에서 북미자유무역협정은 향후 논의하게 될 다자적 국제투자협정의 기초가 될 수도 있는 모델을 제시하였다고도 평가하는 사람들이 많다.

아세안(ASEAN) : 아세안의 경우 1998년 10월 '아세안투자지역에 관한 기본 협정'을 체결하였다. 이 협정은 아세안 회원국들 간에는 2010년까지, 그리고 역외국에 대해서는 2020년까지 투자자유화 및 내국민대우를 부여할 것을 규정하였다.

1.2.2 역외국 기업에 대한 지역적 공동규제

지역경제공동체는, 역내투자 자유화를 이룩하고 투자에 대한 통일된 규범을 마련하기 위한 지역적 차원의 투자협정을 체결하는 한편, 역내에 진입하는 역외국의 다국적기업에 대하여 공동으로 규제하려는 집단적 노력을 행하기도 한다. 이러한 형태의 집단적 규제는 다국적기업의 국제적 이동성에 대응하여 어느 정도 효과적인 규제를 가할 수 있는 동시에 지역 내에 있는 개별 국가의 협상적 지위를 유리하도록 만들 수 있다. 이렇게 역외국으로부터 진출하는 다국적기업에 대하여 지역적 차원에서 공동규제를 행한 대표적 예로서는 유럽연합과 안딘공동시장의 경우를 들 수 있다.

유럽연합(EU)의 공동 규제 : 유럽연합은 1980년대 후반 시장단일화를 추진하면서 경제통합에 따른 혜택을 역외국 다국적기업들이 누리게 되는 것을 원하지 않음을 분명히 하였다. 따라서 상대국이 유럽연합 출신의 기업들에게 자국기업과 동일한 혜택을 부여하지 않는 한 EU 역시 그들에게 자국민과 동일한 혜택을 부여할 수 없다는 상호주의를 분명히 하였다. 또한 외국의 다국적기업이 역내의 노사관계 관행을 따르도록 하였고 일정 규모 이상의 역외국 다국적기업들은 범 유럽적인 노동위원회를 만들고 이를 통해 피고용인들에게 회사의 중요 결정사항을 알려주고 협의하는 것을 의무로 규정하기도 하였다.

안딘공동시장(ANCOM)의 공동 규제 : 역외국 다국적기업의 행태와 영향을 성공적으로 규제함으로써 지역의 경제적 이익을 더 확대시켜 나가는 대표적인 경우로서 안딘공동시장이 예거된다. 그들 5개 회원국들은 자국의 전략산업에 대한 투자금, 기업소유권・과실송금・기술사용료의 제한 등 다국적기업 투자활동을 엄격히 규제하고 있을 뿐만 아니라 이들이 아예 역내로 진출하는 것 자체를 배격하는 대응까지 공동으로 행하였다. 이러한 공동규제에도 불구하고 많은 다국적기업들은 넓은 공동시장・낮은 관세・풍부한 천연자원이라는 점 때문에 이 지역에 대한 투자를 원하여 왔다.

2. 다자적 차원의 국제투자협정

이상에서 살펴본 쌍무적 투자협정이나 지역적 투자협정은 그 성격상 보편적인 국제적 투자규범으로서 근본적인 한계를 지닐 수밖에 없다. 또한 협정체약 당사국의 협상력 여하에 따라 불평등한 규범이 강제되거나 지역공동체 특유의 상황을 전제로 하여 체결되기 때문에 세계 전체의 후생을 증진시키고 다양한 국가들의 이해관계를 균형 있게 조화시키는 보편적 규범으로서 작동되기도 어렵다.[70] 이러한 한계를 극복할 수 있는 최선의 방안은 많은 나라들이 참여하고 준수하는 범세계적 수준의 국제투자규범으로서 다자적 투자협정(multilateral investment agreement)을 체결하는 일이다.

이러한 다자적 투자협정이 체결되면 세계의 많은 나라들이 이러한 통일적 규범에 기속되어 세계적 차원의 투자자유화가 촉진될 수 있고 국제투자와 관련되는 분쟁이 발생하는 경우에도 보다 쉽게 조정될 수 있다는 장점을 가지게 된다. 이 때문에 다자적 투자협정을 체결하기 위한 노력이 OECD와 WTO를 중심으로 꾸준히 시도되어 왔다. 그럼에도 불구하고 여전히 하나의 통일적이고 포괄적인 규범 형태를 이루고 있지는 못하다.

2.1 OECD의 다자간 투자협정(MAI)

2.1.1 다자간 투자협정(MAI)의 논의배경

세계의 직접투자 규모가 급격히 증대되고 투자 내용 역시 다양화・복잡화 됨에 따라 기존의 투자규범을 뛰어넘는 어떤 새로운 투자규범의 필요성이 높아지자 UR협상에서도

70 쌍무적 협정과 다자적 협정 중 어떤 것이 더 투자유치국의 경제를 구속하고 엄격한 투자규범을 포함할 것인가에 대하여 전자가 더욱 그러할 것으로 인식하는 경우가 많다. 그러나 쌍무적 투자협정의 내용은 당사국들이 처해 있는 경제적 상황과 목표에 따라 달라지므로 이를 일의적으로 규정하기 어렵다. 다만 그 특성상 쌍무적 협정이 비교적 외교적 특성(diplomatic characteristics)이 강한 데 비하여 다자적 협정은 법적 특성(law characteristics)이 강하다고 할 수 있다.

국제투자와 관련된 규범에 대한 논의가 진행되었다. 이러한 논의가 어느 정도 진행되고 있는 가운데 OECD는 국제무역과 마찬가지로 국제투자에 대하여서도 WTO와 동일한 방식의 다자적 협정을 통해 투자자유화를 이룩하고자 하는 시도를 시작하였다.[71]

OECD가 이러한 시도를 행한 것은, 지금까지의 국제투자규범과는 달리 법적 구속력을 가진 어떤 포괄적이고 보편적인 다자적 규범체제를 이룩하자는 염원 때문이었지만, 다른 한편으로는 당시 진행되고 있는 UR에서의 국제투자 관련 협상이 투자의 자유화를 충분히 보장하고 공정한 경쟁의 틀을 규율할 수 있는 수준의 완성된 투자규범이 되기에는 미흡할 것이라는 인식 때문이기도 하였다.

이에 OECD 각료이사회는 1993년 OECD조직 내에 설치되어 있는 '자본이동 및 무역외거래 위원회'(CMIT)와 '국제투자 및 다국적기업 위원회'(CIME)로 하여금 국제투자와 관련되는 포괄적인 투자규범의 제정을 위한 검토를 지시하였다. 그 다음 해인 1994년 OECD 각료회의는 대외거래 자유화의 진전과 다자간 체제의 강화를 위한 향후의 과제로서 ① 무역과 환경, ② 무역과 경쟁, ③ 무역과 노동기준, ④ 무역과 투자 문제를 선정하였고 이를 바탕으로 하는 "다자간 투자협정"(MAI : Multilateral Agreement on Investment)의 새로운 제정 작업을 추진하였다.

이후 WTO체제가 출범한 해인 1995년의 9월에 개최된 OECD각료회의에서는 이에 대한 협상개시가 공식적으로 선언되었다. 그리고 이를 위한 협상의 가이드라인으로서 ① 새로이 제정할 MAI가 높은 수준의 투자자유화와 투자보호는 물론 효과적인 분쟁해결절차를 갖춘 포괄적인 규범이 되도록 하고, ② 이후 OECD 비회원국에게도 개방되도록 하며, ③ 향후 이러한 투자규범이 WTO차원에서 논의되는 것이 바람직한 만큼 WTO와 협력해 나간다는 것을 천명하였다. 이후 OECD는 이러한 협정체결의 협상을 담당할 '관계국 간 협상그룹'(negotiation group)을 구성하고 협정 내용을 구체적으로 조율하는 작업을 하도록 하여 1997년 개최예정인 각료회의까지 협상을 타결할 것을 목표로 정하였다.

2.1.2 다자간 투자협정(MAI)의 주요 내용

이후 OECD는 2개의 위원회와 5개 실무작업반(working group)을 중심으로 십 수 차례의 협상을 통하여 논의를 진전시켜 나갔다. 당시 OECD가 MAI를 통하여 실현하고자 하였던 협정의 주요 내용을 보면 ① 규율대상의 범위 확대, ② 최고수준의 투자자유화와 투자보

71 국제경제활동에 있어 직접투자와 다국적기업의 역할이 증대됨에 따라 국제무역에서와 같이 국제투자에 대해서도 국제적으로 인정되는 어떤 관리체제가 있어야 한다는 주장은 있어 왔다. 대표적으로는 1970에 C. P. Kindleberger & P. M. Goldberg가 제안한 'GATTⅡ' 또는 'GAI'(General Agreement on International Investment/Corporations)와 그후 이것을 재해석하여 1976년 D. Wallace가 제안한 국제투자기구(IIO : International Investment Organization) 설립안이 있다.

호, ③ 효과적 분쟁해결절차 도입 등 3가지로 요약되는데 구체적인 내용을 살펴보면 다음과 같다.

광범위한 적용범위 : MAI의 적용대상이 되는 "투자"는 투자자가 직간접으로 소유하거나 통제하는 모든 형태의 자산으로 정의되어 포트폴리오투자 · 직접투자 · 지적소유권계약 · 임대권 등 경제적 가치가 있는 모든 유무형의 투자를 대상으로 하였다. 따라서 MAI는 과거 어떤 국제규범보다 개방의 폭이 가장 광범위하고 포괄적인 투자규범으로서, 그 적용범위 또한 OECD 비회원국들도 참여할 수 있도록 개방함으로써 투자자유화의 질서를 새로이 정립하면서 이를 전 세계적으로 확산시켜 나가고자 하였다. 대상이 되는 "투자자"의 개념 역시 체약국의 국적을 가지거나 영주하는 모든 자연인 · 법인 · 법률단체를 대상으로 규정하여 광범위하게 정의하였다.

높은 수준의 투자자유화 · 투자보호 : "투자자유화"를 위한 기본 원칙으로서 내국민대우 · 최혜국대우 · 투명성을 규정하였다. 내국민대우와 최혜국대우란 투자의 설립부터 설립된 이후의 운영 · 영업 · 확장 · 처분 등 모든 실행과정에 이르기까지 어떠한 법률적 · 사실적 차별도 할 수 없음을 뜻하고, 투명성(transparency)이란 MAI를 시행함에 있어 영향을 주는 모든 법률 · 규정 · 결정 등 일체를 대외적으로 공표하거나 공개하여야 함을 뜻한다. 이는 결국 내국기업과 외국기업의 구분이 법률적으로나 사실적으로 없어지게 됨을 의미한다.

동시에 이 협정은 국영기업 민영화 · 정부재산 매각 · 독점기업의 지정 및 유지 등에 있어 국내외기업의 차별을 금지하고, 투자와 관련한 수출의무 · 국산품사용의무 · 기술이전의무 · 현지인고용의무 등 일체의 이행의무부과를 금지시켰으며, 투자유치를 위하여 사회복지기준을 완화시키는 방법의 유인책도 사용할 수 없도록 하였다. 이처럼 MAI는 높은 수준의 국제투자규범, 특히 최고 수준의 투자자유화규범을 지향하였다. 이와 함께 본 협정이 발효되면 투자와 관련되는 모든 이들의 입국 · 체제 · 채용이 보장 되어야 하고 또한 외국의 투자자들에 대한 공정하고 공평한 대우와 함께 충분한 "투자보호"도 이루어져야 하도록 규정하였다.

강력한 분쟁해결절차 : 투자와 관련되는 분쟁을 해결하기 위하여 법적 구속력이 있는 강력한 분쟁해결절차를 규정하였다. 특기할 점은 WTO 분쟁해결절차가 국가 대 국가 분쟁(state-to-state dispute)으로 한정되는 데 반해 MAI에서는 투자자가 국가를 상대로 소송을 제기할 수 있도록 하여 "투자자 국가소송제도"(ISD : Investor-State Dispute)도 가능하도록 허용하고 있다는 점이었다.[72]

---

72 초기의 국제투자협정은 국가 간의 분쟁해결절차만을 다루었다. 그러나 1965년 미국 워싱턴에 "국제투자분쟁해결센터"(ICSID : International Center for the Settlement of Investment Disputes)가 설립되면서 많은 국제투자협정들이 투자자 국가소송(ISD) 규정을 도입하기 시작하였는데, 현재 다수의 쌍무협정(BIT)과 NAFTA협정 및 ECT 등 다자협정에서도 이를 규정하고 있다. 분석에 따르면 2010년 말까지 세계 2,000여 개의 국제협정에

2.1.3 다자간 투자협정(MAI)의 성격과 실패

이상과 같이 당초 OECD가 계획하였던 MAI체제는, ① 세계 전체 직접투자의 70~80%를 차지하고 있는 30여 개 선진국들에 의해 추진되면서 비OECD국가들에 대해서도 개방적인 체제를 지향하는 다자적(multilateral) 성격, ② 투자와 투자자의 범위를 광범위하게 규정하고 높은 수준의 투자자유화를 광범위하게 규율하는 포괄적(comprehensive) 성격, ③ 구속력과 강제력을 수반하는 분쟁해결절차를 구비한 구속적(binding) 성격의 국제투자규범이라는 특성을 지니고 있었다.

이상과 같은 성격을 지닌 구속력 있는 다자적 국제투자규범인 MAI체제가 실제로 출범하였다면 이것은 실로 50여 년 전에 이루어진 GATT의 출범이나 1995년에 이루어진 WTO체제의 출범에 비견되는 세계적 사건이 되었을 것이다. GATT 출범으로 인해 쌍무적 협정체제가 지배하였던 세계교역체제가 다자적 체제로 전환되었듯이 MAI 역시 사실상 쌍무적 협정에 의존하고 있던 세계투자체제를 다자적 체제로 전환하여 투자의 자유화를 획기적으로 개선시키는 계기가 되었을 것이고, 또한 WTO체제의 출범으로 무역자유화의 규범수준이 더욱 높아지고 보다 강제력 있는 분쟁해결체제가 마련되었듯이 MAI체제 역시 투자자유화의 규범을 보다 체계화하고 그 법적 구속력을 대폭 강화하는 체제로 전환되는 계기를 마련하였을 것이다.

말하자면 OECD가 추진한 MAI가 순조롭게 체결되었더라면 WTO체제와 MAI체제가 세계무역과 세계투자의 자유화질서를 주도하는 양대 산맥으로 자리매김하였을 것이다. 그러나 이러한 MAI체제는 1995년 공식적으로 협상이 개시된 이후 협상을 완료시키지 못한 채 결국 1998년 12월에 공식적으로 폐기되어 협상이 중단되었다. OECD가 추진한 이러한 다자간 투자협정이 실패하게 된 것은 다음과 같은 원인들이 복합적으로 작용하였기 때문이다.

투자자유화의 본질적 특성 : 다자간 투자규범이 성립되기 어려운 보다 근본적인 이유는 투자자유화가 초래할 수 있는 본질적 특성 때문이다. 국경을 넘어 상품이 이동되는 국제무역과는 달리 직접투자란 다른 나라의 거주자에 의해 소유되고 통제되는 기업이 자국에 주재하는 것을 의미하기 때문에 국제무역과는 또 다른 영향과 충격을 남겨줄 수 있기 때문이다.[73] 따라서 국제무역처럼 국제투자에 대해서도 이를 통일적으로 관리하는 다자적 프

이러한 ISD조항이 들어 있고 지금까지 390여 개의 ISD소송이 제기되었는데 이들 중 많은 부분(245개 케이스)이 ICSID에 의한 중재로 진행되었다(UNCTAD, *WIR*, 2011 p.101).

73 다자간 투자규범을 반대하는 사람들은, 이러한 투자체제가 출범하는 경우 세계의 모든 국가들이 전면적인 경쟁의 시대로 접어들어 강한 자가 약한 자를 배제하는 밀림의 법칙이 지배하게 됨으로써, 상대적으로 경쟁력이 약한 개도국의 국내기업은 몰락하거나 변신을 강요당하게 되고 이러한 과정에서의 구조조정으로 인해 대량실업 등과 같은 코스트 지불이 불가피해질 것이며, 세계경제의 상호의존성이 더욱 심화되어 경제정책의 입안과 시행에 있어서도 선진국자본에 의한 개도국지배가 더욱 강화될 것이라고 주장하였다.

레임워크를 만들자는 주장은 직관적으로 어필하는 것이 사실이지만 실제로 국제투자에 대한 다자적 협정이 실현되기 어렵다는 사실은 그 동안 이루어진 몇 차례의 협상실패를 통하여서도 이미 역사적으로 입증되었다.

격렬한 국제적 비판과 반대 : OECD가 국제투자의 자유화를 위한 다자간 협정을 추진하자 미국 · 캐나다 등과 같은 선진국의 노동조합이 이에 대한 반대를 표시하였음은 물론 주요 개도국과 많은 비정부기구(NGO)의 격렬한 반대와 투쟁이 시작되었다. 그들은, MAI는 표면적으로는 자유로운 투자를 보장하는 국제규범이지만 그 내용은 들여다보면 투자에 대한 절대적 보호를 원칙으로 하여 선진국의 자본이나 다국적기업의 이해관계만을 반영하는, '다국적기업의 권리헌장'일 뿐이며 '미국을 비롯한 제국주의국가들과 초국적자본이 추구하는 세계화가 무엇을 의미하는지를 극명하게 보여주는 실례'라고 비판하였다.[74]

주요 선진국들의 열의 부족 : MAI에 대하여 개도국들의 반대가 강렬하였던 반면 이러한 협정을 주도하는 OECD의 회원국인 주요 선진국들의 추진 열의가 그다지 높지 못하였다. 회원국 중에서도 미국 · 프랑스 등의 경우 정부 차원의 관심이 결여되어 있었음은 물론 나머지 대부분의 국가들 역시 이러한 다자적 투자규범을 성사시키려는 열의가 높지 못하였다. 이렇게 열의가 높지 못했던 것은, 어떤 다자적 국제투자규범이 만들어진다면 그것이 최선이겠지만 그러한 체제를 만드는 합의를 이루기까지는 상당한 코스트가 불가피할 것으로 예상되었고, 그렇다고 자국의 업계나 정부 어느 쪽으로부터도 이에 대한 충분한 지지를 기대하기도 어려웠으며, 이와 더불어 WTO가 우여곡절 끝에 국제투자와 관련되는 협정들(TRIMs, GATS, TRIPs)을 성사시켜 놓았기 때문에 그러한 새로운 협상의 필요성을 그다지 긴박하게 여기지 않았기 때문이었다.

2.2 WTO의 국제투자 관련 협정

2.2.1 WTO 국제투자 관련 협정의 논의과정

앞에서 언급한 대로 새로운 국제무역기구(ITO)를 설립하기 위하여 결의된 1948년의 아바나헌장에서는 국제투자와 관련된 내용이 포함되었지만 그후 이 헌장의 실현이 무산됨

---

74 이들이 이렇게 MAI를 격렬히 비판하고 반대한 주요한 논거를 보면 ① 이러한 다자간 협정체제를 추진하는 주체 OECD는 그 자체가 30여 개 선진자본주의국가들로서 처음부터 개도국들이 배제된 선진국들만의 모임인 만큼 투자유치국(특히 현지개도국)의 이해관계를 반영할 수도 없는 구조적 한계를 지니고 있다. ② MAI상의 투자개념이 너무 포괄적이고 광범위하여 사실상 투자로서의 의미가 없는 투기적 행위마저 보호해야 하는 불합리한 결과를 초래할 수 있고 분쟁해결절차에 있어 투자자 국가소송(ISD)을 허용하고 있어 이에 따른 피해가 우려된다. ③ 이러한 일방적인 투자규범을 통한 투자자유화가 이루어지면 다국적기업은 아무런 제한 없이 언제 어디든지 자신이 원하는 형태의 투자를 감행함으로써 결국 전 세계적인 규모의 노동자착취 · 인권침해 · 환경파괴가 야기될 것이란 이유 등으로 요약된다.

에 따라 국제투자 관련 규정이 GATT에 도입되지 못하였다. 이후 ITO를 대신하여 출범한 GATT체제는 무역자유화를 위한 다자간 규범체제로 출발함에 따라 국제투자 문제는 GATT의 직접적인 관심대상이 아니었던 만큼 국제투자를 직접 규율하는 조항이 존재하지 않았고 다만 최혜국대우원칙(제1조)・내국민대우원칙(제3조)・수량제한금지원칙(제11조) 등이 무역거래와 관련하여 간접적으로 적용될 수 있을 뿐이었다.

이렇게 국제투자 관련 규정이 GATT에 도입되지는 못하였지만 GATT 내의 전문가그룹들은 계속적인 연구를 통하여 다자적 국제투자규범의 정립문제를 검토하기도 하였다. 그러나 1960년대 작성된 전문가그룹의 '경쟁제한관행에 관한 규범제정'이 비현실적이라는 이유로 폐기됨에 따라 이후 더 이상의 논의가 진전되지 못하였다. 그후 도쿄라운드(TR)가 타결된 직후인 1980년 GATT 내에 '18인 자문그룹'(Consultative Group 18)이 상설기구로 설치되면서 동 위원회가 투자 관련 조치에 대한 보고서를 통하여 이 문제를 제기하였고, 1982년 캐나다의 외국인투자심사법(FIRA : Foreign Investment Review Act)을 둘러 싼 미국과 캐나다 간의 분쟁을 계기로 이에 대한 논의가 더욱 활발해졌다.

1980년대 중반 이후 직접투자의 규모가 급격히 증대되어 세계경제통합의 추세가 무역보다는 직접투자를 통하여 실현되고 있을 뿐만 아니라 투자의 내용이 다양화・복잡화됨에 따라 기존의 투자규범을 대체할 새로운 국제투자규범의 필요성이 제기되기 시작하였다. 뿐만 아니라 국제 무역과 투자는 본래 상호 밀접한 관계를 지니고 있을 뿐만 아니라 국제경제의 상호의존성이 심화됨에 따라 양자의 보완적 관계 역시 더욱 심화됨에 따라 국제투자와 관련되는 다자적 투자규범의 필요성이 더욱 높아지게 되었다.

이에 따라 1980년대 후반, 보다 광범위하고 보다 공정한 무역의 자유화를 위한 새로운 국제적 규범체계를 추구하는 우루과이라운드협상(UR)에서 국제투자문제를 규율할 새로운 국제협정을 체결하려는 시도가 이루어졌다. 미국을 비롯한 선진국들은 UR협상에서 이 문제를 다루기를 원하였지만 브라질・인도 등을 비롯한 개도국들은 투자문제를 국제무역기구에서 다루는 것이 적합하지 않다고 주장하며 협상의제의 채택부터 반대하였다. 그러나 이후 투자와 관련된 협정의 내용을 최소한으로 국한한다는 전제 아래 개도국의 동의를 얻어 이에 대한 협상이 시작되었고 그 결과 국제투자와 관련되는 협정들이 WTO체제 속에 포함되게 되었다.

이러한 협상과정을 통하여 만들어진 WTO협정 중 국제투자와 직접 관련되는 협정으로서는 "무역 관련 투자조치협정"(TRIMs)이 있고, 직접투자가 직접 대상은 아니지만 간접적으로 관련되는 협정으로서는 "서비스무역 일반협정"(GATS)과 "무역 관련 지적재산권협정"(TRIPs)이 있다.[75] 이들 3개의 투자 관련 다자협정들은 WTO에서 새로이 제정된 협정인

75 물론 이러한 협정 이외에도 국제투자와 관련되는 문제들이 포함되는 협정들이 있다. 예컨대 투자인센티브제공

만큼 ① 초보적 수준·제한적 범위의 자유화를 추구하고 있고, ② 주요 내용으로서 내국민대우(NT)원칙을 강조하고 있으며, ③ 점진적 자유화를 추구하면서 추후 새로운 후속협상을 약속하고 있다는 공통점을 지니고 있다.[76]

2.2.2 WTO의 "무역 관련 투자조치협정"(TRIMs)

상술한 대로 전통적으로 무역과 투자는 상호 대체적인 성격이 강하였으나 점차 상호보완적 성격이 강해짐에 따라 선진국, 특히 미국은 국제투자의 자유화문제를 UR협상의 의제로 삼기를 원하였으나 브라질·인도 등 개도국들이 이에 대해 강력히 반대함으로써 협상의제의 채택에서부터 투자조치협정이 뜨거운 쟁점이 되었다.

이에 따라 UR협상은 '무역과 관련된 투자에 대한 제한 및 왜곡문제'를 시정하는 것으로 한정하고, 그 내용도 내국민대우(GATT 제3조)와 수량적 제한의 철폐(GATT 제11조)와 관련된 이슈만을 논의하게 되었다. 이 때문에 최종적으로 합의된 "무역 관련 투자조치협정"(TRIMs : Agreement on Trade Related Investment Measures)의 주요한 내용은 ① 무역과 관련된 제한된 범위의 투자에 대한 점진적 시장개방, ② 개도국에 대한 일정한 예외 인정, ③ 자유화를 위한 후속협상의 추진으로 요약된다.

적용범위 : 선진국들의 투자협정 체결요구에 대한 개도국들의 강력한 반발로 동 협정의 적용범위가 상품무역과 관련되는 제한된 범위의 투자에 대한 무역제한 및 왜곡을 발생하는 조치만으로 국한하였다. 따라서 상품무역의 경우에만 적용되고 서비스부문에 대한 외국인투자의 경우에는 적용되지 않으며 이 경우에도 무역제한 및 왜곡효과와 무관한 일반적 투자조치는 적용대상에서 제외된다.

시장개방 : 동 협정은 GATT 제3조(NT조항)와 제11조(수량제한금지)에 합치되지 않는 조치를 금지하고 있다. 부록은 이에 해당되는 사례로서 외국인투자기업에 대한 ① 일정 범위의 국산품을 이용할 것을 요구하는 국산품이용의무(local content requirements), ② 국제수지 또는 외환과 관련하여 외국산 기자재의 수입을 일정 비율·일정 금액으로 제한하는 조치, ③ 외국인 투자기업의 생산 중 일정 비율 이상을 수출하지 못하도록 하는 조치 등을 예거하였다.[77]

과 관련되는 반덤핑협정(AD)·보조금 및 상계관세협정(CVD), 정부조달에 있어서 국내외 기업 간의 차별을 금지시키는 복수국 간 협정인 정부조달협정(AGP) 등이 있다.

76 노택환(2008) p.312

77 UR협상 초기에는 이러한 조치 이외에 국내 판매 비율의 설정(minimum or maximum domestic sales), 기술이전과 라이센싱(technology transfer and licensing), 송금(remittance), 소유제한(ownership limitations), 투자유인(investment incentives) 등에 대한 제한조치를 모두 금지시키거나 이에 대한 규율을 강화하려 하였으나 개도국의 반대에 부딪혀 실패하였다.

예외 허용 : GATT 1994에서 규정하고 있는 예외조치는 동 협정에서도 적용되어 GATT의 일반적 예외(20조)와 국가안보 예외(21조)는 본 협정에서도 예외로 인정된다. 또한 개도국의 경우 GATT규정에 따른 국제수지 방어목적의 규정에 합치되는 경우 일시적으로 내국민조항이나 수량제한금지조치에 대한 개도국의 예외를 여기에서도 인정한다.

점진적 자유화와 추후 논의 : 본 협정은 WTO 발효일로부터 90일 안에 동 협정에 위반되는 모든 현행조치를 상품무역위원회에 통보하도록 하고 일정한 기간(선진국 2년, 개도국 5년, 극빈개도국 7년) 내에 이를 철폐하도록 하였다. 또한 상품무역위원회는 WTO협정 발효일로부터 5년 이내에 동 협정의 이행사항을 재검토하고 보완이 필요하다고 생각될 때는 이를 각료회의에 제안하도록 규정하고 있다.

이렇게 본 협정(TRIMs)은 궁극적으로 시현하게 될 다자간 투자협정을 향한 잠정적이고 초보적인 성격의 협정이라고 볼 수 있다. 따라서 다양한 무역 관련 투자조치의 일부분만을 규정하고 있고 그것도 상품무역의 경우에만 적용하고 있다는 점에서 제한적이다. 그럼에도 불구하고 무역을 제한하거나 왜곡시키는 무역 관련 투자조치를 제거하기 위하여 제정된 사상 최초의 다자간 협정이라는 데에 의의가 있다. 특히 그동안 많은 개도국들이 빈번히 사용해 오던 국산품사용의무・송금제한・수출의무 등과 같은 이행요구가 금지됨에 따라 이러한 투자조치를 활용하고자 하는 유인을 감소시키는 계기로 작용함으로써, 전반적으로 외국인투자의 여건이 개선되고 투자의 자유화를 확장시키는 데 기여할 것으로 전망된다.

2.2.3 WTO의 "서비스무역 일반협정"(GATS)

세계무역에서 차지하는 서비스거래의 비중이 증대됨에 따라 이를 규율하는 새로운 규범의 필요성이 증대됨에 따라 체결된 협정이 WTO의 "서비스무역일반협정"(GATS : General Agreement on Trade in Services)이다. 이 협정은 서비스무역을 규율하는 최초의 다자간 무역협정으로서, 상품분야에 대칭되는 서비스분야의 무역규범이 새로이 제정되어 WTO의 새로운 기둥이 되었다.

1973년 OECD 저명인사그룹이 "무역 관련 문제에 대한 고위그룹 보고서"를 통하여 서비스무역(trade in services)이라는 용어를 처음으로 사용하면서 이에 대한 자유화의 필요성을 역설한 이후 1975년 미국은 도쿄라운드(TR)에서 이 문제를 논의하려고 시도하였지만 협정에 이르지는 못하였다. 그후 UR협상이 공식적으로 출범하기 전까지도 서비스분야를 다자간협상의 의제에 포함시킬 것인가에 대해 회원국 간 현격한 시각 차이를 보였지만 논의 끝에 주요 협상의제로 포함되게 되었다. 그러나 UR협상과정에서도 근본적인 입장차이가 좁혀지지 않아 진통을 겪은 끝에 본 협정이 체결되기에 이르렀다.

본 협정은 서비스무역을 규율하는 최초의 다자간 무역협정으로서 서비스무역에 대한 일반협정(general agreement)인 만큼 협정본문, 부속서, 각료결정 및 양해와 같은 3개의 기둥으로 구성되어 있는데 주요한 내용은 ① 거의 모든 서비스분야에 대한 점진적 교역자유화(시장개방), ② 양허된 분야에 대한 내국민대우조항 및 최혜국대우조항 적용, ③ 서비스교역 자유화를 위한 추후의 후속협상추진으로 요약된다.

본 협정의 적용대상은 서비스무역에 영향을 주는 회원국의 모든 조치(measures)이므로 서비스산업을 규제하는 조치라고 하더라도 서비스무역에 영향을 미치지 않는 조치에 대해서는 적용되지 않는다. 본 협정은 적용대상이 되는 서비스무역을 ① 서비스의 초국경공급(cross border supply), ② 외국 서비스소비자의 해외소비(consumption abroad), ③ 기업이 서비스를 제공하기 위한 상업적 주재(commercial presence), ④ 해외에 진출하여 서비스를 공급하기 위한 자연인 주재(presence of natural persons)로 정의하였다. 이들 중 직접투자와 직접적으로 관련이 있는 것은 초국경 금융서비스거래와 상업적 주재에 의한 서비스공급이고 간접적으로 관련이 있는 것은 자연인주재에 의한 서비스공급이다.

따라서 본 협정은 비록 국제투자를 협정의 직접적인 규율대상으로 하고 있지 않지만 직접투자와 관련하여 국제자본이동을 보장하기 위한 특별규정을 설치하고 있다. 즉, 시장접근약속이 초국경공급의 형태로 이루어졌을 때 자본의 국제적 이동이 그 서비스의 중요한 일부를 이루고 있는 경우 자본이동을 약속한 것이 되며, 또한 시장접근약속이 상업적 주재의 형태로 이루어졌을 경우 자국 영토 내로 관련 자본의 이전허용을 약속한 것으로 간주된다(GATS 주8).

그럼에도 불구하고 본 협정은 전반적인 면에서 아직 초보적 단계에 머물러 있고 특히 회원국 자신이 약속한 특정 부문에 대하여서만 적용되도록 하고 있어 여전히 미흡하고 불완전한 것이 사실이다. 그럼에도 불구하고 이를 통하여 서비스무역 및 이와 관련된 국제투자에 대한 다자간 협정체계가 사상 처음으로 마련되었다는 점에서 중요한 의미를 가지고 있다.

2.2.4 WTO의 "무역 관련 지적재산권협정"(TRIPs)

산업과 경제의 발전에 따라 지적재산권(intellectual property rights)의 중요성 점차 증대되고 이에 따른 국제적 분쟁 역시 크게 증대되고 있다. 그 동안 이러한 지적재산권의 보호는 기본적으로는 개별 국가의 법제에 의하여 규율되어 왔지만, 1883년 파리조약을 필두로 하는 다수의 다자간 국제조약이 체결되면서 이를 통한 관리도 이루어졌는데 이를 담당하는 국제기구로서 세계지적재산권기구(WIPO : World Intellectual Property Organization)가 주도적 역할을 하여 왔다. 그러나 지적재산권과 관련되는 상품의 무역이 크게 증가하고 복제기술의 발달로 지적재산권의 재생산이 더욱 쉬워짐에 따라 선진국들은 이에 대한 다자간 규칙의 제정과 이에 대한 보호제도의 강력한 시행을 요구하였지만 개도국들이 강력하게 반발하면서 성사되지 못하였다.

따라서 UR협상과정에서도 초기에는 선진국과 개도국 간의 첨예한 대결구도로 의제의 선정부터도 어려움이 있었으나 시간이 흐르면서 선진국, 특히 미국의 입장이 크게 반영되는 형태로 협정이 체결되었다. 이러한 배경 위에서 체결된 "무역 관련 지적재산권협정"(TRIPs : Agreement on Trade Related Intellectual Property Rights)은 지적재산권에 대한 보호방법의 국가 간 차이를 줄이고 공통적인 국제규범 하에서 이를 논의하도록 하는 동시에 이와 관련된 무역분쟁이 있는 경우 WTO분쟁해결제도를 이용할 수 있도록 하였다.

본 협정은 방대한 체계를 지니고 있지만 주요 내용을 보면 ① 기존의 관련 국제협약을 바탕으로 그들과의 조화를 모색하면서 재산권보호를 강화하는 '국제협약 플러스(plus)방식'의 채택, ② 최혜국대우조항과 내국민조항의 적용, ③ 실행을 위한 경과기간의 설정 등으로 요약된다. 물론 이러한 협정은 직접적으로 국제투자를 대상으로 하는 협정은 아니지만 간접적으로 밀접한 관련을 지니는 협정이라고 할 수 있다. 다국적기업이나 외국인투자기업이 보유하고 있는 지적재산권은 그 기업이 보유하는 기업특수적 우위의 원천이 되는 무형자산으로서 이에 대한 보호가 다국적기업과 직접투자의 보호에 중요한 요소가 되기 때문이다.

2.3 새로운 다자적 투자협정의 전망

2.3.1 2000년대 이후 다자적 투자협정 논의

이상에서 살펴본 바와 같이 다국적기업이나 직접투자와 관련되는 국제투자규범으로서 법적 구속력은 없지만 정치적으로 합의된 행위규범뿐만 아니라 일정한 법적 구속력을 수반하는 투자협정 역시 쌍무적・지역적・다자적 차원에서 다양하게 시도되어 왔다. 그럼에도 불구하고, 세계 전체를 보편적으로 규율하는 다자적 투자협정을 체결하기 위한 시도들이 결실을 보지 못한 채 좌초됨으로써 여전히 다국적기업이 세계경제에서 차지하는 중요성에 상응되는 수준의 전반적이고 종합적인 성격의 국제투자규범이 형성되는 데에는 이르지 못하고 있다.

물론, 1990년대 중반 WTO의 새로운 출범과 함께 투자와 직간접적으로 관련되는 협정들이 나타남에 따라 보다 종합적이고 포괄적인 다자적 투자규범의 수립이 진일보하였다고 볼 수 있다. 그러나 WTO의 투자 관련 협정들은 투자와 관련되는 특정한 이슈들을 다루는 별개의 협정으로만 존재하여 현실의 다국적기업 문제를 조화 있게 규율하는 만족스러운 국제규범체제가 되기에는 거리가 먼 것이 사실이다. 더욱이 국제투자 전반을 포괄적이고 통일적으로 규율하는 다자간 투자협정(MAI)을 제정하려던 OECD의 시도가 결국 무산됨으로써 당분간 다자적 국제투자규범의 실현을 기대하기도 어려워졌다.

그럼에도 불구하고 다국적기업의 국제경영활동은 더욱 크게 증대되고 있고 외국인투자기업을 더 많이 유치하려는 현지국들 간의 경쟁이 더욱 높아지고 있다. 이러한 상황을 배경으로 하여 2000년대에 들어와서도 새로운 다자적 투자규범에 대한 논의가 나름대로 계속되었다.

OECD의 논의 : 우선 OECD 차원에서 이에 대한 재논의가 이루어졌는데, 2002년 10월 OECD사무국은 「국제투자규범의 수렴가능성에 대한 보고서」를 통하여, 현존하는 다양한 국제투자협정 간에는 권리의무상 중복되는 부분이 상당히 존재하고 있으므로 이들 협정 간의 복잡한 상호관계와 서로 다른 의무수준을 조화시킬 수 있는 방법을 모색하고 있다고 밝혔다. 이에 많은 회원국들은 이러한 논의동향을 예의 주시하면서 과거 MAI의 협의과정에서 이루어졌던 논의를 바탕으로 관련된 분석을 계속해가자는 데에 의견을 같이하기도 하였다. 그러나 이후 이에 대한 구체적인 논의의 진전은 이루어지지 못하였다.

WTO의 논의 : 새로운 다자적 국제투자규범의 제정에 대한 보다 본격적인 논의는 오히려 새로 출범한 WTO의 차원에서 이루어졌다. OECD의 다자간투자규범(MAI)이 실패로 끝난 이후 국제무역의 자유화를 다자적 방식으로 진일보시킨 WTO가 국제투자의 자유화 역시 동일한 방식으로 추진하는 것이 바람직하다는 인식과 주장이 높아짐에 따라[78] 새로운 국제투자규범의 제정을 위한 일련의 노력이 WTO를 통하여 진행되었다. 종래 GATT는 UR협상을 종결하면서 WTO 출범 이후 추가적으로 논의될 주요 협상의제로서 국제투자문제를 설정하였다. 이러한 취지에 따라 1996년 제1차 WTO 각료회의는 포괄적 투자규범 제정을 논의할 무역투자 작업반을 설치하였는데 이후 국제투자와 관련된 제반 논의들이 이를 통하여 집중적으로 이루어졌다.

DDA협상과정의 논의 : WTO에서 이러한 논의가 진행되는 가운데 2001년 카타르 도하에서 열린 WTO 제4차 각료회의는 새로운 다자간무역협상(round), 즉 "도하개발아젠다"(DDA : Doha Development Agenda)의 출범을 선언하였다. 이 협상은 그 의제로서 이른바 싱가포르이슈(Singapore Issue)를 채택하였는데 국제투자문제가 그중 하나의 항목으로 채택되었다.[79] 이후 2002년 무역투자 작업반은 도하각료선언에서 제시된 다자간 국제투자규범과

---

78 후술하는 대로 다자간 투자협정 체결의 주체로서 OECD와 WTO 중 어느 쪽이 더 적절한가에 대해서는 서로 다른 의견과 주장이 있다.

79 1996년 싱가포르에서 개최된 제1차 WTO각료회의에서 제기된 새로운 다자적 규범의 의제였다는 의미로 이를 '싱가포르 의제' 또는 '싱가포르 이슈'라고 불렀는데, 여기에 포함되는 의제로서는 ① 국제투자, ② 무역원활

관련되는 7개의 주요 이슈에 대한 1차적인 검토 작업을 완료하였다.

이러한 과정에서 과거 OECD협상에서와는 달리 미국이 적극적인 자세로 논의에 임하여 긍정적인 전망을 보여주기도 하였지만 WTO투자협정에 대한 개도국들의 반대는 여전히 너무나 강경하였다. 많은 개도국들은, 다자간투자규범이 출범하면 이것이 곧 외국인투자 자유화로 이어지고 이는 결국 자국의 정책주권이 침해받게 될 것을 우려하여, 투자협정의 모든 핵심 항목마다 선진국들과 첨예하게 대립되는 입장을 보여주었으며, 특히 말레이시아·인도 등 강경한 개도국들은 WTO에서 투자협정을 논의하는 것 자체를 반대하기도 하였다. 이후의 이러한 논의에 진전이 이루어지지 못하자 결국 국제투자 문제는 DDA 협상의 의제로 채택되지 못하여 WTO를 통한 새로운 다자간 국제투자협정 체결에 대한 논의는 막을 내리게 되었다.

2.3.2 다자적 투자협정 체결의 난점

이처럼 세계경제에서 직접투자가 차지하는 중요성이 더욱 높아지고 각국의 외국인투자를 유치하기 위한 노력이 더욱 치열해지고 있음에도 불구하고 이러한 투자를 통일적이고 포괄적으로 규율하는 다자적 투자규범의 제정에 대한 논의는 지지부진한 상태이다. 이렇게 국제투자규범의 제정이 어렵고 협상이 지지부진한 것은, 보다 근본적으로 투자자유화와 무역자유화는 그 본질적 성격이 서로 달라 국제투자협정과 국가정책주권 간의 복잡한 문제들이 개재되기 때문이라는 점은 전술한 바와 같지만, 보다 현실적으로 당사자들 간의 이해관계와 주장이 서로 상반되어 다자간 투자협정의 협상에 다음과 같은 어려움이 개재되고 있기 때문이다.

다양한 주체들의 반대와 저항 : 투자자유화를 위한 다자적 국제투자규범의 제정에 대하여 노동자·농민·환경운동가·비판적 지식인·비정부기구(NGO) 등 하나로 정의하기에는 너무나 다양한 분야의 다양한 사람들로 구성된 이른바 반 세계화운동(anti-globalization movement)의 주역의 비판과 저항이 여전히 강렬하다. 이들이 추구하는 구체적인 목표와 주장은 서로 다양하지만 선진국자본 또는 이들의 이해관계를 주로 반영하는 국제기구들이 주도하는 국제투자규범 제정에 반대하고 저항한다는 점에서 크게 다르지 않고, 또한 이들의 비판과 저항이 국제투자규범의 제정을 위한 협상과정에서 눈에 보이지 않는 영향력을 발휘하여 중요한 걸림돌로 작용하고 있다.

선후진국 간의 이해관계 상충 : 다자적 국제투자규범의 확립을 위한 논의에 있어 가장 가시적이고 핵심이 되는 걸림돌은 선후진국 간에 여전히 존재하는 의견의 상충이다. OECD

화, ③ 경쟁정책, ④ 정부조달투명성 등 4가지 의제였다.

가 추진한 MAI가 실패이후 선진국들 간의 이해관계는 어느 정도 조정이 이루어졌다고 할 수 있었지만 선후진국 간의 이해관계의 수렴은 제대로 이루어지지 못하였다. 국제투자규범의 제정에 있어 선후진국 간 합의가 이루어지기 어려운 주요 쟁점들을 보면 ① 내국민대우 적용범위 문제, ② 투자의 정의 문제(협정의 적용범위), ③ 이행의무금지 문제, ④ 투자유인금지 문제, ⑤ 분쟁해결방식 등 여전히 다양하고 광범위하다.

그룹 내 국가별 이해관계의 상충 : 새로운 국제투자규범의 제정에 있어 걸림돌이 되는 1차적인 원인은 이처럼 선후진국 간의 이해관계가 서로 다르기 때문이지만 선진국이나 개도국 그룹 모두 그들 그룹 내에서 나라별로 지역별로 그 이해관계가 서로 상충된다. 그러나 선진국그룹 내에서의 이해관계 상충은 OECD의 투자협정 논의과정에서 어느 정도 수렴이 이루어졌다고도 볼 수 있지만, 개도국그룹 내에서의 이해관계 상충이 여전히 매우 심각하여 협상타결의 커다란 제약요인으로 작용하고 있다.

2.3.3 새로운 다자적 투자협정 체결의 전망

1990년대 초반 OECD가 추진한 다자간 투자협정(MAI)이 무산된 이후 다시 이를 재개하려는 구체적인 시도나 움직임이 현재 일어나지 않고 있다. 따라서 현재로서는 세계의 모든 나라들이 대부분 참여하는 형태의 다자적 투자협정, 모든 투자와 관련되는 권리와 의무는 물론 투자와 관련되는 분쟁해결절차까지를 담고 있는 포괄적 국제투자협정, 다양한 규정과 절차를 하나로 일치시키는 통일적인 투자협정, 투자와 관련된 가이드라인이나 행위규범과는 달리 효과적인 강제력을 수반하는 구속적 투자협정이 탄생될 가능성이 별로 없는 것이 사실이다. 이에 따라 새로운 다자적 투자협정의 체결가능성이나 실효성에 대하여 많은 사람들이 회의적 시각이나 비관적 전망을 내리고 있는 것이 사실이다.

그럼에도 불구하고 머지않은 장래에 이러한 다자적 국제투자규범이 새로이 탄생되어야 할 당위성을 피력하거나 이에 대한 어떠한 모멘텀만 주어진다면 그러한 다자적 협정체결이 언제든지 성사될 수도 있다는 긍정적인 전망을 제시하는 견해들 역시 존재하고 있다. 이렇게 다자적 투자규범의 새로운 탄생에 긍정적인 전망을 내리는 사람들이 새로운 다자적 투자협정체제 탄생의 당위성을 강조하면서 그 가능성을 긍정적으로 전망하는 주요 논거들을 살펴보면 다음과 같다.

시장실패에 대한 효율적 대응수단 : 다국적기업과 직접투자를 규율하는 국제적 규범체제는 그것이 가지는 일정한 한계에도 불구하고 여전히 중요하고 필요하다. 경제의 글로벌화가 더욱더 진전되고 이를 주도하는 다국적기업의 활동이 더욱 활발해짐에 따라 다국적기업에 의하여 창출되는 국제적 시장실패 역시 더욱 커지게 되는데 이러한 시장실패는 개별적인 정부의 조치에 의하여 완전히 대체되거나 보상될 수 없기 때문에, 결국 이를 시정하기 위한 국가 간의 협력적 조치가 필요한데 이러한 협력조치는 모든 나라들이 참여하는 범세계적 규범의 제정과 실행을 통하여 효율적인 국제적 레짐(regime)을 창출하고 구조적 왜곡과 시장실패가 최소화되도록 할 경우 가장 성과가 클 수 있기 때문이다.

세계적 투자환경의 변화 : 그동안 범세계적인 관점에서의 다자적 투자협정의 체결논의에 있어서 합의가 이루어지지 못하는 가장 큰 원인이 된 것은 선후진국 간의 극심한 이해관계의 상충문제였는데, 최근에 이르러 이러한 양 그룹 간의 이해관계 상충이 점차 축소되고 있어 양자 간의 견해차이가 어느 정도 수렴될 수도 있는 국제투자환경상의 변화가 이루어지고 있다. 이처럼 다자적 투자협정 체결에 대한 선후진국 간의 입장과 시각 차이가 여전히 크지만 그 간격이 점차 줄어들고 있어 어떠한 모멘텀이 주어진다면 다수의 개도국들이 동의하는 수준의 다자적 투자협정에 대한 논의가 종전보다 더 용이하게 이루어질 수도 있는 투자환경이 조성되었다.

WTO 주도의 연계 가능성 : 새로운 다자적 투자협정 체결의 주체로서 OECD와 WTO 중 어느 쪽이 더 적절한가에 대해서는 서로 다른 의견과 주장이 있지만[80] OECD는 선진국들로 구성된 기구로서 세계적 차원의 다자적 규범의 협상주체로서 적합하지 않은 데 비하여 WTO는 이미 투자와 관련된 협정체계를 보유하고 있을 뿐만 아니라 그 자체 강력한 분쟁해결기구를 갖추고 있으므로 실효성 있는 다자간 투자협상을 행할 수 있는 여건을 구비하고 있다. 따라서 WTO가 보유하고 있는 국제투자 관련 협정(TRIMs · GATS · TRIPs) 등을 통합하고 통일시키는 작업을 통하여 보다 포괄적이고 균형 있는 투자협정의 체결을 모색할 필요가 있고, 이런 점에서 새로운 다자적 투자협정이 실현될 가능성도 열려 있다고 할 수 있다.

부록 15-1 새로운 다자적 투자협정 체결의 난점과 전망(보충)

1. 다자적 투자협정 체결의 현실적 난점

국제투자를 통일적이고 포괄적으로 규율하는 다자적 투자규범의 제정이 어려운 것은, 근본적으로 투자자유화와 무역자유화는 그 본질적 성격이 서로 달라 복잡한 문제들이 개재되기 때문이지만, 보다 현실적으로 당사자들 간의 이해관계와 주장이 서로 상반되어 어려움이 있기 때문임은 상술하였지만 그러한 현실적 어려움을 좀더 구체적으로 살펴보면 다음과 같다.

---

80 다자간 투자협정 체결의 주체로서 OECD를 지지하는 측은, 세계투자의 대부분을 OECD 회원국들이 주도하고 있을 뿐만 아니라 투자문제에 대하여 오랫동안 축적된 협상경험을 가지고 있는 반면 WTO는 범세계적 기구이기는 하나 투자문제에 대한 경험이 부족하고 UR협상에서 경험한 것처럼 너무 이질적인 국가들로 구성된 협의체인 만큼 타협점을 모색하기 어렵다고 주장한다. 반면 WTO를 지지하는 측은, OECD는 선진국들로 구성된 기구로서 세계적 차원에서의 다자적 규범의 협상주체로서 적합하지 않을 뿐만 아니라 WTO는 이미 강력한 분쟁해결기구를 갖추고 있으므로 실효성 있는 다자간 투자협상은 WTO를 통하여 이루어지는 것이 적절하다고 주장한다.

(1) 다양한 반대와 저항의 구체적 내용

투자자유화를 위한 다자적 국제투자규범의 제정에 대하여 다양한 집단에 의한 비판과 저항이 여전히 강렬하게 자리 잡고 있다. 이들은 대체로 1990년대 이후 전개되고 있는 경제세계화(economic globalization)에 대하여 몸을 던져 저항하는 이른바 반세계화운동(anti-globalization movement)의 주역들인데, 노동자·농민·환경운동가·비판적 지식인·비정부기구(NGO) 등 너무나 다양한 분야의 다양한 사람들로 구성된다. 이들은 초기에는 다국적기업의 부당하고 비윤리적인 이윤추구활동을 감시하고 이를 지지하는 국가나 국제기구를 비판하고 반대하는 것으로부터 출발하였으나, 점차 집단화·조직화된 형태로 보다 포괄적인 의제를 설정하고 그에 대한 새로운 대안을 제시하는 강력한 반 다국적기업세력으로 발전되어 왔다.

예컨대 노동자들은 세계적인 연대투쟁을 강화하고 다국적기업의 자유로운 활동을 보장해 주기 위한 국제투자규범의 제정을 반대하면서 자신들의 입장을 대변하는 별도의 다국적기업헌장을 채택하기도 하였다. 또한 다국적기업으로 인한 폐해와 문제점을 수십 년 동안 발굴하고 연구하면서 반 다국적기업 캠페인을 세계적으로 전개해 온 다양한 비정부기구(NGO)들은, 이러한 국제투자규범이 제정되면 국민국가의 주권을 침해하고 개별 국가의 투자규제권한을 제한하는 것은 물론 노동과 환경 기준의 하향화를 촉진할 것이라고 비판하였다. 또한 무수히 많은 비판적 지식인 그룹들은 경제적 세계화와 다국적기업이 주도하는 세계적 자본축적에 반대하며 새로운 사회적 대안을 제시하기도 하였다.

(2) 선후진국 간 이해관계 상충의 구체적 내용

다자적 국제투자규범의 확립을 위한 논의에 있어 가장 가시적이고 핵심이 되는 걸림돌은 선후진국 간에 여전히 존재하는 의견의 상충이다. OECD가 추진한 MAI가 실패 한 것은 협상과정에서 선진국들 간의 이해관계는 어느 정도 조정이 이루어졌다고 할 수 있었지만 선후진국 간의 이해관계의 수렴이 이루어지지 못한 데 원인이 있었다. 따라서 이후 WTO의 무역투자 작업반에서의 논의는 주로 선진국과 개도국 간의 입장을 수렴하고 조정하여 개도국들이 새로운 투자규범제정에 타협하도록 유인하는 데에 초점이 맞추어졌다.

따라서 그들은, 개도국의 경제발전을 위해서는 외국인투자가 절대적으로 중요하고 외국인투자의 활성화를 위해서는 국제적 투자규범이 중요하다는 점과 WTO에서 추진하려는 투자협정이 결코 높은 수준의 투자자유화를 지향하는 것이 아니고 모든 회원국들이 수용할 수 있는 수준의 투자자유화를 목표로 한다는 점을 인식시키는 전략으로 접근하였다.[81] 그럼에도 불구하고 이러한 전략적 시도는 성공하지 못하였다. 이러한 시도가 개도국들에게 받아들여지지 못한 근본적인 이유는, 외국인투자가 확대된다고 하더라도 그로 인한 편익이 반드시 모든 개도국에 돌아가지는 않으며 또한 투자자유화의 수준을 낮춘다고 하여 개도국의 폐해가 반드시 축소되는 것은 아니라는 인식에서 비롯되었지만, 개도국들이 관심을 기울이고 자신들이 반영시키고자 하는 주요 쟁점들이 제대로 충족될 수 없었기 때문이다. 새로운 국제투자규범의 제정에 있어 선후진국 간 합의가 이루어지기 어려운 주요 쟁점들을 정리해 보면 다음과 같이 다양하고도 광범위하다.

협정의 적용범위 : 다자적 투자규범의 규율 범위와 내용은 투자의 개념을 어떻게 정의하느냐에 따라 달라질 수 있다. 일반적으로 국제투자규범에서 정의하는 투자는 직접투자(direct investment)를 의

81 박형래(2004.12) p.174

미하고 간접투자(portfolio investment)를 제외하는 것으로 인식하고 있지만 개별 국가나 국제기구에 따라서 상이한 해석과 관례를 사용하므로 그 개념에 혼란이 발생되기도 한다. 예컨대 OECD가 시도한 다자간 투자협정(MAI)에서는 투자의 개념을 광범위하게 정의하였지만 많은 개도국들은 간접투자를 제외한 직접투자만을 국제투자규범의 대상으로 정의하려고 하고 자유화 대상을 정함에 있어서도 열거방식(positive list system)의 채택을 주장하였다.

내국민대우 적용범위 : 모든 투자협정들은 내국민대우를 기본 원칙으로 천명하여 투자가 이루어진 이후 단계(post-established stage)에서의 외국기업과 내국기업과의 차별을 금지시키는 데에는 이견이 없다. 그러나 대부분의 쌍무적 투자협정에서는 투자의 진입단계나 현지자회사의 설립 전 단계(pre-established stage)에 있어서 투자를 허용할 것인가 여부에 대해서는 내국민대우를 배제함으로써 개도국 자신의 개발목적과 정책목표설정의 자율성을 누리려고 한다. 이것은 기본적으로 쌍무적 투자협정이 다자적 투자협정에 비하여 투자자유화보다는 투자유치국의 주권과 이익 보호에 1차적인 목표를 두고 있기 때문이다. 그러나 범세계적인 투자자유화를 목표로 하는 다자적 투자규범은 자연히 투자 후 단계는 물론 투자 전 단계에서의 내국민대우를 당연히 요구하게 되고, 따라서 이러한 내국민대우의 보장단계 문제에 대하여 선후진국 간의 의견대립이 발생된다.

이행의무 금지문제 : 외국인투자를 유치하는 현지국들은 외국인투자자에게 다양한 의행의무(performance requirement)를 요구하고자 하는데 이러한 이행의무를 어디까지 허용하도록 규정하느냐에 대해 중요한 의견차이가 발생된다. OECD의 다자간 투자협정(MAI)은 재정적 지원이나 보조금지원에 대한 반대급부로서 이루어지는 경우가 아닌 모든 이행의무부과를 원칙적으로 금지하여 비교적 높은 수준의 이행의무금지를 규정하였지만, WTO의 무역 관련 투자협정(TRIMs)은 제조업에만 적용되는 규범으로서 내국민대우조항과 수량제한금지조항에 합치되지 않는 조치를 금지하면서 이에 해당되는 사례로서 국산품이용의무·외국산 기자재 수입제한의무·일정 비율 이상 수출의무 등을 예거하여 비교적 낮은 수준의 이행의무금지를 규정하였다. 따라서 이행의무금지의 범위를 어디까지로 하느냐가 중요한 쟁점이 된다.

투자유인 금지문제 : 외국인투자의 유치를 통하여 경제발전을 이룩하려는 투자유치국들은 투자를 유치하기 위한 여러 가지 투자유인(investment incentives)을 사용한다. OECD의 다자간 투자협정(MAI)에서도 이러한 투자유인의 허용 여부와 관련하여 의견대립이 많았다. 어떤 나라는 이러한 투자유인제공의 제한을 반대하지만 다른 나라들은 이러한 유인제공을 강력하게 규제하여야 한다고 주장하였고 또 다른 나라들은 규제는 하되 느슨한 형태로 규제하자고 주장하는 등 회원국 간에 첨예한 의견대립이 있었다. 새로운 투자규범의 제정과 관련하여서도 당연히 이에 대한 다양한 의견차이가 존재하게 된다. 대체로 WTO협정이 보조금지급을 금지하고 있듯이 다자간 투자규범에서도 보조금 성격의 투자유인 제공을 금지시켜야 한다는 것이 다수의 의견이지만 투자유인 제공을 통하여 더 많은 외국인투자를 유치하려는 개도국들의 경우 이에 대해 반대의견을 제기할 수도 있다.

분쟁해결절차 : 분쟁해결절차와 관련하여서도 여러 가지 마찰이 발생할 수 있다. 예컨대 WTO의 분쟁해결방식에서는 상대국의 불공정행위에 대하여 교차적 보복(cross-retaliation)을 인정하여 개도국에 대한 선진국의 무역보복을 용이하도록 하고 있지만 대부분의 개도국들은 투자분야에 있어서는 이러한 교차보복으로 인한 불이익이 발생되지 않도록 별도의 규정을 두어 이를 금지시키기를 희망한다. 또한 '국가 대 국가'의 분쟁에서는 WTO의 분쟁해결기구에 따르지만 투자자가 국가를 상대로 행하는 '투자자 국가소송' 경우에는 국제중재판이라는 또 다른 해결방식을 취하고 있어

이러한 분쟁해결절차와 관련하여서도 마찰이 발생할 수 있다.

(3) 그룹 내 국가별 이해관계 상충의 구체적 내용

새로운 국제투자규범의 제정에 있어 걸림돌이 되는 1차적인 원인은 이처럼 선후진국 간의 이해관계가 서로 다르기 때문이지만 선진국이나 개도국 그룹 모두 그들 그룹 내에서 나라별 · 지역별로 그 이해관계가 서로 상충되어 이것이 협상을 더욱 어렵게 하는 것이 사실이다.

우선, OECD가 추진하는 투자규범제정 과정에서 프랑스는 음반 · 영상부문에 대한 내국민대우 및 최혜국대우의 예외를 요구하며 협상에 불참하였다. 이후 WTO가 추진하는 국제투자규범에 대하여 대부분의 국가들은 OECD가 추진하던 다자간 투자협정의 실패를 교훈삼아 보다 낮은 수준의 자유화를 규정할 것을 희망하였지만 미국의 경우 너무 낮은 수준의 투자협정이 이루어질 수 있다는 우려 때문에 오히려 이에 대하여 미온적인 태도를 보여주기도 하였다. 이처럼 선진국이라고 하더라도 국가별로 이에 대한 이해관계가 반드시 일치하지 않아 선진국 그룹 내에서도 의견이 일치하지 않는다.

그러나 선진국 그룹 내에서 야기되는 이러한 이해관계 상충은 OECD의 투자협정 논의과정에서 어느 정도 수렴이 이루어졌다고도 볼 수 있지만, 개도국그룹 내에서 각국의 경제사회적 · 문화적 환경에 따라 국제투자협정에 대한 이해관계가 여전히 서로 다른 점이 협상타결의 커다란 제약요인으로 작용하고 있다. 예컨대, 신흥개도국(NICs)들의 경우 자국이 실행하고 있는 외국인투자 관리정책과 국제투자협정에서 상정하고 있는 권리와 의무 간의 괴리가 극복하지 못할 정도로 크지는 않은 것으로 보는 경향이 있지만, 많은 저개발국들은 국제투자규범이 제정되더라도 개도국에 대한 특별 예외조치의 허용이나 투자자유화와 관련된 의무의 장기간 유보 등이 이루어지지 않으면 이를 수용할 수 없다고 여전히 고집하고 있다. 따라서 이후 국제투자에 대한 다자적 협정이 논의될 때 몇 가지 핵심적인 사항에 대하여 개도국들 간의 어떤 집단적이고 공통적인 입장이 수렴되지 않으면 여전히 협상은 어려움을 겪을 수밖에 없다.

2. 새로운 다자적 투자협정체결에 대한 비관적 전망

1990년대 초반 OECD가 추진한 다자간 투자협정(MAI)이 무산된 이후 다시 이를 재개하려는 구체적인 시도나 움직임이 현재 일어나지 않고 있다. 당초 OECD에 의한 다자간 투자협정의 체결과 관련하여, 본질적으로 이러한 다자적 규범이 전 세계 모든 국가를 대상으로 하는 다자적 협정으로 수용되기는 어려운 만큼 그 협정에 동의하는 복수 국가들만이 참여하는 “복수국 간 협정”(plurilateral agreement)의 형태로 성사될 것으로 전망하는 견해도 없지 않았지만 이러한 전망이 실현되지도 않았다. 또한 OECD는 개도국의 이익을 반영하지 못하므로 이러한 다자적 협정을 OECD가 아닌 WTO에서 논의되어야 한다는 주장이 제기되어 2000년대에 들어와 다자적 무역자유화에 상응되는 다자적 투자자유화를 규정할 국제투자규범을 뉴라운드(DDA협상)의 의제 속에 포함시키려는 WTO의 시도 역시 무산된 이후 별다른 논의가 재개되고 있지도 않다.

이렇게 새로운 다자적 투자협정을 체결하려는 OECD나 WTO의 시도가 무산된 이후 주목할 만한 새로운 논의도 이루어지지 않는 가운데 개별 국가적 차원에서 또는 쌍무적 투자협정(BIT)이나 지역적 투자협정을 통하여 투자규제를 완화하고 투자를 촉진시키려는 노력만이 진행되고 있다. 따라서 현재로서는 세계의 모든 나라들이 대부분 참여하는 형태의 다자적 투자협정, 모든 투자와 관련되는 권리와 의무는 물론 투자와 관련되는 분쟁해결절차까지를 담고 있는 포괄적 국제투자협정,

다양한 규정과 절차를 하나로 일치시키는 통일적인 투자협정, 투자와 관련된 가이드라인이나 행위규범과는 달리 효과적인 강제력을 수반하는 구속적 투자협정이 탄생될 가능성이 별로 없는 것이 사실이다.

돌이켜 보면, 국제경제거래가 점차 다국적기업에 의해 주도됨에 따라 국제무역에서와 같이 국제투자에 있어서도 이를 효율적으로 규율하는 어떤 국제적인 기구가 필요하다는 주장이 오래 전부터 제기되어 왔다. 이에 따라 1970년대에 국제투자에 대한 GATT개념으로서 GATTⅡ 또는 GAI(General Agreement on International Investment)의 설립이 제안되기도 하였고, 새로운 국제투자기구(IIO : International Investment Organization)의 설립이 제안되기도 하였다. 그후 일부 학자들은 초국가적 기구에 의하여 다국적기업이 정치적으로 통제되는 시대가 조만간 올 것이라고 예견하기도 하였다.[82] 그들은 이러한 국제기구가 설립되면 다국적기업으로부터 발생되는 국제적 갈등의 상당 부분을 해결하는 데 도움이 될 것이라고 믿었다. 그러나 이러한 제안은 직관적으로는 설득력이 있을지 모르지만 현실적으로 성사되기는 어려웠고 실제로 그러한 예견들이 실현되지도 못하였다.

이러한 관점에서, 많은 논쟁적인 이슈들을 포함하는 광범위한 다자적 형태의 새로운 투자협정을 추가하는 것이 향후에도 별로 생산적이지 못할 뿐만 아니라 이러한 다자적 협정체결이 실제로 용이하지도 않을 것이라는, 다자적 투자협정의 체결 자체에 대하여 부정적인 전망을 내리는 사람들도 많다. 그들은, 국제생산을 위축시키는 왜곡과 장벽들을 제거할 수 있는 어떤 다자적인 규칙이 제정되어 실행되는 것이 가장 바람직한 것은 사실이지만, 많은 나라들이 실제로 존재하지도 않는 다양한 쟁점들을 포괄해야 하는 다자적 협상이 합의에 도달하기까지에는 너무 많은 코스트를 부담해야 하는 만큼 그러한 다자적 협정을 굳이 성취시키기 위한 노력이 이루어질 것을 기대하기도 어렵다고 전망한다.[83]

이와 같은 회의론이 주로 선진국의 입장에서 본 전망이지만 다자적 투자규범을 통하여 다국적기업의 세계적 통제를 제한하려는 목표를 강조하는 반 다국적기업적 시각을 가진 사람들도, 설사 어떠한 형태의 합의가 이루어져 새로운 다자적 규범체제가 성사된다고 하더라도 지금까지 그래왔듯이 그 실체는 여전히 다국적기업의 세계적 통제를 극복하는 대안으로서는 부족한 선언적인 프로그램에 그칠 것이라는 비관적인 전망을 제시한다. 현실적으로 OECD에 의한 다자간 투자협정이 무산된 이후 일방적 또는 쌍무적인 방법으로 외국인직접투자에 대한 규제완화가 계속적으로 실현되고 있는 상황에서 이러한 비관적인 전망이 내려지는 것은 당연한 것일지 모른다.

3. 새로운 다자적 투자협정체결에 대한 긍정적 전망

이처럼 새로운 다자적 투자협정 체결에 대하여 회의적이거나 비관적인 전망이 지배적인 것이 사실이지만, 그럼에도 불구하고 머지않은 장래에 이러한 다자적 국제투자규범이 새로이 탄생되어야 할 당위성을 피력하거나 이에 대한 어떠한 모멘텀만 주어진다면 그러한 다자적 협정체결이 언제든지 성사될 수도 있다는 긍정적인 전망을 제시하는 견해들 역시 존재하고 있다. 이렇게 다자적 투자규범의 새로운 탄생에 긍정적인 전망을 내리는 사람들이 새로운 다자적 투자협정체제 탄생의 당위성을 강조하면서 그 가능성을 긍정적으로 전망하는 주요 논거들을 보다 구체적으로 살펴보면 다음과 같다.

---

82 새로운 기구설립에 대한 C. P. Kindleberger and P. M. Goldberg(1970) 및 D. Wallace(1976)와 다국적기업의 행동을 통제할 초국가적 기구를 예견한 J. Robinson(1983) 참조.

83 대표적 문헌으로서는 Brewer T. L. and Young S.(2000) 및 Tavares A. T.(2004) 참조

(1) 시장실패에 대한 효율적 대응수단으로서의 필요성

다국적기업과 직접투자를 규율하는 국제적 규범체제는 그것이 가지는 일정한 한계에도 불구하고 여전히 중요하고 필요하다. 많은 경제학자들 중에는 시장이 이러한 문제들을 해결해 줄 수 있기 때문에 다국적기업이나 직접투자를 규율하는 인위적인 체제는 필요 없다고 주장하기도 한다. 그러나 시장이 이러한 모든 것을 해결해 주기를 기대하는 것은 너무 많은 것을 요구하는 것일 뿐만 아니라 시장 그 자체의 속성이 잠재하고 있는 시장의 실패문제를 너무 가볍게 보는 것이다.

구조적인 시장실패, 특히 국제적 시장실패는 개별적인 정부의 조치에 의하여 완전히 대체되거나 보상될 수 없다. 왜냐하면 다국적기업이 행하는 하이에라키적 행위 속의 불확실성·외부성·규모의 경제·범위의 경제 등은 국가영역을 존중하지 않기 때문이다. 이러한 경향은 경제의 글로벌화가 확대되고 또한 이러한 경제의 글로벌화를 주도하는 다국적기업의 경영활동이 더욱더 심화됨에 따라 더욱더 가속화될 것이다. 이러한 경우 이를 시정할 수 있는 유효한 방안은 국가 간의 협력적 조치를 통하여 모색되어야 한다.

이러한 국제적 협력조치의 형태는 다국적기업과 관련되는 정보나 지식을 교환하는 비공식적인 형태로부터 법적 구속력을 지니는 국제적 협정에 이르기까지 다양하고 그 중간에 소프트한 제도적 형태로서 국제적 가이드라인이나 행위규범의 제정도 있을 수 있다. 또한 글로벌경제에 있어서 평평한 운동장을 이루기 위하여 투자와 관련되는 기존의 국제레짐(international regime)을 수정하거나 새로운 형태의 거버넌스(governance)를 설립하는 것도 필요하다. 대부분의 현지개도국의 경우 외국인직접투자를 유인하는 능력이 부족한 것은 시장불완전성에 기인하는 경우가 특히 많은데 이러한 경우 이를 극복하거나 보완하는 어떤 형태의 국제레짐이나 거버넌스구조가 새로이 형성되면 이러한 장애요인을 축소시킬 수 있게 된다.[84] 요컨대, 경제의 글로벌화가 더욱더 진전되고 이를 주도하는 다국적기업의 활동이 더욱 활발해짐에 따라 다국적기업에 의하여 창출되는 국제적 시장실패 역시 더욱 커지게 되는데 이러한 시장 실패는 개별적인 정부의 조치에 의하여 완전히 대체되거나 보상될 수 없기 때문에, 결국 이를 시정하기 위한 국가 간의 협력적 조치가 필요한데 이러한 협력조치는 모든 나라들이 참여하는 범세계적 규범의 제정과 실행을 통하여 효율적인 국제적 레짐을 창출하고 구조적 왜곡과 시장실패가 최소화되도록 할 경우 가장 성과가 클 수 있다는 것이다.

(2) 세계적 투자환경변화에 따른 변화가능성

그동안 범세계적인 관점에서의 다자적 투자협정의 체결논의에 있어서나 다국적기업에 대한 국제적 협력행동에 대한 논의에 있어서 합의가 이루어지지 못하는 가장 큰 원인이 된 것은 선후진국 간의 극심한 이해관계의 상충문제였다. 따라서 어떤 새로운 다자적 투자협정이 현실적으로 실현되기 위해서는 개도국의 이해관계가 충분히 반영되고 개도국들의 동의를 얻을 수 있는 협정이 체결

84 연구결과에 따르면 최빈국들의 경우 외국인투자를 유치함에 있어서 가장 장애가 되는 것은 자국의 비우호적인 비즈니스 환경과 국내시장의 공급능력부족인데 후자의 경우 가장 중요한 것이 훈련된 노동력이나 수송 및 통신 등 인프라의 부족에 기인된다. 이러한 제약요인이 있는 경우 당해 국가의 노력만으로 해결하기가 어려운 반면 정부 간 원조나 국제기구에 의한 원조 등 어떤 형태의 다자적 조치가 이루어지면 극복될 수 있다. 또한 최빈국의 경우 다국적기업이 직면하는 여러 가지 비경제적 위험 때문에 투자의 유치가 어려워질 수 있다. 이러한 경우 세계은행의 다자적 투자보장보험(MIGA : Multilateral Investment Guarantee Agency) 등과 같은 국제적 레짐이 이러한 저해요인을 감소시킬 수 있는 합리적 수단이 될 수 있다(J. H. Dunning & S. M. Lundan, 2008 pp.711~714) .

되어야 한다. 그런데 최근에 이르러 이러한 양자 그룹 간의 이해관계 상충이 점차 축소되고 있어 양자 간의 견해차이가 어느 정도 수렴될 수도 있는 국제투자환경 상의 변화가 이루어지고 있다.

종래 다국적기업에 대한 다자적 대응조치의 중점은, 현지국시장을 의도적으로 왜곡하거나 그들의 발전목표를 저해할 수 있는 다국적기업의 파괴적인 행동을 배격하려는 데에 주어져 있었으므로 다자적 투자협정의 강조점도 결국 다국적기업에 대한 통제를 강화하려는 것이었다. 그러나 오늘날에는, 경제의 글로벌화 추세에 따라 국경을 넘은 경제활동의 연계성에 대한 인식이 높아지고 있을 뿐만 아니라 그동안 국가나 다국적기업이 경험하였던 학습효과의 결과로 인해, 다국적기업과 관련되는 모든 주체들이 모두 효율적이고 바람직한 시장시스템을 촉진하고 유지하기 위한 역할 쪽으로 관심이 이동되었다. 말하자면 다자적 투자협정의 강조점이 개별 국가적 목표 또는 지역적 목표에 일치하도록 다국적기업의 행위를 규제하는 것으로부터 국가와 다국적기업의 긍정적 상호작용이 촉진되도록 하는 국제적 메커니즘을 조장한 것으로 변화되었다는 것이다.

따라서 최근 국제투자규범의 추세를 보면 '투자유치국의 의무 · 투자기업의 권리'를 강조하는 방향으로 전환되고 있다. 이것은 1970년대까지 국제투자규범이 '투자기업의 의무 · 투자유치국의 권리'를 규정하는 경향이 강하였던 것과는 반대되는 현상이라고 할 수 있다. 이러한 변화가 이루어진 것은 여러 가지 복합적 요인이 작용하였지만 무엇보다도 세계경제의 글로벌화와 함께 다국적기업의 위상이 강화되었다는 점에서 그 원인을 찾을 수 있다. 다국적기업이 양적 · 질적으로 확대되면서 그 영향력이 커진 반면, 투자유치국 정부는 세계경제의 글로벌화추세 속에서 성장과 고용창출이라는 국내적 목표를 달성하기 위해서는 이들 기업에 대한 규제위주의 정책을 더 이상 유지할 수 없고 오히려 외국의 다국적기업을 더 많이 유치하기 위하여 경쟁해야 하는 상황이 되었기 때문이다.

다국적기업을 바라보는 개도국들의 시각과 입장이 이렇게 변화하게 된 또 다른 이유로서는, 종전까지는 대부분의 개도국들이 선진국의 다국적기업이나 직접투자를 수용하는 투자유치국의 입장에 놓여 있었지만 최근에 들어와 선도적인 개도국들의 해외직접투자나 다국적기업이 급속히 부상함에 따라 이들의 입지가 종래의 투자유치국 입장으로부터 점차 투자국의 입장으로 전환되게 된 점 역시 간과할 수 없다. 따라서 직접투자나 다국적기업에 관한 선발개도국들의 입장과 시각이 선진투자국의 그것에 접근하게 되었고 이러한 변화 역시 선후진국 간의 견해와 입장차이가 축소될 수 있는 중요한 이유가 되고 있다.

따라서 다자적 투자협정 체결에 대한 선후진국 간의 입장과 시각의 차이가 여전히 크지만 그 간격이 점차 줄어들고 있어 어떠한 모멘텀이 주어진다면 다수의 개도국들이 동의하는 수준의 다자적 투자협정에 대한 논의가 종전보다 더 용이하게 이루어질 수도 있는 투자환경이 조성되었다고 할 수 있다.

(3) WTO 주도의 연계 가능성

새로운 다자적 투자협정 체결의 주체로서 OECD와 WTO 중 어느 쪽이 더 적절한가에 대해서는 서로 다른 의견이 있다. OECD를 지지하는 측은, 세계투자의 대부분을 이미 OECD 회원국들이 주도하고 있을 뿐만 아니라 투자문제에 대하여 오랫동안 축적된 협상경험을 가지고 있는 데 비하여 WTO는 범세계적 기구이기는 하나 투자문제에 대한 경험이 부족하고 UR협상에서 경험한 것처럼 너무 이질적인 국가들로 구성된 협의체인 만큼 타협점을 모색하기 어렵다고 주장한다. 반면

WTO를 지지하는 측은, OECD는 선진국들로 구성된 기구로서 세계적 차원에서의 다자적 규범의 협상주체로서 적합하지 않은 데 비하여 WTO는 이미 투자와 관련된 협정체계를 보유하고 있을 뿐만 아니라 그 자체 강력한 분쟁해결기구를 갖추고 있으므로 실효성 있는 다자간 투자협상은 WTO를 통하여 이루어지는 것이 적절하다고 주장한다.

이와 같이 협정체결을 주도할 주체로서 OECD와 WTO는 각기 서로 다른 장단점을 가지고 있는 것이 사실이지만, 개도국들은 OECD의 다자간 투자협정(MAI)협상이 자신들을 배제한 채 협상이 비밀리에 이루어졌다는 인식과 불만이 여전히 상존하고 있고 또한 OECD가 주도하는 투자협정은 투자기업이나 투자국의 입장을 대변할 가능성이 높다는 인식이 여전히 높은 것이 사실이다. 이러한 사실은 OECD가 추진하는 다자간 투자협정 때문에 WTO협상에서도 소극적인 태도를 가지고 있다가 OECD의 협상이 결렬된 이후 일부 국가를 제외한 많은 개도국들이 WTO차원에서의 투자규범논의의 필요성을 인정한 사실에서도 확인되었다. 이러한 점들을 종합적으로 고려한다면, 이후 어떤 새로운 투자협정에 대한 논의는 WTO 밖에서 논의되는 것보다 WTO 내에서 개도국의 의무와 책임을 조정하는 방법으로 논의되는 것이 바람직하고 그만큼 효율도 높아 성공의 가능성 역시 높다 할 것이다.

그런데 WTO가 보유하고 있는 국제투자 관련 협정, 즉 무역 관련 투자협정(TRIMs) · 서비스무역 일반협정(GATS) · 무역 관련 지적재산권협정(TRIPs) 등은 국제투자문제를 직간접적으로 규정하고는 있지만 서로 독립된 협정으로서 존재하고 있기 때문에 투자와 무역정책 간의 통일성과 일관성을 보강하는 종합적인 체계를 갖추고 있지 못하다. 따라서 이후 WTO는 이러한 여러 가지 투자관련 협정들을 통합하고 통일시키는 작업을 통하여 보다 포괄적이고 균형 있는 투자협정의 체결을 모색할 필요가 있고, 또한 이런 점에서 새로운 다자적 투자협정이 실현될 가능성도 열려 있다고 할 것이다.

참고문헌

강태구, 글로벌기업경영론 (무역경영사, 2003)
김민서, 다국적기업법론 (삼영사, 2008)
김준동, 글로벌화 시대에서의 수출과 해외직접투자, 정책자료 94-16 (KIEP, 1994)
노택환, 다국적기업의 해외직접투자이론 (학문사, 1990)
______, 기업의 합병·매수론 -M&A의 경제적·경영적 연구- (영남대 출판부, 1994, 공저)
______, 국제통상정책론 (박영사, 2008)
______, 다국적기업의 경제적 영향과 정책 (영남대출판부, 2012)
대외경제정책연구원(KIEP), 국경 간 M&A를 통한 한국기업의 해외진출전략 연구 (2008.12)
______, 한국해외투자의 경제적 효과분석 -생산성·무역·고용을 중심으로- (2010.10)
문휘창 외, "FDI가 국가경쟁력에 미치는 효과측정 및 유형에 관한 연구," 국제경영연구 (2008. 12)
______, "투자촉진기구(IPA)의 전략과 평가제도," 한국무역학회, 무역학회지 32.5 (2007.11)
______, "전통적 해외직접투자이론의 확장을 위한 연구," 한국국제경영학회, 국제경영연구 (1990)
박태하, 다국적기업의 직접투자와 세계무역 (숭실대학교 출판부, 2004)
박형래, "WTO의 다자간 투자규범 쟁점과 개도국의 정책과제," 국제경영관리학회, 국제경영리뷰 제8권 2호 (2004.12)
반병길 외, 다국적기업전략과 관리 (박영사, 2000)
산업연구원(KIET), 우리나라 기업내무역 현황과 시사점, 산업경제정보 제450호 (2008.6.30)
______, 한국 다국적기업의 기업내무역 현황과 결정요인분석, 연구보고서 제543호 (2009.9)
삼성경제연구소, 글로벌기업 동향, CEO Information 제587호 (2007.1.17)
______, 글로벌 산업재편과 글로벌 선도기업의 M&A특징, 연구보고서 (2007.9)
______, 글로벌 기업 M&A에서 배우는 교훈, CEO Information 제754호 (2010.5.6)
______, 글로벌 우량기업 M&A의 특징과 유형별 성공전략, Issue Paper (2010.7)
안세영, 다국적기업 경제학 (박영사, 1998)
윌리엄 탭, 이강국 옮김, 반세계화의 논리 (말, 2001)
윤영관, "세계화와 탈냉전의 국제질서," 국제관계연구회편, 세계화와 한국 (을유문화사, 2003)
이강국, 다보스, 포르투 알레그레 그리고 서울 -세계화의 두 경제학- (후마니타스, 2005)
이병기, 외국인직접투자 환경과 제도개선과제, 정책연구 2008-7 (한국경제연구원, 2008)
이찬구, 해외직접투자와 다국적기업론 (에코노미아, 1984)
임성훈, 동북아시대 전략적 외국인투자마케팅 (학현사, 2004)
장세진, 글로벌경영 (박영사, 2000)
______, 한국기업의 글로벌 경영사례집 (박영사 2005, 제2권 2007)
장시복, 세계화시대 초국적기업의 실체 (책세상문고·우리시대, 2004)
장윤종·전주성, 글로벌경제의 외국인직접투자정책 (KIET, 2000)
조동성·김병순, 한국기업의 국제경영사례, 제2판 (경문사, 1988)
최성일, 전후자본주의와 다국적기업 (세종출판사, 1998)
허영도, 글로벌시대의 국제경영론 (두남, 2008)
江夏健一, 多國籍企業要論 (文眞堂, 1984)
高中公男, 海外直接投資論 (國勁草書房, 2001)
兵田宏一, "國際貿易と 直接投資の 理論," 東洋經濟 (1971.2.5)
篠原三代平, 經濟大國の盛衰 (東洋經濟新報社, 1982)
篠原三代平·鈴木淑夫編, 円高·空洞化·國際協力への挑戰 (東洋經濟, 1987)
小島清, 世界貿易と多國籍企業 (創文社, 1973)
______, "我が國海外直接投資の動態と小島命題", 世界經濟評論 (1988.11)

______, "日本經濟は空洞化しない", 世界經濟評論 (1988.1)
______, 多國籍企業と直接投資 (ダイヤモンド社, 1981)
______, 日本の海外直接投資 (文眞堂, 1985)
______, 海外直接投資のマクロ分析 (文眞堂, 1989)
宇澤弘文, "資本自由化と 國民經濟," エコノミスト (1969.12.23)
日本貿易振興會(JETRO), 海外市場白書(投資編) (1984)
日本通産省 通商白書 (1990)

Agarwal J. P., "Determinants of Foreign Direct Investment : A Survey," *Weltwirtschaftliches Archiv,* 116.4 (1980)

Aharoni Y., "On the Definition of Multinational Corporation," *Quarterly Journal Of Economics & Business* (Autumn 1971)

______, *The Foreign Investment Decision Process* (Harvard University Press, 1966)

Aliber R. Z., "A Theory of Foreign Direct Investment," in C. P. Kindleberger, ed., *The International Corporation,* (MIT Press, 1970)

Bader M. B., "Breast-Feeding : The Role of Multinational Corporations in Latin America," in K. Kumar (ed.), *Transnational Enterprises : Their Impact on Third World Societies and Cultures* (Westview. 1980)

Bailey P. J. and Parisotto, A., "Multinational Enterprises : What Role can They Play in Employment Generation in Developing Countries," Paper presented at the International Conference on Migration, Rome (March. 1991)

Baran P. A. and Sweezy P. M., *Monopoly Capital : An Essay on the American Economic and Social Order* (1968 edition), (Penguin, 1966)

Barnet R. J. and Muller R. E., *Global Reach* (Simon and Schuster, 1974)

Barrell R. and Pain, N., "Foreign Direct Investment, Technology Change and Economic Growth with Europe," *Economic Journal*, 107. 445 (1997)

Barrios S., Görg H. and Strobl E. "Foreign Direct Investment, Competition and Industrial Development in the Host Country," *European Economic Review*, 49. 7. (2005)

Barry F., Görg, H. and Strobl, E. "Foreign Direct Investment and Wages in Domestic Firms in Ireland : Productivity Spillovers versus Labour-Market Crowding-out," *International Journal of the Economics of Business,* 12. 1. (2005)

Bartlett C. A., *Questionable Payments Abroad : Gulf in Italy* (Boston, Mass, Harvard Business School, 1981)

Behrman J. N., *Some Patterns in the Rise of Multinational Enterprise* (Chapel-Hill ; University of North Carolina, 1969)

Bellak C., "How Performance Gaps between Domestic Firms and Foreign Affiliates Matter for Economic Policy," *Transnational Corporations* 13.2 (2004)

Benvignati A. "An Empirical Investigation of International Transfer Pricing by U.S. Manufacturing Firms," in Rugman and Eden (eds) *Multinationals and Transfer Pricing* (Croom-Helm, 1985)

Bergsten C. F., Horst T. and Moran T. H., *American Multinationals and American Interests,* (Brookings Institution, 1978).

Bernard A. B., Jensen J. B. and Schott, P. K., "Transfer Pricing by U.S.-based Multinational Firms," *NBER Working Paper* 12493 (2006)

Bevan A., et als, "Foreign Investment Location and Institutional Development in Transition Economies," *Journal of International Business Studies* 13.1 (2003)

Bhagwati J., *In Defence of Globalization* (Oxford University Press, 2004)

Blomström, M. "The Competitiveness of Firms and Countries," in J. H. Dunning, B. Kogut and

M. Blomström, *Globalisation of Firms and the Competitiveness of Nations*, (Lund University Press, 1990)

Blomström M., Lipsey R. E. and Kulchyck K., "US and Swedish Direct Investment and Exports," in R.E. Baldwin (ed.), *Trade Policy Issues and Empirical Analysis*, (University of Chicago Press, 1988)

Bluestone B. & Harrison B., *The Deindustrialization of America* (Basic Books Inc. 1982)

Boddewyn J. J., "Foreign Direct Divestment Theory : Is It the Reverse of FDI Theory?," *Weltwirtschaftliches Archiv*, vol.119 no.2 (1983)

Borjas G. and Ramey V., "Foreign Competition, Market Power and Wage Inequality," *NBER Working Paper* no. 4556 (1993)

Borkowski S. C., "Transfer Pricing of Intangible Property : Harmony and Discord across Five Countries," *International Journal of Accounting*, 36.3. (2001)

______, "Factors Motivating Transfer Pricing Choices of Japanese and United States Transnational Corporations," *Journal of International Accounting, Auditing and Taxation*, 6. 1. (1997)

Bostock F. and Jones, G., "Foreign Multinationals in British Manufacturing, 1850－1962," *Business History*, 36. 1. (1994)

Boyer R., "The Convergence Hypothesis Revisited : Globalization but Still Century of Nations?" in S. Berger and R. Dore eds. *National Diversity and Global Capitalism* (Cornell University Press, 1996)

Brewer T. L. and Young S. *The Multilateral Investment System and Multinational Enterprises* (Oxford University Press, 2000)

Bronfenbrenner K., "The Effect of Plant Closing and the Threat of Plant Closing on Worker Rights to Organization." *A Report to the Council of Ministers by the Secretariat of the Commissions for Labor Corporation* (Beman Press, 1997)

Brooke M. Z. and Remmers H. L., *The Strategy of Multinational Enterprise : Organization and Finance* (Longman, 1970)

Brunrtti A. and Weder B., In*vestment and Institutional Uncertainty : A Comparative Study of Different Uncertainty Measures*, (The World Bank, Dec. 1997)

Buckley P. J., "New Theories of International Business : Some Unresolved Issues", in M. C. Casson (ed.), *The Growth of International Business* (Allen and Unwin, 1983)

Buckley P. J. and Casson M. C. (eds), *The Economic Theory of the Multinational Enterprise : Selected Papers*, (Macmillan. 1985)

______, *The Future of the Multinational Enterprise,* N. Y. (Homes & Meier, 1976)

Buckley P. J. and Pearce, R. D., "Overseas Production and Exporting by the World's Largest Enterprises : A Study in Sourcing Policy", *Journal of International Business Studies,* 10. (1979)

Calderon C. N. L. and Serven L., "Greenfield Foreign Direct Investment and Mergers and Acquisition : Feedback and Macroeconomic Effect," *World Bank Policy Research Working Pape*r, 3192 (2004)

Cantwell J. A. and Narula R. (eds), *International Business and the Eclectic Paradigm : Developing the OLI Framework* (Routledge, 2003)

______,"The Relationship between International Trade and International Production", in D. Greenaway and L. Winters (eds), *Surveys in International Trade* (Blackwell, 1992)

______, *Technological Innovation and Multinational Corporations* (Blackwell, 1989)

Carnoy M., "Multinationals in a Changing World Economy : Wither the Nation－State?" in Nartin Carnoy et. als. *The New Global Economy in the Information Age : Reflections on Our Changing World* (Pennsylvania University Press, 1993)

Cassion M., "The Theory of Foreign Direct Investment", in P. J. Buckley & M. Casson, *The*

Economic Theory of Multinational Enterprise (The Macmillan Press, 1985)

______, "Transaction Costs and the Theory of the Multinational Enterprise", in A. M. Rugman (ed.), *New Theories of the Multinational Enterprise* (Croom Helm, 1982)

______, Alternatives to the Multinational Enterprise (Macmillian Press, 1979)

______, *Alternatives to the Multinational Enterprise*, London (The Macmillan Press, 1970)

Caves R. E., *Multinational Enterprise and Economic Analysis* (The Press Syndicate of the University of Cambridge, 1982)

______, "International Corporations : The Industrial Economics of Foreign Investment", *Economica* (Feb. 1971)

Chandler A. D., *Scale and Scope* (Free Press, 1990)

Chesnais F. ed., *La Mondialisation Financiere* (Syros, 2001) 서익진 역, 금융의 세계화 (한울, 2003)

Chimerine L. et als, *Multinational Corporations and the U.S. Economy* (Economic Strategy Institute, 1996)

Christelow D., "Foreign Direct Investment," *U.S. International Economic Policy in the 1980's*

Clark I., *Globalization and Frgmentation : International Relations in the Twentieth Century* (Oxford University Press, 1997) 정헌주 역, 지구화와 파편화 : 20세기 국제관계사 (일신사, 2001)

Clee G. H. and Diescipio A., "Creating a World Enterprise," *Harvard Business Review* (1959, Nov.－Dec.)

Cliff T., *State Capitalism in Russia* (London : Bookmarks, 1988)

Coase R. H., "The Nature of the Firm", *Economica 4* (Nov. 1937)

Cowling K. and Sugden R., "The Essence of the Modern Corporation : Markets, Strategic Decision－making and the Theory of the Firm", *The Manchester School*, 66.1 (1998)

______, *Monopoly Capitalism* (Macmillan, 1982)

Cowling K. and Sugden R., *Transactional Monopoly Capitalism* (Wheatsheaf, 1987)

Desai M. A., Foley, C. F.and Forbes, K. J., *Financial Constraints and Growth : Multinational and Local Firm Responses to Currency Depreciations* (Havard University/MIT/NBER.2006)

Devereux M. P., Griffith R. and Klemm A., "Corporate Income Tax Reforms and International Tax Competition", *Economic Policy*, 35. (2002)

Dicken P., *Global Shift : Industrial Change in a Turbulent World,* 2nd edtion (Paul Chapman, 1992)

Doremus P. N., et als, *The Myth of the Global Corporation* (Princeton University Press, 1998)

Dumluda D. et als, "Determinants of Foreign Direct Investment : An Institutional Approach," (2008)

Dunning J. H., "Institutional Reform, Foreign Direct Investment and European Transition Economies," in Grosse R., *International Business and Business－Government Relations in 21th Century* (Cambridge University Press, 2005)

______, "An Evolving Paradigm of the Economic Determinants of International Business Activity", in J. L. C. Cheng and M. A. Hitt (eds), *Managing Multinationals in a Knowledge Economy : Economics, Culture and Human Resources,* Vol. 15, (Amsterdam : Elsevier, 2004)

______, "The Role of Foreign Direct Investment in Upgrading China's Competitiveness, " *Journal of International Business and Economy* vol. 4, no. 1 (2003)

______, "Globalizing Europe : The Overall Picture", in T. L. Brewer, P. A. Brenton and G. Boyd (eds), *Globalizing Europe* (Edward Elgar, 2002)

______, "The Eclectic(OLI) Paradigm of International Production : Past, Present and Future", *International Journal of the Economics of Business*, 8. 2. (2001a)

______, "The Eclectic Paradigm as an Envelope for Economic and Business Theories of MNE Activity", *International Business Review,* 9. (2000a)

______, ed., *Regions, Globalization and the Knowledge－based Economy*, (Oxford University Press,

2000b)

______, *Alliance Capitalism and Global Business* (Routledge, 1997)

______, "A Business Analytic Approach to Governments and Globalization," in J. H. Dunning (ed.) *Governments, Globalization and International Business* (Oxford University Press, 1997d)

______, "The Geographical Sources of Competitiveness of Firms : Some Results of a New Survey", *Transnational Corporations*, 5. 3. (1996)

______, *Multinational Enterprises and the Global Economy* (Addison－Wesley, 1993)

______, *Transnational Corporations and Growth of Services : Some Conceptual and Theoretical Issues* (UN, 1989)

______, *Explaining International Production* (Unwin Hyman, 1988a)

______, *Multinationals Technology and Competitiveness* (Allen & Unwin, 1988b)

______, "The Eclectic Paradigm of International Production : A Restatement and Some Possible Extensions," *Journal of International Business Studies* (spring, 1988)

______, "The Investment Cycle Revisited", *Weltwirschaftliches Archiv*, 122. 4. (1986)

______, "Explaining the International Direct Investment Position of Countries," *Weltwirtschtliche Archiv,* vol. 117 (1981)

______, *International Production and the Multinational Enterprise* (George Allen & Unwin, 1981a)

______, "Explaining Outward Direct Investment of Developing Countries : In Support of the Eclectic Theory of International Production," in K. Kumar and M. G. Mcleod ed. *Multinationals from Developping Countries* (Lexington Books, 1981b)

______, *International Production and the Multinational Enterprise* (George Allen & Unwin, 1981)

______, "Toward an Eclectic Theory of International Production : Some Empirical Tests", *Journal of International Business Studies* (Nov. 1980a)

______, "Explaining Changing Patterns of International Production : in Support of Eclectic Theory," *Oxford Bulletin of Economics and Statistics* (Nov. 1980b)

______, "Explaining Changing Patterns of International Production : In Defence of the Eclectic Theory", *Oxford Bulletin of Economics and Statistics* (Nov. 1979)

______, "Trade, Location of Economic Activity and Multinational Enterprise : A Search for an Eclectic Approach," in B. Ohlin et als (eds.), *The International Allocation of Economic Activity*, (Macmillian, 1977)

______, ed., *Economic Analysis and Multinational Enterprise* (Allen & Unwin. 1974)

______, *American Investment in British Manufacturing Industry* (Allen & Unwin, 1958)

Dunning J. H. and Lundan Sarinna M., *Multinational Enterprises and the Global Economy* 2nd edition (Edward Elgar, 2008)

Dunning J. H. and Narula, R. (eds), *Foreign Direct Investment andn Governments : Catalysts for Economic Restructuring* (Routledge, 1996)

Eden L. and Rodriguez P., "How Weak are the Signals? International Price Indices and Multinational Enterprises", *Journal of International Business Studies*, 35. 1. (2004)

Edwards T. and Ferner A.."The Renewed 'American Challenge' : A Review of Employment Practice in US Multinationals", *Industrial Relations Journal*, 33,2 (2002)

Elliott K. A., "Labor Standards, Development, and CAFTA", Institute for International Economics and Center for Global Development, *International Economics Policy Brief* PB04－2. (2004)

Fadiman J. A., "A Traveller's Guide to Gifts and Bribes," *Harvard Business Review* (Jul.－Aug. 1986)

Fayerweather John, *International Business Management* (MacGraw－Hill, 1970)

Findley R., "Relative Backwardness, Direct Foreign Investment and the Transfer of Technology :

A Simple Dynamic Mode," *Quarterly Journal of Economics* no. 92 (1978)

Gabriel M. T., *Measuring the Efficiency of IPAs : An Input View Using DEA* (Vienna University of Economics and Business Adminstration, 2006)

Giddy I. H. and Young S., "Conventional Theory and Unconventional Multinationals : Do New Forms of Multinational Enterprise Require New Theories?," in Rugman A. M. (ed.), *New Theories of the Multinational Enterprise* (Croom Helm, 1982)

______, "The Demise of the Product Life Cycle Model in International Business Theory", *Columbia Journal of World Business* (Spring, 1978)

Gilpin R., U.S. *Global Political Economy* (Prinston University Press, 2001) 강문구 외 역, 세계정치경제론 (인간사랑, 2004)

______, *The Challenge of Global Capitalism* (Princeton University Press, 2000)

______, U.S. *The Political Economy of International Relations* (Prinston University Press, 1987) 강문구 역, 국제관계의 정치경제론 (인간사랑, 1990)

______, U.S. *Power and Multinational Corporation* (Basic Books, 1975)

______, *The Multinational Corporation and the National Interest*, Prepared for the Committee on the Labor and Public Welfare (US Sanate, Oct. 1973)

Gladwin T. N. and Walter I., *Multinationals under Fire : Lesson in the Management of Conflicts* (John Willey & Sons, 1980)

Glaeser E. L. et als, "Do Institutions Cause Growth?," *NBER Working Paper* 10568 (2004)

Glbberman s. et al, "The Global Foreign Direct Investment Flows : The Role of Government Infrastructure," *World Development* 30.11 (2002)

Gleckman H. and Holden T., "Can Uncle Mend this Hole in his Pocket," *Business Week*, (Sept. 1990)

Gordon D., "The Global Economy : New Edifice or Crumbling Foundations," *New Left Review* 168 (1988)

Graham E. M., "Transnational Investment by Multinational Firms : A Rivalistic Phenomenon?," *Journal of Post−Keynesian Economics* 1.1. (1978)

Gray H. P. and Lundan S. M., "The Importance of Intra−firm Trade", in M. E. Kreinin (ed.), *The Political Economy of International Commercial Policy : Issues for the 1990s* (London : Taylor & Francis, 1993)

Gropp R. and Kostial K., *The Disappearing Tax Base : Is Foreign Direct Investment Eroding Corporate Income Taxes?*, European Central Bank Working Paper 31. (2000)

Grubel H. G. and Lloyd P. J., *Intra−Industry Trade* (Macmillan, 1975)

Gruber W., Mehta D. and Vernon R. "The R&D Factor in International Trade and International Investment of United States Industries", *Journal of Political Economy*, 75.1 (1967)

Grubert H., "Intangible Income, Intercompany Transactions, Income Shifting, and the Choice of Location", *National Tax Journal*, 56.1. (2003)

______, Goodspeed T. and Swenson D., "Explaining the Low Taxable Income of Foreign−Controlled Companies in the United States", in A. Giovannini, R. G. Hubbard and J. Slemrod (eds), *Studies in International Taxation* (University of Chicago Press, 1993)

Hagedoorn J. and Lundan S. M., "Strategic Technology Alliances : Trends and Patterns since the Early Eighties", in A. Plunket, C. Voisin and B. Bellon (eds), *The Dynamics of Industrial Collaboration* (Edward Elgar, 2001)

Hansen G. H.,"Should Countries Promote Foreign Direct Investment?," UNCTAD, *G−24 Discussion Paper Series* 9. (2001)

______, "Should Countries Promote Foreign Direct Investment?", *G−24 Discussion Paper*, No. 7 (2001)

Harman, Chris, "The State and Capitalism Today," *International Socialism* 2 : 51 (Summer 1991) 이

원영 편역, 오늘의 세계경제 : 위기와 전망 (갈무리, 1994)

Harrison A. E. and McMillan, M. S., "Outsourcing Jobs? Multinational and US Employment", NBER Woking Paper 12372. (2006)

Helleiner G. K. and Lavergne R., "Intra－firm Trade and Industrial Exports to the United States", *Oxford Bulletin of Economics and Statistics*, 41 (1979)

Hills Charles W. L. *International Business* 7eh edition 최순규・신형덕 역, 국제경영 (석정, 2009)

Hirschman A., "How to Divest in Latin America and Why?," *Essays in International Finance* (Princeton University, 1969)

Hirsh S., "The U.S. Electronic Industry in International Trade", in L.T. Wells ed. *The Product Life Cycle and International Trade* (Harvard Univ. 1972)

Hirst P. and Thompson G., *Globalization in Question : The Internatinoal Economy and the Possibilities of Governance* (Polity Press. 1996)

Hobson J. M., "Disappearing Taxes or the 'Race to the Middle'? Fiscial Policy in the OECD," L. Weiss ed. *State in the Global Economy* (Cambridge University Press, 2003)

Holland D. et als, "The Determinants and Impacts of FDI in Central and Eastern Europe," *Transactional Corporations* 9.3 (2000)

Hood N. and Young S., *The Economics of Multinational Enterprise* (London and New York, Longman, 1979)

Hopkins T. K. & Wallerstein I. ed., *World System Analysis : Theory and Methodology* (Sage, 1982)

Houston T. and Dunning J. H., *U.K. Industry Abroad* (Financial Times Publications, 1976)

Hufbauer G. C. and Adler M., *Overseas Manufacturing Investment and Balance of Payments*, (U. S. Treasury Department, 1968)

Hymer S., *The Multinational Corporation : A Radical Approach* (Cambridge Univ. Press, 1979)

______, *The International Operations of National Firms : A Study of Direct Foreign Investment*, Doctoral Dissertation (MIT Press, 1960 published 1976)

______, "United States Investment Abroad," in Drysdale ed., *Direct Foreign Investment in Asia and the Pacific* (University Of Torinto Press, 1972)

______, "La Grande Firme Multinationale", *Revue Economique*, 14.b. (1968)

Hymer S. & Rowthorn R., "Multinational Corporation and International Oligopoly : The Non－American Challenge," in C. P. Kindleberger ed., *The International Corporation* (The MIT Press, 1970)

Ietto－Gillies Grazia, *Transnational Corporation and International Production* (Edward Elgar, 2005)

Jacop J., "Taxes and Transfer Pricing : Income Shifting and the Volume of Intra－firm Transfers", *Journal of Accounting Research*, 34. 2. (1996)

Jenkins R., "Transactional Corporations, Competition and Monopoly," *Review of Radical Political Economics* vol 21.4 (1989)

Jenkins R. O., "Globalization, FDI and Employment in Viet Nam", *Transactional Corporations*, 15.1.(2006)

______, Transnational Corporations and The Latin American Automobile Industry (Mcmillian Publishers, 1987)

Jensen N. M., Nation－States and Multinational Corporations : A political Economy of Foreign Direct Investment (Princeton University Press, 2006)

Jones Geffrey, *Multinationals and Global Capitalism from the Nineteenth to the Twenty First Century* (Oxford University Press, 2005) 安室憲一・梅野巨利 訳, 国際経営講義－多国籍企業とグローール資本主義 －(有斐閣, 2006)

Julius D., *Global Companies and Public Policy : The Growing Challenge of Foreign Direct Investment,* (Royal Institute of International Affairs and Pinter Publishers, 1990)

Katseli L., "Foreign Direct Investment and Trade Inter－linkages in the 1990s : Experience and Prospects of Developing Countries", paper presented to United Nations Symposium on Globalization and Developing Countries, The Hague (30 March. 1992)

Kemaghan C., "Sweatshop Blues : Companies Love Misery," *Dollars and Sense* (Mar/Apr. 1999)

Kemp M. C., *The Pure Theory of International Trade* (Englewood Cliffs, 1964)

Kindleberger C. P., *American Business Abroad : Six Lectures on Direct Investment* (Yale University Press, 1969)

Kindleberger C. P. & Goldberg P. M., "Towards a GATT for Investment : a Proposal for the Supervision of the Multinational Corporations", *Law and Policy in International Business* 2 (1970)

Kircher D. P., "Now the Transnational Enterprise", *Harvard Business Review*, (Mar.－Apr. 1964)

Knickerbocker, F. T., *Oligopolistic Reaction and Multinational Enterprise* (Harvard Business School, 1973)

Kojima K., *Japanese Direct Investment Abroad* (International Christian University, Social Science Research Institute Monograph Series 1. 1990)

______, "Macroeconomic versus International Business Approach to Foreign Direct Investment", *Hitotsubashi Journal of Economics*, 23. (1982)

______, *Direct Foreign Investment : A Japanese Model of Multinational Business Operations,* Croom Helm. (1978)

______, "Reorganization of North－south Trade : Japan's Foreign Economic Policy for the 1970s", *Hitotsubashi Journal of Economics*, 13. (February 1973)

______,"A Macroeconomic Approach to Direct Foreign Investment", *Hitotsubashi Journal of Economics* (June 1973)

Kojima K. and Ozawa, T., "Micro and Macro Economic Models of Foreign Direct Investment : Towards a Synthesis", *Hitotsubashi Journal of Economics,* 25.2 (1984)

Kolde Eedel J. , *International Business Enterprise* (Prentice Hall Inc. 1968 (1973)

Kose A. E. et al., "Financial Globalisation : A Reappraisal," *IMF Working Paper* WP/06/189 (2006)

Krugman P. R., "Technology, Trade and Factor Price," *NBER Working Paper* no. 5355 (1995) ; *Pop Internationalism* (MIT Press, 1996)

Kucera D., "Core Labour Standards and Foreign Direct Investment", *International Labour Review*, 141.1/2 (2002)

Kumar N., "Multinational Enterprises, Regional Economic Integration, and Export platform Production in the Host Countries : An Empirical Analysis for the US and Japanese Corporations", *Weltwirstchaftliches Archiv / Review of World Economics,* 134.3 (1998)

Lall S., "The Technological Structure and Performance of Developing Country Manufactured Exports, 1985－98" *Oxford Development Studies*, 28.3 (2000)

______, *The New Multinationals : The Spread of Third World Enterprises,* (John Wiley and Sons, 1983)

______, "Developing Countries and Foreign Investment", *Developing Countries in the International Economy,* (The Macmillian Press, 1981)

______, "The Pattern of Intra－firm Exports by US Multinationals", *Oxford Bulletin of Economics and Statistics*, 40 (August, 1978)

Landefeld S. J., Wichard O. and Lowe J., "Alternative Frameworks for U.S. International Transactions", *Survey of Current Business*, 73 (December, 1993)

Lecraw D. J., "Some Evidence on Transfer Pricing by Multinational Corporations, in Rugman and Edens (eds), *Multinationals and Transfer Pricing* (Croom-Helm, 1985)

______, "Internationalization of Firms from LDCs : Evidence from the Asean Region," in K.

Kumar and M. G. Mcleod ed. *Multinationals from Developing Countries* (Lexington Books, 1981b)

Li Q and A. Resnsik, "Reversal of Fortunes : Democratic Institutions and Foreign Direct Inflows to Developing Countries," *International Organizational* 57.1 (2003)

Liberman M. B. and Montgomery D. B., "First Mover Advantages," S*trategic Management Journal* 9 (Summer 1988)

Lilienthal D. E., "Multinational Corporation" M. Anshen & G. L. Bach (ed.) *Management and Corporations*, (MacGraw Hill Book Co. 1960)

______, "Multinational Corporation", *Business Week* (June 29, 1963)

Lipsey R. E.. "Home and Host Country Effects of Foreign Direct Investment", in R. E. Baldwin and L. A. Winters, *Challenges to Globalization : Analysing the Economics* (University of Chicago Press, 2004)

______, "Outward Direct Investment and the US Economy", *National Bureau of Economic Research Working Paper*, No.469 (1994)

______, "Changing Patterns of International Investment in and by the United States", in M. Feldstein (ed.), *The United States in the World Economy* (University of Chicago Press, 1988)

Lipsey R. E. and Weiss, M. Y., "Foreign Production and Exports of Individual Firms", *Review of Economics and Statistics*, 66 (1984)

______, "Foreign Production and Exports in Manufacturing Industries", *Review of Economics and Statistics*, 63. (1981)

Macdemott R., "Regional Trade Agreement and Foreign Direct Investment," *North American Journal of Economics and Finance* (2006)

MacDougall D., "The Benefits and Costs of Private Investment from Abroad : A Theoretical Approach", *Economic Record* (Mar. 1960) reprinted in Richard D. Irwin (ed.), *Readings in International Economics* (American Economic Association, 1968)

Madeley John, *Big Business, Poor Peoples－The Impact of Transnational Corporations on the World's Poor－*(Zed Books, 1999) 차미경 · 이양지 역, 초국적기업, 세계를 삼키다 (창비, 2004)

Maisonrouge J., *Proceedings of the Conference on the Multinational Corporations in State Department* (Dept. of US State, 14 Feb.) mimeograph

Mallya T. J. S. et. als, "Are Incentives a Good Investment for the Host Country? An Empirical Evaluation of the Czech National Incentive Scheme," *Transnational Corporations* 13.1 (2004)

Markusen J. and Maskus K. E., "General Equilibrium Approaches to the Multinational Firm : A Review of Theory and Evidence," *NBER Working Paper* no.8334 (2001)

Mansfield E. and Romeo A., "Technology Transfer to Overseas Subsidiaries by U.S.－Based Firms," *Quarterly Journal of Economy*, no. 95 (Dec. 1980)

Martin W. and Maskus K. E., "Core Labor Standards and Competitiveness : Implications for Global Trade Policy", *Review of International Economics*, 9.2 (2001)

Mathur A., "Foreign Direct Investment, Corruption and Democracy," *AEI Working Paper* No.135 (2005)

McCarthy J., "Foreign Direct Investment : An Overview," *Central Bank of Ireland Quarterly Bulletin* (Winter 1999)

Meyer K. E., "Institutions, Transaction Costs and Entry－mode Choice in Eastern Europe," *Journal of International Business Studies* 32.2 (2001a)

______, "International Business Research on Transaction Economies," in Rugman A. M. and Brewer T. (eds.) *The Oxford Handbook of International Business* (Oxford University Press, 2001b)

Meyer K. E. and Nguyen H. V., "Foreign Investment Strategy and Sub－national Institutions in

Emering Market : Evidence from Vietnam," *Journal of Management Studies*, 42.1 (2005)

Michalet C. A., *Le Capitalism Mondial* (PUF, 1976)

Moran T. H., "FDI and Development : What is the Role of International Rules and Regulations?", *Transnational Corporations* 12. 2. (2003)

______, *Beyond Sweatshops : Foreign Direct Investment and Globalization in Developing Countries* (Brooking Institution. 2002)

Mucchillii Jean-Louis, "Les Firmes Multinationales : Mutations et Nouvellos Perspectives," *Economica* (Paris : 1985)

Mundel R. A., "International Trade and Factor Mobility," *American Economic Review* (June 1957)

Musgrave P. B., *United States Taxation of Foreign Investment Income : Issues and Arguments*, (Law Schools of Havard University, 1969)

Nachum L., Jones G. and Dunning J. H.. "The International Competitiveness of the UK and its Multinational Enterprises", *Structural Change and Economic Dynamics*, 12.3 (2001)

Neff J., "P&G Outpacing Unilever in Five-Year Battle," *Advertising Age* (Sept. 15. 2003)

Natke P., "A Comparison of Import Pricing by Foreign and Domestic Firms in Brazil", in Rugman and Eden (eds), *Multinationals and Transfer Pricing* (Croom-Helm, 1985)

Noback P. J. and Persson L., "Privatization Policy in an International Oligopoly," *Economica* vol. 72 no. 288 (2005)

Norris R., "Pills, Pesticides and Profits," *The International Trade in Toxic Substances* (New York, North River Press, 1982) cited in M. R. Vaghefi, S. K. Paulson and W. H. Tomlinson, *International Business : Theory & Practice* (New York, Taylor & Francis, 1991)

NunnenkamoP. and Spatz J., "FDI and Economic Growth in Developing Economies," *Transactional Corporations* 13.3 (2004)

O'Connor, "Foreign Direct Investment and Indigenous Industry in Ireland : Review of Evidence," *Working Paper* 22.1 (University College London, 2001)

OECD, *Science, Technology and Industry Outlook 2006* (2006)

______, *Towards Global Tax Co-operation : Progress in Identifying and Eliminating Harmful Tax Practices* (2000)

______, *International Investment and Multinational Enterprises : Recent International Direct Investment Trends* (1981)

______, *Gaps in Technology Comparisons Between Member Countries in Education, Research & Development, Technological Innovation, International Economic Exchanges* (1970)

______, *Science, Technology and Industry Outlook* (2006)

Ohmae. Kenichi, *The End of the Nation State : The Rise of Regional Economies* (Free Press, 1995) 박길부 역, 국가의 종말 (한언경영연구, 1996)

______, *The Borderless World : Power and Strategy in the Inter-linked Economy* (Harper Business, 1990)

Ozawa T., *Institutions, Industrial Upgrading and Economic Performance in Japan,* (Edward Elgar. 2005)

______, "Japan's Network Capitalism in Evolution", in Dunning and Boyd (eds), *Alliance Capitalism and Corporate Management* (Edward Elgar, 2003)

______, "International Investment and Industrial Structure : New Theoretical Implications from the Japanese Experience", *Oxford Economic Papers,* vol.3 (1979)

Panitch L., "Rethinking the Role of the State," in James Mittleman ed. *Globalization : Critical Refections* (Lynne Reinner Publishers, 1996)

______, "Globalisation and the State," *Socialist Register* (1994)

Perlmutter H. V., "The Tortuous Evolution of the Multinational Corporation," *Columbia Journal of World Business* (Jan.-Feb., 1969)

Petras J. "Globalization : A Critical Analysis," *Journal of Contemporary Asia* 29(1) (1999)

Ponce A. F., "Openness and Foreign Direct Investment : The Role of Free Trade Agreement in Latin America," *MPRA Paper* No.4187 (2006)

Porter M. E., "The Competitive Advantages of Nations," *Harvard Business Review* (Mar./Apr. 1990)

______, *The Competitiveness Advantage of Nations* (The Free Press 1990)

______, *The Competitive Advantages Nations* (The Free Press, 1986)

Purvis D. D., "Technology, Trade and Factor Mobility," *Economic Journal* (Sep. 1972)

Ragazzi G., "Theory of Determinants of Foreign Direct Investment," *IMF Staff Papers* vol. 20, (1973)

Rasiah R., *Foreign Firms, Technological Capabilities and Economic Performance : Evidence from Africa, Asia and Latin America* (Edward Elgar, 2004)

Reed H. C., "Appraising Corporate Investment Center : A Financial Center Theory of Foreign Direct Investment," C. P. Kindleberger ed. *Multinational Corporation in 1980'* (MIT Press, 1983)

Reich Robert, *The Work of Nations* (Alfred A. Knopf, 1991)

Robers T., "Political Institutions and Foreign Direct Investment in Developing Countries," (Sept. 2006)

Robinson J., *Multinationals and Political Control* (Aldershot 1983)

Robinson R. D.,"Beyond The Multinational Corporations," unpublished manuscript (1973)

______, *International Business Policy,* (Holt Rinehalt & Winston, 1964, 1967, 1973)

Robock S. H. & Simond S. K., *International Business and Multinational Enterprise* (Richard D. Irwin Inc, 1983)

Rodrik D., "Labor Standards in International Trade : Do They Matter and What do We Know about Them?", in R. Z. Lawrence, D. Rodrik and J. Whalley (eds), *Emerging Agenda for Global Trade : High Stakes for Developing Countries* (Overseas Development Council, 1996)

Rolfe S. E., *The International Corporation* (I.C.C. 1969)

Rondinelli D. A. & Burpitt W. J., "Do Government Incentives Attract and Retain International Investment ?," *Policy Sciences* 33. 2. (2000)

Root F., *International Trade and Investment* 7th edition (South−Western Publishing Co. 1994)

Ruane F. and Ugur A., "Foreign Direct Investment and Productivity Spillovers in Irish Manufacturing Industry : Evidence from Plant Level Panel Data", *International Journal of the Economics of Business,* 12.1 (2005)

Rugman A. and Hodgetts R., "The End of Global Strategy," *European Management Journal* vol.19 no.4 (2001)

Rugman A. M. (ed.), *New Theories of the Multinational Enterprise* (Croom Helm, 1982)

______, *Inside the Multinationals* (Croom Helm, 1981)

______, "Internalizations as a General Theory off Foreign Direct Investment : A Reappraisal of the Literature", *Weltwirshaftliches Archiv.*, vol.116 (1980)

Servan−Schreiber J. J., *The American Challange* (N.Y. Atheneum Publishers, 1968)

Smarzynska B. K. et als, "Openness and Industrial Responses in a Wal−Mart World," *NBER Working Paper* 12457 (2004)

Stein E. and Daude C., "Institution, Integration and Location of Foreign Direct Investment," *Research and Development* (Inter−American Development Bank, Feb. 2001)

Stobaugh R. B., *Nine Investment Abroad and Their Impact* (Harvard Business School Press, 1976)

Stopford J. M. and Dunning J. H., *Multinationals, Company Performance and Global Trends* (Mcmillian Publishers, 1983)

Strange Susan, *The Retreat of the State : The Diffusion of Power in the World Economy*

(Cambridge University Press, 1996) 양오석 역, 국가의 퇴각 : 세계경제 내 권력의 분산 (푸른길, 2001)

Strauss G., *Proctor & Camble 10th Report* (2005)

Swenson D. L., "Foreign Investment and the Mediation of Trade Flows", *Review of International Economics,* 12.4 (2004)

Tang R. Y., *Multinational Transfer Pricing : Canadian and British Perspectives* (Butterworth, 1981)

______, *Transfer Pricing Practice in the United States and Japan* (Praeger, 1979)

Thoburn J. *Primary Commodity Exports and Economic Development* (John Wiley, 1977)

U.S. Department of Commerce, *Historical Statistics of the United States* (1960)

UNCTAD, World Investment Report 2005 : *Transitional Corporations and the Intenationalization of R&D* (2005)

______, *TNC from Developing Countries －Impact on Their Home Countries－*(1993)

______, *World Investment Report : Transnational Corporations as Engines of Growth* (New York, UN, 1992)

UNCTC, *Transnational Corporations in World Development Third Survey,* (1983)

______, *Transnational Corporation in World Development* (1988)

UNIDO, *Foreign Direct Investment Flow to Developing Countries* (1990)

Vaitsos C. V., "Patents Revisited : Their Function in Developing Countries," *Journal of Development Studies,* vol. 9, no. 1 (Oct. 1972)

Vernon R., *Sovereignty at Bay : The Multinational Spread of U.S. Enterprises* (Basic Books, 1971)

Wallace D., *International Regulation of Multinational Corporations* (Praeger, 1976)

Wallerstein I., "States, Sovereignty," *The End of the World as We Know It* (Minnesota University Press, 1999)

______, "Patterns and Perspectives of Capitalist World Economy," in I. Wallerstein ed. The *Politics of the World－Economy* (Cambridge University Press, 1984)

Weiss Linda, *The Myth of the Powerless State : Governing the Economy in a Global Era* (Cornell University Press, 1998) 박형준·김남줄 옮김, 국가몰락의 신화－세계화시대의 경제운용－(한울아카데미, 2002)

Wells Jr. L. T., *Third World Multinationals : the Rise of Foreign Investment from Developing Countries* (The MIT Press, 1983)

______, "The Internationalization of Firms from Developing Countries," in Agmon T. and Kindleberger C. P. (eds.) *Multinational from Small Countries* (The MIT Press, 1979)

Werner Klaus & Weiss Hans, *Schwarzbuch Markenfirmen* (Deuticke im Paul Zsolnay, 2003) 손주희 역, 나쁜 기업 (프로메테우스출판사, 2008)

Wilkins M., *The Maturing of Multinational Enterprise : American Business Abroad from 1914 to 1970* (Harvard University Press, 1974)

Williams S. W., "Arming the Third World : The Role of the Multinational Corporation," in C. J. Dixon, et. als eds. *Multinational Corporations and the Third World* (Croom Helm, 1986)

Williamson O. E., "The Modern Corporations : Origins, Evolution, Attributes", *Journal of Economic Literature,* 19 (1981)

______, *Markets and Hierarchies* (The Free Press, 1975)

______, "Markets and Hierarchies : Some Elementary Considerations", *American Economic Review* (May, 1973)

Young S. and Tavares A. T., "Multilateral Rules on FDI : Do We Need Them? Will We Get Them?" *Transnational Corporations* 13. 1. (2004)

Zeile W. J., "Operations of U.S. Affiliates of Foreign Companies", *Survey of Current Business,* 84.8 (2004)

______, "U.S. Intra－firm Trade in Goods", *Survey of Current Business,* 77.2 (1997)

찾아보기

[ㅂ]

[ㅅ]

[ㅇ]

[ㅈ]

〈인명〉

〈기업명〉

지은이_**노택환(盧宅煥)** roth@ynu.ac.kr

▷▶ 약력

현) 영남대학교 상경대학 국제통상학부 교수
영남대학교 총장비서실장, 학생처장, 야강대학 학장, 경영대학원 원장
한국무역학회, 한국국제통상학회, 국제경제학회 운영이사
Washington State University(USA) 경제학과 객원교수
Macquarie University(Sydney) 경영대학원 객원교수
국가고시(관세직) 시험출제위원

▷▶ 주요저서

무역학개론(박영사, 1985) 공저
다국적기업의 해외직접투자이론(학문사, 1990)
기업의 합병 · 매수론 –M&A의 경제적 · 경영적 연구–(영남대 출판부, 1994) 공저
국제통상의 이해(박영사, 2004) 공저
국제통상정책론(박영사, 2008)
경제 · 경영 · 정보시스템의 이해(페가수스, 2008) 공저
다국적기업의 경제적 영향과 정책(영남대 출판부, 2012)

다국적기업 경제학

초판 1쇄 발행 2012년 3월 2일
초판 3쇄 발행 2019년 2월 25일

지은이 노택환
펴낸이 박기남
펴낸곳 **율곡출판사**

주소 08590 서울 금천구 가산디지털1로 84(에이스하이엔드 8차) 803호
전화 02) 718-9872~3
팩스 02) 718-9874
홈페이지 http://www.yulgokbooks.co.kr
e-mail yulgokbook@naver.com
등록 1989.11.10. 제2014-000031호
ISBN 978-89-97428-07-6 93320

정가 35,000원